日本思想大系 15

鎌倉舊佛教

鎌田茂雄
中久夫

岩波書店刊行

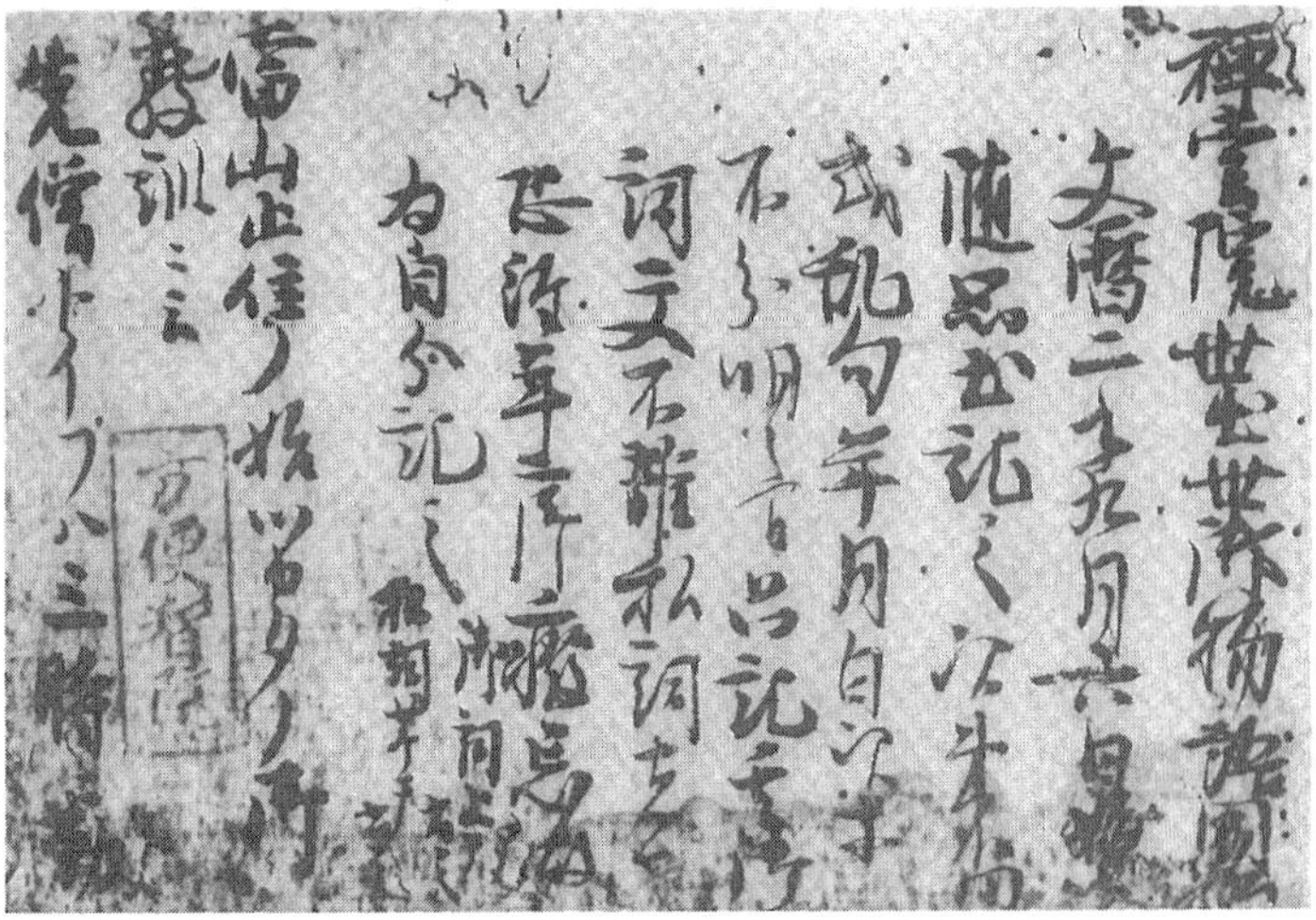

却癈忘記　高山寺蔵

禪書院䒳葉倫諸圓
大䁕二十五月六日
隨品か記く公牛
武勿句年月日ソ十
不ン明ヶテ吕記キテ
詞文石嘸亦松詞去
延泊年十三行扇
力自今記ン
富山正佳ノ枚
春訓三玄
䒳僧ノイ八三

禪宗綱目　松ヶ岡文庫蔵

禪宗綱目一卷

華嚴居士證定述

余在釋門之昔專開華嚴傍諸禪門交俗察
之今摸象難辨亡羊不異羑兩三抑已偷呷
余曰今時禪門紛綸是非多端願示指歸敢
訶文曰今疑網忽感斯言如有宿緣乃不揆膚受慇
記先開非是要斂上之客鯨欲只期身後之
結緣矣
辨開禪宗綱目畧以五門分別一辨教乘同

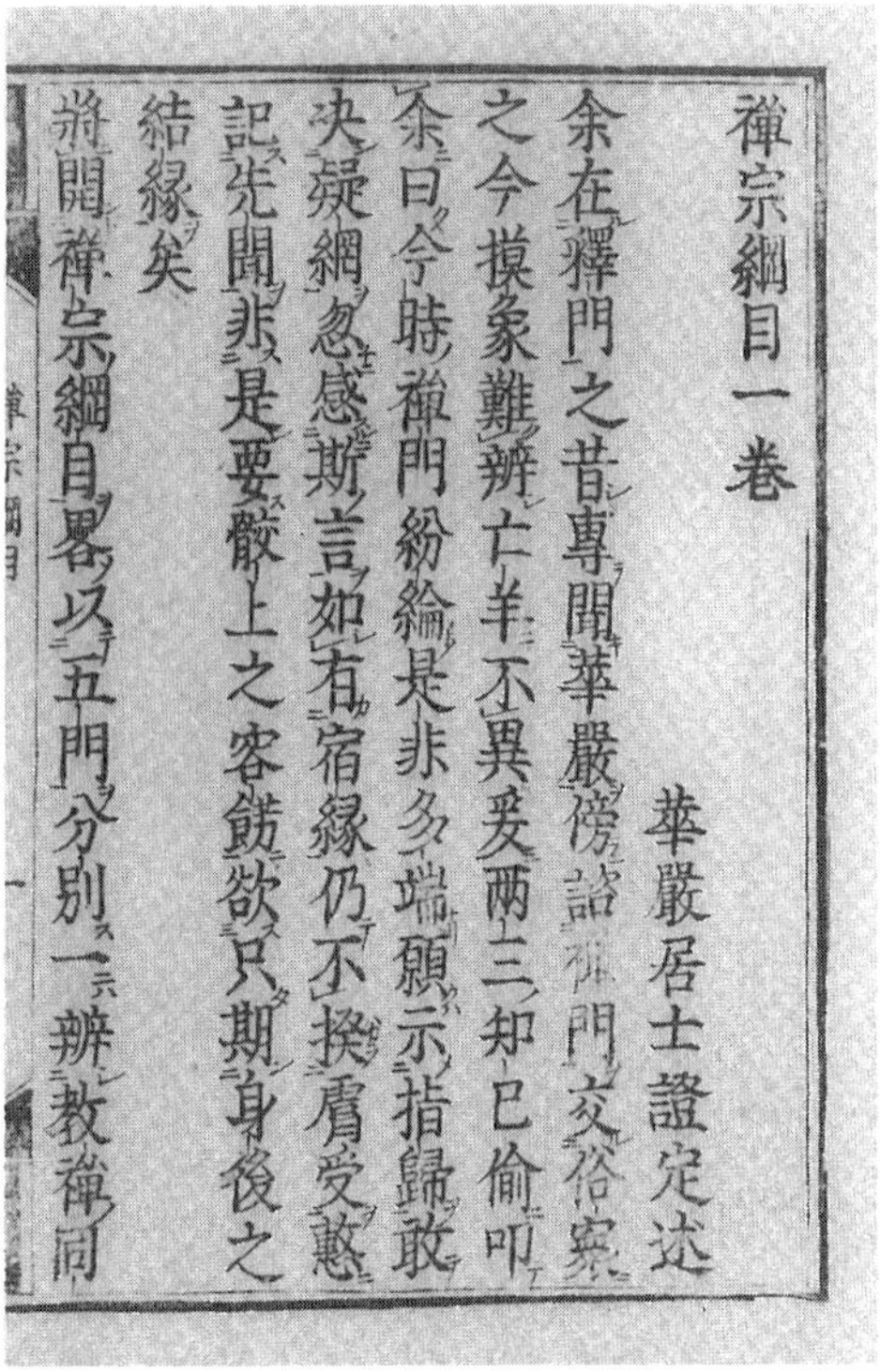

目次

原　文

補　注

解　説

凡　例

一　収録文献は、著作者の生年の順に配列した。

一　原文が漢文であるもの(解脱上人戒律興行願書・愚迷発心集・興福寺奏状・摧邪輪・禅宗綱目・華厳法界義鏡)は訓読文(歴史的仮名遣いによる)を本文とし、原漢文は別に一括して掲げた。訓読文の書下しの文体は各篇により多少の相違がある。

一　底本・校合資料、訓読方針は次の通りである(解説「収載書目解題」参照)。

解脱上人戒律興行願書……興福寺所蔵写本。

底本は白文。今新たに訓読した。原文には、底本付載の「奉唱　律学事」「定　常喜院厳制事」を参考として掲げた。

愚迷発心集……東大寺図書館所蔵写本(祐成本)。校合本――東大寺図書館所蔵写本(天正本)・板本(太田晶二郎氏所蔵無刊記(江戸前期)本・田中久夫所蔵慶安板)。

底本の訓点を尊重して訓読した。

興福寺奏状……東京大学史料編纂所所蔵写本「大内文書」。校合本――東大寺図書館所蔵天保九年写本(東本)。参照書――大日本仏教全書「興福寺叢書二」所収本(仏本)。

訓読は、底本の訓点を改めたところがかなりある。原文には、底本付載の「解脱上人御形状記」を参考として掲げた。

摧邪輪……田中久夫所蔵寛永板本。校合本――仁和寺所蔵写本(仁本)、宮内庁書陵部所蔵古活字板(活本)。訓読は、底本の訓点をできるだけ尊重したが、仁本により改めた所、底本・仁本の音読字句を新たに訓読した箇所もある。中巻・下巻は原漢文のみ収録し、校異記事を加えた。

却癈忘記……高山寺所蔵本。

法相二巻抄……高野山持明院所蔵(高野山大学図書館寄託)文明四年写本。校合本――東京国立博物館所蔵天保二年写本(天保本)・高野山金剛三昧院所蔵(高野山大学図書館寄託)永禄七年写本(永禄本)。なお大谷大学所蔵写本・竜谷大学所蔵写本(下巻のみ)を参照した。

禅宗綱目……松ヶ岡文庫所蔵(積翠文庫旧蔵)承応三年板本。校合本――高山寺所蔵写本(高本)。訓読は、引用原典を参照し、底本の訓点を改めた箇所もある。

興正菩薩御教誡聴聞集……西大寺所蔵慶長九年写本。校合本――西大寺所蔵慶長七年写本(明本)・建仁寺両足院所蔵元禄五年写本(建本)・西大寺所蔵宝暦十二年写本(宝本)。

華厳法界義鏡……東大寺図書館所蔵天正十八年写本。校合本――東大寺図書館所蔵天正二年写本(甲本)・田中久夫所蔵元禄八年板本。訓読は、板本を参照し、底本の訓点を改めた箇所もある。

一　本文整定にあたっては、読解の便をはかり、次のような方針を採った。

1　適宜、段落を設け、句読点や並列点(・)、濁点を加え、引用文などには「　」を付した。

2　底本を訂した場合は、原則として原態と依拠した校合本、或いはその理由を示した。

3　底本の傍書は省略した。

4 朽損部分および判読不能箇所には、□ を当てた。
5 底本の割書は、〈 〉を付して小字一行組とした。
6 漢字は原則として新字体を使用し、古字・俗字・略字の類は通行の字体に改めた。
7 仮名の古体・変体・合字などは通行の字体に改めた。
8 振り仮名は、底本にあるものは底本のまま片仮名とし、校注者が施したものは平仮名・新仮名遣いとした。
9 仮名交り文の中にあらわれる漢文体部分には、適宜、返点・送り仮名(平仮名を用いた。片仮名の送り仮名は底本に記されたものである)を付し、または訓み下し振り仮名をつけた。

一 原文(漢文)について。
1 底本に訓点のあるものはそれを尊重しつつ、校注者が段落・句読点・返点(現行のつけ方によった)を施した。
2 底本の送り仮名・振り仮名は省略した。
3 底本の誤字・衍字などはその右傍に。(白マル)を付し、脱字はその箇所に。を組み入れ、訓読文で訂正の上、注記した。
4 漢字の字体、割書その他については、本文の整理方針に準ずる。

一 頭注・補注について。
1 仏教術語のほか、引用文の出典の注記に特に意を用いた。
2 「→補」は補注欄に記事があることを示す。

一 略号
正蔵一三-四五六c……大正新修大蔵経一三巻四五六頁下段(aは上段、bは中段、cは下段)

続蔵二―三―四―五六七c……大日本続蔵経二輯三套四冊五六七頁ウラ上段(aはオモテ上段、bはオモテ下段、cはウラ上段、dはウラ下段)

日蔵……日本大蔵経　　日仏全……大日本仏教全書

収録諸篇の校注は、鎌田・田中がそれぞれ分担執筆し、さらに意見を交換して相補うところがあった。

本書の上梓にあたり、貴重な資料の閲覧・複写・底本使用を許可された各所蔵家、並びに資料の調査・使用について便宜を与えられた伊藤東慎・小川良・柏原祐泉・工藤良光・小西正文・佐保山尭海・高橋正隆・簗島裕・樋口秀雄・平岡定海・古田紹欽・松本定雄・宮坂有勝・柳田聖山の各氏に深く謝意を表する。

読解・注解について御教示を与えられた、桃裕行・太田晶二郎・玉村竹二・松尾拾・山田俊雄の諸氏に心から感謝の意を表する。(田中)

解脱上人戒律興行願書（貞慶）

鎌田茂雄校注

解《げ》脱《だつ》上人《しょうにん》*戒律《かいりつ》興行《こうぎょう》願書《がんしょ》

正文在り

如来の滅後、戒を以て師とす。出家在家、*七衆《しちしゅう》の弟子、誰か仰がざらんや。*十誦律《じゅうじゅりつ》に云く、「また諸《もろもろ》の比丘、*毘尼《びに》を廃学《はいがく》して、便ち*修多羅《しゅたら》・*阿毘曇《あびどん》を読誦するに、世尊、種種に呵責《かしゃく》したまふ。毘尼あるによつて、仏法世に住す」と云云。此《かく》のごときの文《もん》、幾許《いくばく》なるかを知らず。しかれども時を追ひて漸《ようや》く衰ふるは、必然の理なり。我も暗く、人も暗く、学ばず、持せず。ただし*八宗相《あい》分るるの後、*三学互に異なるの中《うち》に、*御寺《おんてら》昔より二宗を相伝せり。東西の*金堂衆《こんどうしゅう》は、則ちそれ律家なり。*鑑真和尚《がんじんわじょう》を以て祖師とし、*曇無徳部《どんむとくぶ》を以て本教とし、*持衣《じえ》以後、殊に律宗と称す。大小の*十師、昇進するに限りあり、*戒和尚《かいわじょう》を以て、忝《かたじけな》くも極位《ごくい》とす。しかるに末代の仏法、名利《みょうり》を離れず。もしそれ*依怙《えこ》あらば、これについて勇あり。昔者《むかし》諸寺に律供《りつぐ》を置くは、是れ止住の縁なり。*維摩《ゆいま》の大会に大業を遂ぐるは、是れ出身の階なり。両事倶に絶す、これをいかんせん。かの両山の先達のごとき、一乗を持する者、実《まこと》にこれを貴ぶべし、皆世の薬なり。仍《よ》つて世間の帰依《きえ》虚《むな》しからず。戒律の一道に至つては、昔と大いに殊なれり。歎じて益なしと雖も、実に是れ時代の然らしむるなり、半ばはまた土風の応ぜざるか。ただし自余の事は置いて論ぜず。南都の受戒は、惣じては*七大諸寺、別しては*両堂の

戒律興行願書　日仏全「戒律再興願文」。

七衆の弟子　比丘・比丘尼・式叉摩那・沙弥・沙弥尼・優婆塞・優婆夷の七衆をいい、比丘より沙弥尼までの五衆を出家、下の二衆を在家とする。

十誦律　六一巻。姚秦の弗若多羅・鳩摩羅什訳。引用文は、巻三四に「爾時、諸比丘廃二学比尼一、誦二読修多羅阿毘曇一、遠二離比尼一。仏見二諸比丘不レ学二比尼一、誦二読修多羅阿毘曇一、遠二離比尼一故」(正蔵二三―二四八c)とあるによるか。

毘尼　梵語 vinaya の音訳。律をいう。

修多羅　梵語 sūtra の音訳。経をいう。

阿毘曇　梵語 abhidharma の音訳。論をいう。

八宗　わが国に弘伝された八宗。倶舎宗・成実宗・律宗・法相宗・三論宗・華厳宗・天台宗・真言宗で、前の六宗は奈良時代、後の二宗は平安時代に起る。

三学　四分律では増戒学・増心学・増慧学とし、この三学を学して阿羅漢果を得るという。

御寺　興福寺をさす。興福寺は法相宗と倶舎宗の二宗を伝えた。

金堂衆　興福寺に東西両金堂があり、そこに住する衆僧をいう。

鑑真和尚　日本律宗の開祖(六八七―七六三)。伝記は、唐大和上東征伝にくわしい。

曇無徳部　法蔵部ともいい、律宗五部の一。四分律にもとづく。凝然の律宗綱要巻上に「正用二四分律一、兼通二諸部等一」(正蔵七四―九a)とある。

持衣　律衣を着すること。

十師、勅宣によりてこれを行ひ、儀式甚だ厳然たり。*三師《さんし》七証《しちしょう》を得戒の縁とす。たとひ*不清浄《ふしょうじょう》の比丘と雖も、たとひ不如法《ふにょほう》の軌則と雖も、その中に、もし一人二人、法を知る人あらば、随分《ずいぶん》の勝縁なり、あに空しかるべきや。当時続《つ》ぐ人なくんば、将来まさにいかんせん。ただ一宗の衰微のみにあらず、*是れ*四衆の悲歎なり。いかなる方便を以てか、暫く助けを得ると雖も、両堂の内の旧学の輩《ともがら》、おのおの退屈の恨みを止め、すべからく勧進《かんじん》の計《けい》を廻《めぐ》らすべし。新学の衆のために、常に依止《えじ》として、*戒本一本と雖も、*名目《みょうもく》一科と雖も、勧《すす》めてこれを誦せしめ、訓《おし》えてこれを知らしむるは、時に取りて至要なり、世の与《ため》の巨益《こやく》なり。粗《ほの》かに聞く、当時、*本寺と云ひ、*山寺と云ひ、法匠なきにあらず、書籍なきにあらず、再び興して永《とこしな》へに伝ふること、何を以て難《かた》しとせんや。ただ願はくは、旧《もと》より*娑婆《しゃば》に住せる菩薩賢聖《ぼさつけんじょう》、仏法擁護の諸天善神、この愚願《ぐがん》を愍《あわれ》み、かの法命《ほうみょう》を守らんことを。

奥書に云く、

去る*承元の比《ころ》、興福寺の律宗を崇《あが》めんがために、律の*談義を施行せしむるの刻《とき》、かつはその道場を建立せんがために、かつは彼の章疏を書写せんがために、件《くだん》の用途を送付せしむるの時、願主*先師上人《しょうにん》、記するところの願書なり。

*戒如《かいにょ》これを注す。

大小の十師　十師は三師七証のこと。大小の十師については東大寺要録にみえる。
戒和尚　戒師ともいう。戒を授ける師。
依怙　よりどころ。
維摩の大会に…　維摩会の研学竪義になることが、興福寺僧の立身の階梯であること。
七大諸寺　奈良の東大寺・興福寺・元興寺・大安寺・薬師寺・西大寺・法隆寺。
両堂　東西両金堂。
三師七証　比丘の具足戒を受ける時の三師と七証明師。三師とは、戒和尚・羯磨師・教授師をいう。
不　底本なし、意により補う。
是　底本、この上に「雖」字あり、衍か。
四衆　比丘・比丘尼・沙弥・沙弥尼を出家の四衆という。
戒本　梵語 prātimokṣa. 波羅提木叉のこと。戒律の項目を列記した書。
名目　名目を集めた書。名目とは、法門の名称数目をいう。法相宗では七十五法名目をさす。
本寺　興福寺。
山寺　海住山寺など興福寺の僧の隠居寺。
娑婆　梵語 sahā の音訳。忍土と訳す。
承元　一二〇七―一二一〇年間。
談義　法義を談話すること。
先師上人　貞慶。
戒如　貞慶の弟子知足房戒如。凝然の律宗綱要巻下に「戒如上人多生二知人一。乃円晴・覚盛・継尊・覚澄・禅観・蓮意・蓮覚等也。有二志学人一住二常喜院一。聴二学研二精大小諸律一」(正蔵七四-九b)。

愚迷発心集（貞慶）

鎌田茂雄校注

愚《ぐ》迷《めい》発《ほっ》心《しん》集《しゅう》

上人御草 云云

敬《つつし》んで、*十方法界の一切の*三宝、日本国中の大小の*神祇等に白《もう》して言《もう》さく、弟子五更に眠《ねむ》り寤《さ》めて、寂寞たる床の上に、双眼に涙を浮べて、つらつら思ひ連《つら》ぬることあり。その所以《ゆえん》いかんとなれば、夫《そ》れ無始*輪転の以降《このかた》、此《ここ》に死して彼《かしこ》に生ずるの間、或《あ》る時は鎮《とこしな》へに*三途《さんず》八難《はちなん》の悪趣《あくしゅ》に堕《だ》して、苦患に礙《さ》へられて、既《すで》に発心の謀《はかりごと》を失ひ、或る時はたまたま*人中天上の善果を感ずれども、顚倒迷謬《てんどうめいみょう》して、未《いま》だ解脱《げだつ》の種を殖《う》ゑず。*先生《せんしょう》また先生、都《すべ》て生生の前を知らず、来世《らいせ》なほ来世、全く世世の終りを弁《わきま》ふることなし。常に地獄に処《しょ》することは、*園観に遊ぶがごとし。余の悪道に在ることは、己《おの》れが舎宅のごとし。我《われ》いかなる処よりか来れる、また去りていかなる身をか受けんとする。親《しん》に付《つ》き、疎《そ》に付き、皆《みな》*今生に始めて見る人なり。神と云ひ、仏と云ひ、またこのたび纔《わず》かに知る者なり。かの弟子が本師釈迦牟尼如来、昔*霊鷲山《りょうじゅせん》に在《いま》せしの時は、十方所有の群生、恣《ほしいまま》にその益《やく》を蒙《こうむ》りたりと雖《いえど》も、三界輪廻の我等、その時いかなる処にか在りけん。黄金端正の*聖容は、*五濁《ごじょく》の悪世に出でたまひしかども、*双眼早く盲《めし》ひて全くこれを見ざりき。*迦陵頻伽《かりょうびんが》の音声は、三千世界に響《ひび》けども、天耳已《すで》に聾《みみし》ひて都《すべ》てこれを聞くことなし。*照于東方万八千土《しょうとうほうまんはっせんど》の光にも隠れ、従阿鼻獄上至有頂《じゅうあびごくじょうしちょう》の益にも

十方法界　東西南北四維上下の一切の世界。

三宝　仏・法・僧の三宝。

神祇　神は天神、祇は地神をいう。

輪転　輪廻のこと。板本「輪廻」。

三途八難　三途は三悪道のこと、地獄・餓鬼・畜生をいう。八難は、三悪道に欝単越・長寿天・聾盲瘖瘂・世智弁聡・仏前仏後を加えた八処。

人中天上の善果　五戒を持して人道に生ずること。

先生…　秘蔵宝鑰に「生生生生、闇二生始一、死死死死、冥二死終一矣」(正蔵七七‐三六三a)とある。

園観　逍遥遊覧の園。

今生に…　人身を受けること甚だ稀なるをいう。

霊鷲山　釈迦が法華等を説いた場所。

聖容　如来の尊容。底本「聖客」、天正本により改む。

五濁　劫濁・見濁・煩悩濁・衆生濁・命濁。

双　底本傍注「恵イ」、天正本・板本は「恵」。

迦陵頻伽　妙声鳥。

照于…　法華経巻一、序品の偈。「眉間の光明、東方万八千の土を照したまふに皆金色のごとし、阿鼻獄より上(かみ)有頂に至る」(正蔵九‐二c)。

漏《も》れたり。*遂《つい》に化《け》縁《えん》已《すで》に尽きしかば、竜顔永く金棺の底に入りたまひ、荼毘《だび》の時に至りしかば、聖容忽《たちま》ちに栴檀の煙と昇りたまひしより以来《このかた》、*毒気深入の輩は、*擣簁和合の薬をも知らず、*為毒所中の類は、*好色香薬の教をも守ることなし。闇の中にいよいよ闇を重ね、夢の上になほ夢を見る。驚くべきの*法王の音《みこえ》は永く絶《た》えて、鷲峰山《じゆぶせん》の暮《ゆうべ》の嵐《あらし》のみ孤《ひと》り冷《さむ》く、照すべきの慈尊の月、未だ出でざれば、鶏頭城《けいずじよう》の暁の光なほ遥《はる》かなり。仏前仏後の中間に生《うま》れて、出離解脱の因縁もなく、*粟散扶桑《ぞくさんふそう》の小国に住して、*上求下化《じようぐげけ》の修行も闕《か》けたり。悲しみてもまた悲しきは、在世に漏れたるの悲しみなり。恨みてもさらに恨めしきは、苦海に沈めるの恨みなり。いかに況《いわ》んや、曠劫より以来《このかた》今日に至るまで、*惑業《わくごう》深重にして、既に十方恒沙《ごうじや》の仏国に嫌はれ、罪障なほ厚くして、今また五濁乱慢の辺土に来れり。

ああ*八相成道の昔は、独り如来の出世に漏れたりと雖も、*一千余年の今は、僅《わず》かに慈父の遺誡を聞くことを得たり。宝聚の山の間に望まざるに自《おのずか》ら入り、貧《ひん》*匱《き》の家の中に取らずして後に悔《く》いんや。受け難くして移り易きは人身なり、値ひ難くして希《まれ》に得るは仏法なり。まさにいかなる行業を以てか、今生の思ひ出とせん。これを*黙して止《や》みなば、なんぞ大利を失せざらんや。況んや一たび悪趣に入り已《おわ》りなば、*曠劫にも出で難しとす。たとひまた人身を受くとも、教法に値《あ》はんこと、尤《もつと》も難し。早く万事を抛《なげう》ちて、まさに一心に励《はげ》むべし。実にこのたびにあらずは、始めて企《くわだ》てんこといづれの時ぞや。

遂　底本、この次に「使」あり、天正本・板本なし。衍か。

毒気深入の輩　三毒の煩悩熾盛の輩。

擣簁和合の薬　一切衆生の煩悩の病いを治すため、種々なる方便をもって調合した良薬をいう。

為毒所中の類　悪業所感の凡夫のこと。

好色香薬の教　未曾有の妙法をいう。

法王　仏をいう。

粟散扶桑　日本のこと。

上求下化　上、菩提を求め、下、一切衆生を化度せんとすること。

惑　底本・天正本「或」、板本により改む。

八相成道　成道を中心とした仏陀の一生。大乗起信論に「随㆓其願力㆒、能現㆓八種㆒、利㆓益衆生㆒。所謂従㆓兜率天㆒退。入胎、住胎、出胎、出家、成道、転㆓法輪㆒、入㆓於涅槃㆒」(正蔵三二―五八一a)とある。

一　天正本・板本「二」。

匱　底本・天正本「遺」、板本により改む。

黙　底本・天正本「黠」、板本により改む。

曠劫にも…　梵網経、菩薩戒序に「一失㆓人身㆒、万劫不㆑復」(正蔵二四―一〇〇三a)とある。

なかんづく、時遷り質《すがた》改まりて、百年の齢《よわい》漸く*闌《た》け、春往き秋来つて、三途《さんず》の郷已《すで》に近し。初中後、年に何の貯《たくわ》ふるところかある。命は則ち日に随つて*促《つづ》まる。身口意《しんくい》の業《ごう》に造《つく》るところは多くは罪なり。数《すう》はまた時を追つて*増す。*常楽我浄の顛倒と云ひ、生老病死の転変と云ひ、片時も廃《や》むことなく、億劫《おくごう》にも窮まることなし。いかに況んや、風葉の身保《たも》ち難く、草露の命消え易し。野辺の煙と昇らんこと、今《きょう》にや在る、明《あす》にや在る。*芒庭の苔に伴はんこと、晨《あした》をや待つ、暮《ゆうべ》をや待つ。南隣に哭し、北里に哭す、人を送るの涙、未だ尽《つ》きず。*山下に添へ、原上に添ふ、骨を埋《うず》むるの土、乾くことなし。寒*冬の夜の月、孤《ひと》り影を荒原の骸《むくろ》に留む。連峰の暁の風、纔かに哀《かな》しみを塚の側《かたわら》の松に聞く。傷《いた》ましいかな、*親しく語《かた》らひを交へし*芝蘭の友も、息止《いきとど》まりぬれば遠く送る。哀れなるかな、正《まさ》しく契《ちぎ》りを結びし*断金《だんきん》の昵《むつび》も、魂去りぬれば独《ひと》り悲しむ。啻《ただ》に春の空に帰るの鴈《かり》、髣《ほの》かに霞の中に音《おと》づれ、僅かに秋の野に鳴くの*蛬《きりぎりす》、頻りに籬《まがき》の下に訪《とぶら》ふ。頗《すこぶ》る残るところは、筆を染めし跡《あと》、たまたま呼ばふところは、主《あるじ》を失へる名のみなり。況んやまた春の朝に花を翫ぶの人、暮には*北芒の風に散り、秋の暮に月に伴《とも》ひしの輩、暁には*東岱《とうたい》の雲に隠れぬ。昔《むかし》見し人今はなし、ただ蹤《あと》絶えたるの芒屋をのみ訪《とぶら》ふ。今《いま》聞く類《たぐい》忽《たちま》ちに去る、また*荒砌《こうせい》の墳墓に埋れぬ。人は往きて我《われ》は残る、是れ有とやせん、有にあらずとやせん。体《すがた》は去つて名のみ留まれり、彼《かれ》夢か、夢にあらざるか。一生過ぎ易く、万事実《じつ》なし、*朝の露に異ならず、夕の電に相同じ。燈の滅して後に再び見えざるがごとく、魂去りぬる人重《かさ》ねて来《きた》ることなし。

闌　底本「蘭」、天正本により改む。

促　底本「役」(附訓「ツ、マル」)、傍注「促ィ」、天正本により改む。

増す　板本には、この次に「行住坐臥所㆑積幾業」の句がある。→解説五〇八頁

常楽我浄　涅槃の四徳をいう。如来の法身にそなわる四種の徳。涅槃経巻二、哀歎品(正蔵一二-六一七a〜c)に出。

芒庭　すすきのはえた庭。

山下に添へ…　存覚法語に「風葉の…乾くことなし」を引いて、「山下にもそひ、原上にもそふ」とある(真宗聖教全書三列祖部)。「添」は板本「惨」。→解説五〇六頁

冬　天正本・板本「洞」。

親しく…　存覚法語に「傷まし…独り悲しむ」を引いて、「まのあたりことばをまじへし」とある(真宗聖教全書三列祖部)。

芝蘭の友　美しい交友をいう。芝蘭は芝草と蘭草。

断金の昵　友人の間のかたい交わり。

蛬　底本「蛩」(附訓「キリ〱ス」)、天正本により改む。

北芒・東岱　郊外葬戸の処。雲臥紀譚巻下の蔣山仏慧禅師の条にある北邙行に「前山後山高峨峨、喪車轔轔日日過、哀歌幽怨満㆓巌谷㆒、聞者潜悲薤露歌、哀歌一声千載別、孝子順孫徒泣血、世間何物得㆓堅牢㆒、大海須弥竟磨滅、人生還如㆑露易㆑晞、従来有㆑会終別離」(続蔵一-二乙-二一-一三a)とある。

荒砌　荒れはてた石の階(きざはし)。

朝の露に…　金剛経に「一切有為法、

あに図《はか》りきや、装ひを敷《し》ける樹の花、風に化して散り、翠《みどり》に茘《おいい》でたる庭の*芒《すすき》、霜に遷《うつ》されて枯るといふことを。しかのみならず、*槿花一晨の栄え、暮にはなく、郭公数声の愛《なぐさ》み、*久しからず。視聴の触るるところ、しかしながら発心《ほっしん》の便りと雖も、世事に暇《いとま》なくして、都《すべ》て思ひ*棄《す》つること能《あた》はず。そもそも電光、いかなる物ぞ、髣《ほの》かに燿《ひらめ》いて忽《たちま》ちに滅す。わが身幾《いくばく》の程ぞ、有と見れどもいづくにか逝《さ》る。

一たび往事を顧みれば、深更の夢、枕の上に空しく、再び将来を想《おも》へば、*幽冥の路《みち》、趺《あなうら》の下に在り。つらつら世間の転変を観ずれば、哀傷の涙袖に余《あま》る。静かにこの身の浮生なるを思へば、憂懐の悲《かな》しみ肝に銘ず。およそ、身の*資什の斜《なな》めなる質を見るごとに、用ゐんこと幾許《いくばく》の程ぞ、気の出入の僅かに通《かよ》ふことを尋ぬるごとに、保たんこと今やその限りならん。況んや、年月の図《はか》らざるに遷ることは、山水の庭に流るるよりも俊《と》し、身体の覚《おぼ》えずして衰ふることは、旧宅の風に向ふよりも危し。いかなる時節に当《あた》つてか、青眼永く閉ぢて再会を隔《へだ》てんと欲する。またいかなる野の叢《くさむら》に移つてか、*白骨新たに曝《さら》して塊塵に伴はんと欲する。

*屠所の羊、今幾《いくばく》か無常の道に歩み、*閻魔《えんま》の使《つかい》、いづれの時にか朽室の窓に臨まん。電泡の保ち難きの体は、旦暮を送るの間なり。草露の程なき命は、出づる日を待つばかりなり。知らず、今の時や*抜精の猛鬼、鉾《ほこ》を捧げて、枢《とぼそ》の下に来らんと欲することを。弁《わきま》へず、この日よりや極重の病苦を身に受けて、無為にして死せんと欲することを。況んや衆病は身に集れり、驚くべし、怖るべし。頓死眼に遮《さえぎ》る、顧《かえり》みずんばあるを。

如二夢幻泡影一、如レ露亦如レ電、応レ作二如レ是観一」(正蔵八-七五二b)とある。

芒　天正本附訓「ス、キ」。

槿花一晨の栄え　しばしの栄華の喩え。むくげの花は、朝に開いて夕にしぼむからいう。

久しからず(不久)　底本、この次に「妥正」とある。天正本・板本によるに、「焉」(不読)の誤字と思われる。

棄　天正本・板本「寄」。

幽冥の路…　三悪の火坑が足下にあり、仏道を行ぜざる者は、必ずそこに落ち入るという。

資什　什は聚まるの意。身体は衆縁の聚まりによってできたものであるから、資什は生れながらの資質をいう。板本「資体」。

白骨…　恵心僧都の白骨観に「身命財三離散時、唯残二白骨一在二野外一」(恵心僧都全集第三巻、五八五頁)とある。

屠所の羊…　大乗本生心地観経巻五に「猶如下牽羊詣二彼屠所一、漸漸近レ死、無上レ所二逃避一」(正蔵三-三三a)とある。

閻魔　梵語 yama の音訳。地獄の総司。

抜精の猛鬼　臨終の時、人の魂魄を奪う鬼。三教指帰に「無常暴風不レ論二神仙一。奪精猛鬼不レ嫌二貴賤一」(弘法大師全集九輯、三四九頁)とある。

べからず。この世あに牢固ならんや、*衆縁を以て暫く成ぜり。わが身むしろ堅く執せんや、名字を以て人に仮るなり。

たとひ楽《たの》しむとも楽しみ遂《と》ぐべからず、始《はじ》めあるものは終《おわ》りあるが故に。たとひ惜《お》しむとも惜しみ終《と》ぐべからず、生ある者は必ず滅するが故に。天*主人王の快楽も好まず、世世に歴《ふ》るが故に。*胎卵湿化《たいらんしつけ》の行苦は悲しむべし、生生の恒の悩みなるが故に。如《し》かじ、ただ水沫の命《いのち》未だ消えざるの前《さき》、務《いそ》ぎて来世の営みを企《くわだ》て、風前の燈髣《ともしびほの》かに残れる程、宜しく*険難の路を脱《のが》るべし。今生の刹那《せつな》の*快楽《けらく》は、実《まこと》に以て益《やく》なし、夢の中の困《くるし》みなるが故に。未来長劫の苦悩は、深く是れ厭《いと》ふべし、迷《まよ》ひの前の憂《うれ》へなるが故に。明日を期《ご》することなかれ、*懈怠《けだい》を好むことなかれ。

過去に未だ発心せざるが故に、今生既に*常没《じょうもつ》の凡夫たり。今生もし空《むな》しく送りなば、後もいよいよ悪趣の*異生たらん。あにただ安然《あんねん》として徒《いたず》らに有り難きの日月を送らんや。むしろまた緩慢《かんまん》として得易《やす》きの*最要を求めざらんや。しかのみならず、過去の宿《しゆく》業拙《ごうつたな》くして、今生已《すで》に卑賤孤独の報を感ぜり。今生の所行愚にして、未来もまた地獄鬼畜の生を受けんか。況んや先《さき》の因たる*戒善の力は、今身に既に果《はた》し畢《おわ》んぬ。*後生善処の貯《たくわ》へは、望むところ何事《なにごと》ぞや。数十余年の日日の所作は悪業実に多く、百千万億の念念の思惟は妄想至つて深し。

*二利の行願、勤《つと》むるところ已《すで》に闕《か》けたり。*現当の最要、儲《もう》くるところ一もなし。ただ我等が所作は、流転《るてん》の業《ごう》にあらずといふことなし。昨日は今日のために営《いとな》み、今*日

衆縁を…　維摩経巻中、文殊師利問疾品に「四大合故、仮名為レ身。四大無レ主、身亦無レ我」(正蔵一四‐五四四c～五四五a)とある。

主　板本「上」。

胎卵湿化　胎生・卵生・湿生・化生の四種の生をいう。

険難　三途八難。

快　底本・天正本「化」、板本により改む。

懈怠　成唯識論巻六に「云何懈怠。於二善悪品修断事中一、懶惰為レ性、能障二精進一、増レ染為レ業」(正蔵三一‐三四b)とある。

常没　衆生、常に生死の海に沈没すること。

異生　人天・餓鬼など異類の生を受けること。

最要　発菩提の信心が、涅槃に到る最上の要であること。

戒善　五戒十善。

後生善処　法華経巻三、薬草喩品に「現世安隠、後生二善処一」(正蔵九‐一九b)とある。

二利の行願　自利利他の身の行と心の願い。

現当の最要　今生・未来にわたる善根功徳。

日　底本なし。天正本により補う。

は明日のために務《つと》む。まさにいづれの日、いづれの時にか、永くこの*世を逝《さ》らんと欲すべきや。偏《ひとえ》にこの身のために、無量の業を造り、一業の果、無*量の劫を送る。*六趣に経歴して、車の庭に旋《めぐ》るがごとく、*五欲に耽着《たんじゃく》して、膠《にかわ》の草に着《つ》くに似たり。

悲しいかな、名利の毒薬を幻化の身中に服して、空しく*二世を殄《ほろぼ》さんこと。愚なるかな、恩愛の繫縛《けばく》を迷乱の心上に結んで、徒《いたず》らに一期《いちご》を送らんこと。今生に聊《いささ》かも*制伏の念なくは、後世の大なる怨《あた》、身に随へる影のごとし。是《ここ》において、たまたま少業を励むと雖も、多くは悪縁のために破られ、ほぼ罪障を悲しむと雖も、還つて恩愛のために忘れられぬ。

*衆罪は霜露のごとしと説けども、恵日隠れて照すことなく、諸法は影焰に似たりと聞けども、妄情現じて迷ひ易し。滅罪生善の志、心と事と調《ととの》ほらず。発心修行の計《はかりごと》、*内と外と*共に乖《そむ》けり。無益の語を囂《かまびす》しくすと雖も、出世の事をば談ずることなし。居ながら他人の短をば*斥《そし》るとも、身上の過をば顧みず。自ら人目を慎むと雖も、全く*冥の照覧を忘れぬ。希《まれ》に一善を勤むと雖も、多くは名聞の思ひに穢《けが》る。無常は*眼に遮《さえぎ》れども、実有《じつう》の執いよいよ深く、不浄は身に湛《たた》ふれども、厭離の思ひ都《すべ》てなし。或いは*日別の所作を始めんと思へども、随つて命の促《つづ》まるをば顧みず。或いは時節の遷流をば歌ふと雖も、兼ねてより退屈して企《くわだ》つることなし。この故に、身の堪《た》へたる*ところは、猶しこれを勤《つと》めず、心の及ぶところは、多くこれを怠ることあり。夜は則《すなわ》ち睡眠のために侵《おか》され、昼はまた*塵事のために汙《けが》さる。秋の夜長し、夜長けれども徒《いたず》らに明

世　底本「苦」、天正本により改む。
量　底本傍注「辺ィ」、天正本・板本は「辺」。
六趣　六道。
五欲　色・声・香・味・触をいう。五根によって生ずる欲。
二世　現当、つまり今生と未来。
制伏　悪業を禁制し、煩悩を調伏すること。
衆罪は…　観普賢菩薩行法経に「衆罪如二霜露一、慧日能消除、是故応レ至レ心、懺悔六情根」(正蔵九‐三九三b)とある。
内と外と…　内には虚仮無実の心を懐き、外には賢善精進の相を現ずるをいう。
共　底本「无」、天正本により改む。
斥　天正本附訓「サシヲトレル」(底本附訓なし)。実暁記所収の祈請表白の「斥居他人非」の「斥居」に、「サシヲレトモ」と附訓あり、祐成本の祈請表白には、同文を「居ナガラソシルトモ」と附訓がある。↓解説五〇二頁
冥　底本「真」、天正本により改む。冥とは、仏陀および諸天善神をさす。
眼に遮れども(遮眼)　底本「眼遮」、天正本による。
日別の所作　十斎日・六斎日をはじめとし、一日一夜の五戒八戒・礼拝・坐禅・或いは別時の念仏読経などをいう。
ところ(所)　底本、この次に「作」と補う、衍か。
塵事　塵とは五塵の煩悩、事とは煩悩身を作る業をいう。

日遅けれども　底本「(春日遅)々々々」につくるも、天正本による。
乞匃　乞い求めること。乞食と同じ。
親昵　夫婦・兄弟・朋友をいう。
愛恚　愛欲と瞋恚。
死　底本なし。天正本により補う。祈請表白にも「未知生死之源」とある。
放逸　成唯識論巻六に「云何放逸。於二染浄品一不レ能二防修一、縦蕩為レ性障二不放逸一、増レ悪損レ善所依為レ業。謂由二懈怠及貪瞋癡一、不レ能三防二修染浄品法一、総名二放逸一」(正蔵三一-三四b)とある。
愛別離苦　八苦の一。後の怨憎会苦も同じ。
結　底本なし。天正本により補う。
仏　天正本・板本、この上に「然間」とある。
倶生神　衆生と倶に生じて、善悪を指示する神。玄奘訳の薬師琉璃光如来本願功徳経に「然諸有情有二倶生神一。随二其所作若罪若福一、皆具書レ之。尽持授二与琰魔法王一。爾時彼王推二問其一一。算二計所作一、随二其罪福一、而処二断之一」(正蔵一四-四〇七b)とある。

かし、春の日遅し、*日遅けれども空しく暮れぬ。自行敢《あ》へて勤めず、況んや他人を益するに及《およ》ばんや。わが心猶《なお》し憑《たの》み難《がた》し、況んや冥の知見においてをや。かの*乞匃《こつがい》非人《ひにん》の門に望むに、賜はずして悪厭《おえん》せしめ、烏雀犬鼠《うじゃくけんそ》の食を求むるに、情を廃《す》てて慈悲もなし。頑蔽《がんぺい》無慚にして憍慢起り易く、*放逸熾燃《しねん》にして悪行止《とど》め難し。身は生死に処すと雖も、未だ生*死の源を知らず。心は妄執より起ると雖も、また妄執の基《もとい》を弁《わきま》ふることなし。無明の毒酔は連連たりとも、また薬を隔《へだ》てて醒悟を知らず。*愛恚《あいい》の妄海は眇《びょう》眇《びょう》たりとも、また浪に漂うて船筏《せんばつ》を見ず。専ら訪《とぶら》ふべきの父母の生所《しょうしょ》をも尋ぬることなく、さらに憐れむべきの*親昵《しんじつ》の受苦をも知らず。

纔《わず》かにわが後生の苦のみを畏《おそ》ると雖も、なほあまつさへ三途《さんず》の業《ごう》を造る。しばしばかの悪果の種をば結ぶと雖も、未だ都《すべ》ては因果の理を信ぜず。*愛別離苦《あいべつりく》をば見已《おわ》つて還つて愛し、怨憎会苦《おんぞうえく》をば覚《さと》り已《おわ》つていよいよ怨《うら》む。悪業のためには奴僕《ぬぼく》と作《な》つて、劫を経《ふ》と雖も憂《うれ》へとせず。善根のためには懈怠《けたい》を致して、日を送ると雖も痛《いた》みとせず。ああ生死《しょうじ》の険道は常の栖《すみか》にして、出《い》づべきの便りを求むることなく、貪愛の繋縛は堅く*結びて、解《と》くべきの計《はかりごと》をも弁《わきま》へず。あらかじめ見聞を失へるの盲聾に異ならず、あたかも覚知なきの木石に同じかるべし。

*仏菩薩の影の形に随ふがごとくして、照見を垂《た》れたまふをも慚《は》ぢず、*倶生神《くしょうじん》の左右の肩に在つて、善悪を記するをも顧みず。朦朦緩緩として、昨《きのう》も過ぎ、今《きょう》も過ぎぬ。悲しいかな、痛ましいかな、徒《いたず》らに晩《くら》し、徒らに曙《あか》す。もし後《のち》を期《ご》して勤めざるか、

期《ご》する日は是れいづれの日ぞや。はた性《しょう》に任せて*緩慢なるか、緩慢はそれ何のためぞや。もし愚癡《ぐち》の至りと思はば、速《すみや》かに愚癡を慎《つつし》むべし。もし懈怠《けだい》の過《とが》に譲《ゆず》らば、何ぞ懈怠を誡《いまし》めざる。坐禅の夜の床には、罪暗に迷ひて通ずることなく、*観念の暁の窓には、妄風吹いて静かならず。つらつら心を誡むれば*嗚呼《おこ》するに隙《ひま》なく、しばしば膝を責むれば涙を拭《のご》ふに暇《いとま》あらず。是《ここ》を以て、*心外《しんげ》に法ありといはば、生死に輪廻《りんね》す、歎《なげ》くべし、悲しむべし。*一心を覚知すれば、生死永く*棄つ、信ぜずんばあるべからず。

所以《ゆえ》に、耿耿《こうこう》たる燈の影、なほ迷ひを顕はす便りなるべし、蕭蕭《しょうしょう》たる風の声《おと》、まさに心を観ずる基《もとい》たるべし。急ぎても早く急ぐべきは、出離解脱の計《はかりごと》なり。忘れてもなほ忘るべきは、*虚妄《こもう》実有の謬《あやま》りなり。すべからく境界に向はんごとに、実に是れ夢のごとしと想ふべくは、自ら迷ひを除くべし、終に悟りを開くべし。

所以《ゆえ》に心を静めて遙《はる》かに*当来を想像《おもいや》れば、未来無数劫の間、我《われ》まさに、いづれの国、いづれの処、いづれの日、いづれの時にか、まさに無上正等*正覚を証すべき。しかるに、*一如《いちにょ》の水*流《なが》れを灑《そそ》いで、恣《ほしいまま》に*枯槁の衆生を潤《うる》ほし、一空の月光《ひかり》を顕はして、普《あまね》く長夜の迷情を照す。悲しいかな、無上の仏種を備へながら、自と云ひ、他と云ひ、無始無終の凡夫として、未だ都《すべ》ては出離の期《ご》を知らず。*身命を雪山に投ぜしの半偈も、眼《まなこ》に当つて空しきがごとし。給侍を*仙洞に致せしの一乗も、掌を抱きて勇なし。

*曠劫《こうごう》の幸《さいわ》ひ、身に余ることを弁《わきま》へず。長夜の迷ひに道を失へることを知らず。悪の上になほ悪を重ねて、徒《いたず》らに春秋を数年に送り、夢よりなほ夢に入りて、空しく日月

緩慢なるか(**緩慢歟**) 底本なし。天正本により補う。

観念 正思惟のことで、禅定と同じ。

嗚呼 なきさけぶこと。

心外に… 心の外に別法なしというのが、唯識論や華厳経のたてまえ。

一心 華厳経で説く三界唯一心の一心。事心に対して理心をいう。菩提流支訳の入楞伽経巻一に「寂滅者、名為㆓一心㆒。一心者、名為㆓如来蔵㆒」(正蔵一六‐五二九a)とある。

棄 底本「奇」、天正本・板本により改む。

虚妄実有 唯識説では、虚妄とは遍計所執の妄分別をいい、実有とは諸法はすべて空なるのに、あやまって実有とみなすことをいう。

当来を… 法華経巻三、授記品の受記作仏をいう。

正覚 天正本「菩提」。

一如 本有常住の真如をいう。

流れを灑いで(**灑流兮**) 底本「灑流号」、「号」は「兮」の誤。天正本により改む。下の「光を顕はして(顕光兮)」も同じ。

枯槁の衆生 智慧のかれた衆生。

身命を… 北本涅槃経巻一四、聖行品にある雪山大士半偈殺身をさす(正蔵一二‐四五〇a～四五一a)。

仙洞 法華経巻四、提婆達多品(正蔵九‐三四c)の所説で、大王に仕えた阿私仙の居処という。

曠劫の幸ひ 逢い難き仏法に逢うこと。

を三句に過せり。悲しみても悲しむべきは、我法の妄執、堅く結べること。憂へても憂ふべきは、*生法の空理、遥かに隔たること。これによつて流転常没《るてんじようもつ》の*凡夫たり。此《ここ》に迷ひて出離解脱《しゆつりげだつ》の*要路を失へり。聖者と云ひ、*凡夫と云ひ、遠く*外に尋ぬべからず。浄土と云ひ、穢土《えど》と云ひ、遥かに境を隔つべからず。我法を空ずるを聖者と称し、我法に着《じやく》するを愚夫と名づく。所執の境を穢土と称し、*如幻の境を浄土と名づく。

しかれども、先生《せんしよう》に*営まざるが故に、今は既に一文の覚悟なきがごとし。今生に企てずは、いづれの時か暗《そら》に少分の恵解《えげ》を生ぜんや。況んや仏法に*遇はざるにもあらず、また盲聾に礙《さ》へられたるにもあらず。縢を責め、志を運《めぐら》して、随分に*策励せば、何ぞ一塵の得益《とくやく》なからん。この功を始めとして、遂に深広の仏道に進まんこと、あに至要にあらずや。しかれども、或いは懈《おこた》りて身の堪《た》へたるところにあらず、或いは慢じて心の好むところにあらず。*億劫に一たび説きたまひし釈尊の教法も、ほとんどその詮なきがごとし。あまつさへ仏法を学する輩においては、或いは*誹謗し、或いは憍慢し、或いは嫉妬し、或いは嘲哢す。たとひまた学文の志あれども、無上の法宝を費《ついや》して、還《かえ》つて名利の価を募《つの》り、*甘露の妙薬を嘗《な》めて、いよいよ煩悩の病を増す。出離の指南は、徒《いたず》らに生死の海に沈み、菩提の明月は、空しく妄染の雲に隠れぬ。悲しいかな、仏法まさに喉《のんど》に迫ること。*福田のまさに渴《かわ》きなんとするに、智水*未だ掬《く》まずは、何によつてか善苗《ぜんみよう》を植ゑん。法燈永く断えなば、何を以てか迷情を照さん。

しかのみならず、*倒見邪見の惑業《わくごう》は、幻夢の前に起ると雖も、実我実法の盛睡は、

生法 我法のこと。
凡夫たり(凡夫也) 底本「凡夫乜」、天正本によって、「乜」を「也」(不読)によむ。
要路 底本「跡」、天正本により改む。板本「路」。
凡夫と云ひ(云凡夫) 底本なし。天正本により補う。
外 底本なし。天正本により補う。
如幻の境 諸法は如幻なりと観ずることができる清浄仏国をいう。
営 天正本「策」(附訓「イトナム」)。板本「営」(附訓「ハゲム」)。
遇 底本「愚」、天正本により改む。
策 底本「栄」、天正本により改む。
億劫に… 法華経巻一、序品に「諸仏甚難レ値、億劫時一遇」(正蔵九‐五a)とあるによる。
謗 底本「訪」、天正本により改む。
甘露 梵語 amṛta の訳。味甘くして蜜の如きもの。
福田 梵語 puṇya-kṣetra の訳。福徳を生みだす田の意。
未だ掬まずは(未掬者) 底本「者」なし。天正本により補う。
倒見邪見 倒見は顚倒の妄見で四種あり、邪見は五見の一。
夢 底本「嬰児」、天正本により改む。
諸法は… 六十華厳巻二五、十地品に

未だ長夜の中に寤《さ》めず。境界は是れ夢の所縁なりと聞けども、同じく夢*を夢と知らず。*諸法は皆《みな》心が*反作《はんさ》なりと説けども、あたかも影に向つて憤*喜をなすがごとし。なかんづく、*宿習本《もと》より薄く、発心都《すべ》てなく、妄念は競ひ起る。出離の要、何事ぞ。

慭《なまじい》に世間を捨てて、僅かに深山の洞*に移ると雖も、隠遁はただ名のみあり、洞*に殆《あやう》くして一行をも守ることなし。猥《みだりがは》しく仏を頼むと称*すと雖も、聖の通ずべきの誠を致さず。たとひ教文《きょうもん》に向ふことありとも、都て法のごとくならんとするの心を欣《ねが》ふことなし。*性罪の闇深く、*戒珠《かいしゅ》永く光《ひかり》を隠す。*遮罪《しゃざい》の塵《ちり》積めり、法水流れを通ぜず。善は嬾《ものう》く、悪は好《この》ましく、名を求め、利を貪《むさぼ》る。しかる間、等閑《なおざり》の言《こと》の端《は》には、身の錯《あやま》ることを悲しむと雖も、真実の心の底には、その過《とが》を改むることなし。たとひ随分の勤めあれども、なほ以て頼み難し。況んや是《かく》のごとく空《むな》しく過ぎ、以後もまた同じかるべくは、我《われ》閻魔の誡に預《あずか》り、冥官の責を蒙《こうむ》らん時、独り涙を流して悲しむべし。後悔何の益《やく》かあらん。*まことにおもんみれば、無量億歳《むりょうおくさい》を過ぎて、受け難き*爪上《そうじょう》の人身を受くと雖も、受けざるよりも拙《つたな》し。恒沙《ごうしゃ》の塵劫を重ねて、遇ひ難き*優曇《うどん》の教文に遇ふと雖も、遇はざるよりも空し。

たまたま道*場に望んで、罪垢を心水*に洗はんと欲すれば、散乱の浪忽ちに動いて、一塵未だ清からず。希《まれ》に尊容に向つて、迷闇を覚月*に照さんと欲すれば、煩悩の雲厚《あつ》く覆ひて、長夜なほ深し。妄心の迷ひは往昔の串習《げんしゅう》なれば、僅かに起るもいよいよ盛んなり。菩提の道は今新《あら》たなる行業なれば、励むと雖も速《すみや》かに忘*れぬ。手には念珠を

「三界虚妄、但是一心作」(正蔵九‐五五八c)とあるによる。

反　天正本「変」。反は変に通ず。

憤　底本「墳」、天正本により改む。底本左訓「イキトホリ」。

宿習　宿世のならいくせ。

洞　底本「濶」、天正本により改む。

洞　天正本・板本なし。或いは衍か。その時には、「殆」は「ほとんど」とよむべし。

称　底本なし。天正本により補う。

性罪　殺盗の悪は、仏制にかかわらず、本来それ自体悪なることをいう。

戒珠　戒律の清浄なることを珠玉に喩える。梵網経巻下に「戒如二明日月一、亦如二瓔珞珠一」(正蔵二四‐一〇〇四a)とあるによる。

遮罪　性罪に対する言葉。飲酒などは仏制では悪であるが、それ自体は悪ではない。

まことにおもんみれば(寔以)　底本「寔是以」、「是」を天正本により削る。

爪上の…　人身を受くることの稀なるを、爪上の土に喩える。北本涅槃経巻三三、迦葉菩薩品(正蔵一二‐五六三a～b)に出。

優曇の教文に…　如来の教法の聞くこと稀なるに喩える。法華文句巻四上に「優曇花者、此言二霊瑞一。三千年一現、現則金輪王出」(正蔵三四‐四九b)とある。

道　底本「導」、天正本により改む。

心水　真如法性の智水。

覚月　妙覚果満の仏を月に喩える。

忘　底本「妄」、天正本により改む。以下同じ。

廻《めぐ》らすと雖も、数と余念と相乱る。口には*宝号を唱ふと雖も、心と唇舌と調はず。纔《わず》かに勤むるところ、既に以て実なし。値《あ》ひ難き法に値ふと雖も、急《と》く功を終らんことに嬾《もの》うくして、急ぎ已《おわ》つては何の所作ぞ。ただ偏《ひとえ》に世務の計《はかりごと》なり。世務は是れ何の要ぞ。夢中の名利のためなり。また名利は大なる毒にして、二世の身心を悩ます。富める者は楽しみに貪《ふけ》つて、都《すべ》て後世を知らず。貧しき者は憂へを懐きて、いよいよ罪業を造る。

　およそ言を述べて記せんと欲すれば、筆を染《そ》むるに遑《いとま》あらず。慎《つつし》むべく察すべきは、迷なり、愚なり。たとひ今生の中に観行を企つと雖も、なんぞ未来のために*清浄の願を発《おこ》さざらん。しかれども、串習に拘《かか》はられ、卑下に妨げられて、将来の誓願すらなほ以て発し難し。既に一善の真実、都《すべ》てなし。また*三業の妄染、尤《もっと》も深し。猥《みだりがは》しく比丘《びく》と号す、甚だ*蝙蝠のごとし。あまつさへ仏子と称す、恐《おそ》らくは慚愧《ざんぎ》すべし。仏の言《のたまわ》く、「是《かく》のごときの人は、わが弟子にあらず、また我《われ》を称して本師とせず。いはゆる法の中の*旃陀羅《せんだら》なり。*国王の地の上に涶《つばき》を吐《は》くに処《ところ》なし。五千の大鬼、恒《つね》にわが足の跡を払《はら》はん。」

　ああ堅く守るべきの*慈父の遺言をも守らずして、甚だ怖るべきの獄率の呵嘖を蒙らんと欲す。実に世間出世につきて、身口意《しんくい》の業《ごう》において、時時の所行と云ひ、念念の思惟と*云ひ、その悪うたた多く、その過幾《とがいくばく》ばかりぞ。名利《みょうり》の妄染《もうぜん》、心の底に深く、智水乾《かわ》きて洗《すす》ぎ難し。無明《むみょう》の愛塵、身の上に積り、梵風絶《た》えて払ふことなし。

宝号　三宝の号。

清浄の願　出世無漏の清浄法身を求める願い。

三業　身・口・意の三業。

蝙蝠　破戒の比丘に喩える。鳥鼠僧ともいう。仏蔵経巻上に「譬如㆓蝙蝠㆒。欲㆑捕㆑鳥時、則入㆑穴為㆑鼠。欲㆑捕㆑鼠時、則飛㆑空為㆑鳥、而実無㆑有㆓大鳥之用㆒。其身臭穢但楽㆓闇冥㆒。舎利弗、破戒比丘、亦復如㆑是」（正蔵一五-七八八c）とある。

旃陀羅　梵語 caṇḍāla の音訳。四姓の外にあって、屠殺を業とするもの。

国王の…　梵網経巻下に「亦不㆑得㆓国王地上行㆒、不㆑得㆑飲㆓国王水㆒、五千大鬼常遮㆓其前㆒…」（正蔵二四-一〇〇九a）とあるにもとづく。

慈父の遺言　仏一代の所説、または遺教経をさす。

云　底本なし。天正本により補う。

いかなる人か、精進《しょうじん》して頭燃《*ずねん》を払ふがごとくせん。いかなる我《われ》か、懈怠《けだい》にして寸陰を惜しまざらん。齢《よわい》にまた齢を積むと雖も、増すことなきは善心なり。迷*ひを累《かさ》ぬと雖も、衰《おとろ》へざるは妄執なり。兼ねて当来を想ふに、憑《たの》み少《すくな》く、悲しみ多し。なかんづく、五官王*の断罪、もし脱《まぬか》るることあり、浄頗梨《*じょうはり》の鏡の影、たとひ写すことなくとも、転識頼耶《*てんしきらや》の念念の薫修においては、朽《く》つべからず、失ふべからず、自業自得《じごうじとく》の因果必然なり。当来の苦報、まことに以て遁《のが》れ難し。ほぼいかんせんと歎くと雖も、時を隔《へだ》てぬれば、速かに忘れぬ。熏習《くんじゅう》の馴るるところ、その性還《かえ》つて本《もと》のごとし。かの齢《よわい》八旬に闌《た》けたるの人も、敢へて命の喉に迫ることを弁《わきま》へず。我病《われやまい》をして数日に憂ふるの時も、なほ定めて死すべしと覚《さと》らず。目盲《めし》ひ、足蹇《な》えて、火坑*に堕《お》ちんと欲す。他を見て我を推すに、この事疑ひなし。濁世末代《じょくせまつだい》の習《なら》ひ、人ごとに爾《しか》なりと雖も、我等が癡闇の深きこと、心も言も及ばず。これを知らずんばいかんせん。知りながら還つて迷へり。これを畏《おそ》れざるは愚の至りなり。畏《おそ》ると雖も実なし。是《ここ》を以て、生死沈淪*のためには、徒《いたず》らに身命を捨つと雖も、出離解脱*のためには、いづれの時か身命を捨てたる。ただ偏《ひとえ》に暫時の命根を惜しまんがために、専ら長劫の苦種を殖《う》うるところなり。

芭蕉の脆《もろ》き身、たとひ楽しむことあるとも、幾《いくばく》の程ぞ。草露の危き命、たとひ栄《さか》ゆることあるとも、久しからず。況んやわが身のごときは、誇*るべきの楽しみ、都てなく、また愛すべきの栄え、何ぞあらん。誰か狂ふところのあれば、火宅*の炎に咽《むせ》ぶと

頭燃を… 永平初祖学道用心集に「恐ニ怖時光之太速一、所以行道救ニ頭燃一。顧ニ眄身命不レ牢、所以精進慣ニ翹足一」(正蔵八二-二b)とある。

迷ひを累ぬ(累於迷) 底本「迷累於」、天正本により改む。

五官王 冥府にあって、一切衆生の罪の軽重をはかるを司る王で、十王の一。仏説地蔵菩薩発心因縁十王経(以下「十王経」と略)に出。

浄頗梨の鏡 業鏡とも、火珠ともいい、閻魔王国にあって、罪人の一生の悪業をことごとく現ずる鏡をいう。十王経に「光明王院於ニ中殿裏一、有ニ大鏡台一。懸ニ光明王鏡一、名ニ浄頗梨鏡一」(続蔵一-二乙-二三-四-三八二b)とある。

転識頼耶 転識は七転識、頼耶は阿頼耶識。十王経で三種魂識を説く中の第三相霊現魂神識は、阿頼耶識において開いて三魂心性となすという。

火坑 三悪趣。

沈淪 淪は底本「輪」、天正本により改む。以下同じ。

出離解脱の… 梵網経巻下に「若焼レ身焼レ臂焼レ指、若不下焼ニ身臂指一供中養諸仏上、非ニ出家菩薩一」(正蔵二四-一〇〇六a)とあるにもとづくか。

誇 底本「諱」、天正本により改む。

火宅の炎 法華経巻二、譬喩品に「三界無レ安、猶如ニ火宅一」(正蔵九-一四c)とある。

雖も、*浄刹の身をば欣《ねが》はざらん、流転の業《ごう》、萌《きざ》すと雖も、出離《しゅつり》の因を修することなからん。畏るべきの生死をも都《すべ》て怖れず、欣《ねが》ふべきの菩提をも全く欣はず。愚《おろ》かに執するところは、虚妄《こもう》暫時の名利《みようり》なり。堅く着《じゃく》するところは、雷光*朝露の身命《しんみよう》なり。*咄《とつ》なるかな、悲しいかな、*冥より冥に入りて、永く仏の名をも聞かず、迷より迷に向つて、鎮《とこしな》へに多の劫数を送らんこと。まことに是れわが身の上にあらずや。むしろまた人の上と思はんや。実にこの身を念《おも》はんと欲せば、この身を念ふことなかれ。早くこの身を捨てて、以てこの身を助くべし。徒《いたず》らに野外に棄てんよりは、同じくは仏道に棄つべし。空しく苦海に溺れんよりは、急ぎて彼岸を欣《ねが》ふべし。

しからば則《すなわ》ち、今日より始めて未来際に至るまで、苟《いやし》くもわが身命を以て、恭《うやうや》しく仏法僧に抛《なげう》つて、以て仏道を求め、以て*有情《うじよう》を利せん。これによつて、或いは草庵を山林寂莫《じゃくまく》の霞《かすみ》に結んで、暫《しばら》く今生《こんじよう》の遊宴の栖《すみか》とし、或いは*一鉢《はち》を聚落*憒閙《かいによう》の煙に捧げて、永く一仏浄土の縁を萌さん。もしくは涼涼たる冬景に、*麻の衣薄くして寒風膚《はだえ》を徹《とお》さんの暁も、*紅蓮《ぐれん》罪苦の氷を思ふべし。その憂《うれ》へ幾許《いくばく》ぞ。もしくは遅遅たる春天に、*糲食《れいしょく》乏《とぼ》しくして温日斜《なな》めに過ぎんの朝も、餓鬼飢饉の苦を慰《なぐさ》むべし。かの悲、大なるかな。

一旦の仮《か》りの身を養はんがために、尚《なお》し能《よ》く無益の身心を費《ついや》す。況んや二利の行業を成ぜんがために、あに*有義の苦悩を痛しとせんや。かの*諸仏菩薩も、本《もと》は常没《じょうもつ》の凡夫なりき、迷心ほとんど我等がごとし。しかれども、昔《むかし》生死の夢の中に大勇猛を発し

浄刹　諸仏の浄土。

朝露　人命の無常に喩える。涅槃経巻三八、迦葉菩薩品に「是寿命常為㆓無量怨儲所㆒㆑遶。念念損減無㆑有㆓増長㆒。猶㆓山瀑水不㆑得㆓停住㆒。亦如㆓朝露㆒勢不㆓久停㆒」(正蔵一二-五八九c)とある。

咄なるかな　呼びかけてあやしむ声。天正本「拙哉」。

冥より…　無量寿経巻下に「善人行㆑善、従㆑楽入㆑楽、従㆑明入㆑明。悪人行㆑悪、従㆑苦入㆑苦、従㆑冥入㆑冥」(正蔵一二-二七七a)とある。

有情　衆生のこと。

一鉢　比丘六物の一で、飯器をいう。

憒閙　世俗の喧擾な場所。大乗起信論に「亦応㆘遠㆓離憒閙㆒、常処㆓寂静㆒、修㆗習少欲知足頭陀等行㆖…」(正蔵三二-五八二c)とある。底本「憒丙閙」、「丙」(「閙」の異体字の譌字)削除。天正本「丙」(附訓ネウ)。

麻　底本「鹿」、天正本により改む。

蓮　底本・天正本「連」、板本により改む。

糲食　米を精せざるを糲というが、ここでは粗食をいう。

有義の苦悩　世間の苦悩ではなく、二利を行い、三界出離のための意義ある苦悩のこと。天正本「有益」。

諸仏菩薩も…　梁塵秘抄の雑法文歌五十首に次の一首がある。「仏も昔は人なりき。われらもつひには仏なり。三身仏性具せる身と、知らざりけるこそあはれなれ」。

て、今《いま》仏果の覚《さと》りの前に我等を利益《りやく》したまふ。彼《かれ》を見て我《われ》を顧みるに、恥づべし、悲しむべし。*淪淪たる苦海、出離いづれの時ぞや。*ただし一身の事は、*置いて論ぜず。わが生生世世の間、*仏説いて言《のたまわ》く、「大地に、汝等、長夜に無量の生死《しょうじ》の苦を受けざるところあることなし。一人一劫に受くるところの身骨、爛壊《らんえ》せずんば、その聚《あつま》れる量は王舎城の側《かたわら》の*広博脇山に斉《ひと》しからん。飲むところの乳汁は四大海の水のごとし。身より出すところの血、また愛別離に泣くところの涙は、四大海よりも多し。大地の草木をことごとく折りて*算として、以て父母を数ふとも、また尽《つく》すべからず。無量劫より以来《このかた》、或いは地獄に在り、或いは畜生・餓鬼に在つて、受くるところの行苦は勝計すべからず。」是《かく》のごとく思惟《しゆい》して、夙夜《しゆくや》に懈《おこた》ることなかれ。哀《あわ》れなるかな、既に生生世世の間、父母あり、親族あり、師長あり、同法あり、皆《みな》是れ*具縛《ぐばく》の凡夫なり、*底下《ていげ》の異生なり。彼別れて後に再び見ず。今いかなる処に在つて、いかなる生をか受けたるや。我《われ》は已《すで》に悪世に生れて、*済度《さいど》するに力なし。神通なきが故に、これを知らず。恵眼盲《えげんめし》ひたるが故に、これを見ることなし。

我等は生死の広海に没在し、六趣に輪廻《りんね》して、出づる期《ご》あることなし。しかる間《あいだ》、*或いは父母たり、或いは男女たり、多生曠劫に互に恩愛を結べり。*一切の男女は皆《みな》生の父母なれども、生を隔《へだ》てたるが故に覚《さと》ることなし。あらゆる畜類は是れ世世の親族なれども、質《すがた》を改めたるが故にことごとく忘れたり。過去現在の恩徳、一塵も未だ報ぜずは、未来無窮の生死、自他共に没する人なり。いかに況《いわ》んや、八万四千の毛孔*、

淪 底本「倫」、天正本により改む。淪は「没」、しずむ。

ただし…世世の間 天正本は「但一身之事置不レ論、我生々世々間」を欠く。

置 底本「量」、板本により改む。

仏説いて… 涅槃経巻二二、光明遍照高貴徳王菩薩品に「一一衆生、一劫之中所レ積身骨、如二王舎城毘富羅山一。所レ飲乳汁如二四海水一。身所レ出血多二四海水一。父母兄弟妻子眷属、命終哭泣、所レ出目涙、多二四大海一。尽地草木為二四寸籌一、以数二父母一、亦不レ能レ尽。無量劫来、或在二地獄畜生餓鬼一、所レ受行苦、不レ可二称計一」(正蔵一二-四九六b)とある。なお安楽集巻上(正蔵四七-一三a)に引用あり。

広博脇山 毘富羅(Vipula)山。摩竭陀国に在り、常に人の見る山で、仏が処々に引いて喩えとした。思連鈔では、王舎城の四方にある伽布山等をさすというが、誤り。

算 数をかぞえるもの、かずとり。天正本「籌」(附訓「チフ」)。

具縛の凡夫 繋縛煩悩の衆生をいう。

底下 至下の意で、三界に沈淪すること。

済 底本「斉」、天正本により改む。

或いは… 心地観経巻三、報恩品に「或為二父母一為二男女一、世世生生互有レ恩」(正蔵三-三〇二b)とある。

一切の… 梵網経巻下に「一切男子是我父、一切女人是我母。我生生無レ不下従レ之受上レ生。故六道衆生皆是我父母」(正蔵二四-一〇〇六b)とある。

孔 底本「乳」、天正本により改む。

一戸に九億の虫類あり。我《われ》に属して沈淪して、出離《しゆつり》の期《ご》を知らず。我《われ》もし浮《うか》むことあらば、彼《かれ》もまた浮むべし。その面面の迷ひを思ふごとに、ただわが念念の肝を摧《くだ》く、また冥衆、我《われ》を照したまふ。かの悲しみ幾許《いくばく》ぞ。恥づべし、痛むべし、悟らずんばあるべからず。

かの仏菩薩は、五濁《ごじよく》の我等を救はんがため、専ら大慈大悲の誓願を催《もよお》されて、かの*法性《ほつしよう》の都《みやこ》の中より出で、*忝《かたじけな》くも穢悪充満のこの土に雑《まじわ》る。*感応利生《かんのうりしよう》、眼に遮り、耳に満ち、*霊神*験仏、此《ここ》に在り、彼《かしこ》に在れども、発《おこ》すべきの一念の道心をも請《こ》はず、訪《とぶら》ふべきの二親の菩提《ぼだい》をも祈らず。たとひかの霊壇に望めども、ほとんど真実の信心を起すことなし。纔《わず》かに念誦《ねんじゆ》を翹《くわだ》つと雖も、*掉挙数《じようこしばしば》競ひ起る。

*和光同塵の本願は、結縁《けちえん》の始めそれ何ぞ。毒酔迷乱の我等に、薬を授くるに便《たよ》りなし。ただし菩薩、我等を念じ、愛したまふこと、骨髄に徹す、恒《つね》に利益《りやく》せんと欲したまふこと、猶し*一子のごとし。その利益何事ぞ、いはゆる道心是《こ》れなり。世間浅近の益《やく》は、皆このための方便なり。

我《われ》進んで道心を請ふ。*能所《のうじよ》もし相応せば、何ぞその験《しるし》なからん。納受これなくは、誰か大悲の願を仰《あお》がん。もし誠《まこと》なき時は、感応《かんのう》随つてなし。もし誠あらん時は、利益何ぞ空《むな》しからんや。かの二利の要義を思ふに、ただ一念の発心《ほつしん》に在り。そもそも*仏種は縁*より起る、縁は即ち発心薫修の縁なり。覚悟は時を待ちて熟す、時はまた大聖《だいしよう》*加被《かひ》の時なり。いかに況《いわ》んや、仏陀神明の大悲は、偏《ひとえ》に群生《ぐんじよう》を度せんと誓ひたまふな

法性の都　清浄の仏界。浄土のこと。

忝　底本・天正本「恭」、板本により改む。

感応　衆生と仏との感応道交をいう。智顗の法華玄義巻六上に出。

霊神　権社の神明にして、霊験あらたかなるをいう。

験仏　諸寺諸山の霊仏にして、霊験あるをいう。

掉挙　心を落ちつかせぬもの。八纏の第七。

和光同塵　老子道徳経に「和二其光一、同二其塵一、是謂二玄門一」とあるのをとり、仏の普門示現をあらわす言葉とした。涅槃経巻六、如来性品には「是人為レ欲レ調二伏如レ是諸比丘一故。与共和光不レ同二其塵一」(正蔵一二-三九九c)とある。なお摩訶止観巻六下に「和光同塵結縁之始。八相成道以論二其終一」(正蔵四六-八〇a)とある。

一子の…　涅槃経巻一、寿命品に「等観二衆生一、如レ視二一子一」(正蔵一二-三六六b)とある。

能所　能度の仏と、所化の衆生。板本には、この上に「冥蓋垂照覧」の句がある。→解説五〇七頁

仏種は…　仏種は、仏果を生ずる種子。法華経巻一、方便品に「仏種従レ縁生。是故説二一乗一」(正蔵九-九b)とある。

より(従)　底本「徒」、天正本により改む。以下同じ。

加被　仏日の大悲の影、衆生の心水に現ずるを加といい、衆生の心水、仏日の光をこうむるを被という。

り。妄想顚倒の我等、さらに一*子の数に入れたまふなり。誓願もし*誤りなくは、利益何ぞ疑ひあらんや。

仰《あお》ぎ願はくは、三宝の神祇、愚意を哀愍《あいみん》して、道心を発《おこ》さしめたまへ。*一要もし成就せば、万事皆《みな》足りぬべきのみ。是《ここ》において同心の芳*友相議《あいぎ》して云く、「そもそも恩愛の心肝を悩ますは、皆是れ生死禁獄の繫縛のためなり。仏陀の我等を勧むるは、むしろまた彼岸引摂《いんじょう》の指南にあらずや。去来《いざや》、無常の恩愛を別離して、*不退の聖衆を友とし、堅固の契約を忘れずして、未来際を尽《つく》して限りとせん。恒《つね》に親友となつて互《たがい》に仏道を助け、鎮《とこしな》へに法器となつて同じく善事を営まん。人もし進んで*往生を遂《と》ぐることあらば、まさに彼の引摂を蒙るべし。*我《われ》先に往生を遂ぐることあらば、必ず引導を施さん。もし三途《さんず》の苦難に堕し、もし*人天の欲境に着《じゃく》せば、この人を助けて善趣の身とし、この人を導いて出世の門に入らしめん。乃至《ないし》、有縁無縁、現界他界、親しきより疎《うと》きに至り、近きより遠きに及んで、面面の恩所、一一に利益《りやく》せんのみ。」

今双眼乾くことなくして、同じく随喜を具《とも》にす。落涙袂に盈《み》ちて、従つて三宝に啓す。この契約においては、今生は則《すなわ》ち終焉の暮《ゆうべ》を際《かぎ》りとし、未来はまた証覚の朝《ご》を期とせん。しかるに、我等もしこの旨に違《たが》ひて、聊《いささ》か退屈を生じて、*小事に拘《かか》はりて、*大要を怠ることあらば、能《よ》く能《よ》くこの状を守つて、かの心を励ますべし。なほ強《あなが》ちにこの*語に随はずんば、永く本意を失して、*往生を遂げざらん。伏して乞ふ、冥衆、知見証明したまへ。仍《よ》つて結ぶところ右のごとし。敬んで白《もう》す。

子　底本・天正本「生」、板本により改む。
誤　底本「謂」、天正本により改む。
一要　一大事因縁としての道心。
友　底本「支」、天正本により改む。
不退の聖衆　清浄仏国に生じる不退位の菩薩衆。
往生　天正本も同じ。板本は「菩提心」。次行の「往生」も同じ。
我…施さん　天正本は「我先有レ遂二往生一者、必施二引導一」を欠く。
人天　人趣と天趣。
小事　世間の戯論。
大要　出世無漏の一大事。無上の道心をいう。
語　底本「悟」、天正本により改む。
往生　板本「成仏」。

興福寺奏状（貞慶）

田中久夫校注

法然上人流罪事…　底本の表紙の中央に記された書名の下に記されている。「同形状詞少々」は、訓読文・注解は省略したが、本巻の原文には全文を収めた(三一六頁)。

八宗　倶舎宗・成実宗・律宗・法相宗・三論宗・天台宗・華厳宗・真言宗。↓一〇頁注

興福寺奏状

*法然上人流罪事
貞慶解脱《げだつ》上人御草
同形状詞《ぎょうじょうことば》少少

九箇条の失の事

第一　新宗を立つる失。　第二　新像を図する失。　第三　釈尊を軽んずる失。
第四　万善を妨ぐる失。　第五　霊神に背く失。　第六　浄土に暗き失。
第七　念仏を誤る失。　第八　釈衆を損ずる失。　第九　国土を乱る失。

興福寺僧綱《そうごう》大法師等、誠惶誠恐謹言。

殊に天裁を蒙り、永く沙門源空勧むるところの専修念仏の宗義を糺改《きゅうかい》せられんことを請ふの状。

右、謹んで案内《あない》を考ふるに一《ひとり》の沙門あり、世に法然と号す。念仏の宗を立てて、専修の行を勧む。その詞、古師に似たりと雖《いえど》も、その心、多く本説に乖《そむ》けり。ほぼその過《とが》を勘《かんが》ふるに、略して九箇条あり。

第一に新宗を立つる失。夫《そ》れ仏法東漸《とうぜん》の後、わが朝に八宗*あり。或《ある》いは異域の神人来《きた》つて伝受し、或いは本朝の高僧往きて益を請ふ。時に上代の明王勅して施行《せぎょう》し、霊地名所、縁に随つて流布《るふ》す。その新宗を興し、一途を開くの者、中古より以降《このかた》、絶え

て聞かず。蓋《けだ》し機感已《すで》に足《た》り、法*時応ぜざるの故か。およそ宗を立つるの法、先づ義道の浅深を分ち、能《よ》く教門の権実《ごんじつ》を弁《わきま》へ、浅を引いて深に通じ、権《ごん》を会《え》して実《じつ》に帰す。大小前後、文理《もんり》繁しと雖も、その一法に出でず、その一門に超《こ》えず。かの至極を探つて、以て自宗とす。譬へば衆流の*巨海に宗するがごとく、なほ万郡の一人《いちにん》に朝《ちょう》するに似たり。もし夫れ浄土の念仏を以て別宗と名づけば、一代の聖教《しょうぎょう》、ただ弥陀一仏の称《しょう》名《みょう》のみを説き、三蔵の旨帰《しいき》、偏《ひとえ》に西方一界の往生のみに在らんか。今末代に及びて始めて一宗を建てしむるは、源空はその伝燈の大祖なるか。あに百済《くだら》の*智鳳、*大唐の鑑《がん》真《じん》のごとく、千代の軌範と称し、寧《なん》ぞ高野の弘法《こうぼう》、叡山の伝教《でんぎょう》に同じく、万葉の昌栄ある者か。もし古《いにしへ》より相承して今に始まらずとならば、誰か聖哲に逢ひて面《まのあた》りに*口択を受け、幾《いくばく》の内証を以て教誡示導するや。たとひ功あり徳ありと雖も、すべからく*公家に奏して以て勅許を待つべし。私に一宗と号すること、甚だ以て不当なり。

　第二に新像を図する失。近来、諸所に一の画図を翫ぶ。世に*摂取《せっしゅ》不捨《しゃ》の曼陀羅《まんだら》と号す。弥陀如来の前に衆多の人あり。仏、光明を放ち、その種種の光、或いは枉《ま》げて横に照し、或いは来りて本に返る。是れ顕宗の学生《がくしょう》、真言の行者を本とし、その外に諸経を持し、神呪を誦《じゅ》して、自余の善根《ぜんごん》を造《な》すの人なり。その光の照すところ、ただ専修念仏の一類なり。地獄の絵像を見るの者は、罪障を作《な》すことを恐れ、この曼陀羅を見るの者は、諸善を修することを悔ゆ。教化《きょうけ》の趣、多く以てこの類なり。上人云く、*「念仏衆生摂取不捨は経文なり。我、全く過なし」と云云。この理然らず、偏《ひとえ》に余善

時　底本「将」、右傍注「時ィ」により改む。

巨　底本「臣」、東本により改む。

智鳳　新羅の僧。大宝三年入唐し、樸揚大師智周より法相宗を伝え、義淵に授けたという(三国仏法伝通縁起・元亨釈書)。

大　底本「太」、仏本により改む。

口択　仏本「口決」。「口訣」の誤りか。

公家　朝廷。

摂取不捨の曼陀羅　摧邪輪巻下(三七〇頁上)・沙石集巻一(日本古典文学大系本八七頁)にもみえる。

念仏衆生…　観無量寿経に「復有二八万四千光明一、一一光明偏照二十方世界一、念仏衆生摂取不捨」(正蔵一二-三四三b)とある。

を修して、全く弥陀を念ぜざれば、実に摂取の光に漏るべし。既に西方を欣《よろこ》び、また弥陀を念ず、寧《なん》ぞ余行を以ての故に、大悲の光明を隔てんや。

第三に釈尊を軽んずる失。夫れ三世の諸仏、慈悲均《ひと》しと雖も、一代の教主、恩徳独り重し、心あらんの者、誰かこれを知らざる。ここに専修の云く、「身に余仏を礼《らい》せず、口に余号を称せず」と。その余仏余号とは、即ち釈迦*等の諸仏なり。専修専修、汝は誰が弟子ぞ、誰かかの弥陀の名号を教へたる、誰かその安養浄土を示したる。憐むべし、末生にして本師の名を忘れたること。かの覚親*論師、法愛*沙門、この咎に及ばず、なほ大聖の呵《さいなみ》を蒙る者か。善導*の礼讃《らいさん》の文《もん》に云く、「南無釈迦牟尼仏等一切三宝、我今稽首礼、南無十方三世尽虚空遍法界微塵刹土中一切三宝、我今稽首礼」と云云。和尚の意趣、これを以て知りぬべし。衆僧なほ帰命す、況んや諸仏においてをや。諸仏なほ簡《えら》ばず、況んや本師においてをや。

第四に万善を妨ぐる失。およそ恒沙《ごうしゃ》の法門、機を待ちて開き、甘露の良薬、縁に随つて授く。皆是れ釈迦大師、無量劫の中に難行苦行して得るところの正法なり。今一仏の名号を執《しゅう》して、都《すべ》て出離《しゅつり》の要路を塞ぐ。ただに自行《じぎょう》のみにあらず、普く国土を誡め、ただに棄置《きち》*するのみにあらず、あまつさへ軽賤に及ぶ。しかる間、浮言《ふげん》雲のごとく興《おこ》り、邪執《じゃしゅう》泉のごとく涌《わ》く。或いは法花経を読むの者は地獄に堕《お》つと云ひ、或いは法花を受持して浄土の業因《ごういん》と云ふ者は、是《こ》れ大乗を謗《そし》る人なりと云云。本《もと》*八軸・十軸を誦《じゅ》して千部万部に及ぶの人、この説を聞いて永く以て廃退す。あまつさへ前非を悔

迦　底本「伽」、東本により改む。以下同じ。

覚親　仏陀蜜多羅。真諦訳の婆藪槃豆《ばそばんど》法師伝(正蔵五〇-一九〇)にみえる。

法愛　曇摩蜱、罽賓の人。前秦建元年間(三六五—三八五)にシナに来る。

善導の礼讃の文　往生礼讃偈。一巻。引用文は、正蔵四七-四三九c。

棄　底本「奇」、東本により改む。以下同じ。「棄置」は字類抄にみえる。

八軸・十軸　八軸は法華経八巻。十軸はそれに開結を加えたもの。

信行禅師　五四一—五九四。三階教の開祖。魏州の人。伝記は、続高僧伝巻一六にある。三階教の文献は散佚したが、敦煌出土本が発見され、矢吹慶輝「三階教の研究」に収録されている。唐の懐信撰の釈門自鏡録巻上、慈悲寺神昉伝に「神都福先寺僧某乙、於二一時中一忽然命終、遂於二業道中一、見三信行禅師作二大蛇身一、遍身総是口、又見学二三階一人死者、皆入二此蛇身口中一、莫レ知二去処一」(正蔵五一-八〇六c)とある。

ゆ。捨つるところの本行、宿習実に深く、企つるところの念仏、薫修未《いま》だ積まず、中途にして天を仰ぎて歎息する者多し。この外、花厳《けごん》・般若《はんにゃ》の帰依、真言・止観の結縁《けちえん》、十の八九は皆以て棄置す。堂塔の建立《こんりゅう》、尊像の造図のごとき、これを軽んじて、これを咲《わら》ふこと、土のごとく、沙のごとし。福恵共に闕け、現当憑《たの》み少し。上人は智者なり、自らは定めて謗法《ほうぼう》の心なきか。ただし門弟の中、その実知り難し、愚人に至つては、その悪少からず、根本枝末、恐らくは皆同類なり。昔*信行禅師の三階の行業を立て、*孝慈比丘の一乗の読誦を止めし、全く大乗を軽んぜず、末世の機を量りて、その行を制止す。しかるに、信行、大蛇の身と成りて、百千の徒衆、その口中に住し、孝慈、鬼神の害に当りて、士人同類、忽ちに高座の下に臥す。大乗を謗ずる業、罪の中にも最も大なり、五逆罪と雖も、また及ぶこと能はず。是《ここ》を以て、弥陀の悲願、引摂《いんじょう》広しと雖も、*誹謗正法、捨てて救ふことなし。ああ西方の行者、憑《たの》むところ誰に在るぞや。

第五に霊神を背く失。念仏の輩、永く神明に別る、権化《ごんげ》実類《じつるい》を論ぜず、宗廟大社を憚らず。もし神明を*恃《たの》めば、必ず魔界に堕つと云云。実類の鬼神においては、置いて論ぜず。権化の垂跡《すいじゃく》に至つては、既に是れ大聖なり、上代の高僧皆以て帰敬す。かの*伝教、宇佐宮に参じ、春日社に参じて、おのおの奇特の瑞相《ずいそう》あり。*智証、熊野山に詣《けい》し、新羅神を請じて、深く門葉の繁昌を祈る。*行教和尚の袈裟《けさ》の上に、三尊影《かげ》を宿し、*弘法大師の画図の中に、八幡質《すがた》を顕はす。是れ皆法然に及ばざるの人か、魔界に堕つべきの僧か。なかんづく、行教和尚、大安寺に*帰りて、二階の楼を造りて、上階に八

孝慈比丘　慈門寺に住し、信行に学ぶ。大乗経を、読誦すべからずとして非難した。釈門自鏡録巻上、慈門寺孝慈伝(正蔵五一-八〇六b)にみえる。

誹謗正法　仏説無量寿経の第十八願の文の終りに「唯除五逆、誹謗正法」(正蔵一二-二六八a)とみえる。

恃　「牒」ともよみ得るも、日蓮の念仏者追放宣状事に引用されたこの部分は「若憑二神明一」とある故、「恃」とよむ。

伝教　最澄。弘仁五(八一四)年、宇佐八幡に法華経を開講し、八幡大神託宣して袈裟を賜わった。次いで豊前田河郡香春社にも講経し、託宣をうけたという(叡山大師伝)。本文の春日社は、香春社の誤か。

智証　円珍。承和十二(八四五)年、大峰を経て熊野に至り、本宮に法華経を講じた。また天安二(八五八)年、帰国の途次、洋上に出現した新羅明神に導かれて、貞観元(八五九)年、三井寺の地に至り、翌年新羅神祠を建立したという(智証大師年譜)。

行教　大安寺の僧。貞観二(八六〇)年、宇佐八幡を遷座して石清水八幡宮を建てた。時に弥陀三尊が袈裟の上に現じたという(元亨釈書)。

弘法大師　神護寺文書六月十一日付文覚書状に「大師御在世之時、所レ奉三安二置当寺一八幡大菩薩御影〈大師御筆〉」と見える(辻善之助「本地垂迹説の起源について」日本仏教史之研究、一〇四頁)。

帰　底本「備」、右傍注「帰歟」によって改む。

一切の… 観無量寿経(正蔵一二-三四一c)。

三業 観無量寿経「三福」。

奉仕 観無量寿経「奉事」。

諸の戒行を… 観無量寿経に「一者慈心不レ殺、具二諸戒行一、二者読二誦大乗方等経典一、三者修二行六念一廻向発願生二彼仏国一」(正蔵一二-三四四c)とある。

父母に教養し… 観無量寿経(正蔵一二-三四五c)。

往生の上輩… 曇鸞の略論安楽浄土義(正蔵四七-一c)。

起塔寺 略論安楽浄土義「起立塔像」。底本「塔寺」に「立塔像ィ」と傍注。

念仏三昧を… 道綽の安楽集巻下に「問曰、今云二常修二念仏三昧一、仍不レ行二余三昧一也。答曰、今言二常念一、亦不レ言レ不レ行二余三昧一、但行二念仏三昧一多故、故言二常念一、非レ謂下全不上レ行二余三昧一也」(正蔵四七-一五c)とある。

善導和尚は… 往生西方瑞応伝の善導伝に「所レ見塔廟無レ不二修葺一」(正蔵五一-一〇五c)とある。

曇融… 曇融より行衍に至る十人の僧の事蹟は、遼僧の非濁(清寧九(一〇六三)年寂)の新編随願往生集(現佚、東大寺宗性は閲読す)か、それにもとづいて鎌倉時代におこなわれていた戒珠に仮託せる往生伝三巻(真福寺本写本あり)によるものである(塚本善隆氏「日本に遺存せる遼文学と其の影響」日支仏教交渉史研究所収。真福寺本は、同書附録に校刊されている)。

↓解説五一〇頁
道俊 非濁の三宝感応要略録巻中に、并

幡の御体を安じ、下階に一切経論を持す。神明もし拝するに足らざれば、如何ぞ聖体を法門の上に安ぜんや。末世の沙門、なほ君臣を敬す、況んや霊神においてをや。此《かく》のごときの麁言《そごん》、尤《もつと》も停廃せらるべし。

第六に浄土に暗き失。観無量寿経を勘《かんが》ふるに、云く、「*一切の凡夫、かの国に生ぜんと欲せば、まさに*三業を修すべし。一は、父母に孝養《きようよう》し、師長に*奉仕し、慈心にして殺さず、十善の業を修す。二は、三帰を受持し、衆戒を具足して、威儀を犯さず。三は、菩提心を発して、深く因果を信じ、大乗を読誦すべし」と云云。また九品生《くぼんしよう》の中に上品上生を説いて云く、「*諸の戒行を具し、大乗を読誦すべし」、中品下生に、「*父母に孝養し、世の仁慈を行ふべし」と云云。曇鸞《どんらん》法師は念仏の大祖なり。*往生の上輩において五種の縁を出せり。その四に云く、「修諸功徳」、中輩七縁の中に、「*起塔寺」「飯食沙門《ぼんじきしやもん》」と云云。また道綽《どうしやく》禅師、常修念仏三昧の文を会《え》して云く、「*念仏三昧を行ずること多きが故に常修と言ふ、全くに余の三昧を行ぜずと謂ふにはあらざるなり」と云云。*善導和尚は、見るところの塔寺、修葺《しゆうしゆう》せずといふことなし。しからば、上、三部の本経より、下、一宗の解釈に至るまで、諸行往生、盛んに許すところなり。しかのみならず、*曇融、橋を亘《わた》し、善晟、路を造り、常旻、堂を修し、善冑、坊を払ひ、空忍、花を採み、安忍、香を焼き、道如、食を施し、僧慶、衣を縫ふ。おのおの事相の一善を以て、皆順次の往生を得。僧喩の阿含《あごん》を持し、行衍の摂論を講ぜし、小乗の一経と雖も、凡智の講解と雖も、おのおの感応あり、実に浄土に詣す。沙門*道俊

は、念仏隙《ひま》なくして大般若を書せず、覚親論師は、専修他を忘れて釈迦の像を造らず。皆往生の願を妨げて、大聖の誡を蒙る、永くその執を改めて、遂に西方に生ず。まさに知るべし、余行によらず、念仏によらず、出離の道、ただ心に在り。もし夫れ法花に*即往安楽の文ありと雖も、般若に随願往生の説ありと雖も、彼はなほ惣相なり、少分なり。別相の念仏に如《し》かず、決定《けつじょう》の業因《ごういん》に及ばずとならば、惣は則ち別を摂して、上は必ず下を兼ぬ。仏法の理、その徳必ず然《しか》なり、何ぞ凡夫親疎の習を以て、誤つて仏界平等の道を失はんや。もし往生浄土は、行者の自力にあらざれば、ただ弥陀の願力を憑《たの》む。余経余業《よきょうよごう》においては、引摂《いんじょう》の別縁なく、来迎《らいごう》の別願なし。念仏の人に対して及ぶこと能はざるにおいては、弥陀の所化《しょけ》として来迎に預るべし、あに異人ならんや、是の人なり。釈迦の遺法に逢ひて、大乗の行業を修す、即ちその体なり。もしかの尊に帰せざれば、実に無縁と謂ふべし。もし念仏を兼ねざれば、かつは闕業たるべし。*智覚既に二辺を兼ねたり、何ぞ引摂に漏れん。もし専念なき故に往生せずとならば、智覚禅師は毎日に一百箇の行を兼修せり、何ぞ上品上生を得たるや。およそ造悪の人は、救ひ難くして恣《ほしいまま》に救ひ、口に小善を称するは、生じ難くして倶《とも》に生ず。「*乃至十念」の文《もん》、その意知るべし。しかるに近代の人、あまつさへ本を忘れて末に付き、劣を憑《たの》みて勝を欺く。寧《なん》ぞ仏意に叶《かな》はんや。かの帝王の政《まつりごと》を布《し》くの庭に、天に代つて官を授くるの日、賢愚品《しな》に随ひ、貴賤家を尋ぬ。至愚の者、たとひ*夙夜《しゅくや》の功ありと雖も、非分の職に任ぜず。下賤の輩、たとひ奉公の労を積むと雖も、卿相の位に進み難し。

州の道俊、大般若経を写す感応とみえる（正蔵五一‐八四四a）。

即往安楽　法華経巻六、薬王菩薩本事品にみえる（正蔵九‐五四c）。

智覚禅師　延寿（九〇四―九七五）。永明山に住し、念仏をも行じた。宗鏡録・万善同帰集などの著がある。王日休撰の竜舒増広浄土文巻五の国初永明寿禅師の項に次の文がある。「住二持雪竇永明一、日課二一百八事一、精進以修二西方一、既坐化焚畢為二一塔一、有レ僧毎日遶レ塔礼拝、人問二其故一、僧云、我撫州僧也、因病至二陰府一命未レ尽放還、見二殿角一、有レ僧画二像一軸一、閻羅王自来頂拝、我問、此僧何人乎、主吏云、此杭州永明寺寿禅師也、凡人死者皆経二此処一、唯此一人不レ経二此処一已於二西方極楽世界一上品上生、王敬二其人一故画於供養、我聞之故、特発心来レ此遶レ塔作レ拝」（正蔵四七‐二六八b）。

乃至十念　仏説無量寿経巻上の第十八願の文に見える（正蔵一二‐二六八a）。

夙夜　早朝から夜おそくまで勤める。

大覚法王の国、凡聖来朝の門、かの九品《くぼん》の階級を授くるに、おのおの先世の徳行を守る、自業自得、その理必然なり。しかるに偏《ひとえ》に仏力を憑《たの》みて涯分を測らざる、是れ則ち愚癡《ぐち》の過なり。なかんづく、*仮名《けみよう》の念仏、浄業《じようごう》熟し難く、*順次往生、本意に違失あり、戒恵倶《とも》に闕く、*恃《たの》むところ何事ぞや。もし生生《しようしよう》を経て漸《ようや》く成就すべくは、一乗の薫修、三*密の加持、あにまたその力なからんや。同じく沈むと雖も、愚団の者は深く沈み、共に浮むと雖も、智鉢は早く浮む。況んや智の行を兼ぬるは、虎の翅《つばさ》あるなり、一を以て多を遮す、仏宜《よろ》しく照見すべし。ただし此《かく》のごときの評定《ひようじよう》、本より好まず。専修の党類、謬つて井蛙《せいあ》の智を以てし、猥《みだりがわ》しく海鼈《かいべつ》の徳を斥《きら》ふの間、黙《もだ》して止み難く、遂に天奏に及べり。もし愚癡の道俗、この意を得ず、或いは往生の道を軽んじ、或いは念仏の行を退け、或いはまた余行を兼ねずして、浄土に生ずることなくは、全くに本懐にあらず、還つて禁制すべし。たとひまたこの事によつて、*念仏の瑕瑾《かきん》たりと雖も、その軽重を比するに、なほ宣下《せんげ》に如《し》かざるか。

第七に念仏を誤る失。先づ所念の仏において名あり体あり。その体の中に事あり理あり。次に能念の相について、或いは口称《くしよう》あり、或いは心念あり。かの心念の中に、或いは*繫念《けねん》あり、或いは観念あり。かの観念の中に、散位より定位《じようい》に至り、有漏《うろ》より無漏《むろ》に及ぶ。浅深重重、前は劣、後は勝なり。しからば、口に名号を唱ふるは、観にあらず、定にあらず、是《こ》れ念仏の中の麁《そ》なり浅なり。もし世に随ひ、人によつて、これまた足《た》ると雖も、正しく*校量《きようりよう》に及ばば、争《いか》でか差別を弁《わきま》へざらん。ここに専修、此《かく》

仮名　実体のない名のみの、という意。
順次　この次の生をいう。
恃　底本「特」、仏本により改む。
密　底本「蜜」、東本により改む。

念仏の瑕瑾…　専修念仏停止の宣下により、念仏をきずつけることになることを恐れるという。このことは、この宣下の問題を取り扱う立場にあった公卿らも、憂えたところであった(三長記、元久三年二月廿一日・廿二日条。辻、日本仏教史中世篇之一、三二六頁)。
繫念　観無量寿経に次のようにみえる。「阿弥陀仏、去レ此不レ遠、汝当三繫念諦観二彼国浄業成者一」(正蔵一二―三四一c)。
校量　くらべ考えること。字類抄「ケウリヤウ」。

のごときの難を蒙らんの時、万事を顧みず、ただ一言に答へん、「是《こ》れ弥陀の本願に四十八あり、念仏往生は第十八の願なり」と。何ぞ爾許《そこばく》の大願を隠して、ただ一種を以て本願と号せんや。かの一願に付きて、「乃至十念」とは、その最下を挙ぐるなり。観念を以て本として、下口称《しもくしょう》に及び、多念を以て先として、十念を捨てず。是れ大悲の至つて深く、仏力の尤も大なるなり。その導き易く生じ易きは、観念なり、多念なり。これによつて観経に云く、「*もし人苦に迫《せ》められて、念仏を得ざれば、まさに無量寿仏と称すべし」と云云。既に称名の外に念仏の言あり、知りぬ、その念仏は、是れ心念なり、観念なり。かの勝劣両種の中に、如来の本願、寧《なん》ぞ勝を置きて劣を取らんや。いかに況んや、*善導和尚発心の初め、浄土の図を見て嘆じて云く、「ただこの観門、定めて生死を超えん」と。遂にこの道に入つて、三昧を発得す。定めて知りぬ、かの師の自行、*十六想観なり。念仏の名、観と口とを兼ぬ。もし然らずは、観経の疏を作り、また観念法門を作る。本経と云ひ、別草と云ひ、題目に何ぞ観の字を表せんや。しかるに、*観経付属《ふしょく》の文《もん》、善導一期《ご》の行、ただ仏名に在らば、下機を誘《こしら》ふるの方便なり。かの師の解釈《げしゃく》の詞に表裏あり、慈悲智恵《じひちえ》、善巧《ぜんぎょう》一にあらず、*杭を守る儻《ともがら》、過を祖師に関《あず》くるか。*たとひまた口称に付くと雖も、三心能く具し、四修闕くることなき、真実の念仏を名づけて専修とす。ただ余行を捨つるを以て専とし、口手を動かすを以て修とす。謂ひつべし、「不専の専なり、非修の修なり」と。虚仮雑毒《こけぞうどく》の行を憑《たの》み、決定《けつじょう》往生の思ひを作《な》さば、寧《なん》ぞ善導の宗、弥陀の正機《しょうき》ならんや。およそ浄土と云ひ、念仏

もし人… 観無量寿経に「此人苦逼、不レ遑二念仏一。善友告言、汝若不レ能レ念者、応レ称二無量寿仏一」(正蔵一二‐三四六a)とある。

善導和尚… 往生西方瑞応伝に「少出家、時見二西方変相一嘆曰、何当下託二質蓮台一棲中神浄土上、及レ受二具戒一、妙開律師共看二観経一、悲喜交嘆乃曰、修二余行業一迂僻難レ成、唯此観門定超二生死一」(正蔵五一‐一〇五b)とみえる。

十六想観 観無量寿経にみえる。阿弥陀仏とその浄土を観ずる法。日想観・水想観・地想観・宝樹観・宝池観・宝楼観・華座観・像観・真身観・観音観・勢至観・普観・雑想観・上輩観・中輩観・下輩観。

観経付嘱の文 観無量寿経に「仏告二阿難一、汝好持二是語一、持二是語一者、即是持二無量寿仏名一」(正蔵一二‐三四六b)。

杭 底本「机」、仏本により改む。

たとひ(設) 底本「誤」、仏本により改む。

と云ひ、業因《ごういん》と云ひ、往生と云ふ、江湖《ごうこ》の浅深分ち難く、行道の遠近迷ひ易し。もし諸宗の性相を学ばざれば、争《いか》でか輙《たやす》く一門の真実を知らんや。ここにわが法相《ほっそう》大乗宗は、源《みなもと》釈尊慈尊の肝心より出でて、詳《つまびら》かに*本経本論の誠文《じょうもん》に載す。印度には則ち*千部の論師・*十大菩薩、有空の執を立破《りゅうは》し、晨旦にはまた*三蔵和尚・*百本疏主、相承謬ることなし。道綽・善導の説たりと雖も、未だ依憑《えひょう》に足《た》らず。しかれども彼もまた三昧発得の人たり、あに*一生補処《いっしょうふしょ》の説に背かんや。互に会通《えつう》を求めて、乖諍を好むことなかれ。

第八に釈衆を損ずる失。専修の云く、「*囲碁《いき》双六は専修に乖《そむ》かず、女犯肉食《にょぼんにくじき》は往生を妨げず、*末世の持戒は市中の虎なり、恐るべし、悪むべし。もし人、罪を怖れ、悪を憚らば、*是れ仏を憑まざるの人なり」と。此《かく》のごときの麁言《そごん》、国土に流布す、人の意を取らんがために、還つて法の怨《あた》と成る。夫れ極楽の教門、盛んに戒行を勧む、浄土の業因、これを以て最とす。所以《ゆえ》はいかんとならば、戒律にあらざれば六根守り難く、根門を恣《ほしいまま》にすれば三毒起り易し。妄縁《もうえん》身に纏《まと》はれば、念仏の窓静かならず、貪嗔《とんじん》心を濁せば、宝池の水澄《す》み難し。この業《ごう》の感ずるところ、あにそれ浄土ならんや。これによつて、浄土の業因、盛んに戒行を用ふ。教文は上に載するがごとし。ただし末世の沙門、無戒破戒なる、自他許すところなり。*専修の中にまた持戒の人なきにあらず。今歎くところは全くその儀にあらず。実のごとくに受けずと雖も、説のごとくに持せずと雖も、これを怖れ、これを悲しみて、すべからく慚愧《ざんぎ》を生ずべきの処に、あ

本経本論　法相宗では所依の経論として六経・十一論をあげる。成唯識論述記巻一本によると、六経とは華厳経・深密経・如来出現功徳荘厳経・阿毘達磨経・楞伽経・厚厳経をいい、十一論とは瑜伽論・顕揚論・荘厳論・集量論・摂論・十地論・分別瑜伽論・観所縁縁論・二十唯識論・弁中辺論・集論をいう(正蔵四三-二二九c～二三〇a)。

千部の論師　世親。初めは小乗により五百部の論、次に大乗により五百部を造る。

十大菩薩　唯識三十頌を釈した十論師。成唯識論述記巻一本によると、護法・徳慧・安慧・親勝・歓喜・浄月・火弁・勝友・勝子・智月をいう(正蔵四三-二三一c～二三二a)。

三蔵和尚　玄奘。戒賢より法相法門を伝える。

百本疏主　基(き)、慈恩大師。

一生補処の説　弥勒菩薩が説いたと伝える五部大論(瑜伽論等)より法相の法門は始まるとする。

囲碁　囲碁。囲碁にもつくる(和名抄)、「囲碁(ゐ)」(字類抄)。「囲」字、底本虫蝕。東本による。

末世の…　末法燈明記(伝最澄撰)に次の文がある。「末法唯有㆓名字比丘㆒、此名字為㆓世真宝㆒、更無㆑論㆑由、設末法中有㆓持戒者㆒、既是怪異、如㆓市有㆒㆑虎、誰可㆑信」。

是　底本虫蝕。東本による。

専修の中に…　法然房源空が持戒の聖であったとされることをさすのであろうか。

まつさへ破戒を宗として、道俗の心に叶ふ。仏法の滅する縁、これより大なるはなし。洛辺近国はなほ以て尋常《よのつね》なり、*北陸・東海等の諸国に至つては、専修の僧尼盛んにこの旨を以てすと云云。勅宣ならざるよりは、争《いか》でか禁遏《きんあつ》することを得ん。奏聞《そうもん》の趣、専らこれらに在るか。

第九に国土を乱る失。仏法・王法猶し身心のごとし、互に*その安否を見、宜しくかの盛衰を知るべし。当時浄土の法門*始めて興り、専修の要行尤も盛んなり。王化中興の時と謂ふべきか。ただし三学已に廃し、八宗まさに滅せんとす。天下の理乱、亦復《またまた》如何《いかん》。願ふところは、ただ諸宗と念仏と、あたかも乳水のごとく、仏法と王道と、永く乾坤《けんこん》に均《ひと》しからんことなり。しかるに諸宗は皆念仏を信じて異心なしと雖も、専修は深く諸宗を嫌ひ、同座に及ばず、水火並び難く、進退惟《こ》れ谷《きわ》まる。もし専修の志のごとくは、天下海内の仏事法事、早く停止せらるべきか。しかるに、貴賤未だ帰せず、法命未だ終尽せざるは、全く他の力にあらず、忝《かたじけな》くもわが后《きみ》の叡慮動くことなく明鑑の故なり。もし後代に及びて専修隙《すき》を得るの時、君臣の心、余を視ること*芥のごとくは、たとひ停廃に及ばずと雖も、八宗まことに*有若亡《ゆうじゃくぼう》ならんか。矧《いわ》んやまた*弗沙蜜王《ほつしゃみつ》の伽藍《がらん》を壊《え》せしや、愚臣の諫言を容《もち》ゐ、*会昌天子の僧尼を殄《ほろぼ》せしや、道士の*嫉妬に起れり。法滅の因縁、将来測り難し。この事を思ふがために天聴に*奏達す。もし当時の誠なくは、争《いか》でか後昆の惑を絶たん。ああ仏門随分の欝陶《うつとう》、古来多しと雖も、八宗同心の訴訟、前代未聞《みもん》なり。事の軽重、恭《うやうや》しく聖断を仰ぐ。望み請《こ》ふらくは、天裁、七

北陸　ほぼこの時期の北陸における専修念仏の普及を語る史料として、法然の「遣二北陸道一書状」(漢語燈録巻一〇)がある。承元三(一二〇九)年六月十九日付で、北陸の一念義を誡めたもの。

その(其)安　底本虫蝕。東本による。

始　底本虫蝕。東本による。

芥　底本「苔」、仏本により改む。

有若亡　あれどもなきがごとし。

弗沙蜜王　弗沙蜜多羅王。阿育王の後裔と伝える。仏法を破却した。雑阿含経巻二五(正蔵二)に見える。底本「弗沙蜜定」、東本により改む。

会昌天子　唐武宗。会昌五(八四五)年に仏寺を毀ち、僧尼を還俗せしめた。「天子」は底本虫蝕。東本による。

嫉　底本虫蝕。東本による。

奏　底本虫蝕。仏本による。

道諸国に仰せて、沙門源空の専修念仏の宗義を糺改《きゅうかい》せられんことを、者《てえれば》、世尊付属《せそんふしょく》の寄《よせ》、いよいよ法水を舜海《しゅんかい》の浪に和し、明王照臨の徳、永く魔雲を尭山*の風に払はん。誠惶誠恐謹言。

副へ進む

　奏状一通

右件《くだん》の源空、一門に偏執し、八宗を都滅す。天魔の所為、仏神痛むべし。仍《よ》つて諸宗同心、天奏に及ばんと欲するのところ、源空既に怠状《たいじょう》*を進む、欝陶に足《た》らざるの由、院宣によつて御制あり。衆徒の驚歎、還つてその色を増す。なかんづく、叡山*、使を発して推問を加ふるの日*、源空筆*を染めて起請《きしょう》を書くの後、かの弟子等、道俗に告げて云く、「上人の詞、皆表裏あり、中心を知らず、外聞に拘《かか》はることなかれ」と云云。その後、邪見の利口、都《すべ》て改変なし。今度の怠状、また以て同前か。奏事、実ならざれば、罪科いよいよ重し。たとひ上皇の叡旨ありとも、争《いか》でか明臣の陳言なからん、者《てえれば》、望み請《こ》ふらくは、恩慈、早く奏聞を経《へ》て、七道諸国に仰せて、一向専修条条の過失を停止《ちょうじ》せられ、兼ねてまた罪科を源空ならびに弟子等に行はれんことを、者《てえれば》、永く破法の邪執を止《とど》め、還つて念仏の真道を知らん、仍《よ》つて言上件《くだん》のごとし。

　元久二年十月　日

山　底本虫蝕。仏本による。

怠状　元久二年十月以前に、源空が怠状（詫び状）を提出したことは、他に見えぬ。

叡山…　叡山衆徒の非難に対して、元久元（一二〇四）年十一月七日付で、山門に送る起請文（漢語燈録巻一〇）と七箇条起請文（二尊院文書。本大系「法然・一遍」所載「七箇条制誡」）とが書かれた。それ以前の専修念仏に対する旧仏教側の非難の史料は見えない。

日　底本虫蝕。東本による。

筆　底本なし。東本により補う。

摧邪輪 巻上（高弁）

田中久夫校注

一《いっ》向《こう》専《せん》修《じゅ》宗《しゅう》選《せん》択《ちゃく》集《しゅう》の中において邪を摧《くだ》く輪《りん》 巻上

第三門の決を尽す

夫《そ》れ仏日没《ぼっ》すと雖《いえど》も、*余暉《よき》未だ隠れず。法水乾くと雖も、*遺潤《いじゅん》なほ存せり。*三印、邪正を分ち、*五分、内外を別す。我等これによつて、甘露を嘗《な》め、毒酔を醒ます。まことに梵音を聞くがごとし、*金容《こんよう》に対《むか》へるに似たり。これを以て種智の円因とし、これを以て無上の覚芽を萌《きざ》す。あに幸にあらずや、喜にあらずや。然りと雖も、*跉跰《れいへい》の愚子は、たまたま慈父に値《あ》ひて悶絶し、失心の狂子は、希《まれ》に良薬を受《う》けて以て嘗めず。何ぞそれ*拙きや。

ここに近代、上人あり、一巻の書を作る。名づけて選択本願念仏集と曰ふ。経論に迷惑して、諸人を欺誑《ぎきょう》せり。往生の行を以て宗とすと雖も、反《かえ》つて往生の行を妨礙《ぼうげ》せり。高弁、年来、*聖人において、深く仰信《ごうしん》を懐《いだ》けり。聞ゆるところの種種の邪見は、在家《ざいけ》の男女等、上人の高名《こうみょう》を仮りて、妄説するところなりとおもひき。未だ一言《いちごん》を出しても、上人を誹謗せず。たとひ他人の談説を聞くと雖も、未だ必ずしもこれを信用せず。しかるに、近日この選択集を披閲するに、悲嘆甚だ深し。

名を聞きしの始めには、上人の妙釈を礼《らい》せむことを喜ぶ。巻を披《ひら》くの今は、念仏の*真宗を黷《けが》せりと恨む。今、詳《つまび》かに知りぬ、在家出家千万の門流、起すところの種種の

余暉　残れる日の光。釈迦の遺徳の意。

遺潤　残れるうるおい。釈迦の遺法の意。

三印　三法印の略。諸行無常・諸法無我・涅槃寂静。

五分　五分法身の略。無学位に至ったものが具える五つの徳。戒・定・慧・解脱・解脱知見。

金容　金色の容貌、即ち仏身をいう。

跉跰　跉は徐行すること正しからざるさま、跰は足を並べて立つさま。鳩摩羅什訳の法華経には「伶俜」につくる。さまよう意。この句は、法華経、信解品の窮子(ぐう)の喩。

拙　底本・仁本「咄」、活本により改む。類聚名義抄によれば、「咄」に「ツタナシ」の訓あり、通用か。

聖人　ここでは上人と同じ。法然上人(源空)をさす。

真宗　真実の宗旨。念仏についての正しい教学の意であろう。真宗の語は、親鸞も、「浄土の真宗」(教行信証後序)、「念仏成仏これ真宗」(浄土和讃)等、多く用いている。善導の観経疏、散善義の「真宗遇ひがたし、浄土の要逢ひがたし」の真宗が出典であろう。源空も、この「真宗遇ひがたし」の句を、西方指南抄所収の法語に引いている。

頃　底本「項」、活本により改む。

興行　選択集のおこなわれること。

法雨　仏法の衆生を潤す故に雨に喩える。

邪見は、皆この書より起れりといふことを。上人入滅の*頃《このごろ》に至つて、*興行倍《こうぎようますます》盛んなり。専ら板印に鏤《ちりば》めて、以て後代の重宝とす。永く一門に流して、敬重《けいちよう》すること仏《ぶつ》経《きよう》のごとし。惣じて往生宗の肝要、念仏者の秘府なりとおもへり。これによつて、たまたま難ずる者あれば、過《とが》を念仏を難ずるに負《お》ほす。希《まれ》に信ずる人に値《あ》ひては、徳を往生を信ずるに擬《ぎ》せり。遂《つい》に一味の*法雨に甘鹹《かんかん》の味を分ち、*和合衆僧に不同の失を成さしむ。何ぞそれ悲しきや。仍《よ》つて或る処において講経説法の次《ついで》に、二の難を出して、かの書を破す。

〈文義《もんぎ》について、多種の*紕謬《ひびゆう》あり。且《しばら》くこれを置く。ただ*大邪見の過を出す。邪説もまた多種、且く二種を出すなり。ただし有る人の云く、「この書、さらに*上人の製作にあらず、是れ門弟の*撰するところなり」と云云。しからば、*かの集の奥の文《もん》に云く、「しかるに今、図《はか》らざるに*仰《おおせ》を蒙る、辞謝するに地《ところ》なし。仍つて今、愸《なまじい》に念仏の要義を集む。ただ命旨を顧みて、不敏を顧みず。是れ即ち無慚無愧《むざんむぎ》の甚しきなり。庶幾《こいねが》はくは、一たび高覧を経ての後は、*壁の底に埋みて、窓の前に遺《のこ》すことなかれ。恐らくは、破法の人をして、悪道に堕せしめざらんがためなり。」〈已上〉既にこの文あり。すべからく請ふ人に対して、作者の名字を問ふべきなり。有る人の云く、「上人、深智ありと雖も、文章に善からず。仍つて自製の書記なし」と云云。たとひ上人、自《みずか》ら筆を執《と》らずと雖も、もしこれを*印可せば、さらにその過を免れず。もし上人、印可せずは、何が故ぞ、滅後に迄《いた》つて、*板印に鏤《ちりば》めて、以て亀鏡とするや。もしまた、上人ならびに門弟の所*撰にあらずと雖も、かの一門、この書を受学することあらば、尚《なお》しその過を免れざるなり。もし上人、都《すべ》て知ることなくは、ただこの邪書を破するなり。さらにその作者を簡別すべからざるなり。〉

和合衆僧　僧伽（そうぎや）の意。

紕謬　錯の意。底本「訛謬」、仁本により改む。

大邪見　大いに誤った見解。邪見は、五見（身見・辺見・邪見・見取見・戒禁取見）の一。因果の道理を撥無するをいう。

上人の製作…　選択集の製作に門弟が参与したことについては、諸説がある。草稿本といわれる廬山寺本では、内題とその下のいわゆる標宗の句のみが、源空の自筆とされている。

撰　底本「選」、仁本・活本により改む。

かの集　選択集。その末尾にこの引用文がある。

仰　親鸞の教行信証の後序によれば、九条兼実の教命によって撰集されたとある。証空の選択密要決を初めとする注釈書、行状画図の如き諸伝にも、その事は述べられている。

壁の底に…　選択集は公開されぬ建前であった。特に許された弟子にのみ、付嘱された。

印可　弟子の所得をよしとすること。維摩経、弟子品に「もし能く是のごとく坐すれば、仏の印可するところ」とある。密教では伝法灌頂を印可といい、禅宗では師家が証悟した弟子を印可証明するという。

板印に…　選択集は、源空示寂（建暦二（一二一二）年正月）の年の九月八日に初めて開板されたが、嘉禄三（一二二七）年に山徒によりその板木が焼かれた。

撰　底本「選」、仁本・活本により改む。

一は、菩提心《ぼだいしん》を*撥去《はっきょ》する過失。〈この過《とが》は、処処に言を吐けり。教義倶に分明なり。〉

*二は、聖道門を以て群賊に譬ふる過失。〈この過は、一の言陳の下の意許を勘へてこれを出す。〉

後日伝へ聞く、かの座席に専修の門人あつて、大いに忿諍を起して曰《いわ》く、「選択集の中に全くこの義なし。これは自ら僻見を出すなり」と云云。余、この事を聞くに因《ちな》んで、邪正を糺《ただ》さんがために、ほぼ一二を記す。夫れ蛇は水を飲んで毒と成し、牛は水を飲んで乳と成す。邪人は法を聞いて煩悩と成し、正人は法を聞いて菩提と成す。その邪正迷ひ易く、善悪分ち難し。もし分別することを得ば、二利の道是《ここ》に満ず。この故に、諸行において、皆誑偽あり。学者宜しく*准簡すべし。自心をして中に墜さしむることなかれ。

*香象大師の*梵網経の疏に、三学および雑行《ぞうぎょう》に約して、*おのおの経論の文を引いてその咎を出して大賊の名を立つ。しかるに戒定慧の三学は、おのおの別相あり。第四に雑行の過《とが》を出して云く、「*四に雑行とは、また二類あり。一に福行に約せば、謂《いわ》く、性《しょう》、質直にあらずして、苟《いやし》くも姧計して共に奇福を崇《あが》む。世人を眩耀して*重儭を招引す。意は少を以て多を呼ぶに在り。これを用《も》つて活命す。既にその所求を遂《と》げて、即ちこれを恃《たの》んで慢を起す。余人の利養なき者を凌蔑す。ことごとく以て*苟くも利養にあらず。既に爾《しか》り、名聞もまた然り。これは是れ仏法を売る賊。*迦葉経《かしょうきょう》に出でたり。二は余行に約せば、謂《いわ》く、性、慧悟にあらずして、随つて一法を学して即便《すなわ》ち封著す。この所学を眩《げん》して、以て名利を招いて、余の所修は皆究竟《みなくきょう》にあらずと撥《はっ》す。これはまた

撥去　のぞきさる。撥は除く。
二は…　本篇下巻に説く(三七五頁下)。善導の観経疏、散善義の二河白道の喩の部分に、西方極楽世界に向う念仏者に対して引き返すようによびかける群賊を、「別解別行悪見人」と説いている。この別解別行悪見人を、選択集では聖道門の解行学見をさすものと解釈している。この解釈の不当なることを説く。

准簡　なぞらええらぶこと。

香象大師　法蔵(六四三—七一二)。華厳宗の第三祖。
梵網経の疏　梵網経菩薩戒本疏、六巻。
おのおの　底本「各」の下に「別」あり、仁本・活本なし、衍か、よって削る。
四に雑行とは…　梵網経菩薩戒本疏巻三、初篇自讃毀他戒第七の一部(正蔵四〇-六〇八c～六〇九a)。
重儭　梵網経菩薩戒本疏の原文では「重嚫」、嚫は施、即ち多大の布施の意。「儭」は「嚫」に通用。
苟くも利養にあらず…　梵網経菩薩戒本疏の原文では、「苟くも非すれば、利養既に爾り」とよむように句点がある。その方がよかろう。
迦葉経　大宝積経の八八巻・八九巻の摩訶迦葉会。沙門の賊のことが見えている(正蔵一一-五〇二a)。

愚人、仏法を毒害する賊なり。」文《もん》。

この中に雑行の中において、また二類あり。今の称名の行は、*第二類に当れり。しかれどもその心正理と相応せざれば、また仏法を毒害する過《とが》あるべし。もしこの過あらば、良薬を服して病を起すがごとし。何を以てかこれを療せん。水中に入つて火を出すに似たり。何を以てかこれを滅せん。*仏蔵・*十輪等の諸経には、大いにこの大罪を誡めたり。自他宗の章疏に盛んに引き釈するところなり。思をこの文に懸けて、用心間断《けんだん》することなかれ。*正理はただ一門、行者は是れ千万、入る者は尠《すくな》く、迷ふ人は多し。今聖教《しょうぎょう》によつてこの集の宗要を撿察するに、大いに法印に違背し、邪道に相《あい》順ぜり。まさに帰信の人をして重罪を荷《か》せしめんとす。これによつて、愚僧、天性執筆に倦《もの》しと雖も、試みに一章を撰して、いささか邪正を決す。

哀なるかなや、悲しきかなや。日月矢のごとくに走つてわが短命を奪ふ。まさに頭《ず》燃《ねん》を救つて解脱《げだつ》を求むべし。何ぞ自他の偏執を作《な》すに遑《いとま》あらんや。この故に*称名の行をも非《ひ》せず、善導の釈をも背かず。正念正見の念仏者においては、ことごとく帰命頂《ちょう》礼《らい》し奉り、必ず来世の引導を蒙るべし。しかるにもし邪正雑乱すれば、一切の有縁《うえん》の仏法は、根機に相当らずして尽きぬ、一切の根*器は、有縁《うえん》の仏法に相当らずして竭《つ》きぬ。これによつて三宝を滅し、国土を損ず。善神、国を捨て、悪鬼、国に入つて、*三災を興し、十善を廃す。基《もとい》これによらざることなし。〈*至相の*五十要問答の意を抄するなり。〉

況《いわ》んや大邪見の過は、自他の善根を損害して、師および弟子倶に大地獄に堕つ。是

第二類 右の引用の余行についていう部分。即ち慧悟にあらざる愚人が、一法を学び、それに封着し、それをまどわし、それ以外の所修はみな究竟でないとのぞきすてること。

仏蔵 仏蔵経、四巻。鳩摩羅什訳。その念法品第三に正見邪見の別を説き(正蔵一五-七八六a)、浄法品第六に不浄説法の罪を説く(正蔵一五-七九三a〜七九四c)。

十輪 大方広十輪経、八巻(失訳)。その巻三の相輪品第五に「若有衆生於仏法僧而生疑心、此中出家自言、更有世尊、或於種種諸吉相中生疑惑心、若復有人、於諸如来所説之法而生疑惑、於声聞辟支仏乃至大乗於中誹謗出其過悪…是名根本大重罪也」(正蔵一三-六九四c)とある。

正理は… 以上の文において、邪正の雑乱の不可なることを説き、正理に迷ってはならぬが、多くの行者は迷っているという。巻頭にいう三法印の如きが、正理の基準となるのであろう。

称名の行… 高弁は、称名の行をそしらず、また善導の説には従う、というのである。

器 仁本・活本も同じ。「機」と通用。

三災 刀兵災・疾疫災・飢饉災。住劫の減劫の終りにおこる小の三災(倶舎論)。

至相 華厳宗第二祖、至相大師智儼(六〇二—六六八)。

五十要問答 二巻。至相著。後巻の四十八普敬認悪義、第九廻向初釈の項に、ここに引かれている意が説かれている(正蔵四五-五三四a)。

れ大聖《だいしょう》の金説《こんせつ》、疑滞を生ずることなかれ。この故にもし速《すみや》かに浄土に生ぜんと欲《おも》はば、すべからく正見を好むべし。邪正雑乱すれば、往生期《ご》し難し。決断分明《ふんみょう》ならば、解脱《げだつ》自《おのずか》ら到らん。大望ただ一事のためなり。謂《いわ》くこの*選択集を棄捨すべきなり。何とならば、善悪の諸業《しょごう》は作法によつてこれを受得す。菩提心にまたこの義あり。*不空の*菩提心義に云《いわ》く、「長耳三蔵の云く、初習種姓発心に三あり。一に仮想発、二に軽想発、三に信想発。初めに仮想発とは、三種の力による。一に善友力、謂く善知識。二に行力、謂く受律儀。三に法力、通別二因あり。通とは謂く如来蔵内熏の性、別とは謂く信等の五根。この三力によつて、仮りに求菩提《ぐぼだい》の*相を起す。自利利他して、漸次に修習す」等と云云。

　謂く、近代女人等の念仏者、この邪書を持《じ》するを行力《ぎょうりき》とす、この邪律を受くるを正儀とす。自《みずか》らは邪正を弁《わきま》へず、心漸く仏法を背く、たまたま無上乗に入ると謂《い》へども、誤つて邪見の道に住す。何ぞそれ悲しきや。すべからく手を拱《こまぬ》いて念仏すべし。幸にこの邪書を捧げざれ。是れまた偏執に似たり。智人思量を垂れよのみ。

　*大文第一に菩提心を撥去する過失とは、かの集一巻の中に多処にこの文あり。今五段の文を出してこれを破す。中において五種の大過あり。一は菩提心を以て往生極楽の行とせざる過、二は弥陀の本願の中に菩提心なしと言ふ過、三は菩提心を以て有上《うじょう》の小利とする過、四は*双観経に菩提心を説かずと言ひ、ならびに弥陀一教止住の時、菩提心なしと言ふ過、五は菩提心、念仏を抑《おさ》ふと言ふ過なり。

選　底本「撰」、仁本・活本により改む。

不空　真言付法の第六祖。大暦九(七七四)年寂。

菩提心義　弘法大師の請来目録には不空の作とするが、宋高僧伝・大唐貞元続開元釈教録には、その弟子潜真の撰とする。一巻。引用文は、正蔵四六-九八七b。

相　菩提心義には「想」。

大文…　選択集における菩提心の所論を、以下の五門にまとめて非難する。このうち、上巻には第三門までが説かれている。

双観経　仏説無量寿経(大無量寿経)、二巻。曹魏の康僧鎧訳(正蔵一二)。

第*一に、菩提心を以て往生極楽の行とせざる過とは、集*に曰く、

「弥陀如来、余行を以て往生の本願とせずして、ただ念仏を以て往生の本願とするの文。

無*量寿経上に云く、設我得仏《せつがとくぶつ》○*

観*念法門に上《かみ》の文を引いて云く、若我成仏《にゃくがじょうぶつ》○

往*生礼讃《らいさん》に同じく上の文を引いて云く、○

私に云く、○問ひて曰く、弥陀如来、何の時、何の仏の所においてか、この願を発《おこ》すや。答へて曰く、寿経に云く、仏、阿難に告ぐ、○是《ここ》において世自在王仏、即ちために広く二百一十億の諸仏の刹土、人天の善悪、国土の麤妙《そみょう》を説く、○また大*阿弥陀経に云く、その仏即ち二百一十億の仏国土の中の諸天人民の善悪、国土の好醜を選択す。心中所欲の願を選択せしめんがために、楼夷亘羅仏《るいかんらぶつ》〈ここに、世自在王仏と云ふ〉、経を説き畢《おわ》んぬ。曇摩迦《どんまか》〈ここに、法蔵と云ふ〉、便《すなわ》ちその心を一にして、即ち天眼を得て徹視して、ことごとく自《みずか》ら二百一十億の諸仏の国土の中の諸天人民の善悪、国土の好醜を見て、即ち心中の所願を選択して、便《すなわ》ちこの二十四願経を結得《けっとく》す。〈平*等覚経、亦復《またまた》これに同じ。〉この中の選択とは、即ち是れ取捨の義なり。謂《いわ》く、二百一十億の諸仏の浄土の中において、人天の悪を捨てて、人天の善を取る、国土の醜を捨てて、国土の好を取るなり。大阿弥陀経の選択の義、是《かく》のごとし。双観経の意《こころ》、また選択の義あり。謂《いわ》く、二百一十億の諸仏の妙土清浄の行を摂取《せっしゅ》すと云ふ、是《こ》れなり。選択と摂取と、その言は異《こと》な

第一に… 以下、菩提心を往生極楽の行とせざる過を破す。

集に曰く… 選択集の第三本願章の文。

無量寿経上… 仏説無量寿経巻上の第十八願文。引用文は、正蔵一二‐二六八b。

○ 選択集の本文を引用するにあたり、中略したことを示す。

観念法門 観念阿弥陀仏相海三昧功徳法門、一巻。善導の集記。観仏念仏三昧の実修法を述べたもの。引用文は、正蔵四七‐二七a。

往生礼讃 往生礼讃偈、一巻。善導の集記。日没・初夜・中夜・後夜・晨朝・日中の六時における願往生の礼讃偈。引用文(本書では省略)は、正蔵四七‐四四七c。

大阿弥陀経 大無量寿経の異訳。仏説阿弥陀三耶三仏薩楼仏檀過度人道経、二巻。呉の支謙訳。阿弥陀仏の二十四願を説く。引用文は、正蔵一二‐三〇一a。

平等覚経 仏説無量清浄平等覚経、四巻。後漢の支婁迦讖訳(正蔵一二)。大無量寿経の異訳。阿弥陀仏の二十四願を説く。

りと雖も、その意、是れ同じ。しからば不清浄の行を捨てて、清浄の行を取るなり。上《かみ》の天人の善悪、国土の麤妙、その義また然り。これに准じてまさに知るべし。夫れ*四十八願に約して、一往おのおの選択摂取の義を論ぜば、第一に*無三悪趣《むさんあくしゅ》の願とは、覩見《とけん》するところの二百一十億の土の中において、或《ある》いは三悪趣あるの国土あり、或いは三悪趣なきの国土あり。即ちその三悪趣ある麤悪《そお》の国土を選捨して、その三悪趣なき善妙の国土を選取するが故に、*選択と云ふなり。第二に*不更悪趣《ふきょうあくしゅ》の願とは、かの諸仏土の中において、或いはたとひ国中に三悪道なしと雖も、その国の人天寿《いのち》終つての後、その国より去つてまた三悪趣に更《かえ》るの土あり、或いは悪道に更らざるの土あり。即ちその悪道に更る麤悪の国土を選捨して、その悪趣に更らざる善妙の国土を選取するが故に、選択と云ふなり。○乃至《ないし》、第十八の念仏往生の願とは、かの諸仏土の中において、或いは布施《ふせ》を以て往生の行とするの土あり、或いは持戒を以て往生の行とするの土ありと云云。〈忍辱《にんにく》・精進《しょうじん》・禅定《ぜんじょう》・*般若これを出す。乃至〉或いは菩提心を以て往生の行とするの土あり。○即ち今、前の布施・持戒乃至孝養父母《きょうようぶも》等の諸行を選捨して、専ら仏号を称するを選取するが故に、選択と云ふなり。」〈已上、集の文。〉

*決して曰く、まづすべからく菩提心の義を弁定すべし。問ひて曰く、菩提心と言ふは、何をか義とする。答ふ。経論の所説、章疏の解釈《げしゃく》、広博無際なり。今すべからく大綱を標すべし。且《しばら》く浄土家《じょうどけ》につくに、善導の*観経の疏の第二に云ふがごとし。「*発菩提心と言ふは、これは衆生の*欣心趣大《ごんしんしゅだい》を明《あ》かす。浅く小因を発《おこ》すべからず。広く弘《ぐ》

四十八願　大無量寿経上巻に説く。

無三悪趣の願　四十八願の第一。「たとひ我仏を得んに、国に地獄・餓鬼・畜生あらば、正覚を取らじ」(正蔵一二-二六七c)。

選　底本「撰」、仁本により改む。

不更悪趣の願　四十八願の第二。「たとひ我仏を得んに、国の中の人天、寿終へての後、復(また)三悪道に更らば、正覚を取らじ」(正蔵一二-二六七c)。

般若　選択集では「第一義を信ずる等これなり」と注してある。

決して曰く…　以下、第一の論難を始める。まず菩提心という語の定義。菩提心について、華厳宗第二祖の智儼の華厳経内章門等雑孔目章の巻二に次の如く見えている。「菩提心者、菩提梵語、此翻名二果道一、果徳円通、故曰二菩提一、於二大菩提一起意趣求、名二発菩提心一、然此発心、経亦名レ願、要二大菩提一、令三来二属己一、故名為レ願」(正蔵四五-五四九a)。

観経の疏の第二　観経疏、序分義。散善顕行の釈。

発菩提心…　観無量寿経の初めの所に、世尊が韋提希に三福を修すべきことを説く。その三福の第三に「三には、菩提心を発し、深く因果を信じ、大乗を読誦し、行者を勧進す」とある。ここは「菩提心を発し」の語句について、善導が解説を加えた部分である(正蔵三七-二六〇a)。

欣心趣大　欣心は仏果を求める心、趣大は大に趣く。大乗の大菩提心をおこすこと。

心《しん》を発すにあらざるよりは、何ぞ能《よ》く菩提と相会することを得ん。ただ願はくは、わが身、身は虚空《こくう》に同じく、心は法界に斉《ひと》しく、衆生性《しょう》を尽さん。我、身業《しんごう》を以て、恭敬《くぎょう》供養し礼拝して来去を迎送して、運度して尽さしめん。また我、口業《くごう》を以て、讃嘆説法して、皆わが化《け》を受け、言下《ごんか》に道《どう》を得ん者をして尽さしめん。また我、意業を以て、定《じょう》に入りて観察して、身を法界に分つて、機に応じて度《ど》し、一として尽さざることなからん。我、この願を発す。運運に増長して、猶し虚空のごとし。処として遍せざることなし。行流《ぎょうる》無尽にして、後際を徹窮《てつぐ》せば、身、疲倦なく、心、厭足《えんそく》なからん。また菩提と言ふは、即ち是れ仏果の名、また心と言ふは、即ち是れ衆生の能求《のうぐ》の心なるが故に、発菩提心《ほつぼだいしん》と云ふなり。」〈已上〉解して曰く、これは惣じて菩提心の行相ならびに名義を説くなり。

　また*元暁《がんぎょう》師の*遊心安楽道に、*菩提心において惣別の行相を出す。即ち安楽道に云く、「*言ふところの正因は、謂く無上菩提心を発すなり。即ち世間の富楽とおよび二乗の菩提・涅槃とを顧《かえり》みず、一向に三身の菩提を志願するを、無上菩提の心と名づく。物標然《しか》りと雖も、中において二あり。一は*随事発心、二は*順理発心。随事と言ふは、煩悩の無数なる、ことごとくこれを断ぜんと欲《おも》ふ、善法の無量なる、ことごとくこれを修せんと願す、衆生の無辺なる、ことごとくこれを度せんと願す。この三事において、決定《けつじょう》して期願す。初めは是《こ》れ如来*断徳の正因、次は是れ如来*智徳の正因、第三心は*恩徳の正因。三徳合して無上菩提とす。即ちこの三心を惣じて無上菩提の因とす。

元暁　新羅の華厳学僧(六一七—六八六)。高弁が華厳宗祖師の絵巻として描かしめた華厳縁起六巻(高山寺蔵)のうち、二巻は元暁の説話、四巻は同じく新羅の義湘の説話である(宋高僧伝巻四による)。

遊心安楽道　一巻。七門のうち、四の往生因縁の部分に、発菩提心を正因とすることを説く。なお末尾に光明真言の利益が説いてある。高弁はこれを光明真言土沙勧信記に引用している。

菩提心…安楽道に　「於㆓菩提心㆒出㆓惣別行相㆒。即安楽道」の句は、底本に欠く。仁本および活本により補う。

言ふところの…　遊心安楽道(正蔵四七-一一四b)。

随事発心　具体的な事象によって、菩提心を発す場合をいう。

順理発心　普遍的な真理によって菩提心を発す場合をいう。

断徳　すべての煩悩を滅しつくす徳。仏果の三徳の一。

智徳　仏の智慧によりすべてを見とおす徳。仏果の三徳の一。

恩徳　衆生を救おうという願力により恵を与えること。仏果の三徳の一。

因*果異《こと》なりと雖も、広長の量、斉等なり。遺《のこ》るところなく、包《か》ねざることなきが故に。〈乃至〉言ふところの順理発心とは、諸法は皆幻夢のごとし、非有非無、離言絶慮なりと信解《しんげ》す。この信解によつて、広大の心を発す」等と云云。

菩提心の行相、略説するに是《かく》のごとし。この二発心の行相は、広くは*諸経論に説くがごとし。要を取つてこれを言へば、菩提と言ふは、即ち是れ仏果の*一切智智、心と言ふは、この一切智智において希求《けぐ》の心を起す。これを指して菩提心と云ふ。一切の仏法、皆この心によつて生起することを得。この希求《けぐ》の心、初後の位に随つて、浅深の不同あり。その不同を言ふに、また多種あり。今且《しばら》く一説によるに、華厳の*表公、四発心を出す。「*一は縁発心《えんほっしん》、謂《いわ》く菩提を仰縁《ごうえん》して発心して求むるを、縁発心と名づく、未入位の前なり。二は解《げ》発心、謂く一切の法、ことごとく是れ菩提なりと解するを、解発心と名づく、*十信十解の位なり。三は行発心、謂く一切の行、皆菩提に合するを、行発心と名づく、十行十向の位なり。四は体発心、また証発心と名づく。謂く一切の性を証す、即ち是れ菩提の自体顕発するを、名づけて体発心とするなり。初地已上より金剛心に至るまで、是れなり。」今善導の意によるに、浄土家においては、縁発心を取るべし。何となられば、九品《くほん》の人を出すに、諸師の大小の次位に配するを破《は》して、ただ一向に凡夫を取る。まづ上品上生《じょうぼんじょうしょう》の人を判じて云く、「*正しく是れ仏世《よ》を去つて後の大乗極善の上品の凡夫」と云云。以下の八品は、倍《ますます》これよりも劣なり。上品既に次位を配せず。しかるに「*道俗時衆等各発無上心」等と云つて、菩提心を以て往生の正因

果　底本「異」、仁本・活本により改む。

諸　底本「説」、仁本・活本により改む。

一切智智　一切智は、すべてを知りつくす智。この一切智は声聞・縁覚・仏の智に共通するので、特に仏の一切智を、声聞・縁覚の一切智と区別して、一切智智という。

表公　表員。新羅の華厳学僧。皇竜寺に住した。

一は…　表員の著した華厳経文義要決問答(四巻)の巻第二の発菩提心義の部分の「懍云」と冠する文の一部である(続蔵一-一二-四-三六八b～c)。懍は、華厳経伝記巻三に、名のみあげられている陳鍾山耆闍寺安廩法師のことかもしれない。

十信十解の位なり(十信十解位也)　続蔵本の華厳経文義要決問答では「十解位也」として、「十信」を欠く。十信とは、華厳経等にいう菩薩の階位五十二位の初めの十信をさす。

正しく…　観経疏、玄義分の返対破(正蔵三七-二四八b)。

道俗時衆等…　観経疏、玄義分の巻頭の偈(正蔵三七-二四五c～二四六a)。この偈の末尾は次の如くである。「願はくはこの功徳を以て、平等に一切に施さん、同じく菩提心を発して、安楽国に往生せん」。

とするが故に。明《あき》らかに知りぬ、四発心の中において、縁発心を取るなり。

また*安楽集の上巻に、発菩提心の義を明《あ》かす。内に四番の解釈あり。「一は菩提心の功用《くゆう》を出し、二は菩提の名体を出す。三は*菩提心に異あることを顕はす。四は問答解釈。第一は、*大経に云く、およそ浄土に往生せんと欲《おも》はば、要《かなら》ずすべからく菩提心を発《おこ》すを原《もと》とすべし。いかんが菩提とは、乃《すなわ》ち是れ無上仏道の名なり」等と云云。第二番に*三身の菩提を出す。第三番に発心の異を顕はすに三種あり。謂く*理・行・慈悲を三とするなり。「*この三因、能《よ》く大菩提と相応するが故に、発菩提心と名づく。また*浄土論に拠《よ》るに云く、今発菩提心と言ふは、正しくこの願作仏の心なり。願作仏の心とは、即ち是れ度衆生の心なり。度衆生の心とは、即ち衆生を摂取して、有仏の国土に生れしむる心なり。今既に浄土に生れんと願するが故に、まづすべからく菩提心を発《おこ》すべきなり。」第四番の解釈《げしやく》の文、広多なり、具《つぶさ》には正文を見るべし。また*天親の*無量寿経論に、三種の違菩提門の法を説く。謂く、智慧・慈悲・方便の三門によつて、自利を遠離《おんり》するが故に。また三種の順菩提門の法を説く。謂く無染清浄心・安清浄心・楽《ぎよう》清浄心の三門によつて、利他を以て本とするが故に。これらの解釈、具《つぶさ》に出すに遑《いとま》あらず。その綱要、前の両師の解釈に説くがごときのみ。

問ひて曰く、この菩提心、諸教において差別ありとやせんや。

*答ふ。三乗の行者、三乗の菩提において、希求の心を起す。その三根の差別に随つて、三種の菩提を出す。謂く、声聞の菩提、縁覚の菩提、諸仏の菩提。これは*十地論等

安楽集　道綽(五六二—六四五)の著、二巻。引用文は、正蔵四七-七b。

菩提心　安楽集には「発心」。

大経に云く…　大無量寿経下巻の初め、三輩往生の所に、発菩提心・当発無上菩提心と見える。

三身の菩提　法身の菩提・報身の菩提・化身の菩提(安楽集)。

理・行・慈悲を…　安楽集巻上に次のように見える。「一者、要須㆔識㆓達有無従㆑本已来自性清浄㆒。二者、縁㆓修万行㆒八万四千諸波羅蜜門等。三者、大慈悲為㆑本恒擬㆓運度㆒為㆑懐」(正蔵四七-七c)。

この三因…　安楽集巻上(正蔵四七-七c)。

浄土論に…　曇鸞の無量寿経優婆提舎願生偈婆藪槃頭菩薩造并注(浄土論註)の下巻の次の文による。「此無上菩提心、即是願作仏心。願作仏心、即是度衆生心。度衆生心、即是摂㆓取衆生㆒生㆓有仏国土㆒心。是故願㆑生㆓彼安楽浄土㆒者、要発㆓無上菩提心㆒也」(正蔵四〇-八四二a)。

天親　婆藪槃豆菩薩。

無量寿経論　無量寿経優婆提舎願生偈(浄土論・往生論)、一巻。元魏の菩提流支訳。以下は、正蔵二六-二三二c。

答ふ…　以下、諸教にいう菩提心の体に差別がないことを説く。

十地論　十地経論、一二巻。天親釈、菩提流支訳。三種の菩提については、巻三に「三種仏菩提者、声聞・辟支仏、亦名為仏故」(正蔵二六-一三八c)。

に説くがごとし。この中に論ずるところは、正しくは諸仏の菩提を取る。即ち是れ大乗の諸菩薩の所起の菩提心なり。分位の不同ありと雖も、*その心体、差別なきなり。

問ふ。引くところの表公の解釈を見るに、この四発心の外に、また*三発心を出す、また*六発心を出す。また経説を見るに、*観身過患《かんしんかげん》発菩提心・思惟《しゆい》諸仏《しよぶつ》発菩提心等の多種の不同を明かす。また論説を見るに、或いは願心・分位心の二種ありと云ひ、或いは*直心・深心・大悲心の三相ありと云ふ。諸宗の釈文、また以て不同なるべし。何ぞ無差別と云ふや。

答ふ。かの中に或いは因起を説き、或いは行相を説くに、この不同あり。その体を謂《い》はば、応得等の三仏性の中において、即ち是れ加行因性《けぎようい んしよう》なり。*仏性論《ぶつしようろん》に説くがごとし。この因性、もし差別あらば、応得因・円満因、また差別あるべし。もし爾《しか》りと言はば、応得因とは、即ち是れ*二空所現の真如、円満因とは、即ち是れ十地・十波羅*密等。これあに差別あるべけんや。しかのみならず、菩提心とは自性空《じしようくう》を義とす。空法は即ち差別あることなきなり。これによつて竜樹大聖、*菩提心離相論を造つて、菩提心性無相の義を演《の》ぶ。即ちかの論に云ふがごとし。「*菩提心とは、一切を離せる性。問ひて曰く、この中にいかんが離一切性。答ふ。謂《いわ》く蘊《うん》・処《しよ》・界《かい》、諸《もろもろ》の取捨を離れて、法無我平等にして、自心本来不生なり。自性空なるが故に」等と云云。解《げ》して曰く、これは大乗に約して菩提心の体を説く。法無我の理と相応する心、これを指して菩提心と云ふ。

その(其)　底本「廿」、仁本・活本により改む。
三発心　相発心・息相発心・真発心。表員の華厳経文義要決問答巻二の発菩提心義(続蔵一-一二-四-三三七c)に「遠公云」として引く、慧遠の大乗義章巻九(正蔵四四-六三六a)に出ている。
六発心　想発・信発・解発・行発・観発(また道発)・証発。右と同じく、表員が華厳経文義要決問答(続蔵一-一二-四-三三八b)に引く、大乗義章(正蔵四四-六三六c)に出ている。
観身…　菩提心論(天親造、鳩摩羅什訳)上巻(正蔵三二-五〇九b)。
直心…　大乗起信論の分別発趣道相に、信成就発心として、この三心を出す(正蔵三二-五八〇c)。
仏性論　四巻。天親造、陳の真諦訳。「加行因性」云々は、巻二の顕体分第三中三因性第一に「所謂三因三種仏性、三因者、一応得因、二加行因、三円満因」(正蔵三一-七九四a)とある。
二空　人法二空。
密　仁本・活本も同じ。「密」は「蜜」、以下同じ。
菩提心離相論　一巻。竜樹造、宋の施護訳。
菩提心とは…　菩提心離相論(正蔵三二-五四一b)。

問ひて曰く、この心、最も甚深なりとす。我等未だ法無我等の道理を知らず。何ぞ菩提心を発《おこ》さんや。

*答ふ。この心甚深にあらず。謂く、行者善縁に遇《あ》ひて、率爾《そつじ》に仏境を縁じて、毛竪《もうじゅ》流涕《るてい》して、希求の心を発す。この心の自性を推*撿するに、法無我の理を以て所依《しょえ》とすと言ふ。さらに自《みずか》ら法無我等の理を知ると謂《い》ふとにはあらざるなり。この故に同論の下《しも》の文に云く、「*又復《またまた》識る、法は是れ無常の法、無常より生ず。かの無常の性、即ち菩提心なり。これは空の義を説くなり、また相違せず。もし無常の性、即ち菩提心ならば、もし菩提を愛楽《あいぎょう》する、この心平等にして、またかの空を愛楽すと説かず。空を取るの心、まさにいかんが得べき。まさに知るべし、本来自性真実にして、一切菩提心の義を成就《じょうじゅ》せり」と云云。これらは、大乗の菩提心に約して、その体性を説くなり。即ちこの心、二無我の理に順じて、広大の用《ゆう》あり。識に約して所依を説かば、即ち*業《ごっ》識薫習《しきくんじゅう》の心なり。この心を以て、菩薩の菩提心とするなり。もし人無我《にんむが》の理に順じては、広大の用《ゆう》なし。識に約して所依を説かば、即ち分*別事識なり。この心を以て、二乗の菩提心とするなり。諸論の中の所説、*名相建立《みょうそうこんりゅう》、不同ありと雖も、大意これを出でず、委《くわ》しく出《いだ》すに能《あた》はざるのみ。この故に、大乗の菩提心は、皆二空の理を以て体《たい》性《しょう》とし、業識《ごっしき》を以て所依とし、仏境を以て所求とし、衆生を以て所縁とするなり。この故に、諸教の菩提心、その体性、差別なきなり。〈已上、多分大*乗終教に約する説なり。〉

問ふ。諸宗においてこれを知らず。聖道・浄土の二門の菩提心においては、所起の

答ふ…　法無我の理と相応する心を、菩提心という定義する。摧邪輪荘厳記の菩提心決中菩提心体性義という項において、さらに詳説している(日蔵、華厳宗章疏下三七六以下)。

推撿　おしはかり考えること。

又復識る…　菩提心離相論(正蔵三二-五四二c)。

業識　無明によって不覚がおこり、意が生ずる最初の位。大乗起信論に「此意復有二五種名一。云何為レ五。一者名為二業識一。謂無明力不覚心動故」(正蔵三二-五七七b)と見える。

分別事識　無明薫習によっておこるところの識。見愛煩悩によって増長する。意識とも、分離識とも、分別事識ともいう。染心なりといえども、本来、自性清浄なるものであり、仏のみこれを能く知る。大乗起信論(正蔵三二-五七七b〜c)参照。

名相　名と相。耳に聞くべきを名、眼に見るべきを相という。ここでは法相・教相の意。

大乗終教　大乗終極の教。熟教、実教ともいう。華厳宗(法蔵)でいう五教の第三。楞伽経・大乗起信論等の所説。真如縁起を説き、自性清浄心と、真如の不変と随縁を説く。この大乗終教については、摧邪輪荘厳記(日蔵、華厳宗章疏下三八一)参照。

行業既に別なり。能起の菩提心、何ぞ差別なからんや。

*答ふ。所起の行、不同なりと雖も、心に約すれば、同じく是れ菩提・涅槃《ねはん》を希求《けぐ》す。その心体、さらに差別なし。上に出すところの教量のごとし、即ちその証なり。この故に、浄土門の人師、善導・道綽《どうしゃく》等、皆《みな》無上菩提心を以て正因とすと言つて、全く別の体性を出さず。かの解釈《げしゃく》の中に説くがごとし。この説を作《な》すと雖も、諸宗の解釈に浅深不同あり。かの教文《きょうもん》を執《しゅう》する人、定めて異義を存することあらんか。もし不同の文《もん》あらば、是れ浅深の不同とす、体性に差異あるにあらず。既に法無我平等の心と云ふ。何の大乗宗か、法我不平等の義を立てんや。まさに知るべし、諸宗の浅深は、即ちこの無我義の浅深差別なり。これを思ふべし。

問ひて曰く、もし浅深の異ありと許さば、既に不同の義を成ず。何ぞ一体と云ふや。

答ふ。譬へば、海水一味なりと雖も、浅深不同あるがごとし。菩提心の体は、一味の水のごとし。行相の差別は、浅深不同なるがごとし。もし教文の浅深によつて差異ありと執せば、諸教の仏果も、浅深差別せり。仏果の体において差別ありとやせんや。もしこれ爾《しか》らずと言はば、彼もまた同ずべし。是《かく》のごときの義理、具《つぶさ》に出すに遑《いとま》あらず。たとひもし菩提心の体、諸教において実に差別ありと執せば、すべからく浄土宗において別の菩提心を立て、往生の正因とすべし。しかるに、*かの集の中に、観経の発菩提心の文を釈するに、諸教の菩提心の名字を挙ぐと雖も、正しく往生の正因を出す時は、反《かえ》つてこれを撥遣せり。両関に徴定するに、さらにその謂《いい》なきなり。

答ふ…　聖道・浄土の二門の菩提心の体に差別なきことを説く。相違はその正因たる無上菩提心(無我の義を体とする)の浅深のみと説く。

かの集の中に…　選択集の第十二付属章の文。摧邪輪の下巻に引用(三七四頁上)。天台・真言・華厳などの菩提心(例えば、天台における蔵・通・別・円)の名をあげてある。

問ふ。かの集の中に捨つるところは、是れ菩提心によつて起すところの諸行なり。是《ここ》を以てかの集の処処に菩提心行と云ふ。ただし処処に直に菩提心と云ふことあるは、是れ能発《のうはつ》の因を挙げて、所発《しよはつ》の行を取るなり。しからば、何の過《とが》あらんや。

*答ふ。然らず。まづかの集に選択念仏の義を出す中に云く、「*第十八の念仏往生の願とは、かの諸仏土の中において、或いは布施を以て往生の行とするの土あり、或いは持戒を以て往生の行とするの土あり。〈この次に忍辱・精進・禅定の三行を出す。今これを略す。〉或いは般若《はんにや》を以て〈*第一義を信ずる等是れなり〉、往生の行とするの土あり、或いは菩提心を以て往生の行とするの土あり。〈この次に六念・持経・持呪《じじゆ》の三行を出す。今これを略す。〉或いは起立塔像《きりゆうとうぞう》・飯食沙門《ぼんじきしやもん》および孝養父母《きようようぶも》・奉事師長《ぶじしちよう》等の種種の行を以て、おのおのの往生の行とするの国土等あり、或いは専らその国の仏名を称して、往生の行とするの土あり。」〈已上、集の文。〉この集の文において、本文広多なるが故に、私に註を加へて、中間の文、これを略せり。一一の諸行において、皆上《かみ》に「或有以」の三字あり、下《しも》に「為往生行之土」の六字あり。おのおの一行に配当してこれを見るべし。既に諸行を列するの外に、別に菩提心を出して一行とせり。あに心体を取るにあらずや。また処処に菩提心等の余行と名づく、布施等の余行と云はず。況《いわ》んやかの集の*付属名号章の中に、聖道・浄土の諸教の菩提心を出して、皆これを撥遣せり。全く所起の諸行に限らざるなり。この故にかの集の或る処に*菩提心行と云ふことありと雖も、また或る処に直に菩提心と云ふところあり。是《ここ》に知りぬ、かの集に言ふところの菩提心行とは、是れ即ち菩提

答ふ…　選択集は、菩提心そのものを捨てるべきであると説くのであり、菩提心によっておこされる行としての菩提心を捨てよというのではないことを明らかにしている。

第十八の…　選択集の第三本願章の文。

第一義を信ずる等（**信第一義等**）　底本「信等第一義」、仁本により改む。

付属名号章　選択集第十二。「しかれば則ち菩提心の一句、広く諸経に亘り、偏く顕密を該(か)ぬ。…願はくは諸の行者、一を執りて万を遮することなかれ。諸の往生を求むるの人、各すべからく自宗の菩提心を発すべし」。

菩提心行　選択集の第六特留章に「かの経まづ滅しなば、菩提心の行…」、また第十二付属章に「また菩提心の行あり、人皆おもへらく…」とある。

心を指《さ》して一行とするなり。菩提心即ち行なり。菩提心が行とすと謂《い》ふとにはあらざるなり。この過相は、処処に言を吐けり。文相《もんそう》隠れなし。正文に臨んで見るべきなり。菩提心の名相分別は、下に向つてこれを引き成すべし。今汝をして菩提心の行相を知らしめて、決択《けつちやく》無礙《むげ》ならんがための故に、まづ略して綱要《こうよう》を示すのみ。

*次に正しく選択集の文について決断を成ずべし。まづこの中に破するところは、前に説くがごとし。かの講経の日、出すところの二つの大過なり。いはゆる菩提心を撥去する大過、聖道門を以て群賊に譬ふる大過なり。中において第一の過について、汝が集の五段の文を引いてこれを破す。今初めに一段の文を引くの次《ついで》に、集の文の前後を知らしめんがために、今一枚余の文を引く。中において正しく破するところは、第十八の念仏往生の願の中の菩提心を捨つるの文、是れなり。今傍論たりと雖も、まづ*同文故来の文について、すべからく二百一十億の仏刹浄穢の義を弁定すべし。

問ひて曰く、言ふところの二百一十億の仏刹とは、ただ浄土を説くとやせんや、また通じて穢土《えど》を説くとやせんや。

答ふ。諸師の異説*云云たり。*玄一師の云く、「人天の善悪と言ふは、土の因を明《あ》かす。この中に、穢土の因を説いて名づけて悪とす、浄土の因を説いて名づけて善とす。*三性の中の善不善なりと謂ふとにはあらず。また三性が中の善性を説いてこれを名づけて善とす、不善性をば名づけて悪とす。国土の粗妙と言ふは、土の果を明かす。この中に、穢土、これを名づけて粗とす、浄土を妙と名づく。また悪趣を説いて粗と名

次に正しく…　最初に引く選択集の第十二本願章の文について批判を加えようとし、大無量寿経に説く、世自在王仏が、法蔵菩薩のために、二百一十億の諸仏刹土の天人の善悪国土の麤妙を説いたという、その仏刹の浄穢について論ずる。

同文故来の文…　前引(五七頁)の選択集の第三本願章の「第十八の念仏往生の願とは…」の前に、二百一十億の仏刹について人天の善悪、国土の好醜を選択すべきことが説いてある。その仏刹がすべて浄土であるか否かについて論ずる。

云云　底本は小字とするが、仁本により改む。

玄一　新羅の人、法相の学僧。著述が多いが、無量寿経記上巻のみ現存。引用文は、続蔵一‐三二‐二‐一九七d。

三性　善・悪・無記をいう。

づく、善趣を妙と名づく。〈粗と麤の字音実に別なし。〉」解して曰く、この師の意によるに、二百一十億の仏刹等と言ふは、通じて浄穢の因果を説くとす。文のごとく知りぬべし。また*法位法師の云く、「「*即為広説二百一十億諸仏刹土」と言ふは、それをして相によつて奉順修行《ぶじゅんしゅぎょう》せしむ。善悪粗妙等とは、土、物の感に随つて精麤等《ひと》しからざることを明かす」と云云。解して曰く、この*解釈の言は、浄穢の分別、分明ならずと雖も、前後の大意を観ずるに、是れただ浄土を説くとするなり。何とならば、この解釈の文の次に云く、「その中の玄義、三門に分別す。一に釈名、二に出体、三に諸門分別。第一に名を釈せば、浄とは離穢を義とす、土とは所居を義とするなり。第二に体を出さば、浄土に二種あり。一*変化浄土、二*受用浄土なり。乃至第三の諸門分別の中に六門あり。一色相、二分量、三漏無漏《ろむろ》、四因、五遊路、六乗門。色相とは、七宝荘厳《しょうごん》を形色とす、大光明を放つを顕色とす。分量とは、自利の土はその量無際、利他の土は定《さだ》まりなし。第三に漏無漏分別《ふんべつ》の中に、無漏の義は如来に約す。文のごとく知るべし。有漏《うろ》とは、十地已還《いげん》の菩薩、第八識所変の浄土、是れ有漏識*相分《そうぶん》の摂《しょう》なるを以ての故に。有漏身の所依処なるが故に、妙有漏苦諦《くたい》の所摂とするなり」と云云。〈取意、略抄。〉解して曰く、この文を観るに、*仏地論によつてこの説を作《な》す。しかるにかの論の第一に、地上の菩薩の浄土の漏無漏の義を解するに、三家の説あり。一は無漏、二は有漏、三は漏無漏に通ず。〈即ち是れ論主の自義、評家の義なり。〉*この疏の文には、第二家の義を出すなり。既に有漏の義を解するに、尚《なお》し穢土を出さず。知りぬ、前の惣釈の文は、ただ浄土に限

法位　新羅の人。無量寿経疏(二巻)を著す。現佚。石田茂作編の奈良朝現在一切経疏目録に見える。

即為広説二百一十億諸仏刹土　仏説無量寿経巻上の文。「是において世自在王仏、即ち為に広く二百一十億の諸仏刹土の天人の善悪、国土の麤妙を説き、その心願に応じて、ことごとく現じてこれを与へたまふ」(正蔵一二―二六七c)。

解　底本なし。仁本・活本により補う。

変化浄土・受用浄土　法相宗でいう三種仏土の一。変化浄土は、地前の菩薩・二乗・凡夫を教化するために、仏によってあらわされた土。その土自体は無漏であるが、衆生はこれを有漏と見る。受用浄土は、菩薩のためで、唯浄という。

相分　唯識の所説。見分に対する語。識によってとらえられた対象、客観。成唯識論巻二に「似二所縁一相、説名二相分一」(正蔵三一―一〇a)と見える。

仏地論　仏地経論、七巻。親光等の造、玄奘訳。地上の菩薩云々については、「地上菩薩浄土、為是有漏、為是無漏、有義無漏」(正蔵二六―二九四b)とある。

この疏　法位の無量寿経疏。

るなり。またこの疏の上の文に、*大論を引いて云く、「仏、法蔵をして諸《もろもろ》の浄土を示して自《みずか》ら選取せしめんとするなり。」文。疏の下の文に准ずるに、この文を引く意は、まただ浄土を説かんとするなり。浄穢二土を説くと雖も、法蔵比丘の心願に応ずるが故に、ただ浄土の一分を出すとは云ふべからざるなり。〈玄一師、「*応其心願、悉現与之」の経文を釈するに、二義あり。第二義に云く、「*また説く、通じて二土を見ると雖も、発心の由《ゆえ》はただに是れ浄土、この故に偏《ひとえ》に説く。」文。この義に例すべからざるなり。知るべし。〉この釈の意によるに、浄穢に通ずと云ふべからざるなり。しからば、「*言明土随物感精麤不等」とは、その精なるをば、善妙と名づく、その麤なるをば、悪粗と名づくるなり。全く浄土の中において悪不善の法ありと謂《い》ふとにはあらざるなり。

問ひて曰く、*この師の意、既に二百一十億の仏刹、皆浄土を説くと云つて、しかも浄土の中において善悪麤妙ありと云ふ。何を以てか悪不善の法なしとは知ることを得るや。

答ふ。*疏の漏無漏分別門の正文に云く、「第二に菩薩に約せば、十地の菩薩、自心所変の浄土は、第八識所変の浄土にして、是れ有漏識相分の摂《しょう》なるによるが故に、是れ有漏身の所依処なるが故に、十地已還《いげん》の阿頼耶識《あらやしき》、是れ有漏*無記性の摂なるを以て、所変の浄土、無漏なることを得ず。是れ妙有漏苦諦の所摂なり」等と云云。解して曰く、既に有漏の義を解するに、判じて妙有漏苦諦の所摂と云ふ。明らかに知りぬ、悪不善の法あることなきなり。

大論　大智度論、一〇〇巻。竜樹菩薩造、鳩摩羅什訳(正蔵二五)。

応其心願悉現与之　「その心願に応じて、ことごとく現じてこれを与へたまふ」(五九頁注「即為広説…」参照)。

また説く…　玄一の無量寿経記巻上(続蔵一-三二-二-一九六a)。

言明土随物感精麤不等　「土、物の感に随つて精麤等しからざるを明かすと言ふ」(五九頁四行)。

この師　法位。

疏　法位の無量寿経疏か。

無記性　善不善と定められないこと。成唯識論巻五に「此六転識何性摂耶。謂善不善倶非性摂。倶非者謂無記非二善不善一故名二倶非一。能為二此世他世順益一故名為レ善。人天楽果雖二於此世一、能為二順益一非二於他世一故不レ名レ善。能為二此世他世違損一故名二不善一。悪趣苦果雖三於此世能為二違損一、非二於他世一故非二不善一。於二善不善益損義中一、不レ可二記別一故名二無記一」(正蔵三一-二六b)とある。

汝答へて曰く… 法然の答を仮りに設けたもの。法然は、二百一十億の仏刹は、浄土のみであるという説による。

上二界 三界(欲界・色界・無色界)のうち、色界と無色界。

第一の… 選択集の第三本願章の文。法然は、浄土に三悪趣があることを説くとする文証である。

今汝に問ひて曰く、まづは仏刹浄穢の義について、上来両説の中において、汝いづれの義を存すとかせんや。*汝答へて曰く、「後の師の義に同ずるなり。この故に、汝が引くところのわが集の文に、大阿弥陀経の文を引いて釈して云く、「この中に、選択とは、即ち是れ取捨の義なり。謂《いわ》く、二百一十億の諸仏の浄土の中において、人天の悪を捨てて、人天の善を取る、国土の醜を捨てて、国土の好を取るなり。大阿弥陀経の選択の義、是《かく》のごとし」と云云。この故にわが成立するところの二百一十億の仏刹とは、是れただ浄土とす、穢土には通ぜざるなり。」

問ひて曰く、しからば、「人天の善悪」の経文について、浄土の中において悪不善の法ありとやせんや。如何ぞ。もしこれありと云はば、三界の中において、*上二界猶《なお》し悪不善の法を離る。ただ欲界にのみ悪法あり。もし悪ありと云はば、いかなる聖教《しょうぎょう》の文について、何の仏土をか指すや。もし汝答へて、法位師の所解《しょげ》のごとく、精麤相対して善悪と云ふと曰はば、難じて曰く、然《しか》らず、汝が集の文に四十八願選択の義を出す中に云《いわ》く、「*第一の無三悪趣の願とは、覩見《とけん》するところの二百一十億の土の中において、或いは三悪趣あるの国土あり、或いは三悪趣なきの国土あり。即ちその三悪趣ある麤悪の国土を選捨して、その悪趣なき善妙の国土を選取するが故に、選択と云ふなり。第二に不更悪趣の願とは、かの諸仏の土の中において、或いはたとひ国中に三悪道なしと雖も、その国の人天寿《いのち》終つての後、その国より去つてまた三悪趣に更《かえ》るの土あり、或いは悪道に更《かえ》らざるの土あり。即ちその悪道に更る麤悪の国土を選捨して、その悪道に更《かえ》らざる善妙の国土を選取するが故に、選択と云ふなり」と云云。*汝が集の文に*惣標する処に、既に二百一十億の諸仏浄土と云ふ。別釈する処にこの説を作《な》す。明らかに知りぬ、汝が所計のごとくは、浄土の中において三悪趣あり。また浄土より没して、三悪趣の中に堕するなり。この一事は、文証を引いて立破するに足らず。夫《そ》れ浄土は、諸境皆善業《ぜんごう》の所成なり。この故に、色を見、香を聞くに、皆法楽を増す。いかに況《いわ》んや三悪趣あらんや。たとひ*初生退位の菩薩ありと雖も、深位の聖衆と倶会《ぐえ》して、尚し*処不退の義によつて、退する理なし。終《つい》に必ず無生を悟る。いかに況んや三悪趣に更らんや。もししからば、何ぞ娑婆穢土と不同あらんや。もし不同なくは、あに有漏の浄土を判じて妙有漏苦諦の所摂とすべけんや。もし汝転言して曰く、「我《われ》前師の義に同ずるなり。言ふところの二百一十億の仏刹は、浄穢に通ずべきなり。しかるに惣標するところの浄の一字は、我これを置かず、展転書写の誤とすべし」といはば、我《われ》汝が集を撿するに、*数本皆この字あり。明らかに知りぬ、もし浄の字なきの本あらば、是れ伝写落脱の過とすべきなり。もしたとひこの救を許すと雖も、汝尚し第二の難を脱《のが》れじ。何とならば、前に引くところの汝が集の文に云く、「第二に不更悪趣の願とは、かの諸仏の土の中において、或いはたとひ国中に三悪道なしと雖も、その国の人天寿《いのち》終つての後、その国より去つてまた三悪趣に更《かえ》るの土あり、或いは悪道に更らざるの土あり。即ちその悪道に更る麤悪の国土を選捨して、その悪道に更らざる善妙の国土を選取するが故に、選択と云ふなり。」文。

汝が集の文に…　浄土に三悪趣ありとする法然の説を破し、浄土に悪趣なきことを説く。

惣標する処に…　前頁の選択集の第三本願章の文のうち、「二百一十億の諸仏の浄土の中において…」という部分をさす。

初生退位　初地（初歓喜地）にのぼりながら退く、の意であろう。

処不退　阿弥陀の浄土に生れた後には、浄土から退転しないこと。迦才の浄土論巻上などに見える。

数本　選択集の写本が、既にこの時、多く存したことが考えられる。

もししからば、国中に三悪道なき土と云ふは、浄土を離れて外に、何の土なりとかせんや。もし汝、*即染帰浄《そくぜんきじょう》の土を取ると云はば、かの土に生ずる人は、染に即して浄を見る。永く退する理なし。何ぞ三悪道に更《かえ》ると云はんや。もし浄の字なしと云はば、第一の過を免ると雖も、猶し第二の過を脱《のが》れざるなり。既に浄土より没して穢土の悪趣に更ると云ふ。浄土において悪趣を立てんこと、汝において未だ難しとすべからず。汝、この邪言を作《な》して、所化をして皆*この大邪見に住せしむ。汝は是れ諸仏の浄土を破損する大賊なり。世間の人の舎を破損する、その過尚し軽からず。汝、諸仏の浄土を破損する、その過、世間に比類なし。汝、*胸臆の説を吐いて、愚情の狂を顕はす。不可思議不可思議なり。

*且《しばら》く傍論を止《とど》めて、まさに正論を弁ずべし。まづ汝が出すところの二百一十億の仏刹の中において、もし、初師の義に同じて、浄土あり穢土ありと云はば、中において*今出すところの六度・菩提心等の業因《ごういん》は、浄土の業《ごう》を出すなるべし。何とならば、集の結する文を見るに、即ち云く、「*前の布施《ふせ》等の諸行を選捨して、専称仏号を選取するが故に、選択と云ふなり」と云云。これ即ち四十八願の中の念仏業を取るが故に、明らかに知りぬ、浄土の業を出すなり。たとひ後の師の義に同じて、二百一十億の仏刹、皆浄土とすと言ふと雖も、この難は以て同じかるべし。もししからば、諸仏の浄土の中において、菩提心を以て正因とせざる仏土は、何の土なりとかせんや。夫《そ》れ*無漏浄識の所変を以ては浄土と名づく。浄識の所変なるが故に、*華池宝閣、清浄の形質

即染帰浄　大乗仏教の煩悩即菩提の思想により、染に即して浄を見るから即染帰浄という。

この(此)　底本なし。仁本・活本により補う。

胸臆の説　意想の説。「百家縦二胸臆之説一」(唐書、礼儀志)。

且く傍論を止めて…　選択集には、六波羅蜜・菩提心などを浄土の業としてあげていることを論じ、浄識の所変たる浄土に生ずる正因は、菩提心であると説く。

今出すところ…　前引(四九頁)の選択集の第三本願章の文の、布施・持戒等の六波羅蜜や菩提心を往生の行としてあげた部分をさす。

前の布施等の…　前引(五〇頁)の選択集の第三本願章の文。

無漏浄識　仏果の浄識。

華池宝閣　極楽世界の荘厳。

あり。内外倶浄《ないげぐじょう》なるが故に、浄土と名づくるなり。有漏識の所変を以ては穢土とす。有漏識の所変なるが故に、瓦礫荊棘《がりゃくけいきょく》、清浄の光明なし。内外倶穢《ないげぐえ》の故に、穢土と名づく。しかるに浄識とは、即ち是れ菩提心なり。故に一切の浄土、菩提心を以て正因とするなり。*探玄記の第三に*摂論《しょうろん》を引いて云く、「菩薩および如来の唯識智を浄土の体とす。」文。唯識智とは、即ち菩提心なり。ただ浄土の正因とするのみにあらず、菩提心を以て、また浄土の体とするなり。これに翻するが故に、有漏*識は、ただ穢土を変為するのみにあらず、穢土はまた有漏識を以て体とす。是れ論家の性相《しょうそう》なり。故に諸経論の中に、浄土の正因を出すに、まづ発菩提心を勧めたり。何ぞ、弥陀一仏、三世道同の修因を背き、西方一家、一道至果の道理を隔つることあらんや。是《ここ》を以て法蔵比丘、「*光顔巍巍威神無極《こうげんぎぎいじんむごく》」等の頌《じゅ》を説き已《おわ》つて、世自在王仏に白《もう》して言《いわ》く、「*ただ然り、世尊、我《われ》無上正覚の心を発《おこ》せり、願はくは、仏、わがために、広く経法を宣《の》べたまへ。我まさに修行して仏国を摂取し、無量の妙土を清浄荘厳すべし」等と云云。〈已上、*双観経。〉この中に言ふところの無上正覚心とは、即ち是れ菩提心なり。まさに知るべし、*地上証真の行にあらざるよりは、仏土を荘厳すること能《あた》はず。その証真の行は、菩提心にあらざれば、成立すること能はず。この故に、法蔵比丘、まづ「我発無上正覚之心」と称して、已《すで》に受法の器あることを示す。かの*善財、知識に対して、まづ「我已発菩提心」と唱ふるがごときなり。

また*悲華経《ひけきょう》の意によるに、*宝海梵志《ほうかいぼんし》、*無諍念王《むじょうねんおう》ならびに一千*太子等を勧化して、皆

探玄記　華厳経探玄記、二〇巻。法蔵の撰。六十華厳の注解。

摂論を引いて云く…　探玄記巻三の「摂論云、菩薩及如来唯識智乃至為浄土体」(正蔵三五―一五六b)をさす。摂論は、摂大乗論、三巻。無著菩薩造、梁の真諦訳。ほかに、後魏の仏陀扇多訳二巻、および唐の玄奘訳三巻がある。ともに正蔵三一。

識　底本・仁本「職」、活本により改む。

光顔巍巍…　仏説無量寿経巻上、嘆仏偈。

ただ然り…　仏説無量寿経巻上。

双観経　仏説無量寿経の異名。

地上証真の行　菩薩は十地(歓喜地～法雲地)にのぼり、無漏智を生じて仏性を見ることができる。

善財…　華厳経、入法界品において、善財童子が五三の善知識を巡って法門を学ぶにあたり、それぞれの善知識に会った最初に、「我已先発阿耨多羅三藐三菩提心」ということ。

悲華経　一〇巻。北涼の曇無讖訳。以下は、諸菩薩本授記品第四之一(正蔵三―一八三b～c)。

宝海梵志　釈迦の因位。

無諍念王　阿弥陀如来の因位である転輪聖王の名。

太　底本「大」、仁本・活本により改む。

無上菩提心を発《おこ》さしむ。爾時《そのとき》に、宝蔵如来、不失菩提心三昧に入つて、大光明を放つて、遍《あまね》く無量無辺の世界を照す。皆ことごとくこの転輪聖王《てんりんじようおう》および無量の衆生等をして、無辺の諸仏世界を見せしむ。この時に、他方の大衆、皆仏所に来集す。爾時に、宝海梵志、聖王に白《もう》して言《いわ》く、「大王、今まづ誓願を発して妙仏土を取るべし。」爾時に、聖王、この語を聞き已《おわ》つて、仏に白《もう》して言く、「世尊、我《われ》今、真実に菩提を得んと欲《おも》ふ。我、先に三月の中において、諸《もろもろ》の所須《しよしゆ》を以て、仏および比丘僧に供養《くよう》するがごときの、是《かく》のごときの善根を、我今、*阿耨多羅三藐三菩提《あのくたらさんみやくさんぼだい》に廻向《えこう》す。終《つい》に不浄の仏土を取らんと願せず。世尊、我今、願を発す。我をして阿耨多羅三藐三菩提を成ぜしめん時、世界の中に地獄・畜生・餓鬼あることなく、一切の衆生、命終《みようじゆう》の後に、三悪道の中に堕せざらしめん。」乃至《ないし》、広く大願を説く。〈取意、略鈔。〉この中に言ふところの聖王とは、是れ阿弥陀如来の因位なり。*玄法師・*寂法師の意によるに、宝蔵仏、世自在王仏、是れ別仏なり。弥陀如来、宝蔵仏の時、最初に発心して、厳浄《ごんじよう》仏国の行を修す。後時に世自在王仏に値《あ》ひて、また深く浄土の行を修す。しからば、聖王、浄土の行を修するに、まづ菩提心を発して因とす。如来、浄土の行を証成するに、また不失菩提心三昧に入つて縁となる。まさに知るべし、所依の三昧は、是れ法体の随一なり。

明らかに知りぬ、浄土は因果皆菩提心を体とすといふことを。もししからずは、浄土、成立すべからず。三身の妙果、また成就すること能《あた》はざらん。是《ここ》を以て、*華厳撮《けごんさつ》要《よう》に云く、「もし文殊を廃して普賢を存せば、所有の行門、有漏《うろ》に属せん。」文。解して

阿耨多羅三藐三菩提　無上正等正覚。梵語 Anuttara-samyak-saṃbodhi.

玄法師　玄一。無量寿経記巻上に次のように見える。「解云、彼宝蔵仏時発心発願、此自在王仏時亦爾、問、一仏亦名宝蔵、亦名世自在王、為異仏耶、答、異仏也」(続蔵一‐三‐二‐一九六b)。

寂法師　義寂。新羅の人、義湘の門人。奈良朝現在一切経疏目録に、両巻無量寿経疏三巻が見える。

華厳撮要　華厳論節要、三巻。高麗の知訥が、李通玄の新華厳経論を節要したもの。金沢文庫所蔵永仁三年奥書の写本が唯一の伝本である。引用文は、金知見氏校刊本華厳節要、一三六頁。

曰く　仁本には、この後に次の文がある。「此文以㆓文殊㆒為㆓根本智㆒、以㆓普賢㆒為㆓差別智㆒。五位菩提心以㆓文殊㆒為㆑体故、離㆓此義㆒菩提心不㆑立也。今以㆓此文㆒唯釈㆓常途経論㆒（この文、文殊を以て根本智とし、普賢を以て差別智とす。五位の菩提心、文殊を以て体とするが故に、この義を離れては菩提心立せざるなり。今この文を以てただ常途の経論に釈せば）」。

種姓　声聞・縁覚・菩薩の三乗になり、悟を得ることができる本来の素質。

称理　理にかなう。

随縁　不変に対することば。縁に随って生滅変化するをいう。真如が変化して染浄の種々のものとなるが、菩提心は、そのうちの浄きものを、よりどころとする。大乗起信論の教説。

答ふ…　行者の菩提心がなければ、浄土は成立しないことを説く。

汝が集の奥の文　選択集の第四、三輩章の文。

*曰く、文殊は是れ菩提の主、即ち是れ大智なり。普賢は是れ涅槃の主、即ち是れ真理なり。しかるに真如の理の中には、染浄殊ならず、鎔融含摂せり。不変の義を壊《え》せずして、随縁して万法を生ず。もし有漏の法と見る時は、挙体皆是れ有漏の法とす。しかるに始覚の菩提心生じて、初めて真如を信ず。〈十信なり。〉*種姓《しゅしょう》漸く顕発して〈十住なり〉、*称理の行を起す。〈十行なり。〉この行、三処に流至して〈十廻向なり〉、終《つい》に真如を証す。〈十地なり。〉証道円満して仏果に到る。果徳尊高にして、終に凡界に栖むに堪《た》へず。無漏浄識、これがために浄刹を変為す。仏果の依正《えしょう》、是《ここ》に成立することを得。この依報を浄土と名づく。この故に、論家、浄土の体を判じて云く、「最極自在浄識を相とす。仏の無漏心を以て体相とす」と云云。まさに知るべし、浄識、乃至無漏心とは、是れ菩提心なり。この故に、初心の行者、また菩提心を以て正因として往生することを得。もしこの義を離れては、一切皆穢土たらん、さらに浄土なからん。何とならば、謂《いわ》く、菩提心、一味の真如《しんにょ》*随縁の法の中において、浄分を摂取して依報とす。もしこの心なくは、浄土を成立せざらん。

問ふ。たとひ念仏の行者、菩提心なしと雖も、阿弥陀如来、本《もと》より浄土を建立せり。何ぞ浄刹立《りっ》せざらんや。

*答ふ。諸仏修道の儀式、彼此《ひし》差別なし。行者もし菩提心を以て正因とせずは、弥陀もまた同じかるべし。もししからば、浄土、成立せざらん。なかんづくに、*汝が集の奥の文に云く、「上輩の中に、菩提心等の余行を説くと雖も、上の本願に望むるに、

意は衆生をして専ら弥陀仏の名を称せしむるに在り。しかも本願の中には、さらに余行なし」と云云。以て知りぬ、汝は弥陀の本願の中に菩提心なしと言ふと云ふことを。もししからば、弥陀如来、何ぞ仏国を厳浄《ごんじよう》せんや。

問ひて曰く、我《われ》、弥陀の本願の中に菩提心なしと云ふは、所化《しよけ》の衆生、往生浄土の業《ごう》の中に、菩提心を以て正因とせずと言ふなり。弥陀如来の因位において、自《おのずか》ら菩提心なしと謂《い》ふとにはあらず。何ぞこの*嘖《しやく》を致すや。

*答ふ。一切の諸仏、発菩提心を勧むることは、我《われ》、菩提心によつて正覚を成ずるが故に、衆生もまた菩提心なくは、成仏すべからざるが故なり。もし弥陀利生の本願の中に菩提心なしと云はば、自《おのずか》ら因位にもまた菩提心あるべからず。汝、盛《さか》んにこの義を成立するなり。是《ここ》を以て、*汝が集の奥の文に云く、「この経には、菩提心の言ありと雖も、未だ菩提心の行相を説かず。」文。汝、双観経を指して、この説を作《な》す。しかるにこの経の中に、四十八願を説く。菩提心を以て願と名づくとは、自他宗の盛談なり。〈この立破、*第四門のごとし。〉しかるに、汝、菩提心を説かずと云ふ。以て知りぬ、汝が所計のごとくは、西方宗は、能化・所化倶に菩提心を亡ずといふことを。しからば、弥陀も正覚を成ずべからず、仏国を厳浄すべからざるなり。

*〈問ひて曰く、かの集の意は、聖道門・浄土門の二種の菩提心を立て、聖道の菩提心を捨てて、浄土の菩提心を取るにあらずや、如何《いかん》。

答ふ。たとひ二種を分つと雖も、その理なきなり。しかるに前の菩提心弁定門に説くがごとし。かの集の

嘖　争い言うこと。

答ふ…　弥陀如来は菩提心によって正覚を成じたのであるから、衆生も菩提心がなければ成仏できないわけであると説く。

汝が集の奥の文　選択集の第六特留章の文。

第四門　双観経に菩提心を説かず、ならびに弥陀一教止住の時、菩提心なしという過。本篇中巻に引用(三四〇頁上)。

問ひて曰く…　弥陀の四十八願にもとづく本願とは菩提心のことである、それを菩提心でないとすれば、弥陀も衆生も菩提心を失い、弥陀も成仏しないこととなる、と説く。

*付属名号章の中に、諸教の菩提心を出すと雖も、還《かえ》つてこれを撥去す。その名字を出すことは、これを捨てんがためなり、これを取らんがためにあらざるなり。その立破、*第五門に至つて、これを悉《つく》すべし。およその上の四章は、かの集の四過を破するの次《ついで》、少少に諸門の大綱を述ぶるなり。この意を得、これを見るべし。〉

またたとひ弥陀、浄刹を設くと雖も、汝、菩提心を誹撥せば、往生を感得せざらん。*群疑論に云ふがごとし。「地前《ちぜん》の菩薩・声聞・凡夫、未だ*遍満真如を証せず、未だ人法二執を断ぜず、識心麤劣にして、所変の浄土、地上の諸大菩薩、*微細《みさい》智心所変の微妙受用の浄土に同ずべからず。しかるに阿弥陀仏の殊勝本願増上縁の力を以て、かの地前の諸小行の菩薩等をして、識心劣なりと雖も、如来の本願勝力に依託《えたく》して、還つて能くかの地上の菩薩所変の浄土の微妙広大清浄荘厳に同じて、また見ることを得しむるが故に、*他受用の土に生ずと名づく」と云云。解して曰く、この中に出すところの凡聖二衆の麤心、既に浄土を変為すと云ふ。まさに知るべし、是れその所応に随つて大小の菩提心を起す、この心、浄土を変為するなり。*しかるに汝は菩提心を誹撥す、何ぞ浄土を変為せんや。もし変為せずは、何ぞ往生を得んや。

問ふ。*この論の下《しも》の文《もん》に云ふがごとく、中品《ちゅうぼん》の三人、菩提心なきが故に、仏来迎《らいごう》せずと云云。今何ぞ菩提心ありと云ふや。

*答ふ。下の文に云く、「無上大菩提心を発《おこ》さず、小乗の菩提心を簡《えら》ばざるなり。」〈この文、第二門引釈のごとし、彼《かしこ》に至つて知るべし。〉これによつて諸《もろもろ》の往生浄土を楽《ねが》はん人は、

付属名号章　選択集の第十二。天台・真言・華厳・三論・法相の菩提心をあげ、「諸の往生を求むるの人、各すべからく自宗の菩提心を発すべし」という。本篇下巻に引用(三七四頁上)。

第五門　菩提心、念仏を抑うという過。本篇中巻後半より下巻に及ぶ(三五二頁下)。

群疑論　釈浄土群疑論(→八一頁注)。引用文は、巻一(正蔵四七-三二b)。

遍満真如　二空所顕の真如にして法界に遍満すること。唯識の遍行真如と同じか。成唯識論巻一〇に「遍行真如。謂此真如二空所レ顕無レ有二一法而不一レ在故」(正蔵三一-五四b)と見える。なお真如の種類については、探玄記巻八参照(正蔵三五-二六九c)。

微細智心　微細にして知り難き智心。唯識の大円鏡智相応の心品は、成唯識論巻一〇に「此心品離二諸分別一、所縁行相微細難レ知、不レ忘不レ愚二一切境相一、性相清浄、離二諸雑染一、純浄円徳」(正蔵三一-五六a)と説かれる。

他受用の土　自受用土の対。四土の一。他受用身の住する浄土。地上の菩薩に法楽を受けさせるための利他の報土をいう。

しかるに…　弥陀の浄土があっても、衆生の菩提心をそしり否定したならば、衆生は浄土を変為できず、往生できない、と説く。

この論の下の文　釈浄土群疑論巻六(正蔵四七-六八a)。第二門(八一頁)に論の本文が引用されている。次の「無上大菩提心…」の句はその取意の文か。ただし、ここには「中品の三人」に来迎がないとあ

皆菩提心を以て正因とすべきなり。是《ここ》を以て、四十八願の中、処処にまた発菩提心の言あり。汝が引くところの第十八願の中に云く、「至心信楽欲生我国《ししんしんぎょうよくしょうがこく》」と云云。明らかに知りぬ、内心は是れ正因なり。往生の業、ただ口称に限るにあらざるなり。たとひ深く菩提心の行相を解せん時、至心信楽《ししんしんぎょう》の文《もん》、必ずしも菩提心にあらずと言ふと雖も、もし口称の外に内心を取らば、内心を以て正因とすべし。口称は即ち是れ助業なり。その内心において浅深の差別あり。まさに浅を以ては末とし、深を以ては本とすべし。その深きは、即ち是れ菩提心なるべきなり。しからば、菩提心、最も浄土の正因とすべし。この故に、*迦才の浄土論に、*弥勒所問経《みろくしょもんぎょう》所説の十念の中の「非凡夫念、不雑《ふぞう》*結使《けつし》念《ねん》」の文を解して云く、「*凡夫念とは、もし、菩提心を発《おこ》して三界を出でて仏に作《な》らんことを求めずして、しかも直爾《ただち》にただ念仏して生ずることを求むるは、是れ凡夫念なり、生ずることを得ざるなり。故に皆すべからく菩提心を発《おこ》すべきなり。不雑結使念とは、ただすべからく一心に相続して仏の相好《そうごう》を観ずべし。しかるに、もし口に念仏すとも心に五欲を縁ぜば、是れ結使を雑する念なり。仏は是れ淳浄の心、結使と相違するなり。」〈已上〉また元暁《がんぎょう》の遊心安楽道に往生の因を出す中に云く、「*上輩の中に説くに五句あり。一は、家を捨て欲を棄てて沙門と作る。此れは反つて正因を起す方便を顕はす。二は、菩提心を発《おこ》す。是れは正因を明《あ》かす。三は、かの仏を専念す。是れは修観を明かす。四は、諸《もろもろ》の功徳を作る。是れは起行を明かす。この観および行を、即ち助業とす。五は、かの国に生ぜんと願す。この一は是れ願、前の四は是れ行。行

るが、釈浄土群疑論では中品下生のみ不来迎なのである。この問答について、摧邪輪荘厳記に、華厳宗では皆大乗の菩提心を往生の正因とすること、中品生の如き人は、現世において大心を発し、それを往生の因とすると付け加えている(日蔵、華厳宗章疏下三六二〜三六三)。

答ふ…　菩提心を往生の正因とすること、口称は助業なることを説く。

迦才　唐の初め、長安弘法寺に住し、摂論を講学し、後浄土に帰した。生没未詳。善導と同時で、少し先輩かといわれる(望月信亨、支那浄土教理史)。その浄土論は三巻。

弥勒所問経　大宝積経巻四二の弥勒菩薩所問会。唐の菩提流志訳(正蔵一一—六二八b)。

結使　煩悩の異名。

凡夫念…　浄土論巻中の「問曰、如下弥勒所問経説二十念中一云上、非凡夫念、不雑結使念、今此土衆生、体是凡夫、結使未レ断、云何念仏而得二往生一。答曰、若如二彼経一、無二結使一人、始得二往生一者、唯仏一人得レ生、余皆不レ得、以十地後心菩薩、猶有二二種無明一故、今解、彼経言」、以下、本文の引用文につづく(正蔵四七—九一c)。

上輩の中に…　遊心安楽道(正蔵四七—一一四a)。引用文の前に次のように見える。「第四顕二往生因縁一者、凡諸所説往生之因、非三直能感二正報荘厳一、亦得レ感二其依報浄土一、但求二如来本願力一故、随感受用、非三自業因力之所二成弁一、是故説名為二往生因一」。そして、大無量寿経の三輩について説いている。引用文は上輩のみ。

願和合して乃《すなわ》ち生ずることを得るが故に。」〈乃至、下の文に多く菩提心を以て正因とす、これを見るべし。〉解して曰く、この文の意は、専念彼仏は、口称にあらず、これ観想を取るなり。称名を以ては、第四の起行の中に属すべし。

*問ふ。善導和尚の意は、称名を以て念仏と名づく。これ処処の解釈《げしやく》なり。また観経の疏に正雑《しようぞう》二行を立つる中に、正行の中において、称名を以て正業とす、余の礼拝《らいはい》等の善を以ては助業とす。正助二行已外の自余の諸善を以ては雑行《ぞうぎよう》と名づく。この中に、ただ称名を以て念仏とするのみにあらず、また正助二業の廃立、大いに元暁の意と同じからず。およそ善導の意によるに、一心専念弥陀仏名の外に、全く正業なし。是《ここ》を以てかの疏に云く、「*またこの正の中について、また二種あり。一は一心に弥陀の名号を専念して、行住坐臥に時節の久近を問はず、念念に捨てずは、是《こ》れを正定《しようじよう》の業と名づく。かの仏の願に順ずるが故に」等と云云。文理顕然なり、*狐疑《こぎ》すべからず。今の選択集は、浄土宗の中において、尚《なお》し他師によらず、ただこの一師の宗義を以て依憑《えひよう》とす。況《いわ》んや元暁師等のごときは、是れ聖道門の人師なり。解釈《げしやく》大いに善導と違背せり。これを以て証拠として来難すべからず、如何《いかん》ぞ。

*答ふ。設くるところの難は、源《みなもと》顕密の経論を以て依憑とす。下《しも》に向つて漸くその義を成ずべし。今、*義便《ぎべん》に因《ちな》んで、且《しばら》く一師の釈を引くなり。この釈、また善導の意と相違せざるなり。何とならば、善導、正助二業を作ることは、能起の菩提心を以ては、置いてこれを論ぜず、所起の諸行についてこれを分別するなり。かの截打《せつだ》の声を

問ふ…　善導は、称名念仏を、正行のうちの正業とする。聖道門の元暁らの解釈によって非難すべきではない、という問を設け、これに答える。

また…　観経疏、散善義の文（正蔵三七‐二七二b）。

狐　底本「孤」、活本により改む。

答ふ…　善導も菩提心を浄土の正因とするが、その菩提心をしばらく論ぜず、菩提心によっておこされる行として称名を正業とするのみ、と説く。

義便　義をあかす便宜。

聞いては、功を刀杖に関《あず》くるがごとし。仏法の諸行は、皆まさに功を菩提心に譲るべし。菩提心は是れ体、称名等は是れ業なるを以ての故に。この故に、もし菩提心と称名との二行について、これを論ぜん時は、菩提心を以て正業とせんこと、*理《り》在絶言《ざいぜつごん》なるべし。是《ここ》を以て、観経の疏の第一の初に云く、「*道俗時衆等おのおの無上心を発《おこ》せ。〈これ即ち菩提心なり。乃至〉願はくは、この功徳を以て、平等に一切に施して、同じく菩提心を発して、安楽国に往生せん。」また第四巻の終りに、*霊相を示して有縁《うえん》の知識を勧むる文に云く、「*この功徳を以て、衆生に廻施《えせ》して、ことごとく菩提心を発して、慈心をもて相向はん」等と云云。〈余処の解釈に、またこの文あり。〉

この中に既に「各発無上心」と云ひて、「各称弥陀仏」と云はず、「同発菩提心」と云ひて、「同称弥陀名」と云はず、「悉発菩提心」と云ひて、「悉称弥陀名」と云はず。まさに知るべし、菩提心は是れ浄土の正因なるが故に、物標する処には、ただ正因を出すなり。もししからずは、善導、何の処にか、菩提心を以て助業とすと釈せるや。もし助業とせば、物標する処に正因を出す時、何ぞ菩提心を挙《あ》げて、称名を出さざるや。また*懐《え》感《かん》の云く、「発菩提心を万行の首とす。この念仏三昧を学するを、万行の次とす。」文。これまた、菩提心を以て正因とするなり。道綽《どうしゃく》等の釈文、具《つぶさ》にこれを引くに遑《いとま》あらず、文に臨んで見るべし。

次に善導の称名と元暁の憶念と、一往相違に似ると雖も、始終、差異なし。何とならば、およそ念と言ふは、明記不忘の称、即ち心に在るなり。この故に念仏と言ふは、

理在絶言　当然の道理でいうまでもない。

道俗時衆等…　観経疏、玄義分の文(正蔵三七-二四五c～二四六a)。

霊相…　霊相とは、次のような事である。善導がこの観経疏を毎夜夢中の一僧の指授により著し、さらに初めと同じく、阿弥陀経の読誦十遍、阿弥陀仏を念ずること三万遍の行をおこない、極楽世界の荘厳を観想したところ、白駱駝にのる一僧が来たり、「師当二努力決定往生一、莫レ作二退転一。此界穢悪多レ苦、不レ労二貪楽一」といったので、畢命を期とし、懈慢の心を生ぜずと答えた。第二夜には真金色の阿弥陀仏を見、第三夜には五色の旛がかかる両の幢杆を見たという。

この功徳を…　観経疏、散善義の文(正蔵三七-二七八c)。

懐感の云く…　釈浄土群疑論の巻七に「問曰、念仏三昧修学之者、為二是菩薩行中修道次第一、為下非二次第一而修学上耶」という問を釈し、「此正是菩薩修道次第」と述べ、華厳経、入法界品に善財童子が菩提心を発して善知識を訪ねることを証として述べ、その結語にこの引用文がある(正蔵四七-七三c)。底本「壊感」、仁本により改む。七三頁のも同じ。

正しくは心念を指すの言《ことば》なり。この故に観経に、九品往生*皆《みな》観と名づく。称名もまた心念を兼ぬるが故なり。法位師釈して曰く、「「*もし念ずること能《あた》はずは、まさに無量寿仏と称すべし」と言ふは、これはただ名号を称することを明かす。これをも能く観と名づく、成就し易し。十念を具足して仏名を称すと言ふは、口称と心念と、要《かなら》ずべからく十に満ずべし。功徳円満して罪滅し福生ずるによるが故に」等と云云。即ちこの義なり。また*十住毘婆娑論《じゅうじゅうびばしゃろん》の第四に、称名の義を説く中に云ふがごとし。「この十仏の名号を聞いて、執持《しゅうじ》して心に在り」と云云。また云く、「名を称し、一心に念ずれば、また不退転を得。」善導の解釈、さらにこれらの意に違せず。この故に、*観念法門に、念仏三昧の法を出すとして、般舟経《はんじゅきょう》を引く終りに云く、「阿弥陀仏報じて言《いわ》く、来生せんと欲《おも》はば、まさにわが名を念ずべし。休息《くそく》あることなかれ、即ち来生することを得ん。仏の言く、専念するが故に往生を得。常に仏身の三十二相を念ぜよ。〈乃至〉仏の色身を念ずるによるが故に、この三昧を得。」即ち善導自ら註して云く、「已上、念仏三昧の法を明《あ》かす。」文。また入道場念仏三昧の法を明かす中に云く、「道場の中において、昼夜に心を束《つか》ねて、相続して心を阿弥陀仏に専らにして、心と声と相続せよ」等と云云。明らかに知りぬ、善導の意、称名の下に必ず心念を兼ぬるなり。

*もしこの心念を具するに約しては、諸行を皆《みな》念と名づく。*往生論に、礼拝等を以て、五念門と名づく、即ちこの義なり。*迦才の浄土論に、心念・口念と名づく、またこれに同《おな》じ。もし爾《しか》らずは、善導引くところの念仏の証拠、成《じょう》ぜざらん。何とならば観経

皆観と名づく　上輩生想は第十四観、中輩生想は第十五観、下輩生想は第十六観。

もし念ずること…　観無量寿経、下品下生に「汝若不能念者、応称無量寿仏」(正蔵一二―三四六a)。法位の観経疏は文献に見えないが、かつて存在したのか、或いはその無量寿経疏二巻のうちに、この観経の文が引かれ、解釈が加えられたのか、明らかでない。

十住毘婆娑論　十住毘婆沙論。一七巻。竜樹造とされるが疑問がある。鳩摩羅什訳。引用文は、巻五、易行品(正蔵二六―四三c)。

観念法門　観念阿弥陀仏相海三昧功徳法門、一巻。引用文は「般舟三昧経の請問品に七日七夜入道場念仏三昧の法を明かす」と題する部分(正蔵四七―二四a)。

もしこの心念を…　善導もまた称名の下に必ず心念を兼ねていることを説く。

往生論　無量寿経優婆提舎、一巻。婆藪般豆菩薩(天親)造、菩提流支訳。礼拝・讃嘆・作願・観察・廻向の五念門が説かれている(正蔵二六―二三一b)。

迦才の浄土論に…　正蔵四七―八九b。→六九頁注「迦才」

の疏の第一に云く、「*およそ菩提と言ふは、乃ち是れ仏果の名、また是れ正報なり。道理として成仏の法は、要《かなら》ずすべからく万行円《まど》かに備はつてまさに乃ち剋成《こくじょう》すべし。あに念仏の一行を将《も》つて、即ち成ずることを望まば、この処《ことわり》あることなけん。未だ証せずと言ふと雖も、万行の中に、是れその一行なり。何を以てか知ることを得る。*華厳経に説く、「功徳雲比丘《くどくうんびく》、善財に語つて言《いわ》く、我《われ》、仏法三昧海の中において、ただ一行を知れり。いはゆる念仏三昧なり。」この文を以て証するに、あに一行にあらずや」と云云。〈およそ善導・懐感《えかん》師等に限らず、この文を引き、念仏の義を証成するなり。〉今ここに言ふところの念仏三昧の名字、具《つぶさ》には「普門光明観察正念諸仏三昧」と名づく。〈晋経〉香象大師釈して云く、「*普門とは、別門に簡異するが故に。謂《いわ》く、別門の中には、或いは一方二方一仏二仏等を見る、皆十方に称《かな》はず。今彼《かれ》によらざるが故に普門と云ふ。この門もし開くれば、普《あまね》く十方塵数の諸仏を見る。光明とは、所見分明なることを明《あ》かすが故に。観察とは、所見審細なるが故に。正念とは、見時に乱せざるが故に。上来は是れ能見、諸仏は是れ所見、三昧は是れかの見の所依の定なり」と云云。〈略抄〉*大周経には、「憶念一切諸仏境界智慧光明普見法門」と名づく。*貞元経には、「憶念諸仏平等境界無礙智慧普見法門」と名づく。解して曰く、三訳倶に観念の義あり。正念ならびに憶念とは、是れ念なり。観察ならびに普見とは、是れ観なり。この中には、口称《くしょう》の義なきなり。徳雲比丘、*迹、因地に居して、果海苑身の徳を得たり。恒《つね》に果門を摂して因とす。かの普賢・文殊等のごとし。あに口称の行を以て、所得の解脱門とせんや。

およそ…　観経疏、玄義分の別時意趣の文（正蔵三七―二四九ｃ）。

華厳経に説く…　晋経即ち六十華厳の四六巻に、功徳雲比丘の善財童子に対する説法がある。「善男子、我唯知此普門光明観察正念諸仏三昧」（正蔵九―六九〇ａ）。

普門とは…　法蔵の華厳経探玄記巻一八（正蔵三五―四五七ａ）。

大周経　八十華厳。則天武后の周の聖暦二（六九九）年、実叉難陀訳。引用文は、巻六二（正蔵一〇―三三四ｂ）に見える。

貞元経　四十華厳。貞元十四（七九八）年、般若三蔵訳。引用文は、巻四（正蔵一〇―六八〇ａ）に見える。

迹　仁本「還」・活本「遠」。

故に*清涼《しょうりょう》大師、この念仏の義を釈するに、束ねて五種とす。一縁境正観念仏門、二摂境唯心念仏門、三心境倶泯《ぐみん》念仏門、四心境無礙念仏門、五重重無尽念仏門。この五門を融して、以て一致とする、即ち是れこの中の能念の心なりと云云。これ即ち口称《くしょう》にあらざるなり。即ち大師自《みずか》ら釈して云く、「*称名は口に属す、真念にあらざるが故に、略して言はず。」文。この故に、善導和尚、*文殊般若経等によつて、称名を以て宗とし、三昧を以て趣として、真念を得しめんがための故に、称名を勧むるなり。この故に、これらの文を引いて証として、念仏の義を成じ、さらに一向称名を以て本として、心念に関《あず》けざるにはあらざるなり。

*問ふ。猶し先に説くがごとし。我《われ》、本《もと》善導一師の宗義を以て依憑《えひょう》とす。汝が出すところは、他宗別門の説、さらにこれによるべからず。善導、全くこの五種念仏等の義を出さず、ただ称名を以て先とす。汝、別解《べつげ》別行《べつぎょう》の文を出して、称名の一宗を惑乱す。あに罪業となるにあらずや、如何《いかん》。

*答ふ。自宗の所立を成ずる時、もし他師の義、相違することある時は、自師の義に依附して、かの義を執せざる、是れ決択《けっちゃく》の常途の軌儀なり。然《しか》りと雖も、今の本意、全く両宗偏党の相論にあらず。ただ我も念仏宗に入つて、善導・道綽《どうしゃく》等の所製を以て、依憑とす。この選択集において、たとひいかなる邪義ありと雖も、もし善導等の義に相順ぜば、何ぞ強《あなが》ちに汝を*嘖《せ》めんや。しかるに善導の釈を披閲するに、全くこの義なし。汝、自らの邪心に任せて、善導の正義を黷《けが》せり。薬を服して反《かえ》つて病を成すがご

清涼大師…　清涼大師は、澄観。その八十華厳の注釈である大方広仏華厳経疏の巻五六に、以下の五念仏門の名が見える(正蔵三五-九二四b)。この五念仏門の説は、智顗の撰と伝える五方便念仏門に、称名往生・諸境唯心・心境倶離・性起円通の五門を説いてあるのに導かれたものという(望月信亨、支那浄土教理史、三〇七頁)。

称名は口に属す…　澄観の華厳経行願品疏(四十華厳の注釈)巻四(五念門)に「一、縁境正観念仏門、若真若応、若依若正、皆是境故」とあり、次にこの引用句がある(続蔵一-七-三-二九九a)。

文殊般若経等に…　善導の往生礼讃の文が後に引用されている。↓七八頁注「往生礼讃」「文殊般若」

問ふ…　華厳など他宗別門の説によって、善導の宗義を論ずることは罪業ではないか、という問を設けて、これに答える。

答ふ…　善導の宗義によって選択集の誤りを批判するのである。善導が華厳経を引いて念仏三昧を説いているから、華厳宗の高祖(法蔵・澄観)の解釈を引用するのであり、それらの解釈も、善導の宗義に適する限りにおいて引く、と説く。

嘖　仁本(附訓「セメム」)・活本も同じ。名義抄に、嘖に「セム」の訓あり。

とし。ただ汝が所製の集において、邪謬の疵を療するなり。この故に、たまたま引くところの経論の文・人師の釈は、ただ是れ善導の宗義を成ぜんがためなり。たとひ自宗の高祖の解釈たりと雖も、善導の雅意に相順ぜずは、置いてこれを出さず。善導、華厳を引いて証とす。近代専修の女人等、多分、口称の行とおもへり。しからば、経文、証拠と成らざるなり。何とならば、経の中に、比丘自ら念仏三昧の体用《たいゆう》を説いて云く、「*善男子、我、自在決定解力《じざいけつじょうげりょく》を得たり。信眼《しんげん》清浄にして、智光照曜す。*普眼《ふげん》明徹して、清浄の行を具す。慧眼《えげん》遍《あまね》く一切の境界を観ず。善巧方便《ぜんぎょうほうべん》、一切の障を離れたり。清浄の身を以て、普《あまね》く十方一切の国土に詣《けい》して、一切の諸仏を恭敬供養《くぎょうくよう》す。信解力を以て、常に十方一切の諸仏を念ず。*惣持力を以て、十方一切の仏法を受持す。智慧眼を以て、常に十方一切の諸仏を見る」と云云。この故に清涼大師、口称にあらずと釈したまへり。しかるに善導和尚、これを引いて証として、称名の義を成ずる、一往相違に似たり。然りと雖も、前に説くがごとし。善導和尚、文殊般若経《もんじゅはんにゃきょう》等によつて、称名を以て宗とし、三昧を以て趣とす、真念を得しめんがための故に、称名を勧むるなり。比丘所得の甚深の法界において、念仏三昧の名を立つ。今の称名、同じく是れ念仏善とす。その称名純熟する根本、また是れ三昧善とす。浅深の差別ありと雖も、同じく是れ一の念仏三昧善とすべきなり。善導既に云ふ、「*未だ証せずと言ふと雖も」と云云。明らかに知りぬ、三昧を以て趣とすといふことを。もしただ称名に限らば、名字の外にいかなる法あればか、未証と云ふべきや。この故に、善導は、種類同について、一

善男子… 四十華厳巻四(正蔵一〇-六九九c)。善財童子に対し、妙峰山上の吉祥雲比丘(六十華厳では功徳雲)の語ったことば。

普眼 一即一切の普法を観るをいう。

惣持力 惣持は梵語 dhāraṇī. 善を持して失わず、悪をおこさないようにする力。念と定と慧にもとづいて発する力。

未だ証せずと… 前引(七三頁)の観経疏、玄義分の文の一節、「雖レ言レ未レ証、万行之中、是其一行也」。名字を称えるだけならば、仏果を証せずというわけはない、ここの念仏の一行とは、念仏三昧を意味する、と高弁は解している。善導は念仏三昧も口称も同じ種類と見たが、澄観は、称名と三昧との行相が同じでないから、「口称にあらず」とした。しかし、両者の見解を関係させて考えてみると、同じであるともいえる、というのであろう。

の念仏三昧とす。清涼は、行相不同に約して、口称にあらずと釈したまへり。この二門に約して、綺《いろ》へて相存《あいぞん》ぜば、両師、互に同ずべし、以て証とするに足れり。もし両宗偏党せば、あにこの会釈《えしゃく》を設くべけんや。我《われ》、経文を詳かにして、善導の義を成ず。何ぞ称名の人を惑乱すと云ふや。*惣じて称名と憶念と、往生経にもまたその差別なきにあらず。観経に下品下生を説く中に云く、「*此《かく》のごときの愚人、命終《みょうじゅう》の時に臨んで、善知識の種種に安慰して、ために妙法を説いて、教へて念仏せしむるに遇はん。この人、苦逼《せ》めて念仏に遑《いとま》あらずは、善友告げて言《いわ》く、汝もし念ずること能はずは、まさに無量寿仏と称すべし」等と云云。善導の疏に釈して云く、「*四は、善人、安慰して教へて念仏せしむることを明かす。五は、罪人、死苦来り逼《せ》めて仏名を念ずることを得るに由《よし》なきことを明かす。六は、善友、念を苦失すと知りて、転じて口称弥陀の名号を教ふることを明《あ》かす」と云云。口称と憶念と差別せること、経疏の証文、明白なるをや。余経にまたこの証拠あり、一一に出すに能はざるのみ。

問ふ。しからば、*近代の女人等、全くこれらの義を知らず、ただ口に任せて仏号を唱ふ。前の清涼の所釈のごとくならば、是れ真の念仏にあらずと云云。しからば、往生の行にあらざるべしや、如何ぞ。

*答ふ。真念にあらずと言ふは、五種念仏を以て真とす、口称を以ては仮とす。真仮相対して、是《かく》のごときの説を作す、真妄相対するにはあらざるなり。しからば、真因は真果を得、仮因は仮果を得。いはゆる五種真念仏の果は、甚深《じんじん》の仏境を身中に相容

惣じて…　口称と憶念とは、観無量寿経、善導の観経疏においても区別されていることを説く。

此のごとき…　観無量寿経（正蔵一二―三四五a）。

四は…　観経疏、散善義の下品下生釈の文（正蔵三七―二七七b）。下品下生の愚人が聞法念仏して蒙る現益が十あるとする。「一明㆔重牒㆓造悪之人㆒、二明㆓命延不㆑久、三明㆔臨終遇㆓善知識㆒」と述べ、本文の引用文につづく。

近代の女人等　高弁は専修念仏の信者として女人をあげている。

答ふ…　澄観の説によっても、口称は真にあらず、仮とするのであり、口称によって往生できないのではない、と説く。

し、三世常身を栴檀塔《せんだんとう》の中に相見る。かの*解脱長者・*毘瑟胝羅居士《びしちらこじ》等のごときは、即ちその類なり。是《かく》のごときの業用《ごうゆう》、甚深甚深不可思議不可思議なり。口称の仮因の行は、命終の時に臨んで、仏土に往生して不退を得、かの土にして漸く勝進することを得。観経等に説くがごとし。しかれば則ち、この甚深の真念に対して、かの口称の行を指して、真念にあらずと云ふなり、往生を得ずと謂ふとにはあらざるなり。

問ふ。我等がごとき口称の者は、さらにこの義を知らず。いかんが念仏の名を立つるや。

*答ふ。深義なしと雖も、随分に念の義なきにあらず。謂《いわ》く、仏徳を信ぜざる人は、さらに名号を称すべからず。必ず仏に利生の徳ありと信じて、その名号を称する時、相好《そうごう》・法身《ほっしん》等を念ぜずと雖も、必ず愛敬《あいきょう》の念あり。この念、純熟するが故に、甚深の観解なしと雖も、毛竪涕泣《もうじゅていきゅう》等の事あり、或《ある》いは身命を惜しまざる等の類あり。皆この愛敬、甚深なるによるが故なり。常途に称名を指して念仏と名づくるは、即ちこの義によるなり。謂く、称名の位に必ず仏を専念する心あり。譬へば、世人の人を呼ぶ時、必ずその人を専念するの心あるがごとし。これまた是《かく》のごとし、口称、念想必ず具足するなり。然りと雖も、両種相対する時は、念心を以ては勝とす、*内門転の故に、称名を以ては劣とす、*外《げ》門転の故に。劣を隠して勝を顕はして、名づけて念仏とするなり。しからば、元暁師の釈に、「*専念彼仏、是明修観」と言ふは、さらに善導の釈と相違なきなり。

解脱長者　華厳経、入法界品の五三の善知識の第六。普摂一切仏刹無辺旋陀羅尼門三昧に入り、その身中において十方の各十仏刹微塵数の仏および仏国土集会道場種々の光明を顕現すという（八十華厳巻六三）。

毘瑟胝羅居士　四十華厳に毘瑟底羅、八十華厳に鞞瑟胝羅、六十華厳に安住長者（六十華厳巻二六）。栴檀座如来塔門を開き、仏種無尽三昧を得、この三昧に入り、三世一切の諸仏を見ることを得たという（八十華厳巻六八・四十華厳巻一六）。

答ふ…　口称に、必ず仏を愛敬する念がおこる故に念仏という、念ずる心は、称名より勝っている、と説く。

内門転　識が内面に向い、内省的にはたらくのをいう。

外門転　外に向い、対象に対して作用するのをいう。

専念彼仏…　前引（六九頁）の遊心安楽道の文の一句（正蔵四七-一二四a）。

問　浄土宗全書本「問」の下に「言」あり。底本は、一字分空白、誤刻を削れるが如し。仁本・活本なし。

往生礼讃　往生礼讃偈。引用文は、正蔵四七‐四三九a。

文殊般若　文殊師利所説般若波羅蜜多経、二巻。梁の曼陀羅仙訳。引用文は、下巻の「善男子善女人欲入一行三昧、応処空閑捨諸乱意、不取相貌繫心一仏専称名字」(正蔵八‐七三一b)の取意。

境は細に…　観ずる対象である仏の色身相好は微妙深細であるが、観ずる凡夫の心は麤漏であるし、凡夫の心は羽毛の如く軽く舞いあがり散乱する。

答ふ…　称名のうちに念の心を生じ、念の心のうちに仏を観ずることができる、と説く。

宗趣　宗義の至極をいう。探玄記巻一に「語之所ㇾ表曰ㇾ宗。宗之所ㇾ帰曰ㇾ趣」(正蔵三五‐一二〇a)と見える。

聞思…　聞思は、聞慧と思慧。教法を聴聞して得る智慧と、これを思量して得る智慧で、その智慧に対応すれば、念仏、称名の段階にとどまるから浅という。

修慧　実践修行して得る智慧。禅定、三昧力によって得られる智慧で、定心をいう。

*問ふ。善導の意は、ただ称名を以て念仏とす。この故に、*往生礼讃に云く、「また*文殊般若に云ふがごとし。「一行三昧を明かさば、ただ勧む、独り空閑《くうげん》に処して、諸《もろもろ》の乱意を捨てて、心を一仏に係《か》けて、相貌《そうみょう》を観ぜずして、専ら名字を称せよ。即ち念の中において、かの阿弥陀仏および一切の仏等を見ることを得ん。」問ひて曰く、何が故ぞ、観を作《な》さしめずして、直に専ら名字を称せしむるは、何の意かあるや。答へて曰く、乃ち衆生障重くして、*境は細に心は麤にして、識颺《あが》り神飛んで、観成就し難《がた》きによつてなり。是《ここ》を以て、大聖悲憐して、直に専ら名字を称することを勧む。正しく称名の易きによるが故に、相続して即ち生ず。」文。文のごとく知り易し。これあに明白の証拠にあらずや。

*答ふ。既に「識颺り神飛んで、観成就し難ければ、名字を専称せしむ」と言ふ。これは念心を成就せしめんがためなり。引くところの文殊般若の文に云く、「即ち念の中において、かの阿弥陀仏および一切の仏等を見ることを得」とは、称名によつて必ず念心成就す。この念の中において、仏を見ることを得るなり。

問ふ。しからば、何が故ぞ、上の文に「不観相貌、専称名字」と云ふ。

答ふ。三十二相等を観ぜずと雖も、称名の位に念心自ら堅住《じゅじゅう》す。是《ここ》を以て上の文に云く、「捨諸乱意、係心一仏」と云云。明らかに知りぬ、善導の意は、ただ称名に限らず。もし*宗趣分別《ふんべつ》せば、称名を以て宗とし、三昧を以て趣とす。しかるに三昧に浅深あり。*聞思相応は、是れ浅なり。*修慧相応は、是れ深なり。聞思相応は、称名の位に在るべし。修慧相応は、ただ是れ定心なり。しかも念仏三昧の名は二位に通ずと雖も、正しくは修慧相応を以て本《ほん》とす。もし末《まつ》を兼ねば、初後皆通*ずるなり。もしただ称名に限ると言はば、念仏三昧の名義、何によつてか立せんや。*この故に、善導・元暁の念仏の義、始終全く相違なきなり。しかれば則ち、元暁の釈のごとく、菩提心を以て往生浄土の正因とする事、両師また共同すべし、さらに異義あるべからず。同発菩提心等の善導の釈、あにこの意にあらずや。能く能くこれを思ふべし。念仏三昧、定散《じようさん》等の委細の分別は、第五門に至つてこれを悉《つく》すべし。

*これより第二に、弥陀の本願の中に菩提心なしと言ふ過を破せば、集*に曰く、

「三輩念仏往生の文。

仏*告阿難 ○

私に問ひて曰く、○一には、諸行を廃して念仏に帰せんがために、しかも諸行を説くとは、善導の観経の疏の中に、「上*来定散《じようさん》両門の益《やく》を説くと雖も、仏の本願に望むるに、意は衆生をして一向に弥陀仏名を専称せしむるに在り」と云ふの釈の意に准じて、且《しばら》くこれを解せば、上輩の中に、菩提心等の余行を説くと雖も、上の本願に望むるに、意はただ衆生をして弥陀仏名を専称せしむるに在り。しかも本願の中には、さらに余行なし。三輩共に上の本願によるが故に、「一*向専念無量寿仏」と云ふなり。○まづ上輩について正助を論ぜば、「一向専念無量寿仏」とは、是れ正行なり、また是れ所助なり。「家*を捨て欲を棄てて沙門と作《な》り、菩提心を発《おこ》す」等とは、是れ助行なり、

通　底本「滅」、仁本・活本により改む。

この故に…　善導・元暁の念仏についての説は相違せず、ともに菩提心を以て浄土に往生する正因とする、と結ぶ。

これより第二に…　第二門、弥陀の本願の中に菩提心なしという過を破す。

集に曰く…　選択集の第四、三輩章の文。

仏告阿難　仏説無量寿経巻下の部分を引用(正蔵一二-二七二b)。

上来定散…　観経疏、散善義の文(正蔵三七-二七八a)。

一向専念…・家を捨て…　選択集に引用された(本篇では省略された)、仏説無量寿経巻下の文に見える。

また是れ能助なり。謂《いわ》く、往生の業《ごう》は念仏を本《ほん》とするが故に、一向に念仏を修せんがために、「家を捨て欲を棄てて沙門と作《な》り、また菩提心を発す」等なり。なかんづく出家発心等とは、且《しばら》く初出および初発《しょほつ》とを指す。念仏は是れ長時不退の行なり、むしろ念仏を妨礙《ぼうげ》すべけんや」と云云。〈已上、集の文。〉

*決して曰く、観経の疏に、「上来雖説〈乃至〉一向専称弥陀仏名」等と言ふは、この解釈、委細の料簡《りょうけん》は、*第五門に至つてこれを悉《つく》すべし。今且く大綱についてこれを言はば、念仏三昧は、ただ観経の所説のみにあらず、諸教に多く讃するところなり。況《いわ》んや往生の一門、この行最も親因とす。その三昧の義、上にこれを成《じょう》ずるがごとし。*三福等の散善は、定善には如《し》かず。*日想等の観は是れ念仏三昧の眷属なり。しかるにこの念仏三昧を発得《ほっとく》する一の方便は、一向に仏名を称するに在り。文殊般若等に説くがごとし。これまた惣方便に約して説くなり。ただしここに言ふところの一向専称とは、菩提心によつて起すところの行業なり。もし菩提心を離れては、一向専称の義、成《じょう》ずべからざるなり。この故に、双観経に三輩一向専念の義を説く中に、皆《みな》菩提心を以て体とす。即ち*経に云ふがごとし。「発菩提心、一向専念無量寿仏」〈上輩の文なり〉、「当発無上菩提之心、一向専念無量寿仏」〈中輩の文なり〉、「当発無上菩提之心、一向専意乃至十念念無量寿仏」等と云云。〈下輩の文なり。〉

解して曰く、発菩提心は、是れ仏道の正因、是れ*体声なり。専念弥陀は、是れ往生の別行、是れ*業声なり。汝が体を捨てて業を取るは、火を離れて煙を求むるがごとし。

決して曰く…　称名も菩提心をはなれては成立せざることを説く。
第五門　菩提心、念仏を抑うという過(三五二頁下)。
三福　観無量寿経、散善顕行縁の文。「一には父母に教養し、師長に奉事し、慈心にして殺せず、十善業を修す。二には三帰を受持し、衆戒を具足し、威儀を犯せず。三には菩提心をおこし、因果を深信し、大乗を読誦し、行者を勧進す」(正蔵一二―三四一c)。
日想等の観　日想観を初めとして、雑修観に至る一三の観。定善。観無量寿経に見える。

経に云ふ…　仏説無量寿経巻下(正蔵一二―二七二b)。

体声　梵語 nirdeśa. 梵語の名詞・代名詞・形容詞の語尾が八様に変わる八転声の一。主格。日本語の「…は」に相当。
業声　梵語 upadeśana. 所作業声。目的格。「…を」に相当。

咲《わら》ふべし、咲《わら》ふべし。まさに知るべし、これらの解釈の文は、皆菩提心においては、置いてこれを論ぜず〈この解釈に菩提心ある委細の義は、また第*五門決のごとし。彼《かしこ》に至つて具《つぶさ》に知るべし〉、ただ所起の諸行についてこれを判ず。しかるに本願の中にさらに菩提心等の余行なしと言ふは、何が故ぞ。第*十九の願に云く、「発菩提心、修諸功徳」等と云云。是れあに本願にあらずや。発菩提心の言、処処に一にあらず。たとひ四十八願の中に菩提心の名言なしと雖も、是れ仏道の正因なるが故に、始めてこれを説くにあらざるべし。しかるに菩提心において余の字を用ゐる、甚だ吁吁《くく》たるかな。

*是《ここ》を以て浄土の祖師、また大菩提心を以て本願とすと判ずるあり。*群疑論の第六に、中品下生に聖衆来迎《しょうじゅらいごう》と言はざることを釈すとして、一義を出して云ふがごとし。「*中《ちゅう》品《ぼん》の三人は、仏、大慈大悲を以て、臨終の時にして来つて迎接《ごうしょう》す、是れ本願にあらざるが故に。中品下生は、仏、来迎せず、是れ経文脱するにあらざるなり。四十八弘誓《ぐぜい》願《がん》の中に説くを以てなり。「*たとひ我、仏を得んに、十方の衆生、菩提心を発し、諸《もろもろ》の功徳を修して、心を至《いた》して発願して、わが国に生れんと欲《おも》はん、寿終の時に臨んで、仮令《たとい》大衆とともにその人の前に現ぜずは、正覚《しょうがく》を取らじ。」この願の中に、既に「発菩《ほつぼ》提心《だいしん》、修諸功徳《しゅうしょくどく》、不与大衆《ふよだいしゅ》、現其人前者《げんごにんぜんしゃ》、不取正覚《ふしゅしょうがく》」と言ふ。この発菩提心の言は、是れ無上大菩提心を発《おこ》すなり。この中品等の三人は、なほ未だ無上菩提心を発《おこ》さず、ただ是れ諸《もろもろ》の功徳を修して、願じて生ぜんと欲する者なり。往生を得《う》と雖も、仏、来迎せず、本願に違せず。菩提心を発さざれば、是れ大誓願に当らざるを以てなり」と

第五門　→三五二頁下

第十九の願…　仏説無量寿経巻上(正蔵一二-二六八a)。

是を以て…　浄土の祖師の懐感が大菩提心を本願とすると説くことをあげる。

群疑論　釈浄土群疑論、七巻。唐の懐感撰。懐感はもと法相の徒、善導に従って、念仏三昧を得たという。生没年未詳。釈浄土群疑論は、善導の門人の懐惲(六四〇—七〇一)が、懐感の寂後に、撰次の終らなかったのを完成したものである(望月信亨、支那浄土教理史)。

中品の…　釈浄土群疑論巻六(正蔵四七-六八a)。

たとひ我…　仏説無量寿経巻上の第十九願の文(正蔵一二-二六八a～b)。

云云。ただに経文のみにあらず、浄土の人師《にんし》の解釈、また是《かく》のごとし。もし第十八の願に、菩提心の言なしと言はば、既に「至心信楽欲生我国《ししんしんぎょうよくしょうがこく》」と云ふ。何ぞこの中に菩提心を簡《えら》ばんや。上に引くところの群疑論の文の次下に云ふがごとし。「薬*師経の中に説く、八菩薩、その道路を示して、西方に生ぜしむ。これ即ち仏、来迎《らいごう》せず、仏もし来迎して、自《みずか》ら引去して、西方に去るを得ば、何ぞ薬師瑠璃光仏《やくしるりこうぶつ》、八菩薩を遣して、その道路を示すことを須《ま》たんや。故に知りぬ、仏なし。仏、来迎せざる所以《ゆえ》は、また是れ本《ほん》誓願に違せず。かの人、先に道を修すと雖も、専心決定《せんしんけつじょう》にあらざるを以ての故に、是れ至心発願してかの国に生ぜんと欲せざるを以ての故に、薬師経の言は、しかも未だ定まらざる者なり。もし是れ至心発願ならば、即ち不定《ふじょう》の人にあらざるなり。またかの経に明かすところの行は、この中品の三人に当る、本願に当るにあらざるなり。また菩*薩処胎経に説く、「衆生、西方の業を作《な》すも、多分西方に生ずることを得ず、*懈慢《けまん》国の中に生ず」とは、これは是れ専修西方の業、至心発願の人にあらず。行業専ならず、発願至らず、本願に当らざるを以ての故に、来迎せず。仏もし来迎せば、即ち是れ西方浄土の業成《じょう》ず。あに仏迎《むか》へて懈慢国に生ずべけんや。無量寿経の説によるに、三輩の人、皆《みな》無上菩提の心を発して、ことごとく仏の迎へを得。縦令《たとい》見ずとも、猶しまさに夢に見て、しかも往生することを得ん。」〈已上〉解して曰く、この中に、既に至心発願を以て、判じて大菩提心の行人とす。明らかに知りぬ、至心信楽の言は、専ら大菩提心を以て先とすべし。双観経の三輩、皆菩提心を以て往生の正因とする事、解

薬師経…　釈浄土群疑論巻六の文(正蔵四七-六八a～b)。薬師経は、仏説薬師如来本願経、一巻。隋の達摩笈多訳(正蔵一四-四〇二c)。薬師琉璃光如来本願功徳経(一巻、唐の玄奘訳)には、八菩薩の名が見える。即ち文殊師利・観世音・得大勢・無尽意・宝檀華・薬王・薬上・弥勒の八大菩薩が来たりて、その道路(西方極楽世界への)を示す(正蔵一四-四〇六b)。

菩薩処胎経　菩薩従兜術天降神母胎説広普経、七巻。姚秦の竺仏念訳。「衆生、西方の業を…」は、巻三の八種身品の取意。原文は次の如くである。「西方去レ此閻浮提十二億那由他、有二懈慢界一、国土快楽作二倡伎楽一、衣被服飾香花荘厳七宝転三関床一、挙レ目東視宝床随転、北視西視南視亦如レ是転、前後発意衆生欲レ生二阿弥陀仏国一者、皆染二著懈慢国土一、不レ能三前進生二阿弥陀仏国一、億千万衆、時有二一人一、能生二阿弥陀仏国一、何以故、皆由二懈慢執心、不二牢固一、斯等衆生、自不二殺生一、亦教他不レ殺、有二此福一、報生二無量寿国一」(正蔵一二-一〇二八a)。

懈慢国　西方極楽に行く途中の国、仏智を疑うものが生れる。

奥の文　選択集下巻の終りに「善導和尚

釈また顕然なり。もししからば、本願にあらずと云ひ、余行の名を立つる、甚だ以て不可なり。

問ふ。汝、わが集の*奥の文を見ずや。我、浄土宗の中において、ただ善導一師に依《え》附《ふ》して、余師によらじと云ひき。何ぞ懐感《えかん》の釈を引くや。

*答ふ。もししからば、汝が集に何ぞ道綽《どうしゃく》の安楽集等の文を引くや。またもし言ふところのごとくならば、汝、一宗を立つべからず。およそ祖師、書を作るに二の例法あり。謂《いわ》く、宗趣を演《の》べんと欲するには、法について教を分ち、理を以て宗を開く。法《ほっ》相《そう》を建立し、諸門を弁定す。且《しばら》く華厳宗に約せば、*五教章・探玄記・大疏・演義抄等のごとき、是れなり。この中には、*五教・十宗の不同を諍《あらそ》ひ、*六相・十玄の宗致を顕はす。また禅門について、法門を己心に熏修して、法の実性を見せしめんと欲するには、未だ必ずしも委《くわ》しく法相名数を分別《ふんべつ》せず、相《そう》を融し性《しょう》を照して、観心をして滞《とどこお》りなからしむ。この門に約して作る書あり。即ち*華厳法界観・*五教止観・*遊心法界記等のごとき、是れなり。諸宗に往往にこの二門の章疏あり。即ち浄土門に約せば、安楽集・群疑論等のごときは、多分盛りに念仏の宗義を述べたり。善導所製の礼讃《らいさん》・観念法門ならびに観経の疏・*法事讃等のごときは、是れ多分、禅門について作るところなり。この故に、汝もし一宗を立つべくは、すべからく好んで法相《ほっそう》を述ぶるの諸師の解釈を用ゐて、念仏の宗義を顕揚すべし。何ぞ心に任せて強《あなが》ちにこの例法を定むべきや。汝、この偏執によるが故に、委細に念仏の義を知らずして、自《みずか》らの狂心に任せて、こ

は偏に浄土を以て宗として、聖道を以て宗とせず、故に偏に善導一師によるなり」とある。

答ふ…　善導のみによるという選択集を破するのに懐感を引く理由として、各宗には、宗義を説いた書と、禅門の書、即ち教義を実修して自己の心に観ぜしめようとするものとがあるが、釈浄土群疑論は浄土宗の宗義の書であるから引くとし、善導の諸書は浄土宗の禅門の書である、と説く。

五教章　華厳一乗教義分斉章、四巻。唐の法蔵述(正蔵四五)。

五教十宗　華厳宗の教相判釈。五教の解釈でも十宗のたて方でも、法蔵の探玄記・五教章の釈意と、澄観の華厳大疏・演義鈔の釈意とは、やや異なった解釈がある。澄観が頓教を禅宗とした如し。

六相十玄　華厳宗の最高極説。五教章の義理分斉に説かれる。五教章の一乗十玄門と探玄記の十玄門の所説はやや異なる、前者を古十玄、後者を新十玄と呼ぶ。新十玄では古十玄の唯心廻転善成門が消滅す。

華厳法界観　法界観門(「註華厳法界観門」(正蔵四五)に所引)、一巻。杜順撰。

五教止観　華厳五教止観、一巻。隋の杜順説と伝えるが、現在では法蔵撰とされる(正蔵四五)。

遊心法界記　華厳遊心法界記、一巻。唐の法蔵述(正蔵四五)。

法事讃　転経行道願往生浄土法事讃、二巻(正蔵四七)。

の邪書を作つて一宗を立つ。有心の人、誰かこれを依憑《えひょう》せんや。
*次に称名を以て正行とし、所助とし、菩提心を以て助行とし、能助とすること、さらにその謂《いい》なし。もし好んで正助・能所を作らば、汝が言を翻《ひるがえ》して曰ふべし。謂《いわ》く、菩提心は、是れ正行なり、所助なり、称名は、是れ助行なり、能助なり。謂く、往生の業《ごう》は、菩提心を以て本とするが故に、一向に菩提心を熟せしめんがために、家を捨て欲を棄てて沙門と作《な》り、専ら仏名を称するなり。謂く、菩提心は、是れ諸善の根本、万行の尊首なり。この故に顕密諸経論に、皆《みな》菩提心を嘆じて仏道の種子とす。その証拠、雲霞のごとし、毛挙に遑《いとま》あらず。*大日経に云く、「菩提心を因とし、大悲を根とし、方便を究竟とす」等と云云。*華厳経の中に、摂徳成因相の知識、弥勒菩薩、二百余門を開いて菩提心を嘆じ、寄位差別の功徳・会《え》縁入実《えんにゅうじつ》の妙理、皆菩提心を以て円因とすることを表するが故に、この故に、諸大菩薩、菩提心を頂礼《ちょうらい》して所帰依処とす、猶し*白《びゃく》月《げつ》の初分を礼《らい》するがごとし。*法界無差別論に、菩提心を頂礼して曰く、「菩提心を稽首す、能く勝方便として、生老死病・苦依・過失を離るることを得。」かの論の長行に自《みずか》ら釈して云く、「白月の初分のごとくなるが故に、今頂礼す」と云云。また*菩提資糧論の第一に云く、「何者をか如来の教量とする、世尊の説くがごとし。迦葉《かしょう》、譬《たと》へば新月の便《すなわ》ちまさに礼を作《な》すべきがごとし、満月のためにせざれ。是《かく》のごとく、迦葉、もし我《われ》を信ぜば、まさに諸菩薩等を礼敬すべし。如来のためにせざれ。何を以ての故に。菩薩より如来を出すが故に」と云云。また*菩提心離相論に云く、「誠を至《いた》してかの

次に称名を…　称名を正行、菩提心を助行とする選択集の説に反論し、往生の業は菩提心を本とし、称名は助行である、と説く。さらに、菩提心は、仏道の種子、諸善の根本であると、菩提心を讃嘆する。

大日経　大毘盧遮那成仏神変加持経、七巻。唐の善無畏・一行訳。引用文は、巻一、入真言門住心品第一(正蔵一八‐一b～c)。

華厳経…　入法界品の終り(六十華厳巻五九・八十華厳巻七八・四十華厳巻三五)に、弥勒菩薩が、善財童子に対し、菩提心を数多くの譬喩を用いて讃嘆する部分がある。その文句の一部は、本節の終りに引用されている。

白月の初分　インドの暦法で、一日より十五日(または十四日)までを白月、十六日より晦日までを黒月という。大唐西域記にも見える。高弁が建保三(一二一五)年十一月に著した三時三宝礼釈には、「菩提心ヲ礼スル証拠」として、法界無差別論の句、菩提心資糧論・菩提心離相論の句の一部を引き、「又華厳経ノ中ニ、弥伽長者、善財ヲ礼スルハ、則菩提心ヲ礼スル也」と述べている(日蔵、華厳宗章疏下一九七)。そして「白月初分」について、次の如く説明している。「世間ニ三日ノ夜ノ月ヲ拝ムコトアリ。十五日ノ月ハ満タルガ故ニ、光ノアザヤカナルモ、アヤシミトスルニタラズ。白月ノ初分其光スクナシ。漸ク力ヲ励シテ満月ト成ルベシ。初分ハ功ヲ励マス始ナレバ是ヲ礼スル也」(同二〇二)。

法界無差別論　大乗法界無差別論、一巻。

菩提心を頂礼す、勇健《ゆうごん》の軍の勝器仗を執《と》るがごとし。その義また然り。しかるにかの大菩提心において所有の諸仏世尊・諸菩薩摩訶薩、皆この菩提心を発すに因るが故に」等と云云。

これらは、皆菩提心を以て、一切仏果の妙因とするが故に、これを頂礼するなり。この故に、諸仏の家業、発菩提心の人を愛念す、猶し世間の多貪の人、有財の者を敬重するがごとし。かの華厳の中に、*弥伽《みが》長者、坐を下りて、善財の初発心を礼するがごとし。*宗家釈して云く、「白月の初分を礼するがごとし」と云云。これに相翻するが故に、菩提心を念ぜざる者をば、これを賤しむること、畜生のごとし。*大丈夫論に云ふがごとし。「もし放逸廃忘して菩提心を念ぜざれば、禽獣のごとし、異《こと》なることなし」と云云。この故に、無量生死の中において、この心、発し難し。もし起すことを得つれば、即ち仏家に入る、種族に瑕玷《かてん》なし、終《つい》に大覚王と成る。大覚の円因、必ず大縁を待つて萌《きざ》すが故に、この心、発し難し。大丈夫論に云ふがごとし。「業報のために障《さ》へらるるは、菩提の心を発すこと能はず」と云云。浄土宗の経論の文・人師の解釈、また菩提心を以て正因とす。汝、規模とせずと雖も、文相隠《かく》れなし。処処に充満せり。自他共に見るところなり。具《つぶさ》に出すに遑《いとま》あらずと云云。およそ一代の諸経論に、皆この義を説く。その文、泉のごとくに涌《わ》き、その義、雲のごとくに凝《こ》れり。もし初発菩提心の者あらば、その功徳、尽虚空《じんこくう》も喩《たとえ》にあらず、白月の新吐に類し、青松の萌芽に等《ひと》しくす。故に経に言く、「一切の功徳、皆最初の菩提心の中において住す。終始異《こと》

堅慧菩薩造、唐の提雲般若等訳。引用文は、巻頭の頌とその長行(解説の散文)の終り(正蔵三二-八九二a～b)。

菩提資糧論　六巻。竜樹本、自在比丘釈、隋の達磨笈多訳。引用文は、正蔵三二-五一八b。

菩提心離相論　一巻。竜樹造、宋の施護訳。引用文は、正蔵三二-五四一b。

弥伽長者　善財童子の第五の善知識(六十華厳巻四六・八十華厳巻六三)。善財童子が「唯我已先発阿耨多羅三藐三菩提心」というと、弥伽はにわかに獅子座を下り、善財に対し、五体投地し、菩提心を讃嘆した。

宗家釈して…　法蔵の探玄記巻一八に「如㆓新翻法界無差別論中㆒、敬㆓礼菩提心㆒者、如㆘世間人礼㆓白分初月㆒不㆑礼㆑満等㆖、以㆓希現㆒故、満月由㆑此故」(正蔵三五-四四九a)とある。また澄観の華厳経疏巻五六(正蔵三五-九二六c)にも、同じく法界無差別論の句を引く。この探玄記等の「白分の初月」を、高弁は法界無差別論の如く「白月の初分」と記している。「白分」と「白月」は同じ意。

大丈夫論　二巻。提婆羅菩薩造、北涼の道泰訳。引用文は、巻下の発菩提心品(正蔵三〇-二六三a)。次の引用文も同所。

なることなしと雖も、しかも先心は難《かた》し。」まさに知るべし、先心を以て難《かた》しとするは、菩提心を難しとするが故なり。初心を礼《らい》するは、菩提心を尊重するが故なり。*上《かみ》の論の文によるに、業障《ごつしょう》深重の者は、菩提心を発さず、もし廃忘して念ぜざれば、畜生のごとし。汝は即ち畜生のごとし、また是れ業障深重の人なり。一代の聖説、仏道の妙因、都《すべ》て菩提心を離れては余事なし。しかるに菩提心を以て能助とし、助行とする事、能所を知らず、傍正を分たず。何ぞそれ迷へるや。ただし、この中に破するところは、汝、菩提心を以て往生の正因とせざるによつて、能助と云ひ、助行と云ふ。その意許《いこ》は、皆菩提心を以て傍とする義なり。今これを破して、菩提心を以て諸行の本とする義を成ずるなり。

もしこの義にあらずして、泛《ひろ》くこれを言はば、正助・能所等の義は、事に随つて不《ふ》定《じょう》なりとす。或いは菩提心を以て能助とするあり、法界無差別論に、菩提心を不退失因と名づくるがごとし。能く一切の功徳を助けて、究竟《くきょう》に至らしむるが故に。或いは菩提心を以て所助とするあり、同論に、菩提心因の義を出して云ふがごとし。「信をその種子とし、般若をその母とし、三昧を胎蔵とす、大悲は乳養の人なり。」*香象大師釈して云く、「今この四縁、菩提心をして起らしむるが故に、名づけて因とす。菩提心と仏と、因となるにはあらざるなり」等と云云。或いは直にこの能助の善法を以て菩提心の相とするあり。*起信論に、発心の相を説いて云ふがごとし。「直心・深心・大悲心」と云云。諸経論の中に、此《かく》のごときの例、一にあらず。この故に、殊に能助・

上の論の…　大丈夫論の文により、汝は即ち畜生の如し、業障深重の人なり、と法然を非難する。

もし…　菩提心を諸行の本とする義によらぬ時には、能助となる場合もある、と説く。

信をその種子と…　正蔵三一‐八九二b。

香象大師…　香象大師は、法蔵。その著に大乗法界無差別論疏（一巻）がある（正蔵四四‐六六a）。高弁が青年の時に書写・校合した写本が二部も伝っている。根津美術館蔵（「建久三年極月廿三日辰時許書写了／成弁大法師／同廿四日辰剋一校了」）・高山寺蔵（建久六年八月十六日午剋於神護寺十無尽院以東大寺尊勝院経蔵本一交了／命道沙門之親類成弁大法師」）。命道とは、「以₂道活命₁故名₂命道₁」と地蔵十輪経巻五（正蔵一三‐七五〇a）に見え、仏法を生活の手段とする沙門のこと。青年時の高弁の自戒の気持を見ることができる。

起信論　大乗起信論、一巻。馬鳴菩薩造、梁の真諦訳。引用文は、正蔵三二‐五八〇c。

助行の言陳の下の意許を破するなり。

*次に*集の文に、「発心と言ふは、且《しばら》く*初発を指す。念仏は是れ長時不退の行なり、むしろ念仏を妨礙《ぼうげ》すべけんや。」文。この言、何の謂《いい》ぞや。謂《いわ》く、凡地に在つて始めて菩提心を発すに、仏子の名を立つ。始終、別なしと雖も、しかも初心を難とするは、経論の定説、一にあらず。これは菩提心を尊重するなり。その旨、上《かみ》に引成するがごとし。かの*法蔵比丘、荘厳浄土を摂取せしの昔、世自在王仏に対して、まづ発心の徳を称し、善財童子、不思議解脱を証得するの時、一一の知識に対して、まづ我已発心の唱を作《な》すがごとし。この発心不退にして、大覚地に到るを、名づけて仏とす。この故に、成仏の遅速は、ただ発心の退不退に任せたり。この事、自他宗、共許《ぐきょ》するところなり。始めて成立するに足らざるか。しかるに、発心とは初発心を指《さ》すと言はば、後位には菩提心を退すべしや、否《いな》や。しからば、一切の菩薩、仏果を成ずべからず、阿弥陀如来もあるべからず、極楽浄土もあるべからず。もし、弥陀・観音等の諸仏菩薩等をば置いて、我等がごときの愚人に限ると言はば、三世仏家の修行、仏仏道同にして、さらに*異徹《いてつ》なし。*たとひ田夫野客たりと雖も、もし発心不退ならば、速かに剋証せん。王胤貴姓たりと雖も、もし発心せずは、輪廻《りんね》、期《ご》なからん。我等已《すで》に仏教に遇《あ》へり。しかる尚《なお》し恨むるところは、たとひ暫時《ざんじ》の発心ありと雖も、不退を得《え》難きが故なり。しかるに、発心はただ初心を指《さ》すと言ふは、所化をして退心を勧めしむるなり。是れあに*修因得果の道理に違せずや、一代聖教《しょうぎょう》の法印を背くにあらずや。察すべし、察すべし。

次に… 発心は最初だけで、念仏は長時不退の行であるから、念仏がすぐれているという説を反駁する。まず発心は初心をさすとする説をとりあげる。

集の文 選択集の第四、三輩章の文。

初発 選択集には、この上に「初出及以」とある(八〇頁三行参照)。

法蔵比丘… 世自在王仏に語ったことばは、仏説無量寿経巻上に次の如く見える。「世尊、我発二無上正覚之心一、願仏、為レ我広宣二経法一、我当下修行 摂二取仏国一、清浄荘中厳無量妙土上、令下我於レ世速成二正覚一、抜中諸生死勤苦之本上」(正蔵一二-二六七b)。

異徹 仁本・活本も同じ。「徹」は「轍」に通用。

たとひ田夫… 初発の菩提心の不退を得ること容易ではないが、田夫野客であっても、もし不退ならば成仏するであろう、発心を初心に限ってはならない、と説く。

修因得果 修行の因によって悟の果を得る。

*次に、「念仏は是れ長時不退の行なり、むしろ念仏を妨礙《ぼうげ》すべけんや」と言ふは、またこの言、何の謂《いい》ぞや。まづ汝が言ふところの念仏とは、是れ口称《くしょう》の行なり。もし*五種念仏等の行を取ると言はば、これ即ち菩提心と別なからん。もし口称の行を取つて、これを以て長時不退の行とすと言はば、口称は是れ三昧発得の方便なり。方便は必ず根本を得つれば、これを捨つ。例せば、かの*数息観《すそくかん》等のごときは、数息の軌儀は得定《とくじょう》の方便のためなり。もし定を得已《おわ》りぬれば、これを捨つ。今生《こんじょう》猶し中止の義あり。かの*畢命為期《ひつみょういご》等の釈のごときは、初心称名劬労《くろう》の者に約して説くなり。しからば、浄土に往生し、乃至仏果円満せん位まで、何ぞ念珠を持して称名を先とすることあらんや。しかるに菩提心とは、初後相続す。一切の功徳、菩提心を離れては成ぜず。猶し果位に至つて、またこれを以て体とす。法界無差別論に云ふがごとし。「*菩提心を最上方便不退失の因とするによつて、一切の功徳、究竟《くきょう》に至つて、かの果を得。かの果とは、即ち涅槃界《ねはんかい》なり」等と云云。香象大師釈して云く、「*不退失の因と言ふは、直に当成《とうじょう》の仏果を最上の因とするのみにあらず、また中間所修の諸行のために不退失の因と作る。菩提心を離れては、余行をして退失せしむるを以ての故に。華厳に云く、菩提心を退失し、諸《もろもろ》の善根を修する、是れを魔業とす。」また釈す、「この菩提心の得果決定《けつじょう》するを以ての故に、不退の因と云ふ。謂《いわ》くこの心に二力あり。一は已成《いじょう》の行をして失せざらしむるが故に。二は未成の行をして退失せざらしむるが故に。二は得果究竟、謂く、これ菩提、一切功《いっさいく》徳得彼《どくとくひ》果《か》と言ふは、心力能《よ》く功徳をして究竟位に至り、彼岸処に到

次に…　口称念仏は三昧を発得する方便であり、長時不退の行とはいえない。菩提心は、一切の功徳の不退失の因となるから、念仏を妨げるなどというのは誤りである、と説く。

五種念仏等の…　前に引く清涼大師澄観の説(七四頁)。

数息観　出入の息を数えて、心をしずめる観法。五停心観の一。

畢命為期等の釈　善導の観経疏の玄義分・散善義等に見える。玄義分に「唯可下勤心奉レ法畢命為レ期、捨二此穢身一即証中彼法性之常楽上」(正蔵三七-二四六b)、散善義に「某畢命為レ期、不三敢生二於懈慢之心一云云」(正蔵三七-二七八c)。

菩提心を…　法界無差別論(正蔵三一-八九二b)。

不退失の因と…　大乗法界無差別論疏(正蔵四四-六五b〜c)。

らしむることを明かす」と云云。乃至衆生・菩薩・如来の三位もまた菩提心の分位によつて立す。かの論の頌に云ふがごとし。「不浄なるは*衆生界、染《ぜん》の中に浄なるは菩薩、最極清浄の者、是れを説いて如来とす。」かの論の長行に広くこの義を釈すと云云。もししからば、念仏の行もまた菩提心によつて成就円満すべし。しかるに念仏を妨礙《ぼうげ》すと云ふ。この言、いかんが狂乱せるや。これ仏説にあらず、波旬《はじゆん》の所説なり。

十住毘婆娑論の第四に、不退の相を説く中に云ふがごとし。「悪*魔、八大地獄を変現して、化して菩薩と作《な》つて、これに語つて言《いわ》く、汝もし菩提心を捨てずは、まさにこの中に生ぜん。この怖畏を見て、心に捨てず。」文。汝が*邪言によつて、所化をして菩提心を捨離せしむ。汝はあに悪魔の使にあらざらんや。また第*八に云ふがごとし。「菩薩、阿耨多羅三藐三菩提《あのくたらさんみやくさんぼだい》を愛楽《あいぎよう》する者に親近《しんごん》すべし」と云云。解して曰く、無上菩提を愛楽する者とは、即ち是れ菩提心ある人なり。これに翻して知るべし、往生宗の行人、汝に親近すべからず。悲しきかなや、汝、ただ菩提を愛楽せざるのみにあらず、反《かえ》つて菩提を妨礙《ぼうげ》せり。ただ自《みずか》らこれを妨礙するのみにあらず、弥陀如来をして菩提心を妨礙せしむ。是《ここ》に知りぬ、汝は是れ往生門において大賊とすといふことを。弥陀如来の大菩提の功徳を断滅するが故に、仏子の称を仮《か》るべからず。何ぞ僧伽藍の中に出入せんや。汝が集に三*義を出して結して云く、「今もし善導によらば、初を以て正とするのみ。」〈初とは即ちこの義を指すなり。〉これ則ち善導を毀謗《きぼう》する罪人なり。あにその一門とすべけんや。

不浄なるは…　法界無差別論（正蔵三一-六九三a）。

悪魔…　十住毘婆沙論巻四、阿惟致相品第八（正蔵二六-四〇b）。

汝が邪言に…　汝は菩提を妨げるだけではなく、弥陀如来をして菩提心を妨げしめた。往生宗の行人は、汝に親近すべきではない、と説く。

第八　十住毘婆沙論巻九。引用文は、四法品第十九に「菩薩愛二楽阿耨多羅三藐三菩提一者、応当五親二近恭三敬供四養四種善知識一」（正蔵二六-六六c）。

三義　㈠諸行を廃して念仏に帰せしめんがために諸行を説く。㈡念仏を助成せんがために諸行を説く。㈢念仏と諸門との二門に約し、各三品をたてんがために諸行を説く（選択集の第四、三輩章）。

問ひて曰く、我は阿弥陀の名号を信楽するが故に、余行を撥去す。菩提心を撥する、また名号を信楽するの至極なり。たとひ非理たりと雖も、信仏の心既に深し。汝、何ぞ我を謗じて大賊とするや。

*答ふ。仏法を信ぜずは、過《とが》、外道に同ず。何ぞ惜しむべきに足《た》らん。汝、仏教の一門に入つてこの大迷を成ず、甚だ傷《いた》むべしとす。三学雑行において過ある者を、仏法の怨賊《おんぞく》と名づくるは、経論の所説、章疏の定判《じょうはん》なり。この故に、たとひ我、汝を罵《の》らずと雖も、汝の天性、大賊の過あらば、深き悲とすべし。今すべからく汝が邪見の過を詳《つまび》らかにすべし。

香象大師の*梵網経の疏に、謗三宝の邪見を釈するに、必ず五縁を具して、便《すなわ》ち犯《ぼん》を成ず。「一は人衆に対す、二は三宝境、三はかの*三想を起す、四は邪見を作《な》す、五は謗言を発《おこ》すに便ち犯す。」今、汝が所立、正しくこの五縁を具す。まづこの書を作つて所化に授くるに、第一の縁あり。二は菩提心に対す、即ち第二縁あり。三は正しく菩提心の想を起す、即ち第三縁あり。四は即ちこの大邪見あり、即ち第四縁あり。五は言を発して往生の正因にあらずと云ふ、即ち第五縁あり。この大過について、大師、軽重を判ずるに六あり。「*一は所対に約す。二は所謗に約す。三は能謗に約す。四は所損に約す。五は合して弁ず。六は自他。初の中に、一人・二人、多人・大衆に対す。前は軽く、後は重し。二は所謗に約する中に、*三宝に三あり。謂《いわ》く、住持ならびに別相および同体、或いは一、二、三、おのおの次《ついで》のごとく、前は軽く、後は重し。三は能

答ふ…　法然が仏法の大賊たるべき過を犯したことを詳述しようとする。法蔵の梵網経菩薩戒本疏に、三宝を謗ずる邪見の過の成り立つ五縁と、その過の軽重を判断する六縁とがあげられているのを引用し、選択集の所説が、如何に当てはまるかを説く。

梵網経の疏　梵網経菩薩戒本疏、六巻。唐の法蔵撰。引用文は、巻四(正蔵四〇-六三三b)。

三想　欲想・瞋想・害想。

一は…　梵網経菩薩戒本疏巻四(正蔵四〇-六三三b)。

三宝に三あり　住持は、後世に仏教を伝える意味で仏像・経巻・比丘。別相は、三宝が各別の存在であること。同体は、仏法僧の三宝はその本質においては一体であること(同相と同じ)。三時三宝礼釈に「三宝ノ義、一体ノ上ニ立ツルガ故ニ、同相ノ三宝ト云也。次ニ別相ノ三宝ト云ハ、法報化ノ三身如来ヲ仏宝トス。教理行果ノ四法ヲ法宝トス。三賢十地ノ菩薩四向四果ノ聖者ヲ僧宝トス」とあり、次に住持の三宝について説いている(日蔵、華厳宗章疏下一九八)。

この六縁の…　過の軽重を判断すべき六縁について、詳述する。

所対に約するに…　六縁の第一。大衆に対するから重しとする。

所謗に約するに…　六縁の第二。十方一切の仏宝を謗ずることであり、最重とされている。

華厳経　大方広仏華厳経(四十華厳)。唐の般若訳。引用文は、巻三五の弥勒菩薩が菩提心を讃嘆した言葉の一節(正蔵一〇-八二六b)。

謗に約するに、謂《いわ》く心に三品あり、下、中、上。言に麤・細および中あり、軽重知るべし。四は所損に約するに五あり。一は、この謗によるが故に、多くの菩提心の人をして、不定者において、退失を生ぜしむ。二に、已《い》信者をして退を生ぜしむ。三は、未《み》信者をして信ぜざらしむ。四は、未邪見の者をして邪見を生ぜしむ。五は、已邪見の者をして堅執を生ぜしむ。皆、前は重く、後は軽し。五は合して弁ずとは、大衆に対して勝境を謗ず。上の邪見をもて麤言を発す。大損を成ずれば、最重とす。余は次の如くおよび交絡《きょうらく》して、皆軽重あり。准じて知るべし。六は自他とは、一自、二他、三倶、皆前は軽く、後は重し。知るべし。」〈已上〉

*この六縁の中において、まづ*所対に約するに、汝、在家出家、貴賤上下、男女長幼の大衆に対す、軽にあらず、即ち重とす。

第二に*所謗に約するに、汝が一言は、即ち倶時に謗三宝罪を成ず、一にあらず、二にあらず。*華厳経に云く、「十方一切の如来、菩提心より、しかも出生するが故に。」文。しかるに菩提心を謗ずるは、即ち十方一切の仏宝を謗ずるなり。また、同じき上の文に云ふがごとし。「善男子、菩提心とは、是《かく》のごときの無量無辺の最勝の功徳を成就す。要を挙げてこれを言へば、まさに知るべし、ことごとく一切の仏法の諸《もろもろ》の功徳と等し。何を以ての故に、菩提心に因つて、一切の菩薩行輪を出生するなり。」文。これに相翻するが故に、汝、即ち一切の法宝を謗ずるなり。また、「菩提心と云ふは、猶《なお》し命根《みょうこん》のごとし、菩薩の大悲身を任持するが故に。」文。汝、菩薩の命根を断滅す、即ち一切の僧宝を謗ずるなり。この故に第二縁に約するに、最も最重とすべし。

*第三縁に約するに、分別あるべし。謂《いわ》く、前の所謗義の中に約して、菩提心は是れ三宝の種子なるを以ての故に、惣じて通相門について、謗三宝罪の中に在《お》くと雖も、今、別相門について、委《くわ》しく軽重を弁ずべし。

問ひて曰く、この撥菩提心の邪見、三宝の中において、通じてこれを撥すとやせん、別に一二を撥すとやせん。

答ふ。三宝に三あり、同相・別相・住持、是れなり。同相の三宝に約するに、皆これを撥す。義は准じて知るべし。今、別相の三宝に約して、まづ行相の麤門についてこれを言はば、三宝の中において、法宝を撥するなり。何とならば、仏宝とは、一切の諸仏なり、僧宝とは、地上の大菩薩等なり。菩提心は、かの二種にあらざるを以ての故に、即ち是れ法宝を撥するなり。法宝において、*教理行果の四種あり。菩提心は、是れ道諦《とうたい》の摂なるを以ての故に、四法宝の中においては、即ち行法を撥するなり。この故に、三宝の中において、法宝の一分を撥す。四法宝の中において、行法の一分を撥す。前の所釈に准ずるに、一、二、三に随つて軽重ありと云云。しからば、既に全三宝にあらざるが故に、軽とす。

また、委《くわ》しくこれを解するに、汝が撥菩提心の邪見は、三宝四諦、皆これを撥するなり。何となれば、謂《いわ》く菩提心とは、自性空を性とす。*前の菩提心決にこれを成ずるがごとし。しかるに、汝は菩提心に相違して、別の念仏心を立つ。即ち是れ性有《しょうう》の心

第三縁に約するに…　六縁の第三。能謗の心と謗言の過の軽重については、結論としては能謗の心を軽とする。a、三宝について、法宝(菩提心は法宝に当る)、また法宝のうちの行法を謗じたことになるから、軽とする。b、菩提心のほかに念仏心をたてるのは性有の心であり、三宝四諦をすべて撥することになるが、法相に理解がない故に誤ったのであるから、軽とする。c、謗言は重しとする。

教理行果　教とその道理、その修行とその証果。孔目章巻三の三宝義章に「法謂理教行果、及無尽教義等」(正蔵四五-五五三b)とあり、法宝を理教行果と、華厳の円融無尽の教義とによって説明す。

前の菩提心決　→五四頁一四行

とすべし。しかるに三宝四諦は、皆《みな》畢竟真空を性とするが故に、汝、作意《さい》せずと雖も、不覚にしてこれを撥去するなり。もし性有と云はば、即ち*数論外道《すろんげどう》の有性《うしょう》と諸法と一なりと計《け》するに同ぜん。もししからば、弥陀の有性と凡夫の有性と一ならば、即ち凡《ぼん》聖《しょう》の不同なからん、浄土の有性と穢土の有性と一ならば、また浄穢の差別なからん、この大過あるなり。然りと雖も、汝は是れ仏弟子の一分なり。しかるに愚迷して法相を知らず、誤つてこの邪見を致す。汝は是れ仏弟子なるが故に、邪師力なし、聖教《しょうぎょう》を披閲するが故に、邪教力なし。ただ、自らの邪思惟ありと雖も、法相に暗きが故に、また強盛《ごうじょう》ならず。この故に、能謗の縁において、上品《じょうぼん》にあらざるべし。〈ここに言ふところの能謗の縁とは、成過《じょうか》の因縁なり。上の五縁ならびに下の六章を縁と名づくるは、道理を成ずる義縁なり。〉弥陀一仏をも信ぜずして、上品の嫉妬・瞋恚《しんに》等を起して三宝を謗ずる一類あるべきが故に、汝はかの類に異《こと》なるが故に、能謗の因縁、是れ軽し。この第三縁において二あり。一は能謗の心、二は能謗の言なり。謗心は、分別、劣なりと雖も、過相、是れ重し、*正因を正因にあらずと思惟するを以ての故に。謗言もまた重しとす、正因、正因にあらずと言ふを以ての故に。然りと雖も、過相の上品の因縁、満ぜざるが故に、第三縁において終《つい》に軽とするなり。

*第四縁に約するに、所損の五義、汝皆これを具足せり。前に准じてこれを思ふべし。謂く、一は、汝が邪言によつて、菩提心不定《ふじょう》の人をして、皆退失を生ぜしむ。二は、菩提心を楽《ねが》ふ人をして、皆退心を生ぜしむ。三は、未信の人をして、いよいよ不信を

数論外道 梵語 Sāṃkhya. 僧佉。数論学派。インド六派哲学の一。迦毘羅 Kapila を開祖とする。紀元前四世紀頃成立。聖典としては漢訳に金七十論あり。宇宙万有の開展を説明する根本原理として二十五諦をたてる。その中で最高原理として神我 puruṣa と自性 prakṛti の二原理をたてて説明する。本書で数論外道の有性というのは、自性をさす。

正因 菩提心をさす。

第四縁に約するに… 六縁の第四。法蔵の説く邪見のために損ぜられる五つの場合が、すべて見られる、とする。

生ぜしむ。四は、未だこの邪見を生ぜざる人をして、この邪言を聞いて、皆邪見を生ぜしむ。五は、已邪見の人をして、いよいよ堅執《けんしゅう》を生ぜしむ。愚僧、親《まのあた》りこの事を見聞す。自ら分別なしと雖も、汝が邪義を党《かたひ》くによつて、人多くこの見を起す。悲しむべし、悲しむべし。汝、もし極楽に往生せば、速かにこの五類を救ふべし。余人は、敢《あ》へて済度《さいど》の方便なからんか。

*第五縁に約するに、汝、大衆に対して、勝境を撥す。これ、言を待たず。

*第六縁に約するに、汝および所化、倶《とも》にこの邪言を吐《は》く。即ち是れ倶の句の摂なり、尤《もっと》も重とすべきなり。

*また、ただこの邪見のみにあらず、諸過具足するなり。もし菩提心を離れて念仏心を立てば、前に難ずるがごとし。即ち是れ、性有心とすべし。しからば、この心は、浄土を変為せざらん、断の過に堕す。猶《なお》し有と執せば、無因にして有なるが故に、即ち常の過に堕つ。即ち是れ*辺執見なり。前の邪見およびこの辺見を取つて殊勝とす。即ち是れ*見取見なり。この邪智、往生を得《う》と計《け》す。即ち是れ非道計道《ひどうけどう》の*戒禁取見《かいごんしゅけん》なり。

また、*宝積経の第三十六に云ふがごとし。「舎利子、諸仏世尊、大智力を具して、惣じて諸法を摂して、四種*鄔陀南《うだな》の中に安処す。何等をか四とする、いはゆる一切行無常、一切行苦、一切法無我、涅槃寂滅」と云云。〈鄔陀南とは、ここには標相と云ふ。或いは三法印と云はば、苦を合して無常に入るなり。或いは涅槃を除く、これはただ有為の標相を説く、無為を説かざるなり。〉しからば、汝が所計《しょけ》、この四標相の中の一切法無我鄔陀南に違するなり。何を以

第五縁に約するに… 六縁の第五。すぐれたるものを大衆に謗じたことになり、重しとする。

第六縁に約するに… 六縁の第六。自・他ともに謗ず。最も重しとする。

また… 菩提心のほかに念仏心を立てる誤った見解の過あり、これは、即ち一切法無我の法印に違することを詳しく説く。

辺執見 極端な考え(断見・常見の如き)に執着すること。

見取見 誤った考えを正しいと執すること。

戒禁取見 誤った戒律を正しいとして執着すること。

宝積経 大宝積経、一二〇巻。唐の菩提流志訳幷合。引用文は、巻三六、菩薩蔵会、試験菩薩品(正蔵一一・二〇八a)。

鄔陀南 憂陀那、梵語 udāna. もとは言葉を発する喉中の風の意であるが、転意して、十二部経の第五の自説経をいう。自説、法印、頌の意。四法印の頌を四鳥陀南という。

てか知ることを得る、前の菩提心弁定門に出すところの教証のごとし。法無我平等の本来不生自性空の心を、菩提心とするが故なり。是《ここ》を以て、無著《むじやく》の*荘厳論の第十一に云く、「四法印とは、一は一切行無常印、二は一切行苦印、三は一切法無我印、四は涅槃寂滅印。この中に、まさに知るべし、無常印とおよび苦印とは*無願三昧の依止《えし》を成ぜんがためなり、無我印は空三昧の依止を成ぜんがためなり、寂滅印は無想三昧の依止を成ぜんがためなり。菩薩、この四印を説いて、三三昧の依止とす。皆、諸《もろもろ》の衆生を利益せんがための故に。」文。また*瑜伽論の第四十六に、四種法嗢拕南《うだな》と名づけ〈ここに、集施と云ふ〉、第三法嗢拕南を説いて云く、「一切諸法、皆、我あることなし。是れを第三法嗢拕南と名づく。」同じく下の文に釈して云く、「また諸菩薩、実のごとく、有為無為一切諸法、二無我性を了知す。一は*補特伽羅《ふとがら》無我性、二は法*無我性。諸法の中において、補特伽羅無我性とは、謂《いわ》く、即ち有法、是れ真実にして補特伽羅あるにあらず、また有法を離れて別に真実の補特伽羅あるにあらず。諸法の中において、法無我性とは、謂く、一切の言説の事の中において、一切の言説の自性、諸法、都《すべ》て所有なし。是《かく》のごときの菩薩、実のごとく、一切の諸法、皆《みな》我あることなしと了知す。」〈已上〉

解して曰く、これらの文証によるに、諸法無我の法印によつて、人法二空の義を知るが故に、この空義に違背して我見《がけん》を生ず。我見によつて諸《もろもろ》の煩悩を生ず。菩提心はこの空義に順じて生じて、我見の煩悩を遠離《おんり》す。*離相論に菩提心の体を出して云ふがごとし。「謂く、蘊《うん》・処・界、諸《もろもろ》の取捨を離れて、法無我平等にして、自心本来不生《ふしよう》、

荘厳論　大乗荘厳経論、一三巻。無著菩薩造、唐の波羅頗蜜多羅訳。引用文は、巻一一、覚分品(正蔵三一-六四六a)。

無願三昧　空・無相・無願の三三昧の一。無願解脱門ともいう。

瑜伽論　瑜伽師地論、一〇〇巻。弥勒菩薩造、唐の玄奘訳。引用文は、巻四六、本地分中菩薩地第十五初持瑜伽処菩提分品に「復有四種法嗢拕南、諸仏菩薩欲令有情清浄故説、何等為四、一切諸行皆悉是苦、是名第二法嗢拕南、一切諸法皆無有我、是名第三嗢拕南」とあり、以下引用文につづく(正蔵三〇-五四四c)。

補特伽羅　梵語 pudgala. 人(にん)、数取趣と訳す。六道に輪廻する主体。

無　底本・仁本なし。活本により補う。

離相論　菩提心離相論。→五四頁注。引用文は、正蔵三二-五四一b〜c。

自性空なるが故に。この中にいかん、謂く我蘊等、表了するところあつて、分別の心現前して体なし。この故に、もし常に菩提心を覚了するは、即ち能く諸法空相に安住す。」乃至一論の始終、皆《みな》真空無我の義を説く。この故に、汝、菩提心を撥して、別の念仏心を立つ。既に法無我平等の心を捨つるが故に、諸法無我法印に違す。その過、外道の*神我見に同ずるなり。しからば、生死を出づべからず。*倶舎論《くしゃろん》の第二十九に云ふがごとし。「これを越えて余によつて、あに解脱なしや。理、必ずあることなし。所以《ゆえ》いかんとならば、虚妄《こもう》の我執に迷乱せらるるが故に。」文。*五見煩悩、汝已《すで》に強盛《ごうじょう》なり。何ぞこの見罪を立てて往生の正因とせんや。今、教理を引いて、汝が大罪を撿《けん》挍《ぎょう》す。すべからくこの教理を諷詠して、心病を鑑《かんが》みる*秦鏡とすべきのみ。

問ふ。香象大師は、謗三宝の過を釈すとして、この諸縁を出す。今、三宝を謗ぜず、何ぞ引いて証とするや。

*答ふ。悪言を出してこれを罵詈せずと雖も、邪見の過、これに同じ。謗三宝の罪は、邪見によつて生ずるところなり。この故に、*梵網経に謗三宝戒を説く中に云く、「信心・孝順心を生ぜずして、しかも反《かえ》つてさらに悪人・邪見人の謗を助くるは、是れ菩薩の波羅夷罪*なり。」文。大師またこの戒を釈するに、皆以て邪見とす。およそこの戒相を言ふに、或る処には直に邪見と云ひ、或る処には愚癡《ぐち》と云ひ、或る処には謗三宝と云ふ。その義皆同ず。謂く、愚癡とは二あり。一は頑愚癡、二は邪見愚癡。戒品の中に制するところは、是れ邪見愚癡なり。余の二種は、上のごとく知るべし。汝ただ

神我見　永久に独り存するという実我。数論外道でいう。

倶舎論　阿毘達磨倶舎論、三〇巻。尊者世親造、唐の玄奘訳。引用文は、巻二九、破執我品第九(正蔵二九-一五三b)。

五見　薩迦耶見(我見・我所見)、辺執見(常見・断見)、邪見、見取見、戒禁取見。

秦鏡　秦の始皇帝が宮中に備え、宮人の心中を照したという鏡。

答ふ…　邪見の過は、謗三宝の罪(梵網経十重禁第十)と等しいことを説く。

梵網経　二巻。後秦の鳩摩羅什訳とされるが、中国偽作の経典。引用文は、巻下(正蔵二四-一〇〇五a)。

なり(也)　底本なし。仁本・活本により補う。

文を守つて義趣を知らず。これによつて、作意せずと雖も、自ら謗法の過を招くなり。*十地論の第一に云ふがごとし。「*義に違して説く者に、三種の垢あり。一は倒説、二は如来を謗ず、三は聞者を誑す。」また第二に云く、「*声に随つて義を取るに、五種の過あり。一は不正信、二は退勇猛、三は誑他、四は謗仏、五は軽法」と云云。これらの諸過において、汝ことごとくこれを具足せり。あに謗三宝罪にあらずや、また大邪見にあらずや、また邪見愚癡にあらずや。能《よ》く能《よ》くこれを思量すべし。

問ふ。たとひ邪見とすと雖も、汝自《みずか》らこの見を起さずは、汝において過失あるべからず。しかるに、何ぞ苦労して書を作つてこれを破するや。

*答ふ。*梵網戒本に云ふがごとし。「菩薩は、外道および悪人を見るに、一言をもても仏を謗ずる音声あれば、三百の鉾《ほこ》をもて心を刺すがごとし。」文。この事、また是《かく》のごとし。この書の種種の邪言を聞いて、有心の人は、刺心の痛を致すべし。もし然らずしてこれを忍受する者は、仏法において志のなきが致すところなり。しかるに邪説を信ずる罪業は、無量無辺なり。諸《もろもろ》の経論に説くがごとし。師および弟子、倶に大地獄に堕つ。*観仏三昧経の中に、十六人の優婆塞《うばそく》、仏の色身を見るに、黒象の脚のごとし。仏に向つてこの言を作《な》す。「「我《われ》、仏に帰依して、三帰依を受け、*八斉《さい》を受持し、五戒の法を受く。しかるに我、罪咎ありて、ただ仏声を聞いて仏形を見ず。仏を見る時ごとには、黒象の脚のごとし。」この語を説き已《おわ》つて、手を挙げて胸を推《お》す、号泣して地に躃《いざ》る。この時に、如来、諸の優婆塞《うばそく》に告ぐ。「汝等、先世無量劫の時、閻浮提《えんぶだい》に

十地論 十地経論、一二巻。天親菩薩造、後魏の菩提流支等訳(正蔵二六)。

義に… 十地経論巻一(正蔵二六-一三〇c)。

声に… 十地経論巻二(正蔵二六-一三三c)。

答ふ… 邪見を黙過するに忍びず、これを破する理由を述べる。破見の罪の破戒より重きことを説く。

梵網戒本に… 梵網経巻下の謗三宝罪の文(正蔵二四-一〇〇五a)。

観仏三昧経 仏説観仏三昧海経、一〇巻。東晋の仏陀跋陀羅訳。引用文は、巻三の観相品(正蔵一五-六六二a)。

八斉 八斎戒。不殺生・不偸盗・不淫・不妄語・不飲酒・離眠坐高広厳麗牀庄・離塗飾香鬘離舞歌観聴・離非時食の八戒。六斎日にこれを保つ。「斉」字、底本のまま。

おいて、おのおの国王と作《な》つて、諸国を主領*して、快く自在を得、諸《もろもろ》の沙門あつて、利養のための故に、汝がために邪説す。仏教に順ぜず、法を非法と説き、非法を法と説く。汝等諸人、皆これを信用して、この人、この諸悪教を以ての故に、命終の後、阿《あ》鼻《び》地獄に堕つ。汝等、悪友の教に随順するが故に、命終してまた黒闇地獄に堕つ。前の聞法の善心力によるが故に、今、わが世に遭《あ》つて、五戒の法を受持す。今まさに仏法僧の前に当つて、汝が邪見、邪友の所教を説いて、誠心《じょうしん》に懺悔すべし。」諸の優婆塞、この語を聞いて、南無仏と称し、南無法と称し、南無僧と称す。諸の罪咎を説いて、誠心に懺悔す。時に仏即ち眉間大人相の光を放つて、諸の人の心を照すに、心意開解《かいげ》して、同時に即ち須陀洹道*《しゅだおんどう》を得。諸の優婆塞、既に道を得已《おわ》つて、仏の色身を見るに、端厳微妙《たんごんみみょう》にして、世間に比《たぐい》なし。求仏出家して、阿羅漢と成る。」〈略抄〉

慈恩の法苑林章*に云く、「また十輪*に説く、〈乃至*〉無慚《むざん》の僧あつて、わが舎利、およびわが形像、およびわが法僧聖所愛の戒において、深く敬信《きょうしん》を生じて、自ら邪見なく、また他をしてなからしむ。能《よ》く正法を宣《の》べて、讃嘆して毀《そし》らず。常に正願を発す。犯に随つて数《しばしば》悔す。業障《ごつしょう》皆除《のぞ》こる。まさに知るべし、この人の三宝を信ずる戒力《かいりき》、諸の外道に勝《すぐ》れたること、多百千倍、輪王*も及ばず、況《いわ》んや余の有情《うじょう》をや。故に有情《うじょう》を勧めて、是《かく》のごときの説を作《な》す。我法の中において、鬚髪を剃除せんもの、我終《つい》にこの出家者を毀辱擿罰《きにょくてきばつ》することを聴《ゆる》さず、三世の諸仏、慈悲護念したまふ。この故に、軽毀すれば、即ち諸仏を毀す。無慚の僧あつて、禁戒を毀破して、聖法《しょうぼう》の器にあらず。

主　観仏三昧海経には「王」。

須陀洹　預流果。四果の初果。

法苑林章　大乗法苑義林章、七巻。唐の基撰。引用文は、巻第六、三宝義林の一節（正蔵四五―三四四b～c）。

十輪　大乗大集地蔵十輪経、一〇巻。唐の玄奘訳。

乃至　以下、十輪経巻五の有依行品の文で、「乃至」と略されたところは、次の如くである。「（又十輪説）四沙門中、第四名為二汙道沙門一、雖レ非二真実一、亦得三堕二在福田数中一、無慚愧僧於二我正法一亦名二死屍一、於二清衆海一応当二擯棄一、非聖器故、我於二彼人一不レ称二大師一、彼人於レ我亦非二弟子一」（正蔵一三―七五〇a～七五一a）。「無慚の僧あつて」以下は取意。

輪王　転輪聖王。身に三十二相を具え、天より感得した輪宝をもって四方を降伏する。輪宝のほかに白象宝等の六宝をもち、千子を具足するという。

自ら邪見を起し、また他をして起さしむ。三乗を誹毀し、一乗を讃せず。是《かく》のごときの破戒悪行の苾蒭《ひつしゆ》、有情《うじよう》を誑惑して、悪見を生ぜしめて、師および弟子、倶に善根を断じて、まさに地獄に堕《お》つべし。是《かく》のごときの死屍《しし》膖脹《ほうちよう》爛臭《らんしゆう》せり。もしために交遊し共住し同事せば、臭穢薫染して、聖法財を失せん。師および弟子、倶《とも》に善根を断じて、まさに地獄に堕つべし。この故に、もし初三の沙門なくは、汙道《おどう》の中において、戒を破ると雖も、正見を壊《え》せざらん者を求めて、親近承事《しんごんじようじ》して、法要を聴聞せよ。戒《かい》見倶壊《けんぐえ》の悪行の苾蒭に親近すべからず。前の文の意を観ずるに、初の無慚の者をば、また名づけて住持僧宝および上座等とすることを得《う》。僧像もまた然なり。しかれども*かの経の中の第四巻に説く、「もし苾蒭あつて、諸《もろもろ》の根本性重悪の中において、随つて一罪をも犯せば、破戒悪行の苾蒭と名づくと雖も、しかも親教和合僧の中において、所得の律儀、猶《なお》し断絶せず。乃至、所学の尸羅《しら》を棄*捨すれども、猶し白法《びやくほう》の香気あり。諸の国王等に随逐せんに、律儀あることなくとも、軽慢《きようまん》しおよび擿罰《てきばつ》を加ふべからず。彼、法器にあらずして、清衆を雑穢《ぞうえ》すと雖も、戒を捨てざるが故に、猶し一切の在家《ざいけ》の白衣《びやくえ》に勝《すぐ》れたり。性罪《しようざい》を犯する者、尚《なお》し是《かく》のごとくなるべし。況んやその余の諸の小遮*罪を犯すをや。」この文は、即ち是れ初めの無慚の僧は、戒を壊《え》すれども、見《けん》あるが故に、戒あることを得。後の無慚の者は、善根《ぜんごん》既に断ず。戒もまた随つてなし。住持の摂にあらず。住持といふは、他の善根をして生ぜしむるが故に、法随つて有なるが故に、彼は善をして滅せしむ、法も随つて滅するが故に、住持の摂にあらず。」〈巳上〉

かの経　大乗大集地蔵十輪経。引用文は、巻四、無依行品（正蔵一三-七四一b～c）。

棄　底本「奇」、活本・仁本傍注（本文は「奇」）により改む。

遮罪　性罪（本質的な罪）に対し、戒律にそむいたことによる罪をいう。

答ふ…　汝(法然)が、三宝を誹謗するにより、仏法において所得のないことを悲しむ、と説く。非義に執着するは、最極無者であるとする。

和諍論　十門和諍論、一巻。新羅の元暁述、現佚。東大寺円超が延喜十四年に上った華厳宗章疏幷因明録に書名が見える(正蔵五五-一一三四b)。

深密経　解深密経、五巻。唐の玄奘訳。以下の引用は、巻二、無自性相品(正蔵一六-六九五b～六九六a)の略抄。

まさに知るべし、破戒・破見の二種の中には、破見の過を最重とす、自他の善根を損じ、慧命《えみよう》を断ずるが故に。汝、この過あり、何ぞこれを破せざらんや。

問ふ。汝、既に第三縁において上品《じようぼん》とせず。その過、既に軽かるべし。何ぞ強《あなが》ちに我を責むるや。

*答ふ。心、三宝に違背して、麤悪《そお》の語を起して、三宝を誹謗す。これを以て上品とすべし。輪王は千子中において、衆相具足の子を重くす。汝、衆相具足の仏子たらんことを楽《ねが》ふべし。何ぞ上品の謗心なきを以て高名《こうみよう》とせんや。しかるに汝、この見を起すによつて、仏法において所得なし。あに悲しまざるべけんや。*和諍論に最極無者《さいごくむしや》の過を出して云ふがごとし。「*深密経《じんみつきよう》に言ふがごとし。「もし諸の有情《うじよう》、性《しよう》、質直《しつじき》にあらず、質直の類にあらずして、思択《しちやく》廃立するに力能ありと雖も、しかもまた自見取《じけんしゆ》の中に安住す。彼、もし是《かく》のごときの法を聴聞し已《おわ》つて、甚深《じんじん》密意の語言《ごごん》において、実のごとく解了《げりよう》するに力能なくして、是のごときの法において信解《しんげ》を生ずと雖も、しかもその義において、言に随つて執着す。謂く、一切の法は決定《けつじよう》して、皆自性なし。決定して、不生不滅、本来寂静《じやくじよう》、自性涅槃、この因縁によつて、一切の法において無の見および無相の見を獲得《ぎやくとく》す。この見によるが故に、一切の相は皆是れ無相なりと撥す、諸法の遍計所執相《へんげしよしゆうそう》・依他起相《えたきそう》・円成実相《えんじようじつそう》を誹撥す。何を以ての故に。依他起相および円成実相あるによるが故に、遍計所執相まさに施設すべし。もし二相において、見て無相とすれば、彼もまた遍計所執を誹撥す。この故に、彼、三相を誹撥すと説く。我《が》

法《ほう》において法の想を起すと雖も、しかも非義の中に義の想を起す。彼、法において信解を起すが故に、福徳増長すと雖も、しかも非義において執着を起すが故に、智慧を退失す。智慧退するが故に、広大の無量の善法を退失す。」*瑜伽論に云く、「一類あるがごとし。大乗甚深《じんじん》の経典を説くを聞いて、実のごとく所説の義を解《げ》すること能はずして、是《かく》のごときの見を起し、是のごときの論を立つ。一切はただ仮《け》なり、是《こ》れを真実とす。もしこの観を作《な》すを、名づけて正観《しょうかん》とす。彼、虚仮《こけ》所依処所の実有唯事において、撥して非有とす。是れ即ち一切虚仮《こけ》、皆なし。何ぞまさに一切ただ仮《け》あつて、是れを真実とすることを得べき。この道理によつて、彼、真実および虚仮との二種において、倶《とも》に謗じて都《すべ》て所有なし。まさに知るべし、是れを最極無者と名づく。一切有智の同梵行者、共住《ぐじゅう》すべからず。世尊、この密意《みっち》によつて説いて言《いわ》く、むしろ一類の我見を起す者のごときは、一類の*悪取空《あくしゅくう》の者には如《し》かじ。」〈已上〉

汝もまた是《かく》のごとし。性、質直《しつじき》にあらず、質直の類にあらずして、ただ称名の行を立つるに力能ありと雖も、しかもまた自見取の中に安住す。観経ならびに善導の解釈《げしゃく》において、実のごとく解了するに力能なし。念仏の行において信解《しんげ》を生ずと雖も、しかも「*汝好持是語」等の経文、「*上来雖説」等の疏の釈において〈この経疏の文、委細の料簡は、*第五門決のごとし〉、その言に随つて執着す。*菩提心の義に迷つて、称名を取つて正行とす。菩提心を以ては、余行と名づく。この因縁によつて、菩提心を以て往生の正業とせざる大邪見を獲得す。この邪見によつて、皆《みな》聖道・浄土の二門を誹撥す。何を

瑜伽論に云く…　瑜伽師地論巻三六の文(正蔵三〇―四八八b〜c)。ただし、抄略がある。原文は次の如くである。「如下有二一類一聞ク説二難解大乗相応空性相応未極顕了密意趣義甚深経典一、不レ能三如レ実解二所説義一、起二不如理虚妄分別一、由二不巧便所レ引尋思一、起二如レ是見一立二如レ是論一、一切唯仮是為二真実一、若作二是観一名為二正観一、彼於二虚仮所依処所実有唯事一、撥為二非有一、是則一切虚仮皆無、何当レ得レ有三一切唯仮是為二真実一、由二此道理一彼於二真実及以虚仮二種一倶謗三都無二所有一、由レ謗二真実及虚仮一故、当レ知是名二最極無者一、如レ是無者一切有智同梵行者不レ応二共語一不レ応二共住一、如レ是無者能自敗壊、亦壊下世間随二彼見一者上、世尊依二彼密意一説言、寧如下一類起二我見一者上、不レ如二一類悪取空者一」。

悪取空　仏教でいう正しい空観ではなく、空を無と同視して誤解することをいう。

汝好持是語　観無量寿経の流通分の言葉(正蔵一二―三四六b)。

上来雖説　観経疏、散善義「上来雖レ説二定散両門之益一、望二仏本願意一、在三衆生一向専称二弥陀仏名一」(正蔵三七―二七八a)。

第五門　→三五二頁下

菩提心の義に…　法然は、観経とその善導の注釈を、その本意のままに理解できず、ただ称名の行のみを往生の正因とし、称名の所依たる菩提心を排して往生の正因ではないとしたが、菩提心を離れては、念仏も成立しないから、聖道・浄土の二門を誹じたことになる、と説く。

これより…　第三門。菩提心をもって有上の小利となす過を破す。

集に曰く…　選択集の第五利益章の文。

無量寿経の下　仏説無量寿経巻下(正蔵三―二七九ａ)。

以ての故に。聖道門は、本《もと》汝これを撥せり。菩提心を以て、往生の正因とす。しかるにこれを撥するが故に、往生の行もまた立すべからず。この故に、念仏の法において、法の想を起すと雖も、しかも非義の中において義の想を起す。汝、弥陀の教において信解を起すが故に、往生浄土の行において遠因とすと雖も、非義において執着を起すが故に、智慧を退失す。智慧を退失するが故に、大邪見を生じて、広大無量の善法を退失す。瑜伽論の文に准ぜば、云ふべし。汝、観経ならびに善導の釈を観じて、実のごとく所説の義を解すること能はずして、是《かく》のごときの見を起す。ただ称名の一行、是《こ》れを往生の正因とす。もし是《かく》のごとく是れを知るを善導の宗義とす。称名所依の菩提心において、撥して往生の正因にあらずとす。しかるに、菩提心を離れては、念仏の業、成立せず。この故に、汝、聖道・浄土の二業、倶に謗じて都《すべ》て所有なし。まさに知るべし、汝を最極無者と名づく。一切の有智の同梵行者、まさに共住《ぐじゆう》すべからず。汝、たとひ聖道門にありと雖も、この邪見なくは、往生を得べし。念仏宗に入ると雖も、この邪見あらば、往生期《ご》し難からん。上《かみ》の所引の教量に准じて、能《よ》く能《よ》く思量すべきのみ。

*これより第三に、菩提心を以て有上の小利とする過を破せば、集*に曰く、

「念仏利益の文。

*無量寿経の下に云く、「仏、弥勒《みろく》に語る、それかの仏の名号を聞くことを得て、歓喜《かんぎ》踊躍《ゆやく》して乃至一念することあらん。まさに知るべし、この人は大利を得とす、則ち是

れ無上の功徳を具足するなり。」

善導の礼讃*に云く、「それかの弥陀仏の名号を聞くことを得て、歓喜して一念に至ることあらんは、皆彼《かしこ》に生ずることを得ん。」

私に問ひて曰く、上の三輩の文に准ずるに、念仏の外に菩提心等の功徳を挙げたり、何ぞ彼等の功徳を嘆ぜずして、ただ独り念仏の功徳を讃するや。答へて曰く、聖意測り難し、定めて深意あらん。且《しばら》く善導の一意によつてこれを謂はば、原《たず》ねみれば夫れ仏意は正直にただ念仏の行を説かんと欲《おも》ふと雖も、機に随つて一往菩提心等の諸行を説いて、三輩浅深の不同を分別するなり。しかるに今諸行においては、既に捨てて嘆ぜず、置いて論ずべからざる者なり。ただ、念仏の一行について、既に選んで讃嘆す。思ひて分別すべき者なり。〈乃至〉ここに大利とは、是れ小利に対するの言なり。しかれば則ち菩提心等の諸行を以ては小利とす、乃至一念を以ては大利とするなり。〈乃至〉しからば、諸《もろもろ》の往生を願求せんの人、何ぞ無上大利の念仏を廃して、強《あなが》ちに有上小利の余行を修せんや。」〈巳上、集の文。〉

*決して曰く、引くところの寿経ならびに礼讃に、既に歓喜踊躍の言あり、何ぞ菩提心を簡《えら》ばんや。たとひ委《くわ》しく菩提心の行相を解《げ》せん時、この文は、解《げ》発心《ほっしん》・行発心等を指《さ》すにあらずと雖も、歓喜踊躍の文は、何ぞ縁発心にあらざらんや。つらつら文の意を案ずるに、乃至一念を大利とす、一仏の名号、*優曇《うどん》も喩にあらざるが故に。歓喜踊躍もまた大利とす、無上の福田を縁じて歓喜踊躍を生ずるが故に。二事相対して、

礼讃　往生礼讃偈、初夜讃。引用文は、正蔵四七・四四一c。

決して曰く…　一念の念仏は、歓喜踊躍の心があれば大利となる、歓喜踊躍のあるのは、菩提心による、菩提心こそ無上の大利である、と説く。

優曇　優曇鉢羅華、霊瑞華などと訳す。桑科の植物の花。経典には、その花は三千年に一度開くなどという。

これを思へば、一念を以ては難とせず、歓喜踊躍を以て難とす。もし歓喜踊躍なきの一念は、念せざるに対して大利とす。疑謗の逆縁、三宝の名字を聞かざるに対しては、猶《なお》し大利とす。生公*の云ふがごとし。「菩薩の名は、聞謗の日より起る」とは、即ちこの謂《いい》なり。清涼の云く、「謗ぜず聞かず、化《け》を取るに由《よし》なし。」文。この故に、順違を問はず、値遇を以て幸とするは、即ちこの義なり。疑謗尚し爾《しか》なり、況《いわ》んや一念においてをや。まさに知るべし、ここに言ふところの一念、大利を成ずる所以《ゆえ》は、歓喜踊躍の心によつて、等起せらるるが故なり。彼此和合しては、語意倶に勝劣なし。これによつて称名において念仏の名を立つ。往生宗に諸経の観心念仏の文を引いて、口称《くしょう》の証拠とするは、専らこれに拠《よ》れり。もし汝が所説のごとくならば、この一念、未だ真の大利とせざるなり。しかれば則ち汝が言を翻して云ふべし。仏意は正直に菩提心ならびに大菩提行を説かんと欲すと雖も、機に随つて、一往称名等の易行を説くなり。この故に、往生の正因を出すには、菩提心を以て要路とす。称名等の諸行は、機に随つて差異あり。しかるに菩提心を以て有上小利とし、称名を以て無上大利とするは、天を以て地とし、地を以て天とするなり。何ぞそれ顚倒せるや。

華厳*に云ふがごとし。「八万四千の法門において菩提の心を最勝とす。」また云く、「菩提の心、諸《もろもろ》の正法甘露味の中において最勝とす。」〈已上二文、倶に貞元経第三十六、これを略抄す。〉此《かく》のごときの文、諸経論にこれ多し。八万四千法門の中に菩提心最勝なり。大王の深宮に垂拱*《すいきょう》せるがごとし。この故に同経に云く、「菩提*心とは、猶し帝王のご

生公　道生。鳩摩羅什の門下。元嘉十一(四三四)年、廬山に寂す。頓悟成仏説の主唱者。

華厳に…　菩提心の無上の大利なることを、華厳経の句を引いて説く。華厳は、大方広仏華厳経(四十華厳)。引用文は、巻三六(正蔵一〇-八二一b)。次の「菩提の心…」も同所。

垂拱　衣をたれ、手をこまぬいて何もしないこと。天下が治まるのを「垂拱の化」という。

菩提心とは…　四十華厳巻三五(正蔵一〇-八二五b)。

菩提心とは如意珠の…　四十華厳巻三五(正蔵一〇-八五二c)。
賢徳瓶　心に欲するものを思うままに出す瓶。善瓶・如意瓶・吉祥瓶ともいう。
菩提とは猶し…　四十華厳巻三五(正蔵一〇-八二六a〜b)。

とし、一切の願の中に自在を得るが故に。」文。しかるに有上と云ふ、甚だ以て不可なり。諸経論に皆、無上菩提心と云ふ。即ちその義を釈して云く、さらに過上無きが故に、無上と云ふなり。汝これを翻して有上とす。まさに知るべし、是れ外道なり。また華厳経に云く、「*菩提心とは、如意珠のごとし、一切の諸の貧乏に周給するが故に。菩提心とは、*賢徳瓶《けんとくびょう》のごとし、一切衆生の願を満足するが故に。菩提心とは、如意樹のごとし、能く一切の荘厳具を雨ふらすが故に。」また云く、「*菩提心とは、猶し伏蔵のごとし、能く一切諸仏法を摂するが故に。」文。しかるに菩提心を以て小利とするは、譬へば、餓鬼の恒河に臨んで枯渇を憂ふるがごとし。悲しむべし、悲しむべし。

選択集中摧邪輪　巻上

却癈忘記（高弁　長円記）

田中久夫　校注

却《きゃく》*癈《はい》忘《もう》記《き》 上

*禅堂院世《せ》出世《しゅつせ》御物語聞書《ききがき》

文暦二年九月六日始《む》レ之《を》、随《って》二思《い》出《づるに》一記《し》レ之《を》、次第不同《なり》。或《は》乱句、年月日次《にちじ》等不分《ふぶん》明之間《みょうのあいだ》、只《ただ》記《し》二其御詞《のおんことばを》一、更《に》不《る》レ雑《え》二私詞《のを》一者也。恐《るる》下経《て》二年序《を》一癈忘《を》上故《に》、為《に》二自分《の》一記《す》レ之《を》。〈御詞上《あげ》テ書レ之、私詞《の》サゲテ書レ之。〉

当山止住ノ*始ツカタノ御教訓ニ云、

先《まず》僧トイフハ、*三時ニ勤《ツトメ》シテノ左右《さう》ナリ。諸事、其上ニスベキ也。

又*オコナヒハ、近来、ハヤクスルヲ以テヨキニシタル、キハメタルヒガゴト也。*カマヘテシヅカニ、*如説《にょせつ》ヲサキトスベキ事也。イソガシキ事アラバ、*コト処《ところ》ヲバ、ハヤクストモ、*入我々入《にゅうががにゅう》・*字輪観《じりんかん》、コノ二ヲバ、*相構《あいかまえ》、ヨシ、ヅメテ、能々《よくよく》観ズベキ也。行《ぎょう》ノ*ホンイ□、只此ニアリ。

或時、夜参《り》二御前《に》一、行法《ぎょうほうの》間、不審《ふしん》少々申《し》二上《ぐ》之《を》一。御返事云、カヤウノ不審ハ、学問ダニモセバ、ヤウ〳〵シラレムズル也。

又学問センホドハ、サノミシアフベキヤウモナケレバ、行《ぎょう》ハ一座ニテモアルベシ。

癈忘　「ハイモウ」(字類抄)。
禅堂院　高山寺における高弁の住房の一。承久の乱の時、賀茂の仏光山に造られた建物を移建したもの。初め石水院の一郭にあったが、安貞年間の洪水により、再び移建した。三間四面檜皮葺(高山寺縁起)。高弁は、この禅堂院で晩年を送り、示寂した。ここでは、高弁をさしていう。
始ツカタ　長円が高山寺に来り、高弁に師事した最初の頃。
三時　晨朝・日中・黄昏。
オコナヒ　行法。
カマヘテ　心にかけて、注意して。
如説　経説の如くおこなうこと。
コト処　別の処(行法)をいう。下巻末尾(一二三頁)に同趣のことが記されているが、そこでは「只ノ所」とある。
入我々入　密教観法の用語。本尊仏の加持力によって、如来と自己とが一体の境地になること。
字輪観　真言の行者が心臓を月輪と観じ、この心月輪(しんがちりん)の上に本尊の種子や真言の文字輪を自在に観じ、この自身の心月輪上の字輪と本尊の心月輪上の字輪とが融合して一体となるのを観想する修法。
相構　よく気をつけて。
ホンイ　本意か。
大日経ノ疏　大日経疏、二〇巻。大日経(全七巻)の前六巻の疏、善無畏三蔵が大日経を訳するにあたり、その意を講じたものを、一行が筆録した。建保元(一二一三)年十月十九日より栂尾で高弁が講じ始めたことが知られる(梅尾御物語)。

又真言《しんごん》ニ心ザシコトニアラバ、大*日経ノ疏バ*シモ、ヨマセンズル也云々。

或時参《る》二御坊《に》一、仰云、

ヨク出来《いできた》レリ。サシタル事ナクトモ、時〳〵カク参《まいり》テ、ミユベキヨシ云々。

又仏*在世ナラマシカバ、寂*恵房モイマハ証果シテコソアラマシカ。滅後トテ、クチヲシキ事カナ。

或時禅堂ニテ御学問アリ。ト*ウロヲ持参シテ、コレヲサ*バクルニ、仰云、

アブラサバクリシテハ、紙カナンゾニテ、カナラズ手ヲノゴヒテ、文ヲサバクルベキ也。イカニモ油ノツク也。

又寺興*立シテ、寂恵房マジリ、湯アビテコソアラムズラメ。是、常《の》仰也。

或時療治シニ出京ノ時、仰云、

早々療治シヤメテ、*金剛界《こんごうかい》ノ加行《けぎょう》、ハジメテヲコナフベシ云々。

又*金界五相成身《こんかいごそうじょうしん》、「汝*観浄月輪、若在軽霧中」者《とは》、心中ニウルハシク月ヲ観ジテ、ウスキキリヲ、ヲホハレタリト見《みる》也。

「空*中諸如来、弾指而驚覚」等者、空中ノ如来ヲ、正ク眼ニ見タテマツルガゴトク、現前令《せし》メムト観ズル也。

又此ノ「諦*観諸法性」等ハ、日来《ひごろ》申ス*人法《にんぽうに》二空《くう》ヲ、コレモ詮《せん》ジタル也。イヅレノ教法モ、大小顕密ノ不同アレドモ、此義ハ皆仏教ノ定ニ同《どう》ジタル也。

大供養会《くようえ》ノ花香《けこう》燈明《とうみょう》等ハ、十方界ノ人天《にんでん》等、花香光明、一モノコサズ、ミナ供養シタ

バシ　強調をあらわす助詞。

仏…　高弁は釈迦を深く追慕していた。↓補四三〇頁「御遺跡…」・四四九頁「明恵上人」

寂恵房　長円の房号。

トウロ　燈籠(とうろう)。

サバクル　捌くる。とりあつかう。

興立　興隆か。

金剛界ノ加行　金剛界法による修行。加行は、功用を加えて行ずる意で、正行に対する準備となる修行。高弁は、十三歳から十九歳まで、金剛界の初行の期に至るまで、毎日一度神護寺の金堂に入ったという(高山寺明恵上人行状。以下「行状」と略)。十九歳で金剛界の初行というから、記者の長円も二十歳前の青年であったと考えられる。↓一一七頁注「幼稚ノ…」

金界五相成身　金剛界五相成身観のこと。五相成身↓補

汝観…　金剛頂蓮華部心念誦儀軌(不空訳。正蔵一八-三〇二a。上の句が「観心如月輪」とある)・金剛頂一切如来真実摂大乗現証大教王経(不空訳)にみえる。↓補

空中…　右に同じく金剛頂蓮華部心念誦儀軌(正蔵一八-三〇二a)にみえる。弾指は、拇指と食指との指頭を弾いて音をたてることで、敬虔の意をあらわし、警告や許可の合図をするのに用いる。

諦観…　右に同じく金剛頂蓮華部心念誦儀軌に「諦かに観ぜよ。諸法の性は皆自心に由る」(正蔵一八-三〇一c)。

人法二空　人無我(にんむが)と法無我。↓補

テマツル也。印言ノ功力《くりき》ニ依《よる》ガ故、一トシテ供養セラレザルハナキ也。

　或時、明順房・長円、御前ニ祗候《しこう》之時、仰云、

*第三戒ヲ身命ヲツクストモ、相構《あいかまえ》、*マブラムト思ベキ也。コト*服薬テイノ事ハ、所労ナニカニヨリテ、不定ナルコトモアルベシ。此戒は、病縁ニモヨルベカラズ、ナニニモヨラヌ事ナレバ、一向ニ堅持スベキ也。

又小便ノ時ハ必ズ衣ヲヌグベキ也。*タヒ又《また》人ノ許《もと》ナドニテ、ヌガムモ憚《はばかり》アル所ニテハ、キナガラモスベシ。房中ニテハカナラズヌグベキ也。トバシリカヽルガ故也云々。

　或時学問ノツイデニ、*十眼房《じゅうげんぼう》被レ申《もうされて》云、文ノソンジタル所ヲ*スリ候トテ、*ロニテフキ候ハ如何。

仰云、ロニテ経巻ノ上ノ塵土ヲフクベカラズ云々。フクマジキ事也。

　*義林房被レ申云、不《ハ》レ吹《カ》皆文ガソンジテ、キタナクナリ候物ヲ。

仰云、然《しから》バナニカハクルシカラム。文ノタメナレバ、文ヲ損ゼシ料ナレバ云々。

　又或時仰云、

二三時《にさんじ》ノヲコナヒバシヲムネトシテ、サテソノヒマ〳〵ニシツベクハ、*学問ハスベキ也。アマリニ学問タケクナリヌレバ、マヅ文ノチガヒメ、*サウハクニノミ心ノハセテ、ヤガテソナタヘツラレテ、カセ〳〵トノミ*ナリモテイテ、心ノサハガシクナル也。能《よく》々《よく》可《しと》ニ思量《す》一云々。

　是ハ常ノ御物語也。

第三戒　十重禁戒（梵網経）では殺・盗に次ぎ、第三に婬戒がある。不淫戒。→補

マブル　守る。まぼる。

服薬　四分律比丘戒本に、病の時に酥・油・生酥・蜜・石蜜を七日間に限り服することができるとある（七日薬過限戒）。このようなことをさすのであろう。

タヒ　旅か。或いはタトヒの「ト」脱か。

十眼房　諱長真。梅尾説戒日記（本篇と同じく、長円の筆録になる記録）の寛喜二（一二三〇）年八月十五日条に、高弁が説戒した時の着座の衆として「正達房・義林房・円道房・禅浄房・法智房・義淵房・禅忍房・順行房・恵日房・順正房・十眼房・尊順房・了達房・明浄房・実証房・真教房・戒月房・長円」とある。この順序は高弁の同行の間の位次をある程度示すものであろうから、十眼房は、恵日房成忍・順正（性）房高信に次ぐ中堅の僧であろう。

スリ　「摩り」か。

ロニテ…　「ロヲ以テ筆をネブルベカラズ」（日用清規数件のうち、学問所の房中護律儀の一条）。これと同趣である。

義林房　喜海。高弁の高弟。→補

学問　→補

サウハク　糟粕。

ナリモテイテ　なりもていきて（ますますそうなる）。

信解　仏の説法を聞き、初めにこれを信じ、後にこれを解するをいう。また信解行証を仏道の成就する過程とする。高弁は、信を最も重んじた。→補

又*信解《しんげ》ニ法カケテハ、仏道ニ入ラズトイヘドモ、一定《いちじょう》、一ガ闘*ベカラムニトリテハ、只信ノアルベキ也。誠アリテ行《ぎょう》バシシテヰタラバ、ユ*ガマヌ事ニテアラムズル也。利根惣*明ニシテ、心《こころ》、理ノホカニアソブトテ、信ナキ智ハ仏法ニ順ゼザルノミニアラズ、カヘリテ仏法ノアタトナル也。信心ヲ地ニシテノウヘニ、智恵モアルベキ也。サレバ、信ヲカマヘテコノムベキニテアル也。

又ワレハ天竺ナドニ生《うまれ》マシカバ、何事モセザラマシ。只五竺処々ノ御*遺跡《ゆいせき》巡礼シテ、心*ハユカシテハ、如*来ヲミタテマツル心地シテ、学問・行モヨモセジトオボユ。又*在家人《ざいけにん》などニテアラバ、信ハヲノヅカラアリナム。サレドモ、法師ニテ、又無量ノ大所得多カレドモ、セメテノ事には、在家ニテ無二無三ノ信者ニテアラムハ、イマヒトキハノ事ニオボユ。

或時順*行房、金*剛界伝受時、本ヲ不《る》レ書《か》之時、種々御教誡アリ。伝受ハミナ先《まず》本ヲ書*写シテノ左右ナリ。コレラホド真言教法軽《かろし》メタル所ハ、スベテアルベカラズ。返々《かえすがえす》アサマシキ事也。随分ニ、両*界、ワレモ〳〵トヨミアヒテオハシマセドモ、一人トシテ其印*言バシオボエタル人モナシ。*如法《にょほう》*仮名無《けみょうむ》実《じつ》ノ事也。両界ヲミタルナムドイフ、名聞《みょうもん》ニモアルベカラズ。コレハ無益《むやく》ノ事也。我《わ》ガトコロニテ、コノ真言教法ハ滅シヌルトガアルベシ。凡《およそ》末代悪世、万事不法サカリナレドモ、コノ真言教バカリコソ、イマ*スシキジ*ツポウノ事ノ、コリタルニテハアルニ、コノ所ニテ軽

闘 闕の誤か。闘にも「ト・ム・ヤム・ヲコタル」(名義抄)の訓がある。

ユガマヌ 「中々心ノ諸仏ノ功徳バシ信ジテ、スグニテ、トカクモユガマデユクハ、学生道ノ前ニハナニトモオボヘネドモ、諸仏菩薩ノ御前ニハ、其ガ実ニテモアル也」(光言句義釈聴集記)。スグ(直)に対して用いている。

惣明 聡明。

御遺跡… 建仁二(一二〇二)年、三十歳の冬、高弁は天竺にわたる考えを人々に述べた。翌年正月、春日大明神の託宣により中止し、さらに元久二(一二〇五)年にもその計画を立て、大唐長安からの行程を計算したりした。これも祈請の結果、中止した。また建保三(一二一五)年に如来遺跡講式をつくっている。↓補

心ハユカシテ… 楽しく感じさせる。

如来ヲ… 釈尊を慕う気持は、高弁の生涯を貫いている。経文を読み、如来にお会いする心地になろうとしたのである。

在家人… この章は、篤信の俗人と出家の僧とを比較して述べたもの。↓補

順行房 諱は未詳。本篇の他に梅尾説戒日記に見える。↓一一〇頁注「十眼房」

金剛界伝受 金剛界念誦次第の伝受。高山寺に高弁手択の金剛頂経蓮花部心念誦次第法(益信撰、八帖)が存する。伝受の時にはその本を自ら書写してから受ける。

書写シテノ左右ナリ 書写した上で、とかくする。

両界 金剛界念誦次第と胎蔵界念誦次第。

印言 印契と真言。

クナリタル事、アサマシ〱。禅月房ノ*加行《けぎよう》ノベムト被《れ》申《さ》タリシ事、未曾有《みぞう》ノ勝事ナリ。スベテコレノミニアラズ、此ノ両界不法条、トカク申ニタラヌ事也。十眼房ノ胎蔵ノ本モカ、レヌ事。

　此十眼房事、以《て》ニ他人説《の》ニ承《る》レ之《を》。依《て》レ之《に》順行房、初行ハ畢テノチニ、コレヲトリカヘサレマイラセシ事、其後又申カヘシテユルサルル由承レ之。

凡《およそ》不《ふ》可《か》説《せつ》〱。*禅忍房、タシカニ金剛界オボヘテ、毎日ニ一座ヲバカ、ズ、ヲコナハルベキ也云々。モトヨリ道〱シカラヌ師ヲスルヨリ、カ、ル法滅ノ因縁ハイデキタル也。伝受シテハ、ウチステ〱皆シテ、スベテ*行《おこなう》事モナケレバ、印一、真言一モオボヘタル人モナシ。コノ*ヂヤウナラバ、コレヨリノチノ*師将、*フツトアルマジキ事也。

　此ハ度々人ノ伝受ノ時、或事次《ついで》ノ仰、トリアツメテ記レ之。

又人ノ師トシテハ、カマヘテ広カルベキ也。水ハ井ニタ、ヘタルヲ、用ニシタガヒ、クミ用《もちいる》ガ、水ハサハヤカニテヨキナリ。スクナキ水ハミナソンジテ、クサキ也。師モ*一坏、弟子モ一坏ニテアレバ、法味ガユタカナラデ、アシキ事ガ出《いで》ヌベキ也。又惣《すべ》テ師範ヲバ、能々《よくよく》先徳ヲ*キラヒテ、*クワウリヤウニ左右ナク*依府《えふ》スベカラズ。能々諸徳具足ノ師ヲキラヒテ依付シナバ、身命《しんみよう》ヲカロクシテ給仕スベキ也。

　或時仰ニ覚仙房ニ云、

如法　まったく。
仮名無実　名だけで実体のないこと。
スシ　スコシの「コ」脱か。
ジツポウ　実法か。実体ある法。

加行　金剛界伝受の加行であろう。
禅忍房　明信。梅尾説戒日記の寛喜二年八月十五日条に見える着座の衆(→一一〇頁注「十眼房」)には、義淵房霊典に次ぎ、順行房の前に記されているから、高山寺同行の中では上席の方であろう。明恵上人和歌集にも見える。高弁が三加禅の草庵の前の滝の氷を詠んだ「ミネコシノヒカリニミユルタキツボノコホリヤ月ノカタミナルラン」の歌に返しをつくった。「御返、明信禅忍房、タキツボノコホリノミカハクモリナキココロモ月ノカタミナルラム」。この三加禅は、寛喜元(三元)年の冬。一、二箇月間存したにすぎない(高山寺縁起)。
行　伝受した行法をおこなう。
ヂヤウ　定。…の通り。
師将　師匠。
フツト　決して。
一坏　一杯。
キラフ　選ぶ。
クワウリヤウ　「広量」または「荒涼」と当てる。不注意。うっかりすること。大ざっぱ。
依府　依付。

物ヲワスル、ハ力及バヌ事ナガラ、又実《まこと》ニハヒガ事也。真実ニ心ニ入ヌル事、ワスルヽミチナシ。*トキ・非時ヲワスレヌガ如シト云々。人ノ申事、何事ニテモ、大事ヲバ時・非時ヲワスレヌガ如《ごとく》ニ思《おもう》ベキ也。

或時御教誡云、

諸方ノ*信施《しんせ》ウケテ、カマヘテ〳〵*アサイバシセジト、ハゲミアハルベキ也。炎魔王宮ニテハ、我ガ過《とが》ニテアルベカラズト、陳申《ちんじ》サムズル也。自《みずから》ノ罪ハ、各〳〵セヲイテオハシマスベキ也。常ノ御*利口也。

又客房ニテ人ノ対面ノ時ハ、此ラニハ大湯屋ニユトテアレドモ、普通ノヤウニナガユナムドハセズ、タヾアカバシヲトサム*科ニ、聊《いささか》行水分トオボシクテ、*チ、トセサセ給ヨシヲ、人ニハ申也ト云々。

又*コト事コソアラメ、精進修行バカリハヤスキ事也。相構、只ツトメヲコナヒアハセ給ベシ。万事其上ノ事也。*我モワカクヨリノオコナヒ人也。*修中ノ心ヲヒラカムガタメニコソ、学問モシテ侍シカ、一切ニ*学将ニナラムトモ思ハザリキ。

又懈怠《けたい》ナレバ婬心ヲコルト云ヘリ。実《まこと》ニモ、懈怠ナルヨリ無量ノ過《とが》ハイデクル也。

或時禅忍房・長円等、参二禅堂院御房一、仰云、

*身ハヤマヒアリテヨハクトモ、心ヲバツヨクタツベキ也。仏道ニムカヒテ、真実アリテ、世々ニ大*善知識ヲハナレズ。タトヒ*悪趣ヘ趣《おもむ》クトモ、深法《じんほう》ノ値遇ハ信ガアラバ決《けつ》定《じょう》ト思ベシ。無上大菩提心ヲ*愛楽《あいぎょう》シ、世々《せせ》ノ値遇三宝ノ願ヲ癡忘スベカラズ。

トキ　斎。「時」とも当てる。ここでは食事。

信施　信者の施物(せもの)。布施。

アサイ　朝寝。

利口　気のきいた口のききかた。

科　料(りょう)か。

チ、　僅かに。少し。

コト事　別の事。精進修行のほかの事。

我モ…　行状巻上に、十三歳の時のこととして、「都(すべ)テ真言師モ学生モ心ニイラズ、好モシクモ覚エザリキ。只仏法ニ於テ仏意ヲ得テ、聖教ノコトワリノ如ク勤メ修行セム事ヲノミ思キ」とある。十八歳、上覚から十八道を伝受した時のことを、次の如く述べる。「行法ノ間ニアキラメザル処アリ、…然レバ儀軌本経幷諸聖教ニヨリテ此事ヲカムガフベシト思テ、其後学問等ノ業ヲハゲミ営ム」。

修中　行法を修する中。

学将　学生(がくしょう)。

身ハ…　晩年の高弁は病気がちであった。不食の病という。それで、病気ではあっても、志をたてよという、この言葉も述べられたと思われる。

善知識　華厳経には、入法界品の善財童子に対する五十三の善知識の如く、善知識に値うことの重要性が特に説かれている。

悪趣へ趣クトモ　悪趣は、六道のうちの地獄・餓鬼・畜生。↓補

愛楽　愛は物を貪り執着すること。楽はねがうこと。

専念房ノ和歌コノマル、事、順行房ノ被レ申次《ついで》ニ仰云、和歌ハヨクヨマムナムドスルカラハ、無下《むげ》ニ*マサナキ也。只何トナク読《よみ》チラシテ、*心ノ実《まこと》ニスキタルハ、クルシクモナキ也。

或学問時、仰云、

顕宗ヤウト密宗ノ人イヒテ、聊《いささか》ノ事ヲモ別スル、キハメテイハレヌ事也。義ノ同ズル処ハ*顕密差別《しやべつ》アルベカラズ。惣《すべ》テ真言ニハ、意業ノウヘニ身口ヲ物ノ*ヨウニシテ、*三密平等ノ義ヲタテ、顕ハ身口ノ沙汰ヲセズシテ、タヾ意地バカリヲシヅメ、サバクリタル、カハリメ也。*観智ノ*分《ぶん》斉《ざい》等ハ、更《に》不レ可レ有二差別一。又真言宗ニ談ズルトコロノ教相、多分ハ名言、*三乗教ノ分《ぶん》斉《ざい》也。シカレドモ、*サイクノ、物ノキレ〳〵ヲ取集メテ物ニシタツルガゴトク、秘密宗ニテ物ノヨウニナルナリ。

或時仰二*禅上房一云、

惣《すべ》テ真言教ガ佐《け》ノ事ニテ候也。字ヲ観ジテ、ヤガテヤウモナク、ソノ字ニツキテ実相ニ入リタルホド、殊勝《の》事也。

又*胎蔵ノ入仏三昧耶ハ、ハジメテ仏三昧耶ニ入《いる》*ヘウシ也。印ハ心月輪《しんがちりん》ニハ*タボコヲタテタリ。法界生ハ、仏家ニイリテナン*ゲイデク、是《これ》*智火ノ前相也。故ニ火輪ノ印ヲムスベリ。次転法輪云々。*十二真言王ヲ誦《じゆする》*コトハ、仏果ノカタヘ輪転セシムル義也。衆生ノ*十二縁ニヨルガ故ニ、生死ニ流転スルガ如シ。此ヲ反シテ仏果ニムカフ義也。

マサナキ　よろしくない。

心ノ…　高弁には明恵上人和歌集(高信編)がある。その中に自歌集の遣心和歌集(心を遣る意)がある。↓補

顕密差別…　顕教の法華三昧を得た者と密教の法華法を行なって証を得たものとは差別がないと説いたことがある。↓補

ヨウ　用。

三密平等　三密は身・口・意。「然ニ顕教ハ一心ヲキヨメ、真言ハ是ヲ三業ニカザル也。手ニ此コトハリヲ結テ印契トシ、口ニ此コトハリヲ誦スルヲ真言ト云ヒ、心ニ此コトハリヲオモフヲ観法トス。如レ此三業相応シテ行ズルヲ即チ秘密教ト云也」(「解脱門義聴集記巻七」金沢文庫研究紀要四、一三〇頁)。↓補

観智　観ずる智慧。

分斉　分際、かぎり、ほど。

三乗教　声聞・縁覚・菩薩。華厳・天台等の一乗教に対し、法相宗等を三乗教という。ここは、真言宗の教相を説く用語の多くは三乗教の程度のものであるの意。

サイク　細工。細かい器具を作る工人。

禅上房　禅浄房。諱空弁。梅尾説戒日記によれば、寛喜二年二月より七月まで高弁に代り説戒を勤めたのは円道房(信慶)と禅浄房であった。同年八月十五日説戒の着座衆には、やはり信慶に次いで記されている(→一一〇頁注「十眼房」)から、かなり年長の僧であろう。禅浄房の聞書「上人之事」がある。

胎蔵ノ…　胎蔵界行法(胎蔵界念誦次第)に、入仏三摩耶印真言・法界生印真言・

*慈厳房等、学問ノ次《ついで》ニ、被レ仰云、*土《ど》砂義《しゃぎ》、*如レ此《かくのごとき》道理、惣相シテキ、テハ、タヾ一向ニカラ〳〵トヲコナヒテオはシマシアフベシ。其ニテ諸事タリタル也。但マコトゾ一《ひとつ》大切ナル、真実アリテノ上ノ事也。

*信種義《しんしゅぎ》談義時、

戒行房等ハ*極楽ノ行者ニテオハシマス。如レ此ノ法門ノコトハリ聞テ、別ノ事バシオモハセ給ナ。極楽ニハヤガテ上品上生《じょうぼんじょうしょう》ノ業ニテ、此等候はんズル也。

或学問時、於二禅堂院一被レ仰云、

明忍房ノ*後夜ヲキハ、懈《け》怠《たい》ナクシ候也。*ツヽミナレドモ、起キモアガラヌカナドモゾ被《れ》二思食《おぼしめさ》一、便宜之時可《し》レ入《る》二見参《に》一、此由人シテ被レ申、返々《かえすがえす》神妙ノ事也。諸事カヤウニ分明《ふんみょう》ナルベキ也。タヾ我ハ後夜スレバ、三宝御覧ズラムナド云テアルハ、ヒガ事也。如《く》レ此《の》コトサラ仰ラル、ハ、ウルハシキ事也。律ニモ身語アラハシテシラシムベキ事ヲバ、カク分明ニ申事ニテ*アリ也。神妙ノ事也云々。

或事次《のついで》、被レ仰云、

文《フミ》*サウニカク事、モタイナキ事也。或書ノ*マバシニ、相書スベカラズ、真書スベシトイヘリ。イカサマニモ、聖教《しょうぎょう》、相にカク事、大ナルヒガ事也。仏在世ナラバ、物サウニカクベカラズトイフ戒モ、一《ひと》ツ結セラルベシ。

*二百五十戒ハ、其綱*要ヲアグト云ヘリ。コノ定《じょう》ニ准ジテフルマヘトナリ。此二百五十ヲ大綱ニテ、コレニ准例シテフルマヘトコソアレバ、実ニ無辺ノ威儀、事ニヨリ、時

転法輪印真言の順におこなう部分がある。↓補
それの解説である。↓補

ヘウシ　標幟。

ハタボコ　幢。幡と共に仏前を荘厳する。

ナンゲイデク　難解出で来(く)。大山仁快氏示教による。

智火　十二火の一、智慧の光で煩悩をやく。

十二真言王　↓補

コトハ　初めに「シテ」と書き、抹消して書き改む。

十二縁　十二因縁。

慈厳房　諱未詳。光明真言句義釈聴集記にも見える。

土砂義　光明真言加持土沙義、一巻。嘉禄三(一二二七)年五月十六日、石水院にて撰す。この書を講じた時の言葉。

如此道理　光明真言で土沙を加持する事。

信種義　華厳信種義、一帖。承久三(一二二一)年九月二十一日、賀茂仏光寺禅堂院で撰す。入解脱門義を要約したもの。

極楽ノ行者…　往生極楽を願う者も、信種義の教を聞くべきであるという。↓補

後夜ヲキ　夜半から暁まで、その間、起きて行法すること。

ツヽミ　障(わざ)り。

アリ　終止形を連体形に用いた慣用(小林芳規氏論文↓解題五一八頁)。

サウ　草。草書の意。以下の「相」も草の音通。

マバシ　間バシか。

二百五十戒　比丘の具足戒。

要　底本「量」と傍書。

ニノゾミテアルベキ也。タヾコ、ロノ*ジツポウニ実《まこと》アルフルマヒハ、ヲノヅカラ戒法ニ*付合スベキ也。

又*達磨宗ナンドイフ事、在家人《ざいけにん》等ノタメニ、コトニカナフマジキ事也。

又*随求《ずいぐ》ダラニナドヨミテオハシマサムハ、某甲ガ門流ニテコソオハシマサムズレ云々。

又ミ、ズナドニ*光明真言バシヨクミテカケサセ給ハん人ゾ、*高辨ガ弟子ニテハオハシマサムズル。

又*善妙寺ニ我ガ流ハ多トマリテ候也。申事ドモ、*ソライタラデ、カマヘテタモタムトシアヒテオハシマスガ故也。*菩薩戒本疏ナドゾ、*相応シテタル尼衆ノ学問ニテ候ガ、アマリニ*ヒタクチナル所ドモアリテ、ソノハヾカラハシサニ、エヨマヌ也。

或時禅忍房・長円、禅堂院ノ御庵室参《にまいる》事有リ、仰云、

アノムカヒノ山ノフモトニタナビキタル雲モ、ソコアケテゴラムゼヨ、、ニオモシロキモノカナ云々。

或時御学問ニ被ㇾ仰云、

我身ハカハルベキ人イデコムニハ、ナニ事モミナシサシテコソマカラムズレ。*コクゲンニノゾミテハ、カナハズヤ候はんずらん。人ノ頸《くび》キラレバ、ソレニカハリテ頸ヲモキラレテシニナムドセント思ヰテ候ヘバ、イカサマニモ、学問モナニモ、ソノ時はシサ、ムズル事也。惣《すべ》テ聊《いささか》モ菩提心ナドアリテ仏道ヘヲモムキヌルニハ、身命ナドハモノ、カズニテモ候ハヌ也。*薩埵《さった》ノトラニカヒ、*童子ノ半偈ニミヲカヘシ等ハ、ソノ時

ジツポウニ　実法に。まじめに。
付合　符合と通じる。
達磨宗　禅宗のこと。→補
随求ダラニ　一切の罪障を消滅し、悪趣を破し、求むるところにしたがい、即時に福徳を得しむる陀羅尼。普遍光明清浄熾盛如意宝印心無能勝大明王大随求陀羅尼経（不空訳）によると、およそ二九〇句。→補
光明真言　唵《おん》・阿謨伽《あぼきや》・尾盧左曩《べいろしやのう》・摩訶母捺羅《まかぼだら》・摩尼鉢納摩《まにはんどうま》・入縛羅鉢羅韈多野《じんばらはらはりたや》・吽《うん》。亡者の得脱と息災のために誦える。→補
高辨　底本「高ー」。
善妙寺　平岡（高雄への登り口）に在った尼寺。貞応二（一二二三）年七月、中御門宗行（承久乱で刑死）の夫人戒光を開基として、高弁が開創した、高山寺の別所。華厳縁起で著名な新羅の義湘と善妙女との物語により寺名がつけられ、鎮守に善妙明神がまつられた。戒光と同じような境遇の尼が集まったという。
ソライタラデ　（高弁のいうことを）そ（逸）らさないで。
菩薩戒本疏　梵網経菩薩戒本疏、六巻。唐の法蔵撰。十重禁・四十八軽戒についてくわしく解説。その巻三の婬戒の記事に露骨な記述がある（正蔵四〇-六三〇c）。
相応シテタル　「テ」衍か。
ヒタクチ　ひたすらないいかた。露骨ないいかたの意であろう。ひた（直）は、ひたすら、いちず。
コクゲン　刻限。その時。死すべき時の

ノ心ニハ、タレモセンズル事也。*当時ワガ思《おもう》ヤウニハアルベカラズ。タヾ凡夫ノ*ヒヲノシルニ飯ツケテクヒタルタノシミノヤウニ、オボユル事ニテアラムズル也。又何事ヨリモ菩薩ノ*因位ノ万行ホドニ、ケダカクスミカヘリタルコトハナキ也。又大門ノワキノ*河屋ノシドケナキ、モタイナキコト也。*籌《チウ》ノヒシトチリタル、ミグルシキ事也。自然ニ人モ参ジテ、其寺ハコ、チガカヘリテナドイヒテハ、モタイナキ事也。スベテアレテイノ事ハ、タレ〴〵モミアハセ給ハんニシタガヒテ、*サウヂヲモセサセ、ナヲサセ給ベキニテアル也。寺中ニヰナガラ寺ヲ護持スル心ノナキハ、大ナル過《と》ガニテ候也。サラバ山中*ツカノ間ニモオハシマスベキ也。テラニヰテハ、何事ヲモアシカリヌベキ事ヲ護持《ごじす》ベキ事也。

或学問時、仰云、

一行《いちぎょう》ヲ専《もっぱらに》シテ、我ハ随求ダラニバシ、一向ニヨミテアラムト思ハン人ハ、*白ク其由ヲ可レ被レ仰。所労ニテ候。ナニクレトテ、世間ノ礼儀トオボシクテ、*カタハライタクナドイヒテ、アラヌサマニヒキナスハ、ヒガゴトナリ。出世ノ道理ニハアラヌ事也。

或時仰云、

世間事モイトカナハヌ*持斎ハ、ナカ〳〵イカニゾヤアル也。サテ病ヲコリヌ、又ウミモノ、ヤウニテ、ハタラカデ、スベキ事モセズナリヌレバ、カヘリテセンナキ事也。

或夜ノ御物ガタリ云、

*幼稚ノ当初《そのかみ》、童子ノ時、高尾ニテ、真実ノ信ト智恵ト、カマヘテアラセサセ給ヘトテ、

意であろう。

薩埵ノ… 摩訶薩埵が餓虎に身を施したという故事。釈迦の本生譚。金光明経巻四、捨身品。

童子ノ… 雪山童子が、羅刹より諸行無常是生滅法の半偈を聞いて歓喜し、身を羅刹に与えて生滅滅已寂滅為楽の半偈を聞いたという、釈迦の本生譚。涅槃経巻一四。

当時 現在。今。

ヒヲ 氷魚。いさご。宇治川に多く産し、白魚に似て小さい。

因位 菩薩が仏になるための因としての行を修めている間の地位。仏に成れば果位である。この項は、高弁が、菩薩行を讃嘆した言葉である。

河屋 廁。

籌 籌は、不浄を拭うへら。道元の正法眼蔵、洗浄に見える(日本思想大系「道元」下一三五・一三八頁)。籌架の籌を使った後に籌斗に入れるという。

サウヂ 掃除。

ツカノ間 塚間《ちょうげん》。塚間坐は十二頭陀法の一。墓の間に坐して修行する。山中ツカノ間は、寺での集団修行生活の反対。↓補

白ク いちしろく、いちじるく。「白、イチシルシ」(名義抄・字類抄)。

カタハライタク… 傍から見て笑止であるなどといって。

持斎 正午を過ぎてから食事をとらないという戒を保つこと。

幼稚ノ… 行状巻上に「生年十三歳ヨリ

如法、後夜ニ人ニモシラセデ入堂ヲシテ、*祈精シテ侍《はべり》シ事、数年アリキ。又惣《すべ》テ*顕密ノ師範タチノ行儀ドモミ奉シニ、コハイカヾスベキトカナシクオボヘテ、マコトノ信アリテ、又智恵ヲモカネン事、イカナルベシトモオボエズ。シカジ*大聖ノ境界ニイノラムニハト思タチショリ、山中海辺ノスマヒハ思タチテ、纔ニ聖教少々、*本聖バカリニテ、山中ニコモリキテ、一向ニ文殊大聖ニ祈請シ奉キ、文殊ソラニ現《げんじ》給ヘリキ云々。

彼時*義淵房等、少々祇《し》候《こう》、長円又候ㇾ之。

*マノアタリ文殊ヲ拝シタテマツレリ。*寂恵房ナドハ随分ニ道心者なれバ、ナニカハクルシカルベキトテ申也。虚空カヾヤクコトカギリナシ。ソノ光明ノ中ニ、大聖マナアタリ現ジタマフ。歓喜、勝計スベカラズ。コノゴロ*口《クチ》キ、候ハ、ソノユヘニテアル也。又*ソノカミハ、行法三時ハ、オホカタエシ侍ラズ。初夜ノ時ハヨヒニイリテ、後夜以後、*タイ体《てい》アカ月出堂シヌレバ、朝ノ時ハテ、、ヤガテ入道場シヌレバ、夕方コソ出道場スルホドニ、只二時ニテ、三時ハカナハザリキ。ソレハ*金剛界ノ𑖪𑖽《また》ノ字ヲ両眼ニ観ゼヨナド云《いえ》ルヲ、如法ニ眼ニ見《みる》ガ如くニ現前令《せしめ》ムトスルホドニ、一々ニ如《く》ㇾ此《の》シテ、ヒサシキ也。近来ハアマリニサセシチカラニテ、ハジムレバヤガテ心中ニウカミテ、ハヤクスルトキモ、アルベキホドハ皆セラル、也。

*胎蔵界伝受時、仰云、

此ハ両部ノ大日如来ニウケマイラスルト思ハセ給ベキ也。我ハ*ヨミテヲシ候ハント

十九歳ニ至マデ、金剛界ノ初行ノ期ニ至間、毎日ニ一度、高尾（神護寺）ノ金堂ニ入堂スルコト七ケ年ノ間、退転アルコトナシ。若イマダ入堂セズシテ睡眠シタル事アレバ、夢中ニ必人アテ告ゲ驚カス。又日々ニ文殊真言千反ヲ誦ス。ソノ本尊ニハ月輪ノ内ニ五字真言ヲ旋テカヽレタリ。其願スル所ハ、永ク世間ノ栄花ヲステヽ、名利ノ羈鏁ニホダサレズ、必文殊ノ威神ニヨテ如実ノ正智ヲエテ、仏意ノ源底ヲ極メ、聖教ノ深旨ヲサグリエム事ヲノゾム」とある。

祈精　祈請に通じる。

顕密ノ…　建久四（一一九三）年、華厳宗興隆のために公請に出仕せよということから、東大寺に一、二年通った。その間、「聖教修学ノ勤メ、学堂雌雄ノ諍ヒ、見ルに不肖ノ身終ニタヱザル事ヲ知ヌ」（行状巻上）、そこで文殊を師として仏道の入門を得ようとしたという。即ち紀伊有田郡の白上で修行を始めた。

大聖　仏・菩薩。ここは文殊師利菩薩。

本聖　本尊の誤か。「同（建久）六年秋比高尾ヲ出テ衆中ヲ辞シテ、聖教ヲ荷ヒ仏像ヲ負テ、紀州ニ下向」（行状巻上）。

義淵房　霊典。高弁のおもな弟子の一人。

マノアタリ文殊ヲ…　高弁が建久六（一一九五）年、紀伊有田郡の白上峰の草庵に移り、修行を始めてから二、三年の間に、同所で文殊菩薩が空に現ずるのを見た。即ち華厳経、十地品を誦していると、「虚空ニウ

↓補

云々。
又如レ此ノ伝受ノ不審等ハ、*空達房ニタヅネ申スベキ也。
又*事相真言師ノ*悉曇《しったん》ヲヨソニスルハ、イハレヌ事也。悉曇ハ事相ニ付《つく》ベキ事ニテコソアルニ、近来ハ別道ニシタル、イハレズオボユ。

或時被レ仰二*正達房阿闍梨一云。

御辺ハ先師闍梨タチノオハシマシ、定《じょう》ヲ思ハエ、其《その》定ニアラバヤト思食《おぼしめ》ス。我ハ又*恵《けい》果《か》・弘法等ノ御行儀ヲマナブ。同《おなじ》真言ニコノミタルヤウ、差別《しゃべつ》候ガゴトク云々。是《これ》物ノタトヒニ被レ仰レ之。

カムデ現ニ七八尺バカリノ上ニ文殊師利菩薩身色金色ニシテ金師子ニ乗ジテ現ジ給ヘリ。其長三尺バカリ光明カヾヤケリ。良久シテ現ゼズ云々」(行状巻上)。→補

寂恵房　長円の房号。

ロキ、候　弟子に説法できる、の意であろう。

ソノカミ…　右と同じく二十歳代の回想。

タイ体　「大底、大宗也」(字類抄)。

金剛界ノ…　金剛界念誦次第の最初の道場に入った時と金剛眼の部分とに、(ま)(た)の両字を両目に観じ、日月の如く、光明照耀すと想え、ということがある。麽は月、吒は日の種子。→補

胎蔵界…　胎蔵界念誦次第を長円が受けたのであろう。

ヨミテ　読手。

空達房　定真。高山寺方便智院の開祖。初め神護寺に居て、密教に長じた。→補

事相　教相に対することば。修法のためにおこなう護摩・印契・誦呪・灌頂等の行軌作法をいう。阿闍梨でなければ事相の伝受はできない。

悉曇　梵字の字母の総称。

正達房　諱未詳。或いは勤杲か。神護寺に住し、高山寺に隠居した形であった。真言の事相の師範たるべしと高弁の置文にある。寛喜二年八月十五日説戒の着座衆の最初に見えるから、喜海よりも年長であったろう。→一〇一頁注「十眼房」

恵果　不空三蔵の弟子。長安青竜寺に住した。空海に不空から受けた密教を伝え、永貞元(八〇五)年十二月寂した。六十歳。

却癈忘記　下

*閼伽桶《あかおけ》ヲ腰ヨリ下《し》モニサゲテモツハ、不浄ノ事也。高クモツベシ。又閼伽水ナドハ、我ハ昔シハ*フツト人ニハトラセズ、イカニモ*自作《じさく》トリキ。*如法《にょほう》サシタル急用ノアリシ時ゾ、ヲノヅカラ人ニトラスル事モアリシ。又見性房ノ仰ラレシ事ノ、耳ニトマリシ事ノ侍《はべる》ハ、ハルノスヱ、夏ノハジメニハ、*シキミノ花ノ*ミル〳〵トシテ心ヨゲナルガ、仏ニマイラセテムズトオボヘテ、ウレシキトオホセラレシヲ、アハレニ心ニトマリテオボユルト云々。又出京ノ時、西京ニテ女ノアマタツレタルガイヒシ事ノ、耳ニトマリタル事アリキ。一人ノ女《ヲムナ》、人《ヒト》ノワロキ事ヲイヒテニクムニ、イマヒトリノ女ノ云ク、「人ノワロキトイフハ、タヾワガミノワロキトオモフベキ也」云々。コレラガ*サイカクニテアルナリ。

或時仰云、

今ハ無下《むげ》ニ死ニ期チカヅキタレバ、カマヘテ数返《すへん》バシヲモカサネ、他事ナク*行ヒテ候ハムト思也。

或時秋、禅堂院ノ御房ニテ、禅上房ニ被レ仰云、

閼伽桶　閼伽は、梵語。功徳・功徳水の意。仏などに供える水。閼伽桶は、その水を入れる桶。
フツト…ズ　全く…せぬ。
自作　「じさく」(易林本節用集)。
如法　もとより。
シキミ　樒。モクレン科の常緑喬木。枝を仏前に供する。梻。
ミル〳〵ト　活々とした、清新な。「みるみるとわこうおみえある」(日ポ辞書)。
人ノ…　「人ノワロキトイフハ、タヾワガミノワロキトオモフベキ也」という、ひとりの女の言葉に耳をとめた高弁。高弁自身の自省の姿をそこに見ることができる。
サイカク　才覚。才智。
行ヒテ　行法をおこなっての意。数多く、ひたすら観法を行じたいの意であろう。

此前ノ柿ノ此木ノ葉ノチリテ庭ニ候ガ、風ニフカレテ、アナタコナタヘマカリ候ガ、鳥ノシアルクニニテ候ヲ、*カキドリト申サムト思候也。コレテイノ事ハ、カク申ソメツレバ、ヤガテ和歌ノコトバナドニモナルコソ候メレ。

是御タワブレ也。

或時仰云、

明順房・禅月房等ノワカキ人〳〵、タヾフタリサシムカヒテ、*ハシヰサセ給ナ。又*ヲトナシキ人ナクハ、座ヲタ、セ給ベシ。

或時御物語云、

イツゾヤ京ニテ夜ヒトヨ学問シ侍《はべり》シ時、*一乗・三乗ノ権実《ごんじつ》ヲ定ムルトコロニ、*演義少《えんぎしょう》ニ「涅槃《に》既《に》云《く》、晨朝《に》唱《え》レ滅《を》、中夜《に》涅槃《す》、乃至、此《の》後《に》決定《して》、不レ説《か》ニ余経《を》一」等ノ文ヲ見テ、哀傷殊ニ甚シキ処ニ、鶏ノハルカニナク声キコユ。其時其鳥、アサマシク、イトヲシクオボユ。イカナル因縁アリテ、タヾイマコノ文ノアハレヲサヘガタキヲリシモ、ハルカニキコユルコエ多カル鶏ノ中ニ、殊《ことに》宿縁アハレニカナシクオボヘキ云々。

或時御利口ニ云、

*六道ノ外ニ法師道ハアルナリ。ワレハ法師道ニオチテ、苦ヲウクル也。法師ノワルサ、コハイカヾスベカルラムト云々。

或時仰云、

人ノ心バエノヨキトホムルハ、ホメコトノ無キトキノ事也。

カキドリ　柿の葉を柿鳥と見立てたもの(小沢トシ子「東洋文庫蔵明恵上人歌集本文と総索引」六頁)。

ハシヰ　端居。

ヲトナシキ人　大人びて落着いている人。同行のうちで、中年以上の僧をいうのであろう。明順房等は、十代の若い僧であろうと想像される。

一乗・三乗…　一乗と三乗(声聞来・縁覚乗・菩薩乗)のいずれが真であり、権(かりのもの)であるかを論ずる。

演義少　大方広仏華厳経随疏演義鈔、四〇巻。澄観撰。この引用文は、巻八にみえる。「涅槃に即ち云く、二月十五日、涅槃に臨む時、晨朝に滅を唱へ、中夜に涅槃す、斯れを最後とす、居然として信ずべし。此後必定、別経を説かず」(正蔵三六-五九a)。「涅槃即云」の「即」、正蔵の校合によると、正慶元年刊本に「既」と見える。

六道ノ外ニ…　法師道におちて苦をうけているという、この利口の言葉に、高弁の自省の影を見ることができるであろう。その高弁は、観行に精進していたのである。六道は、地獄・餓鬼・畜生・修羅・人間・天上。

或時仰云、

勤行《ごんぎょう》之人ノ魔道ニ堕ルト、世間ニ人ノイフ事、其謂《そのいわれ》有事也。魔ト者具《つぶさ》ニハ*魔羅ト云フ。是障碍《これしょうげ》之義也。三業《さんごう》ノ中ニ身語《しんご》二《に》業《ごう》ニ*神呪《しんじゅ》等ノ行《ぎょう》アレバ、タチマチニ地獄等ノ極苦《ごく》ヲウケズト云トモ、*意業《いごう》ニ菩提心無《なき》ガ故ニ、魔道ニ趣《おもむ》ク、極《きまり》タル道理ナリ云々。

或時、

我ハ天性トシテ、僻事《ひがごと》ノワビシク覚ユル也。摧邪輪《ざいじゃりん》ノ制作モ、其心ノトヲリ也。

或時、

*随求ダラニバシ読ミテオハシマサバ、我ガ門流ニテコソヲハシマサムズレ。

*賀茂久継等、*貞元経《じょうげんきょうの》伝受時、仰云、

焼香ガ殊勝之事ニテ侍《はべる》也。常ニ焼香ヲ可《し》レ好《む》。香煙十方ニ遍シテ、仏菩薩等ヲ供養スル等云々。

或時仰云、

シバラク中下品《ほん》ノヒジリニテ、*一結ノ衆ニアミツラネラレテ、身ヲ心ニマカセヌ様ニテ居タル、一《いち》ノ事也。例時ニ参《まいる》トテ、*ツトメテモヲキヌナドスレバ、ハカリナキ事ニテアル也。

或時仰云、

悉曇《しったん》ハ真言ノ事相ニ付ベキ事ニテ侍《はべる》ヲ、別道ニシナシタルハ、イハレナキ事也。

又、

魔羅　能奪命・障碍と訳す。人の生命を奪い、人の善事を障碍するもの。

神呪　陀羅尼・真言。

意業…　入解脱門義に「徒らに我法を荘り、多く魔鬼の業を成す。是故に坐禅入観の方法を用うべし」の句がある。この句を講じて、次のように述べている。「仏法モ学ストノミ云テ、徒ニ知ルヲ本トシ、脣ヲサカヤカスヲ業(ゲ)トスレバ、反テ我見ヲ長ズル也。故ニ唯亦多聞増長我見等ト云ヘリ。魔鬼業ト云ハ、身語ハ正法ニ向ト雖ドモ、心ロ理ノ外ニ有レバ、身語既ニ仏法ナルガ故ニハ、地獄ニ堕(オチ)ザレドモ、心ロ我見ト相応シテ邪僻スルガ故ニ、多ク魔鬼ノ業トナル也」(解脱門義聴集記巻八。金沢文庫研究紀要四、一五四頁)。

随求ダラニ…　この項は、上巻(一一六頁)にみえるものと同趣。

賀茂久継　賀茂社の神主。建長六(一二五四)年六月十二日卒。五十七歳。能久の子。

貞元経　四十華厳。般若三蔵が、貞元十四(七九八)年に訳了した入不思議解脱境界普賢行願品四〇巻。六十華厳・八十華厳の入法界品の部分の詳細なるもの。

一結ノ衆　集団。

ツトメテ　早朝。

ツメノ中ノアカヲタムベカラズ。アカアリテ行法ノ供具ヲソナフレバ、*毘《び》那《な》夜《や》迦《きや》等ヲ障礙《しようげ》ヲ得ト云ヘリ。

又、

*行法ハ只ノ所ヲバ*忩々《そうそう》之時ハ早クストモ、入我我入、字輪観等ヲバ、相構、ヲシヽヅメテ、能々《よくよく》スベキ也。行法ノ本意、只此ニ有也。

又、

*諸方ノ信施《しんせ》ウケアツメテ、カマヘテアサイバシセデ、精進《しようじん》ノ行ハゲマセ給ベシ。炎魔王宮ニテハ、我ハ一切スゴシ候ハヌ由ヲ申サムズル也。罪ドモハ自《みずか》ラカキヲイテオハシマスベキ也。

毘那夜迦　常随魔・障礙神と訳す。人身にして象鼻、常に人に随い障難をなす悪鬼神。

行法　この項も、上巻の初め（一〇八頁）の記事と同趣。

忩々　あわただしいこと。

諸方ノ信施　この項も、上巻（一一三頁）の記事と同趣。

法相二巻抄（良遍）

鎌田茂雄校注

*法相大乗宗《ほっそうだいじょうしゅう》二巻鈔　上

良遍《りょうへん》法印鈔之

凡《およそ》我宗ノ意、法門ヲ立《たつ》ル事義門《ぎもん》区《まちまち》ナリ。暫《しばらく》唯識《ゆいしき》・三性《さんしょう》・百法・四縁《しえん》・四分《しぶん》・*種子《しゅうじ》・五性・*作業《さごう》・受果・五位ノ修業ニ付テ如レ形注シ申候。

先《まず》一切ノ諸法ハ、皆*我心ニ離レズ、大海・江河・*須弥《しゅみ》・*鉄囲《てっち》、見ズ知ラヌ他方世界、浄土菩提《じょうどぼだい》、乃至*一実真如《いちじつしんにょ》ノ妙理マデ、*併《しかしなが》ラ我ガ心中ニ有リ。何況《いかにいわんや》我身ノ頭目《ずもく》・手足・衣服《えぶく》・飲食《おんじき》等哉。心外ニ有リト思ハ迷乱《めいらん》也。此迷乱ニ依ル故ニ、無始ヨリ以来、生死ニ輪廻《りんね》スル*身トナレリ。諸法ハ心ニ離レズト知リヌレバ、生死ノ輪廻ナガク絶《たえ》テ、無上覚王ノ位ニ到ラズト云フ事無シ。サレバ誰モ皆ナ心外ニ有リト思ヘルヨロヅノ物ノ形ハ、悉ク是*体性都無《たいしょうとむ》ノ法也。*心ヲ執シテ実ト思フモ又迷乱也、*心ヲ執テ心ノ外ニ置ク故ニ。*空ヲ執テ実ト思モ又迷乱也、心外ニ空ノ相《そう》ヲ見ルガ故也。此故ニ心ノ外ニ有リトヲボユル相ハ、色モ心モ有モ無モ皆悉ク実ノ法ニ非ズ。此*ヒガゴトノ形ヲ*ホロモシ失テ、*不思議ノ智ヲヲコシテ、内ニ一心ヲ悟《さとる》ヲ唯識真実ノ観トナヅク。是ニ*五重有リ。其*中ニ遣虚存実《けんこぞんじつ》ノ唯識ト云フハ、此*不思議ノ一心ノ中ニ性《しょう》有リ、*相アリ。*性ハ即チ真如ノ妙理也。是ヲ*円成実性《えんじょうじつせウ》トナヅク。円満成就《じょうじゅ》シテ本来凝然《ゲウねん》ナルガ故也。*相ハ即チ有為《うい》ノ諸法也。是ヲ*依他起性《えたきしょう》トナヅク。彼ノ真如ノ上ニ他ノ縁ニ依《より》テ*仮ニオコル

法相大乗宗二巻鈔　法相二巻抄、二巻抄、法相大意、唯識大意ともいう。
種子　底本なし。天保本により補う。
作業受果　下巻の業種感果を明かすをさす。成唯識論(以下「論」と略)巻一に「諸有情心心所法因縁力故。相続無レ断、造レ業受レ果」(正蔵三一-二b)とあるによる。
我心　八識をいう。
須弥　梵語 Sumeru の音訳語で、妙高山と訳す。
鉄囲　鉄囲山。鹹海のまわりにある山。
一実真如　一実は一実諦。大乗義章巻一、入不二門義に「一実之理、妙寂離相、如如平等、亡二於彼此一、故云二不二一」(正蔵四四-四八一b)とある。
併ラ　さながら、ことごとく。
身　底本「事」、天保本により改む。
体性都無　一切のものは、縁生にして刹那生滅なるものであり、妄情の所執によって実有とみなされるが、真実には無なるもの。
心ヲ執シテ実ト思フモ…　論巻二に「若執二唯識真実有者一、如レ執二外境一、亦是法執」(正蔵三一-六c)とみえる。
心ヲ執テ心ノ外ニ…又迷乱也　底本なし。天保本により補う。
空ヲ執テ…　空を実有とすることのあやまりなるをいう。
ヒガゴト　僻事。我を常住と推量する染汙の慧をいう。
ホロモシ　滅ぼし。
不思議ノ智　初地見道の二空観智。
五重　五重唯識。大乗法苑義林章巻一、

相ナルガ故也。所謂色《しき》・声《しょう》・香《こう》・味《み》・触《そく》、眼《げん》・耳《に》・鼻《び》・舌《ぜっ》・身《しん》ノウチノ諸ノ心、資財・資具・舎宅・田薗・山林・河海等是ナリ。此ノ仮ノ相ヲ仮ノ相トモ悟ラズシテ、実ニ有リト思フ前《まへ》ニアタリテ現ズル実有《じつう》ノ*面影《おもかげ》ヲ遍計所執《へんげしょしゅう》トナヅク、コレ都無《とむ》ノ法也。是則《すなわち》先ニ申ツル心ノ外ノヒガ事ノ形ナリ。普《あまね》クハカラヒ思フ迷ヒノ心ノ執スルトコロナルガ故ニ遍計所執トナヅク。*辟《たとえ》バ縄《なわ》ヲ見テ蛇ト思フ時、三重ノ事有リ。縄ノ性ハ藁《わら》也。ワラノ上ニ手足等ヲ縁トシテ仮ニヲコレル形也。其縄、形キハメテ蛇ニ似タリ。依レ之人誤テ蛇ト思事アリ。其蛇ノ形ハ只ヒガメル心ノ上ノ面影ニテ、体性都無也。*彼《かの》ナハノ形ハ、縁ヨリヲコリテ*仮ニ有ニ似タレドモ、*実ノ体ハナシ。実ノ性ハタヾ藁也。サレバ蛇ノ相ハ其性ヒタスラニナシ。ナハノ相ハ仮ニ有リ。ワラノ体ハ縄ノ性トシテマコトニ有リ。円成ノ理ハ其藁ノ如シ。依他ノ諸法ハ彼《かの》縄ノ如シ。遍計所執ハ彼蛇ノ形ノ如シ。此中ニ依他ノ様ヲ殊ニ心ニカケテ能ク思ヒ開クベキニテ候。世間ニアラユル物ノ色・形・香・味乃至人ノ心ニ至《いた》ルマデモ、皆是《これ》夢・幻・露・電ナドノ様ニ、アダニカリソメナル法也。カリソメナルベキ故ハ如ノレ是。モロ〳〵ノ物共ハ、併ラ*ミヅカラ有事アタハズシテ、ミナ縁ヲ待テ生ズル故也。サレバ青《アヲキ》モ青ニ似タリ、マコトニ青ニ非ズ、黄ナルモ黄ナルニ似タリ、実ニキナルニ非ズ。何モ皆ナ如レ此。カヽル物ヲ凡夫ノ心ノツタナクテ、真実ニ有物トノミ思フ也。*此ノ誤ヨリ事起リテ、物モホシク、腹モタチ、慢モ起リ、疑モアル事也。此理ヲ能ク思ヒ開キナバ、自《ヲノヅカラ》遍計所執ノ体性ナキ事モ知ラレ、円成ノ理モ真実ナリト覚《さと》ラレ、モロ〳〵ノ煩悩・悪業《あくごう》モホロビウセ

唯識義林(正蔵四五-二五八b～二六四b)に出。観心覚夢鈔(以下「覚夢鈔」と略)巻下、唯識義理参照。

相 事相差別。

中 底本不明、天保本により補う。

不思議ノ一心 依他の八識をさす。

相アリ 底本なし。天保本により補う。

円成実性 梵語 parinispanna-svabhāva の訳語。旧訳は真実性。三性の一。真如。

依他起性 梵語 paratantra-svabhāva の訳語。旧訳は依他性。三性の一。縁生。

ニオコル相ナルガ 底本「生起ス」、天保本により改む。

面影 体用ともになきをいう。

辟バ… 三性を説明するに用いる蛇縄麻の三喩。

彼 底本「慥」、天保本により改む。

仮ニ 底本なし。天保本により補う。

実ノ体ハ 底本なし。天保本により補う。

ミヅカラ 底本「コロト」、天保本により改む。

此ノ誤 実我実法と執する身見をいう。この身見によって一二八の煩悩がおこる。論巻九に「煩悩障者、謂執二遍計所執実我一、薩迦耶見而為二上首一、百二十八根本煩悩、及彼等流諸随煩悩」(正蔵三一-四八c)とみえる。

ンズル事ニテ候。是ヲ遣虚存実ノ唯識トナヅク。残リ*四重略スレ之。今此《この》遍計・依他・円成ノ三ツ、三性ノ法門トハ申候也。此三性ヲ委《くわし》ク開候ヘバ*百法アリ、*二無我アリ。百法ト*イハ、依他起性ニハツブサニ九十四アリ、円成実性ニハ六種ノ無為アリ。是ヲ百法トナヅク。二無我ト云ハ、遍計所執ノムナシキ事ヲ云ニ二有リ。*補特伽羅無我《ふとがらむが》ト法無我《ほうむが》トナリ。先ヅ依他ノ九十四法ト云ハ、*心王《しんのう》ハ八有リ、*心所ニ六ノ位ヒ有リ、委ク開ケバ五十一ノ心所アリ、色法ニ十一有リ、不相応ニ廿四有リ、合《がっして》九十四アリ。其心王ノ八ト云ハ、一ハ眼識、色ヲ見ル心。二ハ耳識《にしき》、声ヲ聞ク心ロ。三ハ鼻識《びしき》、香ヲカグ心。四ハ舌識、アヂハヒヲ知ル心。五ハ身識、身ニ触ル、事ヲ、燋《アツ》シ、寒シ、ヤハラカ也、アラシ、トモシル心。六ハ意識、*ヨロヅノ見ル事聞事乃至ミモセズキ、モセヌ事ヲモ思ヒ案ジツヾクル*無辺法界ノ心也。七ハ*末那識《まなしき》、凡夫ノ心ノ底ニ常ニ濁《にごり》テ、先ノ六ノ心ハイカニ清《キヨ》クヲコレル時モ、我ガ身我ガ物ト云フ差別ノ執ヲ失セズシテ、心ノ奥ハイツトナクケガル、ガ如キナルハ、此末那識ノ有ルニ依テ也。八ハ*阿頼耶識《あらやしき》、是レ一切諸法ノ根本也。諸法ノ*種子《しゅうじ》ヲヲサメタモテル心也。此心ナクハ、諸法ノ種子ヲバ、誰カ是ヲタモタン。タモチヲサムル所ナクハ、諸法ノ種子ナカルベシ。若シタネナクハ、何ヨリカ生《イック》ゼン。先ノ七ツノ心ハ皆ナ種子ヲタモツコトアタハズ。道理教文略レ之。此八識ニトリテ、先キノ六識ハヲコラザル時モ有リ。其様又サマ〴〵ナレドモ、暫《しばら》ク人ノヨクネ入《いり》テ*夢見ル時ハ、眼・耳・鼻・舌・身ノ五識ミナ起ラザル時也。夢ニ物ヲ見、キ、、味ヒ、アツシ、ツメタシ、トモ思フハ、ミナ第六識

四重　五重唯識の中の遣虚存実識を除いた、捨濫留純識・摂末帰本識・隠劣顕勝識・遣相証性識の四つをいう。

百法アリ　一切諸法の分類。瑜伽論本地分では六百六十法を説いたが、世親が百法にまとむ。大乗百法明門論を見よ。底本「百法也」、天保本により改む。

二無我　人我と法我の無なるをいう。

イハ　言うのは。

補特伽羅無我　人無我。補特伽羅は梵語 pudgala の音訳語。旧訳では人または衆生、新訳では数取趣とする。

心王　心の中の王なる故に心王という。心所を心の眷属とするのに対する言葉。心王には、眼・耳・鼻・舌・身・意・末那・阿頼耶の八種ある。

心所　心数とも心所有法ともいい、心王に対して従属する心の作用をいう。心所といわれる三由について、論巻五では「恒依レ心起、与レ心相応、繫二属於心一、故名二心所一」(正蔵三一-二六c)という。

ヨロヅノ見ル事聞事　論巻七に「第六意識自能思慮、内外門転不レ藉二多縁一」(正蔵三一-三七b)とある。

無辺法界　十八界をさす。第六意識は一切を縁ずるから広縁の識といわれる。

末那識　梵語 mano-nāma-vijñāna の訳語。自我意識。論巻四に「次二初異熟能変識一、後応レ弁二思量能変識相一。是識聖教別名二末那一。恒審思量勝二余識一故」(正蔵三一-一九b)とみえる。古歌に「末那の波よせてはかえす頼耶の磯もいつしか苔の衣着にけり」という。

ノ分別也、五識ノ起レルニハ非ズ。夢モ見ヘヌ程ニネ入《いり》ヌレバ、意識モマタ滅シヌ。只彼ノ末那識・阿頼耶識ノミアリ。サレバ二ノ心ハ、何《イカ》ナル時モ起ラヌト云フ事ナシ。生《ウマル》ル時モ死スル時モ、サメテモネテモ、長時相続シテ絶ザル心也。イマ此二ノ心アリト云事、極テ知リガタシ。中ニモ第八阿頼耶識ハキハメテ甚深《じんじん》ナリ、甚細ナリ。此故ニ小乗浅近《せんごん》ノ教ノ中《ナカ》ニハ、是ヲトカズ。大乗最極《さいごく》ノ教ノ中ニノミ是ヲ説ケリ。所謂*花《け》厳《ごん》・深密《じんみつ》・楞伽《りょうが》・厚厳《こうごん》等ノ経、瑜伽《ゆが》・顕揚《けんよう》・*宝性《ほうしょう》・集量《じゅうりょう》・唯識《ゆいしき》等ノ論也。

抑《そもそも》コノ八識ハ、心ノ中ノ本ナルガ故ニ、是ヲ心王トナヅク。此八ノ王ニ多クノ眷属《けんぞく》アリ。是ヲ心所《しんじょ》トナヅク、具《つぶさ》ニハ心所有法《しんじょうほう》トナヅク、略シテ心所ト云フ。是モ同ク心ナレドモ、サマ〲クサ〲ニ細《こまか》ナル心ハコノ眷属トス。是ニ六位有リ。一ニハ*遍行《へんぎょう》。是ニ五アリ。五コトナリトイヘドモ、ミナ心ノ起ルゴトニ普ク必ズアルガ故ニ遍行トナヅク。二ニハ別境《べつきょう》。是ニ五アリ。此五ハ各々別々ノ境ヲ縁スルガ故、別境トナヅク。*境トイハ心ノ知ル処ノ法也。縁ストイハ物ヲ知ルヲ申也。三ニハ善。コレニ十一アリ。*善ト云ハ、凡《およそ》色心ノ諸法ノ性ヲ云ニ*又三性アリ。善性・不善性・無記性《むきしょう》ナリ。無記性ト云ハ善ニモ非ズ悪ニモ非ザル性也。此十一ノ心所ハ其性必ズ善也。カルガ故ニ善ト名付ク。四ニハ*煩悩《ぼんのう》。コレニ六有リ、委ク開ケバ十アリ。此十ハ有情《うじょう》ノ身心ヲワヅラハシナヤマスガ故、煩悩ト名付ク。五ニハ*随煩悩《ずいぼんのう》。是ニ廿有リ。此廿ハ煩悩ガ*等流《とうるの》種類ナルガ故ニ随煩悩ト名付ク。六ニハ不定《ふじょう》。是ニ四アリ。此四ハ善悪等ノ性モ、コレガ有ル所モ、心王ト共《く》ナル様モ、皆ナ不定ナルガ故ニ*不定トナヅク。五ト五ト十一ト

阿頼耶識 梵語 ālaya-vijñāna. 第八識。阿梨耶・無没とも訳す。蔵識・種子識・異熟識ともいう。一切の種子を含蔵する識。覚夢鈔巻上の「百法二空」(正蔵七一-六六b)参照。

種子 梵語 bīja の訳語。行為の潜勢力。

夢 瑜伽論巻一に意識に一五の不共業を説くが、その第五にあたる。

花厳… 法相宗所依の経論。成唯識論述記(以下「述記」と略)巻一本に所依の経論をあげる(正蔵四三-二二九c)。覚夢鈔巻上の「所依本経」(正蔵七一-六五a～b)参照。

宝性 底本なし。永禄本により補う。

遍行 周遍行起の義で、一切の心王に遍くおこる心所のこと。触・作意・受・想・思をいう。

境 境界、対象、心の相手をいう。

善… 善は現未の二世を順益し、不善は二世を違損す。無記は力弱く、二世において順益も違損もなし。

又三性アリ 底本なし。天保本により補う。

煩悩 有情の身心を煩擾悩乱する義より名づく。

随煩悩 随は随従の義。根本煩悩以外のすべての煩悩をいう。

等流種類 同類として引かれる義をいう。

不定 善の十一心所の如く善でもなく、煩悩・随煩悩のように唯染汙でもないから不定という。

六ト二十ト四ト合シテ五十一也。其ノ名ヲバ皆ナ*百法論《ひゃっぽうろん》ニ説ケリ。

先ヅ*作意《さい》ノ心所ト云ハ、心ヲ驚ロカシテ起ラシムル心ナリ。*触《そく》ノ心所ト云ハ、心ヲ心ガ知ルベキ所ニヨク触《フレ》シムル心也。*受《じゅ》ノ心所ト云ハ、楽ヲモ苦ヲモ、心ノ中ノウレヘ悦ビヲモ、何《イヅレ》ニモアラザル事ヲモ心ニウケトル心ナリ。*想《そう》ノ心所ハ、殊ニ物ノカタチヲ知リ弁《わきまへ》テ、其ノクサ〴〵ノ名ヲ説ク也。*思ノ心所ハ、心ヲ善ニモ悪ニモ無記ニモ作成《ツクリナ》ス心也。遍行《へんぎょう》ノ五ト云ハ是ナリ。

次ニ*欲ノ心所ト云ハ、*善ヲモ*悪ヲモ*無記ヲモネガイソムル心也。勝解《しょうげの》心所ハ、何事モヒシト思ヒ定ムル心也。念《ねん》ノ心所ハ、経《へ》テ過《すぎ》ニシ事ヲ心ノウチニ明《あきらか》ニ記シテ忘レザル心也。*三摩地《さんまじ》ノ心所ハ、何事ニモ知ラント思フ事ニ留《トヾマ》テ散乱セシメザル心也。是ヲバ又ハ定《じょう》ノ心所ト名付ク。*恵《え》ノ心所ト云ハ、万《よろ》ヅノ知ラント思フ事ノ徳失ヲヨク簡《えら》ビ弁ヘテ疑ヲ除ク心ナリ。是則チ智也。別境《べっきょう》ノ五ト申ハ是也。*此十ハ皆善ナル時モアリ、不善ナル時モアリ、*無記ナルトキモアリ。性ハ不定ナレドモ、遍行ハ一切ノ心ニ遍シテ定メテアリ、別境ハ三界ノ衆生ニ皆ナサダメテアリ。故ニ*不定ノ心所ト名《なづ》ケズ。

次《つぎに》*信《しん》ノ心所ト云ハ、ヨク常ニ信ヲ起スト云《イフ》ハ是ナリ。貴トク*目出《めでた》キ事ヲ深ク*忍ビテネガヒテ、澄ミ清キ心也。*精進《しょうじん》ノ心所ハ、善ヲ修スルニイサミキヨキ心也。*慚《ざん》〈ハヂ〉ノ心所ハ、身ニモ恥ヂ法ニモ恥ヂ、モロ〳〵ノ罪ヲ作ラザル心也。*愧《き》〈ハヂ〉ノ心所ハ、世間ニ恥テ諸罪ヲ作ラザル心也。*無貪《むとん》ノ心所ハ、万ヅノ事ヲムサボル事ノ無キ心ナリ。無《む》瞋《しん》〈イカル〉ノ心所ハ、我ニ背ク事有レドモイカル事無キ心ナリ。無癡《むち》〈ヲロカ〉ノ心所ハ、万ヅ

百法論　大乗百法明門論、一巻。世親の著、玄奘訳(正蔵三一)。

作意　梵語 manaskāra. 心を外界に発動させる心所。法相宗初心略要(以下「略要」と略)巻上では「作意、所謂能驚㆑心心所」(日蔵、法相宗章疏上-七三九a)という。

触　梵語 sparśa. 外境に触れる心作用。略要巻上では「触、令㆓心触㆑境心所」(同上-七三九a)という。

受　梵語 vedanā. 触を領納する感覚。略要巻上では「受、領㆓納順違倶非境㆒心所」(同上-七三九a)という。

想　梵語 saṃjñā. 取像の義。略要巻上では「想、於㆑境取㆑像施㆑言心所」(同上-七三九b)という。

思　梵語 cetanā. 種々の業を造作せしめる作用。心の強い働きをいう。略要巻上では「思、作㆓心善悪無記㆒心所」(同上-七三九b)という。

欲　梵語 chanda. 好む対象を希望する心作用。

善　梵語 kuśala. 合掌・礼仏など。

悪　梵語 akuśala 殺生等をいう。

無記　梵語 avyākṛta. 善とも悪とも記すことができないもので、行住坐臥などをいう。

三摩地　梵語 samādhi. 心心所を等しく一境に止めること。

恵　梵語 prajñā. 簡択の義。

此十　遍行五と別境五をいう。

無記…アリ　底本なし。天保本による。

不定…名ケズ次　底本なし。永禄本により補う。

ノ事、物ノ理《ことわ》リヲロカナル事ノ無《なき》心ナリ。*軽安《きようあん》〈カロクヤスシ〉ノ心所ハ、身ニモ心ニモ安ク覚ヘテ、ウレシキ心ナリ。此心所ハ、常ノ時ハ起ラズ、定《じよう》ニ入《いる》時起ルナリ。*不放逸《ふほういつ》ノ心所ハ、罪ヲフセギ善ヲ修スル心ナリ。恒ニホシキマヽニ罪ヲ作《つくる》バ、放逸ト申。*是ニ相違シテ、殊ニ罪ヲバ恐レ憚リ、功徳ヲバ造ラント思フ心ナリ。*行捨《ぎようしや》ノ心所ハ、心ヲ平等正直ニナラシムル心ナリ。*不害《ふがい》ノ心所ハ、人ヲ哀ムル心也。慈悲トハ無瞋ト不害トヲ申也。無瞋ハ慈ナリ、不害ハ悲ナリ。善ノ十一ト云ハ是也。誰モミナ善心起ス時ハ、此十皆必ズ起《おこる》ナリ。定ヲシタル人ハ軽安モ起ル、此故ニ十一皆ナ起ル。

次貪《とん》ト云ハ、万ヅノ物ヲ*ムサブル心ナリ。瞋《しん》ト云ハ、我ニ背ク事アレバ必ズイカル心ナリ。慢ハ、我ガ身ヲ憑《たのみ》テ人ヲアナヅル心ナリ。無明《むみよう》ハ、又癡《ち》トナヅク、万ノ事物ノ理ニクラキ心ナリ。疑《ぎ》ハ、何事ニモ其理ヲ思ヒ定ムル事アタハズシテ兎角《とかく》疑フ心也。*不正見《ふしようけん》ハ、ヒガ事ヲツヨク思ヒ定メテ、マコトノ道理ヲシラザル心也。煩悩ノ六ト申心、是ナリ。是ヲ十ニ開クヤウハ、不正見ノ中ニ、五見トテ五ノ相アイワカレタリ。

一ニハ*薩迦耶見《さつがやけん》、則我執《がしゆう》ナリ。我身・人ノ身、我物・人ノ物ヲキビシク分ツ心ナリ。二ニハ*辺執見《へんシツけん》、略シテハ辺見《へんけん》トモ申ス。我ガ身ハ何《イツ》トナク有《あら》ンズル様ニ思ヒ、我レ死ナン後ハ永クウセンズル様ニ思フ心ナリ。三ニハ邪見《じやけん》、罪ト云フ事モナシ、功徳ト云フ事モ無シ、地獄・餓鬼《がき》・畜生《ちくしよう》ノ果報モ無シ、人間・天上・浄土菩提ノ果報モ無シト思フナリ。則三宝ヲ誹謗《ひぼう》スル心ナリ。四ニハ*見取見《けんじゆけん》、略シテ見取トモ云フ。如レ此ヒガ事ヲ犯スルモロ〳〵ノ心ヲイミジキ心ナリト思ヒ、或ハ如レ此ヒガ事ヲ云フ人ハ目《め》

信 梵語 śraddhā. 他の心心所をして澄浄ならしめるもの。論巻六(正蔵三一-二九b)参照。

目出キ事 事理三宝などをいう。

忍ビテネガヒテ 深忍楽欲をいう。

精進 梵語 vīrya. 勇猛に善法を修し、悪法を断ずる心作用をいう。

慚 梵語 hrī. 自己の行為を反省し、恥じる心。

愧 梵語 apatrāpya. 罪過を他に対して恥じる心。

無貪 梵語 alobha. 身体・財宝に耽着することのない心作用。

軽安 梵語 praśrabdhi. 定に在って身心がすっかりのびのびすること。惛沈の対。

不放逸 梵語 apramāda. 悪法を防ぎ、善法を修する心作用。

是 底本、この上に「心」あり、天保本により削除。

行捨 心を平等にし、高まりをおさえ、静かにすること。

不害 梵語 ahiṃsā. 他を損悩しない心作用。

ムサブル むさぼる。

不正見 八邪見の一。正見に反すること。

薩迦耶見 梵語 satkāyadṛṣṭi. 有身見と訳す。五蘊仮和合の体に執着して、真実の我ありとする見解。論巻六にあり。

辺執見 死後、我が断滅するとみたり常住不変とみる誤った見解。論巻六にあり。

見取見 五見の一。自らをたのんで最勝とし、闘争の本となる心作用。覚夢鈔巻上(正蔵七一-六七b)にもみえる。

出《でた》ク悟リ*タリト思フ心ナリ。五ニハ*戒禁取見《かいごんしゅけん》、略シテ戒取《かいしゅ》ト云フ。是ハ外道《げどう》ノタテタル戒ヲイミジキ禁戒ナリト思ヒ、或ハ其戒説ク人ヲ貴シト思テ、其戒ヲ守リテ、徒《いたずら》ニ身ヲ苦ルシムル心也。世間ニ外道ノ苦行ト云ハ是ナリ。カク開キテハ十煩悩ト名付ク。

次《つぎに》*忿《ふん》〈イカル〉ト者《は》、腹ヲ立ルニヨリテ杖ヲ取テ人ヲ打タント思フ程ニイカル心ナリ。*恨《こん》〈ウラム〉ハ、人ヲウラムル心ナリ。恨ヲムスブ人ハヲサヘ忍ブ事アタハズ、心ノウチ常ニナヤマシ。*悩《のう》〈ナヤマス〉ハ、腹ヲ立テ人ヲ恨ムルニ依テ、ヒガミモトヲレテ心ノ内常ニナヤマス。物云《ものを》ニ、其言ハカマビスク、ケハシク、イヤシク、アラクシテ、ハラグロク、毒々シキ心也。*覆《ふく》ハ、名利ヲ失ナハン事ヲ恐テ、ツクレル罪ヲ隠スナリ。罪ヲ隠ス人ハ、後ニ必ズ悔ヒ悲シム事有リ。*誑《おう》ハ、名利ヲ得《えん》ガ為ニ、心ニ異ナルハカリ事ヲ廻ラシテ、*カタマシク徳アリト顕ハス*偽ノ心ナリ。世中ニ*誑惑ノ者ト云ハ此心増《ま》セル人ナリ。諂《てん》ハ、人ヲクラマカシ迷ハサンガ為ニ、時ニ随ヒ事ニ触テ、姦《カタマ》シク方便ヲ転《めぐ》ラシテ人ノ心ヲトリ、或ハ我ガ過ヲ隠ス心也。世中ニ*諂曲《てんごく》ノ者ト云ハ此心増セル人ナリ。*憍《きょう》〈ヲゴル〉ハ、我ガ身ヲイミジキ物ニ思ヒテヲゴレル心ナリ。*害《がい》ハ、人ヲ哀ム心ナク、ウタテク情ケ無キ心ナリ。世中《よのなか》ニ慈悲ノ性モ無キ物ト云ハ此心増セル者ナリ。*嫉《しつ》〈ソネム〉ハ、我ガ身《の》名利ヲ求ム故ニ、人ノ栄ヲ見聞テ、深ク妬《ねた》マシキ事ニ思テ安カラザル心也。物ネタミスル人ハ此心増セルナリ。*慳《けん》ハ、財宝ニ耽着《たんじゃく》シテ人ニ施コス心ナク、弥《いよい》ヨタクハエントノミ思フ心也。慳貪《けんどん》ノ物ハ、此心増セル也。*無慚《むざん》〈ハヂ〉ハ、人ニモハヂズシテ、善根ヲカロクシテ、モロ〳〵ノツミヲ作ル心ナリ。*無愧《むき》〈ハヂ〉、世間ニ恥ズシテ諸罪ヲ造

タリト 底本なし。天保本により補う。

戒禁取見 非理の戒禁をあやまって執する邪見。

忿 梵語 krodha. 忿怒をおこさせる心作用。覚夢鈔巻上は「一、忿、所謂依レ対二現前不饒益境一、憤発為レ性。能障二不忿一、執仗為レ業」(正蔵七一‐六七b)という。

恨 梵語 upanāha. 怨を捨てない心作用。

悩 梵語 pradāsa. 悪事を行い身心を悩ますこと。

覆 梵語 mrakṣa. 自らの罪を隠蔵する心作用。

誑 梵語 śāṭhya. 他を欺く心作用。覚夢鈔巻上は「五、誑、所謂為レ獲二利誉一矯現二有徳一詭詐為レ性。能障二不誑一邪命為レ業」(正蔵七一‐六七b)という。

カタマシ 底本、右傍に「姧」。

誑惑 底本「狂或」を改む。

諂曲 諂は梵語 māyā. 他を欺くために、矯態をなして人情にしたがうをいう。

憍 梵語 mada. 心を高ぶらせる心作用。

害 梵語 vihiṃsā. 他に打罵などを加えること。

嫉 梵語 īrṣyā. 他人の盛事を嫉妬すること。

慳 梵語 mātsarya. 財施・法施に際してけちなこと。

無慚 梵語 āhrikya. 悪をなして恥じることなき心作用。

無愧 梵語 anapatrāpya. ほしいままに暴悪をなす心作用。

ル心ナリ。耻無《なき》人ト申ハ此無慚無愧ノ増セル人ナリ。*不信《ふしん》ハ、貴ク目出《めでた》キ事ヲ見聞トモ、忍ビ願フ心ナク、穢《けが》レニ凝《こ》レル心ナリ。カヽル人ハ多ク*懈怠《けだい》ナリ。懈怠ハ、モロ〳〵ノ善事ノ中ニヲコタリモノウキ心ナリ。カヽル人ハ不信也。*放逸《ほういつ》ハ、罪ヲフセギ善ヲ修スル心ナク、恣《ほしいまま》ニ罪ヲ作ル心ナリ。*惛沈《こんぢん》ト者《は》、シヅミホレタル心ナリ。*掉挙《じょうこ》ハ、ウゴキサハギスル心ナリ。*失念《しつねん》ハ、物忘レスル心ナリ。カヽル*人ハ多ク散乱セリ。*不正知《ふしょうち》ハ、知ルベキ事ヲアヤマチテ知ル心ナリ。心乱《しんらん》ハ、心ヲ散《ち》シ乱スル心ナリ。此上ニ又散乱ノ心所ト名付ク。*随煩悩《ずいぼんのう》ノ廿ト云ハ是ナリ。此中ニ、無明、惛沈ト相似シテ弁《ハキマエ》ガタシ。無明ハ闇ク迷ヘリ、シヅミホレタルニハ非ズ。惛沈ハ只迷ヘルニハ非ズ、ヲモクシヅミホレタルナリ。掉挙ハ、タトヘバヒトツコトニ向テモ其ノ心サハガシキナリ。散乱ハ、アマタノ事ニ心ノ兎角ウツリテミダレタルナリ。

今此煩悩・随煩悩ハ其性必ズ染汙《ぜんま》也。染汙ト云ハ、不善《ふぜん》ト*有覆《うふく》トナリ。不善ト云ハ悪ナリ。有覆ト云ハ、悪マデハ無ケレ共、濁レル心ナリ。此二ノ性《しょう》ハ皆ナ穢ラハシキ心アルガ故ニ染汙性ノ法トナヅク。

次*睡眠《すいめん》ノ心所ト云ハ、心ヲクラカラシメ、身ヲ自在ニアラザラシムル心ナリ。*人ノ睡《ねむ》ルハコノ心所ノ起《おこる》時ナリ。*悪作《おさ》ハ万《よろ》ヅノ事ヲ悔ヤシム心也。カヽル故ニ又ハ悔《け》ノ心所ト名付ク。*尋《じん》ト伺《し》ト、物ヲイハントテ万ヅノ事ヲ押シ計ラフ心也。其レニ取テアサク推度スル時ヲバ尋トナヅク、深ク推度スル時ヲバ伺トナヅク。不定《ふじょう》ノ四ト申ス、是ナリ。

不信　梵語 āśrāddhya. 心をして澄浄ならしめざる作用。
懈怠　梵語 kausīdya. 善法において勇悍ならざる作用。
放逸　梵語 pramāda. 悪法において放逸なること。
惛沈　梵語 styāna. 心が重く沈むこと。
掉挙　梵語 auddhatya. 心を軽薄にする作用。
失念　心を散乱させ、対象を明記することができない心作用。
ル　底本なし。天保本により補う。
不正知　所観の境をあやまること。
随煩悩　upakleśa. 根本煩悩にしたがっておこる二十の煩悩をいう。論巻六では「唯是煩悩分位差別。等流性故名二随煩悩一」(正蔵三一-三三b)という。
有覆　無記性に有覆無記と無覆無記がある。有覆無記は我法二執、無覆無記は阿頼耶識の自体、五根、山河草木などをいう。
睡眠　梵語 middha. 心心所をして闇昧ならしめる作用。
人ノ…時ナリ　底本なし。天保本により補う。
悪作　梵語 kaukṛtya. 悪い事を思い出し、心をして後悔せしめる作用。
尋ト伺　尋は vitarka, 伺は vicāra. 事理を尋求する麁と細の作用。

五十一ノ心所荒々《あらあら》如レ此。*今此ノ五十一ハ皆心ノ眷属ナレバ、八識ノ心王ニ随ガヘリ。其ノ随フ様ハ、眼識ニハ三十四ノ心所アリ。所謂遍行《へんぎょう》ノ五、別境ノ五、善ノ十一、煩悩ノ中ニ貪《とん》・瞋《じん》・癡《ち》、随煩悩ノ中ニ無慚・無愧・不信・*懈《け》怠《だい》・放逸・惛沈《こんぢん》・掉挙《じょうこ》・失念・不正知・*心乱是《コレ》ナリ。耳識ニモ乃至身識ニモ皆ナ如レ此。意識ニハ五十一乍《なが》ラ皆有リ。末那識ニハ十八ノ心所有リ。遍行ノ五、別境ノ中ニ恵、煩悩ノ中ニ貪・慢・無明・我見、随煩悩ノ中ニ不信・懈怠・放逸・惛沈・掉挙・失念・不正知・心乱コレナリ。阿頼耶識ニハ只遍行ノ五ノミアリ。コレガ中ニ煩悩・随煩悩起ル時ハ、*相応ノ心王モ遍行モ、別境アラバ其モ、若《もし》不定アラバ其モ、皆悉ク染汙性《ぜんましょう》ナリ。善ノ心所ノ起ル時ハ、是等ノ法ミナ善性也。煩悩・随煩悩モ起ラズ、善ノ心所モ起ラズ。無記ナル時ハ是等ノ法ミナ無記ナリ。八識ニ取テ眼識乃至意識、此ノ六ハ善ナル時モアリ、染汙ナル時モアリ、無記ナル時モアリ、時ニ随テ其性トモカクモ不定也。末那識ハ何《イツ》ト無ク染汙性ナリ。阿頼耶ハ何《イツ》ト無ク無記性ナリ。其ノ各ノ相応ノ心所モ又如レ此。*心王ノ心所具《ぐ》シタル一具ヲバ一聚《いちじゅ》トナヅク、一聚ト云ハ*一ムラナリ。サレバ八識ハ八ムラノ心ニテ候ナリ。タトヘバ*八人ノ王各々眷属ヲウチグシ〳〵シテ八ムラマデアランガ如《ごとし》。然ニ其ノ一ムラノウチノ心王・心所ハ必ズ同ジ性ニテ、善《ゼン》ナレバミナ善ニ、染汙ナレバ皆染汙ニ、無記ナレバ皆無記ナリ。又五識ト第八識トハ何《イツレ》モ*アリノマヽニ物ヲ知ルナリ。末那識ハ*イヅレモヒガメル心ナリ。意識ハ有ノマヽニ知ルヲリモアリ、ヒガメルヲリモアリ。八識ノ心王、五十一ノ心所ノアリサマ、大旨如レ此。

今…心ノ　底本なし。天保本により補う。

懈怠　底本「解怠」、天保本により改む。

心乱　底本「心散乱」、天保本により改む。

相応　心王とともにおこる心所を相応という。

心王ノ心所…　心王ノ心所具シタル一具とは、相応することをいう。相応の条件として四義平等あり。論巻三に「而時依同所縁事等、故名二相応一」(正蔵三一-一一c)という。すなわち時平等・所依平等・所縁平等・事平等をいう。

一ムラ　一村。

八　底本なし。天保本により補う。

アリノマヽ　五・八識は唯現量縁なるをいう。

イツレモ…意識ハ　底本なし。天保本により補う。

次*色法ニ十一アリト申ハ、其名共又百法論ニ有リ。其中ニ眼根乃至身根ヲ五根トナヅク。先《さきに》申ツル眼識乃至身識ノ所依《しょえ》ノ根《こん》也。所依ノ根ト云ハ、*心ノ物ヲ知ル時、是ヲ力トシテ能《よく》知ル。タトヘバ光《ヒカリ》アル玉ヲ以テ物ヲ照シテ、是ヲモテ見ルガ如シ。五根ハ玉ノ如シ。心ノ物ヲ知ルハヨク見ルガ如シ。シラル、物ハ見ラル、物ノ如シ。眼識・耳識ナンド云ハ、*眼根・耳根ナンド云ハ別々ノ法ナリ。識ト云ハ心法也。根ト云ハ色法也。此根ハ人ノ*実ノ目・*実ノ耳・実ノ鼻・実ノ舌・実ノ身也。当時アラハニ見ユル眼耳等ヲバ*扶《ぶ》〈タイク〉根《こん》トナヅク。カレハ色・香・味・触ノ類ヒナリ、実ノ扶根・眼耳根等ニ非ズ。*実ノ眼耳等ハ、アラハニ見ユル眼耳等ノ底ニ、清浄精妙《しょうじょうせいみょう》ナル物ノ玉ノ様ナルガ有ナリ。是ヲ*正根《しょうこん》トナヅク。今ノ五根是ナリ。次《つぎに》色乃至触ヲバ*五塵《ごじん》トモナヅク、五境《ごきょう》トモナヅク。是ハ彼ノ五識ガ五根ニ依テ知ル所ノ物ナリ。所謂眼識ハ眼根ニ依テ色ヲ見ル。色ト云ハ青《しょう》・黄《おう》・赤《しゃく》・白《びゃく》ノ色ナリ。耳識ト云ハ耳根ニ依テ*声ヲ知ル。乃至身識ハ身根ニ依テ触*ヲ知ル。次第ニカクアテ、知ベシ。

次*法処所摂《ほっしょしょしょう》ノ色《しき》ト云ハ、彼ノ第六識ノ無辺法界ノ事ヲシル中ニ*有ル色法ナリ。常ニハ青ク黄ニ赤ク白キナンドヲコソ色トハ申セドモ、法門ニハ、声ヲモ香ヲモ味ヲモ触ヲモ皆色ト申ナリ。其中ニ青・黄・赤・白ハ色ノ義アラハナレバ、*顕色《けんじき》ト名ヲ云、声・香・味・触ハ色義ナヲカクレタレバ、ミナ別別ノ名ヲ立ルナリ。今此ノ*心王・心所・色法ノ中ニハ実法《じっぽう》アリ、仮法《けほう》アリ。何モミナ依他如幻《えたにょげん》ノ法ナレバ、カリソメノ相用ナレドモ、カリナル中ニモ重々ノ相用アリ。カルガ故ニ己《ヲノレ》ト種子アルホドノ法ヲバ

色法… 覚夢鈔巻上は「第三色法、略有二十一種二」(正蔵七一-六八a)という。
心ノ物… 物は境、是ヲは根をさし、力トシテは所依の意。
眼根…ナンド云ハ 底本なし。永禄本により補う。
実ノ目 発識取境の実用ある勝義根をいう。
実ノ耳 底本なし。天保本により補う。
扶根 扶塵根ともいう。前五識が境を縁ずるにあたり、勝義根を扶くる作用あるもの。眼識における眼球をいう。
実ノ眼耳等ハ 底本なし。天保本により補う。
正根 正義根、勝義根のこと。五根をいう。
五塵 五根と同じ。覚夢鈔巻上に「已上五法各為二五境一、亦名二五塵一」(正蔵七一-六六b)という。
声 底本「是等」、天保本により改む。
ヲ 底本「レテ」、天保本により改む。
法処所摂ノ色… 法処は法境をいう。第六識の所縁であって、前五識の所縁でない色法をいう。
有ル 底本なし。天保本により補う。
顕色 梵語 varṇa-rūpa. 色境の中で、顕了に見られる色をいう。覚夢鈔巻上に「一者顕色、謂二青黄等一。非二分位法一。各別種生。其本質者頼耶所縁。影像即是眼識所変。第六意識或時亦縁」(正蔵七一-六六a~b)という。
心王 底本なし。天保本により補う。

実法トス。其ノ実法ノ上ニワキテ出シテ別ノ体《たい》ナキ物ヲバ仮法《けほう》ト云フ。仮法ト無法トハ替《かわり》テ候ナリ。*ツヤ〳〵ナキ物ヲ無法トス、実アルニモ非ズ。又ツヤ〳〵無《なき》ニモ非ズ、カリソメナル法*ハ仮法ト云フ。先ニ申ツル遍計所執ハ無法ニシテ候ガ、仮法ハ依他起ノ中ニヒラケル法ナレバ、無法ニハ非ズ。

次《つぎに》不相応ニ廿四ト者《は》、又百法論*ニ列《つら》ネタル廿四ナリ。是皆仮法ナリ。廿四ヲ不相応トナヅクル事ハ、*五蘊《ごうん》ト申法門アリ。色蘊・受蘊・想蘊・行蘊《ぎょう》・識蘊是也。此五ガ中ノ第四ノ行蘊*ニハ、諸ノ心所幷ニ得《とく》・命根《みょうこん》・衆同分《しゅどうぶん》等ノ法ヲ摂《ワサ》メタリ。其中ニ心所ト心王ト相応ス。相応スト云ハ、其トシタシク相伴フ義也。此ノ得等ノ廿四ハ、心王ト相応セザルガ故ニ不相応トナヅク。サレバ具《ツブサ》ニハ*心不相応行法《しんふそうおうぎょうほう》トナヅク。此ノ廿四ハ*心ニモ非ズ色ニモ非ズ、色法・心法ガ上ニアラザル*義分《ぎぶん》ナリ。又別体ナシ。故ニ廿四ナガラ皆仮法ナリ。且《しばら》ク得*ト云ハ、人ノ物ヲ得《え》タルト申ハ、其ノ得ラレタル金銀ノ物モ正キ得ニ非ズ、*能《よく》ウル人モマサシキ得ニアラズ、又トラスル人モ得ニアラズ。ヨクウル人トエラル、物トヨリアヘル時キ、其中ニエタリト云フ事ハ候ゾカシ。サレバ是ハ仮法也。命根*ト者《は》イノチナリ。命ト云物ハ別体ナシ。タヾ生《イヤ》タル間、一期ノ身心ヲタモテルガ用ナリ。残リノ衆同分*・*異生性《いしょうしょう》ナンドモ、皆加様ノ事也。

人ノ身・人ノ心ヲ始トシテ、馬・牛・蟻《あり》・螻《ケラ》、食物・着物・舎宅・田薗、山・河・石・瓦、金銀・日月・星宿《せいしゅく》・雲霧・雨土、是ニ限ラズ、一切モロ〳〵ノ物ノ体ヲ案ズルニ、八識ノ心王・五十一ノ心所・十一ノ色法ニ離タル物ハ一モ無シ。廿四ノ不相応

ツヤ〳〵　まったく、いっこうに。

法　底本右傍に「物ィ」とある。

百法論ニ列ネタル廿四ナリ　大乗百法明門論に「第四心不相応行法、略有二二十四種一」(正蔵三一-八五五a)とあるによる。底本「烈ネタル」、永禄本により改む。天保本「ツラネタル」。

五蘊　蘊は梵語 skandha. 五陰とも訳す。物質と心を五種の要素に分けたもの。

行蘊　saṃskāra-skandha. 因縁によって造作され、時間的にうつりかわるもの。行は遷流の義で、無為法と区別する。

心不相応行法　色心にもあらず、無為法にもあらざる有為の行法。倶舎では一四をたてるが、唯識では二四を立つ。

心　底本「心王」、天保本により改む。

ザ　底本「ユ」、天保本により改む。

得　梵語 prāpti. 物が我身に属すること。禅定を修得するというのは心法を得、金銀を得るというは、色法を得るなり。

能ウル人モ…人モ得ニアラズ　底本なし。天保本により補う。

命根　梵語 jīvita-indriya. 第八識の名言種子の功能を命根と名づく。

衆同分　同分 sabhāga ともいう。多くの有情の身心を同一に相似せしめるもの。

異生性　凡夫性をいう。分別起の煩悩所知の二障を断ぜぬ間は凡夫の性を離れることができない。

クサ〴〵　さまざま。

次ニ　底本なし。天保本により補う。

六ノ名又百法論ノ…　大乗百法明門論に「第五無為法者、略有二六種一。一虚空無為、

ハ是ガ上ニ立タルナリ。物ニク*サ〳〵名アリ、物ニクサ〳〵ノ数アリ。其モコノ不相応ナリ。四方モ四角モ四季モ十二時モ、ミナ此ノ不相応ナリ、サラニ別ノ体有《ある》事無シ。能々《よくよく》案ジトクベシ。依他起性ノ中ニ九十四ノ法ノ有様、荒々《あらあら》如レ此。

*次ニ円成実性《えんじょうじっしょう》ニ六有ト申ハ、六無為《むい》也。*六ノ名又百法論ノ如シ。此六ハ体性《たいしょう》常住ニシテ、他ノタメニ*為作《いさ》セラレズ。為作ト者《は》、ツクリナス義也。他ト者縁ナリ。其ノ縁ニ四アリ。因縁《いんねん》・等無間縁《とうむけんねん》・所縁々《しょえんねん》・増上縁《ぞうじょうえん》也。因縁ト者《は》、*種子ハ現行《げんぎょう》ヲ縁トス、又*軈而《やがて》種子ヲ縁トシ、*現行ハ種子ヲ縁トスルヲユウナリ。此ノ縁ハ縁ノ中ニ尤《もっと》モシタシキ縁ナリ。因体ヤガテ果トナル故ナリ。其事奥《ソノヤウ》ニ種子ノ事ヲ申所ニ申スベシ。*等無間縁トハ、心ノ起ルガ滅スル時、次ノ心ロ引キ起スヲ云也。後ノ心ハ前ノ心ヲ縁トシテ生ズルガ故也。*所縁々トハ、心ノ知ル所ノ物ヲ云フ。心ハ知ラル、物ヲ縁トシテ生ズル故也。*増上縁トハ、*此外モロ〳〵ノ物ノ縁也。身ハ心ヲ縁トシ、心ハ身ヲ縁トシ、我ハ人ヲ縁トシ、人ハ我ヲ縁トシ、有情ハ非情ヲ縁トシ、非情ハ有情ヲ縁トシ、非情ノ中ニ舎宅・山海・草木等ハ大地ヲ縁トシ、大地ハ*三輪ヲ縁トシ、舎宅ノ中ニ*タルキ・梁《ウツバリ》・牆《カキ》サマ〴〵ノ物ドモノ互ニ縁トナリ、山海・草木ノ中ニ風雨・水石・根茎・枝葉・菓花サマ〴〵ノ物共ノ互ニ縁トナリ、*乃至人ノ身ノ四支五体ヨロズノ物ドモ互ニ縁トナルヤウ無量無辺ナリ。加様ノ縁共、皆ナ増上縁也。如レ此四縁ニヨルハ即他ニツクリナサル、也。カ、ル法ハ皆ナ無常ナリ。真如常住ノ妙理ハ、如レ此ノ四縁ニ作リ出サレタルニ非ズ。故ニ無為《むい》トナヅク。但*真如ハ一味《いちみ》平等《びょうどう》也。実ニハ六ノ体アルニハ非ザレ

二択滅無為、三非択滅無為、四不動滅無為、五想受滅無為、六真如無為」(正蔵三一-一五五c)とあるによる。

為作　造作の意。因能く果を引生すること。

種子…　現行薫種子にして、因果同時である。現行は、種子より色心の諸法を生ずること、および生じた法をいう。

軈而種子…　種子生種子にして、因果異時。

現行ハ…　種子生現行にして因果同時をあらわす。

等無間縁　梵語 samanantara-pratyaya. 四縁の一。次第縁ともいう。後心が生ずるは、前心の開避引導による。なお開避引導の解釈には二説あり。底本「等無間」、天保本により改む。

所縁々　外境が心識の生ずる縁となること。所縁とは攀縁せられる義。縁とは縁となって心法を引起する義。縁々について、南北両伝、解釈を異にする。

増上縁　他法の生ずるを障えざる縁。増上とは勝れる義。

此外…　上の三縁を除いた以外の一切法をさす。

三輪　風輪・水輪・金輪をいう。

タルキ　椽。

乃至…無辺ナリ　底本なし。天保本により補う。

真如…　覚夢鈔巻上に「此五皆依二真如一仮立。六真如。謂理非二妄倒一故、名二真如一。真謂真実、顕非二虚妄一。如謂如常、表レ無二変易一」(正蔵七一-六九a)とある。

ドモ、位ニヨセ、義相ニヨセテ六無為ヲ開《ひらく》。諸ノ障礙ヲハナレタル事虚空《こくう》ニ似タルガ故ニ、*虚空無為トナヅク。簡択《けんぢやく》〈エラビ エラブ〉ノ力ニ依テモロ〳〵ノ雑染《ぞうぜん》ヲ滅シテ、究竟《くきよう》シテ証会《しようえ》スルガ故ニ、*択滅無為《ぢやくめつむい》トナヅク。簡択ト云ハ智恵《ちえ》ナリ。雑染ト云ハ煩悩ナリ。証会ト云ハヨク明ニシルナリ。又智恵ノ簡択ニヨラザレドモ、真如ノ体ハ*本《もと》ヨリ清浄ナリ。或ハ*縁カクル時ニハ自《ヲノヅカラ》不生ノ理顕レタル。是ヲ非択滅無為《ひぢやくめつむい》トナヅク。縁カクト申候ハ、何物ノ生ズベキ様ノ縁カケテ自《ヲノヅカラ》生ゼズ成ル事ノ候ヲ申スナリ。又*苦受《くじゆ》・楽受《らくじゆ》ノ滅スル時顕ハル、無為ヲ*不動無為トナヅク。苦受ト申候ハ、身ニクルシミヲウル心、楽受ト申候ハ、身ニタノシミヲウクル心ナリ。此二ハ先ニ申候ツル遍行ト心所ノ中ノ受ノ心所ニ摂《ヲサ》ム。又*想受ノ起ラザル時顕ル無為ヲ*想受滅無為《そうじゆめつむい》トナヅク。想ト申ハ、先ノ遍行ノ心所ノ中ノ想心所也。受ト申ハ、即受ノ心所ナリ。凡此心所ニ五受ト申テ五ノ位アリ。憂受・苦受・喜受・楽受・捨受ナリ。憂受ト申ハ、心ノ中ニウレヘヲ請《うけ》テイマダ身ノ苦シミニハ及バザル心也。喜受ト申ハ、心ノ中ニ喜《ヨロコビ》ヲウケテイマダ身ノタノシミニハ及バザル心也。捨受ト申ハ、タノシミニモ非ズ*苦ニモ非ズ憂ニモ非ズ喜ニモ非ザルトキ万《よろ》ヅノ事ヲ請テ知ル心ナリ。苦受ト楽受ハサキ〴〵ニ申*候。今*受ヲコラズト申候ハ、此五受皆ナ起ラザル也。今此五ノ無為ハミナ真如無為《しんによむい》ノ上ニタテ顕ス。法性ハ*真実如常《しんじつによじよう》ナルガ故ニ*真如無為ト名《なづ》ク。是ヲ六無為ト申候也。*真勝義《しんしようぎ》ノ中ニハ、真如ト云フ名モ、ナヲコレカリニ説ケル名ナリ。実ノ法性ハ有《あり》トモ云フベカラズ、空トモ云フベカラズ、*真如トモ云ベカラズ、不《ふ》

虚空無為　虚空は比喩。覚夢鈔巻上に「一虚空、謂離㆓諸障礙㆒故名㆓虚空㆒」(正蔵七一-六八c)とある。
択滅無為　智慧によって二障を断じて、あらわれる真如をいう。覚夢鈔巻上に「二択滅。謂由㆓簡択力㆒滅㆓諸雑染㆒究竟証会。故名㆓択滅㆒」(正蔵七一-六九a)とある。
本ヨリ清浄　智慧によらず、本来清浄を主張するのは、一乗家の主張たる本覚の理と同じ。
縁カクル　縁欠くる。倶舎で説く非択滅に似る。
苦受楽受　苦楽の感情。五識の逼悩するを苦受、適悦するを楽受という。
不動無為　苦楽を離れて得られる真如。
想受　底本「受想」、天保本により改む。
想受滅無為　滅尽定に入り、想受の心所を滅した時にあらわれる真如。覚夢鈔巻上に「五想受滅、謂想受不㆑行名㆓想受滅㆒。滅尽定中之所顕也」(正蔵七一-六九a)とみえる。
苦ニモ非ズ憂ニモ非ズ　底本なし。天保本により補う。
候　底本なし。天保本により補う。
受　底本「受ル」、天保本により改む。
真実如常　論巻九に「真謂真実顕㆑非㆓虚妄㆒。如謂如常表㆑無㆓変易㆒。謂此真実於㆓一切位㆒常如其性故曰㆓真如㆒」(正蔵三一-四八a)とあるにもとづく。
真如無為　真智所照の真理。
真勝義　一真法界をいう。
真如トモ云ベカラズ　底本なし。天保本により補う。大乗起信論に「言㆓真如㆒者、

可思議《かしぎ》ナルガ故ニ、*言語道断《ごんごどうだん》ナルガ故也。今此ノ無為ノ上ニ不相応ヲ立ル事アリ。其モ略シ候。大方心王ニ八ツ、心所ニ五十一、色ニ十一、不相応ニ廿四、無為ニ六、合《がつして》百法也。百法論ニハ此百法ト二無我トノ名ヲ列*ネテ候也。

二無我ハ先ニヲロ〳〵申候畢《おわんぬ》。マヅ補特加羅無我《ふとがらむが》ト申候ハ、我《が》ノ相《そう》ヲ空ズルナリ。我ノ相ト申候ハ、我執ノマヘニアリトヲボユル相ナリ。我執ト申ハ、有情トテ、人ニテモ馬*ニテモ牛ニテモ加様ノ心*有物《ある》アルヲ実ニアリト執シテ、我人差別ヲツヨク思ヘル心ナリ。是ハヒガ事《ごと》ヲ思ナリ。其故ハ、*人ト云フ物ハ只モロ〳〵ノ色ト心トノ寄合《ヨリあい》タル計《ばかり》也。長短、方*円、細《ホソ》ク太《フト》キモ、皆ナ色ノ類《たぐい》ナリ。何況《いかにいわん》ヤ青・黄・赤・白・声・香・味・触ヲヤ。頭《カウベ》ヨリ趺《アナウラ》ニイタルマデ、皮ヨリ骨ニイタルマデ、只是等ガ寄合タルナリ。此外ニ人ノ体ナシ。縦《タトヘ》バ材木ノ寄合タルヲ家ト名付ク。材木ノ外ニ家ト云物無シ。人ノ身モ如レ此。多クノ心、多クノ色ノ寄合タル外ニ何モ無キナリ。如レ此悟《さとる》ヲ補特伽羅無我トハ申候。サテ此ノ寄合タルヲ、クノ色心ノ一一ノ体ヲ、実ニ定《さだめ》テアル物ゾト執スル心ヲ法執《ほっしゅう》トハ申候。是モ又ヒガ事也。其故ハ、此諸法ハ皆ナ因縁ヨリ生ジ、増上縁*ヨリ起ル。或ハ等無間縁《とうむけんねん》*ニヒカレ、所縁々《しょえんねん》ニタモタレタリ。一トシテモ我トアル物無シ。併《しかしながら》他力ヲ蒙テノミ有リ。他ト申ハ縁ナリ。其縁モマタ別ノ物ニアラズ、即此諸法也。或《あるいは》*諸法互ニ作リ成セリ。如レ此皆ナ他ノ力ニテ有ル物ナレバ、有リト云ベキ様モナシ。タトヘバイタリテマヅシキ人ノ助ヲ蒙リテ世ニ有ルハ、世ニ有リト云ベキニモ無キガ如シ。色*心ノ諸法モ又如レ此。有ニ似タレ共《ども》、実ヲ云ヘバ無シ。如レ此

亦無レ有相。謂言説之極、因レ言遣レ言」(正蔵三二-五七六a)とある。
言語道断 菩薩瓔珞本業経巻下に「言語道断、心行処滅、其処難量」(正蔵二四-一〇一九c)とみえる。
列ネテ 底本「烈」、永禄本により改む。天保本「ツラネテ」。
馬ニテモ 底本なし。天保本により補う。
心有物 有情をいう。
人ト云フ物ハ… 五蘊和合して仮りに人の姿となっているので、実我の体性ではない。
方円 底本「円ニ四方〈ホウ〉ニ」、永禄本により改む。天保本「円方」。
縁 底本なし。天保本により改む。
ニ 底本なし。天保本により改む。
諸法互ニ… 論巻七には「展転力者、謂八現識及彼相応相見分等、彼皆互有ニ相助力ニ故」(正蔵三一-四〇a)とある。
色心 底本「色身」、天保本により改む。

悟《さとる》ヲ*法無我トハ申候ナリ。能此《この》二無我ヲ悟レバ、*真如ノ理《り》モ顕ル。真如ハ*無相ナルガ故ニ、必ズ空ヲ観ジテ是ヲ顕ス。真如ノ理ノ空ナルニハ非ズ。空ニ非ズト云ヘドモ、*其物トシテアルコトモナシ。其ノ物トシテアルコト無《なし》トイヘドモ、其性ハ又真実ナリ。所レ詮《ずる》真如ノ理ト申ス、物ノコトハリ、真実ナルヲ申候也。諸法ハ理《ことわ》リヲ以テタモテリ。理リ無クテハ、諸法如何《いか》デカアラン。此故ニ真如ハ諸法ノ性ナリ。性ハ即チ無為ナリ、円成ナリ。依他ハ諸法ノ相也。相ハ即チ有為《うい》ナリ、体事《たいじ》也。其体事ハ真実ニ非ズ、有《う》ニ似タレ共、実ノ体事ハ無シ。是ヲ実ト思テ*体用《たいゆう》ヲ執スルハ、我法二執ナリ。是ヲ除《のぞ》クハ二無我ナリ。サレバ二無我ハ百法ノ上ニ妄執ヲ除《のぞかん》ガ為ニ立テタルナリ。

抑《そもそも》今此百法ヲ見ルニ、唯識ノ理リナヲ信ジ難シ。其故ハ、識ト云ハマサシク心王ナリ。心王ノ外ニ、既ニ心所アリ、色法アリ、不相応アリ、無為アリ、マサニ唯一心ニアラザルヲヤ。此疑ヲ開ク様《よう》ハ、心所ハ*同心也、心王ガ伴類《ばんるい》トシテ心王ガ外ニ有《ある》ニ非ズ。色法ハ心々所ガ*所反《しょへん》トシテ心ニ離レズ。不相応ハ色心ガ義分ナレバ心ニ*離レズ。*無為ハ色心不相応ガ実性ナレバ心ニ離レズ。故ニ一切唯識*也。是ガ中ニ色法ヲ心々所ガ所反ト*申候様ハ、先キニ申候ツル八識ノ心王ト五十一ノ心所トニ一々皆ナ四分アリ。*四分ト申ハ、相分《そうぶん》・見分《けんぶん》・自証分《じしょうぶん》・証自証分《しょうじしょうぶん》ナリ。眼識ニモ此四分アリ。*耳識ニモ此四分アリ。乃至阿頼耶識ニモコノ四分アリ。*五十一ノ心所モ如レ此コノ四分有リ。此中ニ、自証分ト申ハ心ノ*正体也、残リノ三分ハ心ノ用也。用ト申スハ体ニソナハレル功能《くうのう》也。所謂*相分ハ、心ノ功能ノ中ニ知ラル、功能也。心ト云フ物ハ、物ヲ知ル外ニ

法無我　覚夢鈔巻上に「二者法空、即法無我。法者軌持。軌謂軌範。可レ生二物解一。持謂任持。不レ捨二自性一。然無二堅実自性勝用一名二法無我一」(正蔵七一・六九b)とみえる。

真如ノ理…　顕理門による。清風の妄雲を掃い、月色鮮明なるが如し。

無相　遍計所執の相なきをいう。二空所顕の真如をいう。真如について道理真理と別体真理の二つの解釈あり。別体真理は、大乗起信論の如来蔵の如きもの。法相家は道理真理を説く。

其物…イヘドモ　底本なし。天保本により補う。

体用ヲ執ス　体に迷うを法執といい、用に迷うを人執という。

同心也　底本なし。永禄本により補う。

所反　所変。→一四一頁注「転反」

二離レ　底本不明、天保本による。

無為ハ…離レズ　底本なし。天保本により補う。

也是　底本「ナル」、天保本により改む。

申候　底本不明、天保本による。

四分　心心所の認識作用を四種に分けて説明したもの。唯識論師のうち、安慧は自証分の一分説、親勝・難陀は見・相二分説、陳那・火弁は三分説、護法は証自証分を加えた四分説をとる。法相宗では四分説が正義。論巻二・述記巻三本・略要巻上・四分義極略私記巻上・覚夢鈔巻上の四分安立義など参照。

耳識…阿頼耶識ニモコノ四分アリ　底本なし。天保本により補う。

五十一ノ心所　五十一の心所のうち実の

別ノ様無シ。若シ知《しら》ル、物ナクハ何ヲカシランヤ。此理リニ依テ心ノ体*転反《てんぺん》シテ知ル、物トナル。*此《この》知ラル、用《はたらき》ヲ相分トナヅク。モロ〳〵ノ色法ハ此相分ノ中ニ有リ。サレバ色法ハ心ニ離レザル也。見分ト申候ハ、能《よ》ク此相分ヲ知ル用《はたらき》也。知ラル、物アリ共、マサシク其ヲ知ル功能無ンバ争《いかで》カ知ランヤ。故ニ心ノ体転反シテ能ク物ヲ知ル功能ヲ起ス。此能ク知ル用ヲ見分トナヅク。証自証分ト申候ハ、能ク自証分ヲ知ル功能也。自証分ハ、心ノ体トシテ中ニ有テ、能ク見分ヲモ知リ、能ク証自証分ヲモシル也。心ト云フ物ハ明浄ナル事、タトヘバ明カナル鏡《カヾミ》ノ如シ。己《ヲノレ》ガ用ヲ知ルノミナラズ、カヘリテ能ク己《ヲノレ》ガ体ヲモシルナリ。如レ此キノ不思議ノ理《こと》ハリ、我ガ宗ノミ談ズル所ナリ。カサネテ委ク云《いわ》バ、タトヘバ明ナル*鏡ヲ以テ物ノ形ヲ照ス時、必ズ鏡ノ中ニ其形チウツレリ。其*影ハ鏡ノ外ニアルガ如シ。只鏡ノ体ノ清《きよき》ニ依テ、物ニムカフレバ必ズ照スユヘニ、テラサル、用トシテ現ズル所ナリ。其ノ鏡ノ光リノ*シタシク照ス所ハウツレル影ナリ、*ウトク照ス所ハカヾミニムカヘル物ノ本体《の》形チナリ。鏡ノ用ハ清クミガケル銅ノ功能也。鏡ノ体ハ清クミガケル銅ナリ。サレバウツレル影ト是ヲ照ス光*トハ鏡ノ用也。鏡ニ離レテ物体ナシ。心ノ物ヲ知ルアリ様、如レ此。シラル、物ノ心ノウチニ浮メルヲバ相分ト名付ク。鏡ノ影ノ如シ。其相分ノ本体ノ形ヲバ*本質《ほんぜつ》トナヅク。其本質ハ又アラ耶識ノ相分也。阿頼耶識ノ相分ニハ本質ナシ。能ク知《しる》用ノ心ノ上ニ起ルヲバ見分ト名付ク。鏡ノ光ノ如シ。能ク浮メ、ヨク知ル用ヲ起ス体ヲバ自証分トナヅク。カヾミノ体ノキヨク、銅ノ如シ。暫ク眼識起リテ青・黄等色ヲ見ル時、眼識ノ前ニ其

心所には四分あるも、仮の心所(忿覆等)には四分はないという(四分義極略私記巻上参照)。

正体 二説あり。四分を皆用とする説と、四分を体用に分ち、自証分を体、余の三分を用とする説とあり。二巻抄は後義による。

相分 対象を心が縁ずる時、心の上に境に似る相あるをいう。

転反 論巻七に「皆能変似二見相二分一、立二転変名一。所変見分説名二分別一。能取レ相故。所変相分名二所分別一。見所レ取故」(正蔵三一-三八c)とあるによる。

知ラル、用 相分。認識の対象。知る用を見分という。認識の主体。

鏡ヲ以テ… 鏡の喩は、解深密経巻三(正蔵一六-六九八b)参照。

影 底本「影」の左下に小字で「形」とある。

シタシク照ス所 親所縁。

ウトク照ス所 疎所縁。

トハ 底本不明、天保本による。

本質 相分の所杖、所託となるもの。唯識三類境に説く。初心略要続篇の三類境、覚夢鈔巻中の三類境義参照。

色浮ミ顕ル、、是ハ相分也。其色ノ本質《ほんぜつ》ハ則第八識ノ相分也。眼識ノ能ク是ヲ見ル用ハ見分也。此ミラル、色ノ用トミル見分ノ用トヲ起スハ眼識ノ体也。体ハ*則チ自証分也。是ニ随ヘル心所モ皆ナ如レ此。耳識ノ声ヲキ、、鼻識ノ香ヲカギ、乃至意識ノ万《よろ》ヅノ事ヲ思惟《しゆい》分別《ふんべつ》スル時ノ心王・心所ノ有様モ皆ナ如レ此。次第ニ思食《おぼしめ》シ合《あわ》セラルベク候。但末那《まな》アラヤ識《しき》ノ物ヲシルヤウ候、今マ申シ候ハズ。末那ハ*阿頼ヤノ見分ニムカヒテ、是ヲ我々ト思フ、此外ニ物ヲ知ルコトナシ。無始ヨリ以来、如レ此阿頼耶識ハ*種子ト五根《ごこん》ト器界《きかい》トヲ知ル。種子ト申ハ*、諸法ノ種子也。五根ト申ハ、色法ノ十一ノ中ノ眼・耳・鼻・舌・身ナリ。器界ト申ハ、山河・大地・舎宅・田薗等也。末那モ阿頼耶モ四分ノ有様同ジ事也。是ニ随エル心所共《とも》モ又然《しか》ナリ。サレバ色法モ一心ニ離レズ、一切唯識也。

次ニ種子ノ事ヲロ〳〵申ベシ。先ヅ種子ト云ハ何ナル物ゾ。何トテ出来《き》*タル、イカヤウノ物ヲ生ズルゾ。種子ト申ハ、色心ノ諸法ノ気分《けぶん》*ナリ。色ニモ心ニモ各実法アリ仮法《けほう》アリ。其中ニ実法ハミナ種子ヨリ生ジテ種子ヲ薫ズ。薫ズト申ハ己《ヲノレ》ガ気分ヲ留メテ置ナリ。留テ置ク様ハ、先ヅ暫ク眼識起リテ色ヲ見ルカトスレバ軈《やが》テ滅ス、滅スルカトスレバ軈テ生ズ。生ズ*ト申候ハ、軈テ色ヲ見ルナリ。如レ此念々生滅スル間《あい》*ダ、其ノ見ラル、色モ見ル眼識モ、生ズル時ハ必ズ各ガ気分ヨリ生ジ、滅スル時ハ必ズ各ガ気分ヲノコス。残ス所ノ気分ヲ、色モ心モ皆ナカクレシヅミテ、其カタチヲミガタ*シ。併《しかしながら》阿頼耶識ノ中ニ落チ集ル此気分ヲ種子ト名付ケテ、此種子ヨリ色心*ノ生ズ

体ハ　底本なし。天保本により補う。

末那ハ…　第八の見分のみを縁じ、非我なる第八をあやまって我なりとすること。底本「末那ハ」なし。天保本により補う。

阿頼耶識ハ…　阿頼耶識の所縁の境は種根器の三なることをいう。論巻二に「此識行相所縁云何。謂不可知執受処了。了謂了別。即是行相。識以二了別一為二行相一故。処謂処所。即器世間」(正蔵三一-一〇a)とある。

種子ト申ハ　底本「種子ヲ知ルト申ハ」、天保本により改む。種子は、行為の潜勢力。種子については、論巻二・述記巻二末など参照。論巻二では「謂本識中、親生二自果一功能差別」(正蔵三一-八a)という。

来　底本附訓「キタリ」。

気分　勢力のこと。

生ズ　底本なし。天保本により補う。

生滅スル間ダ　種子の能薫の四義の中の有生滅の義をさす。

ミガタシ　底本「ミセスシ」、天保本により改む。

心　底本「身」、右傍に「心ヵ」、天保本により改む。

ルヲバ現行ト名付ク。色ハ色ノ種子ヨリ現行シ、心ハ心ノ種子ヨリ現行ス。必ズ己ガ気分ヨリ現行シテ、*他ノ気分ヨリハ現行セズ。現行スト申ハ、種子ニテアル時ハカクレシヅミタルガ顕レ起ルヲ申也。眼識ノ如ク、耳識ノ起テ声ヲキヽ、乃至*末那識ガ*阿頼耶識ノ見分ヲ縁ズルモ、如レ此《かくのごと》ク種子ヲ薫ズルナリ。凡有為ノ諸法ハ皆ナ刹那《せつな》々々ニ生滅ス。刹那ト申ハ、時ノ至リテ短キ也。髪筋《カミす》ヂ切ルヨリモ猶スミヤカニ、電ノ光リヨリモ猶*トシ。時ノ次第ニ過ギ行《ゆく》ヲ以テ御心得《おこころえ》アルベク候。スグルハ即滅スルナリ、是ヲ過去ト名付ク。来ルハ即チ生ズル也、是ヲ現在ト名付ク。イマダ来ラザル後々ヲバ未来ト名付ク。何モ物ノスギヌ事ヤハ候。暫モ*ユラヘテ行カヌホド、云物ハナシ。天地・山河ノイツトモ無ク有ル様ナルモ、今日ノ日ハ昨日ノ日ニハ非ズ、夕べ朝ノニハ非ズ、只今ノハ其《ソレ》ヨリ先ノニハ非ズ。如レ此次第〳〵ニ*責メ寄《よせ》テ見ルニ、滅スル事ノハヤサハ、タトヘテ云フベキ物ナシ。世ノ中ニ久シクヲボユル物スラ如レ此。マシテ余ノ物ハ申ニ不レ及。但シ如レ此ク滅ストイヘドモ、常ニ有リト見ユル物ハ、滅スレバヤガテ同ジカタチニテ生ズ。其《その》生ズル事速カナル事モ又滅スルガ如シ。故ニ常ニ有ト見ユルナリ。タトヘバ水ノ上ニ降ル雪ノ、フレバ軈《やが》テ消ヘ、消ユレバ軈テ降ル。如レ此〳〵ナルガ故ニ消《きゆ》トイヘドモ、水ノ上ニ常ニ雪ノ有ル様ニ見ユルガ如シ。世ノ中ニ人ノ無常ナリト思ヘル物ハ、滅シテ後チ生ズルガ如ク、ヲソク、又軈テ生ズレ共、同ジ質チニテモ生ゼズ。サキニハ替テ生ズル物ナリ。サレバ滅スル事ノ*速サハ、*一切ノ有為ノ法皆同ジ事也。生ズル事ノ遅《ヲソ》サト速サト、*物ニ随テ不定ナリ。永ク生ゼデヤム物モ

他ノ気分… 能薫四義のうち、性決定、引自果をいう。
末那識ガ 底本なし。天保本により補う。
阿頼耶識 底本「阿頼識」、天保本により補う。
トシ 疾し。速い。
ユラヘテ 淹滞して。
責メ寄テ… おいつめていったら。
速サハ…生ズル事ノ 底本なし。永禄本により補う。
一切ノ有為ノ法… 一切有為法は一として刹那生滅にあらざるをいう。刹那生滅を論巻二では「恒転如二暴流一」(正蔵三一-七c)とする。恒は相続不断を、転は刹那生滅をあらわす。
物 底本「地」、天保本により改む。

アリ。ヲソク生ズル物モアリ。軈テ生ズル物モアリ。或時《は》軈テ生ジ、或時《は》遅ク生ジ、時ニ随テ不定ナル物アリ。何《イツ》モ同ジ様ニ刹那《せつな》〳〵ニ生ズル物モアリ。凡夫迷乱シテ常住ナリト思ヘリ。実ニハ皆ナ〳〵無常ノ法ナリ。色モ心モ皆ナ然ナリ。心ノ中ニ末那・*頼耶ハタヘズ生ズ。意識ハウチマカセテハ絶ヘズ、*希《まれ》ニ起ラザル時モアリ。五識ハ滅シテ軈《やが》テ起ル事希レナリ、時々ハ*サル事モアリ。如レ此有為ノ諸法ノ滅スル毎度《タビゴトニ》、ヲノ〳〵ガ気分ヲ残シ置《おく》ヲ、種子ヲ薫《くん》ズトハ申候。サレバ万ヅノ物ハ皆ナ我等ガ心中ニ有ル第八識ノ中ノ各《ヲノ〳〵》ガ気分ヨリ起リ出テ、心トモ成リ、身トモ成リ、衣服《えぶく》・飲食《おんじき》トモ成リ、家トモ財トモ、天地・国土・山河・草木トモナルナリ。

法相大乗宗二巻抄　上

右此二巻抄者於二法相宗一者随分之本也。初心抄トモ是ヲ云ヒ奥義抄トモ云フレ是ヲ。然ヲ今起縁至時大和国部栗上ノ郡下旧田普賢寺於二大師坊ニ一自二朝光房之方一不思議ニ得レ是書写令畢。

*文明四年弐月廿一日　　求菩提　英悟　生十八才

偏是為二上求菩提下化衆生一之也

頼耶　阿頼耶識。底本「頼那」、天保本により改む。
希ニ…　第六識の起らない時は五位無心の時なり。
サル事　起ること。

文明四年　一四七二年。

法相大乗宗二巻抄　下

阿頼耶識ノ種子《しゅうじ》ヲモ阿頼耶ノ中ニタモテリ。但*阿頼耶ハ種子ヲ受ケ持《たも》ツ法ニテ、種子ヲ薫ズル事ハ無シ。阿頼耶ノ種子ヲバ意《い》識《しき》・末那識ガ薫ズル事ニテ候也。其様モ事長ク候ヘバ略シ候ヌ。

抑《そもそも》今申《もうし》候種子ハ、新薫種子《しんくんしゅうじ》*ナリ。始テ薫ジ出ス故、新*薫種子ト名ク。此ノ外本有《ほんぬ》*種子《しゅうじ》アリ。本有種子ハ、始メテ薫ジ出セルニ非ズ。第八頼耶ノ中ニ無《む》始《し》法爾《ほうに》トシテ其ノ気分アリ。是ニ二類アリ。一ニハ有漏《うろ》*ノ法爾種《ほうにしゅ》、二ニハ無漏《むろ》ノ法爾種也。彼ニモ是ニモ共ニ色心万差《ばんしゃ》ノ種ドモコマ〴〵ト皆ナ有リ。今此ノ本有・新薫・有漏・無漏ノ諸ノ種子モ、皆ナ有為ノ法ナレバ刹那生滅ス。滅スル時ハ則チ各ガ後ノ類ヲ引起シ、所謂色ノ種子ハ滅スル時色ノ種子ヲヒク、心ノ種子ハ滅スル時心ノ種子ヲヒク。色ノ中ニモ多クノ色有リ。心ノ中ニモ多ク心アリ。皆如レ此我類ヒヲ引ク。此故ニ諸法ノ種子絶ル事ナシ。タトヘバ早キ河ノ流ノ速ニスグレバ、共ニ流レツヾキテ絶ヘザルガ如シ。サレバ種子*ハ現行ヲ生ジ、現行*ハ種子ヲ生ズ。種子*ハ又種ヲモ生ズ。此三ノ縁ハ因ノ体則《すなわち》転ジテ果《か》ト成リ、其ノ縁モトモニシタシ。先キニ申*シ候ツル四縁ノ中ノ因縁ハ、此ノ三ノ因縁也。新薫・本有ノ種子ノ相、略シテ如レ此。ソノ法爾無漏ノ種子

阿頼耶…　第八は種子を持するのみであること。能薫の四義を欠くから自の種子を薫ずることはない。

ナリ始テ…此ノ外本有種子　底本なし。天保本により補う。

新薫種子　典拠は多界経。述記巻二末(正蔵四三-三〇五b)。

本有種子　出典は無尽意経。述記巻二末では「大荘厳論亦引二此経一。名二無尽意一。此即三乗通信之経」(正蔵四三-三〇四b)という。成唯識論同学鈔(以下「同学鈔」と略)巻二之四参照。略要巻上では「於二種子一有二二類一。一本有種子。所謂第八識中無始本来法爾条然、可レ生二諸法一因縁力有レ之、是名二本有種子一。亦名二法爾種子一。…二新薫種子。所謂有為中諸実法各各所レ留自気分也」(日蔵、法相宗章疏上-七三〇b〜七三一a)という。

有漏ノ法爾種…　略要巻上には「一有漏本有種子、可レ生二有漏諸法一法爾因縁也。二無漏本有種子、可レ生二無漏諸法一法爾因縁也。是名二法爾無漏種子一」(日蔵、法相宗章疏上-七三〇c)とある。

種子ハ現行ヲ生ジ　種子生現行。

現行ハ種子ヲ生ズ　現行薫種子。

種子ハ又種ヲモ生ズ　種子生種子。

ニ　底本なし。天保本により補う。

ノ中ニ仏種《の》アリ、独覚《どくかく》ノ種子アリ、声聞《しょうもん》ノ種子アリ。是ヲ三乗ノ*種姓《しゅうじょう》ト名付ク。此三乗ノ種性ヲ具足スル事、人ニ随テ様〳〵ニ不同也。有ル衆生ハ仏ノ種子ノミアリ。是ノ衆生ハ声聞ニモ成ズ、独覚ニモ成ズ、直ニ仏ト成ル。是ヲ*頓悟《とんご》大乗《だいじょう》トナヅク。或衆生ハ独覚ノ種ノミ有テ、直《に》成《りて》二独覚《と》一、入《る》二*無余涅槃《むよねはんに》一。或衆生ハ声聞ノ種ノミ有リ、是ハ直《に》成《りて》二声聞《と》一、入《る》二無余涅槃《に》一。此二人ヲバ*定性二乗《じょうしょうにじょう》ト名ヅク。或衆生ハ三乗ノ種子ミナヽガラアリ。是ハ先ヅ声聞ニモ独覚ニモ成テ後ニ成仏ス。是ヲ漸悟《ぜんご》ノ菩薩ト名付。或*衆生ハ三乗ノ種子皆ナ無シ。此ノ人ハ何《イツ》ト無ク凡夫ニテハツル也。是ヲ*無性有情《むしょううじょう》ト名付。

無余涅槃ト申ハ、身モ心モ皆ナホロビ失セテ、又何《イツク》ニモ生レズ、永クサメ*ハツル也。是則有為ノ諸法ハ皆ナ失セテ、無為常住ノ法性《ほっしょう》ノ真理ノミニナル也。是ヲイミジキ事ニシテ、声聞・独覚ハカクナラント願フ也。*寂滅為楽《じゃくめつい らく》ナレバ実ニ是モイミジキ果也。身モ心モ永ク失《うせ》ヌトキケバ、心ロ細キ様ニヲボユルハ、凡夫ノ心ノ*ツタ無クシテ、身モ愛シ、世ヲムサブル煩悩ニマドハサレテ、涅槃寂静《ねはんじゃくじょう》、無為常住ノ楽《らく》ヲヲソル、也。若シ其レ我身ウセ、*世ハ永ク絶ヌ共、ソレハクルシカラズ。悟リナバ、衆生利益《しゅじょうりやく》ノ徳ノ永ク闕《か》ケナン事ノ心ウケレバ、声聞・独覚ニナラジ、仏ニ成ラント思ハンハ、目出《めでた》キ心ナルベシ。是則大菩提心也。

当《まさ》ニ知ヌ、浄土菩提ニ至リナバ、身モタノシク、世ニモ有ランズレバ、其ニ到ラント願フハ、正キ浄土菩提ヲ願フニハ非ズ、只是《ただこれ》生死ノ輪廻《りんね》ヲ願フナリ。*生レテハ何カセ

種姓　姓とは類、有情の種姓、素姓をいう。法相宗では五姓各別を立つ。五姓については、論巻二・述記巻二末・同学鈔巻一之三、四・覚夢鈔巻中・略要続篇の五姓各別事参照。底本「種子」、永禄本により改む。天保本「種性」。

頓悟大乗　直ちに大乗に入り、小乗によらない種姓をいう。

無余涅槃　梵語 anupadhiśeṣa-nirvāṇa. 無余依涅槃ともいう。身心ともに灰滅する境地。

定性二乗　決定性の独覚および声聞をいう。

或衆生ハ…　三乗無漏の種子なく、有漏種子のみを具するをいう。

無性有情　人天有漏の種子を具して、三乗無漏の種子を有せざる者をいう。不成仏者のこと。

メ　底本「テ」、天保本により改む。

寂滅為楽　北本涅槃経巻一四に「諸行無常、是生滅法、…生滅々已、寂滅為レ楽」(正蔵一二-四五〇a～四五一a)とみえる。なお瑜伽論巻八一では「諸行無常、有二起尽一法、生必滅故、彼寂為レ楽」(正蔵三〇-七五〇b)とある。

ツタ無ク　拙く。

世ハ　底本なし。天保本により補う。

生レテハ…　生ずるものは必ず死なねばならぬをいう。

ン。生者ハ必ズ死ス。楽シクテハ何カセン。有為ノ楽ハ必ズ尽《つく》ル期アリ。浄土ノ楽ミ、此世ノ楽ニハ異ルガ故ニ、菩提ノ果ハ生レテ到ル所ニ非ザルガ故ニ。サレバ衆生済度《さいど》ノ為ニ二乗ニハナラジ、仏ニ成ラント思フベキニコソ候ナレ。此心ハ即チ浄土ニ生ズベキ因ナリ。衆生済度スル間ニハ、身ヲ失ヒ、命ヲホロボス事幾《イクソバク》ゾ。衆生ノ為ニハ、タトヒ身智永クホロブトモ、サナリテモ、利益ダニ有ラバ、痛ミトスルニ不レ足《タラズ》。然而サナリナバ衆生利益ノ事ノ叶フマジケレバコソ、仏ニハ成リタク候ベケレ。是ヲ以テ明《あきらか》ニ知《しり》ヌ、*菩提心無クテハ浄土ニ生レズトイフ事ヲ。

*但シ是ニ付テ尋テ曰ク、衆生ノ浄土ヲ願フハ楽シカラント*科《ばかり》ニテコソ有レ、今聞クヤウナラバ、浄土ニ生レテ何カセン、只穢土《えど》ニ有リナン。衆生済度ハ穢土ニテナヲ勝レタルガ故也。*此難ヲ答テ云、誰カ云フ、浄土ヲ願フ事、欲楽《よくぎよう》ヲ本トストハ。欲楽ノ為ニ生ント思ハン物ハ不レ可レ生《ル》、カヘリテ穢土ニ生テ生死ニ輪廻ス。欲楽ハ穢土ノ相ナルガ故ニ、浄土ノ楽ハ愛欲《あいよく》*ノ楽ニ非ルガ故ニ。是ニ依テ浄土ニ生ル、事ハ二ノ願ニ依ルベシ。一ニハ見仏聞法《けんぶつもんぼう》ノ為メ浄土ニ生レント思フ。穢土ニハ見仏聞法カタキガ故ニ。其ノ見仏聞法ハ即チ衆生ノ為也。二ニハ衆生利益ノ為ニ穢土ニ生ント思フ。浄土ニハ受苦ノ衆生無クテ大悲《だいひ》ノ所度カケタルガ故ニ。其ノ衆生利益ハ則大菩提ノ為ナリ。如レ此願ハ浄土ニ生ズル業因《ごういん》トナル。但シ菩提心ニ無量無辺ノ階級アリ。其ノヲ、ムネハ只*慈悲《じひ》正直《しょうじき》也。我等モ、好マバ、ナドカ浄土ニ生ゼザラン。五性各別ノツヰデニ、私ノ所存*僻事《ひがごと》ニモヤ候ラン、ヲロ〳〵申候。

菩提心…　浄土論註巻下には「願レ生二彼安楽浄土一者、要発二無上菩提心一也。若人不レ発二無上菩提心一、但聞二彼国土受楽無間一、為レ楽故願レ生者、亦当レ不レ得二往生一」（正蔵四〇―八四二a）とある。

但シ是ニ…　以下良遍が在世の為楽願生の迷執を破して、大悲心仏因の旨を示す。

ト科　ただそればかり、ひたすら。永禄本「レウ」（料）、天保本「為」。

此難ヲ答テ云…　前問に答えて、浄土を願うに欲楽を本とする考えを批判する。

ノ楽ニ非ル　底本「ニアルナル」、天保本により改む。

慈悲正直　浄土論註巻下に「抜レ苦曰レ慈、与レ楽曰レ悲。依レ慈故、抜二一切衆生苦一。依レ悲故、遠二離無安衆生心一。…正直曰レ方、外レ己曰レ便。依二正直一故、生下憐二愍一切衆生一心上。依レ外レ己故、遠下離供二養恭三敬自身一心上」（正蔵四〇―八四二b）という。大菩提心をもって往生浄土の正因とする。二巻抄の浄土往生は、法然の厭欣心を談じ、願往生心をもって仏因とするのとは異なる。

僻事　底本なし。天保本により補う。

問云、五性各別ノ義ニ付テ、我身モ定性無性ニテモヤ有ルラン。サラバ*浄土菩提ヲ願テモ由《よし》無。何《イカ》ナリトモ叶フマジキ事ナレバ、如レ此身ヲ疑ガハヾ菩提心ヲ発ス人有ルベカラズ。如何《いかが》シテ我ガ身一定仏《いちじょうほとけ》ニ成ルベキ衆生ニテ有リト云事ヲシランヤ。答云、須《すべから》ク*五姓ノ権実《ごんじつ》ヲ定メ候ベシ。豈ニ済度《さいど》ノ方便ヲ論ゼン哉。五姓若《もし》真実ナラバ、*密意《みつち》ノ方便ヲ廻《めぐら》シテ衆生ノ発心ヲ勧《すす》ムベシ。其レ何《ナン》ノ痛カ有ラン。寧《むしろ》愚者《ぐしゃ》ノ疑網《ぎもう》是ヲ恐テ、法門ノ実理《じつり》ヲ談ゼザランヤ。何況《いかにいわんや》如レ形モ唯識ノ教ヲ習ヒ、又悟《さと》ラント云フ願ヲモ発スホドノ人ハ、定《さだ》デ仏ノ種子ヲ具セル衆生ナリ。其故ハ*深密経《じんみつきょう》ニ定姓無性《じょうしょうむしょう》ハコノ教機ニ非ズト習ヘルガ故ナリ。誰カ有智ノ人ガ金言ヲ信ゼズシテ、徒《イタヅラ》ニ生死ニ輪廻シテアランヤ。*又法華経《ほけきょう》ヲヨミ、其ノ心ヲモ覚《さ》トランホドノ人ハ、仏ノ種子無カランヤ。*法花ト唯識トハ又是一体ナリ。其様モ略スベシ。種子ノ有様大方如レ此。

此外、業《ごう》ノ種子《しゅうじ》、*名言《みょうごん》ノ種子ト云事候。名言ノ種子ト申候ハ、上ニ申候ツル種子ナリ。善ノ種子ハ善ノ現行《げんぎょう》ヲ生ジ、悪ノ種子ハ悪ノ現行ヲ生ズ。無記ノ種子ハ無記ノ現行ヲ生ジ候ヲ申候也。業ノ種子ト申候ハ、悪ヲ起セバ悪ノ種子ヲ薫ズ。其ノ種子ノ力ニ依テ三悪道ニ生ル。善根ヲ発セバ善心ノ種子ヲ薫《くんず》。其ノ種子ノ力ニ依テ人中・天上ニ生ル、ヲ申候也。サレバ是モ*先ノ種子ニ離《はなれ》タル事ハ候ハズ。サレ共其ノ種子ヨリ起ル果ノ様スコシ替タル也。三悪趣・人中・天上ノ体ハ阿頼耶識也。阿頼耶識ハ其性無記也。是ヲ惣報《そうぼう》トナヅク。此外ニ別報《べつぼう》ト云フ事有リ、其モ無記ナリ。此故ニ業ノ種子ハ善ノ種子ノ力ニテ無記ノ果ヲ起シ、悪ノ種子ノ力ニテモ又無記ノ種子ノ力ニテモ其

浄土菩提　良遍は、浄土には必ず菩提の言を添う。

五姓ノ権実…　五姓各別の典拠は解深密経巻二、無自性相品(正蔵一六-六九五a～b)。権実は、権教と実教。

密意　対治秘密の意。煩悩対治のために、浄土の極楽を説き、発心をすすめる意。底本「蜜意」、天保本により改む。

深密経…　解深密経巻一の偈に「阿陀那識甚深細、我於二凡愚一不二開演一」(正蔵一六-六九二c)と説くをさすか。

又…ヨミ　底本なし。天保本により補う。

法花ト唯識…　法華経巻三、薬草喩品に一雨の滋潤、別なく、潤をうける三草二木、その益を異にする喩にもとづいて、法相家が法華と深密との一体を主張した説による。慈恩の法華玄賛巻七本に「意顕下雨雖レ同三草二木生長各異。仏教雖レ同三乗二聖発修亦別上」(正蔵三四-七八一a)とある。

名言ノ種子　第八識の色心の諸法を生ずる親因縁の種子をいう。なお名言種子には、表義名言と顕境名言との二種あり。

先ノ種子　名言種子をさす。業種子も名言種子に離れて別体なきものであるが、その生果は同じからず。よって名を異にする。

ノ果ヲモ起シ候ナリ。委《くわし》クハ事長ク候。

其ニ取テ仏ノ種子アル人ノ修行シテ仏ニナル時、心ノ起リ、悟ノ開ケマカリ候様ハ、先ヅ*仏ニナルベキ種子モ、只種子一ニハ候ハズ、其タネサマ〳〵ニ相別《あいわか》レタリ。マヅ八識ノ種子アリ。其各ノ心所ノ種子アリ。心所ハ二十三有リ。煩悩ノ六、随煩悩ノ廿、不定ノ心所ノ中ニ睡眠・悪作《おさ》、此ノ廿八ハ同ク、此等ハミナ有漏《うろ》ニ*カギル法也。コレガ中ニ、五識ヲバ*成所作智《じょうしょさち》トナヅク、意識ヲバ*妙観察智《みょうかんざっち》トナヅク、*末那識ヲバ*平等性智《びょうどうしょうち》ト名《なづ》ク、阿頼耶識ヲバ*大円鏡智《だいえんきょうち》トナヅク。其故ハ無漏ノ眼識乃至身識ノ五ハ、神通反化《じんつうへんげ》ノ所作《しょさ》ヲナス事勝《すぐ》レタリ。此故ニ*成所作智トナヅク。無漏ノ意識ハ、妙《たえ》ニ機根《きこん》ヲ観察シテ説法断疑《せっぽうだんぎ》ノ用《はたらき》スグレタリ。此故ニ*妙観察智トナヅク。無漏ノ末那識ハ、永ク我執ヲ離テ平等ノ法性ヲ証スルガ故ニ、平等性智トナヅク。無漏ノ第八識ハ、永ク阿頼耶等ノ名ヲ離テ、一切ノ諸《ショ》法ヲウカメル事、大《ヲ、キ》ニ明ナル鏡ノ一切《の》質ヲ移スガ如シ。故ニ大円鏡智《だいえんきょうち》トナヅク。

抑《そもそも》識ト者《は》心王ノ名ナリ、智ト者《は》心所ノ中ノ恵ノ心所也。有漏ニモ識智《しきち》ミナ有リ、無漏ニモ識智ミナ有レ共、*有漏ノ位ニハ識コハキガ故ニ。殊ニ八識ト名ク。智モ*ミエズ、心所モナキニハアラズ。*無漏ノ位ニハ智コハキガ故ニ。殊ニ四智《しち》ト名付。識モ*マタ心所モ無キニハアラザルナリ。無漏ノ八識ニハ八ツニ皆ナ一々ニ*恵ノ心所有ル故也。此外モロ〳〵ノ眼・耳・鼻・舌・身、色・声・香・味・触ナンドノ種子皆ナアリ。其性ミナ善也。此モロ〳〵ノ無漏ノ種子ハ阿頼耶識ニ*ハナレズトイヘドモ、然モ阿頼耶識

仏ニナルベキ種子　法相宗では仏性を有為無漏の種子上に立てるに対し、一乗家では無為無漏上に立てる相違あり。

カギル　底本「カハル」、天保本により改む。

成所作智　有漏の前五識を転じて無漏の前五識と相応した智。

妙観察智　有漏の第六識を転じて無漏の第六識と相応する智。

末那識ヲバ平等性智ト名ク　底本なし。永禄本により補う。

平等性智　有漏の第七識を転じて無漏の第七識と相応する智。

大円鏡智　有漏の第八識を転じて無漏の第八識と相応する智。無漏の第八識は無垢識または阿末羅(amala)識といわれる。四智については、転識得智によって得られる。論巻一〇・述記巻一〇末・同学鈔巻一〇之三・唯識義私記巻四末参照。

ニ　底本「ハ」、天保本により改む。次も同じ。

有漏ノ位…モナキニハアラズ　底本なし。天保本により補う。

ミエズ　底本「コト」、天保本により改む。

無漏ノ位…　有漏位では識は勝れ、智は劣るのに対して、無漏意では識は劣り、智が勝れる。

マタ　底本「コト」、天保本により改む。

恵ノ　底本なし。天保本により補う。

ハナレズ…知ルトコロニアラズ　底本「ヨリ」、天保本により改む。

ノ知ルトコロニアラズ。其ニ取リテ無漏ニハ三品ノ無漏ト云フ事候。*三品ト申ハ、下品・中品・上品也。下品ト申ハ見道《けんどう》ナリ。*見道ト申ハ、ハジメテ無漏《ムロ》ノ智ノ起リテ、アラキサワリヲ断ズル時也。中品ト申ハ*修道ナリ。*修道ト申ハ、無漏智ノ重テ猶《なお》々ヲコリテコマヤカナル障《さわ》リヲ断ズル時也。上品ト申ハ仏也。諸ノ障リ皆ナ断ジ尽シテ覚《さと》リノ極《きわま》ル位也。此三ヲ三品ノ無漏トハ申候也。上ニ申候ツル諸ノ無漏ノ種子ヲ、此三品ニ分チテアテ候様ハ、*下品ノ種子ニハ、妙観察智・平等性智ノ種子ノミアリ。其ノ相応ノ心王・心所及ビ所反《しょへん》ノ色法ノ種子皆是ガ中ニ有リ、其外ノ種子ハナシ。中品ノ種子モ又如㆑此。下品ノ妙観・平等ノ二智ニハ、各ノ皆ナ廿一ノ法有リ。妙観察智ニハ廿一ノ外ニ尋《じん》ノ心所ト伺《し》ノ心所ト有リ。故ニ惣ジテ廿三有リ。*上品ノ種子ニハ四智ノ種子皆ナ有《ア》リ。心所ハ何《イヅレ》ニモ皆ナ廿一有リ。*尋伺ハ仏ニハ無ガ故ナリ。*五根・五境ノ種子モ皆ナ有リ。如来ノ卅二相、八十随好《ずいごう》、無数ノ大光明、無辺ノ仏土等モ皆ナ悉ク此中ニ有リ。無漏《ムロ》ノ*色・声・香・味・触ニハナレザルガ故也。サレバ*紺頂金容《こんちょうこんよう》ノスガタ、丹菓青蓮ノ粧《よそおい》、花台玉楼ノカマヘ、八功七重ノカザリ、併ラ我ガ心中ニ有リ。

何況《いかにいわんや》*法性清浄《ほっしょうしょうじょう》ニシテ、無数量ノ微妙ノ功徳、本来具足セルヲヤ。*我身即仏《わがみすなわちほとけ》也、*此《この》心即チ浄土ナリト観ゼンモ、全ク相違ナシ。

然レドモ我心*ナガラ我心ヲツカウ事アタハズ。無明《むみょう》ノ迷ハ闇ノ如クニクラク、*薩伽《さつが》耶《や》見《けん》ノ執《しゅう》ハ石ノ如クニ堅《カタ》ケレバ、観ズト雖ドモ、明ナラズ、久シカラズ。タトヘバ深キ闇ノ風ハゲシキニ、幽ナル燈ヲ持テ行ガ如シ。須臾《しゅゆ》ニシテ滅シ、闇昧《あんまい》ニシテツタナシ。

三品　見道・修道・無学位に分けて三品とする。

見道　初無漏という。分別起を断ず。

修道ナリ…無漏智ノ　底本なし。天保本により補う。

修道　倶生起の二障を断ず。

下品ノ種子…　妙観平等初地分得のため。

上品ノ種子…　上品の種子には四智具足す。大円成事唯仏果起なることをいう。

尋伺ハ…無ガ故ナリ　仏は真の無功用なる故に尋伺なし。底本なし。天保本により補う。

五根・五境…　覚夢鈔巻中参照。

色　底本なし。天保本により補う。

紺頂金容ノ…　第八識中に一切無漏の種子を持すと知れば、仏の相好であれ、国土であれ、皆第八中に円具するをいう。

法性清浄…　真如法性には無量無数の勝徳円満せるをいう。

我身即仏　真如も第八に離れないのであるから、この現身において仏となる。一乗家の所談が混入。

此心即チ浄土　維摩経巻上に「若菩薩欲㆑得㆓浄土㆒、当㆑浄㆓其心㆒。随㆓其心浄㆒、則仏土浄」(正蔵一四-五三八c)とみえる。

ナガ　底本不明、天保本による。

薩伽耶見　我見。→一三一頁注。底本「薩伽羅見」、天保本により改む。

何況眼ヲ仏教ニヘダテ、、生ヲ辺鄙《へんぴ》ニ受ル輩ヲヤ。何況地獄・鬼畜ノ衆生ヲヤ。此故ニ、無上大覚ノ種子、徒《いたずら》ニ沈ミウヅモレテ、現行ヲ生ズル事能ハズ。栴檀《せんだん》ノタネノ土ノ中ニ有テ、サマ〴〵ノ草ノケガラハシキ物ニウヅモレテ、未ダ生ヒ出ザランガ如シ。

然ヲ根熟シ時キ至レル人、*衆生ノ為ニ仏ニ成ラン、*菩提ノ為ニ衆生ヲ利セント云フ心ツヨク起テ、ネテモサメテモ忘ル、時ナク、生々世々動ク事ナケレバ、*我ト教ヲ聞キテモ見、人ノ説ヲモ聞テ、此三品ノ無漏ノ種子漸ク潤《うるお》ヒ萌《きざ》ス。彼ノ栴檀ノ*タネ、生ヒ出《いず》ベキ時ガ近付テ、雨露《うろ》ノ潤ヒヲカブレルガ如シ。如レ此シテ其心深ク堅ク成リユケバ、教ヲ学シ、行ヲ修スルニ随ヒテ、智恵ノ位ヒ次第ニス、ミ、慈悲ノ徳次第〳〵ニ重《カサ》ナリテ、一大無《いちだいむ》数劫《しゅこう》ヲ経ヌレバ、凡夫ノ分斉ノ悟リハ皆ナ極リヌ。

無漏ノ種子悉ク潤ヘル中ニ、下品ノ無漏《ロ》スデニ生ジナントス、シカモ未ダ生ゼズ。*始メテ堅固ノ菩提心ヲ発シショリ以来、此位ニ至ルマデヲ、*地前《じぜん》ノ菩薩ト名付ク、未ダ十地ニ至ラザル故也。コノ一大無数劫ガ間《あい》ダ、悟ノ深ク成リ行重々ヲ申ニ、三十心ト云事候。所謂《いわゆ》ル十住・十行《ぎょう》・十廻向《えこう》ナリ。此中ニ第十ノ廻向ノ終リカタニ加行《けぎょう》ノ位ヲ開ク、*四善根《しぜんごん》トモ名付。煗善根《なんぜんごん》・頂《ちょう》善根・忍《にん》善根・世《せ》第《だい》*一法《いっぽう》是ナリ。此ノ四ノ位ヲ明得定《メウとくじょう》・明増《みょうぞう》定・印順《いんじゅん》定・無間《むけん》定トモ名付ク。是ヨリ外ノ卅心ヲバ皆ナ*資粮《しりょう》ノ位ヒト名付。仏道ノ粮《カテ》ヲタクハフル故ニ*資糧ト名ク。其ノ終ハ殊ニ見道ノ方便ナルガ故ニ加行ト名付クル也。今此ノ地前ニハモロ〳〵ノ障リ多ク是ヲ伏ス。サハリト申ハ、、煩悩障《ぼんのうしょう》ト*所知障《しょちしょう》トナリ。煩悩ノ様ハ先キ*ニ申候ヌ。随煩悩ヲモ是ニヲサム。所知障ト

衆生ノ為ニ仏ニ成ラン 上求菩提をいう。菩提を求めるは衆生を思うによる。底本「仏ニ」なし。天保本により補う。

菩提ノ為ニ衆生ヲ利セン 下化衆生。

我ト教… 我が力をもって仏教を披見し、人の聖教を説くを聞くこと。聞薫習のこと。

タネ 底本なし。天保本により補う。

始メテ堅固… 十住の初発心住にあたる。

地前ノ菩薩 十地以前の世第一法に住する菩薩。

四善根 小乗では総相念住の後位、法相宗では十廻向の満位において生ずる。五位の第二の加行位に相当。善根は梵語kuśalamūla. 唯識観では明得定・明増定・印順定・無間定の四定によって、四尋思・四如実智を発するのを煗・頂・忍・世第一法の四善根とする。

一 底本なし。天保本により補う。

資粮ノ位 唯識の修道五位の第一位。地前の十住・十行・十廻向の三十心において、仏道の資糧を貯える位。五位については論巻九・述記巻九末・覚夢鈔巻下・略要巻下の五位修行を参照。

資糧ト名ク 底本なし。天保本により補う。

所知障 菩提を障える愚痴迷闇をいう。煩悩障とともに二障という。二障については論巻九・述記巻一本・同学鈔巻九之三・覚夢鈔巻上参照。底本「所智障」、天保本により改む。次も同じ。

ニ 底本なし。天保本により補う。

申候ハ、彼ノ煩悩・随煩悩ノ一々ノ法ノソコニ体ニマドヘル心アリ。煩悩*ヨリ断難《だんじがた》キ障ナレドモ、煩悩ノ外ニ別体アルニ非ズ。只煩悩ノ底ニカスカニフカキ分ヲ、所知障トハ申候ナリ。喩ヘバ夜ル杌《クヰ》ヲ見テ人ト思フ時、クヒゼ*トシラヌ心ト、人ト思フ心ト、二重ナレドモ、人ト思フ心ノ外ニ杌《くい》ゼトシラヌ心ハ、タヾ用ニマドフト体ニマドフトノ二重ナリ。煩悩・所知ノ二障モ又如レ此。煩悩ハ人ト思フガ如シ。所知ハ杌ヲシラザルガ如シ。貪モ此二重アリ。嗔ニモ此二重有リ。乃至廿ノ随煩悩ニモ一々*ニ皆如《シ》レ是。此煩悩ニアラキ類ヒアリ、コマヤカナル類アリ。荒キハ分別ノ煩悩ト名付。其ノ底《ソコ》ノ所知障ヲバヤガテ分別ノ所知障ト名付。今此*ノ分別ノ二障ヲバ見道ニ断ズ。コマカナルヲバ*倶生《くしょう》ノ煩悩ト名《なつ》ク。其底ノ所知障ヲバヤガテ倶生ノ所知障ト名ク。今此倶生ノ二障ヲバ修道ニ断ズ。断ズト申ハ、無漏ノ悟リヒラクルヲバ、煩悩・所知ノ二障永クホロビ失《うせ》ルヲ申候也。

*伏《ぶく》スト云フハ、未ダ其ノ種子ヲ失ナフニハ及バズ、種子ハナヲアレドモ、智恵ノ力ニ依テ現行ノ起ラザルヲ申ナリ。今地前《じぜん》ノ菩薩モロ〳〵ノ障《さわ》リ多ク伏スト云フハ、分*別ノ二障ヲバ資粮ノ位ニ漸ク伏シ始テ、加行ノ位ニ伏シ終ル。倶生ノ二障ヲバ、加行ノ位ニ漸ク伏シ始《は》ジメテ、地前ニ未ダ伏シハテズ、地上ニ伏シハツル也。地上ト申ハ初地《ショち》已上也。其様次《ツギ》ニ申べク候。サレバ地前一大僧祇劫《いちだいそうぎこう》ガ間ニハ、サハリヲ伏シテ、イマダ断ゼザルナリ。

僧*祇劫ト申候ハ無数劫《むしゅこう》也。無数劫ト申候ハ、喩*バ広サモ高サモ八百里ニハヾカリ

煩悩…所知障トハ申候ナリ　底本なし。天保本により補う。

クヒゼ　くい。

一々…此煩悩ニ　底本なし。永禄本により補う。

今此ノ…所知障ト名ク　底本なし。天保本により補う。

倶生ノ煩悩　倶生とは任運にして起り、身と倶に生ずる。倶生の二障は断じがたく、修道において断ず。

伏　断伏のこと。

分別ノ二障　見道所断のこと。

僧祇劫　阿僧祇劫。梵語 asaṃkhya. 無数と訳す。劫は年時をあらわす。

喩バ…　石劫の喩は瓔珞経巻下に「譬如一里二里乃至十里石、方広亦然。以二天衣重三銖一。人中日月歳数、三年一払、此石乃尽、名二一小劫一。…又八十里石、方広亦然。…三年一払、此石乃尽、名為二中劫一。…又八百里石、方広亦然。…三年一払、此石乃尽、故名二一大阿僧祇劫一」(正蔵二四‐一〇一九a)とみえる。

テ候ハン石ヲ、天衣ノキワメテウスク軽キニテ希ニナデ〳〵シ候ハンズルニ、石ノ次第ニツヒウセテ、物モ無ク成ランマデノヒ*サシサヲ一大無数劫トハ申候也。地前ノ久《ひさし》サハ是ニテ候。カクシツ、凡夫ノ分斉ノ悟リ極マリヌレバ、無漏ノ種子ツキニ始テ下品ノ現行ヲ生ズ。是則下品ノ妙観・平等ノ二智也。コ*ノ位ノハジメテ真如ノ理ヲ悟リ、ヨク分別ノ二障ヲ断ズ。是ヲ見道トナヅク。是ニ又重々有リ。一*心真見道、三*心相見道、十*六心見道、次第ニツヾキテ起ル事、十地ノ中ノ初地ノ始也。是ヨリ後ヲ聖者トナヅク、地上菩薩トナヅク。

十*地ト云ハ、歓喜《かんぎ》地《ち》・*離垢《りく》地《ち》・発光《はっこう》地《ち》・焰恵《えんね》地《ち》・極難勝《ごくなんしょう》地《ち》・現前《げんぜん》地《ち》・遠行《おんぎょう》地《ち》・不動《ふどう》地《ち》・善恵《ぜんね》地《ち》・法雲《ほううん》地《ち》是也。初《シヨ》地ト云ハ初《の》歓喜地也。今此ノ地ト申モ、悟リ開テ漸々ニ仏ニ近付ク心ノ位、重々ヲ十ニツクルナリ。一々ノ位ノ中ニ、各多*倶《く》胝《てい》百千ノ大劫ヲ経*候ヘバ、初歓喜地トイハル、間モ、ユ、シク久シク候。見道ハ三重ナレ共、時分短《み》ジカキガ故ニ、見道ヲ出テ修道ニ入テモ、ナヲ初地ノ中ナリ。修道ニ入ル時ハ、妙観・平等ノ二智《チ》重テ起ル也。則チ中品ノ無漏ノ種《タネ》ヨリ生ジ候ナリ。其ノ悟リ、ウタ、明《あきらか》ニシテ、先ニ申候ツル倶生ノ惑ヲ断ジハジムル也。惑トハ障ヲ申候也。此倶生ノ惑ニトリテ煩悩・所知アル中ニ、菩薩ハ倶生ノ煩悩ヲバ第十地ノ終リニ仏ニ成ル時断ズ。其ヨリ先《サキ》ニ修道ニ入テヨリ以来ハ、漸々ニ倶生ノ所知障ヲ断ジ候也。サレバ見道ヨリ出テ、ナヲ初地マデ有間モ倶生ノ所知障ヲ断ズ、初地ヨリ第二地ニ入リ、第二地ヨリ第三地ニ入、乃至第九地ヨリ第十地ニ入ルニモ、次ノ地ニ入毎《ゴト》ニ、其ノ次ノ地ノサハ

ヒサシサ 底本不明、天保本による。

コノ位ノハジメテ… コノ位とは、真見道の位。ハジメテとは、論巻九に「初照㆑理故、名㆓見道㆒」(正蔵三一-五〇a)とあるによる。「位」は、永禄本「時」。

一心真見道 無間道と解脱道の二つの相等しい故に一心という。

三心相見道 二障を断ずる智をおこす。

十六心見道 三心見道とともに、真見道の根本智の後に生ずる後得智。所取能取の十六心、および上下諦の十六心を説く。論巻九参照。

十地 十地経・瓔珞経巻下・論巻九・述記巻一〇本などに出。

離垢地 底本「離苦地」、永禄本により改む。

倶胝 梵語 koṭi. 倶致ともいう。数の名で億をあらわす。

経 底本「経テト」、天保本による。

リトナル倶生ノ所知障ヲ、次第ニ一々ニ断ズ也。此《カク》シツ、第十地ヨリ仏ニ成ル時ハ、仏果ノ障ト云物*ヲバ断ズ。仏果ノ障ト申ハ、断ジノコセル倶生ノ所知障《セウ》ト、ワザト断*ゼデ置キタル倶生ノ煩悩ト也。此二ノ障《さわ》リ、ヨク仏果ヲサフルガ故ニ、正シク仏ニ成ル時是ヲ断ズル也。菩薩ノ倶生ノ煩悩ヲヲサヘテ、十地ノ間ダ断ゼザル事ハ、一ニハ十地ノ障ニ非ザルガ故也、二ニハ衆生利益ノ為ナリ。此外ニモヨシ。其ノ様ハ略シ候。十地ニハ殊ニ勝レタル事ヲ申候者、各々一ノ行ヲ修シ、一ノ障ヲ断ジ、一ノ真如ヲ証ス。所修ノ行ヲバ十*パラ密ト名付。所断ノ障ヲバ十*重障トナヅク。所証ノ真如ヲバ十*真如トナヅク。其様モ又略シ候。

サテ初地ヨリ第七地ノ終ニ至マデ又一大僧祇ヲフ*、是第二僧祇也。第八地ヨリ第十地ノ終ニ至マデ又一大僧祇劫ヲフ、是第三僧祇也。地前一大僧祇ハ初僧祇ナリ。是ヲ三僧祇劫ノ修行ト名ヅク。其*間ノ無漏智《むろち》、刹那《せつな》々々ニ生滅ス、滅スルゴトニ種子ヲ薫ズ。薫ズル様ハ有漏ノ種子ノ如シ。無漏ノ種子薫ズル事、見道ノ第二念ヨリ薫ジハジム。第二念ト申ハ第二刹那也。無始ヨリ以来、凡夫ニテアリツルホドニ、無漏ノ新薫種子ナシ。無漏心ヲコサヾレバ、誰カ是ヲ薫ゼン。故ニ見道ノ最初ノ刹那ノ智ハ、偏《ひとえ》ニ法爾《ほうに》無漏ノ種子ヨリ生ズ。其後新薫種子出《いで》キソイテハ、本新*二種ヨリアヒテ生ズ、是ヲ新古合成トナヅク。新古合成ハ無漏ノミニ非ズ。有漏ノ諸法モ如レ此。何ノ法モ本有新薫ノ二類トモニ無ニハ非ズ、新古合成シ候也。此三僧祇ニ取テ、初僧祇ニ*ヒトヘニ有漏ノ悟リノミ起リテ、未ダ無漏ノ悟リヒラケズ。第二僧祇ニハ有漏・無漏交リ

云物…障ト申ハ　底本「申候ナリ」、天保本により改む。

断ゼデ　断ぜずして。

十パラ密　十波羅蜜。十勝行といい、菩薩十地の行法とする。十波羅蜜は施・戒・忍・精進・静慮・般若・方便・願・力・智の一〇をいう。論巻九参照。

十重障　異生性障・邪行障・闇鈍障・微細煩悩現行障・於下乗般涅槃障・麁相現行障・細相現行障・無相中作加行障・利他中不欲行障・於諸法中未得自在障などの倶生起の所知障をいう。同じく論巻九に出。

十真如　遍行・最勝・勝流・無摂受・類無別・無染浄・法無別・不増減・智自在所依・業自在等の十種真如をいう。一の真如を一地一地に証すること。

フ　経。

其間　第二・第三の二僧祇劫をさす。

本新二種　本有種子と新薫種子の二種子をいう。

ニ　底本「ニ」の次に「無漏交ハリテ起ル」あり。天保本になし、削除す。

テ起《おこ》ル。*第三僧祇ニハ偏ニ無漏ノ悟リツヾキテ、有漏《ロ》智ノ交ル事ナシ。功徳《くどく》、念々ニハヤクツモリ、悟リ、刹那々々ニ速《スミヤカ》ニ開ク。初刹那《しよせつな》ハ先《サキ》ノ二阿僧祇ニ一倍也。第二刹那ハ初刹那ニ一倍也。一倍ト申ハ、モト有リツルホドモ相違ナクテ、其上ニモトヨリ有ツルホドノ事、ナヲ加《くわう》ルヲ申候也。如㆑此〱、第三刹那、第四ノ刹那、乃至十地ノ終リノ刹那マデ次第〱ニ倍々ス。第三僧祇ノ終リカタニ、*相好ノ百劫トイフ事候。如㆑此イハユル*仏ニナランズル期チカヅキテ、殊ニ百劫《が》間、諸根相好ノ業ヲ修スル也。如㆑此ノモロ〱ノ修行満足スル時、*色究竟天《しきくきようてん》トテ、物ノカタチノ分斉ニ取リテハ、上《カミ》ノハテニテ候トコロヨリ猶《な》ヲカミニ、*大自在天宮《だいじざいてんぐう》ト申シ候ハ浄土ニテ、十阿僧祇百千ノ三千大千世界ニハヾカル程ノ*大宝蓮華王《だいほうれんげおう》ノ座ニ坐シテ、*金剛喩三摩地《こんごうゆさんまじ》ト申ス定ニ入テ、先《サキ》ニ申候ツル仏果ノ障ヲ断ズルナリ。此時ヲ等覚《とうかく》ノ菩薩ト名付。*受職灌頂《じゆしきかんぢよう》ノ儀式此位ニアリ。カクシツ、仏果ノサハリ早々断ジ終リヌレバ、速《スミヤカ》ニ*究竟《くきよう》ノ道ニ入ル。此時一切ノ有漏ノ劣《れつ》ノ無漏ハ皆ナホロビ失セヌ。是ハ所謂《いわゆる》カノ無始ヨリ具足スルトコロノ上品ノ法爾無漏ノ種子ヨリ、四智悉ク現行シ、万徳併ラ円満スル也。是ヲ仏ト名付。凡*因位モ仏果モ、心モ色モ、無漏ノ法ハ其性ミナ善也。有漏ノ三性交ルニハ同ジカラズ。既ニ成仏シヌレバ、其身法界ニミチヌ。諸根相好《そうごう》一々無辺ナリ。三僧祇長劫ノ中ニ修習スル所ノ無辺ノ善根ニムクヒタル故也。因果ノ理《ことわ》リ必然トシテ、因無辺ナレバ果無辺也。是ヨリ後ハ新シク種子ヲ薫ズル事ナシ。只無始ヨリ上品ノ法爾無漏ノ種子*及ビ下品中品ノ無漏ノ種子ノ本有モ新薫モ、皆ナ転ジテ上品ニナレルノミ。無垢識《むくしき》ノ

第三僧祇…　第八地の初念より、金剛心の終りまで、念々倍増する。

相好ノ百劫　瓔珞経巻下(正蔵二四-一〇一八b)に、十地の満心に、百劫の間、百千三昧を修し、次の千劫に、仏の威儀を学び、後に万劫に成仏し、大寂定に入ることが説かれているによる。

仏ニ…百劫間　底本なし。天保本により補う。

色究竟天　梵語 akaniṣṭha. 阿迦尼吒天。色界十八天の一。色界天の最頂の天であるから色究竟という。

大自在天宮　大自在天の宮殿。十地の菩薩まさに成仏する時、ここにおいて浄土を変現して十方の諸仏より成仏の灌頂を施さるという。論巻七・述記巻七末に出。

大宝蓮華王ノ座　大宝華王より成れる坐牀をいう。

金剛喩三摩地　金剛喩定、金剛三昧。その体堅固、その用鋭利にして、一切の煩悩を断じ得る禅定をいう。論巻一〇に「由㆔三大劫阿僧企耶修㆓集無辺難行勝行㆒。金剛喩定現在前時、永断㆓本来一切麁重㆒、頓証㆓仏果円満転依㆒。窮㆓未来際㆒利楽無尽」(正蔵三一-五四c)とみえる。

受職灌頂　受職はインドの即位の儀式。即位の際、四海の水をもって頂に灌ぐように、成仏の位も諸仏法水をもって灌ぐをいう。

究竟ノ道　五位中の第五で解脱道をいう。

因位　十地をさす。

及ビ…無漏ノ種子　底本なし。永禄本および天保本により補う。

中ニアリ。*無垢識ト申ハ、大円鏡智相応ノ心王也。即凡夫ヨリ第七地マデハ是ヲ阿ラヤ識トナヅク。等覚マデハ是ヲ異熟識《いじゆくしき》トナヅク。仏果ニ成リヌレバ是ヲ無垢識トナヅク。無垢識ヲバ梵語ニハ*阿末羅識《あまらしき》ト名付ク。是則八識ノ中ノ第八識*ナリ。凡《およそ》第八識ニハヤウ〳〵ノ名ドモ候。*阿陀那識《あだなしき》モ此識ノ名ナリ。

此*故ニ仏ニ成テ後モ八識アリ、心所アリ。心所ハ各廿一ナリ。サキニ申候ヌ。今此心王・心所ニ一々ニ皆四分アリ。其ノ相分ノ中ニ五根・五境アリ。五境ノ中ニ如来ノ相好荘厳《しようごん》、大光明等有リ。不可説々々々ノ浄土アリ。是等ノ諸法ノ中ニ実法トシテ有《ある》法ハ、ミナ一々ニ種子アリ。其ノ種子ヲバ併ラ如来ノ無垢識ノ中ニ摂《ヲサ》メタモテリ。生ズル時ハ其ノ一々ノ種子ヨリ生《セウ》ズ。スデニ生ズルガ故ニ又必ズ滅ス。*種子モ刹那々々ニ生滅シ、現行モ刹那々々ニ生滅ス。是則前縁ノ為《タメニ》作リナサレタルガ故ナリ。既ニ前縁ナス所ナレバ、仏身ナレ共《ども》是ヲ有為《うい》ト名付。*有為ト名《なづ》クトイヘドモ、永ク二種ノ生死ヲ離レタリ。*二種ノ生死ト者《は》、分段生死《ぶんだんじようじ》・反易生死《へんやくしようじ》ナリ。分段生死トハ、我等ガ受《うく》ル生死ナリ。長クモ短クモ其命必ズ限リ有テ、久シカラント思ヘドモ叶ハザル果報ナリ。反易生死トハ、菩薩ノ受ル生死也。久シカラント思ヘバイクラモ久シ、其命チ限ナシ。但シ仏ニ成ル時ノミ其ノ身ヲ捨ツ。*サレバ仏ハ永ク二ノ生死ヲ離レ給ヘリ。生モ生死ノ生ニ非ズ。生死ノ生ハ、業力ニ依テ三界ニ生ル、義也。仏身ノ生ハ、有為ノ無漏ノ起レルヲ生ズト名付ク。三界ニ生ル、義ニハ非ザルガ故也。滅モ生死ノ死ニ非ズ。生死ノ死ハ、業力尽テ命終スル義也。仏身ノ滅ハ、有為ノ無漏ノ刹那ノ滅也。仏

無垢識　梵語 amala-vijñāna. 清浄識。旧訳は第九識とするが、新訳は第八識の浄分とする。

阿末羅識　梵語 amala-vijñān. の音訳。無垢識といっても生滅有為の識体であり、大乗起信論の如来蔵自性清浄心とは別。地論宗には真如識、摂論宗では真妄和合識あり。

ナリ…モ此識　底本なし。天保本により補う。

阿陀那識　梵語 ādāna-vijñāna. 阿頼耶識の別名。執持と訳す。阿頼耶識は善悪の種子と有情の身体を執取し維持し破壊することがないのでこの名がある。論巻三参照。

故　底本「上」、天保本により改む。

種子　底本「生滅現行」、天保本により改む。

有為ト名ク　底本なし。天保本により補う。

二種ノ生死　分段生死と変易生死。分段生死とは凡夫の生死で、変易生死とは阿羅漢以上の聖者の生死をいう。分段は分限差別の義、変易は改転の義。論巻八・述記巻八末・了義燈巻六末参照。

サレバ　底本なし。天保本により補う。

命尽ル事無ガ故ナリ。只是レ法体微細《みさい》ノ刹那ノ生滅也。故ニ出離生死ノ仏身ト名付。若シ生アレ共滅ハ無シトイハヾ、此理有《ある》事無シ。是ヲ有為ノ報仏《ほうぶつ》ト名付。如レ此周遍法界ノ相*好ハ荘厳ノ有為ノ報仏ニ、*自受用身《じじゆゆうしん》トナヅク。既ニ是《コレ》衆生ノ為ニ成リ給ヘル仏ナレバ、衆生ヲ利益スル事暫《しばら》クモヤム事無シ。此故ニ、凡夫二乗、地前ノ菩薩、十地ノ菩薩、等覚マデモ是ヲ済度シマシマス。然ニ此ノ周遍法界ノマコトノ御スガタヲバ、等覚ノ菩薩スラ猶《な》ヲ見ル事アタハズ。何況《いかにいわんや》其ニ及バザル菩薩二乗ヲヤ。何況《いかにいわん》ヤ我等ガ類ヲヤ。カヽル故ニ人ニ見《まみ》ヘントテ、様々ノスガタヲ顕ハシマシマス。其中ニ我等ガ為ニ顕レマシマスハ、丈六《じょうろく》ノ仏也、*一四天下《いちしてんげ》ヲ国土トス。資粮ノ位ノ菩薩・声聞・独覚マデモ同ク見奉ル仏也。是ヲ少*化身《のけしん》トナヅク。加行《けぎょう》ノ位ノ菩薩ノ為ニ顕レマシマス。御スガタハ其長《タケ》イクラト申タル事ハ見候ハネドモ、*三千大千世界ヲ国土トスト候ヘバ、事ノ外ニ大ニ顕ハレマシマスコソ候ナレ。是ヲ大ノ化身ト名付ク。初地ノ菩薩ノ為ニ、一葉ノ広《ひろさ》ノ三千大千世界ニ憚《はばか》ル程ノ蓮花《れんげ》ノ百葉《ヤウ》ナルヲ座トシテ、其座ニ叶フ程ノ仏ニテマシマス。第二地ノ菩薩ノ為ニハ千葉ノ蓮花ヲ座トス。第三地ノ為ニハ万葉ノ蓮花ヲ座トス。乃至十地ノ為ニハ不可説々々ノ葉蓮花ヲ座トス。其座ニ相ヒ叶フホドノ御スガタナレバ、次第ニマサリマシマス御ホド、サコソ候ラメ。此ノ十重ノ仏身ヲ*他受用身《たじゆゆうしん》ト名付ク。其ノ国土ハ皆ナ浄土也。ソノ広ハ花座《けざ》ノ如ク、次第ニ広クナレリ。サレバ初地ヨリ第十地ニ至ルマデ十重ノ浄土ニアリ。極楽《ごくらく》ハ即チ*阿弥陀仏《あみだぶつ》ノ初地ノ菩薩ノ為ニ顕レマシマス、時ノ国土*ト見ヘテ候*。如レ此ノ諸法*ノ性ハ真如ナ

相好ハ荘厳ノ　底本なし。天保本により補う。
自受用身　仏自ら法楽を受用する仏身をいう。大円鏡智の所変。論巻一〇に「一自受用。謂諸如来三無数劫修二集無量福慧資糧一所レ起無辺真実功徳、及極円浄常遍色身。相続湛然尽二未来際一恒自受二用広大法楽一」(正蔵三一-五七c)とみえる。
一四天下　法華経巻五、分別功徳品に「或一四天下、微塵数菩薩、余有二一生在一、当レ成二一切智一」(正蔵九-四四b)とみえる。
化身　仏三身の一。応化身、変化身ともいう。衆生のために種々の形に変化した仏身。論巻一〇参照。
三千大千世界…　三千大千世界を国土とする教主は梵網経に出。
他受用身　初地以上の菩薩に法楽を受用させる仏身をいう。義林章巻七本では「他受用身、為二諸菩薩一現二種種身一。言音相好形量不定。梵網経言、我今盧舎那、方坐二蓮華座一。乃至一国一釈迦等、花厳等説」(正蔵四五-三六八c)と述べ、梵網経の千葉台中央の盧舎那仏を他受用土に居するとする。
阿弥陀仏　梵語 Amitāyus は無量寿、梵語 Amitābha は無量光と訳す。
土　底本なし。天保本により補う。
候　底本なし。天保本により補う。
ノ性　底本なし。永禄本により補う。

リ。如来ノ自受用身ノ中ニソナヘタマヘル無漏円満ノ智恵、ヨク此ノ真如ニ冥合《みょうごう》セリ。此ノ真如ヲ法身《ほっしん》トナヅク。今此ノ法身・報身・化身ヲ*三身トハ申候也。他受用身ヲバ報身ニモヲサム。浄土ノ中ニ至リテ極《きわまれ》ル浄土ハ自受用身ノ浄土也。猶《な》ヲ其ノ性ヲ申サバ法身ノ土ナリ。*毘盧舎那《びるしゃな》トハ此法身ナリ。盧舎那《るしゃな》トハ報身也。*釈迦牟尼仏《しゃかむにぶつ》ハ是化身也。五位ノ修行ノ様ハヲロ〱加様ニ候ヲヤ。

抑《そもそも》三大僧祇ノ修行ノ久シサハ、アヂキナク候ヘ共、覚《さと》リノ前ニハ是ヲ*一刹那ニヲサム。三僧祇定メテ久シト思フ、是無明《むみょう》ノ長夜ノ未ダ明ケザル程、堅執《けんしゅう》ノ夢サメザル間也。此ノマドヒ一度《タ》ビ覚《サメ》テハ、三祇則《すなわち》一念、一念則三祇也ト申セバ、ナドカ修行セザラン、ナドカ至ラザラン。

此事ニモ誤リモヤ候ラン。又詞モツタナク候ヘ共、仰《おおせ》ニシタガヒテ、カタノ様ニシルシ申候。経論文・宗家ノ釈ナドヲバ略シテ候。

二巻抄 下

南都勝願院法印良遍御作

願以二此筆功一、値遇大明神法相弥勒仏、必生二都率天一。

文明四年弐月廿四日　右筆　英悟 生年二九

三身　三身については、論巻一〇・述記巻一〇末・義林章巻七本・三身義林同学鈔巻一〇之五・覚夢鈔巻下などを参照。

毘盧舎那　梵語 Vairocana. 光明遍照。天台宗では瓔珞経にもとづき、毘盧舎那を法身、盧舎那を報身、釈迦を化身とするが、法相宗では毘盧舎那、盧舎那は同じとみる。法蔵の梵網経疏巻一もまた同じ。二巻抄は瓔珞経の説により、毘盧舎那と盧舎那を別とする。

釈迦…化身也　底本なし。竜谷大学本により補う。

一刹那…　覚夢鈔巻下では摂在刹那をもって一念成仏を説く(正蔵七一-六八b～六九a)。

禅宗綱目（証定）

鎌田茂雄校注

禅宗綱目 一巻

華厳居士 証定 述

余、釈門に在るの昔、専ら*華厳《けごん》を聞き、傍《かたわら》に禅門を諮《と》ひ、俗衆に交はるの今、摸象《もしよう》弁じ難く、*亡羊《ぼうよう》に異ならず。ここに両三の知己、偸《ひそ》かに余に叩《たた》いて曰く、「今時の禅門、*紛綸《ふんりん》として是非《ぜひ》多端《たたん》なり。願はくは、指帰《しいき》を示して敢へて疑網《ぎもう》を決せよ」と。忽ちにこの言を感ずるに、宿縁《しゆくえん》あるがごとし。仍《よ》つて*膚受《ふじゆ》を揆《はか》らず、慭《なまじい》に先聞を記す。是れ要《かなら》ずしも*骰上《こうじよう》の*容餝《ようほう》にあらず、ただ身後の結縁《けちえん》を期《ご》せんと欲するのみ。

まさに禅宗の綱目を開かんとするに、略して五門を以て分別す。一には*教禅の同異を弁じ、二には教外別伝《きようげべつでん》を明かし、三には見性成仏《けんしようじようぶつ》を顕はし、四には悟修漸頓《ごしゆうぜんとん》を示し、五には諸流《しよる》の見解《けんげ》を述ぶ。

第一に教禅の同異を明かさば〈且《しばら》く華厳宗所立の*頓教《とんきよう》に対して同異を弁ず〉、問ふ。華厳宗所立の頓教と、達磨《だるま》所伝の禅宗と、同とせんや、異とせんや。

答ふ。花厳宗の祖師、*清涼国師《しようりようこくし》ならびに*圭山大師《けいざんだいし》等、兼ねて禅門の*南宗を学び、おのおの花厳の宗義を述べて、頓教と禅宗と同異の両釈を作る。

先づ同の釈を弁ずとは、謂く、華厳宗所立の五教とは、如来一代所説の法門において、五重の浅深を立てて、一切の仏法を摂尽《しようじん》す。これを五教と名づく。いはゆる小乗

華厳を…　明恵に師事し、華厳を学ぶ。

亡羊に…　亡羊の歎と同じ。教えの道が多岐で、方法に迷い、思案にくれること。なお「亡羊不異」は、華厳経行願品疏巻一(続蔵一-七-三-二五一d)に出。

紛綸　乱れるさま。

膚受を…　膚受は、うわべだけ、受け伝えること。なお演義鈔序に「澄観不レ揆二膚受一、輒闡二玄微一」(正蔵三六-一a)とみえる。

骰　はぎ、あしくび。

容餝　かざって形づくること。「餝」は「飾」と同じ。

教禅の同異を…　教宗と禅宗との同と異を明かす。

頓教　華厳宗所立の五教判の一つ。↓補

清涼国師　澄観(七三八—八三九)。伝記は、妙覚塔記・宋高僧伝巻五・仏祖統紀巻二九・同巻四一・歴代通載巻一六などに出。↓補四五二頁

圭山大師　宗密(七八〇—八四一)。伝記は、宗密禅師塔銘・宋高僧伝巻六・仏祖統紀巻二九・景徳伝燈録巻一三・編年通論巻二五などに出。↓補四五二頁「宗密」

南宗を学び…　↓補

貞元華厳の疏　華厳経行願品疏(以下、

教・大乗始教《しきよう》・大乗終教《しゆうきよう》・一乗頓教・一乗円教なり。この五教におのおの教証《きようしよう》の二道あり。教道に証道を摂するを以て、一切の仏法、五教に摂尽して、遺余《いよ》あることなし。是れ則ち十門教体の中の通摂所詮門《つうしようしよせんもん》の意なり。*貞元華厳《ていげんけごん》の疏《そ》の第七に云ふがごとし。「要《かなら》ず真諦《しんたい》の理、転じて他心に入るを、まさに法輪音《ほうりんおん》と名づくることを得るのみ。」また云く、「*如来の一切の語言《ごごん》は、皆法輪音なり。一切の言説《ごんせつ》は、皆仏事なるが故に」と云云。その中、頓教とは、別しては*思益《しやく》・*浄名《じようみよう》等に説くところの真性言絶《しんしようごんぜつ》の理なり。惣じては、諸経の中に、一切の真性を弁《わきま》ふるところ、これを集めて一教とす。別しては、一類の離念《りねん》の機のために、かの所詮の証道を指して、達磨所伝の禅門に同じと云ふなり。故に祖師の云く、「*仏、一類の離念《りねん》の機に対するが故に、頓に言絶の理を詮《あら》はして頓教とす」と云云。謂く、無言の言に寄りて、直ちに言絶の理を詮はすなり。是れ則ち能詮《のうせん》を以て所詮に摂す。この義辺によつて、清涼・圭山等の頓教の宗旨を解釈するに、*以心伝心・不立文字等の言を引いて、その証とするなり。所以《このゆえ》に*大疏《だいしよ》・*演《えん》義抄《ぎしよう》等の諸釈に、或いは*南北二宗の禅は頓教を出でずと言ひ、或いは*今諸《もろもろ》の禅宗、多くこの教による等と言ふなり。

次に異の釈を弁ずとは、かの両師の惣釈《そうしやく》は爾《しか》りと雖も、委《くわ》しく法門を解せば、五教に約してこれを釈す。別して禅宗によりて異の義を述べば、その文、一にあらず。是れ則ち教証二道、解行二門に差別あるの謂《いい》なり。今*三五の文を出さん、余は以て準知すべし。*演義抄の第七に、十波羅密を釈して云く、「教に約せば、頓教なり。〈余の四教

「行願品疏」と略)。引用文は、巻七に「要宣二諦理一、転入二他心一、方得レ名レ為二法輪音一耳」(続蔵一-七-四-三三b)とある。

如来の… 行願品疏巻七(続蔵一-七-四-三三c)の文。

思益 思益梵天所問経。同経の巻一、分別品に「若人聞二是諸法正性一、勤行精進、是名二如説修行一。不下従二一地一至中一地上。若不下従二一地一至中一地上、是人不レ在二生死一、不レ在二涅槃一」(正蔵一五-三六c)とある。

浄名 維摩経。維摩経、不二法門に「文殊師利曰、如二我意一者、於二一切法一、無レ言無レ説、無レ示無レ識、離二諸問答一、是為レ入二不二法門一」(正蔵一四-五五一c)とある。

仏… 華厳経疏巻二に「今乃開者、頓顕二絶言一、別為二一類一。離二念機一故、即順二禅宗一」(正蔵三五-五一二c)とある。

以心伝心 宗密の禅源諸詮集都序に「故但以心伝心不立文字、顕レ宗破レ執、故有二斯言一」(正蔵四八-四〇〇b)とみえる。

大疏 華厳経疏、六〇巻。澄観著(正蔵三五)。

演義抄 華厳随疏演義鈔、九〇巻。澄観著(正蔵三六)。

南北二宗の… 演義鈔巻八に「故寄二無言之言一、直詮二絶言之理一、教亦明矣。故南北宗禅、不レ出二頓教一也」(正蔵三六-六二b)とある。

今諸の… 行願品疏巻一に「今諸禅宗多依二此教一」(続蔵一-七-三-二四一c)とある。

三五の文 五、六種の経文。

演義抄の第七に… 第七は高本「第六」。

↓補

の釈、これを略す。〉一一に皆不可得なり。謂く、不絶・不慳《ふけん》・不戒・不犯・不忍・不意・不進・不怠・不定《ふじょう》・不乱・不智・不愚等、一切皆絶す。もしは十、もしは六、皆ことごとく言を亡ずと云云。*観心《かんじん》に約せば〈禅宗を以て観心と名づく。抄*の第五に見えたり〉、謂く、一念相応の心、則ち*十度《じゅうど》を具す。捨てて取らざるを絶とす。過非《かひ》のために汙《けが》されざるは即ち戒なり。非有《ひう》を忍可するを忍とし、身心の相を離るるを進とし、寂然不同《じゃくねんふどう》なるを定とし、決了無生《けつりょうむしょう》なるを般若《はんにゃ》とし、空なりと雖も知相を得ざるを方便とす。仏果に斉《ひと》しからんと希《ねが》ふは是れ願なり。思択不動《しちゃくふどう》なるを力とし、決断分明《けつだんふんみょう》なるを智とす。一念まさに等しく、十度頓に円《まど》かなり」と云云。また*同じき抄の第九に、*法花《ほっけ》の開示悟《かいじご》入仏知見《にゅうぶっちけん》の義を釈して云く、「此《ここ》に多の釈あること、前に引くがごとし。今、さらに略して禅門を挙げてこれを釈せば、*北宗の云く、*智の用《ゆう》は是れ知なり、恵の用は是れ見なり。心起らざるを智と名づく、智は能智なり。五根不動なるを恵《え》と名づく、恵は能見なり。是れ仏知見なり。心動ぜざるは是れ開《かい》なり、開は*方便門《ほうべんもん》を開く。色動ぜざるは是れ示なり、示は真実を示す。悟は即ち妄念生ぜず、入は即ち万境、常に寂なり。*南宗《なんしゅう》の云く、衆生の仏智は*妄隔《もうきゃく》して見えず。ただし*無念《むねん》を得れば、即ち本来自性寂《じしょうじゃく》静《じょう》なるを開とす。*寂静の体の上に自ら本智《ほんち》あり。本智を以て能く本来自性寂静を見るを示と名づく。既に指示を得れば、即ち本性、仏と衆生と本来異なることなきを見るを悟とす。悟後、一切の有為無為《ういむい》、*有仏無仏《うぶつむぶつ》において、常に本性を見る。自ら妄想の無性なることを知りて、自覚聖智《じかくしょうち》の故に、是れを前聖の所知なりと弁じて、転相伝授《てんそうでんじゅ》

観心　自性清浄心を観ずること。敦煌文献に「観心論」あり。

抄の第五に…　典拠不明。

十度　十波羅蜜。

同じき抄の第九に…　→補

法花の…　法華経巻一、方便品の説。

北宗の云く…　神秀の北宗禅の教説。

智の用は…　大乗無生方便門に「智用是知、慧用是名、是名二開仏知見一」(正蔵八五-一二七四b)とあるをさすか。

方便門を…　大乗無生方便門に「開二方便門一、示二真実相一、六根不動等開二方便門一、定恵是真実相」(正蔵八五-一二七六a)とある。

南宗の云く…　荷沢宗の教説をさす。

妄隔して…　仏智が妄想におおわれ、隔てられて、本来の相をあらわさないこと。

無念　荷沢大師顕宗記に「無念為レ宗、無作為レ本。真空為レ仏、妙有為レ用」(正蔵五一-四五八c)という。宗密の禅源諸詮集都序は「故雖三備修二万行一、唯以二無念一為レ宗、但得二無念知見一、則愛悪自然淡泊、悲智自然増明、罪業自然断除、功行自然増進」(正蔵四八-四〇三a)という。

寂静の体の上に…　→補

有仏無仏…　思益梵天所問経巻一、解諸法品には「若有仏若無仏、法性常住」(正蔵一五-三九a)とある。

大疏の第五に…　華厳経疏巻二一六(正蔵三五-七〇〇b)の文。

す、即ち是れ入の義なり。上の二、おのおの是れ一理なり」と云云。已に教の前後に約して多の釈を出さん。別して南北の禅門に約してこれを釈せば、また*大疏の第五に、小乗に約して心想見の三倒を釈し已《おわ》つて云く、「大乗中にまた多の説あり」と云云。*演義抄の第十二に、この文を釈して云く〈余の釈、これを略す〉、「二は禅宗による。達磨より伝へて楞伽《りょうが》の意を用ゐるに、五識《ごしき》の相《そう》を帯《お》ぶるを惣じて想倒《そうとう》と名づけ、*第七の染《ぜん》汙《ま》を別して心倒と名づく。第六意《い》識《しき》に諸《もろもろ》の見倒《けんとう》を起す」と云云。また*貞元花厳の疏の第六に、入仏《にゅうぶっち》知見《けん》を釈して云く、「もし禅宗によらば、心の空寂《くうじゃく》を知るを知と名づけ、心の空寂を見るを見と名づく。知は了知に約し、見は証見に約す。しかるに見はまた見の知なり、知は即ち心体なり。已に寂照を縁ずるは、真の知見なり」と云云。上の諸釈に大乗の異説を出す中に、頓教に約すとは云はず、直ちに禅宗によると云ふ。教と禅と異門なること、まことに以て炳焉《へいえん》なり。

また*円覚経《えんがくきょう》の略疏《りゃくしょ》の第一に云く、「万法《まんぼう》、虚偽《きょぎ》、*縁会《えんえ》して生ず。生法本《しょうぼうもと》より無にして、*一切唯識《ゆいしき》なり。識は幻夢《げんむ》のごとく、ただ是れ*一心なり。心、寂にして知る、これを円覚と目《なづ》く」と云云。*同じき抄の第一に云く、「この一段の文を釈するに、四重の釈を作る。一には具《つぶさ》に釈し、二には*禅宗に配し、三には*五教に配し、四には所用の文を弁ず。」〈云云。これを略す。〉既に五教に配するの外に、禅宗に配するの釈あり。頓教と禅宗と別なること分明なり。また*同じき抄の第二に云く、「*荷《か》沢《たく》、三種の三学を説く。有作《うさ》の三とは、諸悪不《しょあくふ》作《さ》等に約す。無作の三とは、妄心起らざる、是れ戒なり。〈貪瞋悩嫉《とんじんのうしつ》等な

演義抄の第十二に…　演義鈔巻四七(正蔵三六-三七〇a)の文。

第七　第七末那識。

貞元華厳の疏の第六に…　行願品疏巻六に「若依二禅宗一、知二心空寂一名レ知、見二心空寂一名レ見、知約二了知一、見約二証見一。然見亦見知、知即心体、忘レ縁寂照、真知見也」(続蔵一-七-四-三二一a)とある。

円覚経の略疏の第一に…　円覚経略疏、大方広円覚修多羅了義経序(続蔵一-一五-一-一〇八c)にみえる。

縁会　縁生。肇論に「一切諸法縁会而生」とある。

一切唯識　円覚経略疏鈔巻一では「唯是自己妄想、心識所二変現一故、故云二一切唯識一」(続蔵一-一五-二-九六a)といい、さらに成唯識論の「彼我法相、皆依二内識所変見相一、而起仮説、非レ依三離レ識実有二我法一、又云、変謂識体転似二二分一」をあげて、万法唯識を説明する。

一心　華厳経、十地品の「三界虚妄、但是一心作」(正蔵九-五五八c)にもとづく。

同じき抄の第一に…　円覚経略疏鈔巻一(続蔵一-一五-二-九五c)の文。

禅宗に…　円覚経略疏鈔巻一に「二配二禅宗一者、従二万法虚偽一乃至識如二幻夢一五句、是空義兼二此寂知一。正是荷沢所レ伝空寂是心、知是用之宗旨也」(続蔵一-一五-二-九七d)とみえる。

五教に…　↓補

同じき抄の第二に…　円覚経略疏鈔巻四(続蔵一-一五-二-一三三d〜一三三a)の文。

荷沢　荷沢神会(六七〇-七六二)。荷沢宗の祖。

きなり。〉本《もと》より妄心なき、是れ定なり。〈思覚等なきなり。〉心無念なりと知る、是れ恵なり。〈無記空に落ちざるなり。〉自性の三とは、空・寂・照なり。〈次のごとくこれを配す。空は是れ四相を離れて百非《ひゃっぴ》を絶するの義なるが故に、戒に配するなり。余の二は知るべし。〉」この中に、無作の三とは、義、頓教に当り、自性の三とは、荷沢所伝の禅宗の義なり。これを思へ。また貞元華厳の疏の第二に、修証《しゅしょう》の浅深を述ぶる門の中に、禅宗に約して多門を出し已《おわ》つて、別に頓教に約する漸頓門あり。*彼に云く、「もし階位ありと立つる、これを名づけて漸とし、立てざるを頓とすと云はば、また解証《げしょう》に通ず、是れ頓教の中の意なり」と云云。これらの釈の意によらば、花厳の学者は、頓教・禅宗同異の両門、並べて以てこれを存せよ。堅く一門を立てば、ただ禅門の意勢《いせい》を奪ふのみにあらず、花厳においては専ら滞礙《たいげ》す。しかれば則ち、もし教道を以てこれを摂せば、六塵四大、皆是れ教体なり、*十門教体の中の遍該諸法門《へんがいしょほうもん》是れなり。また通摂所詮《つうしょうしょせん》の義は、已に上に通摂所詮門に説くがごときなり。また*円覚経の略抄の第一に云く、「言を亡じ、慮《りょ》を絶せば、即ち無教の教なり」と云云。則ちこの意なり。もし証道を以てこれを摂せば、文字・教典ごとく以心伝心の門たり。故に*貞元花厳の疏の第八に云く、「実智《じっち》の体《たい》は、言語の性、離るるにより、言を捨てて別に求むべからず。今の禅宗多くこの勢を用ゐる」と云云。

問ふ。頓教の証道と禅宗の証悟と、全く同とせんや、分に同とせんや。答ふ。分同にして全同にあらず。謂く、頓教とは、ただ諸法言絶《ごんぜつ》の理を説く。この故に証道を具すれば、偏《ひとえ》に*性空《しょうくう》の理に在り。故に*円覚経の略抄の第一に云く、「頓教唯性」と云云。

彼に云く…　行願品疏巻二（続蔵一-七-三-二五三c）の文。

十門教体　行願品疏巻二に「一音声語言体、二名句文身体、三通取四法体、四通摂所詮体、五諸法顕義体、六摂境唯心体、七会縁入実体、八理事無礙体、九事事無礙体、十海印炳現体」（続蔵一-七-三-二三二d）をあげる。華厳経疏巻三（正蔵三五-五一八b）も同じ。

円覚経の略抄の第一に…　円覚経略疏鈔巻四（続蔵一-一五-二-一三八d）の文。

貞元花厳の疏の第八に…　行願品疏巻八に「実智体周、言語性離、不レ応二捨レ言而別求一也。今之禅宗、多用二此勢一」（続蔵一-七-四-三五五b）とある。実智は、真実智。

性空　十八空の一。

円覚経の略抄の第一に…　典拠不明。

演義抄の第三に…　演義鈔巻八（正蔵三六-六二c）の文。

達磨の碑に云く…　演義鈔巻九に「故達磨碑云、心有也曠劫而滞二凡夫一。心無也刹那而登二正覚一」（正蔵三六-六八a）とあり、そのほか演義鈔巻八に「四頓教等者、初正立。次釈レ名。後解レ妨。今初、言二一念不生即是仏一者、即心本是仏体、妄起故為二衆生一。一念妄心不レ生、何為不レ得レ名レ仏。故達摩碑云…」（正蔵三六-六二c）とある。

登　底本「含」、高本により改む。

また*演義抄の第三に証を引いて云く、「*達磨の碑に云く、「心有《しんう》なれば曠劫《こうごう》にして凡夫に滞《たい》し、心無なれば刹那《せつな》にして正覚《しょうかく》に*登る」と。下経に云く、「この性本《もと》より空寂にして、取るべきもなく、また見るべきもなし。性空即ち是れ仏なり、思量することを得べからず」」と云云。*宗鏡録《すぎょうろく》の第四十一に云く、「心無《しんむ》と言ふは、心の空なることを了するにあらず、了をも生ぜざるのみ」と云云。また*大疏の第七に、七覚を釈する中に云く、「大乗の七覚は諸法を念ぜざるが故に、決択《けっちゃく》不可得なるが故に、進怠《しんたい》相を離るるが故に、憂喜《うき》を絶するが故に、安心縁を除き、皆得《えがた》きが故に、性定《しょうじょう》の中には定乱なきが故に、また能所捨を見ざるが故に」と云云。*演義抄の第十五に釈して云く、「大乗の七覚の下、第六の理*観は即ち頓門なり。禅の意は諸法を念ぜざる、即ち是れ念覚なるが故に」と云云。禅宗の証悟は空有並べて現じ、体用会《たいゆうえ》して弁ず。故に*顕宗論《けんしゅうろん》に云く、「我《われ》この禅門一乗の妙旨、無念を以て宗とし、無住《むじゅう》を本とし、真空を体とし、妙《みょう》有《う》を用とす」と云云。所以に空門の所証は頓教に同《どう》じ、有門の証悟は円教に同ずるなり。*大疏の第三に、五対《ごたい》無礙《むげ》を明《あ》かし已《おわ》つて云く、「上来は無礙深妙にして思ひ難し。始学の流《る》、いかんが趣入《しゅにゅう》せん。今まさに惣結すべし。ただし能く事理無礙《じりむげ》、*根境一如《こんきょういちにょ》なり。念慮《ねんりょ》生ぜざれば、自らまさに趣入すべし」と云云。*演義抄の第九に釈して云く、「上来無礙深妙難思の下、第四に惣じて入門を示す。先に問ひ、後に今当の下、正しく事理無礙を示す。根境一如といふは*惣観なり。念慮不生といふは惣止なり。即ち禅門の大意なり」と云云。また*大疏に諸門成仏を釈する中に云く、「情尽き理現ずるを

宗鏡録の第四十一に…　宗鏡録は永明延寿(九〇四—九七五)の著。宗鏡録巻四一(正蔵四八-六五六b)の文。

大疏の第七に…　円覚経大疏巻中之二に「大乗七覚不レ念二諸法一故、決擇不レ可レ得故、離二進怠相一故、絶二憂喜一故、除二安心縁一、皆叵レ得故、性定之中、無二定乱一故、亦不レ見二於能所捨一故」(続蔵一-一四-二-一五一a)とある。「七覚」は七覚支。

演義抄の第十五に…　演義鈔巻六三に「大乗七覚下、六明二理観一、即頓門禅意。不レ念二諸法一、即是念覚故」(正蔵三六-五〇三c)とある。

観　底本「現」、高本により改む。

顕宗論　荷沢大師顕宗記。高本朱傍注「顕宗記」。引用文は、その冒頭の一文による(正蔵五一-四五八c)。

大疏の第三に…　華厳経疏巻一 六(正蔵三五-六二四c)の文。

根境一如　六根と六境の不二一如をいう。

演義抄の第九に…　演義鈔巻三 六(正蔵三六-二七四c)の文。

惣観　次の惣止と対。観 vipaśyanā と止 śamatha に分けて、事理無礙と念慮不生とを説く。

大疏に…　華厳経疏巻 一三(正蔵三五-五九六b)の文。


演義抄の第八に…　演義鈔巻二 九(正蔵三六-二二四a)の文。

事理無礙門　理と事とが相即して無礙なることをあらわす。

事理無礙とは…　↓補

即ち作仏《さぶつ》と名づく」と云云。*演義抄の第八に釈して云く、「情尽き理現ずるを即ち作仏と名づくと言ふは、これは禅宗の*事理無礙門《じりむげもん》に順ずるなり」と云云。*事理無礙とは、*円教法界観《ほっかいかん》の三門の中のその一なり。故に*円頓の教に同ずと云ふなり。その事理無礙とは、*円覚の略疏の第二に云く、「諸法と覚性《かくしょう》と平等なるを、未だ理事無礙と名づけず。法界とは夫れ理事無礙なり。要《かなら》ずすべからく多事《たじ》全く一理に同じくして、寂然《じゃくねん》として一理全く多事を成じて遷変《せんぺん》すべし。動に即して即ち静《じょう》、静に即して即ち動、生滅広狭《しょうめっこうきょう》、一切皆爾り、翻覆無礙《ほんぷくむげ》なり」と云云。故に*荷沢《かたく》の云く、「体の上に自ら恒沙《ごうしゃ》の功徳《くどく》を具することあり。猶《なお》し真金本《しんこんもと》より千種の器を具するがごとく、摩尼本《まにもと》より万般の色を具するがごとし。もし本具《ほんぐ》にあらざれば、作《さ》もまた成ぜず、対もまた現ぜず。成現の時に一塵一法の外より入ることなきを以ての故に」と云云。是れ則ち*法性融通《ほっしょうゆうずう》、事理無礙の義なり。所以に頓教の証道《しょうどう》は、分《ぶん》に禅宗に同じく、禅宗の証悟は、頓に通じ円に通ずるなり。禅宗の諸祖の開示の詞は、皆この両門を出でざるなり。

第二に教外別伝《きょうげべつでん》を弁ぜば、*禅経《ぜんきょう》の序に云く、「禅定の門、これは是れ*阿難《あなん》、曲《つぶさ》に旨詔《ししょう》を承く。たまたまその人にあらずんば、則ち幽関闢《ゆうかんか》くることなく、その庭を窺《うかが》ふこと罕《まれ》なり。もし意《い》を得、言《ごん》を亡《ぼう》ぜば、途中に授与せん」と云云。〈*付法蔵伝《ふほうぞうでん》の経説のごときは、迦葉《かしょう》に付属《ふしょく》す。迦葉、阿難に伝ふ。両説の会釈《えしゃく》は、*円覚の抄のごとし。繁《はん》を恐れてこれを略す。〉また達磨大師始めて漢地《かんち》に来るに、「*恵可禅師《えかぜんじ》問ひて云く、此の法、何の文字・教典の習学すべきかある。大師答へて云く、わが法は以心伝心・不立文字にして、則ち仏仏この旨

円教法界観の三門　円教法界観とは、杜順の法界観門。三門とは、真空観・理事無礙観・周遍含容観。

円頓の教　円教のこと。普通は天台宗をさすが、ここでは華厳のこと。

円覚の略疏の第二に…　円覚経略疏巻上之二（続蔵一-一五-一-七〇c）の文。

荷沢の云く…　行願品疏鈔巻三に「七祖云、体上具二恒沙功徳一猶如三真金本具二千種之器一。如三摩尼珠本具二千般万般非レ色之色一。若不二本具一、作亦不レ成対亦不レ同。以三成時無二一塵之法従レ外入一」（続蔵一-七-五-四三五a）とある。

法性融通　法界縁起を説くに、縁起相由と法性融通の二門がある。

禅経　達摩多羅禅経。引用文は、巻上の「則是阿難曲承二音詔一、遇非二其人一必蔵二之霊府一。何者心無常規二其変一多方、数無二定像一待レ感而応。是故化二行天竺一。緘レ之有レ匠、幽関莫レ闢、罕レ闚二其庭一」（正蔵一五-三〇一a）より抄出。なお本篇の引用文は、円覚経大疏鈔巻三之下（続蔵一-一四-三-二七五c）に引用の禅経序文。

阿難　梵語 Ānanda. 仏の十大弟子の一人。多聞第一といわれる。

付法蔵伝…　付法蔵因縁伝。↓補

円覚の抄…　円覚経大疏鈔。↓補

恵可禅師…　円覚経略疏鈔巻四の「叙二宗師一、以心伝心者是達磨大師之言也。因下可和尚諮中問此法有二何文字教典一習学上、大師答云、我法以レ心伝レ心、不レ立二文字一」（続蔵一-一五-二-一三〇c）によるか。

円覚の略抄の説…　円覚経略疏鈔巻四の

を手授し、祖祖この心を相伝す」と云云。これらの文によつて教外別伝と称す。

問ふ。円覚の略抄の説のごときは、達磨大師始めて震旦《しんたん》に来りて曰く、「漢地に聖《しよう》位《い》に入ることを得る者、しかも金剛《こんごう》・楞伽《りようが》に相応す」と云云。また「洪州《こうしゆう》の馬祖《ばそ》の云く、達磨大師南天竺国《なんてんじくこく》より来り、ただ大乗一心の法を伝へ、楞伽経を以て衆生の心を印す」等と云云。また「六祖恵能《えのう》和尚、金剛経の「応無所住而生其心《おうむしよじゆうにしようごしん》」によつて悟りを得」と云云。もしこれらの義によらば、以心伝心・不立文字の言、いかんがこれを会《え》せん。答ふ。祖師の云く、「師説によると雖も、文句を以て道とせず、すべからく詮《せん》を忘じて意を得べしと云云。即ち是れ伝心なり」と云云。また云く、「不立文字と云ふと雖も、もし一言を指して以て直ちに即心是仏と説かずんば、心要何によつてか伝ふべき。故に無言の言に寄せて、直ちに言絶《ごんぜつ》の理《り》を詮はすなり」と云云。貞元経の疏の第二に云く、「聖教を以て亀鏡《ききよう》とし、契理《かいり》を以て冥府《めいふ》とするが故に、以心伝心・不立文字と曰ふ。苟くも文繫《もんけ》の外を領せば、また何ぞ、文を出すを患へんや」と云云。また同じき疏の第九に云く、「言は証にあらずと雖も、是れ証の因なり、言説を離れて解脱《げだつ》を求むるにはあらざるなり。証は言にあらずと雖も、要《かなら》ず言を尋ねて到る」と云云。この意勢によつて教外別伝と称するなり。是れ則ち言に即して言を亡ずるの謂《いい》なり。不立文字の言、意を以て得べし。ただし六祖の云く、「本性に自ら般若《はんにや》の智あり、自ら智恵を用ゐて観照《かんしよう》すれば、文字を仮《か》らず。もし是《かく》のごとくならば、何ぞ用ゐん、さらに文字を立つることを。今未知の者のために、仮りに文字を以て指帰して、自性を見

達磨の割注に 「漢地得レ入二聖位一者、与二金剛楞伽一相応」(続蔵一-一五-二-一三一b)。

曰 底本「日」、高本朱傍注により改む。

金剛・楞伽 金剛経と楞伽経。→補

馬祖の云く… 馬祖道一(七〇九―七八八)。伝記は、碑文ならびに宋高僧伝巻一〇・景徳伝燈録巻六に出。洪州(江西省)に住したため洪西の馬祖という(馬大師とも)。洪州宗を起す。

楞伽経 梵語 Laṅkāvatāra-sūtra. 後期大乗経典の一つ。如来蔵と阿頼耶識思想の交流を説く(正蔵一六)。

六祖恵能和尚… →補

応無所住而生其心 金剛般若波羅蜜経の文(正蔵八-七四九c)。

祖師の云く… 円覚経略疏鈔巻四(続蔵一-一五-二-一三〇c)の文にもとづく。なお円覚経大疏鈔(続蔵一-一四-三-二七五c)にもあり。

また云く… 円覚経略疏鈔巻四に「雖レ云二不立文字一、若不下指二一言一以直説中即心是仏上、心要何由可レ伝。故寄二無言之言一、直詮二言絶之理一也」(続蔵一-一五-二-一三四d)。

貞元経の疏の第二に… 行願品疏巻二に「以二聖教一為二亀鏡一、以二心契一為二冥符一、故曰二以心伝心不在文字一。苟領二文繫之表一、復何患二於文一哉」(続蔵一-七-三-二五一d)。

不立文字 高本「不在文字」。

同じき疏の第九に… 行願品疏巻九(続蔵一-七-三-二五七c)の文。

六祖の云く… 六祖大師法宝壇経に「故知、本性自有二般若之智一。自用二智慧一、常観照故、不レ仮二文字一」(正蔵四八-三五〇c)。

観 底本「視」、高本により改む。

せしむ。もし*発明する時は、即ち是れ豁然《かつぜん》として還《かえ》つて本心を得、本心の中において、法として了せずといふことなし。故に無念の法を悟る者は、万法《まんぼう》ことごとく通等《つうとう》と云ふ」と云云。また*圭山の云く、「上上根智は、言に即して言を亡じ、相に即して相を忘ずるがごときは、此《ここ》にまた論ぜず。今は中下の流《る》のために、すべからく忘*機寂志《じゃくし》の方便、発恵契証《ほっえかいしょう》の玄門《げんもん》を開くべし。故に古《いにしえ》より西域《さいいき》東*夏承上《しょうじょう》より已来《このかた》、この宗あるなり」と云云。この中に上上根智と言ふは、六祖所説の般若の智なり。*円覚の略抄の第五に云く、「上機は二祖・三祖・六祖等、その*仁に当るなり。」*志公《しこう》・*傅大士《ふだいし》、歌偈を作る等、またこの機に対するが故に。*牛頭《ごず》の融大師《ゆうだいし》に*絶観論《ぜっかんろん》等あり。*かの論に云く、「至理《しり》詮なく、解にあらず、纏《てん》にあらず。霊通《れいつう》物に応じて、常に目前に存す。目前に物なく、無物宛然《むもつえんねん》たり。人の致すことを用ゐず、体自ら虚玄《きょげん》なり」と云云。中下の流《る》と言ふは、また六祖説くところの未知の者是れなり。上に説くがごとし。師説によると雖も、文句を以て道とせざるの機なり。*演義抄の第五に云く、「禅を修行する流、皆文を棄てて観行《かんぎょう》を修せんと欲す」と云云。*宗鏡録《すぎょうろく》の第三に、楞伽経の宗通を釈して云く、「内《うち》に自心《じしん》を証せば、第一義の理、自覚の地に住して、*聖智の門に入る。この相応《そうおう》を以て、宗通相《しゅうつうそう》と名づく。これは是れ行時《ぎょうじ》にして、是れ解時《げじ》にあらず。解によつて行を成じ、行成じて解絶す」と云云。即ちこの意なり。かの宗通を指して、不立文字と云ふなり。*馬祖《ばそ》の云く、「達磨、楞伽経を以て、衆生の心を印す」とは、正しくこの意に当るなり。祖祖、三根を開示するに、多種の方便ありと雖も、大旨この義勢による。

発　底本「教」、高本により改む。

圭山の云く…　圭山は、圭峰宗密。円覚経略疏鈔巻四に「若二上上根智、即レ言忘レ言、即レ相忘レ相、此不二復論一。今為二中下之流一、須レ開二忘レ機寂レ志之方便、発レ慧契レ証之玄門一。故自レ古西域東夏承レ上已来有二斯宗一也」（続蔵一ノ一五ノ二ノ一三〇c）。

機　底本「縁」、高本朱傍注により改む。

夏　底本「度」、高本朱傍注により改む。

円覚の略抄の第五に…　円覚経略疏鈔巻一〇（続蔵一ノ一五ノ三ノ一九七d）の文。

仁　円覚経略疏鈔は「人」。

志公　宝誌（四一八—五一四）。

傅大士　傅翁（四九七—五六九）。

牛頭の融大師　牛頭宗の開祖、法融（五九四—六五七）。

絶観論　達磨和尚絶観論。菩薩心境相融一合論、入理縁門論などともいわれる。敦煌より発見された禅籍の一つ。↓補

かの論に云く…　宗鏡録巻三に所引の絶観論の文（正蔵四八ノ五九四c）。

演義抄の第五に…　演義鈔巻一六（正蔵三六ノ一二三b）の文。

宗鏡録の第三に…　宗鏡録巻三に「問。以レ心為レ宗、如何是宗通之相。答。内証二自心一、第一義理、住二自覚地一入二聖智門一、以三此相応名二宗通相一、此是行時非二是解時一、因レ解成レ行、行成解絶」（正蔵四八ノ四二八b）とある。

聖　底本「正」、高本朱傍注により改む。

馬祖の云く…　宗鏡録巻一に所引の文。

↓一六七頁注

不立文字の言、相違せざるなり。これを思へ。

第三に見性成仏を顕はすとは、*宗鏡録の第十四に云く、「達磨初祖《しよそ》、直指《じきし》人心《にんしん》見性《けんしやう》成仏《じやうぶつ》」と云云。直指人心とは、衆生の覚性《かくしやう》にして無住、*空寂《くうじやく》の理なるが故なり。*見性とは、能見《のうけん》は是れ無念の真知、所見《しよけん》は是れ無住の空理なり、しかも能く見す。知の外に所見の理なく、能所無二にして、ただ是れ体用の異名《いみやう》なり。故に*行願品《ぎやうがんぼん》の義記《ぎき》の第三に云く、「体に即するの用を智と曰ひ、用に即するの体を理と曰ふ。即ち体用無二なり」と云云。また*演義抄の第十九に云く、「禅宗の云く、体に即するの用なれば、自ら知り、用に即するの体なれば、恒に寂なり。知寂不二《ちじやくふに》を心の相とするなり」と云云。皆この意なり。無念とは、*演義抄の第十三に云く、「念に二つあり。もし明記を念とすれば、是れ念教なり。もし無念を念とすれば、即ち是れ念証なり」と云云。*同じき抄の第十五に云く、「無念の念とは、即ち真如を念ず」と云云。また*円覚の略疏に云く、「正念《しやうねん》とは則ち無念なり」と云云。上三の釈、言は異にして意は同なり。また*演義抄の第十四に云く、「無念に二の意《こころ》あり。一には性浄無念《しやうじやうむねん》、心体念を離るるを以ての故に、これ一切凡小に通ず。二には契理《かいり》無念《むねん》、都《すべ》て所得なきを名づけて無念とす。是れ偏《ひとへ》に南宗につく」等と云云。〈略抄〉謂く、性浄無念は是れ小宗の意、契理無念は則ち今の意なり。無住とは、*宗鏡の第八に云く、「叡公の云く、無住といふは即ち実相の異名なり、実相といふは即ち性空の異名なり。故に無性に従つて一切の法あり」と云云。また*心要《しんやう》に云く、「無住の心体《しんたい》は霊知《れいち》不《ふ》昧《まい》なり」と云云。是れまた性浄に約して無住

宗鏡録の第十四に…　宗鏡録巻一四に「夫釈迦文仏、開㆓衆生心㆒成仏知見。達磨初祖、直指人心見性成仏、若体㆓此一心㆒、云何是成仏之理㆒」(正蔵四八-四八八c)。

空寂の理　荷沢宗の所説。

見性とは…　見性とは、自性を見ること。自性は体、見は用をあらわす。

行願品の義記の第三に…　行願品疏鈔巻二(続蔵一-七-五-四二五c)の文。

云　底本「之」、高本により改む。

演義抄の第十九に…　演義鈔巻八〇に「亦即禅宗、即㆑体之用自知、即㆑用之体恒寂。知寂不二為㆓心之相㆒也」(正蔵三六-六三五b)とあるによる。

演義抄の第十三に…　演義鈔巻五五(正蔵三六-四三二a)の文。

同じき抄の第十五に…　演義鈔巻六三の文。↓補

円覚の略疏に…　円覚経略疏巻上之二(続蔵一-一五-一-六七c)の文。

演義抄の第十四に…　演義鈔巻五六の文。↓補

宗鏡の第八に…　宗鏡録巻八(正蔵四八-四五六c)の文。

心要　答順宗心要法門。宗密の禅門師資承襲図にも引用されている。「五台山鎮国大師澄観答皇太子問心要」ともいう。続蔵本には宗密の注とともに収録してある。引用文は、正蔵五一-四五九b。

と名づく。もし契理に約せば、*演義抄の第九に云く、「もし心を以て如を知らば、この心、境に住す。もし智を以て心を了せば、この智、心に住す。もしは内、もしは外、皆住と名づく。無住もまた名づけて住とす。*故に云く、もし心に住あるときは、則ち住にあらずとす。「応無所住而生其《おうむしょじゅうにしょうご》心《しん》」とは、謂く、*生死所住の心は有にあらず、住して生ずべきなし。心に生ぜざれば、則ち無住の心を生ず。則ちこれ契理にしてまた方便と名づく」と云云。また*貞元華厳の疏の第九に云く、「処住《しょじゅう》なきときは則ち不住もなし。万行《まんぎょう》ここに増す」と云云。是れまた契理の義なり。これ則ち無念の知を以て無住の寂を証す。所証《しょしょう》無住なるが故に、能証《のうしょう》無念なり。能所倶《とも》に泯《みん》じて、本心頓に現ずるを、見性成仏と名づくるなり。

問ふ。いかんが本心頓に現はるるや。答ふ。*行願義記《ぎょうがんぎき》に云く、「*本覚の心体は自知す。知を将《も》つてさらに心体を知るべからず。*照体独立《しょうたいどくりつ》を以て、眼自《げんおのずか》ら見ざるがごとく、刀の自ら斫《き》らざるがごとし」等と云云。故に*祖師の云く、「*心を擬《ぎ》すれば即ち差《たが》ふ。正しくこれを証するの時、別の能証なし。能証既に無ければ、即ち是れ本心の所証なり。無得もまたただ本心なるが故に」等と云云。また*演義抄の第二に云く、「無智無得なるをまさに真智と名づく」と云云。また*円覚の略抄に云く、「境相空《きょうそうくう》なりと了するを、仮《か》りに称して知とす。相《そう》既に有《う》ならず、智あに真あらんや。心境両《ふたつ》ながら亡じて、即ち皆泯絶《みんぜつ》す。心に心相無き、即ち是れ安心《あんしん》なるが故に、生心即妄《しょうしんそくもう》、不生即《ふしょうそく》仏《ぶつ》と説く」と云云。ただし*大疏に云く、「境界を疑ふとは、唯心《ゆいしん》を以て正念とす。法《はっ》

演義抄の第九に…　演義鈔巻三三の文。
↓補

故に云く(故云)　演義鈔は「故経云」。

死　高本朱傍注「无カ」とある。

貞元華厳の疏の第九に…　行願品疏巻九に「故無レ所レ住、則無ニ所不一レ住、万行爰増」(続蔵一-七-四-三五六b)とあるによる。

行願義記に…　行願品疏鈔巻二(続蔵一-七-五-四二九d)の文。

本覚　大乗起信論に「心体離レ念、離念相者、等ニ虚空界一、無レ所レ不レ偏、法界一相、即是如来平等法身、依ニ此法身一説ニ名本覚一」(正蔵三二-五七六b)とある。

照体独立　荅順宗心要法門にも出。なお神会の壇語にも「一切妄念不生、此照体独立」(神会和尚遺集二四八頁)とある。

祖師の云く…　行願品疏鈔巻二(続蔵一-七-五-四二九c)の文。

心を擬すれば即ち差ふ(擬心即差)　宗密の禅源諸詮集都序巻上二に「荷沢大師云、擬心即差」(正蔵四八-四〇五a)とあり、黄檗の伝心法要(正蔵四八-三八一b)にもみえる。底本「擬心即着」、高本により改む。

演義抄の第二に…　演義鈔巻七(正蔵三六-五〇c)の文。

円覚の略抄に…　円覚経略疏鈔巻四(続蔵一-一五-二-一三四c)の文。

大疏に云く…　円覚経大疏巻中之三に「然断疑方便者、若疑ニ境界一、令レ悟ニ唯心一。若疑ニ法性一、令レ観ニ無得一、余皆例知」(続蔵一-一四-二-一五六b)とあるによるか。

性《しょう》を疑ふとは、無得を以て正念とす。実には則ち無正無邪なり、まさに称して正と曰ふ。無念も念ぜざる、是れ真念なり。諸念生ぜざれば、正念正に生ず」と云云。

禅宗の玄妙《げんみょう》は無念の正恵なること、これを以て知んぬべし。謂く、本来無住《ほんらいむじゅう》の理、妄隔《もうきゃく》して知らず。自ら無住を知らざる、これを名づけて迷とす。故に*通玄《つうげん》の云く、「*真の智恵は体性なし。自ら無性を知ること能はざるが故に、名づけて無明《むみょう》と曰ふ」と云云。始めに了縁《りょうえん》を待ちて自ら無住と知る、これを名づけて悟とす。故に通玄の云く、「*真智要《かなら》ず了縁を得て、まさに能く現ず」と云云。故に*馬祖の云く、「了せざる時は是れ迷なり、了する時は是れ悟なり」と云云。また*行願品《ぎょうがんぼん》の義記《ぎき》に云く、「祖師の云く、無念の心に自ら無念を知る」と云云。故に*円覚の抄に云く、「真覚の境の中において、別に一塵《いちじん》有体《たい》の法なし」と云云。また*宗鏡録の第二十七に云く、「能く無住の心を解するを般若《はんにゃ》と名づく。如来恒に無住の法門を説きたまふ」と云云。また前に引くがごとく、*演義抄の第九に云く、「南宗の意の云く、衆生の仏智は*妄隔して見えず、ただし無念を得れば、即ち本来自性なり。寂静の体の上に自ら本智あり。本智を以て能く本来の自性を見る」と云云。〈取意、略抄。〉是れ則ち般若の「応無所住而生其心」の意なり。この心即ち本心なり。照体独立して、木石の無心に異なり。故に*演義抄の第九に云く、「直《ただ》ちに霊知《れいち》直心《じきしん》を悟らば、木石に異なり、能所証《のうしょしょう》に通ず」と云云。*水南《すいなん》の善知識《ぜんちしき》の云く、「知の一字、衆妙の門」と云云。即ちこの心体を指すなり。*大疏の第三に、この文を釈して云く、「もし能く虚亡《きょぼう》にして会せば、便ち仏境に契《かな》ふ」と云云。

通玄　李通玄(六三五?—七三〇)。法蔵と同時代の華厳学者であるが、法蔵教学とは別の教学を樹立した。著書に新華厳経論がある。明恵に与えた思想的影響は大きい。明代の李卓吾に華厳経合論簡要あり。

真の智恵は…　解迷顕智成悲十明論に「為三真智慧無二体性一、不レ能三自知二無性一故。為下無性之性不上能レ知二無性一故、名曰二無明一」(続蔵一-八-四-三三五b)とある。

真智…　解迷顕智成悲十明論に「明知二真智一、要得二了縁一方能現也」(続蔵一-八-四-三三五b)とある。

馬祖の云く…　典拠不明。

行願品の義記に…　行願品疏鈔巻二(続蔵一-七-五-四二九c)の文。

円覚の抄に…　典拠不明。

宗鏡録の第二十七に…　宗鏡録巻二七(正蔵四八-五六八c)の文。

演義抄の第九に…　→補「同じき抄の第九に…」

妄　底本「忘」を改む。演義鈔は「妄」。

演義抄の第九に…　演義鈔巻三四に「今直語三霊知真心異二乎木石一者、通二能所証一也」(正蔵三六-二六一b)とあるによる。

水南の善知識　荷沢神会をさす。引用文は、演義鈔巻三四に「知之一字衆妙之門、亦是水南之言也」(正蔵三六-二六二a)とある。

大疏の第三に…　華厳経疏巻一五に「若能虚レ己而会便契二仏境一」(正蔵三五-六一三c)とある。なお円覚経大疏鈔巻二之下(続蔵一-一四-三-二五七c)にもみえる。

また円覚の略疏の第三に釈して云く、「今禅《ぜん》を学ぶの流に勧むるに、祖師の心印《しんいん》を見んと欲せば、ただし上の所解《しょげ》によりて解了す。即ちこの両句を悟らば、是れ惣持《そうじ》の門なり。もし爾らずんば、あに知の一字、却つて是れ浅近の門戸にして、これよりまさに衆妙深奥の堂室に入るべけんや。止観《しかん》を修せんと請《こ》ふ者、細にしてこれを詳《つまびら》かにせよ」と云云。この語に随順して修行すれば、頓に一念の冥会《みょうえ》を立す。古今の情亡じて、始本《しほん》の異を見ず、即ち本性を見る。仏と衆生と本来異なることなく、生仏別執《しょうぶつべっしゅう》すること、猶《なお》し昨夢のごとし。故に円覚の略抄の第二に云く、「修行の人、ただし心境の空寂を悟らば、自然に己情《こじょう》を喪亡《そうぼう》し、情亡ぜば即ち仏心に等し。仏に等しきを真の修行とす」と云云。禅宗の尚ぶところ、正しくこの門に在り。

問ふ。上来に説くところのごとく、一念冥会《みょうえ》の心を指して見性成仏と云ふ。始学の行者、たとひ一念相応《いちねんそうおう》すと雖も、後時に、もし心を生じ、念を動ぜば、退をなさん、成仏ならんや。答ふ。円覚の略抄の第五に云く、「一念悟る時は念体《ねんたい》是れ仏なり」と云云。謂く、一念即ち無念なり。故に通玄の云く、「一念相応するときは一念の仏、一日相応するときは一日の仏」と云云。ただし清涼《しょうりょう》の云く、「心性を豁了《かつりょう》して後漸《ようや》く修学して、具《つぶさ》に契合《かいごう》せしむ」と云云。また圭山の云く、「禅門悟るときは即ち刹那《せつな》にして妙覚《みょうかく》に登り、念念相応して習気《じっけ》漸微《ぜんび》し、本智《ほんち》漸瑩《ぜんえい》して漸頓を具するなり。故に荷沢大師、頓悟《とんご》漸修《ぜんしゅう》を開示して円妙とするなり」と云云。また円覚の略抄の第五に云く、「今《いま》より乃し仏果に至るまで、念念に此《かく》のごとく用心して、さらに別意なく、たとひ

円覚の略疏の第三に…　円覚経略疏鈔巻六(続蔵一‐一五‐二‐一四七c)の文。
惣持の門　惣持は、梵語 dhāraṇī. 善を持して失わず、悪を起らざらしめること。菩薩の修する念定慧に、この功徳あり。
止　底本「正」、高本朱傍注により改む。
細にして(細而)　底本「細々」、高本朱傍注により改む。
始本　始覚と本覚。
生仏　衆生と仏。
円覚の略抄の第二に…　円覚経略疏鈔巻四(続蔵一‐一五‐二‐一二九d)の文。
円覚の略抄の第五に…　円覚経略疏鈔巻九(続蔵一‐一五‐二‐一二九d)の文。
通玄の云く…　新華厳経論巻二(正蔵三六‐七三三a)の文。
清涼の云く…　行願品疏巻三(続蔵一‐七‐三‐二五三a)の文。
圭山の云く…　行願品疏鈔巻一に「禅門悟即刹那而登二妙覚一、一悟之後、念念相応習気唯微、本智唯瑩具二漸頓一也。故荷沢大師開二示頓悟漸修一為二円妙一也」(続蔵一‐七‐五‐四〇七c)とある。
妙覚　修行の階位の第五十一位。
習気　煩悩のこと。
円覚の略抄の第五に…　円覚経略疏鈔巻一〇(続蔵一‐一五‐三‐二〇〇b)の文。

*六度万行、*三十七品、一切助道の法を修せしめ、乃至頭目《ずもく》等を捨つる時、一一ただ上来の用心によつて、即ちこの差別《しゃべつ》の諸行、皆*菩薩の妙行を成ず。もしこの意を失はば、たとひ能く身を捨つとも、また無漏《むろ》の*因を成ぜざるなり」と云云。禅門の頓悟漸修、皆これに同じきなり。是れ則ち前の一念に頓悟するに対して、後時《ごじ》に修行《しゅぎょう》するを以て漸修と名づく。その念念の修行、曠然《こうねん》として道に合《かな》ふが故に、その行体《ぎょうたい》に約して、また頓修と名づく。漸にあらず、漸修進の行にあらざるなり。故に*清涼の云く、「漸頓《ぜんとん》無礙《むげ》にして双入《そうにゅう》す」と云云。*圭山の釈に云く、「一念悟る時は、即ち染着《せんじゃく》を離る、便ち是れ一悟を修行すれば、永く尽未来際《じんみらいさい》を悟る。しかも間断《けんだん》なく修すれば、また念念相応して休息なし。故に始終相収めて皆双入と名づく」と云云。

問ふ。いかんが間断なく修せんや。答ふ。*大疏の第三に云く、「四儀《しぎ》に間なし、聖道生ずべし、瞥爾《べつじ》にして心を起すこと、暫時もすれば、照を亡じて皆息《や》む」と云云。*抄の第九に釈して云く、「四儀無間とは、設爾《せつじ》にして断あれば、*またすべからく断を知るべし。もし不断の時もまた無断を知り、常に無念にして知るときは則ち間なし。瞥爾にして心を起せば、即ち止を失するなり。暫時も照を亡ぜば、即ち観を失するなり。寂照双流《じゃくしょうそうる》せば、即ちこの過《か》なし。此《かく》のごとく修すると云はば、あに退《たい》の義あらんや。余の義は下の釈のごとし。

第四に悟修漸頓《ごしゅうぜんとん》を示すとは、*祖師《そし》の云く、「もし教文に約して、ただ義解《ぎげ》を生じ、修《しゅ》証《しょう》を詮《あら》はすことを忘る。後にその門あり。故に以心伝心、歴代絶えず、仏迦葉《かしょう》に*属《しょく》し

六度　六波羅蜜。

三十七品　三十七菩提分法。

菩薩　底本「辨」、高本朱傍注により改む。

因　底本「用」、高本により改む。

清涼の云く…　行願品疏巻二に「漸頓無得而双入」（続蔵一-七-三-三六b）とある。

圭山の釈に云く…　行願品疏鈔巻一（続蔵一-七-五-四〇七c）の文。

大疏の第三に…　華厳経疏巻一五に「四儀無間、則聖道可㆑生、瞥爾起㆑心、暫時亡㆑照、皆名㆑息也」（正蔵三五-六〇九b）。

抄の第九に…　演義鈔巻三三に「四儀無間者、設爾有㆑断亦須㆑知㆑断。若不断時亦知㆑無㆓断常㆒、無念知則無間矣。瞥然起心即失㆑止也。又違㆓北宗㆒。暫時忘照即失㆑観也。亦違㆓南宗㆒。寂然双流即無㆓斯過㆒」（正蔵三六-二五六b）とある。

また（亦）　底本「之」、高本により改む。

祖師の云く…　円覚経大疏巻上之二（続蔵一-一四-二-一九c）の文。

属　付嘱のこと。

てより展転して、今に燈燈相承して明明無尽なり」と云云。これに三門あり。一には所悟、二には能悟、三には悟相なり。*初めに所悟を弁ぜば、或いは*心体離念《しんたいりねん》、本性《ほんしょう》清浄《しょうじょう》、不生不滅《ふしょうふめつ》と言ふは、多くは漸門に約す。或いは*無住空寂《むじゅうくうじゃく》、*真如絶相《しんにょぜつそう》、或いは妄《もう》空真有《くうしんう》、或いは妄有真空《もううしんくう》、或いは即心即仏《そくしんそくぶつ》、非心非仏《ひしんひぶつ》、本具仏法《ほんぐぶつぼう》と言ふは、多くは頓門に属す。しかるに皆心の性相を離れず、ならびに通用すべし。二に能悟を明かさば、入法の千門は定恵《じょうえ》を離れず。無定無恵は、是れ*狂なり、是れ愚なり。偏に一門を修するは、是れ漸なり、是れ近なり。もし運を照寂に並べば、まさに正門として、両足尊《りょうそくぞん》を成ずること、是れ不可にあらず。もし不起の心の修道をなすと言はば、定を門とするなり。もし、心を*看じ、心を観じ、心を*体し、心を覚し、心を求め、心を融すと言はば、皆恵を門とするなり。もし無念無修と言はば、定を門とするなり。もし知心空寂、知見無念にして、朗徹照寂《ろうてつしょうじゃく》なりと言はば、恵を門とするなり。もし寂照、或いは無念を知ると言はば、則ち定恵を双明する門なり。もし揚眉瞪目《ようびとうもく》、皆称して道とすと言はば、即ちこれを修と名づく。これは二意に通ず。一にはその触《しょく》を知らしむるを目《なづ》けて道とす、即ち恵門なり。二には心をして所当なからしむ、即ち定門なり。三に悟相を明かさば、二種を出でず。一には*解悟、謂く明らかに性相を了す。二には証悟、謂く心の玄極に造《いた》る。もし漸頓を明かさば、乃ち多門あり。しかるに悟と修と皆漸頓に通ず。また悟に解悟《げご》・証悟《しょうご》あり、修に随相《ずいそう》・離相《りそう》あり。謂く、解によりて悟り、悟によりて修行す。行満じ、劫円《ごうまど》かにして、即ち証悟することを得。これを真正《しんしょう》とす。

初めに… 以下の文(一七六頁六行まで)は、行願品疏巻二の「然其所悟」(続蔵一-七-三-二三二a)以下よりとる。

心体離念 大乗起信論に「所㆑言覚義者、謂心体離㆑念。離念相者、等㆓虚空界㆒。無㆑所㆑不㆑偏、法界一相、即是如来平等法身。依㆓此法身㆒説名㆓本覚㆒」(正蔵三二-五七六b)という。

無住空寂 神会の所説。なお答順宗心要法門に「心法本乎無住、無住心体、霊知不昧」(続蔵一-二-八-四-三〇三c)とある。

真如絶相 答順宗心要法門に「真知無知…是非両忘、能所双絶」(続蔵一-二-八-四-三〇三c)とある。

狂 底本「犯」、高本により改む。

看 底本「着」、高本により改む。

体 底本「滞」、高本により改む。

解悟… 解悟と証悟については、行願品疏巻二に「若明㆓悟相㆒、不出㆓二種㆒。一者解悟、謂明㆓了性相㆒。二者証悟、謂心造㆓玄極㆒。若明㆓漸頓㆒者、乃有㆓多門㆒」(続蔵一-七-三-二三二a)とある。

もしはおのおの根に随《したが》つて悟り、および師友の方便、施設《せせつ》の先後、定めなし。もし頓*悟漸修と言はば、これは解悟に約す。謂く、心性を豁了《かつりよう》して、後に漸く修学して、それをして契合せしむ。則ち悟は日照のごとく、頓に万法を朗し、修は払鏡《ほつきよう》のごとく、漸く瑩《あざや》かに漸く明らかなり。もし漸修頓悟と言はば、謂く、初は摂境唯心《しようきようゆいしん》、次は*観心《かんじん》本浄《ほんじよう》、後に心境双寂《しんきようそうじやく》にして、瞥起《べつき》生ぜず、前後際《ぜんごさい》断《だん》す。湛《たん》として停海《ていかい》のごとく、曠《こう》として虚空《こくう》のごとし。これは証に約して悟と名づく。則ち修は鏡を瑩《みが》くがごとく、悟は鏡の明らかなるに似たり。もし漸修漸悟と言はば、また是れ証悟なり。則ち修と悟と、ならびに台に登るがごとし。足の履むこと漸く高ければ、鑑《み》るところ漸く遠し。もし頓悟頓修と言はば、これ三義に通ず。もし先悟*後修といはば、謂く、廓然《かくねん》として頓に了する、これを名づけて悟とし、不着不証《ふじやくふしよう》、不収不摂《ふしゆうふしよう》、曠然《こうねん》として道に合する、これを名づけて修とす。これ則ち解悟なり。定を以て門とし、またなほ払《はら》はず瑩《みが》かずして、鏡自ら明らかなるがごとし。もし前修後悟と言はば、謂く、前にしかも修するによつて忽ちに心性《しんしよう》を見る、これを名づけて悟とす。これを証悟とす。則ち修は薬を服するがごとく、悟は病の除かるるがごとし。もし修悟一時なりと言はば、即ち解証に通ず。謂く、修は無心忘*照にして、悟は任運寂知《にんぬんじやくち》にして、則ち定恵双べ運ぶ。明鏡無心にして、頓に万像《まんしよう》を照すがごとし。もし本具の一切の仏法、これを名づけて悟*とし、一念に十度万行を具足す、これを名づけて修とすと言はば、則ち修は大海の水を飲むがごとく、悟は百川の味を得るがごとし。また解証に通ず。もし非心非仏《ひしんひぶつ》、これを名づけ

頓悟漸修と… 宗密の禅源諸詮集都序に「或云、先須㆓頓悟㆒、方可㆓漸修㆒」(正蔵四八-四〇三a)という。なお以下の文は、行願品疏巻二に「若云㆓頓悟漸修㆒、此約㆓解悟㆒。則謂豁㆓了心性㆒、後漸修学令㆓其契合㆒。則悟如㆓日照㆒、頓朗㆓万法㆒、修如㆓払鏡㆒、漸瑩漸明」(続蔵一-七-三-二三二a〜b)とある。

悟 底本「性」、高本により改む。

忘 底本「亡心」を改む。行願品疏は「忘」。

悟 行願品疏は「頓」。

て頓とし、無念無修、これを名づけて修とすと言はば、これ*払迹顕理《ほっしゃくけんり》に約して頓と名づく。定門を以て修せば、これを以て悟とす。また解証に通ず。もし、無漸無頓《むぜんむとん》、これを名づけて頓とすと言はば、無悟無修、これを名づけて悟とす。これまた払迹なり。理に約せば頓と名づけ、定門に約せばまた解証に通ず。もし*意に皆定恵を成ずることを得んと欲せば、その旨を失し、また妄想を成じて、即ち*無記《むき》に堕する等のごとし」と云云。〈已上、清涼、圭山の解釈の要を取って略抄す。〉

問ふ。上の諸門の中に、今の禅宗は何の門によるとかせん。答ふ。もし解悟に約せば、頓悟漸修、是れその門なり。故に*行願品の義記に云く、「荷沢大師《かたくだいし》、頓悟漸修を開示して円妙とす」と云云。もし証悟に約せば、先の頓悟頓修の三義の中の第二義是れなり。もし解証を通じて説かば、頓悟頓修、無修無悟、皆以て*南宗の尚ぶところなり。その余の諸門は、或いは*漸門に属し、或いは*教宗に通ず。この中に、頓悟頓修の三義、前に引くがごとし。ただし「*修悟一時《しゅうごいちじ》は解証に通ず」と云云。先の「*修悟一時とは、謂く、無相を以て修とし、無明を悟とす。悟は即ち恵《え》なり、用《ゆう》なり。修は即ち定《じょう》なり。また一念不生《いちねんふしょう》、前後際断《ぜんごさいだん》、即ち頓修なり。*照体独立《しょうたいどくりつ》、物我皆如《もつがかいにょ》、即ち頓悟なり。*荷沢云く、「一切の善悪、都《すべ》て思量《しりょう》せざれば、言下《ごんか》に自ら念相を絶す。〈修なり。〉正しく念相なく、心*已に自知す。〈悟なり。〉」」即ち是れ一時の義なり。次に「*解証に通ずとは、これに二の意あり。一には、証解《しょうげ》もまた二相なし。故に二皆通ず。謂く、即証即解《そくしょうそくげ》、即解《そくげ》即証《そくしょう》なり。二には、或いは是れ証なり、或いは是れ解なり。謂く、頓了頓息《とんりょうとんそく》、即ち

払迹顕理　絶対否定によって真理をあらわす。

意　底本「急」、高本により改む。

無記　非善非悪をいう。

行願品の義記に…　行願品疏鈔巻一(続蔵一-七-五-四〇七c)の文。

南宗の…　頓悟頓修は洪州宗、無修無悟は牛頭宗の教説とみたか。

漸門　北宗の教説をさす。

教宗　禅宗に対して教家をさす。

修悟一時は解証に通ず　円覚経大疏巻上之二に「修〈無心亡レ照〉悟〈任運寂知〉一時、即通二解証一」(続蔵一-一四-二-一二九c)とあるによる。

修悟一時とは…　上の円覚経大疏巻上之二の「修悟一時」を釈した円覚経大疏鈔巻三之下(続蔵一-一四-三-二六〇d～二六一a)よりの引文。

照体独立…　答順宗心要法門に「照体独立、物我皆如」(正蔵五一-四五九c)とあり、宗密それに注して「真智現前、我及我所、悉皆同体」(続蔵一-二-八-四-三〇三c)という。

荷沢云く…　円覚経略疏鈔巻四に「荷沢云、一切善悪都不二思量一、言下自絶二念想一〈修也〉正無二念想一、心已自知〈悟也〉」(続蔵一-一五-二-一三二c)とあるを引く。

已　底本「亡」、高本朱傍注により改む。

解証に通ずとは…　上の円覚経大疏巻上之二の「即通二解証一」を釈した円覚経大疏鈔巻三之下(続蔵一-一四-三-二六一a)より引文。文字に異同あり。

解悟とす、頓尽頓覚《とんじんとんかく》、即ち証悟とす。大夢の覚むるがごとく覚するを頓覚と名づく。夢の頓に尽くるごときが故に。また「*本より一切の仏徳を具する等、解証に通ず」と云云。また二の意あり。初の義は上に説くがごとし。後の義を釈すべし。もし解に約せば、ただし*無漏《むろ》本覚《ほんかく》を取りて悟とし、覚了《かくりょう》の心を加へず。ただし性の上の功能《くうのう》を取りて行とし、*息心《そくしん》を待たざるを行とす。証に約せば、即ち始覚なり。本に合するの時、別の*始覚《しかく》の異なきが故に。」〈已上、圭山の釈なり。これを略抄す。〉また上に「非心非仏」と云ひ、「無念無修は払迹顕理なり」と云云。非心非仏と謂ふは、*即心即仏の迹を払ひ、無念無修とは、頓悟頓修の迹を払ふなり。

問ふ。いかんが無念無修なりや。答ふ。*円覚の略抄の第六に云く、「心、無修の理に冥す、即ち是れ禅定なり」と云云。故に上に定門を以て修と云ふなり。また*宗鏡録の三十三に云く、「理は事を礙《さまた》げず、求むることを妨《さまた》げざるが故に。事《じ》は理《り》を礙《さまた》げず、求むるに求むることなきが故に。此《かく》のごときの修は、修即無修《しゅうそくむしゅう》なるを真修とす」と云云。また*同じき三十四に云く、「心本より自知す。縁を借りて生ぜず、境によつて起らず、*知の一字、衆妙の門なり。もし頓にこの空寂の知を悟らば、知もまた無念無形《むねんむぎょう》なり。誰びとか我《が》相人相《そうにんそう》をなさんや。諸相の空を覚すれば、心に自ら念なく、念起るは即ち覚なり。これを覚するときは、即ち修行なし。妙門ただ此《ここ》に在るなり」と云云。また云く、「*無漸無頓、無悟無修、これまた払迹顕理なり」と云云。謂く、上の句に漸頓の迹を払《はら》ひ、下の句に悟後の迹を払ふなり。これを思へ。

本より…　円覚経大疏巻上之二(続蔵一-一四-二-二九c)の文。

無漏　煩悩の断滅をいう。

息心　息心の衆というと、禅観を修する人をいう。なお亡名の著に息心銘あり。

始覚　不覚に対して始覚を説く。修行の発動をいう。

即心即仏の…　即心即仏の絶対否定が、非心非仏なるをいう。

円覚の略抄の第六に…　円覚経略疏鈔巻一一(続蔵一-一五-三-二〇五a)の文。

宗鏡録の三十三に…　宗鏡録巻三三(正蔵四八-六〇五c)の文。

同じき三十四に…　宗鏡録巻三四(正蔵四八-六二四b)の文。ただしこの文は、宗密の禅源諸詮集都序の禅の三宗を説く中の直顕心性宗の説明文の一節である(正蔵四八-四〇三a)。

知の一字…　老子道徳経の「玄之又玄、衆妙之門」を改変して作ったもの。荷沢の言葉といわれるが、宗密が初めて用いたようである。禅源諸詮集都序や円覚経の諸註疏にみえる。

無漸無頓…　行願品疏巻二の「若云、無漸無頓、名レ之為レ頓。無悟不悟、名レ之為レ悟。此亦払迹、約レ理名レ頓」(続蔵一-七-三-二五二b)とあるによるか。

　問ふ。教宗にまた頓悟漸修等の諸門の修行あり。しかるに今の禅宗と何ぞ別なるや。

答ふ。教宗の修行は解悟なり、*聞思《もんし》の位に在りて、修恵《しゅうえ》に在らず。この故に、証に即して即ち解し、解に即して即ち証すること能はず。故に*円覚の略抄の第二に云く、

「教、義を詮はし、教に約して教を解す。ただし是れ聞恵の境なり。たとひ義によつて観察《かんさつ》思惟《しゆい》すとも、またただ思恵の境なり。皆未だ是れ忘縁寂照《ぼうえんじゃくしょう》ならず」と云云。忘縁寂照は是れ修恵なり。この位は禅門の証悟に同じきなり。「*有《あ》る人、南泉《なんせん》和尚に問ひて云く、「*黄梅《おうばい》の門下に五百人あり、甚麽《なん》としてか盧行者《ろあんじゃ》独《ひと》り衣鉢《えはつ》を得るや。」師の云く、「また四百九十九人、皆仏法を解すとす。ただ盧行者一人ありて仏法を解せず、またその道を会する、所以に*衣鉢を得るなり」」と云云。是れ則ち忘縁寂照の謂《いい》なり。また*円覚経の略抄の第五に云く、「一切衆生の自心《じしん》、本より浄明《じょうみょう》の鏡に似て、塵染《じんぜん》の鏡にあらず。ただし六祖*能《のう》和尚の目、粛清《しゅくせい》にして、能《よ》くこれを照耀《しょうよう》す。愚夫《ぐふ》の迷倒《めいとう》はこれを照すこと能はず。故に六祖の心印を伝ふべきは、六祖にあらず。心独り浄鏡のごときなり。」今の禅宗の意、ただ文を棄てて観行を修せんと欲す。聞思の境によらず、直ちに証体の上において、その旨を解了するを、強ひて解悟と名づけ、詮を忘じ、旨を会するを、証悟と名づくるなり。祖祖の開示施設、異なりと雖も、皆この義勢による。しかれば則ち解悟は教と禅と同じからずと雖も、証悟は是れ一致なり。*清涼、華厳の証道を釈して云く、「果海、念を離れて、しかも心伝ふ」と云云。*圭山、この文を釈して云く、「また即ち達磨の無念を宗とするは、以心伝心・不立文字の謂なり」と云云。


聞思の位　聞思修の三慧の中の二慧をさす。

円覚の略抄の第二に…　円覚経略疏鈔巻二四(続蔵一-一五-二-一三〇c)の文。

有る人…　宗鏡録巻六に「如有人問二南泉和尚一云、黄梅門下有二五百人一。為二甚麽一、盧行者独得二衣鉢一。師云、只為三四百九十九人皆解二仏法一。只有二盧行者一人一、不レ解二仏法一、只会二其道一。所以得二衣鉢二」(正蔵四八-四四四c)とある。なお、その原形は祖堂集巻一六にある。

黄梅　黄梅山(黄州府黄梅県)に住した禅宗第五祖弘忍をいう。

衣鉢　印可を受けたしるしに、師より弟子が賜わるもの。

円覚経の略抄の第五に…　円覚経略疏鈔巻九(続蔵一-一五-二-一八六b)の文。なお円覚経大疏鈔巻九之上(続蔵一-一四-五-三九七b)にも同文あり。

能和尚　慧能。→補「六祖恵能和尚…」

清涼…　行願品疏巻一(続蔵一-七-三-二三六b)の文。

圭山…　行願品疏鈔巻一(続蔵一-七-五-四〇七a)の文。

問ふ。教宗また証境の上においてその義を施設すること、この修行による。いはゆる、上に楞伽経の宗趣を説くがごとし。*唯証相応、言説を俟たず。是れまた*円覚経に説く、「皆円照清浄の覚性によつて、永く無明を断じ、まさに*仏道を成ず。」*圭山、釈して云く、「円照本浄によつて、無明本空を了す、是れを成仏の成因とするなり。必ずもし心に妄念を存せば、この妄念を帯して修行すること、多劫すとも虚しく劬労を事として、畢竟じて仏果を成ぜず」と云云。これらの行相と今の禅宗と、いかんが異なるや。答ふ。教宗、もしこの義あらば、摂して禅門の義とするなり。*達磨、楞伽経を以て衆生心を印し、恵能、金剛経によつて得悟する等是れなり。所以に祖師、多く経論を引いて禅の義を証す。*宗鏡録の第一に云ふがごとし。「西天二十八祖より、乃《いま》しこの土の六祖および馬祖大師・*本浄禅師等に至るまで、ならびに経論を伝通して、円《まど》かに自心の所有を悟り、徒らに示すに皆証誠《しょうじょう》を引く。是れを以て歳花《さいか》を線歴《せんりゃく》して、真風墜《お》ちず、聖言を以て*定量《じょうりょう》として、邪偽《じゃぎ》移し難し。聖教を用ゐて指南《しなん》とす、依憑《えひょう》拠《よりどころ》あり」等と云云。〈略抄〉

禅門にまた聞思信解《もんししんげ》の位を立つ。漸修漸悟等の門ありて、以て教宗に属す。これによつて、*圭山、漸修漸悟の門を指して、北宗の漸教の意見と云ふ。*天台《てんだい》の頓悟漸修門に似たりと云ふは、経論中に属するに等しきなり。ただし是れ一往の門戸の配当なり。*剋体実義《こくたいじつぎ》は、一一宗皆通ずるなり。

問ふ。この中に証悟とは、何の位に在るや。答ふ。已に*直指人心《じきしにんしん》と云ふ。知んぬ、

唯証相応　華厳経疏巻四に「唯証相応、名二仏華厳一矣」(正蔵三五-五二六b～c)とみえる。
円覚経に説く…　円覚経に「皆依二円照清浄覚相一、永断二無明一、方成二仏道一」(正蔵一七-九一三b)とあるによる。
仏　底本「仁」、高本により改む。
圭山釈して云く…　円覚経略疏鈔巻六(続蔵一-一五-一-一五〇c～d)の文。
達磨…　→補「金剛・楞伽」
宗鏡録の第一に…　宗鏡録巻一(正蔵四八-四一八a～b)の文。ただし馬祖大師以下について、宗鏡録には「洪州馬祖大師、及南陽忠国師、鵝湖大義禅師、思空山本浄禅師等」とある。
本浄禅師　司空山本浄。伝記は、宋高僧伝巻八・景徳伝燈録巻五にある。
定量　聖教量。絶対の権威のこと。
圭山…　宗密が北宗の教説を漸修漸悟に比定する。
天台の…　宗密は禅源諸詮集都序において、禅の三宗の第一として息妄修心宗をあげ、北宗の教説を説いた最後に、「牛頭・天台・恵稠・求那等、進趣方便、迹即大同、見解即別」(正蔵四八-四〇二c)と述べ、天台と北宗の形は似ているという。
剋体　そのものずばりの意。禅源諸詮集都序に「倶剋体直指霊知」(正蔵四八-四〇五c)とある如く、宗密の著書に用例多し。
直指人心　不立文字・教外別伝・見性成仏と並んで、禅宗の四大標語の一つ。

是れ凡夫位なりと。故に*円覚経の略抄に云く、「この中に証と言ふは、ただし観行相《かんぎょうそう》応《おう》の時を取る。現量《げんりょう》の所見を即ち名づけて証とし、必ずしも聖果とせず」と云云。*また云く、「今はこの凡夫の所修に約せり」と云云。彼、観行成就《じょうじゅ》に約して頓に仏境と同ずといふは、正しく禅宗の見性成仏に当るなり。故に*同じき抄に云く、「*菩薩処胎《ぼさつしょたい》経《きょう》に云く、或いは衆生ありて、朝に道心を発せば、即ち成仏を得ん。諸の大乗経、その文、一にあらず。達磨禅宗の即心即仏とは*この意なり」と云云。

問ふ。聞思の境を棄《す》てて、直ちに証の上においてその義を修行すること如何。答ふ。もし善友の開示方便によらば、入証す。加行《けぎょう》を説くといふは、禅宗もまた聞思の位なきにあらず。今方便加行を棄てて、直ちに入証の根本について、以心伝心・不立文字等と云ふなり。その義、上の見性の段に説くがごとし。

問ふ。証相《しょうそう》如何。答ふ。*清涼の云く、「一如の無心に冥すれば、即ち万動《まんどう》の恒寂《こうじゃく》なり」と云云。謂く、能くこの恵《え》に冥すれば、無心は即ち定んで本源に契合して、能く事《じ》において契《かな》ふことなく、理において分別の心なし。また契は無記《むき》にあらず、湛湛《たんたん》寂寂として*法界《ほっかい》に周遍《しゅうへん》す。一物《いちもつ》を見ず、一物を思はず、是れを即ち万動の恒寂と云ふなり。謂く、万種紛動《まんしゅふんどう》の法において、本来自ら寂なり。しかも、一物を見ずと雖も、照体独立して、浄鏡の無念にして衆像を現ずるがごとく、一物を思はずと雖も、知性《ちしょう》無きにあらずして、明月の無心にして万川に入るに似たり。故に*円覚の略抄の第一に云く、「心の明といふは、法として知らざることなくして、しかも分別なく、法として

証　定

円覚経の略抄に…　典拠不明。

また云く…　典拠不明。

同じき抄に…　円覚経略疏鈔巻九（続蔵一-一五-二-一六二b〜c）の文。

菩薩処胎経　菩薩従兜術天降神母胎説広普経、五巻或いは七巻。竺仏念訳（正蔵一二）。

この（斯）　底本「断」、高本朱傍注により改む。

清涼の云く…　行願品疏巻一（続蔵一-七-三-二三六b）の文。宗密、これを釈して「今云㆓冥一如㆒者、能冥是慧、無心是定、即契㆓合本源㆒、而無㆓能契㆒、於㆑事於㆑理、無㆓分別心㆒、亦非㆓無記㆒」（続蔵一-七-五-四〇五c）という。

法界　真理の領域。華厳宗の根本教説は一真法界を説くにある。華厳法界義鏡（二二九頁以下）参照。

円覚の略抄の第一に…　円覚経略疏鈔巻一（続蔵一-一五-二-九四a）の文。

現ぜざることなくして、しかも差別なく、幽霊神聖《ゆうれいしんしょう》、寂照《じゃくしょう》洞然《どうねん》たるに在り」と云云。*融大師《ゆうだいし》の云く、「無物即ち天真、天真即ち大道なり」と云云。達磨大師*の云く、「即心無心、是れを通達仏道《つうたつぶつどう》とす」と云云。また*云く、「一物を見ざるを、名づけて見道とす。即一行を行はざるを、名づけて行道とす」と云云。*弘忍《ぐにん》和尚の云く、「一物を思はず、即ち是れ本心なり。ただ知と能知とさらに別行なし」と云云。また融大*師の云く、「何者か是れ舒《じょ》なる、謂く照用《しょうゆう》を舒とす。何者か是れ巻なる、謂く心寂滅《しんじゃくめつ》して去《きょ》もなく来《らい》もなきを巻とす。舒は則ちこの法界に弥《わた》*り、巻は則ち足迹《そくしゃく》*尋ね難し」と云云。*寒山《かんざん》詩《し》に云く、「泯《みん》ずる時は万像痕跡《まんしょうこんせき》なし。舒《の》ぶるときには即ち周流して大千に徧《あまね》*し。光《こう》影騰耀《えいとうよう》して心地《しんじ》を照し、一法として現前に当るものあることなし」と云云。斯《かく》のごときの文、一にあらず。是れ則ち証悟の心相なり。祖祖機*に対して、方便開示して、言、象外《しょうげ》を離れ、意、繫表《けひょう》に出す。皆是れ称真離着《しょうしんりちゃく》の心を以て、相に即して相を忘ずるの旨を顕はすなり。ただし経*に云く、「菩薩、法を聞くことを得已《おわ》つて心を摂し、空閑処《くうげんじょ》に安住してこの思惟《しゆい》を作し、説のごとく修行して乃ち仏法を得るなり。ただ口言《くごん》に清《しょう》浄《じょう》とすべきにあらず」と云云。是《かく》のごとく心性《しんしょう》を了知《りょうち》し已つて、細《こま》かに習学して禅法に入り、まさに閑林に安処し、静室に宴坐*して、すべからく詮《せん》を忘じ、旨《し》を会すべし。故に*決疑論《けつぎろん》の第二に云く、「これ放蕩《ほうとう》にあらず、性*、亡じ、思念、都《すべ》て尽きて、正定と相応《そうおう》するを以てまさに知るなり。*情識《じょうしき》の斟酌《しんしゃく》に在らず」と云云。しかして後、万種紛動の中にありと雖も、事《じ》に随つて心を防いで世法《せほう》に染《ぜん》せず、常に法理に遊んで止観《しかん》を

融大師の云く…　宗鏡録巻三一(正蔵四八-五九四c)に引用された融大師の言。

達磨大師の云く…　安心法門(正蔵四八-三七〇b)の一文。事実は達磨の言にあらず。

また云く…　安心法門に「不レ見二一物一、名為二見道一。不レ行二一物一、名為二行道一」(正蔵四八-三七〇b)とあるによる。

弘忍和尚の云く…　宗鏡録巻九七に「不レ思二一物一即是本心。唯智能知更無二別行一」(正蔵四八-九四〇a)とある。

融大師の云く…　宗鏡録巻九七所引の牛頭融大師の絶観論に「問。何者是舒、云照用為レ舒。何者為レ巻、云心寂滅無二去来一為レ巻。舒則弥二遊法界一、巻則定跡難レ尋」(正蔵四八-九四一b)とあるによる。

弥　底本「你」、高本により改む。

尋　底本「等」を改む。

寒山詩に云く…　寒山詩の全文をあげる。「我家本住在二寒山一。石巌棲息離二煩縁一。泯時万象無二痕跡一。舒処周流徧二大千一。光影騰輝照二心地一。無レ有二一法当二現前一。方知摩尼一顆珠。解レ用無レ方処処円」。

偏　底本「偏」、高本により改む。

機　底本「幾」、高本により改む。

経に云く…　典拠不明。

坐　底本「生」、高本により改む。

決疑論　李通玄の略釈新華厳経修行次第決疑論。引用文は、同書巻二(正蔵三六-一〇二五b)。

性　決疑論は「情」。

情識　妄識、妄分別のこと。

失せず。先師《せんし》、修行を教授する肝要《かんよう》、ただこれに在り。

第五に諸流《しょる》の見解《けんげ》を述べば、西域の二*十八祖より、震旦《しんたん》の弘忍《ぐにん》和尚に至るまで、諸聖の伝燈《でんとう》の漸頓《ぜんとん》は、機に随《したが》ふと雖も、同じく一*心を伝ふ。互に紛諍《ふんそう》あることなし。弘忍の門下に恵能《えのう》・神秀《じんしゅう》あり。始め南北二流を分つ。それより以降《このかた》、諸解《しょげ》同じからず、漸頓の門を争ふ。今諸流を述ぶるに、略して三門あり。まづ南北の二解を顕はし、次に南宗の中において*洪州《こうしゅう》と荷沢《かたく》の不同を述べ、後に*牛頭《ごず》の傍出《ぼうしゅつ》を出さん。

まづ南北の解《げ》を顕はさば、*北宗の神秀《じんしゅう》和尚の意の云く、「衆生本《もと》より覚性《かくしょう》あり、鏡の明性《みょうしょう》あるがごとし。煩悩これを覆《おお》ひて現ぜず、鏡の塵《じん》あつて闇なるがごとし。もし師教によつて*妄念を息滅して念尽くるときは、則ち心性覚悟して知らずといふところなし。昏塵《こんじん》を磨払《まほっ》するがごとく塵尽《じんつ》くるときは、則ち鏡体明浄《みょうじょう》にして照さずといふところなし。故にかの宗主、五祖に呈する偈に云く、「身は是れ菩提樹《ぼだいじゅ》、心は明鏡台《めいきょうだい》のごとし。時時《じじ》に勤《つと》めて払拭《ふっしき》せよ、塵埃《じんあい》あらしむることなかれ」と云云。*南宗の恵能和尚の云く、「汝等諸人、自心《じしん》是れ仏なり、さらに*狐疑《こぎ》なし。心外《しんげ》さらに一法として能く建立《こんりゅう》すべきなし。皆是れ心より万種の法を生ず。経に云く、心、種種の法を生ず。その法無二《むに》にして、その心もまた然なり。その道清浄なれば、諸相あることなし。汝、浄および空を観ずることなかれ。その心無二なり、取捨《しゅしゃ》すべきなし。行住坐臥《ぎょうじゅうざが》皆一なり。直心《じきしん》即ち是れ浄土《じょうど》なり。わが語によらん者は、菩提《ぼだい》を決定せん」と云云。また五祖に呈する偈に云く、「*菩提本《もと》より樹なし、明鏡もまた台にあらず。本来一物《ほんらいいちもつ》なし、

二十八祖　禅宗二十八祖をさす。

一心を伝ふ　宗密の禅門師資承襲図には「然達磨西来唯伝二心法一。故自云、我法以レ心伝レ心、不レ立二文字一。此心是一切衆生清浄本覚。亦名二仏性一、或云二霊覚一。迷起二一切煩悩一、煩悩亦不レ離二此心一、悟起二無辺妙用一、妙用亦不レ離二此心一、妙用煩悩、功過雖レ殊、在悟在迷、此心不レ異。欲レ求二仏道一、須レ悟二此心一。故歴代祖宗唯伝レ此也」(続蔵一-二-一五-五-四三五c)という。また禅源諸詮集都序では、如来清浄禅を説いた後に「達摩門下、展転相伝者、是此禅也」(正蔵四八-三九九b)という。

洪州と荷沢の不同を…　宗密の禅源諸詮集都序の禅の三宗の第三真顕心性宗を述べる条で、洪州と荷沢の二宗の教説をあげており、二者の優劣をはっきりとつけていない。しかし禅門師資承襲図になると、洪州宗の批判を明確にうちだしている。

牛頭の傍出　宗密の禅源諸詮集都序および禅門師資承襲図にあり。

北宗の神秀和尚の意…　宗密の禅門師資承襲図の北宗の教説を述べる条(続蔵一-二-一五-五-四三五c)の文。

妄　底本「忘」、高本により改む。

南宗の…　宗鏡録巻九七(正蔵四八-九四〇a)の文。

狐　底本「孤」、高本朱傍注により改む。

菩提…　六祖慧能の投機の偈。六祖大師法宝壇経(正蔵四八-三四九a)にある。

いづれの処にか塵埃あらん」と云云。

次に洪州と荷沢の不同を述べば、同門の下に*南嶽懐譲《なんがくえじょう》和尚の弟子、*洪州馬祖の意の云く、「起心《きしん》、動念《どうねん》、弾指《だんし》、動目《どうもく》、作《な》すところ、皆是れ仏性《ぶっしょう》全体の用《ゆう》とす、さらに別の用なし。全体の嗔癡《しんち》、善を造り、悪を造り、苦を受け、楽を受くること、皆是れ仏性なり。*麨《むぎ》をもつて種種の飲食を作るに、一一皆麨*なるがごとく、意を以てこの身を推求《すいぐ》するに、四大《しだい》、骨肉《こつにく》、喉舌《こうぜつ》、牙歯《がし》、眼耳《げんに》、手足《しゅそく》、ならびに自ら語言《ごごん》し、見聞《けんもん》し、動作《どうさ》すること能はず。仮りに一念命終《めいじゅう》するがごとくんば、全身都《すべ》て未だ変壊《へんえ》せざれども、即便《すなわ》ち、口は語ること能はず、眼は見ること能はず、耳は聞くこと能はず、脚は行くこと能はず、手は作すこと能はず。故に知んぬ、能く語言し動作する者、必ず是れ仏性なることを。且《しばら》く四大も骨肉も一一に細かく推するに、都《すべ》て貪嗔《とんじん》を解せず。故に貪嗔の煩悩、ならびに是れ仏性なり。仏性の体、一切差別の種種の物にあらず。謂く、この性、聖にあらず、凡にあらず、因にあらず、果にあらず、善にあらず、悪にあらずして、色なく、相なく、根なく、住なく、乃至、仏もなく、衆生もなきなり。能く種種の物を作す。謂く、この性、体に即するの用なり。故に、能く凡、能く聖、能く因、能く果、能く善、能く悪にして、色を現じ、相を現じ、能く仏、能く衆生、乃至能く貪嗔等なり。もしその性体を覆《おお》ふときは、即ち畢竟見るべからず、証すべからず。眼、自ら見ざる等のごとく、もしその応用につくときは、即ち動運《どううん》を挙げて、一切皆是れ仏性とす、さらに別法なし。しかも能証所証とす。かの意に准ずるに、*楞伽《りょうが》

南嶽懐譲　六七七—七四四。六祖慧能の弟子。底本「南獄」を改む。

洪州馬祖の意…　→補

麨　禅門師資承襲図は「麪」。

楞伽経に云く…　四巻楞伽経、仏語心品の「如来蔵是善不善因、能遍興ニ造一切趣生一」の句と、「受ニ苦楽一与レ因倶」の一句とを結びつけて、一つの経文としたもの(正蔵一六-五一〇b)。

如来蔵　如来を蔵する心。不増不減経・勝鬘経・如来蔵経の諸経や、宝性論・大乗起信論などにみえる。

また云く…　馬祖語録にも「故楞伽経仏語心為レ宗、無門為ニ法門一」(続蔵一-二-二四-

経《きよう》に云く、「*如来蔵《にょらいぞう》は是れ善・不善の因なり。能く遍《あまね》く一切の趣生《しゅしょう》を興造して、苦楽を受けて、因と倶なり」と。*また云く、「仏心を宗とし、無門を門とす」と。また云く、「或いは仏刹《ぶっせつ》あり、揚眉《ようび》動目《どうもく》、笑吹謦欬《しょうすいけいがい》、或いは動揺等、皆是れ仏事なり」と。既に解悟の理、一切*天真自然《てんしんじねん》なり。故に修行するところの理、宜《よろ》しくこれに順じて、乃ち心を起して悪を断じ、善を修せず、また心を起して道を修せざるべし。道即ち心なり、心を将《も》つて還《かえ》つて心を修すべからず。悪もまた是れ心なり、心を将つて還つて心を断ずべからず。不断不修、任運自然《にんぬんじねん》なるを、名づけて解脱の人とす。法として物なるべきなく、仏として作すべきなく、猶し虚空のごとし。増さず、減せず、何ぞ添《てん》補《ぼ》を仮《か》らん。何を以ての故に。*心性《しんしょう》の外に一法として得べきことなきが故に。ただし心に任せて、即ち修とするなり」と云云。*荷沢神会《かたくじんね》和尚の意の云く、「謂く、諸法は夢のごとしと、諸聖同じく説く。故に妄念本寂《もうねんほんじゃく》、*塵境本空《じんきょうほんくう》なるも、本空の心、霊知《れいち》不昧《ふまい》なり、即ちこれ*空寂の知なり。是れ前の達磨所伝の*清浄《しょうじょう》の心なり。迷に任せるにもせよ、悟に任せるにもせよ、心本《もと》より自知す。縁《えん》を*藉《か》りて生ぜず、境によつて起らず。迷ふ時は煩悩、知んぬ、煩悩にあらずと。悟る時は*神変《じんぺん》、知んぬ、神変にあらずと。しかれば、知の一字、衆妙の源なり。この知に迷ふによつて、即ち我相を起し、*我我所《ががしょ》を計し、愛悪《あいあく》自ら生ず。愛悪の情に随ふを、即ち悪とす。善悪の報、六道《りくどう》の形を受けて、世世生生循還して絶えず。もし善友の開示を得て、頓に空寂の知を悟らば、寂知にはまた形なし。誰びとか*我相人相をなさん。諸相空なりと覚すれば、心自ら念

五-四〇六a)。宗鏡録巻一(正蔵四八-四一七b)参照。

天真自然　荘子の任運自在にして無作なる思想を受く。

心性　心の本性、自性清浄心。

荷沢神会和尚の意…　禅門師資承襲図の荷沢宗の条に「謂諸法如レ夢諸聖同説故、妄念本寂塵境本空、空寂之心霊知不昧、即此空寂寂心也。任迷任悟、心本自知、不レ藉ニ縁生ニ不ニ因レ境起一。迷時煩悩亦知非ニ煩悩一、悟時神変亦知非ニ神変一。然知之一字衆妙之源。由レ迷ニ此知一即起ニ我相一、計ニ我我所一愛悪自生。随ニ愛悪心一即為ニ善悪一、善悪之法受ニ六道形一、世世生生循還不レ絶。若得ニ善友開示一頓悟ニ空寂之知一、知且無念無形。誰為ニ我相人相一。覚ニ諸相空ニ真心無念、念起即覚覚レ之即無。修行妙門唯在レ此也。故雖ニ備修ニ万行一、唯以ニ無念ニ為レ宗。但得ニ無念之心一、則愛悪自然淡薄、悲智自然増明、罪業自然断除、功行自然精進。於レ解則名ニ無修之修一、煩悩尽時生死即絶、生滅滅已寂照現前。応用無窮名レ之為レ仏」(続蔵一-二-一五-五-四三六b～c)とある。

塵境本空　塵は六塵。境は六境。六塵および六境が本来空なるをいう。

空寂の知　荷沢禅の根本思想。

清浄の心　禅門師資承襲図では空寂の心とある。

藉　底本「備」、高本により改む。

神変　神通のこと。

我我所　我とは自身、我所とは心外の事物をいう。我所は我の所有の意。

なく、念起らば即ち覚す。これを覚するときは即ち無なり。修行の妙門、ただこれに在るなり。故に万行を借修すと雖も、ただ無念を以て宗とす。ただし無念を得るときは、則ち愛悪自然《じねん》に淡薄《たんぱく》にして、悲智《ひち》自然《じねん》に増明《ぞうみょう》し、罪業《ざいごう》自然に断除《だんじょ》し、功行《くぎょう》自然に精進《しょうじん》す。解《げ》においては則ち諸相非相を見、行においては則ち無修の修と名づく。煩悩尽くる時、生死《しょうじ》断絶し、生滅《しょうめつ》滅し已《おわ》つて、寂照現前《じゃくしょうげんぜん》す。応用無《おうようむ》窮《ぐう》なる、これを名づけて仏とす」と云云。

問ふ。南宗の両師の見解不同なること如何。答ふ。*圭山、裴休《はいきゅう》の問に答ふる書も、摩尼《まに》の喩を挙げて、広く四流《しる》の不同を顕はす。*彼に説くがごとし。今両師の所説を挙ぐ。一の喩は、洪刕《こうしゅう》、無業《むごう》和尚の問に答へて云く、「*即ち汝不了底《ふりょうてい》の心、即ち是れさらに別物なし。了せざる時は是れ迷ひ、了する時は是れ悟る。またなほ手を拳に作り、拳を手に作るがごとし」と云云。*荷沢の意の云く、「もし自知を知る、知もまた*縁知なきにあらず、手自ら拳を作るがごとし。是れ不拳の手にあらずんば、自ら拳に作らざらん。本より手自然として在り、無手なりと謂ふにはあらざるなり。また自ら知を知らず、本より心宛然として在り、無知なりとするにはあらず。無知これを以て見るべし。」

問ふ。両師同じく能和尚の流を稟《う》くるに、両説已に異なり。何を以て正とせんや。答ふ。もし*馬祖の末葉を承《う》けんの者は、洪刕《こうしゅう》を正《せい》とし、荷沢を傍《ぼう》とす。*水南《すいなん》の余《よ》を伝ふるの者は、荷沢を指南とし、洪刕を傍出とす。故に*圭山の云く、「神会、先に北宗の

我相　四相の一。実我の相。

圭山裴休の問に答ふる書　宗密の禅門師資承襲図をさす。承襲図とは後代につけた名で、もとは「圭山裴休の問に答ふる書」であったかも知れない。禅門師資承襲図の最初には「中華伝心地禅門師資承襲図、内供奉沙門宗密、答二裴相国問一」(続蔵一-二-一五-五-四三三d)とある。

彼に説く…　禅門師資承襲図の「如二一摩尼珠一」(続蔵一-二-一五-五-四三六c)以下をさす。↓解説五六二頁

即ち…　宗鏡録巻九八(正蔵四八-九四二c)の文。景徳伝燈録巻八には「馬祖曰、只未了底心即是、更無二別物一」(正蔵五一-二五七a)とあり、聯燈会要巻五には「大師云、只儞不了底心是、更無二別物一、迷即衆生、悟即是物、如二拳作一レ掌、如二掌作一レ拳」(続蔵一-二乙-九-三-二五二d)とある。

荷沢の意…　行願品疏鈔巻二に「四祖云、若以レ知知レ寂、非三是無二縁知一。如下手執二如意一非中無二如意一手上。若以二自知一知、知亦非レ無二縁知一。如下手自作レ拳非中是不レ拳手上。亦不二自作一レ拳、本手自然在、非レ謂二於無一レ手也。亦不二自知知一、本心宛然在、非レ為二於無一レ知也」(続蔵一-七-五-四二九d)とあるによるか。

縁　底本「緑」、高本により改む。

馬祖の末葉を稟けんの者　黄檗・臨済等、洪州宗をうけるもの。

水南の余　荷沢宗の系統。↓補

圭山の云く…　円覚経略疏鈔巻四(続蔵一-一五-二-一三二b~c)の文。↓補

秀に事ふること三年、秀、勅を奉じて退入するによつて、遂に曹渓《そうけい》の門下に往いて、無住を本として、見は即ち是れ性なりと答ふ。杖して諸難《しょなん》を試み、夜《や》*喚審問《かんしんもん》す。両心既に師資の道に契ふ。今入滅の後、貞元十二年に至りて、初めて皇太子、諸《もろもろ》の禅徳を集めて、禅門の宗旨を楷定するに、遂に神会禅師を立てて第七祖とす」と云云。

後に牛頭《ごず》の傍出を弁ずとは、*牛頭宗〈始祖恵融《えゆう》禅師、第四祖*道信《どうしん》和尚の門下より出づ。融禅師、先に多年諸部般若の教を窮究《ぐうく》するによりて、已《すで》に諸法本空《しょほうほんくう》、幽情妄執《ゆうじょうもうしゅう》を悟り、後に四祖に遇ひて、その所解の空理を印す。しかるに空の処において、不空の妙理を顕示す。故に文字を俟《ま》たずして、悟解《ごげ》する時洞朗《どうろう》たり。四祖語りて云く、この法は上よりただ一人に委《ゆだ》ぬ。吾、已に弟子*弘忍《ぐにん》に付属《ふしょく》し訖《おわ》んぬ。汝別に自ら建立すべし。遂に牛頭山において、別に一宇を建つ。第一の祖に当ると云云。〉

意の云く、「*諸法夢のごとく本来無事《ほんらいぶじ》なり、心境本《もと》より寂にして全く始終にあらず。これに迷ひて有《う》と謂はば、即ち栄枯貴賤《えいこきせん》等を見る。事事既に相違相順《そういそうじゅん》あり。故に愛悪等の情を生ず。情生ずるときは則ち諸苦に繫《つな》がれ、夢を作し、夢を受く。いづれか損、いづれか益ならん。この能了の智もまた是れ夢の心なり、乃至たとひ一法の涅槃《ねはん》に過ぐることあるもまた夢幻《むげん》のごとし。既に本来に達すれば、事理なし。宜しく己情を喪《そう》亡《ぼう》すべし。情亡ずれば則ち苦因を絶し、まさに一切の苦厄《くやく》を度《ど》す。これ亡情を以て修行とするなり」と云云。圭山、上の諸解を出し已つて云く、「*もしおのおの一類の機のためにするに約せば、善巧方便《ぜんぎょうほうべん》、広く門戸を開く。おのおの誘引して生生の習種《しゅうしゅ》を薫《くん》ぜば、世世の勝縁《しょうえん》たり。則ち諸宗の所説、皆是れ諸仏の教なり。経論に具にその文

喚　底本「嗳」、高本により改む。

牛頭宗…　↓補

道信和尚の門下より…　円覚経大疏鈔巻三之下では「其先即牛頭慧融大師、是五祖忍大師同学。四祖委二嘱忍大師一継代之後、方与融相見」(続蔵一‐一四‐三‐二七九b)とあり、禅門師資承襲図では「牛頭宗者従二四祖下一傍二出根本一、有二慧融禅師者一」(続蔵一‐二‐一五‐五‐四三三c)という。事実は師承なし。

弘　底本「仏」、高本により改む。

諸法…　禅門師資承襲図(続蔵一‐二‐一五‐五‐四三六a)の牛頭宗の意を引用。

もし…　禅門師資承襲図(続蔵一‐二‐一五‐五‐四三八b)の末尾の文からの引用。

あり」と云云。また云く、「*しかるに宗ごとにまた多種の方便あり。外難を拒んで徒*賊を誘ふこと、具《つぶさ》に書すべからず。今はただその意趣《いしゅ》を羅《つら》ねて、その宏綱《こうこう》を挙ぐるなり」と云云。

問ふ。上に説くところのごとく、禅門の以心伝心、歴代絶えず、燈燈相承して明明として尽くることなしと云云。所以《このゆえ》に今時の禅宗、或いは行《ゆ》いて宋朝《そうちょう》に諮《と》ひ、或いは来りてわが国に伝へ、師資《しし》の道合す、相承なきにあらず。汝教文を引くと雖も、義旨臆説《おくせつ》に似たり。相承、誰人ぞや。答ふ。*先師上人に相承するなり。

問ふ。上人の師承、誰人ぞや。答ふ。*かの秘伝に云く、「愚僧《ぐそう》、盛年より以来《このかた》、深く実行を好んで、さらに浮花を事とせず。或いは深山に入り、或いは海辺に*栖み、松風を宴坐の友とし、朗月を誦習の燈とす。汗を流し、涙を列ね、独り誦し、独り修す。文殊《もんじゅ》を仰いで恵解《えげ》を乞ひ、*普賢に帰して修行を望み、常にこの意を作して云く、末代に真の善知識《ぜんちしき》なし。願はくは諸仏菩薩、冥《はる》かに加被《かひ》を垂れたまふことを。彼の懐劫《えごう》*の時、*師法なく、しかるに*四禅を発するがごとし。宿善《しゅくぜん》によつて教法に遇《あ》ひ、諸仏ことごとく哀悲を垂れたまへ。即ち名利《みょうり》の仮法《けほう》を捨てて、真実の修道を望む。誠心虚《じょうしんむな》しからず、*弥勒菩薩《みろくぼさつ》の威神《いじん》によつて、遂にこの禅法の師を感ぜんは、*承久三年夏の六月なり」等と云云。〈已上、輙《たやす》くこれを記すべからず。〉

余、上人の親訓《しんくん》を承くること十二ケ年、*顕密《けんみつ》の伝授《でんじゅ》、一にあらず。遂に*貞応二年の冬に至りて、禅法において重ねて秘決《ひけつ》を伝ふ。疑情《ぎじょう》の氷解《と》けて、本心の月現ず。その

しかるに…　禅門師資承襲図(続蔵一-二-一五-五-四三六c)の牛頭宗の意の最後の文「然毎宗…」以下を引用。

賊　底本「然」を改む。禅門師資承襲図は「賊」。

先師上人　明恵上人高弁(一一七三―一二三二)。

かの秘伝に云く…　高弁の華厳仏光三昧観冥感伝(日蔵、華厳宗章疏下-一四一b)の文。

栖　底本「於」、高本により改む。

普　底本「聖」、高本により改む。

劫　底本「幻」、高本により改む。

師　底本「所」、高本により改む。

四禅　四禅定。四静慮ともいう。四禅定を修して、色界の四禅天に生ずる。

弥勒菩薩の…　以下、華厳仏光三昧観冥感伝には「依㆓弥勒菩薩㆒、遂感㆓得此禅法㆒。何者予承久三年六月、依㆓円覚経普眼章㆒坐禅。於㆓坐禅中㆒得㆓好相㆒」とある。

承久三年　一二二一年。

顕密　顕教と密教。

貞応二年　一二二三年。↓解説四七九頁

口伝《くでん》の旨趣《ししゅ》、翰墨《かんぼく》の記するところにあらず。今大綱を載《の》せて、教文を引いて、その詮をなす。*伝授の人、聊爾《かりそめ》に他見に汚すことなかれ。

時に*建長七年暮春三月これを記す。

禅宗綱目　終

伝授の人…なかれ　高本「非伝受之人聊爾莫漏他見」。

建長七年　一二五五年。

興正菩薩御教誡聴聞集（叡尊）

田中久夫校注

和上御教誡等打聞撰集

任二御詞一注《しるす》レ之、聊《いささかも》不レ加二私詞一。

一、学問可《き》レ得レ*韻《を》事

或時ノ御教訓云《にいわく》、学問スルハ心ヲナヲサム*為ナリ。当世ノ人ハ物ヲヨク読付ムトノミシテ心ヲナヲサムト思ヘルハナシ。学問ト申ハ、先《まず》其ノ義ノ趣ヲ心得テ常ニ我心ヲ*聖教《しょうぎょう》ノ如クナリヤ否《いなや》ト知《しる》ナリ。我心ヲ聖教ノ鏡ニアテ見ルニ、教ニ背クトコロヲバ止メ、自ラアタルヲバ弥《いよいよ》ハゲマシ、道ニス丶ムヲ学問トハ申ナリ。只暫ク文字ヲバイツモ読付ラレヨ。*先《まず》イソギ*各《おのおの》心ヲ直サルベシ。心ヲ直サヌ学問シテ何ノ詮カアル。イカニ聖教《しょうぎょう》ヲ習《ならう》トイヘドモ、菩《ぼ》提心《だいしん》ナキ人ハ冥加《みょうが》ナキ也。只ヨロヅヲ差置《さしおき》テ菩提心ヲ発《おこし》テ、其上ニ修行スベシ。足手ヲ不レ安《やすめ》修行スルヲバ所依《しょえ》ト名《なづ》ク。心ヲ直スヲモテ修行ノ源《みなもと》トスベシト云々。

一、修行用心事

我執々心ヲ直スコソ修行者ト申候ヘ。構《カマヘテ》々受戒セムト思《おぼ》シメサン人ハ、イソギテ是ヲ止ムベシ。戒ヲ受《うく》ルハ偏《ひと》ヘニ*興法ノ為ニスベシ。若我為《モシわがため》ニ受戒セント思ハンモノハ、スベテ菩薩戒ニアラズ。何《イカ》ニ後《ウシロ》ニテモ我身ノ上ヲ少モ悪ク云《いう》ヲ聞テハ恨怒《うらみいかり》、等閑《なおざり》ニモ我ヲヨクスルモノヲバ強《アナガチ》ニ愛シ喜ブ、是《これ》道人ニアラズ、菩提心ニアラズ。

韻　関東往還記(性海記)弘長二年五月二十二日条に、土御門中納言顕方が叡尊に数刻対面し、「修行之次第随分得二其韻一」、暁に及び退出したとある(西大寺叡尊伝記集成、八一頁。以下「集成」と略)。本書における重要なことばであるが、恐らく、風韻、骨というような意味であろう。

ム　明本・建本、次に「カ」あり。

聖教　仏教の書物、仏典。

先イソギ…　経典の所説を理想として自分の心を直すことを志すべきであるという本節の教訓は、叡尊の基本的な態度を物語る。

各　本書では、聴衆(「同法」とよばれている個所もある)に呼びかけて「各(おのおの)」とあることが多い。叡尊自身は「某(それがし)」と称している。

興法　叡尊の自伝である感身学正記(以下「学正記」と略)は次の三章、生育肉身章・修成法身章・興法利生章から成る。そのうち興法利生章第三は、三十六歳の自誓受戒後、海竜王寺に移住した時から以後をいう。即ち自ら興法利生を生涯の目標としていたと解することができる。本書中にも「興法」の語は多く見られる。

縦《たと》ヒ我ヲコロシ打ツモノアリトモ、痛キ計《ばかり》ヲ忍テ、悪《ニク》ム心アルベカラズ。タトヘバ少《ヲサナ》キ子ノ手ヲノベテ母ヲ打ニ、コレヲヨロコブガ如シ。菩提心モ亦*可レ爾。愚癡無慚ノモノアリテ、打罵《ノル》トモ、カヘリテコレヲ糸惜《いとおし》クスベシ。

一、学問可レ入レ*韻《インに》事

修行セズシテ学問スルヲバ*学匠ト云。少シモ修行ノ為ニ学問スルヲ智者ト云ナリ。

一、出家ノ人ノ悪ハ難レ済《スクイ》事

猟師・網人《あみびと》ノ罪ハ、*知識ニ遇《あい》テモ済《すくい》ツベシ。出家ノ人損ジタルハ、キヨムベキ事カタシ。

一、学行*乖角《クわいカクの》事

法ハ大乗ニシテ、行ハ小乗ナリ。詞《ことば》ハ菩薩ニシテ、心ハ声聞《しょうもん》ナリ。

一、修行用意事

或人ノ許《モト》ヘ御返事ニ云、修行ノ用意ハ事多ク候ヘドモ、只多劫ノ間ナリトモ衆苦ヲ不レ恐《レ》、一スヂニ一切衆生ヲ済度《さいど》セン為ニ仏ニ成ラント思ヒ候ヲ上求心《じょうぐしん》ト申也。*怨《おん》親平等《しんぴょうどう》ニ哀ム心フカキヲ下化《げけ》衆生《しゅじょう》ト申候。此二ノ心ヲ発《おこし》テ更ニ動《うごく》事ナクテ、縁ニフレ境ニ随テ、イカニモシテ妄念ヲヤメントハゲミ候ヲ、仏道修行ト申候也。西方ヲネガヒ候トモ只弥陀ノ悲願ヲフカク念ジテ、*浄土ノ依正《えしょう》ヲ心ニカケテ、今生ヨリチリ許《ばか》リモ妄念ヲヤムベキト覚候。*十六想観シナ〳〵ニ候ヘドモ、只妄念ヲヤメテ心性ヲシヅメントシタル方便ト覚テ候。怨ヲ怨ト思ヒ、親ヲ親トワクルガ、妄念ノ根

可爾　明本・建本「如レ此ナルベシ縦」。

韻　附訓「イン」は別筆、同筆で左訓に「ヒ、ク」とある。

学匠　学生に通ずるか。例えば親鸞消息に「学生沙汰」(末燈鈔)とある。本書にも、「世間ノ学生ハ…」の一段がある(二一七頁)。智者をここのような意味に解するのは特殊であろう。法然の一枚起請文に「智者のふるまい」とあるのは、学生と同じ意味である。

知識　善知識の略。指導者。

乖角　背戻(そむきもとる)の意。

怨親平等　自分を害する怨敵と自分を愛するものとを同一視することができる大慈悲心に住すること。

浄土ノ依正　依報は、浄土(極楽世界)の地上地中虚空の荘厳、即ち宝池宝閣、光明・音楽など。正報は、阿弥陀仏と聖衆、即ち十方法界の浄土に生るる者(観経疏、玄義分)。

十六想観　→三九頁注

本ニテ候也。能々《よくよく》心得テアルベキト覚候。

一、可レ忘レ我事

授戒之時、御説法云、「引《ク》レ我《ヲ》心、皆一々ニ隠《ス》二仏性《ヲ》一者也。」

一、不レ可レ執《しゅうす》二住処《に》一事

*弘安五年三月十六日、聞願房、高野ニ可《ト》レ居云*探《さぐり》ヲ取テ、御前ヘ被レ参タリ。長老ノ仰ニ云、「今生一期《いちご》ハ幾程ナラズ、何《イヅ》クニテモ有リナン、所ヲ執スルハ僻事《ひがごと》也。某《それがし》此ニ坐テ候モ執テ居タルニハアラズ。或ハ*失食仏法興隆ナンド申、苦ヲ忍テ為《ニ》二興法《ノ》一候。失食ニアワジト思ハヾ、安カラン*ズル、サル京辺ナンドニ坐《イ》タランニハ、惣ジテ失食ニハアヒ候マジキカ。其ハ弟子ガ皆損ズル間、何《イヅ》クニテモ立二正法《ヲ》一本意ナレバ、今生幾程ナラズ、在所ハ何クニテモ候ナン。」

一、顕密宗旨一同事　弘安五年十月十四日亥時

於二*粉河寺ノ無量寿院《ニ》一御物語ニ云、「法相・三論・天台・花厳、顕*密権実《ごんじつ》ノ聖教、実ニ得レ心レバ唯一意也。所レ詮《ずる》我ヲ捨テ、偏ニ為《ニシテ》レ他《ノ》離《ル、》レ私《ヲ》也。後ニ閑ニ申ストモ不レ可レ過《すぐ》レ之《ニ》候。」

一、可レ伏《す》二*三毒《を》一事

幼少ヨリ*為二名利《みょうりの》一不《ジトイフ》レ学《セ》二正法《ヲ》一願ヲ発《おこし》テ後、此ノ修行ニ趣テ四十余年、始ハ少々信ズル人モ候シガ、当時ハ以外ニ悪世ノ中ニ可レ有トモ覚ヘヌホドニ候。此ニハ自身ノ貪瞋《とんじん》等ノ煩悩ヲ伏スル功ニヨテ、人ノ信モ次第ニマサル也。内ニ不レ伏二煩悩《ヲ》一、放

弘安五年　行実年譜によると、この年(一二八二)叡尊は八十二歳。正月から三月にかけ、伝法灌頂に関する聖教を著した(集成一七八頁)。
探　さぐり。詩歌の会で、多くの題からくじびきで題をえらぶことを、「さぐりだい」とよぶ。くじびきの意。
失食…　糧食の欠乏することは仏法の興隆であるという。外護を求めないで正法をたてようという叡尊の志がみられる。明本・建本「失食ハ」とあり。
ズ　底本「ユ」、明本・建本により改む。
粉河寺　和歌山県那賀郡粉河町にある。感身学正記、弘安五年条に「十月六日紀州下向進発、著二最福寺一。七日著二隅田一。八日著二相賀一。九日著二粉河寺一。十日開講梵網経十重古迹発願。十五日布薩。十七日古迹畢。十八日二千七百十五人授二菩薩戒一。十九日中門供養、曼荼羅供〈略定〉」(集成五二頁)とみえる。
密　底本・明本「蜜」。
三毒　貪瞋癡。
為名利…　学正記の修成法身章第二の初頭に次のように記す。「同秋(建保五年十七歳)、思惟人身難レ受仏法難レ値、適値二聖法一、不レ求二名聞一不レ望二利養一、受二学大乗一修二行正道一、利二益衆生一、報二謝四恩二」(集成二頁)。
力　底本なし。明本・建本により補う。
非　底本・明本「ゆ」(候の草体)とみえる。建本により改む。

逸ニシテ有ル事ハ努《ゆ》力《め》*々々有マジキ也。

一、離《れ》二名利《を》一可《き》二修学《す》一事

当時ノ修学者ノアリサマ、為二名利ノ一学二正法一而非*律儀ノ者ト成テ、地獄ノ業因《ごういん》ヲ植《う》フ。為二諍之義ノ一学二仏法一而テ成テ二世智弁聡ノモノト一、タマ〳〵乍レ遇《あい》二仏法ニ一成二八*難之随一ニ、植《う》ウル二地獄ノ業因ヲ一事、実ニ悲ムベシ。能々《よくよく》可二思慮一事也。

一、可レ悦者《は》如来ノ聖教ニ遇ヘル事。正法住スルレ世ニ、即是在世也。可レ悲者《は》仏前仏後ニ生《うま》ル、事。以テ二如来《の》正法ヲ一、為二名利ノ直*ト一而養二妻子ヲ一事。

一、無*想ニシテ可レ忘二執心一事　弘安六年二月八日

於二菅*原寺ニ一大般若結願ノ御説法ニ云、「只《ただ》此ノ経ノ本意、無所得《を》為《し》二方便《と》一、無住所《を》為《す》二住所《と》一。所レ詮衆生輪二廻スルハ生死ニ一、於二如幻ノ法ニ一成二実執ヲ一故也。当時物忩《ぶっそう》ノ折節ヲリフシ、長*語ガ申スハ、無二機嫌一事ニテ候ヘドモ、依二一言ノ述懐ニ一令《しむ》レ止メ二無量ノ妄執ヲ一」云々。

一、病者勧誘ノ事　弘安六年四月六日

般*若寺入御之次、当寺饒《にょうやく》益坊ニ心*定房沈テ二病床ニ一、今一度為二見参一長老入御。仰云、「戒ヤブラデ死ナバ能事ヨ。」菩薩ハ何《いず》クニハ依《よる》マジケレバ、願ヲ憶念シテ生々世々菩提心ヲ退セジト云御意ナルベシ。長老合掌シテ、授《さずけ》サセ給。𑖌𑖼《おん》𑖀《あ》𑖦𑖺《ぼ》𑖑《ぎゃ》𑖮𑖳𑖽《うん》ト、コレナガクシテワヅラハシクハ、𑖀《あ》𑖨《ら》𑖢《ば》𑖓《しゃ》𑖡《なう》是ヲ可レ唱。猶セメテ難ハレ唱、𑖀《あ》ノ一字ヲ可レ唱也云々。病者ネナガラ合掌シテ領掌申云々。

一、済度群生、為二修行ノ根源ト一事　弘安七年甲申四月晦*日

八難　地獄・餓鬼・畜生・鬱単越(楽報殊勝、苦なき所)・長寿天(色界無色界の長寿安穏なる所)・聾盲瘖瘂・世智弁聡・仏前仏後(釈迦と弥勒との二仏の中間、仏法なき所)。以上の八を見仏聞法に妨げあるところとして、八難という。

直　あたい。

無想　心想を滅すること。インド一般の禅定で、一切の心想を滅する禅定を無想定というによる。

菅原寺　喜光寺(奈良市菅原町)。行基四十九院の一という。この時は、叡尊の派の律寺。行実年譜によると、弘安六年二月八日、菅原寺にて大般若経転読(集成一八二頁)。

長語　建本「長物語」、明本「長モノ語」。

般若寺　奈良市般若寺町にある。学正記、弘安六年条に「(四月)六日参二般若寺一。十一日百五十八人授菩薩戒。十三日一切経会〈中法会〉、十四日帰寺」(集成五四頁)とある。

心定房　弘安三年の授菩薩戒弟子交名の比丘衆の項に「大和国人、順盛、心定房」(集成三六五頁)とみえ、同年の西大寺西僧房造営同心合力奉加帳に「五百文、心定房」(集成三八四頁)とある。この時には般若寺の饒益坊において病臥していたと考えられる。底本「心空房」、明本・建本により改む。

四月晦日　学正記、弘安七年条に「(四月)廿八日、内裏女房達十人、授二菩薩戒一。廿九日、両布薩、以後著二木幡一」とある(集成五七頁)。

利生ノ願ヲ堅固ニスベキ事。授戒之時御説法云、「*八地已前ハ、猶ヲ不レ能レ断ニ　ズルコト利生ノ障リヲ一、至ニ*九地一ニ断レ之。何況《いかにいわんや》下凡ノ初発心ノ人ハ於ニ利生一ニ多シレ障。何ニシテモ唯ハゲムベキ也。*三聚浄戒《じゆじようかい》ハ、以テニ上求下化ノ二心一ヲ為レ本、所トレ詮ハ　ずる唯利生也。此心堅固ニシテ摂律儀戒《しようりつぎかい》ヲ堅ク守ラバ、摂善摂生ハ自《おのずか》ラ可レ有ニ利益一也」云々。

一、*於ニ西大寺〈弘安六年六月廿七日〉*於八幡宮一ニ*心経ノ秘鍵ヲ講ジ給。分別諸乗分云、「一道ヲ泯ズレバニ能所一ニ、*三車即帰黙ス。」文。一切ノ諸教、実ニ差別ヲ存センホドハ不レ叶ハニ仏意一ニ也。一切教門ノ差別ハ随ニ機ノ浅深一ニ、其理唯一ト得レ意《こころ》タラン、即知ニ仏法一者也ト可レ知。又昔ノ*太上天皇ハ握ニギテニ紺紙ヲ爪上ニ一書ニ写シ此経ヲ一、今某ハ忝クモ以ニ*九旬ノ齢ヲ一写ニ此経ヲ一。*昔在霊鷲山ノ御言、遥鑑レ之必垂ニ納受一給へ。

一、*中有不定事《ちゆうふじよう》　弘安四年辛巳九月*六日

*戒疏開講之時、中有不定証拠。仰ニ云、「*良観房鎌倉ヨリ可ベキニテレ上《のぼる》有シ時、鹿嶋ノ大明神、或人ニ*円心房詫シテ仰云ク、「良観房ニ物申サン、汝興法利生ノ為ニ来ニ当レリ国一ニ、何ノ故ニカ可ニ帰リ上《のぼる》一乎。其ノ上一切経未ダズニ来リ給一、近程ニ可レ来、汝上《のぼり》ナバ誰カサバクルベキ。」良答テ云ク、「欲スルハレ帰ラントニ本国一ニ、無シニ別ノ意趣一。師匠ニ一定此国ニ可レ留ル之由約束ヲ不レ申リキ、意ニカヽリ候。又祖母ニテ候尼公、余ニ恋慕シ候テ、朝夕ニ歎キ不レ止候。彼ヲモ心安ク対面シテ、師匠ニ暇ヲ乞候テ、罷下候バヤト存ジ候也」云々。又神詫云、「師匠ハ興法利生ヲ先トスル時ニ何クニ住センヲバ不レ嫌、祖母ノ恋慕ハ世間門也、出世門ニハ一切不レ可レ依ニレ彼。」又良問云、「西大寺ニテ同法少々、利生ニ

八地・九地　声聞・縁覚・菩薩の三乗を共通に立てた十地のうち、八地は支仏地(縁覚の位)。九地は菩薩地。
三聚浄戒　摂律儀戒・摂善法戒・摂衆生戒。
於　明本・建本なし。衍か。
心経ノ秘鍵　般若心経秘鍵、一巻。空海撰(正蔵五七。弘法大師全集一輯五六〇頁)。この講経のことは、行実年譜にみえる(集成一八二頁)。
三車　羊車・鹿車・牛車(声聞乗・縁覚乗・菩薩乗)。
太上天皇　大覚寺心経堂の般若心経は嵯峨天皇が書写されたという。正嘉三(一二五九)年五月二十二日、後嵯峨上皇は、これを院中に迎え、自ら心経を書写された。ここの太上天皇は、嵯峨天皇をさすか。
九旬ノ齢　時に叡尊は八十三歳。八十歳代のことをいう。
昔在霊鷲山　法華経巻五、寿量品の「常在霊鷲山」(正蔵九-四三c)による。
中有　中陰とも訳す。死の瞬間から次の世に生をうけるまでの中間。普通は四十九日とするが、それが不定であるという説。
六日　学正記、弘安四年条に、八月二十九日に西琳寺に行き、九月二日帰寺とみえる(集成五一頁)。
戒疏　四分律比丘含註戒本疏、三巻。唐の道宣述(正蔵四〇)。
良観房　忍性(一二一七—一三〇三)。鎌倉の極楽寺で活動した叡尊の著名な弟子。建長四年、忍性は関東に下向する時、春日社に

有縁ノ所ニ生ムト探《さぐり》ヲ取シ中ニ、*西明寺ノ子ニ生ト云探ヲ取シ人ハ、今何ノ処ニ候ヤラン、不審ニ候」云々。御答云、「依《テ》レ無二利生ノ縁一未《ダ》レ受《ズ》レ生《ヲ》」云々。良問云、「七日々々ニ転ジテ必受レ生《ヲ》、于レ今不レ受レ生《ヲ》者《ハ》、違《セリ》二聖教ノ意《ニ》一、如何」。御答ニ云、「中有ハ不定也。彼ノ人ハ于レ今不《シテ》レ受レ生《ヲ》、我レ唐ヘ一切経渡シニ行クト、ツレナンドシテ、常ニ我身ニ相ソウテアル也」云々。〈即中有不定ノ証也。〉又良問云、「*此《コヽ》ニテ受戒スルハ皆得スル歟、如何。」神御答云、「*西大寺ニテ受ル人ハ皆得ス、此ニテ受ル人ハ得スルモ有《あり》、得セヌモアリ」ト云々。良問云、「サテハ、ナド西大寺ニテ受タル人ノ、今此寺ニ候余人ヨリモ悪ク候ゾ、如何。」御答云、「人ノ善悪ハ不レ依二戒ノ得否《ニ》一、ヨニ吉《よ》キ程ナル人モ不レ得アリ、悪キ程ニ覚ヘタル人モ得スルアリ」云々。*サレバ各《おのおの》憑《たのも》シク思シ召セ、此ニテ受戒スル人ハ、無レ疑得スル也。尤道理ト覚ル事ハ、心ノ浅深、有智無智ノ不同ハアレドモ、分々ニ身命ヲ不レ捨人ハ、無之時ニ必得戒スル也。又如レ此難《ク》レ遇難レ成事ト思シ召入テ、相構《あいかまえ》テ能《よ》ク修行セサセ給候ヘ。」

一、殺生禁断事　弘安四年九月十八日

山城国*狭《サ》山《やま》郷森ノ社ニテ御説法之時仰云、「広座ニテハ有《トモ》レ恐、去*文永十一年八幡宮参詣之時御告候キ。男山ニ数万ノ諸神ヲ奉二勧請《シ》一。於二此山内《ニ》一一ノ生類ヲモ殺スレバ、数万ノ諸神達《たち》胸ヲヒヤシ給云々。而《しかる》間其ノ時某《それがし》六七里ノ中ニ殺生ヲ止畢」云々。

一、*唯識中道事

当時人《の》ハ唯識ノ文ヲ誦スレドモ、不レ知《ハ》二其ノ本意《ヲ》一、不レ成二唯識ノ観《ヲ》一、不レ取《シテ》レ意《ヲ》、住二

参拝して関東に下り、まず常陸の鹿島社に参詣して、それから三村寺(清涼院)に住した。→補

円心房　円真房、栄真。弘安三年授菩薩戒交名の比丘衆の項に「河内国人、栄真、円真房」(集成三六〇頁)とみえ、遷化之記に「総州願成寺長老栄真〈円真房〉」(集成二九六頁)とみえるから、この後、正応三年には願成寺住持であった。

西明寺　最明寺、北条時頼のこと。

此　極楽寺をさすのであろう。

西大寺　奈良市西大寺寺町。→解説四八八頁以下

サレバ…　以下は叡尊が聴衆によびかけることば。即ち「此ニテ受戒スル…」とは西大寺での受戒。

狭山郷　山城久世郡佐山村(現久御山町佐山)か。双栗社がある。石清水八幡の分霊という。

文永十一年　叡尊七十四歳。学正記には見えないが、行実年譜には八月(集成一六四頁)、浄住寺年譜には春三月のこととして(集成二七四頁)、この石清水参詣の折の神託による殺生禁断のことが記されている。

唯識中道事　法相宗の説。一切のものは唯識所変のもので、非有非空の中道であることをいう。

仮相《ニ》一、非実住唯識ト云、何《いク》度モ住スル所ヲ遣テ不住ヲ為二本意一《ト》、尋常ニハ留二《ヲコソ》空辺《ニ》一大ナル損トスル。当時ハ其ハ過テ反《かえつ》テ有《う》ニ住スル、事ノ外ナル事也。空教ハ為《ナリ》レ破《センガ》二有執《ヲ》一、有教ハ為《ため》レ遣《ガ》二空見《ヲ》一也。反テ留《ラバ》二空有《ニ》一、何ゾ其ノ本意ナランヤ。不《ずして》レ着《せ》二空有《ニ》一而不レ失《ルヲ》二空有《ヲ》一為《す》二本意《ト》一、即《すなわち》中道也。

一、僧食信施事　*弘安七年六月十七日巳時

於二道場一比丘沙弥皆集会アリ。長老種々ノ教誡呵嘖之時、仰ニ云、「凡ソ当寺ノ有様、一向無*想ノ信施也。サレバ招提ノ*鑑真和尚、御出家ノ時、父ニ乞《い》レ暇《ヲ》給ニ、父ノ云ク、「知事ニ不《シテ》レ被《られ》レ知、塩ヲ少シ取テ入《テ》レ茶《ニ》依《テ》レ飲《タルニ》、欲《する》二受具《せんと》一之時、塩ノ山ガ行ク前《さき》ニサ、ヘテ道ヲ行カヌト、夢ニ見テ候ケル。サレバ僧食ヲ不《ズハ》レ受、出家ヲ許サン。若シ雨ノ降ン時ハ我自可レ送レ之」云々。サラバ如《く》レ仰《の》シ候ハント被《るる》レ申之時許《さし》レ之《を》給ヘリ。五夏《げ》之間、為《ニ》二学問《の》一受《け》二僧食《ヲ》一給《たまい》シ外ハ、沙弥ヨリ乞食《こつじき》シテ、乃至五夏過テ、知事セサセ給之時ハ、料《ニ》二理《シテ》僧食《ヲ》一供《ぐし》レ僧入《ニ》二僧堂《ニ》一一反見廻テ取レ鉢《ヲ》出テ乞食《す》云々。如レ此僧食ハヲソロシキ物ヲ食シテ、左様ニ懈怠ガマシクソヾロナルアリサマニテ如法ニ修行セラレズシテハ、各御身ニ取テモ現当抑モイカナルベシトカ思食《おぼしめ》ス。又サシモ難《き》レ立《て》此僧宝ヲ立タルモ、如何シテカ久住スベキ。面々ノ*依《え》止《じ》モ可《べし》レ被《らる》二制誡《せ》一。某、始テ此法ヲ立候事、非《ニ》二名聞《ニモ》一非《ニ》二利養《ニモ》一、偏ニ興法利生ノ為ニ如説修行スル事ニテコソ候へ。シカラズシテハ集リ居テ何ノ詮カ候ベキ。抑此事、且ハ老耄シテ僻事《ひがごと》ヲヤ申候ラン。急々《トウく》老僧達、御許候へ。」

弘安七年六月　行実年譜には、六月二十七日に心経秘鍵を自ら書写して講じたとあるのみ(集成一八七頁)。

無想　無相に通ずるか。無相は無我・無所得の意。

鑑真和尚　唐招提寺の開山(六八八―七六三)。

依止　依頼し止住する意。ここでは依止阿闍梨であろう。即ち新度の比丘が依止してその監督をうける先輩の比丘のこと。面々の依止阿闍梨らも同法に対して制誡すべきであると、叡尊は説く。

四王堂　西大寺の四王堂。四天王を安置。学正記によると、叡尊は、暦仁元年(三十八歳)八月五日西大寺に還住、八日四王院で最勝王経を転読した(集成一三頁)。

魃　底本「颰」、明本・建本により改む。

旱　底本附訓「ヒトリ」。

テ　底本のまま、「ラ」の誤か。

三十ケ日ノ最勝王経　学正記、寛元三年(四十五歳)の条に「春始奉四転二読講三讃

一、持斎祈雨事　弘安七年六月廿日未刻

於㆓*四王堂《ニ》㆒在家ノ衆二百七十余人、三日三夜受《ケ》㆓斎戒《ヲ》㆒観音ノ宝号申テ祈雨之時、御説法ニ云、「凡《ヲヨソ》旱《カン》*魃《バツ》ノ事ハ聖教ニ申タルハ、天人ノ修羅ト中《なか》悪クシテ常ニ戦《タヽカ》ウ。修羅ハ天ノ威ヲ損ゼントタクム。人間ニ造《レバ》㆑悪《ヲ》墜《おツ》㆓悪道《ニ》㆒、修《スレバ》㆑善《ヲ》生《ズ》㆓天上《ニ》㆒。故ニ人ニ悪ヲ造セテ不《ジト》㆑令《メ》㆑生《ぜ》㆑天《ニ》計《フ》。*旱《ヒでり》程《ほド》人ノ造《ル》㆑悪《ヲ》事ナキ故ニ、修羅《と》悪竜ト共ニ不㆑下㆑雨《ヲ》。善竜ト天トハ人間ニ甘雨ヲ下テ欲《ス》㆑令㆓人《ヲ》至*《テ》㆑天《ニ》。爰以各持《テ》㆑戒唱《ヲ》㆓宝号《ヲ》㆒給バ、善竜ト天人ト得《テ》㆑力《ヲ》、自《おのずからラ》可《シ》㆑下㆑雨。僧ハ皆捨《テ》㆓恩愛《ヲ》㆒出家学道ス。自㆑本為《ニ》㆓衆生《ノ》㆒廻《めぐらして》㆓種々ノ方便《ヲ》㆒祈《リ》㆑之給フ。各《ヲノく》ハ三日三夜之間止㆑悪《ヲ》清浄ニシテ行《ジ》㆑之給ヘリ。尤難㆑有事也。諸天善竜、何ゾ無《ラン》㆓随喜納受㆒哉。凡ソ某《それがシ》住《テヨリ》㆓当寺《ニ》㆒已来《コノカタ》、*三十ケ日ノ最勝王経、正月後七日ノ陀羅尼、*三時ノ行法等、偏ニ皆《みナ》為《ナリ》㆓国土泰平利益衆生《ノ》㆒也。自㆑本生《ソトモ》㆓浄土《ニ》㆒不㆑楽《ねガハ》、生《トモ》㆓都《と》率《そつニ》㆒不㆑楽《ハ》。只以《テ》㆓衆生ノ安楽《ヲ》㆒為《し》㆓本意《ト》㆒都《すべ》テ無《なし》㆑私。諸僧モ亦爾《しか》ナリ。然《しかれども》而此旱ハ非㆓僧ノ過《ニ》㆒、国土ニ造㆑悪《ヲ》故ニ衆生ノ業報也。如㆑此持㆑戒修㆑善給ハヾ、只非《ズ》㆓今生ノ快楽《ノミニ》㆒、必可㆑成㆓浄土ノ業因《ト》㆒。*正応ノ旱ニハ伊賀ノ国ニハ一尺計ナル氷ガフリテ候ケルト承候シ。此辺ニハ只大ナルアラレニテ候也。悪竜ノ所作也。如㆑此僧ノ住《スル》㆓世間《ニ》㆒故歟《ゆへカ》。*正嘉ノ旱ニハ正応ノ程ハ候ハズ候キ。正嘉ノ年、如意輪陀羅尼ヲバ始テ候キ。又少《ヲサナ》キモノ、有㆓恐怖等ノ難㆒時如《ク》㆑呼《ブガ》㆓父母《ヲ》㆒*思召シテ観音ノ宝号ヲ唱ヘサセ給ヘ。実ニ難㆑受人身難㆑遇正法ナリト*思召テ、三日三夜至《シ》㆑誠《ヲ》清浄ニシテ御祈請アラバ、天人善竜モ得《テ》㆑力《ヲ》、現世当生ノ所願モ必《ず》成就シ御《おわし》マスベキ謂《いわれ》ト也。

最勝王経㆒廿四日畢」(集成二〇頁)とあり、同四年の条に「自㆓五月八日㆒至㆓六月八日㆒卅ケ日、奉㆕転㆓読講㆔讃最勝王経一部十巻㆒、衆僧誓㆑期㆓未来際㆒、奉㆑祈㆓聖朝安穏天下泰平㆒、為㆑奉㆑報㆓国家恩徳㆒也〈為㆓内裏最勝講御願成就㆒也〉」(集成二〇頁)とある。

三時ノ行法　学正記、延応元年(三十九歳)の条に「正月一日於㆓御塔㆒(西大寺四王堂仏舎利塔であろう)七ケ日始修㆓三時秘法㆒〈至㆓文永七年庚午㆒三十二年自勤㆓仕之㆒、同八年辛未以後令㆔手替勤㆓仕之㆒、自身於㆓住坊㆒修㆑之〉、奉㆓為聖朝安穏天下泰平㆒也」(集成一四頁)とある。

正応ノ旱　弘安七年の説教であるから、正応(元年は弘安十一年)であるわけはない。延応二年(仁治元年)に炎旱甚だしく祈雨の事がみえる(百練抄・平戸記等、大日本史料五編之十二)から、同年の誤であろう。殊に大和国損亡の事がみえる(平戸記七月十二日条)。

正嘉ノ旱　学正記、正嘉二年(五十八歳)の条に「十月一日、於㆓誉田社㆒為㆓法施㆒講㆓般若心経㆒、祈㆓天下泰平㆒、当年炎旱故、哀㆓人氏(こ)飢饉㆒企㆓如㆑此行㆒。六日、太子御廟、一夜不断満㆓如意輪大咒祈請㆒、意趣同前」(集成二七頁)とある。本文の「如此僧」とは、叡尊自身をさすのであろう。

思召シテ…　底本「観音ノ宝号ヲ思召シテ」と読むように返点あるも、明本・建本により改む。

ト　底本なし。明本・建本により補う。

一、表*無表章開講時御物語　弘安五年壬午四月五日始*之

大*悲闡提《せんだい》ノ菩薩、成仏ノ事。仰ニ云、「此ノ修行ノ立始之時、知足房*ノ物語云、「此ノ義ハ証誠シ已上ナラデハ申マジキ事ゾト、上人ノ被《られ》レ仰《シ》カドモ、如レ此遁世ノ身トシテハ可《キ》レ期《ス》処モナシ、為二御意得一也。笠*置上人於《テ》二春日ノ御宝前《ニ》一論義ニ〈為二法味一被レ仰タリ〉、大悲闡提ノ菩薩ハ悲門ハ終ニ雖《ドモ》レ無《シト》二成仏《スル》義一、依《ル》二智門《ニ》一故ニ必ズ成仏ス、如《ク》二観音文殊等《ノ》一久成ノ如来也。又同上人〈同二御宝前一〉、秘蔵ノ御義ニ云ク、実ニハ発《テ》二菩提心《ヲ》一已後ハ、惣ジテ不レ堕《ニ》二悪趣一也。故ニ対《テ》二初心一説バ、可《シ》レ有レ誤《リ》。故ニ輙《たやす》ク不レ可レ説レ之者也。」学徒皆疑ヲナシテ不レ信《ゼ》之由承シカドモ、於二我身《ニは》一者、聊カモ無レ所レ疑、其理於《テ》二聖教ノ中《ニ》一所レ見故ニ。」

一、律ハ大乗ノ根本ナル事

南山ノ戒*疏・業*疏等之意、発《テ》二三聚浄戒之意《ヲ》一可《キ》レ受二此ノ律儀戒《ヲ》一之由ヲ被《タリ》レ定《め》。雖レ然別*受ノ軌則計《ばかり》ニテ無二通*受作法一。凡ソ梵*網ノ広本ハ不レ渡、三*蔵巳前ノ聖教ノ中ニ、委ク釈《シヌル》二菩薩戒《ヲ》一経論ノ文無レ之。唐ノ三蔵、為レ決《ニ》二百余科ノ不審《ヲ》一渡天シ給シモ、定テ此ニテコソ候ラメ。三蔵渡天シテ大聖慈尊ノ説給ヘルユガ論ノ講ヲ聴聞シテ、百余科ノ不審、一時ニ蕩《トラ》ケヌト被《タリ》レ仰。辺土ノ衆生ニ為《ニ》レ与《ヘンガ》二大乗ノ正法《ヲ》一、捨《テ》二身命《ヲ》一渡天シ給シ御恩徳、実ニ難レ可《ス》二報尽一。即瑜*伽七十五云、「復次当知菩薩ノ毘*奈耶ニ略シテ有二三*種一、初ノ律儀戒、毘奈耶聚ハ如《シ》下薄伽梵為《ニ》二諸声聞所化ノ有情《ノ》一略シテ説中毘奈耶ノ相《ヲ》上、当《シ》レ知即是毘奈耶聚ナリ。」文。若不《ハ》レ具《ヘ》二摂律儀戒《ヲ》一、不レ能レ具《スルコト》二余ノ

表無表章　大乗法苑義林章（七巻、唐の基撰）の第三巻（正蔵四五）。行実年譜によると、この月、表無表章を徒衆のために講じた（集成一七八頁）。

始　底本虫蝕。明本・建本による。

大悲闡提ノ菩薩　闡提は一闡提（Icchān-tika）のこと。不成仏者の意。ただし大悲闡提菩薩は智慧によって成仏できるという。

知足房　戒如。貞慶より戒律と法相を受けた。学正記によると、叡尊は、嘉禎元年（三十五歳）の正月、東大寺戒禅院において四分律行事鈔を戒如が講じたのを聞いた（集成八頁）。これは叡尊が南山道宣の宗教にふれた最初であった。西大寺有恩過去帳（弘安三年九月十日付）に「当寺法始読師戒如」（集成三四八頁）とある。円照上人行状・招提千歳伝記上一・本朝高僧伝巻五八にみえる。

笠置上人　貞慶。→解説四六一頁以下

戒疏　四分律含註戒本疏、八巻。唐の道宣撰（続蔵一-六二-二〜五）。

業疏　四分律刪補随機羯磨疏、八巻。唐の道宣撰（続蔵一-六四-三〜五）。

別受・通受　別受は、別解脱戒（五戒〜具足戒を一々受け、身口の悪業を解脱する）を受けること。必ず三師七証をそなえ、羯磨（こんま）の作法をおこなって得戒する。通受は、三聚浄戒を通じて受けること、仏前において自誓して好相を感じて得戒する。

梵網ノ広本　梵網経、経序によれば、一二〇巻六一品の広本ありという（正蔵二四-

二ヲ一、具スレバ二摂律儀戒ヲ一、即余ノ二ハ依レ之具ニスト云々。〈取意〉而ヲ世人不シテレ知、律ハ小乗戒ナリト下《くだ》シテ不レ学レ之ヲ。梵網ノ広本ハ未レ渡故ニ*、菩薩ノ律儀ノ闕タル処ニ学ストレ之云ヘルハ僻事也。大聖慈尊既ニ為ニ二大乗ノ菩薩ノ一自レ本ト有トニ此軌則一示シ給ガ故ニ、凡於レ戒非ニレ有ルニ二大小一、依テ二心ノ大小ニ一定ム二戒ノ大小ヲ一、以ニ三聚戒ノ意ヲ一為シテ二菩薩ノ摂律儀ト一、心ヲ一学スルニ二小乗ノ戒本等ヲ一即学ニ二大乗ヲ一者也。「汝*等所行、是菩薩道」ト者《は》、已ニ発シツレバ二大乗ノ心ヲ一、汝等ハ先ニ所ノレ行ズル小乗ノ行ハ皆是為ナルト二菩薩ノ道ト一被タリレ説。況ヤ今親《まのあた》リ発シテ二大菩提心ヲ一学センヲヤ乎。菩薩ノ受戒以後、同ニレ彼也。

一、可レ発ニ闡提願《せんだいのがん》ニ事

都《すべて》三世ノ菩薩ハ不シテレ発二尽*有情界ノ願ヲ一至ニ二菩提ニ一無レ由《よ》シ事也。又因位ニ発シテコソレ願ヲ、果位ニモ果セ。大*日経ニ云ヘル二方便為究竟ト一、此義也。有情不レ尽故ニ願モ又不レ尽、願不レ尽故ニ方便モ亦不レ可レ有ニ窮尽一、各《おのおの》相構テ尽トモ二未来際ヲ一処するヲ二生死ニ一不レ為レ痛ト、発テ二尽有情界ノ願ヲ一興法利生ヲ為レ先ト。如レ此無シテレ私取ラバレ探ヲ、即可レ当也。不レ発二利衆生ノ願ヲ一者、何度取トモ不レ可レ当云々。

一、依テ二表無表章ニ一立タル二此法ヲ一事

某本《もと》一代聖教ニ説レ戒所ヲゴトニ拝見シテ、出家難ハレ叶、真言教ハ為シテモ二七衆ト一許シタレバ、以二五戒ヲ一於二在家ニ一可二修行一。若人制セバ、鈴*ハ振ラデモアルベシ、只三密五相ノ観行ヲナシテ候ナント存テ候シ程ニ、此章*ヲ拝見シテ、自誓シテモ出家ハシツベシト存テ、初メハ難キレ立々テニ此法ヲ一各如シテレ此修行シ御《おわし》マスハ、偏ニ章ノ恩徳也。初テ立ルコソニ教法ヲ一

九九七a〜b)。

三蔵　玄奘三蔵のこと。伝記は、大唐大慈恩寺三蔵法師伝にある。巻三に「還帰二那爛陀寺一、方請二戒賢法師一講二瑜伽論一」(正蔵五〇-二三八c)とある。

瑜伽　瑜伽師地論、一〇〇巻。弥勒説、唐の玄奘訳。引用文は、正蔵三〇-二七〇c〜二七一a。

毘奈耶　梵語 Vinaya の音訳。律のこと。

種　瑜伽論「聚」。

故ニ　底本虫蝕。明本・建本による。

汝等所行…　法華経巻三、薬草喩品(正蔵九-二〇b)。

尽有情界ノ願　有情をすべて救済しつくすという願い。

大日経　大毘盧遮那成仏神変加持経、七巻。唐の善無畏・一行訳。引用の句は、巻一、入真言門住心品第一(正蔵一八-一c)。

鈴ハ振ラデモ…　密教の修法はおこなわずとも、自身のため、身口意の三密、五相成身観(通達菩提心・修菩提心・成金剛心・証金剛身・仏身円満)を行じようと考えたのである。

章　底本右傍注「文」。明本「文」、建本「章」。

大事ナレ。既ニ立タル法ヲ守リ続《つづけ》ンハ可レ安《カル》事也。各相構*テ如法ニ修行シ御《おわ》シマセ。

一、学問シテ益広《やくき》事

*良観房、学問ハ我身非《ルガ》ニ其器《ニ》一故ニ無レ力、何トシテカ可レ度ニ衆生《ヲ》一トテ、関東へ下向之間、伊豆ノ山ニテ湯屋ニ下《ヲ》リテ候ケル程ニ、*吉野ノ執行《しゅぎょう》何トヤラン下リ合テ候ケルガ、「*白四羯磨《びやくしこんま》ト申ハ、何トシタル事ニテ、白四トハ申候ゾ」ト問ケレバ、「白四ト申ハ、一白三羯磨《いちびやくさんこんま》ニテ候ヤラウ」ト被《テ》レ申候ケル。「羯磨ヲバ*カツマト読《ヨ》ミ、南都ニハコンマト云ナンド、受戒ノ時ノ作法也」ト被《テ》レ申候ケル。又関東ニテ、*泉涌寺ノ*我禅房ノ御弟子トテ比丘ノ候ケルニ、「清浄ノ比丘一人ナラバ*心念ニセヨ、二人ナラバ*対首《たいしゅ》ニセヨト候ヘバ、対首ニセム」ト申セバ、彼比丘ノ云ク、「対首トハ何ト云事ゾ」ト尋候間、其ノ文ヲ書キ出シテ持タリ、「カヽル事ゾ」ト教テ候ケル。依《テ》ニ此ノ二ノ因縁《ニ》一、サレバ我レ無智ニシテ立《コト》ニ此法《ヲ》一叶マジキカト存ズレバ、此レ程ノ事ヲ知ル事モ末世ニハ難レ有カリケリ。此モ雖ニ無智《ナリト》一西大寺ニテ学問等ノ時聞ナレタル事ニテ、我ハ此等程ノ事ハ何トナケレドモ知タリ。サテハ稽古シテ可《ト》レ有ニ其ノ益一思テ、又南都ニ上テ十年学シテ、加様ノ事大概学シテ後、無仏世界度衆生セントテ又関東へ下テ、学ハヨハク候ヘドモ、当時ハ慈悲深重ナルニヨテ、ユヽシキ大事共ヲ成ジ、アレ程仏法ヲ立タルナリ。*末世ノ清浄ノ僧ハ如《ト》ニ市ノ中ノ虎《ノ》一コソ申タルニ、此程、辺国ト云、末世ト云、浅猿《あさま》シキアリサマニテ候ニ、雖ニ下品《ナリト》一仏ノ御在世ヲ学ビテ此レホド此法ノ繁昌シタル事ハ真実難レ有事也。サハ候ヘドモ、当時ハ如ニ良観

構　明本「励テ」、建本「励シ」。

良観房…　忍性は、寛元元年(二十七歳の時)、関東に下向し、同年七月、西大寺に帰ったという(性公大徳譜)。そして建長四年(三十六歳の時)、再び関東に下向して常陸三村寺に住した。この説話は、寛元元年の事か。

吉野ノ執行　金峰山の執行(寺務をおこなう僧)。

白四羯磨　白は表白、羯磨は作業の意。授戒の作業として表文をよむこと。まず某に授戒することを告げる表文をよみ、次に受者に戒法を授ける表文(羯磨)を三度よむ。

バ　建本・宝本、この次に「山ニハ」とあり。

泉涌寺　京都市東山区。俊芿が開山。

我禅房　俊芿(一一六六—一二二七)。泉涌寺不可棄法師伝(信瑞撰)がある。

心念・対首　四分律刪繁補闕行事鈔巻上一に次の如く見える。「第一明法有三種、一心念法、二対首法、三衆僧法、且列三位、言三名者、心念法者、事是微小、或界無人、雖是衆法及以対首亦聴独秉、令自行成無犯戒事、発心念境口自伝情、非謂不言而弁前事、毘尼母云、必須口言、若説不明了作法不成、言対首者、謂非心念之縁、及界無僧並令対首、此通二三人或至四人、如下説也、謂各共面対同秉法也、言衆法者、四人已上秉於羯磨、此是僧之所秉故云衆法」(正蔵四〇-一一c)。

末世ノ清浄ノ僧ハ…　末法燈明記の句にもとづくか。↓四〇頁注「末世ノ…」

房等ノ一、トモカウモシテ、アラヌワザヲシテ、衆生ヲ度セウト云志アル人モ無ク候。何ニモ遇ルニ難レ値仏法ニ之時可レ発レ心ヲ也。

一、仏法久住事

三蔵ハ捨ニ身命ヲ一渡天シテ、ユガ論ノ講ヲ聞事三反シテ、百余科ノ不審、一時ニ蕩ケヌ。某、此文集*ヲアツメントテ、三年煩シキ事ヲ忍テ営《イトナ》ミ居テ候シモ、菩薩蔵ヲ世ニ令《シメテ》ニ久住一、人ヲシテ発《シ》ニ菩提心ヲ一行《ジ》ニ菩薩ノ行ヲ一衆生ヲ利センガタメ也。

一、受生善悪処願事

某ハ以ニ衆生ノ義利*ヲ一為レ先《ト》故、処《センヲ》ニ悪趣ニ一不レ為レ痛《ト》。窮情房*等同時ニ修行セシニ、余ニ取《トら》フル処ナシト教ヘラレシカバ、サラバ「我今弟子附弥勒竜花会中得ニ解脱一」ト被レ仰。又弘法大師*ハト《シメ》ニ居ヲ於高野ノ樹下ニ一遊《バシムトヲ》ニ神於都率《とそつ》ノ雲上ニ一被レ仰タレバ、都率ニテコソアラメトテ、三年ハ如レ此《シテ》行ゼシホドニ、此ノ事イシウ*私アルニ似タリ。「唯本《たダもト》ノ義ニテ有ベシ」ト申シ、カバ、「サラバサテモアレカシ」ト候キ。窮情房*ハ本ヨリ補陀落山《ふだらくせん》ニ生ント観音ノ大悲ヲ習ハント云願ナリシガ、其モ後ニハ変ジテ、我モ其儀ニ思成タリト候シガ、及《テ》ニ最後《サイゴニ》一六種ノ願ヲ発サレタリケル。其中ニ化生《けしよう》ヲ受ント誓ハレタリト、後ニ承候シ。以《もつて》ノ外ノ僻事《ひがごと》也。其ノ故ハ化生トシテハ生同ズル理無ガ故ニ、生ヲ度スルニ不ニ信受一無ニ義利一。サレバ三世ノ諸仏ノ出世成道シ*、刹利婆羅門ノ種姓ノ差別ハアレドモ、無レ不《シ》レ依《とイフコト》ニ胎生ニ一。彼ノ願ノ故歟、或ル人ノ夢ニ、生《ズト》*ニ他化自在天ニ一シメサレタリ。此モ自在ニ天*ニ生ルハ持戒ノ果報也。於レ某者ニ

此文集 瑜伽菩薩戒経釈文鈔一巻、同科文一巻。行実年譜巻下の著作目録に見える(集成二〇〇頁)。

義利 義には必ず利があるからいう。仏地経論巻一に、現益を義、当益を利と名づけるとの説がある(正蔵三六)。

窮情房 覚盛(一一九四—一二四九)。自誓受戒記によると、嘉禎二年九月、叡尊らと共に自誓受戒した(集成三三八頁)。伝記は招提千歳伝記巻上之二・本朝高僧伝巻五九にある。→補四四二頁「十一月廿日…」

弘法大師ハ… 阿波国太竜寺縁起(承和三年九月十三日、真然作といい、偽作とされる)に「承和二廼之暦、沽洗三月之天、遂入ニ金剛定一、永坐ニ石巌崛一、卜ニ居於高野之樹下一、遊ニ神於都率之雲上ニ」(弘法大師全集第五輯「官符等編年雑集」四五六頁)とある。

イシウ いし。美しい、好ましい。

窮情房ハ… 覚盛の寂後三年(建長三年)に、叡尊の夢に、覚盛が補陀落山(観音の住所)に化生したと現われたという。「西大尊律師夢、師(覚盛)告レ之曰、吾化ニ生補陀落山一、首ニ于千僧一、大度ニ群生一、令レ知ニ同侶一則可也」(招提千歳伝記巻上之二)。

シ 明本・建本「モ」。

他化自在天 欲界の第六天、欲界の主。

ニ 明本・建本なし。衍か。

不レ楽《ネガハズ》ニ在所ヲ一。「如レ見レ子ヲ如トレ見レ弟ヲ」被レ仰タレバ、何《いず》クニテモ御計《ハカライ》有テ、利益アラン処ニシテ生レ候ハンズラン。

一、心大可レ発事

*十八道ニ如意輪《によいりん》ノ次第ヲ行《おこない》候シホドニ、猶私《わたくし》ナル様ニ覚テ、密ナラバ大日《だいにち》、顕ナラバ釈迦ト存ジテ、如意輪ノ処ニ大日ト云押紙《いうおしがみ》ヲシテ行イテ候シホドニ、後ニアマリノ事ナリケリ。醍醐《だいご》流ニハ殊ニ*無量寿ノ儀軌ニ如意輪ノ本尊ヲ以テモテナシマイラセ、又*聖徳太子ノ御恩徳モ難レ報《シト》存《ジ》テ、其ヨリ後ハ人ニモ此ヲ宗《むね》ト授候ナリ。

一、学問持戒発心事

窮情房ハ、此レ程殊勝ナル事ナレバ、少々ハ未練《みレン》ナル事有ドモ、只イカニモシテ人ニ戒ヲ授ント云所存ニテ候シ。或人ニ*授タレバ、ヤガテ或ル所ニ行テ*鉢ヲバ*釘ニ懸テ置キナンドシ候シヲ、「イタウ四度計《しどけ》ナシ」ト申テ制シ候シカバ、窮情房、某ニ「サレドモ御辺ハ俄ニ地ノ打反《ウチカヘ》ル事モゾアルトテ、今一日モ早ク受トイワレシハイカニ」ト責ラレ候シカドモ、某ハ*三大部ヲ二反見テ後、自誓セント存テ候シ程ニ、能々《よくよく》取テ、返々ニ細ニ見テ、此ニテモ自誓ハ不足アラジト存ジ候シ間、今一度ヲバ見ハテズシテ受テ候キ。又人ニ戒ヲ授ル事モトガニヤ成候ラント存ジ候ヘドモ、此ノ章等ヲ委細ニ見取、一代聖教《しょうぎょう》此ノ土ニ有分ヲバ皆明メント云意ニテ、勘得タル分ヲ皆明テ候間《あいダ》、其ノ上ニ誤ノ有ランヲバ自レ本自身堕地獄ヲバ一分モ不《る》レ痛《ま》故、如レ此奉《ル》レ授。サホドナクシテハ一定《いちじょう》可レ有レ誤事也。「*窮未来際利楽有情」ノ意ヲ以テ

十八道　密教において最初に受ける加行(けぎょう)。十八種の印契を本とし、十八儀に分れている。本尊を如意輪とするのは小野流(醍醐寺の開山聖宝が如意輪の化身であるとするによる)であり、広沢流等では大日を本尊とする。学正記によると、叡尊は、建保六年(十八歳)、醍醐寺円明房において、十二月十一日から七日間、十八道の加行を始めた(集成三頁)。

無量寿ノ儀軌　無量寿如来修観行供養儀軌、一巻。不空訳(正蔵一九)。小野流の十八道次第の本拠。

聖徳太子ノ…　行実年譜の著作目録に、叡尊は聖徳太子講式一巻を著したとある(集成二〇一頁)。行実年譜に、弘長二年閏七月九日付の鎌倉苑寺太子像開眼表白がある(集成一四四頁)。

ニ　明本・建本、次に「戒ヲ」あり。

鉢ヲバ…　鉢は、比丘の飯器。四分律刪繁補闕行事鈔巻下二、鉢器制聴篇第十九に「初制意者、僧祇云、鉢是出家人器、非俗人所宜、十誦云、鉢是恒沙諸仏標誌、不得悪用、善見会、三乗聖皆執瓦鉢乞食資生、無有因、四海以為家居、故名比丘、中阿含鉢者或名応器」(正蔵四〇-一三五a)とある。「四分守護此鉢、不得著瓦石落処、若倚刀仗下、若懸物下…」(正蔵四〇-一三五c)。釘にかけるのも不可か。

釘　底本「針」、明本・建本により改む。

三大部　四分律刪繁補闕行事鈔、一二巻・四分律含註戒本疏(戒疏)、八巻・四分律刪補随機羯磨疏(業疏)、八巻。

窮未来際…　未来際を窮めて、有情を利

窮情房ト申也。

一、女人出家事

阿難《あなん》尊者、請ズ二大*愛道ノ出家ヲ一。如来云ク、「度二女人ヲ一者、可レ滅ス二五百年仏法ヲ一、不レ許レ之。阿難又二タビ請ジテ白ク、「摩耶ハ生二如来ヲ一七日シテ命終シ給フ、養育ノ恩、偏ヘニ大愛道也」ト。仏言《のたまわ》ク、「愛道既*ニ得タリレ聞クコトヲ二三宝ノ名字ヲ一、以テレ之我報ジ二養育ノ恩ヲ一畢、況ヤ得《たり》二信位ヲ一、々々ト者《は》得ナリ二初果ヲ一、得二*四不壊信ヲ一也。」阿難又第三請ジテ白サク、「引テ二三世ノ諸仏ノ例ヲ一証スレ度スルコトを二女人ヲ一。」此ノ時如来、説テ二*八敬ノ法ヲ一許シタマフ二尼ノ出家ヲ一。如来、*浄飯王ノ棺ヲバ譲リ二諸天ニ一御《おわし》マス。摩訶婆闍波提《まかはじゃばだい》比丘尼ノ棺ヲバ諸天如レ先雖レ望トレ持レ之、終ニ不シテレ許、如来・阿難・羅云難陀・弥陀羅難陀、四人シテ持レ之。重恩ノ深キ事以テレ之可シレ知。雖レ然以レ令レ聞二三宝ノ名字ヲ一現ニ報ズトレ之言《のたま》フ。三宝難キレ遇事、以レ之可二思知一。

一、睡眠事

*阿那律尊者《あなりつそんじゃ》ハ不レ堪二睡眠ニ一。如来、「先生ニ五百生ニ毒蛇ノ身ヲ受ケ、依レ之猶有ナリトレ之」被セレ仰。尊者、為ニ三対二治之一、目ニハ*リ木ヲカケテ依テレ不ルニレ眠、盲《メシ》イ給フ。以レ由ヲ白レ仏ニ。仏ノ言《のタマハ》ク、「目ハ以レ眠ヲ為レ食ト、奪フガ二目ノ食ヲ一故ニ失ス二其ノ明ヲ一、可三修シト二得ス天眼ヲ一」言《ノタマ》フ。依レ之修二得天眼ヲ一。肉眼盲テ縫フレ物ヲ之時針ノ耳ヲ不レ能レ通《トヲスコト》。阿那律ノ云ク、「功徳ホシカラン人ノ、是ヲ通セカシ」ト云フ。仏言ク、「我コソ功徳ハホシケレ」トテ通シ給フ。*哀ナル事也。

益し安楽ならしめる意。

大愛道 摩訶波闍波提。仏を乳養した姨母。比丘尼の始め。引用は、大愛道比丘尼経(二巻、失訳。正蔵二四-九四六a〜b)。

既ニ得 底本「既ニ得タリ」を重複し、初めの「既」の左傍に抹消符「ヒ」を付ける。

四不壊信 四諦(したい)の道理をさとり、三宝および戒を信じて壊れぬこと。

八敬ノ法 比丘尼は、比丘を尊敬して指導を受けるべきであるとする八つの法。

浄飯王 釈迦の父、迦毘羅衛国の王。

阿那律尊者 仏の十大弟子の一。仏の従弟、迦毘羅城の釈氏。天眼第一。

ハリ木 張り木。土砂の崩れを防ぐために横に渡した木。

哀 底本「承」(左傍附訓「アワレ」)、明本・建本により改む。

一、修行用心《の》事

流《る》転輪廻《てんりんね》之間ニ今度程《ほド》親《シタ》シク仏教ニ遇フ事ハ不レ可レ有事也。空ク過ギン事無二本意一事也。左右《トテモカクテモ》我ヲ不《シテ》レ顧《ミ》、*塵劫ノ修行ヲモ事トセザル程ノ心ニテ、何教モ用ニ可レ立也。密教ノ即身頓証、此ノ上ニ建立ス。*一麻ヲ服シテ経二塵劫《ヲ》一、決定《けつじょう》可レ証《ス》二菩提《ヲ》一者、サテコソアラメ。面ニ唾《ツバキ》ヲ吐《ハ》キ懸《カ》ケラルトモ不レ発《おこさ》レ怨《ヲ》ホドニテコソ探《さぐり》モ当ランズレ。終ニ火坑ヲ棲《スミカ》ニスベクトモ、一衆生ヲモ助ル理アラバ更ニ不レ可レ痛《トす》。自心ノ仏性、煩悩随煩悩ノ中ニ覆《ヲヽ》ハレテ、無レ由《よシ》レ顕《あらわるルニ》。而ルヲ顕《トシテ》レ之、如《ノ》レ此意ヲ発シテ纔ニ離《ルヽ》二一悪《ヲ》一之時、周遍法界ノ理ヲ顕ス謂《いわ》レアリ。サレバ即身頓*証モ又非《ズ》レ難《ニ》。又*輪王ノ太子、纔ニ詫《スル》二胎内《ニ》一時、以《テ》二十善《ヲ》一可《き》レ治《む》二四天下《ヲ》一理《ことわり》有ル之間、被《フル》二諸天ノ加被《ヲ》一、初発心ハ過《タル》レ之《ニ》守護ヲ得ト説ク。サレバ終ニ衆生ノ依怙《えこ》ト成ベキ条決定也。如レ此不レ染《セ》二生死《ニモ》一不《ズ》レ住二涅槃《ニモ》一行ゼバ、自然ニ位ハ不レ望進ムベシ。大悲増ノ菩薩ノ無レ力以《テ》二修行ノ功《ヲ》一不《ル》レ望自然ニ遷《ルガ》二*第八地《ニ》一如シ。ソレニ世間ノ人《ひト》不《シテ》レ発レ心《ヲバ》仏ニ急ギ成ント云コソ、何トモ不《ズ》レ覚難事ナレ。生《ルヽ》二浄土《ニ》一事モ発心ノ上ニハ不レ難《カラ》。*浄名経文ニ、「心雑染故、世界雑染、心清浄故、有情世界清浄」也。即自心浄ナラバ即浄土也、別ニ非レ可二建立《ス》一。

一、興法利生可レ為レ先《と》事

*教恵上人閉二籠《シテ》高野山《ニ》一、修《ス》二往生浄土ノ業《ヲ》一。白河ノ院貴キ上人アリ、叡覧アラントテ彼庵室ニ御幸アル。カヽル事アリトモ不《ズ》レ思、入御アレドモ目モ見ヤラズ、念仏ウ

塵劫　塵点劫。

一麻ヲ…　世尊が苦行して、一麻一米のみを食したという。大智度論巻三四に「或有二菩薩一、於二悪世邪見衆生中一、為レ除二衆生邪見一故、自行二勤苦甚難之行一、如二釈迦文仏一於二漚楼頻螺樹林中一食二一麻一米一、諸外道言、我等先師雖レ修二苦行一、不レ能二如レ是六年勤苦一」(正蔵二五-三二一a)とある。

証　底本「語」、明本・建本により改む。

輪王ノ太子　転輪聖王は千子を具足するという。

第八地　大乗の菩薩の十地の第八、不動地。第七遠行地において方便波羅蜜を成就し、大悲心を発し、また修惑を断じ、声聞縁覚の境地を脱するという。

浄名経　維摩詰所説経、三巻。姚秦の鳩摩羅什訳。引用は同経仏国品第一に「若菩薩欲レ得二浄土一、当レ浄二其心一、随二其心浄一則仏土浄」(正蔵一四-五三八c)。

教恵上人　正しくは教懐(一〇〇一—一〇九三)。左中将教行の子、興福寺喜多院林懐に師事、山城相楽郡の小田原(→次の注)に住し、迎接房の聖とよばれた。後高野山に登り、二十年下らなかったという。寛治七年五月二十七日寂、九十三歳。伝記は、高野山往生伝(如寂撰)・拾遺往生伝巻上・本朝高僧伝巻七〇にみえる。

チ申テ居タリ。「何《イカ》ニ往生ハ決定《けつじよう》ト思召カ」ト問ヒ御《おわし》マスニ、「サコソ存ジ候ヘドモ、何《いか》ニトカ候ハムズラウ、南無阿弥陀仏」ト申テ、其後ハ詞モナシ。コレホド思切テコソ、往生モ少シキ事モ有ベケレ、此レ程ハゲシケレドモ、猶《なヲ》最後之《ノ》時重病ヲウケテ苦患ノ難レ堪《ヘ》サニ、「南無春日大明神《なむかすがだいみようじん》助給ヘ」ト申ス。即現《テ》二御形《ヲ》一、「汝ハ雖《モ》レ捨《ト》レ我《ヲ》、我ハ不レ捨《ト》レ汝《ヲ》」御詫宣アリケリ。本ハ*小田原法師ニテヲハシケルヲ、猶如レ此守ラセ給ケル。ユ、シク思ヒ切タレドモ、*某ハ一切《セツ》不《ズ》レ好《コノモシカラ》。サホド発心スルナラバ、弘《メテ》レ法《ヲ》扶《タスクベシ》二衆生《ヲ》一。還来穢国度人天《げんらいえこくどにんでん》モ、イツカアラムズラン。某、実ニハ不《レドモ》レ発《おこら》、任《テ》二顕密ノ諸教ノ大意《ニ》一、如レ此行テ候ヘバ、纔ニ四十余年之間、若干《ソコバク》ノ益《やく》ヲ施ス。正法ハ立コソ大事ナレ。纔ニ立了ナバ、守続ンハ可レ安事也。何《イカ》ニモ各《おのおの》捨《テ》二身命《ヲ》一守《リ》二正法《ヲ》一御《おわ》スベシ。利益衆生ノ方便、此ニ過タル事候ハズ。

一、菩提心《の》事

探《サグリ》好相之時、礼拝ナニ*クレシテ病テハ何《いか》ニセムゾ。唯発《ス》レ心《ヲ》コソ本意ナレ。何ニモホシガラルベキ事也。コレホドノ善ハ有マジキ也。但急《いそい》デ受戒セントスベカラズ。難レ受人身、難レ遇正法ニ遇タル時、何ニモシテ発《シテ》二菩提心《ヲ》一戒ヲ得セント可レ励也。不レ発レ心《ヲ》シテハ、探モ不《マジ》レ当《ル》、戒モ不レ可レ得《ス》候。

一、持戒《は》成仏《の》勝因《の》事

*五戒ハ人間、*十善ハ天上ト定《さだまり》タル様ニ、世ノ人申ハ僻事《ひがごと》也。故《コトサラ》*新家ハ不レ爾之由ヲ定タリ。凡ソ菩薩戒、*五・八・十・具等、皆成仏《の》因也。又菩薩ハ有レ難《ルヲ》為《ナン》レ失《シツト》。化生

小田原　山城相楽郡当尾村(現、京都府相楽郡加茂町)を小田原という。浄瑠璃寺は小田原山と号した。同寺のことであろう。

某ハ一切不好　叡尊は「興法利生」を念願としたから、この教懐の信心を好ましからぬものとしたのである。

ク　底本「タ」、明本・建本により改む。

五戒　不殺生・不偸盗・不邪淫・不妄語・不飲酒。これは在家の者の守るべき戒。

十善　十善戒。不殺生・不偸盗・不邪淫・不妄語・不両舌・不悪口・不綺語・不貪欲・不瞋恚・不邪見を受持すること。

新家　玄奘・慈恩の法相家をさすか。

五・八・十・具　五戒・八斎戒・十戒・具足戒(比丘二百五十戒、比丘尼三百四十八戒)。

波羅夷　断頭(ずだん)等という。最も重い罪。これを犯せば、頭を切られる如く、教団から破門される。比丘に婬・盗・殺・妄の四波羅夷がある。

摩騰・法蘭　後漢の明帝の時代に四十二章経を訳出したと伝えられる迦葉摩騰(竺摩騰、摂摩騰)と竺法蘭。四十二章経序・出三蔵記集巻二・歴代三宝記巻二・

シテハ無《シ》レ益《ヤク》、故発《シテ》レ心《ヲ》持二三聚浄戒一《ヲ》、縦ヒ雖二癈忘一《スト》、成《ル》レ善《ト》。喩ヘバ如下殺《シ》レ人《ヨト》約束《シテ》出家ノ後ニ殺スルニ即犯《スルガ》中*波羅夷《ヲ》上。

一、寺始事

*摩騰《まとう》・法蘭《ほうらん》始テ来シ時《とき》、五岳ノ道士ト通ヲクラブ。*聖ノ教ト外書トニ火ヲ付シニ、聖ノ教ハ惣ジテ不レ焼、道士ノ外書ハ忽ニ焼ク。其ノ時《とき》一千余人ノ男女、発レ信《ヲ》剃《ソリ》レ髪《ヲ》出家ス。人多クシテ難レ摂《シ》故、*鴻盧寺《コウろじ》ニ始テ十ノ寺号ヲ付テ、七ニハ男子ヲ居《ヲ》キ、三ニハ女ヲ置ク、是《これ》寺号ノ始也。

已上表無表章御談義之時、御物語也。

一、此僧法始事　*弘安六年癸未六月九日始之

業疏御講之時ニ云、「此ノ法ノ始メ当寺ニ住シテ候シニ、唯《たゞ》某ト*常律房ト二人住シテ候シ時、一室ノ北面ヲ僧堂ニシテ二丈ノ床ヲ二ツ儲テ二間ニ立《テ》二聖僧ノ御座一《ヲ》置テ候シ比、*二井ノ庄モ替テ僧侶可レ住方法モ無テ候シ境節ニ、尼ノ衣《ころも》キヌガ廿人計、籠ニ爪《フリ》ノヤウナル物ヲ入テ、重《ヲモ》ゲナル様ニテ担テ来テ聖僧ノ御前ニ置ヲ、某、「何物ゾ」ト問ヘバ、「如意宝珠」ト答フ。サテハ我願可レ成歟ト覚ヘ候、弥《いよいよ》心ヅヨク成」云々。

一、西大寺*結界*布薩初事

*嘉禎四年戊戌十月十五日ニ始《ム》二僧食一《ヲ》。同十月廿八日ニ結界。同キ*黒十四日四分布薩。十五日梵網布薩、始二行之一《ヲ》。*学律房等ヲ請ジテ結界シテ、五人シテ如法布薩ヲ始ム。即某《それがし》唱白、学律房説戒《せつかい》、*慈禅房唄《ばい》。学律房、戒本ヲ誦シ始ルヨリ下《ヲ》ル、マデ一向

高僧伝巻一等にみえる。この五岳道士との説話は、法苑珠林巻五五・弁聖真偽巻一等に見え、今昔物語巻二震旦後漢明帝時仏法渡語第二にもある。

聖ノ教　「ノ」明本・建本なし。衍か。次も同じ。

鴻盧寺　蕃客を接待する役所。

弘安六年…　行実年譜に「六月於二西大寺一為レ衆講二説四分羯磨疏幷心経秘鍵一」(集成一八二頁)とある。

常律房　成円。授菩薩戒弟子交名一の比丘衆の項に「大和国人、成律坊、成円」(集成三六〇頁)。叡尊と成円が二人でいたのは仁治元年(四十歳)であろう。学正記、仁治元年条に「(四月)十六日結夏。大僧八人〈叡尊、成円、厳真、覚如、行算、貞尹、道誉、忍性〉、沙弥三人〈真智、性融、叡性〉…凡当年炎旱過二例年一。故安居人々散二在所々一。但叡尊、成円二人留住」(集成一五頁)。

二井ノ庄　新井庄。西大寺田園目録に「大和国葛上郡卅三四五条之内庄」(集成四一二頁)とある。学正記、暦仁元年の条に「新井庄亦違乱」(集成一四頁)とある。

結界　伽藍の区域境界を定める作法。

布薩　浄住と訳す。半月ごとに衆僧が集まって戒本を説き、他に対して、われ清浄なりといい、或いは犯した罪を懺悔すること。

嘉禎四年戊戌十月十五日　この日の事は学正記に「同十五日、始作相、普集二凡聖衆僧一、無限供養軌則。同廿八日、酉時結界〈羯磨覚盛、唱相睿尊、維那厳貞、教玄、

泣キトヲサレタリ。後ニ問候ヘバ、「我ガ十九ノ年、始テ布薩ニ合テ持戒清浄ト唱ヘシ時、今生ニハ実ニ持戒清浄ナル事有ルマジ、当来ノ結縁《けちえん》ト存テ候シニ、今生ニ実《まこと》ノ持戒ノ布薩ニ合フ事ヨト、貴ク思ヒ候ツル間、始ヨリ涙不《ト》レ留」被レ申候キ。左様ニ難《ク》レ有候シ時ハ余リニ貴ク候シ也。

一、某、五夏《げ》之間ハ寝《ネ》ジト思テ臥ス事候ハズ。夜深《ふく》ルマデ律ヲ見テ、丑寅《うしとら》ノ時ニ成テ、依止《えじ》ニ守ラントテ、毎夜ニ戒本ヲ誦シ候也。ソレホドニ成テ心ガユルウ成候ケルヤウヲ、*若比丘々々々ト申候ホドニ成テ居眠候ラウモ不レ知シテ、或ハ肩ヲタガハカシ、頸ヲ損ジテ、様々ニシテ候ホドニ、実ノ病ニテ候ハ*ヌ間、ヤガテ能成候シ也。

一、僧宝利他《の》益広事

某、少《ヲサナ》ウヨリ真言ヲ行候シ。サヤウニシテ居テ候ハンハ、自分ノ邪見計リ止候ハンハ、為二自ノ出離《ノ》一ニハ不足候マジ。如レ此難レ立《たて》法ヲシキテ立候ハ、偏ニ為レ*化也。付《テハ》レ其《ニ》在家衆《ざいけしゅう》ナンドヲ教化《きょうけ》センハ僅ノ益也。如レ形立二僧法《ヲ》一タレバ、広大ノ利益也。

一、*十一月廿日最初四人同心*通受成就事

*三大部ノ中ニハ*自制シテ可レ成文無候之間、*常喜院ニ渡テ、学律房ニ表無表章ヲ読セ候キ。彼ハ為二論《ロン》義《の》一学シタリ。大ニ韻ハ違《タガ》ヒタレドモ、次ノ*竪義《りゅうぎ》ノタメニ読覚ヘタル様ニ候間、其ノ上其比ハ余リニ酒モリガシゲク候間、昼ハ隙ナシ、様々ノ雑談共云タル様ニテ、或ハ子時ニ始テ読タル時モ候、丑時ヨリ読タル事モ候キ。酔人ノ所作ナレバ四度計《しどけ》ナキ事モ候。シカレドモ酒モリノ間ニ、某ハヒルヨク見置テ候間、

信忍五人比丘也〉。廿九日、四分布薩〈如説布薩再興也〉覚盛律師説戒、自レ始至レ終落レ涙。布薩之後還二僧坊一奉レ問二始終落涙所以一。後答曰、我昔十九歳始共布薩、毎唱二持戒清浄一、思惟我非二持戒一、自唱如レ是、深恐二虚言一、唯為二将来如法布薩之縁一歟、然不慮今生行二如法布薩一、歓喜之余涙難二禁止一耳、共以随喜無レ極矣。卅日、梵網布薩始行レ之」(集成一四頁)。

黒十四日 一カ月を白月・黒月にわける。即ち二十九日にあたる。

学律房 覚盛。底本「覚律房」、明本・建本により改む。以下二つも同じ。

慈禅房 有厳。→二〇八頁注「長忍房」

若比丘 四分律比丘戒本には、「若比丘…」と、一々の戒に説いてある。

ヌ 底本「ス」、明本・建本により改む。

化 明本・建本「他」。

十一月廿日… 自誓受戒記・学正記にくわしい。→補

通受 総受。三聚浄戒として一切を総べ通じて受けること。

三大部 →二〇二頁注

自制 自誓受戒のこと。

常喜院 解脱房貞慶が、慈心房覚真をして、律学場として興福寺に建てしめた所。そこに二〇人の僧を集めた。覚盛もその一人であったという(円照上人行状・招提千歳伝記巻上)。→三〇五～六頁(常喜院結界図及び「定」)

竪義 論義の時、問者の出した論題について義を立て、その批判をすること。その役の僧をもいう。

違フ所ヲバ直ヲシ、学律坊モ又サメタル間、左右シテ十七日ニ読了。*律ノ行事ヲバ皆覚テ候間、初ハ唯一人自誓受戒シ候ハントシ候シ、*尊《ソン》性坊・*長忍房・学律房覚盛*、窮情房同心シテ、於二東大寺*羂索《ケンチヤク》院《ニ》一、嘉禎二年丙申九月一日各自誓成二*近事《ごんじ》《ヲ》一、二日成二沙弥戒一、三日尊性房円晴*・長忍房有厳、後ニ号二慈禅房一、成二比丘戒《ヲ》一、四日受菩薩戒法ノ作法ヲ以テ学律房与レ某成了俗三十六。余人ハ猶得戒《ヲ》ノ成否ヲ疑キ*、度々祈請シ候シ。毎度ニ好相ハ候シ。某ハ惣テ無レ疑候。以《テ》レ教《ヲ》勘《ルニ》レ之《ヲ》、一向身ハ不《ス》レ顧、偏ニ*棄《ステ》二身命《ヲ》一為二衆生一受候シ時ニ得戒之条少モ不レ疑候。其ノ上《うへ》度々感二夢想一、一定《いちじよう》成ジタリト覚ヱ候。サレバ*各《おのおの》イカニモ未《ダ》レ受人ハ此法ヲ成ゼント可《キ》二思召一也。如レ此申時ハサル事ヨト思召セドモ、又ハ比丘トハ云ヘドモ、イタウ悪キハナンド思タリゲニ候ハ、*僻事也。サレバ鹿嶋ノ大明神ノ御詫宣ニモ、其趣ヲ被《レ》レ示候ゾカシ。如《シ》レ上《ノ》。其ノ上戒不レ成人ハ現ニ冥罰ニアフ。其外無二別ノ事《こト》一人ハ必可レ預二冥ノ擁護《ニ》一也。

一、*別受事

九夏《げ》ニ成リ候シ時始行シ、九夏ノ和尚ハ得戒・得罪ト定タルニ満足シテ、「明年可レ行」ト某ハ申候シヲ、窮情房、「明年マデ生キモヤセンズラウ、是程難レ有法ヲ空シテ止ナンハ無二本意一事也。ゲニ悪《あ》シカルベクハ、授テ後《のち》懺悔ヲコソセメ」ト候シカドモ、弟子ヲ畜《たく》ワエン料ニモ授バコソ、唯難レ有仏法ヲ興サン料ナレバ、クルシカラジニテ候シ也。某与《と》二窮情坊一トハ如レ律波羅提木叉《ばらだいもくしや》ヲ為《シテ》二和尚《ト》一受《ク》レ之《ヲ》。其ノ後、両人為《テ》二和尚《ト》一各ノ弟子ニ授テ候也。*尼ノ十二夏《げ》ヨリ始二行之一。

律ノ行事ヲバ…　自誓受戒記に、四分律比丘戒本を暗誦したとあるのに当るであろう。
尊性房　円晴(一一八〇—一二四一)。戒如に師事、自誓受戒の後、南都不空院に住し、さらに洛北雲林院に住したという(本朝高僧伝巻五九・律苑僧宝伝巻一一)。
長忍房　有厳(一一八四—一二七五)。慈禅房と号す。寛元四年覚如に従って入宋。唐招提寺西方院に居る(本朝高僧伝巻五九・招提千歳伝記巻中之三)。
覚　底本「学」、明本・建本により改む。
羂索院　天平五年、良弁が不空羂索観音を安置す(東大寺要録巻四)。
近事　優婆塞(うばそく)。在家の男で、五戒をうけ、三宝に仕えるもの。
晴　底本「請」、建本により改む。
キ　明本・建本「テ」。恐らくは是。
棄　底本「奇」、明本・建本により改む。
各…　この時の話の聴衆の僧に呼びかけていう。↓一九〇頁注
僻　底本附訓「ウタガウ」。
別受　別解脱戒を受けること。三聚浄戒の摂律儀戒にあたる。必ず三師七証を具し、羯磨の作法により得戒する。
九夏　嘉禎三(一二三七)年の最初の結夏から数え寛元三(一二四五)年は九夏となる。学正記、寛元三年条に「九月中旬、於二和泉国家原寺一、始行二如法別受苾蒭戒一、叡尊十三日戌時受二円満戒一。都別受戒者廿六人也」(集成二一〇頁)。家原寺は堺市にある。
ハ　底本虫蝕。明本・建本による。
尼ノ十二夏　嘉禎三年から宝治二(一二四八)

一、前仏修行ノ人改テ二欲心ヲ一現身ニ証レ果ヲ事
「*期在二当来一。」文。*当時修行ノ人ハ弥勒《みろく》出世ニ必ズ可シ二得道一。若シ心弱クテ小乗自利ノ心ナラバ、初果ノ聖者ト可レ成。菩提心堅固ナラバ、為テ二菩薩ト一外現是声聞《しょうもん》ナルベシ。舎利弗《しゃりほつ》・目連《もくれん》等、皆迦葉仏《かしょうぶつ》前仏ノ時修行シタル人《ひ》ト、必ズ後仏ノ出世ニ得トレ果ヲ見タリ。又乞食《こつじき》ノ比丘《びく》ノ時、加行《けぎょう》ノ位ニテ修行シタル人也。又乞食ノ比丘、美女ニ起テ二欲心ヲ一手ヲフル、*バカリシテ、鉢ノ飯ヲ打落シタリ。彼ノ美女等、一面ニ手ヲ打テ咲《わらう》レ之。比丘、美女ノ咲《わらい》テ歯ノ白ヲ見テ、*骨鏁観《こつそうかん》ヲ成ジテ即時ニ証ス二初果ヲ一。美女等見レ之ヲ生テレ信請ジテ二説法ヲ一、即女人証ス二初果ヲ一。是皆迦葉仏ノ時修行シタル人ナリ云々。

一、失欲人事
*打集《たしつ》ニ云ク、「失欲ノ人ニ重テ不ルレ与レ欲事、於二本《もと》愚教ノ人ニ一云歟カ。将《はた》於二明律人ニ一者、*迷忘ヲバ可レ開歟。」仍テ当座ニ以テ二*浄道房ヲ一長老ニ尋ネ申ス。仰ニ云、「一度失タル人ハ、又モ可レ失謂レ有故ニ不レ可レ与也」云々。

一、*道鑑律師処々ニテ*軽重義ト*僧網大綱ト業疏トヲ被レ講ケリ。是則専《にする》ニ二僧法ヲ一故也。当時ノ人ハ有レ私故ニ、不レ重二僧法ヲ一故ニ、歴《へ》テレ事ニ無二冥加一也。〈道鑑律師ハ南山弟子、鑑真和尚受二菩薩戒一師ナリ云々。〉

已上業疏一上下御講之間、御物語少々記レ之。

一、*四摂《ししょう》事　表無表章御講之時仰也
布施者ハ、凡ソ菩薩トシテハ先可レ行二四摂*六度ヲ一。*三輪清浄ナル方ハ皆六度ニ摂《おさ》ム、即チ自行也。以テ二慈悲ヲ一行ハ二布施等ヲ一、四摂門也、即利他也。愛語者、ユガ論意ハ、以テ二法

年。学正記に「〈宝治〉二年〈戊申〉四十八歳／…自二八月十九日一至二九月十九日一、於二法華寺一開二講梵網経古迹記并宗要一、聴衆廿五人、結縁衆廿四人。／建長元年〈己酉〉四十九歳／二月六日於二法華寺一十二人授二大比丘尼戒一〈日本国如法修行七衆円満始也〉」(集成二一〜二二頁)。

期在当来　四分律羯磨疏済縁記巻一〇に次の文がある。「将来三会者、縁レ遇二慈氏一近可レ寄レ心」(続蔵一—六四—四—三七〇b)。

当時修行ノ人ハ…　現在の修行者は弥勒仏の出世に必ず得道すべきであるという。

フル、バカリ　明本・建本「フルハカ」。

骨鏁観　骨鎖観のこと。九種不浄観の第八。白骨の連っていることを観じて、貪著を治す、白骨観。

打集　ここでは、講説の集りでの質疑討論の意であろう。真言宗で、講説の会合とその草稿をいう。自他打ち集(つど)う意が原という(栂尾祥雲、日本密教学道史)。円照上人行状に、叡尊が海竜王寺で菩薩戒宗要等章を講じた折に円照が討論したことを「照公就レ席大談二意致一、諸文開講皆有二打集一、立レ講設レ問研覈往復、照公毎レ至二打集一必致二一問一」と記す。

忘　底本・明本・建本、まま。妄か。

浄道房　授菩薩戒弟子交名一の比丘衆の項に「大和国人、澄慧、浄道房」(集成三六三頁)。遷化之記に、叡尊の示寂にあたり、近侍したとある(集成二九一頁)。

道鑑律師　道岸(六五四—七一七)。会稽竜興寺に住す。鑑真の師、四分律を唱える(宋高僧伝巻一四・律苑僧宝伝巻五)。

語ヲ一為スレ本ト、又ハ以二*耎語《なんご》ヲ一漸ク衆生ヲ*誘近《せる》也。父母等ノ有レ歎之時《とキ》*歎レ之ヲマデモ愛語也。利行者ハ、今マデ造レ悪ヲ者ハ、従レ今以後不トレ作云意ヲ令レ発サ也。同事者、同ク救レ苦ヲ、同修レ善、看病等ノ事ニ加レ力ヲ也。又自行二梵行ヲ一令二人行一、是也云々。

一、律難レ立事

*中川ノ上人ノ御時、律学者、*浄地ト云事ヲ不レ知シテ不審ニ候ケル程ニ、件ノ律学者ノ許ニテ番匠シ候ケル時、「アハレ浄地ノ戸ヤ」ト申ケルヲ聞テ問ケレバ、「比叡山ニハ味噌・塩ヲヨク所ヲコソ浄地トハ申候ヘ」ト答フ。猶《なヲ》浄・不浄ノ言ハ不審ニテ、不ズ二意得《こころえ》一ヲワシテ、只仰信シテ候ケル。又*腐爛薬ト云事ヲ不レ知シテ、今《いマ》小路ノ辺ニ律学者ノ候ケルガ死シテ候ケル、若シ彼ノ妻ヤ知リタルトテ行テ問タレバ、「イサ故《こ》御房ハ、ツケ物ノクサリタルヲコソ、フランヤクト被レ申候シカ」云々。

一、*梵網経古迹等開講打聞　*弘安四年辛巳卯月十七日於二西大寺道場一被レ講レ之

夏中《げちゆう》ニ必講二此ノ経ヲ一事ハ、末世ノ*利益相応ノ経故也。*真諦三蔵渡二此経ヲ一*之時、一代聖教ノ中ニ何ノ*経カ於二晨旦一可レ有二利益一トテ、手サグリニ梵網経ニ取リ当給云々。我朝ニハ聖徳太子御手ノ皮ヲハギテ外題ニ押レ之。又*羅什三蔵如レ此ノ例代々也。依レ之ニ我レ於テ二所々一講二此経ヲ一、親《まのあた》リ有二現益一。其上*軽戒ニ父母兄弟死亡之日ハ可トレ講レ之見タリ云々。

一、我趣《おもむく》二此修行一事

*初入二仏法一之時、法相・三論・天台・花厳ノ中ニハ依テレ何ニ可トレ学神明《に》祈請申ニ、真言

軽重義　量処軽重儀、二巻。唐の道宣撰（正蔵四五）。
僧　底本虫蝕。明本・建本による。
四摂　菩薩が衆生を摂受して親愛の心を起させ、仏道にひきいれるための四つの行為。布施・愛語・利行・同事。
六度　六波羅蜜。
三輪　身・口・意の三業。

耎語　軟語。人情にかなう温言。
誘近　建本「誘進スル」。
歎　明本・建本、この上に「行テ」とある。
中川ノ上人　実範（？―一一四四）。興福寺の僧。招提寺に行き四分戒本を禿丁よりうけ、中川の成身院を開いて律を講じ、その後光明山に移って念仏を修した（台記、天養元年九月十日条。元亨釈書巻一三）。
浄地　比丘が住し、罪のない土地をいう。行事鈔巻下二に「五分、諸比丘欲二羯磨一、一房一角半房半角中庭、或通二結坊内一作二浄地一、並聴」（正蔵四〇―一二九c）。
腐爛薬　大小便のこと。
梵網経古迹　梵網経古迹記、三巻。新羅太賢集（正蔵四〇）。
弘安四年辛巳卯月十七日　学正記に、四月十六日西大寺に帰って結夏したと見える（集成四九頁）。
利　底本虫蝕。明本・建本による。
真諦三蔵　拘那羅陀（四九九―五六九）。
之　底本虫蝕。明本・建本による。
経カ　底本虫蝕。明本・建本による。
羅什三蔵　鳩摩羅什（三四四―四一三）。
軽戒　底本「経戒」、明本・建本により

ヲ可レ学ト霊夢ヲ感ズ。而ル間《あいだ》不二思懸《おもいがけず》一四宗ヲ祈請申ス外ニシテ感ジタルト存ジテ、三十有余マデ真言ヲ学シ、兼テ二倶舎ヲ一学ス。*サル程ニ学二*真言教ヲ一輩、多《おおく》魔道ニ堕ツ。以レ之ヲ見ルニ二教ノ所判ヲ一律法ノ依ルレ不ザルニレ立也。今文集ニ所《の》レ引ク*瑜伽七十五ノ文意ニ符合セリ。*遺教経ニ云、「若無二浄戒一、諸善功徳、皆不レ得レ生」云々。大乗ハ*利他ヲ本トス。而無レバ二律儀一、*摂善饒《にょうやく》益無故ニ、我ガ本意専《にする》二利他ヲ一故、律儀ヲタヾシクスルナリ。一々威儀ニ各《おのおの》十利ヲ具ガ故ニ、比丘ハ八万四千ノ功徳、常ニ流テ運々増長ス。又行ジテ二戒法ヲ一顕ハシレ理ヲ、速疾ニシテ勝タリ二於浅智ノ理観ニ一。一々ノ威儀ノ下ニ一々ニ顕ス二法身ヲ一故、我為レ道学シ二諸大乗ヲ一、於二理ノ法門ニ一随分ニ懸レ心ヲ、当時ノ修行、律ノ面《おもテ》ナンドシ*皆菩薩ノ行ナルガ故ニ毎事無レ違コト。教門ハ雖レ異リト、仏意ノ所レ顕ス、同ク帰ス二一理ニ一。而ヲ慭《なまじい》ニ以テ二私ノ意ヲ一様々異見シテ、或ハ善悪不二ナンド片端《かたはシ》不レ及レ理ニ意ヲモテ安然トシテ費ス二年月ヲ一、寧ロ顕ス二何理ヲ一。種々ニ*異見シテ、我ガ立ル修行ニ違ル類、或ハ独住シ、或ハ趣ク二*余ノ修行ニ一、其モ如何《いかが》アランズラン。於テ二関東ニ一*西明寺ノ禅門ニ対面之時、彼人云、「斎戒受タルモ、顕トレ理コソ存ズレ」ト被レ申。彼ノ人修テレ禅常ニ証タルレ心ヲ故、実ニ有二其ノ謂一歟。

一、行者発心ノ初ニ既ニ依テ二三聚浄戒羯磨《こんまニ》一深ク発テ二誓願ヲ一以来《このかた》、乃《いま》シ至テ二成仏ニ一、其中間ノ一々ノ所作乃至戯笑等マデ皆饒益有情《うじょう》ノ所摂也。教テレ人令シメンレ行二殺生一約束シツレバ、其人雖ストモ二癡忘一、於テ二断命ノ時ニ一必ズ結スルガ二殺罪ヲ一ゴトシ云々。

一、*某《それがシ》発心弱シテ、雖ドモ二深念衆生心薄シト一、*恐依テ二大師釈*尊教ニ一、偏ニ向テ二興法利生ニ一、トモカウモ衆生ニ*任タル身ナレバト存テ、忍テレ苦ヲ応ジテレ請ニ処々ヘマカリ向フ。其ノ途中ニ、或

改む。梵網経巻下の四十八軽戒第二十に「若父母兄弟死亡之日、応丁請二法師一講二菩薩戒経一福資二亡者一得丙見二諸仏一生乙人天上甲」(正蔵二四-一〇〇八b)。

初入仏法之時　学正記の修成法身章第二にみえる。↓補

サル程ニ…　学正記の三受学戒律事の初めにくわしい。↓補

真　底本虫蝕。明本・建本による。

瑜伽七十五ノ文意　底本「喩伽」、明本・建本により改む。↓一九九頁注

遺教経　仏垂般涅槃略説教誡経、三巻。鳩摩羅什訳(正蔵一二-一一一一a)。

利他　底本虫蝕。明本・建本による。

摂善饒益　三聚浄戒の中の摂善法戒と饒益有情戒。

シ　明本・建本「モ」。

異見　底本虫蝕。明本・建本による。

余ノ修　底本虫蝕。明本・建本による。

西明寺ノ禅門ニ…　弘長二(一二六二)年二月二十八日、叡尊は鎌倉に着いた。三月八日、叡尊は時頼を最明寺に訪ねて数刻談話した。六月十三日、時頼が叡尊を訪ね、十八日に叡尊が最明寺に赴いて斎戒を授け、七月二十六日にも時頼を訪ねた。本項の時頼のことばは、そのいずれかの際に語られたのであろう。↓補

某発心…　この一段は、叡尊が各地の請に応じて授戒に廻った時の状況が述べられている。

恐　「カシコマル」(名義抄)。建本「只」。

尊　底本「背ク」、明本・建本により改む。

任　底本虫蝕。明本・建本による。

ハ百人、或ハ五十人、片山ノ峰ヨリ走下リ谷ヨリ上テ、某《それがし》ヲ見トスル。其中ニ、或《は》年老タルガ腰ヲ曲《カヾ》メテ一心ニ恭敬《くぎよう》スルモアリ、或ハ長《ヲトナ》シケレドモ指《さし》テ思入タル事モナウテ人ナミ〳〵ニ見ケルモアリ。或幼稚*ナル少児ノ合掌恭敬シテ実ニ信アリケルモアリ。老少走集ル初ハ此ノ段只六借《むつか》シウ覚候シ程ニ、事ノ由ヲ案《ずる》ニ、「見㆓我身㆒者、発㆓菩提心㆒。聞㆓我名㆒者、断㆑悪修㆑善。聴*㆓我説㆒者、得㆓大智恵㆒。知㆓我心㆒者、即身成仏」云々。乃至受戒ノ願等ニ任テ、輿ノ物見*ヲアケ、簾《スダレ》ヲ上テ合掌シテ、「一切衆生悉有仏性《しつうぶつしょう》、悉皆当得阿耨多羅三藐三菩提《しつかいとうとくあのくたらさんみゃくさんぼだい》」ト唱テ罷リ過候也。如*㆑此幾《いくばく》ノ人ニカ逢候ヌラウ。若《もシ》如教修行ニヨテ遂《に》成仏スル謂アラバ、此等*ノ人ハ一定《いちじよう》可㆑度㆑之《ヲ》。不*軽菩薩ノ「我深敬汝等、不敢軽慢」等ノ文ヲ以テ四衆*ヲ礼セシ時、杖木瓦石ノ呵《カ》責《しやく》ヲカブルニ避《さけ》走遠住シテ、強テ礼拝讃嘆シキ。彼ノ罵詈誹謗ノ輩ヲ此罪ニヨテ千劫阿鼻地獄ニ堕ト云ヘドモ、出《いで》了テ還テ不軽ノ化導ニアヅカル。今ノ跋陀婆羅*《ばだばら》等ノ五百人是ナリ。彼ハ逆縁ナリ、此《は》順縁ナリ云々。

一、可㆔恭㆓敬人㆒事

一*切衆生ハ皆同一仏性也、何ノ差別カアラン。我ハ出家也、彼《は》在家也、我ハ比丘也、彼ハ沙弥也トテ、不㆓恭敬《くぎよう》㆒事、憍慢ノ至、尤モ可㆑慎事也。劣弱ノ心ヲモテ、何ゾ憍慢センヤ。サレバ某ハ内心ニハ殊更世ヲ畏《ヲソ》レ人ヲ恭敬シ候也。

一、某卅有余ヨリ此修行ニ趣ク。一向ノ身ヲ衆生ニ任テ精進ス。今年モ正月ヨリ此寺ヲ出、依㆑請処々ニ遊行シテ、今月〈卯月〉十六日ニ為㆓結夏㆒帰㆑寺。如㆑此勤精進スル

幼稚　底本「幻雅」、建本による。明本「幻稚」。

聴我説　底本「徳我親」、明本・建本により改む。

物見　窓。

如　底本虫蝕。明本・建本による。

等　底本虫蝕。明本・建本による。

不軽菩薩　法華経巻七の常不軽菩薩品。引用文は、正蔵九‐五〇c。次行の罵詈誹謗の輩の堕地獄以下の説、同じく常不軽菩薩品に見える。

四衆　比丘・比丘尼・優婆塞・優婆夷。

跋陀婆羅　法華経会中の菩薩。

一切衆生ハ…　この一段も、叡尊の内省を物語るものとして注意される。

故歟、某《それがし》*地獄ヲ破ト夢ニ見タル人モ有リト承ル。

一、遊行時可レ礼二殿塔一事

某ハ他行之時ハ昔ヨリ未二退転一、雖《モ》二夜中一必礼レ之《ヲ》。何《いか》ニ申トモ諸僧不レ被レ礼候事、*無二物体《もったい》一覚候。如説ニ七*条カケテ礼スル事、セメテイソガシカラン時ハ不レ叶、五条ニテナリトモ、キ*シムノアルベキト覚候。

一、怨《テ》二依《*え》止《じヲ》一不レ可二出坊一事

依止ノ同法ヲ覆《ハグヽ》ム志ハ莫大ナリ。以外ノ大事ニテシタテタレバ、其ノ恩ヲモ不レ知レ思、己ガ心ノワロキマヽニ、依二一旦ノ小事《ニ》一アチコチ坊ヲウツリナンドスル事、無二物体一僻事《ひがごと》也。

一、堅護レ戒可レ直二威儀一事　弘安四年六月十九日開講次御物語

有二三人比丘一、詣二仏前《ニ》一中路ニテ水ニ飢タリ。或処ニシテ雖レ過*二小水《ニ》一虫アリ。水*フルヒヲ不レ持之間、上座ノ比丘ノ云ク、「我水ニウヘテ、此ニシテ雖《ドモ》レ死、破《テ》二如来ノ禁戒《ヲ》一不レ詣二仏前《ニハ》一」云々。今一人ノ比丘云、「経《モ》二無量劫《ヲ》一奉《ル》レ値レ仏事《ニコト》カタシ、故我レ雖《モ》レ破《ヲ》二小戒一、飲《テ》二虫水《ヲ》一継《テ》二身命一可レ詣二仏所一」云々。件ノ上座比丘ハ為レ護レ戒《ヲ》捨二身命《ヲ》一故、已死シテ即チ生《ズ》二忉利天《ニ》一。飛行自在ノ故ニ、憶二念《シテ》本誓《ヲ》一則詣《ズ》二仏所《ニ》一。今一人ノ比丘ハ人故、後ニ詣二仏前《ニ》一。爾時仏問《タマフ》二一人ノ比丘ノ来縁《ヲ》一。如レ爾答レ之《ヲ》。仏即金色ノ胸ヲカキ出テ言ク、「此身ハ不浄ナリ、累骨ノ所レ成、血肉ノ所レ厳《かざる》也。故ニ見《テ》二此肉身《ヲ》一何ノ為ゾ、彼ノ上座ノ比丘ハ見二真実ノ戒法身《ヲ》一故勝タリ。但二一人意楽《いぎょう》非レ無二

地獄ヲ破　地獄に落ち入らないこと。華厳経に破地獄偈あり。

無物体　勿体ない。

七条　袈裟に大中小の三種があり、大を僧伽梨、九条、大衣という。中を欝多羅僧、七条という。小を安陀会、五条という。

キシム　鬼神か。底本「シ」の左傍に白圏点二を附す(建本も同じ)、濁点か。明本・建本、この上に「チト」あり。

依止　監督者たる依止阿闍梨。↓一九六頁注

過　明本・建本「値」。

水フルヒ　漉水嚢。

優婆崛多　優婆毱多。付法蔵因縁伝巻三に「爾時有二一老比丘尼一、年百二十、曾見二如来一。優波毱多知二彼見一レ仏、欲レ至二其所一、尋遣二使者一告二比丘尼一、尊者毱多欲二来相見一、時比丘尼即以二一鉢一盛二満中油一、置二戸扇後一。憂波毱多到二其所止一、当レ入レ房時一棄二油数渧一、共相慰問然後就レ坐、問言、大姉、世尊在時諸比丘輩、威儀進止、其事云何。比丘尼言、昔仏在世六群比丘、最為二麁暴一、雖レ入二此房一未二曾遣二我一渧之水一、大徳今者智慧高勝、世人号為二無相好仏一、然入二吾房一棄二油数渧一。以レ是観レ之、仏在時人定為二奇妙一、憂波毱多聞二是語一已、甚自悔責、極懐二慚愧一。比丘尼言、大徳不レ応二自生二恥恨一、如二仏言曰一、我滅度後初日衆生勝二一日者一、三日之人益復卑劣。如レ是展転福徳衰耗、愚癡闇

其謂一。」如来入滅ノ後ハ正法日々滅ス。何ニ申サンヤ、末世ノ我等、如レ形事也。*優《う》婆《ば》崛多《くった》ハ数《ス》滴《テキ》ノ油ヲコボス。百歳ノ尼ノ云ク、「在世ニハサバカリ威儀麁暴ナシ。六群比丘モ一滴ノ油ヲコボサズ」ト恥シメタリ。崛多尊者イヨ〳〵慚愧ス。尼ノ云ク、「止々《ヤミヌ〱》、如来中夜ニ入滅シ給シカバ、後夜ニ正法滅シテ日々ニ衰フ、況ヤ及リ二百*年ニ一。」当時而モ辺地也。如モレ形出家ノ名アリテ随分修行スル、是莫大ノ事ナリ。

一、弘安六年癸未*四月十七日*涅槃経《ねはんぎょう》御講之時御詞少々。泉涌寺ノ法師ハ*我禅上人、何ニモシテ*四重不レ犯程ノ人ヲ令トレ住云願ニテ候ケル。ソレハ纔ニ四重ヲ堅ク護ハ、成テ二衆生ノ依怙《えこ》ト一堪《たうる》レ受ルニ二信施ヲ一故也。又*海住山《かいじゆせん》ノ慈心房ハ十三ノ戒マデト云願ナリ。*松春房尊円上人ノ事也、日本国ノ僧ヲ時者ニ成ムト云願也。サレドモ某ハ*突吉羅《ときら》一モ心ニ犯スト覚ユルハ候ハズ。

一、如来在世ノ時、*調達破僧セシカバ、天下皆クレテ人悉ク酔ヱルガ如シ。罪業ノ中ニ僧法ヲ不ル二*和合一之程ノ罪ハナシ。サレバ、サバカリ如来在世ノ御弟子ナリシカドモ、提婆《だいば》・善生比丘・慈地比丘、皆堕二地獄ニ一、無レ力事也。サレバ難レ遇値レ法、剃ヲレ髪染ルレ衣ヲ程ナラバ、能々可レ慎事也。

一、何ヨリモ一尼衆ノ方ガヲソロシウ候。某ガ無候ハン時、ナニトカ成候ハンズラウ、心苦ク覚候。*西明寺、「利益《りやく》ヲ先トセンニハ、何《いず》クモ同ジ事ナレバ、此《これ》ニヲワシマセ、ナノボリソ」ト候シヲ、「僧ハナニトモ候ハンズレドモ、尼寺ガ叶マジキ、皆女人ノ法ガ失候ハンズルガ、不便《ふビン》ニ候程ニ上リ候ハンズル」ト申テ候キ。

鈍善法羸損。況今大徳去レ仏百年、雖三復為作二非威儀事一、正得二其宜一何足レ為レ怪」(正蔵五〇-一二〇六a〜b)。

年 建本・宝本、この次に「理尤爾也ト云。上古已如レ此、何ニヤ申、及三二千余年一」の文がある。

四月十七日… 学正記、弘安六年(八十三歳)の条に「四月十四日、帰寺」(集成五四頁)とある。ここは、十六日結夏の翌日の講であろう。

涅槃経 大般涅槃経、四〇巻。北涼の曇無讖訳(正蔵一二)。

我禅上人 →二〇〇頁注「我禅房」

四重 殺・盗・淫・妄語。十重禁戒の最初の四。

海住山ノ慈心房 覚真。民部卿藤原長房。承元四年九月二十二日出家。海住山寺(京都府相楽郡加茂町)は、承元二年貞慶が笠置から移って再興し、貞慶の寂後、その弟子覚真がこれをうけついで住した。

松春房尊円上人 西大寺有恩過去帳に「当寺僧法興行本願上人尊円」(集成三四八頁)とある。学正記、文暦元年条にも見える。→補「サル程ニ…」

突吉羅 戒律の罪名。四分律には、悪作(身業)悪説(口業)とする。

調達 提婆達多。阿難の兄、釈迦の従弟。

和合 底本「合和」、明本・建本により改む。

西明寺… 北条時頼が鎌倉にとどまることを叡尊にすすめた。そこで叡尊は尼僧のことが心配であるという理由で、これを断わった。

一、「出*家人不レ応レ礼ニ在家人一也。」文。依レ之某ハ上﨟マジロイガ無レ益《やく》候也。名聞ヲ好ム人ハ定可レ有《シ》ニ此難一。某不レ好《ル》ニ名聞《ヲ》一故ニ、惣ジテ諸方ヨリ召候ヘドモ不レ参。但シ故*法皇ノ御時、葉*室ノ入道ノ取ツギニテ数度懇《ねんごろ》ニ候シカドモ不《ズ》レ承。而ルニ第三度ノ時、入道、「我ハ今ハ叶マジ、直ニ勅答ヲ被レ申*、難治ノ次第也」ト候シ間、「サ程ノ事ナラバ可《ト》レ参」申テ参始テ候。禅門兼テ「犯戒ノ事ヤ有ランズラウ」ト候シヲ、「ナニシニ候ハンゾ。心ト参セバコソ、王ニ被ニ禁閉繋縛《キンヘイケばく》一タル*定ニテコソ有ランズル時ニ一切《セツ》ニ戒ヲ犯マジ」ト申テ候シ。サレドモ一切無《ク》ニ其ノ義一、最前ノ御詞ニ「不*親近国王々子ト有レバ被レ辟《ル、セ》歟。其ハ益ガ無ケレバコソアレ、朕《ワレ》ハ被レ益《ランヲ》ズル」ト仰アリ。座ヲモ高ク、敬重ノ義、惣テツネナラヌ体ニテ候キ。其ヨリ後当*院ヘモ又以《テ》レ例《ヲ》被《レ》レ召《サ》候シ間、無レ力参候也。随分ノ益無ニ申限一。宇*治ノ網代事《こト》、一向御沙汰ナリ。一日モ同法一人トテ召候シ間マイラセタレバ、如何《イカ》ニモシテ近程ニ京都ニアレカシ、常ニ対面ヲモセンナンド云御気色ニテ候シヲ、努力《ゆめ》々々叶候マジ、無レ益《ヤク》カランズル事、条々篇ヲクタシテ申テ候ヘバ、「ゲニモサル事ナラバ無レ力《ちから》」トテ、唯《タヾ》イナカズミガ能候也。入マジキ所ヲ申タルニ、王家・旃陀羅家・婬女家・屠児家ト申タルガ、一ニ王ニテアレドモ、皆請ズルニハユリタリ。能々存テ可レ遠《トヲざく》也。而ニ葉*室ノ禅門出家ノ後、為《ニ》ニ政道《ノ》一時々被《レ》レ参ケル。サル難ノ有スルハトテ、某乞請テ袴ニ在家衣ヲ着セ被レ参タレドモ、如法敬《テ》ニ異例《ニ》一、「イカニ其ノ料ニ恐ヲ存テ、師ニ申請テ俗衣ヲ着テ候ニ」ト被レ申ケレバ、「比丘ニテヲワシマセバ、如何《いかガ》サル事ハ候ケルトテ、数刻

出家人…　大般涅槃経巻六に「然出家人不レ応ニ礼ニ敬在家人一也」(正蔵一二—三九九c)。

故法皇　後嵯峨院。文永九年二月十七日崩。行実年譜によると、弘長三年、叡尊より受戒とある(集成一四六頁)。

葉室ノ入道　権中納言葉室定嗣。建長二年八月十四日出家。その一〇年後、文応元年十月十一日、叡尊から沙弥戒をうけ、同二十一日具足戒をうけた。法名は定然、房号は心月房。学正記に、文永九年七月二十八日、葉室浄住寺に寂(六十四歳)とある(集成一六四頁)。定嗣は後嵯峨院の信任をうけ、院の執権であった。その日記は葉黄記。

申　明本・建本、次に「ヨ」あり。

タル　底本虫蝕。明本・建本による。

不親近国王々子　梵網経巻下に「出家人法、不下向ニ国王一礼拝上、不下向ニ父母一礼拝上、六親不レ敬、鬼神不レ礼」(正蔵二四—一〇〇八c)とある。

当院　亀山院(弘安年間の治政の君)。学正記によると、建治二年閏三月十五日、嵯峨殿において授戒とある(集成四三頁)。

宇治ノ網代事…　学正記に、弘安六年十二月十日宇治川の網代を破却する院宣が下され、翌七年正月二十八日から二月六日までに破却されたことが見える(集成五五頁)。

葉室ノ禅門…　定然が法衣を着て朝議に列して非難されたことは、文永五年経光卿記目録(史料編纂所蔵)の九月卅日(?)条に「葉室入道□染法衣体列ニ朝議一不ニ甘心一事」とみえる(桃裕行氏示教)。

ニナレドモ、ハタトシテ御座候ケル」ト被二語申一候キ。其ハ別段ノ事、能々可レ慎也。

一、如レ此叶ハヌマデモハゲミ居テ、事ノ由ヲ申述候ハントシイテ候時ニ、*当来弥勒出世ノ時ハ必ズ此ノ大衆ト共ニ詣テ、*此ノ経ヲ尚《なヲ》能ク*通利シ、為レ人《ノ》ニモ自在ニ演説シ候ベキ也。サレバ今生ニイカニモイサミテハゲマセ給候ベキ也。相構テ、徒事《いたずらごと》、無益ノ事ト、モノ語リニモ出シ、心ニモ思念候マジキニテ候ナリ。興法利生ノ事ノ外ハ、敢テ不レ可レ有二余念一。ゲニ苦《クル》シカラン時ハネサセ給ヘ。徒《ラ》事、戯《タワブレ》事云モシ、念モスル事、努《ゆめ》*々不レ可レ有。難レ受人身、難レ遇正法、空ク過サンハ大ニ無二本意一カルベキ也。

一、唯学問シタル計ニテ分別ヲヤメ我ヲハナレザランハ無《シ》二其ノ詮一。サレドモ遠キ縁トハ成ベシ。即チ或ル同*法申サント思候シヲ、トカウシテ忘テ候シ。我レ程節《ほドセツ》*撿《ケン》ナル人アラジト云一念ノ妄ニヨテ、ユ、シキ人ニテ候シガ、魔道ニ堕タル也。サレドモ仏道ハトク成ベキ也。「衆魔我ヲ恭敬スルゾ」ト告テ候キ。何事ニテモアレ、執心スレバ、加様ニ候也。サレバ一切ノ事ナストモ努*々不レ可二執心分別一也。

一、又同法ノ悪ケレバトテソヾロニ*セ、カメバ、悉ク能キ人ト思フ様ナルガアラバコソ。イタウセ、カメバムツカシガリテ、返テ人ノソヒタマ*ラズ候ヘバ、退堕ノハシトモ成候。常ニ慈悲ヲ以テ、イタウ人ノ咎《トガ》ヲ不《ト》レ見、便宜ニ随テ教訓スベキ所アラバ、次第ニ*コシラウベシ。本性ワロキモノ、、云ヘバトテ、ソヾロニナヲル事ガアラバコソ。*永乗房ト申セシ人、*慈道房ヲアマリニセ、カミ候シ間、「カウテハ、エタヘマ

当来弥勒出世ノ時　弥勒菩薩が娑婆に下生して竜華三会を開く時。
此ノ経　涅槃経であろう。
通利　よくその事に通じていること。
々　明本・建本「力」。
法　明本・建本、次に「ニ」あり。
撿　底本・明本・建本、まま。
々　明本・建本「力」。
セ、カメバ　せせかむ。「せせる」と同系の語。ここでは、いじくりまわす意。
ラ　建本傍注「ワヵ」とある。
コシラウ　導く、いざなう(誘)。道元も次のように述べたという。「他の非を見てわるしと思うて、慈悲を以てせんと思はば、腹立つまじきやうに方便して、傍の事を言ふやうにてこしらふべし」(正法眼蔵随聞記巻二)。
永乗房　授菩薩戒弟子交名一の比丘衆の項に「大和国人、寂尊、永乗房」(集成三六〇頁)とある。宝治二年将来律三大部配分状に「一具七十三巻　寂尊〈永乗房請文了〉」(集成三二九頁)。
慈道房　信空(一二二三―一三一六)。学正記に、仁治三年三月十六日叡尊により剃髪とみえる(集成一七頁)。文永四年七月、般若寺に主となり、叡尊寂後、西大寺に住した(本朝高僧伝巻五九・律苑僧宝伝・行実年譜(集成一五四頁))。

ジキ」ナド申候シ間、「イカニサル事ハアルゾ」ト申候シカバ、同法ノ悪キヲナヲサヌハトガニ成レバト云フ韻《イン》ニテ候。道理ハスギモ候ハヌ。*五百問ニ、師ノ海ヲ渡ルニ竜ニナテ取タル事ノ候。サハ候ヘドモ、スギヌルガワロキ也。道理キビシキ人ハカヤウノトガ候。慈悲ヲ先トシテ一切アルベキニテ候。*良観房ハ慈悲ガ過ギタト申テ、常ニハ某ハ申シ候シカドモ、本性ト性ニ受テ慈悲ガ候シ間、サレバ多クアル同法ノ中ニモ、アレニマサル益モ候ハズ、是レ偏ニ慈悲ノ故也。学問ナンドハサセル事モ候ハネドモ、関東ノ益ハ*ハシタナウ候。大体所願成就シタル体ニ候ゾカシ。

一、*弘安八年乙酉二月一日涅槃経《ねはんぎょう》第九已下御講之時御詞少々。縦《たとい》只今カタキニ頸《くび》ヲバハネラル、事アリト云トモ、一念モイカニト思事ハアリヌベシトモ不レ覚候。菩薩ノ臨終ハ様々ナル事デ候時ニ、ナニトシテカ、終リ候ハウズラウ。*竜樹菩薩ハ印生王ノ為ニ被レ害、*提婆《だいば》菩薩ハ為ニ外道ニ被レ害。菩薩ノ化跡ハ、加様ナル事モ候。

一、*世間ノ学生《がくしょう》ハ雖下為ニ名利ノ一随分ノ益アルベシト上近ハ実ニ悪趣ノ業ナレドモ、経テ二無量劫ヲ一後《のチ》可二開レ悟発心一謂《いハ》レアリ。或ハ「西方ヘ往生セウ」ト申テ来ルニ、「五戒ハイカニ」ト申セバ、「トアル事ガアレバ殺生ハ叶マジ、酒ハ」ナムド申ス。是レ程ノ心ハセメテ今生ニ生死ハナレウト思ハンハヨク難事カナト存候ヘドモ、「サラバ時々*八斎戒ナンド持テ、念仏申サセ給ヘ」ト申テ候。本意トハ存ゼネドモ無レ力随レ機ニ事ナレバ、イカニ申トモ叶マジキ間、大様ニアヒシライ候也。出家セントテ来タル人ニハ、「唯在家ニテ五戒十重ナンド能ク持テ発テ二菩提心ヲ一ワシマセ、実ニ発テ二菩提心ヲ一在家ニ

五百問　仏説目連問戒律中五百軽重事、一巻(正蔵二四-九七六a)。

良観房ハ…　叡尊の忍性についての生れつき慈悲があるという観察は、忍性を考える上にも注意される。

ハシタナウ　不足がない、立派である意。

弘安八年乙酉二月一日　行実年譜に「自二二月初朔一於二西大寺一講二大般涅槃経一」(集成一八八頁)。

竜樹菩薩ハ…　中印度憍薩羅国の引生太子は、竜樹を自殺させて、王位に即いた(大唐西域記巻一〇、正蔵五一-九二九b)。

提婆菩薩ハ…　提婆菩薩は南天竺の人。提婆が国中の婆羅門と議論して屈せしめたため、ある婆羅門の弟子が提婆を害した(提婆菩薩伝、一巻、鳩摩羅什訳、正蔵五〇)。

世間ノ学生ハ…　名利のために仏教の教学を学ぶ僧も、無量劫の後には、開悟できるであろうという。在家と出家を比較して、出家のすぐれていることは、いうまでもないが、真実の出家の容易でないことを説く。

八斎戒　殺生・偸盗・婬・妄語・飲酒の五戒のほか、離眠坐高広厳麗牀座・離塗飾香鬘離舞歌観聴・離非時食の三を加える。優婆塞・優婆夷が、六斎日などに一日一夜の期限を限って保つ。

居テ人ヲナヲサウハ、出家シタランニハマサリナン」ト申事ノ候ハ、実事ハイカニヨイモノト申トモ、在家ニ居タラバ下品ノ出家ニハヲトランズレドモ、何《なニ》サマニモ叶マジキ間《あいダ》、加様ニ申候。又サ申セドモ、ゲニ思切リタル人ハサ申ニハヨラヌ間、常ニ在家ノ菩薩ヲホムル事ノ候ハ此意ニテ候。即*心地観経ニサトカレテ重々ニ候。経中ニモ次第ニ勝劣ヲ立テ候ガ、多ハ出家ガ叶ハヌゲニ候。加様ニ某ハ存ナガラ見《テ》レ機《ヲ》申ヲ、実ニ出家ヨリ在家マサルト思ハンハ、以外ノ僻事也。所レ詮出家ガ利益モ勝レタル間、思イ切ル事モ大事也。自ラ思ヨリタラン人ハ、万事ヲサシヲイテ急ギ必ズ出家シテ、生々世々如《ク》レ此発心修行シテ、興法利生セント思ベキ也。又*菩提山僧正御房、三ノ不審ヲ被《レ》レ仰候シ中ニ、「名聞利養ノ為ニ学問スル人ヲモテナスハイ*カニ」ト候シ間、真ノ修行ニテハ候ハネドモ、仏法ヲモテナスガヨキ様ヲ終夜申テ候シ。其ニ依テ、其後コレヘ来テ、「八月ニ死ベシトキク間、今一度見参セント*テ来ル也」ト候シ。次ニ「アノ云シ事ハ、今マデ其儀ヲ存テタガヘヌ」ト被《レ》レ仰候シ。実ニ今ハ名利ノ為ニナレバ、悪趣ノ業ト成レドモ、経《テ》レ劫後開発スベキ謂レアレバ、余ノ殺盗等ヲ業《ゲウ》トスルモノニハ不レ似也。

一、昔敏達天皇ノ御時、*善信・禅蔵・恵善等ノ三人ノ尼、日本国ニハ無《ク》レ師シテ、唐ヘ渡テ受戒シテ、帰テ*豊浦寺ニ住シテ、「先ヅ僧寺ヲ立テラレヨ」トヒマナウ被レ申タリゲニ候。即豊浦寺ノ南ニ*元興寺ヲ被レ立《テ》候。当時ノハ移テ候也。其時ハ纔ニ頭ヲ剃《ソ》リ

心地観経　大乗本生心地観経、八巻。唐の般若訳(正蔵三)。

菩提山　正暦寺(大和国添上郡五箇谷村菩提山。現、奈良市)。建保六(一二一八)年興福寺信円が再興、真言・法相・浄土の道場となる。

カ　底本虫蝕。明本・建本による。

テ　底本「キ」、明本・建本により改む。

善信…　三尼のことは、日本書紀巻二〇、敏達天皇十三年是歳の条に見える。ただし唐へ渡るということはない。

豊浦寺　奈良県高市郡明日香村にあった。

元興寺　初め法興寺(飛鳥寺)といい、後に平城京に移って元興寺となった。

五衣　比丘尼は、比丘の三衣のほかに祇支と覆肩とを加え、五衣を持つ。

ニ　底本虫蝕。明本・建本による。

笠置上人ノ…　解脱上人御形状記には「永万元年乙酉御出家受戒〈十一歳〉」(↓

タル計ニテ、*五衣《ごえ》ナンド云事モナゲニ*候。当時ハ如法ニ候ヘバ、実ニ難《ク》レ有《リ》覚候也。

一、南都律学ノ起リハ、*笠置上人ノ縁起ニヨテ思召立テ、最初ハ十三ニシテ戒壇ニテ受戒セサセ給ケル時、*十師ニテヤハヤ戒成ズルト思食ケル、実ニ教ヲ知召サヾリケル。十三ノ人ニハ*七仏ノ力ヲ合テ授ケ給トモ成マジト候ゾカシ。第二ニハ堂衆ノ二人ツレテ、「*五月ノ大師講ハ何《ナニ》大師ヤラウ」ト云。「イサ弘法大師バシカ」ト申タルヲ聞召テ、「祖師ノ名ヲダニモ知ヌ程ニ成タルヨ」ト悲給フ。第三ニマサシキ縁起ハ、当寺ノ塔ノ空輪、堂ノ金物ナンドノ候ケルヲ、興福寺ノ庄ニ替テ取ントセサセ給ケルヲ、当寺ニ寺僧ヲシミ候ケル間、興福寺ノ習ナレバ公人《くにん》ヲ以テウバウテ被《レ》レ取テ候ケル。当寺々僧ノ中ニモ心アル人ノ候ケルヤラウ、強《シ》ヒテ庄ヲタビ候ケルモ、庄ヨリ上リタル絹ヲ、寺僧トラズシテ四王堂ノ御帳ニハルカニ懸テ置ナンドシテ候ケル。律興行ハ正クハ此事也。上人フカク慚愧《して》、始メ興シ給ヘリ。如レ形ナレドモ、某此法ヲ立テ候シ縁ト成テ候。其ノ上《うへ》律学ノ起リ当寺ヨリ始マル、尤モ有《ル》二由緒一事ト覚候。即某渡《テ》二当寺《ニ》一今ハ及二*五十年《ニ》一候。即四王ハウツキ原《はラ》ニテ高野笠ウチキセマイラセテ候シヲ、薬師寺ノ*威精已講ノ別当ニ成タル時、形ノゴトク堂ヲ立シヨリ以来、次第ニ繁昌シ候。即戒法ヲ守リ給ベキ事ヲ*本願孝謙天皇知召タリケルト覚候。

一、*涅槃経第九文云《に》、「若有二衆生一経レ耳者悉能消二除一切諸悪無間罪障《ヲ》一」文。此ノ経所レ詮ハ律ヲ本トシテ秉《トル》二*権《クワンヲ》一字《ヲ》一ト*キ、南山ヲ瑞講師涅槃宗ノ人ト申タルモ是ニテ候。南山ハ能得《よくエ》二経ノ意《ヲ》一サセ給テ、律ヲ崇《あが》メサセ給タル也。実ニモ御製作ノ

三一六頁)とある。十三歳は誤。

十師　三師七証。比丘が具足戒を受ける時、戒和尚・羯磨師・教授師の三師と七人の証明師とを要する。

七仏　過去の七仏。毘婆尸如来・尸棄如来・毘葉羅如来・拘楼孫如来・拘那含牟尼如来・迦葉如来・釈迦牟尼如来(四分律比丘戒本)。

五月ノ大師講　鑑真は天平宝字七年五月三日寂、恐らくはその忌日の講であろう。

五十年　叡尊が西大寺に移った嘉禎元(一二三五)年から五〇年目は、弘安七(一二八四)年である。

威精　輔静。東寺文書(甲号外二十八)所収の薬師寺別当次第および西大寺別当次第によると、輔静の外には両寺別当となった者は見えない。長徳四(九九八)年に薬師寺権別当となり、長保六(一〇〇四)年に西大寺別当となり(御堂関白記)、長和元(一〇一二)年に及ぶ。長和三年以後二十三年間薬師寺別当であった(西大寺版頭註による)。

本願孝謙天皇　西大寺は、天平宝字八(七六四)年九月、称徳天皇(孝謙の重祚)が四天王像と伽藍の造営を発願されたのに始まる(西大寺流記資財帳)。

涅槃経第九文　大般涅槃経(北涼の曇無讖訳)巻九に「復次善男子、譬如二日出衆霧悉除一、此大涅槃微妙経典亦復如レ是出二興於世一。若有二衆生一一経レ耳者、悉能滅二除一切諸悪無間罪業一」(正蔵一二―四一七b)。

権　建本「本ノママ」と注す。

キ　明本・建本「テ」。

体《テイ》、皆《ミナ》此ノ経ノ心ト見テ候。日本国ニハ元興寺ニテヒロメントセラレ候ケル程ニ、カナハズシテ大安寺ニテ興セラレテ候ケル。其モ実ニ思様ニモナウ候ケルヤラウ。

一、同*文云、「若人不レ知二是ノ仏性ヲ一者ハ、則チ無レ有二男相一、乃至若有レ不レ能レ知二仏性ヲ一者ハ、我説二是等ヲ一名為ス二女人ト一。若能自知レ有ト二仏性一者ハ、我説二是人ヲ一為ス二大丈夫ト一。若有テ二女人一能知三自身ニ定テ有二仏性一、当ニレ知ル是等ハ即為ス二男子ト一。」文。マレニ雖モレ受二男子ノ身ヲ一、女人トイハレム事ハロ惜事ナリ。又女人ナレドモ、今出家学道シテ受戒成就スル程ノ人ハ皆大丈夫也。実ニ可レ悦也。各々発テ二菩薩願ヲ一修シ二菩薩ノ行ヲ一諸ノ事相等ヲスレドモ、閑《シヅ》マルタビニ顕ス二仏性ヲ一也。一切皆爾ナリ。暫クノヒマニモ事ヲ止メバシヅマル、即チ顕二仏性一也。至テ二仏果ニ一顕ハシキハムベシ。次*下ノ文ニ、「譬バ如三衆流ノ帰二於大海ニ一。」文。

一、第*九文ニ云、「仏告二迦葉ニ一、若諸ノ菩薩、懃加精進シテ欲スレ護二正法ヲ一、以二是ノ因縁一所得ノ眷属、不レ可二組ソ壊ス一。」文。某、立テ二此法ヲ一已ニ五十年、為ニレ護二正法ヲ一少々ノ人ノ過ヲ見レドモ不レ申シテ偏ニ哀愍候故ニ、イマダ事の外ナル事ハデコズ候。室々ノ坊主モ、一寺ノ主トナラウズル人モ、相構テ可二意得一事ナリ。サレバキビシキハ、人ガタマラズゲニ候。深草ノ北ニ極*楽寺ト申シハ後ニ立テ候ヘドモ、三年ニウセテ候。是*ハヲビタヾシウイカナラウズルヤラウト覚ユル程ニ人多クナラセ給タレドモ、今《イマ》マデ無二別ノ事《コト》一候。正直ナラザラウニハ、サハ候マジ。

一、文*云、「世尊、一切衆生ニ有リ二四毒箭一、則為ス二病因ト一。何等カ為スルレ四ト。貪欲・嗔恚・愚

同文云… 大般涅槃経巻九に「是大経典有二丈夫相一、所謂仏性。若人不レ知二是仏性一者、則無二男相一。所以者何、不レ能二自知レ有二仏性一故。若有レ不レ能レ知二仏性一者、我説二是等一名為二女人一。若能自知レ有二仏性一者、我説二是人一為二丈夫相一。若有二女人一能知三自身定有二仏性一、当レ知是等即為二男子一」(正蔵一二-四二三b)。

次下ノ文ニ… 大般涅槃経巻一〇に「一切菩薩声聞縁覚未来之世皆当レ帰二於大般涅槃一、譬如三衆流帰二於大海一」(正蔵一二-四二三a)。

第九文ニ… 大般涅槃経巻一〇に「迦葉菩薩復白レ仏言、世尊、菩薩摩訶薩云何当レ得レ不レ壊二眷属一。仏告二迦葉一、若諸菩薩勤加精進欲レ護二正法一、以二是因縁一所レ得眷属不レ可二沮壊一」(正蔵一二-四二三b)。

極楽寺 京都市伏見区極楽寺町にあった寺。藤原時平が父基経のために建立。

是 西大寺。

文云… 大般涅槃経巻一一に「爾時迦葉菩薩白レ仏言、世尊、如来已免二一切疾病一、患苦悉除無二復怖畏一。世尊、一切衆生有二四毒箭一則為二病因一、何等為レ四、貪欲瞋恚愚癡憍慢」(正蔵一二-四二八b)。

第四ノ機 声聞・縁覚・菩薩の三つの機ではなく、無性有情の機のこと。

三賢ノ初 菩薩の五十二位で、十信をす

癡・憍慢」也。出家ノ人モ、能々可《ャ》二心得一事也。某ヲ、或ル卿相ノ「憍慢ガアルラウ」ト御不審候シヲ、「ナニ故ニ候ハウゾ」ト申セバ、「日本一ノ聖ト云時ニ」ト候シヲ、「誰ガナイタル日本一デ候ワウゾ。比丘ニ取テハ*第四ノ機、最下品ノエセ比丘也。何ニ依テ発《おこし》候ハウゾ」ト申シテ候。菩薩ニ取テハ纔ニ*三賢ノ初ナラバ、上位ノ菩薩等*ワシマス。実ニ対《テ》レ下憍慢ヲ起ニハ一*文字ヲ引テモ憍慢ヲ起シ候時ニ不レ及レ申事也。臥シ所ヘ入候タビニ*無《む》下《げ》ノ事哉ト覚候。寒キ時ハアツキヲ着、チト暖ニナレバ薄ヲ着候。無下ノ事哉ト思候ヘドモ、無《テ》レ力コソ候ヘ。*第五天須菩提マデハナク候。若憍慢アルナラバ、命モ短ク運モ候マジ、誤ル事ガナケレバ*コソ、コレホド難《キ》レ立《チ》法ヲモ立候ラメト覚候。

一、今崇《メ》二此経一タテマツルハ、若正見ノ人モヤ一人モ世間ニ住シタラバ、衆生ノ迷ヲアラタムル事モヤ候トテ、様々ニハゲミ候也。*関東下向之時ハ十五人候シニ、ゝゝ房ハ*小衣ヲ着テ、ヲホカル中デ輿ノ後ニツレタリ。其余十三人ツレテ下リ候シ程ニ、路デ、或ハ酒マイラセウ、用途ヒカウナンド申タル体ニテ、受戒ト申モノハ極テナク候シ程ニ、関東ニ*百七十日計《ばかり》住シテ上リ候シ時、道ニテ、アソコニモコ、ニモ「戒ウケウ」ト申人ヲ、ウ候シナリ。

一、破戒ノ者ハ命ノツヾマル*様ニテ候。即チ当寺ニモ昔ハ無キガ、機《キ》嫌《ゲン》ニ戒壇ノ戒ヲモチヰンナンド云事候シ間、*戌年ニ帰テヰハジメテ候シ。次年マデハ、戒ウケタルモ下ニ坐、不レ受モ上ニ坐ナンドシテ、*自《じ》恣《し》布《ふ》薩《さつ》等モ行テ候シ程ニ、*子ノ年ノ飢饉ニ

ぎ、十住・十行・十廻向を三賢とする。

ワシマス 底本「フワシマス」、明本・建本により改む。

字 底本「宗」、明本・建本により改む。

無下 最も賤しい。何ともいいようのないこと。

第五天須菩提 須菩提(Subhūti)は、釈迦十大弟子の一人。無諍三昧を得という。

コソ 底本「ソ」、明本により改む。

関東下向之時 弘長二年のこと。関東往還記によれば、往路の駿河前嶋(同記は尾張の長母寺から同所までは欠く)から相模懐嶋の間には授戒はしていない(集成七二～七三頁)。

小衣 五条袈裟。→二一三頁注「七条」

百七十日 二月二十七日鎌倉に到着してから、関東往還記の現存分の終の七月二十九日まで一五二日、閏七月の二十日頃に出発したとすれば、一七〇日余になる。学正記には、西大寺には八月十五日に帰ったとある(集成三〇頁)。

様 明本・建本「縁」。

戌年ニ… 学正記には、嘉禎四(暦仁元)年戊戌八月五日、西大寺に還ったとある(集成一三頁)。→補

自恣 鉢刺婆刺拏(はらばらな)。旧に自恣、新に随意と訳す。夏安居の最後の日(七月十六日、新律では八月六日)に、他の清衆をして恣に自己の犯した罪をあげさせて懺悔すること。布薩は、半月ごとの説戒(比丘では)。

子ノ年 仁治元年庚子。以下の記述は仁治二年の安居のこと。→補

皆落テ唯五人、某・*常律房・*運蓮房・*心長房ト申シ丶、比丘ニハ四人、沙弥ニハ*円融房一人残テ候シ間、其時ノ衆ノカギリエ*リ立テ自恣ヲセウト思也。持戒タル人々具シテ可トレ被レ渡、*学律房許ヘ申ツカワシタレバ、常喜院ノ自恣ヲバ十五日ノ夕ニシテ十六日ニ渡ラレテ候シ。人ハ少シ、塔ノ東ノ壇ニテ十六日ニ自恣シテ候シカバ、其ノ夜春日大明神ノ御悦アリト云夢想ノ候シ間、其後タノモシウテ候シ程、猶《なヲ》比丘ニナンヌレバ戒壇ノ藹ヲ用ヰ候シ程ニ、余ニ人ガトク死ニ候シ間、此故ヤラウト存テ候シ。即*礒野ノ人ニテ候シ、道心モサル体ニ候シガ、比丘戒受テヤガテ病付テ出仕モハカ〲シクセズシテ死《しに》テ候シ。其ノ後、受戒次第ニ成テ、多人モ留テヲワシマシ候。猶《なヲ》*如円房ハ*如寂房ノアニ、如寂房ハ少《わかく》シテ出家シテ候。下着《につく》事ヲハヾカリテ様々ニスル間、サラバトテ上ニ着《つき》テ候程ニ湯アビスゴシテ死テ候。弥々其故カト覚候。如来ノ教ニタガフ間、運ガ候ハヌ。招提ニハ戒壇ノ藹ニ居テ、今来タル人モ四十余夏ノ人ノ上ニ着キナンドシテ候ケル。去年ヨリナヲシテ候ヘバ、老僧ノ中ニ少々ウケヌト承ハル。当寺ニハ自レ昔我レ下ニ坐セントコソ論ジ候ヘ。上ニ坐ト云事ハ、未ウケ給候ハズ。

一、*弘安八年二月十二日、涅槃経御講之時、某ハ三賢ノ初発心ニ至ル歟之程デコソ候ヘバ、蒙古来候ナバ一定《いちじよう》某ハ一番ニ被レ害《せ》ズルデ候。ソレト申ハ、難レ立シテ立タル仏法ヲ今《いマ》暫モ候ハヾ、為二国土安穏ノ一存テ候。*自ヨリ二文永五年一以来、祈禱ヲシ候時ニ殊ニカタキニシ候ワウズルナレドモ、サラウズレバトテ我身安穏ノ為ニナ来《こ》ソカシト

常律房 成円。→二〇二頁注

運蓮房 授菩薩戒弟子交名一の比丘衆の項に「大和国人、聖尊、運蓮房」(集成三六〇頁)。宝治二年瑜祇経奥書に「比丘聖尊」(集成三二八頁)。学正記によると、仁治二年安居大僧四人の一(集成一六頁)。↓補「子ノ年」

心長房 底本なし。明本・建本により補う。授菩薩戒弟子交名一の比丘衆の項に「大和国人、証禅、真□房」(集成三六〇頁)。学正記によると、仁治二年安居大僧四人の一(集成一六頁)。

円融房 叡性。学正記、仁治二年の条に「四月十六日、安居。…沙弥一人〈叡性〉」。櫟本の童子。同暦仁元年の条に「(十月八日)剃髪。授二十戒一、名曰二叡性一」(集成一四頁)。

リ 底本虫蝕。明本・建本による。

学律房 覚盛。前出。この年、興福寺常喜院での自恣の後に西大寺に赴いた。

礒野 奈良県大和高田市磯野。学正記、文永三年条に、ここに極楽寺があったとある(集成三一頁)。

如円房 授菩薩戒弟子交名一の比丘衆の項に「大和国人、朝海、如円房」(集成三六四頁)。底本「如円院」、明本・建本により改む。

如寂房 授菩薩戒弟子交名一の比丘衆の項に「大和国人、源守、如寂房」(集成三六四頁)。

弘安八年二月十二日 朔日からの涅槃経の講が続いていたのである。

自文永五年以来… 学正記、文永五年(六

思事ハ一念モ候ハズ。彼ガ所行ヲ承レバ、大宋《サウ》国デノアリサマハ人ノ最愛ノ女人ナンドヲトラヘテハヤガテ夫《ヲツト》・親《ヲヤ》ナンドノ見ル前デ犯シ候ナル。日本国ノ男子ノ愚癡ナニハ、ソレテ*ニシ候ハウニハ後ニイカナラウズルト云事ハシルマジ。ヱタヘズシテ散々ノ事シ候ハウズ。多ノ罪業ヤカギリ候マジ。愛別離苦モヲヽク候ハウズ。某ニハ加様ノ事モ不レ存候ハヽ、愛別離苦候ハズ。又カタキトシテ我ニ悪心ヲ発スモノハ、彼ガ罪業ノ殊ニ糸惜コソ候ヘ、怨憎会苦《おんぞうえく》候ハズ。身ニハホシイ物ガナケレバ、求不得苦《ぐふとくく》モ候ハズ、五陰盛苦《ごおんじやうく》モ候ハズ。当ニ閑ニ加様之事ヲ存テヲワシマサウニハ苦ミモアルマジキナリ。*如来涅槃ノ日ハ五十余類ヲ照シテ皆《みナ》集メサセ給シ本意ハ、加様ノ戒ヲ為レ本邪見ニナサズシテ、戒定恵ヲ正見ニ修行セシメント思召テアツラヱ置セ給、梟鴈鴛鴦マデモ集メ、絵ニワヅカニ一ツ二ツカキテ異類ヲ少分ヅヽミセテ候ゲナ。常ニ五十二類ト申付テ候。*憬興疏ニハ*五十四類候之間、常ニハ五十余類ト申候也。即今日座ニモ、*七衆皆集テヲワシマス。某、又加様之事申ベシトモ覚候ハズ。*此モ最後ニテゾ候ハウズラウ。如来涅槃ノ会座《ゑざ》ニ相似候。此経ノ本意、始中終、戒ヲ為レ本《ト》候。*各常ニ持経ニテ毎年ノ勤ドモシテ、此経ヲ人モ学バ、仏法モ世ニ住スベシ。初テ興コソ大事ナレバ、始ハ七衆具足セントテ*比丘尼ノ始テ出デクルヲ悦トシナンドシタル風情ニ候シ。近年ハ一日一夜ニ廿余人ナンド受ル程ニ成テ候。已ニ立タル法ヲ護ランハ安《やすき》程ノ事候。某ガ思ヤウニダニモ面々ニ思召タラウニハ利益無辺ナラウズル。如レ此思食入テ某ナク候ハウ跡マデモ此経ヲモテナシマイ

十八歳)条に次の如く記す。「夏竟、参二天王寺一、為レ払二異国難一、修二種々勤一、今年正月異国牒状到来故也。講二梵網経十重禁戒一。八月十九日、依二平城天皇御宇八幡大菩薩御託宣一、於二難波浦一二百余輩同音唱南無仁王護国般若波羅蜜多経一百八遍。即日於二住吉社頭一集二一百余人長斎者一、講二讃心経一〈在二法用一〉口別同音転読一百遍〈惣数一万余也。音頭性海比丘也〉」(集成三三頁)。その後、文永十一年十月の襲来の前後から種々の祈禱を修し、弘安の役に及んだ。→補

テ　明本・建本、次に「イ」あり。

如来涅槃ノ日ハ…　大般涅槃経巻一の巻頭に「爾時世尊、与二大比丘八十億百千人一倶前後囲遶、…爾時世尊、於二晨朝時一従二其面門一放二種種光一、其明雑色、青黄赤白頗梨馬瑙光、遍二照此三千大千仏之世界一、乃至十方亦復如是」とあり、次に「時有二無量諸大弟子一、尊者摩訶迦旃延、尊者薄倶羅、尊者優波難陀、如是等諸大比丘」を初めとして、東西南北の諸仏世界の無量無辺身菩薩まで、詳細に説いてある(正蔵一二―三六五c～三七二b)。この経文に見える諸衆を、涅槃経疏に章安が五十二衆と数えた。

憬興　新羅の僧。六八一年、三郎寺に住す。諸経の註疏四十余部を著したが、現存するのは五部(無量寿経連義述文賛三巻等)、涅槃経疏一四巻も佚。

五　底本「十一」、明本・建本により改む。

七衆　比丘・比丘尼・沙弥・沙弥尼・式叉摩那(しきしやまな)・優婆塞・優婆夷。即ち出

ラセ給ベシ。

一、先来ノ伝法ノ聖者、時《とキ》未《ダ》レ至故、皆方便ニトヾマリ候。某ハナニトアリトテハ、一念発起菩提心トモ申タレバ、一人ナリトモ実《まこと》ニ修行スル人ヤ候ト存テ如レ此思立テ候。

一、袈裟《けさ》并*直突《じきとつ》事

文云、「愛二所須一」文。者《とは》、衣服等資具也。某*ガ毎年ニ探《さぐり》ニ取セマイラセテ大衣モタセタマハヌ同法ニヌウテマイラセウトテ候シ程ニ、十五条ニハセデ廿五条ニヌウテナンド、スヂカイニ仰ラレタル事ナンド候シ間、法花寺ニテヌウ事ヲバ止テ候。加様ニ愛スル事ガ候ハウニハ、何ノヨウ候ワウヤ。凡ソ大衣ハ九条デモ十三条デモ何モ法ニ応ズル事ナレバ、有ニ任テコソ候ベケレ。或ハホソキヲトキラヒ、同クハ廿五条ニコソト候。某ハ初ハ〻〻房ト申シガ、フル帷ノ如法フトク候シヲモテ、如来ハ麁《ソ》布ノ僧*伽梨ヲ常ニメシタレバトテ、十三条ニヌウテ持テ候シ。重サ極リ無ク候シ。当時ハサルニハ廿五条ナルトゾ思召候ラウ。コレハ失モシ候ハヌ。其ノ故ハナニトモ某ハ思ハヌヲ、人ノ廿五条ニシテハ取替々々シ候時ニ、「カウナセソ」ト申セドモカナハヌ。サレドモ某ハ何トモ思ハヌ時ニ楽ニハアルマジ、アマリ身ヨハク候アヒダ、重ハ叶ハヌ。実ニヨハカラウ人ノカロキヲ好ハサリ。某、去年ヨリ余ニヨワウ成候テ、絹ヲ褊衫《へんさん》ニシテ候ハ、*憍舎那衣《きようしやなえ》トテ律ニユリテ候。サレバ天竺ノ婆*《ば》羅《ら》門《もん》僧正・招*提ノ大和尚、御袈裟皆絹也。某モ大衣ハ九条ト覚候。凡ハ直突ナンド

家と在家の仏弟子。

此モ最後ニテゾ… 弘安八年には叡尊は八十五歳。「某(それがし)なく候はう跡」という。叡尊の遺教の趣がある。学正記も本年で終っている。

各 底本「吾」、草体「各」にも近し。明本・建本による。聴衆に呼びかける形の文章とする方がよいと思う。本書では叡尊は自分を「某」というのが普通である。

比丘尼ノ… 学正記、建長元年(四十九歳)条に「二月六日、於二法花寺一、十二人授二大比丘尼戒一〈日本国如法修行七衆円満始也〉」(集成二二二頁)。

直突 直裰。褊衫(三衣の下に着る)と裙(腰を覆う裳)とを綴じ合せたもの。ころも。

文云… 大般涅槃経巻一三に次の文がある。「善男子、菩薩摩訶薩観二此集諦是陰因縁一、所謂集者還愛二於有一、愛有二二種一、一愛二己身一、二愛二所須一、…出家之人有二四種愛一、何等為レ四、衣服飲食臥具湯薬、復有二五種一、貪二著五陰一随二所須一二一切愛著、分別挍計無量無辺」(正蔵一二-四四〇a)。

文 底本「処」、明本・建本により改む。

ガ 明本・建本、次に「帷ヲ」とあり。

僧伽梨 複衣。三衣の一、大衣のこと。→二一三頁注「七条」

憍舎那衣 憍奢耶。高世耶ともいい、絹衣のこと。

婆羅門僧正 菩提僊那(ぼだいせんな)(七〇四—七六〇)。来朝の後大安寺に住し、天平勝宝四年大仏開眼の導師となる。

ニシタラウゾ、キヨウモ候ヌベケレドモ、訛*シタル物デ候間、某キ候ナバ人皆シ候ナウズト存テ、不レ着候。*祇支覆肩衣《ぎしふけんえ》ハ、阿難《あなん》尊者、閻浮《えんぶ》第一ノミメヨシ、乞食シテヲワシマスヲ、水汲ム女人、胸膚《ハダ》ヲ見テ起二欲心一、無二余念《シテ》一、ヲウタルトヤラウ、ダ*イタルトヤラウ子ノ頭ヲツメキテ候ケルニヨテ、僧ニハ阿難尊者一人ニユルサル。其ノ後ユリタル間、サ程ミメヨカラヌモ着テ候。唐朝デ頸ヲトキ*合テ着テ候タルヲ女人ドモ見テ、「此僧ノ色ハ白、彼ハ黒シ」ナンド申合タル間、始ハ右ノ袖ヲ付タ。此モ猶訛*シタレドモ、直突ハナニ、モ不レ付間、仏法ノメツ相也。尼衆ニハ五衣*デ候ヲ、始ハ褊衫ノ右ヲバ覆肩、左ヲバ祇支ニテ受*持スベシト申候程ニ、又後ニサラバ如法ニセウト云事デ候シ間、サラバ弥《いよ》〳〵善シト申テ、当時ハ如法ノ五衣デ候。応法ノユヘニキサイ給タルガ見候ヘバ、ヨニタウトウ候。某モ本ナレバト存テ、授戒布薩《ふさつ》ナンドノ衆法ノ事ニハ祇支覆肩カケ候。

一、「廿二日*、今日ハ聖徳太子御入滅ノ日也。用明天王*崩《ホウ》御ノ御喪斂《ごサウレン》ノ時ハ、立アガリテハ又タウレ〳〵シテ歎《ナゲ》カセ給シ。ソレ程ニ歎御《たまいし》ガ、御棺*ニキヌヲ引覆テ置マイラセテ先軍《いくさ》初サセ給シ御志、偏ニ我等ガ為ナリ。深重ノ御志、不レ可二申尽一」ト被レ仰、涙ニムセバセ給ヘリ。僧尼ノ皆涕涙《みナテイるい》ス。一会《え》ノアリサマ、実ニ如来涅槃ノ会座、思合《アハ》セラル。長老ノ御流涕《リウテイ》ハヲボロゲノ事ニアラズ。今日ハ過《リ》レ法タリ。随テ聴衆モ皆《みナ》袖ヲヌラス。イマダ是程ナル御事ヲ不レ奉《ズ》レ見。「明恵上人*、如来ノ在世ヲ恋テ常ニ悲泣セサセ給ケル。或ハ見レ鹿《ヲ》時ハ*鹿野苑《ろくやおん》ヲ思出シ、或ハ見二西海《ヲ》一時ハ是モ天《てん》

招提ノ大和尚　鑑真。→一九六頁注
訛　底本「誂」、明本・建本により改む。
祇支覆肩衣　僧祇支は、袈裟の下につけ、右腋より左肩を覆う。漢に覆肩衣という。四分律と南山の律では別個の物として、覆肩は、右肩を覆うものとするという。
ダ　底本なし。明本・建本により補う。
キ　明本・建本「チ」。トヂ(綴)合か。
訛　底本「誂」、明本・建本により改む。
五衣　比丘の三衣に祇支と覆肩を加える。
受　底本虫蝕。明本・建本による。
廿二日　推古天皇三十年二月二十二日(法王帝説)。日本書紀には、二十九年。この一節は、弘安八年二月二十二日の説教であろう。
王　底本・明本・建本、まま。
棺　底本「舘」、明本・建本により改む。
明恵上人　高弁。その撰になる如来遺跡講式(四座講式の一)に、「提河轂レ潤」と「鹿野苑中法輪塔」の句がある。→補
鹿野苑　波羅奈国にあり、釈迦が成後の後、初めて四諦の法を説き、五仙人を度した所という。

竺《じく》*抜提河《ばつたいが》ノ流ノツヾキタル同一味ノ水ニテコソアルラメトテ悲マセ給ケル。人ノ子ノヲトナシク成ヌレバ親ノ恩ヲ思知ガ如ク、明恵上人ハ恩徳ヲ思知リ御《おわ》ス故、御歎深候。某《それがし》ハ加様ノ日ニ当候ヘドモ、昔ノ人ノ様ニハ不レ悲、各《おのおの》三宝ノ数ニ列テアクマデ如来ノ教ヲ聞ク。是偏ニ太子聖霊ノ御恩徳也。各能《よく》修行シテ彼ノ恩徳ヲ報給ベシ。某又明年ヲ難《し》レ期《し》、カク申《もうし》シ物ヲト思召出テ、*此経ヲ流通《るつう》シ、仏法ヲ久住《くじゅう》セシメ給ベシ。」〈已上〉

南都西大寺住

慶長九年甲辰七月吉日書之　高長

生歳七十二

抜提河　尺羅拏抜提（伐底）（しらなばっち）のこと。釈迦の涅槃に入った娑羅双樹の側の金河のこと。

此経　涅槃経。

華厳法界義鏡（凝然）

鎌田茂雄校注

華厳法界義鏡《けごんほっかいぎきょう》 巻上

東大寺沙門 凝然《ぎょうねん》 述

夫《そ》れ*法界円宗は、*毘盧遮那《びるしやな》の淵府《えんぷ》、*普賢菩薩《ふげんぼさつ》の心胸なり。微妙《みみよう》高大にして、言詮《ごんせん》の域を超《こ》え、幽邃深邃《ゆうりようしんすい》にして、測量の境を出づ。*称性《しようしよう》の極談《ごくだん》、*嘉会《かえ》を塵刹《じんせつ》に啓《ひら》き、通《つう》方《ほう》の洪規《こうき》、勝場《しようじよう》を*毛界に示す。*十玄門の中に、鎔融《ようゆう》の旨《し》を顕《あら》はし、*六相《ろくそう》家の内に、自在の業《ごう》を播《し》く。須臾《しゆゆ》に曠劫《こうごう》の行《ぎよう》を円《まど》かにし、刹那《せつな》に遍照《へんしよう》の位に昇る。まことに是《こ》れ、深済普周《しんさいふしゆう》の教海、円満聳卓《しようたく》の義山、巍巍《ぎぎ》洋洋として、得て称し難き者なり。花厳一宗円満教の中に説くところの法門、無量無辺なれども、惣通該貫《そうつうがいかん》すれば、*それただ法界のみ。横に遍《へん》し、竪《たて》に徹して、括嚢窮尽《かつのうぐうじん》す。この法を陳述するに、略して十門を開く。一には教興《きようこう》の意致《いち》、二には名字《みようじ》を弁釈す、三にはその体性を出す、四には行相《ぎようそう》を顕示す、五には観行《かんぎよう》の状貌《じようぼう》、六には教を立てて宗を開く、七には本経《ほんぎよう》の説相、八には修《しゆ》証《しよう》の次第、九には所憑《しよひよう》の典籍、十には宗緒の相承なり。

第*一　教興の意致

問ふ。何者をか名づけて、大華厳法とするや。答ふ。法界の法門、是れ華厳の法なり。問ふ。何が故に如来この法を演説するや。答ふ。大因縁あるが故に、仏これを説

法界円宗　華厳宗のこと。
毘盧遮那　華厳経の教主。梵語の音写で光明遍照・遍一切処の意味。
普賢菩薩　文殊とともに釈迦仏の脇侍の菩薩。華厳経、普賢行願品に説かれる。六牙の白象に乗っていることで有名。
称性　法界の真性にかなうこと。捜玄記巻二下に「法界無量者、称性用也」(正蔵三五-四三a)。
嘉会　華厳経に説かれる法会。七処八会をいう。
毛界　一毛界。一毛のような極小の世界にも無量のものが入るという。
十玄門　↓補
六相　↓補
それ(其)　底本・甲本「甚」、板本により改む。
第一…　華厳を最高とする仏教統一論で、一真法界とそれの人格的具現者毘盧遮那仏の説明である。
一真法界　法界義鏡の核心。演義鈔巻一に「一真法界、本無二内外一、不レ属二一多一。仏自証窮」(正蔵三六-二c～三a)とある。
一心　万有の根源としての絶対心。「寂寥虚曠…寧見中辺」は、澄観の行願品疏巻一の文を転用。華厳では「万有総該の一心」と称して有名。
空ならず(不空)　底本「不」と「空」の間に「有真空得之而」とあるも、板本により削除。
生滅　流転生滅の世界。迷いの世界。
真常　真如凝然不作諸法を批判する華厳の真理観。五教章巻四に「以下彼真常不

きたまふ。まことにおもんみれば、*一真法界《いっしんほっかい》は不可思議《ふかしぎ》、寂寥虚曠《じゃくりょうきょこう》にして、沖深包博《ちゅうしんほうはく》なり。万有《ばんゆう》を惣該《そうがい》するは、即ち是れ*一心なり。体、有無《うむ》を絶し、相《そう》、生滅にあらず。その始めを尋ぬることなくんば、いづくんぞ中辺を見ん。故に空有《くうう》を貫いて、しかして相を泯《みん》じ、言象に入りて、迹《しゃく》なし。妙有《みょうう》これを得て、しかして有《う》ならず、真空これを得て、しかして*空ならず、*生滅《しょうめつ》これを得て、しかして*真常たり、縁起これを得て、しかして交映《こうえい》たり。菩薩これを得て、遐《はる》かに誓願を発し、広く業行《ぎょうぎょう》を修し、*無住《むじゅう》の道に遊歴し、有涯《うがい》の門に通入す。如来これを得て、妙《たえ》に真覚を践《ふ》み、廓《ひろ》く*塵習《じんしゅう》を浄《きよ》め、万化の域に寂寥《じゃくりょう》として、*用《ゆう》を一塵の中に動ず。これ乃《すなわ》ち旧来《もとよりこのかた》、常湛《じょうたん》にして、本自《もとおのずか》ら遍該《へんがい》す。恒に寂、恒に用《ゆう》にして、通入通摂《つうにゅうつうしょう》す。これに迷へば、則ち*生死紛擾《ふんじょう》し、これを解《げ》すれば、則ち*理智寂照《じゃくしょう》たり。諸仏はこれを証して妙覚円明《みょうかくえんみょう》に、衆生はこれを失ひて流転《るてん》久遠《おん》なり。毘盧遮那、*十身円満にして、最初に法界法門を開示して、諸《もろもろ》の衆生をして、一真法界に修習し悟入せしむ。所以《ゆえ》に大華厳経の興起して、即《すなわ》ちこの故を説きたまふ。しかれば則ち、情塵《じょうじん》に経《けい》あり、智海に外《げ》なし。妄惑《もうわく》、取《しゅ》にあらず、*重玄《じゅうげん》、空《むな》しからず。*四句の火も焚《や》くことなく、万法《まんぼう》の門に皆入る。*二際《さい》を冥《めい》して、しかも一ならず、千変を動じて、しかも多にあらず。*事理交徹《じりきょうてつ》して、しかも両《ふたつ》ながら立し、性《しょう》を以て相を融して、しかも尽くることなし。*秦鏡《しんきょう》の互に照すがごとく、なほ帝珠《ていしゅ》の相《あい》含《ふく》みて、重重《じゅうじゅう》光を交《まじ》へ、多を歴《へ》て、斉《ひと》しく現ずるがごとし。故に至功《しこう》を*頃刻《けいこく》に円《まど》かにし、仏境を塵毛《じんもう》に見ることを得たり。諸仏は*心内の衆生なれば、新新に作仏《さぶっ》し、衆生

レ異二無常一之常上、不レ異二無常一之常、出二於情外一、故名二真常一」(正蔵四五-五〇〇a)。

無住　自在無礙なること。維摩経、観衆生品に「無住の本に従ひて、一切法を立つ」とある。

塵習　六塵と習気。煩悩のこと。

用　はたらき、作用のこと。体と用とによって本体と作用とを分けて説明する。

生死紛擾　迷いの世界。

理智寂照　般若の智慧によって照された悟りの世界。

遮　底本なし。板本により補う。

十身　華厳経に説かれる十種の仏身。

重玄　「玄の又玄」、老子、道徳経に出。華厳では十玄門(→補)がそれに当る。

四句　四句分別。諸法を分別するのに有と無を開いて四句とする。

二際　涅槃際と生死際。涅槃の世界と、生死輪廻の世界。小乗では二つを別のものとするが、大乗では生死即涅槃となる。

事理交徹　事(諸法＝妄)と理(理性＝真)と互に交徹すること。真妄交徹については、演義鈔巻一(正蔵三六-八c)参照。

秦鏡　秦の始皇帝が人の善悪邪正、病の有無などを照した鏡。

頃刻　暫時の間。一瞬間に永遠を含める華厳の時間論にもとづく。

心内の衆生　六十華厳巻三五、性起品の「奇哉奇哉、云何如来具足智慧在二於身中一、而不二知見一、我当下教二彼衆生一覚二悟聖道一、悉令中永離二妄想顛倒垢縛一、具見二如来智慧在二其身内一、与レ仏無上レ異」(正蔵九-六三四a)にもとづく。

は心中の諸仏なれば、念念に真を証す。一字の法門は海墨《かいぼく》をもつて書くとも、しかも尽きず。一毫《ごう》の善は空界尽きても、しかも窮《きわ》まることなし。一如の心に冥し、万動の恒寂《ごうじゃく》に即す。海、真智を湛《たた》へ、光、性空を含む。星羅《せいら》の法身《ほっしん》は、影、心水に落つ。*円《えん》音《とん》、*扣《たた》くにあらずして、長《とこしな》へに演《の》べ、*果海《かかい》、念を離れて、心に伝ふ。万行《まんぎょう》照すことを亡じて、以《もっ》て斉《ひと》しく修し、*漸頓《ぜんとん》得ることなくして、しかも双《なら》び入る。*四心広く被《こうむ》り、*八難頓《とみ》に超《こ》ゆと雖も、一極唱高《しょうこう》して、*二乗、聴《ちょう》を絶し、百城に友を詢《と》ふ。一道に神を棲《す》ましむれば、*三毒に遇うて、しかも三徳円《まど》かにし、一塵に入りて、しかも一心浄し。千化にその慮《りょ》を変ぜざれば、万境《ばんきょう》*すべからく千道に通ずべし。文殊《もんじゅ》の妙智に契《かな》へば、あたかも是《こ》れ初心なり。普賢の玄門に入れば、曾て別体なし。*理智の二聖に合へば、遮那の一仏を成ず。成《じょう》の不成《ふじょう》なれば、自《おのずか》らを是《ぜ》とすることなし。不成の成なれば、旧来《もとよりこのかた》成ず。その旨を失するや、*修因を曠劫《こうごう》に徒《いたず》らにし、その門を得るや、諸仏を一朝に等《ひと》しうす。実《まこと》に乃《いま》し諸仏の霊肝《れいかん》を罄《つく》し、玄根《げんこん》の幽致を窮《きわ》む。*性相《しょうそう》の洪流《こうる》を包みて、群経《ぐんきょう》の光彩を掩《おお》ふ。法体円妙《ほったいえんみょう》にして、大いに空界に通じ、宗旨深高《じんこう》にして、遍《あまね》く*塵《じん》刹《せっ》に入る。

法界の大法、奇特《きとく》なること是《かく》のごとし。一切衆生この徳を具足し、*体相円備《たいそうえんび》にして*業用整豊《ごうゆうせいほう》なり。これ迺《すなわ》ち、性《しょう》、智海《ちかい》を含めば、洪浪を澄水《ちょうすい》に騰《あ》げ、識《しき》、真空に洞《とお》れば、赫日《かくじつ》を晴天に懸《か》く。包遍《ほうへん》*含容して、竪《たて》に*十際《さい》に徹し、自性《じしょう》通入して、横に十方に亘《わた》る。しかれども無明《むみょう》、*性徳《しょうとく》を翳覆《えいふく》して、衣裏《えり》の明珠を顕《あら》はさず、徒《いたず》らに*庸作《ようさ》に疲れ、室内

円音　如来の言葉。
扣　底本不明、甲本により補う。
果海　仏果の功徳広大なるさまを海に喩えて果海という。
漸頓　漸悟と頓悟。段階的な悟りと、直入的な悟り。
四心　慈悲喜捨の四無量心。
八難　仏陀を見ず仏法を聞き得ない八種の境界。地獄・餓鬼・畜生・欝単越長・寿天・盲聾瘖瘂・世智弁聡・仏前仏後。
二乗　声聞乗と縁覚乗。
三毒　貪・瞋・癡の三つの煩悩。
すべからく(須)　底本・甲本なし。板本により補う。
理智の二聖　文殊が智、普賢が理をあらわし、釈迦仏とあわせて三聖という。三聖円融観に出。
修因　修行のための因。
性相　性と相、本体と現象。
塵刹　一塵の処。極小の場所。
体相　体と相。もと大乗起信論に出。起信論では、体・相・用の三大とする。
業用　業のはたらき。
含容　底本・甲本なし。板本により補う。
十際　時間的に無限をあらわす。十方に対す。
性徳　本性にそなわった徳。
庸作　やとわれ働くこと。底本「膺作」、板本により改む。

の秘蔵まで空《むな》しく孤窮に労す。如来《にょらい》これがためにその法界を示したまふ。*円機《えんき》はこれを聞きて、頓に霊都《れいと》に入る。まことにおもんみれば、仏日、光を吐きてまづ*高山を照したまへば、上達の縁は来りて忽ちに愛すべきが故に。*樹王《じゅおう》を起たずして、*七処《しちしょ》を法界に羅《か》ね、後際《ごさい》に違《い》することなくして、九会《くえ》を初成《しょじょう》に暢《の》ぶ。宏廓《こうかく》の幽宗《ゆうしゅう》を尽して、難《なん》思《し》の海会《かいえ》に被《こうむ》らしむ。円音《えんとん》落落として十刹《せつ》を該《か》ねて、しかも頓に周《あまね》く、主伴《しゅばん》重重にして十方を極めて、しかも斉《ひと》しく唱ふ。故に*見聞《けんもん》を種《しゅ》として、八難《はちなん》、*十地の階を超《こ》え、解行《げぎょう》、躬《み》に在《あ》れば、一生に曠劫の果を円かにす。*師子奮迅《ししふんじん》すれば、衆海頓に林中に証し、象王廻旋《えせん》すれば、六千道、言下に成ず。*善財《ぜんざい》*閻浮《えんぶ》に亘《わた》りて、しかも*六位を経《へ》、*兜率《とそつ》に生じて、しかも十地を証す。遺教《ゆいきょう》を飡《そん》する者皆《みな》法海に入り、円宗を信ずる者咸《ことごと》く覚峰に昇る。法界宏徳の事、ここに在り。教興の意致、指陳《しちん》すること是《かく》のごとし。

*第二　名字《みょうじ》を弁釈す

問ふ。何が故に、この法を名づけて法界とするや。答ふ。惣相《そうそう》にこれを言はば、唯《ゆい》一法界《いっほっかい》なり。義に随ひて開き分つに、略して*三種とす。一には事法界《じほっかい》、二には理《り》法界、三には無障礙《むしょうげ》法界なり。理を尽してこれを開けば、*四法界を成ず。無障礙の中を開きて二とするが故に。謂《いわ》く事理無礙と事事《じじ》無礙となり。

*事法界とは、*界は即ち分《ぶん》の義なり。事法分隔《じほうぶんきゃく》して斉限《せいげん》あるが故に。*理法界とは、界は即ち性《しょう》の義なり。理体融通《りたいゆうずう》して分限《ぶんげん》なきが故に。無障礙法界とは、分と性と相即す。

円機　すぐれた能力を持つ人。円は、華厳の五教判で最高位をあらわす円教の円。
高山を照し…　↓補
樹王　菩提樹。
七処　華厳経の説かれた場所。六十華厳は七処八会であるのに対して、八十華厳は七処九会。ここでは八十華厳を採用。
見聞…六千道言下に成ず　この文、華厳経疏巻一(正蔵三五‐五〇三b)より取る。
十地　菩薩の修行の十の段階。十地経に出。
師子奮迅　師子奮起する時、身毛たち、その勢い迅速勇猛なるに、仏の威猛を喩う。法華経巻五、従地湧出品に出(正蔵九‐四一a)。
善財　善財童子、梵語 Sudhana-śreṣṭhi-dāraka. 華厳経、入法界品に出る求道者。↓補
閻浮　閻浮提、梵語 Jambu-dvipa の音写語。須弥山の南にある四大洲の一つ。人間世界をあらわす。
六位　十信位・十住位・十廻向位・十地位・等覚位・仏地位の六。
兜率　梵語 Tuṣita. 欲界六天の第四。将来仏となるべき、菩薩の住処。
第二…　法界の名称の解釈をなす。
三種　事法界・理法界・無障礙法界の三法界は、澄観の行願品疏巻一(続蔵一‐七‐三‐二四九c～二五〇b)に出。
四法界　↓補
事法界　現実の世界、相対の世界。
界は…　行願品疏の説明と同じ。
理法界　真理の領域。

*罣礙《けいげ》なきが故に。中において*事理無礙法界は、分と性と相対して、当体《とうたい》融通す。事事無礙は、分と分と相対《あいたい》して、互に障礙《しょうげ》あり。しかれども理を以て事事を融通す。理、融するを以ての故に、事事相融す。この故に、または分性相即《ぶんしょうそうそく》と名づく。

しかれども*理性《りしょう》の事理無礙を以て、ただ事事無礙の所由《しょゆう》とす。*法性《ほっしょう》融通して十由《じゅうゆう》一《いち》なるが故に。*演義鈔《えんぎしょう》の一の上に云く、「事理無礙によりて、まさに事事無礙を得。もし、事、事理に即《そく》せずんば、事は理をもつて成ずるにあらず、則《すなわ》ち互に相礙す。今即理《そくり》によるが故に、無礙を得。」〈已上はかの文なり。〉これ乃《いま》し事理無礙を即ち事事の所由とす。しかれども十由《ゆう》の所摂《しょしょう》にはあらず、ただ展転して成立するのみ。

言ふところの*法とは、自性《じしょう》を*任持《にんじ》するとおよび軌則《きそく》の義となり。分とおよび性とに随《したが》ひて軌持《きじ》同じからず。事は即ち分限の自性を任持し、理は是れ虚通《こつう》の自性を任持す。分限の軌則と虚通の軌則と、事理次のごとく軌則の義をなす。無礙法界の軌持も準じて知れ。また法界の名は略してその体を指す。もし具《つぶさ》にこれを言はば、*不思議解脱《ふしぎげだつ》境界《きょうがい》と名づく。*東晋《とうしん》の所訳、*大周《だいしゅう》の華厳《けごん》、ならびに最後の品《ほん》を*入法界《にゅうほっかい》と名づく。*貞元《ていげん》の本には入不思議解脱境界と云ふ。まさに知るべし、不思議解脱は即ち今の法なり、境界は即ち界なり。これは是《こ》れ所入なり。次下《つぎしも》に連《つら》ねて*普賢行願《ふげんぎょうがん》と云ふは、即ち是れ能入なり。上の入の字は即ち能所《のうじょ》に通ず。所入能入、能所契合《かいごう》して以て品の目《もく》とす。貞元の所訳は即ち是れ大周の*第九の一会《いちえ》なり。*于闐国《うてんこく》の王、唐朝に貢進す。かの国に別にこの一品を行ふが故に。もし惣じてこれを言はば、*七処九会《しちしょくえ》なり。九会の品品《ほんぼん》、

罣礙　さまたげること。
事理無礙法界　現実界と真理の世界との融通無礙をあらわす。
理性　真理のこと。遊心法界記に「理性融通者、復有二二門一。一者空不空門、二者是不是門」(正蔵四五‐六四七c)とある。
法性融通　混融無礙を成り立たす十因の第二因。華厳玄談巻七に「第四法性融通門者、謂真如既具二過恒沙徳一如二所起事一、亦具徳無尽、以三真法性融二通諸事一故無礙也」(続蔵一‐八‐四‐二八四a)とある。
演義鈔の一の上に　演義鈔巻一(正蔵三六‐九b)の文。
法　探玄記巻一八に「法有三三義二、一是持二自性一義、二是軌則義、三対意義」(正蔵三五‐四四〇b)とある。
任　底本・甲本「住」、板本により改む。以下同じ。
不思議解脱境界　概念的思惟を超えた悟りの世界。華厳経を不思議解脱経とも呼。
東晋の所訳　東晋代の仏駄跋多羅(Buddhabhadra)訳の六十華厳経をさす。
大周の華厳　武周朝の実叉難陀(Śikṣānanda)訳の八十華厳経をさす。
入法界　華厳経、入法界品。Gaṇḍavyūha.
貞元の本　唐の貞元年間、般若三蔵訳の四十華厳経。各品の上に「入不思議解脱境界」とある。
普賢行願　四十華厳巻一に「入不思議解脱境界普賢行願品」(正蔵一〇‐六六一a)。
第九の一会　四十華厳は、八十華厳の第九会に相当。
于闐国　中央アジアのコータン(Kho-

文文句句《もんもんくく》、皆是れ不思議界にあらざることなし。

この故に智論《ちろん》の中に、この典を名づけて不思議経とす。竜樹菩薩《りゆうじゆぼさつ》、論を造りてこれを釈《しやく》したまふ、即ち大不思議論と名づく。しかも維摩経《ゆいまきよう》に不思議解脱を説きて、即ち以て宗とし、また経の名とす。まさに今の経と名義相濫《みようぎそうらん》すべし。ただし彼は是《こ》れ小不可思議なり。一劫《ごう》を以て摂して七日とし、須弥《しゆみ》の芥子《けし》に入るに等し。能摂《のうしよう》も至小にあらず、所摂《しよしよう》も至大にあらず。この経は即ち是れ大不思議なり。一念に多劫を摂し、一塵《いちじん》に法界を摂す。能摂も至小、所摂も至大にして、已《すで》にかの経を超《こ》ゆ。あに大にあらずや。九会の文義《もんぎ》、皆《みな》不思なりと雖も、しかも証入《しようにゆう》するに美祥高騰《びしようこうとう》に会ふが故に、特にこれを以て品の目とするなり。如来《によらい》所説の一代の教法は、ただ法界を説きて、物をして悟入せしむ。しかも宜縁《ぎえん》に随ひて、種種の名を立したまふ。本末広狭《ほんまつこうきよう》、義門《ぎもん》異なりと雖も、法界にあらざるはなし。その衆名とは、真如《しんによ》・真諦《しんたい》・仏性《ぶつしよう》・法性《ほつしよう》・中道《ちゆうどう》・実相《じつそう》・般若《はんにや》・涅槃・唯識《ゆいしき》・唯心《ゆいしん》・一実《いちじつ》・一諦《いつたい》・一乗《いちじよう》・一道《いちどう》・円覚《えんがく》・無相《むそう》・心地《しんじ》・仏蔵なり。此《かく》のごときの衆名は、皆是れ法界法門の異名にして、しかもその一分の義門なるのみ。何となればもし別教一乗門によらば、これらの諸名は皆四界を具す。挙一全《きよいつぜん》収《しゆう》の義、円備するが故に。もし余教に約せば、或いは理性虚《りしようこ》通《つう》、或いは事理無礙のみ。

第三 その体性《たいしよう》を出す

問ふ。一真法界は何を以《もつ》て体《たい》とするや。答ふ。もし惣《そう》じてこれを言はば、法界なり。

tan)国。大華厳経の編纂の場所。底本「于」なし。板本により補う。

七処九会 六十華厳は七処八会、今は八十華厳による。

智論… →補

大不思議論 →補

維摩経に… 不思議品第六(正蔵一四-五四六a〜五四七a)。

須弥 須弥山。

大不思議 探玄記巻七(正蔵三五-二四三a)・巻一五(正蔵三五-三九二b)に十種の不思議が説かれ、巻二は九句をもって不思議をあらわす(正蔵三五-一三九b〜一四〇a)。

真如・真諦・仏性… →補

槃 底本・甲本「盤」、板本により改む。以下同じ。

円覚 円覚経に「善男子、無上法王有二大陀羅尼門一、名為二円覚一、流二出一切清浄真如菩提涅槃、及波羅蜜一」(正蔵一七-九一三b)とある。円覚経大疏鈔巻四上に「宗本即円覚。円覚是法体」(続蔵一-一四-三-二六三b)とある。なお円覚経大疏鈔巻一下(続蔵一-一四-三-二八d)参照。

心地 梵網経・六祖壇経・禅源諸詮集都序巻上に出。

挙一全収 行願品疏巻一に「寂照無二一心、契二空有双融之中道一、以二挙一全収一、証二事事無礙門一」(続蔵一-七-三-二五一c)。

第三… 法界の体性たる事法と理法を説明する。

一真法界 演義鈔巻一に「意以二一真法界一、為二玄妙体一、即レ体之相、為二衆妙一也」(正蔵三六-二b)。

法とは無礙円融《むげえんにゆう》にして事理*を体とするなり。挙一全収して連貫互徹《れんかんごてつ》し、包遍含入《ほうへんがんにゆう》して相離《あいはな》れざるが故に。もし別してこれを言はば、法界の義相に即ち四種あり。数相ありと雖も、精要《せいよう》はただ二つ。一には事法《じほう》。*心王《しんのう》・*心所《しんじよ》・*不相応行《ふそうおうぎよう》を、以て体性《たいしよう》とす。或いは*質礙《ぜつげ》の相、或いは*縁慮《えんりよ》の相、および*分位《ぶんい》の相、皆是《こ》れ因縁和合《いんねんわごう》して、所生虚浮《しよしようこふ》に、*仮立安布《けりゆうあんぶ》をもつて成ずるが故に。二には理法。諸法の体性、円満成就して、如常真実《によじようしんじつ》を、以て状相《じようそう》とす。事《じ》は是れ*有為《うい》、衆縁《しゆえん》集り、*無性《むしよう》の縁成《じよう》じて、仮相森然《けそうしんねん》たり。理《り》は是れ無為《むい》、本来の自体《じたい》、是れ作成《さじよう》にあらず。縁起無性《えんぎむしよう》にして、常恒湛爾《じようごうたんに》なり。事理無礙、事事無礙は、ただ是れ彼此《ひし》の*二物《にもつ》の融即自在《ゆうそくじざい》の相にして、事理の法の外に別体あることなし。しかも有為《うい》の法は、即ち是れ鎔融所依《ようゆうしよえ》の体事《たいじ》なり。事法の上において、その融即を成じ、無礙の相彰《あら》はる。理は是れ能融《のうゆう》、事は即ち所融《しよゆう》なり。理性《りしよう》、事を融し、無礙ならしむるが故に。理、遍《へん》するによるが故に。此の事は彼に入り、彼の事は此に入りて、互に障礙《しようげ》せず。事理の二法はこの功能《くうのう》あり。

第*四　行相《ぎようそう》を顕示す

問ふ。一乗法界は何の相貌《そうぼう》かあるや。答ふ。一味通融《いちみつうゆう》、*陀羅尼《だらに》の法は、理*を窮《きわ》め、性を尽《つく》し、果に徹《てつ》し、因を該《か》ねて、言議絶離《ごんぎぜつり》し、思量寂滅《しりようじやくめつ》す。知らず、何を以てかこれを目《なつ》けん。強《し》ひて法界《ほつかい》と号す。知らず、何を以てか相を明かさん。強《し》ひて理事の二門を分つ。理事渾融《こんゆう》して、障礙あることなし。通貫収摂《しゆうしよう》して、*四法界とす。一には事《じ》、

事理　事と理。事は現象、個物。理は理性、普遍。

心王　心のはたらきの主体。唯識では眼・耳・鼻・舌・身・意の六識と、マナ識およびアーラヤ識の八識をいう。

心所　正しくは心所有法。心のはたらき。倶舎では四六、唯識では五一ある。

不相応行　色法でも心法でもない存在のあり方。得・命根等の一四(唯識では二四)。

質礙　同時に同一空間を占有できない性質。質礙のあるものを色法という。

縁慮　対象をとらえ、分別する作用。心王・心所に対して用いる。

分位　時分と地位。仮りの法で、波は水の分位に仮立する。不相応行法は色と心と心所との三法の分位に仮立する。

仮立　仮りに生じていること。

有為　梵語 saṃskṛta. 有為法。形あるもの。生滅法。無為法に対す。

無性の縁成じ　縁起法は無自性・空である。五十要問答巻上に「無性故実。縁成故仮」(正蔵四五-五三五c)。なお孔目章巻一(正蔵四五-五四六c)参照。

二物の融即　事と理との融即をいう。

第四…　四法界の各を詳細に説明する。

陀羅尼　梵語 dhāraṇi. 教法を心に保持すること。

理を窮め…　華厳経疏巻一に「窮ㇾ理尽ㇾ性、徹ㇾ果該ㇾ因」(正蔵三五-五〇三a)、演義鈔巻一に「理謂二理趣一、道理広也、性為二法性一、心性深也」(正蔵三六-三b)。周易説卦の言葉。

二には理《り》、三には事理無礙、四には事事無礙なり。是れを*別教一乗の義理と名づく。

第一に事法界とは、一切の事法は色心《しきしん》と不相応行《ふそうおうぎょう》との二の分位《ぶんい》を出でざるが故に。森焉《しんえん》たる万象《ばんしょう》、欝然《うつぜん》たる*千門、これより麁《そ》現《げん》し、自他顕彰す。これに*十門あり、以て無尽《むじん》を顕はす。謂《いわ》く、教義と理事と境智と行位《ぎょうい》と因果と依正《えしょう》と体用《たいゆう》と人法《にんぼう》と逆順と応感となり。これは是《こ》れ十対《たい》にして二十句を成じ、一切の事法この中に摂し尽す。しかもその理法は事に対してこれを挙《あ》ぐ。その体性は是れ事にあらざるを以ての故に。教は即ち*能詮《のうせん》の声《しょう》名《みょう》句《く》文《もん》なり。五教の詮門《せんもん》、諸法の顕義《けんぎ》、光明《こうみょう》*香飯《こうはん》、*六味《ろくみ》諸触《しょそく》、語黙《ごもく》視瞬《ししゅん》、動止《どうし》威儀《いぎ》、*思想寂静《しそうじゃくじょう》、触事《そくじ》入法《にゅうほう》、皆是《こ》れ教体《きょうたい》なり。義は即ち所詮なり。是れ前の詮門に顕はさるる諸《もろもろ》の義なり。質礙《ぜつげ》変壊《へんえ》、大小長短、*縁観思相《えんかんしそう》は、五教門下の種種の義理なり。能詮無量なれば、所詮もまた爾《しか》なり。是れ教義一対《たい》なり。理は是れ*生《しょう》空《くう》の所顕《しょけん》と法空《ほっくう》の所顕との、無性《むしょう》と真如《しんにょ》と独空《どくくう》と絶理《ぜつり》と円空《えんくう》と妙理《みょうり》とのごときの性なり。事は是れ色心身方《しきしんしんぼう》等の相なり。一切に通じて、皆摂せざることなし。色に多色《たしき》あり、身に多身*あり。顕形《けんぎょう》表色《ひょうしき》、*六道《りくどう》*四生《ししょう》、是れ理事一対なり。境は謂《いわ》く五教所観《しょかん》の境、智は謂く五教能観《のうかん》の智なり。この境智惣じて収《おさ》むれば、*三諦《さんたい》*二智を出でず。別すれば即ち五教に明かすところ同じからず。小乗には四諦《したい》涅槃《ねはん》を境とし、無漏《むろ》の浄*慧これを名づけて智とす。および他心《たしん》等の*十智是れなり。始教《しきょう》大乗もまた四諦・二諦等の法に通じて、以て境界とし、加行《けぎょう》・根本《こんぽん》・後得《ごとく》等の心を、以てその智とす。終教《しゅうきょう》には即ち是れ三諦等の境なり。権《ごん》と実《じつ》と理と量と無礙とのごとき智なり。頓教《とんぎょう》には則ち無《む》

四法界 →補
別教一乗 華厳独特の法門。三乗に同ずる同教一乗に対して、特別な絶対の一乗。
千門 華厳経疏巻一に「若乃千門潜注、与㆓衆典㆒為㆓洪源㆒」(正蔵三五-五〇三a)。
十門 →補
能詮 詮わす主体。これに対して詮わされるものが所詮。
香飯 維摩が香積仏の世界より持ちきたり、一会の大衆に供したもの。維摩経、香積仏品に出。
六味 苦味・酸味・甘味・辛味・鹹味・淡味の六。
思想寂静 深く心を統一させ、瞑想にふけること。
縁観思相 対象を縁じ、観相すること。底本・甲本「思想」、板本により改む。
生空 人空のこと。人我の無我なることを悟ること。諸法の無我の理を説く法空とともに二空という。
あり(有) 底本・甲本なし。板本により補う。
六道 六趣ともいう。地獄・餓鬼・畜生・阿修羅・人間・天上。
四生 梵語 caturyoni. 胎生・卵生・湿生・化生。
三諦 →補
二智 大乗義章巻一九に、実智と方便智の二智が説かれる。根本智と後得智。
慧 底本・甲本「恵」、板本により改む。
十智 小乗の十智。世俗智・法智・類智・苦智・集智・滅智・道智・他心智・尽智・無生智。

境《きょう》を境とし、絶智《ぜっち》を智とす。円教《えんぎょう》には則ち無尽の境と無尽の智と、是れ境智一対なり。行は謂く五教の修行同じからず、位は謂く五教得位の差別なり、是れ行位一対なり。因は謂く諸教所修の因、果は謂く諸教所得の果なり。＊依《え》は謂く国土、正《しょう》は謂く仏等なり。体は則ち＊法報《ほっぽう》等、用《ゆう》は則ち＊応化《おうけ》等なり。人は則ち覚者《かくしゃ》等、法は則ち菩提等なり。逆は則ち＊婆須《ばしゅ》・＊無厭足《むおんそく》等、順は則ち文殊《もんじゅ》・観世音《かんぜおん》等なり。＊応は即ち赴感《ふかん》の仏および菩薩等、感は即ち当機《とうき》の菩薩・衆生等なり。おのおの五教に随ひて以て差別を弁ず。この十対の中には、初の一を惣とし、後後漸く略して次第あり。この十対の法は惣相該収して、以て十玄の所依の体事とす。もし義を以て収めば、一事の上に随ひて即ち十対あり。門に随ひて成ずるが故に。

第二に＊理法界とは、体性空寂《たいしょうくうじゃく》にして、相＊状寥寞《りょうばく》たり。頓に＊四句を遣《や》り、妙に百非《ひゃっぴ》を絶す。即ち是れ摂帰《しょうき》の真実なり。または＊真空絶相《しんくうぜっそう》と名づく。しかもこの真理に略して二門あり。一には＊性浄門《しょうじょうもん》。＊纏《てん》に在りて染《ぜん》せず、性、恒《つね》に清浄なり。一切に徧すと雖も、一切に同ぜず。二には＊離垢門《りくもん》。対治道《たいじどう》によりて、障尽《しょう》き浄顕《じょう》はる。位の浅深に随ひて十真如を分つ。体性湛然《たんねん》として、縁に随ひて異あり。二門異なりと雖も、その体別なし。

この理法界に惣じて十門あり、しかも四門あり。一には＊会色帰空観《えしききくうかん》、二には明空即色観《めいくうそくしきかん》、三には空色無礙観《くうしきむげかん》、四には泯絶無寄観《みんぜつむきかん》なり。この四句の中に、初の二におのおの四あり、後の二におのおの一あり、故に十門を成ず。初の会色帰空とは、諸色の挙《こ》

依…正…　依正となる。心身の依止すべき身外の諸物、世界・国土・家屋・衣食などを依報といい、過去の業因によって感得した果報の正体の故に正報という。

法報　法身と報身。

応化　応身と化身。

婆須　人名、梵語 Vasumitra. 婆須密多。世友菩薩。仏滅後四百年に有部で出家した人。

無厭足　六十華厳巻六、賢首品に「若信㆓如来正真法㆒、則常楽㆑聞無㆓厭足㆒。若楽㆓聞法㆒無㆓厭足㆒。欣㆑悟㆓不可思議法㆒」(正蔵九-四三三b)。

応…感…　感応のこと。易に「二気感応、以相与」とある。法華文句巻六下に「感応道交」(正蔵三四-八六七c)、法華玄義巻六上に「感応明」(正蔵三三-七四六c以下)あり。道教では道教義枢に「感応義」あり。

理法界　行願品疏巻一では「理法界者、界者性也、謂真理寂寥為㆓法之性㆒」(続蔵一-七-三-二五〇a)とある。

状　底本・甲本「収」、板本により改む。

四句　有・空・亦有亦空・非有非空の四門。三論玄義に「若論㆓涅槃㆒、体絶㆓百非㆒、理超㆓四句㆒」(正蔵四五-六a)とある。

真空絶相　法界観門の第一真空観に当る。

性浄門　行願品疏巻一に「一性浄門、謂在㆑凡不㆑染、性恒清潔、遍㆓一切法㆒、不㆑同㆓一切㆒、一味平等、如㆘湿之性遍㆓於動静㆒凝流不㆖㆑易」(続蔵一-七-三-二五〇a)とある。

纏　煩悩。在纏の法身を如来蔵という。

離垢門　行願品疏巻一には「二離垢門、由㆓対治㆒、障尽浄顕、随㆓位浅深㆒、分㆓十真

体《たい》、是れ真空なるが故に。中において四句あり。一には色は即ち*断空《だんくう》ならず、*挙体真空なるが故に、真空は断空にあらざるを以ての故に。二には青黄《しょうおう》等の相は是れ真空にあらず、青黄無体なる、是れ真空なるが故に。三には空中に色なし、色は*無体なりと会するが故に。已上の三句は法を以て情を簡《えら》ぶ。四には*色即是空、色は無性《むしょう》なるが故に。色*空のごときは既に然なり、万法皆爾《しか》なり。この一は理性の空体《くうたい》を顕はすが故に。二の*明空即色観とは、真空の挙体、是れ諸色《しょしき》なるが故に。中において四句あり。一には断空は即色にあらず、真空は即色なるが故に。かの真空は、色に異ならざるを以ての故に。二には真空の理体、青黄《しょうおう》にあらざるが故に。三には空は是れ所依《しょえ》にして、能依の色《しき》にあらず、能がために所と作る、この故に即色なり。上の三は法を以て*情計《じょうけ》を簡去《けんきょ》す。四には空即是色、真空の挙体、是れ*妙有《みょうう》なるが故に。真空は色法に異ならず、無我《むが》の理は断滅《だんめつ》にあらざるが故に、自性を守らず、縁に随ひて成《じょう》ずるが故に。色のごときは既に爾《しか》なり。真空は諸法に異ならざるもまた爾なり。この一は義の妙有の相を顕はすが故に。初の二門のおのおのの四句訖《おわ》んぬ。三の*空色無礙観とは、色法の挙体、是れ真空なるが故に、色相尽さずして、しかも空《くう》顕現す。空理の挙体、色に異ならざるが故に、空即是色にして、しかも空隠れず。この故に一味平等無礙《いちみびょうどうむげ》なり。この中に空色の二事ありと雖も、*意致《いち》ただ是れ空理に帰す。色は是れ虚名虚相にして、繊毫《せんごう》の体あることなし。この観を修する者の意、此《ここ》にあるが故に。四の*泯絶無寄観とは、所観の真空は、即色不即色と言ふべからず、また即空不即空と言ふべからず。一

如ニ故云陶ニ冶塵滓一、如レ鍊ニ真金ニ」(続蔵一-七-三-二五〇a)とある。

会色帰空観…泯絶無寄観　法界観門の第一真空観の四観と同じ。

断空　小乗の空、ただ空を見るのみであるから但(たん)空ともいう。

挙体真空　色の全体即真空なるをいう。

無体　縁生法は無自性・空なるをいう。

色即是空　般若経類に頻出。

空　底本・甲本なし。板本により補う。

明空即色観　妙有の世界をあらわす。天台三観でいえば、会色帰空観は従仮入空観、明空即色観は従空入仮観に相当。般若心経略疏に「一従仮入空観、謂色即是空故、二従空入仮観、謂空即是色故、三空仮平等観、謂色空無異故」(正蔵三三-五五三b)とある。

情計　まちがった見解。

妙有　空に即した有。大乗仏教は真空妙有を立場とする。真空妙有については、法蔵の遊心法界記(正蔵四五-六四九c)・妄尽還源観(正蔵四五-六三八b)にくわしい。また澄観の華厳経疏玄談巻六では、真空妙有を四義に分けて論じている(続蔵一-八-三-二六八d)。

空色無礙観　空と色との無礙なる関係をあらわす。

意致　意のあるところは。

泯絶無寄観　概念を超えた絶対の世界。禅宗に絶観論あり。↓補

切の法は不可なり、不可もまた不可なり。この語もまた受けず、迥《はる》かに絶して寄るところなし。言《ごん》の及ぶところにあらず、解《げ》の到るところにあらず、是れを*行境《ぎようきよう》と謂ふ。心を生じ、念を動ずれば、即ち法体に乖《そむ》きて、その正念を失ふ。真観にあらざるが故に。上の四句十門は、惣じて是れ理界の行相なり。

問ふ。この十門の相は、皆真空にあらず。何が故に広く彼彼の諸相を開くや。答ふ。情を簡《えら》び解を顕はして、しかして後に行を成ず。故に初の二門におのおの四句ある中に、おのおの前の三句は皆情計《じようけ》を簡び、おのおの第四の句はその正解《しようげ》を顕はすなり。第三の門は解《げ》終りて行に趣《おもむ》く。第四の門は正しく行体を成ず。解の中に、即ち真空妙有《しんくうみよう》《う》、空色無礙《くうしきむげ》の双観《そうかん》あり。*空有《くうう》にして是れ無礙なり、意は即ち空の泯絶《みんぜつ》にして寄るところなきに在り、是れ理界の体なり。故に十門を開く。去留《きよる》*精覈《せいかく》せよ。

第三に*事理無礙法界とは、如理《により》縁起《えんぎ》して、一切の事事の法を成ずれば、体虚《きよ》にして、即ち是れ理性なり。無性の*縁生《えんしよう》は、理、事を礙《さ》へず。縁生《えんしよう》の無性は、事、理を礙へず。惣じて是れ事理無礙の相状なり。事界の十門、皆ことごとく無礙なり。且《しばら》く事理に対して以て無礙を顕はすにも、また*十門ありて、以て無尽を顕はす。*一には、理、事に偏する門。分限なき理、分限に*偏するが故に。二には、事、理に偏するの門。分限ある事、全く理に同ずるが故に。三には、理によりて事を成ずる門。事に別体なく、理を攬《と》りて成ずるが故に。四には、事、能く理を顕はす門。事は理を攬《と》りて成ずれば、事は虚、理は実にして、*依他《えた》の無性、即ち*円成《えんじよう》なるが故に。五には、理を以て事を奪

行境　十仏の境涯。証悟の境地。

空有にして(空有而)　底本・甲本「空有而而」、板本による。

精覈　くわしくしらべること。

事理無礙法界　底本・甲本「理」なし。板本により補う。普通は「理事無礙法界」という。↓補

縁生　諸法が縁によって生じていること。演義鈔巻三二に「由二従レ縁生一、所以無性、是故縁生無性、是空之所以也」(正蔵三六-二四一c)とみえる。

十門　法界観門の第二理事無礙観の十門より取る(正蔵四五-六七六a以下)。

一には理事に偏する門　法界観門では「能遍之理性、無分限」(正蔵四五-六七六b)とある。

偏　底本・甲本「偏」、板本により改む。以下同じ。

依他　唯識三性説の中の第二依他起性(paratantra-svabhāva)。縁起せる諸法は、無自性であるから依他の無性という。

円成　円成実性(pariniṣpanna-svabhāva)。完全円満なる諸法の実性。五教章巻四に出。成唯識論巻八に「二空所レ顕円満成就、諸法実性、名二円成実一」(正蔵三一-四六b)。

門事　底本・甲本なし。板本により補う。

遺　底本・甲本「遺」、板本により改む。

生仏不増不減　衆生界と仏界とも無辺であるから、衆生が成仏して仏界に入っても仏界は増すことなく、衆生界は減ずることもない。起信論義記に出。

ふ門*。事既に全理なれば、事尽きて遣*《や》ることなし。故に生*仏不増不減《しょうぶつふぞうふげん》と説く。六には、事、能《よ》く理を隠す門。真理は縁に随ひて、事法を成じて、遂に事をして理を顕はして、現ぜざらしむ。故に法*身流転《ほっしんるてん》するを生《じょう》と名づくと説く。七には、真理、事に即《そく》する門。およそこの真理は、必ず事の外にあらず。法空の理なるが故に。空即ち色なるが故に。理即ち是れ事にして真理となるが故に。八には、事法、理に即する門。縁集《えんしゅう》は、必ず無性なり。挙*体《こたい》即ち真なるが故に。九には、真理は事にあらざる門。妄に即するの真は、妄に異なるが故に。十には、事法は理にあらざる門。真に即するの妄は、真に異なるが故に。この十事は、同一縁起、成*壊即離《じょうえそくり》、隠*顕一異《おんけんいちい》、逆順自在、無障無礙、同時に頓に起りて、前後あることなし。深く思ひて修習して、観*智明現《かんちめいげん》するを、即ち理事円融無礙の観門と名づく。

第四に事事無礙法界とは、または周偏含容観《しゅうへんがんようかん》と名づく。局*限の法、彼此《ひし》融するが故に。この中に即ち十*種の玄門あり。縁起の諸法は、深奥沖邈《しんおうちゅうばく》にして、該摂《がいしょう》周遍す。義、極妙《ごくみょう》なるが故に。一には同*時具足相応門《どうじぐそくそうおうもん》。一微塵《いちみじん》の中に一切の法を具す。即ち別*教等の所依の体事《たいじ》なり。十対の法、同時に相応して、一縁起を成ず。具足円満して、前後始終等の別あることなし。逆順無礙にして参《まじ》へてしかも雑《まじ》はらず。ただ単直に教義等を具するのみにあらず。また即ち後の九の玄門、およびかの門の所具の教等を具足す。この玄門は惣通の相なるを以ての故に、海*印定《かいいんじょう》中に頓に顕現するが故に、諸法を摂し尽して、遺余《いよ》あることなし。二には広*狭自在無礙門《こうきょうじざいむげもん》。この一微塵、法界に普周《ふしゅう》して、

法身流転… 法身と衆生との関係をあらわす。「経云、法身流㆓転五道㆒、名曰㆓衆生㆒」(不増不減経取意の文)。五教章巻四(正蔵四五‐四九九a)に引用。
挙体即ち真 そのもの全体が真である。挙体全真ともいう。
成壊 六相(→補)説にあり。五教章巻四に「成相者、由㆓此諸縁起成㆒故。壊相者、諸義各住㆓自法㆒、不㆓移動㆒故」(正蔵四五‐五〇七c)とある。
隠顕… 十玄門の第六に秘密隠顕倶成門あり。「六者、秘密隠顕倶成門、此上諸義、隠覆顕了、倶時成就也」(正蔵四五‐五〇六b)。華厳経疏巻二に「事望㆓於理㆒、有㆑隠有㆑顕。有㆑一有㆑異。逆順自在、無障無礙、同時頓起、深思令㆓観明現㆒。以㆑成㆓理事円融無礙観㆒也」(正蔵三五‐五一五a)とある。
観智 観法によって生ずる智慧。
局限の法 分限ある諸法。個物をいう。「局限之法」の「之」、底本不明、甲本により補う。
十種の玄門 →補「十玄門」
同時具足相応門… 華厳経疏巻二に「一蓮華葉、或一微塵、則具㆓教等十対㆒。同時相応具足円満、亦具㆓後之九門㆒。及彼門中所具教等、以㆓是総㆒故」(正蔵三五‐五一五a)とある。
別 底本・甲本「前」を改む。
海印定 →補
広狭自在無礙門 華厳経疏巻二に「二即彼華葉、普周㆓法界㆒、而不㆑壊㆓本位㆒、以㆓分即無分、無分即分㆒、広狭自在無障無礙」(正蔵三五‐五一五b)とある。

本位を壊《え》せず、法界の諸物、全《ことごと》く一塵に在り。本法を移さず、分即ち無分、無分即ち分、広狭*自在にして無障無礙なり。教等の十対、無礙同然なり。三には*一多《いちた》相容不同《そうようふどう》門《もん》。一塵己《おのれ》に舒《の》ぶれば、偏《あまね》く諸法に入り、即ち一切を摂して、己内《こない》に入れしむ。舒摂《じょしょう》同時にして、障礙あることなし。是《こ》れ相入門《そうにゅうもん》なり。四には諸法相即自在門《しょほうそうそくじざいもん》。この一塵の法は、己を廃して他に同じて、挙体全《まった》し。この故*にかの一切の法は、しかも恒《つね》に他を摂して己に同ず。彼をしてこの己体に全からしむ。一即一切、一切即一、円融自在にして、無礙成立す。五には秘密*隠顕倶成門《ひみつおんけんぐじょうもん》。*塵《じん》、能《よ》く彼を摂するときんば、一は顕《あら》はれ、多は隠《かく》る。一切、塵を摂するときんば、一は隠れ、多は顕はる。顕顕倶ならず、隠隠《おんおん》並ばず、隠顕顕隠同時無礙なり。六には微細相容安立門《みさいそうようあんりゅうもん》。この微塵の中に、微細の*刹《せつ》等あり。一切の諸法、一念の中において炳然《へいねん》として、同時に斉《ひと》しく顕*はれ、彼此を顕現して濫《みだ》れず。極めて是れ明了なること、猶《なお》し束箭《せん》の斉*しく顕現するがごとし。七には*因陀羅網境界門《いんだらもうきょうがいもん》。この一塵の中に、無辺の刹を現ず。*刹海《せっかい》の中に、また微塵あり。かの諸塵の中に、また刹海あり。是《かく》のごとく重重無尽なり。是《こ》れ*心識思量《しんしきしりょう》の境界にあらず。*依報《えほう》の微塵、*正報《しょうぼう》の毛孔、虚空《こくう》の*客塵《かくじん》および客毛《かくもう》等に、おのおの刹海および教義等あり。重重に顕現して、窮尽《ぐうじん》あることなし。*帝釈殿《たいしゃくでん》の珠網《しゅもう》をもつて上に覆《おお》ふに、一の明珠の内に万像《ばんぞう》倶に現じ、珠珠《しゅしゅ》皆爾《しか》なり、この珠、明徹*して、互相《たがい》に影を現じ、影また影を現じて、窮尽《ぐうじん》なきがごとし。八には*託事顕法生解門《たくじけんぼうしょうげもん》。この一塵を見るに、即ち無尽法界の法門を見る。この塵、即ち是れ一切の法なるが故に。是れ、これ

狭　底本・甲本「陿」、板本による。

一多相容不同門…　華厳経疏巻二に「三即此華葉、舒已遍入二一切法中一、即摂二一切一、令レ入二己内一。舒摂同時、既無二障礙一、是故鎔融」(正蔵三五‐五一五b)とある。以下各門とも澄観の十玄門の説明ときわめて類似している。

故　底本・甲本なし。板本により補う。

密　底本・甲本「蜜」、板本により改む。以下同じ。

塵　妄尽還源観に「当レ知、一塵等亦爾。若証二此理一、即得下塵含二十方一無レ虧二大小一、念包二九世一、延促同時上」(正蔵四五‐六六六b)とある。

刹　梵語 kṣetra. 刹摩。国、処の意。

顕　底本「頭」、板本により改む。

斉　底本・甲本「斉頭」、「頭」は衍、板本により削除。

因陀羅網　帝釈天にある宝網。因陀羅は梵語 Indra.「帝」と訳すから、帝網とも呼ぶ。帝網の網の線と珠玉とが重重無尽に交絡していること。

刹海　水陸のこと。法界観門に「五広陜無礙門。謂諸事法与理、非レ一即非レ異故、不レ壊二一塵一、而能広容二十方刹海一」(正蔵四五‐六八一a)とみえる。

心識思量　概念的分析、分別のこと。

依報・正報　→二三六頁注「依正」

客塵　煩悩のこと。煩悩は本来具足するのでなく、迷によっておこるから客という。「客」は底本「容」、甲本により改む。以下同じ。

帝釈殿　帝釈天の宮殿。善見城の中にあ

に託して、別に所表《しょひょう》あるにはあらず。九には十世隔法異成門《じっせきゃくほういじょうもん》。この塵、既に是れ一切処に徧し、また是れ遍して一切の時劫に通じ、およびかの時を摂するに、三世におのおの三あり、摂して一念とす、是れを十世*と名づく。時に別体なし、塵によりて以て立つ。塵既に無礙なれば、時もまた之《かく》のごとし。一念即ち無量劫《むりょうごう》、無*量劫即ち一念なり。過去に現未《げんみ》を置き、現未に過去を安《やす》んず。本相《ほんそう》を壊《え》せずして、しかも障礙なし。十には主伴円明具徳門《しゅばんえんみょうぐとくもん》。一塵生ずる時に、万法《まんぼう》随ひて生じて、以て*眷属《けんぞく》とす。万法の彼此、互に主伴となる。円教の法は、理孤《ひと》り起ることとなし。起れば必ず眷属伴侶《けんぞくばんりょ》随ひて生じて、闕減《けつげん》あることとなし。遮那の説経には、これを以て主とし、余仏を伴とす。余仏の説法には、遮那を伴とし、一方を主とし、十方を伴とす。余方もまた爾《しか》なり。主主伴伴、おのおの相見《しょうけん》せず、主伴伴主、円明具徳なり。一塵に是《かく》のごとく十玄を具足す。余の諸《もろもろ》の微塵、および一切の法、おのおの十種の玄門を具すること、皆爾なり。故に一切の法は互に摂して無礙なり、相通じ、相摂して重重無尽なり。小乗三乗は無《む》窮《ぐう》を過《か》とし、別教一乗は無窮を徳とす、挙一全収《きょいつぜんしゅう》して、円融無尽なり。

問*ふ。何の因縁ありて、この諸法をして是《かく》のごとく混融無礙《こんゆうむげ》なることあることを得しむるや。答ふ。事事無礙の所因広博なり。要略精研してその十*種あり。一には唯*心《ゆいしん》所現《しょげん》の故に。一切の諸法は真心《しんじん》の所現なり。大海の水の挙体、波《なみ》を成ずるがごとし。一切の法は一心にあらざることなきを以て、大小等の相、心に随ひて廻転《えてん》し、即ち無礙に入る。二には法に定性《じょうしょう》なきが故に。心識《しんしき》の現ずるところ、縁に随ひて生じて、定

って、殊勝殿と名づく。

徹　底本「徴」、板本により改む。

託　底本・甲本「詫」、板本により改む。以下同じ。

十世　現在・過去・未来の三世のおのおのに三世を含んで九世となり、さらに三世即一念を加えて十世となる。↓補

無量劫　底本・甲本なし。板本により補う。

眷属　仏・菩薩に従うもの。薬師仏の十二神将、千手観音の二十八部衆の類。

問ふ…　探玄記巻一の「問。有㆓何因縁㆒、令㆘此諸法得㆑有㆓如㆑是混融無礙㆒」（正蔵三五-一二四a）による。

十種　事事無礙を成り立たしめる十因。探玄記巻一（正蔵三五-一二四a～c）では、㈠縁起相由故、㈡法性融通故、㈢各唯心現故、㈣如幻不実故、㈤大小無定故、㈥無限因生故、㈦果徳円極故、㈧勝通自在故、㈨三昧大用故、㈩難思解脱故をあげる。義鏡は、澄観の華厳経疏巻二（正蔵三五-五一五c）の、㈠唯心所現故、㈡法無定性故、㈢縁起相由故、㈣法性融通故、㈤如幻夢故、㈥如影像故、㈦因無限故、㈧仏証窮故、㈨深定用故、㈩神通解脱故による。

唯心所現…　華厳経疏巻二の「初唯心現者、一切諸法、真心所現、如㆓大海水挙体成㆑波。以㆓一切法無㆑非㆓一心㆒故、大小等相、随㆑心廻転、即入㆓無礙㆒」（正蔵三五-五一六a）に同じ。

性あることなし。この故に融通して、小も定《さだ》んで小にあらず。故に能《よ》く大虚を容《い》れて、しかも余りあり。大の外《ほか》なきに同ずるを以ての故に、大も定んで大にあらず。故に能く小塵に入りて、しかも間《あいま》なし。小の内なきに同ずるを以ての故に、これ乃《すなわ》ち大虚の微塵に等しく、如塵《にょじん》の広刹《こうせつ》を含む。*法爾《ほうに》の成立に何の難きことかあらんや。

三には縁起《えんぎ》相由《そうゆう》の故に。大法界の中に縁起法海ありて、一一の法生じ、互相《たがい》に縁由す。この故に彼此即ち無礙に入る。しかもその縁起は義門無量なり。略して十門を挙げて相由の義を顕はす。一には*諸縁各異《しょえんかくい》の義。大縁起の中に諸縁相望《そうぼう》すれば、*体用《たいゆう》各別にして、まさに縁起を成ず。もし雑乱《ぞうらん》せば、本縁の法を失して、縁起成ぜず、事法あることなけん。諸縁おのおのに自の一位を守る。この故に*縁成《えんじょう》の諸法生起す。二には互偏相資《ごへんそうし》の義。この諸縁の法、互相《たがい》に偏《あまね》く応じて、まさに縁起を成じて、諸法生起す。此《かく》のごとく一縁偏く多縁に応じて、おのおのかの多《た》のために、全く一《いっ》をなすが故に、この一は則《すなわ》ち多箇の一を具するなり。もしこの一縁多の一を具せざれば、則ち*資《し》応偏《おうあまね》からずして、縁起を成ぜず。この故に一一におのおの一切を具す。三には倶存無礙の義。およそこの一縁に要《かなら》ず前の二を具して、まさに縁起を成ず。要《かなら》ず自の一に住して、まさに能く偏く応じ、偏く多縁に応じて、まさに是れ一なるが故に、唯一多一、自在無礙なり。上《かみ》の三は即ち縁起の本法なり。四には異体相入《いたいそうにゅう》の義。諸門の力用《りきゆう》は、互に依持して互に相奪ふが故に、おのおの*有力《うりき》を全うして無力の義を全うし、縁起まさに成ず。一《いっ》は力あれば、多《た》は力なくして、多は一の中に入る。多は力あれば、一は

法爾　自然(じねん)と同じ。他の造作によらず、おのずと然ること。

諸縁各異の義…　華厳経疏巻二に「大縁起中、諸縁相望、要須二体用各別一、不二相雑乱一、方成二縁起一。若雑乱者、失二本縁法一、縁起不レ成、此則諸縁各守二自一位一」(正蔵三五-五〇六a)とあるのとほとんど同じ。

体用　本体と作用。体と用とに分けて論じるのは、南北朝末から隋唐仏教においてしばしば用いられた。例せば六祖壇経に「真如是念之体、念是真如之用」(正蔵四八-三八c)とある。

縁成　底本・甲本「縁成縁成」、板本により重出を削除。

資応　互に助け、あい応ずること。

有力を…　有力と無力とによって異体相入を説明する。五教章巻四に「又由二空有義一故、有二相即門一也。由レ有二力無力義一故、有二相入門一也。由レ有二待縁不待縁義一故、有二同体異体門一也」(正蔵四五-五〇三a)とある。唯識教学の種子の六義を華厳的に改変し、因門六義をたてる。六義とは、㈠空有力不待縁、㈡空有力待縁、㈢空無力待縁、㈣有有力不待縁、㈤有有力待縁、㈥有無力待縁である。なお智儼の五十要問答巻下(正蔵四五-五三一b)など参照。

異体相即の義　有体と無体との義があって相即が成り立つ。記述は華厳経疏と同じ。

体用双融の義　体と用は一法上の体用であって、不離である。相入よりいう時は、用は体を全うしたる用であり、鏡の明の外に鏡体なく、相即よりいうときは、体

力なくして、一は多の中に入る。五には異体相即《いたいそうそく》の義。諸縁相望するに、全体形奪《ぜんたいぎょうだつ》して、有体無体《うたいむたい》の縁起まさに成ず。もし一の縁を闕《か》くれば、余は起ることを成ぜず。この一の縁を得れば、一切起ることを成ず。一は有体、多は無体の故に、多は一に即す。多は有体、一は無体の故に、一は多に即す。六には体用双融《たいゆうそうゆう》の義。諸《もろもろ》の縁起の法は、力用《りきゆう》交渉し、全体融合して、まさに縁起を成ず。故に体を全うするの用、用を全うするの体、自在無礙にして円融一味なり。この上の三門は、初の異体において義理を弁ずるなり。七には同体相入の義。前の一縁の所有の多の一とかの一縁と、体別なきが故に、名づけて同体とす。この一縁、多縁に応ずるによるが故に、この多の一あり。所応の多縁、既に相即入《あい》す。今この多の一にまた即入あり。言ふところの相入とは、一縁は力ありて、能く多の一を持し、多の一は力なくして、かの一縁による。この故に一能く多を摂して、多便《すなわ》ち一に入る。一、多に入りて摂すること、上に反して知んぬべし。八には同体相即《どうたいそうそく》の義。前の一縁所具《しょぐ》の多の一も、また有体・無体の義あるが故に、また相即《そうそく》す。多の一の無体は、本の一によるを以て、多を成ずるも、即ち一なり。本の一の有体によりて、能く多の一を作し、これに多を摂せしむ。一は有《う》、多は空なること、既に爾《しか》なるがごとく、多は有、一は空なることまた然なり。九には倶融無礙《くゆうむげ》の義。この門は前の体用双融《そうゆう》に同じく、即入自在なり。この上の三門は、前の第二の同体門の中において、義理を弁ずるなり。十には同異円満《どういえんまん》の義。前の九門惣合して、即ち一大縁起を成ず。この故に即ち十種の玄門を具す。多種の義門、同時に具足して、

は用を全うしたる体であって、水体の外に湿性の用なきが如し。

同体相入の義… 第四門異体相入義、第五門異体相即義、第六門体用双融義の三門は、異体に約して論じたのに対し、第七門同体相入義、第八門同体相即義、第九門倶融無礙義の三門は、同体に約して相即・相入・無礙なる所以を明らかにする。

相入 相入と相即について、演義鈔巻一(正蔵三六‐七六b)では、相入は二鏡相照するが如く、相即は波と水との関係に喩えている。

同体相即の義 有体・無体の義から同体相即を論じる。

同異円満の義… 前九門の総合。㈠諸縁各異義、㈡互徧相資義、㈢倶存無礙義の三門は縁起の根本、㈣㈤㈥門は異体門、㈦㈧㈨門は同体門、この九門すべてを摂して一大縁起を説いたのが第十門である。華厳雑章門、法界縁起章(正蔵四五‐六二〇a)に、⑴縁起相由門、⑵法性融通門、⑶縁性双顕門、⑷理事分無門の四門をあげ、⑴縁起相由門に三門ありとし、㈠諸縁互異門、即異体也、㈡諸縁互応門、即同体也、㈢応異無礙門、即双摂弁二同異一也とし、この三門に「一互相依持、力無力義、由レ此得二相入一也、二互相形奪、体無体義、由レ此得二相即一也、三体用双融、有無義、由レ此即入同時自在也」の三義ありとしているのは、探玄記・華厳経疏の説に同じ。縁起門をもって主とするから縁起相由の一門を詳しく説明し、他の九門は簡略した。

*一の偏応《へんおう》に住して広狭門《こうきょうもん》あり。体につき、用につきて、相即相入して、乃《いま》し相関に至る。互に摂して*主伴門《しゅばんもん》あり。これ円満の義なり。前の第三門の中において、義理を弁ずるなり。是《かく》のごとくの*縁起相由《そうゆう》あるによりて、この故に一多互融し、大小即入す。

四には法性融通の故に。もしただ事に約《やく》せば、互に相障礙し、もしただ理に約せば、ただ是れ一味にして、即入すべきことなし。理事融通して、この無礙を具するを、理に異ならざるの一と謂ふ。事に具に理を摂する時、かの理に異ならざるの多事をして、所依の理に随ひて一の中に皆《みな》現ぜしむ。もし一事の中に理を摂すること尽きずは、則ち真理において分限ある失あらん。もし一事の中に理を摂すること是れ尽《つ》きて、その多事、理に随ひて現ぜずんば、則ち事は理の外に在るの失あらん。今既に一事の中に全《ことごと》く理を摂し尽す、多事あに中において現ぜざるや。故に理の融するによりて、一塵の中において、十玄門を具して無礙自在なり。五には幻夢のごとくなるが故に。猶《なお》し*幻師の能く一物を幻じて、以て種種とし、種種の物を幻じて、以て一物とするがごとし。諸法もまた爾《しか》なり。故に互に融通すること、猶し夢中の所見は広大なれども、未だ*枕上に移さず、歴時久遠《りゃくじくおん》なれども、未だ*須臾《しゅゆ》を経《へ》ざるがごとく、諸法もまた爾《しか》なり。故に能く融通す。六には*影像《ようぞう》のごときなるが故に。一切の諸法に皆《みな》二義を具す。一には猶し明鏡の明了の性を含むがごとし。一心明了なるを、以て能現《のうげん》とす。二には猶し影像のごとし。分別する所有の一切の諸法を、以て所現とするが故に。一切の法、互に鏡像《きょうぞう》となる。鏡の互に照して、本相を壊せざるがごとし。この故に諸法

一の偏応に住して広狭門あり　華厳経疏巻二に「由二住レ一遍応一故、有二広陝自在門一」(正蔵三五-五一七a)とある。探玄記も同じ。演義鈔巻一一、これを釈して「住レ一故狭、遍応故広」(正蔵三六-八六a)となす。広狭自在門は十玄門の第二広狭自在無礙門をさす。

主伴門　十玄門の第十主伴円明具徳門をさす。

縁起相由　五教章巻一「教起前後」において海印定中一時炳現の説を成立するのに「同一縁起故、無二二相一故」(正蔵四五-四八二b)をあげているが、前者は縁起相由、後者は法性融通に当る。探玄記巻四に「此経中相即相入義、釈皆有二二門一、一約二縁起相由門一、二約二法性融通門一」(正蔵三五-一七三c)とあり、華厳経疏巻一六では円融通摂門に二門ありとし、「一縁起相由門、二法界融摂門」(正蔵三五-六二八c)をあげる。そのほかに遊心法界記(正蔵四五-六四六c)・華厳旨帰(正蔵四五-五九五a～b)など参照。

幻師　八十華厳巻一五、賢首品に「譬如下幻師知二幻法一能現二種種無量事一、須臾示中作日月歳、城邑豊饒大安楽等上」(正蔵一〇-七六c)。

枕上　玄談巻七に「昔人云二枕上片時、春夢中行、尽江南数千里等一。亦時非レ離二須臾一也」(続蔵一-八-四-三六五c)とある。

須臾　時の量。一刹那。

影像　妄分別によって心上に現われた種々の相。八十華厳巻四四、十忍品に「然諸衆生、知三於此処有二是影現一。亦知三彼処無二如レ是影一。遠物近物、雖二皆影現一、影不

円融無礙なり。七には因無限《いんむげん》の故に。諸仏菩薩、昔《むかし》因中に在りて、常に縁起無性《むしょう》等の観を修して、大願《だいがん》をもて廻向《えこう》して、等しく法界に称《かな》ひ、および余の無量の殊勝の因を修するが故に。今《いま》果位において、所作無礙《しょさむげ》なり。この故に事事に十玄門を具す。八には仏は証窮《しょうきわ》まるが故に。真性*に冥するによりて如性の用を得。九には深定《しんじょう》の用なるが故に。*海印定《かいいんじょう》等の諸《もろもろ》の三昧力《ざんまいりき》あり。十には神通解脱《じんずうげだつ》の故に。十通*および不思議解脱等によるが故に。上の十因によりて、前の教義等の十対をして、上の同時等の十門を具せしめて、以て別教一乗の義理分斉《ぎりぶんざい》とす。しかもこの十因の随一にこれありて、かの諸法をして混融無礙《こんゆうむげ》ならしむ。この円融の法に、*徳相門《とくそうもん》あり、*業用門《ごうゆうもん》あり。自内《じない》の所得を名づけて徳相とし、随物《ずいもつ》の示現《じげん》を名づけて業用《ごうゆう》とす。この十玄、すべては二種に通ず。この十因*の中に、前の六因は、通じて法性《ほっしょう》に約して徳相とす。法爾《ほうに》に因りて是《かく》のごとし。後の二はならびに是《こ》れただ業用に在りて、義は因果に通ず。七には起修《きしゅう》の義に約して徳用に通ず。八には果徳に約すれば、ただ是れ徳相なり。仏に約するときんば、用にしてまた徳相なり。徳が上の用なるが故に。機に約するときんば、相なり、また用と称す。相《そう》を知らしむるが故に。用に即《そく》するの相なれば、染浄相融《ぜんじょうそうゆう》なり。相に即するの用なれば、能《よ》く染、能く浄なり。故に相および用、両別を分たず。

上来に明かすところの四種の法界は、即ち華厳宗の義理分斉*なり。一塵の法界是れその体なり。何となれば、*法性随縁《ほっしょうずいえん》して即ち成ず。一塵の中に真理を摂し尽す。一切の万法、塵理《じんり》を離れず。この故に万法と塵理と、倶《とも》に一塵の中に入る。塵の外に理なく、

レ随レ物、而有二近遠一」(正蔵一〇-三三b)。

真性 不妄を真、不変を性という。

海印定 海印三昧。↓補

十通 十神通。宿命通・天耳通・他心通・天眼通・五種の神足智通・漏尽通の十種。六十華厳巻三八、離世間品(正蔵九-六三九b)に出。

徳相門 慧苑は事事無礙法界を体事・徳相・業用の三門に分けて説く。続華厳経疏刊定記巻一に「第二徳相者、第八廻向説二真如一百門徳一、皆名二真如相一」(続蔵一-五-一-一二d)とある。

業用門 同時具足相応・相即・相在・相入・相作・純雑・隠顕・主伴・微細・如因陀羅の十用。刊定記巻一(続蔵一-五-一-一三c以下)に出。

因 底本・甲本「由」、板本により改む。

義理分斉 教義の核心を説く領域分野。五教章巻一(正蔵四五-四七七a以下)では、㈠建立一乗、㈡教義摂益、㈢古今立教、㈣分教開宗、㈤乗教開合、㈥起教前後、㈦決択其意、㈧施設異相、㈨所詮差別、㈩義理分斉となっている。

法性随縁 真如随縁のこと。真如に不変と随縁の義あり、浄縁と染縁とに従って、還滅の因果と、流転の因果を起こすこと。起信論義記巻上に「法性者、明二此真体普遍義一。謂非下直与二前仏宝一為上レ体。亦乃通与二一切法一為レ性。即顕下真如遍二於染浄一、通二情非情一深広之義上」(正蔵四四-二四七c)。

また諸法なし。塵塵皆爾《しか》なり、法法もまた爾なり。且《しばら》く一塵につきて四界を具すとは、縁生《えんしょう》の一塵は、是れ事法界なり。塵《じん》、無性の理は、即ち理法界なり。塵と理と相望《そうぼう》するは、是れ事理無礙法界なり。諸法塵に入れば塵*反《かえ》りて諸法となるは、即ち是れ事と事とを相望して融通す、是れ事事無礙法界なり。この中に即ちその十玄門あり、即ち是れ事事無礙の相状なり。万法を見んと欲せば、一塵に入るべし。一塵に入ることを得て、法を見るに遺ることとなし。一塵法界の相貌是《そうぼうかく》のごとし。法法また爾なり。謂《いわ》く、一毛法界、一華《いっけ》法界、*一香法界、一色《いっしき》法界、刹那の心念法界もまた爾なり。是のごとく法法の相状皆爾なり。華厳円宗の一味法界は彼此を簡ばず。何の法に入るに随《したが》ひても、即ち法界を見て、*性源《しょうげん》を窮尽《ぐうじん》す。四種の法界に一界を挙ぐるに随ひて、全く三界を摂す。一法を挙ぐるに随ひて、四種の法界なり。全く一切の諸法の四界を摂す。いかに況《いわ》んや、万法双《なら》べて、*頓証《とんしょう》・*遍証《へんしょう》を見るや。円教普周《ふしゅう》の事義《じぎ》、是のごとし。

第五*　観行《かんぎょう》の状貌《じょうぼう》

問ふ。別教一乗の*普賢《ふげん》法界、*心観要門は行相云何《ぎょうそういかん》。答ふ。夫《そ》れ*普賢観門とは、妄《もう》を出でて真に入るの幽《ゆう》*鍵《けん》なり。本覚常湛《ほんかくじょうたん》にして、四相《しそう》の遷《うつ》るところにあらず。法体弥綸《ほったいみりん》して、十方の限るところにあらず。真妄《しんもう》を貫きて窮尽し、生滅《しょうめつ》を該《か》ねて徹究《てっく》す。これを観ずる者は心なり。これに契《かな》ふ者は智なり。赫日《かくじつ》を懸《かか》げて遍《あまね》く照し、巨火《きょか》を燃して明らかに耀《かがや》かす。*三際《さんさい》を亡ぼして*体実《たいじつ》に合し、四句を泯じて本原《ほんげん》に居す。朗慧*、境

塵　底本なし。甲本により補う。
一香法界　次の一色法界とともに天台の影響か。天台の「一色一香無比中道」なる有名な言葉より取ったか。天台の法界については、華厳経の唯心偈を引用して、「不可思議境者、如㆓華厳云㆒。心如㆔工画師、造㆓種種五陰㆒。一切世間中、莫㆑不㆓従㆑心造㆒。種種五陰者、如㆓前十法界五陰㆒也」(正蔵四六-五二c)とある。
性源　真性の本源。
頓証　頓証菩提のこと。速疾に菩提の妙果を証得すること。禅宗の頓悟に類似。五教章巻一に頓を説明して「頓者、言説頓絶、理性頓顕、解行頓成、一念不生、即是仏等。故楞伽云、頓者如㆓鏡中像頓現㆒非㆑漸、此之謂也」(正蔵四五-四八一b)という。李通玄の新華厳経論巻二に「頓見仏性、便成正覚」(正蔵三六-六二九a)の語あり。智儼は速疾成仏について「無念疾得成仏者、一切法不生、一切法不滅。若能如㆑是解、是人見㆓真仏㆒故」(正蔵四五-五八五c)という。
遍証　あまねく悟ること。
第五…　華厳の観法や、十重唯識を明らかにする。
普賢法界　普賢の境涯。探玄記巻一八に「此五十五会、二主統収。初文殊至㆓後文殊㆒。是文殊位属㆓般若門㆒、後普賢一位属㆓法界門㆒。非㆓般若㆒、無㆔以入㆓法界㆒。是故善財創見㆓於文殊㆒、非㆑入㆓法界㆒、無㆔以顕㆓般若㆒。是故善財終見㆓於普賢㆒、是故二人寄㆓二位㆒、以明㆓入法界㆒」(正蔵三五-四五一a)とある。
心観要門　二四七頁に「今華厳宗別教一

に対して、函蓋《かんがい》の相称《あいかな》ふがごとく、明智、理に入りて、刀鞘《とうしょう》の契会《かいえ》するに似たり。もし妙智にあらずんば、妙境を観ぜず。もし真慧《しんえ》にあらずんば、真理を証することなし。境界玄なるが故に、心観もまた玄なり。智慮妙なるが故に、境法《きょうほう》もまた妙なり。*境に即するの智なるが故に。智に即するの境なるが故に。

今華厳宗別教《べっきょう》一乗は、正しく定学を詮《あら》はし、専《もっぱ》ら心観を明かす。観行の方法、ただこの経に在り。故に*演義鈔《えんぎしょう》の一の下に云く、「経は通じて三学を詮はすと雖も、正しくは定《じょう》を詮はす。皆是れ如来定心《じょうしん》の所演《しょえん》なるが故に。経に云《いわ》く、汝が説くところは、文語にして義にあらず。わが説くところは、義語にして文にあらずと。況んや華厳の性海《しょうかい》は覚場《かくじょう》を離れずして説きたまふ。仏の所証の海印三昧《かいいんざんまい》は、親しく発揮するところの諸大菩薩の定心の所*受なり。」〈已上〉まさに知るべし。釈迦毘盧遮那、*自内証《じないしょう》の極《きわ》み、*性起見聞《しょうきけんもん》に至る物のために用を起す。*十門に性起無方《しょうきむほう》の大用《だいゆう》、始め*出現惣相《そうそう》より、終り性起の致すところの一乗海印三昧の所現にあらざることなし。即ち是れ定心・定用の致すところなり。今この七処九会《しちしょくえ》の説*義、即ち是れ性起転法輪《しょうきてんぼうりん》の相なり。この故に一部の文句句、皆《みな》是れ海印三昧を体とす。九会の法門、また多くは定による。*或いは是れ菩薩、定に入り、加を承《う》け、かの法を説きて、以て説主となる。或いは是れ教主自《みずか》ら三昧に入りて、顕はすところの諸法の深義を示現す。海印は是れ通なり。諸会《しょえ》に通ずるが故に。毘盧遮那の蔵身《ぞうしん》等の定《じょう》は、即ち是れ別定《べつじょう》なり。会の別を示すが故に。同聞の大衆もまた定心の受なり。初地《しょち》已上《いじょう》、*理心を証するが故に。況んや八地已上は無漏相《むろそう》

乗は、正しく定学を詮はし、専ら心観を明かす」とある。

普賢観門　普賢の観行を説く。法蔵撰とされる普賢観行法門(続蔵一-二-八-一)あり。

鍵　底本・甲本「揵」、板本により改む。

ところ(所)　底本・甲本「欣」、板本により改む。

三際　前際・後際・中際で、過去・未来・現在の三世のこと。

体実　実諦、本性の意。

慧　底本・甲本「恵」、板本により改む。

境に即する…　境智不二をあらわす。義海百門の「了境智」(正蔵四五-六三b)参照。

演義鈔の一の下に…　演義鈔巻一に「第二顕示心観、不俟参禅者。以下経雖三通詮二三学一、正詮二於定一。皆是如来定心所演上。故経云、汝所説者、文語非レ義。我所説者、義語非レ文。況華厳性海不レ離二覚場一。説二仏所証一、海印三昧親所二発揮一。諸大菩薩定心所レ受」(正蔵三六-一六c)。

受　底本「愛」、甲本により改む。

自内証　仏所証の悟り。

十門　凝然の五教章通路記巻一七に「性起品中、如来大用、十門性起、以顕二始終一」(正蔵七二-四三四b)とみえる。

出現　八十華厳巻五〇〜五二、出現品。

性起　六十華厳では性起品。性起と如来出現とは同じ。仏性現起のこと。→補

義　底本・甲本「儀」、板本により改む。

或　底本・甲本「惑」、板本により改む。以下同じ。

理心　事心に対して根本心をあらわす。

続《ぞく》す。いかに況んや信位《しんい》の満心《まんしん》に、頓に諸位乃至仏果を得るをや。この故に、この位に自証窮究《じしょうぐうく》して、自然《じねん》に無方《むほう》の大用《だいゆう》を施作《せさ》す。十大三昧《じゅうだいざんまい》は以て無尽を顕はす。既に十定を得、一一の定用、周遍該通《しゅうへんがいつう》して、思議《しぎ》すべからず。是《かく》のごとくの法を得る一切の菩薩は、ならびに是れ定心に受くるところ、持するところなり。諸《もろもろ》の神主《しんしゅ》等は、皆《みな》是れ上地、或いは是れ信満得法《しんまんとくほう》の身なり。この経の衆海は、多くは是れ第二解行《げぎょう》の得法自在の身なるが故に。海印は通定《つうじょう》なり、是れ仏に約《やく》するが故に。諸会《しょえ》は別定《べつじょう》なり、説主に約するが故に。一経の始末《しまつ》、皆《みな》是れ定門《じょうもん》なり。この故に九会の所説の法門は、一一に即ち是れ観門の行相なり。故に演義《えんぎ》に云く、「四十二位の昭彰《しょうしょう》なる、ならびに観行《かんぎょう》と称す。九会《くえ》五周《ごしゅう》の因果、仏道まさに円《まど》かなり。故に、もしくは相、もしくは性、もしくは因、もしくは果、観を成ぜざることなく、真に契《かな》はざることなし。経によりて修行せよ。ならびに是れ聖意なり。」〈巳上〉この故にまさに知るべし。観を起してこれを修すれば、三十九品は皆是れ観行なり。第一会の妙厳品《みょうごんぼん》の中のごとき、摩竭提国《まかだこく》に始めて正覚を成じたまふ。菩提場《ぼだいじょう》の地、地上の道樹《どうじゅ》、樹下の仏座、座上の教主、正覚の相《すがた》は、三業《さんごう》の普周《ふしゅう》、化用《けゆう》の自在なり。海会《かいえ》の大衆《だいしゅ》は、一一の功徳《くどく》なり。供養《くよう》の衆は、仏の功徳を歎ず。華蔵《けぞう》の六種十八動等と、現相品《げんそうぼん》の中の種種の事業は、普賢三昧所有の諸法なり。いかに況んや世界成就と華蔵世界とは、特に観行に順じて、細《こまや》かに幽致《ゆうち》を陳《の》ぶ。自下の諸会・諸品の所説、その事皆爾《しか》なり。繁を恐れてこれを略す。

もしくは誦《じゅ》、もしくは読《どく》、もしくは書《しょ》、ならびに心観《しんかん》に冥《めい》して、定意《じょうい》を離れず。境

信位の満心　信満成仏のこと。十信の満心勝進分の上に仏位を得る。

十大三昧　六十華厳巻六、賢首品の「或有二利土一無レ有レ仏」(正蔵九-四三四b)以下二百頌半が無方大用分を明かす。探玄記巻四に「一円明海印三昧門、二華厳妙行三昧門、三因陀羅網三昧門、四手出広供三昧門、五現諸法門三昧門、六四摂摂生三昧門、七窮同世間三昧門、八毛光覚照三昧門、九主伴厳麗三昧門、十寂用無涯三昧門」(正蔵三五-一八八c〜九a)をあぐ。

約　底本不明、甲本により補う。

演義に云く…　演義鈔巻三に「四十二位之昭彰、並称二観行一。九会五周之因果、仏道方円故。若相若性、若因若果、無レ不レ成レ観、無レ不レ契レ真。依レ経修行、並是聖意」(正蔵三六-一八a)とある。

妙厳品　八十華厳巻一、世主妙厳品。

摩竭提国　梵語 Magadha. 中インド、王舎城のある国名。

三業　探玄記巻四に「此品明二身業遍応一。謂名号依レ身而立故。四諦品明二仏口業普周一。光明覚品明二仏意業遍覚一」(正蔵三五-一六七a)とある。

普賢三昧　文殊の般若に対して、普賢は三昧を司る。探玄記巻一八に「普賢三昧自在、文殊般若自在」(正蔵三五-四四一c)。

世界成就　八十華厳巻七、世界成就品。

華蔵世界　八十華厳巻八〜一〇、華蔵世界品。

を泯《みん》じ、心を亡《ぼう》ず。説誦に違《い》せず。説即ち無性なれば、無性にして説く。終日*読誦《どくじゅ》するは皆是れ観行なり。竟夜観修《きょうやかんしゅう》するはまた即ち書談なり。故に*演義に云く、「解《げ》に造《いた》りて観を成ず。事《じ》に即し、行《ぎょう》に即して、口にその言を談じ、その理に詣《いた》る。〈乃至〉教は*亡言《ぼうげん》の旨に合し、心は諸仏の心に同ず。教理の規に違ふことなくして、暗に忘心《ぼうしん》の域を踏む。」〈已上〉これは是れ*清涼《しょうりょう》大師、*疏《そ》を造《つく》りて経を釈するの意なり。これ乃《すなわ》ち、聖教を明鏡として自心を照見《しょうけん》し、自心を智燈《ちとう》として経の幽旨を照す。玄の言理の説、深く教意に契《かな》ふ。己《おのれ》を虚にして宗を求むるに、専《もっぱ》ら仏心に冥《かな》ふ。万行《まんぎょう》、自心を照し、自心、万行を摂す。*宗は玄奥《げんのう》に通じ、説は融液《ゆうえき》に通ず。宗説兼ね暢《の》ぶ、是れ真乗《しんじょう》の人なり。是《かく》のごとく道を学すれば、念念に覚を成じ、是のごとく法を談ずれば、新新《しんしん》に物を利す。もし説相に約せば、経に異端《いたん》あり。或いは*化儀《けぎ》とし、或いは由漸《ゆいぜん》とす。或いは解《げ》のためにして説き、或いは行のためにして説く。所信能信、所証能証《しょしょうのうしょう》、是《かく》のごとく一にあらず、勢変不同なり。衆を集め、光を放つは、是れを化儀とす。定に入りて*加《け》を受くるは、*是れを由漸とす。*修生修顕《しゅうしょうしゅうけん》、是れを生解《しょうげ》とす。離世間品《りせけんぼん》は是れを*成行《じょうぎょう》とす。第二会の中には、*問明《もんみょう》を解《げ》とし、*浄行《じょうぎょう》を行とす。第三会の中の*十住は是れ解、*梵行《ぼんぎょう》は即ち行なり。是のごとき等の相は、具《つぶさ》に述ぶべからず。その解門《げもん》の処は、応に即して*解を成じ、*その観門の処は、応に即して観を成ず。前後二途、応に約せば、随ひて融会《ゆうえ》す。或いは全、或いは分、自住するに壅《ふさ》がることなし。惣じて大途に約せば、多くは是れ観行なり。観は*事に違せず、行は理に契《かな》ふ。無礙《むげ》鎔融《ようゆう》して、平等一味《びょうどういちみ》

読誦 梁高僧伝巻一二に「諷誦之利大矣。而成二其功一者希焉。良由三総持難レ得、惛忘易二生一」(正蔵五〇-四〇九a)とある。
演義に云く… 演義鈔巻二に「使三造レ解成レ観、即レ事即レ行。口談二其言一、心詣二其理一、用三以心伝心立旨一、開三示諸仏所証之門一。会二南北二宗之禅門一、撮二台衡三観之玄趣一。使下教合二亡言之旨一、心同中諸仏之心上。無レ違二教理之規一、暗踏二忘心之域一」(正蔵三六-一七a)とある。
亡言 言詮を忘じた絶言絶慮の境地。
清涼大師 澄観。→補
疏 八十華厳の注釈たる華厳経疏。
宗 基の大乗法苑義林章巻一に「夫論レ宗者、崇・尊・主義。聖教所レ崇、所レ尊、所レ主、名為レ宗故」(正蔵四五-二四九c)。
化儀 教化の儀式。天台に化儀の四教あり。
加 加行。正位に入る準備として一段の力を加えて修行すること。
是 底本・甲本なし。板本により補う。
修生修顕 修行によって仏果を得、修行によって仏果を顕わすことで、自然法爾に対する言葉。
成行 修行が完成すること。
問明 八十華厳巻一三、問明品。
浄行 八十華厳巻一四、浄行品。
十住 八十華厳巻一六、十住品。
梵行 八十華厳巻一七、梵行品。
解・その 底本「解其」不明、甲本により補う。
事 底本・甲本「事事」、板本により重出を削除。

なり。しかれば則ち浄行品《じょうぎょうぼん》の中の一百余の願*は、三業六根《さんごうろくこん》、行住*坐臥、起居動止、剃《てい》髪染衣*《はつぜんえ》、受食飲水《じゅじきおんすい》、*嚼枝漱口《しゃくしそうこう》、大小出入、往還進退、礼仏誦経《らいぶつじゅきょう》、事に即《そく》してしかも真なれば、別に求むることを仮《か》らず、観《かん》、事《じ》を融するを以て、念念に観を成ず。梵行品の中の*十種の梵行、三業の威儀、止作浄戒《しさじょうかい》、*遮情表徳《しゃじょうひょうとく》、境を泯《みん》じ、心を融す。初心《しょしん》即ち極《ごく》なれば、この観に過ぎたることなし。十行、十度、十蔵、十向、事理双修《そうしゅう》し、事事鎔融す。重重無尽にして思議の境にあらず。

十地品の中の観行、一にあらず。*初地の施行《せぎょう》、二地の戒行《かいぎょう》、三地の八定《はちじょう》、四地の道品、五地の諸諦、六地の縁生《えんしょう》、七地の一切菩提分法《いっさいぼだいぶんぼう》、八地の無功《むく》、九地の法施《ほっせ》、十地の雲雨《うんう》、諸乗の法に寄せて、事を修して観を成ず。*十定、十通、十忍等の法、乃至離《り》世《せ》の*二千の行法、入法界品の*本末の二会、*頓証漸証《とんしょうぜんしょう》、*歴位《りゃくい》の求法《ぐほう》、聞修証得《もんしゅうしょうとく》、惣別《そうべつ》麁細《そさい》、*去来《こらい》順逆*、是のごとき等の法、窮尽《ぐうじん》せざることなし。いづれの事か行にあらざる、いづれの門か観にあらざる。解に約すれば皆《みな》解、徳に約すれば皆《みな》徳、一を挙ぐるに全く成ず、定まれる彼此なし。法法塵塵《ほうほうじんじん》、その相是《かく》のごとし。この外、余なく、別に求むべきなし。是のごとく趣向《しゅこう》するを、即ち普門《ふもん》と名づく。もし一隅に趣《おもむ》かば、即ち一門と名づく。*普門を全うして、全く一門*なり。普と一と互に摂して、彼此無礙なり。惣相然りと雖も、門に随ひて相を明かすに、別体なきにあらず。状貌また多し。

祖師の述ぶるところの行儀一にあらず。略して十類を挙げて、以て規模《きも》とす。

一には法界観*一巻。三重の観を建立して、修の方軌を明かす。一には真空絶相観。

願　探玄記巻四に「三宗者、以二願海一為レ宗。但願有二四種一。一誓願、謂行前要期等。二行願、此有二二種一。一興レ行倶起。二但対レ事発レ願。則此是行以レ防レ心不レ散故。三行後願、謂以レ行廻向願レ得二菩提一等。四自体無礙願、謂大願究竟同二法性海一、任運成二弁一切諸事一」(正蔵三五-一八四c)とある。なお同巻に「有二一百四十願一、通答二前諸問一」(正蔵三五-一八五c)とある。

住　底本・甲本「柱」、板本により改む。

衣　底本・甲本「夜」、甲本傍記による。

嚼枝漱口　楊枝を使い口をすすぐ。「漱」は底本・甲本「瀬」、板本により改む。

十種の梵行　探玄記巻五に「出家人修二出世行一、要依二此十法一、方成二梵行一。謂三宝及戒是四不壊浄境、即所信所入也。身口意是能修行具、即能信能入也」(正蔵三五-二〇一c)とある。

遮情表徳　妄情を遮し、果徳を表わす。

初地の施行…　華厳経疏巻三一に「初地修願行、二地戒行、三禅行、四道品行、五四諦行、六縁生行、七菩提分行、八浄土行、九説法行、十受位行」(正蔵三五-七三五b)。

十定…乃至離世　華厳経の品名。

二千の行法　探玄記巻一七に「広答二二千一為レ相。讃成二益レ物為レ用義一。理中平等性海為レ海」(正蔵三五-四一八c)とある。

本末の二会　探玄記巻一八に「四釈文者、此一品中大分有レ二。初明二本会一。二爾時文殊従善住楼閣出已下明二末会一。亦則前明二果法界一、後明二因法界一。又前明二頓入法界一、後明二漸入法界一」(正蔵三五-四四一c)。

頓証漸証　頓悟と漸悟。

是れ理法界なり。二には理事無礙観。即ちかの法界なり。三には周遍含容観。是れ事事無礙法界なり。この三重の観におのおの十門あり。四法界の中に事法界を除く*。しかる所以《ゆえん》は、*玄鏡《げんきょう》に云く、「その事法界は歴別《りゃくべつ》して陳《の》べ難し。一一の事相、皆《みな》観を成ずべきが故に、略して明かさず。惣じて三観所依の体とす。」〈已上〉別門のために せず、事を観ぜざるにあらず。三重の大概は、四界の中の法界観門のごとし。根本要章は、*始祖杜順帝心《しそとじゅんていしん》尊者、創《はじ》めて妙宗を開き、これを*至相智儼《しそうちごん》大師に授く。儼祖《ごんそ》これを*香象《こうしょう》大師に授く。*清涼《しょうりょう》これを翫《もてあそ》びて、その玄鏡《げんきょう》を作る。*宗密《しゅみつ》これを承《う》けて、その註解を作る。香象大師の*菩提心章《ぼだいしんしょう》に、かの観文《かんもん》を載せて、発心《ほっしん》の相を明かす。

二には華厳三昧観《けごんざいまいかん》。杜順尊者、*五教止観《ごきょうしかん》一巻を作りて、教に随ひて相を陳ぶ。その円教の観を華厳三昧門*と名づく。情を亡じ、解《げ》を絶す。相を泯じ、行を成ず。まことに大縁起際《だいえんぎさい》に入るの直道《じきどう》、法界本処に至るの要門なり。賢首《げんじゅ》〈香象〉大師、*遊心法界記《ゆうじんほっかいき》一巻を作る。その中の所有は五教観に同ず。円教の観行に全くこの文を戴す。賢首師、また*華厳三昧章《けごんさんまいしょう》を作れり。

三には*妄尽還源観《もうじんげんげんかん》一巻。賢首師、彼を作るに六門あり、惣じて観行を明かす。即ち是れ増数重開の相なり。一には体、二には用《ゆう》、三には徧《へん》、四には徳、五には止《し》、六には観なり。惣合してその二十一門あり。その四の徳相は、是れ事の妙用《みょうゆう》なり。余《よ》は即ち円満普周観門なり。

四には*普賢観《ふげんかん》。賢首大師、普賢観行《ふげんかんぎょう》一巻を作りて、惣じて二門とす。一には普賢観、

歴位の求法 善財童子の求道。
去来 義海百門に「九推去来者、謂塵随レ風東去時、求ニ去相一不レ可レ得。随レ風西来時、求ニ来相一亦不レ可レ得。皆唯塵法、竟無ニ来去之相一。以レ無レ実故。来時無レ所ニ従来一、去時亦無レ所レ去」(正蔵四五-六三八a)。
順逆 義海百門に「八通逆順者、謂挙ニ塵相一。不ニ必見一レ理為レ逆、以ニ塵無体即空一為レ順。由ニ相取一不レ可レ得、逆則常順。以レ理不レ礙レ事、順則常逆。由ニ事理融通一。是以逆順無礙自在用也」(正蔵四五-六三三c)。
普 底本・甲本「普普」、板本により重出を削除。
門 底本・甲本なし。板本により補う。
法界観 杜順作とされる華厳法界観(正蔵四五)、法界玄鏡に収録。
除 底本・甲本「際」、甲本傍記による。
玄鏡に云く… 玄鏡は、華厳法界玄鏡(正蔵四五)。法界観門の注釈書。法界玄鏡巻上に「其事法界歴別難レ陳。一一事相、皆可レ成レ観、故略不レ明。総為ニ三観所依体一」(正蔵四五-六七三c)。
始祖 →補
至相 →補
香象大師 →補
清涼 →補
宗密 底本・甲本「宗蜜」、板本により改む。以下同じ。→補
菩提心章 華厳発菩提心章(正蔵四五)。
五教止観 小・始・終・頓・円の五教の名称のもとに各止観の修相を明かす。→補
華厳三昧門 五教止観に「行人修道簡邪入正止観法門有レ五。一法有我無門〈小乗

即ち十重の止観なり。二には普賢行、即ち十重の事行にして、今是れはその一なり。言ふところの十重止観の相とは、一には会*相帰性の止観、二には依理起行の止観、三には理事無礙の止観、四には理事倶泯《りじくみん》の止観、五には心境融通の止観、六には事融相在《じゆうそうざい》の止観、七には諸仏相是《しよぶつそうぜ》の止観、八には即入無礙《そくにゆうむげ》の止観、九には帝網重現《ていもうじゆうげん》の止観、十には主伴円備《しゆばんえんび》の止観なり。この観をまた色*空観と名づくるなり。

五には*唯識観《ゆいしきかん》。探玄記《たんげんき》の中の第六地の処に、経の三界は虚妄《こもう》にして、ただ一心の作*なりといふの文を釈するに、十重の唯識を開きて、その浅深《せんじん》を簡覈《かんかく》す。*清涼《しようりよう》・圭山《けいざん》、依憑《えひよう》として賛陳《さんちん》す。

六には*華蔵世界観《けぞうせかいかん》一巻。賢首師の作なり。これは是れ華蔵界の相を観察す。しかれば則ち、風輪重重《ふうりんちようちよう》にして、無尽の荘厳《しようごん》を持し、香*水澄澄《ちようちよう》として、広大の蓮華《れんげ》を生じ、法界の量に等同して、香幢《こうとう》の上に居す。金山の体を荘飾して、大蓮華の辺を続《めぐ》る。*刹《せつ》種界性《しゆかいしよう》、縦横に安布し、宝国浄土《ほうこくじようど》、上下に列《つら》なり住す。仏仏おのおの居して、随縁《ずいえん》の法を説き、聖聖《しようしよう》ならび持して、*任運《にんぬん》の用《ゆう》を現ず。宝林の相を見る者は法を悟り、池水《ちすい》の影を縁ずる者は道《どう》を証す。自然《じねん》の覚、運運《うんぬん》に心《しん》に随ひ、*速疾《そくしつ》の解、祥《つまび》らかに物に任《まか》す。異類同類、おのおの法界を統《す》べ、浄土*穢土《えど》、倶《とも》に*塵道に遍《あまね》く、融液無二《ゆうえきむに》にして、即ち唯一に入る。主伴窮《きわ》まりなく、重ねて無尽を摂す。皆是れ毘盧遮那如来の円満常恒に、法輪を転じたまふ処なり。具徳円満して、*依正融摂《えしようゆうしよう》す。観智《かんち》を摂成《しようじよう》して、頓に果用《かゆう》を得。まことに一乗の要妙《ようみよう》、円教《えんぎよう》の綱領なり。これを自心に摂して、以て観解を満ずれ

教〉…五華厳三昧門〈一乗円教〉」（正蔵四五-五〇九a）とある。

遊心法界記　正蔵四五。

華厳三昧章　↓補

妄尽還源観　正蔵四五。

普賢観　華厳経普賢観行法門（続蔵二-八-一）。

会相帰性　観行法門では会相帰性門。

色空観　観行法門には「此略説㆓顕華厳経中菩薩止観㆒、広如㆓別記説㆒」（続蔵二-八-一-七四a）とある。

唯識観　十重唯識。探玄記巻一三（正蔵三五-三四七a～b）。

作　底本・甲本「依」、板本により改む。

清涼…　華厳経疏巻四〇・演義鈔巻六五。

華蔵世界観　法蔵和尚伝（正蔵五〇-二八二c）にみえる。現存せず。

水　底本なし。甲本により補う。

刹種　梵語 kṣatriya. 刹帝利の種、即ち王種のこと。刹種界性で、王国土の意か。

任運　無為自然のはたらき。

速疾　速疾成仏。孔目章巻四、釈四十五知識文中意章に五種疾得成仏あり（正蔵四五-五八五c）。

穢土　凡夫の住する娑婆世界。

塵道　塵が法界・涅槃をあらわす場合があり、法界の意。義海百門「顕㆓塵是法界涅槃㆒、及以㆓解行㆒。此皆従㆓塵処㆒所㆑顕発、是故即以㆑塵為㆓善根㆒也」（正蔵四五-六三三b）。

依正融摂　義海百門に「六弁㆓依正㆒者、謂塵毛刹海是依、仏身智慧光明是正。今此塵是仏智所㆑現、挙体全是仏智、是故光

ば、心内の華厳蔵、広くして虚空《こくう》に等しく、智中の依報《えほう》、大いに十世を尽す。*六相円《ろくそうえん》融《にゅう》して十玄《じゅうげん》周《あまね》くに足《た》る。これ則ち華蔵世界観の意なり。

七には*三聖円融観《さんしょうえんにゅうかん》一巻。清涼澄観大師の撰するところなり。

八には*華厳心要観《けごんしんようかん》一巻。清涼師の撰なり。大唐第二十代の主、順宗皇帝《じゅんそうこうてい》、春宮の位に在《いま》せしの時、*貞元十一年乙亥〈日本国延暦十四年に当る〉、心法を清涼大師に問ひたまふ。大師即ちかの所問に答ふるに、心要一巻を作りて、一乗の心道を陳べ、直ちに法体を指し、正しく自心を顕はす。見は即ち観を成じ、解は即ち行を満《まん》ず。まことに学者の精要、行人の秘術となる者なり。

九には*五蘊観《ごうんかん》一巻。清涼の述なり。是れ大乗の通宗《つうしゅう》、深空《じんくう》の惣致《そうち》なり。

十には*十二因縁観《じゅうにいんねんかん》一巻。清涼師の述なり。是れ覚道《かくどう》の至要、仏宗の極尊《ごくそん》なり。

上来の十類は、世に流行するところなり。観門の枢要《すよう》、大都《だいと》此《かく》のごとし。

また義解《ぎげ》の諸文おのおの別章にあり。彼また観を成じて、その*規矩《きく》となる。また*大部の章疏に頻《しき》りに観行を明かす。彼彼の門に随ひて、建立甚だ多し。今精要につきて、二種の観を陳ぶ。一には三聖円融観を明かし、二には*唯識観《ゆいしきかん》を明かす。その心要観とこれと合して、三聖を明かす。境に託して以て自心を陳ぶ。唯識は心に約して以て万境を尽す。二門異なりと雖も、宗致《しゅうち》是れ一なり。倶に法界惣通の道にして、実に乃《すなわ》ち出離生死《しゅつりしょうじ》の門なり。要にしてまた勝れ、高くしてまた深く、広くしてまた長く、横にしてまた竪《たて》なり。頓超《とんちょう》の法、速昇《そくしょう》の行、是《かく》のごときの二種の観門に過ぎたることなし。

明中見二微塵仏刹一。…当レ知、依即正、正即依、自在無礙一」(正蔵四五-六六九c)とある。

六相円融　華厳の根本教説の一つ。五教章巻四、六相円融義(正蔵四五-五〇七c～五〇九a)参照。

三聖円融観　正蔵四五・続蔵一-二-八-四。凝然の三聖円融観義顕巻一幷序に「三聖円融観者、斯迺因果二分之体義、円経三尊之法門也。心境一冥示二極位之精美一。理智両隻、彰二解行之嘉誉一」(日蔵、華厳宗章疏上-五四七a)とみえる。

華厳心要観　続蔵一-二-八-四。景徳伝燈録巻三〇に「五台山鎮国大師澄観答皇太子心要」と題されて収録。その他全唐文巻九一九参照。答順宗心要法門ともいう。

貞元十一年　七九五年。

五蘊観　続蔵一-二-八-四。

十二因縁観　金沢文庫に二種の写本あり。法界図記叢髄録巻下之一に「観師十二因縁観云」として引用されている。

規　底本・甲本「視」、板本により改む。

大部の章疏…　観行として独立した書ではないが、義解の書である探玄記・華厳経疏・演義鈔などにも観行を明かしているという意味。

唯識観　十重唯識観。唯識観は本来別行の書にあらず。元来、探玄記の十地品中第六地を釈せる中に、三界虚妄唯心転の文について、十重の唯識を開くものを別行したものという。十重唯識を、法蔵は唯心縁起の説明としてとらえたが、澄観は十重唯識観とした。高弁の唯心義二巻は十重唯識観にもとづく。

問ふ。三聖円融その相云何《いかん》。答ふ。*三聖と言ふは、大師毘盧遮那如来と、普賢と文殊との二菩薩是れなり。*大覚の世に応ずる*輔翼《ほよく》*塵沙《じんしゃ》なれども、しかも華厳経の中には、独り二聖を標《あら》はして上首とすることは、*託《たく》して以て法を表はす。事、徒然《とねん》ならず。まさに知るべし。一仏は二聖の惣体、二聖は即ち是れ一仏の別徳なり。*二聖を因とし、如来は是れ果なり。果は言想を超えて、是れ不可説なり。因分は言に託するが故に、是れ可説なり。もし二因の玄微《げんび》を*悟らば、則ち果海の深妙を知る。二聖の法門は、略して*三対とす。一には能信所信《のうしんしょしん》の相対《そうたい》。*普賢は所信の法界を標はす、即ち*在纏《ざいてん》の如来蔵なり。*文殊は能信の深心を表はす、是れ仏性の分を引き出す。一切衆生に皆《みな》如来蔵あり。普賢菩薩の自体、徧《あまね》きが故に。*普賢初会に、即ち如来蔵身三昧《にょらいぞうしんざんまい》に入る者の意、これに在り。一切の諸仏、皆文殊によりて発心すとは、その大心、信によりて発することを表はすが故に。*善財童子《ぜんざいどうじ》始めて文殊を見て大心を発すことは、即ち信位に当る所信所証、二理あらんことなきが故に。初に普賢なきことは、信は始めて生ずべし。理はただ極めて見るが故に。文殊は初に居し、普賢は後に居す。二には解行《げぎょう》相対して以て明かさば、普賢は所起《しょき》の万行を表はす。経文に皆《みな》普賢の行を言ふが故に。文殊は能起《のうき》の大解を表はす。通じて事理を解し、方便を窮《きわ》むるが故に。解行相成じ、*智目《ちもく》行足《ぎょうそく》、*不二の門を照し、*無住《むじゅう》の道に歩む。三には理智《りち》相対《そうたい》して以て明かさば、普賢は所証の法界を表はす。即ち是れ*出纏《しゅってん》の如来蔵なり。善財童子その身に入るが故に。普賢の身相、虚空のごときが故に。文殊は能証の大智を表はす。本事《もとつか》ふるところの仏を、

三聖…徒然ならず　三聖円融観門の「三聖者、本師毘盧遮那如来、普賢・文殊二大菩薩是也…」(正蔵四五-六七一a)より引用。

大覚　仏のこと。仏独り実相を覚悟して、源底を尽すから大覚と称する。

輔翼　上足の仏弟子が仏の化儀を助け、仏法を顕揚するを鳥の二の翅に喩える。

塵沙　塵は微塵、沙は恒沙。

託して…　義海百門に「又別托㆓外物㆒、以表㆓此法㆒。表㆓塵法自在㆒故、以㆑塵表㆑之。顕㆓法潤益㆒故、以㆓雲雨㆒表㆑之」(正蔵四五-六三一c～六三二a)とみえる。

二聖…　三聖円融観門に「三聖之内、二聖為㆑因、如来為㆑果、…即在纏如来蔵」(正蔵四五-六七一a)とあるによる。

悟　底本・甲本「俉」、板本により改む。

三対　能信所信相対・解行相対・理智相対の三対。三聖円融観門に出。

普賢　↓補

在纏の如来蔵　衆生の中にある如来蔵。衆生の本性が普賢なることをあらわす。纏は纏縛、煩悩の意。

文殊　探玄記巻四に「其文殊名義略叙㆓五義㆒。一者名㆓文殊師利㆒、或云㆓尸利㆒、或云㆓漫殊室利㆒、或翻為㆓敬首㆒、或云㆓溥首㆒、又云㆓濡首㆒、又云㆓妙徳㆒、又云㆓妙吉祥㆒」(正蔵三五-一六九c)とみえる。

普賢初会　普賢は初会の説主。文殊は第二会の説主なり。

善財童子…　六十華厳巻四五に「爾時文殊師利、告㆓諸比丘㆒。汝等当㆑知、若善男子善女人、成㆓就十種大心㆒、則得㆓仏地㆒、況菩薩地」(正蔵九-六八七b)とある。

*不動智《ふどうち》と名づく。諸経の中において、般若を主《つかさど》るが故に。理に体用を開き、智に権実《ごんじつ》を分つが故に。文殊の二智を以て、普賢の体用を証す。この一門は、古*徳、三*蔵に問ひて言く、「有る経の説なり。未《いま》だこの方に伝《でん》せず。」またこの一門の中に、また定慧《じょうえ》を表はす。理は本《もと》寂なるが故に。智は即ち恵なるが故に。また体用を表はす。普賢は理なり、寂は以て心体とし、文殊は智なり、照は大用となるが故に。上は是れ二聖におのおの三事の相対を挙げて、以て明かせり。もし相に約して摂せば、混融せざることなし。二聖既に是れおのおの三事あり。三事おのおの融して、以て一体を成ず。文殊は必ず信に因りて、まさに能く解を成ず。解ありて信なくんば、邪見を増するが故に。信ありて解なくんば、無明《むみょう》を長ずるが故に。信解《しんげ》真正《しんせい》にして、まさに本原を了し、その極智《ごくち》を成じて、反照《へんしょう》するに初心に異ならず。*初発心《しょほっしん》の時、便《すなわ》ち正覚《しょうかく》を成ず。この故に文*殊の三事融通して隠隠たり。普賢の理、もし行なくんば、理、終に顕はれず。理によりて行を起せば、行、必ず体に称《かな》ふ。行によりて理を証して、理に行の外の理なし。理によりて行を顕はすに、行に理の外の行なし。故に所証の理に随ひて、行、具足《ぐそく》せざることなし。一証の故に、一切の証を見る。故に普賢を見る。一毛所得の法は、前の不可説に過ぎて倍せり。故に普*賢の三事渉入《しょうにゅう》して重重なり。ただに二*聖の三事のみにあらず、自《おのずか》らおのおの融通す。また乃ち二聖の法門、互相融摂して、要《かなら》ず信に因りて、まさに法界の信を知るなり。理*ならざる信は、即ち是れ邪僻なるが故に。要《かなら》ず*能所不二《のうじょふに》にして、自心に如来蔵あることを信ぜずんば、菩薩にあらざるが故に。

智目行足 智を目に、修行を足に喩えた。底本・甲本「智自」、板本により改む。
不二の門 維摩経、不二法品。
無住の道 維摩経、観衆生品に「従二無住本一、立二一切法一」(正蔵一四-五四七c)とある。
出纏の如来蔵 在纏の如来蔵の対。自性清浄な如来蔵の顕現、仏果位の如来蔵。
不動智 李通玄の決疑論巻一之上に「仏号二不動智一者、表レ法中以明二初発心一者。衆善初生、覚心始発、是東方義。以二明東方是青竜吉慶、春陽発明、万物初生之始一、仏号二不動智一。以明二東方是震動一、以二明正一在二動中一、是不動智」(正蔵三六-一〇二五b)。
古徳… 三聖円融観門に「此之一門、古徳親問二三蔵一言、有二経説一、未レ伝二此方一」(正蔵四五-六七一b)とある。古徳は法蔵か。
三蔵 実叉難陀か。
初発心の時… 初心に究竟の正覚を成ずる。六十華厳、梵行品に「初発心時、便成二正覚、知二一切法真実之性一、具二足慧身一、不レ由二他悟一」(正蔵九-四四九c)とある。
文殊の三事 信・解・智の三。
普賢の三事 体・理・行の三。二菩薩所表のおのおのの三事は、必ず融即しなければならない。
二聖の三事 二聖三事が融通するを論ずれば、二門ある。一に三事別融、二に三事総融である。以下に述べる能所不二・解行不二・理智不二は三事別融であり、普賢帝網の行が三事総融をあらわす。
理ならざる信は(不理信) 板本では「不レ信レ理信」(理を信ぜざる信は)とある。
能所不二 普賢の体と、文殊の信と、不

解に*藉《か》りて、まさに能く行を起すなり。解に因りて行を起せば、行、解に異ならず。故に*解行不二《げぎょうふに》なり。智は是《こ》れ理の用なり。理を体として智を成じ、還りて理を照す。智と理と冥するを、まさに真智と曰ふ。この故に*理智不二《りちふに》なり。経に云く、「如《にょ》の外の智、能く如を証することあることなし。また智の外の如、智の所入となることなし。」法界寂然《じゃくねん》たるを止と名づけ、寂にして常に照すを観と名づく。寂に即するの観、照に即するの寂なれば、則ち定慧不二《じょうえふに》なり。体に即するの*用を智と曰ひ、用に即するの体を理と曰ふ。則ち体用不二なり。是れを以て、文殊の三事融通して隠隠たり。即ち是れ普賢の三事渉入して重重なり。この二不異なるを、まさに普賢*帝網《たいもう》の行と言ふ。理事円融するを、普賢の行と名づけ、*独事《どくじ》の行にあらざるを、普賢の行と名づく。文殊の智満じ、普賢の因円《まど》かにす。二聖相融して、相を離れ言を絶す。同じて果海に没し、原を尽し、底を窮む。是れを*毘盧遮那光明遍照《びるしゃなこうみょうへんしょう》と名づく。ただ証*のみ相応して、内智冥《ふか》く契《かな》ふが故に。法界品の中、普賢の後に偈をもつて仏徳を讃す。是れ果相を顕はすなり。品の初めに如来自《みずか》ら三昧に入り、相を現じて言なきは、能証絶言《のうしょうぜつごん》にして、所証絶言にして、普賢開顕することを表はす。光を放ちて遐《はる》かに照すは、文殊開顕することを表はす。三聖冥《はる》かに会し、二分炳然《へいねん》たり。三聖の法門は即ち経*の題目なり。普賢は是れ大なり。所証の理体は、包まずといふことなきが故に。文殊は是れ方広《ほうこう》なり。理が上の智を業用とするが故に。文殊・普賢二つ倶に華厳なり。*万行披敷《まんぎょうひふ》、是れ因門なるが故に。信智および解は、皆《みな》是れ因なり。華は本体を厳《かざ》るが故に。上の体用の果、

二なるを示す。

藉　底本・甲本「籍」、板本により改む。

解行不二　普賢の行と文殊の解と、不二なるを示す。

理智不二　普賢の理と文殊の智と、不二なるを示す。

の用を…の体を　底本・甲本なし。板本および三聖円融観門により「之用曰レ智、即レ用之体」の八字を補う。

帝網　→二四〇頁注「因陀羅網」

独事　事が円融せずして、独存していること。事事無礙が華厳の真理であるから独事を許さず。

毘盧遮那光明遍照　毘盧遮那(Vairocana)は、光明遍照の意。玄談巻九に「又大即普賢、普賢菩薩自体遍故。方広即文殊、文殊表二即レ体之智一故。華即普賢、普賢行故。厳即文殊、文殊以レ解起レ行故。仏即円二解行之普賢文殊一、証二法界体用之普賢文殊一、成二毘盧遮那光明遍照一」(続蔵一-八-四-三三b)とある。

証のみ…　不可説の境地を説く。大華厳経略策に「唯証相応故、超二言念一」(正蔵三六-七〇三a)とある。

経の題目　玄談巻九に「或唯普賢・文殊・毘盧遮那、三聖摂尽。謂大方広即普賢、普賢表二所証法界一故。華厳即文殊、文殊表二能証一故、仏即遮那具二能所一故」(続蔵一-八-四-三三c)とある。以下の義鏡の記述は、上記引用文による。

万行披敷　すべての行が敷衍され、陳べられる。

円極なるを証するが故に。また所証の境は、是れ大方広、即ち是れ普賢なり。能証の智は、是れ仏なり。花厳は即ち是れ文殊なり。境智冥合《めいごう》は、是れ盧遮那なり。これらの法を説いて修多羅《しゅたら》と名づく。即ち今の経なり。言に因りて顕はすが故に。物のために示すが故に。三聖の因果、究竟《くきょう》の法門、既に題目に包みて、遺すことなし。則ち大経の義を摂し尽す。一代の時教《じきょう》、この理智等の法を離れず。この故に諸教はただ三聖の体、万法の法は即ち華厳なり。三聖を離れざるが故に。上の理智等、ならびに心を離れず。*心《しん》・仏《ぶつ》・衆生《しゅじょう》、差別《しゃべつ》なきが故に。衆生の心念、即ち如来蔵なり。*空如来蔵《くうにょらいぞう》は即ち是れ普賢、不《ふ》空《くう》如*来蔵は即ち是れ文殊なり。惣じて如*来蔵の理は毘盧遮那なり。一念の心に、即ちこの相を具す。念念皆爾《みなしか》なり、満足せざることなし。*本有門《ほんぬもん》には、*旧来《もとよりこのかた》具足し、究竟円備《くきょうえんび》して、増*減あることなきがごとし。修生門《しゅしょうもん》には、心の解了《げりょう》において、念念に因円かにし、念念に果満ずるがごとし。*出現品に云く、「菩薩まさに知るべし。自心の念念に、常に仏ありて、正覚を成ず。」一に即するの異なれば、外より*来ることを礙《さ》へず。異に即するの一なれば、本自内に在り。*本有修生《ほんぬしゅしょう》、元是れ不二なり。不二の終極は*始本《しほん》の名を泯ず。まさに知るべし。諸法は即ち是れ三聖なり。衆《しゅ》聖衆賢《しょうしゅげん》もまた是れ三聖なり。境法も是れ三聖なり。自心即ち三聖なり。一切皆是れ三聖にあらざることなし。是《か》のごとくの諸門は、一念の心に在り。念念に心を観ずる、功行《くぎょう》いよいよ大なり。もしこの観と契合《かいごう》相応せば、目に触れ、境に対して、刹那《せつな》刹那《せつな》に、常に三聖および十方の諸仏菩薩を見る。一即ち一切なるが故に。*心境無二《しんきょうむに》なるが

心仏衆生差別なき… 六十華厳巻一〇、説偈品に「如レ心仏亦爾。如レ仏衆生然。心仏及衆生、是三無二差別一。諸仏悉了二知一切従レ心転一」(正蔵九‐四四五c～四四六a)。

空如来蔵 不空如来蔵に対す。大乗起信論に「依下一切衆生以レ有二妄心一念念分別上。皆不二相応一故、説為レ空。若離二妄心一実無レ可レ空故。所レ言不空者、已顕二法体空無レ妄故。即是真心常恒不変浄法満足故、名二不空一。亦無レ有二相可レ取。以二離念境界唯証相応一故」(正蔵三二‐五七六b)とある。妄念無きを空、真心常恒なるを不空と名づく。

来 底本・甲本なし。板本により補う。次の「来」も同じ。

本有門 本来的立場。修生門は後得的立場で、修行門をあらわす。

旧来具足 もともとそなわっている。

減 底本・甲本「咸」、板本により改む。

出現品… 八十華厳巻五二に「菩薩摩訶薩、応レ知、自心念念、常有三仏成二正覚二」(正蔵一〇‐二七五b)とある。

来 底本・甲本「求」、板本により改む。

本有修生 探玄記巻一五に「諸仏功徳無レ過二二種一。謂修生本有。此二相対、総有二四句一。…三本有修生。謂如来蔵待二彼了因一、本隠今顕故」(正蔵三五‐三九二a)とある。

始本 始覚と本覚。大乗起信論に出。

心境無二 心は主体、境は対象・客体。心境無二は能所不二の意。

故に。華厳の行者、これによりて修習すれば、一生一念に大果現前《げんぜん》す。一生にもし*剋《こく》せずんば、三生に必ず究竟《くきよう》して、大覚円満《だいかくえんまん》せん。かの本師の三聖《さんしよう》と全同にして、一体不二なり、自他平等なり。是れ正覚なるが故に。是《かく》のごときの大利は、ただこれ三聖円融の観門の不思議の力なり。上は是れ*清涼の三聖観の中の文を取る。

問ふ。唯識の観行、その相是れ何ぞや。答ふ。唯識の法門は、源《みなもと》華厳の*第四会《え》の中の覚林菩薩《かくりんぼさつ》の偈讃《げさん》より出でて、広く*三無差別《さんむしやべつ》、唯識《ゆいしき》の道理を説く。*第六会には、三《さん》界唯心《がいゆいしん》と説く。*知識の段の中には、唯識の義を説く。*一経の始終に散説極めて多し。第六地の中の三界唯心は、諸論皆引きて唯識の理を明かす。即ち*二十唯識《にじゆうゆいしき》・*成唯識論《じようゆいしきろん》等なり。賢首大師これに因りて、広く*十重《じゆうじゆう》の唯識を立つ。一切の諸法は、皆《みな》心の所作にして、森羅万象《しんらばんしよう》、これより流出《るしつ》すと。この故に諸法は皆自心の摂にして、心能く仏と作《な》り、心能く法を修す。心謬《あやま》れば流転《るてん》し、心正しければ惑滅《わくめつ》す。本来の真心《しんじん》、常恒《じようごう》の具徳《ぐとく》、一心の業用《ごうゆう》、不可思議なり。

言ふところの十重唯識の相とは、一には相見倶存《そうけんくそん》の唯識。*この門の意は、諸《もろもろ》の愚夫等の心外《しんげ》の実我実法《じつがじつぽう》の執着《しゆうじやく》を破析《はしやく》して、直ちに心内の甚深《じんじん》の諸法、唯識の道理を顕はさんと欲するがためなり。諸の衆生の類は、心外《しんげ》に法を執して、*虚妄顛倒《こもうてんどう》して、業を造《つく》りて*受報し、生死《しようじ》相続して、休息あることなし。如来これを愍《あわ》れんで、唯識の理を説きたまふ。諸法唯識にして、別に法あることなし。自心転変《じしんてんぺん》して、諸法を作成《さじよう》す。愚夫《ぐふ》の執するところの心外《しんげ》の諸法は、本来*都無《とむ》にして、体性皆空なり。*遍計所執《へんげしよしゆう》は是

剋　制する。勝つ。

清涼の三聖観…　凝然は義鏡において三聖円融観を説くにあたり、ほとんどそのまま清涼大師澄観の三聖円融観門の文章を採用したため、このように言う。なお凝然に三聖円融観義顕二巻あるも、注釈は最初の部分のみに止まる。

第四会…　八十華厳巻一九、夜摩宮中偈讃品に「若人欲三了知二三世一切仏一、応レ観二法界性一。一切唯心造」(正蔵一〇-一〇二a〜b)とある。

三無差別　→二五七頁注「心仏衆生差別なき…」

第六会　六十華厳巻二五、十地品に「三界虚妄、但是一心作。十二縁分、是皆依レ心」(正蔵九-五五八c)とみえる。

知識の段　八十華厳、入法界品の逝多林の善知識の段(正蔵一〇-三三〇b〜c)。

一経…　→補

二十唯識　→補

成唯識論　→補

十重の唯識　→補

この門の意　十重唯識瓊鑑章に「此門意者、為レ欲下破二析諸愚夫等心外実我実法執着一、直顕中心内甚深諸法唯識道理上」(日蔵、華厳宗章疏下-五七一a)とみえるのと同じ。

虚妄　虚妄分別、妄分別のこと。

受報　果報を受ける。

都無　遍計所執は当情現の相にして、体性都無なり。成唯識論巻八に「周遍計度故名二遍計一。品類衆多説為二彼彼一。謂能遍計虚妄分別。即由二彼彼虚妄分別一、遍二計

れ虚妄なるが故に。已《すで》に心外を遣《や》りて、すべからく心内に留むべきが故に。識内の諸法の縁起を見るに、*依他起性《えたきしょう》は因縁和合《いんねんわごう》して、種種の法、仮りに成立《じょうりゅう》するが故に。*円《えん》成実性《じょうじつしょう》は是れ諸法の体なり。常恒湛然《たんねん》にして、真の妙有《みょうう》なるが故に。依他の法の中に心あり、境あり。心は是れ能縁《のうえん》、境は即ち所縁《しょえん》なり。能縁の心生ずれば、必ずその境を変ず。*自《じ》の所変《しょへん》の境を所縁《しょえん》とするが故に、これを内境《ないきょう》と名づく。心外《しんげ》にあらざるが故に。もし心変ぜずんば、心外なるべきが故に。心外に法なくんば、縁ずべからざるが故に。能変・能縁を名づけて*見分《けんぶん》とす。見解《けんげ》照了の事《じ》、顕著《けんちょ》なるが故に。所変・所縁を名づけて*相分《そうぶん》とす。行状《ぎょうじょう》相貌《そうぼう》の事《じ》、差別《しゃべつ》するが故に。*相見《そうけん》異なりと雖も、ならびに心内の法なり。この故に*倶存を名づけて唯識とす。外の妄法《もうほう》を遣《や》りて、心内の能所縁《のうしょえん》を存留《そんる》するが故に。ただ是れ外塵《げじん》を簡持《けんじ》し、簡去《けんきょ》して、内識を持取《じしゅ》す。識は是れ所持《しょじ》なり。能縁・所縁は、識内の作《さ》なるが故に。

問ふ。心識の内に、惣じて幾《いくばく》の法あるや。答ふ。もし実法に約せば、一種に過ぎず。一には曰く*色法《しきほう》、二には曰く心法《しんぼう》なり。もし分位を取らば、即ち三法を成ず。*非《ひ》色非《しきひ》心《しん》の不相応行《ふそうおうぎょう》を加ふるが故に。もし相応を分たば、即ち四法あり。心王の外に*心《しん》所《じょ》あるが故に。上の四種は、ならびに依他の法にして、即ち是れ*有為《うい》聚集《しゅじゅう》の相なり。もし識性を取らば、即ち五種を成ず。真如・無為《むい》の円成実性を加ふるが故に。即ち五《ご》法事理《ほうじり》と名づけ、または*五種の唯識と名づく。五種の唯識は、即ち百法を成ず。百法は皆是れ識を離れざるが故に。九十四は是れ有為、六種は是れ無為の法なり。依他の

種種所遍計物㆒。謂所㆓妄執㆒蘊処界等、若法若我自性差別。此所㆓妄執㆒自性、差別総名㆓遍計所執自性㆒。如㆑是自性都無㆓所有㆒」(正蔵三一-四五c)とある。

遍計所執 梵語 parikalpita-svabhāva. 三性の一。旧訳では分別性。

依他起性 →二三八頁注「依他」

円成実性 →二三八頁注「円成」

自の所変の境 アーラヤ識所変の内境。

見分 認識の主体。成唯識論巻二に「似㆓能縁㆒相、説名㆓見分㆒」(正蔵三一-一〇a)。

相分 認識の客体、対象。成唯識論巻二に「似㆓所縁㆒相、説名㆓相分㆒」(正蔵三一-一〇a)とある。

相見 相分と見分。

倶存を… 探玄記巻一三に「相見倶存故説㆓唯識㆒。謂通㆓八識及諸心所并所変相分㆒本影具足。由㆓有支等薫習力㆒故。変㆓現三界依正等報㆒。如㆓摂大乗及唯識等諸論広説㆒」(正蔵三五-三四七a)とみえる。

色法 質礙(ぜつげ)あるを色法とし、無質礙にして縁慮の作用があるのが心法。

非色非心の不相応行 不相応行法は非色非心であるから、こういう。唯識では二四、倶舎では一四あり。

心所 心所有法。心のはたらき、作用。唯識では五一、倶舎では四六あり。

有為聚集 因縁所生法をいう。

五種の唯識 大乗義林章、唯識義林の、境・教・理・行・果の五種唯識とは別。ここでは、有為法の四に無為法の一を加えて五位となし、そのおのおのに唯識の道理ありとの意。

有為は、九十四の中に摂して*四分として、その法相を尽す。一には相分。是れ所縁の境なり。二には見分。是れ能縁の心なり。三には*自証分《じしょうぶん》。是れ心の自体なり。体能《よ》く縁境《えんきょう》の事を証知するが故に。四には*証自証分《しょうじしょうぶん》。心の自体分は証*知あるが故に。二分《にぶん》互に証す、無窮《むぐう》にあらざるが故に。しかもこの四分を摂して三分とす。第四は自証分に摂入するが故に。或いは摂して二とす。後の三は倶に是れ能縁の性なるが故に。惣じて見分と名づく。或いは摂して一とす。体、別なきが故に。心用の分斉《ぶんさい》に四の差別あり。皆《みな》心を離れず、開合無礙《かいごうむげ》なり。西天の論師、依他の法において、分を立つること不同なり。惣じて*四家あり。一には*安慧《あんね》論師は一分の義を立つ。謂《いわ》く自証分なり。相《そう》見《けん》二分は是れ所執なるが故に。二には*難陀《なんだ》論師は二分の義を立つ。謂く相見分なり。ただ是れ能縁所縁の法なるが故に。三には*陳那《じんな》論師は三分の義を立つ。謂く相見分とおよび自証分となり。能縁所縁必ず体あるが故に。四には*護法《ごほう》論師は四分の義を立つ。即ち前に明かす成唯識論《じょうゆいしきろん》のごとし。護法を正とす。

問ふ。この中の相見倶存識とは、前の*諸師の中には、いづれの所立によるや。答ふ。この相見門は護法の義による。四分を収摂して、相見とするが故に。見分の中に後三を摂するを以ての故に。諸経論の中に多く二を説くが故に。この義によるが故に、*清涼師の云く、「相見倶存唯識正義《せいぎ》。」〈已上〉唯識の正義は是れ護法なるが故に。是れ難陀の二分の門にはあらざるが故に。しかも相見分に、おのおの摂法あり。見分の中には、具《つぶさ》に八識および諸の心所あり。この*王および所、おのおの二分なるが故に。もし

四分　唯識学の認識論。相分・見分・自証分・証自証分に分ける護法の四分説が唯識正義。

自証分　見分自ら見分を知ることができないので、別に見分を知るものを立てる。成唯識論巻二に「相見所依自体名レ事、即自証分」(正蔵三一-一〇b)とみえる。

証自証分　自証分を証知するはたらきで、この証自証分を知るのは第三自証分である。成唯識論巻二に「復有二第四証自証分一。此若無者、誰証二第三一」(正蔵三一-一〇b)。

知　底本「智」、甲本により改む。

四家　成唯識論述記巻三に「然安恵立二唯一分一、難陀立二二分一、陳那立二三分一、護法立二四分一」(正蔵四三-三二〇c)とみえる。

安慧　梵語 Sthiramati.→補

難陀　梵語 Nanda. 唯識十大論師の一人。

陳那　梵語 Dignāga.→補

護法　梵語 Dharmapāla.→補

諸師　護法の成唯識論によること明らかなるも、慈恩大師基の大乗法苑義林章巻一の唯識義林に説かれる五重唯識の第一遣虚存実識にもとづく。義林章には「遣虚存実識、観二遍計所執一、唯虚妄起、都無二体用一。応二正遣一レ空。情有理無故、観二依他円成諸法体実、二智境界一、応二正存一レ有。理有情無故」(正蔵四五-二五八b)とある。

清涼師の云く…　演義鈔巻六五に「二然相見倶存者、唯識正義、四師各立」(正蔵三六-五三五c)とみえる。

王および所　心王と心所。

具《つぶさ》にこれを言はば、おのおの四分あり。その相分の中に具に、所変所縁の色等の境界の諸法あり。この所変の境に即ち二種あり。一には*本質《ほんぜつ》境。即ち阿頼耶《あらや》の所変の相分《そうぶん》生ずれば、一念の*異熟識《いじゆくしき》起ることありて、頓爾《とんに》として、即ち三境を変ず。*界と種子と五根と、およびこの三境を以て、所縁とするが故に。*等流《とうる》習気《じつけ》の異熟識生ずるは、即ち*等流果《とうるか》なり。是れ*因能変《いんのうへん》なり。所生の異熟の頓に三境を変ずるは、是れ*果能変《かのうへん》なり。果の中の生なるが故に。*六転《ろくてん》起る時に、これを以て質《ぜつ》とし、おのおの影像《ようぞう》を変ず。一一の縁なるが故に。二には*影像境。六転の境を縁じて、おのおの自識《じしき》に住して、その所応に随ひて、影像を変起す。この影像を以て*親所縁《しんじよえん》とす。前五識のごときは、即ち第八所変の*五塵に託して、かの影像に似たる相分を変起して、以て所縁として籌慮《ちゆうりよ》了別《りようべつ》す。第六の境を縁ずるも、第八の境に託して、質《ぜつ》として、影を変ずるも、その事また爾《しか》なり。*第七はただ第八の見分を縁じて、第八所縁の境に*杖《じよう》するにあらずして、見分に託して影を変じて境とす。*第八は直ちに自の所変の境を縁じて、別に影を変ずるにはあらず。自の所変の境は、即ち影像なるが故に。もし他変の三種の境界を縁ずるには、即ち影像を変じて、直ちに縁ずること能はず。この故に、本質は第八の境に局《かぎ》り、影像の境は即ち八識に通ず。その第六識は*十八界を縁じて、一切皆影像を変ぜざることなし。かの心心所を縁ずるを以ての故に。かの*加行智《けぎようち》および*後得智《ごとくち》は、真如の理を縁じて、皆《みな》影を変ずるが故に。ただ第八の境の上に影を変ずるのみにあらざるなり。

本質境　アーラヤ識の対境。
異熟識　アーラヤ識の別名。成唯識論巻一に「此是能引二諸界趣生一、善不善業異熟果故、説名二異熟一」（正蔵三一-七c）とある。
界…　成唯識論巻一に「阿頼耶識因縁力故、自体生時、内変二為種及有根身一、外変二為器一。即以二所変一為二自所縁一」（正蔵三一-一〇a）とある。界は器世界、外界。
等流習気　等流果を生ずる種子。
等流果　果性が因性に似て流出する果。
因能変　頼耶種子の因より世界物心諸現象を変現すること。根本能変。
果能変　果たる現行の諸八識の認識から物心諸現象の境を変現すること。枝末能変。因能変が頼耶異熟能変に限るのに対して、果能変は頼耶・末那・六識の三能変に通ず。
六転　六転識。六識。
影像境　妄識分別して心上に種々の相を現ずる影像を対境とすること。
親所縁　六識の直接の対象。
五塵　五根。
第七　第七末那識。
杖　倚。よりかかる。
第八…　アーラヤ識は自の所変をもって、自の所縁とする。
十八界　六根・六境・六識をいう。
加行智　唯識五位の加行位において得られる如実智。成唯識論巻九に「如レ実遍知二此四離レ識、及識非レ有、名二如実智一」（正蔵三一-四九b）とある。
後得智　無分別智に対し、差別の相を分別する智。

問ふ。識所縁の境に幾《いくばく》の種かあるや。答ふ。所縁の境に、惣じて三種*あり。一には*性境《しょうきょう》。実種《じっしゅ》より生じて、実の体用あり。能縁の心、かの自相《じそう》を得、即ち五・八識の所縁の境界なり。二には*独影境《どくようきょう》。能縁の心と同一種より生じて、実の体用なし。能縁の心、自相を得ざれば、本質《ほんぜつ》あることなし。影《かげ》、独り起るが故に。即ち第六の亀毛《きもう》等を縁ずるがごとし。三には*帯質境《たいぜっきょう》。謂く、能縁の心、自相を得せずして、しかもその縁相に、即ち本質あり。即ち第七識所変の相等なり。惣じてこれを言はば、五・八は性境、第七は帯質、第六は三に通ず。これらはならびに是れ所変の相分なり。しかもかの見分もまた是れ所変なり。自体うたた相見に似て起るが故に。今且《しばら》くただ相分を変と名づくるに約して、是《かく》のごときの相見倶存を識と名づく。即ち是れ依他の心内の諸法なり。もし始教に約せば、真如を摂せず。もし後の教に約せば、必ず真如を摂す。正しく依他を挙げて、兼ねて円成《えんじょう》に通ず。所依《しょえ》の性《しょう》に約するときは、また始教《しきょう》の意なり。この門の唯識は多くは*摂論《しょうろん》・*成唯識《じょうゆいしき》等による。護法論師等、盛んにこの義を立つるなり。

二には*摂相帰見《しょうそうきけん》の唯識といふは、前は心外の妄法を遣《や》りて、具《つぶさ》に識内の諸法を存す。故に、所留《しょる》の法に、心あり、境*あり。今この門の意は、心境の中において、境を摂して心に帰するを、名づけて唯識とす。しかる所以は、所縁の境は、心を離れてはあることなし。心識心所の生起するの時、必ず前の境を変じて、以て所慮所託《しょりょしょたく》の法とす。この境法に託して、能縁の心を起す。所慮が是れ境なれば、所託は即ち是れ親《しん》の*所縁《しょえん》

三種　唯識三類境。境を三種に分類して、それらのいずれも心識を離れざることを説き、唯識の旨を明らかにするもの。玄奘の「性境不㆑随㆑心、独影唯従㆑見、帯質通㆓情・本㆒、性・種等随㆑応」(了義燈巻一末〔正蔵四三―六六八a〕・枢要巻上〔正蔵四三―六三〇a〕)にもとづく。

性境　真実の境体にして無体にあらざるをいう。性は体性の義。了義燈巻一末では、実種所生・有実体用・得境自相の三義をもって性境の条件とする。

独影境　能縁見分の分別力をもって、変現せる影像をいう。これに無本質のものと、有本質のものとの二種あり。義鏡では、無本質の場合で、第六識が無法を縁ぜる相分の例として亀毛の例があげられている。幻覚の対象の如し。

帯質境　相分が本質を有しながら、能縁の心よくその自相を得ずして縁ぜる本質相似の相分をいう。その本質を有する点は、独影境の無本質と異なり、能縁の心その自相を得ざる点、性境の得自相とは異なる。錯覚の対象の如し。

摂論　摂大乗論、無著の(著正蔵三一)。

成唯識　成唯識論、護法の著。玄奘訳(正蔵三一)。

摂相帰見の唯識　探玄記巻一三に「二摂相帰見故説㆓唯識㆒。謂亦通㆓八識王数差別所変相分㆒、無㆓別種生㆒。能見識生帯㆓彼影㆒起。如㆓解深密経・二十唯識・観所縁論㆒、具説㆓斯義㆒」(正蔵三五―三四七a)とある。

境　底本・甲本「境境」、板本により重出を削除。

縁《ねん》なり。もしその本質は、疎《そ》の所縁縁なり。この故に心の起るときは、必ず内境に託す。内境と言ふは、即ち心の所縁なり。心を離れては境なし。この故に境を摂して、能縁の心に帰す。心所もまた爾《しか》なり。皆《みな》境の変ずるが故に。一切の境界は、既に心心《しんしん》所《じょ》の所変の影像《ようぞう》なり。この故に境界として、*別の種子よりして、生ずることあることなし。心心所の生ずるとき、かの影を帯して、心心所の法起る。実種より生ずる相分は心が影なり、実に別の種なし。この義によるが故に、境を摂して心に帰す。もし実に別種あらば、摂帰し難きが故に。

問ふ。色心の諸法は、皆《みな》種より生ず。七転《しちてん》も応に随ひて、相見の種を熏《くん》ず。彼また八がために、相見の種を熏ず。この故に相分も皆種より生ず。もし別種なくんば、あに独影《どくよう》を得んや。答ふ。*相には別種なし。心、影を帯して起る。即ち是れ*親光《しんこう》論師の所説なり。彼に言《いわ》く、相分は是れ虚にして、見分は即ち実なるが故にと。また是れ唯識十論師の中の難陀《なんだ》論師の所立の義途なり。彼に言く、相見は同種より生ずるが故にと。また是れ陳那《じんな》論師の所説なり。彼に言く、相分は実有《じつう》にあらざるが故にと。しかるにその相分も別種より生ずといふは、即ち是れ*護法菩薩の所立なり。今この門の識は、かの義を取らず。華厳の古徳、親光等によりて、この門の義を成ず。護法の解によるにあらず。*深密経《じんみっきょう》・二十唯識・*観所縁論《かんしょえんろん》に、具《つぶさ》にこの義を説けり。かの相分の中に、*本および影あり。これらの相分は見に帰して立せず。その見分の中に、八識心《はっしきしん》王《のう》・五十一の心所、ならびに見分を存せるを、名づけて唯識とす。心王・心所は後門

所縁縁　四縁の一。心法が所縁の境に対して起こる上に立てた縁。心と境との関係を示す。

別の種子　識体転じて二分たる相分見分は、同一種子より生ずるものなりや、また各別の種子より生ずるものなりや、という相見同別種論があり、それから三類境論が生れた。義鏡は相見同種説をとる。了義燈巻一末に「問。相見二分為二同種生一、為二別種起一。答。有二三師不同一。一師云、見相同種生起。…第二師云、見相別種。…第三師云、見相二分随二其所応一、種或同異…」(正蔵四三―六七〇a～b)とある。

相…　所縁の相分が能縁の見分と同一種子より生ずるから相には別種なしという。

親光　唯識義燈増明記巻四に「初同種者、親光論師義。而仏地論無二此等説一。若依二伝説一、為二親光義一見・相分定同一種生」(正蔵六五―三九一a～b)とある。仲算の四分義極略私記巻下、第十同種別種門(日蔵、唯識論章疏四三以下)参照。

護法…　唯識義燈増明記巻四に「後別種者、護法正義。而不同於一向別種。故云相・見・本質或異或同」(正蔵六五―三九一b)。

深密経　唯識学の根本経典。梵語 Saṃdhinirmocana-sūtra. 唐の玄奘訳。異訳は真諦訳の解節経、菩提流支訳の深密解脱経。瑜伽論に全文引用(正蔵一六)。「密」は底本・甲本「蜜」、板本による。以下同。

観所縁論　観所縁縁論、陳那造、玄奘訳(正蔵三一)。「外境雖レ無、而有二内色一、似二外境一現、為二所縁縁一」(正蔵三一―八八八c)。

本および影　本質と影像。

に漸く摂す。この故にこの門は、並存するをもつて建立す。

三には*摂数帰王《しょうずきおう》の唯識といふは、前門の唯識は、具《つぶさ》に八識および諸の*心数《しんず》あり。心王・心所の差別をもつて建立《こんりゅう》す。この第三重には、諸の心所を摂して、自の心王に帰す。これ乃《すなわ》ち八識の中に、おのおの相応するところの一一の心所を摂して、自の心王に帰して、以て唯識を陳《の》ぶ。謂《いわ》く、第八識に*五の心所あり。遍行《へんぎょう》是《こ》れなり。第七の末那《まな》に十八の心所あり。遍行の五数と、別境の中の*慧と、四の根本惑《こんぽんわく》たる*貪癡慢我《とんちまんが》〈五見中の一〉と、八の*随煩悩《ずいぼんのう》と、即ち*掉挙《じょうこ》*惛沈《こんちん》等なり。第六識には一切の心所あり。前の五転識《ごてんじき》には、三十四種あり。謂く、遍行の五と、および別境の五と、善の十一数《しゅ》と、本惑《ほんなく》の中の三つ、貪瞋癡《とんじんち》と、*中随《ちゅうずい》の二惑〈無慚《むざん》・無愧《むき》〉と、*八の大随惑《だいずいわく》と。八識、応《おう》に随ひて、*是《かく》のごとく相応し、能倶《のうぐ》の心所と所倶の王と、一一応に随ひて、おのおの心王に帰す。何が故に、是《かく》のごとくおのおの心王に帰するや。心数は王によりて、自体なきが故に。一一の心所は、心の所変なるが故に。この二義の故に、おのおの心王に帰す。一切の*心所、即ち心王に帰すれば、別体あることなし。この故にこの門の留むるところは、八識の心王のみ。一一の心王、ならびに是れ唯識なり。おのおの所縁の諸《もろもろ》の境界を変ずるが故に。もし*当教《とうきょう》に約せば、八識別体《べったい》あり。もし*後教《ごきょう》に望まば、八識体一《たいいつ》なり。末《まつ》を開いて本《ほん》に異にし、本末合はせ数ふれば、通じて八識あり。この義によるが故に、一切の諸法は、ただ八識心王の体あるのみ。この門の唯識は*荘厳論《しょうごんろん》のごとし。

摂数帰王の唯識　↓補

心数　心所有法。旧訳で心数という。

五の心所　触・作意・受・想・思。五遍行。

慧　別境中の慧の心所。成唯識論巻五に「如何為レ慧。於二所観境一、簡択為レ性、断レ疑為レ業」(正蔵三一-二八c)とある。

貪癡慢我　根本煩悩の四。成唯識論巻六に貪は「於二有有具一、染着為レ性、能障二無貪一生レ苦為レ業」、癡は「於二諸理事一、迷闇為レ性、能障二無癡一一切雑染所依為レ業」、慢は「恃レ己於レ他高挙為レ性、能障二不慢一生レ苦為レ業」、我は「於二五取蘊一、執二我我所一、一切見趣所依為レ業」。根本煩悩の悪見の一、薩迦耶見を指すと思われる(正蔵三一-三一b～c)。

随煩悩・中随・八の大随惑　成唯識論巻六に「唯是煩悩分位差別。等流性故、名二随煩悩一。…無慚等二、遍二不善一故名二中随煩悩一。掉挙等八、遍二染心一故、名二大随煩悩一」(正蔵三一-三三b)。

掉挙　底本・甲本なし。板本により補う。

惛沈　心が重苦しく沈むこと。成唯識論巻六に「令二心於レ境無堪任一為レ性、能障二軽安・毘鉢舎那一為レ業」(正蔵三一-三四a)。

是のごとく相応し　底本「如是相応」の四字重複、板本により削除。

心所　成唯識論巻五に「恒依レ心起、与レ心相応、繋二属於心一故、名二心所一」(正蔵三一-二六c)。

当教に…　護法唯識の立場は、八識体別。孔目章巻一に「問。摂論何故、不レ明二心所有法一。但与二四使一相応。答。摂論教興在二其熟教一。所以知レ之。…若立二心数一、即

四には*摂末帰本《しょうまつきほん》の唯識といふは、前門の唯識には、具《つぶさ》に八識を存し、八相森然《はっそうしんねん》として、おのおの業用を作す。しかも八識の中に第八は是れ本にして、*七転は即ち末なり。八より七を流し、七は八より生ず。この故に七転は皆《みな》是れ本識《ほんじき》の差別功能《しゃべつくうのう》にして、八を離れての外に、別体あることなし。この門の第八本識の相とは、*阿頼耶識《あらやしき》に真あり、妄あり。真妄の二義、和合集成《わごうしゅじょう》して、第八の体とするを、名づけて一心とす。*本覚真如《ほんかくしんにょ》、無明《むみょう》の熏《くん》を受けて、妄と和合して、阿頼耶《あらや》を成ずるが故に。第八識は是れその根本の一心なり。転変《てんぺん》して七転識と作る。中において第七は還《かえ》りて第八を縁じて、計して我とす。我、さらに我所《がしょ》を執して、展転《ちんでん》して絶ゆることなし。前六の*事識《じしき》は、境に随ひて麁動《そどう》す。ならびに是《こ》れ本識の功能《くうのう》、随縁流変《ずいえんるへん》を作成《さじょう》し、七転の波を成ず。末を以て本に帰するに、本の外に物なし。一切ただ是れ第八のみ。*楞伽経《りょうがきょう》に具にこの義を説くがごとし。

五には*摂相帰性《しょうそうきしょう》の唯識といふは、前門の唯識には、本覚《ほんかく》、動に随ひて、阿頼耶*を成ず。しかも是れ事《じ》に約して、識相を存留す。今この門に至りて、立つるところの頼耶は、真を離れて余《よ》なきが故に。識相《しきそう》を摂して、本覚の理に帰して、以て唯識とす。真如随縁して作りて諸法を成ず。諸法無性《むしょう》にして、本《もと》自体なし。ただ是れ本覚の如来蔵《にょらいぞう》性《しょう》、平等に顕現して、余相皆《みな》尽き、一切衆生即ち涅槃《ねはん》の相なり。本来常住にして、後《ご》際《さい》にも尽くることなく、徳相円満にして、またさらに滅せず。この故に、この門に説くところの唯識は、一切の諸法、真如実際*にして、無相寂滅《むそうじゃくめつ》、不可思議なり。諸仏と

有二所妨一」(正蔵四五-五四六b)とある。終教では八識体一。

後教 孔目章の前文により熟教すなわち終教の意。

荘厳論 →補

摂末帰本 探玄記巻一三に「以レ末帰レ本故、説二唯識一。謂七転識皆是本識差別功能、無二別体一故。楞伽云、蔵識海常住。境界風所レ動。種種諸識浪。騰躍而転生。又云、譬如二巨海浪、無レ有二若干相一。諸識心如レ是。実亦不可得。解云、既離レ水無二別有レ浪。明離二本識一、無二別六七一」(正蔵三五-三四七a)とある。

七転 七転識。

阿頼耶識… 地論宗南道派では阿頼耶識を真識、北道派では妄識とし、摂論宗では真妄和合識としてとらえる。

本覚… 大乗義章巻三に「言二本覚一者、論自釈言、以レ対二無明不覚心一故、説レ之為レ覚。以レ対二後際始覚心一故、説為二本覚一。相状如何。論自釈言、心体離念等二虚空界一、無二所不一レ遍。即是如来法身体、故名二本覚一」(正蔵四四-五三六c)とみえる。

事識 前六識。大乗義章巻三末に「言二事識一者、楞伽経中名為二転識一。起信論中名為二意識一。或復説為二分別意識一。或名二離識一。復名為二分別事識一」(正蔵四四-五三六b)。

楞伽経… →補

摂相帰性 探玄記巻一三「摂相帰性故説二唯識一。謂此八識皆無二自体一。唯是如来蔵平等顕現、余相皆尽。経云…」(正蔵三五-三四七a)。

耶 底本・甲本「那」、板本により改む。

衆生と平等一相にして、*有情非情《うじょうひじょう》、夷斉無二《いさいむに》なり。この義広くは*楞伽経等のごとし。

六には*転真成事《てんしんじょうじ》の唯識といふは、前門の唯識は、独り真性《しんしょう》を立てて、その体相とし、余相を見ざるなり。この門の所立は、即ち真如を転じて有為《うい》の事を成ず。如来蔵の理、自性を守らず、染浄《ぜんじょう》の縁に随ひて、種種の法と作る。もし*随流門《ずいるもん》には、真、妄に随《したが》ふが故に。もし*還源門《げんげんもん》には、真、浄に随ふが故に。覚の上の無作《むさ》の大用に約す。普現色《ふげんしき》身《しん》、全く性海《しょうかい》なるが故に。真如随縁して、一切の相と作《な》る。*実際転変《てんぺん》して、業用繁興《ごうゆうはんこう》す。*勝鬘経《しょうまんぎょう》および宝性《ほうしょう》・起信論《きしんろん》等に広くこの義を説くがごとし。

七には*理事倶融《りじくゆう》の唯識といふは、前門の唯識は、理を全うして事を成《じょう》ず。今この門の意は、所成の事法と理と混会《こんえ》して、融通し和液《わえき》す。如来蔵性、挙体随縁《こたいずいえん》して、諸《もろもろ》の事を成弁す。*万象森羅《ばんしょうしんら》として、しかもその自性は本《もと》生滅せず。即ちこれ理事《りじ》混融《こんゆう》して無礙なり。理は即ち前の第五門の相想倶《そうそうとも》に絶して、湛然《たんねん》として*寄《き》なきなり。事は是れ前の第六門の諸識顕現《けんげん》なり。この二の無礙を具足するを、この門の相とす。具《つぶさ》には勝鬘・仁王《にんのう》・起信・摂論等に説くがごとし。

八には*融事相入《ゆうじそうにゅう》の唯識といふは、前門の唯識は、理事無礙《りじむげ》なり、性相混融《しょうそうこんゆう》を以て体状とす。この門已後《いご》に説くところの唯識は、事事無礙《じじむげ》を以て相貌《そうぼう》とす。中においてこの門は事事相入し、*力用交徹《りきゆうきょうてつ》して、無礙の相を陳ぶ。理性円通《りしょうえんずう》して、虚融無礙《こゆうむげ》なり。理を以て事を成ずれば、事また鎔融す。彼此《ひし》相入《そうにゅう》して、互に障礙せず。或いは一、一切に入る。塵《じん》、十方に遍するが故に。或いは一切、一に入る。刹《せつ》、一塵に入るが故に。

実際　大乗義章巻一に「言二実際一者、理体不レ虚、目レ之為レ実。実之畔斉、故称為レ際」(正蔵四四‐四六七b)とみえる。

有情非情…　有情と非情との無二をいう。

楞伽経　→補

転真成事　探玄記巻一三に「転真成事故説二唯識一。謂如来蔵不レ守二自性一。随縁顕二現八識王数相見種現一」(正蔵三五‐三四七a)。

随流門　真如随縁の立場。流転門。

還源門　真如不変の立場。還滅門。法蔵に妄尽還源観あり。

実際転変　真如より諸法が随縁生起する。

勝鬘経…　如来蔵系統の経典群をさす。

理事倶融　探玄記巻一三に「理事倶融故説二唯識一。謂如来蔵挙体随縁成二弁諸事一。而其自性本不二生滅一。即此理事混融無礙。是故一心二諦皆無二障礙一」(正蔵三五‐三四七a～b)。

万象森羅　妄尽還源観に引用の法句経に「海印森羅常住用。言二海印一者、真如本覚也。…経云、森羅及万象、一法之所印。言二一法一者、所謂一心也」(正蔵四五‐六三七b)。

寄…　法界観門に泯絶無寄観あり。肇論、答劉遺民書に「妙尽之道、本二乎無寄一。夫無寄在二乎冥寂一」(正蔵四五‐一五六a)とある。

融事相入　探玄記巻一三に「融事相入故説二唯識一。謂由二理性円融無礙一。以レ理成レ事、事亦鎔融、互不二相礙一。或一入二一切一、一切入レ一、無レ所二障礙一」(正蔵三五‐三四七b)。

力用交徹　有力と無力との待縁・不待縁とによって相入無礙を説く。

華厳経等のごとし　六十華厳巻三、盧舎是のごとき等の法は、この門の識なり。具には、*華厳経等のごとし。

九には*全事相即《ぜんじそうそく》の唯識といふは、前は是れ用に約するが故に相入を明かし、今は即ち体につくが故に相即を成ず。理によるの事は、事に別事なし。理既に彼此の異あることなければ、事もまた一多の別を泯絶《みんぜつ》す。一即ち一切なり。塵、十方に即するが故に。一切即ち一なり。刹、一塵に即するが故に。一念即ち無量劫なり。現を以て過*未に即するが故に。多劫即ち一念なり。過未を以て現に即《そく》するが故に。即《そく》を以て異とす。余は前の門に同ず。また*華厳経に説くがごとし。

十には*帝網無礙《たいもうむげ》の唯識といふは、前の二門の識は、相入相即《そうにゅうそうそく》、おのおの是れ一重なり、未だ累現《るいげん》に至らず。今この門の識は、一一の法の中に、重重に影現《えいげん》して、無尽無尽なり、法の至極《しごく》を示す。一が中に一切ありて、かの一切におのおの一切あり。窮尽あることなく、永く際限《さいげん》を亡ず。*釈殿《しゃくでん》の網珠《もうしゅ》の重重に影現するがごとくなるが故に。これらの諸相は、皆是れ*如来蔵識の法にして、自性本来《じしょうほんらい》、円通鎔融《えんずうようゆう》するが故に。かの事をして、一一理のごとく、重重無礙ならしむ。*依正《えしょう》の二報《にほう》、おのおの*分円あり。仏の中に仏あり、或いは衆生あり。刹の中に刹あり、或いは如来あり。塵の中に国あり、毛端に仏あり。依正の二報、交絡《きょうらく》更互にして、重現無尽《じゅうげんむじん》なり。即ちこの門の相なり。一念の心を起すに、重重に影現す。是のごときの重現は、ただ是れ一心なり。この義は具に*華厳経に説くがごとし。

上来の十重は、*五教の中においてす。初の三は即ち是れ始教《しきょう》の義門なり。倶存《くそん》と、

那仏品に「一一微塵中、見㆓一切法界㆒」(正蔵九-四三c)とみえる。

全事相即　探玄記巻一三に「全事相即故説㆓唯識㆒。謂依㆑理之事、事無㆓別事㆒。理既無㆓此彼之異㆒。令㆓事亦一即一切㆒」(正蔵三五-三四七b)。

未　底本・甲本「末」、甲本傍注による。以下同じ。

華厳経…　六十華厳巻三、盧舎那仏品に「三世所有一切劫、於㆓一念中㆒能悉現」(正蔵九-四〇七c)とあり、また「於㆓一塵内㆒微細国土、一切塵等、悉於㆑中住。一切世界、有㆓種種形㆒、悉於㆓其中㆒転㆓尊法輪㆒、是弘誓願。自在之力、一一塵中、現㆓一切刹㆒」(正蔵九-四一〇c)とみえる。

帝網無礙　探玄記巻一三に「帝網無礙故説㆓唯識㆒。謂一中有㆓一切㆒。彼一切中復有㆓一切㆒。既一門中如㆑是重重不㆑可㆓窮尽㆒。余一一門皆各如㆑是。思準可㆑知。如㆓因陀羅網㆒重重影現。皆是心識・如来蔵・法性円融故。令㆓彼事相如㆑是無礙㆒。広如㆓上下文説㆒」(正蔵三五-三四七b)。

釈殿　帝釈天の宮殿。

如来蔵識　十重唯識円鑑記巻下に「如来蔵識本自円融。是故事法相入相即、重重無尽、弘広玄奥。心識即是如来蔵法、言㆓心識等㆒。自性融摂、言㆓性円融㆒」(日蔵、華厳宗章疏下-五六〇a〜b)とみえる。法性融通門の意。

依正の二報…　→二三六頁注

分円　分限と円融。

華厳経に説く　→補

五教　以下十重唯識を五教判に配当する。

帰見《きけん》と、帰王《きおう》と、是れなり。次の四は倶に是れ終教の義理なり。*摂相帰性と、成事倶融の唯識是れなり。絶言の義門は、また*頓教《とんぎょう》に通ず。第八と九と十との三門の唯識は、ならびに是れ円が中の*別教《べっきょう》の義門なり。惣じて十門を具《ぐ》するは、是れ同教《どうきょう》の義なり。この十重の中には、小乗の義なし。小教には、唯識の義を説かざるが故に。*清涼は十重の第一に、仮説《かせつ》の唯識を建立して、小乗の義として、今の*第六の成事《じょうじ》を立てず。しかも彼の*仮説は、実の唯識にあらず。もし前の*七重の別教一乗所目の法は、即ち十重の識にして、皆円教の摂なり。円教は必ず四法界を具するが故に。前の四、および六は、是れ事法界なり。第五の一門は、是れ理法界なり。第七は理事無礙法界なり。後の三は事事無礙法界なり。一を挙げて全摂するに、窮尽せざることなし。この一念の心、起らずんば、やみなん。起らば則ち頓に十重の法義を具す。十の中に後の三は、要略して即ち十玄の中の三を挙ぐ。具《つぶさ》にこれを言はば、*一念の心起れば、十玄門あり。この心同時に万法を具するが故に、諸法、心に在り。心、諸法に遍す。*広狭自在無礙《こうきょうじざいむげ》門《もん》の故に。一心に多法相《たがい》に容摂するが故に。一心に諸法*相即するが故に。一心に*万法重重に現ずるが故に。一心に事法、真法に即するが故に。一心に万法*隠顕《おんけん》するが故に。一念の心法、*十世成ずるが故に。一心の主伴、円満にして成ずるが故に。是れ即ち一心に十玄門《じゅうげんもん》を具す。*六相《ろくそう》具足して円融の相を成ず。万法惣じて、一念の心法を成ず。一念を開きて、万法差別す。これは是れ惣別一対の相なり。万象は同じく是れ一心の相なり。万法互に異なれども、同じく成ずるによるが故に。即ち是れ同異二相の義な

摂相　底本・甲本「帰本」、板本による。

頓教に通ず　十重唯識円鑑記巻下に、何故に終教に属する四門をまた頓教となすや、という問いに答えて、「無念理性、以為二頓教一。摂末帰本、取二随縁性一。転真成事亦取二真源一。倶融亦取二理性義辺一。摂相帰性正是頓教」（日蔵、華厳宗章疏下-五〇三a～b）という。

別教の義門　融事相入以後の三門を属す。不共に約するが故に後三を取る。後三は事事無礙法界。

清涼は…　華厳経疏巻四〇に「一門仮説一心。謂実有二外法一、但由二心変動一故。下之九門実唯一心」（正蔵三五-八〇六b～c）。

第六の…　澄観は「六摂相帰性故説二一心一」を立つ。

仮説　澄観の第一門仮説一心をさす。

七重　探玄記の十重唯識の中の初七門。

一念…　十重唯識円鑑記巻下に「所レ言一念具二十玄一者、此一念心具二足諸法一、是同時門。一念諸法相望、広狭亦是一多及相即門…」（日蔵、華厳宗章疏下-五六一a～b）。

広狭自在無礙門　探玄記巻一に出。大華厳経略策に「二広狭自在無礙門、如三径尺之鏡、見二千里之影一」（正蔵三六-七〇七b）。

相即…　華厳経文義綱目に「約二縁起空有義一故、有二相即門一也」（正蔵三五-五〇一b～c）。

隠顕…　華厳経文義綱目に「縁起有無各不レ並、故有二隠顕門一也」（正蔵三五-五〇一c）。

万法…　華厳経文義綱目に「縁起力用重重摂故、有二帝網門一也」（正蔵三五-五〇一c）。

十世…　華厳経文義綱目に「約二縁起所

り。万法倶にこの一心の法を成ず。諸法おのおの、その自位に住するが故に。これは是れ成壊《じょうえ》一対《いったい》の相なり。即ち是れ一心に六相を具足す。一切の十句、一切の諸法界、皆六相を具す。*善巧《ぜんぎょう》成ずるが故に。惣同成の三は、是れ*円融門《えんにゅうもん》なり。別異壊の三は、即ち行布門《ぎょうふもん》なり。行布・円融、即入無礙にして、この義成立《じょうりゅう》す。頓に法界を見るときは、惑障《わくしょう》は則ち*一断一切断《いちだんいっさいだん》なり、修行は則ち一修一切修《いっしゅういっさいしゅう》なり、得証《とくしょう》は則ち*一成《いちじょう》一切成《いっさいじょう》なり。業用は則ち一業一切業《いちごういっさいごう》なり、故に*天親《てんじん》論主は地《じ》動光流《どうこうる》の瑞《ずい》を呈し、*智《ち》儼《ごん》禅師は霊告思証《れいこくししょう》の験《けん》を得る。頓悟《とんご》の道、不可思議なり。惣じてこれを言はば、一心の法は貫通自在《かんつうじざい》にして、旧来寂静《くらいじゃくじょう》、旧来明朗、旧来証窮《しょうきゅう》、旧来業用《ごうゆう》なり。新修と合し、真証と冥す。*清涼大師の心要の中に、直ちに己体《こたい》を指して、陳述すること炳然《へいねん》なり。故にかの文に云く、「至道《しどう》はその心を本とし、心法は無住を本とす。*無住の心体は、*霊知不昧《れいちふまい》なり、性相寂然《しょうそうじゃくねん》として、徳用を包含し、内外《ないげ》を該摂《がいしょう》して、能《よ》く深く、能く広し。有《う》にあらず、空にあらず、不生不滅なり。終もなく始もなく、これを求むれども、しかも得ず、これを棄《す》つれども、しかも離れず。*現量に迷ふときんば、惑苦《わくく》紛然《ふんねん》たり。真性《しんしょう》を悟るときんば、空明廓《おお》らかに徹す。即心即*仏なりと雖も、ただ証する者のみ、まさに知る。しかるに、証あり知あるときんば、慧日、有地に沈没す。もし照もなく、悟もなきときんば、昏雲《こんうん》、空門に掩蔽《えんぺい》す。もし一念不生《ふしょう》なるときんば、前後《ぜんご》際断《さいだん》す。*照体独立《しょうたいどくりつ》して、*物我《もつが》皆如《にょ》なり。直ちに心源《しんげん》に造《いた》れば、無智無得《むちむとく》、不取不捨《ふしゅふしゃ》にして、対《たい》なく、修《しゅう》なし。しかるに迷悟《めいご》はさらに真妄相待《しんもうそうたい》による。もし真を求めて妄を

レ起法一、分二前後際一故、有二十世門一也」(正蔵三五-五〇一c)。

六相… ↓補

善巧 善良に巧妙なる方便。

円融門 行布門に対する。菩薩の階位の初後相即するを円融門といい、初後次第するは行布門。ここでは六相のうち総同成の三相を円融門、別異壊の三相を行布門とする。

一断一切断 一の煩悩を断ずれば、一切の煩悩を断ずる。五教章巻三に「但如二法界一、一得一切得故。是故煩悩亦一断一切断也」(正蔵四五-四九五c)。

一成一切成 一人の成道は万人の成道。華厳経疏巻二に「普見三一切衆生入二涅槃一、皆同一性。所謂無性、理遍レ事故。一成一切成、事遍同レ理」(正蔵三五-五一四b)。

天親論主は地動光流の瑞… ↓補

智儼禅師は霊告思証の験… ↓補

清涼大師の心要の中に… ↓補

無住 底本・甲本なし。板本により補う。無住は、維摩経、不二法門にもとづく。

霊知不昧… 寂は智の寂、知は寂の知、寂は知の自性の体にして、知は寂の自性の用である如く、知と寂とが不二なる一心を霊知不昧の一心という。円覚経大疏鈔巻一之上(続蔵一-一四-三-二三三a〜b)参照。

現量 因明の三量の一。直接経験。

仏 底本なし。甲本により補う。

照体独立 円覚経大疏鈔巻一之上に「衆生雖レ処二生死之中一、此心霊鑑不レ昧。然且迷レ之不覚、不レ能三通二達一切一。但照体独立、如二珠独耀一」(続蔵一-一四-三-二一〇d)。

去らば、なほ影を棄てんとして形を労するがごとし。もし妄即真と体《さと》りぬれば、陰に処して、影滅するに似たり。もし心妄の照すべきなきときんば、万慮《ばんりよ》都《すべ》て捐《す》てん。もし任運《にんぬん》に寂知《じやくち》するときんば、衆行《しゆぎよう》ここに起らん。*放曠《ほうこう》としてその去住《きよじゆう》に任《まか》せ、*静鑑《せいかん》としてその源流《げんりゆう》を覚《さと》る。語黙《ごもく》、玄微《げんび》を失せず、動静《どうじよう》未だ法界を離れず。止《し》を言ふときんば、知寂を双亡《そうぼう》し、観《かん》を論ずるときんば、寂知を双照《そうしよう》す。証を語るときんば、人に示すべからず、理を説くときんば、証にあらざれば了せず。是を以て、寂を悟るに寂なく、真知に知なし。*知寂不二《ちじやくふに》の一心を以て、空有《くうう》双融《そうゆう》の中道に契《かな》ふ。住《じゆう》なく着《じやく》なく、摂《しよう》なく*収《しゆう》なくして、*是非両亡《ぜひりようぼう》し、能所双絶《のうじよそうぜつ》す。この絶《ぜつ》もまた寂なるときんば、般若現《はんにやげん》前《ぜん》す。般若は心外にあらず。実に*般若の功による。新生《しんしよう》の智性《ちしよう》は、乃ち本来具足せり。しかるに本寂《ほんじやく》は、自《みずか》ら現ずること能はず。実に般若と智性《ちしよう》と翻覆《ほんぷく》して相成ず。*本智と*始修と、実に両体《りようたい》なし。双亡正入《そうぼうしようにゆう》するときんば、妙覚円明《みようかくえんみよう》なり。始末該融《しまつがいゆう》するときんば、*因果《いんが》交徹《きようてつ》す。心心《しんしん》に作仏《さぶつ》すれば、一心として仏心にあらざることなく、処処に成道すれば、一塵として仏国にあらざることなし。故に真妄・物我《もつが》、挙一全収《きよいつぜんしゆう》す。*心・仏・衆生、渾然《こんぜん》として致《むね》を斉《ひと》しうす。是《ここ》に知りぬ。迷ふときんば、人、法に随ふ。法万差《ばんさ》にして、人、同じからず。悟るときんば、法、人に随ふ。人人一智にして、万境を融す。言窮《きわ》まり、慮《りよ》絶して、いづれの果、いづれの因かあらん。体《たい》、本《もと》、寂寥《じやくりよう》たり。いづれか同《どう》、いづれか異《い》ならん。ただ忘懐《ぼうかい》を虚朗《きよろう》にして、消息《しようそく》を*沖融《ちゆうゆう》にすべし。それ猶《なお》し、水に透る月華は、虚なれども見るべく、*無心に像《ぞう》を鑑《み》れば、照《しよう》なれども常

物我… 物と我との一体。肇論に「天地与我同根、万物与我一体」(正蔵四五-一五九b)とある。荘子、斉物論にもとづく。

放曠 彼此に執着せず、気ままにして心のひろきこと。

静鑑 静かに照らすこと。

知寂不二 寂は知の自性の体、知は寂の自性の用、体用不二なるが故に、知寂不二なり。

収 底本「状」、甲本により改む。

是非両亡 曇遷に亡是非論あり。智儼、孔目章巻四に引用し、性起説の典拠とす(正蔵四五-五八〇c～五八一b)。

般若 梵語 prajñā. 智。

本智 本来的にそなわった智。本覚。

始修 後得的、修行によって開発される智。始覚。

因果交徹 初発心時に正覚を成ずる。正覚を成じおわっても、すなわち初心なり。

心・仏・衆生… 八十華厳、夜摩天宮菩薩説偈品に「心仏及衆生、是三無二差別一」(正蔵九-四六五c)とあり。なお大華厳経略策に「心仏交徹」の条あり、「夫真源莫レ二、妙旨常均。特由二迷悟不一レ同、遂有二衆生及仏一。迷レ真起レ妄、仮号二衆生一、体妄即真、故称為レ仏」(正蔵三六-七〇四c)とみえる。

沖融 深広の義。演義鈔巻一に「沖亦深也。亦云レ中也。亦曰二沖和一。故老子云、道沖而用レ之。或似レ不レ盈。融者、融通兼二深広一也。…亦如下沖和之気、生二成万物一而不中盈満上、融二通万法一、令レ無二障礙一」

に空《くう》なるがごとし。」〈已上はかの文なり。〉観門の行相《ぎょうそう》、体を指して、是れ朗なり。語黙恒《ごもくこう》時《じ》に、この法に住すべし。円悟妙心《えんごみょうしん》の旨帰《しき》、是《かく》のごとし。

華厳法界義鏡　巻上

御本に云く、

時に*永仁三年 歳次乙未 春二月二十四日、東大寺戒壇院《かいだんいん》においてこれを書写す。この書の起りは、東南院貫首上綱、予に命じて当宗の要義を述べしむ。仍ってこの章を綴りて、以て進覧に備ふ。因《ちな》みに一本を写して、俗甥法子*実円《じつえん》に与ふ。努力《つと》めて華厳の学業を廃することなかれ。

華厳宗沙門凝然、春秋五十有六、初創の本は同年正月二十七日なり。

*永徳三年仲冬二十一日

*天正十八年 庚寅 林鐘中旬の比《ころ》、愚見を以て朱墨の点両を成し畢《おわ》んぬ。謬《あやま》り多端なるべし。

華厳末葉　実英　三十八

〈正蔵兲-三a～b〉とみえる。

無心　禅宗で多く用いる。華厳では海印三昧の実相をあらわす。→補「海印定」

永仁三年　一二九五年。

実円　→解説四九六頁

永徳三年　一三八三年。

天正十八年　一五九〇年。

華厳法界義鏡 巻下

東大寺沙門 凝然 述

第*六 教を立て宗を開く

問ふ。諸宗の法匠、皆*判教《はんぎょう》あり。今華厳宗には幾《いくばく》の教宗を立てて、如来一代の諸典を摂判《しょうはん》するや。

答ふ。教を摂すること由《よし》あり。宗を判ずること虚しからず。華厳の諸祖、諸典を分判するに、五教《ごきょう》あり、十宗《じっしゅう》あり。以て如来一代の所説の*称性逐機《しょうしょうちくき》の大小の諸典を摂す。五*教と言ふは、義に約して教を分つが故に。十*宗と言ふは、理につきて宗を開くが故に。言ふところの五教とは、一には*愚法小乗教《ぐほうしょうじょうきょう》。法空に達せざるが故に、愚法と名づく。始教大乗《しきょうだいじょう》の声聞《しょうもん》、大乗を信解し、法空を了知するに待対すれば、即ち彼を名づけて廻心の声聞とす。この教にはただ*我空法有《がくうほうう》を説く。二十*部の宗は皆この教の摂なり。しかも諸部の中に、法空を説くことあれども、二義ありて、ただ我空と言ふ。一には是れ少*分の故に。二には*不顕了《ふけんりょう》の故に。多分は我空と説きて、顕了に我空を談ずるが故に。*深密《じんみつ》には三時の初時を有教《うきょう》と名づけ、*妙智《みょうち》には三教の第一を名づけて*心《しん》境倶有《きょうぐう》とす。しかも与《とも》にこれを言はば、是れ少分《しょうぶん》なりと雖《いえど》も、しかも法空を説く、明顕にあらずと雖も、しかも法空を説く。この故に小乗に惣じて六宗あり。第三已去は

第六… 華厳宗の教相判釈である五教十宗判を述べる。
判教 教相判釈。天台の五時八教など。
称性 称法界ともいう。法界の真性にかなうこと。華厳経の所説。五教章巻一に「第六教起前後者、於レ中有レ二。初明二称法本教一。二明二逐機末教一」(正蔵四五―四八二b)とみえる。称性本教は別教一乗、逐機末教は三乗教をいう。
五教・十宗 →補
愚法小乗教 五教章巻一に「初一即愚法二乗教」(正蔵四五―四八一b)とみえる。
我空法有 部派仏教の教説。我法二無我は大乗仏教の主張であるのに対して、我空のみを説く。
二十部 部派仏教は二十部派に分裂す。
少分 法空を説いても少ししか説いていない。
不顕了 隠している。あらわならざること。
深密 解深密経。瑜伽唯識の根本聖典。起信論義記巻上に「謂戒賢則遠承二弥勒無著一、近踵二護法難陀一。依二深密等経瑜伽等論一立二三種教一、以二法相大乗一為二真了義一。…即解深密経等。是故於二彼因縁生法一、初唯説レ有、即堕二有辺一。次唯説レ空、即堕二空辺一」(正蔵四四―二四二b)とみえる。十二門論宗致義記巻上(正蔵四二―二一三a～b)参照。
妙智 大乗妙智経。不翻の経。起信論義記巻上に「如下智光論師、般若燈論釈中、引二大乗妙智経一説上」(正蔵四四―二四二c)とみえる。そのほか華厳経疏巻二・演義鈔巻

法空の義を説く。

二には*大乗始教《しきょう》。または初教と名づけ、または生教《しょうきょう》と名づけ、または権教《ごんきょう》と名づく。理事各別にして、性相《しょうそう》不同なり。*五性差《ごしょうさ》異《い》にして、三乗定《さだ》んで別なり。故に定性《じょうしょう》の二乗は都《すべ》て廻《え》心《しん》なし。*無性《むしょう》の有情《うじょう》は永く成仏せず。三性各別にして、有無不同なり。*少しく法性《ほっしょう》を説き、多く法相《ほっそう》を説く。即ち法相なり。数の初め、教の初めを名づけて始教とす。*般若《はんにゃ》と深密《じんみつ》と中《ちゅう》と百《ひゃく》と門《もん》と智《ち》と瑜伽《ゆが》と唯識《ゆいしき》等の所説のごとき、是れなり。般若と中と百等をこの教の摂とすることは、即空門を取るが故に、多くこの義を説くが故に。もし空有《くうう》鎔融《ようゆう》に拠《よ》らば、甚深《じんじん》中道・三乗・五性皆《みな》仏果を成ずる等の義なり。即ち是れ終教《しゅうきょう》大乗の義なるが故に。賢首《げんじゅ》大師の*十二門論の疏に、三論の所摂を判じて、始終二教に通ずと。

三には大乗終教。または熟教《じゅっきょう》と名づけ、または実教《じっきょう》と名づく。理事不二にして、性相融通し、一性成仏《いっしょうじょうぶつ》す。一乗開顕の故に、定性《じょうしょう》の二乗、寂後《じゃくご》に廻心し、無性《むしょう》の*闡提《せんだい》、発心し成仏す。少しく法相を説き、多く法性を説く。所説の法相、真理に会帰《えき》す。漸《ぜん》教《きょう》の終りなれば、名づけて*終教とす。*勝鬘《しょうまん》と楞伽《りょうが》と如来蔵《にょらいぞう》の経と、起《き》信《しん》と宝性《ほうしょう》の論等の所説のごとき、是れなり。この上の二教はならびに漸教と名づく。言によりて理を顕はし、位を立てて漸《ようや》く成ずるを以ての故に。*隔別《きゃくべつ》と会《え》融《ゆう》との故に始終を分つ。

四には大乗*頓教《とんきょう》。一念不生《いちねんふしょう》なるを即ち名づけて仏とす。言説《ごんせつ》によらず、階級を立てず、*五法*三性《さんしょう》、泯焉《みんえん》として立せず。八識《はっしき》*二空《にくう》、払然《ほつぜん》として言《ごん》なし。*浄名《じょうみょう》の不二《ふに》、

七・円覚大疏鈔巻二之上参照。

心境俱有　起信論義記巻上に「二智光論師…謂仏初鹿園、為二諸小根一説二於四諦一、明二心境俱有一。次於二中時一、為二彼中根一、説二法相大乗一…」(正蔵四四-二四二b)。

大乗始教　探玄記巻一に「二始教者、以四深密経中第二第三時教同許三定性二乗俱不二成仏一故。今合レ之総為二一教一。此既未レ尽二大乗法理一。是故立為二大乗始教一」(正蔵三五-一一五c)とみえる。

五性　声聞・縁覚・菩薩・不定・無性。

無性　無仏性。

少しく…　華厳経疏巻二に「二始教中、広説二法相一、少説二法性一」(正蔵三五-五一二c)とみえる。

般若と深密と百と…　般若経と解深密経と中論と百論と十二門論と大智度論と瑜伽論と成唯識論。

十二門論の疏…　→補

闡提　梵語 icchāntika. 無仏性者。闡提成仏は涅槃経の主張。

終教　華厳経疏巻二に「終教者、亦名二実教一。定性二乗、無性闡提、悉当二成仏一。方尽二大乗至極之説一、故立為レ終。以レ称二実理一、故名為レ実。上二教並依二地位漸次一修成。故総名為レ漸」(正蔵三五-五一三b)。

勝鬘と楞伽と…　→補

隔別…　始教は隔別不融、終教は会融。

頓教　→補

五法　相・名・分別・正智・如如。

三性　遍計所執性・依他起性・円成実性。

二空　人空と法空。

浄名の不二　維摩経、不二法門。

*起信の絶言《ぜつごん》等のごとき、是れなり。前の二教に対するが故に、頓教と名づく。言を絶して理を顕はし、階位を立てざるを以ての故に。

五には一乗*円教。円満自在無礙《えんまんじざいむげ》の法なるが故に。これに二門あり。一には*同教一乗。所説の一乗、三乗に同ずるが故に。漸入の者のために、この法を説くが故に。法華《ほっけ》等の所説のごとき、是れなり。二には*別教一乗。所説の一乗、三乗に別なるが故に。頓入の者のために、この法を説くが*故に。華厳経等の所説のごとき、是れなり。同別二門の不同ありと雖も、別教一乗を円教の本とす。三乗を摂せんがために、同教を立つるが故に。しかも華厳の中にもまた同教あり。漸入《ぜんにゅう》の者をして、悟解《ごげ》し易からしむるが故に。ただ是れ称性《しょうしょう》にして、是れ対機《たいき》にあらず。法華の中にもまた別教あり。是れ同教の者の所入の処なるが故に。ただ是れ対機にして、是れ称性にあらず。その所司に約すれば、華厳は是れ別教、法華は是れ同教にして、この差異あり。

この五教の中に、初の一は是れ小乗教、中の三はならびに三乗教なり。始教は三乗の別ありと許すが故に。終頓二教は*融泯《ゆうみん》異なりと雖も、倶に是れ三乗の所入の処なるが故に。後の一は一乗円満の本教《ほんぎょう》なり。四種の法界は円融自在なり。事事無礙は余教《よきょう》に超過す。この五教は別して経に配せず。一経の中に多教あるべきが故に。しかも*多分に拠れば、また経論を指す。

言ふところの十宗とは、即ち前の五教は、理につきて宗を開く。この故に尊ぶところ、即ち十宗を成ず。前の五教に対して、義に約して立つるが故に。一には*我法倶有《がほうくう》

起信の絶言…　大乗起信論に「亦無レ有二相可一レ取。以二離念境界唯証相応一故」(正蔵三二-五七六b)とある。

円教　華厳経疏巻二に「五円教者、明二一位即一切位、一切位即一位一。是故十信満心、即摂二五位一成二正覚一等。依二普賢法界帝網重重主伴具足一。故名二円教一」(正蔵三五-五一三c)。

同教一乗　共同の義と不異の義あり。共同は三乗一乗の和合をあらわす。同に能同・所同の別あり。不異は会融と同一の意。

別教一乗　三乗と別異の一乗、華厳別教。孔目章巻四に「別教者、別二於三乗一故」(正蔵四五-五八五c)とみえる。

故　底本なし。板本により補う。

融泯　終教は会融、頓教は泯絶。

多分…　探玄記巻一に「此上五教非二局判一レ経。但多分而論。如二上所一レ指通二諸経論一」(正蔵三五-一一六b)とみえる。

我法倶有宗　人我・法我の二を立てる宗。

犢子部…　→補

冑　底本「曹」、板本により改む。

法有我無宗　五教章巻一に「法有我無宗。謂薩婆多等。彼説二諸法二種所摂一…」(正蔵四五-四八一c)とみえる。

法無去来宗　五教章巻一に「三法無去来宗。謂大衆部等。説レ有二現在及無為法一。以二過未体用無一故」(正蔵四五-四八一c)。

現通仮実宗　五教章巻一に「四現通仮実宗。謂説仮部等。彼説レ無二去来一。現在世中諸法、在レ蘊可レ実、在二界処一仮。随レ応諸法仮実不定。成実論等経部別師亦即此

宗。*犢子部《とくしぶ》・法上部《ほうじょうぶ》・賢《けん》*冑部《ちゅうぶ》・正量部《しょうりょうぶ》・密林山部《みつりんさんぶ》および本経部《ほんぎょうぶ》の所説《しょせつ》のごとき、是れなり。二には*法有我無宗《ほううがむしゅう》。説一切有部《せついっさいうぶ》・雪山部《せっさんぶ》・多聞部《たもんぶ》および化地部《けちぶ》の所説のごときなり。三には*法無去来宗《ほうむきょらいしゅう》。大衆部《だいしゅうぶ》・鶏胤部《けいいんぶ》・制多山部《せいたさんぶ》・西山住部《せいざんじゅうぶ》・北山住部《ほくさんじゅうぶ》・法蔵《ほうぞう》部《ぶ》・飲光部《おんこうぶ》および本化地部《ほんけちぶ》のごときなり。四には*現通仮実宗《げんつうけじつしゅう》。説仮部《せっけぶ》および*末経部《まつきょうぶ》のごときなり。五には*俗妄真実宗《ぞくもうしんじつしゅう》。説出世部《せつしゅつせぶ》等のごときなり。六には*諸法但名宗《しょほうたんみょうしゅう》。一《いっ》説部《せつぶ》の所説のごとき、是れなり。この六は小乗教の中にして、これを開く。教は是れ一なりと雖も、宗とするところは別なるが故に。七には*一切皆空宗《いっさいかいくうしゅう》。または*三性空《さんしょうくう》有宗《うしゅう》と名づく。是れ始教なり。この始教の中に空有の二門あり。空は是れ*般若《はんにゃ》等、有《う》は即ち瑜伽等なり。今は空法を以て、この教の宗とす。八には*真徳不空宗《しんとくふくうしゅう》。是れ終教なり。九には*相想倶絶宗《そうそうくぜつしゅう》。是れ頓教《とんぎょう》なり。十には*円明具徳宗《えんみょうぐとくしゅう》。即ち是れ円教なり。この故に五教は即ち十宗を成ず。如来所説の一代の教観、五教・十宗の浅深観《み》つべし。*帝心尊者創めて*五教を立て、*雲華《うんげ》尊者稟承鑽仰《りんしょうさんぎょう》し、*賢首菩薩開済窮究《かいさいぐうく》し、*華厳菩薩簡択周尽《けんちゃくしゅうじん》し、*定慧《じょうえ》禅師開演弘通《かいえんぐつう》したまふ。大小を該羅《がいら》し、空有《くうう》を包貫《ほうかん》し、漸頓《ぜんとん》を括嚢《かつのう》し、*一三を摂納《しょうのう》し、性相《しょうそう》を判釈し、禅教を統収し、同別を陳述し、*顕密を徹究するは、ただこの五教なり。頗る機に符《かな》ふ理のみ。

第*七　本経の説相

問ふ。一乗教観は*華厳経を本とす。一部の始末の説相、云何《いかん》。

類」(正蔵四五-四八一c)。
末経部　本経部に対す。経部別師をさす。
俗妄真実宗　世俗を仮、出世法を実とす。
諸法但名宗　一切我法、ただ仮名ありて、すべて無体とする。
一切皆空宗　一切諸法、ことごとく真空を説く。大乗始教に相当す。
三性空有宗　澄観の所立。玄談巻八に「七三性空有宗者、即是大乗法師所立、応理円実宗。八真空絶相宗者、即大乗法師勝義皆空宗」(続蔵一-八-四-三〇c)。
般若等　般若経・中論・百論等の諸経論。
真徳不空宗　遮情門より進みて表徳門をあらわす。澄観は真空絶相宗という。終教の所説。
相想倶絶宗　絶言無想の頓教。澄観は空有無礙宗という。
円明具徳宗　別教一乗。澄観は円融具徳宗という。
帝心尊者　杜順。→補「始祖」
五教　五教止観にあらわれた五教判をさす。→補
雲華尊者　智儼。→補「至相」
賢首菩薩　法蔵。→補「香象大師」
華厳菩薩　澄観。→補「清涼」
定慧禅師　宗密(→補)。底本「定恵」、板本により改む。
一三　一乗と三乗。
顕密　顕教と密教。
第七…　華厳経の組織と内容を明らかにする。
華厳経…　華厳宗要義、第六本経次第参照。華厳宗要義は、法蔵の意により釈す。

答ふ。本経に所説の法義由漸、次第在ることあり。事すべからく陳述すべし。至相・賢首は倶《とも》に*晋経《しんぎょう》を釈し、*静法《じょうほう》・清涼《しょうりょう》はならびに*唐経《とうぎょう》を解せり。且《しばら》く唐経につきて、*清涼の意によらば、大華厳経に八十巻・七処九会・三十九品あり。

*第一の菩提場会《ぼだいじょうえ》に六品あり。謂《いわ》く、世主妙厳品《せしゅみょうごんぼん》と如来現相品と普賢三昧品と世界成就品と華蔵世界品と毘盧遮那品となり。第二の普光明殿会《ふこうみょうでんえ》に六品あり。謂く、如来名号品《にょらいみょうごうぼん》と四諦品《したいぼん》と光明覚品《こうみょうかくぼん》と*菩薩問明品《ぼさつもんみょうぼん》と浄行品《じょうぎょうぼん》と賢首品となり。第三の忉利天宮会《とうりてんぐうえ》に六品あり。謂く、昇須弥頂品《しょうしゅみちょうぼん》と須弥偈讃品《しゅみげさんぼん》と十住品と梵行品《ぼんぎょうぼん》と発心功徳品《ほっしんくどくぼん》と明法品《みょうほうぼん》となり。第四の夜摩天宮会《やまてんぐうえ》に四品あり。謂く、夜摩昇天品《やましょうてんぼん》と夜摩偈讃品《やまげさんぼん》と十行品《じゅうぎょうぼん》と十無尽蔵品《じゅうむじんぞうぼん》となり。第五の兜率天宮会《とそってんぐうえ》に三品あり。謂く、兜率昇天品《とそつしょうてんぼん》と兜率偈讃品《とそつげさんぼん》と十廻向品《じゅうえこうぼん》となり。第六の他化自在天宮会《たけじざいてんぐうえ》に一品あり。謂く、十地品《じっちぼん》なり。第七の重会普光明殿会《じゅうえふこうみょうでんえ》に十一品あり。謂く、十定品《じゅうじょうぼん》と十通品《じっつうぼん》と十忍品《じゅうにんぼん》と阿僧祇品《あそうぎぼん》と如来寿量品と菩薩住処品《ぼさつじゅうしょぼん》と仏不思議法品《ぶつふしぎほうぼん》と如来十身相海品と如来随好光明功徳品と普賢行品と如来出現品となり。第八の三重普光明殿会《さんじゅうふこうみょうでんえ》に一品あり。謂く、離世間品なり。第九の逝多園林会《せいたおんりんえ》に一品あり。謂く、入法界《にゅうほっかい》*品《ぼん》なり。

この諸品の中を分ちて*三段とす。初の一品は、即ち序分に当れり。現相品《げんそうぼん》の下は是れ正宗分《しょうしゅうぶん》なり。流通《るずう》の有無《うむ》は*諸釈不同なり。或いは経の来ること尽きずと。或いは後の二偈なりと。或いは惣じて流通なしと。或いは第九会の文殊出閣《もんじゅしゅつかく》より下の末会の全分を以て流通とすと。この後の一解は、清涼の自らの義なり。

晋経　晋訳華厳経。六十華厳経。仏陀跋陀羅(Buddhabhadra)訳。

静法　慧苑。刊定記一五巻を著して法蔵に異説を出す。伝記は宋高僧伝巻六・開元録巻九に出。

唐経　唐訳華厳経。八十華厳経。実叉難陀(Śikṣānanda)訳。

清涼の意…　新訳華厳経七処九会頌釈章に「此経八十巻、四万五千偈、七処九会説、三十九品章」(正蔵三六-七一〇a)とみえる。

第一の菩提場会…　大華厳経略策に「初会六品。一世主妙厳品。二如来現相品。三普賢三昧品。四世界成就品。五華蔵世界品。六毘盧遮那品」(正蔵三六-七〇二c)とみえる。以下各会に配当する各品の分類は、大華厳経略策による。

菩薩問明品　底本なし。板本により補う。

品　底本なし。板本により補う。

三段　華厳経の三分科。大華厳経略策に「又束二三十九品一以為二三分一。初世主妙厳品為二序分一。二現相品已下為二正宗分一。三従二入法界品一六十一経、爾時文殊従善住楼閣出已下竟、経為二流通分一」(正蔵三六-七〇三a)とみえる。

諸釈不同　智儼・法蔵は、本経は称法界無尽の法門なれば、流通分必要なしとした。慧苑は刊定記巻二において法蔵説を批判した。澄観は慧苑を批判し、流通分を認めた。

四分　大華厳経略策に「束二此九会一以為二四分一。第一会従二世主妙厳品一至二毘盧

もし惣じて九会につきて約してこれを言はば、問答相属して、その四分*あり。大位の問答、四段あるが故に。一には第一会に六品の経あり。挙果勧楽生信分《きょかかんらくしょうしんぶん》と名づく。現相品の具《つぶさ》に如来の依報《えほう》の果徳を説く。衆生をして信楽を生ぜしめんがための故に。二には第二会初めに四十の問を起す。九会はそれ*に答ふるなり。当会には略答せり。二には第二会より第七会に至るまで、惣じて六会・三十一品あり。修因契果生解分《しゅういんかいかしょうげぶん》と名づく。五位の円因を十身の満果に修して、物をして善く因果の相を解せしむるが故に。第二会の初めに四十の問を起す。当会*に答へ尽せり。三には第八会の一品を託法進修成行《たくほうしんしゅうじょうぎょう》分《ぶん》と名づく。六位の法に託して、二千の行を成《じょう》ず。意は行に在りて、位に在らざるが故に。会の初めに二百句の問あり。一問に十答して、二千の行を成ず。四には第九会の一品を依人証入成徳分《えにんしょうにゅうじょうとくぶん》と名づく。仏・菩薩・善財の善友によりて、頓漸証入して、勝徳を成ずるが故に。会《え》の初めに四十の問あり。当会に答へ尽せり。四分は次のごとく*信解行証《しんげぎょうしょう》なり。信によりて解《げ》を起し、解によりて行《ぎょう》に趣《おもむ》き、行によりて証を得《う》。四字、生《しょう》によりて輪転《りんてん》して息《や》まず。清涼師*の云く、「一切の法門は、この四に過ぎず。」〈已上〉信解行証は倶《とも》に是れ能事・能信・能解・能行・能証なり。その所信等は、即ち是れ所境なり。いはゆる真理なり。能所*の五字は、是れ別教宗の一部の旨帰《しき》、この五字に在り。理を以て能に合して、ただ四分と言ふ。賢首大師*は、四分の上に、かの序分を加へて、惣じて五分とす。

また九会の法門は、因果に過ぎず。因は則ち五十一位*、果は則ち十身*なり。仏地所

遮那品㆒、有㆓十一巻経文㆒。名㆓挙果勧楽生信分㆒。第二従㆓第二会如来名号品㆒至㆓如来出現品㆒、有㆓三十一品四十一巻経文㆒。名㆓修因契果生解分㆒。第三以㆓第八会離世間一品㆒、有㆓七巻経文㆒。名㆓託法進修成行分㆒。第四以㆓第九会入法界一品㆒、有㆓二十一巻経文㆒。名㆓依人証入成徳分㆒」(正蔵三六-一〇三c)とみえる。なお華厳経行願品疏巻二(続蔵一-七-三-二五四c〜d)参照。

それ(其) 底本「共」、板本により改む。

会 底本「分」、板本により改む。

信解行証 文義綱目に「又四問答中、初生㆑信、二起㆑解、三成㆑行、四証㆑真故」(正蔵三五-五〇一b)とみえる。

清涼師の云く… 行願品疏巻二に「修行必有㆓証入果㆒故。仏法雖㆑衆、不㆑出㆓此四㆒。謂信解行証。四分之中、雖㆓皆互有㆒、従㆓其増勝㆒、各立㆓一名㆒」(続蔵一-七-三-二五四a)とみえる。取意の引用か。

能所の五字 能事・能信・能解・能行・能証の五字と、所事・所信・所解・所行・所証の五字をいう。

賢首大師は… 探玄記巻二に「今更尋㆓下文㆒、総長分為㆑五。初品是教起因縁分。二舎那品中一周問答名㆓挙果勧楽生信分㆒。三従㆓第二会㆒至㆓第六会㆒来一周問答名㆓修因契果生解分㆒。四第七会中一周問答名㆓託法進修成行分㆒。五第八会中一周問答名㆓依人入証成徳分㆒」(正蔵三五-一二五b)とみえる。文義綱目これに同じ。

五十一位 十信・十住・十行・十廻向・十地・妙覚。

十身 華厳の仏身説。→二八六頁注

説の因果は、ただ一周のみにあらず、惣じて五番あり。*五周《ごしゆう》の因果《いんが》と名づく。一には第一会を所信の因果と名づく。世界成就と華蔵品《けぞうぼん》とは、その果徳の毘盧遮那を明かし、昔の因行を明かす。是《こ》れ所信なるが故に。二には第二会の初めより第七会の随好品《ずいこうぼん》に至るまでを、*差別因果《しゃべついんが》と名づく。前の二十六品は因を弁じ、仏不思議已下の三品は果を明かす。因は六会を歴《へ》、果は因を該《か》ねざるが故に、差別と名づく。三には第七会の末の普賢と出現との二品を、*平等因果《びょうどういんが》と名づく。普賢を因と名づけ、出現を果と名づく。因は是れ得果不捨の因なり、果は是れ大用性起《だいゆうしょうき》の果なり。*因は果海を該《か》ね、果は因源に徹するが故に、平等と云ふ。四には第八会を成行《じょうぎょう》の因果と名づく。*五位の行を因と名づけ、*八相の用を果と名づく。かの位を摂して、名、頓に彰《あら》はる。行法皆《みな》円融普賢の行を明かすが故に。五には第九会を証入因果《しょうにゅういんが》と名づく。初めには、仏果の大用は、是れ証入の果なることを明かし、後には、菩薩の獲益《きゃくやく》は、是れ証入の因なることを明かす。もしは頓、もしは漸、もしは因、もしは果、皆《みな》証入するが故に、この名を立つ。

是《か》のごとく五周の因果ありと雖も、広く階位を説くことは、正しく解を生ずるに在り。二会は十信、三会は十住、四会は十行、五会は十向、六会は十地なり。第七会の中の初めの六は等覚《とうかく》、次の三は妙覚《みょうかく》なり。一代の諸教、広く次位を説きて、行相《ぎょうそう》を顕示すること、この経に如《し》くはなし。六会を遊歴して、義、窮極するが故に。余会《よえ》・余品に所説の因果は、これに託して準として、以て行相を定む。

五周の因果　所信因果(第一周)・差別因果(第二周)・平等因果(第三周)・成行因果(第四周)・証入因果(第五周)をいう。文義綱目に「四或為二五周因果一。第一会中、果広而因略、是所信因果。第二会至小相品是修生因果。普賢性起是修顕因果。第七会中成行因果。第八会中入証因果。…謂前五周因果之内、初後二位、先果後因。余三皆先因後果。各分二因果二位一故為レ十也」(正蔵三五-五〇一b)とみえる。

差別因果　修生因果ともいう。

平等因果　修顕因果といい、修起をあらわす。

因…　演義鈔巻一に「因該二果海一、果徹二因源一」(正蔵三六-一三b)とみえる。

五位　信等五位の行。

八相　八相成道の果徳。

もしは…　演義鈔巻一に「謂此経中、昭明顕著、若凡若聖若因若果、能観之心、所観之境、無レ不二畢備一故」(正蔵三六-一三a)とみえる。華厳懸談会玄記巻三に「鈔若凡等者、地前為レ凡、地上為レ聖、等覚已下為レ因、妙覚為レ果。此等心境広明故」(続蔵一-一二-一-一五a)と解釈あり。

清涼の云く…　演義鈔巻一(正蔵三六-一三c)の文。

五十二位　十信・十住・十行・十廻向・十地・等覚・妙覚の五十二の修行の階位。華厳経に出。菩薩瓔珞本業経、集散品に「聞仏説瓔珞中六入法門、所謂十住十行十向十地無垢地妙覚地」(正蔵二四-一〇二三b)とみえる。

昭昭　底本「昭」一字のみ。板本により

是《かく》のごときの因果は、その大標とす。その中のあらゆる、或いは理、或いは事《じ》、或いは心、或いは境、*もしは凡、もしは聖、もしは教、もしは観、衆経の法義、諸典の理《り》致《ち》、法相《ほっそう》・法性《ほっしょう》、周《あまね》く尽《つく》して円備《えんび》するが故に。*清涼の云《いわ》く、「謂《いわ》く、この根本法輪《こんぽんほうりん》の内には、何の法か備はらざらん。未だ一事一理として極《きわ》まらず、一因一果として備はらざることあらず。五周の因果は、則ち*五十二位の昭彰なり。九会の玄文は、則ち難思《なんし》の教海《きょうかい》にして覩《み》つべし。真妄《しんもう》を説くときんば、凡聖《ぼんしょう》*昭昭として交徹《きょうてつ》し、法界を語るときんば、事理歴歴として相収《あいおさ》む。仏知見は一偈に開示して遺《のこ》すことなし。*大涅槃の一章、必ずその体用を尽す。*六百巻の般若は、*三天の偈文を出《い》でず。一大蔵の契経は、ならびに*七字の内に*在《あ》り。是れは、謂く、諸仏の智海を罄《つく》し、性相の洪源《こうげん》を竭《つく》せり。」〈已上〉横に徧し、竪《たて》に通ず。高広も既《すで》に爾《しか》なり。深玄なること是《かく》のごとし。

如来成道第*二七日に、一切の仏法、一切の義理、乃至末代《まつだい》の見聞供養《けんもんくよう》、過去も際《きわ》まりなく、未来も窮まりなく、十方を該通して、皆ことごとく説き竟《おわ》んぬ。別教の普機《ふき》、利潤窮尽《りじゅんぐうじん》すること、譬へば*日出でてまづ高山を照すがごとし。しかも小根性は未だ趣向すること能はざるが故に。鹿苑《ろくおん》等にして、三乗の法を説きて、四十余年、種種に調《ちょう》柔《にゅう》し、三機漸進《ぜんしん》して、一乗に入るに堪《た》へたり。故に法華を説きて、諸乗を開会して、一実に入らしむ。*開三顕一《かいさんけんいち》は是れ同教の門なり。所説の一乗、三乗に同じきが故に。所入の処は、是れ別教の門なり。所得の法義、三乗に異なるが故に、華厳に入るが故に、普法を獲《う》るが故に。猶《なお》し日没して、還《かえ》りて高山を照すがごとし。華厳を名づけて

補う。

大涅槃…　八十華厳巻五二、如来出現品（正蔵一〇-二七六b～c）に出。華厳懸談会玄記巻三に「鈔一章必尽㆓其体用㆒者、即出現品出現涅槃一章有㆓其十相㆒。一体性真常。二徳用円備。三出没常湛。四虧盈不遷。五示滅常存。六随縁起尽。七存亡互現。八大用無涯。九体離二辺。十結帰無住。此一章必尽㆓涅槃経円浄性浄之体、及方便浄応化之用㆒也」（続蔵一-一二-一-一七d）。

六百巻の般若　玄奘訳、大般若波羅蜜多経、六〇〇巻。

三天の偈文　忉利天・夜摩天・兜率天の三天に十方来集せる菩薩が、偈を説いて仏を讃ずる文には、般若性空の義が説かれている。例えば夜摩宮中偈讃品に「諸法無㆓来処㆒。亦無㆓能作者㆒。無㆑有㆑所㆑従生。不㆑可㆑得㆓分別㆒。一切法無来。是故無㆑有㆑生。以㆓生無㆒㆑有故。滅亦不㆑可㆑得。一切法無生。亦復無㆑有㆑滅」（正蔵一〇-一〇〇c）とあるのは、般若経の所説と同じ。

七字…　一大蔵経（一切の経文）は「大方広仏華厳経」という七字の中にことごとく備わるをいう。故に華厳経は広大悉備なり。

在　底本なし。板本により補う。

二七日　最初説法時については、諸経不同なるも、法蔵は二七日説を取る。探玄記巻二・文義綱目を参照せよ。演義鈔巻一に三説をあげる。

日出でて…　→補「高山を照し…」

開三顕一　三乗教をもって一乗教の方便とし、絶対の一乗を顕わすこと。もと天

根本法輪とし、法華を名づけて摂末帰本《しょうまつきほん》とす。五乗の末を摂して、華厳に帰するが故に。法華の功能《くうのう》、即ちここに在り。別教に入り已《おわ》れば、ただ是れ華厳なり。漸頓縁異なれども、所入はただ一なり。いはゆる華厳の法界、円融の性海のみ。如来出世の大事因縁は、啻《ただ》、この法に在り、余路あることなし。故に、清涼師、この経の出現品《しゅつげんぼん》の意を釈して云く、「出現の本《もと》を大華厳とするが故に。」〈已上〉一切の法門は、皆《みな》大華厳、一切の義理は、咸《ことごと》く別教宗なり。一乗の行者、この意を獲《え》已《おわ》りなば、念念に法界に遊び、塵塵《じんじん》に仏海に入らん。頓証の道は、迥《はる》かに言思を絶せん。この法は既に是れ*修多《しゅた》羅《ら》の宗なるが故に、本経につきて、その大途を陳ぶ。

第八　*修証《しゅしょう》の次第

問ふ。一乗円宗の発趣《ほっしゅ》する行位《ぎょうい》、*断障証理《だんしょうしょうり》の方軌《ほうき》云何《いかん》。答ふ。種姓《しゅしょう》・発心《ほっしん》・修行・成仏《じょうぶつ》、反流《ほんる》の軌範、帰源《きげん》の方法あり。*種性と言ふは、是れその因本なり。一切衆生、法界の性を具し、真性湛然《たんねん》として、過恒《かごう》の徳を具す。理事・性相《しょうそう》・教義・*境智《きょうち》・十玄・六相・事事無礙、性内に円備して、遺余あることなし。*発心と言ふは、本覚《ほんかく》内に熏《くん》じ、善友《ぜんぬ》外に催《もよお》して、円満の心を起して、大菩提に向ふに、即ち心体・心相・心徳あり。菩提《ぼだい》の心*体に略して*三種あり。一には直心《じきしん》。真如の法を念じて、大智着することなし。二には深心《じんしん》。一切の善を修す、即ち四弘願《しぐがん》なり。三には大悲心《だいひしん》。衆生を度す。前の二の所作は、また衆生のためにす。菩提心の相は、斉限《せいげん》なきが故に。*一法一切法

台宗の所説。五教章巻一に「三者以㆓臨門三車㆒為㆓開方便教㆒。界外別授㆓大白牛車㆒、方為㆑示㆓真実義㆒。此当㆓同教一乗㆒、如㆓法華経説㆒」(正蔵四五-四八〇a)とみえる。

修多羅　梵語 sūtra. 経。

修証の次第　華厳宗要義では、第七修証行相に当る。華厳宗の修証の階位を説く。行布門と円融門あり。

断障証理　惑障を断じ、真理を証する。断惑証理ともいう。如何なる惑障を、如何なる位次において、如何に頓断漸断すべきかを論ずる。

種性　五教章巻二、所詮差別の第二明仏種性(正蔵四五-四八五b～四八八a)参照。

境　底本「鏡」、板本により改む。

発心　探玄記巻五に「本覚内薫大心創起故云㆓発心㆒」(正蔵三五-二〇二c)とみえる。

心　底本なし。板本により補う。普賢観行法門は「菩提心」。

三種　普賢観行法門に「第四発㆓菩提心㆒、立㆓大誓願㆒、亦有㆓三種㆒。一発㆓直心㆒。正念㆓真如法㆒故。二深心。楽修㆓一切諸善行㆒故。三大悲心。救㆓抜一切苦衆生㆒故」(続蔵一-二-八-一-七四a～b)とみえる。なお発菩提心章の発心第一の冒頭の文も同じ。

一法　底本なし。板本により補う。

最　底本「寂」、板本により改む。

にして、理性《りしょう》融するが故に。一修一切修にして、万行通ずるが故に。一度《いちど》一切度《いっさいど》にして、事事融するが故に。心徳と言ふは、是《かく》のごときの発心一念の功徳、虚空界《こくうかい》に遍して、称量《しょうりょう》すべからず。事《じ》、深広なるが故に。

問ふ。円教の根機、何等の行を修するや。答ふ。一乗の行法は、事義勝妙《じぎしょうみょう》、広大深《こうだいじん》奥《のう》にして、尽くることなく、窮まることなし。これによりて、*最極《さいごく》の果を獲得《きゃくとく》するが故に。この所修の行に、惣じて二種あり。

一には遍《あまね》く諸行を成ず。是れ*行布《ぎょうふ》の行なり。*十度・*四摂《ししょう》・*四無量等、或いは理、或いは事、或いは*定《じょう》、或いは*散《さん》、歴別《りゃくべつ》次第して、一一に遍く修し、諸位の中において、行業尽くることなし。微より着に至り、浅より深に之《いた》りて、普《ふ》遍遊渉《へんゆうしょう》し、始終該徹《しじゅうがいてつ》す。一一の位の中に、応に随ひて修習す。しかも通修あり、および別修あり。十度・四摂は諸位に通じて修す。浄行《じょうぎょう》の諸願は、且《しばら》く信位に在り。十種の梵行《ぼんぎょう》は、即ち住位に属し、乃至十地所寄の諸行なり。第八会の中に二千の行法あり。これらの衆行は、位位に別修す。また*普賢観《ふげんかん》あり、*十重止観《じゅうじゅうしかん》のごとし。*普賢行あり、これは是れ事門なり。賢首大師、十門を建立して、初学の菩薩の修行の方軌とす。*一にはまづ信心を起す。自己の性、三宝等を信ずるが故に。二には三宝に帰依《きえ》す。三には宿罪を懺悔す。四には菩提心を発す。五には菩薩戒を受く。六には離過《りか》の行を修す。煩悩を調伏《ちょうぶく》して、悪を止むる等の故に。七には善行を修す。供養礼讃《くようらいさん》、六度万行《ろくどまんぎょう》、廻向願《えこうがん》等なり。八には忍辱《にんにく》の行を修す。九には衆生の行を救摂《きゅうしょう》す。十には平等の行を修す。この十門の中に、

行布　華厳一乗究竟の断惑説である円融門に対して、三乗に寄顕して述べたのが行布門である。華厳経疏巻一六に「古徳釈此略有二二門一。一行布次第門。謂従レ微至レ著従レ浅至レ深。次第相乗以階二彼岸一。如二瓔珞・仁王・起信・瑜伽等説一。二円融通摂門。謂一位即具二一切位一等。如二此経所説一」(正蔵三五-六八c)とみえる。

十度　十波羅蜜。

四摂　布施・愛語・利行・同事の四摂法。

四無量　慈・悲・喜・捨の四無量心。四等・四梵行ともいう。

定　定散二善のうちの定善。定心に修する善業を定善という。

散　散善。散心に修する善業を散善という。

普賢観　普賢観行法門経(続蔵一-二-八-一)。普賢の観と行とを明かして、華厳経六〇巻の大意を述べる。

十重止観　㈠会相帰性門、㈡依理起行門、㈢理事無礙門、㈣理事倶泯門、㈤心境融通門、㈥事融相在門、㈦諸法相是門、㈧即入無礙門、㈨帝網重現門、㈩主伴円備門の十門。発菩提心章中の色空章十門止観と同じ。

普賢行　初学菩薩の行法で、十門あり。普賢観行法門に「一先起二信心一、二帰二依三宝一、三懺二悔宿罪一、四二発菩提心一、五受二菩薩三聚浄戒一、六修二離過行一、七修二善行一、八修二忍辱行一、九救二護衆生一、十修二平等行一」(続蔵一-二-八-一-七四a〜b)。

一には…　以下一から十まで、前文の十種普賢行の内容。

おのおの三行を開く。繁《はん》を恐れて載せず。初心の菩薩、この十行を修して、次第に昇進し、乃《いま》し窮極に至る。

二には頓に諸行を成ず。是れ円融の行なり。一行即ち是れ一切行なるが故に。一法、万行の中に遍し、万行、一法の内に入る。微細相容《みさいそうよう》して、広狭自在なり。主伴円明《しゆばんえんみよう》、重重無尽なり。これに二の門あり。一には心観に約し、二には性融《しようゆう》に約す。心観と言ふは、妙心の一念なり。これと相応すれば、頓に十度*を具す。謂く、この心、即ち是れ仏智なり、仏智、即ち是れ無念の相なりと了知す。無念の心体は、内外着なく、放捨迹《ほうしやしやく》なし。〈*檀度《だんど》〉諸過自防《しよかじぼう》して、妄想本《もと》よりなし。〈戒度〉諦理《たいり》を忍可して、体と相応す。〈忍度〉性《しよう》身心の相を離れて、勇猛にして退かず。〈進度〉縁慮泯絶《えんりよみんぜつ》して、寂然不動《じやくねんふどう》なり。〈禅度〉空《くう》を了見して、*任運《にんぬん》に体照す。〈慧度〉善く有無《うむ》に達して、二辺に拘はらず。〈方便度〉*妙《みよう》覚《かく》に進詣して、円満を希求《きぐ》す。〈願度〉大用《だいゆう》の堅利《けんり》、是れ真の修習なり。〈力度〉体会《たいえ》し、相冥《そう》して、決断分明《ふんみよう》なり。〈智度〉一念の挙体、十度具足す。十度既に爾《しか》なれば、余行も例して然なり。故に一行を修すれば、一切の行を成ず。性融*に約すれば、一行に随ふ。法性《ほつしよう》に称ふを以ての故に。法性融摂《ゆうしよう》するが故に。この一行は、*如性《によしよう》普く収むるに、具《ぐ》せざることなし。一一の行において、おのおの万行を具して、行行無尽なり。一*念に即ち成じて、一念即ち是れ無尽なり。劫海《ごうかい》の念念、皆爾《しか》なれば、周円《しゆうえん》せざることなし。

また諸行互に融す。六相*によるが故に。一に多の徳を含むを、名づけて惣相とす。

十度　十波羅蜜に比定す。以下〈　〉の中は十波羅蜜中の一つなり。

檀度　布施波羅蜜。底本「壇度」、板本により改む。

任運　任運無作。自然法爾。ありのまま。

妙覚　修行の階位五十二位のうち、第五十一位を妙覚という。

性融に…　法性融通門に約す。

如性　如来性か。

一念…　一念成仏。新華厳経論巻二に「一念相応一念成仏。一日相応一日成仏。何須㆓劫数漸漸而修、多劫積修三祇至㆑果」(正蔵三六-七三〇a)とみえる。

六相　六相は総・別・同・異・成・壊の六。↓補

普賢行　華厳経疏巻四八に「徳周㆓法界㆒為㆑普。至順調善曰㆑賢。依㆑性造㆑修曰

是れを名づけて一とす。*普賢行の故に。多徳、一にあらざるを、名づけて別相とす。普賢行の中には施戒《せかい》等あり。惣に依止して、かの惣を満《まん》ずるが故に。衆多の義理、互に相違せず。同じくかの惣を成ずるを、名づけて同相とす。施・戒・忍等の無尽の妙行を、同じく*普行《ふぎょう》と名づく。余を作さざるが故に。多義、おのおの異なるを、名づけて異相とす。*施は戒にあらず、*忍は*進にあらざる等のごとく、異なるが故に。力を同《どう》ずるを普賢行と名づく。この諸縁によりて縁起成立《じょうりゅう》するを、名づけて成相とす。彼を成ぜしむるが故に。普行の施等を成ずるによりて、縁と名づく。要《かなら》ず施等によりて、互に相作せず、まさに普行を成ず。諸義差別して、おのおの自性に住す。性、移動せざるを、名づけて壊相《えそう》とす。かの施戒等の性、もし施等を離れば、施等の性を失す。則ち普賢の行を成ずること能はざるが故に。故に六相によりて、円融《えんにゅう》の義あり。惣と同と成とによりて、*円融の行を説き、別と異と壊とによりて、*行布の行を説く。*別は是れ惣が別なるが故に、行布、円融を礙《さ》へず。惣は是れ別が惣なるが故に、円融、行布を礙へず。円融、行布を礙へざるが故に、一を無量とす。行布、円融を礙へざるが故に、*無量を一とすれば、則ち融通隠隠《ゆうずうおんおん》たり。*一を無量とすれば、則ち渉入《しょうにゅう》重重なり。惣別既に爾《しか》なり。余の四もまた爾なり。是れを普賢菩薩の行とするなり。一切の万行、例して皆是《かく》のごとし。一行を修するに随ひて、必ず行布・円融の二門あり。万行皆爾《しか》なり。この故に*頓成《とんじょう》・*遍成、十身・*十仏を具足して、究竟円満す。

レ行」(正蔵三五-八七〇a)とみえる。

普行　華厳経疏巻四八に「但修ニ普行一、即曰ニ普賢一」(正蔵三五-八七〇a)とみえる。

施　布施。

忍　忍辱。

進　精進。

円融　円融門。

行布　行布門。→二八一頁注

別…　総の別であって、総とまったく別なものではない。円融、行布は互に融通す。

無量を一とす　多即一。底本「無量為一」なし。板本により補う。

一を…　一即多。

頓成　頓悟成仏。華厳宗要義に頓悟を説明して「華厳教義修行証入随レ機階差、相状非レ一。或有ニ頓悟漸修一、或有ニ頓悟頓修一、或有ニ漸修漸悟一。如レ是行相随レ宜多端。且就ニ頓悟漸修一言レ之、創値ニ華厳一乗別教一聴ニ聞自身如来蔵中四種法界円融無礙、過恒沙徳具足周備、因果理事業用円満一、即発ニ深信一欣楽修顕。如レ是信楽発ニ菩提心一、趣向堅固知ニ法深大一。此大心中頓悟ニ自身本来即是万徳庫蔵無染無妄無尽自在具徳宛然一、是名ニ頓悟一」(仏教大系五三)という。なお頓悟漸修については、演義鈔巻三四・円覚大疏鈔巻三下・禅門宝蔵録・禅宗綱目などを参照せよ。

遍成　あまねく成仏する。

十仏　五教章巻三に「或立ニ十仏一以顕ニ無尽一。如ニ離世間品説一。此約ニ一乗円教一説也」(正蔵四五-四九九a)とある。

問ふ。一乗の円教に幾《いくばく》の階位を立するや。答ふ。円教には*四十一位を建立して、菩薩の因果の階級を摂し尽す。謂《いわ》く、十住・十行・十廻向・十地・仏果、是《こ》れなり。もし等覚を開かば、即ち四十二位を成ず。本経の第七会の十定《じゅうじょう》等の六品に、正しく等覚の行相等を説くが故に。是れ第十地の*勝進分《しょうしんぶん》なるが故に。賢首は多く合門に随ひて、等覚を立てず。*清涼は多く開門に随ひて、別に等覚を立つ。

問ふ。住前に十信あり。何が故にこれを立てざるや。答ふ。十信は是れ行《ぎょう》、未だ別位を成ぜず。初めて法海に入りて、事《じ》浅劣《せんれつ》なるが故に。しかもその満心に行《ぎょう》成じ、徳円かにす。この故にこの時に果海に没同《もつどう》して、四十二位の行果円満す。第二会の中に正しく信行を説くに、惣じて三品あり。*問明《もんみょう》の信解《しんげ》と浄行《じょうぎょう》の信行《しんぎょう》と賢首の信徳となり。この*信徳の中に、即ち諸位を摂して、乃至仏果一時に現前して、頓円周尽せり。後後《ごご》の諸位、この徳を開くが故に。もし後を得ざれば、初を獲《え》ざるが故に。初を得るを以ての故に、即ち後を得。位位《いい》皆爾《しか》なり、行行《ぎょうぎょう》もまた爾なり。この義によるが故に、位に成仏す。果を取りて、因を成ずるが故に。因は果に異ならざるが故に。相即入するが故に。六相融するが故に。

この円教の位に、惣じて*二種あり。一には*次第行布門《しだいぎょうふもん》。位の差別《しゃべつ》を立つること、微《び》着《じゃく》階漸《かいぜん》なるが故に。二には*円融相摂門《えんにゅうそうしょうもん》。一位に即ち一切の位を摂するが故に。一一の位満じて、即ち仏に至るが故に。この二はすべて前行の中に説くがごとし。且《しばら》く行布門の次第の相は、最初発心して*十信の行を習ひ、信行成満して即ち初位に入る。

四十一位　十住・十行・十廻向・十地・妙覚。

勝進分　第六会他化自在天宮会(十地会)の因行を自分と勝進分とに分つ。勝進分は十明品・十忍品・心王菩薩問阿僧祇品・寿命品・菩薩住処品の五品。

清涼は…等覚を立つ　華厳経疏巻四五に「前明二十地一、今顕二等妙二覚一故来。以三極果由二於始信一故重会二普光一」(正蔵三五-八四〇b)、また演義鈔巻七三に「説二等覚一説二妙覚一、即是約レ位。普光明智不レ属二因果一、該二通因果一」(正蔵三六-五八〇a)とある。

問明…　菩薩問明品・浄行品・賢首品の三品を信の解・行・徳に配す。華厳経疏巻一四に「三品明三信有二解行徳一」(正蔵三五-六〇〇c)とみえる。

信徳…　華厳経疏巻一六に「収二前行願一、成二信徳用一」(正蔵三五-六一八a)とみえる。

二種…　華厳経疏巻一六に「古徳釈此略有二二門一。一行布次第門。謂従レ微至レ著従レ浅至レ深。次第相乗以階二彼岸一。…二円融通摂門。謂一位即具二一切位一等」(正蔵三五-六一八c)とみえる。

次第行布門　探玄記巻一に「一次第行布門。謂十信十解十行十廻向十地満後。方至二仏地一。従レ微至レ著階位漸次」(正蔵三五-一〇八c)とあり。大華厳経略策に「言二行布一者、次位歴然」(正蔵三六-七〇五b)とある。

円融相摂門　探玄記巻一に「二円融相摂門。謂一位中即摂二一切前後諸位一。是故一一位満皆至二仏地一」(正蔵三五-一〇八c)とあり、大華厳経略策に「明二円融一者、以三性融レ相、一位之中具二一切位一」(正蔵三六-七〇五c)とみえる。

*十住の中において、通じて十種の梵行の空法を修す。*十行の位の中の十位、次のごとく十度の行を修して、十種の心を成ず。*十廻向の中の所修の妙行を*三処に廻向《えこう》す。衆生と菩提《ぼだい》と実際《じっさい》と是れなり。大願力によりて廻向の行を成ず。

　その円融門は、一一の位満じて、即ち仏果の一位に至りて、即ち因果の諸位を摂《せっ》す。已上の三位はこれを名づけて賢とし、下中上と名づく。未だ聖に至らざるが故に。十地・等覚、即ち是れ聖位なり。初・二・三地は世間に相同《そうどう》し、四・五・六地は二乗に寄同し、七*地は菩薩に寄し、八地已上《いじょう》は一乗の法に寄す。四地已前《いぜん》は真俗別に観じ、五地已上は真俗合して観ず。六地已前は有相《うそう》の功用《くゆう》あり。ただ第七地は無相有功《うく》なり。八地已上は*無相無功《むそうむく》なり。第六は*生空無漏《しょうくうむろ》の智品《ちほん》なり、恒に相続するが故に。その法空智は、七地已前には、或いは入り、或いは出づ。八地已上には多分に相続す。生空無漏は、六地已前には、或いは入り、或いは出づ。しかも第六地は有相《うそう》の観は少なく、無相《むそう》の観は多し。第七地の中には、純無相観《じゅんむそうがん》なり。恒に相続すと雖も、しかも*加行《けぎょう》あり。無相の中に加行あるによるが故に、未だ任運《にんぬん》に相《そう》および土《ど》を現ずること能はず。第八地の中には、色自在《しきじざい》の行、第九地の中には、心自在《しんじざい》の行、第十地に至りて、最大の法智、雲雨ありて、説法円満自*在なり。*等覚位の中には、化業無尽《けぎょうむじん》なり。*金剛心《こんごうしん》の後、解脱道《げだつどう》の時に、仏果現前して、十身円満す。これより已後《いご》、無方《むほう》の大用《だいゆう》あり。既に諸法等量の身を得るが故に。諸法を以て自証の果とし、即ち諸法を以て化他の身とす。*清涼師の云《いわ》く、「真身寥廓《しんしんりょうかく》として、法界とその体を合し、包羅《ほうら》外《そと》なくして、万化と

十信　信心・進心・念心・定心・慧心・戒心・不退心・護法心・願心・廻向心。

十住　発信住・治地住・修行住・生貴住・具足方便住・正心住・不退住・童真住・法主子住・灌頂住。

十行　歓喜行・饒益行・無違逆行・無屈撓行・離癡乱行・善現行・無著行・難得行・善法行・真実行。十度法門を主とす。

十廻向　救護衆生離衆生相廻向・不壊廻向・等一切仏廻向・至一切処廻向・無尽功徳蔵廻向・随順堅固一切善根廻向・等随順一切衆生廻向・真如相廻向・無縛無著解脱廻向・入法界無量廻向。

三処…　大華厳経略策に「一一廻向三処。一廻向無上菩提。二廻向一切衆生。三廻向真如実際」(正蔵三六-七〇五c)とみえる。

地　底本なし。

無相無功　八十華厳巻三八、十地品に「此菩薩摩訶薩、亦復如レ是。住二不動地一、即捨二一切功用行一、得二無功用法一、身口意業、念務皆息、住二於報行一」(正蔵一〇-一九九a)。

生空　二空の一。我空、人空ともいう。

加行　正位に入る準備として、一段の力を加えて修行すること。

在　底本なし。板本により補う。

等覚位　新訳華厳経七処九会頌釈章に「言二等覚位一者、等者相似義。此位所レ作、皆似二仏果一故名二等覚一。覚者仏果勝智也」(正蔵三六-七一七a)とみえる。

金剛心　等覚位においては観心もっとも明瞭、菩薩の最後心をいう。

清涼師の云く…　華厳経疏巻一(正蔵三五-五〇三c)の文。

その用を斉《ひと》しくす。」〈已上〉

得るところの十身*に、惣じて二種あり。一には融三世間の十身*。謂《いわ》く、衆生身《しゅじょうしん》と国土身と業報身《ごっほうしん》と声聞身《しょうもんしん》と縁覚身《えんがくしん》と菩薩身と如来身と智身と法身と虚空身《こくうしん》となり。国土と虚空とは、是れ器世間《きせけん》、如来と智と法とは、是れ智正覚《ちしょうかく》、余の五はならびに是れ衆《しゅ》生世間《じょうせけん》なり。この三を融会《ゆうえ》して、一仏身とす。または解境《げきょう》と名づくるが故に。覚智照《かくちしょう》解《げ》、皆《みな》仏身なるが故に。その三身とは、智正覚の摂なり。二には如来身上の十身*。謂く、菩提身と願身《がんしん》と化身《けしん》と力持身《りきじしん》と相好荘厳身《そうごうしょうごんしん》と威勢身《いせいしん》と意生身《いしょうしん》と福徳身《ふくとくしん》と法身*《ほっしん》と智《ち》身《しん》となり。解境《げきょう》の十身に、おのおの十仏を具す。如来身の上に、この十徳*を説く。または行境《ぎょうきょう》と名づく。行が境なるが故に。修行の所得・所感の境なるが故に。一身にこの十義を備へて、合して一仏とす。解と行とは、境は別なれども唯一仏なり。この故に、一仏、法界に周遍す。故に本経*に云《いわ》く、「爾時《そのとき》に世尊、この座に処し、一切の法において、最正覚《さいしょうかく》の智を成じ、三世に入りて、ことごとく皆平等なり。その身、一切世間に充満し、その音、普《あまね》く十方国土に順ず。」〈已上、唐経第一。〉しかもこの十身に真応《しんのう》の二身あり。十仏の境智冥会《きょうちみょうえ》するを真と名づけ、十仏の対機説法するを応《おう》と名づく。対機の中、地上の菩薩に対するを、名づけて真身*《しんじん》とし、地前の菩薩および凡夫に対するを、名づけて応身《おうじん》とす。しかもこの十仏の内証《ないしょう》は、自*《じ》体《たい》・唯独*《ゆいどく》・廃機*《はいき》なるを、果分の仏と名づく。極証《ごくしょう》の境界は、機教を離るるが故に。機の領悟《りょうご》するところを、因分の仏と名づく。因人は聞きて解知《げち》すること、これあるが故に。

十身　華厳の仏身説。六十華厳巻二六、十地品に「是菩薩知二衆生身一、知二国土身一、知二業報身一、知二声聞身一、知二辟支仏身一、知二菩薩身一、知二如来身一、知二智身一、知二法身一、知二虚空身一」(正蔵九-五六五b)にもとづく。これを解境の十仏という。六十華厳巻三七、離世間品の「菩薩摩訶薩、知三分別説二十種仏一。何等為レ十。所謂正覚仏・願仏・業報仏・住持仏・化仏・法界仏・心仏・三昧仏・性仏・如意仏」(正蔵九-六三四c)は、行境の十仏となる。

融三世間の十身　解境の十仏をいう。三種世間融和して、その間に毫も差別を認めざる円満無礙法界身雲の仏をいう。

如来身上の十身　六十華厳、十地品において、如来身に菩提身以下の十身を説く(正蔵九-五六五c)。大華厳経略策に「二如来一身自有十身」(正蔵三六-七〇五a)とある。行境の十仏をいう。なお華厳経疏巻一(正蔵三五-五〇五c～五〇六a)・行願品疏巻一(続蔵一-七-三-二三九a)参照。

法身　底本「法身法身」、板本により重出を削除。

徳　底本「仏」、板本により改む。

本経に云く…　八十華厳巻一、世主妙厳品(正蔵一〇-一c)の文。

真身　華厳経疏巻一に「夫真身寥廓、与二法界一合二其体一。包羅無レ外、与二万化一斉二其用一。窮レ源莫レ二、執跡多端。一身多身、経論異説。今説二此経一、仏為レ真為レ応、為レ一為レ多。若言レ真者、何名下釈迦、居二娑婆界一、人天同見上。若云レ応者、那言下遮那、処二蓮華蔵一、大菩薩見、見中仏法身上」

惣じてこれを言はば、別教一乗にその二門あり。*性海果分《しょうかいかぶん》は、是れ不可説なり。究《く》竟《きょう》の十仏は、教説を離るるが故に。*縁起因分は、即ち是れ可説なり。普賢の因人の所了の境なるが故に。法はただ是れ一なり、別体あることなし。因果の人に対して、この二分を分つ。もし果人に約せば、因、即ち是れ果なり。もし因人に約せば、果、即ち是れ因なり。一切の諸法に、皆この二を具す。果分は既に是れ不可説の法なり。*七《しち》処九会《しょくえ》、言説《ごんせつ》顕示することは、ただ是れ因分なり。機縁に対するが故に。言によりて果に入り、果によりて言を流す。無礙の法なれば、局限するところなし。これは是れ一宗の綱領、九会の眉目《びもく》なる者なり。言ふところの諸位の円融の相とは、上の行布門位の中に、あらゆる一切の諸法は、一即一切、一切即一にして、上下斉等《じょうげせいとう》、始終均平《しじゅうきんぺい》なり。階位融するが故に、万行また融し、行位融するが故に、諸法もまた融す。*初発《しょほっ》心《しん》の時に、便《すなわ》ち正覚を成ず。仏道を得と雖も、因門を捨てず。因に約するときんば、尽未来際《じんみらいさい》全く是れ菩薩なり。果に約するときんば、尽未来際《じんみらいさい》全く是れ*遮那《しゃな》なり。一切の凡聖に、皆この二つあり。

問ふ。円教の断惑《だんなく》、その相云何《いかん》。答ふ。一乗の断惑にその二門あり。一には*行布断惑。二には*円融断惑。行布門の断は、三乗教に同じ。中において、或いは全く始教に同ず。*十地品に説くところの行相のごとし。或いは大いに*終教に同ず。信は位にあらざるがごとく、断惑もまた爾《しか》なり。これは余教に寄同《きどう》するに約して言をなす。もし自教によらば、即ち行布あり。広く軌模《きも》を明かすに、事、三乗に異なり。かの見聞《けんもん》・解《げ》

(正蔵三五-五〇五c)とみえる。

自体　華厳一乗十玄門に「所レ言果者、謂自体究竟、寂滅円果、十仏境界」(正蔵四五-五一四b)とみえる。

唯独　果分不可説の十仏の境界は独存なるをあらわす。

廃機　機根を廃絶すること。絶対なるをあらわす。

性海果分　五教章巻一に「性海果分、是不可説義。何以故。不二与レ教相応一故。則十仏自境界也」(正蔵四五-四七七a)とある。

縁起因分　五教章巻一に「縁起因分、則普賢境界也。此二無二、全体遍収、其猶二波水一」(正蔵四五-四七七a)とみえ、果分と因分の無二なるを示す。

七処九会　八十華厳は一部三十九品あって、七処九会に説く。

初発心…　初心に究竟の正覚を成ずること。六十華厳巻八、梵行品に「初発心時、便成二正覚一。知二一切法真実之性一。具二足慧身一、不二由レ他悟一」(正蔵九-四四九c)。

遮那　大毘盧遮那仏。

行布断惑　三乗寄顕説と三生断惑説の二種あり。三乗寄顕説とは、余教に説くところの断惑説に同じ。三生断惑説は華厳独自の教説で、見聞・解行・証入の三生について断惑を説く。行布とは演義鈔巻三に「言二行布一者、行位分布、階降浅深」(正蔵三六-二一a)という。

円融断惑　華厳独特の法門。体用二つについて断惑を論じ、体性についていえば、本より自性清浄法身の外なきが故に断ずべき法なし。用につく時は煩悩また一障

行《ぎょう》・証入のごとし。三生の中に、因果の位を摂し、修行成仏の相等を弁明す。しかるに行布とは、多くは三乗に同ず。かの始*教の中の障に二種あり。一には曰く、煩悩。二には曰く、所知。二障に、おのおの*分別《ふんべつ》と*倶生《くしょう》とあり。即ち是れ*見断《けんだん》と*修断《しゅうだん》との障なり。この見《けん》と修《しゅ》との惑に、おのおの*正使《しょうし》と習気《じっけ》との二種あり。もし正使の中に、*現とおよび*種とを開かば、即ちおのおの三を成ず。現行《げんぎょう》・種子《しゅうじ》を倶《とも》に使《し》と名づくるが故に。二障におのおの見と修とあり。この*四におのおの*三種あり。三四合数すれば、十二種を成ず。もし見道の所断の相に約せば、分別に二つあり。煩悩と所知となり。二障におのおの三ありて、即ち六種を成ず。見道には見惑同時に断ずるが故に。修道には二障断に前後ありと雖も、しかもまた応に随ひて同時断あり。この故に修断にまた即ち二あり。二におのおの三種あれば、合して六種を成ず。始教の菩薩は、*五位に修証す。この中に即ち*五十一位を摂す。この教の中には、十信を立てて位とす。もし等覚を開かば、即ち五十二なり。*資糧位《しりょうい》の中には、十信・*三賢《さんげん》なり。*加行位《けぎょうい》の中には、*四善根を修す。三賢の外に、別にこの位を立てて、見道の加行とす。法相の第十廻向の後心の中に、この四善根を立するに同じからず。初地の入心は、是れ通達位《つうだつい》、即ち是れ見道なり。住心已後《いご》、乃至金剛を、通じて修道と名づく。是れ修習位《しゅじゅうい》なり。仏果は即ち是れ究竟覚《くきょうかく》の位なり。是れを五位と名づく。

　資糧位の中に、漸《ようや》く分別の二障の現行を伏し、加行位の中に、頓に二の現を伏す。正しく所知を伏して、まさに見に入らんとするが故に。その煩悩障《ぼんのうしょう》は自然《じねん》に伏すると

一切障なるものであるから、真に一断一切断とする。孔目章巻三に「円教一断一切断」(正蔵四五-五六二b)とみえる。

十地品…　六十華厳巻二三、十地品に「其性従㆓本来㆒、寂然無㆓生滅㆒。従本已来空、滅㆓除諸苦悩㆒。遠㆓離於諸趣㆒、等同涅槃相。無㆑中亦無㆑後、非㆓言辞所説㆒、出㆓過於三世㆒、其相如㆓虚空㆒」(正蔵九-五四四b)。

終　底本「修」、板本により改む。

始教…　五教章巻三に「若依㆓始教㆒具㆓足三乗断惑差別㆒。由㆓此是其三乗教㆒故。障有㆓二種㆒。謂煩悩所知」(正蔵四五-四九二b)とみえる。

分別　分別起の二障。邪師等の外縁によって生ずるもの。後天的な惑障。

倶生　倶生起の二障。無始より法爾に熏附せるもの。先天的な惑障。

見断　分別起の二障は見道所断であるから見惑という。

修断　倶生起の二障は修道所断であるから修惑ともいう。

正使　習気に対する称。現起する煩悩の正体を正使といい、煩悩の残臭を習気という。

現　現行。あらわれた行為。

種　種子(bija)。行為の潜勢力。

四　分別起二障と倶生起二障。

三種　現行・種子・習気の三。

五位　五教章巻二に「若依㆓初教㆒、亦以㆓三義㆒顕。…或立㆓五位㆒」(正蔵四五-四八八b)とみえる。

資糧位　唯識の五位、すなわち資糧位・

ところなり。初地《しょち》見道《けんどう》の*無間《むけん》に、頓に二障の種子を断じ、解脱道の時に、かの習気を断ず。倶生《くしょう》の煩悩の*前六識と倶《く》なるものは、四善根の中に漸く伏す。現行《げんぎょう》は初地に頓に伏し、八地に永く伏す。種子は金剛無間道《こんごうむけんどう》に断じ、習気は地地《ちち》の解脱道に断ず。その第七識の煩悩の現行は、初地已上に漸く伏し、七地に永く伏す。種子《しゅうじ》は金剛無間道の時に頓に断じ、習気は金剛解脱道に断ず。*倶生の所知の前六識と倶《く》なるものは、現行は加行位の中に漸く伏し、八地に永く伏す。種子は地地に漸く断じ、習気は地地の解脱道に断ず。煩悩の習気は、この時に合断す。第七相応の知障の現行は、十地に地地に、或いは伏し、或いは起す。金剛の加行道の時に、永く伏す。種子は金剛無間に頓に断じ、習気は解脱道の時に除断す。解脱道の起る仏果の初念に、この時に習気は永く滅して余なし。この故に仏果円満の窮究は、十地品の中と全く同じ。この門は即ち始教を以て、行布門とす。

もし円融門に即せば、この上において、その*一断一切断の義を得。もし終教大乗の意によらば、菩薩の階級は五位に託せず。ただ直《ただ》ちに四十一位を建立す。障に二種あり、煩悩と所知となり。ただ二障と名づけて、分別と倶生との二種を分たず。断障の時に、是のごとく滅するが故に。地前に即ち煩悩の現行を伏し、初地に頓に煩悩障の全を断ず。智障の麁分《そぶん》は、二地已上、乃至金剛に漸く断ず。*智の細と、および二障の諸の習気と尽きて、解脱道の心に、仏果現前す。円教の行布、またこれに寄ることあり。もし*円融門はこれ相即融せば、一断に一切断じ、一成に一切成ず。位位に成仏し

加行位・通達位・修習位・究竟位の初位。

三賢 大乗の十住・十行・十廻向の菩薩をいう。

位 底本「立」、板本により改む。

四善根 法相宗では十廻向の満位に生ずる四種善根で、煖(なん)・頂・忍・世第一法をいう。見道のための修行であるから加行位に属す。

無間 無間道(ānantaryamārga)。唯識では加行の後、解脱道の前。無間に惑を断ずる。種子は頓断。

前六識… 倶生起の二障のうち、煩悩障に、前六識倶と第七識倶の二種あり、現行の漸伏・頓伏・永伏の地位が異なる。種子・習気は同じ。

倶生の所知の前六識… →補

一断一切断 五教章巻三に「若依二円教一、一切煩悩不レ可レ説二其体性一。但約二其用一即甚深広大。以下所障法一即一切具二足主伴一等上故。彼能障惑亦如レ是也。是故不レ分二使習種現一。但如二法界一得一切得一故。是故煩悩亦一断一切断也」(正蔵四五-四九五c)とみえる。演義鈔巻三(正蔵三六-二三c)参照。

智の細 所知障の細分。

円融門 華厳経疏巻一に「二円融門。一位即摂二一切位一故。一一位満即至レ仏故。初地云、一地之中、具摂二一切諸地功徳一、信該二果海一。初発心時、便成二正覚一等」(正蔵三五-五〇四b)とみえる。

て、無礙自在なり。一乗教の中には、即ち自《みずか》ら説きて言く、惑障は分別・倶生を分たず、現行・種子・習気を立せず。ただ一の惑障にして、*一障一切障なり。一法一切法を障ふるを以ての故に。この故に、断ずる時には、*一断一切断なり、証する時には、即ち是れ*一成一切成なり。是《かく》のごとく断証は天《はる》かに三乗を超《こ》えて、信位の満心にこの事を得。四十一位の位位《いい》の断証は、前《ぜん》には後後を摂し、後《ご》には前前を摂し、中には前後を摂し、前後には中を摂す。説に随ひて即ち得て、塞滞《そくたい》あることなし。即ち是れ円教の断惑の行相なり。

*第九　所憑《しょひょう》の典籍《てんせき》

問ふ。この宗の所依の経論等はいかん。答ふ。一乗円宗の所憑の典籍は、部帙一にあらず、巻舒《けんじょ》するに、甚だ多し。*華厳経を以て、その本経とし、*十地論等を、その本論とす。大華厳経に惣じて三本あり。六十巻の本は東晋《とうしん》の*覚賢三蔵《かくけんさんぞう》の訳、八十巻の本は大唐の*喜学三蔵《きがくさんぞう》の訳。この二は全く是れ同本異訳《どうほんいやく》なり。四十華厳は、唐朝《とうちょう》の貞元《ていげん》年中、般若三蔵《はんにゃさんぞう》の訳なり。これは晋本の第八の一会、入法界品《にゅうほっかいぼん》に当り、八十巻の本には、第九会に当る。これは*疏を造りて、現行《げんこう》するにつきて、これを挙《あ》ぐ。その本部と支流と別行《べっこう》するものあり。或いは是れ一会、或いは是れ一品なり。謂く、*漸備一切智徳経《ぜんびいっさいちとくきょう》五巻〈十地品〉、*十住経四巻〈十地品〉、*十地経九巻、*度世経《どせきょう》六巻〈離世間品《りせけんぼん》〉、*菩薩本業経《ぼさつほんごうきょう》一巻〈浄行品《じょうぎょうぼん》〉、是《かく》のごとき等の十二部なり。しかるに祖師の疏を造りて現流《げんる》するものな

一障一切障　六十華厳巻三三、普賢品の「仏子菩薩摩訶薩、起二瞋恚心一、則受二百千障礙法門一」(正蔵九-六〇七a)にもとづく。

一断一切断　六十華厳巻三一、仏小相光明功徳品の「若有二衆生一、得レ聞二此香一。諸罪業障、皆悉除滅。於二色声香味触一、内有二五百煩悩一。其外亦有二五百煩悩一。二万一千欲行煩悩、二万一千恚行煩悩、二万一千癡行煩悩、二万一千等行煩悩、此諸煩悩皆悉除滅」(正蔵九-六〇六b)にもとづく。

一成一切成　六十華厳巻三五、性起品に「仏子、如来身中、悉見二一切衆生発菩提心、修菩薩行成等正覚一。乃至見二一切衆生寂滅涅槃一。亦復如レ是。皆悉一切以二無性一故」(正蔵九-六二七a)にもとづく。

第九…　華厳宗がよりどころとする典籍を明かす。凝然の書誌学的研究の深さをあらわす。

華厳経　原名 Gaṇḍavyūha. 雑華経、百千経ともいわれた。三五〇年頃、六〇巻本にまとめられていたという(正蔵九・一〇)。

十地論　世親(Vasubandhu)の十地経論、一二巻。十地経の注釈。後魏の菩提流支訳(正蔵二六)。

覚賢三蔵　仏陀跋陀羅。

喜学三蔵　実叉難陀。

疏　澄観の華厳経行願品疏(続蔵一-七-三〜四)。

漸備一切智徳経　西晋の竺法護訳(正蔵一〇)。

十住経　姚秦の鳩摩羅什訳(正蔵一〇)。

十地経　唐の尸羅達摩訳(正蔵一〇)。

度世経　度世品経。竺法護訳(正蔵一〇)。

し。この故にこれらは別して具《つぶさ》に挙げず。

また*不思議境界《ふしぎきょうがい》等の八経あり。現流の大部の内の品にあらずと雖も、しかもその梵本に、ならびに皆これあり。即ち是れこの経の支流なり。別行にまた*続入法界品《ぞくにゅうほっかいぼん》一巻あり、日照三蔵《にっしょうさんぞう》の訳なり。*普賢行願讃《ふげんぎょうがんさん》一巻・*入法界品四十二字観門一巻・*入法界品儀軌《ぎき》一巻、この三はならびに不空三蔵《ふくうさんぞう》の訳なり。是《かく》のごとく、流断別行《るだんべつこう》ありと雖も、ただ是《こ》れ三本の大部に過ぎず。六十華厳は、*智儼《ちごん》と*香象《こうしょう》と、おのおの疏を造りて解し、八十経の本は、*静法《じょうほう》と*清涼《しょうりょう》と、倶に疏を作りて釈す。四十華厳をば貞元の本と号す。清涼、*疏を作り、また別に*行願《ぎょうがん》の疏を造る。

本論に至りては、論を造りて経を釈するに、西天には一にあらず。その翻伝の者は、*十住毘婆沙《じゅうじゅうびばしゃ》*十四巻は、竜樹菩薩《りゅうじゅぼさつ》の造、後秦《こうしん》の*耶舎三蔵《やしゃさんぞう》の訳なり。竜樹菩薩、海に入りて竜宮より十万頌の華厳を齎《もたら》して、出でて天竺に流行するを、*大不思議経《だいふしぎきょう》と名づく。即ち論を造りて釈し、*大不思議論と名づく。十万の偈あり。十住婆沙は、かの論の一分なり、即ち十地の処にして、第二地に至る。是れ本論なりと雖も、未だ人の疏を作りて、昌《さか》んにこれを翫習《がんしゅう》する者あらず。十地論十二巻は、天親菩薩《てんじんぼさつ》の造、菩提留支《ぼだいるし》の訳なり。華厳の疏家、十地品に至りて、皆よらざることなし。六相円融、特に楷模《かいも》として、翫習し、憑拠《ひょうこ》とすること、この論に過ぎたるはなし。

華厳経の*指帰《しいき》二巻は、東晋の法業《ほうぎょう》にして、華厳の筆受《ひつじゅ》なり。即ちこの章を製して、略して宗旨を陳ぶ。これ章疏の始めなり。*華厳経論百巻は、後魏《こうぎ》の霊弁《れいべん》の造なり。現

菩薩本業経 呉の支謙訳(正蔵一〇)。
不思議境界 大方広如来不思議境界経、唐の実叉難陀訳(正蔵一〇)。
続入法界品 大方広仏華厳経の入法界品。唐の地婆訶羅(日照三蔵)訳(正蔵一〇)。
普賢行願讃 唐の不空訳(正蔵一〇)。
入法界品四十二字観門 不空訳(正蔵一九)。
入法界品儀軌 大方広仏華厳経入法界品頓証毘盧遮那法身字輪瑜伽儀軌。唐の不空訳(正蔵一九)。
智儼…疏 捜玄記、一〇巻(正蔵三五)。六十華厳の現存せる最古の随文解釈。
香象…疏 探玄記、二〇巻(正蔵三五)。
静法…疏 刊定記、一五巻(続蔵一-五-一-二〜三)。
清涼…疏 華厳経疏、六〇巻(正蔵三五)、華厳経随疏演義鈔、八〇巻(正蔵三六)。
疏 華厳経行願品疏、一〇巻(続蔵一-七-三〜四)。
行願の疏 行願品別行疏、一巻。永超録に「華厳普賢行願品疏一巻」とある。底本・板本「十願」に作るも「行願」の誤。
十住毘婆沙 十住毘婆沙論。十七巻或いは一五巻。竜樹造とされる。後秦の鳩摩羅什訳(正蔵二六)。
十四巻 華厳宗章疏因明録は「十六巻」(正蔵五五-一一三三c)。
耶舎三蔵 →補
大不思議経・大不思議論 →二三三頁
指帰 華厳経伝記巻二(正蔵五一-一五八a〜b)に出。高峰了州「華厳両巻指帰について」(仏教研究三-一)参照。
華厳経論 →補

に在《あ》れども具せず。また未《いま》だ必ずしも人も講ぜず。

*華厳法界観《けごんほっかいかん》一巻は、杜順《とじゅん》大師の述。一家の高祖、是れ根本の章なり。*五教止観一巻も上に同じ。*華厳経捜玄記《そうげんき》五巻は、または方軌《ほうき》と名づけ、または略疏《りゃくそ》と曰ふ。智儼大師の述なり。*孔目章《くもくしょう》四巻・*五十要問答二巻・*十玄章一巻、ならびに上に同じきなり。*探玄記二十巻〈六十巻を釈せり〉・*五教章三巻・*旨帰《しき》一巻・*綱目一巻・*問答二巻・*七科章一巻・*遊心法界記《ゆうじんほっかいき》一巻・*発菩提心章《ほつぼだいしんしょう》一巻・*策林《さくりん》一巻・*妄尽還源観《もうじんげんげんかん》一巻・*義海百門一巻・*普賢観行《ふげんかんぎょう》一巻・華蔵世界観《けぞうせかいかん》一巻・*三宝礼《さんぼうらい》一巻・関脈義《かんみゃくぎ》一巻〈新華厳を釈せり〉・金師子《かねじし》章《しょう》一巻・華厳伝《けごんでん》五巻、已上の十七部は、ならびに賢首大師の撰なり。

新華厳の大疏二十巻〈浄源、疏を将《もち》ゐて経を註して、百二十巻を成ず〉・同疏演義鈔《えんぎしょう》四十巻・華厳綱要三巻・貞元華厳疏十巻・行願品別行疏《ぎょうがんぼんべつぎょうそ》一巻〈圭山、疏を将《もち》ゐて経を註し、即ち二巻を成ず〉・略策一巻・法界玄鏡《ほっかいげんきょう》一巻〈法界観を釈せり〉・三聖円融観《さんしょうえんにゅうかん》一巻・入法界品《にゅうほっかいぼん》十八問答一巻・心要《しんよう》一巻・五蘊観《ごうんかん》一巻・十二因縁観《いんねんかん》一巻、已上《いじょう》の十二部は、ならびに清涼大師の撰なり。*行願疏義記《ぎょうがんそぎき》六巻・同疏科《そか》一巻は、ならびに宗密禅師の述なり。

*一乗法界図章《いちじょうほっかいずしょう》一巻は、*義湘《ぎしょう》大師の撰。華厳経疏十巻〈六十巻を解す〉は、元暁《がんぎょう》大師の撰。華厳経論四十巻〈志寧《しねい》、論を将《もち》ゐて経を註し、名づけて合論とす。百二十巻あり〉は、*通玄居士《つうげんこじ》の撰。華厳会釈《けごんえしゃく》四巻・十明論《じゅうみょうろん》一巻・決疑論《けつぎろん》四巻・華厳眼目論《けごんがんもくろん》一巻は、ならびに上に同じきなり。華厳の略疏刊定記《りゃくそかんていき》十六巻・華厳経音義《おんぎ》二巻は、ならびに慧苑《えおん》大師の撰なり。華《け》厳纂霊記《ごんさんれいき》五巻は、賢首創《はじ》めて集め、慧苑治定《じてい》す。*華厳感応伝《けごんかんのうでん》一巻は、慧英《ええい》師の集。法

華厳法界観 →二五一頁注「法界観」

五教止観 →補

華厳経捜玄記 正蔵三五。智儼二十七歳の著。

孔目章 華厳経内章門等雑孔目章(正蔵四五)。注釈としては、凝然に孔目章発悟記あり。

五十要問答 正蔵四五。凝然に五十要問答加塵章あり。

十玄章 華厳一乗十玄門(正蔵四五)。

探玄記 正蔵三五。六十華厳の注釈。

五教章 華厳五教章(正蔵四五)。華厳学の綱要書。

旨帰 華厳経旨帰(正蔵四五)。

綱目 華厳綱目。現存せず。華厳経伝記巻五参照。

問答 華厳経問答(正蔵四五)。

七科章 明法品内立三宝章(正蔵四五)。

遊心法界記 正蔵四五。

発菩提心章 中に法界観門を含む(正蔵四五)。法界観門を除いた部分は、華厳三昧章と一致。

策林 華厳策林(正蔵四五)。

妄尽還源観 正蔵四五。八十華厳の引用あり。

義海百門 正蔵四五。法界義海ともいう。五教章通路記巻一(正蔵七二-二九七)参照。

普賢観行 普賢観行法門(続蔵一-二-八-一)。

三宝礼 法蔵和尚伝(正蔵五〇)参照。

行願疏義記 行願品疏鈔(続蔵一-七-五)。

一乗法界図章 正蔵四五。

義湘 六二五—七〇二。伝記は宗高僧伝巻四。「湘」は底本「想」、板本により改む。→補

界観註一巻は、宗密禅師の述。法界観智燈疏一巻は、紹元《じょうげん》の述。同じき観の通玄記《つげんき》三巻は、本嵩《ほんすう》師の述。同じき観の務本《むほん》一巻は、宗預《しゅうよ》の述。孔目一乗義章明宗記《くもくいちじょうぎしょうみょうしゅうき》一巻は、師会《しえ》の述。*五教章義苑疏《ごきょうしょうぎおんしょ》十巻は、道亭《どうてい》の述。同じき章の折薪記《せっしんき》五巻は、観復《かんぷく》の述。同じき章の*復古記《ふくこき》三巻は、師会《しえ》の述。同じき章の*焚薪《ふんしん》二巻も上に同じ。同じき章の*集《しゅ》成記《じょうき》六巻は、希迪《きてき》の述。同じき章の*一乗策一巻も上に同じ。*注同教答問一巻は、文表《ぶんぴょう》の述。*華厳疏鈔玄談決択《けごんそしょうげんだんけっちゃく》六巻は、鮮演《せんえん》の述。同じき疏鈔の*会解記《えげき》十巻は、観復《かんぷく》の述。*還源観疏鈔補解《げんげんかんそしょうほげ》一巻は、浄源《じょうげん》の述。*金師子章注一巻は、承遷《しょうせん》の述。同じき章の*雲間類《うんかんるい》解《げ》一巻は、浄源の述。*海印三昧論《かいいんざんまいろん》一巻は、明皛《めいきょう》の述。*大周経玄義一巻は、静居《じょうこ》の述。一乗法界図記一巻は、珍高《ちんこう》の述。*一乗成仏妙義《いちじょうじょうぶつみょうぎ》一巻は、見登《けんとう》の述。五教百門一巻は、善《ぜん》*総《そう》の述。*華厳文義要決問答《けごんもんぎようけつもんどう》四巻は、表員《ひょういん》の集。華厳要義問答三巻も上に同じ。華厳法相盤節《けごんほっそうばんせつ》一巻は、道通《どうつう》の述。*円宗文類《えんしゅうもんるい》二十二巻は、義天《ぎてん》の集。*答真妄頌《とうしんもうじゅ》一巻は、圭山《けいざん》の述。*策問三道《さくもんさんどう》一巻は、浄源の述。上来列するところは、華厳の諸師の華厳の義を述するなり。要を取りてこれを挙ぐ。余の作者の名を闕くる等は、一にあらず、衆多なれば、これを略す。

華厳の諸師、余の経論を解する疏鈔・章記・典籍一にあらず。梵網戒本疏《ぼんもうかいほんそ》三巻・心《しん》経疏《ぎょうそ》一巻・密厳経疏《みつごんきょうそ》四巻・楞伽心玄記《りょうがしんげんき》一巻・十二門論疏一巻・起信論疏二巻〈圭山、疏を将《もち》ゐて論を註し、四巻を成す〉・同じき論の別記一巻・法界無差別論疏《ほっかいむしゃべつろんそ》一巻、上はならびに賢首大師の撰なり。*摩耶経疏一巻は、世に賢首師の述なりと云ふ。金剛般若経疏一巻

通玄居士 李通玄(六三五—七三〇)。伝記は宋高僧伝巻二二。
華厳感応伝 正蔵五一。
五教章義苑疏 続蔵一-二-八-二。
復古記 五教章復古記(続蔵一-二-八-三)。
焚薪 華厳一乗教義分斉章焚薪(続蔵一-二-八-三)。
集成記 巻一のみ(続蔵一-九-五-五)。
一乗策 註華厳同教一乗策(続蔵一-二-八-五)。
注同教答問 「注同教問答」は別本か。続蔵所収の注同教問答は、師会述、善熹註。
華厳疏鈔玄談決択 華厳経談玄決択(続蔵一-二-一-五)。金沢文庫本所蔵あり。
会解記 華厳演義鈔会解記。金沢文庫研究紀要第五号参照。
還源観疏鈔補解 続蔵一-二-八-一。
金師子章注 註華厳金師子章(続蔵一-二-八-一)。
雲間類解 正蔵四五。「間」は底本「簡」、板本により改む。
海印三昧論 正蔵四五。
大周経玄義 内題、皇帝降誕日於麟徳殿講大方広仏華厳経玄義(続蔵一-八-八-一)。
一乗成仏妙義 正蔵四五。
総 底本「聡」、板本により改む。
華厳文義要決問答 外題、華厳経文義要決(続蔵一-一二-四)。
円宗文類 現存、巻一四・巻二二(続蔵一-二-八-五)。他に一部金沢文庫所蔵本あり。
答真妄頌 円宗文類巻二二収録。
策問三道 円宗文類巻二二収録。
摩耶経疏 摩訶摩耶経疏か。

は、智儼《ちごん》大師の撰。

また新羅《しんら》の元暁《がんぎょう》大師、撰するところ、甚だ多し。謂《いわ》く、梵網・般若・勝鬘・楞伽《りょうが》・金剛三昧・金剛般若・般舟《はんじゅう》・弥陀《みだ》・上生《じょうしょう》・本業《ほんごう》・起信・宝性《ほうしょう》・中辺《ちゅうべん》論等に、或いは疏あり、或いは章あり、宗要・科簡《かかん》等、惣じて二十六部あり。また宗密大師は円覚経《えんがくきょう》を釈し、大疏《だいそ》・大鈔《だいしょう》・小疏・小鈔・*修証儀《しゅしょうぎ》等、部帙是れ多し。また圭山は*金剛経を解し、*盂蘭盆《うらぼん》を釈す。長水《ちょうすい》は首楞厳《しゅりょうごん》を釈し、起信の註を解す。普観は*盂蘭盆《うらぼん》の疏を解し、師《し》会《え》は心経の疏を解し、浄源は仁王経《にんのうぎょう》を註し、観復《かんぷく》は遺教論《ゆいきょうろん》を釈す。是《かく》のごとき等の章は、この宗の摂なりと雖も、しかも本経を陳《の》ぶるにあらざるが故に、具《つぶさ》に列せず。

また日本の古徳の所述一にあらず。大安寺の審祥《しんじょう》は、*華厳起信観行法門《けごんきしんかんぎょうほうもん》一巻を作り、東大寺の寿霊《じゅれい》は、五教章を*釈して、*指事《しじ》と名づく。同寺の普機《ふき》は、*一乗開心論六巻を作り、広沢の*寛朝《かんちょう》は、一乗義私記三巻を造り、東大寺の湛幸《たんこう》は、同じき私記二巻を作り、薬師寺の義聖《ぎしょう》は、種子義私記《しゅうじぎしき》等を作る。自余の古徳の製作一にあらず。おのおの宗義を陳べ、倶《とも》に意致に通ず。また華厳の章疏、昔《むかし》多く伝度して、後代欠逸《けついつ》す。或いは他国に在りて、未《いま》だこの朝を沾《うるお》さず。是《かく》のごときの章鈔、部帙甚だ多し。上来は要を取りて、昌《さか》んに翫ぶ者を挙ぐ。部帙の分斉《ぶんさい》、その相知りぬべし。

*第十　宗緒の相承《そうしょう》

問ふ。一乗円宗の伝法の祖師の相承・依憑《えひょう》、次第云何《いかん》。答ふ。華厳宗の中、憑《よ》ると

修証儀　円覚経道場修証儀(続蔵二乙-一-四-五)。

金剛経　金剛経疏論纂要(続蔵一-三八-四)。

盂蘭盆　盂蘭盆経疏二巻(続蔵一-三五-二)。

盂蘭盆の疏　宋の普観の盂蘭盆経疏会古今通記(続蔵一-三五-二)。底本「盂」なし。板本により補う。

華厳起信観行法門　現存せず。義鏡において初めていう。

釈　底本「訳」、板本により改む。

指事　華厳五教章指事(正蔵七二)。五教章の最古の注釈書。澄観の学説は引用されていない。豊山戒定は「日本寿霊、少く謬り有りと雖も、直にこれ賢首正宗なり」と評す(五教章帳秘録)。

一乗開心論　天長勅選の六宗書の一(正蔵七二)。

寛朝　?―一〇二五。寛朝・湛幸・増春ともに一乗義私記あり。増春の私記三巻を略抄したもの一巻現存(正蔵七二)。寛朝の一乗義私記中巻の一部は、五教章深意鈔八(正蔵七二-五五)に引用されている。

第十…　華厳宗の祖師の伝統の歴史を、中国・朝鮮・日本にわたって明らかにする。

ころの祖師の所立、由《いわれ》あり、*秉持《ひんじ》して墜すことなし。昔東晋《とうしん》の代、覚賢三蔵*、創《はじ》めて華厳を訳して、世間に弘通《ぐつう》せり。その後、諸師講敷《こうふ》すること、数を知るべからず。疏を製し、章を撰するもの二十余家あり。おのおの意解《いげ》に随ひて、互に流演《るえん》を事とするも、しかも未だ一宗をなさず、祖裔《そえい》を立つることなし。

ここに*終南《しゅうなん》の*帝心尊者《ていしんそんじゃ》あり。諱《いみな》は法順《ほうじゅん》、姓は杜氏《とし》といふ。是れ清涼山《しょうりょうさん》、文殊《もんじゅ》の化《け》身《しん》にして、生《しょう》を陳朝《ちんちょう》の初めに示し、化《け》を隋唐の間に弘む。専ら華厳を行じて、偏《ひとえ》に一乗を興す。かの法界観、五教止観、所以に造る。門下に投ずる者に授くるに、華厳を以てし、機に随つて指示して、一途に滞《とどこ》ほらず。巨唐の代に入りて、三十三年にして、*貞観《じょうかん》十四年庚子〈日本国人王、第三十五代、欽明*天皇の御宇十二年に当る〉正月一日、病なくして滅を示す。春秋八十有四。諡《おくりな》して帝心尊者と号す。是れ大唐華厳宗の第一祖なり。

第二祖は終南山至相寺《しそうじ》の智儼大師*。〈雲華《うんげ》尊者と号す。京兆の寺なり。〉大師、学肆《がくし》に遊歴して、悟解、極めて多し。*法常《ほうじょう》に*摂論《しょうろん》の玄を極め、僧弁*、徴責《ちょうせき》して理を尽す。四分律《しぶりつ》を学し、*毘曇宗《びどんしゅう》を研《みが》く。*地持《じじ》・成実《じょうじつ》・涅槃、これを兼包して、才、これに比*すべき者なし。専ら華厳を弘めて、*兼済《けんさい》の法とす。宗旨を杜氏に承け、開敷《かいふ》を華厳に罄《つく》す。大唐*竜朔《りゅうさく》二年壬戌〈天智天皇の御宇元年壬戌に当る〉、新羅《しんら》の義湘《ぎしょう》来りて、儼師に投じて、華厳宗を学ぶ。十年精詳して、遂に本国に還《かえ》りて、大いに華厳を弘む。義湘に四英*あり。真定《しんじょう》と相円《そうえん》と亮元《りょうげん》と表訓《ひょうくん》となり。ならびに是れ上足なり、倶に円宗を弘む。智儼は唐の第二主、大宗皇帝の*総章《そうしょう》元年戊辰〈天智天皇七年に当る〉十月二十九日に卒す。春秋六十

秉　底本「康」、板本により改む。以下同じ。
終南　終南山。長安の南郊にあり。
帝心尊者　杜順。底本「尊」なし。板本により補う。→補「始祖」
貞観十四年　六四〇年。
欽明　舒明の誤。
智儼大師　→補「至相」
法常　五六七―六四五。伝記は続高僧伝巻一五。
摂論　摂大乗論。
僧弁　唐京師弘福寺僧弁(続高僧伝巻一五)。凝然は華厳経伝記の弁法師を僧弁(五六八―六四二)と解釈し、霊弁(五八六―六六三)説を採用しない。
毘曇宗　小乗部派の教説を研究する宗派。倶舎宗と同じ。
地持　菩薩地持経(正蔵三〇)。瑜伽論菩薩地の別訳。
比　底本なし。板本により補う。
兼済　あわせすくうこと。
竜朔二年　六六二年。
四英　法蔵和尚伝に「召二門弟子一、可二器瀉一者四英。真定・相円・亮元・表訓」(正蔵五〇―二八五a)とみえる。
総章元年　六六八年。

有七。六相を思解《しげ》し、証感《しょうかん》、効あり。

第三祖西大原寺の*賢首《げんじゅ》菩薩は、諱《いみな》は法蔵《ほうぞう》、姓は康《こう》、*康居《こうきょ》の人なり。儼《ごん》大師に投じて華厳を習学す。経を講ずるに瑞あり、華を雨《あめ》ふらし、地を動ず。口光雲蓋ありて、製述甚だ多し。大教の宗家、円乗の高祖にして、是れ則ち普賢の応、一朝の師なり。門徒千万、その中に*六哲あり。謂《いわ》く、東都の華厳寺の智光《ちこう》と荷恩寺《かおんじ》の宗一《しゅういち》と静法寺の慧《え》苑《おん》と経行寺の慧英《ええい》と宏観《こうかん》と文超《ぶんちょう》となり。賢首大師は、唐の第六主、玄宗皇帝の*先天元年壬子〈元明天皇五年壬子に当る〉十一月十四日に遷神す。春秋七十。

第四祖清涼山*澄観大師は、学、兼包に在り、解、深玄に入る。沙弥位《しゃみい》に在《あ》りて、九論十四経を講ず。受具の後、普《あまね》く名山を尋ね、ことごとく諸宗を訪ひて、求むることいよいよ多し。学、*相部《そうぶ》・*南山の両律を明らかにし、解、*三論・法相の二宗を窮む。倶舎《くしゃ》・成実《じょうじつ》に通じ、*台教《だいきょう》・*禅宗に精しく、秘呪《ひじゅ》・惣持《そうじ》、梵字・悉曇《しったん》、外道の異計、五《ご》明《みょう》の諸論、三玄旨帰、書字詩頌、包み博く通達して、究め尽さざることなし。しかも大華厳を指して、その所帰とす。乃《すなわ》ち東都の*法詵《ほっせん》大師によりて華厳を習学す。詵は是れ慧苑大師の門人なり。澄観、九宗の聖を経《へ》て、世《よよ》、七帝の国師となる。製するところの章疏、四百余巻あり。大唐第十四主、文宗皇帝の*開成四年己未〈仁明天皇、承和六年己未に当る〉三月六日に卒す。俗齢《ぞくれい》一百有二、法臘《ほうろう》八十。是れ乃《すなわ》ち文殊の応化なり。受学の弟子、能く法を伝ふる者、一百許人余り、講ずるに堪《た》へたる者、その数、千人、しかも四哲あり。圭山の宗密《しゅみつ》大師、東京の僧叡《そうえい》法師、海岸の宝印《ほういん》大師、寂光《じゃくこう》法師なり、

賢首菩薩 →補「香象大師」
康居 康居国。中央アジアの一地方。東西文化交流の要地。サマルカンド地方。底本「康」なし、板本により補う。
六哲 法蔵和尚伝に「其錚錚者略挙二六人一。釈宏観、釈文超、東都華厳寺智光、荷恩寺宗一、静法寺慧苑、経行寺慧英」(正蔵五〇―二八五a)とみえる。
先天元年 七一二年。
澄観大師 →補「清涼」
相部 法励の相部宗。
南山 道宣の南山律宗。凝然の律宗瓊鑑章では「清涼澄観、並学二律于曇一一」(日蔵、戒律宗章疏三―四五a)とみえる。
三論 金陵の玄璧に関河の三論を学び、成都の慧量にも師事。
台教 天台宗六祖荊渓湛然に師事したという。
禅宗 牛頭慧忠・径山法欽・洛陽無名より南宗禅を、慧雲より北宗禅を受けた。
法詵 伝記は宋高僧伝巻五・皎然集巻九・全唐文巻九一八にみえる。
開成四年 八三九年。

ならびに群に抜きんで、旨を得たり。賢首卒して後、二十七年を経て、開元二十六年戊寅、澄観誕生す。故に親《まのあた》りに賢首に稟《う》くるにあらず。*静法《じょうほう》の苑師《おんし》、師の略疏を続《つ》ぎて、本義に乖《そむ》く。清涼、疏を造《つく》りて、本の大義を救ふ。還《かえ》りて苑師を破して、賢首の円教の妙義を成立すること、功は清涼大師の所述に在《あ》り。この故に、立てて第四祖とす。

第五祖*終南山*圭峰草堂寺の*定慧《じょうえ》禅師は、諱は宗密、姓は果《か》氏なり。円宗を清涼に承《う》けて、弘《ぐ》通《つう》し、開敷す。南宗の禅を伝へて、円覚経を研く。製作繁多なり、二百許りの巻あり。大唐の第十五主、武宗《ぶそう》皇帝の*会昌《かいしょう》元年辛酉〈承和八年辛酉に当る〉正月六日に坐化す。俗齢《ぞくれい》六十有二。

大唐の華厳には、帝心を始めとし、相承依憑《えひょう》して、惣じて*五祖を立つ。大宋の浄源は、立てて*七祖とす。天竺に二祖、馬鳴《めみょう》と竜樹《りゅうじゅ》となり。東夏《とうか》の五祖、即ち前に列するがごとし。この故に華と梵と惣じて七祖とす。親受にあらずと雖も、所憑となるが故に。

大日本国に至りては、昔《むかし》人王第三十代、*欽明天皇の御宇、十三年壬申、百済《くだら》国より始めて仏法を伝ふ。第四十五代聖武天皇の御宇、*天平《てんぴょう》八年丙子〈賢首没後二十五年〉に至りて、百八十五年を経て、この歳七月二十日に、大唐の*道璿《どうせん》律師、来朝して、大いにこの宗の章疏を賷《もたら》して来る。時に*良弁《ろうべん》僧正、霊夢を感ずることありて、遂に大安寺の*審祥《しんじょう》大徳を請じて、金鍾寺において〈今の東大寺、法華堂なり〉、華厳経を講ぜしむ。この

静法の苑師　慧苑。→二七六頁注

祖・山　底本なし。
定慧禅師　→補「宗密」

会昌元年　八四一年。
五祖　志磐の仏祖統紀巻二九に、賢首宗教と題して、「初祖終南法順法師、二祖雲華智儼法師、三祖賢首法蔵法師、四祖清涼澄観法師、五祖圭峰宗密法師」(正蔵四九-二九三c)とみえる。
七祖　凝然は通路記巻一の中で、「宋朝浄源、奉ㇾ詔建二立七祖一。唐五祖上、取二馬鳴・竜樹一」(正蔵七二-二九七a)という。そのあとで十祖説をあげる。
欽明天皇…十三年　五五二年。仏教公伝年紀。
天平八年　七三六年。
道璿　七〇二―七六〇。わが国に最初に華厳を伝えた人。北宗普寂の弟子。伝記は本朝高僧伝巻二。
良弁　六八九―七七三。東大寺初代別当。僧正。伝記は本朝高僧伝巻四。
審祥　?―七四二。わが国最初の華厳経の講義者。伝記は本朝高僧伝巻一。

時、即ち*天平十二年庚辰〈大唐開元二十八年に当る〉十月八日なり。京城の名僧を集めて、以て*聴衆とす。その*初講の日は、紫雲上に現じて、東山を亘覆す。叡感《えいかん》甚だ深し、乃《すなわ》ち綵帛《さいはく》一千余疋を施さる。その年、天皇四十の満賀あり。遂に叡願を発して、昌んに華厳を弘む。*天平十六年甲申、三宝に帰命《きみょう》して、勅を百寮に降して、肇《はじ》めて*知識華厳別供を建つ。宗教を紹隆すること、連続して絶えず。しかれば則ち、初めて章疏を伝ふることは、道璿《どうせん》に功あり。最初に講を開くことは、審祥《しんじょう》を尊とす。願を発し、宗を興すことは、良弁《ろうべん》を本とす。審祥は是れ新羅《しんら》の人なり。度唐して、賢首《げんじゅ》に謁し、華厳宗を受学して、この国に来りて、大安寺に住す。今、且《しばら》く開講につきて教授するに約しては、審祥を日本華厳の始祖とし、本願良弁を立てて二祖とす。

審祥の門人に、*慈訓《じきん》と円証と*厳智《ごんち》等あり。かの初講を開く者、乃ち皆《みな》是れなり。薬師寺の明哲律師は、乃ち慈訓の門人なり。良弁は*義淵《ぎいん》僧正に随ひて、法相を研精す。良弁の門人に、実忠和尚と*安寛律師と*鏡忍《きょうにん》律師と*標瓊《ひょうけい》律師と*良興少僧都と良慧大僧都と*永興律師と忠慧律師等とあり。乃ち*実忠を立てて、第三祖とす。実忠の弟子に*等《とう》定《じょう》大僧都あり、立てて四祖とす。等定の下に、崇道天皇と禅雲律師とあり。乃ち*正進を立てて、第五祖とす。正進の下に、*長歳和尚と興智《こうち》*已講《いこう》と玄栄已講とあり。乃ち歳を立てて、第六代とす。歳公は乃ち法相・因明・俗典を善くす。長歳の弟子に、*道雄僧都と普機《ふき》大徳とあり。雄公は法相宗・因明・律宗、および真言宗を兼ぬ。普機は詔を奉じて一乗開心論六巻を造る。乃ち道雄を立てて、第七代とす。雄の下に、載宝《さいほう》

天平十二年　七四〇年。

聴衆とすその　底本「為聴其衆」、板本により「為聴衆其」に改む。

初講の日…　凝然の三国仏法伝通縁起巻中は「初講之時、上現二紫雲一亘二覆春山一、聖朝叡覧奇歎無量、乃施二綵帛一千余疋一、天皇皇后及諸卿等、施二入衣等一、不レ可二勝計一」(日仏全一一五b)と述べる。

天平十六年　七四四年。

知識華厳別供を建つ　東大寺要録巻一の天平十六年の条に「冬十月道慈律師卒、年七十有余、又勅降百寮始建二知識花厳別供一」とある。また東大寺要録巻五に東大寺華厳別供縁起あり、その中に「遂以二天平十六年歳次甲申一帰二命三宝一、降二勅百寮一、肇建二知識花厳別一供」という。なお東大寺諸伽藍略録に「学侶寺数拾六軒。此内八軒者華厳宗。八軒者三論宗也」(日仏全九〇b)とみえる。

慈訓　六九一—七七七。華厳および法相を学ぶ。興福寺初代別当。伝記は本朝高僧伝巻四。

厳智　伝記は本朝高僧伝巻四。

義淵　六四三—七二八。道昭より法相宗を受く。伝記は本朝高僧伝巻四。

安寛　東大寺の僧。正倉院文書には天平十五(七四三)年以降所見。勝宝二年五月、東大寺上座、天平宝字五年三月、東大寺三綱上座、同八年十月、十大律師大禅師、天平神護一(七六五)年四月、大律師進守大禅師となる。

鏡忍　伝記は本朝高僧伝巻四。

標瓊　天平十六(七四四)年以降、正倉院文書に所見。天平二十年、東大寺花厳供所

と*道義律師と基海《きかい》と智愷《ちがい》と基遍《きへん》等と*あり。基海を第八代とす。宝の下に、三明と明隆とあり。隆の下に勢範《せいはん》あり。義の下に*観宿《かんしゅく》あり。宿の下に*明祐《めいゆう》あり。基海、これを良緒律師に授く、乃ち第九代とす。

良緒の下に、*光智大僧都と*円超《えんちょう》僧都とあり。超公は延喜《えんぎ》十四年甲戌に詔を奉じて、華厳宗ならびに因明《いんみょう》の目録を撰す。超公、これを玄慶大僧都に授く。光智は*天暦元年丁未、尊勝院を建てて、宗の本処とす。同八年甲寅、尊勝院を以て、御願所とす。爾《それ》より後、かの院務を司《つかさど》るを宗の長者とし、今に連続せり。遂に光智を立てて、第十の祖とす。智公の下に、*松橋《しょうきょう》已講と頼算《らいさん》大徳と*観真《かんしん》律師とあり。松橋を第十一代とす。松橋の下に、千猷《せんゆう》*五師と*延幸律師とあり。延幸を立てて、第十二代とす。延幸、これを深幸《しんこう》*法橋《ほっきょう》に授く。深幸を立てて、第十三代とす。深幸の下に、延尊《えんそん》五師と尊厳《そんげん》已講と定暹《じょうせん》*得業《とくごう》とあり。暹公を立てて、第十四代とす。暹公、これを隆助《りゅうじょ》法橋に授く。乃ち第十五代とす。助公の下に、*慶俊五師と*弁暁《べんぎょう》*法印と能慧《のうえ》得業とあり。暁公を、即ち第十六代の貫首とす。宗旨を中興するに、甚だ功業あり。暁公の下に、道性《どうしょう》法印と*尊玄僧都と教寛擬講《きょうかんぎこう》とあり。近代の*聖禅《せいぜん》僧都は、乃ち尊玄の門人なり。尊詮《そんせん》と延真《えんしん》とは、これを教寛に承けて、真公これを承性に授け、*性公これを良忠に授く。遂に道性を以て、第十七代とす。道性の下に、権僧正良禎《りょうてい》と権僧正宗性とあり。禎、初め法を道証と光暁とに受け、後には則ち、超悟精究《ちょうごせいく》して、類を出で、群を抜きて、即ち第十八代の貫首とす。

維那僧。三国仏法伝通縁起巻中には「次請㆓元興寺厳智大徳㆒、以為㆓講師㆒、標瓊律師幷性泰大徳為㆓其複師㆒、亦講㆓六十経㆒竟」(日仏全二七a)とみえる。

良興　本朝高僧伝巻四、良弁伝に「又有㆓実忠・良興・良慧・忠慧等神足八人㆒。各管㆓東大㆒、弘㆓華厳教㆒」(日仏全九三b)とみえる。東大寺第二代別当。第三代は良慧、第四代は永興、第五代は忠慧が就任。

永興　宝亀元年、東大寺別当(東大寺要略巻五)。宝亀三年、十禅師となる(続日本紀)。

実忠　天平宝字四年より神護二年にかけて、良弁の名代として造東大寺司の職を撿校す。東大寺上座。弘仁六年四月、一生の行事二十九箇条を注した。東大寺権別当(八十五歳)となる。

等定　?—八〇〇。華厳宗第四祖。

正進　?—八七四。伝記は本朝高僧伝巻六。

長歳　日本因明の祖と称さる。伝記は本朝高僧伝巻六、正進伝にみえる。

已講　僧徒の学職の名。三会已講師の略。南都では、宮中の御斎会、薬師寺の最勝会、興福寺の維摩会の三会の講師を経たもの。

道雄　?—八五一。慈勝より唯識を、長歳より華厳を、空海より両部灌頂を受く。

性　内典塵露章により補う。

道義　?—九〇五。

あり(有)　底本なし。板本により補う。

観宿　八四三—九二七。

明祐　八七八—九六一。この系統には道雄以来、華厳とともに真言の伝承あり。

*宗性は、初め法を尊玄と*道証と光暁《こうぎょう》とに訪ひ、後には則ち始末を陶究して、氷藍の才あり。因明《いんみょう》は奥を窮め、有宗《うしゅう》は理を尽し、法相は賾《しゃく》を捜り、諸宗、義を括る。遂に禎の後に、久しく宗務を司《つかさど》る。即ち第十九代とす。宗旨を顕揚する事、前代に超えたり。宗性の下に、法印宗顕と、ならびに公暁とあり。顕、まづ宗務を司る。即ち第二十代とす。顕、卒して後、公暁、宗務を司る。第二十一代とす。日本の華厳は、燈燈相継ぐこと、是《かく》のごとし。秉持《ひんじ》久しくして、将来に至らん。

また光智の門人観真に資あり。これを観円と名づく。観円、これを延快に授く。その次に*勝暹《しょうせん》あり。〈上の三人、皆擬講なり。〉次に良覚得業あり。次に*景雅法橋は、乃《すなわ》ち第十六代なり。

時に北洛の高山寺に、*弁大徳あり。宗を景雅に稟《う》けて、これを彼の寺に弘む。即ち燃《ともしび》を横に世間を照す。乃ち是れ彼の寺に宗緒を秉護す。高弁の同門に、聖詮法眼と慶宗法印とあり。聖詮、法を光暁ならびに蔵円僧都等に授く。高弁は、徳、遠近《おんごん》に冠たり、名、江海に満てり。高弁の下に、*喜海と道澄と定恩と*霊典《りょうてん》と円弁と隆詮と長弁と*高信と顕晋と貞真と*証定と了弁等あり。喜海の下に、*静海と弁清等あり。是れ彼の寺の眉目なり。海の下に、照弁等あり。弁清の下に、経弁等あり。この二、おのおの第二十代を成す。一方の血脈、是《かく》のごとくにして来る。日本花厳の学侶、甚《はなは》だ多し。略して少分を挙げて、伝承の相を示す。

夫《そ》れ法海広蕩として、度《わた》ると雖も、越え難く、義山高大にして、仰ぐと雖も、昇り難

光智　八九四―九七九。東大寺の尊勝院の建立者。弟子に松橋・頼算・観真・寛朝あり。
円超　華厳宗章疏並因明録の撰者。これを延喜十四(九一四)年に献呈す。
天暦元年　九四七年。
松橋　九三六―?。尊勝院第三代院務。応和元(九六一)年三月太政官牒に、「伝燈満位僧松橋〈年二十六臈十二〉　花厳宗」とある(東大寺続要録)。
観真　九五一―一〇二九。高山寺系の派祖。伝記は本朝高僧伝巻一〇。
五師　中古、南都諸大寺に置かれた僧職の名。五人・別当・三綱に次ぎ、寺務に当る。
延幸　九九五―一〇六六。伝記は本朝高僧伝巻一〇。
法橋　僧位。法橋上人位。清和天皇、貞観六年の制。
得業　僧徒の学階の名。南都では、興福寺の維摩会・同寺の法華会・薬師寺の最勝会の三会の竪義をとげたものをいう。
慶俊　伝記は本朝高僧伝巻一二。
弁暁　一一三七―一二〇〇。
法印　僧位の名。法印大和尚位。
尊玄　一一四三―一二一七。著書に探玄記義決抄・孔目章抄八巻あり。
聖禅　伝記は本朝高僧伝巻一四。

宗性　一二〇二―一二七八。倶舎論本義抄・華厳宗香薫抄・日本高僧伝要文抄等を著す。伝記は本朝高僧伝巻一五。
証　底本「澄」、板本により改む。
勝暹　伝記は本朝高僧伝巻一二。

し。*毘盧《びる》奥堂に、無礙の財を得、普賢《ふげん》の深室に、*離障の珍を感ず。*蔵識の海には、波揚魚遊の徳を顕《あら》はし、*円智の山には、鳥囀獣走の業を示す。第一の義、天に周満の月を懸《か》け、不二の理、地に普馥《ふいく》の華を開く。*十身の鏡は、無尽の影を浮べ、四徳の玉は、窮《きわ》まりなきの光を燿《かがや》かす。法界の中に、僅《わず》かに一塵を挙げ、円宗の内に、ほぼ一毛を標す。十門、簡にして、また周《あまね》く、一道、近《ごん》にして、また広なり。境智、一に冥して、自在の用を播《ちら》し、因果、二にあらずして、任運《にんぬん》の事を成ず。功業、虚《むな》しからずんば、要《かなら》ず果徳を証せんのみ。

華厳法界義鏡　巻下

御本に云く、

時に永仁三年乙未春二月二十四日、東大寺戒壇院においてこれを書写す。東南院、上綱、予に命じて、これを撰ばしむ。同じき三月五日、俗甥の法子、実圓禅明房がために、書写してこれを与ふ。華厳宗の沙門凝然、報齢五十有六。

永徳三年仲冬二十一日

景雅　一一五六—？

弁大徳　明恵上人高弁(一一七三—一二三二)。伝記は本朝高僧伝巻一四。↓解説四六九頁

喜海　一一七八—一二五〇。高弁の高弟。明恵上人行状を著す。本朝高僧伝巻一四、良忠伝付伝。↓補四三〇頁「義林房」

霊典　一一八〇—一二五五。義淵房という。紀州時代、高弁に師事、後、栂尾高山寺の経営にしたがう。↓補四三五頁「義淵房」

高信　一一九三—一二六四。順性房という。高山寺縁起・明恵上人和歌集・明恵上人遺訓・解脱門義聴集記などを著す。

証定　高弁の弟子。禅宗綱目(本巻一六九頁以下)を著す。↓解説四七七頁

静海　一二六六—？。九条兼実の子という。

毘盧　大毘盧舎那仏。

離障　煩悩、所知の二障を離れる。

蔵識　阿頼耶識(↓一一九頁注)。一切種子を蔵する識。

円智　大円鏡智。

十身　華厳の十仏。↓二八六頁注

天正十八年 庚寅 林鐘中旬の比《ころ》、愚見を以て朱墨の両点を成し畢《おわ》んぬ。謬《あやま》り多端なるべし。

華厳末葉 実英 三十八

原文

解脱上人戒律興行願書　　正文在

如来滅後、以㆑戒為㆑師。出家在家七衆弟子、誰不㆑仰乎。十誦律云、又諸比丘癈㆓学毘尼㆒、便読㆓誦修多羅阿毘曇㆒、世尊種々呵責。由㆑有㆓毘尼㆒、仏法住㆑世云々。如㆑此之文、不㆑知㆓幾許㆒。然而追㆑時漸衰、必然之理也。我暗人暗、不㆑学不㆑持。但八宗相分之後、三学互異之中、御寺自㆑昔相㆓伝二宗㆒。東西金堂衆者、則其律家也。以㆓鑑真和尚㆒為㆓祖師㆒、以㆓曇無徳部㆒為㆓本教㆒、持衣以後、殊称㆓律宗㆒。大小十師昇進有㆑限、以㆓戒和尚㆒忝為㆓極位㆒。而末代仏法不㆑離㆓名利㆒。若有㆓其依怙㆒、就㆑之有㆑勇。昔者諸寺置㆓律供㆒、是止住之縁也。維摩大会遂㆓大業㆒、是出身之階也。両事倶絶、為㆓之如何㆒。彼如㆓両山先達㆒、一乗持者、実可㆑貴㆑之、皆世薬也。仍世間帰依不㆑虚。至㆓戒律一道㆒者、与㆑昔大殊。雖㆓歎無㆑益、実是時代之令㆑然也、半又土風之不㆑応歟。但自余事者置而不㆑論。南都受戒者、惣七大諸寺、別両堂十師、依㆓勅宣㆒行㆑之、儀式甚厳然。三師七証為㆓得戒縁㆒。設雖㆓清浄比丘㆒、設雖㆓不如法之軌則㆒、其中、若一人二人有㆓知㆑法人㆒者、随分勝縁、豈可㆑空哉。当時無㆓続人㆒者、将来方何為。不㆓只一宗之衰微㆒、雖是四衆之悲歎也。以㆓何方便㆒、雖㆓暫得㆑助、両堂之内旧学之輩、各止㆓退屈之恨㆒、須㆑廻㆓勧進之計㆒。為㆓新学衆㆒常為㆓依止㆒、雖㆓戒本一巻㆒、雖㆓名目一科㆒、勧令㆑誦㆑之訓令㆑知㆑之者、取㆑時至要也、与㆑世巨益也。粗聞、当時云㆓本寺㆒云㆓山寺㆒、法匠非㆑無、書籍非㆑無、再興永伝、何以為㆑難哉。唯願、旧住㆓娑婆㆒菩薩賢聖、仏法擁護諸天善神、愍㆓此愚願㆒、守㆓彼法命㆒矣。

奥書云

去承元之比、為㆑崇㆓興福寺律宗㆒、令㆔施㆓行律談義㆒之刻、且為㆔建㆓立其道場㆒、且為㆔書㆓写彼章疏㆒、令㆔送㆓付件用途㆒之時、願主先師上人、所㆑記之願書也。

戒如注㆑之。

〔参　考〕

奉唱

律学事　　戒如御草

如来滅後、以㆑戒為㆑師。出家在家七衆弟子、誰不㆑仰乎。十誦律云、諸比丘癈㆓学毘尼㆒、便読㆓誦修多羅阿毘曇㆒、世尊種々呵責。由㆑有㆓毘尼㆒、仏法住㆑世云々。然則自㆓翻邪三帰之初㆒、至㆓出家五衆之位㆒、已入㆓仏法㆒之人、宜㆑学㆓自分律儀㆒。広南都七大諸寺、東寺一門諸所、乃至山寺等、遂㆓東大寺戒壇院受戒㆒之儔、不㆑論㆓族姓卑賤㆒、不㆑択㆓隠遁名僧㆒、且為㆓国土㆒、且為㆓自利㆒、殊剋㆓五箇年㆒、専可ㇾ学二戒律一。受戒之後五夏之間、可ㇾ学二戒法一者、律教所ㇾ定也。但於二其学一、有二行学信学差別一。行学者、如説修行也。頗雖二不堪末代機一、随分持行之儀、何族断ㇾ思哉。於二其信学一又有二多重一、随ㇾ宜可ㇾ習。予対二書籍一之時、聊発二懺悔之心一、常服二学悔之薬一、欲ㇾ消二無戒病一。是一。縦雖ㇾ為二名利一、令ㇾ好ㇾ学者、猶是末代法命也。勿ㇾ令二解倦一。設為二活命一出家之類、尚非二意楽損害一。此又可ㇾ然方便之時、雖ㇾ思二名利一、有ㇾ所ㇾ学者、須ㇾ摂二信学一。是二。或対二書籍一、或聴聞等之時、都雖ㇾ無二領解一、遠可菩提之因、当来持戒之縁、不ㇾ可二點〔黙〕止一者也。是三。如ㇾ此信学之人、各止二退屈之恨一、雖二戒本一巻一、雖二名目一科一、勧令ㇾ誦二之訓令ㇾ知ㇾ之者、取ㇾ時至要也、与ㇾ世巨益也。宜ㇾ住二護正法之願一、名二真供養仏一之故也。伏乞、仏法擁護諸天善神、愍二此誓願一、守二彼法命一矣、仍所ㇾ奉ㇾ唱如ㇾ件。

延応元年四月之比、於二南都東大寺戒壇辺一、安居談律之間、且為ㇾ継二先師往願一、且為ㇾ思二当時結縁一、副二潤色之詞一、竊述二勧進心一矣。

沙門戒如　以二正文一写ㇾ之。

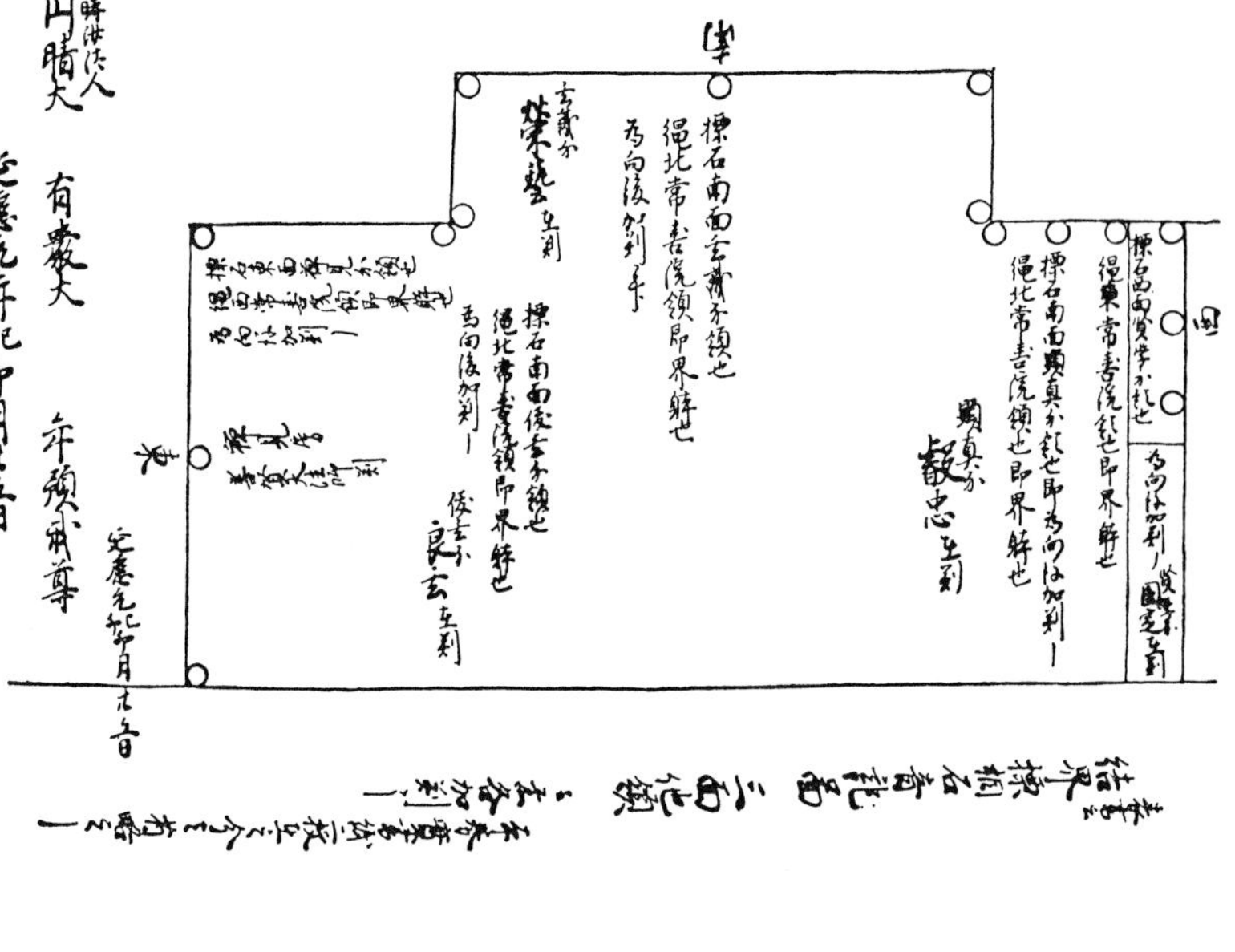

定　常喜院厳制事

条々

一　可レ知二本願上人御素意一事

右、去承元年中比、為レ興二戒律一、被レ廻二種々秘計一之中、或点二便宜院坊一、或建二立一院家一、安二置律部章疏一、可レ為二勧学依処一旨、有二其支度一之刻、且為三写二儲書籍一、且為三建二立院坊一、被三付二預其用途於律宗之儔一畢、然間任二彼御意趣一、点二此常喜院一、相博之趣、修造之営、偏守二往日願命一、敢非二当時愚慮一、仍載二彼願書於此起請一、欲レ示二其意趣於後代一矣。

愚迷発心集　上人御草云々

敬白二十方法界一切三宝日本国中大小神祇等一而言、弟子五更眠寤、寂寞床上双眼浮レ涙而倩有二思連一。其所以何者、夫無始輪転以降、死レ此生レ彼之間、或時鎮堕三三途八難之悪趣一、所レ礙二苦患一而既失二発心之謀一、或時適感二人中天上之善果一、顛倒迷謬未レ殖二解脱之種一。先生亦先生、都不レ知二生々前一、来世猶来世、全無レ弁二世々終一。常処二地獄一如レ遊二園観一。在二余悪道一如二己舎宅一。我自二何処一来、又去受二何身一。付レ親付レ疎皆今生始見人也。云レ神云レ仏亦此度纔知者也。彼弟子之本師釈迦牟尼如来、昔在二霊鷲山一之時、十方所有群生雖三悉蒙二其益一、三界輪廻之我等其時在二何処一。黄金端正聖客。出二五濁悪世一、双眼早盲全不レ見レ之。迦陵頻伽音声響二三千世界一、天耳已聾都無レ聞レ之。隠二照于東方万八千土之光一、漏二従阿鼻獄上至有頂之益一。遂使化縁已尽而竜顔永入二金棺之底一、荼毘時至聖容忽昇二栴檀之煙一以来、毒気深入輩不レ知二擣簁和合之薬一、為毒所中之類無レ守二好色香薬之教一。闇中弥重レ闇、夢上猶見レ夢。可レ驚之法王音永絶、而鷲峰山暮嵐孤冷、可レ照之慈尊月未レ出、鶏頭城之暁光猶遙。生二仏前仏後中間一、無二出離解脱因縁一、住二粟散扶桑之小国一、闕二上求下化之修行一。悲又悲漏二在世一之悲也。恨更恨沈二苦海二之恨也。何況自二曠劫一以来至二今日一、或業深重、既所レ嫌二十方恒沙之仏国一、罪障猶厚、今亦来二五濁乱慢之辺土一。嗟呼八相成道昔雖レ漏二独如来之出世一、一千余年之今僅得レ聞二慈父之遺誡一。宝聚之山間不レ望入自也、貧遣之家中不レ取後悔乎。難レ受易レ移人身、難レ値希得仏法也。当以二何行業一、為二今生思出一。黙二止於此一者、盍レ失二大利一哉。況一入二悪趣一已、曠劫為レ難レ出。設亦受二人身一、値二教法一尤難。早抛二万事一、当レ励二一心一。実非二此度一、始企何時乎。

就レ中時遷質改、百年齢漸蘭、春往秋来、三途之郷已近。初中後年有二何所レ貯。命則随レ日而役。身口意業所レ造多罪。数又追レ時増。云二常楽我浄之顛倒一、云二生老病死之転変一、片時無レ瘥、億劫無レ窮。何況風葉身難レ保、草露命易レ消。昇二野辺煙一、在レ今在レ明。伴二芒庭之苔一、待レ晨待レ暮。南隣哭北里哭、送レ人之涙未レ尽。山下添原上添、埋レ骨之土無レ乾。寒冬之夜月、孤留二影於荒原之骸一。連峰之暁風、纔聞二哀於塚側之松一。傷哉親交レ語芝蘭之友、息止者遠送。哀哉正結レ契断金之昵、魂去者独悲。啻帰二春空一鴈髣音二于霞中一、僅鳴二秋野一之蛩頻訪二于籬下一。頗所レ残者染レ筆跡、適所レ呼者失レ主名。況又春朝翫レ花之人、暮散二北芒之風一、秋暮伴レ月之輩、暁隠二東岱之雲一。昔見人今無、唯訪二蹤絶之芒屋一也。今聞類忽去、亦埋二荒砌之墳墓一也。人往我残、是為レ有為レ不レ有矣。体去名留、彼夢歟非レ夢歟。一生易レ過、万事無レ実、不レ異二朝露一、相二同夕電一。如二燈滅後再不レ見、魂去人無二重来一。豈図敷レ装樹花化レ風散、芮レ翠庭芊遷レ霜枯。加之槿花一晨之栄無レ暮、郭公数声愛不レ久爰正。視聴所レ触併雖二発心便一、世事無レ暇都不レ能二思棄一。抑電光何物、髣髴而忽滅。我身幾程、見レ有何逝。

一顧二往事一、深更之夢空二枕上一、再想二将来一、幽冥路在二于趺下一。倩観二世間転変一者、哀傷之涙余レ袖。静思二此身浮生一者、憂懐之悲銘レ肝。凡毎レ見二身資什斜質一、用幾許程、毎レ尋二気出入僅通一、保今其限。況年月不レ図遷俊二於山水之流レ庭、身体不レ覚衰危二於旧宅向レ風。当三何時節一、青眼永閉欲レ隔二再会一。又移二何野叢一、而白骨新曝欲レ伴二塊塵一。屠所之羊今幾歩二無常之道一、閻魔之使何時臨二朽室之窓一。電泡難レ保之体、送二旦暮一之間。草露無レ程命、待二出日一之許。不レ知今時抜精之猛鬼捧レ鉾而欲レ来二枢下一。不レ弁自二此日一極重病苦受レ身欲二無為死一。況衆病集レ身、可レ驚可レ怖。頓死遮レ眼、不レ可レ不レ顧。此世豈牢固、以二衆縁一暫成也。我身寧堅執、以二名字一仮レ人也。設楽不レ可二楽遂一、有レ始有レ終故。縦惜而不レ可二惜終一、生者必滅故。天主人王快楽不レ好、世々歴故。胎卵湿化行苦可レ悲、生々恒悩故。不レ如只水沫命未レ消之前、務企二来世之営一、風前燈髣残程、宜レ脱二険難之路一。今生刹那化楽、実以無レ益、夢中困故。未来長劫之苦悩、深是可レ厭、迷前憂故。勿レ期二明日一、莫レ好二懈怠一。過去未二発心一故、今生既為二常没之凡夫一。今生若空送者、後弥為二悪趣之異生一。豈只安然而徒送二難レ有之日月一哉。寧又緩慢而不レ求二易レ得之最要一乎。加之過去宿業拙而今生已感二卑賤孤独之報一也。今生所行愚而未来亦受三地獄鬼畜之生二歟。況先因戒善之力、今身既果畢。後生善処之貯、所レ望何事哉。数十余年日々所作悪業実多、百千万億念々思惟妄想至深。二利行願所レ勤已闕。現当最要所レ儲無レ一。只我等所作莫レ不三流転業一。昨日為二今日一営、今。為二明日一務。当三何日何時永欲レ逝二此苦一哉。偏為二此身一造二無量業一、一業之果送二無量劫一。経二歴六趣一如二車旋レ庭、耽二着五欲一似二膠着レ草。悲哉服二名利毒薬於幻化之身中一而空殄二二世一。愚哉結二恩愛繫縛於迷乱之心上一而徒送二一期一。今生聊無二制伏念一者、後世大怨如三随レ身影一。於レ是適雖レ励二少業一、多為二悪縁一所レ破、粗雖レ悲二罪障一、還為二恩愛一所レ忘。

説三衆罪如二霜露一、恵日隠無レ照、聞三諸法似二影焰一、妄情現而易レ迷。滅罪生善之志、心事不レ調。発心修行之計、内外无乖。雖レ囂二無益之語一、無レ談二出世事一。斥二居他人短一、不レ顧二身上過一。自雖レ慎二人目一、全忘二真照覧一。希雖レ勤二一善一、多穢二名聞思一。無常眼。遮、実有之執弥深、不浄湛レ身、厭離之思都無。或雖レ歌二時節之遷流一、不三随顧二命促一。或思レ始二日別之所作一、兼退屈無レ企。此故身所作。レ堪猶不レ勤レ之、心所レ及多有レ怠レ之。夜則為二睡眠一所レ侵、昼又為二塵事一所レ汙。秋夜長、々々徒明、春日遅、々々々空暮。自行敢不レ勤、況及レ益二他人一乎。我心猶難レ憑、況於二冥知見一哉。彼乞匃非人望レ門、不レ賜而令二悪厭一、烏雀犬鼠之求レ食、瘉レ情而無二慈悲一。頑蔽無慚憍慢易レ起、放逸熾燃悪行難レ止。雖三身処二生死一、未レ知二生。之源一。雖三心起二妄執一、亦無レ弁二妄執之基一。無明毒酔為二連々一、也隔レ薬而不レ知二醒悟一。愛恚妄海為二眇々一、也漂レ浪而不レ見二船筏一。無レ尋二専可レ訪之父母生所一、不レ知二更可レ憐之親昵受苦一。

纔雖レ畏二我後生之苦一、猶剰造二三途之業一。屢雖レ結二彼悪果種一、未三都信二因果之理一。愛別離苦見已還愛、怨憎会苦覚已弥怨。為二悪業一作二奴僕一、而雖レ経レ劫不レ為レ憂。為二善根一致二懈怠一、而雖レ送レ日不レ為レ痛。烏呼生死之険道常栖、無レ求二可レ出之便一、貪愛之繫縛堅。、不レ弁二可レ解之計一。予不レ異下失二見聞一之盲聾上、宛可レ同下無二覚知一之木石上。不レ慚下仏菩薩如二影随レ形而垂中照見上矣、不レ顧下倶生神在二左右肩一而記中善悪上焉、朦々緩々、昨過今過。悲哉痛哉、徒晩徒曙。若期レ後而不レ勤歟、期日是何日乎。将任レ性而。、緩慢其為レ何哉。若思二愚癡之至一者、速可レ慎二愚癡一。若譲二懈怠之過一者、不三何誡二懈怠一。坐禅夜床迷二罪暗一而無レ通、観念暁窓吹二妄風一而不レ静。倩誡レ心者無レ隙二于嗚呼一、屢責レ朦者不レ暇二于拭レ涙。是以有二心外法一、輪二廻生死一、可レ歎可レ悲。覚二知一心一、生死永奇。、不レ可レ不レ信。所以耿々燈影猶応二顕レ迷便一矣、蕭々風声当レ為二観レ心基一焉。急早可レ急者、出離解脱之計。忘猶可レ忘者、虚妄実有之謬。須下毎レ向二境界一想中実是如上夢者、自可レ除レ迷、終可レ開レ悟。

所以静レ心而遙想二像当来一者、未来無数劫之間、我当何国何処何日何時、当レ証二無上正等正覚一。而一如水灑レ流号。、恣潤二枯槁衆生一、二空月顕レ光号、普照二長夜之迷情一。悲哉乍レ備二無上仏種一、云レ自云レ他、為二無始無終之凡夫一、而未三都知二出離之期一矣。投二身命雪山一之半偈、当レ眼而如レ空。致二給侍於仙洞一之一乗、抱レ掌而無レ勇。曠劫之幸不レ弁レ余レ身。長夜之迷不レ知レ失レ道。悪上尚重レ悪、徒送二春秋於数年一、自レ夢猶入レ夢、而空過二日月於三旬一。悲而可レ悲者我法之妄執堅結。憂而可レ憂者生法之空理遙隔。依レ此為二流転常没凡夫一乞。迷レ此而失二出離解脱之跡一也。云二聖者一、不レ可二遠尋一レ。云二浄土一云二穢土一、不レ可二遙隔一レ境。空二我法一称二聖者一、着二我法一名二愚夫一。所執境称二穢土一、如幻境名二浄土一。

然而先生不レ営故、今既如レ無二一文之覚悟一也。今生不レ企者、何時暗生二少分之恵解一哉。況非レ不レ愚二仏法一、又非レ所レ凝二盲聾一。責レ朦運レ志而随分栄励者、何無二一塵得益一。此功為レ始而遂進二深広仏道一、豈非二至要一乎。然而或懈非二身所一レ堪、或慢非二心所一レ好。億劫一説釈尊教法、殆如レ無二其詮一。剰於下学二仏法一輩上、或誹謗或憍慢、或嫉妬或嘲哢。設又有二学文之志一、費二無上法宝一還募二名利之価一、嘗二甘露妙薬一弥増二煩悩病一。出離指南徒沈二生死海一、菩提明月空隠二妄染之雲一。悲哉仏法当レ迫レ喉。福田将レ渇、智水未レ掬。、因レ何植二善苗一。法燈永断者、以レ何照二迷情一。加之倒見邪見之惑業、雖レ起二幻夢之前一、実我実法盛睡、未レ寤二長夜中一。聞二境界是夢所縁一、同不レ知レ夢二於嬰児一。説二諸法皆心反作一、宛如三向レ影為二墳喜一。就レ中宿習本薄、発心都無、妄念競起。出離要何事。憖捨二世間一、僅雖レ移二深山之澗一、隠遁只有レ名、洞殆無レ守二一行一。猥雖レ。レ頼レ仏、不レ致二聖可レ通之誠一。設有レ向二教文一、都無レ欣二如レ法之心一。性罪闇深、戒珠永隠レ光。遮罪塵積、法水不レ通レ流。善嬾悪好、求レ名貪利。然間等閑之言端雖レ悲二身錯一、真実之心底無レ改二其過一。縦有二随分之勤一、尚以難レ頼。況如レ是空過以後亦可レ同者、我預二閻魔之誡一、蒙二冥官之責一時、独流レ涙可レ悲。後悔有二何益一。寔是以雖下過二無量億歳一難レ受々中爪上之人身上、而拙二於不一レ受。雖下重二恒沙塵劫一遇中難レ遇優曇之教文上、而空二於不一レ遇。適望二導場一欲レ洗二罪垢於心水一者、散乱浪忽動而一塵未レ清。希向二尊容一欲レ照二迷闇於覚月一、煩悩之雲厚覆而長夜猶深。妄心之迷往昔串習、僅起弥盛。菩提之道今新行業、雖レ励速妄。手雖レ廻二念珠一、数与二余念一相乱。口雖レ唱二宝号一、心与二脣舌一不レ調。纔所レ勤既以無レ実。雖レ値二難レ値法一、嬾二急終一レ功、急已何所作。只偏世務計。世務是何要。為二夢中名利一。亦名利大毒、悩二二世之身心一。富者貪レ楽都不レ知二後世一。貧者懐レ憂弥造二罪業一。

凡述レ言欲レ記、不レ遑レ染レ筆。可レ慎可レ察、迷也愚也。設今生中雖レ企二観行一、盍下為二未来一之発中清浄願上。然而所レ拘二串習一所レ妨二卑下一、将来誓願猶以難レ発。既一善真実都無。又三業之妄染尤深。猥号二比丘一、甚如二蝙蝠一。剰称二仏子一、恐可二慚愧一。仏言、如レ是之人不二我弟子一、又不三称レ我為二本師一。所謂法中旃陀羅也。国王地上無レ処二于吐一レ唾。五千大鬼恒払二我之足跡一。嗚呼不レ守下可二堅守一之慈父遺言上、欲レ蒙下可二甚怖一之獄率呵嘖上。実付二世間出世一、於二身

口意業一、云二時々所行一、二念々思惟一、其悪転多、其過幾計。名利妄染深二于心底一、智水乾而難レ洗。無明愛塵積二于身上一、梵風絶而無レ払。何人精進如レ払二頭燃一。何我懈怠不レ惜二寸陰一。雖三齢又積二於齢一、無レ増者善心。雖迷猶迷累於、不レ衰者妄執。兼想二当来一、憑少悲多。就レ中五官王断罪若有レ脱、浄頗梨鏡影設無レ写、於二転識頼耶念々之薫修一者、不レ可レ朽不レ可レ失、自業自得之因果必然也。当来之苦報誠以難レ遁。粗雖レ歎二何為一、隔レ時者速妄。熏習所レ馴、其性還如レ本。彼齢闌二八旬一之人、敢不レ弁二命迫レ喉。我病憂二数日一之時、猶不レ覚二定可レ死。目盲足蹇、欲レ堕二火坑一。見レ他推レ我、此事無レ疑。濁世末代之習雖二毎レ人爾一、我等癡闇之深心言不レ及。不レ知レ之者何為。乍レ知還迷。不レ畏レ之者愚至。雖レ畏無レ実。是以為二生死沈輪一、徒雖レ捨二身命一、為二出離解脱一、何時捨二身命一。只偏為レ惜二暫時之命根一、専所レ殖二長劫之苦種一也。芭蕉脆身、設有レ楽幾程。草露之危命、縦有レ栄不レ久。況如二我身一者、可レ諍之楽都無、亦可レ愛之栄何有。所レ狂誰有、而雖レ咽二火宅之炎一、不レ欣二浄刹之身一、雖レ萌二流転之業一、無レ修二出離因一。可レ畏之生死都不レ怖、可レ欣之菩提全不レ欣。愚所レ執者、虚妄暫時之名利。堅所レ着者、電光朝露身命。咄哉悲哉、従レ冥入二於冥一永不レ聞二仏名一、従レ迷向二於迷一鎮送二多劫数一。寔是非二我身上一乎。寧又思二人上一乎。実欲レ念二此身一、勿レ念二此身一。早捨二此身一以助二此身一。徒自レ棄二野外一者、同可レ棄二仏道一。空従レ溺二苦海一者、急可レ欣二彼岸一。

然則始レ自二今日一至二未来際一、苟以二我身命一恭抛二仏法僧一、以求二仏道一以利二有情一。因レ之或結二草庵於山林寂莫之霞一、暫為二今生遊宴之栖一、或捧二一鉢於聚落憒丙閙之煙一、永萌二一仏浄土之縁一。若涼々冬景、鹿衣薄而寒風徹レ膚之暁、可レ思二紅蓮罪苦之氷一。其憂幾許。若暹々春天、糲食乏而温日斜過之朝、可レ慰二餓鬼飢饉之苦一。彼悲大哉。為レ養二一旦仮身一、尚能費二無益之身心一。況為レ成二二利之行業一、豈為レ痛二有義之苦悩一乎。彼諸仏菩薩本為二常没之凡夫一、迷心殆如二我等一。然而昔生死之夢中発二大勇猛一、今仏果覚前利二益我等一。見レ彼顧レ我、可レ恥可レ悲。倫々苦海出離何時哉。但一身之事量不レ論。我生々世々間、仏説言、大地汝等長夜無レ有レ所レ不レ受二無量生死苦一。一人一劫所レ受身骨不二爛壊一者、其聚量斉二王舎城之側広博脇山一。所レ飲乳汁如二四大海水一。自レ身所レ出血、又愛別離所レ泣之涙、多二於四大海一。大地草木悉折為レ算、以数二父母一亦不レ可レ尽。無量劫以来、或在二地獄一、或在二畜生餓鬼一、所レ受行苦不レ可二勝計一。如レ是思惟夙夜匪レ懈。哀哉既生々世々間、有二父母一有二親族一、有二師長一有二同法一、皆是具縛凡夫也、底下異生也。彼別後再不レ見。今在二何処一受二何生一乎。我已生二悪世一無レ力二于斉度一。神通無故不レ知レ之。恵眼盲故無レ見レ之。

我等没二在生死之広海一、輪二廻六趣一、無レ有二出期一。然間或為二父母一、或為二男女一、多生曠劫互結二恩愛一。一切男女皆生々父母、隔レ生故無レ覚也。所有畜類是世々親族、改レ質故悉忘。過去現在之恩徳一塵末レ報者、未来無窮之生死自他共没人也。何況八万四千之毛乳、一尸有二九億之虫類一。属レ我沈輪而不レ知二出離期一。我若有レ浮者、彼亦可レ浮。毎レ思二其面々迷一、只摧二我念々肝一、又冥衆照レ我。彼悲幾許。可レ恥可レ痛、不レ可レ有レ不レ悟。彼仏菩薩為レ救二五濁之我等一、専被レ催二大慈大悲之誓願一、出レ従二彼法性之都中一、恭雑二穢悪充満之此土一。感応利生遮レ眼満レ耳、霊神験仏在レ此在レ彼、不レ請二可レ発之一念道心一、不レ祈二可レ訪二親之菩提一。設望二彼霊壇一、殆無レ起二真実信心一。纔雖レ翹二念誦一、掉挙数競起。和光同塵之本願、結縁始其何。毒酔迷乱我等、無レ便三于授レ薬。但菩薩念二我等一愛徹二骨髄一、恒欲二利益一猶如二一子一。其利益何事、所謂道心是。世間浅近之益、皆為レ此方便也。我進請二道心一。能所若相応者、何無二其験一。納受無レ之者、誰仰二大悲願一。若無レ誠時者、感応随無。若有レ誠時者、利益何空哉。彼思二二利要義一、只在二一念発心一。抑仏種徒レ縁起、縁即発心薫修之縁也。覚悟待レ時熟、時又大聖加被之時也。何況仏陀神明之大悲、偏誓レ度二群生一也。妄想顛倒之我等、更入二一生数一也。誓願若無レ謂者、利益何有レ疑哉。仰願三宝神祇哀二愍愚意一、令レ発二道心一。一要若成就、万事皆可レ足而已。於レ是同心芳支相議云、抑恩愛悩二心肝一者、皆是為二生死禁獄繋縛一也。仏陀勧二我等一、寧又非二彼岸引摂之指南一哉。去来別二離無常恩愛一、而不退聖衆為レ友、不レ忘二堅固契約一、而尽二未来際一為レ限。恒為二親友一互助二仏道一、鎮為二法器一同営二善事一。人若進有レ遂二往生一者、当レ蒙二彼引摂一。我先有レ遂二往生一者、必施二引導一。若堕二三途苦難一、若着二人天欲境一、助二此人一而為二善趣之身一、導二此人一入二出世門一。乃至有縁無縁、現界他界、自レ親至レ疎、徒レ近及レ遠、面々恩所一々利益耳。今双眼無レ乾而同具二随喜一。落涙盈レ袂而従啓二三宝一。於二是契約一者、今生則終焉暮為レ際、未来又証覚朝為レ期。而我等若違二此旨一、聊有下生二退屈一拘二小事一怠中大要上者、能々守二此状一可レ励二彼心一。猶強不レ随二此悟一者、永失二本意一不レ遂二往生一。伏乞、冥衆知見証明。仍所レ結如レ右。敬白。

（表　紙）
「一　天文八年書写

興福寺奏状　法然上人流罪事 貞慶解脱上人御草 同形状詞少々

快尊院」

九箇条之失事

第一立二新宗一失　　第二図二新像一失
第三軽二釈尊一失　　第四妨二万善一失
第五背二霊神一失　　第六暗二浄土一失
第七誤二念仏一失　　第八損二釈衆一失
第九乱二国土一失

興福寺僧綱大法師等誠惶誠恐謹言。

請レ被下殊蒙二　天裁一永糺中改沙門源空所レ勧専修念仏宗義上状。

右、謹考二案内一有二一沙門一、世号二法然一。立二念仏之宗一、勧二専修之行一。其詞雖レ似二古師一、其心多乖二本説一。粗勘二其過一、略有二九箇条一。

第一立二新宗一失。夫仏法東漸後、我朝有二八宗一。或異域神人来而伝受、或本朝高僧往而請レ益。于レ時上代明王勅而施行、霊地名所随レ縁流布。其興二新宗一開二一途一之者、中古以降絶而不レ聞。蓋機

感已足、法将不レ応之故歟。凡立レ宗之法、先分二義道之浅深一、能弁二教門之権実一、引レ浅兮通レ深、会レ権兮帰レ実。大小前後、文理雖レ繁、不レ出二其一法一、不レ超二其一門一。探二彼至極一以為二自宗一。譬如三衆流之宗二臣海一、猶似三万郡之朝二一人一矣。若夫以二浄土念仏一名二別宗一者、一代聖教唯説二弥陀一仏之称名一、三蔵旨帰偏在二西方一界之往生一歟。今及二末代一始令レ建二一宗一者、源空其伝燈之大祖歟。豈如二百済智鳳太唐鑑真一、称二千代之軌範一、寧同二高野弘法叡山伝教一、有二万葉之昌栄一者乎。若自レ古相承不レ始二于今一者、逢二誰聖哲一面受二口擇一、以二幾内証一教誡示導哉。縦雖レ有レ功有レ徳、須下奏二公家一以待中勅許上。私号二一宗一甚以不当。

第二図二新像一失。近来諸所翫二一画図一。世号二摂取不捨曼陀羅一。弥陀如来之前有二衆多人一。仏放二光明一、其種々光、或枉而横照、或来而返レ本。是顕宗学生真言行者為レ本、其外持二諸経一誦二神呪一、造二自余善根一之人也。其光所レ照、唯専修念仏一類也。見二地獄絵像一之者恐レ作二罪障一、見二此曼陀羅一之者悔レ修二諸善一。教化之趣多以此類也。上人云、念仏衆生摂取不捨者経文也、我全無レ過云々。此理不レ然、偏修二余善一全不レ念二弥陀一者、実可レ漏二摂取光一。既欣二西方一亦念二弥陀一、寧以二余行一故隔二大悲光明一哉。

第三軽二釈尊一失。夫三世諸仏慈悲雖レ均、一代教主恩徳独重、有レ心之者誰不レ知レ之。爰専修云、身不レ礼二余仏一、口不レ称二余号一。其余仏余号者、即釈伽等諸仏也。専修々々汝誰弟子、誰教二彼弥陀

名号一、誰示二其安養浄土一。可レ憐末生忘二本師名一。彼覚親論師、法愛沙門、不レ及二此咎一、尚蒙二大聖呵一者歟。善導礼讃文云、南無釈伽牟尼仏等一切三宝、我今稽首礼、南無十方三世尽虚空遍法界微塵刹土中一切三宝、我今稽首礼云々。和尚意趣以レ之可レ知。衆僧猶帰命、況於二諸仏一哉。諸仏尚不レ簡、況於二本師一哉。

第四妨二万善一失。凡恒沙法門待レ機而開、甘露良薬随レ縁而授。皆是釈伽大師、無量劫中難行苦行所レ得正法也。今執二一仏之名号一、都塞二出離之要路一。不二唯自行一普誡二国土一、不二唯奇置一剰及二軽賤一。而間浮言雲興、邪執泉涌。或云下読二法花経一之者堕中地獄上、或云下受二持法花一浄土業因上者、是謗二大乗一人也云々。本誦二八軸十軸一及二千部万部一之人、聞二此説一永以癈退。剰悔二前非一。所レ捨本行宿習実深、所レ企念仏薫修未レ積、中途仰レ天歎息者多矣。此外花厳般若之帰依、真言止観之結縁、十之八九皆以奇置。如二堂塔建立尊像造図一、軽レ之咲レ之、如レ土如レ沙。福恵共闕、現当憑少。上人者智者也、自定無二謗法心一歟。但門弟之中其実難レ知、至二愚人一者其悪不レ少、根本枝末恐皆同類也。昔信行禅師之立二三階行業一、孝慈比丘之止二一乗読誦一、全不レ軽二大乗一、量二末世機一制二止其行一。然信行成二大蛇身一、百千徒衆住二其口中一、孝慈当二鬼神之害一、士人同類忽臥二高座下一。謗二大乗一業罪中最大、雖二五逆罪一復不レ能レ及。是以弥陀悲願引摂雖レ広、誹謗正法捨而無レ救。於戯西方行者所レ憑在レ誰乎。

第五背二霊神一失。念仏之輩永別二神明一、不レ論二権化実類一、不レ憚二宗廟太社一。若恃二神明一必堕二魔界一云々。於二実類鬼神一者置而不レ論。至二権化垂跡一者既是大聖也、上代高僧皆以帰敬。彼伝教参二宇佐宮一参二春日社一、各有二奇特之瑞相一。智証詣二熊野山一請二新羅神一、深祈二門葉之繁昌一。行教和尚袈裟之上三尊宿レ影、弘法大師画図中八幡顕レ質。是皆不レ及二法然一之人歟、可レ堕二魔界一之僧歟。就レ中行教和尚備二大安寺一造二三階楼一、上階安二八幡御体一、下階持二一切経論一。神明若不レ足レ拝者、如何安二聖体於法門之上一哉。末世沙門猶敬二君臣一、況於二霊神一哉。如レ此麁言、尤可レ被二停癈一。

第六暗二浄土一失。勘二観無量寿経一云、一切凡夫、欲レ生二彼国一者、当レ修二三業一。一者孝二養父母一、奉二仕師長一、慈心不レ殺、修二十善業一。二者受二持三帰一、具二足衆戒一、不レ犯二威儀一。三者発二菩提心一、深信二因果一、読二誦大乗一云々。又九品生中説二上品上生一云、具二諸戒行一、読二誦大乗一、中品下生、孝二養父母一、行二世仁慈一云々。曇鸞法師者念仏大祖也。於二往生上輩一出二五種縁一。其四云、修諸功徳、中輩七縁之中、起塔寺、飯食沙門云々。又道綽禅師会二常修念仏三昧文一云、行二念仏三昧一多故言二常修一、非レ謂二全不レ行二余三昧一也云々。善導和尚者、所レ見塔寺無レ不二修葺一。然者、上自二三部之本経一、下至二一宗之解釈一、諸行往生盛所レ許也。加之曇融亘レ橋、善晟造レ路、常旻修レ堂、善冑払レ坊、空忍採レ花、安忍焼レ香、道如施レ食、僧慶縫レ衣。各以二事相一善一、皆得二順次往生一。僧喩之持二阿含一、行衍之講二摂論一、雖二小乗一経一、雖二凡智講解一、各有二感応一、実詣二浄土一。沙門道俊者、念仏無レ隙不レ書二大般若一、覚親論師者、専修忘レ他不レ造二尺迦像一。皆妨二往生願一蒙二大聖誡一、永改二其執一遂生二西方一。当レ知、不レ依二余行一不レ依二念仏一、出離之道只在二于心一矣。若夫法花雖レ有二即往安楽文一、般若雖レ有二随願往生之説一、彼猶惣相也、少分也。不レ如二別相念仏一、不レ及二決定業因一者、惣則摂レ別、上必兼レ下。仏法之理其徳必然、何以二凡夫親疎之習一、誤失二仏界平等之道一。若往生浄土者、非二行者之自力一者、只憑二弥陀之願力一。於二余経余業一者、無二引摂別縁一、無二来迎別願一。於下対二念仏人一不上レ能レ及者、為二弥陀所化一可レ預二来迎一、豈異人哉、是人也。逢二釈迦之遺法一、修二大乗行業一、即其体也。若不レ帰二彼尊一者、実可レ謂二無縁一。若不レ兼二念仏一者、且可レ為二闕業一。既兼二二辺一、何漏二引摂一。若無二専念一故不二往生一者、智覚禅師毎日兼二修一百箇之行一、何得二上品上生一哉。凡造悪人者難レ救而悉救、口称二小善一者難レ生而倶生。乃至十念之文、其意可レ知。而近代之人、剰忘レ本而付レ末、憑レ劣而欺レ勝。寧叶二仏意一哉。彼帝王布レ政之庭、代レ天授レ官之日、賢愚随レ品貴賤尋レ家。至愚之者、縦雖レ有二夙夜之功一、不レ任二非分之職一。下賤之輩、縦雖レ積二奉公之労一、難レ進二卿相之位一。大覚法王之国、凡聖来朝之門、授二彼九品之階級一、各守二先世之徳行一、自業自得其理必然。而偏憑二仏力一不レ測二涯分一、是則愚癡之過也。就レ中仮名念仏浄業難レ熟、順次往生本意有二違失一、戒恵倶闕、所レ特何事哉。若経二生々一漸可二成就一者、一乗薫修、三蜜加持、豈亦無二其力一哉。同雖レ沈愚団者深沈、共雖レ浮智鉢早浮。況智之兼レ行虎之有レ翅也、以レ一遮レ多、仏宜二照見一。但如レ此評定、自レ本不レ好。専修党類、謬以二井蛙之智一、猥斥二海鼈之徳一之間、默而難レ止、遂及二　天奏一。若愚癡道俗不レ得二此意一、或軽二往生之道一、或退二念仏之行一、或又不レ兼二余行一無レ生二浄土一者、全非二本懐一還可二禁制一。縦又依二此事一雖レ為二念仏瑕瑾一、比二其軽重一猶不レ如二宣下一歟。

第七誤二念仏一失。先於二所念仏一有レ名有レ体。其体中有レ事有レ理。次付二能念之相一、或口称或心念。彼心念中、或繋念或観念。彼観念中、自二散位一至二定位一、自二有漏一及二無漏一。浅深重々前劣後勝。然者口唱二名号一、不レ観不レ定、是念仏之中麁也浅也。若随レ世依レ人、此又雖レ足、正及二校量一者、争不レ弁二差別一。爰専修蒙二如レ此難一之時、不レ顧二万事一只答二一言一。是弥陀本願有二四十八一、念仏往生第十八願也。何隠二爾許大願一、唯以二一種一号二本願一哉。付二彼一願一乃至十念者、挙二其最下一也。以二観念一為レ本、下及二口称一、以二多念一為レ先、不レ捨二十念一。是大悲至深、仏力尤大也。其易レ導易レ生者、観念也多念也。依レ之観経云、若人苦迫不レ得二念仏一、応レ称二無量寿仏一云々。既称名之外有二念仏言一、知其念仏是心念也観念也。彼勝劣両種之中、如来本願寧置レ勝而取レ劣哉。何況善導和尚発心之初、見二浄土図一嘆云、唯此観門定超二生死一。遂入二此道一発二得三昧一。定知、彼師自行十六想観也。念仏之名兼二観与レ口。若不レ然者、作二観経疏一、亦作二観念法門一。云二本経一云二別草一、題目何表二観字一哉。而観経付属之文、善導一期之行、唯在二仏名一者、誘二下機一之方便也。彼師解釈詞有二表裏一、慈悲智恵善巧非レ一、守レ机儻関二過於祖師一歟。誤亦雖レ付二口称一、三心能具四修無レ闕、真実念仏名為二専修一。只以レ捨二余行一為レ専、以レ動二口手一為レ修。可レ謂、不専之専也、非修之修也。憑二虚仮雑毒之行一、作二決定往生之思一、寧善導之宗、弥陀之正機哉。凡云二浄土一云二念仏一、云二業因一云二往生一、江湖之浅深難レ分、行道之遠近易レ迷。若不レ学二諸宗之性相一者、争輙知二一門之真実一哉。爰我法相大乗宗者、源出二釈尊慈尊之肝心一、詳載二本経本論之誠文一。印度則千部論師十大菩薩立二破有空執一、晨旦亦三蔵和尚百本疏主相承無レ謬。雖二道綽善導説一、未レ足二依憑一。然而彼亦為二三昧発得之人一、豈背二一生補処之説一。互求二会通一勿レ好二乖諍一。

第八損二釈衆一失。専修云、□棊双六不レ乖二専修一、女犯肉食不レ妨二往生一、末世持戒市中虎也、可レ恐可レ悪。若人怖レ罪憚レ悪、□不レ憑レ仏之人也。如レ此麁言流二布国土一、為レ取二人意一、還成二法怨一。夫極楽教門盛勧二戒行一、浄土業因以レ之為レ最。所以者何、非二戒律一者六根難レ守、恣二根門一者三毒易レ起。妄縁纏レ身、念仏之窓不レ静、貪嗔濁レ心、宝池之水難レ澄。此業所レ感、豈其浄土哉。依レ之浄土業因、盛用二戒行一。教文如二上載一。但末世沙門無戒破戒、自他所レ談。専修之中亦持戒人非レ無。今所レ歎者全非二其儀一。雖レ不レ如レ実受一、雖レ不二如レ説持一、怖レ之悲レ之、須レ生二慚愧一之処、剰破戒為レ宗叶二道俗之心一。仏法滅縁無レ大二於此一。洛辺近国猶以尋常、至二于北陸東海等諸国一者、専修僧尼盛以二此旨一云々。自レ不二勅宣一、争得二禁遏一。奏聞之趣専在二此等一歟。

第九乱二国土一失。仏法王法猶如二身心一、互見二□□否一、宜レ知二彼盛衰一。当時浄土法門□興、専修要行尤盛、可レ謂二王化中興之時一歟。但三学已癈、八宗将レ滅。天下理乱、亦復如何。所レ願、只諸宗与二念仏一宛如二乳水一、仏法与二王道一永均二乾坤一。而諸宗皆信二念仏一雖レ無二異心一、専修深嫌二諸宗一不レ及二同座一、水火難レ並、進退惟谷。若如二専修志一者、天下海内仏事法事、早可レ被二停止一歟。而貴賤末レ帰、法命未二終尽一者、全非二他力一、忝我后叡慮無レ動明鑑之故也。若及二後代一専修得レ隙之時、君臣之心視レ余如レ苔者、縦雖レ不レ及二停癈一、八宗誠有若亡歟。矧復弗沙蜜定壊二伽藍一也、容二愚臣之諫言一、会昌□□殄二僧尼一也、起二道士之□妬一。法滅因縁将来難レ測。為レ思二此事一□二達天聴一。若無二当時之誡一、争絶二後昆之惑一。嗚呼仏門随分之欝陶古来雖レ多、八宗同心之訴訟前代未聞。事之軽重恭仰二聖断一。望請天裁仰二七道諸国一、被三糺二改沙門源空専修念仏之宗義一者、世尊付属之寄、弥和二法水於舜海之浪一、明王照臨之徳、永払二魔雲於堯□之風一矣。誠惶誠恐謹言。

副進

奏状一通

右件源空、偏執二一門一、都滅二八宗一。天魔所為、仏神可レ痛。仍諸宗同心欲レ及二天奏一之処、源空既進二怠状一、不レ足二欝陶一之由、依二院宣一有二御制一。衆徒驚歎還増二其色一。就レ中叡山発レ使加二推問一之□、源空染レ。書二起請一之後、彼弟子等告二道俗一云、上人之詞皆有二表裏一、不レ知二中心一、勿レ拘二外聞一云々。其後邪見之利口都無二改変一。今度怠状又以同前歟。奏事不レ実、罪科弥重。縦有二上皇之叡旨一、争無二明臣之陳言一者、望請恩慈早経二奏聞一、仰二七道諸国一被レ停二止一向専修条々過失一。兼又行二罪科於源空幷弟子等一者、永止二破法之邪執一、還知二念仏之真道一矣。仍言上如レ件。

元久二年十月　日

〔参　考〕

解脱上人御形状記曰

人王七十六代近衛院御宇久寿元年甲戌三月十八日、御母儀夢想入胎。同御宇久寿二年五月廿一日誕生。第七十八代二条院御宇応保二年壬午南都下向、八歳。同御宇永万元年乙酉御出家受戒、十一歳。第八十一代安徳天皇御宇寿永元年壬寅維摩会研学竪義、廿八歳。第八十二代後鳥羽院御宇文治二年丙午維摩会講師、三十二歳。自二応保二年一至二建久二年一卅一年住二本寺一給。建久二年壬子御二移住笠置寺一、三十八歳。至二承元々年一十六年住三于彼寺二。第八十三代土御門院御宇承元二年戊辰自二笠置寺一御二移住于海住山寺一、五十四歳。至二建暦三年一御止住、首尾六ケ年也。第八十四代順徳院御宇建暦二年壬申初冬御不食。同三癸酉正月増気、二月朔日兼而被レ示二御臨終之式一、同月三日奉レ向二西南方一端座御入滅、春秋五十九歳、夏臈四十九年也。

一　同上人懐胎以来形状

久寿二年乙亥三月五日、母公之夢想之懐孕之子、出家形而忽来、母公問二其名一之処、我是貞慶云々。夢醒記二之鏡裏一、至二同五月廿一日一誕生、即男子也。応保二年下二向南都一、八歳、永万元年出家、其後対二面母公一被レ尋二法名一之処、貞慶云々。先年之夢想始思出之。所二記置一宛無レ違。寿永元年維摩会研学竪義、廿八歳、文治二年同会講師、卅二歳、建久三年蟄二居笠置山寺一、三十八歳、建暦三年二月三日於二海住山一入滅、五十九歳。俗姓左少弁藤原貞憲之息、大師匠前権僧正覚憲。

一　解脱上人御詞

色相如二水上之月一、似レ有非レ有、富貴似二夢中之楽一、一覚永空。色即是空之故、不レ捨二生死一至二菩提一、空即是色之故、不レ住二涅槃一度二郡〔ママ〕生一。可レ知悟只依二一心染浄一、併在二一心一者乎。

一　火宅喩

三界如二朽宅一、無常遷流栖也。煩悩大火四起、業障焔満二虚空一。三乗諸子在二其中一、幼稚無識、楽著嬉戯、触レ焔無レ驚、心戯二毒獣一無二畏思一。

一　澄憲曰

法相不レ出二四面築垣一、如二井蟇一〔右傍書「蛙イ」〕不レ見レ外。
天台弘二通処々霊地一、如三玉璋翫二人倫一。

一　貞慶曰

法相不レ出二四面築垣一、如三栴檀生二磨嶺一。
天台弘二通処々霊地一、如二草竹不一レ嫌レ処。

天文八年己亥潤六月廿四日書功畢　快尊院
良顒

右大内文書
東京市麻布区日ケ窪町大内青巒氏蔵本明治四十二年九月影写

於二一向専修宗選択集中一摧レ邪輪　巻上　尽二第三門決一

夫仏日雖レ没、余暉未レ隠。法水雖レ乾、遺潤尚存。三印分二邪正一、五分別二内外一。我等依レ之嘗二甘露一醒二毒酔一。良如レ聞二梵音一、似レ対二金容一。以レ之為二種智円因一、以レ之萠二無上覚芽一。豈非レ幸耶、非レ喜耶。雖レ然跉跰愚子適値二慈父一而悶絶、失心狂子希受二良薬一以不レ嘗。何其咄耶。爰近代有二上人一、作二一巻書一。名曰二選択本願念仏集一。迷二惑於経論一、欺二誑乎諸人一。雖下以二往生行一為中宗、反妨二礙往生行一矣。高辨年来於二聖人一深懐二仰信一。以下為所レ聞種種邪見、在家男女等、仮二上人高名一所中妄説上。未下出二一言一誹中謗上人上。設雖レ聞二他人之談説一、未三必信二用之一。然近日披二閲此選択集一、悲嘆甚深。聞レ名之始、喜レ礼二乎上人妙釈一。披レ巻之今、恨レ黷二乎念仏真宗一。今詳知、在家出家千万門流所レ起種種邪見、皆起レ自二此書一。至二上人入滅之頃一、興行倍盛。専鏤二于板印一、以為二後代重宝一。永流二於一門一、而敬重如二仏経一。惣以二為往生宗之肝要、念仏者之秘府一。依レ之適有二難者一、負三過於難二乎念仏一。希値二信人一、擬三徳於信二乎往生一。遂使下一味法雨分二甘鹹之味一、和合衆僧成中不同之失上。何其悲乎。仍於二或処一講経説法次、出二二難一破二彼書一。〈就二文義一有二多種訛謬一。且置レ之。唯出二大邪見過一。邪説亦多種、且出二二種一也。但有人云、此書更非二上人製作一、是門弟所レ選也云云。然者彼集奥文云、而今不レ図蒙レ仰辞謝無レ地。仍今悉集二念仏要義一。唯顧二命旨一、不レ顧二不敏一。是即無慚無愧之甚也。庶幾一経二高覧一之後、埋二于壁底一、莫レ遺二窓前一。恐為レ不レ令三破法之人堕二於悪道一也。〈已上〉既有二此文一。須下対二請人一問中作者名字上也。有人云、上人雖レ有二深智一、不レ善二文章一。仍無二自製之書記一云云。設上人自雖レ不レ執レ筆、若印二可之一者、更不レ免二其過一。若上人不二印可一者、何故迄二滅後一鏤二于板印一、以為二亀鏡一乎。若又雖レ非二上人并門弟所選一、彼一門有三受二学此書一、尚不レ免二其過一也。若上人都無レ知者、唯破二此邪書一也。更不レ可三簡二別其作者一也。〉

一撥二去菩提心一過失。〈此過者、処処吐レ言。教義俱分明也。〉

二以二聖道門一譬二群賊一過失。〈此過者、勘二一言陳下意許一出レ之。〉

後日伝聞、彼座席有二専修門人一、大起二忿諍一曰、選択集中全無二此義一。此出二自僻見一也云云。余因レ聞二此事一、為レ糺二邪正一、粗記二一二一。夫蛇飲レ水成レ毒、牛飲レ水成レ乳。邪人聞レ法成二煩悩一、正人聞レ法成二菩提一。其邪正易レ迷、善悪難レ分。若得二分別一者、二利道是満。是故於二諸行一皆有二誑偽一。学者宜二准簡一。勿レ令二自心墜一レ中。香象大師梵網経疏、約二三学及雑行一、各別引二経論文一出二其咎一立二大賊名一。然戒定慧三学、各有二別相一。第四出二雑行過一云、四雑行者、亦有二二類一。一約二福行一者、謂性非二質直一、苟姧計共崇二奇福一。眩二耀世人一招二引重儭一。意在三以レ少呼一レ多。用レ此活命。既遂二其所求一、即侍レ此起レ慢。凌下蔑余人無二利養一者上。悉以苟非二利養一。既爾名聞亦然。此是売二仏法一賊。出二迦葉経一。二約二余行一者、謂性非二慧悟一、随学二一法一即便封著。眩二此所学一、以招二名利一、撥三余所修皆非二究竟一。此亦愚人毒二害仏法一賊也。文。此中於二雑行中一、亦有二二類一。今称名行、当二第二類一。然其心不下与二正理一相応上者、亦可レ有下毒二害仏法一過上。若有二此過一者、如下服二良薬一起上レ病。以レ何療レ之。似下入二水中一出上レ火。以レ何滅レ之。仏蔵十輪等諸経、大誡二此大罪一。自他宗章疏盛所二引釈一也。懸二思乎此文一、用心莫二間断一。正理唯一門、行者是千万、入者尠、迷人多。今依二聖教一撿二察此集宗要一、大違二背法印一、相二順邪道一。将レ令三帰信人荷二重罪一。依レ之愚僧天性雖レ倦二於執筆一、試撰二一章一、聊決二邪正一。哀哉、悲哉。日月如レ矢走奪二我短命一。応下救二頭燃一求中解脱上。何遑レ作二自他偏執一乎。是故不レ非二称名行一、不レ背二善導釈一。於二正念正見念仏者一、悉奉二帰命頂礼一、必可レ蒙二来世引導一。然若邪正雑乱、一切有縁仏法、不三相二当根機一尽、一切根器、不三相二当有縁仏法一竭。依レ之滅二三宝一、損二国土一。善神捨レ国、悪鬼入レ国、興二三災一、廃二十善一。基無レ不レ由レ之。〈抄二至相五十要問答意一也。〉況大邪見過、損二害自他善根一、師及弟子俱堕二大地獄一。是大聖金説、勿レ生二疑滞一。是故若欲三速生二浄土一者、須レ好二正見一。邪正雑乱、往生難レ期。決断分明、解脱自到。大望唯為二一事一也。謂可三棄二捨此撰択集一也。何者善悪諸業依二作法一受二得之一。菩提心亦有二此義一。不空菩提心義云、長耳三蔵云、初習種姓発心有レ三。一仮想発、二軽想発、三信想発。初仮想発者、由二三種力一。

一善友力、謂善知識。二行力、謂受律儀。三法力、通別二因。通謂如来蔵内熏之性、別謂信等五根。由二此三力一、仮起二求菩提相一。自利利他、漸次修習等云云。謂近代女人等之念仏者、持二此邪書一為二行力一、受二此邪律一為二正儀一。自不レ辨二邪正一、心漸背二仏法一、適謂レ入二無上乗一、誤住二邪見道一。何其悲乎。須二拱レ手念仏一。幸不レ捧二此邪書一、是亦似二偏執一。智人垂二思量一而已。

大文第一撥二去菩提心一過失者、彼集一巻中多処有二此文一。今出二五段文一破レ之。於レ中有二五種大過一。一以二菩提心一不レ為二往生極楽行一過、二言三弥陀本願中無二菩提心一過、三以二菩提心一為二有上小利一過、四言二双観経不レ説二菩提心一幷言三弥陀一教止住時無二菩提心一過、五言三菩提心抑二念仏一過也。

第一以二菩提心一不レ為二往生極楽行一過者、集曰、弥陀如来不下以二余行一為中往生本願上、唯以二念仏一為二往生本願一之文。

無量寿経上云、設我得仏〇

観念法門引二上文一云、若我成仏〇

往生礼讃同引二上文一云、〇

私云、〇問曰、弥陀如来於二何時何仏所一発二此願一乎。答曰、寿経云、仏告二阿難一、〇於レ是世自在王仏即為広説二二百一十億諸仏刹土人天之善悪国土之麤妙一、〇又大阿弥陀経云、其仏即選二択二百一十億仏国土中諸天人民之善悪国土之好醜一。為三選二択心中所欲願一、楼夷亘羅仏〈此云二世自在王仏一。〉説レ経畢。曇摩迦〈此云二法蔵一。〉便

一二其心一、即得二天眼一徹視、悉自見二二百一十億諸仏国土中諸天人民之善悪国土之好醜一、即選二択心中所願一、便結二得是二十四願経一。〈平等覚経亦復同レ之。〉此中選択者、即是取捨義也。謂於二二百一十億諸仏浄土中一、捨二人天之悪一、取二人天之善一、捨二国土之醜一、取二国土之好一也。大阿弥陀経選択義如レ是。双観経意亦有二選択義一。謂云三摂二取二百一十億諸仏妙土清浄之行一是也。選択与二摂取一、其言雖レ異、其意是同。然者捨二不清浄之行一、取二清浄之行一也。上天人之善悪国土之麤妙、其義亦然。准レ之応レ知。夫約二四十八願一、一往各論二選択摂取之義一者、第一無三悪趣願者、於下所二覩見一之二百一十億土中上、或有下有二三悪趣一之国土上、或有下無二三悪趣一之国土上。即選下捨其有二三悪趣一麤悪国土上、選下取其無二三悪趣一善妙国土上故、云二撰択一也。第二不更悪趣願者、於二彼諸仏土中一、或有下縦雖三国中無二三悪道一、其国人天寿終之後、従二其国一去復更二三悪趣一之土上、或有下不レ更二悪道一之土上。即選下捨其更二悪道一麤悪国土上、選下取其不レ更二悪趣一善妙国土上故、云二選択一也。〇乃至第十八念仏往生願者、於二彼諸仏土中一、或有下以二布施一為二往生行一之土上、或有下以二持戒一為二往生行一之土上云云。〈忍辱精進禅定般若出レ之。乃至〉或有下以二菩提心一為二往生行一之土上。〇即今選二捨前布施持戒乃至孝養父母等諸行一、選二取専称二仏号一故、云二選択一也。〈已上集文。〉

決曰、先須三辨二定菩提心義一。問曰、言二菩提心一者、何為レ義。答。経論所説章疏解釈、広博無際。今須レ標二大綱一。且就二浄土家一、如二

善導観経疏第二云㆒。言㆓発菩提心㆒者、此明㆓衆生欣心趣大㆒。不㆑可㆔浅発㆓小因㆒。自㆑非㆔広発㆓弘心㆒、何能得㆘与㆓菩提㆒相会㆖。唯願我身身同㆓虚空㆒、心斉㆓法界㆒、尽㆓衆生性㆒。我以㆓身業㆒、恭敬供養礼拝迎㆓送来去㆒運度令㆑尽。又我以㆓口業㆒、讃嘆説法、皆受㆓我化㆒、言下得㆑道者令㆑尽。又我以㆓意業㆒、入㆑定観察、分㆓身法界㆒、応㆑機而度、無㆓一不㆒㆑尽。我発㆓此願㆒。運運増長、猶如㆓虚空㆒。無㆓処不㆒㆑遍。行流無尽、徹㆔窮後際㆒、身無㆓疲倦㆒、心無㆓厭足㆒。又言㆓菩提㆒者、即是仏果之名、又言㆑心者、即是衆生能求之心故、云㆓発菩提心㆒也。〈已上〉解曰、此惣説㆓菩提心行相幷名義㆒也。又元暁師遊心安楽道。云、所㆑言正因、謂発㆓無上菩提心㆒也。即不㆑顧㆔世間富楽及与㆓二乗菩提涅槃㆒、一向志㆓願三身菩提㆒、名㆓無上菩提之心㆒。惣標雖㆑然、於㆑中有㆑二。一者随事発心、二者順理発心。言㆓随事㆒者、煩悩無数、欲㆓悉断㆒㆑之、善法無量、願㆓悉修㆒㆑之、衆生無辺、願㆓悉度㆒㆑之。於㆓此三事㆒、決定期願。初是如来断徳正因、次是如来智徳正因、第三心者恩徳正因。三徳合為㆓無上菩提㆒。即是三心惣為㆓無上菩提之因㆒。因異雖㆑異、広長量斉等。無㆑所㆑遺、無㆑不㆑包故。〈乃至〉所㆑言順理発心者、信㆘解諸法皆如㆓幻夢㆒、非有非無離言絶慮㆖。依㆓此信解㆒、発㆓広大心㆒等云云。菩提心行相略説如㆑是。此二発心行相、広如㆓説経論説㆒。取㆑要言㆑之、言㆓菩提㆒者、即是仏果一切智智、言㆑心者、於㆓此一切智智㆒起㆓希求心㆒。指㆑此云㆓菩提心㆒。一切仏法、皆依㆓此心㆒得㆓生起㆒。此希求心、随㆓初後位㆒有㆓浅深不同㆒。言㆓其不同㆒、亦有㆓多種㆒。今且依㆓一説㆒、華厳表公出㆓四発心㆒。一縁発心、謂仰㆓縁菩提㆒而発心求、名㆓縁発心㆒、未入位前也。二解発心、謂解㆓一切法悉是菩提㆒、名㆓解発心㆒、十信十解位也。三行発心、謂一切行皆合㆓菩提㆒、名㆓行発心㆒、十行十向位也。四体発心、亦名㆓証発心㆒。謂証㆓一切性㆒、即是菩提自体顕発、名為㆓体発心㆒也。初地已上至㆓金剛心㆒是也。今依㆓善導意㆒、於㆓浄土家㆒、可㆑取㆓縁発心㆒。何者、出㆓九品人㆒、破㆔諸師配㆓大小次位㆒、唯一向取㆓凡夫㆒。先判㆓上品上生人㆒云、正是仏去㆑世後大乗極善上品凡夫云云。以下八品倍劣㆑此。上品既不㆑配㆓次位㆒。然云㆓道俗時衆等各発無上心等㆒、以㆓菩提心㆒為㆓往生正因㆒故。明知於㆓四発心中㆒、取㆓縁発心㆒也。又安楽集上巻、明㆓発菩提心義㆒。内有㆓四番解釈㆒。一出㆓菩提心功用㆒、二出㆓菩提名体㆒。三顕㆓菩提心有㆒㆑異。四問答解釈。第一者、大経云、凡欲㆔往㆓生浄土㆒、要須㆘発㆓菩提心㆒為㆖㆑原。云何菩提者、乃是無上仏道之名也等云云。第二番出㆓三身菩提㆒。第三番顕㆓発心異㆒有㆓三種㆒。謂理行慈悲為㆑三也。此之三因、能与㆓大菩提㆒相応故、名㆓発菩提心㆒。又拠㆓浄土論㆒云、今言㆓発菩提心㆒者、正是願作仏心。願作仏心者、即是度衆生心。度衆生心者、即摂㆓取衆生㆒、生㆓有仏国土㆒心。今既願㆑生㆓浄土㆒故、先須㆑発㆓菩提心㆒也。第四番解釈文広多、具可㆑見㆓正文㆒。又天親無量寿経論、説㆓三種違菩提門法㆒。謂依㆓智慧慈悲方便三門㆒、遠㆓離自利㆒故。又説㆓三種順菩提門法㆒。謂依㆓無染清浄心安清浄心楽清浄心三門㆒、以㆓利他㆒為㆑本故。

此等解釈、不レ遑二具出一。其綱要如二前両師解釈説一而已。

問曰、此菩提心、為下於二諸教一有中差別上乎。答。三乗行者、於二三乗菩提一、起二希求心一。随二其三根差別一、出二三種菩提一。謂声聞菩提、縁覚菩提、諸仏菩提。此如二十地論等説一。此中所レ論者、正取二諸仏菩提一。即是大乗諸菩薩所起菩提心也。雖レ有二分位不同一、甘心体無二差別一也。

問。見二所レ引表公解釈一、此四発心外、亦出二三発心一、亦出二六発心一。又見二経説一、明二観身過患発菩提心思惟諸仏発菩提心等多種不同一。又見二論説一、或云レ有二願心分位心二種一、或云レ有二直心深心大悲心三相一。諸宗釈文亦以可二不同一。何云二無差別一乎。答。彼中或説二因起一、或説二行相一、有二此不同一。謂二其体一者、於二応得等三仏性中一、即是加行因性。如二仏性論説一。此因性、若有二差別一者、応得因円満因亦可レ有二差別一。若言レ爾者、応得因者、即是二空所現真如、円満因者、即是十地十波羅密等。此豈可レ有二差別一乎。加之菩提心者自性空為レ義。空法即無レ有二差別一也。依レ之竜樹大聖造二菩提心離相論一、演二菩提心性無相義一。即如二彼論云一。菩提心者、離二一切一性。問曰、此中云何離一切性。答。謂蘊処界離二諸取捨一、法無我平等、自心本来不生。自性空故等云云。解曰、此約二大乗一説二菩提心体一。与二法無我理一相応心、指レ此云二菩提心一。

問曰、此心最為二甚深一。我等未レ知二法無我等道理一。何発二菩提心一乎。答。此心非二甚深一。謂行者遇二善縁一、率爾縁二仏境一、毛竪流涕、発二希求心一。推二撿此心自性一、言下以二法無我理一為中所依上。更非レ謂三自知二法無我等理一也。是故同論下文云、又復識法是無常法、従二無常一生。彼無常性即菩提心。此説二空義一、亦不二相違一。若無常性即菩提心者、若愛二楽菩提一、是心平等而亦不レ説三愛二楽彼空一。取レ空之心、当三云何得一。当レ知本来自性真実、一切成二就菩提心義一云云。此等約二大乗菩提心一、説二其体性一也。即此心順二二無我理一、有二広大用一。約レ識説二所依一者、即業識薫習心。以二此心一、為二菩薩菩提心一也。若順二人無我理一、無二広大用一。約レ識説二所依一者、即分別事識。以二此心一、為二二乗菩提心一也。諸論中所説、名相建立雖レ有二不同一、大意不レ出レ此、不レ能二委出一而已。是故大乗菩提心、皆以二二空理一為二体性一、以二業識一為二所依一、以二仏境一為二所求一、以二衆生一為二所縁一也。是故諸教菩提心其体性無二差別一也。〈已上多分約二大乗終教一説也。〉

問。於二諸宗一不レ知レ之、於二聖道浄土二門菩提心一、所起行業既別。能起菩提心何無二差別一乎。答。雖二所起行不同一、約レ心同是希二求菩提涅槃一。其心体更無二差別一。如二上所レ出教量一、即其証也。是故浄土門人師善導道綽等、皆言下以二無上菩提心一為中正因上、全不レ出二別体性一。如二彼解釈中説一。雖レ作二此説一、諸宗解釈有二浅深不同一。執二彼教文一人、定有レ存二異義一歟。若有二不同文一者、是為二浅深不同一、非三体性有二差異一。既云二法無我平等心一。何大乗宗立二法我不平等義一乎。当レ知諸宗浅深者、即此無我義浅深差別也。可レ思レ之。

問曰、若許レ有二浅深異一者、既成二不同義一。何云二一体一乎。答。譬如下海水雖二一味一有中浅深不同上。菩提心体、如二一味水一。行相差別、如二浅深不同一。若執下依二教文浅深一有中差異上者、諸教仏果浅深差別。為下於二仏果体一有中差別上乎。若言二此不レ爾者、彼亦可レ同。如レ是義理、不レ遑二具出一。設若執下菩提心体於二諸教一実有中差別上者、須下於二浄土宗一立二別菩提心一為中往生正因上。然彼集中、釈二観経発菩提心文一、雖レ挙二諸教菩提心名字一、正出二往生正因一時、反撥二遣之一。両関徴定、更無二其謂一也。

問。彼集中所レ捨者、是依二菩提心一所レ起諸行也。是以彼集処処云二菩提心行一。但処処有三直云二菩提心一者、是挙二能発因一、取二所発行一也。然者有二何過一乎。答。不レ然。先彼集出二選択念仏義一中云、第十八念仏往生願者、於二彼諸仏土中一、或有下以二布施一為二往生行一之土上、或有下以二持戒一為二往生行一之土上。〈此次出二忍辱精進禅定三行一。今略レ之。〉或有下以二般若一〈信等第一義是也。〉為二往生行一之土上、或有下以二菩提心一為二往生行一之土上。〈此次出二六念持経持呪三行一。今略レ之。〉或有下以二起立塔像飯食沙門及以孝養父母奉事師長等種種之行一各為二往生行一之国土等上、或有下専称二其国仏名一為二往生行一之土上。〈已上集文。〉於二此集文一、本文広多故、私加レ註中間文略レ之。於二一一諸行一、皆上有二或有以之三字一、下有二為往生行之土之六字一。各配二当一行一可レ見レ之。既列二諸行一之外、別出二菩提心一為二一行一。豈非レ取二心体一乎。又処処名二菩提心等余行一、不レ云二布施等余行一。況彼集付属名号章中、出二聖道浄土諸教菩提心一、皆撥二遣之一。全不レ限二所起諸行一也。是故彼集或処雖レ有レ云二菩提心行一、又或処有三直云二菩提心一。是知彼集所レ言菩提心行者、是即指二菩提心一為二一行一也。非レ謂レ為二菩提心之行一也。此過相処処吐レ言。文相無レ隠。臨二正文一可レ見也。菩提心名相分別向レ下可三引二成之一。今為下令三汝知二菩提心行相一決択無礙上故、先略示二綱要一而已。

次正就二選択集文一可レ成二決断一。先此中所レ破者、如二前説一。彼講経日所レ出二二大過一也。所謂撥二去菩提心一大過、以二聖道門一譬二群賊一大過也。於レ中就二第一過一、引二汝集五段文一破レ之。今初引二一段文一之次、為レ令レ知二集文前後一、今引二一枚余文一。於レ中正所レ破者、第十八念仏往生願中捨二菩提心一之文是也。今雖レ為二傍論一、先就二同文故来文一、須三辨二定二百一十億仏刹浄穢義一。

問曰、所レ言二百一十億仏刹者、為三唯説二浄土一乎、亦為三通説二穢土一乎。答。諸師異説云云。玄一師云、言二人天之善悪一者、明二土之因一。此中穢土之因説名為レ悪、浄土之因説名為レ善。非レ謂二三性中善不善一也。又説二三性中善性一名レ之為レ善、不善性名為レ悪。言二国土之粗妙一者、明二土之果一。此中穢土名レ之為レ粗、浄土名レ妙。又説二悪趣一名レ粗、善趣名レ妙。〈粗与二麤字一音実無レ別。〉解曰、依二此師意一、言二二百一十億仏刹等一者、通為レ説二浄穢因果一。如レ文可レ知。又法位法師云、言二即為広説二百一十億諸仏刹土一者、令二其依レ相奉順修行一。善悪粗妙等者、明下土随二物感一精麤不レ等云云。

解曰、此○釈之言、浄穢分別雖レ不二分明一、観二前後大意一、是唯為レ説二浄土一也。何者此解釈文次云、其中玄義三門分別。一釈名、二出体、三諸門分別。第一釈レ名者、浄者離穢為レ義、土者所居為レ義也。第二出レ体者、浄土二種。一変化浄土、二受用浄土。乃至第三諸門分別中有二六門一。一色相、二分量、三漏無漏、四因、五遊路、六乗門。色相者、七宝荘厳為二形色一、放二大光明一為二顕色一。分量者、自利土其量無際、利他土無レ定。第三漏無漏分別中、無漏義約二如来一。如レ文可レ知。有漏者、以二十地已還菩薩第八識所変浄土、是有漏識相分摂一故。有漏身所依処故、為二妙有漏苦諦所摂一也云云。〈取意略抄。〉解曰、観二此文一、依二仏地論一作二此説一。然彼論第一、解二地上菩薩浄土漏無漏義一、有二三家説一。一無漏、二有漏、三通二漏無漏一。〈即是論主自義、評家義也。〉此疏文出二第二家義一也。既解二有漏義一、尚不レ出二穢土一。知前惣釈文、唯限二浄土一也。又此疏上文引二大論一云、仏将下法蔵示二諸浄土一令中自選取上也。文。准二疏下文一、引二此文一意、亦唯為レ説二浄土一也。不レ可レ云下雖レ説二浄穢二土一応二法蔵比丘心願一故、唯出中浄土一分上也。〈玄一師釈二応其心願悉現与之経文一、有二二義一。第二義云、又説雖三通見二二土一、発心之由唯是浄土、是故偏説。文。不レ可レ例二此義一也。可レ知。〉依二此釈意一、不レ可レ云レ通二浄穢一也。然者言明土随物感精麤不等者、其精者名二善妙一、其麤者名二悪粗一也。全非レ謂下於二浄土中一有中悪不善法上也。

問曰、此師意、既云三二百一十億仏刹皆説二浄土一、而云下於二浄土中一有中善悪麤妙上。何以得レ知レ無二悪不善法一乎。答。疏漏無漏分別門正文云、第二約二菩薩一者、十地菩薩自心所変浄土、由二第八識所変浄土是有漏識相分摂一故、是有漏身所依処故、以二十地已還阿頼耶識是有漏無記性摂一、所変浄土不レ得二無漏一。是妙有漏苦諦所摂也等云云。解曰、既解二有漏義一、判云二妙有漏苦諦所摂一。明知無レ有二悪不善法一也。今問レ汝曰、先就二仏刹浄穢義一、於二上来両説中一、汝為レ存二何義一乎。汝答曰、同二後師義一也。是故汝所レ引我集文、引二大阿弥陀経文一釈云、此中選択者、即是取捨義也。謂於二二百一十億諸仏浄土中一、捨二人天之悪一、取二人天之善一、捨二国土之醜一、取二国土之好一也。大阿弥陀経選択義如レ是云云。是故我之所二成立一二百一十億仏刹者、是唯為二浄土一、不レ通二穢土一也。

問曰、然者就二人天之善悪経文一、為下於二浄土中一有中悪不善法上乎。如何。若云レ有レ之者、於二三界中一、上二界猶離二悪不善法一。唯欲界有二悪法一。若云レ有レ悪者、就二何聖教文一、指二何仏土一乎。若汝答曰下如二法位師所解一、精麤相対云中善悪上者、難曰、不レ然、汝之集文出二四十八願選択義一中云、第一無三悪趣願者、於下所二覩見一之二百一十億土中上、或有下有二三悪趣一之国土上、或有下無二三悪趣一之国土上。即選下捨其有二三悪趣一麤悪国土上、選下取其無二悪趣一善妙国土上故、云二選択一也。第二不更悪趣願者、於二彼諸仏土中一、或有下縦雖三国中無二三悪道一、其国人天寿終之後、従二其国一去復更二三悪趣一之土上、或有下不レ更二悪道一之土上。即選下捨其更二悪道一麤悪国土上、選下取其不レ更二悪道一善妙国土上故、云二選択一也云云。汝之集文惣標処、既云二二百一十億諸仏浄土一。別釈処作二此説一。明知如二汝所計一者、於二浄土中一有二三悪趣一。又従二浄土一没堕二三悪趣中一也。此一事不レ足下引二文証一立破上。夫浄土諸境皆善業所成。是故見レ色聞レ香、皆増二法楽一。何況有二三悪趣一乎。設雖レ有二初生退位菩薩一、与二深位聖衆一倶会、尚依二処不退義一、無二退理一。終必悟二無生一。何況更二三悪趣一乎。若然者何与二娑婆穢土一有二不同一乎。若無二不同一者、豈可下判二有漏浄土一為中妙有漏苦諦所摂上乎。若汝転言曰、我同二前師義一也。所レ言二百一十億仏刹、可レ通二浄穢一也。然惣標処浄之一字我不レ置レ之、可レ為二展転書写誤一者、我撿二汝之集一、数本皆有二此字一。明知若有下無二浄字一之本上者、是可レ為二伝写落脱過一也。若設雖レ許二此救一、汝尚不レ脱二第二難一。何者前所レ引汝集文云、第二不更悪趣願者、於二彼諸仏土中一、或有下縦雖三国中無二三悪道一、其国人天寿終之後、従二其国一去復更二三悪趣一之土上、或有下不レ更二悪道一之土上。即選下捨其更二悪道一麤悪国土上、選下取其不レ更二悪道一善妙国土上故、云二選択一也。文。若然者、云下国中無二三悪道一土上者、離二浄土一外為二何土一乎。若汝云レ取二即染帰浄土一者、生二彼土一人、即レ染見レ浄。永無二退理一。何云レ更二三悪道一乎。若云レ無二浄字一者、雖レ免二第一過一、猶不レ脱二第二過一也。既云下従二浄土一没更中穢土悪趣上。於二浄土一立二悪趣一、於レ汝未レ可レ為レ難也。汝作二此邪言一、令三所化皆住二大邪見一。汝是破二損諸仏浄土一大賊也。破二損世間人舎一、其過尚不レ軽。汝破二損諸仏浄土一、其過世間無二比類一。汝吐二胸臆之説一、顕二愚情之狂一。不可思議不可思議也。

且止二傍論一、応レ辨二正論一。先於二汝所レ出二百一十億仏刹中一、若云下同二初師義一有二浄土一有中穢土上者、於レ中今所レ出六度菩提心等業因、可レ出二浄土業一。何者見二集結文一即云、選二捨前布施等諸行一、選二取専称仏号一故、云二選択一也云云。此即取二四十八願中念仏業一故、明知出二浄土業一也。設同二後師義一、二百一十億仏刹、皆雖レ言レ為二浄土一、此難以可レ同。若爾者、於二諸仏浄土中一、以二菩提心一不レ為二正因一仏土、為二何土一耶。夫以二無漏浄識所変一名二浄土一。浄識所変故、華池宝閣、有二清浄形質一。内外倶浄故名二浄土一也。以二有漏識所変一為二穢土一。有漏識所変故、瓦礫荊棘、無二清浄光明一。内外倶穢故、名二穢土一。然浄識者、即是菩提心也。故一切浄土以二菩提心一為二正因一也。探玄記第三引二摂論一云、菩薩及如来唯識智為二浄土体一。文。唯識智者、即菩提心也。非三唯為二浄土正因一、以二菩提心一亦為二浄土体一也。翻レ此故、有漏職只非三変二為穢土一、穢土亦以二有漏識一為レ体。是論家性相也。故諸経論中、出二浄土正因一、先勧二発菩提心一。何有下弥陀一仏背二三世道同之修因一、西方一家隔中一道至果之道理上乎。是以法蔵比丘説二光顔巍巍威神無極等頌一已、白二世自在王仏一言、唯然世尊我発二無上正覚之心一、願仏為レ我広宣二経法一。我当丁修行摂二取仏国一清乙浄荘丙厳無量妙土甲等云云。〈已上双観経。〉此中所レ言無上正覚心者、即是菩提心也。当レ知自レ非二地上証真行一、不レ能三荘二厳仏土一。其証真行、非二菩提心一、不レ能二成立一。是故法蔵比丘、先称二我発無上正覚之心一、示三已有二受法器一。如下彼善財対二知識一先唱中我已発菩提心上也。又依二悲華経意一、宝海梵志、勧二化無諍念王并一千大子等一、皆令レ発二無上菩提心一。爾時宝蔵如来、入二不失菩提心三昧一、放二大光明一、遍照二無量無辺世界一。皆悉令三是転輪聖王及無量衆生等見二無辺諸仏世界一。是時他方大衆、皆来二集仏所一。爾時宝海梵志白二聖王一言、大王今可下先発二誓願一取中妙仏土上。爾時聖王聞二是語一已、白レ仏言、世尊、我今真実欲レ得二菩提一。如下我先於二三月之中一、以二諸所須一、供中養於仏及比丘僧上、如レ是善根、我今廻二向阿耨多羅三藐三菩提一。終不レ願レ取二不浄仏土一。世尊、我今発レ願。令三我成二阿耨多羅三藐三菩提一時、世界之中無レ有二地獄畜生餓鬼一、一切衆生命終之後、令レ不レ堕二於三悪道中一。乃至広説二大願一。〈取意略鈔。〉此中所レ言聖王者、是阿弥陀如来因位也。依二玄法師寂法師意一、宝蔵仏世自在王仏是別仏也。弥陀如来宝蔵仏時、最初発心、修二厳浄仏国行一。後時値二世自在王仏一、亦深修二浄土之行一。爾者聖王修二浄土行一、先発二菩提心一為レ因。如来証二成浄土行一、亦入二不失菩提心三昧一為レ縁。当レ知所依三昧是法体随一也。明知浄土因果皆菩提心為レ体。若不レ爾者、浄土不レ可二成立一。三身妙果、亦不レ能二成就一。是以華厳撮要云、若廃二文殊一存二普賢一、所有行門属二有漏一。文。解曰、文殊是菩提主、即是大智也。普賢是涅槃主、即是真理也。然真如理中、染浄不レ殊、鎔融含摂。不レ壊二不変義一、而随縁生二万法一。若見二有漏法一時、挙体皆是為二有漏法一。然始覚菩提心生、初信二真如一。〈十信也。〉種姓漸顕発、〈十住也。〉起二称理行一。〈十行也。〉此行流二至三処一、〈十廻向也。〉終証二真如一。〈十地也。〉証道円満到二仏果一。果徳尊高、終不レ堪レ栖二凡界一。無漏浄識、為レ之変二為浄刹一。仏果依正、是得二成立一。此依報名二浄土一。是故論家判二浄土体一云、最極自在浄識為レ相。仏無漏心以為二体相一云云。当レ知浄識乃至無漏心者、是菩提心也。是故初心行者、亦以二菩提心一為二正因一得二往生一。若離二此義一、一切皆為二穢土一、更無二浄土一。何者謂菩提心、於二一味真如随縁法中一、摂二取浄分一為二依報一。若無二此心一、不三成二立浄土一。

問。設念仏行者雖レ無二菩提心一、阿弥陀如来従レ本建二立浄土一。何浄刹不レ立乎。答。諸仏修道儀式、彼此無二差別一。行者若以二菩提心一不レ為二正因一、弥陀亦可レ同。若爾者、浄土不二成立一。就レ中汝集奥文云、上輩之中、雖レ説二菩提心等余行一、望二上本願一、意在三衆生専称二弥陀仏名一。而本願中更無二余行一云云。以知汝云レ言三弥陀本願中無二菩提心一。若然者、弥陀如来何厳二浄仏国一乎。

問曰、我云三弥陀本願中無二菩提心一者、所化衆生往生浄土業中、言下以二菩提心一不上レ為二正因一也。非レ謂下於二弥陀如来因位一、自無中菩提心上。何致二此嘖一乎。答。一切諸仏勧二発菩提心一者、我依二菩提心一成二正覚一故、衆生亦無二菩提心一者、不レ可二成仏一故也。若云三弥陀利生本願中無二菩提心一者、自因位亦不レ可レ有二菩提心一。汝盛成二立此義一也。是以汝集奥文云、此経雖レ有二菩提心之言一、未レ説二菩提心之行相一。文。汝指二双観経一作二此説一。然此経中説二四十八願一。以二菩提心一名レ願者、自他宗盛談也。〈此立破如二第四門一〉然汝云レ不レ説二菩提心一。以知如二汝所計一者、西方宗能化所化倶亡二菩提心一乎。爾者弥陀不レ可レ成二正覚一、不レ可三厳二浄仏国一也。〈問曰、彼集意、立二聖道門浄土門二種菩提心一、捨二聖道菩提心一、非レ取二浄土菩提心一乎、如何。答。設雖レ分二二種一、無二其理一也。然如二前菩提心辨定門説一。彼集付属名号章中、雖レ出二諸教菩提心一、還撥二去之一。出二其名字一者、為レ捨レ之也、非レ為レ取レ之也。其立破至二第五門一可レ悉レ之。凡其上四章、破二彼集四過一之次、少少述二諸門大綱一也。得二此意一可レ見レ之。〉又設弥陀雖レ設二浄刹一、汝誹二撥菩提心一者、不三感二得往生一。如二群疑論云一。地前菩薩声聞凡夫、未レ証二遍満真如一、未レ断二人法二執一、識心麤劣、所変浄土、不レ可レ同二於地上諸大菩薩微細智心所変微妙受用浄土一。然以二阿弥陀仏殊勝本願増上縁力一、令下彼地前諸小行菩薩等、識心雖レ劣、依二託如来本願勝力一、還能同二彼地上菩薩所変浄土微妙広大清浄荘厳一、亦得上見故、名レ生二他受用土一云云。解曰、此中所レ出凡聖二衆麤心、既云三変二為浄土一。当レ知是随二其所応一起二大小菩提心一、此心変二為浄土一也。然汝誹二撥菩提心一、何変二為浄土一乎。若不二変為一者、何得二往生一乎。

問。如二此論下文云一、中品三人無二菩提心一故、仏不二来迎一云云。今何云レ有二菩提心一乎。答。下文云、不レ発二無上大菩提心一、不レ簡二小乗菩提心一也。〈此文如二第二門引釈一、至レ彼可レ知。〉依レ之諸楽二往生浄土一人、皆以二菩提心一可レ為二正因一也。是以四十八願中、処処又有二発菩提心之言一。汝所レ引第十八願中云、至心信楽欲生我国云云。明知内心是正因也。往生之業、非三唯限二口称一也。設深解二菩提心行相一時、雖レ言三至心信楽之文非二必菩提心一、若口称之外取二内心一者、以二内心一可レ為二正因一。口称即是助業也。於二内心一有二浅深差別一。応二以レ浅為レ末以レ深為上レ本。其深者、即是可二菩提心一也。然者菩提心、最可レ為二浄土正因一。是故迦才浄土論、解二弥勒所問経所説十念中非凡夫念不雑結使念文一云、凡夫念者、若不下発二菩提心一求中出二三界一作上仏、而直爾但念仏求レ生者、是凡夫念、不レ得レ生也。故皆須レ発二菩提心一也。不雑結使念者、唯須三一心相続観二仏相好一。而若口念仏心縁二五欲一者、是雑二結使一念也。仏是淳浄心、与二結使一相違也。〈已上〉又元暁遊心安楽道出二往生因一中云、上輩之中説有二五句一。一者捨レ家棄レ欲而作二沙門一。此顕下反起二正因一方便上。二者発二菩提心一。是明二正因一。三者専二念彼仏一。是明二修観一。四者作二諸功徳一。是明二起行一。此観及行、即為二助業一。五者願レ生二彼国一。此一是願、前四是行。行願和合乃得レ生故。〈乃至、下文多以二菩提心一為二正因一、可レ見レ之。〉解曰、此文意、専念彼仏非二口称一、此取二観想一也。以二称名一可レ属二第四起行中一。

問。善導和尚意、以二称名一名二念仏一。此処処解釈也。又観経疏立二正雑二行一中、於二正行中一、以二称名一為二正業一、以二余礼拝等善一為二助業一。以二正助二行已外自余諸善一名二雑行一。此中非下唯以二称名一為中念仏上、又正助二業廃立、大与二元暁意一不レ同。凡依二善導意一、一心専念弥陀仏名之外、全無二正業一。是以彼疏云、又就二此正中一復有二二種一。一者一心専二念弥陀名号一、行住坐臥不レ問二時節久近一、念念不レ捨者、是名二正定之業一。順二彼仏願一故等云云。文理顕然、不レ可二孤疑一。今選択集、於二浄土宗中一、尚不レ依二他師一、唯以二此一師宗義一為二依憑一。況如二元暁師等一者、是聖道門人師也。解釈大与二善導一違背。以レ之為二証拠一不レ可二来難一、如何。答。所レ設難、源以二顕密経論一為二依憑一。向レ下漸可レ成二其義一。今因二義便一、且引二一師釈一也。此釈亦与二善導意一不二相違一也。何者善導作二正助二業一者、以二能起菩提心一置而不レ論レ之、就二所起諸行一分二別之一也。如下彼聞二截打声一関中功於刀杖上。仏法諸行皆応レ譲二功於菩提心一。以二菩提心是体、称名等是業一故。是故若就下菩提心与二称名一二行上論レ之時、以二菩提心一為二正業一事、可二理在絶言一。是以観経疏第一初云、道俗時衆等各発二無上心一。〈此即菩提心也。乃至〉 願以二此功徳一、平等施二一切一、同発二菩提心一、往二生安楽国一。又第四巻終示二霊相一勧二有縁知識一文云、以二此功徳一、廻二施衆生一、悉発二菩提心一、慈心相向等云云。〈余処解釈亦有二此文一〉 此中既云二各発無上心一、不レ云二各称弥陀仏一、云二同発菩提心一、不レ云二同称弥陀名一、云二悉発菩提心一、不レ云二悉称弥陀名一。当レ知菩提心是浄土正因故、物標処唯出二正因一也。若不レ爾者、善導何処釈下以二菩提心一為中助業上耶。若為二助業一者、物標処出二正因一時、何挙二菩提心一、不レ出二称名一耶。又壊感云、発菩提心為二万行之首一。此学二念仏三昧一、為二万行之次一。文。此又以二菩提心一為二正因一也。道綽等釈文、不レ遑二具引一レ之、臨レ文可レ見。次善導称名与二元暁憶念一一往雖レ似二相違一、始終無二差異一。何者凡言レ念者、明記不忘之称、即在レ心也。是故言二念仏一者、正指二心念一之言也。是故観経、九品往生皆名レ観。称名亦兼二心念一故也。法位師釈曰、言二若不レ能レ念応一レ称二無量寿仏一者、此明三唯称二名号一。此能名レ観、易二成就一。言下具二足十念一称中仏名上者、口称心念、要須レ満レ十。由二功徳円満罪滅福生一故等云云。即此義也。又如下十住毘婆娑論第四、説二称名義一中云上。聞二是十仏名号一執持在レ心云云。又云、称レ名一心念、亦得二不退転一。善導解釈、更不レ違二此等意一。是故観念法門、出二念仏三昧法一、引二般舟経一終云、阿弥陀仏報言、欲二来生一者、当レ念二我名一。莫レ有二休息一、即得二来生一。仏言、専念故得二往生一。常念二仏身三十二相一。〈乃至〉 由レ念二仏色身一故、得二是三昧一。即善導自註云、已上明二念仏三昧法一。文。又明二入道場念仏三昧法一中云、於二道場中一、昼夜束レ心、相続専二心阿弥陀仏一、心与レ声相続等云云。明知、善導意称名下必兼二心念一也。若約レ具二此心念一、諸行皆名レ念。往生論、以二礼拝等一名二五念門一、即此義也。迦才浄土論、名二心念口念一、又同レ之。若不レ爾者、善導所レ引念仏証拠不レ成。何者観経疏第一云、凡言二菩提一、乃是仏果之名、亦是正報。道理成仏之法、要須二万行円備方乃剋成一。豈将二念仏一行一、即望レ成者、無レ有二是処一。雖レ言レ未レ証、万行之中、是其一行。何以得レ知。華厳経説、功徳雲比丘語二善財一言、我於二仏法三昧海中一、唯知二一行一。所謂念仏三昧。以二此文一証、豈非二一行一也云云。〈凡不レ限二善導壊感師等一、引二此文一証二成念仏義一也。〉今此所レ言念仏三昧名字、具名二普門光明観察正念諸仏三昧一。〈晋経〉香象大師釈云、普門者、簡二異別門一故。謂別門中、或見二一方二方一仏二仏等一。皆不レ称二十方一。今不レ依レ彼故云二普門一。此門若開、普見二十方塵数諸仏一。光明者、明二所見分明一故。観察者、所見審細故。正念者、見時不レ乱故。上来是能見、諸仏是所見、三昧是彼見所依定云云。〈略抄〉大周経、名二憶念一切諸仏境界智慧光明普見法門一。貞元経、名二憶念諸仏平等境界無礙智慧普見法門一。解曰、三訳俱有二観念義一。正念幷憶念者、是念也。観察幷普見者、是観也。此中無二口称義一也。徳雲比丘迹居二因地一、得二果海苑身徳一。恒摂二果門一為レ因。如二彼普賢文殊等一。豈以二口称行一為二所得解脱門一耶。故清涼大師釈二此念仏義一、束為二五種一。一縁境正観念仏門、二摂境唯心念仏門、三心境俱泯念仏門、四心境無礙念仏門、五重重無尽念仏門。融二斯五門一以為二一致一、即是此中能念之心云云。此即非二口称一也。即大師自釈云、称名属レ口、非二真念一故、略而不レ言。文。是故善導和尚、依二文殊般若経等一、以二称名一為レ宗、以二三昧一為レ趣、為レ令レ得二真念一故、勧二称名一也。是故引二此等文一為レ証、成二念仏之義一、更非下以二一向称名一為レ本不上レ関二心念一也。

問。猶如二先説一。我本以二善導一師宗義一為二依憑一。汝所レ出者、他宗別門説、更不レ可レ依レ之。善導全不レ出二此五種念仏等義一、唯以二称名一為レ先。汝出二別解別行文一、惑二乱称名一宗一。豈非レ為二罪業一乎、如何。答。成二自宗所立一時、若有二他師義相違一時、依二附自師義一、不レ執二彼義一、是決択常途軌儀也。雖レ然今本意全非二両宗偏党相論一。唯我入二念仏宗一、以二善導道綽等所製一為二依憑一。於二此選択集一、設雖レ有二何邪義一、若相二順善導等義一者、何強嘖レ汝乎。然披二閲善導釈一、全無二此義一。汝任二自邪心一、瀆二善導正義一。如二服レ薬反成レ病。唯於二汝所製集一、療二邪謬疵一也。是故適所レ引経論文人師釈、唯是為レ成二善導宗義一也。設雖レ為二自宗高祖解釈一、不三相二順善導雅意一、置而不レ出レ之。善導引二華厳一為レ証。近代専修女人等、多分以二為口称之行一。爾者経文不レ成二証拠一也。何者経中比丘自説二念仏三昧体用一云、善男子、我得二自在決定解力一。信眼清浄智光照曜。普眼明徹具二清浄行一。慧眼遍観二一切境界一。善巧方便離二一切障一。以二清浄身一、普詣二十方一切国土一、恭二敬供三養一切諸仏一。以二信解力一常念二十方一切諸仏一。以二惣持力一受二持十方一切仏法一。以二智慧眼一常見二十方一切諸仏一云云。是故清涼大師釈レ非二口称一。然善導和尚引レ之為レ証、成二称名義一、一往似二相違一。雖レ然如二前説一。善導和尚依二文殊般若経等一、以二称名一為レ宗、以二三昧一為レ趣、為レ令レ得二真念一故、勧二称名一也。於二比丘所得甚深法界一、立二念仏三昧名一。今称名同是為二念仏善一。其称名純熟根本、亦是為二三昧善一。雖レ有二浅深差別一、同是可レ為二一念仏三昧善一也。善導既云、雖レ言二未証一云云。明知以二三昧一為レ趣。若唯限二称名一者、名字外有二何法一、可レ云二未証一乎。是故善導就二種類同一、為二一念仏三昧一。清涼約二行相不同一、釈レ非二口称一。約二此二門一、綺而相存者、両師互可レ同、以足レ為レ証矣。若両宗偏党者、豈可レ設二此会釈一乎。我詳二経文一、成二善導義一。何云三惑二乱称名人一乎。惣称名与二憶念一、往生経亦非レ無二其差別一。観経説二下品下生一中云、如レ此愚人臨二命終時一、遇下善知識種種安慰為説二妙法一、教令中念仏上。此人苦逼不レ遑二念仏一、善友告言、汝若不レ能レ念者、応レ称二無量寿仏一等云云。善導疏釈云、四明三善人安慰教令二念仏一、五明二罪人死苦来逼無レ由レ得二念仏名一。六明下善友知三苦二失念一転教中口称弥陀名号上云云。口称与二憶念一差別、経疏証文明白乎。余経亦有二此証拠一、不レ能二一一出一而已。

問。爾者近代女人等、全不レ知二此等義一、唯任レ口唱二仏号一。如二前清涼所釈一、是非二真念仏一云云。爾者可レ非二往生行一乎、如何。答。言レ非二真念一者、以二五種念仏一為レ真、以二口称一為レ仮。真仮相対作二如レ是説一、非二真妄相対一也。爾者真因得二真果一、仮因得二仮果一。所謂五種真念仏果、相二容甚深仏境於身中一、相二見三世常身於梅檀塔中一。如二彼解脱長者毘瑟胝羅居士等一者、即其類也。如レ是業用、甚深甚深不可思議不可思議。口称仮因行、臨二命終時一、往二生仏土一得二不退一、於二彼土一漸得二勝進一。如二観経等説一。然則対二此甚深真念一、指二彼口称行一、云レ非二真念一也、非レ謂レ不レ得二往生一也。

問。如二我等一口称者、更不レ知二此義一。何立二念仏名一耶。答。雖レ無二深義一、随分非レ無二念義一。謂不レ信二仏徳一人、更不レ可レ称二名号一。必信三仏有二利生徳一、称二其名号一時、雖レ不レ念二相好法身等一、必有二愛敬念一。此念純熟故、雖レ無二甚深観解一、有二毛竪涕泣等事一。或有下不レ惜二身命一等類上。皆依二此愛敬甚深一故也。常途指二称名一名二念仏一者、即依二此義一也。謂称名位必有下専二念仏一心上。譬如下世人呼レ人時、必有中専二念其人一之心上。此亦如レ是、口称念想必具足也。雖レ然両種相対時、以二念心一為レ勝、以二称名一為レ劣、外門転故。隠レ劣顕レ勝、名為二念仏一也。然者元暁師釈言二専念彼仏是明修観一者、更与二善導釈一無二相違一也。

問。善導意唯以二称名一為二念仏一。是故往生礼讃云、又如二文殊般若云一。明二一行三昧一、唯勧独処二空閑一、捨二諸乱意一、係二心一仏一、不レ観二相貌一、専称二名字一。即於二念中一、得レ見二彼阿弥陀仏及一切仏等一。問曰、何故不レ令レ作レ観、直遣三専称二名字一者、有二何意一也。答曰、乃由三衆生障重境細心麤識颺神飛、観難二成就一也。是以大聖悲憐、直勧三専称二名字一。正由二称名易一故、相続即生。文。如レ文易レ知。此豈非二明白証拠一耶。答。既言丁識颺神飛、観難二成就一、令丙専乙称名字甲。此為レ令三成二就念心一也。所レ引文殊般若文云、即於二念中一、得レ見二彼阿弥陀仏及一切仏等一者、由二称名一必念心成就。於二此念中一、得レ見レ仏也。

問。爾者何故上文云二不観相貌専称名字一。答。雖レ不レ観二三十二相等一、称名位念心自竪住。是以上文云、捨諸乱意係心一仏云云。明知善導意不三唯限二称名一。若宗趣分別者、以二称名一為レ宗、以二三昧一為レ趣。然三昧有二浅深一。聞思相応者、是浅也。修慧相応者、是深也。聞思相応、可レ在二称名位一。修慧相応、唯是定心也。然念仏三昧名雖レ通二二位一、正以二修慧相応一為レ本。若兼レ末、初後皆滅。念仏三昧名義、依レ何立耶。是故善導元也。若言三唯限二称名一者、念仏三昧名義、依レ何立耶。是故善導元暁念仏義、始終全無二相違一也。然則如二元暁釈一、以二菩提心一為二往生浄土正因一事、両師又可二共同一、更不レ可レ有二異義一。同発菩提心等善導釈、豈非二此意一耶。能能可レ思レ之。念仏三昧定散等委細分別、至二第五門一可レ悉レ之。

　従レ此第二、破下言三弥陀本願中無二菩提心一過上者、集曰、

三輩念仏往生之文。

仏告阿難○

　私問曰、○一為下廃二諸行一帰中於念仏上而説二諸行一者、准地云丁善導観経疏中、上来雖レ説二定散両門之益一、望二仏本願一、意在丙衆生一向専乙称弥陀仏名甲之釈意天、且解レ之者、上輩之中、雖レ説二菩提心等余行一、望二上本願一、意唯在三衆生専二称弥陀仏名一。而本願中更無二余行一。三輩共依二上本願一故、云二一向専念無量寿仏一也。○先就二上輩一而論二正助一者、一向専念無量寿仏者、是正行也、亦是所助也。捨レ家棄レ欲而作二沙門一、発二菩提心一等者、是助行也、亦是能助也。謂往生之業念仏為レ本故、為三一向修二念仏一、捨レ家棄レ欲而作二沙門一、又発二菩提心一等。就レ中出家発心等者、且指二初出及以初発一。念仏是長時不退之行、寧容三妨二礙念仏一也云云。〈已上集文。〉

　決曰、観経疏言二上来雖説〈乃至〉一向専称弥陀仏名等一者、此解釈委細料簡、至二第五門一可レ悉レ之。今且就二大綱一言レ之者、念仏三昧唯非二観経所説一、諸教多所レ讃。況往生一門、是行最為二親因一。其三昧義、如二上成一レ之。三福等散善不レ如二定善一。日想等観是念仏三昧眷属也。然発二得此念仏三昧一一方便、在三于一向称二仏名一。如二文殊般若等説一。此亦約二惣方便一説也。但此所レ言一向専称者、依二菩提心一所レ起行業也。若離二菩提心一、一向専称義不レ可レ成也。是故双観経説二三輩一向専念義一中、皆以二菩提心一為レ体。即如二経云一。発菩提心、一向専念無量寿仏、〈上輩文也。〉当発無上菩提之心、一向専念無量寿仏、〈中輩文也。〉当発無上菩提之心、一向専意乃至十念念無量寿仏等云云。〈下輩文也。〉解曰、発菩提心、是仏道正因、是体声也。専念弥陀、是往生別行、是業声也。汝捨レ体取レ業、如二離レ火求一レ煙。可レ咲可レ咲。当レ知此等解釈文、皆於二菩提心一、置而不レ論レ之、〈此解釈有二菩提心一委細義、亦如二第五門決一。至レ彼具可レ知。〉唯就二所起諸行一判レ之。然言三本願中更無二菩提心等余行一者、何故。第十九願云、発菩提心修諸功徳等云云。是豈非二本願一乎。発菩提心之言、処処非レ一。設雖三四十八願中無二菩提心之名言一、是仏道正因故、可レ非二始説一レ之。然於二菩提心一用二余之字一、甚吁吁哉。是以浄土祖師、又有レ判下以二大菩提心一為中本願上。如下群疑論第

六釈ニ中品下生不レ言ニ聖衆来迎一、出ニ一義ニ云上。中品三人、仏以ニ大慈大悲一、臨終之時而来迎接、非ニ是本願一故。中品下生者、仏不ニ来迎一、非ニ是経文脱一也。以ニ四十八弘誓願中説一。設我得レ仏、十方衆生、発ニ菩提心一、修ニ諸功徳一、至レ心発願、欲レ生ニ我国一、臨ニ寿終時一、仮令不下与ニ大衆一現中其人前上者、不レ取ニ正覚一。此願中既言ニ発菩提心修諸功徳不与大衆現其人前者不取正覚一。此発菩提心言、是発ニ無上大菩提心一。此中品等三人、猶未レ発ニ無上菩提心一、但是修ニ諸功徳一願欲レ生者。雖レ得ニ往生一、仏不ニ来迎一、不レ違ニ本願一。以丁不レ発ニ菩提心一非丙是当乙於大誓願甲也云云。非ニ唯経文一、浄土人師解釈、亦如レ是。若言三第十八願無ニ菩提心之言一者、既云ニ至心信楽欲生我国一。何此中簡ニ菩提心一乎。如ニ上所レ引群疑論文次下云一。薬師経中説、八菩薩示ニ其道路一令レ生ニ西方一。此即仏不ニ来迎一、仏若来迎自引去得レ去ニ西方一、何須下薬師瑠璃光仏遣ニ八菩薩ニ示中其道路上也。故知無レ仏。所三以仏不ニ来迎一者、亦是不レ違ニ本誓願一。以下彼人先雖レ修レ道、以レ非ニ専心決定一故、不中是至心発願欲上生ニ彼国一故、薬師経言、而未レ定者。若是至心発願、即非ニ不定之人一也。又彼経所レ明之行、当ニ此中品三人一、非レ当ニ本願一也。又菩薩処胎経説、衆生作ニ西方業一、多分不レ得レ生ニ於西方一、生ニ於懈慢国中一者、此非ニ是専修西方之業至心発願之人一。以ニ行業不レ専発願不レ至不レ当ニ本願一故、不ニ来迎一。仏若来迎、即是西方浄土業成。豈容三仏迎而生ニ懈慢国一也。為ニ無量寿経説一、三輩人皆発ニ無上菩提之心一、悉得ニ仏迎一。縦令不レ見、猶当夢見、而得ニ往生一也。〈已上〉解曰、此中既以ニ至心発願一、判為ニ大菩提心行人一。明知至心信楽之言、専以ニ大菩提心ニ可レ為レ先。双観経三輩、皆以ニ菩提心一為ニ往生正因一事、解釈又顕然也。若爾者、云レ非ニ本願一立ニ余行名一、甚以不可也。

問。汝不レ見ニ我集奥文一乎。我云下於ニ浄土宗中一唯依ニ附善導一師一不上依ニ余師一。何引ニ懐感釈一乎。答。若然者、汝集何引ニ道綽安楽集等文一乎。又若如レ所レ言者、汝不レ可レ立ニ一宗一。凡祖師作レ書有ニ二例法一。謂欲レ演ニ宗趣一者、就レ法分レ教、以レ理開レ宗。建ニ立法相一、辨ニ定諸門一。且約ニ華厳宗一、如ニ五教章探玄記大疏演義抄等一是也。此中諍ニ五教十宗之不同一、顕ニ六相十玄之宗致一。又就ニ禅門一、欲下熏ニ修法門於己心一見中法実性上者、未三必委分ニ別法相名数一、融レ相照レ性、令ニ観心無レ滞。約ニ此門一有ニ作書一。即如ニ華厳法界観五教止観遊心法界記等一是也。諸宗往往有ニ此二門章疏一。即約ニ浄土門一、如ニ安楽集群疑論等一者、多分盛述ニ念仏宗義一。如ニ善導所製礼讃観念法門并観経疏法事讃等一者、是多分就ニ禅門一所レ作也。是故汝若可レ立ニ一宗一者、須丙好用下述ニ法相一之諸師解釈上、顕乙揚念仏宗義甲。何任レ心強可レ定ニ此例法一乎。汝依ニ此偏執一故、委細不レ知ニ念仏義一、而任ニ自狂心一、作ニ此邪書一立ニ一宗一。有心人誰依ニ憑之一乎。

次以ニ称名一為ニ正行一為ニ所助一、以ニ菩提心一為ニ助行一為ニ能助一、更無ニ其謂一。若好作ニ正助能所一者、可下翻ニ汝言一曰上、謂菩提心者、是正行也所助也、称名者、是助行也能助也。謂往生之業、以ニ菩

提心一為レ本故、為三一向熟二菩提心一、捨レ家棄レ欲而作二沙門一、専称二仏名一也。謂菩提心者、是諸善之根本、万行尊首也。是故顕密諸経論、皆嘆二菩提心一為二仏道之種子一。其証拠如二雲霞一、不レ遑二毛挙一。大日経云、菩提心為レ因、大悲為レ根、方便為二究竟一等云云。華厳経中、摂徳成因相知識弥勒菩薩、開二二百余門一嘆二菩提心一、寄位差別功徳会縁入実妙理、皆表下以二菩提心一為中円因上故、是故諸大菩薩、頂二礼菩提心一為二所帰依処一、猶如レ礼二白月初分一。法界無差別論、頂二礼菩提心一曰、稽二首菩提心一、能為二勝方便一、得レ離二生老死病苦依過失一。彼論長行自釈云、如二白月初分一故今頂礼云云。又菩提資糧論第一云、何者為二如来教量一、如二世尊説一。迦葉、譬如二新月便応レ作レ礼、非レ為二満月一。如レ是、迦葉若信レ我者、応三当礼二敬諸菩薩等一。非レ為二如来一。何以故。従二於菩薩一出二如来一故云云。又菩提心離相論云、至レ誠頂二礼彼菩提心一、如三勇健軍執二勝器仗一。其義亦然。而彼大菩提心所有諸仏世尊諸菩薩摩訶薩、皆因レ発二是菩提心一故等云云。此等皆以二菩提心一為二一切仏果妙因一故、頂二礼之一也。是故諸仏家業愛二念発菩提心人一、猶如三世間多貪人敬二重有財者一。如三彼華厳中弥伽長者下レ坐礼二善財初発心一。宗家釈云、如レ礼二白月初分一也云云。相二翻此一故、不レ念二菩提心一者、賤レ之如二畜生一。如二大丈夫論云一。若放逸廃忘不レ念二菩提心一者、如二禽獣一無レ異云云。是故於二無量生死中一、此心難レ発。若得レ起者、即入二仏家一、種族無二瑕玷一、終成二大覚王一。大覚円因、必待二大縁一萌故、此心難レ発。如二大丈夫論云一。為二業報一障者、不レ能レ発二菩提之心一云云。浄土宗経論文人師解釈、亦以二菩提心一為二正因一。汝雖レ不レ為二規模一、文相無レ隠。処処充満。自他共所レ見也。不レ遑二具出一云云。凡一代諸経論皆説二此義一。其文泉涌、其義雲凝。若有二初発菩提心者一、其功徳尽虚空非レ喩、類二白月之新吐一、等二青松之萌芽一。故経言、一切功徳皆於二最初菩提心中一住。雖二終始無一レ異、而先心難。当レ知以二先心一為レ難者、菩提心為レ難故也。礼二初心一者、尊二重菩提心一故也。依二上論文一、業障深重者、不レ発二菩提心一、若廃忘不レ念者、如二畜生一。汝即如二畜生一、又是業障深重人也。一代聖説仏道妙因、都離二菩提心一無二余事一。然以二菩提心一為二能助一為二助行一事、不レ知二能所一、不レ分二傍正一。何其迷乎。但此中所レ破者、汝依下以二菩提心一不上レ為二往生正因一、云二能助一云二助行一。其意許皆以二菩提心一為レ傍義也。今破レ之、以二菩提心一成下為二諸行本一義上也。若非二此義一而泛言レ之者、正助能所等義、随レ事為二不定一。或有下以二菩提心一為中能助上、如三法界無差別論菩提心名二不退失因一。能助二一切功徳一令レ至二究竟一故。或有下以二菩提心一為中所助上、如下同論出二菩提心因義一云上。信為二其種子一、般若為二其母一、三昧為二胎蔵一、大悲乳養人也。香象大師釈云、今此四縁令二菩提心起一故、名為レ因。非二菩提心与レ仏為レ因等云云。或有下直以二此能助善法一為中菩提心相上。如下起信論説二発心相一云上。直心深心大悲心云云。諸経論中、如レ此例非レ一。是故殊破二能助助行之言陳下意許一也。

次集文、言二発心一者、且指二初発一。念仏是長時不退之行、寧容レ妨二礙念仏一也。文。此言何謂乎。謂在二凡地一始発二菩提心一、立二仏子名一。雖二始終無一レ別、而初心為レ難者、経論定説非レ一。此尊二重菩提心一也。其旨如二上引成一。如下彼法蔵比丘摂二取荘厳浄土一之昔、対二世自在王仏一、先称二発心之徳一、善財童子証二得不思議解脱一之時、対二一一知識一、先作中我已発心之唱上。此発心不退到二大覚地一、名為レ仏。是故成仏遅速、唯任二発心之退不退一。此事自他宗所二共許一。不レ足二始成立一歟。然言三発心者指二初発心一者、後位可レ退二菩提心一耶以否。然者一切菩薩不レ可レ成二仏果一、不レ可レ有二阿弥陀如来一、不レ可レ有二極楽浄土一。若言下置二弥陀観音等諸仏菩薩等一、限中如二我等一之愚人上者、三世仏家之修行、仏仏道同、更無二異徹一。設雖レ為二田夫野客一、若発心不退速剋証。雖レ為二王胤貴姓一、若不二発心一輪廻無レ期。我等已遇二仏教一。尚所レ恨者、設雖レ有二暫時発心一、難レ得二不退一故也。然言三発心唯指二初心一者、令三所化勧二退心一也。是豈不レ違二修因得果之道理一乎、非レ背二一代聖教之法印一乎。可察可察。

次言下念仏是長時不退之行、寧容三妨二礙念仏一也上者、又此言何謂乎。先汝所レ言念仏者、是口称之行也。若言レ取二五種念仏等行一者、此即与二菩提心一無レ別。若言下取二口称之行一、以レ此為中長時不退之行上者、口称者是三昧発得之方便也。方便必得二根本一捨レ之。例如二彼数息観等一、数息軌儀為二得定方便一也。若得レ定已者、捨レ之。今生猶有二中止義一。如二彼畢命為期等釈一者、約二初心称名劬労者一説也。然者往二生浄土一、乃至仏果円満位、何有下持二念珠一称名為上先耶。然菩提心者、初後相続。一切功徳、離二菩提心一不レ成。猶至二果位一、亦以レ之為レ体。如二法界無差別論云一。由三菩提心為二最上方便不退失因一、一切功徳至二於究竟一、而得二彼果一。彼果者、即涅槃界等云云。香象大師釈云、言二不退失因一者、非三直当成仏果為二最上之因一、亦与二中間所修諸行一作二不退失因一。以下離二菩提心一令中余行退失上故。華厳云、退二失菩提心一、修二諸善根一、是為二魔業一。又釈、以二此菩提心得果決定一故、云二不退之因一。謂此心有二二力一。一令二已成之行不一レ失故、二未成之行不二退失一故。二得果究竟、謂此菩提言二一切功徳得彼果一者、明丁心力能令丙功徳至二究竟位一到乙彼岸処甲云云。乃至衆生菩薩如来三位亦依二菩提心分位一立。如二彼論頌云一。不浄衆生界、染中浄菩薩、最極清浄者、是説為二如来一。彼論長行広釈二此義一云云。若爾者、念仏行亦依二菩提心一可二成就円満一。然云三妨二礙念仏一。此言何狂乱乎。此非二仏説一、波旬所説也。如下十住毘婆娑論第四説二不退相一中云上。悪魔変二現八大地獄一、化作二菩薩一而語レ之言、汝若不レ捨二菩提心一者、当生二此中一。見二是怖畏一而心不レ捨。文。依二汝之邪言一、令三所化捨二離菩提心一。汝豈非二悪魔之使一乎。又如二第八云一。菩薩愛二楽阿耨多羅三藐三菩提一者応二親近一云云。解曰、愛二楽無上菩提一者者、即是有二菩提心一人也。翻レ此可レ知、往生宗行人、不レ可三親二近汝一也。悲哉、汝非四唯不三愛二楽菩提一、反妨二礙菩提一。非三唯自妨二礙之一、令三弥陀如来妨二礙菩提心一。是知汝是於二往生門一為二大賊一。断二滅弥陀如来大菩提功徳一故、不レ可レ仮二仏子称一。何出二入僧伽藍中一乎。汝集出二三義一結云、今若依二善導一、以レ初為レ正耳。〈初者即指二此義一也。〉此則毀二謗善導一罪人也。豈可レ為二其一門一乎。

問曰、我信二楽阿弥陀名号一故、撥二去余行一。撥二菩提心一、亦信二楽名号一之至極也。設雖レ為二非理一、信仏心既深。汝何謗レ我為二大賊一乎。答。不レ信二仏法一者、過同二外道一。何足レ可レ惜。汝入二仏教一門一而成二此大迷一、甚為レ可レ傷。於二三学雑行一有レ過者、名二仏法怨賊一、経論所説章疏定判也。是故設我雖レ不レ罵レ汝、汝之天性、有二大賊過一者、可レ為二深悲一。今須レ詳二汝邪見過一。香象大師梵網経疏、釈三謗三宝邪見一、必具二五縁一、便成レ犯。一対二人衆一、二三宝境、三起二彼三想一、四作二邪見一、五発二謗言一便犯。今汝所立、正具二此五縁一。先作二此書一授二所化一、有二第一縁一。二対二菩提心一、即有二第二縁一。三正起二菩提心想一、即有二第三縁一。四即有二此大邪見一、即有二第四縁一。五発レ言云レ非二往生正因一、即有二第五縁一。就二此大過一、大師判二軽重一有レ六。一約二所対一。二約二所謗一。三約二能謗一。四約二所損一。五合辨。六自他。初中対二一人二人多人大衆一。前軽後重。二約二所謗一中三宝有レ三。謂住持并別相及同体、或一二三、各如レ次、前軽後重。三約二能謗一、謂心有二三品一下中上。言有二麤細及中一、軽重可レ知。四約二所損一有レ五。一由二此謗一故、令下多菩提心人於二不定者一生中退失上。二令三已信者生レ退。三未信者不レ信。四未邪見者生二邪見一。五已邪見者生二堅執一。皆前重後軽。五合辨者、対二大衆一謗二勝境一上邪見発二麤言一。成二大損一為二最重一。余如レ次及交絡、皆有二軽重一。可二准知一。六自他者、一自二他三俱、皆前軽後重。可レ知。〈已上〉

於二此六縁中一、先約二所対一、汝対二在家出家貴賤上下男女長幼大衆一、非レ軽即為レ重。第二約二所謗一、汝之一言、即俱時成二謗三宝罪一、非レ一非レ二。華厳経云、十方一切如来、従二菩提心一而出生故。文。然謗二菩提心一、即謗二十方一切仏宝一也。又如二同上文云一。善男子、菩提心者、成二就如レ是無量無辺最勝功徳一。挙レ要言レ之、応レ知悉与二一切仏法諸功徳一等。何以故、因二菩提心一、出二生一切菩薩行輪一。文。相二翻此一故、汝即謗二一切法宝一也。又云二菩提心一者、猶如二命根一、任二持菩薩大悲身一故。文。汝断二滅菩薩命根一、即謗二一切僧宝一也。是故約二第二縁一、最可レ為二最重一。約二第三縁一、可レ有二分別一。謂約二前所謗義中一、以二菩提心是三宝種子一故、惣就二通相門一、雖レ在二謗三宝罪中一、今就二別相門一、委可レ辨二軽重一。

問曰、此撥菩提心邪見、於二三宝中一、為二通撥レ之乎、為三別撥二一二一乎。答。三宝有レ三、同相別相住持是也。約二同相三宝一、皆撥レ之。義准可レ知。今約二別相三宝一、先就二行相麤門一言レ之者、於二三宝中一、撥二法宝一也。何者仏宝者、一切諸仏也、僧宝者、地上大菩薩等也。以二菩提心非二彼二種一故、即是撥二法宝一也。於二法宝一有二教理行果四種一。以二菩提心是道諦摂一故、於二四法宝中一、即撥二行法一也。是故於二三宝中一、撥二法宝一分一。於二四法宝中一、撥二行法一分一。

准二前所釈一、随二一二三一有二軽重一云云。然者既非二全三宝一故、為レ軽。又委解レ之、汝撥菩提心邪見者、三宝四諦皆撥レ之也。何者、謂菩提心者、自性空為レ性。如二前菩提心決成一レ之。然汝相二違菩提心一、立二別念仏心一。即是可レ為二性有心一。然三宝四諦、皆畢竟真空為レ性故、汝雖レ不二作意一、不覚而撥二去之一也。若云二性有一者、即同下数論外道計中有性与二諸法一一上。若爾者、弥陀有性与二凡夫有性一一者、即無二凡聖不同一、浄土有性与二穢土有性一一者、又無二浄穢差別一、有二此大過一也。雖レ然、汝是仏弟子一分。然愚迷不レ知二法相一、誤致二此邪見一。汝是仏弟子故、無二邪師力一、披二閲聖教一故、無二邪教力一。唯雖レ有二自邪思惟一、暗二法相一故、亦不二強盛一。是故於二能謗縁一、可レ非二上品一。〈此所レ言能謗縁者、成過因縁也。上五縁幷下六章名レ縁者、成二道理一義縁也。〉可レ有下不レ信二弥陀一仏一、起二上品嫉妬嗔恚等一謗二三宝一一類上故、汝異二彼類一故、能謗因縁是軽。於二此第三縁一有レ二。一能謗心、二能謗言也。謗心分別雖レ劣、過相是重、以四正因思三惟非二正因一故。謗言亦為レ重、以二正因言レ非二正因一故。雖レ然過相上品因縁不レ満故、於二第三縁一終為レ軽也。約二第四縁一、所損五義、汝皆具二足之一。准レ前可レ思レ之。謂一依二汝邪言一、令三菩提心不定人皆生二退失一。二令下楽二菩提心一人皆生中退心上。三令三未信人弥生二不信一。四令下未レ生二此邪見一人、聞二此邪言一、皆生中邪見上。五令三已邪見人弥生二堅執一。愚僧親見二聞此事一。雖三自無二分別一、依レ党二汝邪義一、人多起二此見一。可レ悲可レ悲。汝若往二生極楽一者、速可レ救二此五類一。余人敢無二済度方便一歟。約二第五縁一、汝対二大衆一撥二勝境一。此不レ待レ言。約二第六縁一、汝及所化倶吐二此邪言一。即是倶句摂也。尤可レ為レ重也。又非二唯此邪見一、諸過具足也。若離二菩提心一立二念仏心一者、如二前難一。即是可レ為二性有心一。然者此心不三変二為浄土一、堕二断過一。猶執レ有者、無因有故、即堕二常過一。即是辺執見也。取二前邪見及此辺見一為二殊勝一。即是見取見也。此邪智計レ得二往生一。即是非道計道戒禁取見也。

又如二宝積経第三十六云一。舎利子、諸仏世尊、具二大智力一、惣摂二諸法一、安二処四種鄔陀南中一。何等為レ四、所謂一切行無常、一切行苦、一切法無我、涅槃寂滅云云。〈鄔陀南者、此云二標相一。或云二三法印一者、合レ苦入二無常一也。或除二涅槃一。此唯説二有為標相一、不レ説二無為一也。〉然者汝之所計、違二此四標相中一切法無我鄔陀南一也。何以得レ知、如下前菩提心辨定門所レ出教証上。法無我平等本来不生自性空心、為二菩提心一故也。是以無著荘厳論第十一云、四法印者、一者一切行無常印、二者一切行苦印、三者一切法無我印、四者涅槃寂滅印。此中応レ知、無常印及苦印為レ成二無願三昧依止一、無我印為レ成二空三昧依止一、寂滅印為レ成二無想三昧依止一。菩薩説二此四印一、為二三三昧依止一。皆為レ利二益諸衆生一故。文。又瑜伽論第四十六、名二四種法嗢拕南一、〈此云二集施一。〉説二第三法嗢拕南一云、一切諸法皆無レ有レ我。是名二第三法嗢陀南一。同下文釈云、又諸菩薩如レ実了二知有為無為一切諸法二無我性一。一者補特伽羅無我性、二者法○我性。於二諸法中一、補特伽羅無我性者、謂非三即有法是真実有二補特伽羅一、亦非下離二有法一別有中真実補特伽羅上。於二諸法中一、法無我性者、謂於二一切言説事中一、一切言説自性諸法、都無二所有一。如レ是菩薩、如レ実了二知一切諸法皆無レ有レ我。〈已上〉解曰、依二此等文証一、依二諸法無我法印一、知二人法二空義一故、違二背此空義一生二我見一。依二我見一生二諸煩悩一。菩提心順二此空義一生、遠二離我見煩悩一。如下離相論出二菩提心体一云上。謂蘊処界離二諸取捨一、法無我平等、自心本来不生、自性空故。此中云何、謂我蘊等有レ所二表了一、而分別心現前無レ体。是故若常覚二了菩提心一者、即能安二住諸法空相一。乃至一論始終、皆説二真空無我義一。是故汝撥二菩提心一、立二別念仏心一。既捨二法無我平等心一故、違二諸法無我法印一。其過同二外道神我見一也。然者不レ可レ出二生死一。如二倶舎論第二十九云一。越レ此依レ余、豈無二解脱一。理必無レ有。所以者何、虚妄我執所二迷乱一故。文。五見煩悩、汝已強盛。何立二此見罪一為二往生正因一乎。今引二教理一撿二挍汝大罪一。須下諷二詠此教理一為中鑑二心病一秦鏡上而已。

問。香象大師釈二謗三宝過一、出二此諸縁一。今不レ謗二三宝一、何引為レ証乎。答。雖レ不下出二悪言一罵中詈之上、邪見過同レ之。謗三宝罪依二邪見一所レ生也。是故梵網経説二謗三宝戒一中云、不レ生二信心孝順心一、而反更助二悪人邪見人謗一者、是菩薩波羅夷罪〇。文。大師又釈二此戒一、皆以為二邪見一。凡言二此戒相一、或処直云二邪見一、或処云二愚癡一、或処云二謗三宝一。其義皆同。謂愚癡者有レ二。一頑愚癡、二邪見愚癡。戒品中所レ制、是邪見愚癡也。余二種如レ上可レ知。汝唯守レ文不レ知二義趣一。依レ之雖レ不二作意一、自招二謗法過一也。如二十地論第一云一。違レ義説者、有二三種垢一。一者倒説、二謗二如来一、三誑二聞者一。又第二云、随レ声取レ義、有二五種過一。一不正信、二退勇猛、三誑他、四謗仏、五軽法云云。於二此等諸過一、汝悉具二足之一。豈非二謗三宝罪一乎、又非二大邪見一乎、又非二邪見愚癡一乎。能能可三思二量之一。

問。設雖レ為二邪見一、汝自不レ起二此見一者、於レ汝不レ可レ有二過失一。然何苦労作レ書破レ之乎。答。如二梵網戒本云一。菩薩見二外道及以悪人一、一言謗レ仏音声、如二三百鉾刺レ心。文。此事亦如レ是。聞二此書種種邪言一、有心人可レ致二刺心之痛一。若不レ然忍二受之一者、於二仏法一無レ志之所レ致也。然信二邪説一罪業、無量無辺。如二諸経論説一。師及弟子倶堕二大地獄一。観仏三昧経中、十六人優婆塞見二仏色身一如二黒象脚一。向レ仏而作二是言一。我帰二依於仏一、受二三帰依一、受二持八斉一、受二五戒法一。然我罪咎、但聞二仏声一不レ見二仏形一。毎二見レ仏時一、如二黒象脚一。説二是語一已、挙レ手推レ胸、号泣躃レ地。是時如来、告二諸優婆塞一。汝等先世無量劫時、於二閻浮提一、各作二国王一、主二領諸国一、快得二自在一、有二諸沙門一、為二利養一故、為レ汝邪説。不レ順二仏教一、法説二非法一、非法説レ法。汝等諸人、皆信二用之一、是人以二此諸悪教一故、命終之後、堕二阿鼻地獄一。汝等随二順悪友教一故、命終亦堕二黒闇地獄一。由二前聞法善心力一故、今遭二我世一、受二持五戒法一。今応下当二仏法僧前一、説二汝邪見邪友所教一、誠心懺悔上。諸優婆塞、聞二此語一、称二南無仏一、称二南無法一、称二南無僧一。説二諸罪咎一、誠心懺悔。時仏即放二眉間大人相光一、照二諸人心一、心意開解、同時即得二須陀洹道一。諸優婆塞、既得レ道已、見二仏色身一、端厳微妙世間無レ比。求仏出家成二阿羅漢一。〈略抄〉慈恩法苑林章云、又十輪説、〈乃至〉有二無慚僧一、於二我舎利及我形像及我法僧聖所愛戒一、深生二敬信一、自無二邪見一、亦令二他無一。能宣二正法一、讃嘆不レ毀。常発二正願一。随レ犯数悔。業障皆除。当レ知是人信二三宝一戒力、勝二諸外道一多百千倍、輪王不レ及、況余有情。故勧二有情一、作二如レ是説一。於二我法中一、剃二除鬚髪一、我終不レ聴四毀二辱擿三罰此出家者一、三世諸仏慈悲護念。是故軽毀、即毀二諸仏一。有二無慚僧一、毀二破禁戒一、非二聖法器一。自起二邪見一、亦令二他起一。誹二毀三乗一、不レ讃二一乗一。如レ是破戒悪行苾蒭、誑二惑有情一、令レ生二悪見一、師及弟子倶断二善根一、当レ堕二地獄一。如レ是死屍膖脹爛臭。若与交遊共住同事、臭穢薫染、失二聖法財一。師及弟子倶断二善根一、当レ堕二地獄一。是故若無二初三沙門一、於二汙道中一、求下雖レ破レ戒不レ壊二正見一者上、親近承事、聴二聞法要一。不レ応三親二近戒見倶壊悪行苾蒭一。観二前文意一、初無慚者、亦得三名為二住持僧宝及上座等一。僧像亦然。然彼経中第四巻説、若有二苾蒭一於二諸根本性重悪中一随犯二一罪一、雖レ名二破戒悪行苾蒭一、而於二親教和合僧中一、所得律儀、猶不二断絶一。乃至奇二捨所学尸羅一、猶有二白法香気一。随二逐諸国王等一、無レ有二律儀一、不レ応三軽慢及加二擿罰一。彼雖下非二法器一雑中穢清衆上、不レ捨レ戒故、猶勝二一切在家白衣一。犯二性罪一者、尚応レ如レ是。況犯二其余諸小遮罪一。此文即是初無慚僧、壊レ戒有レ見故、得レ有レ戒。後無慚者、善根既断。戒亦随無。非二住持摂一。住持令二他善根生一故、法随有故、彼令二善滅一、法随滅故、非二住持摂一。〈已上〉当レ知破戒破見二種中、破見過為二最重一、損二自他善根一、断二慧命一故。汝有二此過一、何不レ破レ之乎。

問。汝既於二第三縁一不レ為二上品一。其過既可レ軽。何強責レ我乎。

答。心違二背三宝一、起二麤悪語一、誹二謗三宝一。以レ之可レ為二上品一。輪王於二千子中一重二衆相具足子一。汝可レ楽レ為二衆相具足仏子一。何以レ無二上品謗心一為二高名一乎。然汝依レ起二此見一、於二仏法一無二所得一。豈可レ不レ悲乎。如下和諍論出二最極無者過一云上。如二深密経言一。若諸有情、性非二質直一、非二質直類一、雖レ有三力二能思択廃立一、而復安二住自見取中一。彼若聴二聞如レ是法一已、於二甚深密意語言一、無三力二能如レ実解了一、於二如レ是法一雖レ生二信解一、然於二其義一、随レ言執着。謂一切法決定皆無二自性一。決定不生不滅、本来寂静、自性涅槃、由二是因縁一、於二一切法一獲二得無見及無相見一。由二是見一故、撥二一切相皆是無相一、誹下撥諸法遍計所執相依他起相円成実相上。何以故。由レ有二依他起相及円成実相一故、遍計所執相方可二施設一。若於二二相一、見為二無相一、彼亦誹二撥遍計所執一。是故説三彼誹二撥三相一。雖下於二我法一起中於法想上、而非義中起二於義想一。彼雖下於レ法起二信解一故、福徳増長上、然於二非義一起二執着一故、退二失智慧一。智慧退故、退二失広大無量善法一。瑜伽論云、如レ有二一類一。聞レ説二大乗甚深経典一、不レ能三如レ実解二所説義一、起二如レ是見一、立二如レ是論一。一切唯仮、是為二真実一。若作二是観一、名為二正観一。彼於二虚仮所依処所実有唯事一、撥為二非有一。是即一切虚仮皆無。何当レ得下有二一切唯仮一是為中真実上。由二是道理一、彼於下真実及与二虚仮一二種上、倶謗都無二所有一。当レ知是名二最極無者一。一切有智同梵行者不レ応二共住一。世尊依二此密意一説言、寧如下一類起二我見一者上、不レ如二一類悪取空者一。〈已上〉汝亦如レ是。性非二質直一、非二質直類一、唯雖レ有四力三能立二称名行一、而復安二住自見取中一。於二観経幷善導解釈一、無三力二能如レ実解了一。於二念仏行一雖レ生二信解一、而於二汝好持是語等経文、上来雖説等疏釈一、〈此経疏文、委細料簡、如二第五門決一。〉随二其言一執着。迷二菩提心義一、取二称名一為二正行一。以二菩提心一名二余行一。由二是因縁一、獲下得以二菩提心一不レ為二往生正業一大邪見上。由二此邪見一、皆誹二撥聖道浄土二門一。何以故。聖道門本汝撥レ之。以二菩提心一為二往生正因一。然撥レ之故、往生行亦不レ可レ立。是故於二念仏法一雖レ起二法想一、而於二非義中一起二義想一。汝於二弥陀教一起二信解一故、雖下於二往生浄土行一為中遠因上、於二非義一起二執着一故、退二失智慧一。退二失智慧一故、生二大邪見一、退二失広大無量善法一。准二瑜伽論文一、可レ云。汝観二観経幷善導釈一、不レ能三如レ実解二所説義一、起二如レ是見一。唯称名一行、是為二往生正因一。若如レ是知レ是為二善導宗義一。於二称名所依菩提心一、撥為レ非二往生正因一。然離二菩提心一、念仏業不二成立一。是故汝聖道浄土二業倶謗都無二所有一。当レ知汝名二最極無者一。一切有智同梵行者、不レ応二共住一。汝設雖レ有二于聖道門一、無二此邪見一者、可レ得二往生一。雖レ入二念仏宗一、有二此邪見一者、難レ期二往生一。准二上所引教量一、能能可二思量一而已。

従レ此第三破下以二菩提心一為二有上小利一過上者、集曰、

念仏利益之文。

無量寿経下云、仏語二弥勒一、其有下得レ聞二彼仏名号一歓喜踊躍乃至一念上。当レ知此人為レ得二大利一、則是具二足無上功徳一。

善導礼讃云、其有下得レ聞二彼弥陀仏名号一歓喜至中一念上、皆得レ生レ彼。

私問曰、准二上三輩文一、念仏之外挙二菩提心等功徳一、何不レ嘆二彼等功徳一、唯独讃二念仏功徳一乎。答曰、聖意難レ測、定有二深意一。且依二善導一意一而謂レ之者、原夫仏意正直雖レ欲レ説二唯念仏之行一、随レ機一往説二菩提心等諸行一、分二別三輩浅深不同一。然今於二諸行一者、既捨而不レ嘆、置而不レ可レ論者也。唯就二念仏一行一、既選而讃嘆。思而容二分別一者也。〈乃至〉此大利者、是対二小利一之言也。然則以二菩提心等諸行一而為二小利一、以二乃至一念一而為二大利一也。〈乃至〉然者諸願二求往生一之人、何廃二無上大利念仏一、強修二有上小利余行一乎。〈已上集文。〉

決曰、所レ引寿経幷礼讃、既有二歓喜踊躍之言一、何簡二菩提心一乎。設委解二菩提心之行相一時、此文雖レ非レ指二解発心行発心等一、歓喜踊躍之文、何非二縁発心一乎。倩案二文意一、乃至一念為二大利一、一仏名号、優曇非レ喩故。歓喜踊躍亦為二大利一、縁二無上福田一生二歓喜

踊躍一故。二事相対思レ之、以二一念一不レ為レ難、以二歓喜踊躍一為レ難。若無二歓喜踊躍一之一念、対レ不レ念為二大利一。疑謗逆縁、対レ不レ聞二三宝名字一、猶為二大利一。如二生公云一。菩薩之名、従二聞謗之日一起者、即此之謂也。清涼云、不レ謗不レ聞、無レ由レ取レ化。文。是故不レ問二順違一、以二値遇一為レ幸者、即此義也。疑謗尚爾、況於二一念一乎。当レ知此所レ言一念、所三以成二大利一者、依二歓喜踊躍心一所二等起一故也。彼此和合、語意倶無二勝劣一。依レ此於二称名一立二念仏名一。往生宗引二諸経観心念仏文一、為二口称証拠一、専拠レ之。若如二汝所説一者、此一念未レ為二真大利一也。然則可下翻二汝言一云上。仏意正直雖レ欲レ説二菩提心并大菩提行一、随レ機一往説二称名等易行一也。是故出二往生正因一、以二菩提心一為二要路一。称名等諸行、随レ機有二差異一。然以二菩提心一為二有上小利一、以二称名一為二無上大利一、以レ天為レ地、以レ地為レ天也。何其顛倒乎。如二華厳云一。八万四千法門菩提之心而為二最勝一。又云、菩提之心、於二諸正法甘露味中一而為二最勝一。〈已上二文、倶貞元経第三十六略二抄之一〉 如レ此文、諸経論多レ之。八万四千法門中菩提心最勝。如三大王垂二拱於深宮一。是故同経云、菩提心者、猶如二帝王一、一切願中得二自在一故。文。然云二有上一、甚以不可也。諸経論皆云二無上菩提心一。即釈二其義一云、更無二過上一故、云二無上一也。汝翻レ此為二有上一。当レ知是外道也。又華厳経云、菩提心者、如二如意珠一、周二給一切諸貧乏一故。菩提心者、如二賢徳瓶一、満二足一切衆生願一故。菩提心者、如二如意樹一、能雨二一切荘厳具一故。又云、菩提心者、猶如二伏蔵一、能摂二一切諸仏法一故。文。然以二菩提心一為二小利一、譬如下餓鬼臨二恒河一憂中枯渇上。可レ悲可レ悲矣。

選択集中摧邪輪巻上

〔参考〕

於二一向専修宗選択集中一摧レ邪輪 巻中 至二第五門一決二一半一

従レ此第四、破下云三双観経不レ説二菩提心一、并云三弥陀一教止住時無二菩提心一過上者、集曰、

末法万年後、余行悉滅、特留二念仏一之文。

無量寿経下巻云、当来之世、経道滅尽、我以二慈悲一、哀愍特留二此経一、止住百歳。其有二衆生一、値二此経一者、随二意所願一、皆可レ得レ度。

私云、〇此経止住者、即念仏止住也。所二以然一者、此経雖レ有二菩提心之言一、未レ説二菩提心之行相一。〇而説二菩提心行相一者、広在二菩提心経等一。彼経先滅、菩提心之行何因修レ之。〈已上集文。〉

決曰、汝之所レ知菩提心者、其体是何物乎。此経説二四十八願一、豈非二菩提心一耶。如二広釈菩提心論第一云一。菩提心有二二種一。一願心、二分位心云云。又孔目章第二発菩提心章云、菩提心者、菩提梵語、此翻名二果道一。果徳円通故、曰二菩提一。於二大菩提一、起レ意趣求故、名二発菩提心一。然此発心経亦名レ願、要二大菩提一、令三来二属己一故、名レ願。天台観経疏、釈二経発菩提心言一曰、菩提心是願二起意一趣向、名為二発心一。菩提是道、仏果円通、説為二菩提一。慧遠観経疏云、発菩提心明二起願一也。菩提是道、仏果円通、説為二菩提一。起レ意趣向、名為二発心一。要而謂レ之、如二仏所得一、我亦当レ得、如レ是等也。不空三蔵〔仁本・活本なし〕菩提心義、引二大日経疏一云、発菩提心者、謂生二決定誓願一、一向志二求一切智智一。必当三普度二法界衆生一。此心由如二幢旗一。是衆行尊首、由如二種子一、是万徳根本。若不レ発二此心一、亦如レ未レ詫二歌羅羅一。則大悲胎蔵、何所二養育一云云。自他宗顕密二教定判如レ是。約二浄土宗一、如二善導観経疏第一云一、言二発菩提心一者、此明二衆生欣心趣大一等云云。〈具如二上引一。〉此又明二菩提心義一、以二善願一為レ本。道綽安楽集、又引二浄土論一、明二此義一。非三唯限二顕密二教定判一、浄土宗亦以同レ之。是故当レ知四十八願者、弥陀如来在二因地一時、以二衆生一為二所縁一、愛二楽万徳所成依正一、摂二取彼功徳一、令三来二属己一故、名レ願也。此言レ非二菩提心一者、四十八願、其体是為二何等一乎。若言下雖レ説二弥陀如来自菩提心一未上レ説二因位行者菩提心一者、諸経論中、明二菩提心一、説二過去現在諸仏菩薩発心一、勧二進凡夫行者一。仏仏道同故。此外更無二異徹一〔活本「轍」〕、雖レ有レ説二因起之次第一、是又不レ限二一人一、三世道同之儀式也。若爾以レ何簡別、可レ云レ不レ説二菩提心一乎。此言非下罵二詈阿弥陀如来一、毀中謗往生経上乎。

次言下彼経先滅、菩提心之行何因修上レ之、此言何謂乎。念仏行者、立レ不レ可レ有二菩提心一之事、此言弥顕然也。既立二念仏止住之義一、然撥二去菩提心一。非三唯限二汝之在世一。令三万年以後念仏者悉断二仏

子之称㆒。是断㆓衆生之慧命㆒大賊也。夫菩提心者、不㆑可㆑求㆑外、即己心性故、未㆑可㆓必為㆒㆑難㆑起也。菩提心者、若約㆑法、此云㆓覚心㆒、或云㆓智心㆒。若約㆓法喩㆒者、或云㆓果道㆒。如㆓前出㆒。果徳円通故、謂於㆓果徳㆒、通入之道路也。果者是涅槃果、即法也。道者是因、即喩也、即果之道也、依主釈也。如㆓法界無差別論云㆒、彼果者即涅槃界、何者為㆓涅槃界㆒、謂諸仏所有転依相不思議法身。文。此果性応得等三因、仏性中即名㆓応得因㆒。以㆓菩提心㆒、名㆓加行因㆒。如㆓仏性論第二云㆒、復次仏性体有㆓三種三性所摂義㆒。応㆑知、三種者、所謂三因三種仏性。三因者、一応得因、二加行因、三円満因。応得因者、二空所現真如、由㆓此空㆒故、応㆑得㆓菩提心及加行等乃至道後法身㆒故、称㆓応得㆒。加行因者、謂菩提心由㆓此心㆒故、能得㆓三十七品十地十波羅密助道之法乃至道後法身㆒、是名㆓加行因㆒。円満因者、即是加行。由㆓加行㆒故、得㆓因円満及果円満㆒。因円満者、謂福慧行。果円満者、謂智断恩徳。〈已上〉解曰、応得因義、易㆑知㆑之。加行因者、有㆓依主持業両釈㆒。依㆓初義㆒者、加行者、即論下所㆑出三十七品十地等諸加行功徳也。依㆓菩提心㆒得㆓此功徳㆒故、云㆓加行因㆒。如㆓論云㆒、由㆓此心㆒故、能得㆓三十七品㆒等云云。加行之因也、依主釈也。依㆓後義㆒者、謂依㆓此心㆒、因円果満。其果満者、即得㆓法身㆒也。如㆓論云㆒、乃至道後法身等云云。加行即因也、持業釈也。円満因者、唯依主得㆑名。謂㆓其体㆒者、是十地十波羅密等加行功徳也。如㆓論云㆒、円満因者、即是加行等也云云。依㆓此加行㆒得㆓円満㆒故、云㆓円満因㆒。円満之因也、依主釈也。因円果満、徳倶在㆓果位㆒故、不㆑可㆑云㆓円満即因㆒也。義准可㆑知、良以我法二執、必依㆓妄縁㆒生。畢竟無㆓自性㆒、無自性故、畢竟真空。指㆓此真空理㆒、名㆓二空所現真如㆒。此真如中、有㆓不空恒沙性功徳㆒。此性功徳始顕現、名㆓加行因㆒。即是菩提心也。如㆓論云㆒、加行因者、謂菩提心等云云。終顕現名㆓円満因㆒。即是三十七品等加行功徳也。如㆓論云㆒、因円満者、即是加行等云云。

然則真如性在㆑下、如㆓白布㆒、於㆓此上㆒有㆓我法二執之仮文㆒。仮文必無㆓実体㆒故、於㆓真如性上㆒、無㆓擁塞㆒。是故聞薫智水、洗㆓真如性徳地㆒、自性顕発、仮文速滅。仮文依㆑地故、無体義成。以㆓文無体㆒故、妄執即不㆑生。浄水与㆓白地㆒和合無二㆒。理智冥合、離㆓能取所取㆒。是名㆓不思議法身㆒。果徳円通義、大旨如㆑是。是故菩提心亦名㆓道心㆒。若言㆓其体㆒者、智也。若約㆑喩者、即是中間無擁之称也。譬如㆘世人若向㆓墻壁等㆒有㆖問。為㆑道耶、為㆓非道㆒耶。可㆓答言㆒、是即為㆓非道㆒、中間擁塞不㆑可㆑通故。若有㆘向㆓門戸㆒問㆗道非道㆖者、可㆓答言㆒、此為㆑道、中間無㆓擁塞㆒可㆓通行㆒故。此亦如㆑是。応得因性、法爾有㆑之。加行円満二因、待㆓因縁㆒顕発。其因縁非㆑一、触㆑類繁多。是故経中説㆓発心因縁㆒、出㆘慈心恚心施心慳心等種種不同㆖。是故有㆓宿善㆒人、自然感動。見聞悉為㆓道心因縁㆒。猶如㆓解宝之人斫石見㆒㆑宝。無福之人雖㆑聞㆑教、不㆓発心㆒。猶如㆘盲者遇㆓日光㆒無㆗所見㆖。既説㆓嗔恚慳貪等㆒、猶為㆓発心因縁㆒。何況有㆓弥陀一教二時、何不下発二菩提心一修中菩提行上耶。設雖レ無二余事一、彼時若有二大種姓人一、聞二弥陀名号一、有下生二大信心一生中大歓喜上。此即可レ為二大菩提心一。念二仏号一、乃至不レ惜二身命一等、此即可レ為二大菩提行一。

問曰、所レ言経道滅尽時者、指二何時一乎。答。諸師異説。且依二群疑論第三一、有二三家説一。一出二信行禅師義一破レ之。二云指二刀兵劫時一、彼時人寿十歳、身長二肘、更不レ修二甚深戒定慧学一、唯念仏生二極楽一云云。三引二慶友所説法住記一云、刀兵劫後、人寿漸増長、至二百年一、十六羅漢以二三蔵教法一流二行世間一、至二人寿六万歳末七万歳初一、諸阿羅漢集二仏舎利一造二宝塔一供養。説二辞謝語一、一時倶入二無余涅槃一。其塔即陥二入地一、至二金輪際一、方乃停住。其三蔵教在二舎利前一已滅没。経二一百年一、唯此浄法与二舎利塔及諸阿羅漢一一時滅没。爾時無上正法永滅不レ現云云。〈取意〉

問曰、若如二此両説一者、何故善導礼讃等、云下万年三宝滅此経住百年等上乎。答。分二正像末三時一者、約二証行興廃一途説也。非三物尽二仏法住世時一也。是故若約二第二家説一、従二万年一以後、至二刀兵劫時一。若約二第三家説一、従二万年一以後、至二七万歳時一也。是以璟興師釈二此止住百歳文一云、有説釈迦正法五百年、像法千年、末法万歳、一切皆過故、云二滅尽一。法雖二滅已一、仏以二慈悲一、憐二苦衆生一、独留二此経一、百年済度。此恐不レ然、非三唯法住違二諸聖教一、事亦未レ尽故。今依二法住記一云、仏滅度時、以二無上法一附二嘱十六大阿羅漢幷諸眷属一。令二其護持一、使レ不二滅没一。刀兵劫時、暫雖二法滅一、人寿漸増至二百歳一位、羅漢与二眷属一顕二説正法一。乃至此州人寿六万歳時、無上正法流二行世間一、熾然不レ息。至二人寿七万歳時一、無上仏法永滅没。時阿羅漢造二七宝塔一、釈迦如来遺身、都集二其内一。時○〔仁本「阿」あり、傍注「イ无」〕羅漢与二諸眷属一、遶レ塔供養已、昇二虚空一、作二如レ是言一、敬礼世尊釈迦如来応正等覚、我受二教勅一護二持正法一、及与二天人一作二諸饒益一。法蔵已没、有縁已周、今辞滅度。説二此語一已、一時倶入二無余涅槃一時、率都婆便陥二入地一、至二金剛○〔仁本・活本「輪」、仁本傍注「剛イ」〕際一、方乃停住。爾時仏法永滅不レ現。此無間有二七万倶胝独覚一、一時出現。至二人寿八万歳時一、独覚聖衆復皆滅没。次復弥勒如来出レ世。以レ此言レ之、当二人寿七万歳時一、無上正法方永滅没。故云二経道滅尽一。十六大聖取二仏遺身一、立二一塔一時、唯弘二此浄土之教一。至レ満二百年一、方取二滅度一時、率都婆便陥二入地一。〈取意略鈔。〉此師義亦同二論第三家一。義准可レ知。依二此等説一、雖二時節有レ異、倶非レ限二浄土教一、有二仏舎利一有二護持聖衆一。此三種至三法滅後満二百歳一共滅。発心勝縁唯不レ限二一種一也。且置二此事一。若依二第二家義一、唯見二三災苦逼衆生一、起二大慈悲心一、修二慈悲行一等、此等豈可レ非二菩提行一乎。如二我世尊釈迦牟尼最初発心因縁中説一。報恩経第二発菩提心品云、爾時喜王菩薩復白レ仏言、世尊、菩薩知レ恩自発二菩提心一、報レ恩教二一切衆生一、令レ発二菩提心一者、如来世尊於二生死時一、初発二菩提心一、因二何事一発。仏言、善男子、過去久遠不可計劫生死中時、以二重煩悩一起二身口意業一故、堕二在八大地獄一、所謂阿訶訶地獄阿婆婆地獄阿達多地獄銅釜大銅釜黒石大黒石乃至火車地獄。我於二爾時一堕二在火車地獄中一、共二両人一并挽二火車一。牛頭阿傍在二車上一坐。齧レ唇切レ歯張レ目吹レ火、口眼耳鼻烟炎倶起。身体姝大臂脚蟠結。其色赤黒、手執二鉄杖一、随而鞭レ之。我時苦痛怒レ力挽レ車。力励前進時、我徒伴劣弱少力、劣弱在レ後。是時牛頭阿傍以二鉄刃一刺レ腹、鉄杖鞭レ背、血出沐浴、随レ体而流。其人苦痛、高声大喚、苦痛難レ忍、称二父母一、或或称二妻子一。雖レ作二如レ是唱喚一、無レ益二於己一。我時見三是受二大苦悩一、心生三哀愍一。因二慈心生一故、発二菩提心一。為二此衆罪人一故、勧二請牛頭阿傍一。此罪人者、甚可二憐愍一、少復加レ哀垂レ慈憐愍。牛頭阿傍聞已、心生二嗔恚一、尋以二鉄刃一、前刺二我頸一、尋時命終。即得レ脱二於火車地獄百劫中罪一。我以レ発二阿耨多羅三藐三菩提心一故、即脱二火車地獄之罪一。仏告二喜王一、挽二火車一者、今我身是。因二菩提心一故、疾得二成仏一。是故当レ知、一切衆生発菩提心、其事非レ一、或因二慈心一、或因二恚心一、或因二施心一、或因二慳心一、或因二歓喜一、或因二煩悩一、或因二恩愛別離一、或因二怨憎和合一、或因三親二近善知識一、或因二悪友一、或因二見仏一、或因二聞法一。是故当レ知、一切衆生発菩提心各各不同。〈此経上文、亦説下縁二法滅一為中発心因縁上、可レ見レ之。〉此則釈尊為二罪人一之昔、見二衆生苦一発二菩提心一、有二慈悲一人、皆以可レ同レ之。経文既云二以重煩悩起身口意業故等一。全非二変化相一也。謂レ為二釈尊因事一、莫レ作二過分思一而已。又前所レ出縁発心、行相麤顕故、纔聞二仏教名字一、即可レ為二発心因縁一、未二必可レ待二文句一。

如二大日経第六三三摩〔仁本「昧」〕耶品第二十五云一、仏言、有二三種法一、相二続除障一相応生、名二三三摩〔仁本「昧」〕耶一。云何彼法相続生。所謂初心不レ観二自性一、従レ此発レ慧、如実智生離二無尽分別網一、是名二第一心菩提相無分別正等覚句一。秘密主、彼如レ実見已、観二察無尽衆生界一、悲自在転、無縁観菩提心生。所謂離二一切戯論一、安二置衆生一、皆令レ住二於無相菩提一、是名二三三昧耶句一。〈已上経文。〉同経疏第十九云、此三中最初、但能発心、誓欲二成仏一。然未三能正観二如来功徳一、不レ能丁了丙知以二何法一、而得乙成仏甲、未三能具有二観照之慧一、但有二求仏之心一、而未四能了三達自己身之本性有二何功徳一。但有二此恵性一、能於二生死中一、最初発心、而求二仏果一。此是初三昧耶也。従二此心一後、得二如実智生一、謂能以レ慧決択、了二知此是功徳、此非功徳等、是処非処邪正之相一。以レ得二如実智一故、離二無尽分別忘〔仁本・活本「妄」〕見之網一。善滅二諸戯論一、安二住真実相中一。然此実智、即是菩提心。三昧耶、是等義。然此心等発、名二三昧耶一也。初心雖レ未レ具二実智一、然亦誓二成仏度一レ人。即是等心故、亦得二三昧耶名一也。従二此心一第二心相続、無間無障故、次即於二此真実句中一、了二真仮一已、一切無尽衆生而起二大悲心一。是第三三昧耶也等云云。〈解曰、如レ次初菩提心、第二智、第三大悲也。上所説三句義中、菩提心為レ因、大悲為レ根、方便為二究竟一云云。第二第三前後会尺〔仁本「釈」〕具如二此次疏文一、恐レ煩不レ引。〉

此中所説菩提心、四発心中当二縁発心一。未三分二別邪正是非一。但有二求仏之心一、良以有二称性信心一者、誰何不レ如レ之乎。如二我等一者、恣飽二法味一、徒分二別上下仏法一。猶如レ漏二初三昧耶一。於二仏法一有二何所得一乎。至相大師於二真正住持仏法一、出二顛倒見過一、有二三十二種偏病一。彼中出二一偏病一云、上下空見有見衆生、唯欲レ得レ学二上仏法一、不レ肯レ学二下仏法一云云。嗚呼臨レ飢欲レ食、寧嫌二麤饗一乎。剰色香珍レ於レ常、美味滋二於舌一。良道心行者、仏境何物不レ珍乎。為下彼恋二在世一而捨レ命、思二遺跡一以折レ身之人上、竜窟之真影、石面之双輪、如レ遇二在世一、置而不レ論レ之。至二灌レ器之池曝レ衣之石一、恋慕銘二心肝一、渇仰徹二骨髄一。此心遂出二三有之焚籠一、永遊二四徳之涼宮一。華厳経云、若有二衆生一、供二養如来所経土地及塔廟一者、亦具二善根一、滅二除一切諸煩悩患一、得二賢聖楽一。宗家釈云、此明二遺跡利益一也云云。宝積経中、説下信二仰遺跡一功徳上云、彼雖レ不レ見レ仏、而与レ見レ仏同云云。雖レ有二如レ此勝利一、唯是有心之令レ然也。道人心底、未三必待二此文句一也。然如二我等一者、不レ見二金容一、不レ聞二梵音一、希生二乎辺夷殊俗一、適値二於如来遺教一。須下聞二一字一句一如中嘗二甘露一、空論二上下之勝劣一、徒懐二空有之辺執一。剰汝軽二諸大乗宗一、撥二大菩提心一。是偏依下被レ催二厭苦欣楽之心一無中愛仏楽法之志上也。如二華厳経云一、設求二出離一、心下劣捨二於最上仏智慧一云云。我等有二此過一、仏法惟無レ主、恥哉悲哉、奈何奈何矣。今恨汝雖レ有下求二出離一心上、未レ有下楽二仏智一之思上。無二大乗宿善一、初三昧耶未レ萌。依レ此無下党二乎菩提心一之思上、反致二違背之過一。豈非レ為二無慚一乎。若汝生二法滅時一、雖レ遇二弥陀教一、尚如二今時一。若於二余類一、未二必一途一。須レ止二汝之非理教訓一。随二自之因縁一感発。何況若有二信欲一、海水劫火猶不レ障、宿成二堅種一、三途猶聞レ法。是経論定説也。聞法已易、何無二道心一乎。三途猶聞、何況人間乎。海水劫火尚不レ障、況有二弥陀教一時乎。是故言二経道滅尽等一者、惣約二時処一説、非下別約二人機一説上。此又経論定説也、不レ能二委曲一耳。又当レ知、弥陀一教至二彼時一者、依三今時有二経道一故也。然執二法滅化儀一、撥二去菩提心等一者、今時経道即可レ滅。然者弥陀一教不レ可レ及二滅時一、何憑二止住百歳文一乎。

問。既云二慈悲哀愍故一、何依二今時経道一乎。答。既云二経道滅時一、不レ云レ留二無仏世界一。無仏世界、経道不レ行、不レ留二念仏一。明知彼時念仏止住、今時経道興行之等流也。此約二相生因力一辨。慈悲挙二縁力一。惣言レ之、利生化儀、皆無レ非二慈悲所起一。於二法滅時一、難レ可レ化故、殊辨二縁力一也。若依二第三家説一、以二七万倶胝独覚一為レ縁、可レ発二菩提心一。雖レ為二二乗聖者一、如下上経説二発心諸縁一中云上、或因三親二近善知識一、或因二悪友一等云云。即親近善友、是順縁門、即為二成法因一也。親近悪友、是違縁門、即為二相違因一也。若為二大種姓人一、善友悪友、倶是二門之発心縁也。不善悪友、尚為レ縁、何況於二独覚聖者一乎。随二其所宜一、可レ発二菩提心一。或復彼中多可レ有二大菩薩衆一。如二十六聖衆等一、多是深位菩薩、現二小聖形一、護二持仏法一、利二益衆生一等是也。

問。然者群疑論三家義中、第一家義、論破レ之、後二家義、論不レ評レ之。今准二璟興師解釈一、論第二家、非二尽理説一、以二第三家義一、可レ為二尽理説一。然者彼時実有二浄土教一、有二遺身舎利一、有二護持聖衆一、良可レ為二発心勝縁一。如二第二家義一者、従二人寿十歳一至二百歳一以来、既云二仏法暫滅一。此時以レ何為二勝縁一乎。答。有二種姓一人、於二地獄中一尚発心。如三前出二経文一。地獄尚然、況於二人間一乎。況復彼時三蔵教等雖レ滅、護持聖衆未レ入二無余一、是故聖衆可レ施二冥顕方便一。或復舎利従二金剛際一出、現二神変一出二種種法音一。衆生聞レ之、皆発二菩提心一、得二三乗不退之益一。即如二悲華経第七説一。法炬滅、法幢倒、正法滅已、我之舎利、尋没二於地一至二金剛際一。爾時娑婆世界空無二珍宝一。我之舎利、変為二意相瑠璃宝珠一。其明炎盛、従二金剛際一出二於世間一、上至二阿迦尼吒天一、雨二種種華曼陀羅華摩訶曼陀羅華波利質多華曼殊沙華摩訶曼殊沙華一。有二浄光明一、大如二車輪一。百葉千葉、或百千葉、其光遍照。亦有二好香一、微妙常敷、観者無レ厭。其明炎盛、不レ可二称計一。微妙之香、無量無辺、純雨二如レ是無量諸華一。当二其雨時一、復出二種種微妙音声一、仏声法声比丘僧声三帰依声優婆塞戒声成就八戒声出家十戒声布施声持戒声清浄梵行具大戒声助佐衆事声読経声禅思惟声観不浄声念出入息声非想非非想声有想無想声識処声空処声八勝処声十一切入声定慧声空声無想声無作声十二縁声具足声聞蔵声学縁覚声具足大乗六波羅密声。於二其華中一、出二如レ是等声一。色界諸天、皆悉聞レ之、本昔所作諸善根本、各自憶念、所有不善尋自悔責。即便来二下娑婆世界一、教二化世間無量衆生一、悉令レ得レ住二於十善中一。欲界諸天亦得二聞受一、所有愛結貪恚五欲諸心数法、悉得二寂静一。本昔所作諸善根本、各自憶念、所有不善尋自悔責。即便来二下娑婆世界一、教二化世間無量衆生一、悉令レ得レ住二於十善中一。世尊、如レ是諸華、於二虚空中一、復当三化作二種種珍宝一、金銀摩尼真珠瑠璃珂貝璧玉真宝偽宝馬瑙珊瑚天冠宝飾如レ雨而下。一切遍二満娑婆世界一。爾時人民其心和悦、無二諸闘諍飢餓疾病他方怨賊悪口諸毒一。一切消滅皆得二寂静一。爾時世界有二如レ是楽一。若有二衆生一、見二諸珍宝一、為触若用、於二三乗中一、無レ有二退転一。是諸珍宝作二是利益一已、還没二於地一至二本住処金剛地際一。世尊、娑婆世界兵劫起時、我身舎利、復当化作二紺瑠璃珠一、従レ地而出、上至二阿迦尼吒天一、雨二種種華一、曼陀羅華摩訶曼陀羅華波利質多華。乃至、還没二於地一至二本住処金剛地際一、亦復如レ是。世尊、如二刀兵劫一、飢餓疾疫亦復如レ是。世尊、如レ是大賢劫中、我般涅槃後、是諸舎利、作二如レ是仏事一、調二伏無量無辺衆生一、於二三乗中一得二不退転一。如レ是当丁於下如二五仏世界微塵数等一大劫之中上、調二伏無量無辺衆生一、令丙於二三乗一得乙不退転甲。世尊、若後満二千恒河沙等阿僧祇劫一、於二十方無量無辺阿僧祇余世界一、成仏出レ世者、悉是我修二阿耨多羅三藐三菩提一時、所レ可二教化一初、発二阿耨多羅三藐三菩提心一、安二住六婆〔仁本・活本「波」〕羅密一者。世尊、我成二阿耨多羅三藐三菩提一已、所レ可二勧化一、令レ発二阿耨多羅三藐三菩提心一、安止令レ住二六波羅密一。及涅槃後、舎利変化、所化衆生、令レ発二阿耨多羅三藐三菩提心一者、是諸衆生過二千恒河沙等阿僧祇劫一、於二十方無量無辺阿僧祇世界一、成仏出レ世、皆当下称二我名字一而説讃歎上。過去久遠有レ劫名レ賢。初入劫時、第四世尊、名曰二某甲一。彼仏世尊勧二化我等一、初発二阿耨多羅三藐三菩提心一。我等爾時焼二滅善心一、集二不善根一、作二五逆罪一、乃至邪見、彼仏爾時勧二化我等一、令レ得三安二住六波羅密一。因レ是即解二了一切陀羅尼門一、転二正法輪一、離二生死輪一、令三無量無辺百千衆生安二住勝果一。復令三無量百千衆生安二止天人乃至解脱果一。若有二衆生一求二菩提道一、聞三讃二歎我一已、各問二於仏一、彼仏世尊見二何義利一、於二重五濁悪世之中一、成二阿耨多羅三藐三菩提一。是諸世尊、即便向下是求二菩提道一善男子善女人上、説下我往昔所成大悲、初発二阿耨多羅三藐三菩提心一、荘二厳世界一、及妙善願本起因縁上。是人聞已、其心驚愕、歎二未曾有一、尋発二妙願一、於二諸衆生一、生二大悲心一。如レ我無レ異。作二是願一言、其有二如レ是重五濁世一、其中衆生作二五逆罪一、乃至成二就諸不善根一。我当三於レ中而調二伏之一。彼諸世尊、以三是諸人成二就大悲一、於二五濁世一、発二諸善願一。随二其所求一、而与三受記一。世尊、彼仏世尊復為下修二学大乗一諸人上、説二我舎利所作変化本起因縁一。過去久遠有二仏世尊一、号字某甲。般涅槃後、刀兵疾病飢餓劫起、我等爾時於二其劫中一受二諸苦悩一。是仏舎利為二我等一故、作二種種神足師子遊戯一。是故我等即得レ発二阿耨多羅三藐三菩提心一、種二諸善根一、精勤修二習於六波羅密一、如二上広説一。〈已上〉

依二此文証一、無量無辺衆生、皆依二舎利勧化一、発二菩提心一、乃至成仏。於二十方無量無辺阿僧祇世界一出世、為二衆生一亦説二本縁一。非下唯於二法滅後一為中発心因縁上、成道後亦為二衆生一、説二舎利勧化本縁一、即云二即得発阿耨多羅三藐三菩提心等一、非下唯限二此劫末一調中伏衆生上。於二五仏世界微塵数等大劫中一、亦復如レ是。此為二十二部一経一也。是時亦可レ有下随レ機聞二浄土行一得二往生一衆生上。是故二家義、倶非レ無二発心勝縁一也。若有二発心一者、聞法得道亦不レ疑。是故止住百歳等文、亦約二経道興廃一一途説也。更非レ謂下約二人機一無中如レ此諸門上也。又前所説宿成堅種三途聞教海水劫火不能為障等義、此中可二広説一。若如二汝所解一者、止住百歳後、不レ可レ有二往生浄土因縁一。若信二如レ此等文理一者、未三必可二限執一也。汝説二此邪義一授二所化一故、如レ虫之若女、如レ泡之少童、皆悉撥二大聖本意一。雖レ不レ知有レ憑者、是為レ器。善種終可二開発一。汝皆将レ抑レ之、苦乎痛乎矣。又如二前説一。正像末三時、多約二証行興廃一説。然聖教大綱、正為兼為等五為、皆為二本意一。悉皆成二果道一故。然此結縁徳、設雖レ不レ生レ解而能信向、以成二堅種一、如下食二金剛一終竟不上レ銷。設因二余過一堕二於三途一、聞経〔仁本・活本「法」、仁本傍注「経イ」〕信力、速能証悟。故地獄天子因レ光生レ天、三重頓円二十地功徳一。深有二信欲一、海水劫火不レ能レ為レ障。外道闡提、雖三聞生レ謗堕二於地獄一、一薫二耳識一功不二唐捐一、終令レ獲レ益。乃至二成仏一、如二狂罵薬服必病除一、如二毒塗鼓聞者皆死一。是故経云、譬如三生盲不レ見レ日、日光亦為作二饒益一。令下知二時節一受二飲食一永離二衆患一身安穏上。無信衆生不レ見レ仏、而仏亦為興二義利一、聞レ名及以触二光明一、因レ此乃至証二菩提一等云云。此利益三世無二改易一。然汝令三諸人廃二退経道一、甚以不可也。

問。我以二当機念仏一為レ先、望レ遂二順次往生一。汝執二過分聖道一、唯期二結縁益一。誰謂於二仏法一都無二利益一乎。唯今所レ論者、順次生出離、生死定不定也。汝列二結縁益一、我全不レ諍レ無レ之也。如何。

答。若許レ有二結縁益一者、順次出離、更非二不定一。若就レ人言二不定一者、浄土門亦可レ同。浄土門未三必即身遂二往生一。汝等又未レ望三即身得二念仏三昧一。若期二順次利益一者、諸教皆有二此益一。於二浄土一者、或欲三往二生十方仏刹一者、是亦可レ任二意楽一。又雖レ不レ生二浄土一、於二生死中一、有二無量大益一。且約二華厳宗一、出二解行益一云、於二第二解行生一、住二世界性等以上処一、得二白浄宝網転輪王位一。得二普見肉眼一、見二十仏刹塵数世界海等一、即是十地位也。値二遇無量塵数諸仏世尊一、受二持無量阿僧祇深妙法蔵一、与二一切衆生一為二大善知識一、即如二善財善知識一是也。

問曰、此可レ為二上代勝事一。於二末代一者、不レ可レ有二此順次勝益一。如何。答。如二前説一、判二正像末三時一、約二現身証行興廃一説、順次解行益、未三必関二上代一。唯可レ依二見聞善根有無一。即如二前所レ出地獄天子三重頓円益等一、又如二前出海水劫火不能為障宿成堅種三途聞教等一、此等皆宗家盛談也。若有二其根機一者、雖レ為二悪世一、必発心。若発心者、必可レ有二其果一也。不レ可レ依二悪世悪処一。何況善趣乎。

問。爾者何故、安楽集等中、云下於二末代一唯有二浄土一門一可二通入一路等上乎。答。彼等就二浄土門一立二一分理一。若無二此理一者、浄土門有二何益一乎。彼文所レ言聖道一種、今時難証等之言、亦約二現生証道一説レ之。即下文云、那含羅漢、断二五下一除二五上一、無レ問二道俗一、未レ有二其分一等者、即此意也。更非レ簡二順生順後益一也。彼中所レ引大集月蔵経文、亦同二此意一也。然祖師立レ宗、為レ令二人知一レ道。其道已興、劇遺二偏滞過一。若取レ此捨レ彼、如二悪レ水愛一レ火。皆応レ機為二妙薬一、莫二執レ一捨一レ一。

問。祖師設雖レ不二偏執一、若有二一辺道理一者、須三依二憑之一。時属二末代一、諸行皆陵遅。設雖レ党二余行一、可レ有二何益一乎。答。浄土門祖師解釈、非レ不レ依二憑之一、皆以仰二信之一。但破二此書一者、即為三成二立聖道浄土二門義一也。若成二立菩提心一者、二門仏道亦以可二光顕一。就レ中菩提心者、縁二法滅一為二発起因縁一。如下十住毘婆娑〈仁本「沙」〉論第三説二発菩提心七因縁一中云上。一者諸如来令レ発二菩提心一。二見二法欲一レ壊守護故発心。三於二衆生中一大悲而発心等云云。論長行釈二第二因縁一云、或復有レ人、生二在悪世一、見二法欲一レ壊、為二守護一故発心。〈広文略レ之。〉又下文云、如レ是三心、必得二成就一、根本深故云云。又起信論云、或因二正法欲一レ滅、以二護レ法因縁一、能自発心。又華厳中有二大王一、見二法滅一発二菩提心一。依二此力一故、於二六十千歳中一、仏法得二興盛一云云。如レ是経論説非レ一。良以無上仏法難レ遇一遇。如三盲亀得二浮木一。満界財宝不レ如二一句法一、恒沙身命不レ比二四句偈一。若聞二一字正法一、洞燃猛火之底、未三必厭一レ之。若無二仏法名字一、深禅欲楽之天、不レ足レ為レ楽。如二華厳云一、菩薩摩訶薩求二仏法蔵一、恭敬尊重、生二難得想一。有二能説者一、来語レ之言、若能投二身七仞火坑一、当レ施二汝法一。菩薩聞已、歓喜踊躍、作二是思惟一。我為レ法故、尚応下久住二阿鼻獄等一切悪趣一受中無量苦上。何況纔入二人間火坑一、即得レ聞レ法。奇哉、正法甚為レ易レ得。不レ受二地獄無量楚毒一、但入二火坑一、即便得レ聞、但為レ我説。我入二火坑一。如二求善法王菩薩金剛思惟菩薩一、為二求法一故、入二火坑中一云云。

当レ知、三悪極重苦、尚為レ法不レ為レ難。況於二余事一乎。為二四句一而身受二千釘一、求半二偈一而高巌捨レ命。王身為二羅刹之床一、天衣作二野干之坐一。軽二天王之勝位一、敬二鬼畜一為二尊高一者、莫レ不二皆是重レ法為一レ先也。如レ此大心行者聞二法滅音一、幾許為レ患乎。於二発心中一為二堅固因縁一、良有二所以一乎。是故仏法雖レ迄二滅時一、有二発心人一者、尚復繁興。汝与レ我共生二在悪世一、所二見聞一唯有二法滅相一。縁レ此不二発心一、何其悲乎。設汝雖レ類二木石一、為二有心人一、莫レ出二此不忍之言一矣。又設雖レ無二教法一、見聞敬養益、是十門性起功徳中、第十性起功徳也。彼見聞境界種類。〔仁本「信」あり〕無辺也。或供二〔仁本「信」、傍注「供イ本」〕形像一、或敬二遺跡一、其善皆無レ非二性起法門一。然如来遺跡、処処在レ之。或盤石上千輪耀レ光、或経行跡華文標レ異。加之五百塵点往劫行事、在レ今炳然。薩埵捨レ身流血尚存。達拏与レ子杖捶留レ跡。布レ髪掩レ泥之所、捨レ身求レ偈之地、月光斬レ首、尸毘飼レ鷹。此等遺蹤弥二綸於五天一。外道凶人有二鑿刪一、其文。複〔底本・仁本附訓「カヘテ」、活本「復」〕現。若有レ投二江河一、還来二本処一。水火不二焚漂一、風災不二破壊一、久留二後代一、永為二衆生帰仰一。皆是如来随染業幻自然大用也。若約二衆生一、為二衆生縁感之功徳一。若約二如来一、為二如来性起之大用一。縁性無二一、終同二法界一。無二作者一無二成者一、法性随縁甚深不思議応用也。

是故信二仰遺跡一之人、得二如来愛子名一、復有二見仏吉慶一。又為二現世明燈一、又号二当来導師一。如二宝積経云一。我之所愛子、謂二諸善比丘一、見下仏所遊方、昔曾安止処、経行宴坐地、若石及空閑上、集已共咨嗟、為レ之数涕泣。〈乃至〉時往二道場中最勝菩提地一、同来共集会、当二如レ理思惟一。世尊於二是処一成二無上仏果一。〈乃至〉七日跏趺坐、諦観二菩提樹一。〈乃至〉是等照レ世燈、〈乃至〉当レ成二大覚尊一。〈乃至〉我説二誠実言一、安二慰如レ是輩一、彼雖レ不レ見レ仏、而与レ見レ仏同。〈已上〉辺地衆生雖二行而不一レ見、尚有二恋慕思一者、即是為二如来愛子一。覚王処二於中国一、垂二聖化於辺方一。我等為二如来愚子一、何作二過分思一乎。雖下於二三蔵教法一論中興廃不同上、未レ云下於二此等大用一無上レ益乎。如二彼三道宝階没レ地、竜窟真影難一レ見者、宝階約二一時化儀一、真影為二悪竜一留レ之。未三必為二通相方便一。機根有二兼正一、化儀有二隠顕一、莫三以レ之例一レ余耳。此等豈非二菩提心勝縁一乎。汝強於二末世一立二菩提心無縁義一、無レ情之至、不可説不可説也。

又汝勘二菩提心経滅時一、殊撥二菩提心一。見二出生菩提心経所説一、汝之言殊難レ忍。如二彼経説一。比丘楽二蘭若一、手得二此経典一、於レ後常現前。比丘聞二此経一、悲泣而雨レ涙。我先作二何業一、今世得二此利一。我於二如レ是経一、未二曾善思惟一。我已得二授記一、何業獲二此果一。文。此中我已得授記者、上文授記云、所レ聞二此経一者、今現在二我前一、彼等於二後世一、此経当二現前一。文。解曰、仏智知二三際一無二障礙一、悉皆如二現在一。於二如来滅後一、楽二欲此経一人、無礙智前現在二仏前一。此経於二滅後一、亦当三現二前於彼人前一。此上文又説、得レ聞二此経一者、到二六度彼岸一。此経典、於二如来滅後一、入二彼人之手一。即経云、説二此修多羅一、令レ発二大菩提一。〈上文云、道於レ道無レ有二差別一。〈已上〉若有二差別一者、雖レ不レ起二菩提心一、可レ有二成仏人一、無二此理一故、成仏法必須レ発二菩提心一。経説二此無二菩提心一、為二一道一故、聞レ説二此経一、発二菩提心一也。〉梵志、〈指二迦葉婆羅門一。〉仏菩提未三曾有二分別一。〈菩提無相故也。〉説二此修多羅一、令レ発二大菩提一。〈准レ上可レ知。〉能断二一切疑一、随二順衆生問一。〈衆生不レ知二上無二一道義一。是故有二一切疑一。今説二一道義一、令レ断レ之也。是故此一道随二順迷執衆生一説也。〉〈乃至〉得レ聞二此経一者、彼於二未来世一、能行二大布施一、至二於檀彼岸一。〈既発二一道心一故、須レ修二一道行一。其一道行、究竟有二布施等六度彼岸一。依レ聞二此経一、皆究二竟之一也。已下五度経文略レ之。〉已曾作二供養一。〈上供二諸仏一。〉憐二愍衆生一者。〈下愍二衆生一。〉得レ聞二此経典一、後世到二其手一。〈此大人於二如来滅後一、愛二敬此経典一也。〉比丘住二蘭若一、意欲二仏菩提一。〈厭二六塵喧雑一、愛二寂静練若一、欲三楽無上菩提一也。〉得レ聞二此経一者、於レ後最先得。〈依三聞二信此経一、於二滅後一、最先得二仏菩提一也。〉過去数億仏、已持二此経典一。〈如レ文可レ知。〉為下利二諸菩薩一発中起意欲上故。〈聞二此経一道義一、欲二楽菩提一故。〉若有二婆羅門一欲二楽仏菩提一、彼時得レ信已、是経至二其手一。〈愚人難三信二欲此経一。有二欲楽一者、是智人故、出二沙門婆羅門二人一。理実摂二一切信楽人一也。是故下文出二女人一。彼人聞二此経一、生二信欲一。此経至二其人手一住也。〉我、〈仏也。〉見二彼衆生一、〈仏眼見下於二滅後一信二欲此経一衆生形上也。〉悉知二彼所行一、〈仏智知下信二楽此経一衆生受持読誦等所行上也。〉亦知二彼名字一、〈仏智知下信二楽此経一衆生名字上也。〉我見悉無礙。〈結二上文一也。挙二眼見一摂二智照一也。〉一切願具説、〈信二欲此経一衆生、欲二仏菩提一、修二六度行一大願等也。此又結二上文一也。於二一句中一、上句結二我見彼衆生等三句一、下句惣二結上文一也。〉恐迷未来人、懼三彼起二諸過一、〈如来懼下滅後愚人迷二此経一道義一作中異見過上。即如下汝等捨二菩提心一立二別念仏心一等上者、是即失二此経所説一道義一也。〉是故少分説。〈重惣二結上諸義一也。〉

解曰、汝非四唯不三愛二楽此経一、反失二無二一道義一。然者終不レ可レ到二六度彼岸一、二転妙果期二何時一乎、可レ悲可レ悲矣。経又云、彼等〈指下上楽二欲此経一人上也。〉住二此智一。〈愚人難レ生二楽欲一。生二楽欲一人、即是智人故也。此智者即知二此一道一之智也。〉為レ誰之所レ説。〈一切世間中、無下如二仏世尊一知二彼人〔仁本なし〕所行名字一人上。若我不レ説者、為二誰人一所レ記乎。〉已知二彼心行一。〈世尊正知下於二滅後一楽二欲此経一人心行上也。〉我今当レ記レ彼。〈任二仏智所知一、当二授記一。上文既云三仏知二楽欲人所行名字一。此一行文、結二彼前文一、生二後記別文一也。〉即世尊正授二記別一云、所レ聞二此経一者、今現在二我前一。彼等於二後世一、此経当二現前一。〈如レ上解可レ知。〉若有二諸女人一、抄二写此経典一、此経当レ在レ手、能生二大菩提一。〈若有下生二信楽一女人上者、即此経典之主也。如二女人等一一切准知。〉我於レ先已説。〈指二上文一也。〉比丘楽二蘭若一、〈簡下有二邪求過一人上也。〉手得二此経典一、於レ後常現前。〈此経典於二女〔仁本・活本「如」〕来滅後一、至下無二邪求過一之比丘手上、常可二現前一也。〉比丘聞二此経一、悲泣而雨レ涙。〈此記下前練若比丘耽二嗜此経一之形上也。此即身業也。〉我先作二何業一、〈自レ此下六句、正記二比丘歓喜之語一也。此下文可レ通二語意一、具有二三業一可レ知レ之。即今世遇二此大利一、必依二宿善一也。〉今世得二此利一。〈此経所説菩提心、一切智因故、云レ利也。如二経上文具説一。〉我於二如レ是経一、未二曾善思惟一。〈大喜徹レ骨作二希寄〔仁本「奇」、活本「求」〕思一也。〉我已得二授記一。〈指二上今現在我前等文一也。〉何業獲二此果一。〈前練若比丘、雖レ恨三重障之身生二滅後一、得二此経典一、而感涙難レ禁。非三唯所行名字関二如来知見一、重障之身亦現在二仏前一。是雖レ為二如来神力之所為一、定亦可レ有二我善業一。多句経文、惣記二比丘歓喜踊躍之行相一也。〉

問曰、大菩提心、是為二諸仏之一道一故、信二楽此経一之人、即親属二如来智身一故、非レ云三今現在我前一乎。何必可レ云三滅後之凡身在二仏前一乎。答。不レ然。上文既云三我見彼衆生、悉知彼所行、亦知彼名字、我見悉無礙一、正授記時、云三今現在我前等一、即是在二仏前一也。如二彼蓮華面経上巻説一。告二阿難一言、汝今欲レ見二未来事一不、我見二来世一如レ観二現在一。〈乃至〉爾時阿難作二如レ是念一、以二仏力一故、可レ令三我見二未来之世如レ是事一不。爾時如来以二神通力一、即令三阿難悉見二未来諸悪比丘一、以レ児坐レ膝、置二婦其傍一、復見二種種諸非法事一。爾時阿難見二此事一已、心大怖畏、身毛皆竪。即白レ仏言、世尊、如来速入二涅槃一。今正是時、何用見二此未来之世如レ是悪事一。〈已上〉此経説亦如レ是、滅後衆生楽二欲此経一人、正在二仏前一也。謹依二上下文意一、仰推二仏言一、於二如来滅後一、此経典流通。比丘独処二練若一、適得二此経典一、見二所聞此経者、今現在我前、彼等於後世、此経当現前記文一、比丘悲泣雨レ涙、当レ言、我已得二授記一、何業獲二此果一等。〈為言〉泣註二経文一、筆跡忽如レ暗。南無大恩教主釈迦牟尼世尊、南無諸部甚深菩提心経、願我縦雖下焦二洞燃猛火之炎一閇中堅固寒氷之底上、若有レ口者、唱二此記文一、若有レ心者、念二此妙典一。金口所レ記、忝如レ是。哀哉悲哉矣。汝雖レ不レ加二悲泣随喜之言一、莫レ作二滅時無益之論一。滅時隔二乎数万億歳一、経典当今住レ世。若以二値遇一為レ幸者、滅時亦値遇。汝不レ然故、手触二巻軸一、心不レ生二楽欲一。萌二仏樹芽茎一、期二何時一乎。

又此経典、弥陀願力加被、於二五濁悪世中一得レ聞。即如二経云一。我昔婆羅門、依二於比丘一活。時比丘、放逸、説二此修多羅一。梵志於レ彼聞、時至而乞食、泣涙已、行出。是時心作レ願。我於二修多羅一、抄二義及文字一。後世作二証明一、亦復行二擁護一。以二彼善業果一、於二彼後末世一、得二此修多羅一、執持在二其手一。彼時有二比丘一、悲泣涙満レ目。当時作二懺悔一、後得二此経法一、於二先業一滅尽。彼時有二相現一。於二其睡夢中一、得二此修多羅一、生死諸流転、欺誑大恐怖、斯由二阿弥陀願力一、如レ是果。文。解曰、二人悲泣、深起二値遇願一、依二念願甚深一、終得二此経法一。彼依二自善根力一、於二末世一得二値遇一。薄福衆生、生死流転、欺誑大恐怖中、得レ聞二此経一、此由二阿弥陀願力一也。如レ是果者、如下二人依二願力一得中聞経果上、諸衆生亦依二弥陀願力一、於二末世大恐怖中一、可レ得二聞経果一也。

問曰、見二経文相一、非下指二上二人所得聞経果一、云中依二弥陀願力一乎。何作二此釈一乎。答。上二人中婆羅門者、即是釈迦如来因位也。不レ可レ云下対二迦葉婆羅門一之語上。下文云二梵志於彼聞時至而乞食等一者、梵志者即婆羅門、出二上能聞人一也。然者弥陀如来、依二釈迦勧化一、値二宝蔵仏一、発二菩提心一。豈彼聞経果可レ云レ依二弥陀一乎。是故当レ知、言乙如下我依二願力一於二末世一得中此経上、未来末世衆生、依二弥陀願力一、亦可甲レ得二此経一也。若設雖レ言レ結二上文一、若言三末世得聞依二弥陀願力一者、此亦可レ同。然者感二弥陀願力一時、同依二弥陀願力一、可レ聞二此経一也。欺誑大恐怖者、出下末世感二遺法果一衆生過上也。如二法華云一、恐怖悪世中等。又如二大般若云一、後五百歳無上正法、将レ欲二壊滅一時、有二大恐怖一、有二大険難一、有二大暴悪一、当二於彼時一、諸有情類、多分成下就感二遺法一果上等、諸経中有二此文一。良以阿弥陀大願中云二発菩提心修諸功徳等一。若無二菩提心一者、往生浄土行難レ立。依レ此弥陀願力、為二増上縁一、留二此経典一、令三衆生勧二発菩提心一也。弥陀教止二末世一、良有二所由一乎。以レ此而言、若此経亦法滅時可レ言二止住一乎。何者、止住百歳文、雖レ依二釈尊慈悲一、法滅時衆生、往二生浄土一、亦依二弥陀願力一也。若爾者、既依二弥陀願力一、於二末世一聞二此経一、二倶依二願力一者、此経何不レ至二法滅時一乎。経道流布時、何必限二弥陀願力一仮二彼願力一者、出二難レ聞時一也。下経文云二於後当顕曜一者、此経依二弥陀願力一、於二末世一顕曜也。

問曰、無量寿経云、特留二此経一、止住百歳。文。若兼二余経一者、不レ可レ云二特留一、如何。答。教体無相、何滞二巻軸一。若依二弥陀願力一而留者、即是弥陀一教止住也。更勿レ守二巻数加減一。何必立二余経名一乎。但此義不二必定執一。若非二道理一者、且為下対二汝非理執一、我亦致中非理難上。是為二婆娑論一問答例法一。尽レ理妙術、顕レ義方軌也。若彼此倶非二実義一者、其得失如何。謂若以レ滅為レ留、我有二遊心之得一、亦有下勇二行人一之益上。若以レ留為レ滅、汝有二無レ情之愆一、亦深法非二我分一。経既云二斯由阿弥陀願力如是果一。汝為二西方導師一者、須三顕二揚此経典一。然抑二諸人欣楽心一、此豈非三違二害弥陀願力一乎。悲哉悲哉。聞二比丘聞此経悲泣而雨涙等金言一、雖二破戒質一、悲涙洗レ面、雖二無慚心一、歓喜剰レ身。汝対二此経一、強勘二滅時損益一、為レ有二何詮一乎。無レ情之至、不レ可二称計一。設雖二師子虎狼一、聞二此金言一、蓋〔仁本・活本「盍」〕レ生二哀悲一乎。此事匪二直爾一也。設雖三汝自不二覚悟一、決定被三執二縛天魔一、出二此不忍之言一也。即如二此経言一、爾時迦葉婆羅門復白レ仏言、希有世尊、若諸衆生無レ有二智慧一、若聞二如レ是無上無辺一、乃至如レ是等衆生当レ無レ有二智慧一、若如レ是等無辺無上修多羅聞已、不レ能下於二此法中一不上レ生二堅固楽欲一。大徳世尊、有二何因縁一、既有二如レ是妙法一。然彼衆生而当二虚過一也。爾時仏告二彼婆羅門一言、此三千大千世界、有二百倶致〈凡言倶致者随数千万。〉諸魔宮殿一、彼一一魔、有二倶致数魔衆眷属一、囲二遶彼諸魔軍一。常勤二方便一欲レ滅二此経一、作二種種因縁一。彼因縁随二所在処一、作二諸障礙一。所以者何、若以三千大千世界所有衆生、悉得二於阿羅漢果一、若有二善男子善女人一、聞二此修多羅一已、当レ発二阿耨多羅三藐三菩提心一。婆羅門以二是因縁一、令下倶致数諸魔勤二求方便一欲上レ滅二此経一。所以者何、此修多羅、是一切諸法種姓根本。以二是義一故、倶致諸魔、勤二求方便一、欲レ滅二此経一。〈已上〉解曰、此中言二皆悉得於阿羅漢果一者、小乗極果聖者、指下難レ発二大乗菩提心一人上也。設三千大千界衆生、皆悉雖レ証二此小果一聞二此経一者、可レ発二大乗菩提心一。以レ有二此功力一故、諸魔依三障二礙菩提心一、将三破二滅此経一也。此経即菩提心経根本也。婆羅門請問語云、有二何因縁一、既有二如レ是妙法一、然彼衆生而当二虚過一也。文。次仏答如レ此、汝為二仏弟子一、何無二楽欲一、然作二此説一。即如二経説一、被三迷二乱彼倶胝数魔黨一也。此経不レ待二法滅時一、依二汝邪言一速可レ滅。雖レ然如来為レ防二此障難一、説二破魔衆会陀羅尼一、加二持之一。即如二此経云一、爾時仏告二婆羅門一、今有二修多羅一、名曰二破魔衆会一。汝等受持読誦、即得レ破二魔天衆会一。〈乃至〉爾時世尊、即説二陀羅尼一曰云云。当レ知、汝雖レ作二邪説一、此経典不レ滅者、依二此陀羅尼威力一也。今為三加二持汝魔縛一故、雖レ須レ唱二陀羅尼一、其秘密章句、不レ可レ不レ密。若不三伝二受灌頂阿闍梨一、而自諷二誦之一、師弟倶得二重罪一。恐二男子女人輙諷誦一故、不レ出レ之。如来既云レ知二楽欲人所行名字一、亦可レ知下不二楽欲一人所行名字上。為レ防二彼障難一説二陀羅尼一。当今男子女人、須三持二念此陀羅尼一也。汝既有二此大過一、聖道浄土二門行者、先須三遠二離汝一。次可三棄二捨此選択集一也。

　従レ此第五、破下菩提心云レ抑二念仏一過上者、集曰、

釈尊不三付二属定散諸行一、唯以二念仏一付二属阿難一之文。

観無量寿経云、仏告二阿難一。汝好持二是語一。持二是語一者、即是持二無量寿仏名一。

同経疏云、従二仏告阿難汝好持是語一以下、正明下付二属弥陀名号一流中通於遐代上。上来雖レ説二定散両門之益一、望二仏本願一、意在三衆生一向専二称弥陀仏名一。

　私云、○次散善中有二大小持戒行一、世皆以為、持戒行者、是入真要也。破戒之者、不レ可二往生一。又有二菩提心行一人皆以為、菩提心是浄土綱要。若無二菩提心一者、即不レ可二往生一。又有二解第一義行一、此是理観也。人亦以為、○若無二理観一者、不レ可二往生一。又有二読誦大乗行一人皆以為、読二誦大乗経一、即可二往生一。若無二読誦行一者、不レ可二往生一。○凡散善十一人皆雖レ貴、而於二其中一、此四箇行、当世之人、殊所レ欲之行也、以二此等行一、殆抑二念仏一。〈已上集文。〉

決曰、先須三辨二定念仏定散義一。問曰、依二善導意一、今所レ言念仏者、為二是定善一、亦為二散善一耶。設爾何失、両方倶不審。若云レ為二定善一者、観経疏、以二十三定観一名二定善一、以二三福九品一名二散善一。於二彼九品中一、所レ説二称名行一也。豈為二定善一乎。若云レ為二散善一者、善導解釈、引二文殊般若経等文一、多為二定善加行一、称名純熟位、必可レ得二心念成熟一故。又観経幷観仏三昧経等、観仏三昧、念仏三昧、其体是無二差別一。善導解釈、亦以同レ之。又善導於二称名行一立二念仏三昧名一、何可二成立一耶。答。立二念仏三昧名一者、是名二於定善一也。然称名者、是念仏三昧加行也。雖三称名位是為二散善一、従二根本一立レ名、云二念仏三昧一也。是故従二其根本一言レ之、摂二定善一也。惣分二別定散一、有二四句一。一唯散非レ定、謂世間孝養父母等善、乃至出世礼仏造塔等善。二唯定非レ散、謂諸定根本心。三有レ通二定散一、謂諸定加行善。四非二定善一非二散善一、謂不善無記法是也。於二此中一、就二諸善一分二別其品類一、有二定散二位一。以二唯定不レ通レ散善一、名二定善一。以二唯散不レ通レ定善一、名二散善一。雖三称名通二二位一、定義為レ勝。以二其根本是定一故、摂二定善一名二念仏三昧一也。其義如二第一門決説一。但疏九品散善中列レ之者、約二下輩臨終称名人一、不レ論二根本得定義一、唯取二至心称名義一。此約二人位一取二散善義一。若約二善体一者、是摂二定善一也。是故観経疏第四散善義云、五従二若念仏者一下、至二生諸仏家一已来、正顕三念仏三昧功能超絶、実非二雑善得レ為二比類一云云。此中既於二散善義中一、立二三昧名一。此約二善体一立レ名也。此義如二礼讃等釈一、於二第一門一決レ之。約二人位一取レ之、終不レ発二定心一故、摂二散善中一也。

問。言二三昧一者、具名二三摩地一。光法師倶舎論記云、梵名二三摩地一、此云二等持一、通二定散一通二三性一云云。爾者、依レ云二三昧一、不レ可三必為二定善一。況散善中出レ之。明知称名唯為二散善一。何以二定善一可レ言レ為レ本乎。答。凡言二三昧一者、其義非二一途一。如二汝所レ出光法師釈一、通二定散一通二三性一。雖レ然光師解釈、唯取二大地法中三摩地心所一為レ本故、其体不レ通二慧心所等一。然此三昧名字、亦有二以レ慧為レ本。華厳経中、天鼓為二兜率天子一説レ法中云、如二我天鼓不生不滅一、色受想行識亦復如レ是不生不滅。汝等若能於レ此悟解、応レ知則入二無依智印三昧一。疏釈云、言二無依印一者、既悟二解無生一、則能所双絶、儻然靡レ拠故、曰二無依一。以二斯智印一、印二定万法一不レ収不レ摂。任心自安故、称二三昧一。〈已上〉如レ此例非レ一。

又於二念仏名言一、有二多種義一。或念二仏名字一、或念二仏相好一、或念二光明一、或念二本願一等、如二諸経説一。雖レ有二如レ此諸義不同一、依二善導御意一、以二称名一名二念仏三昧一者、源依二定善一也。何以得レ知、往生礼讃等中、引二文殊般若経等一、取二定心加行称名一。又観経、説二像観真身観等一、名二念仏三昧一。善導観経疏、因二此義便一、多明二称名功徳一、又引二華厳経功徳雲比丘所得念仏三昧文一、明二念仏功徳一。明知是以二根本定心一為レ本也。若不レ爾者、所レ引証拠等、皆不レ可二成立一。是以観経疏第一、云二雖言未証一。〈如二前第一門決引レ之。〉未証之言、指二定心根本一也。又観念法門、明二見仏浄土三昧増上縁義一中云、如レ此想者、名為二粗見一。此謂覚想中見故、云二粗見一。若得二定心三昧及口称三昧一者、心眼即開、見二彼浄土一切荘厳一等云云。此中既粗見覚想外、口称三昧成就、心眼見二浄土一前、影像成就也、此本質成就也。前加行成満、此根本成満也。又処処示二念仏行儀一、皆修定方法也。謂令レ止二余縁一者、多是修禅軌則也。謂修禅要法、必須下正二其方法一一心一境為上レ先。若其方法不レ正、是為二邪観一。若雑縁、難レ得二一心一。若得下与二正境一合一心相応上、信敬慚愧転多、名利貪愛稍軽。不レ待二順次一、法利且先。雖レ在二生死一、漸異二凡心一。華相既現前。果報何有レ疑。此誡策二初心一秘要也。若相二翻此一者、其行可レ為二虚偽一。雑縁乱動、失二正念一、与二仏本願一不二相応一、何得二往生一乎。善導教誡、専在二于此条一。此禅門一行、息二諸縁務一、永絶二散乱一、心澄二於静境一、身離二乎喧雑一。如レ此人、所レ当二其根一也。

　問曰、依二善導意一、以二十三定観一、為二定善一。是即可レ為二禅門一。以二称名行一、摂二散善中一、何云レ為二禅門行一乎。答。如二前会釈一。下輩臨終、不レ可レ発二根本定心一、唯仮二称名功一、得二滅罪往生一、以レ此摂二散善一也。此人兼聞二大乗十二部経首題名字一。如下観経下品上生説上。善導於レ此不レ設二専修要行一。当レ知、止二余行一称名為レ先者、約二一期久習人一、惣示二如法念仏行儀一也。設雖レ不レ発二三昧一、無間相続、必為レ令三成二就念心一也。如下観経疏第三示二地観方法一云上。即向二静処一、面向二西方一、正坐跏趺、一同二前法一。既住レ心已、徐徐転レ心、想二彼宝地雑色分明一。初想不レ得三乱二想多境一、即難レ得レ定、唯観二方寸一尺等一。或一日二日三日、或四五六七日、或一月一年二三年等、無レ問二日夜一、行住坐臥、身口意業、常与レ定合。唯万事俱捨、由如二失音〔観経疏定善義「意」〕聾音〔仁本・活本「盲」〕癡人一者、此定必即易レ得。若不レ如レ是、三業随レ縁転、定想逐レ波飛、縦尽二千年寿一、法眼未二曽開一云云。示二別定方法一如レ此。称名是念仏三昧惣方便也。准二修定方法一、示二称名軌儀一。其本意専在四于令三堅二住心念一。設雖レ不レ迄レ発二三昧一、必望二専注一境心一也。凡不レ限二善導一、諸示二禅門軌則一、必令下止二余縁一住中一境上。如下天台止観第四、釈二修禅五縁一、解二第四息諸縁務一中云上。縁務有レ四。一生活、二人事、三妓能、四者学問。〈乃至〉四学問者、読二誦経論一、問答勝負等是也。領持記憶、心労志倦。言論往復〔活本「復」〕、水濁珠昏。何暇更得レ修二止観一耶。此事尚捨、況前三務云云。如二求那跋摩遺文云一。放二捨余聞思一、依二止林樹間一。是夜専精進、正観常不レ忘、境界恒在レ前、猶如レ対二明鏡一。如レ彼我亦然、由レ是心寂静云云。如レ此非レ一。示二修禅軌則一、令下止二余縁一摂中心於一境上、聞思学問等、亦在二所捨中一。善導解釈、以准レ此可レ知。

　若如二善導解釈一、以二口称三昧一為レ行之人、必以二堅固寂静心一可レ為レ本。其静心法、先須レ離二不善境界一。次可レ止二生活乃至学文等縁務一。若止二息縁務一、得二一心不乱一、口称与二心念一和合、往生浄土行得二決定一。以二此一心念仏一、善導為二決定往生業一。若如二善導解釈一者、往生速疾行、良称名一行為㆑可㆑足。例如㆘彼証真之念慧名㆓陀羅尼門㆒、即惣㆗持無量功徳㆖也。此亦如㆑是。雖㆑未㆑証㆑真、称名位、必或有㆓浄観㆒、或有㆓浄念㆒。依㆓此義㆒故、立㆓専念名㆒。若得㆓一心専念㆒位、可㆔含㆓蔵無尽仏法於一念㆒。更以㆘非㆓一心専念㆒余雑善㆖比㆔挍之㆒、豈得㆑為㆓一類㆒乎。百即百生千即千生義、更不㆑待㆑言。此約㆓如法修行念仏者㆒説也。然如法修行、二門倶難㆑有㆑之。若自有㆑之者、設雖㆑為㆓聖道門行者㆒、可㆑云㆓百即百生等㆒。何者、善導於㆓雑行㆒判㆓千希得五三等㆒者、意云、末代行者、多分入㆓雑行門㆒人、如説修行難㆑有㆑之。或恃㆓慧業㆒、或眩㆓呪験㆒、求㆓名利㆒、増㆓貪瞋㆒。若無㆓此邪求過㆒人、千人中希有㆓三五㆒。此人必可㆑得㆓往生㆒、非㆑謂㆔千人如説雑行人中三五得㆓往生㆒。其三五往生人、是如説行人、其余皆有㆓邪求過㆒人也。或云㆔千中無一㆒者、皆約㆓不法人㆒説也。然念仏行人、皆必楽㆓極楽往生㆒。若楽㆓往生㆒人、必厭㆓離現世名利等㆒。不㆑染㆓名利㆒故、念仏心増進。如法行是得㆑立。如法行立故、百即百生也。入㆓雑行門㆒人、或少児若僧等、其種類多㆑之、未㆘必以㆓如法浄心㆒為㆖先。是故難㆑期㆓出離㆒也。〈為言〉

若云㆑不㆑爾者、無㆑有㆓是処㆒。謂就㆓雑行如説行人㆒、且約㆓華厳宗㆒者、極楽等九仏刹者、是界外解行処也。一乗見聞人、解行善根純熟位、於㆓界内㆒、尚得㆓十眼十耳徳㆒、到㆓離垢定前㆒。是人生㆔極楽等九仏刹㆒、名㆓界外解行生㆒。生㆓第十賢首仏刹㆒、名㆓証果海生㆒。此約㆘界内通㆓見聞解行㆒出世唯解行之人㆖説也。或有㆘界内唯見聞、出世唯解行、出出世唯証入之人㆖。受㆓持華厳㆒往㆓生浄土㆒之人、摂㆓此中㆒也。貞元華厳経第四十、明㆓持者五果㆒中、説㆓浄土果㆒云、唯此願王、不㆓相捨離㆒、於㆓一切時㆒、引㆓導其前㆒。一刹那中、即得㆔往㆓生極楽世界㆒等云云。至心読誦人、百即百生千即千生、若不㆑生者、即為㆓不如法行人㆒。若云㆔千人如説行人千人不㆑生者、一人亦不㆑可㆑生。何以故、一人得㆑生、如説故為㆑生。若以㆓如説行㆒為㆑因者、千人亦可㆑生。若雖㆓如説㆒千人不㆑生者、雖㆑為㆓如説㆒、一人亦不㆑可㆑生也。若如㆑此云者、即是撥㆓無因果㆒大邪見也。称名往生、亦准㆑此可㆑知。言㆓百即百生等㆒者、約㆓如法深心行人㆒説也。然挙㆑世営㆓眼前之利㆒人、皆纏㆓世路之紲㆒。汝雖㆘制㆓雑行㆒勧㆗純念㆖、念心若不㆓純利㆒者、恐無㆓百即百生憑㆒歟。若爾者、非㆔唯限㆓念仏一行㆒、設雖㆑為㆓法華読誦㆒、雖㆑為㆓真言修行㆒、若勧㆓一行㆒者、未㆑知㆓機縁生熟㆒。若許㆓自所㆑好者、自可㆑遇㆓於有縁妙行㆒。若然者、是有縁故、修心自明利。若望㆓往生㆒者、是可㆑為㆓千中五三類㆒、或於㆓此中㆒、可㆑有㆘経㆓恒河沙大劫㆒、如㆓三世諸仏㆒修行大菩薩㆖也。是故善導設㆓如法念仏軌儀㆒、云㆓百即百生等㆒。軽㆓不如法雑行㆒、云㆓千得五三㆒、云㆓千中無一等㆒也。若於㆓雑行㆒許㆓如説㆒者、如㆓前説㆒、可㆑云㆓百即百生等㆒、置㆑此而不㆑論也。是故善導出㆓千得五三等所由㆒云、貪瞋諸見煩悩来間断故、無㆑有㆓慚愧懺悔心㆒故等。専修若有㆓此過㆒者、当㆑如㆓雑行人㆒。若同不㆓如法㆒者、汝止㆓有縁余行㆒、有㆓何益㆒乎。非㆓唯無㆑益、倍滅㆓当根仏法㆒。此過如㆓諸経論説㆒、不㆑遑㆓具出㆒。然汝等悪二聖道一、己心癖、猶如レ対二敵人一。修二念仏一、念心是疎、宛似レ数二隣宝一。於二此一類一、既捨二雑行一、未レ入二専修一、二行全無。准二彼瑜伽論所説一、可レ名二最極無者一矣。

問曰、汝若依二善導意一、為レ成二念心堅固行一者、許レ止二学文等縁務一者、我欲下勧レ人従二生年七八歳一、一向教二称名行一、不上レ令レ好二学文等業一、此条如何。答。病患巨多、方薬非レ一。根機万差、教門多種。或愚鈍不レ足二聞思等一、或雖レ非二愚鈍一天性好二一行一。対二如レ此類一、可三勧二進称名一行一、不レ可三必勧二余行一。不レ然唯授二一行一、設雖レ授、其心不二必相応一。釈尊十弟子十種根行各別。授二十法一化二導之一、十人尚不レ守二一行一、況一切有情乎。若其薬病不二相府一。〔仁本・活本「符」、底本・仁本附訓「カナハ」〕得道難レ期。如二彼目連尊者二人弟子因縁一。但如二上所レ出善導解釈幷止観釈等一者、善導約二一類機一、止観等示二修念位方法一、未レ防二修念前後慧学一。慧学者遍二万行一為二其主一。若不レ知二其方法一者、万行難レ成。是故文殊般若、明二一行三昧一、先令レ学二般若一。善導云、若欲レ学レ解、従レ凡至レ聖、一切無レ礙、乃至仏果、皆得レ学也。良以若無レ所二知解一、依レ何修レ道。若不二修行一、慧学亦無レ用、解行必具足、有レ所二成辨一。但如下越。〔仁本・活本「趁」〕二乎世路一之隙、纔称二仏号一、倦二於習学一之輩、直修中一行上者、若有二誠心一者、雖レ未レ可三必為二過失一、若復有二一類念仏者一、為レ翻二無始癡心一、有レ学二性相一者、非丁唯不丙於二専修一為乙障礙甲、反相二成念仏行一也。是故説二称名一之経文、先勧二慧学一、立二専修一之善導、既許二学解一。良有二所由一乎。若不レ然者、善導和尚等、若無二慧解一、豈達二一行一発二三昧一耶。

問曰、不法過、実可レ避レ之。我勧二如法念仏行一、令三諸人皆廃二余行一者、汝何不レ許レ之乎、如何。答。設如丁於二日本国一有二幾爾衆生一、多分皆契二合称名根機一、若二三人不丙相乙当其機甲者、押而勧二進之一者、於レ汝可レ為レ過。況十二十人以上乎。是故設雖レ授二如説行一、若守二一門一者、有二薬病乖角失一。若然者、唯可レ待二有縁諸行一、不レ然者、順次出離難レ期。若又同見二結縁益一者、積功運労善以為レ重。如二菩薩所修万行等一、何必易行道為レ勝乎。若如二汝所レ言者、諸宗各抄二出高祖釈文一、以勧二一行一、豈可レ有二勝劣一乎。諸宗高祖、未三必劣二於善導一。如二彼天台智者霊山聴衆、華厳杜順文殊化身一、一一霊相備二于伝記一。是故各守二一行一人、可レ仰二其本祖遺訓一。輙莫下執二一義一疑中諸門上。此名二魔説一、諸教所レ誡也。現見、当今男子女人中、強有レ好二読経修観等行一、其類甚多。是宿善之余習、来果之前相也。設雖レ不三往二生浄土一、処二生死中一、得二不退益一。如二彼智月夫人一、一発心後、於二須弥山極微塵数劫一、不レ堕二悪趣一、不レ生二悪世一、其身遍二不可説不可説仏刹極微塵数世界一、亦親二近彼世界中一切如来一、聴二聞妙法一、受持憶念、亦知二彼如来諸本事海諸大願海厳浄仏刹海一、亦知二一切衆生心性根器種類不同一、随二其所応一施二設方便一、令下解二脱生死大苦一悟中入寂静涅槃上。如レ此業用、充二満法界一、無レ有二窮尽一。此等大士、其所居如二浄刹一、華池宝閣、荘厳奇麗、其眷属皆宿世同行大菩薩衆也。或宝柱中現二無尽仏境一、或重閣中聞二因果功徳一、皆是生死中大益也。若有下深愛二楽仏法一心上者、順次即有二此益一。若然者、設雖レ漏二汝勧進一、為レ有二何損一乎。莫下憑二汝小心一疑上無二大姓人一。大綱是足。得レ一察レ万。此義若迄二委細一、汝謂レ破二念仏一歟。小心之至、不可説不可説也。

問曰、念仏三昧行儀、皆為下如二善導所釈一二一切廃中余行上乎。答。此亦為二一類称名行者一、善導示二一途一也。惣不三兼二修余行一者、約二一類行人加行位一、作二此説一也。約二一切念仏者行儀一者、未二必然一。或於二念仏行中一、有レ兼二読誦大乗等余行一。如二観仏三昧経第十云一。仏告二阿難一、此念仏三昧、若成就者、有二五因縁一。何等為レ五。一者持戒不犯、二者不レ起二邪見一、三者不レ生二憍慢一、四者不恚不嫉、五者勇猛精進、如レ救二頭燃一。行二此五事一、正念二諸仏微妙色身一、令二心不一レ退。亦当三読二誦大乗経典一。以二此功徳念仏力一故、疾疾得レ見二無量諸仏一云云。如レ此経説非レ一。凡於二諸行一得レ意可レ為レ本。莫下向二一文一偏執上而已。

問曰、汝依二別経論文一別立二念仏義一者、置而不レ可レ論レ之也。更莫下引二善導釈一作中此会釈上。如二先先所レ出証文一。善導宗義、永為レ異二汝所存一。重重所二成立一、更不レ可レ用レ之、如何。答。汝若不レ許二此等会釈一者、令三善導有二偏執邪見過一。夫諸論異レ諍、其理莫レ二一。色即是空、清辨義立。空即是色、護法義存。二義鎔融、挙体全摂。諸義皆如レ是。且如下説二縁生実有一破中自性因上、甘露門是初開。〈小乗也。〉縁生故、畢竟皆空。真空中二辺不レ立、是為二中道一。〈三論宗也。〉此中道義中、有二依他法相一、八識三性等無辺法相、是得二成立一、〈法相宗也。〉此法有二空仮中三義一。即不レ離二一心一、即空即仮即中也。〈天台宗也。〉具二此諸義一事法、有二十玄六相徳一。事事無礙義、是得二成立一。〈華厳宗也。〉此諸義遍二法界一而無辺。即不レ離二我三業一、転依成二三密門一。遍法界身業、即身密也。遍法界語業、即語密也。遍法界意業、即意密也。倶遍二法界一故、身等レ語、語等レ意、三業皆平等。三平等義是得二成立一。〈真言宗也。〉浅深紋絡、成二一大法門海一。竪論有二重重浅深差別一、横観為二一味平等法門一。若云二善導念仏義不レ摂二此中一者、豈得レ成二往生正因一乎。若云レ摂者、汝謂三励レ力立二善導宗義一、還不レ顧レ壊二其宗義一也。例如下彼執二情謂空有一人、還壊中空有義上。是故若許二此等会釈一者、善導宗義、為二甘露妙門一。若二門和会者、愛二浄土門一人、何憎二聖道門一乎。若無二此過一、有二諸仏出現楽一、有二演説正法楽一、有二僧衆和合楽一、有二同修勇進楽一。大楽此極、豈不レ快乎。

次正料二簡観経疏文一、成下称名下有二菩提心一義上者、疏言、上来雖レ説二定散両門之益一、望二仏本願一、意在三衆生一向専二称弥陀仏名一者、泛言二一向一通二三業一。即如二疏云一、礼礼二弥陀一、称称二弥陀一、観観二弥陀一等、此中取二称名一故、除二身業一。於二語意一可レ有二一向義一。如二迦才浄土論所説口念義一也。何者謂勧二万行一、必対二有根位有情類一、不レ対二木石一、非二所化一故、不レ対二死人一、諸根断滅故、不レ可二見聞覚知一、不レ可二起行修道一故也。若対二有情有根身一者、必以二心念一為レ本故、是故此中一向言、必有二語一向意一向義一。先就二三業一向義一、設雖レ有二身語一向行一、若無二意一向義一者、不レ得二往生一。設雖三身語不二一向一、若有二意一向義一者、必可レ得二往生一。此中取二語意一向義一也。若汝言下文云二一向称名一外全無中意業義上者、我問レ汝、一向称名元意、為レ依二何義利一乎。若汝答曰、為二往生浄土一也。我又難レ汝曰、一向専称解釈外、全無二往生浄土之語一。汝何作二此説一乎。若汝言二雖レ無レ文理必可ᄅ然者、我又作二此説一。雖三文無二意業義一、理必有レ之也。若有二此義一者、意業一向義、即是以二菩提心一可レ為レ先。是故若約下称名置二散善門一義上者、可レ謂雖レ不レ修二別別定散諸善一、発二菩提心一一向称名、必得二往生一。〈為言〉汝何引二此文一、簡二往生正因菩提心一乎。

次約下置二定善門一義上者、十三定観中第九観、是為二根本一。余観是伴定、亦此諸定方便根本、各各差別。一一修レ之、日数隔別、心想疲労。称名三昧、是惣定、又是根本、与二第九観一無二別体一。然就二此根本三昧一、亦有二方便根本一。謂口称者、是方便也。三昧成就者、是根本也。是故今所説十余定観、皆為二往生浄土業因一。其中雖レ不レ修二別別諸定一、若口称三昧成就者、往生浄土無レ疑。亦於二自余諸定一、可レ得二成就一也。又与二第九真身観一無二別体一故、十余春。〔仁本・活本「眷」〕属諸定皆可レ得二成就一。是故云二一向専称等一。経文云二持無量寿仏名一、亦如レ此可二准知一。如二善導釈云一、必可三具二足三心一。若随一闕、不二往生一。〈取意〉汝又所レ許也。然者善導釈兼二心念一義明矣。其旨如二第一門成一。汎依二釈文方軌一、解二此文義分斉一、就二善導解釈中一、於二浄土諸行中一、或有三唯出二体声為声二句一、如レ云二同発菩提心〈体声也。〉往生安楽国〈為声也。〉等一。此於二発菩提心之体声中一、摂二一向専念之業声一也。或有下唯出二一向専念之業声一、摂中発菩提心之体声往生極楽之為声上。即如二此一向専称解釈一也。如レ此例非レ一。是故捨二菩提心体一立二称名業一、如二捨レ樹求ᄅ影、何其可レ得乎。又於二浄土諸行中一、発菩提心是男声也、称名等諸行是女声也。如二男女和合有ᄅ生レ子。若無二菩提心丈夫一、以レ誰為レ父成二浄土真子一乎。当レ知今所レ言一向専称文、出二女声一行一、必摂二男声菩提心一也。依二此男女二行一、為二弥陀真子一、必可レ立二往生行一也。是故就二此文一判二宗趣一者、〈当部所レ崇曰レ宗、宗之所レ帰曰レ趣、如レ常。〉有二二重一。一語意相対、称二仏名一為レ宗、心念成就為レ趣。二因果相対、以二心念成就一為レ宗、以二往生浄土一為レ趣。若不レ爾者、持無量寿仏名之経文、専称弥陀仏名之疏釈、只為下空動二口舌一無中所二帰趣一乎、如何。若言三文外有二往生浄土之大益一者、必有二此宗趣一也。若言レ可レ具二三心一者、必先以二菩提心一可レ為レ本。善導既云二同発菩提心等一、道綽懐感等又同レ之。若言下文云二仏名一故不中取二心念一者、既違二三心具足之文一。又簡二菩提心一者、三性心都応レ不レ取レ之乎。若言レ取下非二菩提心一之善心上者、既同取二善心一。簡二菩提心一為レ有二何用一乎。又都簡二善心一者、可レ取二不善無記心一乎。爾者、不善心者、悪趣之正因也。無記心者、不二感果一。若言二三性心都不一レ取レ之者、設雖レ称二仏号一、如二風林河等音声一。何云二持仏名一、云二専称仏名一乎。

問。若爾者何故、准二善導釈一、第十八願中以二称名一為レ先乎。答。如二前説一、言二至心信楽一、即是真心相応之称名也。汝亦許二三心具足義一、爾者是念仏三昧也。若不下与二此心一相応上者、念仏三昧義不レ成。若失二此義一、唯守二持無量寿仏名之文字一者、何故疏第一巻釈云、此経観仏三昧為レ宗、亦念仏三昧為レ宗云云。可三相二違此釈一。何者以下称名与二心念一相応上故、設雖レ非二修慧一、可レ得二聞思相応念仏三昧一。又設雖レ不レ発二聞恵一、〔仁本・活本「思」〕於二生得善心中一、〈准二倶舎等四恵相生義一、今出二生得一。可レ知。〉生二甚深愛敬念一。以二此念是三昧方便一故、於レ因立二果名一、名二念仏三昧一也。此義亦如二前成一。或有下於二称名位一随分摂二散心一故仮中立定名上。或師於二称名一立二斂心定名一是也。今述二大綱一、不レ可レ違二諸門一也。是故付二属称名一、即是付二属念仏三昧一、即是付二属観仏三昧一也。付二属念仏三昧一、即是付二属観仏三昧一也。宗旨属累相成、無レ違也。然菩提心者、志二求仏果一心故、於二定散二善一、皆通有レ之。惣言レ之、従レ因向レ果、一切心慈悲願行等、皆無下不中与二菩提心一相応上故。

今念仏三昧観仏三昧者、正観二念仏菩提果一故、即是三昧菩提心也。凡六度行、皆以二菩提心一為レ本。其中諸三昧善、設雖レ非二念仏三昧一、其心順二法無我理一、所レ修三昧、皆以名二菩提行一、其所依心、名二菩提心一也。是故第三地菩薩修二四禅等一、皆是菩提行也。其所依心、是菩提心也。依レ之菩提行経、云二菩提心静慮波羅密等一。蓮華戒菩薩広釈菩提心論、広明二菩提心義一、亦引二諸経一、多説二三昧善一、即此意也。又非三唯限二三昧善一、自余諸行、皆以如レ是。是故羅什所訳二巻菩提心論、明二菩提心義一、広説二六度行一。又菩提行経、名二菩提心忍辱波羅密菩提心精進波羅密等一。又菩提資糧論、説二六度一名二菩提資糧一。彼論云、菩提者一切智智故、資糧者能満二菩提一法故等云云。彼所依心、是菩提心也。又華厳十行十廻向十地品等意、皆是同レ之。此等文義不レ能二具出一。是故念仏善根、若散若定。離二菩提心一、以レ何為二所依一乎。就レ中善導和尚、既引二功徳雲比丘念仏三昧文一、証二成万行中一行義一。然此比丘善財知識中、為二初発心住善友一。発心者、即発菩提心也。此比丘以レ為二念仏三昧主一故、説二念仏三昧法一、善財聞レ之、種姓〔仁本・活本「性」〕顕発、即入二発菩提心住一。香象大師釈二発心住名一云、於二大菩提一起二決定心一、入位不退故、云二初発心一等云云。又釈二行本義一云、謂発菩提心為二十住之本一、但転二此心一漸増勝故、成二後諸住一故也。〈已上〉当レ知非三唯成二後九住一、十行十向十地、皆依二此初住一成也。是故其名義通二十地自体真無漏道一、尚有二為レ初義一。謂此云二発心住一、彼云二歓喜地一者、此挙二能発之心一、彼出二所発之歓喜一。十地尚爾、況十行十廻向乎。此義具可レ見二慧光法師華厳義記一。経中説二入住行一云、諸仏子、何等是菩薩摩訶薩初発心住、此菩薩見二仏三十二相八十種好、妙色具足、尊重難レ遇。或覩二神変一、或聞二説法一、或聴二教誡一、或見三衆生受二無量苦一、或聞三如来広説二仏法一、発二菩提心一求二一切智一、一向不レ廻。文。探玄記第五、有二二釈一云、初六句挙二発心所依縁一。〈私云、従二見仏三十二相一至二或聞如来広説仏法一是也。〉次一句明二所発心体一。〈私云、発菩提心一句也。〉次一句明二発心所求一。〈私云、求一切智一句也。〉後一句明レ不二退還一。〈私云、一向不廻一句也。〉解曰、九句経文中、初六句発心所依縁、第八所求一切智、第九明二発心不退義一。第七発菩提心一句、此住体也。説二彼所依縁一中、縁二仏身相好等一、念二尊重難遇徳一、即是念仏義也。以レ此為レ因、発二菩提心一。

然汝云三菩提心抑二念仏一、何其相翻乎。若爾者、功徳雲比丘対二善財一、涌二無礙智雲一、振二大雷音一、耀二甚深念仏三昧大電光一。爾時善財菩提心水、何不二枯竭一乎。若云三念仏三昧為二初発心解脱門一者、撥二去菩提心一之汝者、可レ為二念仏行人一耶、如何。又功徳雲比丘、既為二発心住知識一。十地論云、此三昧是法体云云。此三昧者、大乗光明三昧也。十地法門、以二此三昧一為レ体也。准レ此宗家釈云、十住法門、以二菩薩無量方便三昧一為レ体。十行法門、以二善伏三昧一為レ体。十廻向法門、以二明智三昧一為レ体。准知宝蔵如来、入二不失菩提心三昧一、示二仏刹一。浄土行立、以レ此為二根本一。明知浄土諸行皆以二不失菩提心三昧一為レ体也。汝何号二浄土宗行人一、撥二去菩提心一乎。又念仏三昧名字、有二離合二釈一。先約二離門一有二三法一。一念二仏三三昧也。初念者、即正念也。如三前言二観察正念諸仏三昧一。然正念者、正在二菩提心一也。如二離相論云一。菩提心者、大乗中最勝。我於二此心一安二住正念一。文。是故念言即菩提心也。如二同論云一、菩提心者、住二等引一心。文。此所レ言等引者、非三唯限二定心一也。諸行若順二菩提一、有二寂静義一故、云二等引一。如二同論上文云一。所有諸仏三世事業、一切皆住二菩提界中一之所二摂蔵一、雖レ所三摂二蔵彼一切法一、而常寂静文。者、即此義也。即仏法諸行、通二定散二善一、皆有二此義一。以レ此而言、外道所有三昧、是雖レ為レ定、不レ順二菩提心一、無二寂静義一故、無二此等引義一。散善等尚有二此義一、況於二定善一乎。是故三昧之言、亦是菩提心也。次中間仏之言者、具云二仏陀一。此音有二八転声差別一、第四転声云二菩提一。是故具云二阿弥陀仏陀一、或云二阿弥陀菩提一。馬鳴荘厳論中、呼二迦葉仏一、或云二迦葉三藐三仏陀一、或云二迦葉三藐三菩提一。即是也。常途言レ仏者、以二陀音一摂二仏字入声一云レ仏。此呼二梵語一例法也。是故云三念仏三昧一者、即是言二念菩提三昧一也。言二観仏三昧一者、即是言二観菩提三昧一也。然者念仏三昧名言、未レ有三一字非二菩提心一也。次約二合門一者、其名義即是為二一菩提心一也。何者梵語上下連続呼レ之、順二漢土風俗一翻二文字一置レ之。若順二梵文一者、可レ有レ云二仏念一。然仏者菩提也、念義在レ心也。即菩提者一切智智、心者念二一切智智一心也。三昧者是定也。雖レ然念仏三昧者、是約レ人也。如三彼云二不失菩提心三味二者、是約レ法也。如二大日経疏云一。約二菩提義一、即有二無量無辺金剛印一、約二仏陀義一、即有二無量無辺持金剛者一。文。如レ次上法下人、可レ知。通説雖レ為二一義一、別説有二人法差別一。今為レ顕下念仏三昧以二菩提心一為上レ体故、約二通相門一釈二名字一也。例如下彼三身四智分二差別一者別説門、四智摂二三身一者是通相門上。是又人法同異也。是故念仏三昧者、名字体用、都不レ離二菩提心一也。然汝執二念仏三昧一而撥二菩提心一者、宛鸚二食念仏名字一也。按二苽往生宗義一也、可レ咲可レ咲。

問曰、如二我所レ知者、言二観仏三昧一者、観二仏色身等一、即如二観経第九観等一也。言二念仏三昧一者、唯是称二念名号一也。既有二此不同一、若爾者、何云四付二属念仏一、即為三付二属観仏三昧一乎。若亦一体者、何故疏重言出二観仏三昧一外、亦云二念仏三昧為レ宗乎、如何。答。其大綱雖二前成一、汝被レ封二妄見一、本執尚難レ改。仍被レ纏二此疑網一。今引二経疏文一、重可レ成二彼義一、謂観経説二第八像観一終云、作二是観一者、除二無量億劫生死之罪一、於二現身中一、得二念仏三昧一。疏第三釈云、従二作是観者一、下至二得念仏三昧一已来、正明三剋念修観、現蒙二利益一云云。解曰、剋念修観者、是観仏義、現蒙利益者、指二経得念仏三昧文一也。下結句念言、即指二観義一言二念仏一也云云。〈是一〉又説二第九真身観一経文云、但当憶想令二心眼レ見、見二此事一者、即見二十方一切諸仏一。以レ見二諸仏一故、名二念仏三昧一、作二是観一者、名二観一切仏身一等云云。疏云、一明二因レ観得レ見二十方諸仏一、二明下以レ見二諸仏一故結中成念仏三昧上、三明下但観二一仏一即観中一切仏身上也云云。解曰、経文言二令心眼見乃至作是観者等一者、是観仏也。言二名念仏三昧一者、即是念仏也。疏中言二因観得見乃至但観一仏等一者、是観仏也。言二以見諸仏故結成念仏三昧一者、即是念仏三昧也。〈是二〉又当巻疏中、釈二念仏衆生摂取不捨経文一、出二三義一中、釈二第二近縁一疏文云、衆生願レ見レ仏、仏即応レ念現在二目前一。解曰、即衆生願見仏者、是念仏也。言二現在目前等一者、是観仏也。〈是三〉如レ此作法已、次文出下専二念名号一利益上、乃至結云、広顕二念仏三昧一竟云云。此則観仏三昧与二念仏三昧一、更無二異体一也。但至二善導重言釈一者、惣説雖レ為二一体一、加行有二差別一故、名義亦不同。

依二此義一観仏三昧経立三二名一。彼経第十云、仏告二阿難一、此経名二繫想不動一、如レ是受持。亦名二観仏白毫相一、如レ是受持。亦名二逆順観如来身分一、亦名二一一毛孔分別如来分一、亦名二観三十二相八十随形好諸智慧光明一、亦名二観仏三昧海一、亦名二念仏三昧門一、亦名二諸仏妙華荘厳色身一、亦名二説戒定慧解脱解脱知見十力四無所畏十八不共法果報所得微妙色身経一、汝好受持、慎勿二妄〔活本「忘」〕失一。〈已上〉此中多約二広略惣別等義一立レ名。其中観仏念仏二種名言、亦就二観見憶念一為二不同一。言二其差別一者、謂観念二義、雖二倶在レ心、観者寄二眼見一。以二心眼一観二見仏身等一、如二対レ眼見一故。如二倶舎論云一、見謂眼根観二照色一故云云。此即眼根取レ境云二観照一也。今観義、准レ此立レ名、謂心実雖レ非レ眼、以二慧心所一、簡二択仏身相好等一位、如三対レ面見二草木等一。是云二観見一也。言レ念者、雖レ不三観二照色相等一、於レ心有二明記用一。是故一往云レ之、観約二色相一、念広通二諸法一。有二此不同一也。其言二同義一者、観見是寄顕門。且以レ心寄二眼根一故、理実観与レ念俱是一心也。於二一心上一立二此二義一故、唯是一念仏三昧也、亦是一観仏三昧也、是故観仏三昧経第九云、念仏三昧者、見二仏色身一、了了分明云云。但約二加行差別一、論二其不同一時、有三念仏非二観仏一。謂如二愚鈍女人等称名念仏一、不レ観二仏色相等一故、非二観仏一、有二称念義一故、立二念仏名一。是故念仏義寛、通二観仏一故。観仏三昧経等、以レ観二仏身色相等一、名二念仏三昧一。此例諸経論非レ一。観仏義狭、有下不レ通二観仏一称名念仏義上故。約二此寛狭不同一言二差別一者、謂観者観見、是慧心所業、念者念持、是念心所業也。此念慧心所、雖二必俱起一、随二所縁境一、隠レ劣顕レ勝得レ名。謂欲レ観二仏色身等一者、先対二師範一披二教文一、可レ学三三十二相八十随好等一。知二此相一已、専二注心於相好等一不二異縁一。先知二仏身等一、以二慧用勝一故、立二観名一、非レ無レ念也。唯称二仏名一位、雖レ不レ知二相好等一、有二愛敬念一、以二念用勝一故、立二念名一。或有下合二二種一立中一名上。如三世云二観念一等是也。

問。就二此不同一、於三観仏与二念仏一、為レ有二勝劣一乎。答。若以二観仏一為二念仏一者、二名俱無二勝劣一。依二此義一、或有下単以二観仏一為中念仏上、或有下単以二念仏一為中観仏上。如二観仏三昧経等一。或有下有二別義一観念二字各有二其用一故、合二二種一立中一名上。上所レ出念仏名字、具名二普門光明観察正念諸仏三昧一。此中観察者、是観也。正念者、是念也。此等皆、或単挙、或双明、皆無二勝劣一也。若約下以二称名一為二念仏一義上者、以二観仏一為レ勝、意業内門転故、以二称名行一為レ劣、語業外門転故。

問。爾者何故、文殊般若経、不レ観二相貌一、唯令レ専二称名字一乎。

答。此亦示二一行三昧方便一也。即説二其根本成就一中云、即於二念中一得レ見二彼阿弥陀仏及一切仏一等云云。既以二心念見仏一為二根本一。明知称名是加行也。是又可下以二称名一為レ浅以二定心一為上レ深。

問。如二善導解釈一者、唯以二称名一名二念仏一、深讃二嘆之一。全不レ論二浅深勝劣之不同一。今立二此義一、有二何証拠一乎。答。善導観経疏云、雖レ言レ未レ証、是万行中一行云云。又観念法門、成二口称三昧一見二浄土一云云。〈取意〉此等解釈、指二三昧成就一。此即為レ深。其前加行称名為レ浅。豈非レ無二勝劣一乎。是故群疑論第五云、又念仏法門、或深或浅、通レ定通レ散、大根小行咸得二修行一。定即始二於凡夫一終二于十地一、行二念仏三昧甚深微妙一。華厳涅槃文殊般若大集賢護観仏三昧、咸共称二讃不可思議一、如下善財童子於二功徳雲比丘所一請レ修二菩薩之行一、功徳雲比丘唯教中念仏三昧之法上。此即甚深之法也。散即一切衆生、若行若坐、一切時処皆得二念仏一、不レ妨二諸務一、乃至命終亦成二其行一云云。此即与二善導雖言未証之釈一玄会。甚深念仏定、称名行者未二証得一故、云二未証一。称名即為二此定加行善一也。豈無二浅深一乎。雖レ有二如レ此不同一、称名是通二諸念仏三昧一為二惣方便一故、於二称名一摂二諸念仏三昧一也。依レ有二此惣別定散寛狭等差別一故、善導出二二重名字一也。依二観仏三昧経一言レ之者、即可レ謂レ出二異名一。何者如下彼経第十先標二品次一云上。念七仏品第十正説段云、仏告二阿難一、若有二衆生一、観像心成、次当三復観二過去七仏像一等云云。又云、観仏三昧海経念十方仏品第十一正説段云、仏告二阿難一、云何行者、観二十方仏一等云云。雖三如レ此無二差別一、彼経処処亦重言、出二二名一非レ一、是約二加行等差別一也。今善導和尚観念法門、多引二此経一成二念仏義一、所釈亦准レ此可レ知。就レ中今所レ出経宗、文義全例二同彼経文一、更不レ可レ有二差異一也。是故設疏現文有レ作二如レ此説一。今経宗有二二種一。一以二観仏三昧一為レ宗、二以二念仏三昧一為レ宗。雖レ有二如レ此一二分別一、依二前不同門一、可レ存二此会釈一。勿レ謂三実有二二種三昧別体一。何況不レ云レ有二二種一、唯置二亦字一。若言下以二観仏三昧一為上レ宗時、此外不下立二念仏三昧一為中別宗上、若言下以二念仏三昧一為上レ宗時、此外不下立二観仏三昧一為中別宗上也。能可レ得二文意一、莫レ驚二于亦字一矣。

問。我就二観経幷疏一、成二二種三昧各別義一。汝引二余経一難レ之、我不レ可三依二用之一、如何。答。若爾者、観経何処、十三定観中、像観真身観等外、有下説二念仏三昧一文上乎。若言下指二下品生中称名文一為中念仏三昧上者、疏既判為二散善一、何云二三昧一乎。若従二常途一、云下称名是為二念仏三昧加行一故言中三昧上、言三指レ此為二念仏三昧一者、尚惟為二散善一。今経中為レ不レ説二念仏三昧根本定一乎。若言レ不レ説者、今経是往生宗秘要也。何不レ説レ之乎。若汝言下念仏者始終唯散善非二定善一、是故説二称名一是為上レ説二念仏三昧一者、念仏宗所レ引多種甚深念仏三昧文、皆以不レ成二証拠一、又不レ可レ立二念仏三昧名一。若汝立三三昧名一者、唯言レ名二於聞思相応一者、思慧純熟、修慧相生。豈三昧善、唯留二于聞思一可レ不レ生二修慧一乎。又善導和尚、以二称名一為レ行可レ発二三昧一乎。無二此理一故、此観経於二往生宗一為二秘要一、最可レ説二念仏三昧一。其三昧者、即像観真身観等也。是故如二前出経疏文一、倶以二像観真身観等一、名二念仏三昧一。然汝集言下楽二観仏一者乖二弥陀本願一、違中釈尊付属上、甚以不可也。既題言二観無量寿経一、不レ言二念無量寿経一。爾者令三経題目相二違弥陀本願一也。立二題目一起者、阿難対二世尊一問二受持法要一時、仏告二阿難一、此経名二観極楽国土無量寿仏観世音菩薩大勢至菩薩一等云云。爾者令下釈尊有中雖レ説二弥陀本願一、而違二弥陀本願一之過上。若如二汝所レ言者、経言二持無量寿仏名一、疏言二一向専称一唯限二口称一不レ取二心念一乎。若言レ取二心念一者、念仏観仏終無レ違也。是故、経家説相、疏家解釈、終不レ成二枘楯一也。然汝何於二二種三昧一終可レ存二取捨一乎。是故当レ知、付二属称名一者、即付二属念仏三昧一也。若云三付二属三昧一者、此三昧以二菩提心一為二体性一也。何者、謂菩提心者、此云二智心一。香象大師釈二念仏三昧名一、云二慧定一。然智与レ慧雖レ有二別義一、通論即是為レ智也。即言レ智者是心所、心者是心王也。謂著二生死一位、一聚心心所法、皆以二無明一為レ主故、云二不覚心一。欣二涅槃一位、一聚心心所法、皆以レ智為レ主故、云二智心一也。如レ云二大円鏡心平等性心等一也。今所レ言念仏三昧、雖下以二菩提心一為中体性上、於二三昧位一念心有二勝用一故、云二念仏一也。若爾者、何向二一向専称文一、可レ捨二菩提心一。是豈非レ迷二念仏名字一乎。若作二此見一者、設雖レ称二仏名一、譬如下断二命根一好中美容上、何其愚乎。華厳経中、善財知識不動優婆夷説二自行一中云、爾所劫中所見衆生、無四一衆生我不三勧発二阿耨多羅三藐三菩提心一云云。汝之所行相二翻此一。将レ抑二一切衆生発菩提心一。是知汝是一切衆生大悪知識也。又同経中、春和夜神説二重罪一中云、安二住邪法一、毀二謗如来一、壊二正法輪一、於二諸菩薩一呰辱傷害、軽二大乗道一、断二菩提心一。〈乃至〉不レ久当レ堕二三悪道中一云云。汝之断菩提心邪見、豈非二三悪道業因一乎。可レ恐可レ恐、可レ悲可レ悲矣。

　問。爾者可三付二属菩提心一。何故付二属称名一乎。答。爾者一切諸経、唯可レ説二菩提心名字一乎。菩提心者、一切仏道之体性也。一切諸経所説諸行、是菩提心所起諸行也。若約二菩提心為レ体者、諸経所二付属一者、皆是菩提行也。若得二此意一已者、当レ知不レ説二菩提名字一者、理在絶レ言之道理也。譬如下世人臨レ終以二金銀等財宝一付中属諸子上、依レ不レ云三付二属諸子之命根一、貴二財宝一軽二命根一乎。当レ知付二属財宝一者、依レ重二子息之命根一也。若得二此意一已者、不レ云三付二属命根一者、理在絶言之道理也。此一往挙二相似同喩一、法譬不二全同一。此財宝与二命根一有二差別一。彼念仏三昧等、以二菩提心一為二体性一也、能能可二思量一矣。然汝以二菩提心一為二念仏障礙一、甚以不可思議不可思議、奇異奇特、言語道断、心行処滅、不可説未曾有也。

選択集中摧邪輪巻中

於二一向専修宗選択集中一摧レ邪輪 巻下

第五門決之余。〈此巻破二群賊喩一、幷尽二雑問答一。〉

専修人問曰、如二汝所レ言者、念仏衆生摂取不捨文、不レ限二称名一、修二観仏等一行者、可レ得二其摂取一乎。答。爾也。何以得レ知。以二観仏等是念仏一故、是以念仏宗、盛引二観仏等文一、証二成念仏義一。又群疑論、以二観仏等一為二甚深念仏一、浅行既為二所摂一、豈除二深行一乎。又若言三所摂限二称名一者、称名行既純熟、得二根本三昧一位、口称行可二中止一。於二此定位一、可レ不レ蒙二摂取一乎。夫深位菩薩、尚受二仏加一、専在二定位一。念仏家何限二散位一、可レ除二定位一乎。若爾者、唯不レ如三念仏行不二純熟一者、何以故、若純熟者、必可三発二得三昧一。若発二得三昧一位、称名行可二中止一。若称名中止位、不レ可レ蒙二弥陀光明摂取一故也。若云レ爾者、無レ有二是処一。

問曰、弥陀光明、唯照二称名行者一。是故観経云、光明遍照二十方世界一、念仏衆生摂取不レ捨。善導疏曰、問曰、備修二衆行一但能廻向、皆得二往生一。何以仏光普照、唯摂二念仏者一、有二何意一也。答曰、此有二三義一。一明二親縁一。衆生起レ行、口常称レ仏、仏即聞レ之、身常礼二敬仏一、仏。〔観経疏定善義「即」あり〕見レ之、心常念レ仏、仏即知レ之。衆生憶二念仏一者、仏亦憶二念衆生一。彼此三業不二相捨離一故、名二親縁一也。二明二近縁一。衆生願レ見レ仏、仏即応レ念現在二目前一故、名二近縁一也。三明二増上縁一。衆生称念、即除二多劫罪一。命欲レ終時、仏与二聖衆一自来迎接。諸邪業繫、無二能礙者一故、名二増上縁一也。自余衆行、雖レ名二是善一、若比二念仏一者、全非二比挍一也云云。又観念法門、指二此文一云、如二前身相等光一、一一遍照二十方世界一、但有下専二念阿弥陀仏一衆生上、彼仏心光常照二是人一、摂護不レ捨。惣不レ論三照二摂余雑業行者一。文。此両処解釈幷経文、如レ指二掌中一。又善導処処解釈、専以二称名一為二念仏一。爾者非下弥陀光明唯照二触称名行者一不上レ及レ余乎、如何。

答。如二前説一、念仏有二浅深一。其深念者、非二必称名一。若夫為二念仏一者、念仏衆生文、何簡二深念人一乎。善導解釈、又以二観仏等一為二念仏一、如二前釈成一。就レ中依二善導解釈一、弥陀身光照二十方世界衆生一也。即疏云二仏光普照一者、仏光者、身光也、普照者、十方世界衆生蒙二身光照触一故、云二普照一也。次疏文云二唯摂念仏者一者、指二心光摂取一也。是故観念法門云、又如二第九真身観説云一。弥陀仏金色身毫。〔観念法門「相」あり〕光明遍照二十方衆生一、身毛孔光亦遍照二衆生一、円光亦遍照二衆生一、八万四千相好等光亦遍照二衆生一云云。〈此次汝所レ引文来。〉解曰、阿弥陀仏有二二光一。一身光、二心光也。〈常途曰二身光智光一。〉身光遍照二十方世界衆生一、今所レ出文、四処有二遍照衆生句一。汝所レ出此次文又云、如二前身相等光一、一一遍照二十方世界一、但有下専二念阿弥陀仏一衆生上、彼仏心光常照二是人一、摂護不レ捨、惣不レ論三照二摂余雑業行者一云云。此文亦云三一一遍照二十方世界一。准レ前具可レ云二十方世界衆生一也。幷二前四句一為二五句一。於三其中一、心光照二摂専念人一、不レ摂二雑業一。准二此釈一、専念人蒙二身心二光照触一、雑業人唯蒙二身光照触一也。是故前経文、具可レ云下光明遍照二十方世界衆生一念仏衆生摂取不上レ捨也。即観念法門云二如前身相等光一一遍照十方世界一者、釈二光明遍照十方世界句一也。次文云二但有専念阿弥陀仏衆生彼仏心光常照是人摂護不捨一者、釈二念仏衆生摂取不捨句一也。即経意云、光明遍照二十方世界衆生一、於二其中一、念仏衆生摂取不レ捨。〈為言〉是故遍照義寛、通二専念雑業一故。摂取義狭、唯限二専念一故。摂取者、約二所得法一言レ之者、証得義也。是故或師釈二双観経我当修行摂取文一云、未レ聞二説法一時、住二地前位一故、言二我当修行摂取等一。聞レ法已、五劫思惟登二地上一故、言二我已摂取等一也。其修行心浄、自然仏土浄故、言二摂取等一也。文。

良以念仏衆生蒙二如来摂取一者、依三此念仏行摂二取仏境一故也。謂念仏行者、摂二取仏境一、置二於己心一。如二彼甚深念仏三昧一、其業用不可思議不可思議。謂諸根毛孔容二無量仏刹一、四大微塵現二三世仏事一。善導疏所レ出功徳雲比丘説二念仏三昧一中云、住一切法微細念仏門、於二一毛孔一見二不可説諸仏出興一、咸至二其所一而承事故、住刹那際荘厳念仏門、於二一念中一、見下一切刹皆有二諸仏一、成二等正覚一現中神変上故等云云。且置二此事一而不レ論レ之。彼称名念仏亦随分摂二取仏境一。謂執取相計名字相心、計二著名字°〔仁本・活本なし〕相一生。謂先聞二仏名一計二著名字一、次執二仏体一生二執取相一。二相相応生二甚深愛敬一。遍計分別心、雖レ不レ縁二如来実徳一、縁二勝福田一生二甚深信解一。此信解力印二持如来悲願一、置二己心中一、愛敬念徹到故、任運与二如来悲願一相応互不二捨離一故、云二摂取不捨一也。如三善導云二衆生念仏仏還念一者、即此義也。造立堂舎等善根、初心行人其心向二土木一転、不三親二縁如来身心一故、無二能所摂取義一、此依二善導称名宗一也。即善導所レ出三義、倶皆衆生先念二持仏一。是故仏亦摂二取衆生一。一往述。余善無二摂取義一。他師釈二此文一、未二必如一レ此、臨レ文可レ見身光之照触大悲遍故、遍二諸衆生一、心光之摂取、衆生無レ感不レ至也。

爰有二一人一作二因論生論一曰、若余善無二摂取義一者、我欲レ不レ修レ之、如何。答。善導約下行二称名一時、念仏心易レ生、修二余善一時、念仏心難レ生一類上、作二此説一。然世間亦有二一類一、欲レ称二名字一睡眠忽起、欲レ修二余善一念心自住。有二此一類一、致二信心一修二余善一、廻二此善根一求二往生浄土一。此心即是名二念仏心一。弥陀心光摂二取之一。是故念仏善根、種類無辺。四十八願、唯云二乃至十念一、不レ云二名字一。善導釈二十声一者、且約二称名門一也。余師釈二此十念文一異説云云。非三必指二称名一也。若順二一理一者、何必漏二於十念願一乎。若不レ漏二十念願一者、何必違二善導遺訓一乎。諸釈互守二一理一、各相成終無レ違故也。若不レ然者、非二甘露門一也。若初心人依レ守二有縁一行一暫依二附一師一者、諸師皆為二世尊使一。善導何咎レ之乎。如二善導疏云一、各随二所楽一疾得二解脱一、〈略鈔〉即是相二成諸行一也。更莫下得二一片一忘中三隅上而已。

問。此事実然。若爾者、我依ニ善導解釈一、執ニ称名一行一、入ニ一念仏門一。汝何破レ之乎。答。如ニ先約而言一。我全不レ非ニ称名義一、不レ破ニ善導釈一。但正所レ破者、汝之撥菩提心等邪過也。傍所レ破者、汝依下挙ニ善導釈一弊中佗師義上、称名一類有ニ憑拠一。佗門行人失ニ所帰一。依レ之顕ニ念仏実義一、興ニ隆往生要行一也。是又不レ仮ニ他門一。即往生宗有ニ盛談一。如三彼云ニ十地菩薩念仏為レ行等者、〈正文在ニ安楽集下巻一。大意浄土門諸師皆共同。〉十地所修福徳、以レ不レ離ニ念仏念法乃至念具足一切種智等心一故、此中以ニ初一念一為ニ念仏一。此雖レ出ニ能念自利行一、所修福徳布施愛語利益同事等諸行無辺。此等皆以レ不レ離ニ念仏一故、名ニ念仏善根一、以レ不レ離ニ念法一故、名ニ念法善根一、以レ不レ離ニ念同行菩薩一故、名ニ念諸同行菩薩善根一、乃至名ニ念具足一切種智善根一。具如ニ華厳説一。十地論第三、摂為ニ四念一中、以ニ念三宝一名ニ上念一。今所レ言者、其中念仏善也。此中無辺諸行、皆得ニ念仏等名一。此義唯不レ可レ限ニ地上一、地前諸位皆以可レ同也。依ニ此理一而言レ之、若有レ人懐ニ呪詛毒心一、為三悩ニ乱他人ニ称ニ仏名一。此可レ不レ蒙ニ弥陀心光摂取一。此非ニ諸経所説念仏心一故。若復有レ人、深厭ニ生死一欣ニ求浄土一、以ニ一搏食一供ニ仏像一等、是名ニ念仏衆生一。弥陀心光可三摂ニ取之一。諸経所説念仏善故。依レ之善導所レ出三義、倶皆衆生先摂ニ取仏一。是故仏亦摂ニ取衆生一。身光之照触大悲遍故、遍ニ諸衆生一。心光之摂取、衆生無レ感不レ至。此四道理中、是法爾道理、亦是作用、道理所顕也。縁起道理無ニ作者一故、諸法業用如レ是故、如三無辺浄業成ニ弥陀之身光土一。念仏浄業可レ蒙ニ心光摂取一故、更非三弥陀如来有ニ偏頗過一也。

何者今所レ言心光者、荘厳論云、能取及所取、此二唯心光。貪光及信光二光無ニ二体一。瑜伽論出ニ三種光明一中、云ニ法光明一者、謂如レ有下一随ニ其所受所思所触一観ニ察諸法一、或復修中習随念仏等上。准レ此而言レ之、心光義多種。貪等是煩悩光也。信等是善法光也。観察諸法是智光也。修念仏等是念光也。准知今所レ言心光者、是慈悲也。慈有ニ三種一、一衆生縁、二法縁、三無縁。今所レ言是無縁慈也。是故天台観経疏云、念仏衆生摂取不捨者、若為ニ仏慈悲一所レ護、終得ニ離苦一、永得ニ安楽一。論云、譬如ニ魚子母若不レ念レ子則爛壊一、衆生亦爾。仏若不レ念、善根則壊。今明ニ無縁慈一者、諸仏所被謂心不レ住ニ有無一、不レ依ニ三世一、知ニ縁不実一、以ニ衆生不レ知故、実相智慧令ニ衆生得レ之、是為ニ無縁一也。文。此三種大慈、与ニ平等性智一相応。仏地論第五、出ニ此大慈所縁一。評家云、如レ是説者亦縁ニ有情一、但無分別平等行相。了ニ知一切仮立有情性平等一故、縁生等法性平等故、無我真如性平等故、名ニ平等智一。此智相応就ニ所縁境一、得レ具ニ三慈一。但無分別平等行故、説名ニ無縁一。文。十地論第五、名ニ衆生念法念無念一、釈ニ無念義一云、無念者有ニ二種一。一自相無念、観ニ法無我一、世間中最、如レ経法界世間最故、二遍至無尽観、如レ経究竟虚空界故、一切世界普行故、如レ経遍覆一切世間行故。〈已上〉

探玄記第十三、釈二十地論文一云、初当体無念、二分斉無尽。文。当レ知如来大慈、当体無念。離二遍計情一、謂〈深義也。〉分斉無尽。無下不二周遍一処上。〈広義也。〉雖レ然衆生極浄念二持如来功徳一、名曰二念仏一。如来無縁慈、応二衆生浄念一、名為二摂取一。猶如下彼法慧菩薩入二菩薩無量方便三昧一時、一切如来与中無礙智無住智等十智上。経説二其所由一云、彼三昧力法如レ是故、此亦可二説云一。何故如来心光応二浄念一耶。彼念力法如レ是故、其猶二明月無レ心、水清影現、水濁影昏一。何以故、法如レ是故、此亦如レ是衆生念心水清、如来心光影現、感応義准レ此可レ知。当レ知身光照二一切一者、依二此大悲力一也。依レ論二摂取有無一、非レ謂二如来大慈不上レ遍也。譬如下説云中日光遍照二天下一有目衆生摂取不上レ捨者、有目無目衆生、得二日光照触一者、如三弥陀身光遍照二十方衆生一。有目人如レ有二念仏心一。日輪示二其体一者、如三弥陀垂二摂取一。無目人如レ無二念仏心一。日輪為二此人一不レ示二自体一者、如レ不レ蒙二弥陀心光摂取一。為二無目人一、日輪不レ失レ体、為下無二念心一衆生上、無縁大慈不レ止、見不見唯任二眼目有無一。非二日輪過一、摂不摂亦依二念心有無一、非二弥陀過一也。是故歴二万境一有二念心一者、是名二念仏一。得二摂取一、如レ指二掌中一。其有二念心一善根者、各符二根機一、偏莫レ執二一門一。是故諸師釈二此文一、未三心〔仁本・活本「必」〕同二善導一。一往雖レ似二相違一、始終無二差異一。往復旋還、入二一念仏門一。上所レ出十地念仏等義、念仏宗所二引用一、即成二此義一也。

問。若如レ所レ言者、念仏善通二多善一為レ体。然者何故前所レ引善導疏挙二問端一中云、備二修衆行一、但能廻向皆得二往生一。何以仏光普照、唯摂二念仏者一、有二何意一也。文。此中衆行外、既出二念仏善一。明知二行遂有二差別一。何可レ会レ之乎。答。依二善導意一、世間孝養父母等善、未レ親二縁如来身心一故、不レ名二念仏一。然依二廻向力一、猶得二往生一。況中品下生人、雖レ修二世福一、未レ希二求出離一、如レ此疎縁未熟行、不レ発二三昧一、難レ得二一心一、廻向位雖レ有二念仏義一、〈本識業種為二因縁縁一。求生心為二次第縁一。極楽依正為二所縁縁一。余法不礙為二増上縁一。依レ此有二念仏心生一故、起二廻向善根一。往生浄土六因四縁分別義可レ見二孔目章一云云。〉非二恒時相続一故、謂称二名字一観二相好一等、初中後心恒縁二仏境一。如下彼廻二世善一生上等者、後時雖レ縁二仏境一、初中心於二余境上一転。是故念仏外出レ之也。此亦約二一類一作二此説一。一切未二必例上レ之。是故善導意、雖下以二称名一為上レ門、所レ引念仏文中、亦通二多善一取レ之。即観念法門云、問曰、仏勧二一切衆生一、発二菩提心一、願レ生二西方弥陀仏国一。又勧造二阿弥陀像一、称揚礼拝、香華供養、日夜観想不レ絶、又勧専二念弥陀仏名一、一万二万三万五万乃至十万者、或勧誦二弥陀経一、十五二十三十五十一百、満二十万遍一者、現生得二何功徳一、百年捨報已後有二何利益一、得レ生二浄土一以不。答曰、現生及捨報決定有二大功徳利益一、准二依仏教一、顕二明五種増上利益因縁一。一者滅罪増上縁、二者護念得長命増上縁、三者見仏増上縁、四者摂生増上縁、五者証生増上縁。〈乃至〉又依二灌頂経第三巻説一云、若人受二持三帰五戒一者、仏勅二天帝一、汝差二天神六十一人一、日夜年月随二逐守三護受戒之人一、勿レ令レ獲二諸悪鬼神横相悩害一、此亦是現生護念増上縁。又如二浄度〔仁本「土」〕三昧経説云一。仏告二瓶沙大王一、若有二男子女人一、於二月月六斉日及八王日一、向二天曹地府一切業道一数数首過、受二持斉戒一者、仏勅二六欲天王一、各差二二十五善神一、常来随二逐守三護持戒之人一、亦不レ令レ有二諸悪鬼神横来悩害一、亦無二横病死亡災障一、常得二安穏一、此亦是現生護念増上縁。〈已上〉此中既引三三帰戒善功徳文一、為二念仏護念縁一。明知念仏善中摂二戒善一也。如二戒善一余善亦可二准知一。若念仏善通二余善一者、余善中亦摂二念仏善一也。相摂義如レ理可レ知レ之。是故三念中念仏善文、念仏宗引レ之為レ証。然此三念亦名二三帰一。是故経中、或云二念仏念法念僧一、或云二帰仏帰法帰僧一。然帰仏義、未レ可三必限二称名一。依レ之通二多善一、立二念仏名一也。雖レ然善導摂二他善一属二称名一作二一門一也。然則善導尽二称名義一、他師極二諸門理一。其尽極者、即究二竟一無我義一、開二闡三法印義同順二一法印一。各順二一理一修行、往生浄土無レ疑。唯念仏心為レ先者、百即百生千即千生、縦雖レ称二名字一、無二念仏心一者、千中一難レ得。大綱是足、得レ一察レ万。此決若迄二重重一者、専修人定謂レ非二善導一矣。

問曰、何為二摂取義一乎。答。摂取者、即是摂義也。即摂者、如下菩提資糧論第一釈二資糧義一云上。以レ持為レ義、譬如下世間共行日摂二於熱一月摂中於冷上。摂是持義。如レ是持二菩提一法、為二菩提資糧一。言二資糧一者、即是持義云云。此亦如レ是、弥陀心光如二日月一、行者念心如二熱冷一。日摂レ熱者、同熱性故、心光摂二念心一者、同是念性故、月喩亦如レ是。日不レ摂レ冷者、不二同性一故、非二可レ摂法一。心光不レ摂二無念一者、不二同念一故、非二可レ摂法一。謂広歴二諸法一言レ之者、謂就二四大種一者、水大種成二摂用一。謂令三離散極微摂レ之成二一聚一也。就二心王一言レ之者、謂阿頼耶識、摂二蔵諸法種子一生二現行一。就二心所一言レ之者、謂念心所。摂二持所縁一令レ不レ忘。如レ此歴二万境一衆多。今言二摂取一者、謂仏是大覚円満聖者、衆生是無明未悟凡夫。迷悟既隔、如二極微離散一。然念仏心印二持仏境一、置二迷心中一、如三水大種摂二持極微一。是故衆生称二念仏一、亦倶時成二摂取用一。名字影二〔底本・仁本附訓「ウカヒ」〕衆生舌端一、法体入二衆生心想中一。如下有二本質一鏡現中影像上。是謂二摂取義一。善導三縁義、准レ此可レ知。挙レ要言レ之者、三業常恒順二仏境一也。如下清涼大師出二斉州大行禅師念仏行一云上。四字教詔、謂信憶二字不レ離二於心一、称敬両字不レ離二身口一。彼論云、往二生浄土一、要須レ有レ信。若信、千即千生、万即万生、信二仏名字一、不レ離二心口一、諸仏即救、諸仏即護。心恒〔随疏演義鈔八五（以下「随疏」と称）なし〕常憶。〔随疏「仏」あり〕、口常称レ名、身恒常敬、始名二深信一。任二意早晩一、終無下再〔随疏「暫」〕住二閻浮一之法上。此策二初心一、最為レ要也。〈已上〉善導解釈亦准レ此可レ知。

是故三業依レ順二仏境一、蒙二弥陀心光摂取一故、云二念仏衆生摂取不捨一。於二身光照触一、非レ有二彼此分限一也。是故六時礼讃、弥陀身色如金山相好光明照十方唯有念仏蒙光接当知本願最為強等文、亦准二観念法門一可レ成二一義一。即言二照十方一者、十方衆生也。言二蒙光接一者、指二心光一也。若不レ爾者、一師解釈何成二枘楯一乎。今所レ成義、五翻中依二巽事翻一。謂蒙光接一言下有二二義一。一身光、二心光也。今会取二順理正義一、即為二心光一也。七例中是第三例、蒙光接義、正依二心光位本一説。況云二光接一、不レ云二光照一。即指二摂念一也。如三彼云二彼仏心光常照是人一等者、体用倶約レ譬説也。今法譬双挙、体用合明。即光者譬也、接者法也、光者体也、接者用也、義准可レ知。阿毘達摩法相如レ是。更可レ止二迷倒一也。然汝集出二此等文一、令二身光不一レ照二十方衆生一、亦不レ分二身心二光一。若如二汝所解一者、令三弥陀如来有二大悲不遍之過一。又令三四十八願無二称性之徳一。汝非三造レ書述二此義一、仮二図像一顕二此意趣一、名二摂取不捨漫〔仁本・活本「曼」〕荼羅一。中央図二阿弥陀如来一。光明照二十方一、周迊図二在家出家諸人一、在家称名諸人受二光照一、出家雑善行人、不レ蒙二照触一。此像処処遍満。無レ情愚人等、悉皆信二伏之一。称名行不二専一一、不法過日熾盛。以レ此為二往生浄業一、以レ此為二深信至極一。非三唯軽二聖道仏法一、還亦黷二浄土門行一。

専修人問曰、観経説二第十一勢至観一中云、以二智慧光一普照二一切一、令下離二三塗一得中無上力上。是故号二此菩薩一名二大勢至一。文。善導和尚釈云、七明二光之体用一、即無漏為レ体故、名二智慧光一。又能除二息十方三悪三〔観経疏定善義「之」〕苦一名二無上力一、即為レ用也等云云。案二釈意一曰、此上経文云、次観二大勢至菩薩一、此菩薩身量大小、亦如二観世音一、円光面各百二十五由旬、照二二百五十由旬一、挙身光明照二十方国一、作二紫金色一、有縁衆生皆悉得レ見。但見二此菩薩一毛孔光一、即見二十方無量諸仏浄妙光明一、是故号二此菩薩一名二無辺光一。〈已上〉此次以智慧光等文来。是故此釈中言二光之体用一者、上所説身光無漏為レ体、息苦為レ用。就レ中智慧光者、就レ体立レ名也。即有為無漏道諦摂故、言二智慧光一也。〈為言〉然者今所レ言心光義、亦可レ例レ此。非下弥陀身光無漏為レ体故、挙二四智相応浄識一為二身光体一云中心光上乎。望二地上菩薩識所変一、浄土諸境雖レ通二有漏無漏一、今善導意、且挙二無漏義辺一。無漏義亦雖レ通二心境一、善導意亦取二無漏心心所法一。是故釈二勢至観一、就二経説一取二浄識相応心所一、釈二弥陀身光一、雖レ無レ文、依レ理出二心王浄識一云二心光一。此即可レ云レ出二身光体一也。然者我之所レ図曼荼羅、何為レ謬乎、如何。

答。此救不レ可レ然、勢至観経文、連二続名無辺光文一、言二以智慧光等一。所以善導釈レ明二上身光体一也。第九観中、不レ云二智慧光一、唯云二念仏衆生摂取不捨一、於二八字中一、下四字即弥陀慈念功用也。仏地色心倶雖二尊高一、慈念功徳約二意業一故、摂取不捨之言、全不レ関二身光一。是故身光照二十方衆生一、顕二大悲普遍徳一。心光摂二専念行者一、成二感応必然義一。善導宗義如レ是。観念法門解釈、如レ向二鸞鏡一。若不レ然者、有二何用一五処遍照文外可レ云二但有専念等一乎。若成二此義一者、聞二念仏名字一人、倍可レ増二信敬一。若如二汝義一者、令三弥陀如来有二愛憎過一。生機衆生、豈得レ入二弥陀願海一乎。更可レ止二迷倒一也。若如二汝所解一者、我亦欲レ図二一弥陀摂取曼荼羅一。謂如二前所レ出、観経幷善導解釈中、口称憶念差別。其中語意合取レ之者、唯為二一念仏三昧一。其旨如二上成一。又善導観念法門、引二六部往生経一明二五種増上縁義一、多出二観念想利益文一、為二念仏功徳一。然般舟三昧経是六部之随一也。彼経中挙下丈夫念二須門等三女人一譬喩上、説二念仏義一、以二心念一為レ主、終明下発二得三昧一義上。善導法事讃出二召請詞一。発句云、般舟三昧楽願往生。又観経疏幷観念法門、釈下身光照二一切一心光摂中念仏者上者、能所摂取義、心念勝故也。若爾者、約二合門一者、語意雖レ無二差別一、約二離門一者、心念是為レ勝。如二観仏三昧経第三云一、称二南無仏一、所レ得果報、今於二我世一現前受レ記。何況正念思二惟仏一者。文。如レ是文証非レ一。此復如二上成一。就二善導宗義一、以二心念一非レ不レ為レ本。然者我令三弥陀光明照二触観念行者一、欲レ隔二称名行者一如何。汝捨二心念一取二称名一者、如二捨レ種求レ菓。我取レ深捨レ浅者、且可レ成二捨劣得勝一義一。此為レ懲二汝狭心一、且設二仮説一、実非レ謂レ隔二称名行者一、莫レ驚莫レ驚矣。

専修人問曰、我所存義、全不レ言レ不レ取二心念一、如二汝之所レ責、三心具足、我等共二許之一、然此三心非二必菩提心一。但是信解願欲之心也。然所立意趣、弥陀名号有二不思議功力一故、設雖レ無二菩提心一、唯一向専称、速得二往生一、設雖レ有二菩提心一、不レ称二仏号一者、是雑行故、難レ得二往生一。所三以作二此説一者、近代無二道心一之人、若道心為レ先者、難レ入二浄土門一。若聞二此旨一者、可レ有二念仏之人一。作二此集一述二此義一之意趣、甚依レ之也。汝押破二此義一、以二菩提心一為レ先者、誰人有二菩提心一入二浄土門一耶、如何。

答。言二菩提心一種類不同。有二縁発心一、有二解発心一、有二行発心一等種類一、如二前出一。然依二善導意一、浄土宗尤可レ取二縁発心一。其旨如二上成一。此縁発心、香象大師名二捨邪趣正発心一。翻二無始癡心一、始向二正道一故。然此縁発心、委細言レ之、可レ通二三乗一。有下生二浄土一証二小果一類上故。然経論所説、多分説二大乗菩提心一。是殊勝故、為レ令三人向二大乗一故。小菩提下劣故、入二二乗道一者、諸仏所レ呵故、於二諸経論中一、広不レ讃レ之。是故懐感師中品往生人、言レ無二菩提心一者、指二無上大菩提心一。然言二至心発願一者、言レ指二大菩提心一。汝又不レ許下以二至心発願一為上因乎。然者此至心発願者、可レ当二縁発心一。諸楽二往生一輩、誰人無二此心一乎。如二上出大日経所説一。初発心既未三分二別邪正是非一。豈足レ為レ難乎。然者何依二菩提心為レ先、難レ入二往生門一乎。

問。爾者諸経論、何故以二菩提心一為レ難レ起乎、如何。答。宿善深厚有二大種姓一人易レ発故、云レ不レ難也。若無二宿善一小心小姓者、雖レ遇二善友一、不レ肯レ聞二深法一、無レ由レ起二此心一、唯雖レ有二厭苦欣楽之心一、更無下楽二仏境一之志上。諸経論依二此義一説レ難レ発也。今唯約二大種姓人一作二此説一而已。是故所三以付二属名号一者、深察二宗趣一、設雖レ無二余行一、念心甚深者、可二往生一也。於二其念心一、以二菩提心一可レ為二根本一也。然何以二菩提心一、可レ云レ抑二念仏一耶。撿二抑字一者、玉篇云、損也。即是菩提心云レ損二念仏一也。若爾者、被レ損二菩提心一名号者、可レ為二天魔波旬之名号一。豈以二阿弥陀如来一、非レ為二天魔波旬一乎、非レ謂二諸仏之怨敵一乎。勿レ謂勿レ謂。上品円満之邪見、何事過レ之乎。

又仏之字即是菩提也。此義如二上出一。仏陀此云レ覚、菩提此云レ智、名異義同。然就二阿弥陀仏名字一釈二其義一者、若就二字義一者、阿字者本不生義、此諸法本際、離二空有二辺一義也。弥者吾我不可得、人法二我倶空。謂依二本際不生一故也。帯二短伊音一、即是根本義也。謂生死本以二人法二執一為二根本一。阿字不生心地、此二我都無二自性一也。此二我無自性処、名二真如一。即是陀字、如如不可得義也。此真如性離二情謂四句一、是云二不可得一。〈且約二順観一。逆観准知。〉覚二知此義一人、名レ仏也。上三字所覚、仏字是能覚也。上三字是理、下一字是智、理智円満為レ仏、即是菩提涅槃二転依果也。是故唱二此名字一、即含二蔵無辺功徳一也。然若無二仏字一、上三字未二必人一、唯是諸法実義也。結二上三字一属レ人、即是阿弥陀仏也。是故仏言者、即是菩提心也。又就二字義一旋転観時、順逆絞絡、終帰二初阿字一。其阿字者、即菩提心也。阿字観義、此中可二広説一。即是阿弥陀名字体也。汝勧二称名一而以二菩提心一云レ抑二念仏一、既如レ云二我母是其石女一。即犯二自語相違一也、可レ咲可レ咲。又阿弥陀此云二無量寿一、然云二無量寿一時、未二必知一レ仏、終云レ仏時、即是為二阿弥陀如来一也。若爾者、字義句義、倶以二菩提心一為二仏体一。汝何以二仏体一云三妨二礙仏体一乎。

又大日経疏云、東方宝幢仏、是菩提心也。如二世軍中有レ幢、是衆中首軍之幖幟、咸所二胆〔仁本・活本「瞻」〕望一、進止節莫レ不レ随レ之。猶如三一切万行皆為二此菩提心一。以レ此為二標主一故、得レ名也。南方華開敷仏、是行義。十度万行、由二菩提心一次第敷栄。芽茎華葉滋栄可レ愛故、得レ名也。西方阿弥陀、是受用仏。即是成二大果実一、受二用其果無量不思議現法之楽一故、得レ名也。北方鼓音仏、是方便也。既得二大果一、豈是自受用而已。即為二一切衆生一演レ之、種種方便成所作智。猶如三天鼓之音無思而成二事業一故、得レ名也。〈略抄〉当レ知阿弥陀者、即菩提心果也。其果者、即涅槃界也。依二秘密釈一者、菩提心果始終不壊故、離二微細生滅一、指レ之云二無量寿一也。是故若汝嫌二初心菩提心一者、如レ捨二大樹本茎一、若無二本茎一者、不レ成二枝条菓実一、不レ成二諸度枝条一者、不レ成二大覚菓実一。若嫌二後心一者、即是捨二離仏体一也。何念二仏号一耶。当レ知仏果位以二菩提心一為レ体、又為二名字一。仏子又以二菩提心一為二歌羅羅種子一。〈如二前出一。〉若無二此心一者、如来大悲胎蔵不レ能二養育一。是故秘密大乗重戒云、不レ可三捨二離菩提心一、若捨二此心一者、非二仏子一。〈梵網経并大日経等意。〉十善戒等、世出世通用之善也。以二此戒一為二仏法不共甚深重戒一也。設雖レ有レ破二余戒一、若有二菩提心一、即為二仏子一也。如二華厳経云一。善男子、譬如下金剛雖二破不一レ全、猶勝中衆宝全荘厳具上。菩薩摩訶薩亦復如レ是。発二菩提心一切智宝一、雖三復至劣有二虧損一、猶勝二一切二乗功徳一。善男子、譬如下金剛雖レ有二損欠一、猶能除中滅一切貧苦上。菩薩摩訶薩亦復如レ是。発二菩提心一切智宝一、雖三諸戒行多有二損欠一、終能捨二離一切生死一。善男子、譬如三金剛乃至少分悉能破二壊一切諸物一。菩薩摩訶薩亦復如レ是。発二菩提心一、乃至一念、即破二一切無量諸惑一。文。仏意珍二重菩提心宝一如レ是。然汝凌二蔑之一、即非二仏子一也。如二同経云一、譬如下金剛不レ識レ宝人不レ知二其能一不上レ得二受用一。菩薩摩訶薩菩提心金剛亦復如レ是。鈍根無智下劣凡夫、不レ了二其能一、不レ得二其用一云云。不レ識二菩提心宝一、不レ知二其能一、不レ得二受用一、於二凡夫中一、汝是鈍根無智下劣卑賤愚童也。経文所レ指正当二汝等一也。

問曰、我聞二此難破一、於二菩提心一弥増二退心一。経文既云二鈍根無智下劣凡夫不上レ得二其用一。我等実為二此類一。更不レ得下以二菩提心一為中已有上、如何。答。爾者、汝一人専二此思一、更勿下以二此劣弱卑少之語一令中聞二諸人上。大小根機不同。余人未二必如一レ汝也。夫衆生無二定性一、随レ縁起レ行、悉皆有性。値二大縁一必起二大心一。今聞二汝之言一、甚以可レ愍。華厳経亦有二誠文一云、如下師子王哮吼之時、師子児聞、皆増二勇健一、余獣聞レ之、脂血銷耗、即皆竄伏上。仏師子王菩提心吼一切智声応レ知亦爾、諸菩薩聞、養二育法身一増二長功徳一、其余一切邪執衆生聞、皆退散、如二氷銷釈一。〈已上〉如来師子王大菩提心哮吼音声、大心衆生堪レ聞レ之、如二汝等一邪執劣下小獣聞、倍悶絶。誠以可レ悲可レ悲矣。

問曰、爾者汝有二菩提心一乎。答。設雖レ無レ之、如レ此知、是正見也。既有二正見一者、欣レ可レ欣、厭レ可レ厭。知二菩提心是仏道正因一故、念念愛二楽之一。知二汝所立是邪道一故、念念厭二悪之一、終必可下増二長菩提心一成中無上仏果上。汝厭二悪菩提心一、仏種既朽敗。妙果依レ何得レ成。況又有相発心、行相麤顕。随分愛二楽仏境一者、何必非二菩提心一乎。

問。爾者、我亦随分厭二生死一欣二極楽一、何是非二菩提心一乎。答。汝厭二菩提心一。若言レ有二菩提心一者、是堕二負処一也。既有二雑行過一。若如二汝所レ言、望二往生一者、千希得三五敗。又設汝雖レ称三自有二菩提心一、是可レ非二菩提心一。夫菩提心者、捨邪趣正行相也。既有二此大邪見一、非二菩提心一也。唯有二厭苦欣楽心一、外道邪宗亦厭二生死一求二解脱一、彼非二三乗菩提心一也。華厳経中、有二一菩薩一説二大願一云、寧悪道多劫受レ苦聞二仏名一、不レ願下生二善道一暫時不上レ聞レ仏。寧地獄多劫受レ苦常見レ仏、不レ願下離二三塗一生中無二仏法一処上。〈已上〉当レ知諸菩薩雖レ不レ厭レ苦、有二菩提心一。汝雖レ厭レ苦、無二菩提心一。又汝厭苦欣楽心、非二唯不レ為二仏乗菩提心一、亦非二声聞縁覚菩提心一。何者依二分別事識資持力一故、偏向二人空一理一発心、名二二乗菩提心一。然人空理中、五蘊皆空。汝捨二離菩提心一、別立二念仏心一、其体可レ非二空理一。若非二空理一者、是可レ為二性有一。然者可レ同二外道計一、非二仏法一也。如二成実論第一云一。仏経清浄、所説義趣不レ違二実相一、不レ同二外道一。文。汝之邪集不清浄。所説義趣違二背実相一。是故其過同二外道一也。其義如二上説一。若亦如レ此執立三一宗二者、可レ為二外道宗義一。然内心不レ知二此義一、意許欲レ演二仏法甚深秘要一、而誤堕二此邪道一。非二仏子一非二外道一、唯可レ同二木石一。雖レ然常途立二附仏法外道一、例レ彼云レ之者、汝亦可レ同二彼類一也。若又如二汝所レ言者、為三善導和尚非二道心者一乎。若言レ為二道心者一、是可レ為二雑行人一。爾者非二汝等之祖師一、当レ知善導是大菩提心仏子也。勧二往生一亦以二菩提心一為二正業一。汝是撥二菩提心一之愚童也。已漏二善導之教訓一。勿下以二善導一為中我之高祖上。善導撰集中、都無二此義一。酌二善導末流一、還穢二善導之宗源一。可レ悲可レ悲矣。

問。菩提心可レ有二種類不同一。一聖道門菩提心、二浄土門菩提心是也。汝之所レ出者、是可レ為二聖道門一。選択集所レ捨是也。於二浄土門菩提心一者、不レ可レ捨レ之。是故彼集今汝所レ引釈二付属文一之中云、発菩提心者、諸師意不同也。天台即有二四教菩提心一。謂蔵通別円是也。具如二止観説一。真言即有二三種菩提心一。謂行願勝義三摩地是也。具如二菩提心論説一。華厳亦有二菩提心一。如二彼菩提心義及遊心安楽道等説一。三論法相各有二菩提心一。具如二彼宗章疏等説一。又有二善導所釈菩提心一。具如二疏述一。発菩提心、其言雖レ一、各随二其宗一其義不同。然則菩提心之一句、広亘二諸経一、遍該二顕密一。意気博遠、詮測沖邈。願諸行者莫二執レ一遮レ万。諸求二往生一之人、各須レ発二自宗之菩提心一。縦雖レ無二余行一、以二菩提心一為二往生業一也。〈已上集文。〉此中既分二諸宗菩提心一、剰不レ限二浄土菩提心一、云下雖レ無二余行一以二菩提心一為中往生業上。既不レ簡二他宗一、況於二浄土菩提心一、何捨レ之乎。故知今所二引難一文理者、於二菩提心一者、其行相深遠也。且取二信解願欲之心一不レ為二菩提心一、偏以二専称仏号之功一、為二往生業一勧二念仏一也。何可レ云二無心或不善無記心念仏一乎。汝不レ分二此等諸篇一、就二惣相一致二僻難一也。倩思二量之一。勿二濫レ文成レ義。

答。菩提心義、諸宗解釈一往雖二不同一、其体性実無二差別一。其義如二第一門決初成レ之。今且就二諸宗解釈不同文一、言下以二善導等浄土人師所釈一為二浄土菩提心一、以二余宗一為二聖道門菩提心一、捨二聖道一取中浄土門菩提心上者、見二彼集前後文一全不レ取レ之。何者今所二引釈一如二汝言一。是釈三付二属念仏一行一処之文也。汝之所知以二菩提心一為二一行一、更不レ許下通二諸善一為中体性上。然汝集惣標文、云下釈尊不三付二属定散諸行一唯以二念仏一付二属阿難一之文上云云。然菩提心者、是散善三福中、第三福中出レ之。汝集中列不三付二属諸行一中出レ之。列二三福善一一一釈レ之、終皆云下縦雖レ無二余行一、以二孝養奉事一為二往生業一也等上云云。撿下言レ為二往生業一之言陳下意許上、已不下付中属為二往生業一諸善上、唯選付二属念仏一。以知余善不レ留レ思。〈為言〉又許レ為二往生業一意、是千希得五三之往生也。〈為言〉非レ謂下以二自宗之菩提心一為中浄土之正因上也。嫌二菩提心一、此段処処遍満。今所レ出文、又為レ簡レ之、且所レ成之義也。且付二下一処文一、有二一問答一曰、問曰、何故以二定散諸行一而不二付属流通一乎。若夫依二業浅深一嫌不二付属一、三福業中有レ浅有レ深。其浅業者、孝養父母奉事師長也。其深業者、具足衆戒発菩提心深信因果読誦大乗也。須下捨ニ浅業一付中属深業上。〇答曰、云丁望ニ仏本願一意在丙衆生一向専乙称弥陀仏名甲、定散諸行非ニ本願一故、不三付ニ属之一云云。乃至、此下文、於ニ散善中一、簡ニ別持戒菩提心解第一義読誦大乗四箇行一、云下以ニ此等行一殆抑中念仏上。文。此四行中既有ニ菩提心一。加之此次下結文、捨ニ菩提心一顕然、不ㇾ遑ニ毛挙一。設雖ㇾ許下於ニ自他宗菩提心一有上別、於ニ自宗菩提心一既不ㇾ取ㇾ之。二宗菩提心、爰已燋ㇾ種、可ㇾ悲可ㇾ悲。是無性闡提之上首也。彼書五十許紙之内、半許紙載ニ善導道綽之釈文一、其余分私詞不ㇾ幾。其中十余処卑ニ乎菩提心一、或以為ニ小利一、或以名ニ余行一。

現今東流一切経論、雖ニ大小顕密権実漸頓不同一、菩提心居ニ其中一為ㇾ王。如ニ前出経論文一。或云ニ稽首菩提心一、或云ニ至誠頂礼等一、然汝始立ニ小余名一忽ニ緒〔仁本・活本「諸」〕之一。菩提心何恥耶。華厳経云、菩提心者、猶如ニ妙華一、一切世間所ㇾ楽ㇾ見故。文。一切世間中、汝独不ㇾ欲ニ菩提心一、為ニ菩提心非ㇾ宝乎、為ニ汝無慚一乎。仏法妙華之菩提心、枯ニ于汝之一門一、結ニ往生之菓実一、待ニ何時一乎。又同経云、如下人学ㇾ射先安ニ其足一後、習中其法及諸鉧術上。一切武藝斯為ニ根本一。菩薩摩訶薩亦復如ㇾ是。欲ㇾ学ニ如来一切智道一、先当三安ニ住菩提之心一。然後修ニ行一切仏法一。文。汝之一門念仏安足〔底本・仁本附訓「アシフミ」〕不ㇾ直、不ㇾ能ㇾ渡ニ狭少白道一、可三堕ニ落火河水河一。又同経云、譬如三有ㇾ人欲ㇾ護ㇾ身、先護ニ命根一。菩薩摩訶薩亦復如ㇾ是。護ニ持一切諸仏正法一、応三先守ニ護菩提之心一。文。当ㇾ知有ニ菩提心命根一者、護ニ持諸仏正法一。汝無ニ菩提心命根一。是先仏法中死人也。倍欲ㇾ絶ニ他人慧命一。是膖脹爛壊之屍骸也。速可ㇾ棄ニ邪道之野外一、何安ニ正見之窓一。此人豈可三護ニ持弥陀一教一耶。可ㇾ為ニ衆生能化一乎。又同経云、譬如ニ有ㇾ人命根若断、所務皆息、不ㇾ能三利ニ益父母宗親一。菩薩摩訶薩亦復如ㇾ是。捨ニ菩提心一切智命一、所有功徳皆不ニ成就一、不ㇾ能三利ニ益一切衆生一。文。汝菩提心之命根已絶。仏家所務皆息。所化宗親皆可ㇾ懐ニ孤露悲一。然則名ニ余行一為ニ小利一。尚有ニ此過一、然剰云三妨ニ礙念仏一、云ㇾ抑ニ念仏一。是三世仏家大怨敵也。一切衆生悪知識也。無量衆生雖ㇾ生ニ日本国一、未ㇾ吐ニ如ㇾ此怪言一。汝始誑ニ惑無量愚人一、伝ニ授此大邪見一。汝之邪黨遍ニ満於七道五畿一。汝居ニ其中一為ニ高祖一。猶如下野狐聞ニ術経一為ニ諸獣王一、後望ニ王女一亡上ㇾ身。汝豈異ㇾ彼乎。

大文第二、破下以ニ聖道門一譬ニ群賊一過失上者、此一過相、就ニ集一文一、勘ニ言陳下意許一出ㇾ之。其集文如何。集曰、念仏行者必可三具ニ足三心一之文。

観無量寿経云、〇

同経疏云、〇

往生礼讃云、〇

私云、〇又此中言ニ一切別解別行異学異見等一者、是指ニ聖道門解行学見一也。其余即是浄土門意。在ㇾ文可ㇾ見。明知善導之意、亦

不レ出二此二門一也。廻向発願心之義、不レ可レ俟二別釈一、行者応レ知レ之云云。〈已上集文。〉

決曰、見二所レ引観経疏文一、惣五処有二別解別行之言一。如二集文具所レ引、其五処者、疏云、又深心深信者、決定建二立自心一、順レ教修行永除二疑錯一、不下為二一切別解別行異学異見異執一之所中退失傾動上也。〈是一〉又疏云、問曰、凡夫智浅惑障処深。若逢下解行不同人多引二経論一来、相好難証、云中一切罪障凡夫不上レ得二往生一者、云何対二治彼難一、成二就信心一、決定直進、不レ生二怯退一也。〈是二〉又云、不下為二一切異見異学別解別行人等一之所中動乱破壊上等。〈是三〉又云、若有二解行不同邪雑人等一来相惑乱、或説二種種疑難一、導〔仁本・活本「導」〕レ不レ得二往生一等云云。〈是四〉又出二火河水河喩一合喩処云、言二或行一分二分群賊等喚廻一者、即喩下別解別行悪見人等妄説二見解一迭相惑乱、及自造レ罪退失上也。〈是五〉

謹案二文意一、今此五処所レ出別解別行人者、即是一人也。其一人者、即別解別行悪見人也。非三雑出二正見人一也。何者、若是為二正見人一者、四意趣四秘密含二心府一、五力五翻備二舌端一、三量懸レ鏡、二因燃レ炬矣。若爾者、設雖レ得二経論違文一、於二論談莚決択床一、立敵相対可レ諍二乎得否一。若欲レ会者、権実帰レ一、若欲レ分者、漸頓屢隔矣。何此人対二欣求往生之輩一、臨二一心念仏之窓一、強致二動乱一乎。是故疏一処云二解行不同邪雑人一、一処云二別解別行悪見人等一。余三処雖レ無二邪悪字一、一処云二退失傾動一、一処云二不得往生等一、一処云二動乱破壊等一者、即是出二邪雑悪見人所為一也。若爾者、此中意有二別解別行人一、帯二悪見一、欲レ妨下礙楽二往生一之人上。言下為二如レ此悪見人一不上レ被二動乱破壊一也。非二別解別行即悪見一、指三別解別行人帯二悪見一防レ之也。設雖レ為下楽二往生一人上、執二礼拝等行一惑二乱称名行一者、即是可レ為二別解別行邪雑人一。設雖レ為二法華般若持者一、唯専二修自業一不三動二乱往生人一者、不レ為二邪雑人一也。是故、云二動乱破壊一、云二邪雑人一、云二悪見人一、即此意也。翻レ此故知、別解別行正見人、反可三助二成往生人一。深心随二喜其行一、慇懃讃二嘆往生法一故、更不レ可レ云二破壊動乱等一。是故依二善導御意一、言二別解別行悪見人等一者、取二悪見等一為レ本。非レ謂二別解別行為レ過。然所二以双出一者、別解別行是因、悪見等是果也。謂悪見、依二別解別行一生故、如レ云二智学成菩提愚学為生死等一。謂邪見人執レ教、任二自狂心一損二仏意一故、雖三双出二因果一、取二悪見果一為レ本也。是故合喩処、以二此邪人一喩二群賊一者、貪瞋煩悩中、適生下求二往生一心上。如レ向二彼白道一。然信二悪見邪説一生二退心一、如三群賊被二喚廻一。是故指二悪見一為二障礙一。然則向二此文一作二正釈一者、可レ云レ指二邪解邪行邪学邪見一、然言レ指二聖道門解行学見一、不レ置二邪悪能別之言一。甚以不可也。即指二一切顕密二宗仏法一、言レ為二群賊一也。汝集上文、自引二聖道浄土二門釈一、私加レ釈云、初聖道門者、就レ之有レ二。一者大乗、二者小乗云云。然道綽雖レ立二聖道浄土二門一、未レ言二別解別行一。善導雖レ言二別解別行一、加二破壊動乱邪雑悪見之言一別レ之、以二正解正行人一、不レ為二能障一明矣。然汝就二道綽二門一、加二解行学見之言一、出二善導別解別行人一、而刪二邪悪字一。善導釈中、以下喩二群賊一邪見人上、云レ指二聖道門解行学見一者、豈非レ言下除二阿弥陀如来往生経一以外、以二一切顕密三宝一為中群賊上乎。汝集亦云、善導之意亦不レ出二此二門一也。文。令三善導荷二此重罪一、其過幾爾乎。汝集又云、廻向発願心之義、不レ可レ俟二別釈一。文。令三釈尊吐二此悪言一、汝非二釈尊之怨敵一乎。

問曰、若不レ許二善導釈一者、不レ足レ為レ論。若許レ之者、可レ謂下以二一切聖道門解行学見一為中群賊上。何者所レ引疏上文云、除レ仏已還、智行未レ満、在二其学地一、由有二正習一、二障未レ除、果願未レ円。此等凡聖、縦使測二量諸仏教意一、未二能決了一、雖レ有二平章一、要須下請二仏証一為上レ定也。若称二仏意一、即印可言二如レ是如一レ是。若不レ可二仏意一者、即言二汝等所説是義不一レ如レ是。不レ印者、即同二無義〔観経疏散善義「記」〕無利無益之語一。仏印可者、即随二順仏之正教一、若仏所有言説、即是正教正義正行正解正業正智、若多若少、衆不レ問二菩薩人天等一、定二其是非一也。若仏所説即是了教、菩薩等説尽名二不了教一也。応レ知、是故今時仰勧二一切有縁往生人等一、唯可下深信二仏語一専注奉行上、不レ可下信二用菩薩等不相応教一以為二疑礙一、抱レ惑自迷廃中失往生之大益上也。〈已上〉此中既云三菩薩等説尽名二不了教一。又云レ不レ可三信二用菩薩等不相応教一、此即与二浄土門解行一不二相応一別解別行教也。既立二菩薩名一、何必限二邪雑人一乎。加之第一巻会二通別時意一段云、仰願一切願二往生一知識等、善自思量、寧傷二今世一錯信二仏語一、不レ可下執二菩薩論一以為中指南上。若依二此執一者、即是自失悞レ他也。文。是又疏下文所レ出不相応教也。同又云二菩薩論一、不レ可レ限二悪見人一。若爾者、以二一切聖道門一不レ似二往生教一故、可レ云三惑二乱浄土教一。爾者群賊喩何有二簡別一乎、如何。

答。授二深教一破二浅執一、是菩薩之用心也。既教有二了不了別一、今依二了義大乗一説二往生行一故。言レ須二一向依レ之不一レ依二余不了義説一也。唯以二了不了一為二簡別一、非レ謂二一向不一レ信二菩薩論一。若不レ爾者、設仏雖レ説、四依論師不二伝持一者、法無レ流二於末世辺州一。非三唯有二結集伝来功一、或承二聖旨一而自説、或蒙二懸許一以後顕。況復垂二付属於阿難一、任二護持於聖衆一乎。即為二如来使一伝二化乎末世一。後学之結縁、蓋其力也。是以法華遺使還告汝父已死之文、天台有二一釈一、以二四依菩薩一為レ使。即如二法華文句云一、今用二四依菩薩一語二衆生一云、仏已滅度、但留二此法一。我今宣弘、汝当二受行一也。後時衆生、若無三四依伝二述経法一、豈能自知二仏已滅度一。故用二四依一、是如来使人也。文。是以仏滅百歳、分二小乗教之多部一、漸迄二千歳一、興二菩薩蔵之異執一。此皆四依大士、観二根機一開二多門一、末学仰レ之而見二仏日之光一。後代信レ之以受二法雨之霑一。雖二入門異一所詣莫レ二。諍レ衣之譬、折レ杖之況、良有二所以一乎。若不レ信レ之者、善導所説亦以難レ信歟。是故今立二邪雑名一者、未レ指二論説一、唯名下執二浅教一人上也。依二善導御意一、於二不善人一猶令レ運二帰教〔仁本・活本「敬」〕之思一。如下釈二至誠心一処云上。若非二善業一者、敬而遠レ之。亦不二随喜一也。文。豈以二聖道門一為二群賊一乎。是故第一巻中、引二別時論文一会二通之一。非レ限二論文一、引二人師会釈一、雖レ破下与二遠生一為レ因義上、下文云、願行不レ具不二往生一、与二遠生一為レ因者、其義実也。文。未二必一辺捨一レ之、又第四疏文、逢下解行不同人多引二経論一来、好云上レ不レ得二往生一、設レ答中云、如二我意一者、決定不レ受二汝破一、然我亦不二是不一レ信二彼諸経論一、尽皆仰信、然時処対機利益不同、縦汝等百千万億導レ不レ生、唯増二長我信心一。〈取意〉既以二仏説経菩薩論一、会二時処対機利益不同一、悉仰二信之一。対下不レ通二教意一邪雑人上、云二縦使汝等百千万億等一、明知群賊喩不レ関二聖道門一也。

問。爾者何故、疏第一巻、善導傷嘆云、未レ審今時一切行者、不レ知何意凡小之論乃加二信受一、諸仏誠言返将二妄語一、苦哉、奈劇能出二如レ此不忍之言一云云。凡小之論等教誡、豈非レ関二論家一乎、如何。答。如二前説一、令下授二了義一捨中不了上之言也。而此又傷二嘆愚人一也。是故此文上云、久来通論之家不レ会二論意一等云云。臨レ文可レ見レ之。若不レ爾言下善導以二一切聖道門仏法一為中往生能障上者、令三善導有二断種之過一。如二十住毘婆娑論云一、問曰、三乗所学皆為二無余涅槃一。若無余涅槃中無二差別一者、我等何用於二恒河沙等大劫一、往二来生死一、具二足十地一。不レ如以二声聞辟支仏乗一速滅二諸苦一。答曰、是語弱劣、非二是大悲有益之言一。若諸菩薩効二汝小心一、無二慈愍意一、不レ能三精勤修二十地一者、諸声聞辟支仏、何由得レ度、亦復無レ有二二乗差別一。所以者何、一切声聞辟支仏皆由レ仏出。若無二諸仏一、何由而出。若不レ修二十地一、何有二諸仏一。若無二諸仏一、亦無二法僧一。是故汝所説者、則断二三宝種一。非二是大人有智之言一。不レ可二聴察一。文。声聞縁覚道果、猶依二大乗一立。況浄土門者、是大乗教一門也。若無二聖道円満法門一者、豈得二浄土門立一乎。能能可レ思レ之。又善導合喩文中、出二自他障礙一喩二群賊喚廻一。即如二文云一。言二或行一分二分、群賊等喚廻一者、即喩下別解別行悪見人等、妄説二見解一迭相惑乱、及自造レ罪退失上也。文。此中有二二句一出二二種障礙一。一為二他人悪見一被二障礙一。如二文云一。別解別行悪見人等、妄説二見解一迭相惑乱是也。二往生人自造レ罪為二罪業一被二障礙一。如二文云一。及自造レ罪退失是也。行人自造二罪業一、不レ得二往生一。此亦如三群賊被二喚廻一也。及之言即相違釈也。上即他下即自、即自他相違義也。

問。此二句文、別解別行悪見人、説二邪見邪解一之外、及造二余罪業一、指レ此可レ云レ及。爾者二句倶非レ出二悪見人之過一乎。答。不レ然。此悪見人、非二唯自不一レ望レ趣二白道一、還妨二趣向人一。何得二退失名一乎。今言二造罪退失一者、彼単独人既向二白道一行一分二分、以レ有二自他二退一、喩レ被三呼二廻於群賊一也。是故及之言、即自他相違釈也。然汝集引二此文一、雖レ釈二別解別行句一、不レ釈二此句一。若為下雑二乱文句一一向為中別解別行人之過上乎。爾者有二無智過一、何作レ書乎。若為下党二念仏者一隠中其罪業上乎。爾者有二偏頗過一。又有下違二善導一之過上。於二此文一不レ顕二其義一、而剰於下殊抑二念仏一四行中上、亦出二持戒一。是豈非レ令三所化勧二犯戒一乎。凡大邪見之重過、不可思議不可思議也。汝非二唯不レ足レ為二念仏者導師一、剰為二念仏者悪知識一。一切念仏者、先須三遠二離汝近辺一。如二善導云一。深信者、仰願一切行者等、一心唯信二仏語一、不レ顧二身命一、決定依行。仏遣レ捨者即捨、仏遣レ行者即行、仏遣レ去処即去。是為下随二順仏教一随中順仏意上。是名三随二順仏願一、是名二真仏弟子一云云。十輪等諸経、如来大誡二大邪見過一。若有二邪見一者、為二衆生悪知識一、為二仏法怨賊一。若能親近者、断二滅善根一。如二善導釈云一。仏遣レ行処者、専在二于大菩提心一。汝撥二去之一。仏遣レ捨処、仏遣レ去処、善導遣レ捨処、善導遣レ去処、更不レ可レ有三一法過二汝断菩提心邪見一。是故信二善導解釈一人、先可三捨二離汝一也。又汝所レ引文中云、若不レ可二仏意一者、即言汝等所説是義不レ如レ是。念仏者、先以二汝所説一可レ為二不如是義一。又次下文云、不レ印者、即同二無義無利無益之語一。文。此所レ言無義無利等者、可レ有レ通二無記性一。汝所説是大邪見、可三断二滅自他善根一。一切念仏者、先於二此選択集義一、可レ有二用意一也。速遠二離此集義一、可レ入二善導一門一也。

問曰、選択集所レ言一切別解別行異学異見等者、是指二聖道門解行学見一也者、於二五処別解行文一、指二第一番文一也。全非レ指下譬二後群賊一文上。然汝雑乱取レ義致二此難破一、還非レ成二自狂一乎、如何。

答。五処別解行人、是為二一人一、更非レ為二五人一。其旨如二上成レ之。善導以レ之譬二群賊一。汝若言下以二一処文一指中聖道門上者、其過全無二差別一。可レ察可レ察矣。〈上来二門唯挙二講経日所レ出二難一。自余邪義不レ遑二一一破難一。唯関二智人思量一而已。〉

問。専修一門云、此書作者上人已遂二往生之素懐一云云。〈去春已入滅。〉然汝破二往生人之製作書一、猶可レ為二罪業一。剰処処加二謗言一、或云二断種之過一、或云二魔説一、寧非二重罪一乎、如何。答。大聖雖レ去、教法是存。証道雖レ澆、法印無レ改。是故設雖二天魔説一、其理順二正法一、名為二仏法一。設雖レ現二聖身一、所説順二邪道一、名為二魔説一。如二入大乗論云一。仮令魔説、能除二滅障一、不レ違二正法一、雖レ曰二魔説一、即是正法、与二仏語一不レ異。何以故、如二仏所説一、依レ法不レ依二於人一、是以我今但従二正理一、不レ取二名字一、又我等所求、能滅二智障煩悩障一者、即是世尊、若実魔者、終不レ能レ説二菩薩之法一等云云。既云二依レ法不レ依レ人。上人所レ言、若有二道理一者、設雖レ不レ遂二往生一、尚可レ信レ之。既有二此大過一、何不レ破レ之乎。既論云、若実魔者、終不レ能レ説二菩薩之法一。文。菩提心者、是菩薩所楽法也。上人厭二悪之一。知是魔儻也。十住毘婆娑論、出二失菩提心法一中頌云、不レ覚二諸魔事一、菩提心劣弱、業障及法障亦失二菩提心一。長行釈云、不覚魔事者、若不レ知二諸魔事一、則不レ能二制伏一、若不二制伏一、則失二菩提心一。〈乃至〉下文云、取レ要言レ之、於二一切法一有二障礙一者、皆是魔事。文。既厭二悪三世諸仏重宝菩提心一。当レ知是大魔縁也。如下法界無差別論説二菩提心因義一頌云上。能益二世善法聖法及諸仏一、所依宝処因、如二地海種子一。長行云、如二種子一一切仏樹出生相続之因故。文。凡如レ此論蔵華厳等諸経、此文遍満、不レ能二始成立一。凡生二在仏家一、以二

菩提心一為ニ羯羅藍種子一。然撥ニ去之一。豈非レ煎ニ仏性種子一乎。仍付ニ乎断種過一、汝何咎レ之乎。若咎レ之者、汝又可レ有ニ彼同類罪一也。諸経論中、以ニ大乗一為ニ三宝種子一、於ニ大乗一、以ニ菩提心一為ニ最上無過珍宝一。然厭ニ悪之一人、豈可レ在ニ人数中一乎。

問曰、沙門之法、以ニ柔和一為レ先。衆僧之道、以ニ和合一為レ本。乖ニ一人一、尚以可レ為レ過。況専修已成レ群、剰立ニ一宗名一。然汝劬労致ニ此難破一。豈非ニ重罪一乎、如何。答。邪教興、正法廃。諸悪増長、衆善損減。依レ之諸大論師出レ世造ニ種種論一。燃ニ正法燈一、破ニ邪見暗一。仏法由レ此住持、為ニ世間依怙一。此事自レ非ニ沙門所作一、更無ニ其人一。入大乗論云、若言ニ摩訶衍是魔所説一者、則為ニ仏法之大患一也。文。然汝所説雖ニ正不レ言ニ魔説一、同レ言ニ魔説一。何者、汝集云三菩提心妨ニ凝念仏一為レ宗、敵者云三菩提心助ニ成念仏一者、已凝ニ汝集所立一故。立者可レ言、此是魔説、如ニ前出論文一、障ニ善法一為ニ魔事一云云。即違ニ汝所立一故。若爾者、豈非ニ仏法之大患一乎。仏子何不レ痛レ之乎。若為レ痛レ之者、随ニ其力能一可ニ破レ邪立レ正也。

問。設雖レ可レ然、世間有ニ高僧碩学一、威徳巍巍明誉芬芬。須レ譲ニ於彼人一。汝是非ニ高僧一非ニ明徳一、唯須ニ謙居念仏一、何致ニ此利口一乎。答。此難実然、無ニ遁処一。然則年来雖レ聞ニ此事一、仰ニ彼高僧碩学之良断一。然余雖ニ無徳一、既入ニ仏家一。見ニ此邪書一、心府如レ割。不レ能ニ黙止一、聊述ニ愚懐一也。如ニ菩提資糧論第五頌云一。不レ羨ニ諸境界一、行ニ凝盲瘂聾一、時復師子吼、怖ニ諸外道鹿一。彼論長行自釈云、若見三他人増ニ長利養恭敬名聞一之時、於ニ色等境界中一不レ応ニ希羨一、於ニ愛不愛色声香味中一、雖レ非ニ凝盲瘂聾一、而作ニ凝盲瘂聾之行一。若有ニ力能一、莫ニ常瘂住一。応下以ニ正法一遣、或破レ繋持上倒。為レ怖ニ外道鹿一故、及住ニ持正教一故、復当ニ振師子吼一。文。謹案ニ論意一、道心行者、於ニ世事一無ニ執著一、猶如レ無ニ分別一。譬レ之以ニ凝盲瘂聾人一。然対ニ外道鹿一、作ニ師子吼勢一、聞ニ非理非法音一、莫レ如ニ聾盲一。然則設雖レ非ニ高名碩学一、何無ニ此心一乎。仏法者是我法也。何必待ニ他護一乎。況守ニ護受三持如来正法一、是法師所作也。覚ニ諸魔事一破レ邪立レ正、是法師所作也。依レ之立ニ持正法法師覚諸魔事法師名一。如ニ探玄記第八云一。於ニ十方界一仏滅度後、守ニ護受三持如来正法一、広宣流布開化不レ絶、為ニ法師一也。如ニ辨積法師及那羅延法師他摩室利法師等一。并由ニ其人一、使三仏法再興久住ニ世間一等、此為ニ持正法法師一也。覚諸魔事者、如ニ荘厳論中一、有レ魔詐現ニ神通一、作ニ羅漢形一、惑ニ乱諸比丘一、愚皆帰伏、有ニ多聞比丘一、以ニ阿毘達磨石一磨レ之、仮金遂露。即呵ニ嘖之一、余愚人嗔ニ此法師一、後果方知云云。嗚呼哀哉。人有ニ護法之志一之昔、魔王不レ尽レ力者、何作ニ滅法計一。是故作ニ羅漢一出レ世、現ニ神通一誑レ人。諸論伝記中、多有ニ此事一。涅槃等諸経、先亦有ニ仏記一。近日未レ見ニ此反相一。定魔王拱レ手、只待ニ汝邪心一歟。依ニ汝迷謬一、世人多無下嘗ニ乎甘露法味一之心上、絶下翫ニ乎無上宝珠一之思上。皆斉レ頭馳ニ於邪見衢一、各紋レ手趣ニ於自利道一。於焉大乗正法将レ絶、豈非レ苦乎、非レ痛乎。准ニ前所レ引文証一、汝既無ニ守護正法義一、法師名依レ何立乎。

　問。設我雖下作二此書一防二菩提心一以二正〔仁本・活本「聖」〕道門一喩中群賊上、世有下如二汝等一之罪人上、道心不レ可レ絶、聖道不レ可レ滅、何強致二憂愁一乎。答。我聞二此不忍之辞一、心府忽如レ割。時属二末代一、人倦二求法一、邪魔設二方便一、動作二滅法計一。〈如二前出経説一〉汝之邪法、興而年数未レ久、人多捨二正道一、挙レ世信二邪説一、遂成レ群立レ宗、遍二満諸国一。掩二耳於読経之音一、背二面於聖道之衆一。然如二砕船漂レ浪、而纔有下誦二経典一之男子上。似二残燈待レ風、以適有下帰二余仏一之女人上。是併依三宿善多幸遇二明主正化一也。昔聞大人出レ世、鶏鳥孕二鳳凰一、牝馬産二騏驎一。汝邪化下希有二此一類一。良匪二直爾一也。夫我之　聖主、等二心於須弥一、比二思於蒼海一、明二揚仏日一、敬二重大乗一。以二帰仏有レ余信法無レ外、掘二千万竜象衆一、書二一日一切経一、抑二国務一読二誦一乗法華一、運二仙毫一書二写十七地論一、継二已絶聖跡一、興二未レ興仏事一。倩察二大乗聖教旨趣一、厭レ苦欣レ楽之心未二必為レ珍、咄禽蹇獣厭二乎苦患一、外道邪宗欣二乎解脱一。適信二因果一人、何必愛二生死一乎。惟難レ有者、愛二楽大乗一之心也。其無上者、守二護仏法一之志也。我之　皇有二此聖徳一、快哉幸哉。一国涼二於曼荼灌頂之定風一、万人沐二乎一乗三乗〔仁本・活本「三乗一乗」〕之智水一、専依レ之也。如下彼妙光城人民誇二大慈幢行楽一、莫非二大光王之聖徳一。我聞二汝之邪説一為二深悲一、値二此之正化一為二大幸一。若不レ爾者、我等従レ冥入レ冥従レ闇入レ闇、何畜二〔底本とも三本まま〕見仏〔仁本・活本「聞」〕資糧一、向二菩提大道一乎。倩思二此理一、坐二解脱之床一、亦酬二我之　聖主之鴻恩一。如下華厳経多知解婆羅門対二善財一説二甘露大王徳一中云上。復次我王宣二流正化一、諸仏護念、何況竜神以レ是正心能制二諸悪一。如レ執二鈎策一、邪法不レ生、能与二世間一作二無利一者、咸化調伏正見修行、亦如二牛王王若行時、一切諸牛悉皆随従一。王亦如レ是、正化流行、一切有情悉皆随順。又如三鉄鈎能制二狂象一。王治正化能伏二悪人一、究竟令三其同帰二解脱一。〈已上〉是知値二明主正化一、専為二解脱因一乎。我之　皇敬二重仏法一、亦為二諸仏護持力一。如下清涼大師釈二前経文一中云上。諸仏護持流二心仏教一、特異二余王一云云。当レ知　国主帰二汝邪見一者、仏法一時隠没。今不レ爾者、定諸仏護持之力也。

　問云、専修門人有二一類徒党一云、雑行善導之所レ制也。聞二如レ此文理一、是可レ為二雑行一、仍不レ聞二念仏外余事一、不レ奈二同行外余人一。汝雖レ作二此決一、称二別解別行人之所為一、不レ可二信用一。可レ有二何益一乎。答。聞法之益、諸教所二讃嘆一也。善導全不レ制レ之、如二善導観経疏第四云一。行者当レ知、若欲レ学レ解、従レ凡至レ聖、乃至仏果、一切無礙皆得レ学也。若欲レ学レ行者、必藉二有縁之法一。少用二功労一、多得レ益也。文。准二此文一、行法雖レ藉二有縁之一法一、言二学解一有二一切無礙之言一。専修人何不レ肯二聞法之益一乎。如二法華云一。聞レ法歓喜、讃乃至発二一言一、即為三已供二養一切三世仏一。如レ此文経論非レ一。菩薩万行、皆無二聞法不レ為レ先。善導所制、是指四別解別行邪雑人之欲三惑二乱往生行一之言也。然則設雖レ為二専修人一、必須下親二近善友二聞中正法上也。

問。彼一類引レ証云、善導云、敬而遠レ之。西方要決云、但知深敬者、此事如何。答。其証拠更無二其謂一。善導云、讃二歎一切衆生三業所為善一、若非二善業一者、敬而遠レ之、亦不二随喜一也。文。此中既讃二歎聖道浄土二門善根一、不レ簡二別解別行一也。然云下遠二離不善一不中随喜上、此不レ待レ言。次西方要決文者、要決云、三者敬二有縁善知識一、謂宣二浄土教一者、若千由旬十由旬已来、并須二敬重親近供養一。別学之者惣起二敬心一。与レ己不レ同、但知深敬也。若生二軽慢一、得レ罪無窮故、須三惣敬即除二行障一。文。解曰、此文有二三句一、出二三人一。一有下宣二浄土教一者上、千由旬十由旬之中、随レ堪可二親近供養一。二於二別学人一、惣可レ起二敬心一、勿レ有二隔心一。此第二人、依二善導意一、是別解別行人無二悪見一人也。三逢二与レ己不同人一、但知深敬。此第三人者、依二善導意一、別解。〔仁本「別」あり〕行人欲三惑二乱浄土行一人也。此文意、設雖レ為二別学人一、非レ謂レ不三尊二重有徳人一。惣述二恭敬修意趣一故、言下於二邪雑人等一不上レ生二軽慢一也。於二其中一是浄土行者故、先挙下宣二浄土教一人上也。第二挙二別解行人一、第三出二邪雑人一、於二邪正二人一、皆令レ生二恭敬心一故、結文云二故須惣敬即除行障一。文。若設唯出二浄土知識一人一、雖レ不レ出二余人一、恭敬修義須二惣敬一。況文既出二三人一勧二恭敬一。引二此文一還隔二別解行人一、甚以不可也。若如レ此不レ得二文意一者、此文既於二別行邪雑二人一者、惣勧二恭敬一、於二念仏者一、云二千由旬十由旬已来一、汝於二千由旬以外念仏者一、為レ可三打二罰之一乎。当レ知国土広博故、知識亦無辺。非三一身遍歴可二親近供養一。是故於二無辺知識中一、先挙二自行有縁知識一、其知識中、亦於二近遠二辺一、出二足跡可レ尋之分限一。兼令三恭二敬別行邪雑人一。恭敬修義是足。此外置不レ論レ之也。

良以一味法雨無二甘鹹不同一、和合僧中更得レ有二別衆一乎。云二聖道門一云二浄土門一、倶是仏法也。云二専修人一云二雑行人一、同是僧衆也。爾者須下同守二一法印一共行中八正道上。是故阿弥陀経等別不レ説二念仏者律儀一。善導等又無レ加二別制戒一。若言下有二別道理一浄土門諸師有上レ制二念仏者律儀一者、其理不レ可レ爾。何者、謂通二論如来説教一、惣有二二種一。一化教、謂為二一切一、説二諸因果理事等法一、大小顕密諸経論是也。二制教、謂対二自内衆一、挙レ過顕レ非、立二正法一制二非理一、結二示罪名一、辨二定持犯一、即大小乗諸戒律是也。化教通二五種人説一、一仏、二菩薩、三弟子、四神仙、五変化人也。此五人所説、順二如来所説法印一、皆以名二仏法一。是故阿毘達磨諸大論師、各各建二立法相名数一、簡二択諸法自共相一、雖二廃立不同一、皆以名二仏説一。制教者、唯是如来一人自説。以二制戒軽重余無一レ能故、更無レ有二他説一。善導等諸師、何制二別律儀一乎。但近代専修者、作二種種別戒一、甚非二善導過一也。如二彼善導一者、雖下以二念仏一為上レ行、不三立為二別宗一。何以得レ知。観経疏第三、釈二諸仏如来是法界身等文一已云、或有二行者一将二此一門之義一、作二唯識法身之観一、或作二自性清浄仏性観一者、甚錯。絶無二少分相似一也。〈乃至〉又今此観門等、唯指レ方立レ相、住心而取境、惣不明無相離念也等云云。依他師意、実於此文作唯識真如等釈。然善導既作此判。於観経一巻中、他処全不説。雖有解第一義言、正不顕其義。是故依善導意、於此経中、更不顕唯識真如等義。若爾者、不可有不説唯識真如等義一宗也。如汝所立者、唯以浄土三経為所依、以善導一師為高祖、以称名為宗義、立一宗、甚以不可也。須以三経為本、以一切経論為所依立宗。例如以華厳経為本、以一切経論為所依成一宗、以法華経為本、以一切経論為所依成一宗。若不爾者、更不可立一宗也。

問曰、此条、選択集第一段已決畢。如集曰、問曰、夫立宗名、本在華厳天台等八宗九宗、未聞於浄土之家、立其宗名。然今号浄土宗、有何証拠也。答曰、浄土宗名、其証非一。元暁遊心安楽道云、浄土宗意、本為凡夫、兼為聖人。又慈恩西方要決云、依此一宗。又迦才浄土論云、此之一宗竊為要路。其証如此、不足疑端云云。其証実顕然也、何会之乎。答。宗有大小不同、謂名言起必有由、指之云宗。依因明家釈云、法有法合名宗。此於一切世出世言陳、皆有此宗也。常途釈云、当部所崇曰宗。此約経論文義釈之。雖言異、意同之。此詮一義一事以為宗。世間短札等、非無此宗、未必学者成群也。若無之者、如風林河等音声、更無詮表也。以為小宗。今所言五宗八宗等者、簡釈諸法自共相、妙尽空有等底。大門有額、学者成群。僅入一門、癡暗氷解、適昇学堂、慧炬光暉、是為大宗。清涼云、多分為宗云云。准例尽広多諸法性相、可為大宗。然汝集文挙問端大宗為本、出答文以小宗為証。又彼答文所引証拠、不隔一切経論。我不必諍為大宗、汝既隔一切経論而立大宗。若爾者、於唯識真如等法門十八界諸法性相仏果有為無為功徳、何辨定之乎。先問汝曰、於所楽安楽国土、去幾仏刹乎。依阿弥陀経説可答曰。過十万億仏土。問曰、爾者聖教説、虚空無辺故世界無辺、世界無辺故衆生無辺云云。若有問、若過十万億仏刹有浄土者、十万億刹外無穢土乎。若爾者、世界無辺等文、唯約穢土説之、何言無辺乎。汝若不能答者、一宗不成、若又引余経論作此答者、汝所立宗又不成也。若汝言立宗時不捨余経論者、勿以持戒菩提心等為障礙、勿以聖道門譬群賊。若不爾而専念仏一行者、我仰汝為西方導師、衆生亦帰汝可出生死大苦。若爾者、仏法一味僧衆和合。豈非幸耶、豈非喜耶。

夫仏正法是一味、終帰菩提。汝邪法是別法、隔菩提心故、不相応正道、終不到菩提。仏弟子是一味、終帰涅槃。汝門弟是別衆、隔別解行人故、終不帰涅槃、其過豈不同破僧罪乎。夫愛罪不断善根不損他人、見罪能害慧命亦損他人。是故雖破戒、尚有正見者、得堕在福田数中。若有邪見者、於仏法為大賊。若親近戒見倶壊悪行苾芻人師及弟子、倶断善根一、当レ堕二地獄一。其証拠如二上出一レ之。然汝立二一宗一、云下以二持戒菩提心一為中念仏能障上。豈非レ令三人勧二戒見倶壊悪行一乎。設雖下上人随分立二持戒浄行一好中道心修行上、依レ興二此邪言一、門弟記二貝葉一鏤二簡牘一、永代住持、以為二上人素懐一。此事奈二於仏知見一、可レ恐可レ恐矣。沙門高辨敬白、諸人中、若千万中一人有下信二此能破一人上者、必必不レ可レ軽二称名行一、唯無二此邪見一者、本望是足。余不レ謗二称名行一、不レ背二善導釈一。是故所レ出皆依二浄土門意一、唯詳二善導宗義一。但於二仏法一挙二一辺一者、是為二魔説一。如二修禅要決云一。問。有人言、経説禅定牢固者、如来滅後第二五百年也。時今遠矣、不レ合レ修レ禅。若拠二此言一、合レ修レ禅不。答。経亦広説云、仏本不レ滅、何論二之久近一也。西方現今坐得二四禅八定一者、其数極多、不レ可二勝計一。若言レ不レ合、其事如何。三慧之中禅是修慧、今時豈可下但学二聞思一不上レ許レ修也。此言偏拠、極非二通説一、雖レ引二仏経一、其間不レ無二邪正一、且於二聖教一偏挙二一文一、以弊二多義一者、此当二魔説一耳、深可レ察レ之、深可レ察レ之。〈已上〉諸行皆以可レ然。若執二一行一求二其文証一者、諸行皆非レ無二文証一。若就二称名一如法行可レ立、就二余行一如法行難レ立、於二此人一尤可レ好二称名一。若称名雑行倶如法行難レ立者、善導専修文、於二此人一未二必為一レ証也。

近代愚童少女等、立レ宗成レ群、口誦二専修文一、心無二専念誠一、以二上慢一為レ心、以二貢高一為レ思、凌二蔑読誦大乗行人一、軽二哢秘密真言持者一、其過幾爾乎。此事往生宗中、専制為二大罪一。如下善導観念法門引二観仏三昧経一云上。仏告二阿難一、未来衆生、其有レ得二是念仏三昧一者、観二仏諸相好一者、得二諸仏現在三昧一者、当下教二是人一密二身口意一莫上レ起二邪命一、莫レ生二貢高一。若起二邪命及貢高法一、当レ知此人是増上慢、破二滅仏法一。多使三衆生起二不善心一、乱二和合僧一、顕レ異惑レ衆。是悪魔伴。如レ是悪人、雖二復念一レ仏、失二甘露味一、此人生処以二貢高一故、身恒卑小、生二下賤家一、貧窮諸衰。無量悪業、以為二厳飾一。如レ是種種衆多悪事、当三自防護令二永不一レ生。若起二如レ是邪命業一者、此邪命業、猶如三狂象壊二蓮華池一。今此邪業亦復如レ是、壊二敗善根一。仏告二阿難一、有二念仏一者、当二自防護一、勿レ令二放逸一。念仏三昧人、若不二防護一生二貢高一者、邪命悪風、吹二橋慢火一、焼二滅善法一。善〇〔観念法門「法」あり〕者、所謂一切無量禅定、諸念仏法、従二心想一生、是名二功徳蔵一云云。汝説二別法一起二別衆一、初心比丘比丘尼、多出二和合衆一、入二汝邪門一。経文所レ指乱和合僧過、実顕然者也。傷嘆之至、唯限二此一事一也。愚僧雖二不屑一、忝黷二仏子称一。臨二両部大壇一、希浴二五智之法水一、入二華厳円宗一、纔嘗二十玄之義味一。雖レ恐二非器一、深仰二宿縁一。解脱資糧、只憑二此善根一。然若有丁偏守二慧果弘法之一流一、一朝永帰二真言一、唯仰二香象清涼之遺風一、諸国専崇二華厳一、令丙毀二呰念仏之法一、廃乙退余乗之行甲。我聞二此事一、甚不レ生二随喜心一。宛今如レ嘖二汝過一、全不レ可レ有二差異一也。此一言定落二于琰魔王之玉鏡一、彰二於倶生神之金札一歟。又両部曼荼諸尊聖衆、華厳海会一切三宝、十眼朗垂二照見一、十通深加二証知一。且彼講経曰、先述二此意趣一、一会諸人皆所レ聞也。病患巨多、方薬非レ一。己宅遠近、道乗千差。若唯授二称名一行一、異類機何相契乎。如二善導疏第四云一、諸仏教行数越二塵沙一。稟識機縁随レ情非レ一。〈乃至〉随出二二門一者、即出二二煩悩門一也。随入二二門一者、即入二一解脱智慧門一也。〈乃至〉是故各随二所楽一而修二其行一者、必疾得二解脱一也云云。此言誠乎。汝又可レ守二此誠言一也。

問曰、近代愚童少女等、設雖レ不レ称二仏号一、不レ可レ修二真言瑜伽一、不レ可レ行二諸宗慧学一。然依二我之勧進一、一向称二仏号一。然如二善導所釈一、百即百生行故、順次決定往二生極楽一。是可レ為二無上大利一。然汝謗レ我非二罪業一乎、如何。答。汝若勧二進彼愚童少女等一、不レ令三一言一事違二善導教誡一者、良可レ有二百即百生憑一。若不レ然者、順次往生為二不定一。見レ不レ堪二余行一勧二専称一者、我亦少少有レ之。況呵レ汝乎。若不レ然強勧二進之一者、其根機不二必相当一也。設阿弥陀如来、与二観音勢至等清浄大海衆一、来二此穢土一勧二化無量衆生一、雖レ欲レ令三往二生極楽浄土一、於二三学雑行仏法一、雖レ為二何法一、以二一行一不レ能三成二就之一。何者、無量衆生根機不同故、機根多種、教法一種、不レ応レ理故。設耆婆出レ世、設二一方一投二一薬一、可レ療二四百四病一乎。病患多種、方薬一種、不レ応レ理故。病患多種故、方薬又多種也。応レ病投レ薬、痼疾得レ除。是耆婆医王之秘術也。応二機根一設二随宜法一、是大聖善巧也。十二部経八万法門、浅深差別開合不同、専依二此義一也。

是故汝強授二念仏一行一、不レ能三成二就多類衆生一。彼愚童少女所住近辺、必有二僧尼一。彼僧尼、或是為二兄弟一、或是為二知音一、其僧尼随分有二所行一、或読経、或学問、或勤二修瑜伽秘法一、或造二立堂塔僧房一。如レ此諸行、雖二浅深不同一、皆帰二一解脱門一。竊勘二僧伝一、其所行各差別。皆与レ道合、悉是為レ徳。親近結縁人、其功不二唐捐一、若失レ理、損二自他善根一。依レ之経論立二大賊名一。然男女等親二近彼僧尼一、読二一巻経典一、受二一尊真言一、投二財宝一致二給仕一。所帰僧尼雖二破戒一、若有二正見一、悉為二勝縁一、衆生皆無レ不レ得二大益一。如二十輪等経説一。随二其善根勝劣一、各得二勝進一、是如来利生方便也。良依二汝勧進一、称名為レ先、雖レ似二善根一、又依二汝勧進一、住二大邪見一。是為二善根一乎、如何。若有二此邪見一者、設雖二称名為一レ先、順次往生難レ期。不レ如二善心相応余行一。若爾者、称名音遍満、為レ有二何詮一乎。還是往生宗陵遅也。此順二法印一探二実義一、汝定謂レ非二称名行一歟。不得心之至、不レ可二称計一。依二汝一言一、男子女人、或捨二已修之諸行一、或止二当修之諸行一。夫法依レ人持、人待レ法昇。一人修レ之、法已一興、一人捨レ之、先一法滅也。如下光宅大師釈二自行流通義一云上。普賢勧発品一品、諮為二自行流通一。所二以爾一者、前明下薬王妙音等諸大菩薩苦行、通レ経皆亡レ身済レ物没レ命度上レ人。但始行菩薩未二全能爾一、便於二通経之道一生二退没之心一。是故如来勧レ人言、若使不レ能二喪レ身護レ法弘レ経化一レ他者、亦可二自能受持読誦一。自受持読誦、即是自行流通。何故然、若使此人不二自受持読誦一者、経於二此人一則不二流通一。此人既能受読誦、経於二此人一得レ流、即是通也。〈已上〉翻レ此可レ知、無量衆生廃二諸行一者、即是無量法滅也。今者設汝雖レ制レ之、此邪見不レ可レ止。唯不レ限二汝在世一、至二法滅時一、汝邪義亦可二流通一。依レ之現当所レ滅経巻、其数幾爾乎。此事若為二善根一者、良可レ為二無上善根一。此事若為二罪業一者、亦可レ過二五逆罪一。然於二罪福中一、是非如何。我任二常途一許二当根仏法一、是非二我説一、任二経論一。設雖レ非二功徳一、亦不レ為二罪業一。汝立二新義一偏廃二余行一。若非二大功徳一者、恐為二大罪一歟。自所レ好者、是一有縁行也。如二大賢云一。随二其宿習一、心楽住故。文。作二此法滅過一、偏抑レ所レ好者、必可レ計二其当根一。若不レ然者、即是損二他人一也。若如二汝勧進一者、善導已来、宋朝皆可レ守二称名一行一、不レ可レ有二他仏法一。汝依レ云下好二念仏以外余行一之人違中釈尊弥陀上、諸人驚レ心改レ色、不覚而廃二余行一。汝令三百人廃二余行一中一人、若不レ得二往生一者、於二彼人一損益如何。

問。彼人設雖レ修二余行一、往生浄土為二不定一。若期二結縁益一者、称名亦非レ無二其徳一。然者於二彼人一、何為二極損一乎。答。余行功積、彼果将レ近。汝抑レ之有レ令レ入二専修一、於二余行一撥為二無用一故、感果遅滞。称名行未熟、不三往二生浄土一。若依二撥無過一、余行暫不二感果一者、生二悪趣一、何必不定乎。百人中有二此一人一者、豈非二極損一乎。又設雖レ不レ生二悪趣一、遠二離仏因一、豈非二極損一乎。

問。如二光宅所釈一、於下不二受持一人処上名二法滅一。汝等罪人受持者、一朝仏法不レ可レ滅。然者何憂二法滅一乎。答。如二思益経第四云一。如二劫尽焼時、諸小陂池江河泉源在レ前枯竭一、然後大海乃当二消尽一。正法滅時、亦復如レ是。諸行小道正法先尽。然後菩薩大海之心正法乃滅。文。当レ知、依レ信二汝邪言一、愚童少女廃二経巻一、非二彼陂池江河枯竭一乎。此邪法増長、　国主若信レ之者、大海正法即滅。護法聖衆捨レ国、世間無二依怙一。思益経又云、如下彼大海有二金剛珠一、名二集諸宝一、乃至七日出時火至二梵世一、而此宝珠不レ焼不レ失、転至中他方大海之中上。若是宝珠在二此世界一、世界焼者、無レ有二是処一。此諸菩薩亦復如レ是。正法滅時、七邪法出、爾乃至二於他方世界一。何等七。一者外道論、二者悪智〔仁本・活本「知」〕識、三者邪用道法、四者互相悩乱、五者入邪見棘林、六者不修福徳、七者無レ有二得道一。此七悪出時、是諸菩薩知二諸衆生不一レ可二得度一、爾乃至二於他方仏国一、不レ離二見仏聞法一、教二化衆生一、増二長善根一。文。当今七邪雖二已現一、一朝未レ靡者、当レ知酬二　国主福徳一也。

問。善導既云下自余衆行雖レ名二是善一、若比二念仏一者、全非中比挍上也。文。明知修二称名一行者、是為二無上乗機一。然者一朝皆有二此大人一者、即是可レ謂二人宝荘厳之国土一。然者一朝不レ靡、可レ為二極損一。何謂レ之為二　王徳一乎。答。善導所立念仏義、如二前諸門成一レ之、不レ遑二再出一、非レ謂下指二不法称名一易中如説余行上也。往生宗所引念仏善証文中、称名外有二無量余行一、不レ遑二一一出一。若撥レ彼者、念仏深義又不レ可レ成。若如二汝所一レ言守二一文一者、称名行是為二下劣根機一所レ説也。如二十住毘婆娑論第四云一。若諸仏所説、有下易行道疾得レ至二阿惟越致地一方便上者、願為説レ之。答曰、如二汝所説一、是儜弱怯劣、無レ有二大心一、非二是丈夫志幹之言一也。何以故、若人発願、欲二求阿耨多羅三藐三菩提一、未レ得二阿惟越致一、於二其中間一、応レ不レ惜二身命一、昼夜精進、如レ救二頭燃一。〈乃至〉汝言三阿惟越致地、是法甚難、久乃可レ得、若有二易行道疾得レ至二阿惟越致地一者、是乃怯弱下劣之言、非二是大人志幹之説一。汝若必欲レ聞二此方便一、今当レ説レ之。仏法有二無量門一、如下世間道有レ難有レ易、陸道歩行、若◦〔毘婆沙論「則苦」〕水道乗レ船則楽上。菩薩道亦如レ是。或有二勤行精進一、或有下以二信方便一易行疾至二阿惟越致一者上。如二偈説一。東方善徳仏、南栴檀徳仏、西無量明仏、北方相徳仏、東南無憂徳、西南宝施仏、西北華徳仏、東北三乗行仏、下方明徳仏、上方広衆徳。如レ是諸世尊、今現在二十方一。若人疾欲レ至二不退転地一者、応下以二恭敬心一執持称中名号上。〈乃至〉更有二阿弥陀等諸仏一、亦応三恭敬礼拝称二其名号一等云云。

依レ此而言、称名一行為二劣根一類一所レ授也。汝何以二天下諸人一、皆為二下劣根機一乎。無礼之至、不レ可二称計一。依レ引二此文証一、非レ不レ執二称名行一。唯是汝之一門、以二称名一為二無上殊勝行一、擬二余行一為二下劣一。如二汝集云一。仏名号功徳、勝二余一切功徳一故、捨レ劣取レ勝、以為二本願一歟。〈文。釈三称名為二本願一、出二勝劣難易二義一中、第一義也。問答法譬文、不レ能二具出一云云。〉唯云二往生勝行一、云三契二合下根一者、其理可レ然。此文上文、盛成下名号功徳為二殊勝一、余功徳皆為レ劣義上、是頗任二胸臆一。如来三業皆遍二法界一、一一功徳皆無レ不レ会二法性一。名号勝徳亦依レ有二此義一也。何以二名号一為二殊勝一、以二余徳一為レ劣乎。近代専修男子女人等、盛述二此義一。今思以二此集文一為二本説一也。不可説不可説也。為レ懲二此執心一故、且出二此義一也。理実十住毘婆娑論意、分二易行難行二道一、誡下好二易行道一之人上。非レ謂三称名行無二勝徳一也。如四彼云三兜率天王持二一切諸仏名号一者、於二諸天中一、補処菩薩必住二此天一故、嘆三天王修二念仏三昧一、為二勝徳一也。唯讃二毀根性大小一、未三必定二所行勝劣一也。不レ能二委曲一而已。

問曰、上人作二此書一述二念仏義一、不信人稍尠、帰信人是多。終迄二于滅後項◦一〔活本「頃」〕在家出家男女貴賤、皆凝二恋慕一修二追善一、遍二満諸国一、不レ可二称◦〔仁本・活本「勝」〕計一。是知所レ言充◦二〔仁本・活本「允」〕道理一、若為二邪法一者、豈有二如レ此威勢一乎。答。宝積経説二末法行事一中云、柔和者難レ得、邪友勢力増。〈広文可レ見。〉凡如レ此文、諸経中充満。如二彼大荘厳仏滅後五比丘一、一人知二正道一度二多億人一、四人住二邪見一、此四人命終後堕二阿毘地獄一、仰臥伏臥、左脇臥右脇臥、各九百万億歳、於二熱鉄上一焼燃燋爛。死已更生二灰地獄大灰地獄活地獄黒縄地獄一、皆如二上歳数一受レ苦、於二黒縄地獄一死還生二阿毘大地獄中一、若在家出家親二近此人一、幷諸檀越凡六百四万億人、与二此四師一倶生倶死、在二大地獄一受二諸焼煮一。大劫若尽、是四悪人及六百四万億人、従二此阿毘獄一転生二他方大地獄一、無数百千万億那由他歳受㆓大苦悩㆒、世界還生、亦生㆓此間大地獄中㆒、後生㆓人中㆒、五百世中得㆓生盲報㆒、後得㆑値㆓一切明仏㆒、出家十万億歳勤行精進、如㆑救㆓頭燃㆒、不㆑得㆓順忍㆒、況得㆓道果㆒。命終後還生㆓阿毘地獄㆒、後得㆑値㆓九十九億仏㆒、亦復如㆑是。是故汝莫㆑募㆓威勢㆒矣。聖人隠邪儻出、正法廃邪法興、是末世行事経論定説。即汝之邪法増長、是末代大患也。昔如来在世先有㆓明鑑㆒、如来憐㆓愍此事㆒、大会恐㆓怖此事㆒、当今果而有㆓感徴㆒、可㆑悲可㆑痛。如㆓大般若経第六百云㆒。善勇猛、我今自持㆓如㆑是法印㆒、令㆓久住㆑世、利㆓楽有情㆒。所以者何、我声聞衆、無㆘勝神力能持㆓般若波羅密多微妙法印㆒、至㆓我滅後之時後分後五百歳㆒、饒㆗益有情㆖。〈乃至〉爾時世尊、告㆓賢守菩薩導師菩薩等五百上首菩薩及善勇猛菩薩摩訶薩㆒言、〈乃至〉汝等応㆜持㆓如㆑是法蔵㆒、我涅槃後後時後分後五百歳、無上正法将㆓壊滅㆒時分転時、広為㆓有情㆒宣説開示、令㆛彼聞已獲㆚大利楽㆙時、諸菩薩聞㆓仏語㆒已、皆従㆑座起、頂㆓礼仏足㆒、合掌恭敬、倶白㆑仏言、〈乃至〉我等当㆜持㆓如㆑是法蔵㆒、仏涅槃後後時後分後五百歳、無上正法将㆑欲㆓壊滅㆒時分転時、広為㆓有情㆒宣説開示、令㆛彼聞已獲㆚大利楽㆙。世尊、当㆓於彼時㆒、有㆓大恐怖㆒、有㆓大険難㆒、有㆓大暴悪㆒。当㆓於彼時㆒、諸有情類、多分成㆘就感㆓遺法㆒業㆖。心多㆓貪欲㆒、不平等貪及非法貪之所㆓染汙㆒、慳悋嫉妬纏㆓縛其心㆒、多忿凶勃好㆓麤悪語㆒、諂曲矯誑楽行㆓非法㆒、多懐㆓軽蔑㆒闘訟相違、住㆓不律儀㆒耽嗜所㆑蔽、懈怠増上、精進下劣、忘㆓失正念㆒、住㆓不正知㆒、口強啄長、偃蹇憍傲、喜行㆓悪業㆒、隠㆓覆内心㆒。貪恚癡増、善根薄少、無明声之所㆓闇蔽㆒、諸有所行皆順㆓魔党㆒、与㆓深法律㆒恒作㆓怨害㆒、於㆓法宝蔵㆒常為㆓大賊㆒、稟㆓性弊悪㆒難㆑可㆓親附㆒。世尊、我等今者、決定能持㆓如㆑是如来無量無数百千倶胝那由他劫所集無上法蔵㆒、与㆓彼有情㆒作㆓大饒益㆒。世尊、彼時当㆘有㆓少分有情㆒於㆓斯法蔵㆒勤求楽学㆖。彼性質直、無㆑諂無㆑誑、寧捨㆓身命㆒、不㆑作㆓法怨㆒、於㆑法亦無㆓誹謗厭背㆒、我与㆓彼類㆒当㆑作㆓饒益㆒、於㆓此深法㆒、示現勧導、讃励慶喜、令㆑勤㆓修学㆒。爾時世尊、即以㆓神力㆒、護㆓持般若波羅密〔仁本「蜜」〕多微妙甚深無上法蔵㆒、令㆓悪魔衆不㆑能㆓壊滅㆒、復以㆓威力㆒護㆘能受持精進修㆓行此法蔵㆒者㆖、令㆘断㆓魔羂㆒蕭然解脱、於㆓所修行㆒速至㆗究竟㆖。仏時微笑、放㆓大光明㆒、普照㆓三千大千世界㆒、人中天上処処有情、因㆓仏光明㆒、互得㆓相見㆒云云。〈已上経文。〉

凡如㆑此文遍㆓満諸経㆒。或有㆘聞㆓如㆑此末世変相㆒大会悲泣嗚咽㆖。如㆓当来変経説㆒。時諸弟子聞㆑説㆓是法㆒、悉皆稽首、礼㆓大仙足㆒、心意惶怖、身体戦棹。悲泣白言、将来之世、法没尽時、見㆓此世㆒者、意当㆓云何㆒、何忍㆑見㆑之。我等今日聞㆑説㆓是事㆒、心用崩破。彼世之人遭㆓此悪㆒者、身心豈不㆔裂作㆓百段㆒耶。時諸弟子忽復自議、至心投㆑地、同声白㆑師、我甚惶怖、云何得㆑道、免㆓于斯苦㆒、不㆑遭㆓斯悩㆒云云。如㆑此等文、亦非㆑一。嗚呼哀哉悲哉。我等正値㆓此時㆒、身不㆑裂㆓百段㆒、如㆓彼獺人戯咲生盲歓楽㆒、重病還似㆓無病㆒、此言誠乎。当㆑知授㆓正法教手㆒、浸㆓生死泥㆒、救㆓沈溺諸子㆒、置㆓涅槃岸㆒。

其正法若隠没者、溺子孤奈何。是故如来存日、先憂二没後法滅一、同会大士、起二弘経願一、常慰二喩世尊一。如二彼法華経中一八十万億那由他菩薩同音白レ仏言、唯願不レ為レ慮、於二仏滅度後、恐怖悪世中一、我等当二広説一、有二諸無智人一、悪口罵詈等、及加二刀杖一者、我等皆当レ忍等云云。勧持品説相、自他共所レ見也。此品中、学無学比丘尼衆、所三以請二他方国土護持一者、我等功徳浅薄嗔濁諂曲心不実所レ致也。上所レ引般若経文、又簡二声聞衆一、不レ関二我等之能化一。鑑二我等重過一、仏意致二悩乱一、哀哉悲哉矣。非三唯菩薩声聞起二護法願一、帰二依世尊一日、魔王波旬亦護法願為レ先。昔二月十五日臨涅槃時、欲界魔王波旬、与二無量阿僧祇眷属一来二至仏所一白言、我等今者愛二楽大乗一、守二護大乗一。世尊、若有二善男子善女人一、為二供養一故、為二怖畏一故、為レ誑レ他故、為二財利一故、為レ随レ他故、受二是大乗一、或真或偽、我等爾時当下為二是人一除中滅怖畏上。〈出二涅槃経一〉彼波旬拝二最後慈顔一、尚有二帰法之志一。我等送二在世一二千余年、値二如来遺蹤一、唯在二于文字経巻一。恋二慕在世一、欣二求解脱一、経巻之外復憑二何物一乎。汝更莫三軽二弄顕密正法一矣。夫聖教雖レ衆、如来説二正法印一印レ之。順二此法印一説名二仏法一、違二此法印一名二邪法一。正法取レ之、邪法捨レ之。或人師破二邪義一引レ律云、若比丘如レ是諸長老、我於二某村某城一、親従レ仏聞受持、此是法是毘尼是仏所教。若聞二彼比丘所説一、不下与二修多羅毘尼法律一相応上、違二背於法一、応レ語二彼比丘一、汝所説者、非二仏所説一。何以故、我尋二究修多羅毘尼法律一、不二与相応一、違二背於法一。長老不三復須二誦習一、亦莫レ教二余比丘一、今応二捨棄一。若聞二彼比丘所説一、若毘尼法律与共相応者、応二語言一、長老所説是仏所説、審得二仏語一。何以故、我尋二究修多羅毘尼法律一、与共相応、而不二違背一、長老応下善持誦習教二余比丘一勿上レ令二忘失一。〈略抄〉撥二去菩提心一、已違二三蔵法門一。此邪印所レ印故、汝之集是非二仏法一。長老不三復須二誦習一、亦莫レ教二余比丘一、須二捨棄一也。余雖三傷二嘆此事一、未レ染二於翰墨一、依レ聞二彼講経日憒一、粗記二大概一。依二此功徳一、興二念仏行一、自他衆生往二生極楽一矣。

選択集中摧邪輪巻下

建暦二年十一月二十三日　　華厳宗沙門高辨率爾草之了

右二箇条疑難、去冬専修人可レ有二来問一之由風聞之間、為二彼決答一雖レ草レ之、不レ然之故、深納二懐中一畢。然而連連伝聞、偏負二破念仏行之過一云云。仍近日為二諸人証判一、雖レ有二流布之志一、尚以思惟之間也。然重又聞、専修人云、作レ書破二念仏行一云云。若有三遐方歴代流二此悪名一者、為レ恥為レ疵、可レ不二辞謝一乎。仍先以二此書一奉レ進二十方一切諸仏善。〔仁本・活本「菩」〕

薩賢聖衆会幷仏法護持神祇冥衆御宝前一、副二威光一増二法楽一扇二正智之風一摧二邪見之幢一、次依レ蒙二　高命一、謹以進二上之一、此即抽二乎懐中一之始也。

建暦三年三月一日　　非人高辨上

進上

〔以下底本のみにあり〕

上人行状云、〈依二　院宣一沙門高信作レ之。〉建暦二年〈壬申〉十一月廿三日、於二高山寺一製二作摧邪輪一。近年選択集為二依憑一、一向専修盛興。偏撥二去聖道一、専住二邪執一。一味仏法廿醎分レ異、法滅之相尤足二悲歎一。仍作二摧邪輪三巻荘厳記一巻一。毎レ下レ筆請二加被於大聖一、草案改〈行状「既」〉畢、清書本奥自被レ記二旨趣一。其記〈如レ上。〉扇二正智之風一摧二邪見之幢一、書二此句一之時、俄室内風起、吹二揚彼書於知識宝前一、飄颻良久如レ本降、是眼前勝事也。又夢有二一人一取レ筆上人面書二観音一、又一人書二善導一、又従二西方一金色光明来照。此等霊夢好相非レ一云云。

禅宗綱目　一巻

華厳居士　証定　述

余在二釈門一之昔、専聞二華厳一傍諮二禅門一、交二俗衆一之今、摸象難レ辨亡羊不レ異。爰両三知己偸叩レ余曰、今時禅門紛綸是非多端。願示二指帰一敢決二疑網一。忽感二斯言一如レ有二宿縁一。仍不レ揆二膚受一、愍記二先聞一。非三是要二骰上之容餝一、欲三只期二身後之結縁一矣。

将レ開二禅宗綱目一、略以二五門一分別。一辨二教禅同異一、二明二教外別伝一、三顕二見性成仏一、四示二悟修漸頓一、五述二諸流見解一。

第一明二教禅同異一者、〈且対二華厳宗所立頓教一辨二同異一。〉問。華厳宗所立頓教、達磨所伝禅宗、為レ同為レ異耶。答。花厳宗祖師清涼国師幷圭山大師等、兼学二禅門南宗一、各述二花厳宗義一、頓教禅宗作二同異両釈一。先辨二同釈一者、謂華厳宗所立五教者、於二如来一代所説法門一、立二五重浅深一、摂二尽一切仏法一。名二之五教一。所謂小乗教大乗始教大乗終教一乗頓教一乗円教也。此五教各有二教証二道一。以三教道摂二証道一、一切仏法五教摂尽、無レ有二遺余一。是則十門教体之中通摂所詮門之意也。如二貞元華厳疏第七云一。要真諦理転入二他心一、方得レ名二法輪音一耳。又云、如来一切語言、皆法輪音。一切言説、皆仏事故云云。其中頓教者、別思益浄名等所レ説真性言絶之理。惣諸経中一切辨二真性一処、集レ之為二一教一。別為二一類離念之機一、指二彼所詮証道一、云レ同二達磨所伝禅門一也。故祖師云、仏対二一類離念機一故、頓詮二言絶之理一為二頓教一云云。謂寄二無言之言一、直詮二言絶之理一也。是則以二能詮一摂二所詮一。依二此義辺一、清涼圭山等解二釈頓教宗旨一、引二以心伝心不立文字等之言一、為二其証一也。所以大疏演義抄等諸釈、或言下南北二宗禅不上レ出二頓教一、或言下今諸禅宗多依二此教一等上也。

次辨二異釈一者、彼両師惣釈雖レ爾、委解二法門一、約二五教一釈レ之。別依二禅宗一述二異義一、其文非レ一。是則教証二道解行二門有二差別一之謂也。今出二三五文一、余以可二準知一。演義抄第七釈二十波羅密一云、約レ教者頓教。〈余四教釈略レ之。〉一々皆不可得。謂不絶不慳不戒不犯不忍不意不進不怠不定不乱不智不愚等、一切皆絶。若十若六、皆悉亡レ言云云。約二観心一、〈以二禅宗一名二観心一。見二抄第五一。〉謂一念相応心則具二十度一。捨而不レ取為レ絶。不下為二過非一所上レ汙即戒。忍二可非有一為レ忍、離二身心相一為レ進、寂然不動為レ定、決了無生為二般若一、雖レ空不レ得二知相一為二方便一。希レ斉二仏果一是願。思択不動為レ力、決断分明為レ智。一念方等、十度頓円云云。又同抄第九釈二法花開示悟入仏知見之義一云、此有二多釈一如二前引一。今更略挙二禅門一釈レ之、北宗云、智用是知、恵用是見。心不レ起名レ智、々能知。五根不動名レ恵、々能見。是仏知見。心不レ動是開、々者開二方便門一。色不レ動是示、々者示二真実一。悟即妄念不レ生、入即万境常寂。南宗云、衆生仏智妄隔不レ見。但得二無念一、即本来自性寂静為レ開。寂静体上自有二本智一。以二本智一能見二本来自性寂静一名レ示。既得二指示一、即見下本性仏与二衆生一本来無上レ異為レ悟。々後於二一切有為無為有仏無仏一、常見二本性一。自知二妄想無性一、自覚聖智故、是辨二前聖所知一、転相伝授、即是入義。上二各是一理云々。已約二教前後一出二多釈一。別約二南北禅門一釈レ之、又大疏第五約二小乗一釈二心想見三倒一已云、大乗中亦有二多説一云々。演義抄第十二釈二此文一云、〈余釈略レ之。〉二依二禅宗一。伝二於達磨一用二楞伽意一、五識帯レ相惣名二想倒一、第七染汙別名二心倒一。第六意識起二諸見倒一云云。又貞元花厳疏第六釈二入仏知見一云、若依二禅宗一、知二心空寂一名レ知、見二心空寂一名レ見。知約二了知一、見約二証見一。然見亦見知、々即心体。已縁二寂照一真知見也云々。上諸釈出二大乗異説一中、不レ云レ約二頓教一、直云レ依二禅宗一。教禅異門誠以炳焉。又円覚経略疏第一云、万法虚偽縁会而生。々法本無一切唯識。々如二幻夢一、但是一心。々寂而知、目二之円覚一云々。同抄第一云、釈二此一段之文一、作二四重釈一。一具釈、二配二禅宗一、三配二五教一、四辨二所用之文一。〈云々。略レ之。〉既配二五教一之外、有下配二禅宗一之釈上。頓教禅宗別分明。又同抄第二云、荷沢説二三種三学一。有作三者、約二諸悪不作等一。無作三者、妄心不レ起是戒。〈無二貪嗔悩嫉等一也。〉本無二妄心一是定。〈無二思覚等一也。〉知二心無念一是恵。〈不レ落二無記空一也。〉自性三者、空寂照。〈如レ次配レ之。空是離二四相一絶二百非一之義故、配レ戒也。余二可レ知。〉此中無作三者、義当二頓教一、自性三者、荷沢所伝禅宗義也。思レ之。又貞元華厳疏第二述二修証浅深一門之中、約二禅宗一出二多門一已、別有下約二頓教一漸頓門上。彼云、若云下立レ有二階位一名レ之為レ漸、不レ立為上レ頓、且通二解証一、是頓教中意云々。依二此等釈意一、花厳学者、頓教禅宗同異両門並以存レ之。堅立二一門一、非三唯奪二禅門意勢一、於二花厳一専滞礙。然則若以二教道一摂レ之者、六塵四大皆是教体、十門教体中遍該諸法門是也。又通摂所詮義、已如三上説二通摂所詮門一也。又円覚経略抄第一云、亡レ言絶レ慮、即無教之教云々。則此意也。若以二証道一摂レ之者、文字教典悉為二以心伝心之門一。故貞元花厳疏第八云、実智体因二言語性離一、不レ応二捨レ言而別求一也。今禅宗多用二此勢一云々。

問。頓教証道与二禅宗証悟一、為二全同一為二分同一耶。答。分同非二全同一。謂頓教者、唯説二諸法言絶之理一。是故具二証道一、偏在二性空理一。故円覚経略抄第一云、頓教唯性云々。又演義抄第三引レ証云、達磨碑云、心有者曠劫而滞二凡夫一、心無者刹那而含二正覚一。下経云、此性本空寂、無レ取且無レ見。性空即是仏、不レ可レ得二思量一云々。宗鏡録第四十一云、言二心無一者、非レ了二心空一、不レ生二於了一耳云々。又大疏第七釈二七覚一中云、大乗七覚不レ念二諸法一故、決択不可得故、離二進怠相一故、絶二憂喜一故、除二安心縁一皆叵レ得故、性定之中無二定乱一故、且不レ見二於能取捨一故云々。演義抄第十五釈云、大乗七覚下、第六理現即頓門。禅意不レ念二諸法一、即是念覚故云々。禅宗証悟空有並現、体用会辨。故顕宗論云、我此禅門一乗妙旨、以二無念一為レ宗、無住為レ本、真空為レ体、妙有為レ用云々。所以空門所証同二頓教一、有門証悟同二円教一也。大疏第三明二五対無礙一已云、上来無礙深妙難レ思。始学之流如何趣入。今当二惣結一。但能事理無礙根境一如。念慮不レ生、自当三趣入二云々。演義抄第九釈云、上来無礙深妙難思下、第四惣示二入門一。先問、後今当下、正示二事理無礙一。根境一如惣観也。念慮不生惣止也。即禅門大意也云々。又大疏釈二諸門成仏一中云、情尽理現即名二作仏一云々。演義抄第八釈云、言三情尽理現即名二作仏一者、此順二禅宗事理無礙門一也云云。事理無礙者、円教法界観三門中其一也。故云レ同二円頓教一也。其事理無礙者、円覚略疏第二云、諸法与二覚性一平等、未レ名二理事無礙一。法界者夫理事無礙。要須下多事全同二一理一寂然一理全成二多事一而遷変上。即レ動即静、即レ静即動、生滅広狭一切皆爾、飜覆無礙云々。故荷沢云、体上自有レ具二恒沙功徳一。猶如三真金本具二千種之器一、如三摩尼本具二万般之色一。若不二本具一、作且不レ成、対且不レ現。以三成現時無二一塵一法従レ外入一故云云。是則法性融通事理無礙義也。所以頓教証道分同二禅宗一、禅宗証悟通レ頓通レ円也。禅宗諸祖開示之詞、皆不レ出二此両門一也。

第二辨二教外別伝一者、禅経序云、禅定之門此是阿難曲承二旨詔一。遇非二其人一、則幽関莫レ闢、罕レ窺二其庭一。若得レ意亡レ言、途中授与云々。〈如二付法蔵伝経説一者付二属迦葉一。迦葉伝二阿難一。両説会釈如二円覚抄一。恐レ繁略レ之。〉又達磨大師始来二漢地一、恵可禅師問云、此法有二何文字教典習学一。大師答云、我法以心伝心不立文字、則仏々手二授斯旨一、祖々相二伝此心一云々。依二此等文一称二教外別伝一。

問。如二円覚略抄説一、達磨大師始来二震旦一日、漢地得レ入二聖位一者、而金剛楞伽相応云々。又洪劢馬祖云、達磨大師従二南天竺国一来、唯伝二大乗一心之法一、以二楞伽経一印二衆生心一等云々。又六祖恵能和尚依二金剛経応無所住生其心一得レ悟云々。若依二此等義一、以心伝心不立文字之言、如何会レ之。答。祖師云、雖レ因二師説一、而不下以二文句一為上レ道、須二忘レ詮得一レ意云々。即是伝心云々。又云、雖レ云二不立文字一、若不下指二一言一以直説中即心是仏上、心要何由可レ伝。故寄二無言之言一、直詮二言絶之理一也云々。貞元経疏第二云、以二聖教一為二亀鏡一、以二契理一為二冥府一故、曰二以心伝心不立文字一。苟領二文繫之外一、復何患レ出レ文哉云々。又同疏第九云、言雖レ非レ証、而是証因、非下離二言説一求中解脱上也。証雖レ非レ言、要尋レ言到云々。依二此意勢一称二教外別伝一也。是則即レ言亡レ言之謂也。不立文字之言、可二以レ意得一。但六祖云、本性自有二般若之智一、自用二智恵一視照、不レ仮二文字一。若如レ是者、何用更立二文字一。今為二未知者一、仮以二文字一指帰、令レ見二自性一。若教明時、即是豁然還得二本心一、於二本心中一無二法不一レ了。故云下悟二無念法一者万法尽通等上云々。又圭山云、若二上々根智即レ言亡レ言即レ相忘一レ相、此不二復論一。今為二中下之流一、須レ開二忘縁寂志之方便発恵契証之玄門一。故自レ古西域東度承上已来、有二斯宗一也云々。此中言二上々根智一者、六祖所説般若之智也。円覚略抄第五云、上機二祖三祖六祖等当二其仁一也。志公傅大士作二歌偈一等、且対二此機一故。牛頭融大師有二絶観論等一。彼論云、至理無レ詮、非レ解非レ纏。霊通応レ物常存二目前一。目前無レ物、無物宛然。不レ用二人致一、体自虚玄云々。言二中下之流一者、又六祖所レ説未知者是也。如二上説一。雖レ因二師説一、而不下以二文句一為上レ道之機也。演義抄第五云、修二行禅一流、皆欲三棄レ文而修二観行一云々。宗鏡録第三釈二楞伽経宗通一云、内証二自心一、第一義理、住二自覚地一入二正智門一。以二此相応一名二宗通相一。此是行時、非二是解時一。因レ解成レ行、々成解絶云々。即此意也。指二彼宗通一云二不立文字一也。馬祖云、達磨以二楞伽経一印二衆生心一、正当二此意一也。祖々開二示三根一、雖レ有二多種方便一、大旨依二此義勢一。不立文字之言、不二相違一也。思レ之。

第三顕二見性成仏一者、宗鏡録第十四云、達磨初祖直指人心見性成仏云々。直指人心者衆生覚性無住空寂之理故也。見性者能見是無念真知、所見是無住空理、而能見。知外無二所見理一、能所無二、唯是体用之異名也。故行願品義記第三之、即レ体之用曰レ智、即レ用之体曰レ理。即体用無二云々。又演義抄第十九云、禅宗云、即レ体之用自知、即レ用之体恒寂。知寂不二為二心之相一也云々。皆斯意也。無念者、演義抄第十三云、念有レ二。若明記為レ念是念教。若無念為レ念即是念証云々。同抄第十五云、無念々者即念二真如一云々。又円覚略疏云、正念者則無念也云々。上三釈、言異意同。又演義抄第十四云、無念有二二意一。一性浄無念、以二心体離一レ念故、此通二一切凡小一。二契理無念、都無二所得一名為二無念一。是偏就二南宗一等云々。〈略抄〉謂性浄無念是小宗意、契理無念即今意也。無住者、宗鏡第八云、叡公云、無住即実相異名、実相即性空異名。故従二無性一有二一切法一云々。又心要云、無住心体霊知不昧云々。是又約二性浄一名二無住一。若約二契理一者、演義抄第九云、若以レ心知レ如、是心住レ境。若以レ智了レ心、是智住レ心。若内若外皆名レ住。無住且名為レ住。故云、若心有レ住、則為レ非レ住。応無所住而生其心、謂生死所住心非レ有、無二住可一レ生。不レ生二於心一、則無住心生。則此契理且名二方便一云々。又貞元華厳疏第九云、無二処住一則無二不住一。万行爰増云々。是又契理義也。此則以二無念知一証二無住寂一。所証無住故、能証無念也。能所俱泯、本心頓現、名二見性成仏一也。

問。云何本心頓現。答。行願義記云、本覚心体自知。不レ可三将レ知更知二心体一。以二照体独立一、如三眼不二自見一、如三刀不二自斫一等云々。故祖師云、擬レ心即着。正証レ之時、無二別能証一。能証既無、即是本心所証。無得且唯本心故等云々。又演義抄第二云、無智無得方名二真智一云々。又円覚略抄云、了二境相空一、仮称為レ知。相既不レ有、智豈有レ真。心境両亡、即皆泯絶。心無二心相一、即是安心故、説二生心即妄不生即仏一云々。但大疏云、疑二境界一者以二唯心一為二正念一。疑二法性一者以二無得一為二正念一。実則無正無邪、方称曰レ正。無念不レ念、是真念矣。諸念不レ生、正念正生云々。禅宗玄妙無念正恵、以レ之可レ知。謂本来無住之理、妄隔不レ知。自不レ知二無住一、名レ之為レ迷。故通玄云、真智恵無二体性一。不レ能三自知二無性一故、名曰二無明一云々。始待二了縁一自知二無住一、名レ之為レ悟。故通玄云、真智要得二了縁一方能現云々。故馬祖云、不レ了時是迷、了時是悟云々。又行願品義記云、祖師云、無念之心自知二無念一云々。故円覚抄云、於二真覚境中一、無二別一塵有体之法一云々。又宗鏡録第二十七云、能解二無住之心一名二般若一。如来恒説二無住法門一云々。又如二前引一、演義抄第九云、南宗意云、衆生仏智忘隔不レ見、但得二無念一、即本来自性、寂静体上自有二本智一。以二本智一能見二本来自性一云々。〈取意略抄。〉是則般若応無所住而生其心之意也。此心即本心。照体独立、異二乎木石無心一。故演義抄第九云、直悟二霊知直心一、異二乎木石一、通二能所証一云々。水南善知識云、知之一字衆妙之門云々。即指二此心体一也。大疏第三釈二此文一云、若能虚亡而会、便契二仏境一云々。又円覚略疏第三釈云、今勧二学レ禅之流一、欲レ見二祖師心印一、但依二上所解一而解了。即悟二此両句一、是惣持之門。若不レ爾者、豈可三知之一字却是浅近門戸従レ此方入二衆妙深奥堂室一哉。請レ修二正観一者、細々詳レ之云々。随二順此語一修行、頓立二一念冥会一。古今情亡、不レ見二始本之異一、即見二本性一。仏与二衆生一本来無レ異、生仏別執、猶如二昨夢一。故円覚略抄第二云、修行人但悟二心境空寂一、自然喪二亡己情一、々亡即等二仏心一。等レ仏為二真修行一云々。禅宗所レ尚、正在二此門一。

問。如二上来所レ説、指二一念冥会之心一云二見性成仏一。始学行者、縦雖二一念相応一、後時若生レ心動レ念、為レ退成仏耶。答。円覚略抄第五云、一念悟時念体是仏云々。謂一念即無念也。故通玄云、一念相応一念仏、一日相応一日仏云々。但清涼云、豁二了心性一後漸修学、令二具契合一云々。又圭山云、禅門悟即刹那而登二妙覚一、念々相応習気漸微、本智漸瑩具二漸頓一也。故荷沢大師開二示頓悟漸修一為二円妙一也云々。又円覚略抄第五云、従レ今乃至二仏果一、念々如レ此用心更無二別意一、設使レ修二六度万行三十七品一切助道之法一、乃至捨二頭目等一時、一々只依二上来用心一、即此差別諸行皆成二辨妙行一。若失二此意一、設能捨レ身、且不レ成二無漏之用一也云々。禅門頓悟漸修、皆同レ此也。是則対二前一念頓悟一、以二後時修行一名二漸修一。其念々修行曠然合レ道故、約二其行体一、又名二頓修一。非レ漸非二漸修進之行一也。故清涼云、漸頓無礙而双入云々。圭山釈云、一念悟時即離二染着一、便是修二行一悟一、永悟二尽未来際一。而無二間断一修、且念々相応而無二休息一。故始終相収皆名二双入一云々。

問。云何無二間断一修耶。答。大疏第三云、四儀無レ間、聖道可レ生、瞥爾起レ心、暫時亡レ照皆息云々。抄第九釈云、四儀無間者、設爾有レ断之須レ知レ断。若不断時且知二無断一、常無念知則無レ間矣。瞥爾起レ心、即失レ止也。暫時亡レ照、即失レ観也。寂照双流、即無二斯過一。云二如レ此修一者、豈有二退義一哉。余義如二下釈一。

第四示二悟修漸頓一者、祖師云、若約二教文一、唯生二義解一忘レ詮二修証一。後有二其門一。故以心伝心歴代不レ絶、自三仏属二迦葉一展転、于レ今燈々相承明々無尽云々。此三門。一所悟、二能悟、三悟相。初辨二所悟一者、或言二心体離念本性清浄不生不滅一、多約二漸門一。或言二無住空寂真如絶相、或妄空真有、或妄有真空、或即心即仏非心非仏本具仏法一、多属二頓門一。然皆不レ離二心之性相一、並可二通用一。二明二能悟一者、入法千門不レ離二定恵一。無定無恵、是犯是愚。偏修二一門一、是漸是近。若並二運照寂一、方為二正門一、成二両足尊一、非二是不可一。若言三不起心為二修道一、定為レ門也。若言二着レ心観レ心滞レ心覚レ心求レ心融レ心、皆恵為レ門也。若言二無念無修一、定為レ門也。若言二知心空寂知見無念朗徹照寂一、恵為レ門也。若言三寂照或知二無念一、則双二明定恵一門也。若言二揚眉瞪目皆称為レ道、即此名レ修。此通二二意一。一令レ知二其触一目為レ道、即恵門也。二令三心無二所当一、即定門也。三明二悟相一者、不レ出二二種一。一者解悟、謂明了二性相一。二証悟、謂心造二玄極一。若明二漸頓一者、乃有二多門一。然悟与レ修皆通二漸頓一。又悟有二解悟証悟一、修有二随相離相一。謂因レ解悟依レ悟修行。々満劫円即得二証悟一。此為二真正一。若各随レ根悟、及師友方便施設先後無レ定。若言二頓悟漸修一、此約二解悟一。謂豁二了心性一、後漸修学、令二其契合一。則悟如二日照一頓朗二万法一、修如二仏鏡一漸瑩漸明。若言二漸修頓悟一、謂初摂境唯心、次観心本浄。後心境双寂、瞥起不レ生、前後際断。湛猶二停海一、曠如二虚空一。此約レ証名レ悟。則修如レ瑩レ鏡、悟似二鏡明一。若言二漸修漸悟一、且是証悟。則修之与レ悟並如レ登レ台。足履漸高、所レ鑑漸遠。若言二頓悟頓修一、此通二三義一。若先性後修、謂廓然

頓了、名レ之為レ悟、不着不証、不取不摂、曠然合レ道、名レ之為レ修。此則解悟。以レ定為レ門、且猶ニ不レ払不レ瑩而鏡自明一。若言ニ前修後悟一、謂依ニ前而修一忽見ニ心性一、名レ之為レ悟。此為ニ証悟一。則修如レ服レ薬、悟如ニ病除一。若言ニ修悟一時一、即通ニ解証一。謂修無心亡。心。照、悟任運寂知、則定恵双運。如三明鏡無心頓照ニ万像一。若言下本具一切仏法名レ之為レ悟、一念具ニ足十度万行一名レ之為レ修、則修如レ飲ニ大海水一、悟如レ得ニ百川味一。亦通ニ解証一。若言ニ非心非仏名レ之為レ頓、無念無修名レ之為レ修、此約ニ払迹顕理一名レ頓。以ニ定門一修、以レ此為レ悟。亦通ニ解証一。若言ニ無漸無頓名レ之為レ頓、無悟無修名レ之為レ悟。此亦払迹。約レ理名レ頓、約ニ定門一亦通ニ解証一。欲四若得三急。皆成ニ定恵一、如下其失レ旨亦成ニ妄想一即堕ニ無記一等上云々。〈已上、清涼圭山解釈取レ要略抄。〉

問。上諸門中今禅宗為レ依ニ何門一。答。若約ニ解悟一者、頓悟漸修是其門也。故行願品義記云、荷沢大師開ニ示頓悟漸修一為ニ円妙ニ云々。若約ニ証悟一者、先頓悟頓修三義之中第二義是。若通ニ解証一説者、頓悟頓修、無修無悟、皆以南宗所レ尚也。其余諸門、或属ニ漸門一、或通ニ教宗一。此中頓悟頓修三義如ニ前引一。但修悟一時通ニ解証一云々。先修悟一時、謂以ニ無相一為レ修、無明為レ悟。々即恵也用也。修即定也。又一念不生前後際断、即頓修也。照体独立物我皆如、即頓悟也。荷沢云、一切善悪都不ニ思量一、言下自絶ニ念相一。〈修也。〉正無ニ念相一、心亡。自知。〈悟也。〉即是一時義也。次通ニ解証一者、此有ニ二意一。一証解亦無ニ二相一。故二皆通。謂即証即解即解即証。二或是証或是解。謂頓了頓息即為ニ解悟一、頓尽頓覚即為ニ証悟一。如ニ大夢覚一々名ニ頓覚一。夢如ニ頓尽一故。又本具ニ一切仏徳一等通ニ解証ニ云々。亦有ニ二意一。初義如ニ上説一。後義応レ釈。若約レ解者、但取ニ無漏本覚一為レ悟、不レ加ニ覚了之心一。但取ニ性上功能一為レ行、不レ待ニ息心一為レ行。約レ証者即始覚。合レ本之時、無ニ別始覚之異一故。〈已上、圭山釈。略ニ抄之一。〉又上云ニ非心非仏一、無念無修払迹顕理云々。謂ニ非心非仏一者、払ニ即心即仏之迹一、無念無修者、払ニ頓悟頓修之迹一也。

問。云何無念無修。答。円覚略抄第六云、心冥ニ無修之理一、即是禅定云々。故上云下以ニ定門一修上也。又宗鏡録三十三云、理不レ礙レ事、不レ妨レ求故。事不レ礙レ理、求無レ求故。若レ此之修、々即無修為ニ真修一矣云々。又同三十四云、心本自知。不ニ借レ縁生一、不ニ因レ境起一、知之一字衆妙之門。若頓悟ニ此空寂之知一、々亦無念無形。誰為ニ我相人相一。覚ニ諸相空一、心自無レ念、々起即覚。々レ之即無ニ修行一。妙門唯在レ此也云々。又云、無漸無頓、無悟無修、此亦払迹顕理云々。謂上句払ニ漸頓之迹一、下句払ニ悟修之迹一也。思レ之。

問。教宗亦有ニ頓悟漸修等諸門修行一。而今禅宗何別。答。教宗修行解悟、在ニ聞思位一、不レ在ニ修恵一。是故不レ能ニ即レ証即解即レ解即証一。故円覚略抄第二云、教詮ニ於義一、約レ教解レ教。但是聞恵之境。設依レ義観察思惟、亦唯思恵之境。皆未ニ是忘縁寂照ニ云々。忘縁

寂照是修恵。此位同二禅門証悟一也。有人問二南泉和尚一云、黄梅門下有二五百人一、為二甚麼一盧行者独得二衣鉢一。師云、亦為三四百九十九人皆解二仏法一。只有二盧行者一人一、不レ解二仏法一、亦会二其道一、所以得二衣鉢一云々。是則忘縁寂照之謂也。又円覚経略抄第五云、一切衆生自心、本似二浄明之鏡一、不二塵染之鏡一。但六祖能和尚目粛清、能照二耀之一。愚夫迷倒不レ能レ照レ之。故六祖可レ伝二心印一非二六祖一。心独如二浄鏡一也。今禅宗意、但欲三棄レ文而修二観行一。不レ依二聞思之境一、直於二証体上一、解二了其旨一、強名二解悟一、忘レ詮会レ旨、名二証悟一也。祖々開示施設雖レ異、皆依二此義勢一。然則解悟教禅雖レ不レ同、証悟是一致也。清涼釈二華厳証道一云、果海離レ念而心伝云々。圭山釈二此文一云、亦即達磨無念為レ宗、以心伝心不立文字之謂也云々。

問。教宗又於二証境上一施二設其義一、依二此修行一。所謂如三上説二楞伽経宗趣一。唯証相応不レ俟二言説一。是又円覚経説、皆依二円照清浄覚性一、永断二無明一、方成二仁道一。圭山釈云、依二円照本浄一了二無明本空一、是為二成仏正因一也。必若心存二妄念一、帯二此妄念一修行、多劫虚事二劬労一、畢竟不レ成二仏果一云々。此等行相与二今禅宗一、云何異耶。答。教宗若有二此義一、摂為二禅門義一也。達磨以二楞伽経一印二衆生心一、恵能依二金剛経一得悟等是也。所以祖師多引二経論一証二禅義一。如二宗鏡録第一云一。自二西天二十八祖一、乃至二此土六祖及馬祖大師本浄禅師等一、並伝二通経論一、円悟二自心所有一、示レ徒皆引二証誠一。是以線二歴歳花一、真風不レ墜、以二聖言一為二定量一、邪偽難レ移。用二聖教一為二指南一、依憑有レ拠等云々。〈略抄〉禅門又立二聞思信解位一。有二漸修漸悟等門一、以属二教宗一。依レ之圭山指二漸修漸悟門一、云二北宗漸教意見一。似三天台頓悟漸修門二云、属二経論中一等也。但是一往門戸之配当也。剋体実義者、二宗皆通也。

問。此中証悟者、在二何位一耶。答。已云二直指人心一。知是凡夫位也。故円覚経略抄云、此中言レ証者、但取二観行相応之時一。現量所見即名為レ証、不レ必二聖果一云々。又云、今約二是凡夫所修一也云々。彼約二観行成就一頓同二仏境一、正当二禅宗見性成仏一也。故同抄云、菩薩処胎経云、或有二衆生一朝発二道心一、即得二成仏一。諸大乗経、其文非レ一。達磨禅宗即心即仏断意也云々。

問。棄二聞思境一、直於二証上一修二行其義一如何。答。若依二善友開示方便一入証。加行説者、禅宗亦非レ無二聞思位一。今棄二方便加行一、直就二入証根本一、云三以心伝心不立文字等一也。其義如二上見性段説一。

問。証相如何。答。清涼云、冥二一如之無心一、即万動之恒寂云々。謂能冥二是恵一、無心即定契二合本源一、而無二能契一レ於レ事、於レ理無二分別心一。亦契非二無記一、湛々寂々周二遍法界一。不レ見二一物一、不レ思二一物一、是云二即万動之恒寂一也。謂於二万種紛動之法一、本来自寂也。而雖レ不レ見二一物一、照体独立、如三浄鏡無念現二衆像一、雖レ不レ思二一物一、知性非レ無、似三明月無心入二万川一。故円覚略抄第一云、心之明者、在下無二法不上レ知而無二分別一、無二法不上レ現而無二差別一、幽霊神聖寂照洞然上云々。融大師云、無物即天真、天真即大道云々。達磨大師云、即心無心是為二通達仏道一云々。又云、不レ見二一物一名為二見道一。不レ行二一行一名為二行道一云々。弘忍和尚云、不レ思二一物一即是本心。唯知能知更無二別行一云々。又融大師云、何者是舒、謂照用為レ舒。何者是巻、謂心寂滅無レ去無レ来為レ巻。舒則你二這法界一、巻則足迹難レ等云々。寒山詩云、泯時万像無二痕跡一。舒即周流偏二大千一。光影騰耀照二心地一、無レ有三一法当二現前一云々。如レ斯之文非レ一。是則証悟之心相也。祖々対レ幾方便開示、言離二象外一、意出二繫表一。皆是以二称真離着之心一、顕二即レ相忘レ相之旨一也。但経云、菩薩得レ聞レ法已摂レ心、安二住於空閑処一作二是思惟一、如レ説修行乃得二仏法一。非三但口言而可二清浄一云々。如レ是了二知心性一已、細習学入二禅法一、方安二処閑林一宴二生静室一、須二忘レ詮会レ旨。故決疑論第二云、此非二放蕩一、性亡思念都尽、以二正定相応一方知也。不レ在二情識斟酌一云々。然後雖レ有二万種紛動之中一、随レ事防レ心不レ染二世法一、常遊二法理一不レ失二止観一。先師教二授修行一肝要、唯在レ此矣。

第五述二諸流見解一者、自二西域二十八祖一、至二震旦弘忍和尚一、諸聖伝燈漸頓雖レ随レ機、同伝二一心一。互無レ有二紛諍一。弘忍門下有二恵能神秀一。始分二南北二流一。自レ爾以降諸解不レ同、漸頓争レ門。今述二諸流一、略有二三門一。先顕二南北二解一、次於二南宗中一述二洪劢荷沢不同一、後出二牛頭傍出一。

先顕二南北解一者、北宗神秀和尚意云、衆生本有二覚性一、如三鏡有二明性一。煩悩覆レ之不レ現、如二鏡有レ塵闇一。若依二師教一息二滅忘念一々尽、則心性覚悟無レ所レ不レ知。如三磨二払昏塵一々尽、則鏡体明浄無レ所レ不レ照。故彼宗主呈二五祖一偈云、身是菩提樹、心如二明鏡台一。時々勤払拭、莫レ遮レ有二塵埃一云々。南宗恵能和尚云、汝等諸人、自心是仏、更無二孤疑一。心外更無三一法而能建立一。皆是自レ心生二万種法一。経云、心生二種々法一。其法無二、其心亦然。其道清浄、無レ有二諸相一。汝莫レ観二浄及空一。其心無二、無レ可二取捨一。行住坐臥皆一。直心即是浄土。依二吾語一者、決二定菩提一云々。又呈二五祖一偈云、菩提本無レ樹、明鏡亦非レ台。本来無二一物一、何処有二塵埃一云々。

次述二洪州荷沢不同一者、同門下南嶽懐譲和尚弟子洪州馬祖意云、起心動念弾指動目所レ作、為二皆是仏性全体之用一、更無二別用一。全体嗔癡、造レ善造レ悪、受レ苦受レ楽、皆是仏性。如下麨作二種々飲食一一々皆麨上、意以推二求此身一、四大骨肉喉舌牙歯眼耳手足、並不レ能二自語言見聞動作一。仮如二一念命終一、全身都未二変壊一、即便口不レ能レ語、眼不レ能レ見、耳不レ能レ聞、脚不レ能レ行、手不レ能レ作。故知、能語言動作者必是仏性。且四大骨肉一々細推、都不レ解二貪嗔一。故貪嗔煩悩並是仏性。仏性体非二一切差別種々物一。謂此性非レ聖非レ凡、非レ因非レ果、非レ善非レ悪、無レ色無レ相、無レ根無レ住、乃至無レ仏無二衆生一也。能作二種々物一。謂此性即レ体之用。故能凡能聖、能因能果、能善能悪、現レ色現レ相、能仏能衆生、乃至能貪嗔等。若覆二其性体一、即畢竟不レ可レ見不レ可レ証。如下眼不二自見一等上、若就二其応用一、即挙二動運一為二一切皆是仏性一、更無二別法一。而為二能証所証一。彼意准楞伽経云、如来蔵是善不善因。能遍興二造一切趣生一、受二苦楽一与レ因俱。又云、仏心為レ宗、無門為レ門。又云、或有二仏刹一、揚眉動目、笑吹謦欬、或動揺等、皆是仏事。既解悟之理、一切天真自然。故所二修行一理、宜下順レ此而乃不二起レ心断レ悪修レ善、亦不中起レ心修上レ道。々即心、不レ可三将レ心還修二於心一。悪亦是心、不レ可三将レ心還断二於心一。不断不修任運自然、名為二解脱人一。無二法可レ物、無二仏可レ作、猶如二虚空一。不レ増不レ減、何仮二添補一。何以故。心性之外無二一法可レ得故。但任レ心即為レ修也云々。荷沢神会和尚意云、諸法如レ夢、諸聖同説。故妄念本寂塵境本空、本空之心霊知不昧、即此空寂之知。是前達磨所伝清浄心也。任レ迷任レ悟、心本自知。不二備レ縁生一、不二因レ境起一。迷時煩悩、知非二煩悩一。悟時神変、知非二神変一。然知之一字衆妙之源。由レ迷二此知一、即起二我相一、計二我々所一、愛悪自生。随二愛悪情一即為レ悪。善悪之報受二六道形一、世々生々循還不レ絶。若得二善友開示一頓悟二空寂之知一、寂知亦無レ形。誰為二我相人相一。覚二諸相空一、心自無レ念、々起即覚。々レ之即無。修行妙門唯在レ此也。故雖三借二修万行一、唯以二無念一為レ宗。但得二無念一、則愛悪自然淡薄、悲智自然増明、罪業自然断除、功行自然精進。於レ解則見二諸相非相一、於レ行則名二無修之修一。煩悩尽時、生死断絶、生滅々已、寂照現前。応用無窮、名レ之為レ仏云々。

問。南宗両師見解不同如何。答。圭山答二裴休問一書、挙二摩尼喩一広顕二四流不同一。如二彼説一。今挙二両師所説一。一喩洪刕答二無業和尚問一云、即汝不了底心、即是更無二別物一。不レ了時是迷、了時是悟。亦猶二手作レ挙々作レ手云々。荷沢意云、若知二自知一、々亦非レ無二縁知一、如二手自作レ拳。非二是不拳手一、不二自作レ拳。本手自然在、非レ謂二於無手一也。亦不二自知レ々、本心宛然在、非レ為二於無知一。無知以レ之可レ見。

問。両師同稟二能和尚流一、両説已異。以レ何為レ正。答。若承二馬祖末葉一之者、洪刕為レ正、荷沢為レ傍。伝二水南余一之者、荷沢為二指南一、洪刕為二傍出一。故圭山云、神会先事二北宗秀一三年、因二秀奉レ勅退入一、遂往二曹渓門下一、答二無住為レ本見即是性一。杖試二諸難一夜噯審問。両心既契二師資道一。今入滅之後、至二貞元十二年一、初皇太子集二諸禅徳一、楷二定禅門宗旨一、遂立二神会禅師一為二第七祖一云々。

後辨二牛頭傍出一者、牛頭宗、〈始祖恵融禅師、出二第四祖道信和尚門下一。融禅師、先因三多年窮二究諸部般若之教一、已悟二諸法本空幽情妄執一、後遇二四祖一印二其所解空理一。然於二空処一顕二示不空妙理一。故不レ俟二文字一、而悟解時洞朗。四祖語云、此法従レ上只委二一人一。吾已付二属弟子仏忍一訖。汝可二別自建立一。遂於二牛頭山一別建二一宇一。当二第一祖一云々。〉

意云、諸法如レ夢本来無事、心境本寂非二全始終一。迷レ之謂レ有、即見二栄枯貴賤等一。事々既有二相違相順一。故生二愛悪等情一。々生則諸苦所レ繫夢作夢受。何損何益。此能了之智亦是夢心、乃至設有三一法過二於涅槃一亦如二夢幻一。既達二本来一無二事理一。宜三喪二亡己情一。々亡則絶二苦因一、方度二一切苦厄一。此以二亡情一為二修行一也云々。圭山出二上諸解一已云、若約三各為二一類之機一、善巧方便広開二門戸一。各々誘引薫二生々之習種一、為二世々之勝縁一。則諸宗所説皆是諸仏之教。経論具有二其文一云々。又云、然毎レ宗復有二多種方便一。拒二外難一誘二於徒然一、不レ可二具書一。今但羅二其意趣一挙二其宏綱一也云々。

問。如二上所レ説、禅門以心伝心歴代不レ絶、燈々相承明々無レ尽云々。所以今時禅宗、或行而諮二宋朝一、或来而伝二吾国一、師資道合、非レ無二相承一。汝雖レ引二教文一、義旨似二臆説一。相承誰人乎。答。相二承于先師上人一也。

問。上人師承誰人乎。答。彼秘伝云、愚僧盛年以来、深好二実行一、更不レ事二浮花一。或入二深山一、或時於二海辺一、松風為二宴坐之友一、朗月為二誦習之燈一。流レ汗列レ涙、独誦独修。仰二文殊一而乞二恵解一、帰二聖賢一而望二修行一、常作二此意一云、末代無二真善知識一。願諸仏菩薩冥垂二加被一。如下彼懐幻時、無二所法一然発中四禅上。依二宿善一遇二教法一、諸仏尽垂二哀悲一。即捨二名利之仮法一、望二真実之修道一。誠心不レ虚、依二弥勒菩薩威神一遂感二此禅法師一者、承久三年夏六月等云々。

〈已上、不レ可二輙記レ之。〉

余承二上人親訓一十二ヶ年、顕密伝授非レ一。遂至二貞応二年冬一、於二禅法一重伝二秘決一。疑情氷解本心月現。其口伝旨趣非二翰墨所レ記。今載二大綱一、引二教文一為二其詮一。伝授之人聊爾莫レ汚二他見一。

于レ時建長七年暮春三月記レ之矣。

禅宗綱目終

承応三年
午八月吉日

滝　庄三郎

華厳法界義鏡 巻上

東大寺沙門 凝然 述

夫法界円宗者、毘盧遮那之淵府、普賢菩薩之心胸也。微妙高大、超二言詮之域一、幽寥深邃、出二測量之境一。称性極談、啓二嘉会於塵刹一、通方洪規、示二勝場於毛界一。十玄門中、顕二鎔融之旨一、六相家内、播二自在之業一。須臾円二曠劫之行一、刹那昇二遍照之位一。寔是深済普周之教海、円満聳卓之義山、巍巍洋々、難二得而称一者也。花厳一宗円満教中所レ説法門、無量無辺、惣通該貫、甚唯法界。横遍竪徹、括嚢窮尽。陳二述此法一、略開二十門一。

一教興意致、二弁二釈名字一、三出二其体性一、四顕二示行相一、五観行状貌、六立レ教開レ宗、七本経説相、八修証次第、九所憑典籍、十宗緒相承。

第一教興意致

問。何者名為二大華厳法一。答。法界法門、是華厳法。問。何故如来演二説此法一。答。有二大因縁一故仏説レ之。良以、一真法界不可思議、寂寥虚曠沖深包博。惣二該万有一、即是一心。体絶二有無一、相非二生滅一。莫レ尋二其始一、寧見二中辺一。故貫二空有一而泯レ相、入二言象一無レ迹。妙有得レ之而不レ有、真空得レ之而不有真空得之而レ空、生滅得レ之而真常、縁起得レ之而交映。菩薩得レ之、遐発二誓願一、広修二業行一、遊二歴於無住之道一、通二入有涯之門一。如来得レ之、妙践二真覚一、廓浄二塵習一、寂二寥於万化之域一、動二用於一塵之中一。斯乃旧来常湛、本自遍該。恒寂恒用、通入通摂。迷レ之則生死紛擾、解レ之則理智寂照。諸仏証レ此妙覚円明、衆生失レ此流転久遠。毘盧○那十身円満、最初開二示法界法門一、令四諸衆生修二習悟三入一真法界一。所以興二起大華厳経一、即説二此故一。然則情塵有レ経、智海無レ外。妄惑非レ取、重玄不レ空。四句之火莫レ焚、万法之門皆入。冥二二際一而不レ一、動二千変一而非レ多。事理交徹而両立、以レ性融レ相而無レ尽。若二秦鏡之互照一、猶二帝珠之相含重々交レ光、歴レ多斉現一。故得下円二至功於頃刻一、見中仏境於塵毛上。諸仏心内衆生、新々作仏、衆生心中諸仏、念々証レ真。一字法門海墨書、而不レ尽。一毫之善空界尽、而無レ窮。冥二一如之心一、即二万動之恒寂一。海湛二真智一、光含二性空一。星羅法身、影落二心水一。円音非レ○而長演、果海離レ念而心伝。万行亡レ照以斉修、漸頓無レ得而双入。雖二四心広被八難頓超一、而一極唱高、二乗絶レ聴、百城詢レ友。一道棲レ神、遇二三毒一而三徳円、入二一塵一而一心浄。千化不レ変二其慮一、万境○レ通二千道一。契二文殊之妙智一、宛是初心。入二普賢之玄門一、曾無二別体一。合二理智之二聖一、成二遮那之一仏一。成之不成、無二自是一矣。不成之成、旧来成矣。失二其旨一也、徒二修因於曠劫一、得二其門一也、等二諸仏於一朝一。実乃罄二諸仏之霊肝一、窮二玄根之幽致一。包二性相之洪流一、拚二群経之光彩一。法体円妙大通二空界一、宗旨深高遍入二塵刹一。

法界大法奇特如レ是。一切衆生具二足此徳一、体相円備業用整豊。包斯洒性含二智海一、騰二洪浪於澄水一、識洞二真空一、懸二赫日於晴天一。包遍。竪徹二十際一、自性通入横亘二十方一。然無明翳二覆性徳一、不レ顕二衣裏明珠一、徒疲二膚作一、室内秘蔵空労二孤窮一。如来為レ此示二其法界一。円機聞レ之頓入二霊都一。良以仏日吐レ光先照二高山一、上達縁来忽可レ愛故。不レ起二樹王一、羅二七処於法界一、無レ違二後際一、暢二九会於初成一。尽二宏廓之幽宗一、被二難思之海会一。円音落々該二十刹一而頓周、主伴重々極二十方一而斉唱。故見聞為レ種、八難超二十地之階一、解行在レ躬一生円二曠劫之果一。師子奮迅、衆海頓証二於林中一、象王廻旋、六千道成二於言下一。善財亘二閻浮一而経二六位一、天子生二兜率一而証二十地一。飡二遺教一者皆入二法海一、信二円宗一者咸昇二覚峰一。法界宏徳事在レ玆焉。教興意致、指陳如レ是。

第二弁二釈名字一

問。何故此法名為二法界一。答。惣相言レ之、唯一法界。随レ義開分、略為二三種一。一事法界、二理法界、三無障礙法界。尽レ理開レ之、成二四法界一。無障礙中開為レ二故。謂事理無礙事々無礙也。事法界者、界即分義。事法分隔有二斉限一故。理法界者、界即性義。理体融通無二分限一故。無障礙法界者、分性相即。無二罣礙一故。於レ中事理無礙法界、分性相対、当体融通。事々無礙、分々相対、互有二障礙一。然以レ理融二通事々一。以二理融一故、事々相融。是故亦名二分性相即一。然以二理性事理無礙一、唯為二事々無礙所由一。法性融通十由一故。演義鈔一上云、由二事理無礙一方得二事々無礙一。若事不レ即二事理一、事非二理成一、則互相礙。今由二即理一故、得二無礙一。〈已上彼文。〉此乃事理無礙即為二事々所由一。然非二十由所摂一。唯展転成立耳。所レ言法者、住二持自性一及軌則義。随二分及性一軌持不レ同。事即任二持分限自性一、理是任二持虚通自性一。分限軌則虚通軌則、事理如レ次為二軌則義一。無礙法界軌持準知。又法界名略指二其体一。若具言レ之、名二不思議解脱境界一。東晋所訳大周華厳、並最後品名二入法界一。貞元本云二入不思議解脱境界一。当レ知、不思議解脱即今之法、境界即界。此是所入。次下連云二普賢行願一、即是能入。上之入字即通二能所一。々入能入、能所契合以為二品目一。貞元所訳即是大周第九一会。。闐国王、貢二進唐朝一。彼国別行二此一品一故。若惣言レ之、七処九会。々々品々、文々句々、莫レ非二皆是不思議界一。

是故智論中、此典名為二不思議経一。竜樹菩薩、造レ論釈レ之、即名二大不思議論一。然維摩経説二不思議解脱一、即以為レ宗、亦為二経名一。応下与二今経一名義相濫上。但彼是小不可思議。以二一劫一摂為二七日一、須弥入二芥子一等。能摂非二至小一、所摂非二至大一。此経即是大不思議。一念摂二多劫一、一塵摂二法界一。能摂至小、所摂至大、已超二彼経一。豈非レ大乎。九会文義、雖二皆不思一、而証入会二美祥高騰一故、特以レ此為二品目一也。如来所説一代教法、唯説二法界一令二物悟入一。然随二宜縁一、立二種種名一。本末広狭、義門雖レ異、無レ非二法界一。其衆名者、真如真諦仏性法性中道実相般若涅盤唯識唯心一実一諦一乗一道円覚無相心地仏蔵。如レ此衆名、皆是法界法門異名、然其一分義門也而已。何者若依二別教一乗門一者、此等諸名皆具二四界一。挙一全収義円備故。若約二余教一、或理性虚通、或事理無礙而已。

第三出二其体性一

問。一真法界以レ何為レ体。答。若惣言レ之法界。法者無礙円融事理為レ体。挙一全収連貫互徹、包遍含入不二相離一故。若別言レ之、法界義相即有二四種一。雖レ有二数相一、精要唯二。一者事法。心王心所、不相応行、以為二体性一。或質礙相、或縁慮相、及分位相、皆是因縁和合、所生虚浮、仮立安布成故。二者理法。諸法体性、円満成就、如常真実、以為二状相一。事是有為衆縁集、無性縁成、仮相森然。理是無為本来自体、非二是作成一。縁起無性、常恒湛爾。事理無礙、事々無礙、唯是彼此二物融即自在之相、事理法外無レ有二別体一。然有為法、即是鎔融所依体事。於二事法上一、成二其融即一、無礙相彰。理是能融、事即所融。理性融レ事、令二無礙一故。由二理遍一故。此事入レ彼、彼事入レ此、互不二障礙一。事理二法有二此功能一。

第四顕二示行相一

問。一乗法界有二何相貌一。答。一味通融、陀羅尼法、窮レ理尽レ性、徹レ果該レ因、言議絶離、思量寂滅。不レ知何以目レ之。強号二法界一。不レ知何以明レ相。強分二理事二門一。理事渾融、無レ有二障礙一。通貫収摂、為二四法界一。一事、二理、三事理無礙、四事々無礙。是名二別教一乗義理一。

第一事法界者、一切事法不レ出二色心不相応行二分位一故。森焉万象、欝然千門、従レ此麁現、自他顕彰。此有二十門一、以顕二無尽一。謂教義理事境智行位因果依正体用人法逆順応感也。此是十対成二二十句一、一切事法此中摂尽。然其理法対レ事挙レ之。以三其体性非二是事一故。教即能詮声名句文。五教詮門、諸法顕義、光明香飯、六味諸触、語黙視瞬、動止威儀、思想寂静、触事入法、皆是教体。義即所詮。是前詮門所レ顕諸義。質礙変壊、大小長短、縁観思想、五教門下種々義理。能詮無量、所詮亦爾。是教義一対也。理是生空所顕法空所顕、無性真如独空絶理円空妙理等性。事是色心身方等相、通二一切一無レ不二皆摂一。色有二多色一、身○二多身一。顕形表色、六道四生、是理事一対也。境謂五教所観之境、智謂五教能観之智。此之境智惣収、不レ出二三諦二智一。別即五教所レ明不レ同。小乗四諦涅盤為レ境、無漏浄恵名レ之為レ智。及他心等十智是也。始教大乗亦通二四諦二諦等法一、以為二境界一、加行根本後得等心、以為二其智一。終教即是三諦等境。権実理量無礙等智。頓教則無境為レ境、絶智為レ智。円教則無尽之境無尽之智、是境智一対也。行謂五教修行不レ同、位謂五教得位差別、是行位一対也。因謂諸教所修之因、果謂諸教所得之果。依謂国土、正謂仏等。体則法報等、用則応化等。人則覚者等、法則菩提等。逆則婆須無厭足等、順則文殊観世音等。

応即赴感仏及菩薩等、感即当機菩薩衆生等。各随二五教一以辨二差別一。此十対中初一為レ惣、後々漸略而有二次第一。此十対法惣相該収、以為二十玄所依体事一。若以レ義収、随二一事上一即有二十対一。随レ門成故。

第二理法界者、体性空寂、相収寥寞。頓遣二四句一、妙絶二百非一。即是摂帰真実。亦名二真空絶相一。然此真理略有二二門一。一性浄門。在レ纏不レ染、性恒清浄。雖レ偏二一切一、不レ同二一切一。二離垢門。由二対治道一、障尽浄顕。随二位浅深一分二十真如一。体性湛然、随レ縁有レ異。二門雖レ異、其体無レ別。此理法界惣有二十門一、然有二四門一。一会色帰空観、二明空即色観、三空色無礙観、四泯絶無寄観。此四句中、初二各四、後二各一、故成二十門一。初会色帰空者、諸色挙体是真空故。於レ中四句。一色不二即断空一、挙体真空故、以三真空非二断空一故。二青黄等相非二是真空一、青黄無体是真空故。三空中無レ色、会二色無体一故。已上三句以レ法簡レ情。四色即是空、色無性故。如二色。一既然、万法皆爾。此一顕二理性空体一故。二明空即色観者、真空挙体是諸色故。於レ中四句。一断空非二即色一、真空即色故。以二彼真空不レ異レ色故。二真空理体、非二青黄一故。三空是所依、非二能依色一、与レ能作レ所、是故即色。上三以レ法簡二去情計一。四空即是色、真空挙体是妙有故。真空不レ異二色法一、無我理非二断滅一故、不レ守二自性一、随レ縁成故。如レ色既爾。真空不レ異二諸法一亦爾。此一顕二義妙有相一故。初之二門各四句訖。三空色無礙観者、色法挙体是真空故、色相不レ尽而空顕現、空理挙体不レ異レ色故、空即是色而空不レ隠。是故一味平等無礙。此中雖レ有二空色二事一、意致唯是帰二於空理一。色是虚名虚相、無レ有二繊毫之体一。修二此観一者意在レ此故。四泯絶無寄観者、所観真空、不レ可レ言二即色不即色一、亦不レ可レ言二即空不即空一。一切法不可、々々亦不可。此語亦不レ受、逈絶無レ寄。非二言所レ及、非二解所レ到、是謂二行境一。生レ心動レ念、即乖二法体一、失二其正念一。非二真観一故。上之四句十門、惣是理界行相。

問。此十門相非二皆真空一。何故広開二彼々諸相一。答。簡レ情顕レ解、然後成レ行。故初二門各四句中、各前三句皆簡二情計一、各第四句顕二其正解一。第三之門解終趣レ行。第四之門正成二行体一。解中即有二真空妙有空色無礙双観一。空有而而是無礙、意即在二空泯絶無レ寄、是理界体。故開二十門一。去留精覈。

第三事。無礙法界者、如理縁起、成二一切事々法一、体虚即是理性。無性縁生、理不レ礙レ事。縁生無性、事不レ礙レ理。惣是事理無礙相状。事界十門皆悉無礙。且対二事理一以顕二無礙一、亦有二十門一以顕二無尽一。一理偏二於事一門。無二分限一理、偏二分限一故。二事偏二於理一門。有二分限一事、全同レ理故。三依レ理成レ事門。事無二別体一、攬レ理成故。四事能顕レ理門。事攬レ理成、事虚理実、依他無性、即円成故。五以レ理奪レ事。既全理、事尽無レ遺。故説二生仏不増不減一。六事能隠レ理門。真理随レ縁、而成二事法一、遂令二事顕一理不レ現。故説二法身流転名レ生。七真理即レ事門。凡此真理必非二事外一。法空理故。

空即色故。理即是事為二真理一故。八事法即レ理門。縁集必無性。挙体即真故。九真理非レ事門。即レ妄之真異二於妄一故。十事法非レ理門。即レ真之妄異二於真一故。此之十事、同一縁起、成壊即離、隠顕一異、逆順自在、無障無礙、同時頓起、無レ有二前後一。深思修習、観智明現、即名二理事円融無礙観門一。

第四事々無礙法界者、亦名二周偏含容観一。局限○法、彼此融故。此中即有二十種玄門一。縁起諸法、深奥沖邈、該摂周遍。義極妙故。一同時具足相応門。一微塵中具二一切法一。即前教等所依体事。十対之法、同時相応、成二一縁起一。具足円満、無レ有二前後始終等別一。逆順無礙参而不レ雑。非三唯単直具二教義等一。亦即具二足後九玄門、及彼門所具教等一。以二是玄門惣通相一故、海印定中頓顕現故、摂二尽諸法一、無レ有二遺余一。二広狭自在無礙門。此一微塵普二周法界一、不レ壊二本位一、法界諸物全在二一塵一。不レ移二本法一、分即無分、無分即分、広陿自在無障無礙。教等十対無礙同然。三一多相容不同門。一塵舒レ己、偏入二諸法一、即摂二一切一令レ入二己内一。舒摂同時、無レ有二障礙一。是相入門也。四諸法相即自在門。此一塵法廃レ己同レ他、挙体全。是○彼一切法而恒摂レ他同レ己。令三彼全二是己体一。一即一切、一切即一、円融自在、無礙成立。五秘蜜隠顕倶成門。塵能摂レ彼則一顕多隠。一切摂レ塵則一隠多顕。顕々不レ倶、隠々不レ並、隠顕々隠同時無礙。六微細相容安立門。此微塵中微細刹等。一切諸法、於二一念中一炳然、同時斉頭、顕二現彼此一不レ濫。極是明了、猶如二束箭斉頭顕現一。七因陀羅網境界門。此一塵中現二無辺刹一。々海之中亦有二微塵一。彼諸塵中復有二刹海一。如レ是重々無尽。非二是心識思量境界一。依報微塵、正報毛孔、虚空容塵及容毛等、各有二刹海及教義等一。重々顕現無レ有二窮尽一。如三帝釈殿珠網覆レ上、一明珠内万像倶現、珠珠皆爾、此珠明微、互相現レ影、影復現レ影、而無二窮尽一。八詑事顕法生解門。見二此一塵一、即見二無尽法界法門一。此塵即是一切法故。非三是託レ此別有二所表一。九十世隔法異成門。此塵既是偏二一切処一、亦是遍通二一切時劫一、及摂二彼時一、三世各三、摂為二一念一、是名二十世一。時無二別体一、依レ塵以立。塵既無礙、時亦如レ之。一念即無量劫、○即一念。過去置二現未一、現未安二過去一。不レ壊二本相一、而無二障礙一。十主伴円明具徳門。一塵生時、万法随生、以為二眷属一。万法彼此、互為二主伴一。円教之法、理無二孤起一。起必眷属伴侶随生、無レ有二闕減一。遮那説経、以レ此為レ主、余仏為レ伴。余仏説法、遮那為レ伴、一方為レ主、十方為レ伴。余方亦爾。主主伴々各不二相見一、主伴々主円明具徳。一塵如レ是具二足十玄一。余諸微塵及一切法、各具二十種玄門一皆爾。故一切法互摂無礙、相通相摂重々無尽。小乗三乗無窮為レ過、別教一乗無窮為レ徳、挙一全収、円融無尽。

問。有二何因縁一、令三此諸法得レ有二如レ是混融無礙一。答。事々無礙所因広博。要略精研有二其十種一。一唯心所現故。一切諸法真心所現。如二大海水挙体成レ波。以二一切法無レ非二一心一、大小等相随レ心迴転、即入二無礙一。二法無二定性一故。心識所レ現、随レ縁而生、無

㆑有㆓定性㆒。是故融通、小非㆓定小㆒。故能容㆓大虚㆒而有㆑余。以㆑同㆓大之無㆑外故、大非㆓定大㆒。故能入㆓小塵㆒而無㆑間。以㆑同㆓小之無㆑内故、斯乃等㆓大虚之微塵㆒、含㆓如塵之広刹㆒。法爾成立有㆓何難㆒哉。

三縁起相由故。大法界中縁起法海、一一法生、互相縁由。是故彼此即入㆓無礙㆒。然其縁起義門無量。略挙㆓十門㆒顕㆓相由義㆒。一諸縁各異義。大縁起中諸縁相望、体用各別、方成㆓縁起㆒。若雑乱者、失㆓本縁法㆒、縁起不㆑成、無㆑有㆓事法㆒。諸縁各々守㆓自一位㆒。是故縁成縁成諸法生起。二互偏相資義。此諸縁法互相偏応、方成㆓縁起㆒諸法生起。如㆑此一縁偏応㆓多縁㆒、各与㆓彼多㆒全為㆑一故、此一則具㆓多箇一㆒也。若此一縁不㆑具㆓多一㆒、則資応不㆑偏、不㆑成㆓縁起㆒。是故一々各具㆓一切㆒。三倶存無礙義。凡此一縁要具㆓前二㆒、方成㆓縁起㆒。要住㆓自一㆒、方能偏応、偏応㆓多縁㆒、方是一故、唯一多一、自在無礙。上三即縁起本法。四異体相入義。諸門力用、互依持互相奪故、各全㆓有力㆒全㆓無力義㆒、縁起方成。一有㆑力多無㆑力、多入㆓一中㆒。多有㆑力一無㆑力、一入㆓多中㆒。五異体相即義。諸縁相望、全体形奪、有体無体縁起方成。若闕㆓一縁㆒、余不㆑成㆑起。得㆓此一縁㆒、一切成㆑起。一有体多無体故、多即㆑一。多有体一無体故、一即㆑多。六体用双融義。諸縁起法力用交渉、全体融合、方成㆓縁起㆒。故全㆑体之用、全㆑用之体、自在無礙円融一味。此上三門、於㆓初異体㆒弁㆓義理㆒也。七同体相入義。前之一縁所有多一与㆓彼一縁㆒体無㆑別故、名為㆓同体㆒。由㆔此一縁応㆓多縁㆒故、有㆓此多一㆒。所応多縁、既相即入。今此多一亦有㆓即入㆒。所㆑言相入者、一縁有㆑力能持㆓多一㆒、多一無㆑力依㆓彼一縁㆒。是故一能摂㆑多、々便入㆑一。一入㆑多摂、反㆑上応㆑知。八同体相即義。前之一縁所具多一、亦有㆓有体無体之義㆒故亦相即。以㆔多一無体由㆓本一㆒、成㆑多即一也。由㆓本一有体㆒、能作㆓多一㆒、令㆓此摂㆑多。如㆓一有多空既爾㆒、多有一空亦然。九倶融無礙義。此門同㆓前体用双融㆒、即入自在。此上三門、於㆓前第二同体門中㆒辨㆓義理㆒也。十同異円満義。前之九門惣合、即成㆓一大縁起㆒。是故即具㆓十種玄門㆒。多種義門同時具足、住㆓一偏応㆒有㆓広狭門㆒。就㆑体就㆑用、相即相入、乃至㆓相関㆒。互摂有㆓主伴門㆒。此円満義。於㆓前第三門中㆒辨㆓義理㆒也。由㆑有㆓如㆑是縁起相由㆒、是故一多互融、大小即入。四法性融通故。若唯約㆑事、互相障礙、若唯約㆑理、唯是一味無㆑可㆓即入㆒。理事融通具㆓此無礙㆒、謂㆓不㆑異㆑理之一㆒。事具摂㆑理時、令㆘彼不㆑異㆑理之多事随㆓所依理㆒一中皆現㆖。若一事中摂㆑理不㆑尽、則於㆓真理㆒有㆓分限㆒失。若一事中摂㆑理是尽、而其多事不㆓随㆑理現㆒、則事在㆓理外㆒失。今既一事之中全摂㆑理尽、多事豈不㆓於㆑中現㆒哉。故由㆓理融㆒、於㆓一塵中㆒具㆓十玄門㆒無礙自在。五如㆓幻夢㆒故。猶如㆘幻師能幻㆓一物㆒以為㆓種種㆒、幻㆓種々物㆒以為㆗一物㆖。諸法亦爾。故互融通、猶如㆘夢中所見広大未㆑移㆓枕上㆒、歴時久遠未㆑経㆗須臾㆖、諸法亦爾。故能融通。六如㆓影像㆒故。一切諸法皆具㆓二義㆒。一猶如㆔明鏡含㆓明了性㆒。一心明了、以為㆓能現㆒。二猶如㆓影像㆒。分別所有一切諸法、以為㆓所現㆒故。一切法互為二鏡像一。如二鏡互照而不レ壊二本相一。是故諸法円融無礙。七因無限故。諸仏菩薩、昔在二因中一、常修二縁起無性等観一、大願廻向、等称二法界一、修二及余無量殊勝因一故。今於二果位一所作無礙。是故事々具二十玄門一。八仏証窮故。由レ冥二真性一得二如性用一。九深定用故。海印定等諸三昧力。十神通解脱故。由二十通及不思議解脱等一故。由二上十因一、令三前教義等十対具二上同時等十門一、以為二別教一乗義理分斉一。然此十因随一有レ之、令二彼諸法混融無礙一。此円融法、有二徳相門一、有二業用門一。自内所得名為二徳相一、随物示現名為二業用一。此之十玄、全通二二種一。此十由中前之六因、通約二法性一為二徳相一。因二法爾一如レ是。後二並是唯在二業用一、義通二因果一。七約二起修義一通二徳用一。八約二果徳一、唯是徳相。約レ仏則用亦徳相。徳上用故。約レ機則相、亦称レ用。令レ知レ相故。即レ用之相、染浄相融。即レ相之用、能染能浄。故相及用不レ分二両別一。

上来所レ明四種法界、即華厳宗義理分斉。一塵法界是其体也。何者法性随縁即成。一塵之中摂二尽真理一。一切万法不レ離二塵理一。是故万法与二塵理一、倶入二一塵中一。塵外無レ理、亦無二諸法一。塵々皆爾、法法亦爾。且就二一塵一具二四界一者、縁生一塵是事法界。塵無性理即理法界。塵理相望是事理無礙法界。諸法入レ塵。反諸法、即是事事相望融通、是事事無礙法界。此中即有二其十玄門一、即是事事無礙相状。欲レ見二万法一、可レ入二一塵一。得レ入二一塵一、見レ法無レ遺。一塵法界相貌如レ是。法々亦爾。謂一毛法界一華法界一香法界一色法界刹那心念法界亦爾。如レ是法法相状皆爾。華厳円宗一味法界不レ簡二彼此一。随レ入二何法一、即見二法界一、窮二尽性源一。四種法界随レ挙二一界一、全摂二三界一。随レ挙二一法一、四種法界。全摂二一切諸法四界一。何況万法双、見二頓証遍証一。円教普周事義如レ是。

第五観行状貌

問。別教一乗普賢法界、心観要門行相云何。答。夫普賢観門者、出レ妄入レ真之幽揵也。本覚常湛、非二四相之所一レ遷。法体弥綸、非二十方之欣一レ限。貫二真妄一而窮尽、該二生滅一而徹究。観レ之者心也。契レ之者智也。懸二赫日一而遍照、燃二巨火一而明耀。亡二三際一而合二体実一、泯二四句一而居二本原一。朗恵対レ境如二函蓋之相称一、明智入レ理似二刀鞘之契会一。若非二妙智一、不レ観二妙境一。若非二真慧一、無レ証二真理一。境界玄故、心観亦玄。智慮妙故、境法亦妙。即レ境之智故。即レ智之境故。

今華厳宗別教一乗、正詮二定学一、専明二心観一。観行方法唯在二此経一。故演義鈔一下云、経雖三通詮二三学一、正詮二於定一。皆是如来定心所演故。経云、汝所レ説者、文語非レ義。我所レ説者、義語非レ文。況華厳性海不レ離二覚場一説。仏所証海印三昧親所二発揮一諸大菩薩定心所愛。〈已上〉当レ知、釈迦毘盧遮那、自内証極、為レ物起レ用。十門性起無方大用、始自二出現物相一、終至二性起見聞一、莫レ非二皆是一乗海印三昧所現一。即是定心定用所レ致。今此七処九会説儀、即是性起転法輪相。是故一部文文句句、皆是海印三昧為レ体。九会法門亦多依レ定。惑是菩薩入レ定承レ加、説二彼法一以為二説主一。惑是教主自入二三昧一、示二現所レ顕諸法深義一。海印是通。通二諸会一故。毘盧遮那蔵身等定、即是別定。示二会別一故。同聞大衆亦定心受。初地已上、証二理心一故。況八地已上無漏相続。何況信位満心頓得二諸位乃至仏果一。是故此位自証窮究、自然施二作無方大用一。十大三昧以顕二無尽一。既得二十定一、一一定用、周遍該通、不レ可二思議一。如レ是得レ法一切菩薩、並是定心所レ受所レ持。諸神主等皆是上地、惑是信満得法之身。此経衆海、多是第二解行得法自在身故。海印通定、是。レ仏故。諸会別定、約二説主一故。一経始末皆是定門。是故九会所説法門、一一即是観門行相。故演義云、四十二位之昭彰、並称二観行一。九会五周之因果、仏道方円。故若相若性若因若果、無レ不レ成レ観、無レ不レ契レ真。依レ経修行。並是聖意。〈已上〉是故応レ知。起レ観修レ之、三十九品皆是観行。如二第一会妙厳品中一、摩竭提国始成二正覚一。菩提場地、々上道樹、々下仏座、座上教主、正覚之相、三業普周、化用自在。海会大衆一一功徳。供養之衆歎二仏功徳一。華蔵六種十八動等、現相品中種種事業、普賢三昧所有諸法。何況世界成就華蔵世界、特順二観行一、細陳二幽致一。自下諸会諸品所説、其事皆爾。恐レ繁略レ之。

若誦若読若書、並冥二心観一不レ離二定意一。泯レ境亡レ心。不レ違二説誦一。説即無性、無性而説。終日読誦皆是観行。竟夜観修亦即書談。故演義云、造レ解成レ観。即レ事即レ行、口談二其言一、詣二其理一。〈乃至〉教合二亡言之旨一、心同二諸仏之心一。無レ違二教理之規一、暗踏二忘心之域一。〈已上〉此是清涼大師造レ疏釈レ経之意。斯乃聖教為二明鏡一照二見自心一、自心為二智燈一照二経幽旨一。玄言理説、深契二教意一。虚レ己求レ宗、専冥二仏心一。万行照二自心一、自心摂二万行一。宗通二玄奥一、説通二融液一。宗説兼暢、是真乗人。如レ是学レ道、念念成レ覚、如レ是談レ法、新新利レ物。若約二説相一、経有二異端一。惑為二化儀一、惑為二由漸一。惑為レ解而説、惑為レ行而説。所信能信、所証能証、如レ是非レ一、勢変不同。集レ衆放レ光、是為二化儀一。入レ定受レ加、為二由漸一。修生修顕是為二生解一。離世間品是為二成行一。第二会中、問明為レ解、浄行為レ行。第三会中十住是解、梵行即行。如レ是等相、不レ可二具述一。其解門処、即レ応成。観門処、即レ応成レ観。前後二途、随レ応融会。惑全惑分、自住無レ壅。惣約二大途一、多是観行。観不レ違レ事事、行契レ理。無礙鎔融平等一味。然則浄行品中一百余願、三業六根、行柱坐臥、起居動止、剃髪染夜、受食飲水、嚼枝瀬口、大小出入、往還進退、礼仏誦経、即レ事而真、不レ仮二別求一、以二観融一レ事、念念成レ観。梵行品中十種梵行、三業威儀、止作浄戒、遮情表徳、泯レ境融レ心。初心即極、無レ過二此観一。十行十度十蔵十向、事理双修、事事鎔融。重重無尽非二思議境一。

十地品中観行非レ一。初地施行、二地戒行、三地八定、四地道品、五地諸諦、六地縁生、七地一切菩提分法、八地無功、九地法施、十地雲雨、寄二諸乗法一、修レ事成レ観。十定十通十忍等法、乃至離世二千行法、入法界品本末二会、頓証漸証、歴位求法、聞修証得、惣別麁細、去来順逆、如レ是等法、無レ不二窮尽一。何事非レ行、何門非レ観。約レ解皆解、約レ徳皆徳、挙レ一全成、無二定彼此一。法法塵塵、其相如レ是。此外無レ余、無レ可二別求一。如レ是趣向、即名二普門一。若趣二一隅一、即名二一門一。全二普普門一、全一。普一互摂、彼此無礙。惣相雖レ然、随レ門明レ相、非レ無二別体一。状貌亦多。

祖師所レ述行儀非レ一。略挙二十類一、以為二規模一。一法界観一巻。建二立三重観一、明二修方軌一。一真空絶相観。是理法界。二理事無礙観。即彼法界。三周遍含容観。是事事無礙法界。此三重観各有二十門一。四法界中際二事法界一。所二以然一者、玄鏡云、其事法界歴別難レ陳。一一事相皆可レ成レ観故、略不レ明。惣為二三観所依体一。〈已上〉不レ為二別門一、非レ不レ観レ事。三重大概如二四界中法界観門一。根本要章、始祖杜順帝心尊者、創開二妙宗一、授二之至相智儼大師一。儼祖授二之香象大師一。清涼翫レ之作二其玄鏡一。宗蜜承レ之作二其註解一。香象大師菩提心章、載二彼観文一明二発心相一。

二華厳三昧観。杜順尊者、作二五教止観一巻一、随レ教陳レ相。其円教観名二華厳三昧門一。亡レ情絶レ解。泯レ相成レ行。寔入二大縁起際一之直道、至二法界本処一之要門也。賢首〈香象〉大師、作二遊心法界記一巻一。其中所有同二五教観一。円教観行全戴二此文一。賢首師亦作二華厳三昧章一。

三妄尽還源観一巻。賢首師、作レ彼有二六門一、惣明二観行一。即是増数重開之相。一体二用三徧四徳五止六観。惣合有二其二十一門一。其四徳相是事妙用。余即円満普周観門。

四普賢観。賢首大師、作二普賢観行一巻一、惣為二二門一。一普賢観、即十重止観。二普賢行、即十重事行、今是其一。所レ言十重止観相者、一会相帰性止観、二依理起行止観、三理事無礙止観、四理事俱泯止観、五心境融通止観、六事融相在止観、七諸仏相是止観、八即入無礙止観、九帝網重現止観、十主伴円備止観也。此観亦名二色空観一也。

五唯識観。探玄記中第六地処、釈二経三界虚妄但一心依之文一、開二十重唯識一、簡二覈其浅深一。清涼圭山依憑賛陳。

六華蔵世界観一巻。賢首師作。此是観二察華蔵界相一。然則風輪重重持二無尽之荘厳一、香澄々生二広大之蓮華一、等二同法界之量一、居二香幢之上一。荘二飾金山之体一、繞二大蓮華之辺一。刹種界性縦横安布、宝国浄土上下列住。仏仏各居説二随縁之法一、聖聖並持現二住運之用一。宝林之相見者悟レ法、池水之影縁者証レ道。自然之覚運運随レ心、速疾之解祥任レ物。異類同類各統二法界一、浄土穢土俱遍二塵道一、融液無二即入二唯一一。主伴無レ窮、重摂二無尽一。皆是毘盧遮那如来円満常恒、転二法輪一処。具徳円満、依正融摂。摂二成観智一、頓得二果用一。寔一乗之要妙、円教之綱領。摂二之自心一以満二観解一、心内華厳蔵広等二虚空一、智中依報大尽二十世一。六相円融十玄周足。此則華蔵世界観意。

七 三聖円融観一巻。清涼澄観大師所レ撰。

八 華厳心要観一巻。清涼師撰。大唐第二十代主順宗皇帝在二春宮位一之時、貞元十一年乙亥、〈当二日本国延暦十四年一〉問二心法於清涼大師一。大師即答二彼所問一、作二心要一巻一、陳二一乗心道一、直指二法体一、正顕二自心一。見即成レ観、解即満レ行。寔為二学者之精要、行人之秘術一者也。

九 五蘊観一巻。清涼述。是大乗之通宗、深空之惣致也。

十 十二因縁観一巻。清涼師述。是覚道之至要、仏宗之極尊也。

上来十類世所二流行一。観門枢要、大都如レ此。又義解諸文各有二別章一。彼亦成レ観、為二其視矩一。又大部章疏頻明二観行一。随二彼彼門一、建立甚多。今就二精要一陳二二種観一。一明二三聖円融観一、二明二唯識観一。其心要観与レ此合明二三聖一。詑レ境以陳二自心一。唯識約レ心以尽二万境一。二門雖レ異、宗致是一。倶法界惣通之道、実乃出離生死之門。要而又勝、高而又深、広而又長、横而又竪。頓超之法、速昇之行、無レ過二如レ是二種観門一。

問。三聖円融、其相云何。答。言二三聖一者、大師毘盧遮那如来、普賢文殊二菩薩是也。大覚応レ世輔翼塵沙、而華厳経中独標二二聖一為二上首一者、詑以表レ法。事不二徒然一。当レ知。一仏二聖惣体、二聖即是一仏別徳。二聖為レ因、如来是果。果超二言想一是不可説。因分詑レ言故是可説。若倍二二因之玄微一、則知二果海之深妙一。二聖法門略為二三対一。一者能信所信相対。普賢標二所信之法界一、即在纏如来蔵。文殊表二能信之深心一、是引二出仏性分一。一切衆生皆如来蔵。普賢菩薩自体徧故。普賢初会即入二如来蔵身三昧一者意、在レ此也。一切諸仏皆由二文殊一而発心者、表二其大心依レ信発一故。善財童子始見二文殊一発二大心一者、即当二信位一所信所証、無レ有二二理一故。無二初普賢一、信可二始生一。理唯極見故。文殊居レ初、普賢居レ後。二者解行相対以明、普賢表二所起万行一。経文皆言二普賢行一故。文殊表二能起大解一。通解二事理一、窮二方便一故。解行相成、智自行足、照二不二之門一、歩二無住之道一。三者理智相対以明、普賢表二所証之法界一。即是出纏如来蔵。善財童子入二其身一故。普賢身相如二虚空一故。文殊表二能証之大智一。本所レ事仏名二不動智一。於二諸経中一主二般若一故。以二文殊二智一、証二普賢体用一。此之一門、理開二体用一、智分二権実一故。古徳問二三蔵一言、有経説。未レ伝二此方一。又此一門中、亦表二定慧一。理本寂故。智即恵故。亦表二体用一。普賢理寂以為二心体一。文殊智照為二大用一故。上是二聖各挙二三事相対一以明。若約レ相摂、無レ不二混融一。二聖既是各有二三事一。三事各融以成二一体一。文殊必因二於信一、方能成レ解。有レ解無レ信、増二邪見一故。有レ信無レ解、長二無明一故。信解真正方了二本原一、成二其極智一反照不レ異二初心一。初発心時便成二正覚一。是故文殊三事融通隠隠。普賢理若無レ行、理終不レ顕。依レ理起レ行、行必称レ体。由レ行証レ理、理無二行外之理一。由レ理顕レ行、行無二理外之行一。故随二所証理一、行無レ不二具足一。一証故見二一切証一。故見二普賢一。一毛所得之法、過二前不可説一倍。故普賢三事渉入重重。

非二唯二聖三事一、自各融通。亦乃二聖法門互相融摂、要因二於信一方知二法界信一。不レ理信即是邪僻故。能所不二、不レ信三自心有二如来蔵一、非二菩薩一故。要籍二於解一方能起レ行。因レ解起レ行、行不レ異レ解。故解行不二。智是理用。体レ理成レ智、還照二於理一。智与レ理冥、方曰二真智一。是故理智不二。経云、無レ有三如外智能証二於如一。亦無三智外如為二智所入一。法界寂然名レ止、寂而常照名レ観。即レ寂之観、即レ照之寂、則定慧不二。即レ体◦曰レ理。則体用不二。是以文殊三事融通隠隠。即是普賢三事渉入重重。此二不異方言二普賢帝網之行一。理事円融名二普賢行一、非二独事行一名二普賢行一。文殊智満、普賢因円。二聖相融、離レ相絶レ言。没二同果海一、尽レ原窮レ底。是名二毘盧遮那光明遍照一。唯証相応、内智冥契故。法界品中、普賢之後偈讃二仏徳一。是顕二果相一。品初如来自入二三昧一、現レ相無レ言、表二所証絶言而普賢開顕一。放レ光遐照、表二能証絶言而文殊開顕一。三聖冥会、二分炳然。三聖法門即経題目。普賢是大。所証理体無レ不レ包故。文殊是方広。理上之智為二業用一故。文殊普賢二俱華厳。万行披敷是因門故。信智及解皆是因。華厳二本体一故。証二上体用果円極一故。又所証之境是大方広、即是普賢。能証之智是仏。花厳即是文殊。境智冥合是盧遮那。説二此等法一名二修多羅一。即今経也。因レ言顕故。為レ物示故。三聖因果、究竟法門、既包二題目一無レ遺。則摂二大経義一尽。一代時教不レ離二於此理智等法一。是故諸教唯三聖体、万法法即華厳。不レ離二三聖一故。上理智等、並不レ離レ心。心仏衆生無二差別一故。衆生心念即如来蔵。空如来蔵即是普賢、不空如◦蔵即是文殊。惣如◦蔵理毘盧遮那。一念之心即具二此相一。念念皆爾、無レ不二満足一。若二本有門旧来具足究竟円備無レ有二増減一。若下修生門於二心解了一、念念因円、念念果満上。出現品云、菩薩応レ知。自心念念常有レ仏成二正覚一。即レ一之異、不レ礙二外求一。即レ異之一、本在二自内一。本有修生、元是不二。不二終極泯二始本名一。当レ知。諸法即是三聖。衆聖衆賢亦是三聖。境法是三聖。自心即三聖。一切皆是無レ非二三聖一。如レ是諸門在二一念心一。念念観レ心功行弥大。若与二此観一契合相応、触レ目対レ境、刹那刹那、常見二三聖及以十方諸仏菩薩一。一即一切故。心境無二故。華厳行者依レ此修習、一生一念大果現前。一生若不レ尅、三生必究竟大覚円満。与二彼本師三聖一全同、一体不二、自他平等。是正覚故。如レ是大利、唯此三聖円融観門不思議力。上是取二清涼三聖観中文一。

問。唯識観行、其相是何。答。唯識法門、源出二華厳第四会中覚林菩薩偈讃一、広説二三無差別唯識道理一。第六会説二三界唯心一。知識段中説二唯識義一。一経始終散説極多。第六地中三界唯心、諸論皆引明二唯識理一。即二十唯識成唯識論等。賢首大師因レ此広立二十重唯識一。一切諸法皆心所作、森羅万象従レ此流出。是故諸法皆自心摂、心能作レ仏、心能修レ法。心謬流転、心正惑滅。本来真心、常恒具徳、一心業用、不可思議。

所レ言十重唯識相者、一相見俱存唯識。此門意者、為レ欲下破二析諸愚夫等心外実我実法執着一、直顕中心内甚深諸法唯識道理上。諸衆生類、心外執レ法、虚妄顛倒、造レ業受報、生死相続、無レ有二休息一。如来愍レ此説二唯識理一。諸法唯識無二別有レ法。自心転変作二成諸法一。愚夫所レ執心外諸法、本来都無体性皆空。遍計所執是虚妄故。已遣二心外一、須レ留二心内一故。見二識内諸法縁起一、依他起性因縁和合、種種法仮成立故。円成実性是諸法体。常恒湛然真妙有故。依他法中有レ心有レ境。心是能縁、境即所縁。能縁心生、必変二其境一。自所変境為二所縁一故、名二之内境一。非二心外一故。若心不レ変、応二心外一故。心外無レ法、不レ応レ縁故。能変能縁名為二見分一。見解照了事顕著故。所変所縁名為二相分一。行状相貌事差別故。相見雖レ異、並心内法。是故倶存名為二唯識一。遣二外妄法一、存二留心内能所縁一故。唯是簡二持簡三去外塵二、持二取内識一。識是所持。能縁所縁識内作故。

問。心識之内惣有二幾法一。答。若約二実法一、不レ過二二種一。一曰色法、二曰心法。若取二分位一、即成二三法一。加二非色非心不相応行一故。若分二相応一、即有二四法一。心王之外有二心所一故。上之四種並依他法、即是有為聚集之相。若取二識性一、即成二五種一。加二真如無為円成実性一故。即名二五法事理一、亦名二五種唯識一。五種唯識即成二百法一。百法皆是不レ離レ識故。九十四是有為、六種是無為法。依他有為九十四中摂為二四分一、尽二其法相一。一者相分。是所縁境。二者見分。是能縁心。三自証分。是心自体。体能証二知縁境事一故。四証自証分。心自体分有二証智一故。二分互証非二無窮一故。然此四分摂為二三分一。第四摂二入自証分一故。或摂為レ二。後三倶是能縁性故。惣名二見分一。或摂為レ一。体無レ別故。心用分斉有二四差別一。皆不レ離レ心、開合無礙。西天論師、於二依他法一立レ分不同。惣有二四家一。一安慧論師立二一分義一。謂自証分。相見二分是所執故。二難陀論師立二二分義一。謂相見分。唯是能縁所縁法故。三陳那論師立二三分義一。謂相見分及自証分。能縁所縁必有レ体故。四護法論師立二四分義一。即如二前明成唯識論一。護法為レ正。

問。此中相見倶存識者、前諸師中依二何所立一。答。此相見門依二護法義一。収二摂四分一為二相見一故。以三見分中摂二後三一故。諸経論中多説レ二故。由二此義一故、清涼師云、相見倶存唯識正義。〈已上〉唯識正義是護法故。非二是難陀二分門一故。然相見分各有二摂法一。見分之中、具有二八識及諸心所一。此王及所各二分故。若具言レ之、各有二四分一。其相分中、具有二所変所縁色等境界諸法一。此所変境即有二二種一。一本質境。即阿頼耶所変相分生、有二一念異熟識起一、頓爾即変二三種境一。界種子五根及以二此三境一、為二所縁一故。等流習気異熟識生、即等流果。是因能変。所生異熟頓変二三境一、是果能変。果中生故。六転起時以レ此為レ質、各変二影像一。一一縁故。二影像境。六転縁レ境各住二自識一、随二其所応一変二起影像一。以二此影像一為二親所縁一。如二前五識一、即託二第八所変五塵一、変下起似二彼影像一相分上、以為二所縁一籌慮了別。第六縁レ境、託二第八境一為レ質、変レ影其事亦爾。第七但縁二第八見分一、非レ杖二第八所縁之境一、而託二見分一変レ影為レ境。第八直縁二自所変境一、非二別変一レ影。自所変境即影像故。若縁二他変三種境界一、即変二影像一不レ能二直縁一。是故本質局二第八境一、影像之境即通二八識一。其第六識縁二十八界一、無レ不三一切皆変二影像一。以レ縁二彼心心所一故。彼加行智及後得智縁二真如理一、皆変レ影故。非二唯第八境上変一レ影。

問。識所縁境有二幾種一耶。答。所縁之境惣有二三種一。一者性境。従二実種一生、有二実体用一。能縁之心得二彼自相一、即五八識所縁境界。二独影境。与二能縁心一同一種生、無二実体用一。能縁之心不レ得二自相一、無レ有二本質一。影独起故。即如三第六縁二亀毛等一。三帯質境。謂能縁心不レ得二自相一、而其縁相即有二本質一。即第七識所変相等。惣而言レ之、五八性境、第七帯質、第六通レ三。此等並是所変相分。然彼見分亦是所変。自体転似二相見一起故。今且唯約二相分名一レ変、如レ是相見倶存名レ識。即是依他心内諸法。若約二始教一、不レ摂二真如一。若約二後教一、必摂二真如一。正挙二依他一兼通二円成一。約二所依性一亦始教意。此門唯識多依二摂論成唯識等一。護法論師等盛立二此義一也。

二摂相帰見唯識、前遣二心外妄法一、具存二識内諸法一。故所留法有レ心有レ境境。今此門意、於二心境中一、摂レ境帰レ心名為二唯識一。所二以然一者、所縁之境離レ心無レ有。心識心所生起之時、必変二前境一、以為二所慮所詑之法一。詑二此境法一起二能縁心一。所慮是境、所詑即是親所縁縁。若其本質、疎所縁縁。是故心起、必詑二内境一。言二内境一者、即心所縁。離レ心無レ境。是故摂レ境帰二能縁心一。心所亦爾。皆変レ境故。一切境界既心心所所変影像。是故境界無レ有下従二別種子一而生上。心心所生、帯二彼影一起二心心所法一。従二実種一生相分心影、実無二別種一。由二此義一故、摂レ境帰レ心。若実別種、難二摂帰一故。

問。色心諸法皆従レ種生。七転随レ応熏二相見種一。彼亦為レ八熏二相見種一。是故相分皆従レ種生。若無二別種一、豈得二独影一。答。相無二別種一。心帯レ影起。即是親光論師所説。彼言、相分是虚、而見分即実故。亦是唯識十論師中難陀論師所立義途。彼言、相見同種生故。亦是陳那論師所説。彼言、相分非二実有一故。然其相分別種生者、即是護法菩薩所立。今此門識不レ取二彼義一。華厳古徳、依二親光等一成二此門義一。非レ依二護法解一。深蜜経、二十唯識、観所縁論、具説二此義一。彼相分中有二本及影一。此等相分帰レ見不レ立。其見分中、八識心王五十一心所、並存二見分一、名為二唯識一。心王心所後門漸摂。是故此門並存建立。

三摂数帰王唯識、前門唯識具有二八識及諸心数一。心王心所差別建立。此第三重、摂二諸心所一、帰二自心王一。斯乃摂下八識中各所二相応一一一心所上、帰二自心王一以陳二唯識一。謂第八識有二五心所一。遍行是也。第七末那十八心所。遍行五数、別境中慧、四根本惑貪癡慢我、〈五見中一〉八随煩悩、即惛沈等。第六識有二一切心所一。前五転識三十四種。謂遍行五、及別境五、善十一数、本惑中三貪嗔癡也、中随二惑、〈無慚無愧〉八大随惑。八識随レ応如レ是相応如是相応、能倶心所与二所倶王一、一一随レ応各帰二心王一。何故如レ是各帰二心王一。

心数依レ王無二自体一故。一一心所心所変故。此二義故、各帰二心王一。一切心所即帰二心王一、無レ有二別体一。是故此門所レ留、八識心王而已。一一心王並是唯識。各変二所縁諸境界一故。若約二当教一、八識別体。若望二後教一、八識体一。開レ末異レ本、本末合数、通有二八識一。由二此義一故、一切諸法唯有二八識心王体一耳。此門唯識如二荘厳論一。

四摂末帰本唯識、前門唯識具存二八識一、八相森然各作二業用一。然八識中第八是本、七転即末。従レ八流レ七、七従レ八生。是故七転皆是本識差別功能、離レ八之外無レ有二別体一。此門第八本識相者、阿頼耶識有レ真有レ妄。真妄二義和合集成為二第八体一、名為二一心一。本覚真如受二無明熏一、与レ妄和合成二阿頼耶一故。第八識是其根本一心。転変作二七転識一。於レ中第七還縁二第八一、計為レ我。我更執二我所一、展転無レ絶。前六事識随レ境麁動。並是本識功能、作二成随縁流変一、成二七転波一。以レ末帰レ本、本外無レ物。一切唯是第八而已。如三楞伽経具説二此義一。

五摂相帰性唯識、前門唯識本覚随レ動成二阿頼那一。而是約レ事存二留識相一。今至二此門一所レ立頼耶、離レ真無レ余故。摂二識相一帰二本覚理一、以為二唯識一。真如随縁作成二諸法一。諸法無性本無二自体一。唯是本覚如来蔵性、平等顕現余相皆尽、一切衆生即涅槃相。本来常住後際無レ尽、徳相円満不二復更減一。是故此門所レ説唯識、一切諸法、真如実際、無相寂滅、不可思議。諸仏衆生平等一相、有情非情夷斉無二。此義広如二楞伽経等一。

六転真成事唯識、前門唯識、独立二真性一、為二其体相一、不レ見二余相一。此門所立、即転二真如一成二有為事一。如来蔵理、不レ守二自性一、随二染浄縁一作二種種法一。若随流門、真随レ妄故。若還源門、真随レ浄故。約二覚上無作大用一。普現色身全性海故。真如随縁作二一切相一。実際転変業用繁興。如三勝鬘経及以宝性起信論等広説二此義一。

七理事倶融唯識、前門唯識全レ理成レ事。今此門意、所成事法与レ理混会、融通和液。如来蔵性、挙体随縁、成二辨諸事一。万象森羅、而其自性本不二生滅一。即此理事混融無礙。理即前第五門相想倶絶、湛然無レ寄。事是前第六門諸識顕現。具二足此二無礙一、為二此門相一。具如二勝鬘仁王起信摂論等説一。

八融事相入唯識、前門唯識理事無礙、性相混融以為二体状一。此門已後所レ説唯識、事事無礙以為二相貌一。於レ中此門事々相入、力用交徹、陳二無礙相一。理性円通、虚融無礙。以レ理成レ事、々亦鎔融。彼此相入、互不二障礙一。惑一入二一切一。塵遍二十方一故。惑一切入レ一。刹入二一塵一故。如レ是等法此門識也。具如二華厳経等一。

九全事相即唯識、前是約レ用故明二相入一、今即就レ体故成二相即一。依レ理之事、々無二別事一。理既無レ有二彼此之異一、事亦泯二絶一多之別一。一即一切。塵即二十方一故。一切即一。刹即二一塵一故。一念即無量劫。以レ現即二過末一故。多劫即一念。以二過末一即レ現故。以レ即為レ異。余同二前門一。亦如二華厳経説一。

十帝網無礙唯識、前二門識相入相即各是一重、未レ至二累現一。今此門識、一一法中重重影現、無尽無尽、示二法至極一。一中有二一切一、彼一切各有二一切一。無レ有二窮尽一、永亡二際限一。如二釈殿網珠重重影現一故。此等諸相皆是如来蔵識之法、自性本来、円通鎔融故。令二彼事一一如レ理重重無礙一。依正二報、各有二分円一。仏中有レ仏、惑有二衆生一。刹中有レ刹、惑有二如来一。塵中有レ国、毛端有レ仏。依正二報、交絡更互、重現無尽。即此門相。起二一念心一、重々影現。如レ是重現、唯是一心。此義具如二華厳経説一。

上来十重於二五教中一。初三即是始教義門。倶存帰見帰王是也。次四倶是終教義理。帰本帰性成事倶融唯識是也。絶言義門亦通二頓教一。第八九十三門唯識、並是円中別教義門。惣具二十門一是同教義。此十重中無二小乗義一。小教不レ説二唯識義一故。清涼十重第一建二立仮説唯識一、為二小乗義一、而不レ立二今第六成事一。而彼仮説非二実唯識一。若前七重別教一乗所目之法、即十重識、皆円教摂。円教必具二四法界一故。前四及六是事法界。第五一門是理法界。第七理事無礙法界。後三事々無礙法界。挙レ一全摂、無レ不二窮尽一。此一念心不レ起而已。起則頓具二十重法義一。十中後三、要略即挙二十玄中三一。具而言レ之、一念心起、有二十玄門一。此心同時具二万法一故、諸法在レ心。々遍二諸法一。広狭自在無礙門故。一心多法相容摂故。一心諸法相即故。一心万法隠顕故。一心万法重々現故。一心事法即二真法一故。一念心法十世成故。一心主伴円満成故。是即一心具二十玄門一。六相具足成二円融相一。万法惣成二一念心法一。開二一念一万法差別。此是惣別一対相也。万象同是一心之相。万法互異依二同成一故。即是同異二相義也。万法倶成二此一心法一。諸法各住二其自位一故。此是成壊一対相也。即是一心具二足六相一。一切十句、一切諸法界、皆具二六相一。善巧成故。惣同成三是円融門。別異壊三即行布門。行布円融即入無礙、此義成立。頓見二法界一、惑障則一断一切断、修行則一修一切修、得証則一成一切成、業用則一業一切業。故天親論主呈二地動光流之瑞一、智儼禅師得二霊告思証之験一。頓悟之道不可思議。惣而言レ之、一心之法貫通自在、旧来寂静、旧来明朗、旧来証窮、旧来業用。与二新修一合、与二真証一冥。清涼大師心要之中、直指二己体一陳述炳然故。彼文云、至道本二乎其心一、心法本二乎無住一。〇心体霊知不昧、性相寂然包二含徳用一、該二摂内外一能深能広。非レ有非レ空、不生不滅。無レ終無レ始、求レ之而不レ得、棄レ之而不レ離。迷二現量一則惑苦紛然。悟二真性一則空明廓徹。雖二即心即〇一、唯証者方知。然有レ証有レ知則慧日沈二没於有地一。若無レ照無レ悟則昏雲掩二蔽於空門一。若一念不生則前後際断。照体独立、物我皆如。直造二心源一、無智無得、不取不捨、無レ対無レ修。然迷悟更依二真妄相待一。若求レ真去レ妄、猶二棄レ影労一レ形。若体二妄即真一、似二処レ陰影滅一。若無二心妄照一則万慮都捐。若任運寂知則衆行爰起。放曠任二其去住一、静鑑覚二其源流一。語黙不レ失二玄微一、動静未レ離二法界一。言レ止則双二亡知寂一、論レ観則双二照寂知一。語レ証則不レ可レ示レ人。説レ理則非レ証不レ了。是以悟レ寂無レ寂、真知無レ知。以二知寂不二之一心一、契二空有双融之中道一。無レ住無レ着、莫レ摂莫レ状。是非両亡、能所双絶。斯絶亦寂則般若現前。般若非二心外一。新生智性乃本来具足。然本寂不レ能二自現一。実由二般若之功一。般若之与二智性一翻覆相成。本智之与二始修一実無二両体一。双亡正入則妙覚円明。始末該融則因果交徹。心心作仏、無三一心而非二仏心一、処処成道、無三一塵而非二仏国一。故真妄物我挙一全収。心仏衆生渾然斉レ致。是知。迷則人随二於法一。法法万差而人不レ同。悟則法随二於人一。人人一智而融二万境一。言窮慮絶、何果何因。体本寂寥。孰同孰異。唯忘懐虚朗、消息沖融。其猶二透レ水月華虚而可レ見、無心鑑レ像照而常空一矣。〈已上彼文。〉観門行相、指レ体是朗。語黙恒時可レ住二此法一。円悟妙心旨帰如レ是。

華厳法界義鏡巻上

御本云、

于レ時永仁三年〈歳次乙未〉春二月廿四日。於二東大寺戒壇院一書二写之一。此書起者、東南院 貫首上綱、命二予一令レ述二当宗要義一。仍綴二此章一、以備二進覧一。因写二一本一、与二俗甥法子実円一。努力莫レ癈二華厳学業一焉。

華厳宗沙門凝然春秋五十有六。初創之本同年正月二十七日也。

永徳三年仲冬廿一日

天正十八年〈庚寅〉林鐘中旬比、以二愚見一成二朱墨両点一畢。謬可二多端一矣。

華厳末葉実英 卅八

華厳法界義鏡 巻下

東大寺沙門 凝然 述

第六立レ教開レ宗

問。諸宗法匠皆有二判教一。今華厳宗立二幾教宗一、摂二判如来一代諸典一。答。摂レ教有レ由。判レ宗不レ虚。華厳諸祖分二判諸典一、有二五教一焉、有二十宗一焉。以摂二如来一代所説称性逐機大小諸典一。言二五教一者、約レ義分レ教故。言二十宗一者、就レ理開レ宗故。所レ言五教者、一愚法小乗教。不レ達二法空一故名二愚法一。待下対始教大乗声聞信二解大乗一了中知法空上、即彼名為二廻心声聞一。此教唯説二我空法有一。二十部宗皆此教摂。然諸部中有レ説二法空一、而有二二義一、唯言二我空一。一是少分故。二不顕了故。多分説二我空一、顕了談二我空一故。深蜜三時初時名二有教一、妙智三教第一名為二心境倶有一。然与言レ之、雖二是少分一、而説二法空一、雖レ非二明顕一、而説二法空一。是故小乗惣有二六宗一。第三已去説二法空義一。

二大乗始教。亦名二初教一、亦名二生教一、亦名二権教一。理事各別、性相不同。五性差異、三乗定別。故定性二乗都無二廻心一。無性有情永不二成仏一。三性各別、有無不同。少説二法性一、多説二法相一。即法相。数初教之初名為二始教一。如二般若深蜜中百門智瑜伽唯識等所説一是也。般若中百等為二此教摂一者、取二即空門一故、多説二此義一故。若拠二空有鎔融一、甚深中道三乗五性皆成二仏果一等義。即是終教大乗之義故。賢首大師十二門論疏、判二三論所摂一、通二始終二教一。

三大乗終教。亦名二熟教一、亦名二実教一。理事不二性相融通、一性成仏。一乗開顕故、定性二乗、寂後廻心、無性闡提、発心成仏。少説二法相一、多説二法性一。所説法相会二帰真理一。漸教之終、名為二終教一。如二勝鬘楞伽如来蔵経、起信宝性論等所説一是也。此上二教並名二漸教一。以二依レ言顕レ理、立レ位漸成一故。隔別会融故分二始終一。

四大乗頓教。一念不生即名為レ仏。不レ依二言説一、不レ立二階級一、五法三性、泯焉不レ立。八識二空、払然無レ言。如二浄名不二、起信絶言等一是也。対二前二教一故名二頓教一。以二絶レ言顕レ理不レ立二階位一故。

五一乗円教。円満自在無礙法故。此有二二門一。一同教一乗。所説一乗同二三乗一故。為二漸入者一、説二此法一故。如二法華等所説一是也。二別教一乗。所説一乗別二三乗一故。為二頓入者一、説二此法一。如二華厳経等所説一是也。雖レ有二同別二門不同一、別教一乗為二円教本一。為レ摂二三乗一、立二同教一故。然華厳中亦有二同教一。令三漸入者易二悟解一故。唯是称性、非二是対機一。法華之中亦有二別教一。是同教者所入処故。唯是対機、非二是称性一。約二其所司一、華厳是別教、法華是同教、有二此差異一。

此五教中、初一是小乗教、中三並三乗教。始教許レ有二三乗別一故。終頓二教融泯雖レ異、倶是三乗所入処故。後一一乗円満本教。

四種法界円融自在。事々無礙超二過余教一。此之五教不二別配レ経。容三一経中有二多教一故。然拠二多分一、亦指二経論一。

所レ言十宗者、即前五教就レ理開レ宗。是故所レ尊即成二十宗一。対二前五教一、約レ義立故。一我法倶有宗。如二犢子部法上部賢冑部正量部密林山部及本経部所説一是也。二法有我無宗。如三説一切有部雪山部多聞部及化地部所説一也。三法無去来宗。如二大衆部鶏胤部制多山部西山住部北山住部法蔵部飲光部及本化地部一也。四現通仮実宗。如二説仮部及末経部一。五俗妄真実宗。如二説出世部等一。六諸法但名宗。如二一説部所説一是也。此六小乗教中開レ之。教雖二是一一、所レ宗別故。七一切皆空宗。亦名二三性空有宗一。是始教也。此始教中空有二門。空是般若等、有即瑜伽等。今以二空法一為二此教宗一。八真徳不空宗。是終教也。九相想倶絶宗。是頓教也。十円明具徳宗。即是円教。是故五教即成二十宗一。如来所説一代教観、五教十宗浅深可レ観。帝心尊者創立二五教一、雲華尊者稟承鑽仰、賢首菩薩開済窮究、華厳菩薩簡択周尽、定恵禅師開演弘通。該二羅大小一、包二貫空有一、括二嚢漸頓一、摂二納一三一、判二釈性相一、統二収禅教一、陳二述同別一、徹二究顕密一者、唯此五教。頗符レ機理而已。

第七本経説相

問。一乗教観本二華厳経一。一部始末説相云何。答。本経所説法義由漸次第有レ在。事須二陳述一。至相賢首倶釈二晋経一、静法清涼並解二唐経一。且就二唐経一依二清涼意一、大華厳経有二八十巻七処九会三十九品一。第一菩提場会有二六品一。謂世主妙厳品如来現相品普賢三昧品世界成就品華蔵世界品毘盧遮那品也。第二普光明殿会有二六品一。謂如来名号品四諦品光明覚品浄行品賢首品也。第三忉利天宮会有二六品一。謂昇須弥頂品須弥偈讃品十住品梵行品発心功徳品明法品也。第四夜摩天宮会有二四品一。謂夜摩昇天品夜摩偈讃品十行品十無尽蔵品也。第五兜率天宮会有二三品一。謂兜率昇天品兜率偈讃品十廻向品也。第六他化自在天宮会有二一品一。謂十地品。第七重会普光明殿会有二十一品一。謂十定品十通品十忍品阿僧祇品如来寿量品菩薩住処品仏不思議法品如来十身相海品如来随好光明功徳品普賢行品如来出現品也。第八三重普光明殿会有二一品一。謂離世間品也。第九逝多園林会有二一品一。謂入法界也。

此諸品中分為二三段一。初之一品即当二序分一。現相品下是正宗分。流通有無諸釈不同。惑経来不レ尽。或後之二偈。或物無二流通一。或第九会文殊出閣下末会全分以為二流通一。此後一解、清涼自義。若惣約レ就二九会一言レ之、問答相属有二其四分一。大位問答有二四段一故。一第一会有二六品経一。名二挙果勧楽生信分一。具説二如来依報果徳一。為レ令三衆生生二信楽一故。現相品初起二四十問一。九会共答。当会略答。二従二第二会一至二第七会一、惣有二六会三十一品一。名二修因契果生解分一。修二五位之円因十身之満果一、令三物善解二因果相一故。第二会初起二四十問一。当分答尽。三第八会一品名二託法進修成行分一。託二六位之法一、成二二千之行一。意在二於行一不レ在レ位故。会初有二二百句

問一。一問十答、成二二千行一。四第九会一品名二依人証入成徳分一。依二
仏菩薩善財善友一、頓漸証入、成二勝徳一故。会初有二四十問一。当会
答尽。四分如レ次信解行証。由レ信起レ解、由レ解趣レ行、由レ行得レ証。
四字由レ生輪転不レ息。清涼師云、一切法門不レ過二此四一。〈已上〉信
解行証倶是能事能信能解能行能証。其所信等即是所境。所謂真理。
能所五字、是別教宗一部旨帰、在二此五字一。以レ理合レ能、唯言二四
分一。賢首大師、四分之上加二彼序分一、惣為二五分一。又九会法門不
レ過二因果一。因則五十一位、果則十身。仏地所説因果非二唯一周一、
惣有二五番一。名二五周因果一。一第一会名二所信因果一。世界成就華蔵
品、明二其果徳毘盧遮那一、明二昔因行一。是所信故。二第二会初至二
第七会随好品一、名二差別因果一。前二十六品辨レ因、仏不思議已下三
品明レ果。因歴二六会一、果不レ該レ因故、名二差別一。三第七会末普賢
出現二品、名二平等因果一。普賢名レ因、出現名レ果。因是得果不捨
之因、果是大用性起之果。因該二果海一、果徹二因源一故、云二平等一。
四第八会名二成行因果一。五位行名レ因、八相用名レ果。摂二彼位一名
頓彰。行法皆明二円融普賢行一故。五第九会名二証入因果一。初明二仏
果大用是証入果一、後明二菩薩獲益是証入因一。若頓若漸、若因若果、
皆証入故立二此名一。如レ是雖レ有二五周因果一、広説二階位一正在レ生レ解。
二会十信、三会十住、四会十行、五会十向、六会十地。第七会中
初六等覚、次三妙覚。一代諸教、広説二次位一顕二示行相一、無レ如二此
経一。遊二歴六会一、義窮極故。余会余品所説因果、詑レ此為レ準、以
定二行相一。如レ是因果為二其大標一。其中所有、惑理惑事惑心惑境、若
凡若聖若教若観、衆経法義、諸典理致、法相法性、周尽円備故。
清涼云、謂此根本法輪之内、何法不レ備。未レ有二一事一理而不レ極、
一因一果不レ備。五周因果則五十二位之昭彰。九会玄文則難思教
海而可レ覩。説二真妄一則凡聖昭而交徹、語二法界一則事理歴歴而相
収。仏知見一偈開示而無レ遺。大涅盤一章、必尽二其体用一。六百巻
般若、不レ出二於三天偈文一。一大蔵契経並二於七字之内一。是謂罄二諸
仏之智海一、竭二性相之洪源一。〈已上〉横偏竪通。高広既爾。深玄如
レ是。如来成道第二七日、一切仏法、一切義理、乃至末代見聞供養、
過去無レ際、未来無レ窮、該二通十方一、皆悉説竟。別教普機、利潤窮
尽、譬如三日出先照二高山一。然小根性未レ能二趣向一故。鹿苑等説二三
乗法一、四十余年種種調柔、三機漸進堪レ入二一乗一。故説二法華一、開二
会諸乗一、令レ入二一実一。開三顕一是同教門。所説一乗同二三乗一故。
所入之処是別教門。所得法義異二三乗一故、入二華厳一故、獲二普法一
故。猶如三日没還照二高山一。華厳名為二根本法輪一、法華名為二摂末帰
本一。摂二五乗末一帰二華厳一故。法華功能即在レ茲焉。入二別教一已、
唯是華厳。漸頓縁異、所入唯一。所謂華厳法界、円融性海而已。
如来出世大事因縁、啻在二玆法一。無レ有二余路一。故清涼師釈二此経
出現品意一云、出現本為二大華厳一故。〈已上〉一切法門皆大華厳、一
切義理咸別教宗。一乗行者獲二此悳一已、念念遊二法界一、塵々入二仏
海一。頓証之道迥絶二言思一。此法既是修多羅宗故、就二本経一陳二其

大途一。

第八修証次第

問。一乗円宗発趣行位、断障証理方軌云何。答。種姓発心修行成仏、反流之軌範、帰源之方法。言二種性一者、是其因本。一切衆生具二法界性一、真性湛然具二過恒徳一。理事性相教義鏡智十玄六相事々無礙、性内円備、無レ有二遺余一。言二発心一者、本覚内熏、善友外催、起二円満心一向二大菩提一、即有二心体心相心徳一。菩提。体略有二三種一。一者直心。念二真如法一大智無レ着。二者深心。修二一切善一、即四弘願。三大悲心。度二衆生一。前二所作亦為二衆生一。菩提心相無二斉限一故。。一切法理性融故。一修一切修万行通故。一度一切度事々融故。言二心徳一者、如レ是発心一念功徳、遍二虚空界一、不レ可二称量一。事深広故。

問。円教根機修二何等行一。答。一乗行法、事義勝妙、広大深奥、無レ尽靡レ窮。由レ此獲二得寂極果一故。此所修行惣有二二種一。一遍成二諸行一。是行布行。十度四摂四無量等、或理或事、或定或散、歴別次第一一遍修、於二諸位中一行業無レ尽。従レ微至レ着自レ浅之レ深、普遍遊渉始終該徹。一一位中、随レ応修習。然有二通修一及有二別修一。十度四摂諸位通修。浄行諸願且在二信位一。十種梵行即属二住位一、乃至十地所寄諸行。第八会中二千行法。此等衆行位位別修。又有二普賢観一、如二十重止観一。有二普賢行一、此是事門。賢首大師建二立十門一、為二初学菩薩修行方軌一。一先起二信心一。信二自己性三宝等一故。二帰二依三宝一。三懺二悔宿罪一。四発二菩提心一。五受二菩薩戒一。六修二離過行一。調二伏煩悩一、止レ悪等故。七修二善行一。供養礼讃、六度万行、廻向願等。八修二忍辱行一。九救二摂衆生行一。十修二平等行一。此十門中各開二三行一。恐レ繁不レ載。初心菩薩修二此十行一、次第昇進、乃至二窮極一。二頓成二諸行一。是円融行。一行即是一切行故。一法遍二万行中一、万行入二一法内一。微細相容、広狭自在。主伴円明、重重無尽。此有二二門一。一約二心観一、二約二性融一。言二心観一者、妙心一念。与レ此相応、頓具二十度一。謂了二知此心即是仏智、仏智即是無念之相一。無念心体、内外無レ着、放捨無レ迹。〈檀度〉諸過自防、妄想本無。〈戒度〉忍二可諦理一、与レ体相応。〈忍度〉離二身心相一、勇猛不レ退。〈進度〉縁慮泯絶、寂然不動。〈禅度〉了二見性空一、任運体照。〈慧度〉善達二有無一、不レ拘二二辺一。〈方便度〉進二詣妙覚一、希二求円満一。〈願度〉大用堅利、是真修習。〈力度〉体会相冥、決断分明。〈智度〉一念挙体、十度具足。十度既爾、余行例然。故修二一行一、成二一切行一。約二性融一者、以下随二一行一称上法性故。法性融摂故。此一行如性普収無レ不レ具。於二一一行一、各具二万行一、行行無尽。一念即成、一念即是無尽。劫海念念皆爾、無レ不二周円一。又諸行互融。由二六相一故。一含二多徳一、名為二惣相一。是名為レ一。普賢行故。多徳非レ一、名為二別相一。普賢行中有二施戒等一。依二止於惣一満二彼惣一故。衆多義理、互不二相違一。同成二彼惣一、名為二同相一。施戒忍等無尽妙行、同名二普行一。不レ作レ余故。多義各異、名為二異相一。如二施非レ戒忍非レ進等一異故。同レ力名二普賢行一。由二此諸縁一縁起成立、名為二成相一。令レ成レ彼故。由レ成二普行施等一名レ縁。要由二施等一互不二相作一、方成二普行一。諸義差別、各住二自性一。性不二移動一、名為二壊相一。彼施戒等性、若離二施等一、失二施等性一。則不レ能レ成二普賢行一故。故由二六相一有二円融義一。依二惣同成一説二円融行一、依二別異壊一説二行布行一。別是惣之別故、行布不レ礙二円融一。惣是別之惣故、円融不レ礙二行布一。円融不レ礙二行布一故、一為二無量一。行布不レ礙二円融一故、無量為レ一。。則融通隠々。一為二無量一、則渉入重重。惣別既爾。余四亦爾。是為二普賢菩薩行一也。一切万行、例皆如レ是。随レ修二一行一、必有二行布円融二門一。万行皆爾。是故頓成遍成、具二足十身十仏一、究竟円満。

問。一乗円教立二幾階位一。答。円教建二立四十一位一、摂二尽菩薩因果階級一。謂十住十行十廻向十地仏果是也。若開二等覚一、即成二四十二位一。本経第七会十定等六品、正説二等覚行相等一故。是第十地勝進分故。賢首多随二合門一、不レ立二等覚一。清涼多随二開門一、別立二等覚一。

問。住前有二十信一。何故不レ立レ之。答。十信是行、未レ成二別位一。初入二法海一、事浅劣故。然其満心行成徳円。是故此時没二同果海一、四十二位行果円満。第二会中正説二信行一、惣有二三品一。問明信解浄行信行賢首信徳。此信徳中即摂二諸位一、乃至仏果一時現前、頓円周尽。後後諸位開二此徳一故。若不レ得レ後、不レ獲レ初故。以レ得レ初故、即得レ後。位位皆爾、行行亦爾。由二此義一故、位位成仏。取レ果成レ因故。因不レ異レ果故。相即入故。六相融故。此円教位、惣有二二種一。一次第行布門。立二位差別一、微着階漸故。二円融相摂門。一位即摂二一切位一故。一一位満即至レ仏故。此二全如二前行中説一。且行布門次第相者、最初発心習二十信行一、信行成満即入二初位一。於二十住中一、通修二十種梵行空法一。十行位中十位、如レ次修二十度行一、成二十種心一。十廻向中所修妙行廻二向三処一。衆生菩提実際是也。由二大願力一成二廻向行一。其円融門、一一位満、即至二仏果一位一、即摂二因果諸位一。已上三位名レ之為レ賢、名二下中上一。未レ至レ聖故。十地等覚即是聖位。初二三地相二同世間一、四五六地寄二同二乗一、七。寄二菩薩一、八地已上寄二一乗法一。四地已前真俗別観、五地已上真俗合観。六地已前有相功用。唯第七地無相有功。八地已上無相無功。第六生空無漏智品、恒相続故。其法空智、七地已前、或入或出。八地已上多分相続。生空無漏、六地已前、或入或出。然第六地有相観少、無相観多。第七地中純無相観。雖二恒相続一、而有二加行一。由三無相中有二加行一故、未レ能三任運現二相及土一。第八地中色自在行、第九地中心自在行、至二第十地一最大法智雲雨、説法円満自〇。等覚位中化業無尽。金剛心後、解脱道時、仏果現前、十身円満。自レ此已後、無方大用。既得二諸法等量之身一故。以二諸法一為二自証果一、即以二諸法一為二化他身一。清涼師云、真身寥廓、与二法界一合二其体一、包羅無レ外、与二万化一斉二其用一。〈已上〉所レ得十身、惣有二二種一。一融三世間十身。謂衆生身国土身業報身声聞身縁覚身菩薩身如来身智身法身虚空身也。国土虚空是器世間、如来智法是智正覚、余五並是衆生世間。融二会此三一為二一仏身一。亦名二解境一故。覚智照解皆仏身故。其三身者、智正覚摂。二如来身上十身。謂菩提身願身化身力持身相好荘厳身威勢身意生身福徳身法身智身也。解境十身各具二十仏一。如来身上説二此十仏一。亦名二行境一。行之境故。修行所得所感境故。一身備二此十義一、合為二一仏一。解行境別而唯一仏。是故一仏周二遍法界一。故本経云、爾時世尊処二于此座一、於二一切法一成二最正覚智一、入二三世一悉皆平等。其身充二満一切世間一、其音普順二十方国土一。〈已上唐経第一。〉然此十身真応二身。十仏境智冥会名レ真、十仏対機説法名レ応。対機之中対二地上菩薩一、名為二真身一、対二地前菩薩及以凡夫一、名為二応身一。然此十仏内証、自体唯独廃機、名二果分仏一。極証境界離二機教一故。機所二領悟一名二因分仏一。因人聞解知有レ之故。

　惣而言レ之、別教一乗有二其二門一。性海果分是不可説。究竟十仏離二教説一故。縁起因分即是可説。普賢因人所了境故。法唯是一、無レ有二別体一。対二因果人一分二此二分一。若約二果人一、因即是果。若約二因人一、果即是因。一切諸法皆具二此二一。果分既是不可説法。七処九会言説顕示、唯是因分。対二機縁一故。由レ言入レ果、由レ果流レ言。無礙之法無レ所二局限一。此是一宗之綱領、九会之眉目者也。所レ言諸位円融相者、上行布門位中、所有一切諸法、一即一切、一切即一、上下斉等、始終均平。階位融故万行亦融、行位融故諸法亦融。初発心時、便成二正覚一。雖レ得二仏道一、不レ捨二因門一。約レ因則尽未来際全是菩薩。約レ果則尽未来際全是遮那。一切凡聖皆有二此二一。

　問。円教断惑、其相云何。答。一乗断惑有二其二門一。一行布断惑。二円融断惑。行布門断同二三乗教一。於レ中或全同二始教一。如二十地品所レ説行相一。或大同二修教一。如二信非レ位断惑亦爾。此約三寄二同余教一為レ言。若依二自教一、即有二行布一。広明二軌模一、事異二三乗一。如二彼見聞解行証入一。三生之中摂二因果位一、辨二明修行成仏相等一。然行布者、多同二三乗一。彼始教中障有二二種一。一曰煩悩。二曰所知。二障各有二分別倶生一。即是見断修断障也。此見修惑、各有二正使習気二種一。若正使中開二現及種一、即各成レ三。現行種子倶名レ使故。二障各有二見修一。此四各有二三種一。三四合数、成二十二種一。若約二見道所断相一者、分別有レ二。煩悩所知。二障各三、即成二六種一。見道見惑同時断故。修道二障断雖二前後一、而亦随レ応有二同時断一。是故修断亦即有レ二。二各三種、合成二六種一。始教菩薩五位修証。此中即摂二五十一位一。此教中立二十信一為レ位。若開二等覚一、即五十二。資糧位中十信三賢。加行立中修二四善根一。三賢之外別立二此位一、為二見道加行一。不レ同二法相第十廻向後心中立二此四善根一。初地入心是通達位、即是見道。住心已後乃至金剛、通名二修道一。是修習位。仏果即是究竟覚位。是名二五位一。資糧位中漸伏二分別二障現行一、加行位中頓伏二二現一。正伏二所知一、将レ入レ見故。其煩悩障自然所レ伏。初地見道無間頓断二二障種子一、解脱道時断二彼習気一。倶生煩悩前六識倶、四善根中漸伏。現行初地頓伏、八地永伏。種子金剛無間道断、習気地地解脱道断。其第七識煩悩現行、初地已上漸伏、七地永伏。種子金剛無間道時頓断、習気金剛解脱道断。倶生所知前六識倶、現行加行位中漸伏、八地永伏。種子地地漸断、習気地地解脱道断。煩悩習気此時合断。第七相応知障現行、十地地地、或伏或起。金剛加行道時永伏。種子金剛無間頓断、習気解脱道時除断。解脱道起仏果初念、此時習気永滅無レ余。是故仏果円満窮究、十地品中全同。此門即以二始教一為二行布門一。若円融門即於二此上一、得二其一断一切断義一。若依二終教大乗意一者、菩薩階級不レ詑二五位一。唯直建二立四十一位一。障有二二種一、煩悩所知。唯名二二障一、不レ分二分別倶生二種一。断障之時如レ是滅故。地前即伏二煩悩現行一、初地頓断二煩悩障全一。智障麁分、二地已上乃至金剛漸断。智細及以二障諸習気尽、解脱道心仏果現前。円教行布亦有レ寄レ此。若円融門此相即融、一断一切断、一成一切成。位位成仏、無礙自在。一乗教中即自説言、惑障不レ分二分別倶生一、不レ立二現行種子習気一。唯一惑障、一障一切障。以レ障二一法一切法一故。是故断時、一断一切断、証時即是一成一切成。如レ是断証天超二三乗一、信位満心得二此事一。四十一位位位断証、前摂二後後一、後摂二前前一、中摂二前後一、前後摂レ中。随レ説即得無レ有二塞滞一。即是円教断惑行相。

第九所憑典籍

問。此宗所依経論等何。答。一乗円宗所憑典籍、部帙非レ一、巻舒甚多。以二華厳経一為二其本経一、十地論等為二其本論一。大華厳経惣有二三本一。六十巻本東晋覚賢三蔵訳、八十巻本大唐喜学三蔵訳。此二全是同本異訳。四十華厳、唐朝貞元年中、般若三蔵訳。此当二晋本第八一会入法界品一、八十巻本当二第九会一。此就二造レ疏現行一挙レ之。其有二本部支流別行一。或是一会、或是一品。謂漸備一切智徳経五巻、〈十地品〉十住経四巻、〈十地品〉十地経九巻、度世経六巻、〈離世間品〉菩薩本業経一巻、〈浄行品〉如レ是等十二部也。然無二祖師造レ疏現流一。是故此等不二別具挙一。又有二不思議境界等八経一。雖レ非二現流大部内品一、而其梵本並皆有レ之。即是此経支流。別行又有二続入法界品一巻一、日照三蔵訳。普賢行願讃一巻、入法界品四十二字観門一巻、入法界品儀軌一巻、此三並不空三蔵訳。如レ是雖レ有二流断別行一、唯是不レ過二三本大部一。六十華厳、智儼香象各造レ疏解、八十経本、静法清涼倶作レ疏釈。四十華厳号二貞元本一。清涼作レ疏、亦別造二十願疏一。

至二本論一者、造レ論釈レ経、西天非レ一。其翻伝者、十住毘婆沙十四巻、竜樹菩薩造、後秦耶舎三蔵訳。竜樹菩薩、入レ海竜宮賚二十万頌華厳一、而出流二行天竺一、名二大不思議経一。即造レ論釈、名二大不思議論一。有二十万偈一。十住婆沙彼論一分、即十地処、至二第二地一。雖二是本論一、未レ有下人作レ疏昌翫二習之一者上。十地論十二巻、天親菩薩造、菩提留支訳。華厳疏家、至二十地品一無レ不二皆依一。六相円融、特為二楷模一、翫習憑拠、無レ過二此論一。華厳経指帰二巻、東晋法業、華厳筆受。即製二此章一略陳二宗旨一。此章疏之始也。華厳経論百巻、後魏霊辨造。現在而不レ具也。又未二必人講一矣。華厳法界観一巻、杜順大師述。一家高祖是根本章。五教止観一巻同レ上。華厳経捜玄記五巻、亦名二方軌一、亦曰二略疏一。智儼大師述。孔目章四巻、五十要問答二巻、十玄章一巻、並同レ上也。探玄記二十巻、〈釈二六十巻一〉五教章三巻、旨帰一巻、綱目一巻、問答二巻、七科章一巻、遊心法界記一巻、発菩提心章一巻、策林一巻、妄尽還源観一巻、義海百門一巻、普賢観行一巻、華蔵世界観一巻、三宝礼一巻、関脈義一巻、〈釈二新華厳一〉金師子章一巻、華厳伝五巻、已上十七部並賢首大師撰。新華厳大疏二十巻、〈浄源将レ疏註レ経、成二百二十巻一〉同疏演義鈔四十巻、華厳綱要三巻、貞元華厳疏十巻、行願品別行疏一巻、〈圭山将レ疏註レ経、即成二二巻一〉略策一巻、法界玄鏡一巻、〈釈二法界観一〉三聖円融観一巻、入法界品十八問答一巻、心要一巻、五蘊観一巻、十二因縁観一巻、已上十二部並清涼大師撰。行願疏義記六巻、同疏科一巻、並宗密禅師述。一乗法界図章一巻、義想大師撰。華厳経疏十巻、〈解二六十巻一〉元暁大師撰。華厳経論四十巻、〈志寧将レ論註レ経、名為二合論一。有二百二十巻一〉通玄居士撰。華厳会釈四巻、十明論一巻、決疑論四巻、華厳眼目論一巻、並同レ上也。華厳略疏刊定記十六巻、華厳経音義二巻、並慧苑大師撰。華厳纂霊記五巻、賢首創集、慧苑治定。華厳感応伝一巻、慧英師集。法界観註一巻、宗蜜禅師述。法界観智燈疏一巻、紹元述。同観通玄記三巻、本嵩師述。同観務本一巻、宗預述。孔目一乗義章明宗記一巻、師会述。五教章義苑疏十巻、道亭述。同章折薪記五巻、観復述。同章復古記三巻、師会述。同章焚薪二巻同レ上。同章集成記六巻、希迪述。同章一乗策一巻同レ上。注同教答問一巻、文表述。華厳疏鈔玄談決択六巻、鮮演述。同疏鈔会解記十巻、観復述。還源観疏鈔補解一巻、浄源述。金師子章注一巻、承遷述。同章雲簡類解一巻、浄源述。海印三昧論一巻、明畠述。大周経玄義一巻、静居述。一乗法界図記一巻、珍高述。一乗成仏妙義一巻、見登述。五教百門一巻、善聡述。華厳文義要決問答四巻、表員集。華厳要義問答三巻同レ上。華厳法相盤節一巻、道通述。円宗文類二十二巻、義天集。答真妄頌一巻、圭山述。策問三道一巻、浄源述。上来所レ列、華厳諸師述二華厳義一。取レ要挙レ之。余闕二作者名一等非レ一。衆多略レ之。

華厳諸師解二余経論一疏鈔章記典籍非レ一。梵網戒本疏三巻、心経疏一巻、密厳経疏四巻、楞伽心玄記一巻、十二門論疏一巻、起信論疏二巻、〈圭山将レ疏註レ論、成二於四巻一〉同論別記一巻、法界無差別論疏一巻、上並賢首大師撰。摩耶経疏一巻、世云二賢首師述一。金剛般若経疏一巻、智儼大師撰。又新羅元暁大師、所レ撰甚多。謂梵網般若勝鬘楞伽金剛三昧金剛般若般舟弥陀上生本業起信宝性中辺論等、或疏或章、宗要科簡等、物有二二十六部一。又宗密大師釈二円覚経一、大疏大鈔小疏小鈔修証儀等、部帙是多。又圭山解二金剛経一、釈二盂蘭盆一。長水釈二首楞厳一、解二起信註一。普観解二○蘭盆疏一、師会解二心経疏一、浄源註二仁王経一、観復釈二遺教論一。如レ是等章雖二此宗摂一、而非レ陳二本経一故、不二具列一。

又日本古徳所述非レ一。大安寺審祥、作二華厳起信観行法門一巻一、東大寺寿霊、訳二五教章一名二指事一。同寺普機、作二一乗開心論六巻一、広沢寛朝、造二一乗義私記三巻一、東大寺湛幸、作二同私記二巻一、薬師寺義聖、作二種子義私記等一。自余古徳製作非レ一。各陳二宗義一、倶通二意致一。又華厳章疏、昔多伝度、而後代欠逸。或在二他国一、未レ沾二此朝一。如レ是章鈔、部帙甚多。上来取レ要挙二昌翫者一。部帙分斉、其相可レ知。

第十宗緒相承

問。一乗円宗伝法祖師、相承依憑次第云何。答。華厳宗中、所レ憑祖師所立有レ由、康持無レ墜。昔東晋代覚賢三蔵、創訳二華厳一弘二通世間一。厥後諸師講敷、不レ可レ知レ数。製レ疏撰レ章二十余家。各随二意解一互事二流演一、而未レ為二一宗一、無レ立二祖裔一。爰有二終南帝心○者一。諱法順、姓杜氏。是清涼山、文殊化身、示二生陳朝之初一、弘二化隋唐之間一。専行二華厳一、偏興二一乗一。彼法界観、五教止観、所以而造。投二門下一者授以二華厳一、随レ機指示不レ滞二一途一。入二巨唐代一三十三年、貞観十四年庚子〈当二日本国人王第三十五代欽明天皇御宇十二年一〉正月一日、無レ病示レ滅。春秋八十有四。諡号二帝心尊者一。是大唐華厳宗第一祖也。

第二祖終南山至相寺智儼大師。〈号二雲華尊者一。京兆之寺也。〉大師遊二歴学肆一、悟解極多。法常摂論極レ玄、僧辨徴責尽レ理。学二四分律一、研二毘曇宗一。地持成実涅槃兼二包之一、才無二可レ○レ此者一。専弘二華厳一、為二兼済法一。承二宗旨於杜氏一、罄二開敷於華厳一。大唐竜朔二年壬戌、〈当二天智天皇御宇元年壬戌一〉新羅義湘来投二儼師一、学二華厳宗一。十年精詳、遂還二本国一、大弘二華厳一。義湘有二四英一。真定相円亮元表訓。並是上足、倶弘二円宗一。智儼唐第二主大宗皇帝総章元年戊辰〈当二天智天皇七年一〉十月二十九日卒。春秋六十有七。思二解六相一、証感有レ効。

第三祖西大原寺賢首菩薩、諱法蔵、姓康、○居人也。投二儼大師一習二学華厳一。講レ経有レ瑞、雨レ華動レ地。口光雲蓋、製述甚多。大教宗家、円乗高祖、是則普賢之応、一朝之師。門徒千万、厥中六哲。謂東都華厳寺智光荷恩寺宗一静法寺慧苑経行寺慧英宏観文超也。賢首大師、唐第六主玄宗皇帝先天元年壬子〈当二元明天皇五年壬子一〉十一月十四日遷神。春秋七十。

第四祖清涼山澄観大師、学在二兼包一、解入二深玄一。在二沙弥位一、講二九論十四経一。受具之後、普尋二名山一、悉訪二諸宗一、求弥多。学明二相部南山両律一、解窮二三論法相二宗一。通二倶舎成実一、精二台教禅宗一、秘呪惣持梵字悉曇、外道異計、五明諸論、三玄旨帰、書字詩頌、包博通達、無レ不二究尽一。然指二大華厳一為二其所帰一。乃依二東都法詵大師一習二学華厳一。詵是慧苑大師門人。澄観経二九宗聖一、世為二七帝国師㆒。所㆑製章疏四百余巻。大唐第十四主文宗皇帝開成四年己未〈当㆓仁明天皇承和六年己未㆒。〉三月六日卒。俗齢一百有二、法臘八十。是乃文殊之応化也。受学弟子、能伝㆑法者一百許人余、堪㆑講者其数千人、而有㆓四哲㆒。圭山宗蜜大師、東京僧叡法師、海岸宝印大師、寂光法師、並抜㆑群得㆑旨矣。賢首卒後経㆓二十七年㆒、開元二十六年戊寅、澄観誕生。故非㆔親稟㆓于賢首㆒焉。静法苑師、続㆓師略疏㆒而乖㆓本義㆒。清涼造㆑疏救㆓本大義㆒。還破㆓苑師㆒、成㆓立賢首円教妙義㆒、功在㆓清涼大師所述㆒。是故立為㆓第四祖㆒矣。

第五○終南○圭峰草堂寺定慧禅師、諱宗密、姓果氏。承㆓円宗于清涼㆒、弘通開敷。伝㆓南宗禅㆒、研㆓円覚経㆒。製作繁多、二百許巻。大唐第十五主武宗皇帝会昌元年辛酉〈当㆓承和八年辛酉㆒。〉正月六日坐化。俗齢六十有二。大唐華厳、帝心為㆑始、相承依憑、惣立㆓五祖㆒。大宋浄源、立為㆓七祖㆒。天竺二祖、馬鳴竜樹。東夏五祖、即如㆑前列。是故華梵惣為㆓七祖㆒。雖㆑非㆓親受㆒、為㆓所憑㆒故。

至㆓大日本国㆒者、昔人王第三十代欽明天皇御宇十三年壬申、従㆓百済国㆒始伝㆓仏法㆒。至㆓第四十五代聖武天皇御宇天平八年丙子㆒、〈賢首没後二十五年。〉経㆓百八十五年㆒、此歳七月二十日、大唐道璿律師来朝、大賷㆓此宗章疏㆒而来。于㆑時良辨僧正有㆑感㆓霊夢㆒、遂請㆓大安寺審祥大徳㆒、於㆓金鍾寺㆒〈今東大寺法華堂也。〉講㆓華厳経㆒。此時即天平十二年庚辰〈当㆓大唐開元二十八年㆒。〉十月八日也。集㆓京城名僧㆒、以為㆓聴其衆㆒。初講之日、紫雲上現、亘㆓覆東山㆒。叡感甚深、乃施㆓綵帛一千余疋㆒。其年天皇四十満賀。遂発㆓叡願㆒昌㆓弘華厳㆒。天平十六年甲申、帰㆓命三宝㆒、降㆓　勅百寮㆒、肇建㆓知識華厳別供㆒。紹㆓隆宗教㆒連続不㆑絶。然則初伝㆓章疏㆒、道璿有㆑功。最初開㆑講審祥為㆑尊。発㆑願興㆑宗良辨為㆑本。審祥是新羅人。度唐謁㆓賢首㆒受㆓学華厳宗㆒、而来㆓此国㆒住㆓大安寺㆒。今且約㆘就㆓開講㆒教授㆖、審祥為㆓日本華厳始祖㆒、本願良辨立為㆓二祖㆒。審祥門人慈訓円証厳智等。開㆓彼初講㆒者、乃皆是也。薬師寺明哲律師者、乃慈訓門人也。良辨随㆓義淵僧正㆒、研㆓精法相㆒也。良辨門人、有㆓実忠和尚安寛律師鏡忍律師標瓊律師良興少僧都良慧大僧都永興律師忠慧律師等㆒。乃立㆓実忠㆒為㆓第三祖㆒。実忠弟子、有㆓等定大僧都㆒、立為㆓四祖㆒。等定下、有㆓崇道天皇禅雲律師㆒。乃立㆓正進㆒為㆓第五祖㆒。正進下、有㆓長歳和尚興智已講玄栄已講㆒。乃立㆑歳為㆓第六代㆒。歳公乃善㆓法相因明俗典㆒。長歳弟子、有㆓道雄僧都普機大徳㆒。雄公兼㆓法相宗因明律宗及真言宗㆒。普機奉㆑詔造㆓一乗開心論六巻㆒。乃立㆓道雄㆒為㆓第七代㆒。雄下、○㆓載宝道義律師基海智愷基遍等㆒。基海為㆓第八代㆒。宝下、有㆓三明明隆㆒。隆下有㆓勢範㆒。義下有㆓観宿㆒。宿下有㆓明祐㆒。基海授㆓之良緒律師㆒、乃為㆓第九代㆒。

良緒下、有㆓光智大僧都円超僧都㆒。超公延喜十四年甲戌奉㆑詔、撰㆓華厳宗并因明目録㆒。超公授㆓之玄慶大僧都㆒。光智天暦元年丁未、建㆓尊勝院㆒為㆓宗本処㆒。同八年甲寅、以㆓尊勝院㆒為㆓　御願所㆒、自㆑爾後、司㆓彼院務㆒為㆓宗長者㆒、于㆑今連続。遂立㆓光智㆒為㆓第十祖㆒。

智公下、有二松橋已講頼算大徳観真律師一。松橋為二第十一代一。松橋下、有二千猷五師延幸律師一。延幸立為二第十二代一。延幸授二之深幸法橋一。深幸立為二第十三代一。深幸下、有二延尊五師尊厳已講定暹得業一。暹公立為二第十四代一。暹公授二之隆助法橋一。乃為二第十五代一。助公下、有二慶俊五師辯暁法印能慧得業一。暁公即為二第十六代貫首一。中二興宗旨一、甚有二功業一。暁公下、有二道性法印尊玄僧都教寛擬講一。近代聖禅僧都、乃尊玄門人也。尊詮延真、承二之教寛一、真公授二之承性一、〇公授二之良忠一。遂以二道性一為二第十七代一。道性下、有二権僧正良禎権僧正宗性一。禎初受二法道証光暁一、後則超悟精究、出レ類抜レ群、即為二第十八代貫首一。宗性初訪二法尊玄道澄光暁一、後則陶二究始末一、氷藍之才。因明窮レ奥、有宗尽レ理、法相捜レ賾、諸宗括レ義。遂禎之後久司二宗務一。即為二第十九代一。顕二揚宗旨一事超二前代一。宗性下、有二法印宗顕幷公暁一。顕先司二宗務一。即為二第二十代一。顕卒之後、公暁司二宗務一。為二第二十一代一。日本華厳燈燈相継如レ是。康持久至二将来一。又光智門人観真有レ資。名二之観円一。観円授二之延快一。其次勝暹。〈上三人皆擬講。〉次良覚得業。次景雅法橋、乃第十六代也。

于レ時北洛高山寺辯大徳。稟二宗景雅一、弘二之彼寺一。即燃横照二世間一。乃是彼寺康二護宗緒一。高辨同門、有二聖詮法眼慶宗法印一。聖詮授二法光暁幷蔵円僧都等一。高辨徳冠二遠近一、名満二江海一。高辨下、有二喜海道澄定恩霊典円辨隆詮長辨高信顕晋貞真証定了辨等一也。喜海下、有二静海辨清等一。是彼寺眉目也。海下有二照辨等一。辨清下有二経辨等一。此二各成二第二十代一。一方血脈如レ是而来。日本花厳学侶甚多。略挙二少分一示二伝承相一。

夫法海広蕩雖レ度難レ越、義山高大雖レ仰難レ昇。毘盧奥堂得二無礙之財一、普賢深室感二離障之珍一。蔵識之海顕二波揚魚遊之徳一、円智之山示二鳥囀獣走之業一。第一義天懸二周満之月一、不二理地開二普馥之華一。十身之鏡浮二無尽之影一、四徳之玉耀二靡レ窮之光一。法界之中僅挙二一塵一、円宗之内粗標二一毛一。十門簡而又周、一道近而又広。境智冥レ一播二自在之用一、因果非レ二成二任運之事一。功業不レ虚、要証二果徳一而已。

華厳法界義鏡巻下

御本云、

于レ時永仁三年〈乙未〉春二月廿四日、於二東大寺戒壇院一書二写之一。東南院　上綱命レ予令レ撰レ之。同三月五日、為二俗甥法子実円禅明房一書写与レ之。　華厳宗沙門凝然、報齢五十有六。

永徳三年仲冬廿一日

天正十八年〈庚寅〉林鐘中旬比、以㆓愚見㆒成㆓朱墨両点㆒畢。謬可㆓多端㆒矣。

華厳末葉実英　卅八

補　注

見出し項目下の（　）内の数字は、本文の頁と行数を示す。例えば、（一〇九12）は一〇九頁12行であることを表わす。

却癡忘記

五相成身（一〇九12）　通達菩提心・修菩提心・成金剛心・証金剛身・仏身円満。金剛界法による即身成仏の観法。初めの通達菩提心は、行者が身に本有性徳の菩提心を具足すると通達し観察すること。即ち自心を観察する三昧に入り、自性成就の真言を誦し、自心の形は月輪の如くであると観ずる。この月輪は軽霧の中にある。軽霧は無明(むみょう)の喩えである。

真聞集（隆弁が記した高弁の教説の聞書、一～五本末の七帖）二に、五相成身ハ空ヲ識テ有ヘ勧ル也。惣ジテ仏法ハ空・有ト相並ブ也。故ニ空ハ初メ、有ハ終ニテ有ル也。サレバ真言教ノ、先月輪ヲ観ジテ、種子ヲモ尊体ヲモ其中ニ浮ル事ハ、人法二空ノ上ニ、不空恒沙ノ性徳アラハル、意也。故ニ或儀軌ノ中ニ、直ニ空性ヲ観ジテ月輪トスル事アル也。如レ此得ニ深意ニ可レ修事也云々。

汝観…（一〇九12）　この「汝観浄月輪、若在軽霧中」と「空中諸如来、弾指而驚覚」「諦観諸法性」の三つの文句は、金剛頂蓮華部心念誦儀軌等を根本の典拠とすると考えられるが、ここでは、金剛界念誦次第の文として引かれている。金剛界念誦次第（現行のもの、高弁所引とは全同ではない）のうち五相成身観の部分に、これらの文句がみえる。

五相成身観の最初の妙観察智に、「諦かに観ぜよ。諸法の性は皆自心に由る…」（本篇の第三の文）、その続きに、「虚空に遍満したまへる諸仏、弾指驚覚して告げて言く…」（第二の文）とあり、次の通達菩提心で誦せられる文の終りに、「諸仏咸く告げて言はく、心相は測量し難し、心は月輪の軽霧の中に在るが如し」の句（第一の文）、更に次の修菩提心には「…汝浄月輪を観じ、菩提心を証することを得べし」の句（第一の文）がある（竹村教智訳、金剛界念誦次第による）。

人法二空（一〇九16）　喜海の高山寺明恵上人行状巻下によると、寛喜三（一二三一）年十月より病床についた高弁の説法を叙述した部分に次のようにみえる。

シカル間、恒ニトクトコロハ、生法二空ノ妙理ナリ。菩薩入仏道ノ初門、一代諸教ノ本懐、コレヲハナレテサラニ無上仏果ニイタルコトナシ。コノ故ニ病気ヲオサヘテ、コノ法門ヲトク。

翌四年正月十一日（正月十九日示寂）にも、この教を説いたという。

上人在生ノトキ、文殊大聖ニ大智ヲ乞ヒ、仏法ノ玄旨ヲ心ノ底ニウカヾイテ宣(の)ルトコロ、併(しかしながら)二空ノ妙理ナリ。終焉ノ期ニ至テ、殊ニ好ミ説クトコロ、偏ニ此事ナリシカバ、「我（高弁）ハ三世諸仏ノ大道、一代諸教ノ本意ナリト思ヘバ、アマリニ空々トノミ空メキキタレバ、空メキ死ニゾ死ナムズル、コノ空ノ故ニハ無常ヲトリ殺シテ、ソノ、チニゾ、我ハ死ナムズル、無常ニハ取リ殺サルマジ、サテヤラム、今マデナガビキテ取モ殺サレヌハ」ト云フマデノコトハザニイタレリ。

右は、示寂に際しての高弁の言葉と、喜海によるその解説であるが、それ以前にも多くみられる。

サレバ、イカナル深教ト云モ、詮ズル所、人法二空ノ智ヲ起テ修行スルヨリ、始マルベキ事也。上ニ申ガ如ク、顕密二門ノ修行、タヾ此用心ニハ過ギザル也。（「解脱門義聴集記巻七」金沢文庫研究紀要四、一三〇頁）

入解脱門義の講義は、貞応三(一二二四)年及び嘉禄二(一二二六)年に行われたから、高弁の五十二歳か五十四歳かの講説における言葉であろう。

第三戒(一一〇3)　これについては高弁が自ら一生不犯であったと語ったという有名な説話が思い起される。即ち明恵上人伝記巻上に次の如く見える。

上人常ニ語リ給シハ、若輩ノ比ヨリ、貴キ僧ニナラン事ヲ乞願ヒシカバ、一生不犯ニテ清浄ナラン事ヲ思キ。而ニ何ナル魔ノスルニヤ有リケン、度々ニ及デ已ニ婬事ヲ成ムトスル便リ有リシニ、不思儀ノ妨ゲ有テ、打チサマシ〳〵シテ終ニ志ヲトゲザリキト云々。(法隆寺本)

義林房(一一〇11)　喜海。高弁より五歳若く、その青年の頃から親しく師事した。殊に華厳の教学を受けた。承元四(一二一〇)年九月十五日、華厳大疏演義鈔の講義を受け終えた。それは正治二(一二〇〇)年の冬から始め、十一年間を経過して一部の講を終ったのである(漢文行状)。高弁は、喜海一人に対して、主な華厳の章疏を講じ終ったのであるから、高弁の華厳教学を受けた高弟といえる。栂尾高山寺の同行としては、高弁の晩年には学頭であり、高弁示寂の後には、栂尾の閼伽井坊(十無尽院)等に在り、建長二(一二五〇)年十二月二十日示寂した。七十三歳。喜海は、高山寺明恵上人行状(和文)を著し、師の行実と思想を後世に伝えた。この和文行状は、惜しくも中巻が現存しないが、それは、高信が隆澄をして、抄略し、漢文に改めさせた、高山寺明恵上人行状(漢文行状)の中巻を以て大部分を補うことができる。江戸時代に開板されて普及した、明恵上人伝記は、この行状を基にし、種々な説話が付け加えられたもので、喜海の原著とはいえないと思われる(しかし、伝記の写本は、室町時代のものが数種以上もあり、その間に説話の有無、文章の繁簡があり、次第に普及した事情を考え得る)。

学問(一一〇14)　学問の語は、高弁の講義の意と、一般的に教学の学習の意とに用いられている。学問と行法との関係は、高弁の宗教における重要な主題の一つであろう。学解を如何に実修するかということが、その全生涯を通じての目標であったといえよう。そこで、弟子に対する講義でも、この点に言及したものが多い。その一、二を次に掲げる。

此ノ如キ無我ナンド申ス事ヲ聞テハ、其ニ随テ観ゼン振舞ワムト云コトハナクシテ、反テ学問ニシナシテ、心ニオカズナル事ハ、無下ニ本意ナキコト也。学問ト云テモ、ヤウカハリテ、出世ノ沙汰ウスクナル事、是僻事也。(「解脱門義聴集記巻七」金沢文庫紀要四、一三二頁)

学問にしてしまい、心におかないようになってはならぬというのである。

サテコノゴロノ学問論義ト申ハ、一ツアルハ、二ツアルハイカニト云テ、落居(おちいる)トコロモナキ也。サテカヘリテハ、又トカク論ズルホドニ、イヨ〳〵物サハガシクナル、是等ハ迷悟ノツボ也云々。(光言句義釈聴集記巻上)

字句の意味の詮索などしていると、心が物さわがしくなるというのは、却癡忘記の言葉と相応ずるものである。

信解(一一一1)　高弁が、ある女房に与えたと思われる消息の写しがあるが、そのうちに信解行証について解説した部分があるので、次に引用する(金沢文庫研究五六所載、金沢文庫本三時礼功徳義附録)。

又□信ヲヲコス位□ミナコノ功徳ヲサ□□候ナリ。コレヲ仏子トナヅク。人ノ子ノハジメテ生ルトキ、ワレワキマヘザレドモ、皮肉骨髄眼耳鼻等、ミナ具足スルガゴトシ。シカレバ、信ハ生得善心ノ中ニ、モトヨリアリ。カホ〔リ〕ニ善支ノ教誡ヲ所依トス。内外和合シテ、ソノ心ヲノヅカラ顚倒ナシ。コレ仏法ニイルハジメノ正信ノ善根也。カクノゴトク思ヲバ解ト名ク。カク思テ礼敬スルヲバ、行ト名ク。コノ行純熟シテ、カナラズ〳〵成仏ノ期アリ、コレヲ証ト名ク。一切ノ聖教□信解行証ノ四字ニヲサマリ候也。スナハチコノ礼敬(三時三宝礼)モ、コノ四字ナリ。

御遺跡…(一一一6)　喜海の高山寺明恵上人行状巻上には次のように述べられている(建久年間、紀伊有田郡白上に庵居の際の記事)。

又西天処々ノ遺跡、拝見ヲ数万ノ霞ノ外ニ隔ツ。滅後辺地ノ劣報、殊ニ恨哉。コレニヨテ、或ハ西域慈恩寺ノ伝記ニヨリテ、処々ノ遺跡ヲ検ベ、或ハ求法高僧巡礼ノ跡ヲ尋テ、西天ノサカヒヲ思ヤルニ、只我一人ノミ遺跡ニノゾムデ拝見スル心地スルニ依テ、如来ハ滅後ノ一切衆生ノタメニトヾメ給ヘル遺跡ナリ。衆生ナンゾツタナクシテ、此等方便ヲヨソニ思ベキヤ、盤石ノ上ニハ千輪光ヲカヾヤカシ、経行ノ迹ニハ花文異ヲ現ス。薩埵虎ニ施シ、達拏子ヲアタヘシアト、髪ヲ布テ泥ニ掩ヒ、偈ヲ求テ身ヲ捨シ地、月光首ヲ切、尸毘鷹ニ飼フ、カクノ如キノ遺跡、五天ニ弥綸セル事ヲツラネタル文ヲ見ルニ、只我独深山海辺ニスマシテ、此等ノ文ヲ味トイヘドモ、サラニ是ヲカタラヒ訪ニ人ナシ。終ニシルシ留テ、有心ノトモニキ、知シメ、更ニ恨ニタエズシテ、筆ヲ下シテ、仮名ヲモテ、所々ノ遺跡、コレヲ注シアツメラレタリ。其名ヲ金文玉軸集(現佚)ト題シテ、其ノハシニ、誰人ナリト雖モ有心ノ人ノ為ニ没後ノ附属ヲチギリテ、一首コレヲ詠ズ。人ノミテワラハムコトヲカヘリミズ、心ヤリタル秘密授記カナ云々。

また、元久二(一二〇五)年春記したという(漢文行状)、かの印度里数記(高山寺蔵)に、「印度ハ仏生国也、依二恋慕之思一難レ抑、為レ遊レ意計レ之。哀々マイラバヤ」とあるのは、周知のことである。

在家人…(一一一8)　明恵上人遺訓抄出(「文暦二年五月八日始記之」と巻頭にあり、板本の遺訓の原型ともいうべきもの。大日本史料第五編之七、五九三頁以下所収)には、次の一条があり、在家の篤信をほめて、僧の堕落を戒めている(同六〇八頁)。

又云、末代ノ比丘ハ破戒ニシテ、檀越ノ信施ニヨリテ三途ニ堕セン。在家ハ一向信力ニヨリテ、天上ニ生ズト云。実ノ仏法ノ味イハ中々在家ニ流レユク。我等ハ自悪業ニヒタリテ、名利ヲ床ニス。自ノ身ヲ立テントスルヒマニ、仏法ノ実事ヲ身ニ入ル、ニヒマナキ也。学問ノ道ニモ、仏ヲ思ヒ出シ奉ルニ暇アラズ。是則行ノナキガイタストコロ也。仏ト云事ヲ思ヒ出ス手アラバ、師モ同行ノ事モ大切ナリヌベキ云々。

悪趣ヘ趣クトモ…(一一三17)　悪趣に落ちても、信の力によって、深い仏法に値うことが必ずできるという、この言葉は、高弁の宗教の一つの特色を示すものである。寛喜二(一二三〇)年九月十五日の説戒の説教の一節に、次のように述べられている。

無間(地獄)ノ猛炎ニコガサレナガラモ、仏ノ独リ子タラムホドノ悦ヤハアルベキ。無間ノソコニシヅミテハ、仏弟子トシテモ何〔ノ〕益カアルト思〔フ〕人モアリヌベケレドモ、コレハアマリ有所得ヲ案ジテ、真実三宝ノ功徳ヲ渇仰セザル也。只今日ノ女房・在家人等ノ御学問ニハ、無間猛火ノ中ニテモ、仏ノ御弟子ノ一分(いちぶん)ニモレザルラムコトコソ、ウレシケレ、ト思食マデヲ、御所得トセサセ給ベシ。仏ケアラタフトヤ〔ト〕思ヒ、法花・々厳等ノ経教、何ト義理ヲ知ネドモ、転読ノ声ヲモ聞テ骨髄ニトヲリ、普賢・文殊等乃至ナラビナキ祖師先徳ナンドノ御徳ヲ聞テ、アハレ僧トナラバ、アレカヤウナラバヤナンド、誠ニ心ニ渇仰セバ、当来ハネガヒノ如ニ、三宝ノ御弟子為ルベシ。此義決定疑ハザレバ、仏在世ニ、餓鬼・畜生等皆集会ス。悪業ニヨリテハ悪趣之身ヲ受トモ、三宝〔ニ〕帰依スル心アリシニヨリテ、仏前ニ会スル也。心地観経ノ始ニ食糞鬼等ヲ列ヌルハ即此也。(梅尾説戒日記)

即ち心地観経の序説に、「如来在王舎城耆闍崛山、三万二千大比丘僧、八万四千諸大菩薩、億万六欲天子等、四万八千諸大竜王、五万八千諸薬叉神等、幷十六大国諸王及夫人等、乃至無量無数禽獣諸王、命々鸚鵡鳥王、象王師子王等、無数非人餓鬼食人吐鬼食涕唾鬼臭極臭鬼食糞穢鬼等、諸鬼皆捨離毒心、帰仏法僧、悉衛護如来正法、為聴聞来詣仏所」とあるのを引いて、菩薩声聞の衆に入ることはできないにしても、薬叉鬼神の類に交わることはできるであろうと、高弁は建久年間のころから諸人に説き、釈尊の在世を慕う志を述べ、この心地観経の第一巻を書写して、経袋に入れ、つねに携えていたという(漢文行状)。

心ノ…(一一四2)　高弁の歌が、この順行房に対する言葉のように、何となく読みちらされて、心がまことに歌を好んでうまれたものであろうことは、明恵上人和歌集を披けば、感ぜられるところである。遺心和歌集(明恵上人和歌集の一部)のうちに、義覚房の歌を批評し、その歌意が珍しく、世間には例がないが、「愚詠モヒトノミ、ニハ、カクコソハキコエハムベラメドモ、マタコ、ロノユクトコロノ、ユクトコロナキニアラズ」と記している。

顕密差別…(一一四6)　真聞集三に次の記事がある。

一、法花三昧ヲ得タラム者ト、法花法ヲ行テ証ヲ得タラムト、同異差別事只是一ノ法花三昧也。更無二浅深一也。顕モ密モ至極スルトコロハ、一心ヲ証シテ入ルナリ。サレバ真言云二五智一モ、顕宗ノ所談ノ四智、清浄法界ヲ五智ト云ナリ。(中略)証理ノ前ハ、天台大師誦二法花一エタマヘル処ノ旋ダラニモ、又依二法花儀軌一真言師ノエタラム法花三昧モ、只一乗ノ体、法性法界ノ道理ハ、不レ可レ異矣云々。

真聞集二には、次のように顕密の浅深について説かれている。

一、顕密浅深事

相ヲ尽シ性ヲ窮メテ諸性ノ道理ヲ説コト、顕教ナリ。初小乗ヨリ終リ花厳ニイタルマデ、真言ノ宗義ニ不レ可レ違也。或ハ浅教ノ名言ニ同ジテ、是ヲ引入テ秘密ノ事相ニ習入レバ、其ノ方ハ又浅教ナレドモ、秘密深奥ニ同ズルナリ。サレバ花厳等ノ法門ヲ引入テ、真言ノ事相ニ習ニハ、教門ノ前ニモ深也、秘密ノ方ニモ深也。旁(かたがた)深也。纔叉二十指一印契ヲ成シ、或投二一花一、遍一切処ノ浄菩提心ト相応スル位ニ、十方法界一々微塵ノ中、興二供養雲海一コトハ、皆是秘密ノ深旨ナリ。一塵モ遍二法界一一印モ事々円融ノ極際ナル義理ヲ、自宗〈花厳也〉ニ能々コレヲ分別スル也。サレバ、所詮ハナカアシクハ不可也。華厳ノ六相十玄ヲ能々シリタラム真言師ハ、大日経等ノ事相字義ノ深旨、コトニ能可二心得一也。故ニ好テ浅深ヲ談ズルハ無レ詮事也。真言教ノ深密ノ様ヲ得テ後、真言ハ深シ、顕教ハ浅シト云ハ、コトハリニ可レ叶。任二口胸一判二浅深一事ハ能々可二斟酌一也云々。

この説によって、本篇の簡単な言葉の意味が解せられる。義理は同じであるが、事相(行法)のすぐれていることは認めているのである。

三密平等(一一四7)　真聞集二に次の説がある。

一、三密三平等事

心ハ即実相也。言ハ即真言也。身ハ即印也。印者五大也。先結二一ノ印契一之時、此身業ハ即意業ニ等キナリ。意(ココロ)ニ信楽ヲ為(ナシ)テ師ニ受テ結レ此。信楽ヲ不レ生ハ不レ可レ習也。故ニ以レ意ヲ為レ本シテ意ニ等シキ身ト云也。即一ノ真言ヲ誦スル又同前、意業ヲ離テ不レ可レ成也。故ニ意ニ等キ語業也。即、身語二業、意業ニ等キガ故ニ、又身業ニ意・語二業モ等キ也。意・語二業、身業ニ等キガ如ク、身・意二業、語業ニ等キ也。故ニ如来ノ真語ヲ門トシテ、自心ニ菩提心ヲ起スト云ハ、真語ハ即如来ノ三密平等ノ真語也。故ニ只結レ印ニ語・意二業ヲ具足スル也。又誦二真言一スルニモ、余ノ二業ヲ相兼也。是、如来ノ三密平等ノ印也。真言也。三摩地也。故ニ能令三業同於本尊ト云也。

胎蔵ノ…(一一四15)　ここにあげられた三つの真言とその解釈とを、田中海応師の「秘密事相の解説」(三五二頁)により、次に掲げる。

入仏三昧耶　虚合シテ二空並立勿レ着レ風

南莫三曼多没駄南(なさまくさんまんだぼだなう)、阿三迷(あさんめいち)恒里三迷(りさんめい)、三摩曳婆訶(さんまえいそはか)。等比すべきものなき三平等の三昧耶よ。

法界生　拳ヲ側合テ二風ヲ立従レ頂至レ心散

南莫三曼多没駄南、達摩駄都(たらまだと)、薩嚩婆縛句含(そははんばくかん)。法界の自性は我である。

転法輪　以二風印一印二身ノ五処一

曩莫三曼多(なうまくさんまんた)、嚩日羅赦(ばざらだん)、嚩縛日羅(ばざら)、怛摩句含(たまくかん)。我は金剛の性(身)であると告げ、諸金剛に帰命す。

入仏三昧耶の印は、「二手虚心合掌二空並べ立つ」のであり、即ち二空指(大指、即ち親指)を立てるのが、幢(はたほこ)の如くであるという。それは、菩提心の幢を建てることの象徴という。

十二真言王(一一四17)　大毘盧遮那成仏神変加持経巻五、秘密漫荼羅品に次のようにみえる。

爾時金剛手、昇於大日世尊身語意地、法平等観、念二彼未来衆生一、為レ断二一切疑一故、説二大真言王一曰、

南麼三曼多勃駄喃一阿三忙引鉢多二合達摩駄覩二蘖登底孕反蘖哆喃三薩婆他引四暗引欠引暗噁五糝索六含鶴七嚧嗒八鑁嚩急呼九莎訶鉡十嚧嗒訶囉二合鶴十一莎訶嚧嗒十二莎訶十三、

持金剛秘密主、説二此真言王一已、時一切如来、住二十方世界一、各舒二右手一摩二執金剛頂一、以二善哉声一而称歎言、善哉善哉仏子、汝已超二昇毘盧遮那世尊身語意地一、為レ欲レ照二明一切方所一、住平等真言道諸菩薩故、説二此真

言王一、何以故、毘盧遮那世尊応正等覚、坐二菩提座一、観二十二句法界一、降二伏四魔一、此法界生、三処流出、破二壊天魔軍衆一、次得二世尊身語意平等一、身量等同二虚空一、語意量亦如レ是、逮二得無辺智生一、於二一切法一自在而演説法、所レ謂此十二句、真言之王、（正蔵一八–三二b）

右の文中のうち「暗欠暗噁糝鑁索含鶴嚧嗏鑁嚩」を十二真言王とする。この種子を行者の身分に観布し、印明を結誦して身を加持すれば自在力を得、能く四魔を降伏して罪垢を除く（密教大辞典）。

極楽ノ行者…（一一五5）　高弁の門下にもこの戒行房のように、極楽に往生することを願う者が少なくなかったことは、次に掲げる真聞集末の記述により知られる。往生極楽を志すといっても、もとより専修念仏ではない。しかし、高弁は兜率上生を願う弥勒信仰者であったから、弟子にもそれを勧めたと考えられるが、この記述によれば、必ずしもそうではなく、各自に性として属するところに従うべきであると説いているのは、注意される。そうした寛容な態度は、華厳・密教の思想にもとづくものともいえようが、また高弁の個性的な宗教のあらわれとも見られよう。

一、或人申云、既依二宿縁一親類ト成了。其上受レ法随レ教随分後生ノ資糧ヲタクハエ、来世ノ値遇ヲ祈リ候。而ニ師（高弁）ハ兜率ノ行人也。弟子ハ安養（極楽浄土）ヲネガウ、然バ須ク改二安養ノ欣求一内院ノ上生ヲネガハムトヲモウト云々。

師云、努(ゆめ)不レ可レ然、本業ヲアラタメズシテ極楽ヲネガウベシ。極楽・兜率ノ上生・往生〔ノ〕難易ハ古キ難義ナリ。然而(しかれども)極楽ノ往生ハ実ニヤスキ方ノ有ルナリ。弥陀ニハ来迎ノ儀御ス。余仏菩薩ニハ来迎ナシト云ハ僻事也。弥勒ニハコトサラ来迎ヲ説ケリ。但弥陀ニハ別シテ来迎ヲ願トシ御スコトコソ異レ他御願ニテアレ。地蔵ノ無仏世界ノ済度ノ誓モ、済ヒ御スコトハ観音ニモ其証拠多シ。普賢・文殊ニモ又有レ之、只無仏世界度衆生ヲ別願トシ給コトコソ異レ他コトニテアレ。阿弥陀大呪ニ已ニ十ケ阿ミリ帝ノ句アリ。是既決定往生ノ業、上品上生ノ因ト定タレバ、今所レ当観経ノ十念往生ト云モ、此十句ヲ所レ拠シテ説クナリ。サレバ尤可二憑仰一之仏ナリ。就中阿弥陀如来、一向本師釈迦同体分身ノ仏ト花厳宗ニハ談ズルコトナレバ、大恩ノ徳モ弥陀ニ御ス。本師ノ昵(むつび)モ弥陀ニ御ス者也。タヾシ極楽・兜率ノ難易ノコトハ、元暁大師コレヲアキラメ給ヘリ。遊心安楽道ニ詳(ツマビラカ)ニミエタリ。或〔ハ〕性トシテミヅカラ弥陀ニ属スル物アリ。或〔ハ〕モトヨリコノカタ弥勒ニカヽル物アリ。属スルトコロニシタガヘバ、ヲノ〳〵道ヲウルコトスミヤカナリ。アナガチニ無属ニ於テスレバ、労ノミ多クシテ無レ益。凡極楽ハ花蔵、兜率ハ密厳ナリ。理含二蔵万徳一猶如三大地出二生万物一。故ニ極楽ハ処二地上一。智断二人法二執一証二得二空一。虚空ノ含二容万像一如クナルガ故ニ兜率ハ空中ニアリ。極楽ニハ三々品ノシナアリ。兜率ニハ七々重ノカマエヲマウク。安養・兜率ノ難易、論ズルコトナカレ。弥陀・慈氏ノ隔別ヲ執スベカラズ。サレバ必ズシモ改二弥陀ノ業一兜率ノ上生ヲネガハムト不レ可レ存ナリ。即吾弟子同法ノ中ニモ、弥陀ノ行者コレヲ、シ。ソノウエ広略ノ阿弥陀次第ヲ集メテ専ラ西方ノ往生ヲス、メタリ〔ト〕云々。

寛喜元年六月十日丁聞之即時記之　　隆弁

達磨宗（一一六3）　百練抄の建久五（一一九四）年七月五日条に、入唐上人栄西・在京上人能忍等が達磨宗を建立したのを、叡山の衆徒の奏聞により停止すべきことが宣下せられたと見えている。また、道元は、「大宋の近代、天下の庸流、この妄称禅宗の名をききて、俗徒おほく禅宗と称し、達磨宗と称し、仏心宗と称する妄称、きほひ風聞して、仏道をみだらんとす」と記している（正法眼蔵、仏道）。道元は禅宗の称をも否定したのであるが、ともかく、禅宗の別称として、達磨宗・仏心宗があったことが知られる。

さて、高弁と達磨宗（禅宗）との関係について考えるとすると、高弁と栄西との関係を見なければならぬ。明恵上人伝記には、栄西から印可せられ、伝法の衣を贈られようとしたのを、辞退した話などが見え、両者の密接な関係があったという説話は、周知のことである。しかし、大屋徳城氏の疑われた如く（「禅宗綱目の出現と其の思想上の背景」日本仏教史の研究三所収）、それは疑わしいのである（人物双書「明恵」一〇七頁以下参照）。喜海の撰になる高山寺明恵上人行状には、全く栄西のことは見えず、また栄西の側の史料にも高弁のことは見られない。そして虎関師錬の元亨釈書にも、その記述がないのは、明恵栄西説話の成立が、それほど古くないことを示すものかもしれない。

高弁は、禅宗についての知識を何処で得たであろうか。明恵と栄西との説話は疑わしいけれども、両者の相見の可能性はある。即ち、建仁寺の創建は、高弁の三十歳の折である。その頃、高弁は多く紀伊の有田郡に居たが、三十四歳の時に、後鳥羽院から栂尾を賜わった。その年に栄西は東大寺大勧進職となり、次第に朝廷にも近づくようになったと考えられる。それから建保三(一二一五)年に示寂するまでの十年間には、鎌倉にも往復したであろうが、建仁寺に居ることも多かったであろうから、主に高山寺に居り、紀州に往くこともあった高弁と相見の可能性は考えられる。伝記に見える両者の初相見の劇的な話の如きこともあり得たかもしれない。即ち朝廷に召された帰途の栄西は、新造の車に乗り、美々しい服装をし、多くの従者をつれて、威儀堂々たる様子であった。これに対して、墨笠をかぶり、わら沓をはいていた高弁は、栄西に会おうとして訪ねはしたものの、自分のようなものには目をかけられぬであろうと、帰りかけたところ、車の中から栄西が高弁を認め、人をしてよびとめさせて対面したというのである。もとより、栄西が高弁のことを知っていたかどうか、そのことは、この話では明らかでない。名は知らないが、高弁の様子から、これはすぐれた僧であると見抜いたとすれば、栄西の力量も並々ならぬものであったということになる。しかし、この説話のねらいは、栄西の威儀堂々たるに対し、明恵の見すぼらしい質実さを強調するにあるようである(金沢文庫本禅宗法語に付載された明恵上人伝記の抄録には、他の栄西との説話がすべてあるのに、この初相見の説話のみ見えていない。次第に説話の増加したことが考えられる。金沢文庫研究一六四所収、田中久夫『禅宗法語』所載の『明恵上人伝記』の抄録」を参照)。

栄西の寂後も、建仁寺においては参禅の僧徒が居たことであり、また大日能忍の弟子の覚晏は多武峰に在り、禅宗を実修していたのであるから、宋朝風の禅宗についての知識は、高弁も当然もっていたであろう。そして、道元が帰国して、建仁寺に入ったのが、高弁五十六歳のことで、道元は翌年深草に閑居し、これまでの栄西等とは違って、純粋に宋朝風の禅を実践しようとしたのである。本篇は、高弁の晩年の教の聞書であるから、これらの道元の新風をも知った上での発言であるかもしれぬ。

また、高弁は禅定を好み、実修したけれども、それは観法を伴った坐禅であり、宋朝風の坐禅とは、その態度において異っている。

随求ダラニ(一一六4)　承久三(一二二一)年正月十一日、高弁が石水院において自ら書写し、それを嘉禄三(一二二七)年正月二十四日、喜海が栂尾の住房において書写したという本奥書をもつ大随求陀羅尼の写本が存する(天保十三年海如書写。田中海応編、海如和上言行録の図版に見える)。

光明真言(一一六5)　高弁は、仏光観に相応する真言として光明真言を取りあげ、晩年には特に在家の信者に対して普及させようとした。土沙を光明真言で加持し、これを亡者にかけ、その得脱を祈るというのである。このみみずにかけるのは、みみずが転生して善趣に生れるように祈る、ということではないかと思われる。

光明真言句義釈(一巻、貞応元年四月十九日)・光明真言功能(一巻、元仁元年五月)・光明真言加持土沙義(一巻、安貞元年五月十六日)・光明真言土沙勧信記(二巻、安貞二年十一月九日)・光明真言土沙勧信別記(一巻、安貞二年十二月二十六日)等の光明真言普及のための著作をのこしている。

ツカノ間(一一七8)　高弁は十三歳の時に塚間坐の修行をした。

又十三歳ノ時心ニ思ク、今ハ十三ニナリヌレバ、年スデニ老タリ。死ナムズル事モチカヅキヌ。何事ヲセムト思トモ、イク程イキテ営ムベキニアラズ。同ク死ヌベクハ、仏ノ衆生ノ為ニ命ヲステ給ヒケムガ如ク、人ノ命ニモカハリ、トラ狼ニモクハレテ死ヌベシト思テ、其心ヲ試ガタメニ、倶舎頌バカリ手ニニギリテ、人ニモシラレズシテ、タヾ一人、五三昧ヘ行テトヾマレル事アリキ。傍ニ物々ヲトセシカバ、スデニ狼ノ来ルカト思テ、彼薩埵王子ノ餓虎ニ身ヲ施シガ如ク、我又今夜狼ニ食レテ命ヲ捨ベシト思キ。尺尊僧祇ノ昔ノ修行思ヒツヾケラレテアハレナリシカバ、一心ニ仏ヲ念ジテマチキタリシカドモ、別ノ事ナクテ、夜モアケシカバ、遺恨ナルヤウニ覚テ還リニキ云々。(高山寺明恵上人行状巻上)

義淵房（一一八7）　高山寺池房の開祖。初め神護寺に住し、上覚房行慈（高弁の叔父で、高弁の師）の弟子、高弁よりは八歳若かった。高山寺の建立に当っては、土木の勤を専らにした。早く紀州において高弁に従い、建仁元（一二〇一）年九月一日付の「毎日学問印信次第」と題する掛板の交名には、喜海・定恩・性実・霊典…と十人の弟子の中に見える。建永元（一二〇六）年には九条兼実のために高弁がおこなった星供の承仕の役をつとめた（漢文行状）。承元三（一二〇九）年五月には、神護寺覚場院において華厳入法界頓証毘盧遮那字輪瑜伽念誦次第を書写し（金沢文庫古文書識語篇五五四）、また神護寺に居住していたらしい。しかし、高弁の晩年には高山寺久住の五人の僧の一人として重んぜられた（寛喜四年正月十一日付高弁置文では、知事とされている）。建長三（一二五一）年（高弁寂後一九年目）四月、寛喜三（一二三一）年に注進された聖教目録に重ねて交勘を加え、高山寺知事沙門霊典と署名している。建長七年寂、七十六歳（高山寺代々記）。

マノアタリ文殊ヲ…（一一八8）　この文殊出現は、紀州八ヵ所の高弁遺蹟のうち、東白上でのことであったとされる。東白上の石造塔婆の銘（嘉禎二（一二三六）年十一月九日、喜海が造立した木製の塔婆を康永三（一三四四）年に石に改めたもの）には、「建久之比蟄居修練之間、文殊浮二空中一現形之処」とある。

　また、この時、文殊菩薩から高弁が授けられた、持戒清浄印明というものが伝わっている（田中久夫「持戒清浄印明について」金沢文庫研究一一九～一二一）。なお、明恵上人伝記には、承久二（一二二〇）年のころ、石水院でこの印明をさずけられたとするが、全く信ぜられぬことである。

金剛界ノ…（一一八13）　高弁の師である興然（理明房）の金剛界鈔（真言宗全書巻二四）によると、㈠上堂観、㈡至道場門観に次ぎ、㈢開道場門観があり、そこで、この㘕吒両字を観ずることになっている。そして更に進んで（三摩耶戒分三六）、金剛眼においても、㘕吒を両目において日月と観ずるということがある。現行の金剛界念誦次第の金剛眼にも、「観想せよ、㘕吒を両目に於て日月と為る。此の金剛眼を以て供具を瞻視すれば垢を去り清浄と成る。兼ねて辟除結界を成す」とみえる（四二九頁前掲、竹村訳）。

空達房（一一九2）　高弁より一歳年下であり、建長二（一二五〇）年八月二日示寂した。七十七歳。密教を興然から受け、神護寺に在った（高弁も興然から伝法している）。ところが、寛喜元（一二二九）年七月十七日、起請文を書いて、高雄に還住しないことを誓っている（三千院文書）。このように、高山寺に住したのはおそいが、その年齢や密教を究めていることなどの故であろう、寛喜四（一二三二）年正月の高弁の置文には、高山寺の寺主にあてられている。定真からその弟子の仁真に伝えられた聖教は、今日もかなり多く伝わっている。それらを中心とし、方便智院の朱印のある聖教は、高山寺宝蔵中に多い。定真備忘録（一巻）は、高弁示寂の前後の記録である（大日本史料第五編之七・高山寺資料叢書第一冊、明恵上人資料一所載）。

禅宗綱目

頓教(一六〇11)　言説頓亡し、理性頓顕し、階位を立てずして解行頓成し、一念不生即仏なりとの、教理行果の四法ともに頓速の故に頓教という。維摩経の維摩居士の無言の黙理、諸法無行経の衆生一相にして畢竟不生、法界体性経の我見の本際即ちこれ菩薩、大乗起信論の離言真如、宝積経論の頓教修多羅、楞伽経の鏡中像頓現などが頓教に当る。五教章巻一では「頓者、言説頓絶理性、頓顕解行、頓成一念不生、即是仏等。故楞伽云、頓者如㆓鏡中像頓現㆒非㆑漸。此之謂也。以㆘一切法本来自正不㆑待㆓言説㆒不㆖待㆓観智㆒、如㆘浄名以㆑黙顕㆓不二㆒等㆖。又宝積経中、亦有㆘説㆓頓教修多羅㆒故㆖。依㆑此立㆑名」(正蔵四五‐四八一b)といい、探玄記巻一では「四頓教中総不㆑説㆓法相㆒、唯弁㆓真性㆒。亦無㆓八識差別之相㆒。一切所有唯是妄想、一切法実唯是絶言。呵㆑教勧㆑離毀㆑相泯㆑心、生心即妄、不生即仏。亦無㆑仏無㆓不仏㆒、無㆑生無㆓不生㆒。如㆘浄名黙住顕㆓不二㆒等㆖、是其意也」(正蔵三五‐一一六a)という。これに対して、澄観は頓教を禅宗に比定する。華厳経疏巻二では「四頓教者、但一念不生、即名為㆑仏。不㆑依㆓地位漸次㆒。而説故立為㆑頓。如㆓思益云㆒。得㆓諸法正性㆒者、不㆑従㆓一地㆒、至㆓於一地㆒。楞伽云、初地即為㆑八、乃至無所有何次等、不㆑同㆓於後円融具徳㆒、故立名㆑頓。頓詮㆓此理㆒、故名㆓頓教㆒。天台所㆓以不㆒㆑立者、以㆔四教中皆有㆓一絶言㆒故。今乃開者、頓顕絶言、別為㆓一類㆒、離㆓念機㆒故、即順㆓禅宗㆒」(正蔵三五‐五一二b～c)といい、頓教は禅宗に順ずるものとしている。法蔵の時代には南宗禅は未だ隆盛ならざるも、澄観の時代には荷沢禅・牛頭禅が隆盛となり、頓教を禅宗に配するにいたった。

南宗を学び…(一六〇13)　澄観の禅の学系については、妙覚塔記では「遂参㆓無名大師㆒、印可融寂、自在受用」と述べているだけであるが、宋高僧伝巻五では「又謁㆓牛頭山忠師径山欽師洛陽無名師㆒、咨㆓決南宗禅法㆒、復見㆓慧雲禅師㆒、了㆓北宗玄理㆒」(正蔵五〇‐七三七a)という。これによると、牛頭宗を径山法欽より、荷沢宗を洛陽無名より、北宗を慧雲より受けたことになるが、澄観にもっとも大きな影響を与えたのは牛頭宗と荷沢宗であった。荷沢宗との結びつきを意識的に重視したのは、宗密であり、事実は牛頭禅の影響が強い(鎌田茂雄「中国華厳思想史の研究」四七五頁以下参照)。宗密は自ら意識的に主張したのは荷沢禅の相承であるが、事実は浄衆宗の系統を受けたという(胡適「跋裴休的唐故圭峯定慧禅師伝法碑」歴史語言研究所集刊第三四本参看)。彼の著「禅源諸詮集都序」「中華伝心禅門師資承襲図」を見ると、禅の三宗、即ち、㈠息妄修心宗、㈡泯絶無寄宗、㈢直顕心性宗をあげ、直顕心性宗の中に洪州宗と荷沢宗を含ませているが、禅門師資承襲図を見ると、明らかに洪州宗よりも荷沢宗を上位においており、宗密が荷沢宗をもって最上としようとした意図は明らかである。

演義抄の第七に…(一六一18)　演義鈔巻二二に「八約教可思者、謂小乗不㆑成㆓波羅蜜多㆒、無㆓七最勝㆒故。始教要是菩薩種性人方有故、又各有㆓体性㆒、或説㆓倶空㆒。終教一一皆従㆓真如性功徳㆒起。頓教一一皆不可説。謂不施不慳、不戒不犯、不忍不恚、不進不怠、不定不乱、不智不愚等、一切皆絶。若十若六、皆悉亡㆑言。円教如㆑文。疏、九観心可以意得者、謂一念相応心、捨則具㆓十度㆒。捨而不㆑取為㆑施。不為取所汚即戒。忍㆓可非有㆒為㆑忍。離㆓身心相㆒為㆑進。寂然不動為㆑定。決㆓了無生㆒為㆑慧。雖㆓空不礙㆒、智相為㆓方便㆒。希㆓斉仏果㆒是願。思択不㆑動為㆑力。決断分明為㆑智。一念方等十度頓円」(正蔵三六‐一七二c)とあるによる。

同じき抄の第九に…(一六二8)　演義鈔巻三四に「疏、衆生等有惑翳不知下、釈㆓第四句㆒。即用㆓法華開示悟入仏知見意㆒。謂開㆓除惑障㆒、顕㆓示真理㆒、令㆑悟㆓体空㆒証㆓入心体㆒也。大意然矣。此有㆓多釈㆒。已如㆓前引㆒。今更略挙㆓禅門㆒釈㆑之、北宗云、智用是知、慧用是見。見心不㆑起名㆑智。智能知。五根不動名㆑慧。慧能見。是仏知見。心不㆑動是開、開者開㆓方便門㆒。色不㆑動是示、示者示㆓真実相㆒。悟即妄念不㆑生、入即万境常寂。南宗云、衆生仏智妄隔不㆑見。但得㆓無念㆒即本来自性寂静為㆑開。寂静体上自有㆓本智㆒、以㆓本智㆒能見㆓本来自性寂静㆒名㆑示。既得㆓指示㆒、即見㆘本性仏与㆓衆生㆒本来無㆖異為㆑悟。悟後於㆓一切有為無為有仏無仏㆒、常見㆓本性㆒。自知㆓妄想無性㆒、自覚聖智故是菩薩、前聖所知転相伝授、即是入義。上二各是一理」(正蔵三六‐二六二c）とあるにもとづく。

寂静の体の上に…（一六二15）　南陽和上頓教解脱禅門直了性壇語に「本体空寂、従二空寂体上一起レ知、善分二別世間青黄赤白一是慧、不レ随二分別起一是空」（胡適校「神会和尚遺集」二三九頁）とある。宗密は禅源諸詮集都序において荷沢宗の教説を説き、「二云、諸法如レ夢、諸聖同説。故妄念本寂、塵境本空。空寂之心、霊知不昧。即此空寂之知、是汝真性、任レ迷任レ悟、心本自知。不二藉レ縁生一、不二因レ境起一、知之一字衆妙之門」（正蔵四八‐四〇二c〜四〇三a）という。なお禅門師資承襲図もこれとほぼ同じく、空寂の知を説明する。

五教に…（一六三15）　円覚経略疏鈔巻一に「三配二五教一者、然此一段於二五教中一、具二足其四一。以三此経但分同二華厳一故、不レ配二円教一。謂初二句小乗教、次二句大乗法相教、次識如二幻夢一、一句意顕二心境全空一即大乗破相教、此二合レ之為二始教一也。後三句頓教、兼二次上三句一、与レ此相合以為二一義一、即是終教。又此後三句中、初句含レ終、次句正頓、後句含レ円」（続蔵一‐一五‐二‐一九七d〜九八a）とみえる。

事理無礙とは…（一六六2）　法界観門に、事理無礙について「二理事無礙者、理無二形相一全在二相中一、互奪二存亡一故云二無礙一」（正蔵四五‐六七二c）といい、さらに理事無礙観を、㈠理遍於事門、㈡事遍於理門、㈢依理成事門、㈣事能顕理門、㈤以理奪事門、㈥事能隠理門、㈦真理即事門、㈧事法即理門、㈨真理非事門、㈩事法非理門の十門に分ち、その十門を総括して「此上十義同一縁起、約レ理望レ事、則有レ成有レ壊、有レ即有レ離。事望二於理一、有レ顕有レ隠、有レ一有レ異。逆順自在無レ障無レ礙。同時頓起、深思令二観明現一。是謂二理事円融無礙観一」（正蔵四五‐六七九c）という。

付法蔵伝…（一六六15）　付法蔵因縁伝巻一に「化縁将畢垂当二滅度一、告二大弟子摩訶迦葉一。汝今当レ知我於二無量阿僧祇劫一、為二衆生一故勤二修苦行一、一心専求二無上勝法一。如我昔願二今已満足一、迦葉当レ知…如我今者将二般涅槃一、以二此深法一用嘱二累汝一。汝当三於レ後敬二順我意一、広宣流布無レ令二断絶一。迦葉白言、善哉受レ教、我当三如レ是奉二持正法一、使三未来世等蒙二饒益一。唯願世尊不二以為一レ慮。是故如来滅度之後、摩訶迦葉次宣二正教一」（正蔵五〇‐二九七b）とある。

円覚の抄…（一六六16）　円覚経大疏鈔巻三之下に「今此経及伝記、述二法眼相付一、皆以二迦葉一為二初祖一者、応是先受二仏密属一、然住二山中一、後仏臨二涅槃一、再属二阿難一、令レ語二迦葉一。当三仏法主及令二阿難一同結二集法蔵一、迦葉為レ初也」（続蔵一‐一四‐三‐二七五d〜二七六a）とあるをさす。

金剛・楞伽（一六七3）　達磨と楞伽経との関係については、続高僧伝巻一六、慧可伝に「初達摩禅師、以二四巻楞伽一、授二慧可一曰、我観二漢地唯有二此経一。仁者依行、自得度レ世」（正蔵五〇‐五五二b）とある。さらに法沖伝では、求那跋陀羅が四巻楞伽を訳出し、達磨がこれを南北に伝え、さらに慧可がこれを弘通したという。また慧可の門人、粲・恵・盛・那・端・長蔵・真・玉等の諸禅師が楞伽経を講説したことが伝えられている。楞伽師資記では、楞伽経を慧可に伝えた達磨の語を記し、その後に坐禅衆のために自ら釈楞伽要義一巻、十二、三紙のものを撰述したことを伝えている。楞伽師資記や楞伽人法志などの名前によって、達磨の系統の一門が楞伽経の伝承者であったことを示す。達磨の楞伽経の伝授については、宝林伝や景徳伝燈録などにも記されている。また達磨と金剛経との関係については、神会の問答雑徴義の中で「達摩大師、乃依三金剛般若経説二如来知見一、授二与慧可一。慧可授レ語已、為二法契一。便伝二袈裟一、以為二法信一。如三仏授二婆竭羅竜王女記一。大師云、金剛経一巻、直了二成仏一、汝等後人、依二般若観門一修学、不レ為二一法一、便是涅槃、不レ動二身心一、成二無上道一」（鈴木大拙校「荷沢禅師語録」五四頁）と述べられているのが最初である。達磨が慧可に授けたのが、楞伽経でなく、金剛般若経であるというのは神会のみであり、彼は、慧可伝・僧璨伝・道信伝・弘忍伝・慧能伝においても、金剛経によって開悟したことを主張している。

馬祖の云く…（一六七3）　宗鏡録巻一に「洪州馬祖大師云、達摩大師従二南天竺国一来、唯伝二大乗一心之法一。以二楞伽経一印二衆生心一」（正蔵四八‐四一八b）とあるによる。またこれについては、景徳伝燈録巻六の馬祖道一伝の条下に「一日謂レ衆曰、汝等諸人各信二自心是仏、此心即是仏心一。達磨大師従二南天竺国一来、躬至二中華一、伝二上乗一心之法一、令二汝等開悟一。又引二楞伽経文一、以レ印二衆生心地一、恐汝顛倒不二自信一、此心之法各各有レ之。故楞伽経云、仏語心為レ宗、無門為二法門一」（正蔵五一‐二四六a）とある。

六祖恵能和尚…（一六七5）　慧能（六三八—七一三）。伝記は六祖能禅師碑銘・敦煌本壇経・曹渓大師別伝・宋高僧伝巻八・景徳伝燈録巻五参照。景徳伝燈録巻五の慧能大師伝に「聞三客読二金剛経一、悚然問二其客一曰、此何法也、得二於何人一。客曰、此名二金剛経一、得二於黄梅忍大師一」（正蔵五一-二三五b）とみえる。なおこの記事は敦煌本壇経にもあり、「但持二金剛般若波羅蜜経一巻一、即得二見性一、入二般若三昧一」（正蔵四八-三四〇a）とある。さらに六祖大師法宝壇経には「恵能即会二祖意一、三鼓入室、祖以二袈裟一遮囲不レ令二人見一、為説二金剛経一、至二応無所住而生其心一、恵能言下大悟」（正蔵四八-三四九a）とみえる。

絶観論（一六八8）　絶観論の撰述者については、達磨の撰述とする説や、牛頭法融の撰述とする説などがある。テクストとしては鈴木大拙・古田紹欽校訂の「積翠軒本絶観論」（昭和二十年）がある。なお宗鏡録巻九七（正蔵四八）に牛頭融大師絶観論の引用がある。

同じき抄の第十五に…（一六九10）　演義鈔巻六三に「六明二理観一、即頓門禅意。不念諸法即是念覚故。昔人云、真如無二念非念法一、能階二実相一、無生豈生レ心。能到二無念念一者、則念二真如一。無生生者、生二乎実相一故」（正蔵三六-五〇二c）とあるによる。

演義抄の第十四に…（一六九12）　演義鈔巻五六に「然体無念復有二二意一。一性浄無念、以二心体離一レ念故。今非二此義一、以三此通二一切凡小一故。二契理無縁、都無二所得一、名為二無念一。即今所用。若依二此義一、亦異三偏就二南宗一。故南北円融、方成二離念一」（正蔵三六-四四二c）とあるによる。

演義抄の第九に…（一七〇1）　演義鈔巻三三に「言二心智無住一者、亦通二事理一。且約レ理者、若以レ心知レ如是心住レ境。若以レ智了レ心是智住レ心。若内若外皆名為レ住。若住二無住一亦名為レ住。故経云、若心有レ住則為レ非レ住。応下無二所住一而生中其心上、謂生二無所住心一、則非二有無住可一レ生。不レ生二於心一則無住心生、即此契レ理亦名二方便一」（正蔵三六-二五六b）とあるによる。

洪州馬祖の意（一八三2）　禅門師資承襲図の洪州宗の教説を述べる条下に「洪州意者、起心動念、弾指動目、所作所為、皆是仏性全体之用、更無二別用一。全体貪瞋癡、造善造悪、受楽受苦、此皆仏性。如三麪作二種種飲食一、一一皆麪。意以推二求此身一、四大骨肉、喉舌牙歯、眼耳手足、並不レ能二自語言見聞動作一、如二一念命終一、全身都未二変壊一、即便口不レ能レ語、眼不レ能レ見、耳不レ能レ聞、脚不レ能レ行、手不レ能レ作。故知、能言語動作者、必是仏性。且四大骨肉、一一細推、都不レ解二貪瞋煩悩一。故知、貪瞋煩悩並是仏性。仏性体非二一切差別種種一、而能造二作一切差別種種一。体非二種種一者、謂此仏性非レ聖非レ凡、非レ因非レ果、非レ善非レ悪、無レ色無レ相、無レ根無レ住、乃至無仏無衆生也。能作二種種一者、謂此性即体之用故、能凡能聖、能因能根、能善能悪、現レ色現レ相、能仏能衆生、乃至能貪瞋等。若覈二其体性一、則畢竟不レ可レ見不レ可レ証、如三眼不二自見一レ眼等。若就二其応用一、即挙動運為、一切皆是、更無三別法而為二能証所証一。彼意准二楞伽経云一、如来蔵是善不善因、能遍興二造一切趣生一、受二苦楽一、与レ因倶。又仏語心。経云、或有二仏刹一、揚眉動睛、笑吹謦欬、或動揺等、皆是仏事。既悟二解之理一、一切天真自然。故所二修行一理、宜下順レ此、而乃不二起レ心断一レ悪、亦不中起レ心修上レ道。道即是心、不レ可三将レ心還修二於心一。悪亦是心、不レ可三将レ心還断二於心一。不断不造、任運自在、名為二解脱人一。無二法可一レ拘、無二仏可一レ作。猶如二虚空不増不減一。何仮二添補一。何以故。心性之外、更無二一法可一レ得故。故但任レ心即為レ修也」（続蔵一-二-一五-五-四三五c～四三六a）とあるによる。なお円覚経大疏鈔巻三之下の洪州宗を述べる条（続蔵一-一四-三-二七九a～b）にも同様な記述がある。なお馬祖道一禅師語録を参看せよ。

水南の余（一八五17）　荷沢宗の法系について禅門師資承襲図では、神会第七の下に磁州智如をあげ、その他、魏州寂・荊州恵覚・太原光瑤・涪州朗・襄州寂芸・摩訶衍・西京大願・浄住晋平・河陽空・荊州衍・浮査無名・東京恒観・潞州弘済・襄州法意・西京法海・陝州敬宗・鳳翔解脱・西京堅の一八名をあげ、さらに浮査無名の下に花厳疏主（澄観）をあげている。さらに磁州智如の法系をついだものとしては、益州南印をあげ、その下に東京神照・益州如一・遂州道円・建元玄雅の四人の名を出している（続蔵一-二-一五-五-四三五a～b）。

圭山の云く…（一八五18）　円覚経略疏鈔巻四、神会第七の割注の一部。ちなみに全文を掲げる。「神会第七〈頂異二凡相一、骨気殊レ衆、聡弁難レ測。先事二北宗秀一三年、因二秀奉レ勅追入一、遂往二曹渓門下一。答二無住為レ本見即是

性一。杖試二諸難一、夜喚審問。両心既契、師資道合。後又此遊、広二其聞見一、上都受戒。景竜年中、却帰二曹渓一、曹渓知二其純熟一、遂密授二語縁一。達磨懸記六代後、命如レ懸レ糸。遂不レ令二法衣出一レ山、和尚行門、増上苦行、供養密添二衆瓶一、斫レ氷済レ衆、負レ薪担レ水、神転二巨石一。然燈殿光、誦経神衛、律窮二五部一。禅感二紫雲一、因下洛陽詰二北宗伝衣之由一、乃滑台演両宗真偽上。便有二難起一、開レ法不レ得。然能大師滅後、二十年中、曹渓頓旨、沈二廃於荊呉一。嵩嶽漸門熾二盛於秦洛一。普寂禅師謬称二七祖一。二京法主、三帝門師、朝臣帰崇、勅使監衛、雄雄若レ是、誰敢当レ衝。嶺南宗途、甘従二毀滅一、法信衣服、数被二潜謀一。伝受碑文、両遭二磨換一。荷沢親承二付嘱一、詎敢因循、直入二東都一、面抗二北祖一、竜鱗虎尾、殉レ命亡レ軀、侠客県官、三度幾レ死、商旅縗服、百種艱難。達磨懸糸之記、験二於此一矣。因准上祈レ瑞、感二炭上生二芝草一。士庶咸覩、遂令二建立一、無二退屈心一。又因二南陽答二王趙二公三車義一、名漸聞二於名賢一。天宝四載、兵部侍郎宋鼎、請入二東都一、然正道易レ申、謬理難レ固、於レ是曹渓了義、大播二於洛陽一、荷沢頓門派二流於天下一。然北宗門下、勢力連レ天。天宝十二載、被二譖聚衆一、勅黜二弋陽一。又移二武当郡一至二十三載一、恩命量移二襄州一。至二七日一、又移二荊州開元寺一。皆北宗所レ致也。然彼宗主、必無二此心一、蓋是門下凡愚、競二於彼我一也。至二乾元元年四月後一、頻告二門人一、令二数問一レ法、再三深歎二無為一法一、五月十三日中夜示レ滅。年七十有五。二年、遷二厝於東京竜門一、置レ塔。宝応二年、勅二於塔所一、置二宝応寺一。大暦五年、勅賜二祖堂額一、号二真宗般若伝法之堂一。七年、勅賜二塔額一、号二般若大師之塔一。貞元十二年、勅二皇太子一、集二諸禅徳一、楷二定禅門宗旨一、遂立二神会禅師一、為二第七祖一。内二神竜寺一、勅賜二碑記一現在。又御製七祖讃文、現行二於世一。縁二第七代是中興之主一、故具叙レ之。〉」(続蔵一-一五-二-一三b〜c)。

牛頭宗…(一八六5)　禅門師資承襲図の牛頭宗の歴史を述べる条に「牛頭宗者、従二四祖下一、傍二出根本一。有二慧融禅師者一、道性高簡、神慧聡利。先因二多年窮二究諸部般若之教一、已悟二諸法本空迷情妄執一、後遇二四祖一、印二其所解空理一。然於二空処一、顕二示不空妙性一、故不レ俟二久学一、而悟解洞明。四祖語曰、此法従レ上、只委二一人一。吾已付二嘱弟子弘忍一訖。〈即五祖也。〉汝可二別自建立一。後遂於二牛頭山一、別建二一宗一、当二第一祖一。展転乃至二六代一。〈後第五祖師智威、有二弟子馬素一。素有二弟子道欽一、即径山是也。〉此一宗都不レ関二南北二宗一。其南北二宗、自出二於五祖門下一。五祖已前、都未レ有二南北之称一」(続蔵一-二-一五-五-四三a〜b)とあるにもとづく。

興正菩薩御教誡聴聞集

良観房（一九四11）　忍性は、叡尊の弟子のうちで重要な人物である。感身学正記に見える忍性の出家の事情、その他の記事を掲げておく。まず延応元年（叡尊三十九歳）九月、叡尊が忍性に出家を勧めた時の記事、翌仁治元年三月忍性が出家するに至るまでの事情を物語る記事をあげる。

（延応元年）九月八日、忍性〈良観房〉授二十重一。〈飲酒〉因勧二出家一。流レ涙谷曰、「某甲為二父母一男子一、故父母共崇異レ他。就レ中母殊悲哀過二于常例一。母為レ病侵命迫二旦暮一。願レ見二沙門形一。故俄剃髪着二法衣一。弥悲二将来一、夏冬無レ恃。而不レ厭二穢土一、不レ欣二浄土一、唯悲二忍性将来之憂苦一、而息絶魂去。於レ是某甲齢十六歳、報恩謝徳無レ力、抜苦与楽失レ術。唯仰二本尊文殊威力一、当二十三年忌辰一、奉レ図二七幀文殊一、安二置当国七宿一、毎月二十五日、一昼一夜不断令レ唱二文殊宝号一、以二所レ生功徳一、送二亡母之生所一、為二解脱之勝因一、果二此宿願一耳。当二出家学道一」云々。予語曰、「出家功徳広大無辺、不レ如二出家一。受二持仏禁戒一、以二所レ生功徳一、送二彼生所一、為二抜苦与楽之因一。財物不定、為二五主一奪、人命無常、寧可レ待二十三年一乎。」是時無二分明領状一退畢。

仁治元年〈庚子〉四十歳

正月、忍性亦来曰、「去年秋所レ申、幼少時立願。此春奉三図二絵文殊尊像一幀一、安二置額安寺之西辺之宿一。令三彼宿輩受二持一昼夜斎戒一、致二開眼供養之軌則一、擬レ遂二報恩謝徳之素願一。其後可レ遂二出家一。普通昌導旁有レ憚。下向如レ形作法授二八斎戒一乎」云々。三月六日、致二其作法一。是人非人持斎及二四百人一云々。受二菩薩戒一人三十人也。彼忍性、三月末出家。四月三日、受二十戒一。十一日、受具。（集成一四～一五頁）

忍性は、亡母の得脱のために、大和の七箇所非人の宿に文殊像を安置しようと志したのであった。この事に随喜し、同じように非人宿に文殊像を安置しようとするものがあり、叡尊も和邇の宿の非人宿に文殊像を安置供養した。

（仁治二年）或時忍性来示曰、「馬司住人乗詮〈舜蓮房〉語二忍性一曰、「毎二非人宿一安二置文殊一之願、不可思議。奉三図二絵一幀一可三安二置何宿一」云々。又長岳寺継実〈理観房〉奉三安二置三輪宿一、送二如レ形養物一云々。可レ致二開眼讃歎一」云々。即十一月十八日、於二三輪宿一奉二開眼讃嘆一。其間予思惟、離二名聞利養一、清浄之作善行事如レ之。奉三図二絵一幀文殊一、於二悲母墓所辺和爾宿一、安置供養、誓心決定。

同三年〈壬寅〉四十二歳

正月、忍性又曰、「馬司乗詮、又発下七宿別供養後、可レ遂二惣供養一之願上。為レ成二此願一、勧二父母親友一、始二四恩講一。為二開白一可二下向一」云々。随二喜彼願一、下二向馬司一。因額安寺住学春〈善春房〉為レ受二菩薩戒一、勧二請彼家一。以二十八日一、於二彼持仏堂弥陀如来御前一、廿五人授二菩薩戒一。廿五日、遂二和爾文殊供養一了。二月上旬、於二額安寺前屋一、開二講梵網経古迹一。十二日、於二持仏堂一、五十四人授二菩薩戒一。当家末子童子〈字松石〉有二出家志一。父母許レ之。十三日、帰二本寺一。十六日夕方、松石童子来。三月十日、与二舎弟源景親息曼殊童子一、同時与剃髪、授二五戒一。〈松石者、名信空、慈道房。曼殊者、信玄、常忍房。〉廿五日、遂二北山宿文殊供養一畢。（集成一六～一七頁）

右の北山宿には十八間戸の遺構がある（永禄十年焼失後の再建）。

寛元元年〈癸卯〉四十三歳

二月、依二去年之約束一、於二額安寺学春〈善春房〉持仏堂一、講二梵網経下巻古迹一。此間重遂二当寺西宿文殊供養一。廿五日、於二大路堂市庭一、遂二当宿等四箇宿文殊供養一。是日長谷寺善算〈泉寂房〉聴二聞文殊供養縁起一、発二出家心一、於二十市道一随二其意趣一。廿九日、重遂二三輪宿文殊供養一。善算、於二三輪河原一対二悲母一告レ入二西大寺一。三月一日、入二当寺一。七月十五日、受二十戒一。十六日、受二苾蒭戒一。十八九両日、勧二化悲母一令レ受二五戒一。殊説二飲酒過一。二十二日、唱二地蔵宝号一正念入滅。（中略）忍性〈良観房〉出家以後、発二興法利生之願一。但鈍機始学不レ益二他人一。渡二大宋国一、迎二律章疏一、普可レ助二末学一。意楽深重、励レ力勧レ他。於レ是覚如〈成願房、吉野前執行春誉也。〉伴二此願一。予勧レ須レ学レ律。依レ之忍性随二勧誘旨一、覚如欲レ果二

本願一。忍性往二還南北二京一、借二用行事鈔一。十四人結レ契。(集成一九頁)
(寛元二年二月)廿五日、於二今里野一構二作仮屋一、奉二請諸宿文殊一、調二儲斎粥等一、供二一千余非人一。遂二乗詮所レ立之惣供養一畢。翌日、為二忍性亡母十三年之追善一、移二住結崎屏風一。心地観経報恩品読レ文講レ義。此時当所有二十郎入道一〈忘二実名一〉転二読法花経七千部一、所二望啓白一。予不レ受二其請一。故以二懸養寺例一、勧二諸人一、令三禁二断四郷之殺生一。即出レ状載二罰文一、重請二勤仕一。随二喜殺生禁断一故、如レ形加二讃嘆一畢。〈自レ爾以後、所々有二殺生禁断一也。〉(集成一九頁)

右に良観房忍性に関する学正記の記事の一部を抄録したが、この文殊供養には、叡尊も深い意義を与えていたのであり、その意趣が最もよく知られるのは般若寺文殊像の建立である。文永六年三月廿五日付の叡尊自筆の造立願文(集成一五五頁。辻、日本仏教史中世篇之一、二二四頁所収)と学正記の記事とに見られる。教誡聴聞集には、叡尊の宗教の一面というべき非人救済に言及したところがないので、次に学正記の記事の一部を掲げておく。
(文永五年)秋九月比、相二語同法等一曰、「文殊造立之大願已果遂畢。供養之儀、宜レ任二経説一。」則文殊経云、「此文殊師利法王子、作二貧窮孤独苦悩衆生一、至二行者前一。若人念二文殊師利一者、当レ行二慈心一。々々々者、即是得レ見二文殊師利一」云々。当レ知慈心与二文殊一名異体一。為レ勧二慈心一、現二苦悩相一。施行之起、職而由レ斯者也。仍当二明年春三月縁日一、普集二非人一、設二無遮大会一、欲レ擬三供二養生身文殊一云々。爰同法等悉皆随喜。抑所二以奉レ造二此像一者、為二一切衆生之本尊一也。尤勧二貴賤一、以二其奉加之用途一、可レ為二造営之料物一。雖レ然勧進知識事、充二満于都鄙一。非二邂逅事一之間、人皆存二尋常儀一、定不レ生二深重之信一歟。仍不レ出二勧進之詞一、只任二自然之助成一訖。於二供養之段一者、広勧二十方一、普可レ令レ結二小縁一之由、最初発願畢。以二此等之趣一相談之処、同法等俗面々、合レ力触レ縁、勧二進親疎一。
同六年〈己巳〉六十九歳
二月廿三日、為レ営二施行事一、移二住般若寺一。三月五日、点二当寺西南野一、〈五三昧北端。〉為二施場一。課二北山非人一、令レ正二地形之高下一、又兼仰二長吏一、召二諸宿非人交名一。十一日、出レ之。此供養間作法、別有二性海比丘一巻記一。仍略レ之。(集成三三〜三四頁)

右は、般若寺の文殊像の造立に関連して、非人のための無遮大会を行なった記事である。非人を生身の文殊として供養するというのである。


(文永十二年八月廿五日)中食以後乗レ船至二山崎里一。自レ此著二浄住寺一。廿七日、中食以前、著二黄比入道寂妙之家一。中食以後、非人宿塔供養。僧衆卅三人。自二酉時許一、於二塔大床一、三百五十九人授二菩薩戒一。又一日一夜於二塔庭一受二斎戒一非人、八百七十三人、観心房授レ之。彼宿非人等状、去八月八日於二広田一到来。依レ之評定、領状畢。彼状云、依レ申二一日之請一、向後可レ令二停止一過分義条条事。

一諸人葬送之時、所レ令三随二身於山野一具足者雖二罷取一、号レ無二其物一、群二臨葬家一責二申不足一事、可レ令三停二止之一。

一堂塔等供養并如二追善之仏事一時、施主於三送二預涯分施物一者、不レ可レ申二子細一。若無音之時者、縦罷向可レ預二施物一之由雖レ申レ之、相二随施者意楽一、可レ令三停二止過分義一云々。

一受二癩病一之者在之由承及之時者、以二隠便使者一、申二触子細一之時、自身并親類等令二相計一、重病之上者、在家之居住、始終依レ不レ可二相計一、罷出者不レ可レ有二子細一。不レ然者、為二長吏一致二涯分志一者、向後可レ止二其煩一。背二此義一過分用途於責取、付二数多非人一、成二呵嘖一与二恥辱一事、可レ令三停二止之一。

一重病非人等、京都之習、依レ無二他方便一、於二上下町中一、致二乞食一之時、為二諸人一致二過言詈辱一事、可三停二止之一。〈於二此条一者、已遮打二二枚札一。能々令二禁断一者也。〉

右於二此四ヶ条々一者、諸国宿々一等可レ守二此旨一者也。此義有二御感一、於二一日片時之入御候一者、向後永守二此旨一、更不レ可二違失一候。兼又受戒人数者、臨二其期一非人来集之時、一々可レ令二注進一也。所々非人皆以預二御化度一候。当坂一所相二漏其内一事、併可レ為二舎衛三億衆一候之間、為レ被レ垂二平等之御慈悲一、当坂非人一等請文如レ件。

建治九(元)年八月十三日　長吏以下七人連判
追言上仕。

如二今請文一書二両通状一、一通者一切経宝蔵内納レ之、一通者押レ之。雖レ為二後々末代一、永守二此旨一不レ可二違失一候。沙汰人之趣、不レ存二疎略一候之間、向後事為レ止二疑殆之御意一、子細追言上如レ件。

依レ捧二此状一、如レ斯勤行凡廿四五六七、四ヶ日施行。人数都三千三百三十五人、人別銭三十文、為二宿住人願一行レ之。此間東西放生。又請二名僧百人一、人別布施一貫一斗、供養料百貫文。擬二非人連屋一。其後為二仏日房沙汰一、終二其功一云々。

九月一日、帰二入西大寺一。　（集成四一～四三頁）

右の非人宿の所在は明らかでない。西山の浄住寺から、黄比入道寂妙の宅に赴き、その午後に宿の塔の供養に行ったのであるから、寂妙の家の近くであることが知られる。しかし寂妙の家の所在が不明である。

（弘安五年八月）廿日、著二和泉国久米田寺一。廿一日、堂供養〈真言供養〉。非人施行百貫百石。廿二日、自二久米田寺一、向二大鳥長承寺一。道有二非人宿一。〈号二取石一。〉捧二起請文一。彼状意曰、可三停二止堂塔供養時狼籍一。又住二居家一癩病人、路頭往還癩病人、雖二見レ目聞一レ耳、一切不レ可三申二触子細一、一切可レ任二彼意一。〈取意〉以前三ヶ条、為二申請二西大寺長老片時之入御、捧二此誓状一。向後若令二違乱一、於二当国中一取石宿非人経廻之分所々者、被三相二触地頭守護御方々一可レ被レ止レ乞レ庭也。仍恐々言上如件。

弘安五年十月廿二日

七人連判アリ

自二以前三ヶ条一至二年号月日一、彼文書写。依二此状一於二彼宿堂一勤二修供養法一。（集成五二～五三頁）

十一月廿日…（二〇七13）　西大寺叡尊像納入文書の一つである自誓受戒記の巻頭に次の如く記されている（原本訓点なし）。

自誓受戒記

弟子叡尊剃髪以後二十ヶ年、生年三十五歳、嘉禎元年〈乙未〉三月十八日、於二東大寺戒禅院一、始聴二聞興福寺円晴律師所レ講四分律抄一、春秋二季上巻四巻談義畢。同二年〈丙申〉自二三月二十六日一迄二七月十七日一中巻、下巻独学畢。凡去今両年学二律教一之間、任二聖教之趣一、顧二往年之事一、自二十七歳剃髪之始一迄二三十六歳之今一二十ヶ年、非二外道一非二内道一、剃髪染衣称□□故、受戒不レ成、随戒亦闕故、欲レ入二七衆之中一無レ輩、欲レ置二大小之内一失レ乗、不レ脱二大賊之号一、可レ恐二奈梨之果一。是併依下不レ遇二知識一、不上レ見二律教一也。重欲二受戒一、身器已損、師僧亦難。於二別受軌則一有レ望無レ力。然義寂師云（菩薩戒本疏下本、正蔵四〇―六七八a）、「菩薩法中、此経不レ分二七衆□（之）□（受）一、若准二占察一七衆受戒皆通両受」云云、其中通受之軌則不レ簡二黄門一、不レ嫌二余趣一、非レ犯二七遮一背一、悉受得者、経論誠説也。欲下自誦二弥勒所造自誓羯磨一、速受中菩薩大比丘戒上、以レ仏為二和上一、以レ教為二師訓一。但自誓受必用二好相一。好相者、経云（梵網経下、正蔵二四―一〇〇六c）、「若仏子、滅度後欲好心受二菩薩□（戒）一□（時）、於二仏菩薩形像前一、自誓受戒、〈乃至〉若不レ得二好相一、雖二仏像前受戒一、不レ名二得戒一」云云。法蔵云（梵網経菩薩戒本疏第五、正蔵四〇―六四五b）、「好相者、仏来摩頂等、具如二経文一」云云。依二此等釈一、校二下経文説一、仏来□（摩）頂見光華種種異相、而不レ明二夢覚一。法蔵云（同上、六五二c）、「見二好相一中、既不レ言二夢見一、覚見甚難」云云。法進注云、「□□（寺カ）経説、見相有二二相一、一夢中見、二於二覚悟時一見、倶二得滅罪一、以二用心諒重一故、能見二其相一、見レ之心喜、滅二其罪根一、方堪二受戒一」云云。方等経云、「又文殊師利何当知得□□□□□□□夢中見□□（師カ）□掌摩頂、若父母婆羅門耆旧有徳、如レ是等人、若与二飲食衣服臥具湯薬一、当レ知是人住二清浄戒一、若見如是応向□説□（此カ）法□□如是罪咎」云云。依二此等釈一、可レ感二夢想一之理思定畢。

同年七月十八日、到二常喜院一、謁二覚盛学律房一、種種談話之次、彼人語□□□□□人人同心志願在之。〈其状如二余所願一。〉両三人既始二加行一、祈二請好相一。自二来九月一日一、参二籠于東大寺羂索院一、可レ致二勤精進一云云。爰睿尊願既得二便宜一可為□□之旨申請畢。退出之後随□致二懺悔一。其内自二八月十一日一、四分比丘戒本暗誦、同廿四日畢レ功。同廿六日到二常喜院一。彼談話云、「三人已得二好相一」云云。於レ是睿尊未レ得二好相一、悲歎甚深。其夕詣二東大寺大仏殿一、通夜祈二請之一。廿七日夜於二戒禅院一□有二好相一、不レ記レ之。廿八日巳時於二盧遮那仏御□一合眼誠至祈レ之。即開目之剋、黄色紙葩葉二枚雨下、驚見上又三葉飛下、都五葉也。于時睿尊思念、既如二光華種種異相之経文一、得戒敢不レ可レ疑。又其夕於二戒禅院一、通夜祈二請之一。過二夜半一寤夢見、睿尊親父、将二一富貴人之女一〈五六歳許。〉賜二睿尊一命云、「以□□〈女ヵ〉人□汝妻一期□之」云云。悟後思惟、不レ得二好相一、剰感二悪夢一、悲歎難レ休。即詣二仏前一、弥至誠祈レ之。於二仏前一思惟、前夢想女者理也、戒即順二解脱之本一、解脱即理、又得戒者福田也、永不レ可レ乏思直畢。然而猶不快故、祈請不レ休。即不寤不寐想、長岳寺霊山院師匠大阿闍梨御前□□□根本梵字両界〈紙広二尺許。〉感二得之一。金剛界披覧之。其後得戒之義止二疑殆一。同三十日与二円晴〈尊性房〉、有厳〈長忍房〉、覚盛〈学律房〉一参二籠羂索院一畢。九月一日各自誓成二近事一、〈睿尊子時。〉二日成沙弥、〈睿尊子時。〉三日円晴、有厳成二菩薩大比丘一畢。四日覚盛□睿尊自誓遂二素懐一畢。睿尊午初分成畢。〈本日□也。〉為レ備二癡忘一略記レ之。

嘉禎二年〈丙申〉九月　(集成三三七～三三八頁)

右は叡尊が自誓受戒について、その頃自ら記したものであるから、好相についても記されている。また、学正記から、本項に関する記事を次に掲げよう。

嘉禎元年〈乙未〉卅五歳

正月十六日移二住当寺(西大寺)一。自二十八日一至二三月三日一、十五ヶ日開講。読師戒如上人〈知足房〉四ヶ日、覚証〈聖舜房〉十一ヶ日。三月十八日、於二東大寺戒禅院一、始聴二聞四分律行事鈔第一巻一。同秋於二当寺東大寺一、聴二聞余三巻一、開講師興福寺円晴律師也。弟子自二十七歳剃髪之始一、迄二三十五歳之今一、不レ望二名利一、志二求仏道一、剰入二密教一、修練年尚。自存二随分修行之旨一、見聞諸人随喜亦爾。然今春秋二季聴二聞律部一、顧二前所レ修、多背二正法一。無レ厭二不浄財一、不レ足レ為二出家一、無レ成二律儀戒一、不レ可レ称二仏子一。「若無二浄戒一、諸善功徳、皆不レ得レ生。」〈是遺教経文也。〉前々可レ悲、依レ因二此戒一、得レ生二諸禅定及滅苦智恵一、後々無レ時、重欲二受戒一、能受五縁、身器不浄、所対七縁、唯仏法時中、種々思惟、都無二期方一。但五戒八戒許二自誓受一、即受二五戒一為二優婆塞一、脱二虚受信施之咎一、離二仮名苾蒭之称一、深修二三密五相之観念一、専配二自利々他之勝益一。但尋二求一代聖教一、若無二為方一当二如レ是行一。又憶念、興福寺覚盛律師、為レ遂二次竪義一、暗二表無表章一。且有二先年勧一須二詣レ彼稟承一。即参二籠常喜院一、経二十七箇日一、一遍披談畢。以二此釈意一明知、大乗七衆、依二瑜伽等聖論所説一、通受三聚尽二未来際一、自受従他随二其発心一、皆悉得戒、各得二其性一矣。於レ是弟子歓喜余レ身、渇仰徹レ骨、発下一向志二求無上菩提一専念利二益一切衆生一心上。以二瑜伽論自受羯磨一、受二得苾蒭大戒一、以二南山大師事抄一、詳二衆自共持犯一。先開二事鈔一両遍、果二遂其願望一之大心、誓願捨二身命一稽古更無レ倦。

同二年〈丙申〉卅六歳

自二三月廿六日一至二七月十七日一、中巻下巻各四巻独学畢。十八日、於二常喜院一謁二覚盛律師一。即被レ語云、「当院家人々、同心志願在レ之。〈其状如二愚願一。〉両三人既加行祈二請好相一。自二来九月一日一、参二詣東大寺羂索院一、可レ致二勤精進一」云々。爰叡尊所願得レ便、歓喜無レ極、即陳二素願一。予居二末世一、一身企二此行一、性遮軽重開制持犯恐難レ詳、故須三披二覧事抄一二遍以後、可レ遂二自誓受戒軌則一。如レ是誓レ心、一遍既果、今一遍未レ果。然而恃二同修資助一、彼時可二果遂一旨契約申畢。同廿六日、退出之後、随分懺悔。又為二依止一、自二八月十一日一迄二同廿四日一、暗二誦四分戒本一畢。同廿六日、又詣二常喜院一、謁二覚盛律師一曰、「三人既得二好相一」云々。於レ是予未レ企二祈請一、好相不レ能レ感レ之、悲歎尤切。仍以二其夕一詣二東大寺大仏殿一、通夜祈請。廿七日夜、於二戒禅院一有二好相一。〈不レ記レ之。〉廿八日巳時、於二大仏殿一有二現瑞一。〈記有レ別〉。同日夜、於二戒禅院一〈後年移二知足院一畢。〉感二好夢一又得二好相一。其後応レ受二得戒一旨止レ疑。同卅日、与二円晴〈尊性房〉、有厳〈長忍房〉、覚盛〈学律房〉一参二籠羂索院一七ヶ日。〈毎日三時行水。〉九月一日各自誓成二近事男一、二日成二沙弥一、〈予子時。〉三日、円晴、有厳登二菩薩大苾蒭位一、四日、覚盛与レ予登二菩薩大苾蒭位一畢。〈予午初分。〉四人共受二苾蒭戒一。同七日夕、帰二常喜院一、為レ詳二持犯一、忩談二要篇一。所謂二衣惣別四薬受浄諸雑要行等也。于レ時依二興福寺大訴一閉レ門。武士為二開門一可レ有二下向一云々。因レ玆住二東大寺油蔵之辺一、談二戒本嵩岳疏一、終日通夜、開談無レ絶。(集成八～一〇頁)

学正記の記事は、自誓受戒記によるところが多いが、共に聴聞集の記事の注解となる。但し、「十一月廿日」については不審がある。嘉禎二年九月四日菩薩戒を自誓受した後、東大寺油蔵の辺に居り、九月の末に興福寺に帰り、十一月十日に西大寺に還住した(十一月廿日はこの後である)。そして海竜王寺長老乗願上人の勧誘により、十二月十八日同寺に移住した。学正記によれば、受戒後の叡尊の行動は、右の如くであり、十一月廿日については、別に考え得られない。通受成就とは、菩薩戒を自誓受したことをいうと思われるから、それならば九月四日の誤であろう。なおこの節に「十七日ニ読了」とあるのは、右に引いた学正記の記事によれば、嘉禎二年七月であろう。

初入仏法之時(二一〇18)　学正記の修成法身章第二に詳しい。

修成法身章第二

同秋(建保五年丁丑十七歳)思惟(おもえラク)、人身難レ受仏法難レ値、適値二聖法一、不レ求二名聞一、不レ望二利養一、受二学大乗一、修二行正道一、利二益衆生一、報二謝四恩一。但於二顕密一、密宗甚深難レ入、須レ学二顕宗一。但於二四大乗一可レ学二何宗一、早仰二神慮一、可レ定二其宗一思惟畢。是以密詣二清滝宮一、慇祈請至二七ヶ日一夜感二霊夢一曰、「詣二下醍醐清滝宮一候二南廊一見、著レ裳唐衣御子一人参二南廊前一、賜二饗一前一〈居二高坏一。〉置二予前一、告曰、「食レ之、行二金剛王院一可二沐浴一」」云々。夢寤後合レ之、可レ学二真言一為二霊夢一也。然而非二所願一故不レ足二信用一。

二、趣二修学密教一事

其後猶志二顕宗一、亦思惟、大乗学者多倶舎為二初学一、須レ学二倶舎一。是以為レ学二倶舎頌疏一、入二同山西谷恵操大法師室一。法師者即三密房阿闍梨五人写瓶内、山上二人之中円明房阿闍梨孫弟子也。即受学八九巻之間、師被レ尋二学本趣一。如二先所願一答申之処、師命曰、「真言者為二末世凡夫一相応妙薬也。何捨レ是求レ他。」須二真言為レ宗修学一之由、慇懃被二教訓一。於レ是且信二其教化一、且憶二先霊夢一、発二修学密宗興法利生之願一、即読二発心論、悉曇字記等一。自レ爾以来密教修学志尤切也。十二月中旬、以二円明房一為二和尚一、剃髪染衣成二沙門形一、修二学真言一心弥不レ絶。然而全闕二世資縁一、心事相違、空送二日月一矣。(集成二～三頁)

サル程ニ…(二一一2)　真言の教に疑を抱き、戒律を求めるに至った事情は、学正記の三受学戒律事の初めに自ら述べている。

三、受二学戒律一事

文暦一年〈甲午〉卅四歳

凡奉レ受二印可一後、十ヶ年間、或面受二口決一、或書二写尊法一、或披二覧本経一、或談二教相一、稽古随分不レ休、修行経レ日無レ怠。無二深信心一於二此教一常有レ残二一疑殆一。稟承嫡々行者多堕二在魔道一、猶如二身子一。将非下魔作レ仏悩中乱我心上耶。如レ是思惟、已経二年月一、未レ生二決智一。屢勘レ密終自憶、不レ持二浄戒一、不レ入二七衆一、非二仏子一故。即大日経第二(正蔵一八―一三b)曰、「仏子汝従レ今、不レ惜二身命一故、常不レ応下捨レ法、捨二離菩提心一、慳二悋一切法一、不レ利二衆生一行上。」同疏第九(正蔵三九―六七一a)曰、「今此四戒如受具竟已略二示戒相一。当レ知即是秘密蔵中四波羅夷也。如人為レ他断。(経疏「頭」)一、命根不レ続、則一切支分無レ所二能為一、不レ久皆当二散壊一、命(同上「今」)此四。(同上「夷」)戒是真言乗命根、亦是正法命根。若破壊者、於二秘密蔵中一猶如二死屍一。雖レ具二修種々功徳。(同上「行」)一、不レ久敗壊也。」弘法大師遺誡(弘法大師全集二輯八六一頁)曰、「語二諸弟子等一、凡出家修道、本期二仏果一。不二更要二輪王釈梵家一。豈況人間小少果報乎。発心遠渉、非レ足不レ能、趣二向仏道一、非レ戒寧到。須二顕密二戒堅固受持、清浄莫レ犯。所レ謂顕戒者、三帰五戒及声聞菩薩等戒。四衆各有二本戒一。密者、所レ謂三昧耶戒、亦名二仏戒一、亦名二発菩提心戒一、亦名二無為戒等一。如レ是諸仏戒、十善為レ本。所レ謂十善者、身三語四意三也。摂末帰本、一心為レ本。一心之性、与レ仏無レ異。〈乃至〉如レ是諸戒不二具足一、恵眼暗冥。知二此意一如レ護レ命。寧棄二身命一、此戒莫レ犯。若故犯者、非二仏弟子一、非二金剛子一、非二蓮華子一、非二菩薩子一、非二声聞子一、非二我弟子一。我亦非二彼師一。与二彼泥団折木一何異矣。」〈私曰、此誡須レ具二自行一也。〉承和元年五月廿八日遺誡曰、「語二諸金剛弟子等一。夫剃髪著二染衣一之類、我本師薄伽梵子呼二僧伽一。々々梵名、翻云二一味和合等一。意云下上下無二諍論一、長幼有二次第一、如中乳水之無上レ別。護二法(弘法大師全集「持」)仏法一、如二鴻鴈之有一レ序、利益群生、若能悟解已、即是名二仏弟子一。若違二斯義一、即名二魔党一。則仏弟子即是我弟子、我弟子即是仏弟子、魔党則非二吾弟子一、吾弟子則非二魔弟子一。非二我及仏弟子一者、所レ謂旃陀羅悪人、仏法国家大賊。大賊則現世無二自他之利一。後生則入二無間獄一。無間重罪人、諸仏大慈所レ不レ能二覆蔭一、菩薩大悲所レ不レ能二救護一。何況諸天善神誰人存念。」〈私曰、此誡須レ具二衆行一也。〉如レ是等文誠証非レ一。因果必然、応レ堕二地獄一。而堕二魔界一、是三密修行威力、可レ貴可レ貴。但億々万劫、希得二深法一。豈唯為二魔業一、受持修行乎。不レ如、受二持禁戒一、自進二菩提一、修二学律儀一、饒二益群生一。発二如レ是誓願一、求二有縁勝地一。然間冬比、依二尊円上人〈松春房〉勧進一、於二西大寺宝塔院一、安二置六口持斎之人一、可レ令レ修二三密行一之由風聞。仍参二東大寺戒禅院一、謁二彼上人一、述二自意趣一、随喜領状。（集成六〜八頁）（前に引く嘉禎元年条につづく）。

右に記す「稟承嫡々の行者、多く魔道に堕在す」という文句は、教誡聴聞集に同じように記され、叡尊が戒律に志した動機を物語るものといえよう。そのころの一般の真言僧の生活の状態を見て、叡尊が不快に感じたことが知られる。

西明寺ノ禅門ニ…（二二一12）　時頼との交渉は、性海の記した関東往還記に詳しいので、次に抄録する。

（弘長二年）三月一日、面々分房。又最明寺禅門〈修理亮時氏息、俗名時頼、法名道崇。〉忩可レ遂二面謁一之由、以二越州一（北条実時）申送。暫者可二経廻一、強不レ被レ忩可レ期二便宜一之由被二返答一。

八日、最明寺禅門対面之志雖レ切、自身参謁者頗以多レ憚。又輙奉レ請二私宅一事、其恐不レ少、進退惟谷之由、越州来申之間、依二一人之請一、輙向二他処一事、雖レ不二庶幾一、今之趣誠難治歟。然者自身可二罷向一之由被二返答一。即今夕被レ向二最明寺一、数剋談話、〈有二巨細旨一歟。〉及二深更一帰レ寺。

四月十九日、従二最明寺一進二使者一。〈民部次郎。〉

五月十四日、（中略）従二最明寺一進二使者一云、「為レ奉レ受二斎戒一、明日欲レ参。明日若有二御故障一者、可レ期二来廿三日一。又受戒之習、必捧二布施一之由、世多言伝、然而未レ明二実否一、欲二承存一」云々。長老（叡尊）被レ報云、「斎戒事、明日者依二布薩一聊可二指合一、来廿三日可レ宜歟。次受戒布施事、普雖□人口、未三曾見二仏説一、頗為二謬説一歟」云々。

十七日、最明寺禅門、於二将軍（宗尊親王）御前一、此上人之徳行超二常篇一之由、種々称美。依レ之上下弥傾レ首逐レ日競集。

六月十三日黄昏、最明寺禅門来臨。長老被レ命云、「光臨之儀不レ輙之条、先度已事旧訖。今之光儀有二何故一哉」云々。禅門返答云、「忝以二不肖之身一、誤執二征夷之権一、兢々之思、如レ踏二薄氷一。仍咫尺之出行、猶以不レ輙之間、先度者被レ光二儀私宅一畢。而倩思惟、唯顧二自身一、不レ企二参詣一之条、恭敬之儀已似二等閑一、仏法之理、豈聊可レ然乎。毎レ憶二前事一、莫レ不二後悔一。就レ中為二名利一者、数度雖レ遇二損命之禍一、為二仏法一者、片時未レ発二捨身之心一、愚癡之至也。仍抛二万事一、企二参詣一者也」云々。数剋被レ談二仏法之大意一。又禅門為二斎戒一今明之間、可レ参之由被レ申レ之。長老被レ報云、「来臨之条、頗多二其煩一歟。自今以後者、更不レ可レ有二此儀一、随レ要自身可二罷向一」云々。禅門恐悦之由申、而及レ暁退出。

十六日、最明寺禅門進レ使云〈宿屋左衛門入道最信〉、「来十八日欲レ受二斎戒一、可レ有二光儀一」云々。仍被二領状一畢。

十八日、朝為二斎戒一、長老被レ向二最明寺一、盛遍・性海為レ伴扈従。亭主禅門恭敬異レ他、即以二浄信一受二斎戒一。其後暫談話、被二退出一之時、禅門下二立于庭上一、良久徘徊、長老被二出門一之後、還上畢。此等之儀、漏聞之輩、為二希代之珍事一之由、面々謳謌云々。

廿一日、（中略）将軍適逢二難レ遇之縁一、謁二上人一欲レ受二菩薩戒一之由、以二黄門一被二仰合一。最明寺禅門御返事云、「彼上人之行徳、非二尋常之儀一。若於レ為二御結縁一者、不レ可レ有二其詮一。所詮可レ依二御信心之厚薄一歟」云々。御返事趣、聊有二子細一歟之間、被二猶予一云々。

廿九日、最明寺禅門進レ使奉レ問二安否一。使者始聞二違例（廿七日条に斎後「俄違例」と見える）之由一、還告二禅門一之間、即進二医師玄蕃頭一〈長世〉所詮数月之窮屈、近日之熱悩計会之所レ致也。早可三合二進良薬一之由申而退出。（中略）及レ晩従二最明寺一進二良薬一。〈平胃散〉

七月十三日、（中略）又最明寺禅門、以二越州一申送云、「一夏化導之間、利益以外広博也。而当時被二打寄一事不便之儀也。其上炎暑過法、一両月有二延引一、其後可レ被二相計一」云々。長老以二此趣一被三披二露僧中一之間、衆僧評定云、「於二外衆之利益一者、雖レ経レ年不レ可レ尽。炎暑者兼存儲事也。只忩可レ有二帰洛一之由」云々。長老以二此趣一被二返答一畢。

廿日、（中略）又最明寺禅門聞二長老違例之由一、進二長世朝臣一、為二窮崛之至極一之由申而退出。今夕又持二参良薬両種一〈黒錫丹、禅門自合レ之云々。養胃湯〉共為レ奉レ扶二羸劣一云々。

廿二日、（中略）最明寺進レ使云、「窮崛之上、為二極熱之最中一、当時帰洛旁可レ為二大事一、今一両月枉可レ被二逗留一」云々。度々之命雖レ難レ背、違例復レ本者、忩可二帰洛一之由、被二返答一了。重進レ使云、「日来雖レ有二受戒之志一、夏中者依二無骨一不レ出二所望一、今欲レ遂二素懐一、枉一両月可レ有二逗留一、又西大寺自レ本無縁之上、留守之跡殊察申、可レ然者聊欲レ奉レ助」云々。長老被レ報云、「於レ為二受戒之所望一者、須二逗留一。但必不レ可レ及二一両月一、以二事終一可レ為レ期。次西大寺扶持事、寺之無縁者、不レ可レ依二留守一、早年之助成不レ可レ然」云々。

廿三日、越州参、良久閑談。越州云、「最明寺禅門内々有二結構事一。其故者関東平均之帰依、争無二其標幟一、寄二進庄薗於西大寺一、欲レ令三住二持僧法一。而私之沙汰者、猶似二聊爾一、仍可レ擬二将軍御寄進一。切々懇望、何無二納受一乎之由申、而種々令二支度一」云々。

廿六日、（中略）又最明寺禅門依二奉請一、長老被レ向二禅門故宅一、数剋談話。

禅門云、「受戒以前、暫奉二親近一欲三承二存菩薩之用心一、而自身参詣者旁有二其憚一、毎日之光儀者又以為レ恐、進退惟谷、為レ之如何。抑私宅之辺有二一閑亭一、人跡不レ通、可レ然者暫被二移住一哉」云々。仍被二領状一畢。又「往年依レ感二夢想一、進二巧匠於南都法隆寺一、奉レ摸二聖徳太子真影一、形勢彩色不レ違二一事一、以レ之奉レ仰二仏法興隆之大将一、而造立已畢、供養未レ遂。幸令レ得二此時一、即是天之所レ与也。欲レ被レ遂二供養一」云々。然而堅被レ辞一レ之。又「僧侶止住之寺、於二無資縁一、始終之伝持更以不レ可レ叶。而被レ厭二資縁一之条、太不レ得二其意一。遐二迩興隆之僧法一、暫不二滅亡一之様可レ被二相計一。枉欲レ表二微志一如何」云々。長老被レ報云、「厭二有縁一好二無縁一、即是僧法久住之方便也」云々。禅門猶頻雖二強申一、更無二承伏一、入レ夜被レ帰レ寺。

（集成七四～九一頁）

なお時頼が禅を修して心を澄ましていたと叡尊が語っているが、時頼は兀庵普寧に帰依することが深かった。そして、叡尊と対面した弘長二年の十月十六日に兀庵によって契悟したという（兀庵録最明寺殿契悟因縁）。時頼は、これよりさき円爾に受戒し、蘭渓道隆を迎えて建長寺の開山とし、禅についての理解と信仰を深めてきていたが、兀庵により契悟したのである（辻、日本仏教史中世篇之二、一四五頁）。

戌年二…（二二一17）　学正記の暦仁元年の条を次に掲げる。

二、還二住西大寺一

初専興二正法一事

暦仁一年〈戊戌〉卅八歳

凡於二海竜王寺一、自二嘉禎三年一〈丁酉〉至二暦仁元年〈戊戌〉之夏末一、授二苾蒭戒二五人。開講事抄一遍〈二百七十四日〉、古迹本末、宗要、表無表章、四分戒本疏〈嵩岳〉、六物図教誡儀〈已上遍数不レ覚〉。自披二覧戒業二疏一。如レ是之間、旧住僧侶多分嫉二持戒一、不レ好レ通二僧食一。或門前落書、或僧坊放レ箭。是故思惟、末世和合僧尤以難二成立一、出レ寺於二津辺一乞食修行耳。是時尊円上人聞二此意趣一、差二専使一被レ示。「近日存二其寺常住志一歟之処、此間不レ爾之由風聞。若爾者可三還二住西大寺一」云々。夏竟以後、可二申承一之由返答畢。七月十六日、自恣以後、出二興福寺松院一、於二中御門一謁二尊円上人一。即還二住西大寺一之由、種々被二勧進一。然仏法荒癈砌、難二還住一故、不レ申二領状一、経二両三日一。於レ是覚盛内秘二苾蒭一曰、「為レ持二戒律一、方々相応、速可二還住一」。内々被レ勧。以二如レ此趣一、愍領状畢。即下二向箕田一、依三舎兄禅心哀二施主志一、勧二往櫟本十三重一、〈今号二正法寺一〉七ヶ日之間講二梵網経十重一。以二晦日一、十一人随レ機授二菩薩大戒一。八月五日、還二入西大寺一。荒癈過二先年一、言語非レ所レ及。於レ是倩思惟、往昔与二本願一成二何契約一、再入二此寺一。不レ惜二身命一、止二住当寺一、興二隆正法一、利二益有情一。同八日、於二四王院正面礼盤上一、転二読最勝王経一、〈一日終レ功。〉以二経始終意一、案二流記之文一、即知二此殿最勝王経之道場一。若如二所願一、成二立衆僧一者、当五与二衆僧一共奉四転二読講三讃此経二之由、立二誓願一畢。又流記曰、「四王堂八角塔一基〈五重、露盤未レ押二金薄一〉」即仏舎利可レ為二当殿本尊一之旨顕然。故告二当寺五師慈心一、為二彼五師沙汰一、以二九月上旬一、立二八角五重石塔一、即奉二納予所持仏舎利一粒一畢。従二同月卅日一、一寺男女奉三為供二養舎利一、受二持八斎戒一、可レ為二毎月勤行一云々。自レ爾以来、欲下以二一室北一構レ牀擬中僧堂上。諸事雖二暫時一、模二住持三宝之軌則一。于レ時尊円上人使者到来曰、「新井庄亦違乱、然而不レ可レ出レ寺」云々。已於二当寺一興隆三宝誓レ期、寿尽何可二容易一。仍下二向田舎一、乞二時料於親里一。有縁各々随レ力随喜助成。十月八日、櫟本童子剃髪、授二十戒一、名曰二叡性一。〈童子出家始也。〉同十五日、始二作相一、普集二凡聖衆僧一、無レ限供養軌則。同廿八日酉時、結界。〈羯磨覚盛。唱相叡尊。維那厳貞、教玄、信忍。五人比丘也。〉廿九日、四分布薩。〈如説布薩再興也。〉覚盛律師説戒。自レ始至レ終落涙。布薩之後、還二僧坊一、奉レ問二始終落涙所以一。後答曰、「我昔十九歳始共二布薩一、毎唱二持戒清浄一。思惟、我非二持戒一、自唱如レ是、深恐二虚言一。唯為二将来如法布薩之縁一歟。然不レ慮今生行二如法布薩一。歓喜之余涙難二禁止一耳。」共以随喜無レ極矣。卅日、梵網布薩始行レ之。（集成一二〜一四頁）

子ノ年（一二一18）　学正記の仁治元年庚子と翌二年の安居の記事を次に掲げる。

（四月）十六日、結夏。大僧八人、〈叡尊、成円、厳真、覚如、行算、貞尹、道誉、忍性。〉沙弥三人。〈真智、性融、叡性。〉至二去年延応元年一〈己亥〉、通二持斎人一不レ簡二大僧沙弥一、雑居安居。今年〈庚子〉始分二別之一。但自恣軌則、猶非二如法一。凡当年炎旱過二例年一。故安居人々散二在所々一。但叡尊、成円、二人留住。因レ玆思惟、興二隆僧法一、末代悪世尤難二成立一。但随分利益応レ施二外衆一。仍且為二悲母菩提一、且為二利生方便一、儲二法華小字書写料紙一、安二置壇上一、開二同経玄賛摂尺等文一、擬二懺悔法一、昼夜不断勤レ之。次年〈辛丑〉夏末、始終一遍、又方便品玄賛等一遍、鏡水鈔、自レ始至二二十二巻一、二遍披二覧之一。即取二法華経科文一。

（仁治）二年〈辛丑〉四十一歳

四月十六日、安居。大僧四人、〈叡尊、成円、聖尊、証禅。〉沙弥一人。〈叡性〉今夏安居中、始四分戒本、叡尊与二証禅一、毎夜同誦。七月十六日夕、勧二請常喜院安居人一、於二塔東石壇上一、如法自恣始勤二行之一。其夜暁感二夢想一。大明神御随喜由也。自恣以後、去年散在人多有二還住志一。又有二新入所望人一。是以僧侶及二十人一。自二八月一日一、梵網経古迹記被レ読レ之。興隆僧法之願更発。而奉レ写二法華経一誓願難レ遂、故令三舎兄禅心書二写之一。不断開二講律部章疏一。（集成一五〜一六頁）

自文永五年以来…（一二二17）　異国難の祈禱の意味をもつものを次にあげる。文永十年二月晦日からの大神宮参詣、文永十二年三月三日からの大神宮第二回参詣。同年七月の枚岡社における大般若転読。建治三年九月、仁王経講讃。弘安三年三月、第三回大神宮参詣。弘安四年正月二十日、石清水八幡宮において最勝王経供養に講讃。七月三十日、同じく八幡宮において南北二京の僧五百六十余人集会、叡尊説戒。これらに関する学正記の記事を次に掲げる。

文永十年〈癸酉〉七十三歳

二月晦日、大神宮参詣進発、著二当国田原郷一。以下至二廿八日一帰寺事、具載二性海比丘記一。

文永十一年〈甲戌〉七十四歳

十月五日、蒙古人着二対馬一。廿日、着二波加多一、即退散畢。

文永十二年〈改元建治、乙亥〉七十五歳

三月三日、大神宮第二度参詣進発。去文永十年三月廿一日還向第一宿所内官長延年記録到来。重可二参詣一之趣、神慮可レ量。又親倫朝臣常来勧申。又依二衆僧評議一、所二思立一也。関東極楽寺衆首比丘忍性、宋本大般若経一部、自二鎌倉浦一載レ船、先著二伊勢国鳥羽郡一。為二当国守護所之沙汰一、運二送菩提山一。其外為二西大寺之沙汰一、図二絵両界種子曼荼羅、并釈迦三尊十六善神像一。又摺写新訳仁王経十部梵網経一部、書写瑜祇大霊孔雀理趣等経持参。〈以下至二廿八日一、還二着当寺一。性海比丘記具載レ之。仍不レ記レ之。〉怖二蒙古人重来征一故、解夏以後、引二率同法一参詣、降二伏異率一、神社仏寺修二随分勤行一、祈二日域安穏正法久住一。七月廿五日、率二僧衆百余人一、参二平岡社頭一。〈孝徳天王聖武天王二代有二駿〔効カ〕験一。〉廿六日、大般若経転読講讃。発願結願、有二法用一。〈唄長音、散花教遍。〉夕方、登二社壇一、誦二心経千巻一、呪一万返。廿七日、中食以前、行二理趣三味一、〈調声生恵、讃有禅。〉中食以後、仁王会。発願平座、結願用二蓋高座一、法用。〈唄貞信、散生恵。〉夕方、参二若宮一、誦二三十頌一巻一。文殊呪百返。及二于夜陰一、八十一人授二菩薩戒一。廿八日、中食以前、奉四転二読講三讃金剛般若経一。作法如二仁王会一。〈唄道源、散花幸尊。〉中食以後、著二天王寺薬師院一。廿九日、中食以前、於二金堂一供二養舎利一。中食以後、於二講堂一、四分布薩。卅日、於二同所一、梵網布薩。僧衆百四十人許。八月一日、参二詣住吉一。二日、奉四転二読講三讃大般若経、并五部大乗経一。作法如二平岡之時一。〈唄性瑜、散花宣海。〉夕方、於二宮前仮屋一、向レ海礼。仁王経題目。〈百反。〉准二平城御宇例一。〈三ケ夜、音頭宣海。〉三日、中食以前、奉四転二読講三讃金剛般若経一。作法如二平岡一。〈唄道源、散静弁。〉中食以後、理趣三昧。職衆十六人。初夜、於二鈎殿一、誦二四分戒本一。四日、仁王会。奏楽、中法会儀式也。入レ夜法花懺法。五日、著二河尻燈爐堂一。〈依二彼所諸人請一一宿。〉六日、中食以前、三十六人授二菩薩戒一。中食以後乗レ船参二南宮一。於二三所一各法施。次参二詣本宮一。七日、奉四転二読講三讃大般若経一、作法如二住吉一。〈唄道源、散花静弁。〉初夜、同誦二四分戒本一。八日、中食以前、奉四転二読講三讃金剛般若経一。作法如二住吉一。〈唄性瑜、散花静弁。〉中食以後、理趣三昧。職衆作法如二住吉一。但略法用。〈調声教遍、讃有禅。〉以後、於二当宮一拝二見武具一。亦参二南宮一拝二見宝珠一。九日、仁王会。中法会。作法大旨如二住吉一。但先講讃後転読。々々間舞楽。〈伯三品資雄王舎弟等也。〉及二夜陰一、於二神宮寺一、五十七人授二菩薩戒一。十日、著二天王寺薬師院一。十二三両日、於二講堂一、百部最勝王経奉二転読講讃一。十二日辰時、発願。十三日、中食以前転読了。中食以後奉二講讃一。作法如二西大寺夏中転読講讃一。（中略）

同（建治）三年〈丁丑〉七十七歳

年来為二聖朝安穏、天下泰平、興隆仏法、利益衆生一、発下任二仁王経之説一、奉三図二絵百仏像、百菩薩像、百羅漢像一、請二如法修行百比丘一為二講師一、一日二時転読講讃勲修之願上。然而用途難レ得故、唯有二願意一、無二果遂力一焉。一人絵師、辞二恩愛一、入二于当寺一、列二剃髪染衣之数一、勧レ之為レ本励二絵骨一。同法為レ伴勧二進同意道俗一、為二御衣絹採色之用途一。始レ自二二月一至二八月一終二其功一。以二九月十二十三日一、果二遂宿願一畢。其後為二毎年不退之祈禱一、九月十二日、以二光明真言之次一、於二一所一如レ是勤二修之一。正月十日五月一日送二近隣寺々一、於二百所之道場一勤二修之一。〈任人師一釈也。〉

（中略）

同（弘安）三年〈庚辰〉八十歳

正月十九日、為二大神宮参詣之出立一、移二住浄住寺一。二月一日、依二大北政所請一、赴二参麗殿一。　太上天皇、新女院、大北政所、奉二為三人一、於二願成就院一、重奉レ授二菩薩戒一。進発以前、諸社法施等、乃至三月二日進発、四月六日帰寺等、具載二性海比丘之日記一。仍不レ記レ之。（中略）

同（弘安）四年〈辛巳〉八十一歳

正月十五日、依二　院宣一、参二八幡宮一。十六日、於二御前一古迹下末奉二開二講之一。十九日、第二段畢。廿日、最勝王経百部之内、一部一日書写、自余摺写。護国品一巻上皇宸筆。以二大法会軌則一奉二供養一。叡尊奉二講讃一。大体一門本末僧衆、他門少々也。（中略）

（七月）廿二日、参二浄住寺一。行阿比丘〈了意房〉先立入レ寺。亦来謁曰、「自二来廿六日一、為下脱二異国之用害一、祈中本朝之静謐上、発下勧二請南北二京持斎僧於八幡宮一、七日七夜不断唱二念尊勝陀羅尼一之願上。率二門徒一可二参勤一」云々。叡尊老衰不レ堪二如レ然之勤行一。於二本寺一久不レ共。行阿又曰、「若難二参勤一、一門僧百人許可レ令二共奉一」云々。仍触二同法一、令二評定一。々々趣曰、「異国来征事、我朝大事、何事如レ之。然今年衆僧別レ人雖レ致二随分之祈請一、至誠懇切之心難レ発。一門僧衆皆参二霊所一、一味和合不断勤修、尤所二庶幾一。若爾者、設雖レ不レ満二陀羅尼一、参二住宿所一」云々。仍領状畢。即同法等、以二飛脚一相二触諸寺一。々々同心。廿六日、三百余人参二八幡宮一。亥時発願〈陀羅尼間、毎日十二時供養法在レ之〉。其後行阿〈了意房〉曰、「廿九日比丘布薩者、於二便宜所一、各々雖レ被レ行、卅日梵網布薩者、於二大菩薩御前一、南北和合被レ行事所望也」云々。自レ元在家出家和合布薩也。尤可レ然之旨返答畢。仍廿九日、比丘布薩、於二便宜所一勤行已畢。卅日、将レ行二梵網布薩一、大雨降故延引。潤七月一日、南北二京僧五百六十余人、集二会宝前一、一味和合勤行。叡尊説戒。々々終乍レ恐述懐、「即以平城御宇御託宣訴申戎難於大菩薩。以東風吹送兵船於本国。不損乗人、焼失所乗之船御」云々。即不久大風吹出、雷鳴声発、向西而去。存神諾歟。三日初夜、陀羅尼結願畢。四日、奉転読最勝王経百部、仁王経百部、大般若経一部畢。夕方被下 院宣、被載自明日可奉転読一切経之旨矣。五日申時、一切経発願。七日未時、結願畢。八日、諸僧退散。予還于浄住寺。九日、民部大夫政康以使者示曰、「異国兵船、去一日大風皆破損畢」云々。八月三日、随召参嵯峨殿。以二条大納言資季禅門亭、為宿所。始著宿所時、又被下 院宣。被載自来十一日可奉転読講讃一切経之旨。夕方参御所、奉開講梵網経下巻軽戒第三段古迹。八日、古迹畢。於大多勝院、上皇、女院奉授八斎戒。今日、帰浄住寺。於院庁日向前司資俊宿所小堂、修供養法一座。即内蔵頭宗親朝臣為御使来臨。估価法事、可被停止之由、被仰下了云々。九日、著八幡大乗院。十日、参山上。十一日、早朝 御幸。以五百八十余人持斎僧、転読一切経発願。十二日、大法会。叡尊奉講讃一切経。十三日、転読一切経終功。（集成三八～五〇頁）

右の弘安四年七月三十日、石清水八幡における勤行の説戒において、叡尊は「東風を以て兵船を本国に吹き送り、乗人（蒙古軍）を損せずして、乗る所の船を焼失せしめ給へ」と八幡大菩薩に祈った。八月十一日からの一切経転読は報賽の意によるもので、その事は壬生家官務家日記抄にも見えている。

明恵上人（二二五17）　高弁の釈尊追慕の念が深かったことは、よく知られたことである。天竺の遺跡を追慕したことの記事は、却癈忘記の補注を参照（四三〇頁）。次に湯浅における涅槃会と刈磨島での釈迦像供養との記事を掲げる。

元久元年二月十五日、紀州湯浅石崎の湯浅宗景入道の宅において、涅槃会を修し、高弁が自作の舎利講式を読んだ時の様子は、高山寺明恵上人行状の中巻に述べられている（中巻は原の仮名文の本を欠く。漢文行状により書き下す）。

凡そ上人如来恋慕の思、本性にこれを備へて時として休むことなし。翰墨の及ぶ所に非ずと雖も、ほぼ大概を注す。誠に諸仏の慈悲広大平等なれども、已に縁無縁の異を分ち、共不共の差なきに非ず。しかるを我等が本師慈父釈尊は、三世の諸仏擯棄の衆生に於いて摂取をたれ、五濁悪世重障の輩を以て所化とす。その一化我等がために殊に有縁とす。上人常に語つて云く、「世界輪転の間、男女何の類か生々の父母に非ざる。しかれども現在の父母殊に恩重とす。諸仏の慈悲平等にして差別なけれども、本師釈尊殊に我等がために恩あり。誠に滅後の窮子、誰か恋慕を致さざらん、遺法の仏子、寧ろこれをいるがせにせんや」と云々。

また建久年間、紀州の刈磨島の南端の西面の洞に西に面して釈迦像をかけ、五日間読経したこと、また同島から西に見える島を天竺に擬して礼拝し、「南無五天諸国処々遺跡」と唱え、その時に高弁は、次のように述べたという（漢文行状）。

上人告げて云く、「天竺は如来本生の国なり。かの国に多く如来千輻輪の足迹あり。なかんづく烏仗那国蘇波卒堵河流、殊に此の如き霊跡多し。かの河水大海に流入て、悉く一味の鹹水となり、和合して隔てなし。この磯辺の石、かの海水に染む。豈に遺跡の形見に非ずや」と。（中略）その時一の怪石を取る。是れ誠心の感動する所の石なり。仍て蘇婆卒堵河の石に擬し、蘇婆石と名づけこれを持ち、即ち一首を詠じて云く、「遺跡を洗へる水も入海の石と思へばむつまじきかな」と云々。

華厳法界義鏡

十玄門(二二八5) 華厳教理の核心。智儼(ちごん)の一乗十玄門、法蔵の華厳五教章・探玄記、澄観の華厳経疏・演義鈔などに出。古十玄と新十玄とあり、一乗十玄門、五教章の所説を古十玄といい、探玄記の所説を新十玄という。一乗十玄門では「同時具足相応門、因陀羅網境界門、秘密隠顕倶成門、微細相容安立門、十世隔法異成門、諸蔵純雑具徳門、一多相容不同門、諸法相即自在門、唯心廻転善成門、託事顕法生解門」(正蔵四五-五〇五b)をあげ、探玄記巻一では「同時具足相応門、広狭自在無礙門、一多相容不同門、諸法相即自在門、隠密顕了倶成門、微細相容安立門、因陀羅網法界門、託事顕法生解門、十世隔法異成門、主伴円明具徳門」(正蔵三五-一一三a〜b)を説く。

六相(二二八5・二六八16・二八二18) 華厳の円融無尽を説く教義の一つ。第二祖智儼が十地論によって初めて悟った妙理で、華厳経巻二三、十地品に「一切菩薩所行、広大無量不レ雑、諸波羅蜜所摂諸地、所レ浄生二諸助道法一、総相別相同相異相成相壊相、説二一切菩薩所行如実地道、及諸波羅蜜方便業一、教二化一切一、令三其受行心得二増長一」(正蔵九-五四五b〜c)とあるのにもとづく。演義鈔巻五三に「一総相者、一含二多徳一故。二別相者、多徳非レ一故。三同相者、多義不二相違一故。四異相者、多義不二相似一故。五成相者、由二此諸義一縁起成故。六壊相者、諸縁各住二自性一不二移動一故」(正蔵三六-四一四b)とみえる。総別の二相は縁起の体徳につき、同異の二相は縁起の義相につき、成壊の二相は縁起の義用について説いたもの。総同成の三相は円融門、別異壊の三相は行布門とする。全宇宙を一の屋舎とみなして六相を説明すると、総相とは屋舎であり、柱椽梁等の一切を総該したもの、別相とは屋舎を構成している柱椽梁の別をさし、総の外に別なるものがあるのではないこと、同相とは柱椽梁が互に力をあわせてあい背かないこと、異相とは柱は竪に、椽は斜に、梁は横にして異なっていること、成相とは柱椽梁等が一つの屋舎を成じていること、壊相とは柱椽梁等がおのおの自相を守っていることをいう。本文二六八〜六九頁参照。六相説は智儼の捜玄記巻三本・五十要問答巻上・六相章に述べられ、さらに法蔵は探玄記巻九・華厳五教章巻中・金師子章において、澄観は演義鈔巻三四にこれを論じた。華厳典籍以外の文献では、景徳伝燈録巻二五・宗鏡録巻四六などにあり。六相の概説としては、新羅表員の華厳経文義要決問答巻一、六相義をみよ。

高山を照し…(二三一2) 六十華厳巻三三、如来性起品(正蔵九-六一三c)・八十華厳巻五〇、出現品(正蔵一〇-二六三a)に出。法華玄義巻一〇下に「寂滅道場、始成二正覚一、為二諸菩薩一、純説二大乗一、如三日初出前昭二高山一、此明二釈迦最初頓説一也」(正蔵三三-八〇七a)とある。なお五教章巻一には「別教一乗、即仏初成道第二七日、在二菩提樹下一、猶如三日出先照二高山一、於二海印定中一、同時演二説十十法門一」(正蔵四五-四八二b)とある。

善財(二三一8) 福城長者の子。発心して五三人の善知識を尋ね、最後に普賢菩薩にあって十大願をきき、西方阿弥陀仏国に往生して法界に入ることを願った。修道の階梯を示すもので、一切衆生の総名代をあらわす。善財が訪問した諸善知識には、菩薩・比丘・尼・優婆塞・優婆夷・童子・童女・天・天女・外道・婆羅門・長者・博士・医人・船師・国王・仙人・仏母・仏妃・神などがある。隋代の日厳寺沙門釈彦琮は善財童子諸知識録一巻をあらわした(歴代三宝紀巻一二)。

四法界(二三一14・二三四18) 澄観の独創。法蔵は五法界説、十法界説をとる。探玄記巻一八参照。澄観の法界玄鏡巻上に「統唯一真法界、総該二万有一、即是一心。然心融二万有一、便成二四種法界一。一事法界、界是分義。一一差別有二分斉一故。二理法界、界是性義、無尽事法同一性故。三理事無礙法界、具二性分義一、性分無礙故。四事々無礙法界、一切分斉事法、一一如レ性融通、重々無尽故」(正蔵四五-六七二c)とあるによる。行願品疏巻一(続蔵一-七-三-二四九d)参照。

智論…(二三三2) 大智度論巻一〇〇に「不可思議解脱経十万偈」(正蔵二五-七五六b)とある。同巻三三(同三〇八b)・巻七三(同五七六c)にもみえる。

大不思議論(二三三3) 華厳経伝記巻一に「婆羅頗密多三蔵云、西国相伝、竜樹従二竜宮一、将レ経出已、遂造二大不思議論一」(正蔵五一-一五六b)とみえる。

真如・真諦・仏性…(二三三11) 大乗起信論に「言二真如一者、亦無レ有レ相、謂言説之極、因レ言遣レ言、此真如体無レ有レ可レ遣、以二一切法悉皆真一故、亦無レ可レ立、以二一切法皆同如一故、当レ知、一切法不レ可レ説、不レ可レ念故、名為二真如一」（正蔵三二‐五七六a）、起信論義記に「言二真如一者、此明下法性遍二染浄一時、無二変異一義上、真者体非二偽妄一、如者性無二改異一」（正蔵四四‐二四七c）という。なお真諦以下については、慧遠の大乗義章、義法聚（正蔵四四‐四七二a以下）参照。同四諦義に「一者体実、窮二諦本性一、唯如来蔵真実法界、亦名二真如一、亦名二実際一、亦名二法性一、亦名二一実一、亦名二仏性一」（正蔵四四‐五一六b）とある。

十門（二三五3）　教義以下の十門。法界玄鏡巻上では義鏡と同じ。ただし「応感」は「感応」に作る。行願品疏巻一では「教義人境因果体用逆順」の十門をあぐ（続蔵一‐七‐三‐二四九d）。一乗十玄門ではそれぞれが「教義、理事、解行、因果、人法、分斉境位、法智師弟、主伴依正、逆順体用、随生根欲性」（正蔵四五‐五一五c）の十門を具するという。

三諦（二三五14）　天台所立の諦理、空・仮・中の三諦。法蔵著の般若心経略疏に「智者大師、依二瓔珞経一、立二一心三観義一、一従仮入空観、謂色即是空故、二従空入仮観、謂空即是色故、三空仮平等観、謂色空無異故」（正蔵三三‐五五三b）とみえる。行願品疏巻一には「空有相即、三諦一際」（続蔵一‐七‐三‐二四三c）とある。

泯絶無寄観（二三七17）　僧肇の百論序に「蕭然無寄」（正蔵五五‐七七b）なる言葉あり、澄観は華厳経疏巻二三に引用（正蔵三五‐六七〇a）。宗密は禅源諸詮集都序の中で、禅の三宗を述べ、その第二を泯絶無寄宗という。宗密の円覚経大疏鈔巻八下に「今空色倶如、同二於覚性一、称性不動故、当第四泯絶無寄観也」（続蔵一‐一四‐四‐三六六b）とある。泯絶無寄宗は本来空寂、心に所寄なしとする。牛頭（ず）法融の系統をさす。牛頭宗は三論宗の実践的展開としての禅宗の一派である。

事理無礙法界（二三八11）　事は現象、理は理体をいい、事と理が互いに融通無礙なる世界をいう。普通は理事無礙法界という。行願品疏巻一では「事理無礙」（続蔵一‐七‐二‐一二四c）という。天台では華厳とは意味は異なるが、「事理」ということあり。法華文句巻八上には「能双解二権実一事理円融、雖レ具二煩悩性一、能知二如来秘密之蔵一」（正蔵三四‐一〇九a）とある。湛然の止観輔行伝弘決巻一之二には「事理者、或界内為レ事、界外為レ理」（正蔵四六‐一五〇c）とある。神清の北山録には「真者理也、俗者事也、事無レ理而不レ興、理無レ事而不レ顕」（正蔵五二‐五八三c）とある。大乗義章巻六には「事理相対、事為二世諦一、理為二真諦一」（正蔵四四‐四八三c）とある。

海印定（二三九17・二四五5）　海印三昧。梵語 sāgaramudrā samādhi 大海中に一切の事物を印象する如く、華厳経は仏が海印三昧に入って説いたといわれる。湛然たる仏の智海に一切の法を印現することをいう。八十華厳巻五二、出現品に「於二一念中一、悉知二三世一切諸法一。仏子、譬如二大海一、普能印二現四天下中、一切衆生、色身形像一、是故共説、以為二大海一」（正蔵一〇‐二七五c）とあるにもとづく。五教章巻一の冒頭に「今将レ開二釈迦如来、海印三昧、一乗教義一、略作二十門一」（正蔵四五‐四七七a）とある。探玄記巻四（正蔵三五‐一八九a）参照。妄尽還源観では「言二海印一者、真如本覚也。妄尽心澄、萬像斉現、猶如三大海由レ風起レ浪、若風止息、海水澄清、無二像不一レ現」（正蔵四五‐六三七b〜c）と、独特な解釈をなす。演義鈔巻一には「香海澄渟、湛然不レ動。四天下中、色身形象、皆於二其中一、而有二印文一。如二印印一レ物。亦猶二澄波万頃晴天無一レ雲、列宿星月、炳然斉現、無レ来無レ去、非レ有非レ無、不一不異一。如来智海、識浪不レ生、澄渟清浄、至明至静、無心頓現二一切衆生心念根欲一。心念根欲、並在二智中一、如二海含一レ象」（正蔵三六‐一四b）とある。

十世（二四一3）　六十華厳巻三〇に「一切諸仏、於二一念中一、悉知二一切衆生心心所行一。以二三輪一教化、而調二伏之一、無障礙住」（正蔵九‐五九三a）とある。孔目章巻四に「当知。今所レ成一乗教者、即是其事。依二九世一入レ智、融二九世法一、成二其十世一。謂過去過去世、過去現在世、過去未来世、現在過去世、現在現在世、現在未来世、未来過去世、未来現在世、未来未来世、三世相即、及与相入、成二其十世一」（正蔵四五‐五八四a）とある。三宝章巻下の十世章（正蔵四五‐六二二c）に詳細な説明あり。そのほか探玄記巻四（正蔵三五‐一六八b）など参照。

性起（二四七11）　性起について、捜玄記巻四下では「性者体、起者現二在心地一耳。此即会二其起相一入レ実也」（正蔵三五‐七九c）という。孔目章巻四に「性起者、明二一乗法界一。縁起立際、本来究竟、離二於修造一。何以故。以レ離レ相故。

起在二大解大行一、離二分別菩提心一中、名為レ起也。由二是縁起性一故、説為レ起。起即不起、不起者性起也」(正蔵四五‐五八〇c)とある。探玄記巻一六に「不改名レ性、顕レ用称レ起、即如来之性起。又真理名レ如名レ性、顕レ用名レ起名レ来、即如来為二性起一」(正蔵三五‐四〇五a)とある。性起と縁起は華厳学の根本教理。性起については、そのほか華厳問答巻下・演義鈔巻七九・行願品疏鈔巻一・五教章匡真鈔巻六・五教章衍秘巻四などを参照せよ。

始祖(二五一6)　杜順(五五七‐六四〇)。伝記は続高僧伝巻二五・華厳経伝記巻三、四・神僧伝巻六・法界宗五祖略記など。華厳宗の第一祖。姓は杜氏、諱は法順。年十八歳にして因聖寺珍禅師の門に投じた。実践的性格が強く諸処を遊行して治病などにも活躍した。のち隋の文帝に敬重され、さらに唐の太宗にも信任されて、帝心尊者の号を賜わった。世に杜順を文殊の化身という。仏祖統紀巻二九に「有二弟子一、謁二五台一、抵二山麓一見二老人一。語曰、文殊今往二終南山一、杜順和上是也。弟子趨帰。師已長往、至レ今関中以二是日一作二文殊忌斎一」(正蔵四九‐二九二c～二九三a)という。凝然の三国仏法伝通縁起には「至二陳之嘉世一、有二杜順禅師一。是清涼山文殊応化、居二終南山一、弘二布華厳一。聞二五教止観一立二三種法界一。円融妙義方提二綱領一」(日仏全)とある。なお法蔵の華厳経伝記では、杜順を華厳の初祖とはしていない。宗密の註華厳法界観門には「姓杜、名二法順一。唐初時行化神異極多、伝中有レ証、験知是文殊菩薩応現身也。是華厳新旧二疏、初之祖師。儼尊者為二二祖一、康蔵国師為二三祖一」(正蔵四五‐六八四c)とある。著書に法界観門・十門実相観・会諸宗別見頌・五悔文などありという。

至相(二五一6)　智儼(六〇二‐六六八)。華厳宗第二祖。伝記は続高僧伝巻二五・華厳経伝記巻三。四分律を学び、地論・成実・涅槃の法門に通じた。とくに地論宗の恵光の教学の影響を受けた。地論宗の学系としては智正の学系を継承。摂論宗は法常にうけた。著書に華厳経捜玄記・華厳経孔目章・五十要問答・一乗十玄門・六相章などあり。

香象大師(二五一6)　華厳宗の大成者、法蔵(六四三‐七一二)。伝記は崔致遠撰、法蔵和尚伝・閻朝隠撰、康蔵法師之碑・宋高僧伝巻五・仏祖統紀巻二九、三九・仏祖歴代通載巻一二・法界宗五祖略記などにあり。諱は法蔵、字は賢首、国一法師を賜わる。新羅の見登、画像に讃して香象とも称す。中国においては香象の称なく、新羅・日本において用いる。俗姓は康氏、祖先は康居国に住した。長じて智儼の弟子となる。智儼の寂する時、俗齢二十六歳。二十八歳で出家、しばしば華厳経を講じた。著書に、華厳経探玄記・華厳経文義綱目・華厳経旨帰・五教章・華厳問答・華厳雑章門・遊心法界記・華厳策林・義海百門・華厳三昧章(発菩提心章)・金師子章・妄尽還源観・華厳経伝記・華厳料簡・普賢観行法門・華蔵世界観・華厳三宝礼・華厳十玄章・華厳十重止観・華厳経翻梵語・華厳三教対辨懸談・華厳玄義章・華厳八会章・華厳唯識章・華厳経明法品立三宝章・華厳経内仏名・華厳経内菩薩名・三蔵章・二蔵章・寄海東華厳大徳書・華厳序註・関脈義記・新経三昧記・七処八会頌・華厳略疏・密厳経疏・般若心経略疏・梵網経疏・楞伽経心玄記・起信論義記・起信論別記・法界無差別論疏・十二門論疏などがある。

清涼(二五一7)　華厳宗第四祖、清涼大師澄観(七三八‐八三九)。伝記は妙覚塔記・宋高僧伝巻五・仏祖統紀巻二九、四一、四二・釈門正統巻八・編年通論巻一八、一九、二〇、二五・歴代通載巻一六・六学僧伝巻六・神僧伝巻八・釈氏稽古略巻三・指月録巻二・法界宗五祖略記・華厳経感応略記・華厳経感応縁起伝・広清涼伝巻下・清涼山志巻三などに出。諱は澄観、姓は夏侯氏、越州会稽山陰の人。年齢について宋高僧伝は春秋七十余とし、仏祖統紀・仏祖通載・編年通論は百二歳説をとる。法界義鏡巻下では百二歳説を採用。妙覚塔記により百二歳説が正しい。曇一より南山律を、金陵玄璧より三論を、湛然について天台を学んだばかりでなく、慧雲禅師より北宗禅を、洛陽無名より荷沢禅を学んだという。華厳については慧苑の高弟法詵に師事した。天台の湛然と並んで、華厳中興の祖師となる。著書に、華厳経玄談・華厳経疏・演義鈔・華厳経鈔科・華厳経綱要・華厳経略策・三聖円融観門・入法界品十八問答・華厳心要・法界玄鏡・華厳経七処九会頌・華厳経七処八会章・普賢行願品別行疏・貞元華厳疏・五蘊観・十二因縁観・発菩提心戒本などがある。

宗密(二五一7)　華厳宗第五祖(七八〇‐八四一)。伝記は定慧禅師塔銘・宋高僧伝

巻六・仏祖統紀巻二九・編年通論巻二五・景徳伝燈録巻一三・歴代通載巻一六。円覚経略疏鈔巻一など自身の著書の中にも伝あり。姓は何氏、果州西充の人。定慧禅師という。幼にして儒書に通ず。遂州道円について荷沢禅を学ぶ。ただし宗密の禅の法系は浄衆宗であったにもかかわらず、あえて荷沢宗の相承を強調する一面がある。のち澄観に師事、華厳の学系をうけた。円覚経の研究に全力を傾注し、多くの註疏をあらわした。また教禅一致思想を説いたり、儒道二教に対して、仏教的人間観を主張したりした。著書に、円覚経大疏・大疏釈義鈔・円覚経略疏・円覚経略疏鈔・道場修証儀・普賢行願品別行疏鈔・行願品疏科・原人論・註法界観門・華厳心要註・禅源諸詮集都序・答真妄頌・金剛般若経疏論纂要・四分律疏・四分律疏懸談・禅門師資承襲図・盂蘭盆経疏など多数あり。

五教止観（二五一9・二九二2）　杜順撰は誤。法蔵の撰述（正蔵四五）。結城令聞「華厳五教止観撰述者論攷」（宗教研究新第七巻二号）参照。本書が杜順撰述の書でない理由は、本書の中に玄奘の訳語である独影・帯質・阿頼耶識などという唯識用語が用いられている点、垂拱元（六八五）年に敬愛寺が仏授記寺という名称に改められたが、その寺名が本書に用いられている点、また智儼が漸頓円の三教判より五教を開いた苦労が理解できないことなどによって、杜順の書ではなく法蔵の書であるという。内容的には遊心法界記と似ているが、遊心法界記よりは素朴な形をしているので、遊心法界記の草稿となったものだという。

華厳三昧章（二五一13）　昭和九年五月、常盤大定発見、宋版（高山寺蔵）が現存。探玄記巻一三に「亦有二十重一。如二一巻華厳三昧中説一」（正蔵三五-三四七c）とある。華厳発菩提心章と同本少異。くわしくは常盤大定「支那仏教の研究」三五四頁以下参照。

普賢（二五四7）　探玄記巻一六に「徳周二法界一曰レ普。用順二成善一称レ賢」（正蔵三五-四〇三a）とみえ、五教章通路記巻二には「徳周二法界一曰レ普、至順調善曰レ賢。普賢即是等覚大士、因人上首、機縁終窮、以レ此為レ始。一切普機、不レ簡二凡聖一、皆名二普賢一。信二普法一故、解二普法一故、行二普法一故、証二普法一故、人既普賢、法亦普賢、総而言レ之、普賢菩薩、諸仏大源、諸法体性」（正蔵七三-三〇六b）とみえる。

一経…（二五八7）　十重唯識瓊鑑章に「然華厳経唯識相状散説非レ一。摂陳亦多。或普光之会問明一品。或夜摩之場偈讃一章。或他化之殿現前一地。或逝多之林知識一段。専明二唯心之道一、偏陳二唯識之相一。唯識法義由来久矣」（日蔵、華厳宗章疏下-五七〇b）とある。

二十唯識（二五八8）　世親の著書で唯識二十論ともいう。唯識二十頌（Viṃśatikā）の漢訳名で、真諦は大乗唯識論一巻、玄奘は唯識二十論一巻とする。唯識二十論の冒頭には「安二立大乗三界唯識一、以三契経説二三界唯心二」（正蔵三一-七四b）とあり、大乗唯識論には「於二大乗中一立三三界唯有レ識。如三経言二仏子三界者唯有レ心」（正蔵三一-七〇c）とある。

成唯識論（二五八8）　一〇巻。護法（Dharmapāla, 五三〇―五六一）撰、玄奘訳（正蔵三一）。世親の唯識三十頌を注釈したもの。唐の高宗の顕慶四（六五九）年に翻訳された。十大論師の中で、護法の学説を正義として、他説をあわせて一本とした。本書は中国法相宗の根本書であり、法相宗の開祖慈恩大師基は本書を注釈して成唯識論述記を著した。華厳思想の形成、とくに三性同異義・因門六義の説におよぼした影響は大きい。

十重の唯識（二五八9）　探玄記巻一三（正蔵三五-三四七a）に十重唯識を立つ。法蔵は華厳経、十地品の「三界虚妄但是一心作」の文について「今此所説是何等心、云何名レ作。今釈二此義一、依二諸聖教一説有二多門一」と述べ、十門の唯識を展開する。十門とは、相見俱存唯識、摂相帰見唯識、摂数帰王唯識、以末帰本唯識、摂相帰性唯識、転真成事唯識、理事俱融唯識、融事相入唯識、全事相即唯識、帝網無礙唯識をいう。十重唯識の原形は智儼の孔目章巻一の唯識章にある。さらに法相宗の基の大乗法苑義林章の唯識義林の五重唯識も影響するところあり。法蔵と澄観の相違点は、法蔵は但是一心作の文を集起門とするのに対し、澄観は三界所有唯是一心をもって摂末帰本門とする。また澄観は十重の第一を仮説の唯心説といい、法蔵の第六の転真成事を別開せず、第七摂相帰性に合す。また法蔵は十重唯識をただちに観行としないのに対して、澄観はそのまま観行を成ずるものとする。義鏡はこの澄観の解釈を受けて、観行状貌を叙する下に十重の唯識を述べている。

安慧（二六〇8） 十大論師の一人。仏陀入滅後千百年頃、すなわち七世紀頃、南インドにでた瑜伽行派の学者。著書に大乗阿毘達磨雑集論・大乗広五蘊論・大乗中観釈論などがある。世親の唯識三十頌を注した梵文原典が存する。認識論では安慧は一分説を立つ。

陳那（二六〇10） 新因明の開祖。四〇〇～四八〇年頃の人。世親の因明説を大成して新因明を創始して、インド論理学に一転機を画した。著書に取因仮設論・集量論・因門論・因明正理門論などがある。

護法（二六〇11） 十大論師の一人。成唯識論の著者。大乗・小乗の諸宗に精通し、ナーランダ(Nālanda)寺において教授した。著書に成唯識論のほか、大乗広百論釈論・成唯識宝生論・観所縁論釈などがある。

摂数帰王の唯識（二六四2） 探玄記巻一三に「摂数帰王故説二唯識一。謂亦通具二八識心王一。以下彼心所依二於心王一無中自体上故。許二彼亦是心所変一故。如二荘厳論説一」（正蔵三五-三四七a）とある。摂数の数とは心数、すなわち心所有法略して心所をいう。心所は心王によって存し、それ自体なるものはなく、心王の変現したものであるから八識心王のみが存することになるをいう。

荘厳論（二六四17） 大乗荘厳経論(Mahāyānasūtrālaṃkāla)、一三巻。唐の波羅頗蜜多羅訳。無著造。述求品に「自界及二光、痴共二諸惑一起。如レ是諸分別、二実応二遠離一。釈曰、自界謂自阿頼耶識種子。二光謂能取光、所取光…」（正蔵三一-六二三a）とみえる。

楞伽経（二六五10・二六六1） 探玄記巻一三所引（正蔵三五-三四七a）の四巻楞伽経巻一の文は、一切仏語心品の「譬如下巨海浪、斯由二猛風一起、洪波鼓二冥壑一、無上レ有二断絶時一、蔵識海常住、境界風所レ動、種種諸識浪、騰躍而転生、青赤種種色、珂乳及石蜜、淡味衆華果、日月与二光明一、非レ異非二不異一、海水起二波浪一、七識亦如レ是、心俱和合生、譬如二海水変、種種波浪転一、七識亦如レ是、心俱和合生、謂彼蔵識処、種種諸識転」（正蔵一六-四八四b）より引用している。

華厳経に説く（二六七17） 六十華厳巻三〇、仏不思議法品に「一切法界虚空界等世界、悉以二毛端一周遍度量。一一毛端処、於二念念中一、化二不可説不可説仏刹微塵等身一。乃至尽二未来際劫一」（正蔵九-五九八c）とあり、また「一切諸仏、於二一微塵中一、普現二三世一切仏刹一」（正蔵九-六〇一a）とみえる。

天親論主は地動光流の瑞…（二六九6） 瑜伽行派の世親(Vasubhandhu)をいう。世親の伝については、真諦訳、婆藪槃豆法師伝をみよ。伝に「天親方造二大乗論一、解二釈諸大乗経一。華厳涅槃法華般若維摩勝鬘等、諸大乗経論悉是法師所造、又造二唯識論一」（正蔵五〇-一九一a）とある。また華厳経伝記巻一に「十地論一十二巻。婆藪般豆菩薩。此云二天親一。於二山中一釈二十地品一。畳二本経文一、依レ次消解、菩薩初造レ論成。感レ経放二光明一山振地動」（正蔵五一-一五六b）とみえる。

智儼禅師は霊告思証の験…（二六九6） 華厳経伝記巻三に「後遇二異僧来一、謂曰、汝欲レ得レ解二一乗義一者、其十地中六相之義、慎勿レ軽也。可二一両月間、摂静思レ之、当自知一耳。言訖忽然不レ現。儼驚愓良久。因則陶研、不レ盈二累朔一、於レ焉大啓、遂立教分宗、製二此経疏一。時年二十七」（正蔵五一-一六三c）とみえる。

清涼大師の心要の中に…（二六九9） 答順宗心要法門の全文。なお心要法門は宗密これを注す。以下心要法門注をあげる（続蔵一-二-八-四-三〇三c～三〇四a）。

至道本乎其心〈諸仏衆生迷悟本也〉、心法本乎無住〈万法之宗、本乎無住、即心体也、浄名経云、依無住本、立一切法〉、無住心体、霊知不昧〈瑩浄之理〉、性相寂然〈性即空空絶迹相即星象粲然〉、包含徳用〈性包含於神用具塵沙之無辺〉、該摂内外〈相該摂於内外亦不在於中間〉、能広〈無外也〉、能深〈無内也〉、非有非空〈妙有不空真空不有〉、不生不滅〈非四相所遷也〉、求之不得、棄之不離〈明一真心地絶取捨之情〉、迷現量則惑苦紛然〈迷本逐末〉、悟真性則空明廓徹〈返本還源〉、雖即心即仏、唯証者方知〈凡聖一真、猶来見隔、見在即凡、情忘即仏、智与理冥、境与神会者、方知也〉、然有証有知、則慧日沈没於有地〈若存証知、則棄内而外求、即滞於有〉、若無照無悟則昏雲掩蔽於空門〈若忘智忘照、則外忘縁而内忘照、即滞於無〉、但一念不生、前後際断〈妄心不生二際俱断〉、照体独立、物我皆如〈真智現前、我及我所、悉皆同体〉、直造心源、無智無得〈至理虚去、言忘慮絶〉、不取不捨〈性自天真本無取捨〉、無対無修〈本非対待豈有修作〉、然迷悟更依、真妄相待〈迷即六凡、悟則四凡、真智生、忘念滅、妄若起、真智隠〉、若求真去妄、如避影以労形〈若有取捨労形役智〉、若体妄即真、似処陰而影滅〈妄無自性挙体即真〉、若無心妄照、則万累都捐〈既忘心照煩悩自空〉、若任運寂知、則衆行円起〈起即体之用、用而無用、何仮因耶〉、放曠任其去住〈不著彼此〉、静鑑見其源流〈動静不失理也〉、語黙不失玄微〈語黙全真〉、動静豈離法界〈去住合道〉、言止則双忘智寂〈止観倶泯〉、論観則双照寂知〈止観斉彰〉、語証不可示人〈寂然之理不可説示〉、説理非証不了〈唯証相応〉、悟寂無寂〈智与理冥〉、真智無知〈真如之理泯能知智〉、以知寂不二之一心〈以即理之智也〉、契空有双融之中道〈証不二之理也〉、無住無著〈二辺不立中道不安〉、莫摂莫収〈任法界性回窮、若絶能所、即真智現前也〉、是非両忘、能所双絶、斯絶亦絶、般若現前〈法界真性、思慮延促無礙〉、是非両忘、能所双絶、斯絶亦絶、般若現前〈法界真性、〉

智性乃本来具足〈非新新有〉、然本寂不能自見、実由般若之功〈理非智不能顕〉、般若之与智性、翻覆相成〈智非理不能生〉、本智之与始終、両体双絶〈本末倶泯〉、証入則妙覚円明〈体無瑕翳〉、悟本則因果交徹〈凡聖相入〉、心心作仏、無一心而非仏心〈念念全真〉、処処証真、無一塵而非仏国〈即染而浄〉、真妄物我、挙一全収〈二而不二〉、心仏衆生、炳然斉致〈不二而二〉、迷則人随於法、法法万差而人不同〈迷真逐妄〉、悟則法随於人、人人一致而融万境〈物象無体〉、言窮慮絶、何果何因〈本離言念〉、体本寂寥、孰同孰異〈非同異境〉、唯志懐虚朗、消息沖融〈佩道之士契之即神〉、其猶透水月華、虚而可見〈喩也〉、無心鏡像、照而常空矣〈虚心之鑑〉、

心要法門頌

欲達心源浄〈所迷之理〉　須知我相空〈万物自虚〉
形容何処実〈縁生本無〉　念慮本無従〈起処不真〉
豁爾霊明現〈似日初出〉　翛然世界通〈即無障礙〉
真金開伏蔵〈情忘理現〉　赫日出瞑曚〈智起惑忘〉
試将心比仏〈性無異故〉　与仏始終同〈真妄無別〉

五教・十宗(二七二8・二七五12)　小・始・終・頓・円の五教は探玄記巻一に「以レ義分レ教、教類有レ五。此就レ義分。非レ約二時事一。一小乗教。二大乗始教。三終教。四頓教。五円教」(正蔵三五-一一五c)とみえる。五教章巻一(正蔵四五-四八一b〜四八二a)参照。十宗は探玄記巻一に「並可レ知第十以レ理開レ宗。宗乃有レ十」(正蔵三五-一一六b)とある。凝然の通路記巻一四に、十宗の判は杜順未だ開かず、賢首に至り、至相の意をうけ始めてこれを開くという。十宗とは我法倶有宗・法有我無宗・法無去来宗・現通仮実宗・俗妄真実宗・諸法但名宗・一切皆空宗・真徳不空宗・相想倶絶宗、円明具徳宗をいう。澄観は第七三性空有宗・第八真空絶相宗・第九空有無礙宗とした。五教十宗については、華厳経疏巻二(正蔵三五-五一二b)以下参照。

十二門論の疏…(二七三9)　法蔵著。宗致義記巻上に「是故依二前始教一、約二五性不同一、説二三乗差別一。依二此終教一、約三並有二仏性一、悉当二得仏一。是故依レ此説二唯一乗一、此論宗意」(正蔵四二-二一四a)とみえる。

勝鬘と楞伽と…(二七三14)　勝鬘は勝鬘経。楞伽は楞伽経。如来蔵は如来蔵経。起信は起信論。宝性は宝性論。いずれも如来蔵系統の諸経論。

頓教(二七三17)　華厳経疏巻二に「頓教者、但一念不生、即名為レ仏。不レ依二地位漸次一、而説故立為レ頓」(正蔵三五-五一二b)。澄観は禅宗を頓教に比定す。

犢子部…(二七五1)　小乗二十部の派名。異部宗輪論に「如是上座部七破或八破、本末別説成十一部。一説一切有部。二雪山部。三犢子部。四法上部。五賢冑部。六正量部。七密林山部。八化地部。九法蔵部。十飲光部。十一経量部。如是諸部、本宗末宗同義異義」(正蔵四九-一五b)とみえる。義鏡は澄観の華厳玄談巻八の説相によって、小乗各派の名称を立てている。

倶生の所知の前六識…(二八九5)　唯識論私記六巻本(正蔵七一-四〇五a)に倶生所知障について次の如く図示しあり。義鏡の所説と同じ。

倶生所知障
- 前六識倶
  - 現行―地前漸伏、八地永伏
  - 種子―地地漸断、金剛永断
  - 習気―地地漸断
    - 無間道永断―不正義
    - 解脱道永断―正義
- 第七識倶
  - 現行―地地或伏或起、金剛加行道永伏
  - 種子―金剛無間道頓断
  - 習気
    - 無間道断―不正義
    - 解脱道断―正義

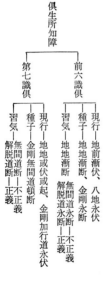

耶舎三蔵（二九一10）　華厳経伝記巻一に「十住毘婆沙論一十六巻、竜樹所造、釈十地品義。後秦耶舎三蔵、口誦二其文一、共二羅什法師一訳出」（正蔵五一-一五六b）とみえる。

華厳経論（二九一18）　現存一巻（続蔵一-九三-五）。なお朝鮮本が一部現存。佐藤泰舜「霊弁の華厳経論に就いて――新発見六巻分の解説――」参照。

義湘（二九二14）　朝鮮華厳宗の初祖。新羅の僧で、海路唐に入り、智儼について華厳を学んだ。帰国後大伯山に浮石寺を創建し、華厳を弘めた。著書に華厳一乗法界図・法界略疏などがある。法蔵とは同門にして、法蔵が義湘にあたえた書簡「賢首国師寄海東書」（円宗文類巻二二、続蔵一-二-八-五-四三二c）が現存している。

解説

はしがき

南都北嶺といわれる。北嶺、叡山は新仏教の母胎であった。同じ鎌倉時代に南都、即ち興福寺・東大寺を中心とし、いわゆる七大寺とよばれる諸寺やその末寺を加えた奈良の教団はどういう状況にあったか。本巻に収めた諸篇は、その解答に役立つであろう。それら諸篇の著作者は、叡山からいわゆる新仏教がうまれた時代において、南都の僧団の中に生き、誠実に時代の宗教的な課題を解決しようとした人たちであった。

治承四年(一一八〇)十二月、平重衡によって興福寺・東大寺が焼かれた後、復興がなされる。朝廷の後援の下に、興福寺は、藤原氏を中心とし、東大寺には大勧進重源の努力に関東の武士の参加もあり、やがて堂塔が整備される。この重衡による焼打は、僧兵、即ち衆徒の反平家的な活動を直接の原因とするものであった。焼打と同時に寺領の収公が行われ、南都は滅亡に瀕すると危ぶまれた。しかし、その収公は一時的であった。この衆徒の活動は、引き続いて見られる。そして、鎌倉幕府も、武士を派遣し、大和に守護をおき、地頭を補任して、南都に軍事的経済的な圧迫を加え、衆徒の活動を制圧しようとした。それは、覚盛・叡尊が自誓受戒した嘉禎二年(一二三六)のことであった。これは、石清水神人との所領の紛争により衆徒の蜂起が大規模に行われたからであった。しかしこれらも、一時的な処置で、大和の守護は間もなく止められた。即ち南都、その中心たる興福寺の権威と力とを示すものであった。

このように武家と公家とに対して、独自の力を誇り得た南都には、どういう生活があったであろうか。良遍が、「護持正法章」において興福寺僧の生活について指摘したところは、一言でいえば、頽廃である。酒宴・遊興・囲碁双六・寵童などの弊風は甚しかったらしい。酒宴のことは、叡尊も「教誡聴聞集」(本巻二〇七頁)において述べている。かれら僧侶は、その本分たる公請《くしょう》に応ずるに足るだけの学問もしないものが大部分であった。そして摂関家等の上流公家出身であり、別当や僧綱たり得る僧と、普通の僧との身分は隔絶していた。このような頽廃の中にあって、良遍は、法相教学の中心たる唯識講の興隆の必要を力説している。普通の僧としては、唯識講の如き講会の講師となるための学問が、努力の目標であったといえよう。

頽廃に反省した人たちは、まず南都の伝統的な教学の再生を志した。貞慶に始まる戒律の復興の運動は、その中心をなす。しかし、鑑真への回顧はあっても、もっと実践的な意欲にみちた、主体性のあるものであった。自誓受戒が、そこに行われた。唯識・華厳・三論等の教学にしても、単に復興ではなかったようである。東大寺の宗性の多量の遺文には、南都の僧の表芸である論義のための抄が多いけれども、史書・文学についての抄も数多く、その多方面な教養を思わしめる。そこに宗性の意欲があった。凝然になると、より純粋に教学の講究に沈潜している。

凝然の住した戒壇院を中興したのは円照であるが、円照を助けて中興に到らせたのは、高弁の弟子であった蓮実である。高弁も、東大寺尊勝院に学んだし、広い意味での南都教団に属する。円照から受戒した僧が、円照上人行状に数多く見えているが、その中には、蘭渓道隆・円爾・永平道元にかつて参じたものがある。また北京律の泉涌寺俊《しゅんじょう》芿の門流も、円照の時に戒壇院に招かれて律を講じている。これらの事によって、南都仏教の一特色として包容性を考えることができよう。その由来するところは何か。それは思想史上の重要な問題であろう。

（田　中　久　夫）

著作者略伝

田中久夫

貞　慶（一一五五—一二一三）

解脱房貞慶《げだつぼうじょうけい》は、久寿二年（一一五五）五月二十一日に、少納言右中弁藤原貞憲《さだのり》の子として生れた（年月日は「解脱上人御形状記」〔本巻三一六頁所収〕による）。貞憲は、保元乱後の政局に活動し、博学を以て知られた通憲《みちのり》（信西）の子である。父貞憲は、平治元年（一一五九）十二月に解官配流された。その後、貞慶は応保二年（一一六二）に八歳で南都に下向し、永万元年十一歳で出家受戒したという（解脱上人御形状記）。信西の子で、貞慶には叔父に当る興福寺の覚憲《かくけん》を師とし、出家したのであろう。内藤湖南の「解脱上人の出られた家柄——信西入道の一家——」（内藤湖南全集九「先哲の学問」附録）に、貞慶の出た一家が如何に優秀な人材を出したかについて解説されている。貞慶は覚憲を師として法相を中心として教学の学習につとめていたであろうが、その詳細はわからない。ただ承安二年（一一七二）に醍醐寺運阿闍梨につき求聞持法《ぐもんじほう》を受けたことが知られる（法隆寺蔵虚空蔵要文、治承四年四月廿五日付貞慶奥書〔平岡定海氏「東大寺宗性上人之研究並史料」（以下「宗性」と略称）下五八二頁所引〕）。密教については、貞慶はあまり伝授をうけていないらしい。

興福寺に学んでいた貞慶にとって、治承四年（一一八〇）十一月二十五日の平氏による南都の焼打は、大きな衝撃であったろう。時に二十六歳になっていた。その前後の貞慶の動静を知る史料はないが、翌々養和二年（一一八二）正月二十日に唯識義巻一を書写し、興福寺沙門釈貞慶と奥書に署名している（大日本史料第四編之十二、三〇四頁）。この年（五月改元、寿永元年）五月の維摩会《ゆいまえ》に研学竪義《けんがくりゅうぎ》をつとめた（維摩会講師研学竪義次第・三会定一記）。これから遁世までの十年間は、興福寺学僧としての生活を送った時期で、この時には安養院に住していた。翌寿永二年七月と翌々元暦元年の法勝寺御八講には聴衆として参加した。寿永二年の御八講の証誠《しょうじょう》は法印澄憲と権大僧都興福寺権別当覚憲とであり、二人とも貞慶の叔父であった。唱導の大家たる澄憲はこの時まで数年僧官を遁れて籠居していたが、天台座主・興福寺別当らがこの八講証誠を辞退したので、特に法印に叙し、参勤することになったという（法勝寺御八講問答記六〔「宗性」上一六四頁〕）。

文治二年（一一八六）の維摩会の講師（維摩会講師研学竪義次第・三会定一記）、文治三年七月の法勝寺御八講の講師（法勝寺御八講問答記六〔「宗性」上一六九頁〕）といずれも初めて講師をつとめた。後者の証誠はやはり覚憲であった。文治四年七月二十七日、季御読経の論義の一番に奉仕し（玉葉）、文治五年五月と翌建久元年（一一九〇）の最勝講の講師（春華秋月抄草一一〔「宗性」上三二五頁〕）、文治五年十二月一日に法成寺御八講の竪義（玉葉）、建久元年七月の法勝寺御八講の講師（「宗性」上一七一頁）、建久二年二月の法成寺八講の講師をつとめた。最後の八講は、九条兼実の長子良通の忌日とその翌日とに行われたもので、貞慶は二日目の結座の講師をつとめた。「説法珍重、只恨二其音少一、云レ談云二弁説一末代之智徳也、可レ感也」と兼実は感想を記している（玉葉）。その声が小さいというところに貞慶の人柄を思わせるものがないでもない。同年五月二十二日、兼実は南都に下向した。興福寺の復興事業が進んでいるのを見るためもあったようで、その時は金堂の作事が行われていた。まず南円堂で誦経があったが、その導師は貞慶であった。その時、「表白は甚だ優なり」と兼実は記した。貞慶の叔父であり師でもある覚憲は、文治五年五月二十八日より興福寺別当に昇任していたが、この時兼実より指示をうけている（玉葉）。またこの建久二年十月、兼実はその女の中宮宜秋門院の御祈のために種々の仏事も行なったが、そのうちで貞慶が請ぜられたのは、同月十一日自筆金泥心経などの供養の講師であった。この時も、貞慶の説くところは感涙を催さしめ、「殆可レ謂レ神歟、可レ貴可レ貴、此感応必不レ可レ空者也」と記している（玉葉）。貞慶の表白の巧みなることが、ここにも讃えられている。このように表白にすぐれていることが知られ、多く依頼をうけるようになったのであろう。貞慶の作った願文・勧進帳・講式の類の文章が、かなり伝存している。「愚迷発心集」は、この部類に属するものである。

さて貞慶は、建久三年(一一九二)笠置寺に籠居の志を発した。笠置寺には巨大な磨崖仏の弥勒《みろく》像があり、このころ弥勒信仰の霊場として有名で、何人かの住僧が居たが、それらの僧と貞慶は早く寿永二年(一一八三)の頃から交渉があったらしい。宗性が文暦二年(一二三五)二月八日に笠置寺東谷房で抄写した「弥勒如来感応抄」巻一は、宗性の奥書によると最後の観兜率記の外は、皆祖師上人(貞慶)の御草案であるという。この巻一に元暦二年(文治元年)の信長のと、同年十二月の如教のとの勧進状二通が収めてある。その旨趣は、一上人(おそらくは貞慶か)とはかり、寿永二年から弥勒の斎会が開かれてきたが、ここに十二人の僧が勧進の張本となり、日別一升の供米を勧進しようというのである(「宗性」下二三四頁)。貞慶が早くから笠置山のこれらの僧と交渉があり、その結果、貞慶自身も笠置に遁世することになるのは、平岡定海氏の説の如くであろう(日本弥勒浄土思想展開史の研究(「宗性」下五九四頁以下))。

兼実は、建久三年二月八日、籠居の事について説明を求めるために貞慶を招いた。兼実と貞慶は色々とことばを交したが、貞慶は大略冥告によって思い立ったのであるという。それに対し兼実が思い止るようにいうと、重ねて大明神に祈請致しましょうと答えた。兼実は物の用に叶う人の籠居するのは仏法の滅相であるといって悲しんでいる(玉葉)。平岡氏の説に、貞慶の春日大明神発願文(解脱上人小章集所収(日蔵、法相宗章疏下))がこの時のものであろうという。年記はないが、文中に、「仏子、幼稚の当初より、隠遁の今に至るまで、真に付き俗に付き、名といひ利といひ、慈悲の眸前に加護を仰ぐこと三十余年」(原漢文)とあるから、そのように考えることができよう。この発願文の趣旨は、兜率上生を期し、それが実現できるまでは権現(春日明神)に仕えたいというもので、冥告をうけるについての貞慶の内心の動きについては知ることができない。三十八歳という年齢、公請《くしょう》の労をつのることに疑いを深く抱くようになったであろうことなど、想像はできるが、冨貴原章信氏も指摘されるように(同氏「解脱上人と念仏」日本仏教学会編「鎌倉仏教形成の問題点」所収)、建久元年二月に、法然が東大寺において浄土三部経を講じたこと(古本漢語燈録所収、観無量寿経釈・阿弥陀経釈本奥書)も見のがすわけにはいかない。貞慶がこれを実際に聴聞したかどうかはわからないが(「源空上人私日記」の大原談義の項には貞慶の名もあるが、文治二年の談義に笠置寺解脱上人とあるのはおかしい)、法然が自分の宗教を追求しつつあったことを知らなかったとは思われず、その刺戟をうけたことは当然考えられる。なお貞慶の遁世の志は、すでに養和二年の大般若経書写発願の頃に始まるという、石田尚豊氏の説がある(「貞慶の笠置隠遁について」日本仏教三所収)。

貞慶が、実際に笠置に移住したのは、建久四年(一一九三)の秋であった。弥勒如来感応抄巻五に収める笠置寺上人大般若経理趣分奥日記(「宗性」下四一五頁)によれば、貞慶は建久六年乙卯秋七月二十四・五両日、笠置寺において理趣分を書写したのである。即ち、養和二年(一一八二)十一月二十七日から建久三年十一月二十七日まで、首尾十一年間、兜率上生の深重の大願を発し、大般若経一部六百巻を書写せんとし、世途の忩忙により他筆を誂えて六百巻書写の大功を終えたが、今理趣分のみを書写し、全部自書の儀に擬す。去る建久三年壬子八月の頃に、当山弥勒石像の前においてこの理趣分を書写したところ、異念が相交り、聊か遺恨があったので、今重ねて繕写したが、凡心は旧の如くであり、悲しむべく恨むべきである。去々年秋当山に移住し、終焉の地とした。この山中に黒漆六角三間高台を建立して、この大般若経を安置しようと思い、漸くその土木も完成しようとしている。右のような趣旨の奥書であり、貞慶の弥勒信仰が養和二年(寿永元年)の頃に発すること、移住は四年秋であることが知られると共に、その写経に対する真面目な態度は貞慶の人柄を想わせる。右の般若台は、建久六年十一月十九日に供養された。その供養表白(讃仏乗抄所収)によれば、大般若経を納めた経台のほかに、般若台と号する板葺六角三間の精舎一宇と萱葺五間一面の僧房一宇が建てられ、この供養には、覚憲が親しく志趣を述べた。覚憲は、この年十二月二十二日、興福寺別当を辞退したが許されぬままに壺坂寺に籠居した(三長記、建久六年十二月二十五日条)。覚憲は六十五歳、弟子の貞慶の行動に刺戟されたものかもしれない。

翌建久七年(一一九六)二月十日付で「弥勒講式」を撰した(自筆本、笠置寺蔵。弥勒如来感応抄一〔「宗性」下二〇六頁〕)。第一懺㆓悔罪障㆒、第二帰㆓依慈尊㆒、第三欣㆓求内院㆒、第四正遂㆓上生㆒、第五因円果満から成るが、その第一の罪障を懺悔すの部分には、「愚迷発心集」に相通ずる気分がある(なお貞慶の書いた弥勒講式には、建仁元年(一二〇一)十二月二十三日付のものと無年月のものとがある。弥勒如来感応抄一（「宗性」下二〇一頁以下）。貞慶は地蔵・観音の講式も書いている。建久七年四月十四日、笠置寺千日舎利講を始めた（弥勒如来感応抄一（「宗性」下二三八頁））。同八月十五日の銘文ある梵鐘が、俊乗房重源から施入された（笠置寺鐘銘）。建久九年四月十五日、「七箇日逆修願文」を草した（東大寺文書（大日本史料第四編之五））。同年十一月七日の笠置寺十三重塔供養願文（讃仏乗抄）によれば、同十三重塔には金色釈迦如来像・四天王像を造立、羅漢像・梵天帝釈像・文殊像を図し、摺写唐本大般若経・仏舎利三粒・弥勒菩薩像一千体・法華経・心地観経・宝篋印陀羅尼等を納めたという。この願文の注意される点は、神道についての考の見られる点で、日本国の開闢たる天照大神と、般若を説いた釈迦との二聖をあげ、般若は神道の上味なりと説き、関連づけている。この般若報恩塔により、日本開闢以来のあらゆる衆生をして悉く菩提心をおこさしめ正定聚《しょうじょうじゅ》に任せしめんと願ったのである（松本彦次郎氏「日本宗教改革とその反動」日本文化史論、三一四頁）。

正治元年（一一九九）六月、伊賀阿閉郡重次名を般若荘と号し、笠置寺般若台領とする院宣が下された。翌々建仁元年、貞慶はこれを春日社供料田に寄進している（大日本史料第四編之六）。「勧誘同法記」（日蔵、法相宗章疏下）は、序に遁世後八、九年の作と見えるからこの頃に著わされたものであろう。俗人を対象とし唯識の教学を解説した書であるが、最後の第六略要門に、もし最略によらば、何を以て心要とするかという問を設け、答えて金剛般若経の「過去心不可得、現在心不可得、未来心不可得」の偈を誦し、その意味をつねに思うべきであるとし、三句の中で最初の過去心不可得だけでもよいと注している。これは、専修念仏に刺戟され、易行の問題を考えるようになったのであろう。建仁二年（一二〇二）八月、唐招提寺東室を修理し、釈迦念仏会を始め、翌三年九月も行なったと伝えられる（招提千歳伝記下）。このことも、法然流念仏に対抗する気持があったのであろう。

建仁三年には笠置寺の礼堂軒廊の修造の勧進が始まり、翌元久元年には弥勒堂と共に供養され（解脱上人文章・弥勒如来感応抄一（「宗性」下二三二・二四〇頁）・吾妻鏡）、笠置の堂塔が次第に整えられた。元久二年に「興福寺奏状」を草した。このころ貞慶が京都や南都に赴いた史料が散見する。元久二年八月刑部卿三位（源範子）追善供養の導師（明月記）、同年十二月には後鳥羽上皇の春日社御幸、七堂巡礼に際しての二条御所における一切経供の導師（春日社文書（大日本史料第四編之八））をつとめ、翌三年（建永元年）二月十九日には京都梅小路の南堂の供養の導師をつとめ、その際に三条長兼と専修念仏についての口宣について意見を交している（三長記）。長兼は、興福寺衆徒の専修念仏についての非難は然るべからずと申した。貞慶がどう答えたかは記されていない。二月十四日に法然の徒の法本・安楽の二人を召出すべしという院宣が出た後であるから、そのことについて説明したのであろう。四月、さきに急死した九条良経の供養のために、藤原定家が自書した法華経一部弥勒上生経を携え、笠置の弥勒像前で供養し、貞慶が導師をつとめた（三長記）。翌承元元年八月、興福寺北円堂造立勧進状を草した（弥勒如来感応抄一（「宗性」下二四三頁））。北円堂には、長三尺九寸の弥勒像等を安置することになっていた。

承元二年（一二〇八）九月、河内交野の新御堂供養の導師をつとめた（明月記）。この御堂は後鳥羽院の御願で、この際、院より仏舎利二粒を賜わり（民部藤原長房が御使として遣わされた）、これを貞慶は海住山寺《かいじゆせんじ》に安置したという（明月記・海住山寺文書）。この承元二年に貞慶は海住山寺に入ったという（解脱上人御形状記）。平岡氏の説によれば、瓶原《みかのはら》の海住山寺は興福寺別当雅縁の山荘を寺としたもので、海住山とは観音の霊場の意という（同氏前掲論文（「宗性」下六四五頁））。海住山に入った後も、笠置寺における承元四年九月十九日瑜伽論供養の導師をつとめた。後鳥羽院は春日御幸の途次この供養に臨まれ、翌二十日院の御祈願所に定められた海住山寺の供養に御幸された。これも導師は貞慶である（承元四年具注暦（大日本史料第四編之十））。

この承元四年十一月十日から翌五年（建暦元年）正月十五日に至るまで、海住山寺観音堂前において、貞慶をはじめとする二一人の一結の衆が、菩薩戒の加行《けぎよう》として八斎戒を持した（禁断悪事勧修善根誓状抄（「宗性」中五三六頁））。これは海住山寺における貞慶を中心とした弟子たちの宗教活動の例として注意される。殊に俗人も行ずる八斎戒ではあっても、それを実践しようとしたことは、貞慶の戒律興行の意志と相関するものと思われる。建暦元年九月、貞慶は鑑真の影堂において「梵《ぼん》網経古迹《もうきようこしやく》」を講じ、律書を講ずることを盛んにしようとした（招提千歳伝記・西大寺中興思円上人行状・円照上人行状）。また、承元四年九月に藤原長房が貞慶を師として出家した。慈心房覚真という。覚真は貞慶に次いで海住山に住したが、戒律の興行に関心が深く、興福寺の常喜院は貞慶の命により建暦二年に覚真が建てたものという(円照上人行状・招提千歳伝記)。覚真は、高弁にも関係が深い。後鳥羽院の近臣のひとりであったが、討幕の挙をいさめかねて出家したとも伝えられている(官史記)。

建暦元年十二月十二日、宜秋門院は、前月になくなられた御子春華門院の五七日《ごしちにち》の仏事にあたり、貞慶を導師として請ぜられた(明月記)。この年九月一日、貞慶は九条道家を訪ね、道家と数刻も談じた。道家は深く帰すべきの人と記している。翌建暦二年二月十一日にも、貞慶は九条道家を訪ね、数刻法文について談じた(玉蘂)。翌十二日には、八条院において説法した(明月記)。建暦二年の著作は次の如くである。二月、春日社宿所において「真理鈔」、十月海住山において「因明明要抄」、十二月海住山において「明本鈔」。因みにあげれば、このほかに貞慶の大著としては、「唯識同学鈔」六八巻(弟子良算の抄)、「法華開示鈔」二八巻がある。建暦二年十二月二十七日に師の覚憲が入滅した。八十二歳(興福寺別当次第)。

翌建暦三年正月十一日付の「海住山寺起請五箇条」は病臥しながら人をして記さしめた、遺誡とも称すべきもので、次の如くである。

一、当山内に輙《たやす》く尼衆等を住《とどむ》ることを許さしむべからざる事。
一、輙く本寺(興福寺)上中臘已下の来住を許すべからざる事。
一、薪材木等を他所に出すべからざる事。
一、他所において事あり此山に移住することを許すべからざる事。
一、山中の闘諍を停むべき事。

各条の説明には興味あるものがある。例えば第二条には、一般に山寺は興福寺の僧のいわば別荘の如く考えられ、時時経廻しては、酒宴射的など種々の遊戯をする場所であるという有様であった。この海住山寺の山中には水がなく、薪も少ないから、湯治のために来るなどはとんでもないことである。この山を扶持する志は、少数の住僧等が事少なく心静かに生活することを望むためである。余の大所の如く、衣服資具を好み、富勢名誉を望む者は、全くこの地にふさわしくないとしている。第五条には、口論により刀を抜こうとするものがあれば、相手にならず早く座を去って逃げよ。凡そ人の天性として、仲間の喧嘩は、ちょっとした事がつもって大事になる、注意すべきであると述べている。最後に、凡そ獅子の中の虫能く獅子を噉む、我寺を滅すべきはただ寺僧である、観音・大明神の御冥罰を深く恐るべきであると結んでいる。

正月十三日に口述した「修行要鈔」には、出離の最要は唯識観に在りとし、その観法を説いている。正月十七日に口述したのが「観心為清浄円明事」である。それから程なく二月三日に示寂した。五十九歳、戒臘四十九(解脱上人御形状記・招提千歳伝記・元亨釈書等)。即ち遁世の三十八歳から五十四歳までは笠置に在り、弥勒信仰に生きたが、最後の海住山寺では観音の引摂を求め、補陀落《ふだらく》山に託生せんと欲した。そして「観心為清浄円明事」には「予は深く西方を信ず」とあり、弥陀の信仰である(冨貴原氏前掲論文)。とすれば、貞慶の信仰は動揺をつづけたと考えるべきであろうか。

貞慶は「心要鈔」において、次のようにいう。「往生の業因、機に随つて不同なり。その甘露を探り得るは、多くは是れ冥の加被力なり。しかるに末代、仏には弥陀・弥勒といひ、経には法華・般若といひ、行には念仏・転経といひ、生には安養(西方浄土)・知足(兜率天)といふ。十の八、九は相応すべしと雖も、余は必ずしも知らず」(原漢文)。往生の業因として現在行われているものは種々あり、大部分のものはそれでいいであろうが、すべてがそれでいいというのではない。機、即ち資質の如何によってきまることで、どの方法により往生できるかは、冥加によるというべきであると。これは、専修念仏の教説とは、考え方の根柢において違う。どんな人でも称名念仏によって必ず往生できると説くのに対して、それぞれの人間の素質によって方法が違うはずであるという。この相違は、つまるところは、叡山の一乗思想に対する南都の三乗思想に由るということができるかもしれない。

貞慶は若年から中年にかけては、弥勒の兜率天に上生することを期したという史料が多いし、事実においてもそこに信仰の中心があったのであろう。しかし晩年は、観音を祈請し、西方浄土の初門たる補陀落に託生しようとした。弥陀を信仰するには、三心・四修などの条件がある、それは己《おのれ》の分ではないから、観音を祈るという。また心要鈔には、弥勒・弥陀の信仰を融合させているところがある。つまり、弥勒・弥陀・観音のいずれにも、その性格の相違を認めながら、普遍的な仏法の表現として帰依しようとしたといえよう。しからば、貞慶の個性的な態度はといえば、懺悔にあった。例えば、「出離、身にとりて悃然たり、その法を聞かざるにあらず、ただその心のおこらざるなり。是れ則ち機と教とそむき、望と分と違《たが》ふの故か。心《こころ》広大の門に入らんと欲すれば、わが性堪えず、微少の業を修せんと欲すれば、自心頼み難し、賢老に遇ふ毎に問ふと雖も答へず」(観心為清浄円明事(日蔵、法相宗章疏下))。今や臨終の迫る時にも、その心のおこらず、自心は頼み難いと語り得た貞慶の姿に、如何にも真面目な求道がしのばれる。

なお、貞慶の伝記的研究としては、大屋徳城氏の「鎌倉時代の弥勒信仰」(日本仏教史の研究一、昭和三年)、大日本史料第四編之十二(建保元年二月三日条寂伝)のほか、平岡定海氏の「貞慶と弥勒浄土思想の性格」(「日本弥勒浄土思想展開史の研究」第三章第五節の二〔「宗性」下五七六頁以下〕、昭和三五年)があり、最も精細である。

高　弁(一一七三―一二三二)

明恵房高弁《みようえぼうこうべん》は、承安三年癸巳(一一七三)正月八日辰剋に、紀伊有田郡石垣庄内吉原村に生れた。父は平重国という、高倉院の武者所に仕えていた武士であった。母は湯浅宗重の女。宗重は、平治元年(一一五九)、平清盛が熊野詣の途次、信頼・義朝が信西を討った報を聞き、直ちに上洛した時、これを援けたことがあったが、源平合戦の後には、頼朝の信頼を得て、湯浅荘一帯の所領を安堵された。また宗重の子女は有田郡に所領をもち、やがて湯浅党とよばれ、鎌倉時代を通じて発展する(安田元久氏「初期封建制の構成」)。この湯浅一族と高弁は一生を通じて深い関係をもっており、紀伊有田郡の風土と共に、高弁の宗教に深い影響を与えた。

治承四年(一一八〇)正月八日に母が死し、九月には父が上総で戦死する。八歳の高弁は、母の妹の夫崎山良貞に養われた。

崎山は、有田川の中流、田殿荘の中である。後に高弁は崎山に庵居したこともある。両親をうしなった高弁は、その翌養和元年(一一八一)の八月高雄の神護寺《じんごじ》に登った。宗重の子で、高弁には叔父にあたる上覚房行慈《じょうがくぼうぎょうじ》が高雄に居たからである。神護寺は、空海の旧蹟の真言宗の古寺であるが、この頃、文覚《もんがく》はこれを再興しようと努め、後白河院に強訴し、そのために伊豆に配流された。上覚も伊豆に随ったらしい。伊豆において文覚が頼朝に挙兵を勧めたという話は周知のことである。

高弁は、上覚の弟子となり、まず倶舎頌《くしゃじゅ》を学び、華厳五教章は仁和寺華厳院の景雅にうけた。神護寺は真言宗であるから、空海の著作や、悉曇《しったん》字記も学んだ。高弁は十三歳から十九歳まで、毎日後夜に金堂に入り、真実の信と智恵をあらせ給えと仏に祈り、経典のことばの通りに修行しようと思ったという(禅浄房上人之事・却癈忘記・明恵上人行状)。

文治四年(一一八八)十六歳の時、上覚を師として出家し、東大寺戒壇院で具足戒をうけて僧となり、初の諱は成弁《じょうべん》といった。この後七年間、教学と共に密教の加行《けぎょう》をうけることに努めた。十八道の加行は上覚から、金剛界・胎蔵界の伝受は勧修寺の理明房興然《こうぜん》からうけ、伝法灌頂は、後に上覚からうける。高弁は密教の行法を大層丁寧に真面目にやったので、朝道場に入り夕方までかかる、夜は初夜に入り徹夜して朝に出る、そんな風であったと自ら語っている。両親をうしなった高弁は、仏眼仏母《ぶつげんぶつも》尊《そん》を母と慕い、釈尊を父と仰いだが、この仏眼尊を本尊とする仏眼法を行じ、色々な好相を得たという。

一方仏教教学の研究では、華厳に重点がおかれ、そのために東大寺の尊勝院(華厳教学の中心道場)に行き、書物を借り受けては書写した。その一冊、「探玄記」巻六の奥書には、「日本国第一乞食法師、今身より未来際に至り、永く僧都僧正になるべからざる非人法師成弁の本也」とある(明恵上人手鏡所収)。建久五年(一一九四)二十二歳の時のものとされるが、遁世の聖《ひじり》を志す青年の決意を知ることができる。この書写を手伝った若い僧の名も知られるが、一生を通じて共に華厳を学んだ同行《どうぎょう》喜海(義林房)も、この頃から高弁に随ったらしい。喜海は高弁よりは五つ若い。尊勝院に通っているうちに、同院の院主弁暁が、華厳宗の興隆のために公請《くしょう》に出仕してほしいと求めた。そこで、一両年、東大寺に通い、住したが、学僧等が党派をつくり争っているのを見て、閑居の思いをおこしたという。

そこで二十三歳建久六年(一一九五)の秋の頃、神護寺を出て、本尊と少しの聖教《しょうぎょう》を背負って、紀伊の湯浅栖原《すはら》村の白上《しらかみ》峰に庵居した。現在は白上峰の下の海岸に施無畏寺《せむいじ》があり、同寺の境内を登って行くと庵居の地に達する。そこには、嘉禎二年(一二三六)に喜海がたてた木塔婆を康永三年(一三四四)に石塔婆に改めたものがある。「建久之比遁ニ本山高尾ー来、草庵之処」と銘文に見える。そこは眼下に湯浅湾を見わたすことができ、湾の口には刈磨島などの島がある景勝の地である。

この白上での生活はどうであったか。行法・坐禅・誦経・学問等をひたすらにつとめたが、全くの孤独ではなく、少しの同行があったらしい。この時、本尊とした仏眼仏母尊像の隅に次のように書き入れた。仏眼仏母尊に「ワ仏《ほとけ》」と親しみをこめてよびかけ、釈迦如来の御愛子と記すのである。

モロトモニアハレトヲボセ、ワ仏ヨ、キミヨリホカニシル人モナシ、無耳法師之母御前也、南無仏母哀愍我、生々世々不暫離、南無母御前〳〵、南無母御前〳〵、

釈迦如来滅後遺法御愛子成弁紀州山中乞者敬白

ここに無耳法師というのは、この白上において右耳をこの仏眼仏母尊前で切り、自分のからだをきずつけて、求道の志をたしかめようとしたからである。白上での修行はひたむきのものであったから、その間に色々な好相があったと伝えられる。翌建久七年、華厳経十地品を読誦していると、身色金色の文殊師利菩薩が、金色の獅子に乗って空中に出現したということは、晩年になって、弟子にその体験を一度ならず語っている(却癈忘記・上人之事)。これは重要な体験であったらしい。あるいは湾内の島に渡り、釈迦を追慕する行をしたこともあり、島にあてて手紙を書いたりしたこともあった。ともかく、この三年間ばかりの修行生活で、自然と一体になり得る体験を得たということができよう。このように自然と一体となるというのは、華厳経の説くところを味読した結果でもあろう。

三年ほど白上での修行閑居の生活を送っているうちに、学問には、やはり多くの聖教が必要と考えるようになった。そこで建久九年(一一九八)の秋に高雄に帰り、その奥(といっても別所で、広い意味では神護寺の一部といえる)の栂尾《とがのお》(鎌倉時代

には「梅尾」と書いた)に閑居した。これは文覚の勧めによるという。その時、高雄に騒動がおこったので、再び紀州に十余箱の聖教を携えて行き、白上から有田川をさかのぼった筏立《いかだち》に行った。この時二十六歳であるが、これから三十四歳の冬に栂尾に移るまでの足かけ九年間は、大体において紀州有田郡の湯浅一族の館に居たといえる。筏立のほか、糸野・星尾・崎山・宮原の各地である。その間に、高雄や、高雄と栂尾の中間の槇尾《まきのお》に庵居したこともあった。

この間にひたすらにつとめたことの第一として、華厳経の註疏を講じたことがあげられる。義林房喜海を相手として、探玄記を初めとして、一三〇巻の註疏を全部講じようというのであった。これが完結したのは、栂尾に移ってからのことで、三十八歳の秋である。初めは幾人かの同行が居たであろうが、結局喜海一人を相手とすることになった。喜海の篤実な人柄が想望される。

次にこの時期に二度も天竺に渡ろうという企てを人々に告げ、春日大明神の神託により中止したことがある。釈尊を思慕し、その遺蹟を巡礼したいという志を、次第に強くもつようになったが、それを実現に移そうとするについては若干の動機があった。一回目は建仁二年(一二〇二)三十歳の冬のことで、湯浅宗光の星尾の館においてである。時に高雄もおちついて学問できる状態ではなく(正治元年(一一九九)に文覚は佐渡に流され、ちょうどこの年の暮に召返された)、また宗光が石垣荘の地頭職をうしなったことがあり、湯浅一族の経済状態も不安定であったろうから、いっそのことインドにでも行こうという気持になったのかもしれない。しかし、翌三年正月二十六日に宗光の妻が神がかりになり、願わくは我国を去って遠く行くことなかれという春日大明神のことばを述べた。高弁は謹んでこの託宣をうけ、春日社に参詣することを約した。二月十一日に参詣、その時に霊鷲山において釈尊に仕える夢を見た(謡曲の「春日竜神」はこの話を材としてつくられたもの)。同二十二日再び託宣があり、二十五日再び参詣し、二十七日には笠置寺に解脱上人貞慶を訪ねた。

二回目の渡天竺の計画をたてたのは元久二年(一二〇五)の春であった。この時に長安から王舎城までの里数を計算し、何日かかって到着できるかと調べてみた。しかし、この渡天竺のことを相談すると、病気になり、苦痛がはげしくなるので、本尊釈尊・善財五十五善知識・春日大明神の三所の前に、渡るべきか、渡るべからざるか、二つのくじをおいて祈請したところ、渡るべからずというくじのみ残ったので、思い切ったという。この二回目の渡天竺計画を促した動機には、元久元年に有田郡の湯浅一族の地頭職がとりあげられたという事情があり、また文覚も鎮西に流され、遂に彼の地で寂したので、高雄にもおちつけなかったらしい。

次にこの二十六歳から三十四歳までの時期の教学を見ると、初めには「唯心観行式」(建久九年)がある。毎日の三時の勤行のためのもので、心・仏・衆生の三無差別を観じ、普賢菩薩の行願を念ずるという、全く華厳経の教説を実修するための規式といえる。同時につくられた「随意別願文」には、華厳経に会い得たよろこびを述べ、その教を体得したいという思いをこめている。建仁元年に著した「華厳唯心義」は、右の三無差別を説いた唯心偈について、在家の女房に対して仮名文で解説したものである。この翌年、上覚から伝法灌頂をうけ、密教の阿闍梨として師たるにたえることになったが、この後は華厳と密教との融合を考えるようになっていく。しかし、まだ決定的な方法を見出してはいない。

神護寺文書のうちに、三十三歳の時、上覚にあてた長文の自筆書状がある。この九月十九日付の手紙には高弁の人間性をうかがわせるものがあり、興味深い。上覚から高雄に帰るように求められたのに対し、喜海に対する華厳註疏の講義が終るまではできないと断るのが全文の趣旨であるが、この時の感情を、その動くがままに書きつけた趣きがある。師にも同行にも思うように随逐できず、「修学二道の果」を成じ難い現在の自分を見つめ、どうにもできぬ思いにかられている。天竺に行こうというのも、そういう気持で、途中の砂漠に身を捨てようというのである。そんな興奮から一転して反省し、「人よりも命もおしく、人よりも不覚」であるから、できそうもなく、「たゞ万事あぢきなく候」という。そしてこの講経を今生の思い出にしたいと述べる。高雄も文覚の流罪により荒れていて学問するにふさわしくない。湯浅一族も地頭職をとりあげられ、経済的に行詰っているので、世話になるわけにはいかない。このように高弁の環境はわるかったのである。こういう状況にあり、ただ万事にあじきない気持になった、そう見ることもできるが、修学二道の果を成じ難い、と反省する高弁の姿に、修学二道の果を追求するひたむきな態度を見る。

建永元年(一二〇六)三十四歳の十一月に、後鳥羽院の院宣により、華厳宗興隆のために栂尾の別所を高弁に賜わった。翌二年の秋には、東大寺尊勝院の学頭として華厳宗を興隆すべしという院宣を下されたので、春と秋に東大寺に赴いたという。これ以後は、高山寺に本拠をもつ時代となる。ただし高山寺の金堂の完成は承久元年(一二一九)四十七歳の時であり、初めは庵居していたにすぎないであろう。この間、紀州に行ったこともあるし、賀茂に別所(仏光山)をかまえたこともあった。そしてこの時期には貴族との交渉が始まる。九条兼実・道家、藤原長房(慈心房覚真。前出四六六頁)、督三位局《こうのさんみのつぼね》などとは比較的早く関係があった。督三位局(白河に邸があった)は、高山寺の堂舎の建立には力になった人であるが、実名は明らかでない。

承元四年(一二一〇)三十八歳の九月、十一年間かかった喜海を相手とする講経が終った。この年に長房のために「金師子章光顕抄」二巻を著した。この奥書に初めて高弁と署名している。四十歳の冬には「摧邪輪」を著し、翌年「摧邪輪荘厳記」を著した。この専修念仏を批判した経験により、三宝礼の名号本尊をつくり、初めは自行とし、後に人々に勧めた。この本尊の中央には「南無同相別相住持仏法僧三宝」とある。その左右には、八十華厳(巻二七)十廻向品に見える菩提心の異名二十種のうちから、万相荘厳金剛界心・大勇猛幢智慧蔵心・如那羅延堅固幢心・如衆生海不可尽心の四をえらんで書き入れてある。建保三年(一二一五)の冬に著した「三時三宝礼釈」には、この三宝礼の意味を唱導しているが、在家の男女は「南無三宝後生たすけさせ給え」と唱え、三宝に物を供養すればいい、とも述べているから、明らかに専修念仏に対抗する意味があった。翌建保四年には「自行三時礼功徳義」(三時三宝礼釈の略本)を著したが、三宝を信敬すれば、必ず菩提心がおきる、仏法に入るには菩提心を先とすることを説いている。

この三時三宝礼に次ぎ、決定的な実践の方法であると考えられるのは、承久二年四十八歳の時に行じ始めた仏光観で、これは晩年を通じて行われた。仏光観の教理を説いたのが「華厳修禅観照入解脱門義」(華厳信種義はその略本)で、高弁の主著ともいえる。観法を説いたのが「華厳仏光三昧観秘宝蔵」「華厳一乗十信位中開廓心境仏仏道同仏光観門」(仏光観略次第)とである。「華厳仏光三昧観冥感伝」にその由来が述べられている。これらによると、高弁は宋から新しく渡った聖教のうちから、李通玄(六三五—七三〇)の「華厳合論」(李の新華厳経論と経文との会本)を得、これが伝統的な賢首(法蔵)の教学に比し、実践的な気分のつよいものであることに感動し、李通玄の事迹に、「長者(李)製論之夕、心窮二玄奥一、口出二白光一、照二耀龕中一、以代二灯燭一」とあることを敬重し、更に解脱(?—六四三)が五台山の仏光山に仏光精舎を建て、華厳経により仏光観を修し、文殊菩薩に再三会うことができたという事(華厳経伝記巻四)を先例として、この仏光観を始めたのである。それは、華厳の行者の求道の過程、十信・十住・十行・十廻向・十地・仏果のうち、十信と十住との間の区切りが求道の関門であるとし、仏光観によりそこを通りこすことができるとする。八十華厳の光明覚品に見える、盧舎那仏の両足輪下からの百億の光明を、行者が信を成す象徴としてとりあげ、それにより十住の初心に入れば不退転となり、成仏に等しいとする。更にこの仏光観に相応する真言として、光明真言をとりあげ、字輪観・五秘密瑜伽の密教の行法と仏光観との一致を説いた(冥感伝・石井教道氏「厳密の始祖高弁」大正大学学報三)。このように、仏光観により密教と華厳との一致を説き、高弁の宗教は最後の立脚地に到達したといえる。

さて承久三年五月から七月に及ぶ承久の乱にあたり、秋の頃、後高倉院の院宣により高弁は賀茂の別所仏光山に移っている。敗兵が栂尾に逃げ込んだのをかくまい、そのために六波羅につれて行かれ、北条泰時に初めて会い、泰時が高弁に帰依する端緒となったという話が、「栂尾明恵上人伝記」に見えていて、周知であるが、大体そういうことがあったのかもしれない。ともかくも、栂尾を去らねばならなかった事情として、右のような話があり得たと思われる。ただし前年の承久二年の十一月二日に関東尼公の消息を得て哀傷すと「夢之記」に見えるから、前年にすでに政子との交渉はあったことになる。栂尾に帰ったのは貞応二年(一二二三)であり、この年には高雄の入り口の平岡に尼寺の善妙寺がひらかれた。承久の乱で刑死した中御門宗行の未亡人が出家して建てたもので、同じような境遇の尼が集ったという。善妙という寺号は、華厳の守護神善妙神による。新羅の義湘と善妙女との物語は、華厳縁起絵巻(高弁が描かしめたもの)に見える。

この頃から高山寺に学衆が多く集ったらしい。一山の僧を相手に講ずることも多く、一例をあげると、貞応三年六月に入解脱門義の講を終えている(この時の喜海の筆記等を本として、後に高信が「解脱門義聴集記」を著している)。嘉禄元年(一二二五)六月十五日から始まった説戒は、十五日と晦日の月二回、高山寺の恒例の行事として行われた。寛喜元年(一二二九)五月十五日・晦日の説戒には藤原定家の妻子が参加したが、その聴衆には貴族が多く、大層混雑したという(明月記)。

晩年には、後高倉院・修明門院(後鳥羽後宮)をはじめ、西園寺公経・富小路盛兼等のほか、多くの貴族の帰依者を得た。僧では覚真・慶政・覚厳などが主な知友というべきであろう。門弟子には、空達房定真のように、神護寺を去って栂尾に来た僧もあり、若い人たちには、高信(順性房)や成忍(恵日房)、更に禅浄房や寂恵房長円(却癈忘記・梅尾説戒日記の記者)の如きがあった。

こうして高山寺がにぎやかになったことは、好ましいことではないとする気持が高まったらしい。人師たることは望まず、自分はひたすらに念誦坐禅の功をつみたいという気持で、高山寺僧団の組織をつくり、経営はそれらに任せたいと考え、置文をつくろうとして草案を書いたが、最後の置文は寛喜四年(一二三二)正月十一日付で、示寂の直前に定められた。寺主定真、学頭喜海、知事霊典とされている。

示寂の前年寛喜三年には、四月に紀州の栖原の施無畏寺を森景基が建立したが、その本堂の供養のために下向した。この時に湯浅一族が連署して施無畏寺四至内の殺生禁断を誓ったが、その文書の袖に高弁も外題を加えている(施無畏寺文書)。これが最後の紀州下向となった。十月には不食の病がひどくなり、同月十日付の書状で覚厳に後事を託し、翌年正月十九日に入寂する。六十歳。この病中から示寂までの間の模様は、喜海の「行状」と定真の記録(定真備忘録)により、かなり詳しく知られる。喜海のしるすところでは、大小乗をはじめ、孔老の教えも、すべて如来の定恵より発したものであり、それらの根本は人法二空の教えで、それこそあらゆる聖者のふまれた妙理であるという意味をくり返して説いたという。生涯の終りに、あらゆる教えを統一して理解できたらしい。「あるべきやうわ」という持言を中年以後は述べていたが、おそらく心の自由でこだわりのない状態こそ、「あるべきやう」になり得たとするわけで、それが理想であったと考えられる。高弁の中年以後の筆蹟は、ある境地に達し得た人のものであることを思わしめる。

　高弁の伝記史料としては、喜海の「高山寺明恵上人行状」が根本となる。しかし、高弁についての説話が多く含まれる「栂尾明恵上人伝記」も、明恵伝説の発展を知り得る意味で貴重で、説話文学としても価値がある。「行状」と数部の伝記系諸本とは、明恵上人資料第一（高山寺資料叢書第一冊、昭和四六年）に所収。古くは、明恵上人要集（奥田正造編、昭和六〜八年）、大日本史料第五編之七（昭和五年）がある。村上素道師の「栂尾山高山寺明恵上人」（昭和四年）、中野達慧氏の「明恵上人と其師資」、浜田康三郎氏の「栂尾明恵上人」（共に昭和六年、以上三著は高山寺刊）があり、潁原退蔵氏「明恵上人」（日本叢書五四、昭和二一年）もある。なお人物叢書の拙著「明恵」（昭和三六年）に一々の事実につき史料名をあげたのでここには省略した。昭和四十二年に白洲正子氏の「栂尾高山寺明恵上人」が刊行された。

証　定（一一九四—？）

証定《しょうじょう》については、これまでに伝記などはつくられていないし、その史料もわずかしかわからない。大屋徳城氏が「禅宗綱目」の著者としてとりあげたにとどまる（「禅宗綱目の出現と其思想上の背景」日本仏教史の研究三所収）。次に二、三の奥書に見えるところをあげてみよう。

〔法皷台聖教目録〕四（大正九、七、廿六、塚原順英）

大方広仏華厳経　第五巻終

建保四年三月十三日於高山寺一校了　証　定

〔法皷台聖教目録〕三（大正九、七、廿六、逸見梅栄）

大方広仏華厳経　第二終

建保四年十一月廿六日於高山寺一校了件校本以東大寺尊勝院本幷唐本各一校了云々仍如本直付了　　証　定

右により、建保四年（一二一六）に高山寺において華厳経の校合に従っていたことがわかる。高弁はこの年四十四歳、「自行三時礼功徳義」を著している。証定は次の華厳経の奥書の年齢によって逆算すれば、二十三歳である。

〔大方広仏華厳経普賢行願品奥書〕（村上素道師「明恵上人」九九頁）

巻　七　貞応元年八月十一日於賀茂別所書写了　　小比丘証定 廿九歳

巻廿七　貞応元年八月十三日於賀茂別所書写之了　　少比丘証定

巻卅五　貞応元年八月十六日於賀茂別所書写了　　少比丘証定

巻卅七　貞応元年八月十五日於賀茂山別所書写之、抑此経一部四十巻、比丘尼十忍房玄春啒請和尚並当山徒衆、於十六羅漢形像前、令転読此経、聴聞之刻、深生愛楽、速発嶶願、欲企如法書写之行、其志日々夜々増進、更無緩怠之色、和尚憐志願之堅、遂応彼請、仍自今月三日啒十口僧、起一七箇日加行、即勤修六時礼讃、沐浴潔済、入堂出堂之威儀法則、遠訪彼修徳・徳円之蹤、近学慈覚大師之儀、加行已満、同十日筆立也、人別所分宛経四巻也、証定列此数、自彼筆立之日、至今日写功已訖、願以此功徳、与施主並同写之輩、各引有縁、同生華蔵世界、列舎那仏会、乃至見聞随喜之輩、同結一味之円因、共成無上之妙果矣、

華厳宗末学　釈証定 生年廿九歳

右の四十華厳の如法書写については、喜海の「明恵上人行状」に見えている。「同（貞応元年）秋比、一人比丘尼大願ヲ起シテ彼山寺ニシテ、十口ノ僧侶ヲ屈シテ四十花厳経一部如法書写ノ行ヲ始ム、其写功スデニヲハテ、上人啓白アリ、上人其前夜ノ夢云ク、十余ノ蔽衣ノ僧来入シテ、随喜ノ色ニ住シテ聴聞アルヲ見ル云々、法花ノ如法経ハ、古ヨリ今ニタヘズ、花厳経ノ如法書写、日本国ニ未ダコレヲキカズ、大唐ノ伝記ニハ多ク見タルトコロナリ、修徳禅師精懃シテ書写セシカバ、

聞経ノ日、其経光ヲ放テ七十里ヲテラス、所求コレヲ祈ルニ願トシテミタザルコトナシ、又徳円法城等如法書写セシニ、不思議ノ霊瑞誠ニアラタナリ、カノ十余蔽衣ノ僧来入随喜ノ夢感ハ、是又十六羅漢等ノ護法聖衆、今ノ写経ヲ随喜来臨ノ験歟」（法蔵の華厳経伝記巻五、書写第九の項に、徳円・法誠・修徳の事蹟が見える）。この時に二十九歳であったが、「禅宗綱目」の終に「余承二上人親訓一十二ヶ年、顕密伝授非レ一、遂至二貞応二年冬一、於二禅法一重伝二秘決一」とあるから、建暦二年（一二一二）に十九歳で初めて高弁に師事したのである。貞応二年に証定は、高弁より「華厳仏光三昧観秘宝蔵」の伝授をうけた。

〔金沢文庫古文書〕第十輯識語篇、（557）華厳仏光三昧観秘宝蔵

（上尾）

写本

貞応二秊十月下旬於高山寺御庵室、三箇夜之間、偸奉伝受畢、此書三（ママ）巻内当巻即自　聖人御房所賜也、執筆林月房也、

小比丘証定

〈但、件本付属大蓮房、以彼本所書留也、以彼所校本書写之〉

（全海の書写奥書を略す）

（下尾）（残闕六紙）

貞応二秊十月下旬於西山高山寺和尚御庵室、賜御草本書写之、一七ヶ夜之間、偸受御口決、廿九日終功畢、小比丘証定生秊卅（卅）歳、但、件本奉付属大蓮房之間、所書留也、

弥勒――高弁（承久三）――証定（貞応二）――長弁

（下巻も全海の筆という）

この奥書により、上巻は三夜、下巻は七日間にわたって伝授をうけたことが知られる。なお「禅宗綱目」の終に、高弁の「華厳仏光三昧観冥感伝」の一節が引用されているから、冥感伝もこの時に伝授されたことは明らかである。右の奥書に証定が大蓮房に高弁より与えられた本を附嘱したとあるが、大蓮房といえば覚智、即ち安達景盛のことであろう。そう

すれば、この証定も関東と関係があると思われないでもない。武士の出身かもしれないと想像される。

証定の栂尾における位置を、この伝授によりきめるわけにはいかないけれども、年齢からいえば長真（十眼房）と同年である。十眼房は「却癈忘記」に出ている。証定は房号がわからないので、却癈忘記や説戒日記に出ているのかもしれないが、明らかではない。貞応元年（一二二二）二十九歳とすれば、生れたのは建久五年（一一九四）である。なお「禅宗綱目」を撰した建長七年（一二五五）にはすでに還俗しているが、その後の事はわからない。なお凝然の「華厳法界義鏡」の末尾（本巻三〇〇頁）と「内典塵露章」に、高弁の弟子の一人として、その名が見えている。

良　遍（一一九四―一二五二）

信願上人良遍《りょうへん》、蓮阿と称した。良遍の年齢については二説ある。建長四年（一二五二）八月二十八日に示寂したが、時に五十八歳であったとするのと、五十九歳であったとするのとである。しばらく五十九歳説による。それは、建長二年に著した「通受軌則有難通会抄」の奥書に、「沙門蓮阿（本名良遍、年五十七）」とあるからである（日蔵、戒律宗章疏下）。このほか奥書等に自ら年齢を記したものはないようである。これ一つでは物足りないが（もう一つ仮名によるものがある）、しばらく五十九歳説による。

五十九歳説によって逆算すれば、建久五年（一一九四）の生誕である。父は、丹波入道藤原盛実という。尊卑分脈の魚名三男末茂孫のところに、正三位太皇大后宮権大夫俊盛の子に「盛実―良遍」と見えるが、別に注はない。盛実の姉妹の女子に「参議長房室」と注する。この長房は、貞慶の弟子として出家した民部卿長房即ち慈心房覚真のことであろう。これは、良遍の興福寺に入る関係を物語るものである。盛実の兄季能は正三位兵部卿大弐、母中納言雅兼女と注する。次兄長房は従四位上右馬頭である。盛実を丹波入道とするのは、「維摩会講師研学竪義次第」である。こう見ると、良遍の生れは公家としては低いといわれよう。母はわからない。

良遍は幼年の時に興福寺に入ったのであろう。貞慶の弟子である光明院の覚遍に師事し、元久二年（一二〇五）十二歳で具足戒をうけた。これは嘉禄元年（一二二五）の最勝講に聴衆として出仕した時の記録に戒臈「廿一」とあるのによる。その最勝講に出るまでの二十一年間については全く知ることができない。宗性書写本の「最勝講問答記」に次の如く見える（「宗性」中四一〇頁）。

入道前丹波守盛実（息）—
　　良遍 興 新廿一

この時、良遍は三十二歳、初めて最勝講に招かれた。同時に東大寺の宗性も聴衆として出仕したが、二十四歳、戒臘は十二である。良遍が遅いのは、やはり出自の低い故であろうか（宗性は入道宮内権大輔隆兼の子、前中納言宗行の猶子）。

安貞二年（一二二八）十月二十二日、閑院内裏での最勝講に聴衆として参加した（最勝講問答記〔「宗性」上七八頁〕・民経記〔大日本史料第五編之四〕）。良遍は三十五歳である。

寛喜二年（一二三〇）三十七歳、興福寺維摩会の講師をつとめた（維摩会講師研学竪義次第・三会定一記）。「三会定一記」には、「講師良遍大徳」の右傍に「卅七」と注があり、五十九歳示寂説に合致する。

貞永元年（一二三二）五月二十日閑院内裏における最勝講では講師にえらばれた（最勝講問答記〔「宗性」上八四頁〕）。十人の講師の末席で、「民経記」には「凡僧講師」と注する。天福元年（一二三三）四十歳、五月十九日の季御読経に請ぜられた（民経記）。文暦元年（一二三四）十月の維摩会と、翌嘉禎元年（一二三五）十月の維摩会に聴衆として出仕した（維摩会問答記九）。このように、良遍は最勝講の聴衆に出仕したのを初めとして公請《くしょう》に応じ、維摩会の講師をつとめ、已講と称されることになった。興福寺僧として次第に地位の昇進を見たということができる。しかし、三十二歳で最勝講に出仕するまでの史料のない時代こそ教学の研究にうちこんでいたのであろう。承久二年（一二二〇）八月には「因明大疏私鈔」九巻を記し（島地大等師「日本仏教教学史」二二八頁）、十月には「因明相承秘密鈔」を抄している（「宗性」中一六五頁）。時に二十七歳であるが、因明の学習をしていたことが知られる。

さて天福二年（一二三四）正月下旬、興福寺光明院良遍已講が、笠置寺東谷房に住していた宗性に「三宝感応要略録」第十四（遼の非濁撰）を送っている（弥勒如来感応抄草二〔「宗性」上四八四頁〕）。これにより、良遍が興福寺光明院にこの時住していたことがわかる。そして、宗性との交りがあったことを知り得る。翌文暦二年（一二三五）八月十一日付で、良遍から宗性にあてて次のような書状を送った。

内院業因、三会値遇之御習学、真実浦山しくこそ候へ、暖々淩々して一期空欲レ過候、心深く候て、若被レ遂ニ御本望一候はゝ、必々御引導候へよ、是ハ非ニ戯言一候、可レ有ニ仏□（天カ）之照見一候也云々、

このように良遍は、宗性を兜率上生を期す同志として引導を望んだのである。宗性は時に三十四歳、東大寺鼓坂房に在り、右書状に委細の返事を書き送ったという（禁断悪事勧修善根誓状抄〔「宗性」中五三四頁〕）。良遍もこの時は、兜率上生に思をかけていたのである。

嘉禎三年（一二三七）正月十三日の僧事において、良遍は少僧都に転任している（類聚世要抄四〔大日本史料第五編之十一〕）。これによれば、これより前に律師に任ぜられていたのであるが、その時日は明らかではない。仁治二年（一二四一）正月の僧事に、法印に叙せられた（類聚世要抄四〔大日本史料第五編之十三〕）。この間、延応元年（一二三九）十一月二十五日、九条道家が南都に来り、東大寺戒壇院において大僧正覚教より受戒した時、良遍は羯磨をつとめた（延応元年記〔大日本史料第五編之十二〕）。そして同年の二月二十一日、宗性が勝願院の良遍のもとに移住して、「因明大疏抄」の講義を聞き（「宗性」中九頁）、九月十二日には宗性は「唯識論同学鈔」の中の因明論義の講義をうけた（因明対面抄四〔「宗性」中三一頁〕）。仁治二年（一二四一）十一月十一日、宗性は東大寺中院において、良遍から借り受けた「法差別因明相承秘要抄」を書写している（「宗性」中五三頁）。かく因明について宗性に教えている。

さて仁治三年（一二四二）六月二日、遁世して生駒の竹林寺に移ることになる。良遍が生駒竹林寺に遁世した年月を仁治三年

六月とすることは、宗性が寛元三年（一二四五）正月十四日東大寺西塔院に書写した「因明相承秘密抄」の奥書に、「抑勝願院上綱（良遍）自二去仁治三年六月之比一、御二籠‐居生馬山麓竹林寺一之間、因明御抄出併進二置光明院上綱（覚遍）之御許一畢」と見えるからである（「宗性」中一六五頁。同文は春華秋月抄草九（「宗性」中一六六頁）・寛元二年十一月七日書写の積聚性因違法自事の奥書にもある（「宗性」中一五七頁））。六月二日とするのは、良遍の寂後五《ご》七《しち》日（建長四年十二月三日）の仏事説経の施主段に、「六月二日初卜閑居」とあるからである（啓白至要鈔二（「宗性」中四〇九頁））。「春華秋月抄草」九に所収の積聚性因違法自事の奥書には六月二十日とあるので、多少の疑問はのこる。なおこの施主段の文句に、「四十八籠居、表二弥陀四十八願一」とある（浄土法門源流章にも「四十有八棄二世栄一居二住生馬大聖竹林寺一」と見える）。仁治三年四十八歳とすれば、建長四年示寂時に五十八歳となる。これは五十八歳説の証となるが、初めに記したように自記の年齢と矛盾するので、とらないこととする。

良遍の籠居した生駒竹林寺については、凝然が嘉元三年（一三〇五）に著した「竹林寺縁起」により知ることができる。この地は、かの行基の廟所と伝えられ、行基が文殊菩薩の化身とされていたので、文殊の霊場である五台山の大聖竹林寺にならって竹林寺とよばれた。それは、行基の廟が文暦二年（一二三五）にあばかれ、舎利瓶が出現し、それから行基についての信仰が盛んになり、堂塔が整えられ、大聖竹林寺と号するようになったのである（大門の寺名の額は藤原教家法名慈観の筆）。そして、ここに次第に遁世の僧が集るようになった。浄土教の長西の門人の空寂、明遍僧正の門人で海竜王寺の住持の迎願がここに住した。それに次いで、良遍もここに遁世したのである。

さて良遍の遁世について、その動機を考うべきであろうが、年齢からいえば、すでに四十九歳であり、源空などの若年の遁世には比べることはできない。貞慶に比べても年長である。それほどつよい主体的な決意によるものではないようにも考えられるであろう。南都の僧としての昇進も、これ以上は大して期待できぬということもあるであろう。この頃になれば山寺に籠居することは、南都の僧として慣習的なことかもしれない。しかし、なお良遍の主体的な決意がなかったとはいえないと思われる。その一つは、良遍がその頃の南都の僧侶の現実の姿にはげしい怒りを抱いていたことである。

著作年代はわからないが（おそらくは遁世以前かと思われる）、「護持正法章」に如何なる点を改むべきかを具体的に述べているからである。第二には、江戸時代の諸伝が指摘していることであるが、嘉禎二年（一二三六）の覚盛・叡尊等の自誓受戒による戒律復興運動の影響である。興福寺の松院に居た覚盛に謁し、受戒し、律文の不審を定舜（俊芿の弟子、嘉禎三年海竜王寺に住す）について尋ね、その結果、覚盛のたてた通受比丘性戒倶成の義について、世に疑問を抱くものが多かったので、それを擁護するために、「通受比丘文理抄」等を著したというのである（本朝高僧伝・蓮阿菩薩伝）。要するに覚盛等の運動に共鳴したのである。そして竹林寺において律と共に念仏を行じたという。

「法相二巻抄」は、諸本のうちに、「仁治三年壬寅三月二十四日弟子随従ノ沙弥縁円記ス」という奥書があるものがある。これによれば、生駒籠居の前に書かれたものである。

宗性は、仁治三年（一二四二）九月二十三日、竹林寺に参籠し、二十七日から良遍より因明について教授をうけた。毎日八斎戒を受持し、内明（大小乗）・因明の二明の法門について長時間習学し、十月一日に及んだ（因明対面抄六〔「宗性」中八五頁〕）。相変らず良遍は因明について宗性に教えている。

良遍は竹林寺にのみ住していたのではなく、何時からかは明らかでないが白毫寺（奈良市）に移っている。寛元二年（一二四四）卯月十日には、白毫寺草庵において「菩薩戒通別二受鈔」の奥書を書いているから、それ以前であろう。かの東大寺の円照は、白毫寺に良遍を訪ねた。凝然は、そのことを「円照上人行状」上に次のように記述している。

照公遁世之後、数事二遊参一、延暦薗城、洛中霊所、東西名山、四天王寺磯長、当麻高野長谷、如レ是遊歴、催レ信養レ意、普勧二道俗一、専念二弥陀一、大作二籍帳一、記二録名数一、雖三広尋二名所一而不レ如二南都霊跡並レ甍仏法繁昌一、即還二南京一住二東大寺一、于時籠二春日社一祈二請善縁一、第七日夜、感二霊夢一云、「近日白毫寺有二良遍法印一、辞二本寺交衆一、遊二心於閑寂一、須下早往二彼寺一投為中善知識上、出世大縁以為レ足矣」云々、夢覚未レ暁往レ彼面謁、帰投作二師事之礼一、致二常随之忠一、遍公興福寺之名僧、勝願院之英匠、二明究レ奥、五階歴レ業、光レ古之明灯、耀レ来之赫日也、照公入二彼門室一学レ法非レ一、法相宗旨伝受、于時良遍上人請二禅慧大徳於竹林寺一談二行事鈔一、照公同在二講席一研尋陶練、(中略)富小路天皇〈後嵯峨法皇太子〉御宇宝治元年丁未、照公年二十七、従二竹林寺一移二住海竜王寺一〈俗言二角寺一〉

円照が二十代の初めにいずれに赴くべきかに迷っていた頃、春日社に参籠し、夢想により白毫寺の良遍のもとに赴き、師事したのである。右の記述によれば、良遍は竹林寺に行事鈔を講じた。そして円照は宝治元年まで竹林寺に居たという。良遍は、両寺の間を往復していたものと考えることができよう。

良遍の唯識についての大著である「観心覚夢鈔」三巻は寛元二年(一二四四)に著されたという(島地大等師「日本仏教教学史」二二八頁)。その補闕は、宝治二年(一二四八)に著された(奥書が各篇にある)。また寛元四年(一二四六)極月二十一日、「応理大乗伝通要録」の奥書を書いた。

「真心要決」は、前抄は寛元二年十一月の奥書があり、後抄には寛元四年三月十一日の奥書がある。真心要決は、宋朝禅との関係において書かれたもので、聖一国師円爾に呈したものと伝えられている。良遍が、円爾に呈した書状が伝えられているが(本朝高僧伝・蓮阿菩薩伝)、それは真心要決に添えて送られたものという。良遍と円爾の出会いは、どうしておこったであろうか。興味ある問題といえる。

「蓮阿菩薩伝」によれば、円爾が東福寺に「宗鏡録」を講じたのを、木幡観音院の真空と共に聞きに行き、その講が終った後に、真心要決と共にこの書状を呈したという。「聖一国師年譜」を見ると、寛元四年(円爾四十五歳)の条に、九条道家が普門寺を建てて円爾をこれに居らしめ、岡屋兼経が円爾をして宗鏡録を講ぜしめた。円憲・廻心・守真・理円等がみな座に預ったとある。廻心は即ち真空の字《あざな》であるから、おそらく良遍もこの時に聴講したものであろう。「宗鏡録」一〇〇巻は、永明延寿の撰、無住道暁によれば、円爾の宗教の中心をなす書という。円爾が如何に講ずるか、世の識者の注目したところであったろう。

円爾にあてた良遍の書状には、前半には、自己の法相宗の教理を述べ、次に戒律と禅定に欠けている自己を顧み、更に浄土に往生することを願うのみでよかろうか、と現在の立脚地を述べた後に、円爾は在宋六年、径山《きんざん》の無準師範の法を嗣いでいるから、大機大悟、無礙の弁があるであろうとその教を請い、「但し吾宗を顧みるに、言あれども実なし、恥づべし悲しむべし」と述べている。この法相宗には、教説はあるけれどもその実践の方法がない、したがって真実の証悟が得られないということばこそ、良遍の真実の叫びであり、念仏を併修した理由であり、更に円爾の教えを請うた所以である。

念仏については、寛元四年(一二四六)閏四月十日、東大寺新別所(知足院)において「善導大意」を著した。次に建長二年(一二五〇)二月九日の奥書の「厭欣抄」がある。この奥書に、「偏執之失、甚恐レ之、若偏執者、薬変為レ毒、偏執者、唯自所解為二諦実一、余皆為二凝妄一也」と、偏執を戒めているのは、専修念仏に対していうのである。本文中にも、念仏者が余行を誹謗するのを悲しむといい、「今世繁昌、餝レ声好レ色、如二俗歌詠一、不浄酔乱之礼讃者、都非二和尚(善導)之所二勧誘一也」と記し、専修念仏者の六時礼讃が、音楽として民衆によろこばれていることを好ましくないと見ている。翌建長三年三月二十四日、生駒草庵において著された「念仏往生決心記」においても、念仏については、善導をより所としているが、最後に唯識観との併修を説き、白毫観(丈六の仏を観じ、眉間の白毫の白光を観じ、自身に遍満して安静なるを得)を説いているが、白毫観は良遍の自行である。凝然も「良遍上人修二白毫観一、心眼開明現見二弥陀一、平生之間不レ語二他人一」と記している(円照上人行状中)。

善導大意を著した時に住していた東大寺知足院は、地蔵菩薩を本尊とする。もと寛平二年に建立されたが荒廃してなくなっていた。それを建長二年(一二五〇)に別当法印定親が再興し、律僧を住せしめんとし、良遍が住したという(東大寺続要録諸院篇(「宗性」中三八〇頁・知足院縁起幷遺誡(「宗性」中三八〇頁))。この建長二年より四年前に良遍が住しているから、再興の事業は早く始まったものであろう。建長元年(一二四九)七月四日から十月五日までの間、宗性は東大寺知足院別所信願上人御房御庵室に南北往還の隙、身心清浄の時に、この幽閑の勝地に参籠し、「日本高僧伝要文抄」を抄写したと奥書に記している(「宗性」中三二五頁)。更に秋から冬には同所において「日本高僧伝指示抄」を書写している。宗性は、この時は尊勝院から、隙を得ては知足院に通ったわけである。

なお建長元年五月七日、西大寺四王堂の清涼寺式の釈迦像の開眼供養の導師を良遍がつとめている（感身学正記）。叡尊の西大寺僧団との交渉はこの一事しか記録されていない。建長元年十二月に「唯識観用意」を著した。建長二年十月下旬、知足院において「通受軌則有難通会抄」を著したこと、年五十七と自記していることは、初めに述べた如くである。この建長二年に「菩薩戒別受行否鈔」（六月に法性寺殿に注進した草案という）、「通会懺悔軌則鈔」が撰せられたようである。

建長三年九月に「奥理抄」が書かれた。奥書に、「沙門法界生《作名》〈生作（年の誤か）五十八〉」とある。法界生という作名（仮名）であるが、五十八歳とあるから、五十九歳示寂説の一証となる。そして十一月二十八日に遺誡をのこして、知足院を覚澄に附囑し、毎日地蔵堂の勤行を怠るべからざることを定め、持戒僧徒をして住せしめ、律を談じ、四重飲酒等禁戒を持せしめ、酒宴博奕等の悪事を堅く止め、幽閑を好む輩を常住せしめ、過差名聞酒宴博奕闘諍遊戯の類を好む者は、たとい修学の徳があっても同住させてはならない。西大寺・戒壇院・招提寺のために、受戒の興行は尤も大切であり本意である、と記している。以て良遍の望んだところを知り得る。

そして良遍は建長四年（一二五二）八月二十八日竹林寺に入寂した。蓮阿菩薩伝・招提千歳伝記・唐招提寺蔵信願上人画像賛（「宗性」中四一〇頁）等に八月二十八日と見える。招提千歳伝記は五十九歳、蓮阿菩薩伝・信願上人画像賛は五十八歳とする（浄土法門源流章・本朝高僧伝・律苑僧宝伝は六十九歳とする）。八月二十八日入寂は、五七日《ごしち》仏事が十月三日であることによって正しいとされる（啓白至要抄二〔「宗性」中四〇九頁〕）。著作は、右に述べたもののほかにも多く、蓮阿菩薩伝の終に見える。弟子は、覚澄（知足院に住）・密厳（下野薬師寺を中興）・宗性・賢恩（興福寺中院に寓す。「内典塵露章」にも良遍の弟子としてあげる）・良忠（鎌倉光明寺に住）が蓮阿菩薩伝にはあげられている。

蓮阿菩薩伝は、宝永七年（一七一〇）、知足院の良信の撰で、かなりまとまっている（善導大意板本巻首・大悲菩薩弟子行状集〔日蔵、戒律宗章疏下〕）。本朝高僧伝巻六〇の良遍伝より後のものであるから、その誤を訂している。律苑僧宝伝一二・招提千歳伝記中二にも伝がある。後者の方が年月の誤がすくない。凝然の「浄土法門源流章」の終に、法然流でない念仏者のひとりとして略伝がある。

叡　尊（一二〇一—一二九〇）

思円上人叡尊《えいぞん》は、建仁元年辛酉（一二〇一）の五月、大和国添上郡箕田里（大和郡山市白土）で、興福寺学侶慶玄の子として生れた。父は源氏、母は藤氏という。これは「金剛仏子叡尊感身学正記」（思円上人一期行状記）に見えている。この学正記三巻は、弘安九年（一二八六）三月に、八十六歳の叡尊が自分の一生を記録した年代記で、その前年の十一月から記し始めたと奥書にあるが、もとの史料があったのであろう。この学正記は、叡尊の伝記史料の骨格をなすものであるから、補注（本巻四四〇頁以下）に主要な部分を引用しておいた。それ故、以下の伝記は、簡単にその生涯を見るにとどめたい。「西大寺叡尊伝記集成」（奈良国立文化財研究所刊。以下「集成」と略称）に、学正記をはじめ、関係史料が集大成されている。

六歳の時に母が死に、父は貧しいため三人の子供を養うことができないので、八歳の時から醍醐寺西大道小阪御子の家で養われた。十一歳、養母も死んだので、養母の妹、弥座一御子の家に送られた。そこから醍醐寺の伊賀阿闍梨叡賢の房に住せしめられた。弥座一の夫が叡賢に養われたことがあったからである。叡賢の房で、花を摘み、焼香し、諸尊に供養するのを日々の勤めとしていた。十四歳、同じ醍醐寺の安養院栄実の房に移った。十六歳の七月、箕田に帰り、父に会い、翌年の六月まで居たが、再び醍醐寺に戻った。そして、自ら道を求める気持をおこし、顕密のうち何宗を学ぶべきかを考え、密宗は入り難いので顕宗を学ぼうと思い、醍醐の清滝宮に祈ったところ、七日目の夜に、金剛王院に行けという夢想があり、真言を学べとの霊夢と思った。しかし自分の願うところに違うので信じなかった。けれども仏教教学を学ぶ最初は倶舎を学ぶのが普通であったから、倶舎頌疏を学ぶために醍醐寺西谷の恵操の弟子となったが、恵操から真言密教が末世の凡夫にふさわしい教であることをねんごろに説かれ、それから密教を学ぶ気持になったという。このように叡尊は、初めからどうも密教には心が向かなかったのである。しかし、その建保五年(一二一七)の冬(十二月中旬)円明房阿闍梨を和尚として剃髪した。けれども、世の資縁を闕くため、心事相違し、空しく日月を送ったという。即ち密教の伝法のためには、資金が要ったのである。そこで土佐権介貞康の猶子となり援助をうけようとしたが、僧を助成する意志がなかったので、その死後、醍醐に登り、十八道の加行《けぎょう》を円明房で修した。

承久三年(一二二一)の二月に金剛界の初行をとげたが、密教の修学には高野山に登るにしかずと考え、元仁元年(一二二四)二十四歳の二月に高野山に登った。一旦は高野山で修学しようと志したが、老父が近くに住すべしといったので、父の命に随い、父の師であった老人(東大寺中門辺に住)の許に至った。この老人に所願を語ったところ、老人は叡尊の志を随喜した。そこで醍醐の安養院において胎蔵界の初行を終った。しかし、住山の資縁がないので苦慮し、峯寺に参籠して祈った。そして嘉禄元年(一二二五)八月、長岳寺(天理市柳本)に赴き、霊山院阿闍梨(静慶)を師として、密教の行法の伝授をうけた。印可を授けられて後、口訣をうけ、聖教を書写して、密教の修行を怠らなかったが、文暦元年(一二三四)三十四歳の時に、密教に対する批判から、戒律を受学することを決意するに至る。この転機については、「興正菩薩御教誡聴聞集」にも見えている(本巻二一〇頁以下)。

文暦元年(一二三四)冬、西大寺宝塔院で六口持斎の僧を安置すると聞き、これに参加したいと思った。翌嘉禎元年正月十六日、西大寺に住した。これより自誓受戒に至るまでのことも、教誡聴聞集(本巻二〇七頁)と自誓受戒記・学正記(補注四四二頁参照)に詳しい。嘉禎二年九月四日、覚盛と共に自誓受戒して菩薩大比丘位に登った。この時はちょうど興福寺僧兵の強訴に対する幕府の対策として、一時的に大和国にあまねく地頭がすえられた(大和には守護地頭はこれまでおかれなかった)。このため、大和国中は混乱し、地頭が寺の財産を奪ったりしたので、西大寺に帰っていたが、尊円の指示により海竜王寺に移った。しかし、暦仁元年(一二三八)寺僧との和合を欠き、八月五日西大寺に帰った。そして十月二十八日西大寺に結界し、翌日布薩を行い、律寺として出発した。その翌年九月、忍性(良観房)が、初めて叡尊に受戒した。これが二人の出会いである(忍性の出家の事情も、補注四四〇頁参照)。

これから叡尊は、西大寺を本拠として、戒律を勧めるために大和を中心に近畿の各地を廻り、活動する。戒律の聖教の講義もあるが、最も多いのは授戒である。一般の俗人に授戒することの意味をどう考えるべきであろうか。受ける人々としては、持戒の聖に結縁するということであったろう。そこには病気を治したいというような願いも勿論あったであろう。しかし叡尊としては、興法利生で戒律に結縁させることにより衆生を利益するという態度で一貫していると思われる。

西大寺僧団の発展は、僧が多く集ることによって成り立つ。僧尼が律戒を学び実修するために集ったと共に、多くの寺院もこの叡尊の戒律の道場に参加した。尼寺には法華寺、僧寺には般若寺を初めとして次第に増加していった。弘安三年に鏡恵の記した授菩薩戒弟子交名(その一)によると、「都合出家五衆八百二人之内、比丘三百八十九人、沙弥百二十二人、比丘尼百八十三人、式叉尼四十八人、沙弥尼六十人」と見える。同交名(その二)には、「形同沙弥二百八十人、形同沙弥尼百三十八人」があるが、これには寺名があり、西大寺・般若寺・不退寺・西林寺・薬師院・浄住寺・春光寺・最福寺・弘正寺・多田院・海竜王寺・教興寺・神願寺・三学院・額安寺、法華寺・教聖院・道明寺・光台寺とある(「集成」三五九～七八頁)。

宝治二年(一二四八)四十八歳、律三大部等の聖教を西大寺に迎えた。これは定舜(隆信房)が入宋してもたらしたものであった。建長元年(一二四九)五月七日、西大寺四王堂に良遍を導師として釈迦像の開眼供養があった。これは嵯峨清涼寺の釈迦像を模刻したものである。

文応元年(一二六〇)には葉室定嗣が叡尊に帰依する。出家して法名を定然心月房といった。葉室に浄住寺が開かれ、京都における西大寺流の根拠地となる。そして、定然により後嵯峨院の帰依を得、それについで朝廷の帰依をうける端緒となる。「西大寺田園目録」(永仁六年(一二九八)鏡恵跋、天福二年(一二三四)以後の田園目録(「集成」四一二頁以下))によって、和島芳男氏の説かれるところによれば、西大寺に田地を寄進したのは、荘官名主層とされる人々が多いという(同氏「叡尊・忍性」三五頁)。また学正記に見える、大和・和泉などの人名も同じような身分の人々のようである。葉室定嗣の帰依は、叡尊の宗教を朝廷に結びつける契機となった。

弘長二年(一二六二)、叡尊は北条実時の請により鎌倉に下向した。二月四日進発、八月十五日帰寺までのことは、性海の記した「関東往還記」(その一部は欠く)が現存するので、かなり詳細に知り得る(時頼に関する項は補注四四五頁参照)。

文永四年(一二六七)七月、般若寺に文殊師子像の開眼供養が行われた。般若寺は、奈良の北山の非人宿に近いので、叡尊は非人救済のために、すたれていた同寺を再興しようとした。まず建長七年に文殊像をつくらせ、弘長三年には師子をつくらせ、更に文永元年に大般若経を書写せしめ、文殊師子像の胎内にこれをこめ、花座には受戒者三万百五十八人の名帳、所々殺生禁断等状五十六通などを納めたという。叡尊の弟子信空(慈道房)が般若寺に住した。

文永六年三月、般若寺の西南の野を施場とし、無遮大会を行なった。生身文殊たる非人に無制限に供養するというのである。この時の叡尊自筆の願文が西大寺の所蔵にある。

文永五年、解夏の後、四天王寺に異国の難を払はんがために勤行し、八月十九日難波浦において百余輩が祈禱した。これを初めとして異国の難、即ち蒙古襲来についての叡尊の祈禱はおびただしく、一々あげることはできない(補注四四七頁にその大部分をあげてある)。かつて正元元年(一二五九)に石清水八幡の宝前において南北二京の持戒僧と共に一切経を転読するように八幡の検校から求められた時に、叡尊は、受戒して以来是《かく》の如き請に随ったことがないから辞退する、衆僧はどうするか評定せよと問うたところ、一人の僧が夢想を感じ、承知するように勧めた。そこで、衆僧も叡尊も神慮をおそれ、なまじいに承知したという。これは、叡尊が祈禱のため神の法楽として読経することには躊躇したことを物語る。持戒の聖としての在り方と、このような祈禱とに異質なものを感じたのであろう。しかし、異国の難にあたっては、そうした気持もなかったのであろう。

この蒙古襲来の祈禱により、叡尊は朝廷に接近し、貴族の帰依をうけた。建治二年(一二七六)閏三月、嵯峨殿において亀山院に授戒した。これを初めとして、弘安二年(一二七九)には上皇、女院、公卿殿上人に授戒した。弘安四年七月十二日には、亀山院が西大寺に御幸された。弘安七年三月には、後深草院をはじめ七十人に授戒し、閏四月と十月には、後宇多天皇はじめ四十余人に授戒した。

弘安三年(一二七九)八月、叡尊八十歳、寿像として肖像が仏師善春らによってつくられた。現に西大寺に安置されているが、その胎内納入文書が多数あり、それらの中には自誓受戒記の如き貴重な史料をはじめ、西大寺有恩過去帳・授菩薩戒弟子交名・西大寺近住男女交名・西大寺西僧房造営同心合力奉加帳等があり、西大寺僧団の考察の根本史料である(「集成」所収)。

弘安七年九月、叡尊を四天王寺別当に補する院宣と関東申状とがもたらされた。叡尊は辞退したが許されず、西大寺において評定を重ねた末、翌年正月に請文を勧めた。三月十四日入堂し、梵網経古迹を講じ、四月三日七三〇人に授戒し、四日金堂において舎利を拝見した(この舎利は、前年七月以来出現せず、怪異とされ、これを以て戒徳のある叡尊を別当とすべきであると、関東申状には述べていた)。四天王寺別当の職は、叡山と園城寺との間に争われていたもので、持戒の聖たる叡尊の補任は、特別なことであった。

学正記は、弘安八年八十五歳を以て終っている。なお叡尊の著作は、「梵網経古迹記文集」一〇巻、「菩薩戒本宗要輔行文集」二巻等のほか多い。

叡尊は、正応三年(一二九〇)八月四日西大寺において発病、同二十五日示寂した。九十歳。「西大寺興正菩薩御入滅之記」があり、病中・終焉・葬送以下没後修善に至るまでの事が詳しい(「集成」所収)。

なお、和島芳男氏の「叡尊・忍性」(人物叢書、昭和三四年)がある。

凝　然(一二四〇―一三二一)

凝然《ぎょうねん》の伝では、大屋徳城氏編の「凝然国師年譜」(東大寺勧学院刊、大正一〇年)が、最もまとまったものである。本朝高僧伝一六・律苑僧宝伝一四・招提千歳伝記上二にそれぞれ伝があるが、あまり相違するところはないようである。次に「年譜」により、その生涯を大観しよう(以下引用の奥書は「年譜」所引による)。

示観房凝然は、延応二年(一二四〇)三月六日、伊予高橋(越智郡)の越智氏の子として生れた(伝律図源解集・新居系図)。それ以後、幼時・少年の頃のことは明らかでない。ただ十六歳の時(建長七年)に山門の菩薩戒をうけ、十八歳(康元二年)に南都の戒壇に登って別受戒をうけ、二十歳(正元元年)に通受戒をうけたことが(円照上人行状中に、「示観房凝然受二生与州一、正元々年□五日受戒」とある。月は不明)、晩年になってからの著書の奥書に自書するところにより、逆算してみて知られるところである。例えば、正和元年(一三一二)七月の「法華疏慧光記」二六の奥書には、「華厳宗沙門凝然、報齢七十三、通受法臈五十四廻、不共菩薩戒臈五十八夏」とある(不共菩薩戒が叡山)。はじめは、叡山と南都を経廻していたわけである。凝然が通受戒をうけた師は円照(実相房)である。十八歳、南都東大寺の戒壇院において受戒した時から、おそらく円照に従ったものであろう。正元元年(一二五九)通受戒をうけた時には、戒壇院において円照に師事していたことは明らかである。即ち円照が南山道宣の三大部などを戒壇院に講じたが、凝然は正元元年己未から文永四年丁卯(一二六七)に至る首尾九年間、他寺に住していることがあっても、講義の時は戒壇院に帰り、円照の複講を勤めたと自記しているからである(円照上人行状中)。戒壇院に円照に従うことが正元元年以後と考えられるのは、「円照上人行状」に、正嘉年間からのことが詳しいからでもある。正嘉二年(一二五八)正月から七月まで京都の三聖寺の円悟上人浄因が請ぜられ、戒疏を講じた。これは北京律(俊芿の流)と南京律とが和通した最初であるとし、凝然も円照の他の門人と共に浄因の教をうけたという。凝然は、華厳は東大寺尊勝院の宗性を師としたのであるが、何時からであるか、明らかな史料はない。ほぼ同じ年頃からであろう。

凝然は弘長元年(一二六一)二十二歳の時、京都の北の九品寺に行き、長西が善導の観経疏を講ずるのを聞いた。長西は、法然門下の一流の首で、いわゆる諸行本願義に属した。その時、長西は七十八歳、長西が凝然に次のように語った。観経の三心(至誠心・信心・廻向発願心)と維摩経の十七事中の初の三心(真心・深心・菩提心、仏国品第一に見える)、それと大乗起信論所説の三心（信成就発心・解行発心・証発心）とが全く同じである、維摩経と観経の三心は浄土門中の心行であるが、起信論の三心は穢土の修行で、聖道門中の習業安心である、所向は異なっているが、法体は是れ同じであると（維摩経疏菴羅記九奥書）。凝然は「浄土法門源流章」に、長西の略伝と所説とを記述している。即ち、長西は讃州の人、法然の寂後、住心・俊芿について止観を学び、仏法禅師（道元）に値い、久しく禅学を習い、起信論・釈論（大智度論）を熟知し、浄土の法門を温習すること大であると讃えている。

弘長三年（一二六三）から文永四年（一二六七）までの五年間、木幡の廻心上人真空に従い、寸陰を棄てずに真言教を学び、十住心論についても殊に精しく研究した（諸宗章疏録二、十住心論第五巻義批後記）。真空は、初めは東大寺東南院に三論を学び、密教は醍醐理性院の行厳より伝授をうけた。良遍と共に覚盛の興律に賛し、寛元初めより木幡観音院に居り、文永五年七月八日寂した。

文永五年（一二六八）正月、伊予の円明寺で「八宗綱要」を著した。円明寺は、現在は今治市阿方に在り、延命寺という。旧寺趾は、近見山の東谷と推定されており、凝然の住房はその近見山の西谷にあったらしい（越智通敏氏「沙門凝然」五三頁）。このように凝然は、郷里に帰っても著述にいそしんだ。八宗綱要は仏教概論として、後世最も多く読まれたと思われるが、最初の著作であった。奥書に、華厳一宗すら知り得ざるのであるから、ただ名目をあげ、管見を述べたにすぎない、と記している。

文永八年（三十二歳）三月、「和漢春秋暦」を鈔したが、これは凝然の多方面にわたる才能を考えさせる。翌九年、凝然に弟子禅爾（円戒房、初名は中一）が入門し華厳を学び始めた。この時、凝然は洛北鷲尾の金山院に住していた。この禅爾は北洛の人で、二十三歳の時に円照から具足戒をうけ、戒壇院に居た。和泉久米田寺にも住したが、凝然の後をうけて戒壇院の住持となった。ところで鷲尾金山院は、円照が住持として門人のために戒律を講ずる道場であった。例えば、泉涌寺の円珠を請じ、律鈔・菩提心論を講ぜしめるなど盛んに学問が行われた。凝然は円照の命により、文永八年から十年頃までの間、金山院に住したという(円照上人行状中)。

文永十一年(一二七四)初夏以後、円照の命により、凝然は律部を講じ、「長日連続す、講談絶えず」ということであった。凝然の数多い著作の中、註疏で現存する最も早いものは、「梵網戒本疏日珠鈔」八〇巻である。初め建治二年丙子(一二七六)六月四日東大寺戒壇院において第一巻の奥書を記した。そして巻三九の奥書を書いたのは、翌建治三年丁丑四月二十八日であった。一年近くを費した。この鈔には、七年後の弘安六年(一二八三)五月から潤色の筆を染め始めた。この再治は一旦中断し、弘安九年三月に再び始め、同七月に完成している。

建治二年に凝然は、華厳経を大仏殿に講じたと伝える(伝律図源解集・招提千歳伝記・律苑僧宝伝)。ついで建治三年には、「華厳五教賢聖章」を著した(巻二一奥書「十月廿一日於東大寺戒壇院」)。しかし、そのころ建治三年十月二十二日に、師の円照が金山院において寂した。凝然は、戒壇院において二十日の夕に円照上人の病悩の告を聞き、翌二十一日の朝上洛し、わずかに唯一夜和上の存日に値ったのみである。病室に和上を見舞うと、「この五、六日病患に侵され、今生の報齢事、是最後なり」と円照は語ったという(円照上人行状中)。凝然は、その二十六年後の正安四年(一三〇二)六十三歳に、この「円照上人行状」を撰したのである。おそらく円照示寂の記述には感慨無量であったろう。その奥書に、「生涯幾《いくばく》ならず、奄化近きに在り、願はくは安養に生じ、早く先師に見えんのみ」と記している。

さて、凝然は円照の譲をうけ、戒壇院に住持することとなった。この戒壇院の復興は、西迎房蓮実(高弁の遺弟)の発願により、仁治三年(一二四二)に柱一本がたてられ、次第に建立されて建長三年(一二五一)に初めて円照等八人が移住し、やがて円照が独住して示寂に及んだのである(円照上人行状中)。

弘安三年(一二八〇)十月から翌四年夏にかけ、「華厳二種生死義」三〇巻を撰した。弘安八年二月十九日、予州円明寺において「華厳五十要問答」上巻に加点した。伊予に帰っていたのである。弘安九年八月より翌年七月までは、「華厳孔目章発悟記」二三巻を戒壇院において撰している。

弘安十年四月二十三日、般若寺の文殊菩薩像の眷属として造立された優塡王および善財童子像ならびに書写された六十華厳入法界品の供養が行われ、凝然が導師として請ぜられた。この像は興福寺僧の琳英と英春の発願になるもの、写経は般若寺僧一六人が書写した（西大寺文書〔「集成」四〇七頁〕）。凝然と西大寺流との交渉である。叡尊は未だ存命していた。叡尊は、正応三年（一二九〇）八月二十五日示寂したが、その叡尊の略伝を凝然はその年の九月十八日に撰した（行実年譜附録所収、西大寺中興思円上人行業記〔「集成」二〇九頁〕）。

正応五年、「華厳十重唯識瑺鑑記」七巻、「華厳十重唯識円鑑記」を著し、これを禅爾に附嘱した。翌永仁元年（一二九三）には、五月に善法寺（石清水）の僧庵で「内典十宗秀句」を著し、十月には伊予道前久妙寺に「倶舎論頌疏」を書写した。永仁三年春二月、「華厳法界義鏡」二巻を聖忠の命により撰述、同五年三月に書写し、甥の実円に与えた。同六年十月、「維摩経義疏」を戒壇院に講じたが、同書に訓点を施して実円に与えた。「上宮王三経学士凝然」と奥書に書いている（大東急記念文庫所蔵）。正安二年（一三〇〇）九月から十一月に著された「華厳五教章通路記」も、実円のために記したものである。乾元元年（一三〇二）冬十二月六日、生駒竹林寺において「勝鬘経疏詳玄記」巻八の奥書を書いているが、同十三日には戒壇院で巻九の奥書を記した。この著は翌年も引続き、巻一五は二月十五日菩提山寺大福院僧房で、その他は戒壇院で奥書を書いている。

嘉元二年（一三〇四）、「華厳探玄記洞幽鈔」を実円のために著し始めたが、延慶二年（一三〇九）十二月大晦日に至って功を終った。一二〇巻。嘉元三年閏十二月に「竹林寺縁起」を撰した。同四年には「律宗瓊鑑章」を著す。洞幽鈔は戒壇院で著述しているが、戒壇院以外のいわば旅先でも従事している。徳治三年（一三〇八）四月二十三日生馬竹林寺阿蔵院房（巻五四）、同年五月二十四日生馬竹林寺（巻五七）、延慶二年六月二十六日長谷河森屋新楽寺（巻八〇）、同年七月二十二日南都西京菅原寺（喜光寺）（巻八五）、同年十月十三日生馬大聖竹林寺（巻九九）。

次に延慶三年七月から九月までに「四分戒本疏賛宗記」一〇巻を海住山寺の英俊等の請により著述した（正和元年（一三一二）

十一月から翌二年正月までの間に、巻一一から巻二〇が続撰された)。「華厳五教章通路記」巻二四以下を応長元年(三一一)正月から六月までに撰した。二月三日大聖竹林寺阿蔵院(巻二五)、二月二十二日菩提山寺大福院(巻二六)、五月二十八日菩提山寺常光院西房(巻四六)。

応長元年閏六月・七月には、戒壇院において「三国仏法伝通縁起」三巻を著した。同年十二月、「浄土法門源流章」を撰した。この二著は、凝然の歴史書として有名で、後世よく行われたといってよい。

正和元年(一三一二)二月、「三聖円融観義顕」を実円のために著した。同年七月、「法華疏慧光記」巻二六の奥書を書いている(九月に巻三四)。同疏はやはり実円のために書かれたもので、六〇巻あり、正和三年閏三月二十五日、北洛一条浄菩提寺太子殿の太子像前で筆を絶った。「華厳兼律三経学士金剛欣浄沙門凝然春秋七十五」と奥書に署している。巻尾の述懐頌には、「妙義雲起斑鳩寺、珍解浪騰岡本宮」の句で、太子を讃えている。

正和三年(一三一四)十月、戒壇院において「華厳宗要義」を撰した。関東光明寺檀越禅門(北条宣時であろうか。正安三年出家、法名忍昭、元亨三年卒、八十一歳)の求めに応じたもので、禅門は仏教諸宗の教学に関心が深く、凝然には華厳の教義を問うたのである。

正和五年五月の頃には、唐招提寺の住持であった(講堂大皷筒内墨書銘)。同年九月二十七日には、戒壇院式(戒壇院定置)を定めた。これは、最初に戒壇院の由来、殊に再興以後の事情を簡潔に述べた後に、「沙門凝然、円照上人の譲を受けて寺院に住持し、去る建治三年より今正和五年丙辰に至る四十年。この後余命の長短知り難し、命の所有に随ひ住持の事を存ず。凝然他界の後、弟子諱は禅爾円戒房を住持の仁とすることを定め置く。この事往年已に定む、彼れ此れ改変すべからず。禅爾一期管領の後、凝然の弟子諱実円禅明房、寺院を住持することを継ぐべし」(原漢文)。禅爾・実円が戒壇院の住持たるべきことを述べ、この二人の受学について説き、更に円照と自分との学問上の関係について詳しく記している。「当寺の講談、律学を本とし、定恵経論宗法においては、時の管領の徳に任す。しかるに円照上人は、三論法相倶舎律宗浄土禅法華厳真言、諳練極めて多く該通せざるはなし。沙門凝然、諸宗を訪ぬと雖も、華厳を本とし、講律の外、一期の談論、多く華厳に在り、自余の諸章、時にまた兼ね講ず。当寺（東大寺）惣じて三論・華厳を宗とすることは、専ら後代の所学とす。本は是れ、八宗兼学の寺、惣通該貫、局《かぎ》るところあることとなし。この戒壇院凝然管領の後、専ら華厳宗を学び、その後門人多く服膺を致す。昔信空上人霊夢の告あり、善財童子、戒壇院において華厳宗の種を蒔くと。その後即ち凝然当寺に来入し、華厳宗貫首僧正諱宗性大徳に随事し華厳宗を学び、即ちこれを当院に弘む。禅爾・実円相継ぎ、専らこれを受学し、後代に相続し、努《ゆめ》力廃する勿れ」（原漢文）。以下に勤行・談義を怠らず、戒壇院開山鑑真上人の旨を守り勤むべきことを説いている。右の凝然の自記のうち、信空の夢想は、「碧山日録」（長禄四年九月一日条）には、円照の夢想と伝えられ、次のような話になっている。東大寺の堂舎の間を老農が牛をひいて耕しているので怪しんで問うと、ただ華厳の種を下さんとするためであると答えたという。翌日十四、五の童子が来た。それが凝然であったという。

文保二年（一三一八）、「梵網戒本疏日珠鈔」を再び修訂した。奥書には戒壇院以外の寺が多いので次に掲げる。七十九歳の老僧の身でありながら諸寺に赴いたのである。三月二十二日般若寺（巻四四）、三月二十九日唐招提寺（巻四五）、四月十四日唐招提寺（巻四六）、五月十五日唐招提寺（巻四八）、五月二十六日唐招提寺牟尼蔵院（巻四九）、六月二日大聖竹林寺阿蔵院（巻四二）、六月五日竹林寺（巻四二）、六月九日には戒壇院に帰っている（巻四〇）。この年十一月十二日、唐招提寺で「音律通致章」巻七を記した。

元応二年（一三二〇）正月から法隆寺上宮王院の乗円上人の請により「維摩経疏菴羅記」四〇巻を撰した。巻一の奥書に、二十二歳の時から聖徳太子所造の三経疏を習学し、今年庚申、六十年に満ちたが、学問は不十分であるけれども、この鈔をあつめたと、感慨をこめて記している。巻八奥書に、「老眼涙汁るを拭ひ、中風の右手を励し、昼は日光に対し勇を起し、夜は燈燭を挑げて眼を惺す」とある。同じような文句は巻二〇にもあり、六月六日「遍身の炎暑を忍び、老眼の涙汁るを拭ひ、昼は戸窓を開きて日光を招き、夜は燈燭を挑げて光明を増し、慇懃に文を勘へ思審に義を案ず」、必ず後のこの書を書写する人が、この奥書を省略せずに写してほしいとつけ加えている。示寂の前年の凝然の学問にうちこんだ姿が見られる。このような註疏をつくることによって、凝然は何を期したのであろうか。この疏の奥書の終には多く「功業虚しからず、必ず十身を証せんのみ」と記してある。十身とは、華厳経に仏の身についての十種の名目があるのをいうのであろう。即ち成仏を期する意であろう。また唐招提寺牟尼蔵院(巻九・二〇によれば、証玄の旧住の庵たる同院北房)で著述していることも多い(四月十七日から五月四日まで、五月十四日から二十四日まで、六月六日、六月二十七日から八月七日まで、九月十一日)。

元亨元年(一三二一)正月十日戒壇院において実円のために撰した「五十要問答加塵章」巻一の奥書を記している。「老眼を拭ひ、病手を励し」灯下に亥時(午後一〇時頃)に筆をとっている。現存の奥書は、これが最後のものである。この年九月五日に示寂した。八十二歳、戒臘六十三。

凝然の著述は、「華厳法界義鏡」の板本の序(元禄八年七月吉旦、智積院の長與実養の序)には「百廿七部一千二百余巻」と見えている。その書目は、「戒壇院凝然所述書目」(年譜附載)、「諸宗章疏録」巻二(謙順撰)に見えている。諸宗章疏録の方は、「已上百二十五部、出戒壇院製作録、後記云、応安己酉年九月二十一日於戒壇院感得之、臨終之歳遺弟目録一千二百余巻云、招提寺沙門道玄文、予(謙順)得両本考訂之、但古写本部帙混乱、今分六部令易尋撿」と跋がある。応安二年己酉(一三六九)の奥書は、戒壇院所述書目にあるから、章疏録のもとづくところは所述書目である。「一千二百余巻」はこの応安二年の奥書に見える。所述書目では応安の奥書までには九八部がある。そのあとの補遺を加えて一二六部の書名がある。このうち、遺存しないものも多い。史伝では、「新編華厳祖師伝」七巻、「法相宗祖師伝」一八巻、「諸宗伝通録」六巻など、浄土関係で「浄土教義章」一六巻、「浄土教海章」四〇巻、「浄土観音義記」二〇巻などもあったというが現存しない。

(補記) 新藤晋海氏編「**凝然大徳事績梗概**」(昭和四十六年、東大寺刊)および越智通敏氏著「沙門凝然」(昭和四十七年、愛媛文化双書一四)により補訂を加えた。(昭和五十三年春)

収載書目解題

田中久夫

解脱上人戒律興行願書

戒如の奥書によれば、承元のころ興福寺の律宗を興さんがために貞慶が律書の談義を行なった時に草したものという。その時、貞慶は道場(常喜院)の建立と章疏の書写のために費用を送ったのである。貞慶が律書を講じたことについて、凝然の草した「円照上人行状」に次のように見えている。「その後、笠置の解脱上人、興律の願を起す。普く門人に命じて講学せしむ。即ち自ら四分戒本を披覧す。定賓の略疏を研き、南山の事鈔を学す。その大覚の鈔批、志鴻の捜玄、景霄の簡正記、元照の資持記等、随つて皆これを罄《つく》す。智首、法礪、玄惲等の釈、梵網大乗、太賢、義寂等の諸師の解釈、皆咸く研精す。諳練せずといふことなし。かの門人に覚心〔真〕大徳〈房号慈心〉、戒如大徳〈房号知足〉あり。大小二律、日月を懸けたるが如し。戒如大徳、門人一にあらず。円晴大徳・覚盛大徳・継尊大徳・覚澄大徳・蓮覚大徳・叡尊大徳・禅恵大徳・修禅大徳・厳俊大徳・禅観大徳・蓮位大徳・慈忍大徳、是の如き等なり。倶に戒律を講じて各門輩を生ず。(中略)興福寺に常喜院を立て、料庄を寄進して律法を興行す。是れ覚心〔真〕大徳の造立するところなり」(原漢文)。貞慶の講律について、凝然は「律宗瓊鑑章」巻六(日仏全一〇五所収)にも述べているが、これに比べると簡単である。貞慶は、建暦元年(承元五年。一二一一)九月十三日に唐招提寺の鑑真の影前に、太賢の「梵網経古迹」を講じた(招提千歳伝記・唐招提寺解)。それ以前に、右のように門人と共に律書を研究していたのである。戒如は、覚真と共に、その高弟であり、戒如の門に、円晴・覚盛が出で、自誓受戒する。参考として附載した、延応元年(一二三九)四月の戒如の「律学を唱へ奉る事」と題する文も、貞慶の願書を布衍したものである。常喜院の結界図も、同じく延応元年のものである（ただし干支己卯は己亥の誤）。

本書では興福寺所蔵の写本を底本とした。巻子本、墨界があり、書写の奥書はないが、南北朝期頃の書写と思われる。白文。東京大学史料編纂所に影写本がある。日本大蔵経戒律宗章疏下に収むるものも本写本と同じ系統のようである。大日本仏教全書一〇五所収の「戒律再興願文解脱上人」は、送仮名があり、直接にこの興福寺写本によったとは思われない。

愚迷発心集

解脱房貞慶が、道心のおこるべきようにと仏神に祈る意を述べたもの。その駢儷体で綴られた美文は、この時代の表白・願文に多く見られる文体ではあるが、切々たる思いが感ぜられる。著作年時について、松浦貞俊氏は、「数十余年日々の所作」の句により、笠置遁世以後とされたが（群書解題一七）、後に述べるように、遁世の折の消息（祐成本に「無常詞」と題する）を原材料とするから、それは明らかであろう。次にその原型乃至原材料とされる二種の文献を紹介しよう。

その一は、「解脱上人祈請表白」である。この祈請表白が「愚迷発心集」の原型ともいうべきものであることは、太田晶二郎氏の御教示により初めて知ったのであり、同氏は発心集本文との字句の異同につき、つとに考証されていたのである。それをここに公けにすることを許された同氏に深謝する次第である。

右の「祈請表白」は、興福寺光明院の実暁の雑記たる「習見聴諺集」巻四（史料編纂所本題名「実暁記」、前田家写本の写）に収められ、永禄八年（一五六五）九月廿七日に実暁が書写した奥書がある。実暁は巻一には「無常詞」（貞慶消息）、巻七には「解脱上人学徒教誡」をも写し、貞慶には関心があったらしい。ところが、右の祈請表白は、本書の底本とした東大寺図書館本（祐成本）の別冊にも書写されており、これには初めには題名がなく、尾題に「解脱上人御道心祈誠状《ママ》」とある（この題名より、「祈請表白」の方がふさわしいと思うので、それによる）。実暁記本よりは誤字が少ないので、次に祐成本により収録する（実暁記本との主な異同を注す。左傍線の部分が、発心集に引用されている。なお、送仮名には濁点を加えた）。

敬ニ白十方法界不可説々々々三宝境界天照太(ママ)神春日権現等垂跡和光別一三世覚母大聖文殊師利菩薩清涼山中一万眷属等ニ而言、弟子某甲過去業因拙《ツタナクシテ》而今已得ニ卑賤孤独之果一、生涯為ニ空過一、後生又其何報、兼相ニ将来過患一、悲涙難レ押、嗚呼悲哉、恣服ニ名利毒薬一、心長夜失レ道、愚乎常恩愛紲所レ纏、徒廻ニ六趣中一、就中一沈ニ泥梨一、曠劫難レ出、設亦受ニ人身一、値ニ仏教一尤難、早抛ニ世間之万境一、宜レ求ニ出世之一道一、然嬾而不レ修、拙而過者、後悔千万、更有ニ何益一、可レ勤可レ修、勿レ期ニ後日一、或雖レ翹ニ少業一、多為ニ悪縁一所レ破、粗雖レ悲ニ罪障一、為ニ恩愛一所レ忘、説ニ衆罪如ニ霜露一、恵日隠而無レ照、聞ニ諸法似ニ影焔一、妄情現而易レ迷、滅罪生善之計、心事不レ調、発心修行之志、内外共乖、雖レ囂ニ無益語一、無レ談ニ出世事一、斥ニ居他人非一、不レ顧ニ身上過一、自行敢不レ勤、何況及ニ利他一乎、雖ニ身処ニ生死一、未レ知ニ生死之源一、雖ニ心起ニ妄執一、未レ弁ニ妄執之基一、無レ尋ニ専可レ訪之父母生処上、不レ悲ニ更可レ憐之親昵受苦上、又達観ニ三世一、皆是我四恩、々々皆堕ニ三悪道一、受ニ無量苦一、吾是彼之愛子也、亦彼弟子也、非レ我誰能抜済、何憑推レ誰、徒晩徒曙、若期レ後而不レ勤歟、期日是何日乎、将任レ性而慢緩歟、慢緩其為レ何乎、若思ニ愚癡之至一者、速可レ慎ニ愚癡一、若譲ニ懈怠之過一者、何不レ誡ニ懈怠一、実欲レ念ニ此身一、勿レ念ニ此身一、早捨ニ此身一、以助ニ此身一、徒自レ奇ニ野外一者、同可レ棄ニ仏道一、空従レ沈ニ苦海一者、須レ成ニ迷倫船筏一、歎哉乍レ孕ニ無上仏種一、為ニ無始無終之凡夫一之苦哉、乍レ備ニ二空満月一、為ニ生死長夜之迷情一、或投ニ身命於雪山之半偈一、当レ眼而如レ不レ見、或致ニ給仕於千歳之一乗一、把レ掌而似レ不レ知、爰出離指南、徒沈ニ生死海一、菩提明月、空隠ニ妄染雲一、無量億劫難レ値、三宝福田将レ渇、智水若不レ潤、依レ何殖ニ善苗一、法燈永絶者、以レ何照ニ迷暗一、仍興ニ隆仏法一、広度ニ人天一、紹ニ三宝種一、勿レ令ニ断絶一、加レ之時遷質改、百年之齢漸闌、春往秋来、冥途郷已近、送レ人之涙未レ乾、自受ニ病患一、空以為レ死、初中後年、有ニ何所レ貯、屠所之羊、今幾歩ニ無常之道一、閻王之使、何時臨ニ朽宅之窓一、昇ニ野山之煙一、在レ今乎在レ明乎、伴ニ芒庭之苔一、待レ晨哉待レ暮哉、親交レ語芝蘭之友、息止者遠送、正結レ契断金之昵、魂去者独悲、頗所レ残者

染《シ》レ筆《ヲ》跡、適所《ハ》レ呼《ヨバウ》者失《ヘル》レ主《ヲ》名《ノミナリ》、況《ヤ》復《タ》春《ノ》朝《ニ》翫《ビシ》レ花《ヲ》之人、夕《ニハ》散《シ》二北芒之風《ニ》一、秋《ノ》暮《ニ》伴《シ》レ月《ニ》之輩、暁《ハ》隠《ル》二東岱《ノ》之雲《ニ》一、昔見《シミシ》人已《ニ》無《シ》、今聞《マク》類《ヒ》忽《ニ》去《テ》、如《シ》二燈滅《ビテ》後再《ビ》不《ガ》レ見《ヘ》、魂去《ヌレバ》人又無《シ》二重来《ルコト》一、放逸《ニシテ》預《リ》二閻魔之誡《イマシメニ》一、無慚《ニシテ》蒙《カウフル》二冥官之責《ヲ》一、自業自得《ノ》道理、誠《ニ》以《テシ》難《レ》レ遁而已、過去《ニ》未《ダ》二発《セ》心《ヲ》一、故今既為《タリ》二常没之凡夫[5]一、今生若空《シクナバ》過者、未来永々《タリトモ》、出離何《レノ》時、豈安然《ニ》而徒《トシテ》送《ラン》二日月《ヲ》一哉、寧《ロ》緩慢《トシテ》而不《ンヤ》レ求《メ》[6]二出要《ヲ》一乎、是以点《シテ》二草庵《ヲ》於山林寂寞之霞《ニ》一、暫為《シ》二今生遊宴之栖《ト》一、捧《テ》二一鉢《ヲ》於聚落憒丙《クワイネウ》之煙《ニ》一、必結《バン》二一仏浄土之縁《ヲ》一、但雖《ヘドモ》レ企《ツト》二一行《ヲ》一、嬾《モノウクシテ》急《グ》レ終《ワヘンコトヲ》レ功、急已《ギテハ》何所作、只偏《ヘニ》世務計《ノゴトナリ》、世務是何要《ハレノゾ》、為《タリ》二夢中名利《ノ》一、々々亦大毒《ナル》悩《ナヤマス》二二世身心《ヲ》一、適《タマタマ》雖《ヘドモ》レ忍《ブト》二身口悪《ヲ》一、未《ダ》レ見《バ》二意業過《ヲ》一、自雖《ドモ》レ慎《ムト》二人目《ヲ》一、未《ダ》レ怖《レ》二冥知見《ヲ》一、希《マレニ》雖《ヘドモ》レ浄《ムト》二心水《ヲ》一、妄風忽動《ス》レ浪《ヲ》、手雖《ドモ》レ廻《スト》二念珠《ヲ》一、数《ト》与[7]レ口与相乱、是或為《レハ》二利養名聞《ナルガ》一故、或為《ハ》二勝他無慚《ノ》一故、其行既無《ニシテ》レ実《マコト》、三宝知見《ノ》、其如何《レ》乎、可《センヤ》レ恥《シ》々々可《シ》レ悲々々、若無《キ》レ誠時者、感応随無《カテラン》、若有《シル》レ誠時者、利益何空《キハ》、倩《ツラツラ》思《フニ》二出離之要道《ヲ》一、只在《リ》二一念之発心《ニ》一、仰願《ハ》無辺三宝一切神祇《ノ》、哀《シテ》二愍弟子愚意《ヲ》一、令《タマヘ》レ発《サ》二真実道心《ヲ》一、三界得《テ》二自在《ヲ》一能《ク》作《ナサン》二有情利益《ヲ》一耳《スルコトヲ》、

[8]願以此功徳文、南無十方法界一切三宝天照太《(ママ)》神春日権現、今生必得発菩提心乃至法界平等利益、

私頌曰

三宝威力　自佗和合　互為助縁　善願成就　順次[9]決定　値遇大聖　二利行願　速至不退

南無法相擁護慈悲万行菩薩今生必得発菩提心生々世々親近奉仕三返

解脱上人御道心祈誠《(ママ)》状

1別三…属等(二二字)—実記なし。2相—実記「想」。3奇—実記「棄」。4棄—実記次に「捨」あり。恐らく祐成本脱せるか。5凡夫—実記「乞者」。6出—実記「最」。7与—実記なし。衍か。8願以…頌曰(四三字)—実記なし。9次—祐成本「決」、実記により改む。

次に「祈請表白」と「愚迷発心集」との関係について考えてみたい。祈請表白は、凡そ一一四〇字ほどの短文であり、愚

迷発心集(凡そ四八七〇字)の四分の一にすぎない。しかし、十方法界の仏神に道心のおこることを祈請するという趣旨は同じである。「仰ぎ願はくは、無辺の三宝、一切の神祇、弟子が愚意を哀愍して真実の道心を発さしめたまへ」という終の方の句は、発心集にもある。祈請表白を通読すると、貞慶の道心を祈請する真実なる思いが感ぜられる。その文体も数多く伝えられている貞慶の表白と比べて異質感がなく、貞慶の著作として疑うことができないと思う(次に述べる「無常詞」が、鎌倉時代の宗性写本と祐成本とで差異がないことによっても、この表白の祐成本及び実暁記の写本が、鎌倉期の本文をあまり改変せずに伝えている可能性があることを考えることができる)。

「祈請表白」は、貞慶の真作であると考えられるが、それを本として増広し改作された「発心集」もまた貞慶の著作であると考えることができる。しかし、現存の諸本(最も古いのは祐成本であろうか)の発心集が、貞慶の著作のままであるかどうかは、簡単にきめられないと思う。表白と発心集とを、その共通の文句について対照してみると、表白の文句を本とし、より複雑な対句を作っている場合もあり、また隔対の四句のうちの一句のみを改めた場合もある(本巻原文と対照していただきたい)。そして表白の文を断章し、順序は全く変えられている。けれども内容からいっても、発心集の原型といえる。

第二の文献は、「無常詞」である。この文中には祈請表白に用いられている句もあり、貞慶の真作とされる。この無常詞の古写本は、東大寺の宗性の写本の一である「遁世述懐抄」(大屋徳城氏「日本仏教史の研究」一、三七三頁・平岡定海氏「宗性」上五〇四頁に見える)に収められている(祐成本発心集別冊および実暁記巻一にも所収)。遁世述懐抄一巻(東大寺図書館所蔵)は、宗性が若年のころ書写しておいた数種の文献を、天福二年(一二三四)九月下旬東大寺中院において一巻にまとめたもので、この無常詞すなわち貞慶消息は、建保三年(一二一五)宗性十四歳の書写である。即ち貞慶示寂後三年目である。

〔遁世述懐抄〕(訓点を新たに付した。堀池春峰氏編「東大寺遺文」八にも所収。)

故解脱房遺二　坂僧正之許一消息之状也、

昨日徒暮臥見二多夢一、今夜空曙起営二何事一、無常虎声近レ耳不レ覚、雪山鳥鳴出レ巣速忘、寿如二水上泡一随レ風而廻、神同二籠中鳥㆒待㆑開而去、消者不㆓再見㆒、去者不㆓重来㆒、須臾生滅、刹那離散、重病在㆑身助而欲㆑生、頓死多㆑世聞而無㆑驚、兼不㆑知者死期也、今日何必不㆓其日㆒、自不㆑悟者病相也、我身争得㆑弁㆓其事㆒、罪不㆑悟積、時不㆑覚遷、恨哉忘㆓釈迦大師慇懃之教㆒、悲哉聞㆓閻魔法王呵責之詞㆒、名利助㆑身未㆑養㆓北[1]芸之骸㆒、恩愛悩㆑心誰随㆓黄泉之魂㆒、為㆑之[2]馳足所㆑得幾利、依㆑之追求所㆑造多㆑罪、[3]寒目思㆓往事㆒悦恨皆空、折㆑指数㆓故人㆒親疎多隠、昔臨㆓其事㆒之日、[4]愛楽思銘㆑肝、古向㆓其人㆒之時、貴賤質在㆑眼、時遷事去、今何眇茫、我往人残、誰又傷[5]差、三界無㆑安、猶如㆓火宅㆒、[6]主宮是三界之家、常有㆓生老病死憂患㆒、天仙猶四苦之身、況於㆓下賤貧[7]遺之報㆒哉、況於㆓老病憂悲之質㆒哉、愛㆑其可㆑楽乎、惜㆑其可㆑保哉、可㆑哀之者也、

建保二年七月四日於㆓東大寺中院㆒住侶書写之、解脱房厭㆓世間無常㆒出㆓南都㆒籠㆓山寺㆒、本房所㆑送之消息也、可㆑貴

1祐成本「芒」。2祐成本「走」。3祐成本「塞」。4祐成本「哀」。5祐成本「嗟」。6祐成本「王」。7匱の誤か。祐成本「道」。

奥書によれば、貞慶が興福寺を出て、山寺即ち笠置寺に入った時に、その本師である興福寺の覚憲僧正(壺坂寺に遁世、建暦二年十二月二十七日寂)に送ったものであるということになる。貞慶・覚憲の示寂後、間もない頃に書写されたのであるから、これらの注記は信ずべきであろう。

さて、この文中の「徒暮」「曙」(あかす)「不再見」「不重来」「時遷」「北芒」「閻魔(法)王」「呵責」「質」(すがた)「貧匱」等の語は、祈請表白・発心集に見える。「消者不再見、去者不重来」の句は、表白の「如燈滅後再不見、魂去人又無重来」と近似している。「我往人残」の句は、発心集に「人往我残」として用いられている。明らかにこのいわゆる無常詞は、発心集の原材料として考えられる。ただ、無常詞と後人が題したように、生死無常の理を説いたにすぎず(そこに貞慶の主体的な感情が見られないわけではないけれども)、表白・発心集のように、道心を祈請するという積極的な態度は述べられていない。

次に、発心集の句が、「存覚法語」に引用されていることを述べよう。

〔存覚法語〕(真宗聖教全書三列祖部、三六〇頁)

またちかごろ智行名たかくきこゆる笠置の解脱上人のかゝれたることばも、よにやさしく肝にそみておぼゆ。そのことばには、「風葉の身たもちがたく草露のいのちきえやすし。〈乃至〉南隣にも哭し北里にも哭す。人ををくるなみだいまだつきず。山下にもそひ原上にもそふ。ほねをうづむつちかはくことなし。いたましきかな、まのあたりことばをまじへし芝蘭のとも、いきとゞまりぬればとをくをくり、あはれなるかな、まさしくちぎりをむすびし断金のむつび、たましゐさりぬればひとりかなしむ」といへり。

「存覚法語」は、存覚が文和五年(一三五六)丙申三月四日に著したもの、時に存覚は六十七歳である。存覚は覚如宗昭の子であり、覚如が本願寺教団を確立するために努めたのに対し、むしろ教学の興隆に努力し、多くの著作を残している。わずかに数行の文が引用されているにすぎないが、愚迷発心集のこの時代の写本が見出されぬ現在においては、重要な意味がある。まず存覚法語には、祈請表白に含まれていない「風葉身難レ保、草露命易レ消」と「南隣哭北里哭…埋レ骨之土無レ乾」との文が引かれているから、この時には、発心集が成立していたこと、この頃の発心集の本文に、これらの文句が在ったことが考えられる。次に流布板本の本文に比べて、本書校刊の底本とした東大寺図書館本(祐成本)が古態を存していることが、存覚法語の所引の本文によって考えられる点がある。

底本「山下添原上添」。法語「そふ」。板本「惨」。

底本「正結契」。法語「まさしく」。板本「新」。(表白「正」)

また字訓については次の一例があり、底本の訓は法語とは異なり、板本と等しく、法語の訓は祈請表白の祐成本に残っている。

底本「傷哉親ク」。法語「まのあたり」。板本「親シク」。(表白祐成本附訓「マノアタリ」)

さて、次には順序として、本書の底本とした祐成本および校訂本とした天正本と流布板本との関係について考えておかねばならない。そのうち、まず底本(祐成本)と天正本との差異点について見よう。字句・用字の詳細な相違については論じる暇はないが、次の二箇所の文句が底本に在り、天正本には欠けていることを記しておく。

「但一身之事置不レ論、我生々世々間」（次に「仏説言」とあって、いかにもつづき具合が不自然であり、この一句は後に補われたものかと思われる。）

「我先有遂往生者、必施引導」（この前に底本では、「人若進有遂往生者、当蒙彼引摂」とあるが、その句が天正本では「若進有遂往生者、必施引道」となっている。天正本が簡略化したものかもしれないが、底本では「人」と「我」との対句になっているから、逆に天正本の単句から対句がつくられたものと考えたい。）

右二項の相違により、近い系統の写本と考えられる底本（祐成本）と天正本との間にも増広が行われたことが考えられる。

底本・天正本と板本との相違についても、こまかい字句の相違は省略する。用字の点では、底本よりもむしろ天正本の方が板本に近いところが多いように思われる。板本と底本・天正本との相違で、最も著しい点は、板本の末段の次の二箇所である。

「人若進有レ遂二菩提心一者、必施二引導一、
我若先有レ遂二菩提心一者、必施二引導一」

「猶強不レ随二此語一者、永失二本意一、不レ遂二成仏一」

右の「菩提心」と「成仏」は、底本・天正本ではすべて「往生」になっている。これは往生が貞慶の原文のままであろうと思われる。臆測を加えるならば、往生が弥陀念仏の用語にすぎぬと考えられ、また貞慶が専修念仏に反対し弥勒信仰の鼓吹者として有名になったので、このように改めたものではなかろうかと思われる。

次に板本にあり、底本・天正本に見えない文句は、次の二箇所である。

「行住坐臥所レ積幾業ソ」（「数又追レ時増」の次、本文一六頁）

「冥蓋（盍の誤）垂照覧」（「我進請二道心一」の次、本文二八頁）

逆に板本になく、底本・天正本にある文句は次の如くである。

「於身口意業」(「実付世間出世」の次、本文二四頁)

「咄哉」(天正本「拙哉」)(「朝露之身命」の次、本文二六頁)

このように、発心集の本文には、改変増広のあとが見られ、「無常詞」(貞慶消息)の如く当初のままには伝わっていない。

㈠東大寺図書館所蔵写本(底本—祐成本)

袋綴冊子。一面八行。墨付二一丁。表紙の右下部に「祐成」とあり、所持者を示す(よって祐成本と略称する)。本文は一筆(「祐成」とは別筆)、返点・送仮名、附訓がある。奥書はなく書写年代は明らかでないが、室町時代後期とされる。扉裏に「東大寺新禅院経蔵」の黒印がある。なお、無題の別冊があり(同じく表紙に「祐成」とある)、本文は発心集と同筆、内容はまず、「報恩経曰」という一文(「是ハ養谷和尚自報恩経見出之給也」)、次に「解脱上人道心祈誠(ママ)状」「解脱上人無常詞」があり、「笠置上人曰」と題する臨終制誡(臨終之用意と同文(日蔵、法相宗章疏下))がある。

㈡東大寺図書館所蔵写本(天正本)

袋綴冊子。一面七行。墨付一九丁。全部一筆、返点・送仮名も同筆。表紙に「東大寺印」の方形朱印がある。表紙の右下に「天正二年六月十四日」と記す。「遇迷(ママ)発心集」の尾題がある。

㈢板本

太田晶二郎氏所蔵無刊記(江戸前期)本と田中久夫所蔵慶安板とによった。「慶安戊子末春吉旦、寺町誓願寺前、西村又左衛門刊之」の刊記がある慶安板は無刊記本とは、送仮名に相違があり、異板ではあるが、共に一面一〇行、一行一九字で、本文には相違がない。注釈書のうち、「思連鈔」(二巻、寛文五年板)、「直談」(六巻、無刊記)などの本文は、この板本の系統である。また続群書類従八三七所収本・岩波文庫本(高瀬承厳氏校訂、和字本による)も同じである。

本書では、底本の誤脱を天正本で訂し、両本ともに誤るところは、板本を引いて参照した。

興福寺奏状

この奏状が貞慶によって起草されたものであることは、疑われていない。石田充之氏は、奏状の所説と貞慶の「心要鈔」の見解との関連について説かれている（鎌倉浄土教の基礎研究、一二三頁以下）。また、宗性が貞慶の遺文とする「弥勒如来感応抄」巻一所収の諸文の中には、建永二年八月の「興福寺僧綱等勧進状」「興福寺政所下文」もある。貞慶が、このような奏状の起草に当ることは当然であった。

この奏状は、鎌倉期の写本は存在しないが、日蓮の遺文「念仏者令追放宣旨御教書列五篇勘文状」（念仏者追放宣状事）に一部分が引用されている（この遺文は真蹟はない。本土寺写本）。「奏状篇（詮を取り之を注す、委しくは広本に在り）」とあり、「南都奏状云」として、「一謗人謗法事」「一蔑如霊神事」の二箇条をあげる。しかし、「謗人謗法事」という箇条は、この奏状にはない。そして日蓮遺文所引のこの箇条の文の後半は、奏状の第四「万善を妨ぐる失」の前半と一致する。しかしその前半は、この奏状に相応するものが見出せない。また「蔑如霊神事」は、奏状の第五「霊神に背く失」と一致する所が多い（ただし遺文には奏状にはない「仲算大徳詣二熊野山一飛滝千仭水如レ簾而巻、凡行基護命聖宝…」の句がある）。このように、日蓮がかなり自由に要約改草したらしく（或は筆写の誤もあろうが）、この奏状とは文句が異なっているところが多いが、この奏状を日蓮が見たことは考えられる。

次にこの奏状の信憑性を証明する一証拠を、塚本善隆氏が、「日本に遺存せる遼文学と其の影響」（日支仏教交渉史研究所収、一七七頁以下）において説かれている。第六「浄土に暗き失」に、諸行によって往生した事例をあげたうちの、「曇融橋を亘す」以下の一〇人の事蹟が、真福寺本の「戒珠集往生浄土伝」に見えている。この戒珠往生伝が戒珠に仮託されたもので、おそらくは遼僧非濁の「新編随願往生集」二〇巻（現佚）により、つくられたものであろうと塚本氏は考証されている。

東大寺宗性は、「新編随願往生集」を閲読し、また非濁の「三宝感応要略録」をも読んでいる。更に「春華秋月抄草」二一によれば、この真福寺本「戒珠集往生浄土伝」を宝治二年正月に東大寺尊勝院で読んでいる。そして奏状に見える曇融・善晟・常旻・善冑・空忍・安忍・道如・僧慶・僧愈・行衍の一〇人のうち、善冑が「法苑珠林」その他のシナ文献に見え、僧愈が非濁の三宝感応要略録に出ているほかは、すべて普通のシナ撰述の文献には見えず、この偽戒珠往生伝に出ているのである。その往生伝は宗性が読んでおり、南都において戒珠真作として伝わっていたのである。右の一〇人につづく道俊・覚親のうち、道俊は非濁の三宝感応要略録に見える。要略録は、随願往生集に含まれていたと考えられる。そこで塚本氏は、「要するに興福寺奏状の第六失は、『新編随願往生集』、若しくはそれから材料をとつて作られた『偽戒珠往生伝』、若しくは『三宝感応要略録』から材料をとつて専修念仏宗を弾劾したものであると認められる。(中略)而して更にまたかかる書——鎌倉時代に最も盛に行はれ、後には漸次流伝を失ひ、或は少くなつてゐる書が引証に用ひられてゐることが、逆に興福寺奏状の真実性を傍証する一助ともなるであらう」と結論されている。

㈠東京大学史料編纂所所蔵大内文書(底本)

明治四十二年に大内青巒氏蔵本を影写したもの。その原本は、天文八年(一五三九)快尊院良顛の書写。

㈡東大寺図書館所蔵天保九年写本(東本)

袋綴冊子。一面六行、一行一四字。墨付二六丁。「天保九年十一月上旬比以古本令写了　三論宗公周」の奥書がある。

㈢大日本仏教全書一二四興福寺叢書二所収本(仏本)

附載の貞慶関係文献に大内文書とは異なるものがあり、別の写本によっている。永正十八年(一五二一)書写の奥書がある。

なお奏状全文を飜字したものには、仏教全書本のほかに大屋徳城氏「創立時代の浄土教」(「日本仏教史の研究」三、一七七頁以下)がある。

摧邪輪

「於一向専修宗選択集中摧邪輪」という具名により知られるように、明恵房高弁が「選択集」を披読し、その邪見を摧破するために撰したのが、本書である。

高弁が選択集を初めて読んだのは、建暦二年(一二一二)九月、その開板された後であるようにも思われるが、上巻に選択集の数本を集めて「浄」字の有無を検したとあるから(本巻六二頁)、おそらく数冊の写本が手許にあったものと考えられる。法然の生前には少数の弟子に附嘱されたにすぎぬとしても、その示寂の建暦二年正月以後には、写本が世に行われていたのであろう。高弁は、それより数年前(おそらく承元二年頃か)、紀州有田郡から上洛の途中、藤代《ふじしろ》の王子において、ある老僧が一向専修の文集と題する四、五枚のものをもち、人々に勧めていたので、その文集を披覧した(明恵上人行状下)。これが高弁が法然流の専修念仏の教義にふれた最初であったという。

建暦二年の秋の頃、高弁はある所で講経説法した序に、選択集について二箇の論難を加えた。このことが専修念仏者に伝わり、高弁を論破するために来るという噂であったので、それに対するために予め撰したのが「摧邪輪」で、十一月二十三日に成った。ところで、それは公にしなかったが、翌三年三月一日、ある貴人の命により進上したという跋がある。更に同三年六月二十二日には、「摧邪輪荘厳記」一巻を著した。

「我ハ天性トシテ僻事《ひがごと》ノワビシク覚ユル也。摧邪輪ノ制作モ、其心ノトヲリ也」(却癈忘記下)ということばは高弁の著作の動機を端的に物語るものである。この執筆の間に霊夢があり、「一人来テ筆ヲトテ上人ノ面ニ観音ト書ク、又一人アテ善導ト書クト見ル」(明恵上人行状下)ことがあった。この記事の原形は、おそらく陽明文庫本「夢記」某年二月七日夜夢の項であろう。観音と思われる女人と対坐していると、ある僧が女人に対し、一向専修を破った書は、この御房が作ったのであるといい、手をのべて高弁の頭を摩した。そこで摧邪輪がことのほかに御感があったと覚えたという。邪見に対してわびしく思う気持が、このような夢想となったものであろう。「夢記」(高山寺蔵)の建保七年(一二一九)二月十九日夜夢に、一院(後鳥羽院)から摧邪輪を借召されたということがある(明恵上人要集本一五頁)。なお、年月は明らかでないが、法然を夢みた所がある(高山寺蔵、仁真写本夢記〔要集本四六頁〕。山田昭全氏「明恵の夢と『夢之記』について」金沢文庫研究一七七)。「有二一檜皮屋一、有二一人長高僧一、白衣ナル心地ス、□笠、心思ハク法然房也、我仏事ノ導師スヘシ、為二其聴聞一被レ来、……。」高弁は、法然房源空を見たことがあったとしてもおかしくない。この夢想は、その可能性を思わしめる。摧邪輪の巻頭にも、法然に対し尊敬を抱いていたことを述べている。なお、この頃つくられた選択集を非難した書物には、三井寺の公胤の「浄土決疑鈔」、山門の定照の「弾選択」があったというが(法然上人行状画図四〇・四三)、いずれも伝わらない。日蓮の「念仏無間地獄鈔」にも、摧邪輪と共にこれらの書名が見える(日蓮は弾選択の著者を仏頂房隆真法橋とする)。

「摧邪輪」および「摧邪輪荘厳記」が世に行われると、これに反論する書もつくられた(大屋徳城氏「創立時代の浄土教」日本仏教史の研究三、二一四頁以下に詳しい)。高野山の明遍(空阿弥陀仏)が摧邪輪を批評し(行状画図四〇)、播磨朝日山の信寂が「慧命義」一巻をつくり、反論した(扶選択正論通義・行状画図四三)。中道寺の覚住(新扶選択報恩集には「覚性上人証大」)が「扶選択論」七巻、「護源報恩論」一巻をつくった(扶選択正論通義・新扶選択報恩集)。これらはいずれも現存しないが、鎌倉末の鎮西派の学僧了慧(道光、望西楼。黒谷上人語燈録の編者)の著した「扶選択正論通義」一巻、「新扶選択報恩集」二巻(元亨二年初冬上旬の序)が現存する(浄土宗全書第八巻所収)。この了慧の二著は、摧邪輪の要文を引き、反論しているが、菩提心と念仏心の別を説いたところに重点があるといえよう。この後、近世になり、良定の「評摧邪輪」一巻、真迢の「念仏選摧評」一巻がある(浄土宗全書第八巻所収)。

㈠寛永板本(底本)

「摧邪輪」三巻、「摧邪輪荘厳記」一巻を一具とする。荘厳記の奥に次の刊記がある。

今茲一巻以　石水院経蔵之本繕写之頗可謂正本矣但如下愚小才何辨字画之訛舛哉庶後見之輩使魯魚渾淆改正之
者不亦宜乎　　　　　　　　　　　　　　　　　　　　　　　　　　　　　沙門通暁
　時元和己未秋八月日
為流通将来重加精校命工更刻之
安置梅尾山高山寺観海院
　寛永三年竜集良日

右の刊記により寛永三年の板本であるとされる。ただし、荘厳記と摧邪輪とでは、文字の字体を異にしているから、初めは別々に開板されたものを、寛永三年に一具としてそれぞれ前板を本として改刻されたものかと思われる。一面一〇行、一行二〇字。上巻五二丁、中巻五七丁、下巻六〇丁。全巻に付せられた返点・送仮名は、次に述べる仁和寺本とは大層よく似ている。したがって中世の写本により、忠実に校刊されたものというべきであろう。

㈡仁和寺所蔵写本（仁本）

三巻それぞれ由来を異にする取集本である。

上巻。粘葉装。白界あり。一面八行、各行二〇字。表紙の右側に「摧邪輪巻上」と外題があり、右上方に「乙第四箱」とあり、表紙裏に「心蓮院」の朱印があり、仁和寺心蓮院の所蔵であったことが知られる。巻末に糊代に次の注記がある。

　卅三　　正和五年十二月書写之　　同六年二月一日点畢

右の次に一紙（即ち二丁）があるが、次の如く記されている。もとは浄心誡観法の末尾であったのを、摧邪輪上巻の末においたものであろう（糊づけされずはなれている）。

　（二オ）
　浄心誡観法　　　　終南山沙門
　（別筆）
「右一帖自善財院御房給之

（二ウ）右以寺家御本重予校点了　　　　権少僧都奝怡（花押）

享禄三年十一月廿七日　　　　求法非人奝怡」

善財院は、高山寺の子院の一で、田中坊という。「高山寺代々記」の善財院代々（村上素道師「栂尾山高山寺明恵上人」附録、三三一頁）によれば、「竺誉 観法房 永正十四八五寂」に次ぎ「禅雅 観察上人 弁助ノ附法」と見える。享禄三年（一五三〇）であれば、永正十四年（一五一七）に寂した竺誉に次ぐ禅雅の時代かと思われる。右により、上巻は正和五年（一三一六）の書写であり、高山寺の田中坊善財院主より奝怡が譲りうけ、享禄三年に重ねて校点を加えた本である。

中巻。粘葉装。白界あり。一面八行、一行一七、八字。一一丁より別筆、一面六行。一三丁より一面七行。四一丁。奥書は次の如くである。

本云

建暦三年八月廿日於神護寺南房未時書写交点了　　求菩提持者覚玄

元応元年六月十五日於信乃小路房終写功了同交点了　　賢弁本也

寂雅

（別筆）「享禄三年十二月三日集両本寺家本善財院本重令校点了此中巻閼伽井坊之本也予一期之間為披見借請之遺跡必可返献彼坊者也

権少僧都奝怡（花押）」

右によれば、中巻は高山寺の閼伽井坊十無尽院（高弁の高弟たる義林房喜海を開祖とする）に伝わった本で、奝怡が一生の間だけという約束で借用したが、そのままになったものである。元応元年（一三一九）の書写である。

下巻。袋綴美濃判の冊子。表紙の左側に「摧邪輪巻下」と外題を書し、右側の上方に「第四箱」、下方に「真性」とあり、一丁オモテの内題の下に「心蓮院」の朱印があり、すべて一筆で斎怡の筆と思われる。一面一六行、一行二八〜九字。奥書は次の如くである。

本云

寛喜三年五月一日辰時許書写之了

右下巻以田中坊之本書之又以寺家之本見合入落字等号交本也上巻者先度田中坊所給也中巻又従閼伽井御坊予一期之間借預之間後世留守之族彼中巻可令返納者也又右奥書文寺家交本無之田中坊本写之当時此本稀也秘蔵之

享禄三年十一月廿二日　　権少僧都斎怡

同廿四日以寺家御本交点了

下巻は、寛喜三年(一二三一)書写の奥書のある高山寺田中坊善財院の写本により、斎怡が書写したものである(善財院には、右の上巻の正和書写とは異なる寛喜書写の摧邪輪があったものかもしれない)。右の斎怡の奥書にいう「寺家本」とは何寺の本をさすのであろうか。仁和寺心蓮院の住僧である斎怡のいう寺家本とは、仁和寺の所蔵になる本であろうか。あるいは高山寺を寺家ということがあり得るであろうか。暫く前者と解しておく。

上巻二四オに斎怡の頭注に、「此一枚ハ義林上人筆也、交本之事也」とある。上巻は寺家本を以て校したと奥書にあるから、寺家本の上巻には喜海の筆と斎怡により解された部分があった。中巻は、寺家本と善財院本で校したと奥書にあるが、中巻の斎怡の傍注に見える本文が寛永板本と一致する箇所が少し見られる(本巻三四二頁・三四六頁)。寛永板本の底本は、そのいずれかに近い本であったといえよう。なお下巻と殆ど同じ体裁の袋綴冊子(墨付二四丁)の荘厳記が仁和寺にあり、斎怡筆と思われるが、書写の奥書はない。

斎怡は仁和寺心蓮院の住僧、典薬頭和気明重の子、初の名は真性、中将法印、天正七年(一五七九)二月二十一日寂。その師は宏盛で、宮内卿法印、信厳法印の付法、高山寺観海院を兼帯し、高山寺に住し、天文四年(一五三五)二月二十一日寂、六十九歳。宏盛の師、信厳法印は、高山寺観海院に住し、文亀四年(一五〇四)正月十三日同院において寂した。八十五歳(仁和寺諸院家記上、恵山書写本(仁和寺史料一、二五二頁))。このように奝怡の師とそのまた師匠も高山寺観海院に関係が深かったことが、奝怡が高山寺の善財院・十無尽院の写本を借りうけられ、譲りうけられた事情として考えられる。

(三)宮内庁書陵部所蔵古活字板(活本)

上巻四七丁、中巻五一丁、下巻五三丁。一面一一行、各行二〇字。単辺無界。返点・送仮名はない(ただし上巻と下巻の前半には返点・送仮名が墨書されているが、概ね寛永板本と一致する)。下巻末に次の刊記がある。

摧邪輪者以聖人之真筆謄之校之今亦以其本謄之校之抑用梓鋟以広其伝爾云

右の刊記の意は、高弁の自筆本を以て校訂したという本を用いたというのであろう。したがって仁和寺本とは関係がないようである。摧邪輪には高弁自筆本は現存せず、その痕跡もこの刊記しかない。川瀬一馬氏の「増補古活字版の研究」には、書陵部本については言及されていないが、摧邪輪の古活字板は成簣堂本・叡山文庫本等があげられ、板式も三種あり、寛永の刊とされている。この古活字板本は、字句の脱落が多いが、仁和寺本と共に底本の誤刻を改めるには役立った。

底本と仁本・活本の三本の間において、著しい本文の相違は、上巻に二箇所あった。一は仁本・活本に共通したので、訓み下し本文にくり入れた(五一頁)。他は仁本のみに存するもので、これは頭注にその本文を示しておいた(六六頁)。中・下巻には、そのような文句の増減は見られなかった。

またこのほか摧邪輪の写本には、高野山大学図書館本(慶長十五年(一六〇九)三月丹波神尾山寺栄雄の書写。原本は、永正五年(一五〇八)神護寺の禅海が高山寺本により書写せるものという。桃裕行氏の示教による)と醍醐寺本(慶長十九年義演書写)があるが、本校訂には、参照しなかった。摧邪輪の活字本には、日本大蔵経華厳宗章疏下所収・浄土宗全書第八巻所収があるが、いずれも寛永板本を底本とし、誤脱を改めたものの如くである。

却癈忘記

本書は、高山寺経蔵に原本が存するほか転写本のあるを聞かない。袋綴の横長の冊子で、上は表紙ともに二三丁、下は表紙とも二八丁(ただし墨付は六丁、後は白紙)。表紙の外題は「却癈忘記上禅堂院」「却癈忘記下」とあり、上下とも本文の第一丁に「方便智院」の朱印があり、空達房定真を開基とする同院に伝来したことが知られる。

本冊子の筆者は、文中に自称として諱が用いられていることから、長円(寂恵房という房号であることは、高弁からよびかけられた部分(一〇九・一一八頁)により知られる)であることがわかる。巻頭の序語によって、高弁の晩年に親しく仕えた長円が、師高弁の寂後、三年半余を経た文暦二年(一二三五)九月六日より、耳底に留っていた師の言葉を思い出すにしたがい記したものであることが知られる。長円の記憶に銘じていた高弁のことばであることが、却癈忘記の特質といえる。即ち長円の感受性に富んだ性格を考えなければならない。

寂恵房長円は、高弁の弟子としては、主だった者とはいえないであろう。高山寺代々記(村上素道師「明恵上人」附録、三三五頁)に「明真上人ノ付法」の資として「長円空達ノ付法」と見えている。高山寺方便智院の開基の空達房から付法したという。しかし、元仁元年(一二二四)七月十五日に高山寺石水院において高弁から「却温神呪経沙羅佉事」をうけている(御口伝(大日本史料第五編之七、五五六頁))。その奥書に「沙門長円」と見えているから、この時既に僧であったことが知られる。却癈忘記には、高弁をさして禅堂院とよんでいる。高山寺の禅堂院は安貞二年(一二二八)に建てられたという(高山寺縁起)。高弁の五十六歳の時である。主に長円は、それ以後に高弁に近侍していたのであろう。また長円は「栂尾説戒日記」(高山寺蔵、寛文九年写本。日本仏教二〇所収)を記録している。これは寛喜二年(一二三〇)八月十五日の説戒から十一月三十日の説戒までの記録である。高山寺の説戒は、十五日と三十日に行われ、最も重要な行事とされていた。この日記の九月十五日・三十日の条には、かなり詳しく高弁の説戒の模様が記されている。これは、説戒の折々に記された記録で、その場での筆記らしい。その点、同じ筆者の記録であっても性質が違う。
却癡忘記は、大日本史料第五編之七（六三七〜五六頁）・明恵上人要集（昭和七年刊）に収められ、その本文が知られるようになった。その後、潁原退蔵氏が昭和二十一年三月刊の「明恵上人」（日本叢書五四）に、「却癡忘記の短い記録の中から、私は上人の悲しいまでに清らかな一生と、そして厳しい生き方とを最も強く感ずるものである」と述べ、多く引用されていることが注目される。なお読解にあたり小林芳規氏「明恵上人語録高山寺蔵「却廃忘記」鎌倉時代写本の用語」（「国文学解釈と鑑賞」三五ノ四、昭和四十五年）を参照した。また同じく国語学上の多くの教示を松尾拾氏よりうけた。記して謝意を表する。

法相二巻抄

良遍が二巻抄を撰した年月は、著者の奥書がなく明らかではない。しかし、諸本のうち、「唯識大意」と題する板本には、次の奥書がある。

観仏三昧経ニ仏ノ御父浄飯大王出離ノ要法ヲ尋給ヒシニ、仏万行ノ中ニ念仏ヲ勧玉フ。父王ノ曰、神通妙用第一義諦、何ゾ我ニ教ヘザルヤト。仏ノ曰ク、是ハ凡夫ノ及ブ所ニ非ズト。宝積経ニハ、御父ノ大王及ビ七万ノ釈氏ノ御一門、皆念仏ヲ勧メテ往生ヲ遂サセ玉フ。已来親在セバ教ヘ導キ、死スレバ回向ス。諸師皆然リ。根来覚鑁尊者ハ密宗ノ大導師ナレドモ、母堂ノ為ニ孝養集三巻ヲ撰ビテ念仏ヲ勧ム。吾大恩ノ尊師良遍阿闍梨モ御老母ノ為ニ唯識ノ大意ヲ述給フ。此書ハ大乗法相宗入門ノ階梯、唯識観行後進ノ所依也。誰ガ亦信敬セザル可ンヤ。於レ爰頂戴シテ拝写シ奉ル者也。

仁治三年壬寅三月二十四日　弟子随従ノ沙弥縁円記ス
弘安六年癸未八月七日　順松房縁憲拝写
元亨二年壬戌二月十六日　良春房順専拝写
文和元年壬辰九月十二日　縁春房経実拝写

弘和二年壬戌正月六日　　傑堂能勝二十八歳拝写者也（中略）

文化三年丙寅六月二十三四両日駿河台ノ仮宅ニ於テ十五歳橘原主水正命謹ンテ拝写シ奉ル者也（下略）

右の奥書は、文体も新しく江戸時代風に思われるので、そのままに信ぜられぬけれども、文句は改められたとし、全くの偽作でないとすれば、仁治三年の縁円の奥書があったことを考えることができる（傑堂能勝は、耕雲寺蔵「耕雲種月開基年譜私録」に応永三十四年丁未（一四二七）寂、七十三歳とある（鈴木鉀三氏の示教による）、弘和二年（一三八二）には二十八歳となる）。縁円は明らかでないが、宗性の「華厳宗枝葉抄」二の奥書（文永三年十二月二十三日付）に、「此論義不審之余、去文永元年甲子六月十一日、以二消息状一相二尋興福寺縁円得業一之処、同十六日返報状云、（中略）彼得業者去年正月六日之朝入滅畢、毎レ見二故人書置之言一、悲無又可レ同、訪レ之方修学之抜群、雖レ欣二朝聞一於レ夕死、明匠之畢レ世、誰人不三傷二嗟之一哉」と見える（「宗性」下二九頁）。仁治三年から文永二年までは二十四年であり、沙弥の少年が得業となり早世したとすれば、同一人である可能性はある。また凝然の「内典塵露章」の法相宗の項に、覚遍の資として「縁円大法師」と見える。これらが同一人とすれば、仁治三年（一二四二）の著作と見ることもいいであろう。

また日本大蔵経所収の二巻抄の奥には、「法隆寺古写本奥云」として、「此事共誤候、亦言拙候得共、随レ仰如レ形記申候、経論文宗家釈モ皆略申候」とある。これは、弟子が筆記したということであるから、縁円が筆記したものかもしれない。

㈠高野山持明院所蔵（高野山大学図書館寄託）文明四年写本（底本）

袋綴冊子二冊。一面一〇行。助詞や送仮名は小字右寄せに記してある。文明四年（一四七二）に大智院英悟が、大和平群郡普賢寺朝光房より得た本によって書写したもの。書写年代が古いので、脱文があるが底本とした。次の天保本の本文は整っているので、主として天保本により誤脱を訂した。

㈡東京国立博物館所蔵天保二年写本（天保本）

袋綴冊子一冊。一面一二行。墨付三七丁。外題に「唯識二巻抄　完」とある。諸本の下巻の初に当るところで改丁され「本是以下為下巻」と記す。奥書は次の如くである。

写本云、此抄者生駒之上綱良遍之御草　　呪験沙門行阿三十載」
（朱書）「天保第四癸巳秋八月時正彼岸日私加朱書

再写
天文二十年正月十八日筆之　　顕良房慶印 戒七 年十八

三転写
宝暦十二壬午年三月十一日筆畢右写本者東安堵村極楽寺法宣密師ヨリ借之也
薬師寺
宝積院英弁権律師 戒二十四 年四十六

惟此二巻抄者、信願上人所以奉母堂書也、蓋大乗法相初学入門階梯、而唯識観行後進所依軌轍也、誰亦可不尊敬也、於于爰頂戴奉拝写者也、
文政七琅琊南訛定末写功畢、
薬師寺転法輪閣

文政十三年庚寅孟春、乞得南京薬師大寺実遍大法師蔵本、令門生謄写、天保二辛卯年向明牕下一読校点了、唯願慈氏天尊満弟子鄙願成就空竟（ママ）位往生極楽国矣、四月穀旦清浄金剛長

右信願上人因母君索所草云、猶顗師之有小止観也、書僅二巻以国字注宗門之要旨、言雖浅也義則深矣、可謂要言不煩也、間者藉我師梅塢先生（荻野八百吉）仮得読之、私以為歳寒之縕絮幽夜之星毬、烏乎慈海余滴施及于我等

衆生、則公躬雖在桑門、其事則台鼎矣、世儒既以潔身乱倫之徒目之、予之所太悲也、謄写已卒乃録鄙懐于巻尾、
時辛卯少春望夜也、
天保第二年辛卯冬、就于執友蕉逸居士蔵本、以謄写、為実相宗階梯識家枢要也、到読之功焉、則滅諸有襍染、
而会無為真際者歟、我桑門徒豈可不敬奉乎哉、
(山本)蕉逸居士謹識
武城深川寺法橋真如金剛行阿

即ち天保二年(一八三一)の書写である。徳川宗敬氏旧蔵。

㈢高野山金剛三昧院所蔵(高野山大学図書館寄託)永禄七年写本(永禄本)

綴葉装上下二冊。一面九行。外題は「二巻抄上良遍草」、内題に「法相宗抄」。表紙右下に「求法覚全」(下も同じ)。奥書は次の如くである。

(上巻)
永禄七秊七月二十七日
於如意輪寺宥春房
十六歳書之
此本能々秘蔵スヘキ者也後見之旁之𑖀𑖪𑖰𑖨𑖮𑖳𑖽𑖏𑖽ノ五字憑入可存者也

(下巻)
永禄七秊七月廿一日夜半ニ書写畢
右筆如意輪寺之内宥春
実名覚全十六才
此本実性院之内正荀房御秘蔵ニ而候へ共為後代如此書写畢惓(ママ)刕明石之郡竜花山転法輪寺宥春房也
後見之旁之𑖀𑖪𑖰𑖨𑖮𑖳𑖽𑖏𑖽頼入存候

南無大師遍照金剛
南無文珠（ママ）師利菩薩得大智恵

㈣大谷大学図書館所蔵写本（元禄四年十月朔日書写の奥書があり、大永五年の本奥書がある。）

㈤竜谷大学所蔵写本（下巻のみ、安永三年七月書写の奥書がある。）

大正蔵経七一巻所収・日本大蔵経法相宗章疏下所収・大内青巒氏校訂「唯識大意」・佐伯定胤師校単行本（昭和七年）等の活字本がある。

禅宗綱目

証定が建長七年（一二五五）三月に著したことは、末尾の語によって知られる。この年は高弁の寂後二十三年目である。

本書は、かつて大屋徳城氏が紹介されたが（四七七頁参照）、未だ公刊されたことがなかった。今回初めて書下し文と共に収録されたのである。

㈠松ヶ岡文庫所蔵（積翠文庫旧蔵）承応三年板本（底本）

一面九行、一行一七字。三一丁。返点・送仮名を付す。裏表紙内側に次の墨書があるが、これらの禅僧は明らかでない。

「（別筆）月菴語録両ヶ　　象麓　素観
禅宗綱目一ヶ　　右乾仲遺贈　　義憚什
宝永三戊十二月十日」

㈡高山寺所蔵写本（高本）

袋綴冊子。一面一〇行、一行二〇字。二四丁。部分的に、朱または墨の返点・送仮名および朱傍書がある。奥書はないが、江戸中期の写本と思われる。表紙に「高山寺賢首院」の墨書があり、一丁オモテに「十無盡院」の朱印を捺す。

なお、高山寺には、右写本の江戸時代再転写と推定される別本がある。

興正菩薩御教誡聴聞集

本書は、興正菩薩叡尊の晩年の説教を、聴聞した弟子の一人が記録したものである。その筆録者が誰であるかは、明らかでない。弘安四年（叡尊八十一歳）から同八年までの年記が本文に見えるから、その頃に随侍した弟子が、その折々に書き留めたものと考えられる。この時期における随侍の弟子として鏡恵（随覚房）がある。西大寺版の校訂者のひとりである長谷川誠氏は、強いて筆録者を考えるとすれば、鏡恵が浮び上ると語られたが、その可能性は多いように思われる。

西大寺蔵弘安三年（一二八〇）造立の叡尊像の胎内銘に、「給仕小苾蒭鏡慧〈年三十八、夏十二〉」と署し、更に同像納入文書の中、西大寺有恩過去帳・授菩薩戒弟子交名（一巻）・近住男女交名・西大寺西僧房造営同心合力奉加帳等の奥書にそれぞれ署名を加えている（「集成」三三六頁以下）。更に正応三年（一二九〇）叡尊の示寂に当り看病者として記されている（西大寺興正菩薩御入滅之記〈集成二八九頁以下〉）。「行実年譜」には、弘安八年の項の終に、般若寺の慈道房信空等の諸大弟子を招き後事を遺嘱したことを記し、自ら「感身学正記」の筆を絶ったことを述べた後に、その後も「度人授戒」はなお盛んであったと記し、「侍者鏡慧覚公、力記ニ録之一、其書既逸、亦可レ惜哉」と述べている（「集成」一九一頁）。行実年譜の筆者の述べているように、鏡恵が晩年の侍者として、叡尊の行実の記録に当ったと考えることができるとすれば、本書の筆録者の候補としては、最も有力である。

右のように筆録者の問題は、決定できないが、本書の値打は、叡尊の晩年の説教の模様をいきいきと伝えている点にあると思う。最初の部分に「或時ノ御教訓云」とあるのは、思い出風に書かれているが、年月日時刻を明記した部分は、その説教を聴聞した時に近く記録されたものと思われる。弘安八年二月一日以後の涅槃経の講義の如きは、かなり忠実な筆記であろう。

(一)西大寺所蔵慶長九年写本(底本)

袋綴冊子。一面一一行。四〇丁。本文も奥書も一筆、即ち慶長九年(一六〇四)高長の書写で、表紙に「苾蒭高順」、内扉に「相伝高順」とあり、高長から高順に与えたことがわかる。仮名を大字と小字右寄せとに記し、和様漢文の部分を交え、中世の写本の姿をかなり伝えている。それらの大小の仮名は、印刷の便宜上、傍訓と送仮名とに処理した。

(二)西大寺所蔵慶長七年写本(明本)

袋綴冊子。一面九〜一〇行。四四丁。表紙の外題に「和上御教誡等打聞撰集」と朱書してある。奥書は次の如くである。

西大寺恒例光明真言文永元甲子歳始行之、和尚御年六十四云云

右《ノ》写本処々不審多《シ》トイヘトモ余本ヲ尋《ルニ》暇アラス金句ヲ拾フコトヲ喜モノナリ

慶長七歳臘月十八日於石塔院書之　　明忍

右の奥書の明忍は、次の建仁寺本の奥書を参照すると、江戸時代戒律復興の先駆者たる槇尾の明忍であることが判明する。しかし、本写本は残念ながら明忍の書写本ではなく、筆蹟等から見て、江戸時代前期の転写本である。それ故、次の建仁寺本とは同じ系統の本であり、共に底本の誤脱を正し、虫蝕を補うのに役立つ。

明忍(一五七六—一六一〇)、字は俊正、俗姓は中原氏、二十一歳で高雄神護寺の晋海を師として出家し、友人の慧雲寥海と共に戒律の復興を志し、西大寺に至り、同寺の友尊全空と三人で、慶長七年(一六〇二)栂尾高山寺において自誓受戒した。そして槇尾西明寺を律院としたが、慶長十一年大陸に渡るために出発し、対馬に暫く留っていたが、同十五年病を得て客死した。

三十五歳。本写本の慶長七年は、右の自誓受戒の年である。明忍は、叡尊の自誓受戒を讃歎し、その血脈をうけるという自覚をもっていたから(明忍律師行業曲記・本朝高僧伝六一・律苑僧宝伝一五)、西大寺に本書を得てよろこんだのであろう。

㈢建仁寺両足院所蔵元禄五年写本(建本)

袋綴冊子。一面一二行。三五丁。朱句点、朱引がある。奥書には、まず㈡の明忍の奥書があり(慶長七歳が慶長七年とある)、その次に左の如く見える。

元禄二年五月廿八日於槇尾山西明寺書写之畢

元禄五年壬申七月四日於正法山幻住菴以槇尾山之本写之　快弁

(朱書)「一校加朱七月五日」師点

右によると、明忍の書写した本が槇尾西明寺に在り、その本により快弁が元禄二年に書写した本により、元禄五年に妙心寺幻住庵において師点が書写したのが、本写本である。師点は、「本朝高僧伝」(元禄十五年序)の編者師蛮の弟子で、本写本は、本朝高僧伝の編纂に当り、その史料として書写されたのであろう。本朝高僧伝の巻頭の援引書目には、叡尊関係の史料としては、「制禁宇治網代官符」「感身学正記」に次ぎ、「教誡打聞集」が見える。右のように学僧の書写本であるため、本写本には、かなり合理化されたと思われる点もあるが、誤写は比較的少ない善本といえる。

㈣西大寺所蔵宝暦十二年写本(宝本)

袋綴冊子。四六丁。この写本は、従来の流布本の原本で、奥書は次の如くである。

写本奥書曰

正徳三癸巳載林鐘下旬五天於西大寺西室感涙共ニ校合畢　普門院寛慶

右此御教訓ノ一帖拝見之毎度渧涙洩指間依之為報恩山之壱塵書写畢

西大寺五十七代沙門閑居

宝暦十二壬午歳閏四月上九日　尊静 俗六十四

巻頭の「学問可得韻事」の途中から、第二項の「修行用心事」の末尾にかけ、写本で一五行ほどの脱落があり、そのほかにも誤脱が多いようである。史料編纂所に写本がある。

なお西大寺には、「叡尊上人御教誡詞」と題する写本が二本ある。その内容は同じ。一は表紙に「東大寺真言院重慶律師」と記し、他は「文政十三年庚寅正月肥前田手宣文写之」の奥書がある。この写本の後半に、「教誡聴聞集」の数項の要語が抄記されている。

活字本には、次の二種がある。(1)国文東方仏教叢書第三巻法語部所収本(大正十四年十一月)。宝暦写本による史料編纂所本を底本としたものと思われる。(2)西大寺版単行本(昭和四十三年四月)。慶長九年写本を底本とし、工藤良光・長谷川誠両氏の校訂、簡潔な頭注が加えられている。

華厳法界義鏡

永仁三年(一二九五)凝然五十六歳の正月、東大寺東南院貫首聖忠の命により、華厳宗の要義を戒壇院において撰したのが、本書である。更に三月、一本を写し俗甥実円に与えた本が、現存する諸本の原本である。実円禅明房には、このころ以後凝然が撰した著作の多くを与えている。凝然の「戒壇院定置」に、「実円禅明房は、凝然親度受学の弟子なり。通受具戒を当寺惣和上忍空上人に受く。その別受門は即ち凝然その和上なり。三大律部、菩薩戒諸章、華厳円宗所有大小諸部章疏、浄土諸文、太子三経疏、及声明等諸雑芸、他人を雑へず、専ら凝然に稟く。仍つて禅爾一期管領の後、実円比丘継ぎてこの戒壇院を管領し、他人の違乱あるべからず」(原漢文)とあり、凝然がすべてを教授した弟子であることがわかる。また本書の撰述を凝然に依頼した東南院主聖忠については、「東南院務次第」(日仏全一二二)に次の如く見える。

大僧正聖忠、関白基忠藤公之子、初自二幼年一投二東南院一、従二聖兼大僧正一琢二磨三論一、登二東大寺戒壇一受二具足戒一、入二頼瑜法印室一承二灌頂法一、嗜レ学不レ倦、座二三会講一酬解不レ滞、住二東南院一補二三論長者一猶調二学乗一、正応元年九月十日補二東大寺別当一、永仁四年復任、徳治元年十一月朔日拝二東寺二長者一、二年十月十一日兼二醍醐寺座主一任二大僧正一、延慶二年三月領二東寺一長者法務一、或蒙二三会証誠勅請一、正和五年五月十六日亦拝二東大寺別当一三箇度、文保三歳七月十二日化二於東南院一、寿五十二、

㈠東大寺図書館所蔵天正十八年写本（底本）

袋綴冊子二冊。上巻三一丁、下巻二一丁。一面一〇行。朱引・朱合点・返点・送仮名がある。奥書は本文と別筆らしい。表紙に「伝領実英」「堯周」とある。

㈡東大寺図書館所蔵天正二年写本（甲本）

袋綴冊子一冊。一面一〇行。四〇丁。上巻のみ。次の奥書がある。

伝聞、凝然大徳者善哉童子再生云々、所述之章疏、及四百余巻、文理之首尾、五祖之尺義不恥者歟、就中法界義鏡者、初心始学之手鏡、末学終身之要決也、倩以無可伝法器、無可学年齢、書写之功、雖無其益、為令法久住、以他筆写之、写本無点之間、募愚性加朱墨之二点畢、乞義学之君子糺其非矣、

天正二年甲戌五月三日

㈢元禄八年板本

元禄八年（一六九五）乙亥七月吉旦の智積院の長与実養（長善房、運敞の弟子）の序がある。一面一〇行、一行二〇字。上三七丁、下二六丁。次の刊記がある。

元禄八年竜飛旃蒙大淵献華飛善旦　　書林京極　井上忠兵衛

活字本には、日本大蔵経華厳宗章疏下所収・大日本仏教全書一三華厳小部集所収がある。

南都教学の思想史的意義

鎌田茂雄

一 序言

中国仏教教学を受容した南都六宗の教学は、奈良時代より鎌倉時代にいたるまで、伝統を守りつつ継承され、講説研究されてきたが、貞慶・良遍・明恵(高弁)・凝然などの輩出によって大きな転回点を迎えるにいたった。法相宗においては良遍が、華厳宗においては明恵や凝然が、従来の伝統教学の束縛からはなれた、自由なる思索によって、時代思潮の影響をうけながら、独創的な思想を形成したのであった。このような特質をもつ鎌倉旧仏教の教学が、如何にして形成されたのか、という点を明らかにするとともに、その思想史的意義を究明するのが本論のねらいである。

従来も島地大等氏の鎌倉教学の概説(「日本仏教教学史」二〇一〜五〇五頁)があり、明恵・凝然・良遍などの教学が明らかにされているのをはじめとし、多くの研究がなされている。それらの諸研究は、日本仏教史の範囲内において、とくに鎌倉時代の諸宗との関係において究明したものが多い(勝又俊教氏「鎌倉時代における法相教学の諸問題」印度学仏教学研究一六―二、昭和四三年)。私は鎌倉旧仏教の教学をたんに奈良仏教への復古思想としてとらえるのではなく、中国仏教教学との関連から見て、鎌倉仏教教学が中国仏教教学と、はっきり一線を画した新たなる日本的展開をとげたものであるということを明らかにしたいと思う。以下、良遍の「法相二巻抄」、凝然の「華厳法界義鏡」、証定の「禅宗綱目」を中心としながら、その思想史的役割を論じてみよう。なお、証定の師、明恵の教学について論じないのは、明恵教学については、すでに多くの研究書(解説四六九頁以下参照)もあり、また明恵の「摧邪輪」を中心とした念仏門との対決反論については、石田充之氏の研究(「鎌倉浄土教の基礎研究」一二一〜八八頁)にのべられているので、ここでは省略しておく。

二　唯識思想の日本的展開

1　序

法相教学は南都六宗の一つとして、日本に受容されたが、それは慈恩大師基《き》(六三二—六八二)によって組織化された中国法相宗の教学であった。中国の唯識説には、梁代、真諦《しんたい》三蔵(四九九—五六九)によって翻訳された無相唯識派の学説と、唐代、玄奘《げんじょう》(六〇〇—六六四)によって伝えられた護法(Dharmapāla, 六〇〇—六三二)の「成唯識論」を中心とする有相唯識派の学説の二種類がある。真諦の唯識教学は摂論宗として発達したが、地論宗とともに華厳宗のなかに吸収されていったため、中国唯識の主流の地位を占めたのは、玄奘所伝の唯識系統であった。

法相宗が初めて日本に伝えられたのは、六五三(白雉四)年、元興寺道昭(六二九—七〇〇)が入唐し、玄奘より唯識を学んだことに発するといわれているが、道昭の帰朝は「成唯識論」の訳出後、わずかに二年しかたっておらず、道昭は慈恩の法相宗を日本に伝えたのでなく、摂論宗を伝えたのではないか、ともいわれている(田村円澄氏「摂論宗の日本伝来について」南都仏教第三五号、昭和四五年)。第二伝は六五八(斉明天皇四)年に智通(…六五八—六七三…)、智達(…六五八…)が入唐し、玄奘および慈恩大師基より法相教学を受けた。この第一伝と第二伝とは元興寺伝・南寺伝というが、中国の法相教学が十分に確立されなかった時代であったため、確立後、日本に受容された第三伝・第四伝の教説とは若干異なっていたと思われる。第三伝の智鳳(…七〇三—七〇六…)は、基《き》の孫弟子である智周(六七八—七三三)について学んだので、正系の法相宗学を受けたと思われる。第四伝の玄昉《げんぼう》(…六九一—七四六)も同じく智周より受けたために、興福寺伝・北寺伝は、成唯識論の「述記」「枢要」「了義燈」という、いわゆる唯識三箇疏の学風を日本に伝えたことは確実である。そのため北寺伝の系統より輩出した法相宗の学匠は基の中国法相宗の伝統を受け入れ、成唯識論および唯識三箇疏を権威として、学説を展開させたのであった。

北寺伝系統よりでた善珠《ぜんじゅ》(七二三―七九七)の「成唯識論述記序釈」「法苑義鏡」「唯識義燈明記」、天長勅撰の六本宗書の一つである護命《ごみょう》(七五〇―八三四)の「大乗法相研神章」、真興(九三四―一〇〇四)の「唯識義私記」、蔵俊(一一〇四―一一八〇)の「百法問答鈔」などはもちろん、南寺伝の明詮(七八九―八六八)の「成唯識論導注」においてさえも、すべて唯識三箇疏を基準として論述されたものである。もちろんこの間、日本唯識教学は独自な展開をとげ、四分説や唯識三類境など、中国唯識には見られぬ発展をとげた議論もあるが、思索の基盤はどこまでも中国法相宗学の伝統線上に立脚したものであった。唯識学のテクニカルタームを説明するのにも、法相宗学の伝統に即して解釈していた。これに対して、良遍の「二巻抄」では、あらゆる唯識学の用語をすべて自分の言葉で、しかも日本人の思想のなかに定着させたものとしてこれをのべているのである。唯識思想の日本的展開という意味は、中国法相教学より離脱した自由なる思索によって、唯識説の本質に迫ろうとした良遍の思想をいうのである。本節においては主として良遍の唯識思想の特質と、それがどのように中国法相学と異なっているか、という点を究明するのであるが、その前に良遍の先駆思想の役割を果した貞慶の唯識思想について簡単にのべておきたい。

2　貞慶の唯識思想

「愚迷発心集」の著者、解脱上人貞慶は、透徹した無常感に立脚しつつ、三界輪廻より出離しようとしたばかりでなく、南都の戒律の復興に全生命を傾注し、「戒律復興願文」(本巻「解脱上人戒律興行願書」)をかかげ、南都仏教の真精神を発揮しようとした人であった。「勧学記」を見ると、修学を怠るべからざることを主張し、「世路の営みは、修学の妨げなること」をいい、きびしい自己規律の上にたって、道を求めたことがわかる。

貞慶の唯識教学には、二つの面がある。一つは、南都の北寺伝の唯識教学の集大成であり、他の一つは時代思潮の影響を強く受けて、密教・禅・念仏などとの融合的性格を顕著にした面である。この後者の側面を継承し、より発展させたのが、良遍の教学にほかならない。

まず第一の面でもっとも大きな業績は、「唯識論同学鈔」四八巻の撰述である。この「同学鈔」は貞慶の撰述ではなく、弟子の良算・興玄などが編集したもので、後人の追補もあるといわれるが、本書が一般に貞慶の学説をのべたとされるところに、貞慶の法相宗中興の祖としての意義があると思われる。「同学鈔」は「成唯識論」のなかの重要な問題一千六百箇条を選んで、それぞれの問題についての、南都相伝の研究結果を組織し、集大成したものである。本書こそ南都の法相教学の正統的発展を示す金字塔であるといえよう。

つぎに貞慶教学の第二の側面を、(1)実践重視の傾向、(2)時代思潮の影響、(3)唯識教学の一般化という三点から考えてみたい。まず第一の実践重視の傾向については、観行を重視した面にあらわれている。たとえば「勧誘同法記」では、

問ふ。若し直《じき》に真性を指し、自心を観ずとは、その相如何。
答ふ。二とも廃詮なるが故に。慮を忘じ、念を息《や》め、外に向つて求めず。不念の念、これ妄を絶するの利剣なり。不観の観、則ち真を見るの明眼なり。機に有るも、時に有るも、忽然として悟解《ごげ》す。一念不生なるを即ち仏となす。(日蔵、法相宗章疏下一九b)

とのべているが、禅宗の影響によって、透徹した観心論を展開する。中国禅宗の北宗の「観心論」などと比較しても、その内容において決して異なるものではない。この「勧誘同法記」は無学な一老人より請われて作られた書といわれるが、法相宗の教義を観行の立場から説いたものである。「勧誘同法記」の第六略要門では、唯識の教義は広く理解しがたいので、それを最も省略したならば何をもって心要とするのか、という問いに答えて、金剛般若経の「過去心不可得、現在心不可得、未来心不可得」の一偈を思い、修行の要門とすべきことを主張している。金剛経を用いる理由のなかには、中国の禅宗が本経を用いていた事実をあげている。唯識の修行の要門に金剛経をあげていることは、唯識観の根底に存する空観を強く認めていることになろう。さらに「心要鈔」の第五観心門では、基《き》のたてた五重唯識観のなかの第五遣相証性識観《けんそうしょうしょうしきかん》を重視し、自性清浄心を看ずることを説いている。中国法相宗の五重唯識観は、北宗禅の看心・凝心《ぎょうしん》主義として実践的に展開されるのであるが、貞慶が遣相証性識観を重視したことは、彼の唯識の実践性を示すものであろう。また「修行要

鈔」のなかで、出離の最重要事は唯識観であるとし、唯識観の全体について理解が困難な者は、慈尊教授頌のなかのたった一句を唱えれば成仏できるという。三聖相伝の教授頌とは、

菩薩於二定位一、観二影唯是心一、義想既滅除、審観二唯自想一、如レ是住二内心一、知二所取非一レ有、次能取亦無、後触二無所得一。（日蔵、法相宗章疏下一九a）

であり、この八句でも多すぎるから、ただ「観影唯是心」の一句を念仏者が仏号を唱えるように、これを誦すれば、この一句によって観行が成就することを強調している。

このような実践性への傾斜は、一体何にもとづいておこったのか。貞慶自身の転迷開悟への烈しい情熱はもちろんであるが、当時の時代思潮であった新興仏教の禅や浄土の影響を強く受けたことも、大きな理由であろう。ここに第二点の新旧両仏教よりの影響が問題となる。まず禅宗の影響について考えてみると、さきにあげた「勧誘同法記」の直ちに真性を指して、自心を観ずる点はもちろん、「唯心念仏」において、

仏性を如来蔵と名づけ、万徳悉く具はる。何ぞ遠きに当果を求めん。今の心の性、本よりこれ仏なり。譬へば氷と水との如し。俗諦は氷の如く、真諦は水の如し。氷水不二なれば、妄と真と何ぞ隔《へだ》てん。故に今、仏を念じ、仏を観ずるに、能化仏を仰ぐに似たれども、諸仏同体にして、仏・釈尊・三身とも、即ち我が仏性を離れず。（日蔵、法相宗章疏下一二a）

という。心性を如来蔵すなわち仏としてとらえ、仏というのは、すなわちわが心性を離れるものではないという。ちなみに、水と氷の比喩は当時一般に用いられた比喩のようで、「沙石集」巻七にも、「生死ヲ喩バ水ト氷トノ如シ。生ハ水結テ氷トナルガ如シ。死ハ氷トケテ水トナルニ似タリ」とあるが如くである。そのほか「閑寂隙」には、

方に知るべし。我が心、本来空寂、あによく境界を縁ぜんや。あによく妄業を建てんや。（日蔵、法相宗章疏下一八a）

といい、自己の心が空寂なりとし、「空寂の体上、妄なく真なし」とする。空寂をもって心性としたのは、中国禅では、荷

沢(六七〇—七六二)であり、荷沢は空寂の体上に「知」を主張したのに対して、貞慶は無真・無妄というのであるから、荷沢禅よりは、むしろ牛頭《ごず》禅に近い。牛頭禅は牛頭法融(五九四—六五七)を開祖とする一派であるが、この宗の主張は、般若空観に立脚する三論宗の系統を受けて空寂主義をとった。唐の圭峰宗密(七八〇—八四一)が牛頭宗を「泯絶無寄宗」と称したのはこの点をおさえたのであった(禅源諸詮集都序)。

禅と同じく実践仏教の念仏の影響については、「心要鈔」のなかで説かれている。「心要鈔」の第六に念仏門(正蔵七一—五八a〜六〇b)があり、名号・仏身・仏功徳・本願・法身の五つを念ずることが説かれているが、貞慶の念仏の対象は弥勒仏であり、良遍の阿弥陀仏とは異なっている。源空の念仏に対して批判的な立場をとった貞慶は、「興福寺奏状」を書き、源空の念仏を停止させようとしたのも、貞慶の念仏の本質が弥勒信仰であったことにもよるのであろう。ただし、「観心為清浄円明事」のなかでは、わずかに弥陀本願の威力や、観音信仰についてのべられている。この「観心為清浄円明事」では、顕教のなかに真言宗の月輪観はないが、その意味は存在するとし、密教の影響を受けていることを示している。

貞慶の「同学鈔」などに見られるような厖大な唯識教学が、一般の人々に理解され易くするためには、綱要化されなければならなかった。第三の一般化・組織化という面でいえば、「法相宗初心略要」「続法相宗初心略要」や「法相心要鈔」がそれに相当しよう。「法相宗初心略要」は、唯識学の重要な概念や教説——たとえば三時教・三性・四分・我法二空・五位・唯識行位・三類境・五姓各別など——を初心者のために説いたものである。しかしその説明の仕方は、伝統唯識の枠組のなかをでたものではなく、良遍の「二巻抄」と比較するならば、思想の血肉化という点において、遠く及ばないものがある。ここに伝統唯識の集大成者としての貞慶の長所があり、またその長所が唯識教学の伝統性を保持した、といえよう。「法相宗初心略要」は重要教理の説明には長じているが、組織化という面ではきわめて弱い。その面から見て勝れた著作こそ「法相心要鈔」であり、本書は、(1)菩提、(2)二利、(3)三学、(4)一心、(5)観心、(6)念仏、(7)発心、(8)覚母の八章からなるもので、(1)菩提から順次に説明し、(4)一心において一切唯識なるを明らかにし、さらに一切唯識は理論ではなくて、

⑸観心にあるとし、この唯識観法をなすには⑹念仏を必要とし、念仏は⑺発心により、発心は⑻覚母にもとづくことを明らかにした。覚母は般若の智であるから、本書は般若の立場にたった唯識思想の綱要書であるといえる。

貞慶が伝統的な法相教学を集大成したといったが、法相学の伝統をそのまま継承したのではなく、すでに奈良時代より、法相宗の伝統教学の一つである五姓各別思想の分限を守ることはすでにくずれつつあったが、その傾向を一層強めて、一乗皆成思想との融合をはかろうとした点は、伝統教学からの逸脱であるが、そこに貞慶の思想の特質を見ることができる。五姓各別と一乗皆成の長い論争の終止符をうつため、その根拠を解深密経の無自性品に求め、三性門に対して三無性門を重視し、三性門の五姓各別、三無性門の一乗皆成思想を、三性門即三無性門の立場から止揚をはかろうとした。ここに日本唯識の大きな転回点があり、貞慶によってなされた新しい法相教学の萌芽は、良遍によって育成され、開花し、新たな日本的展開を見たのである。

3　良遍の唯識思想

貞慶の唯識思想を継承しながら、さらに新思想を徹底化させたのが、良遍の教学である。良遍の教学は、貞慶よりも一層強く時代思潮の影響を受け、天台教学や華厳教学の影響ばかりでなく、三論思想の影響を強く受けたのみならず、禅や念仏を摂取しつつ、法相教学の観行化、実際化をはかったのである。観行化の徹底は、念仏信仰となり、貞慶の弥勒信仰よりも一層徹底化された。さらに貞慶の同学鈔に見られるような伝統唯識の集大成とは、明らかに異なり、中国法相宗の典籍である「成唯識論」や「述記」などについての注釈書を著わしていない。奈良時代以来の法相教学の伝統では、註疏を著わすことに大きな比重がかけられたのであったが、良遍においては、自己の消化した唯識思想を表現することに没頭し、およそ客観的な注釈学は、かえりみる余裕がなかったのである。わずかに註疏としては「因明大疏鈔」九巻があるばかりである。

良遍の法相学を支えたものは、貞慶や、その師蔵俊と同じく、南都の法相宗の衰頽をなげき、当時の仏教界の腐敗堕落に憤激して、法相宗を復興させようとした熱情である。貞慶が「勧修学記」や「五箇条起請文」を著わして、仏教者の反省自戒と覚悟とをのべたと同様、良遍また「護持正法章」を著わして、法相宗復興の悲願を吐露したのであった。「護持正法章」では、

凡そ仏教伝来の宗途、区々なりといへども、慈氏の中宗(法相宗)、独り我が寺に留む。伝へ聞く、戒日王崩御の後、正法蔵入滅以来、印度荒乱し、聖教隠没《おんもつ》せり。また聞く、当時の宋朝、この法を学ぶ寺、僅かに一ヶ所なり。しかるに僧徒尫弱にして、学業微徴たり。智徳あるを聞かず。彼を思ひ、これを聞くに、中宗の余暉《よき》、ただ偏へに我が寺のみ。(日蔵、法相宗章疏下―三〇〇a)

とのべている。この記事のなかで、中国についての認識に多少あやまりがあると思うが、法相宗を正しく伝承しているのはわが寺のみであるという自負心と、それよりおこる自戒反省の念との強さがわかる。良遍が法相教学を主体的に把握しようとした動機はここにもとづくのである。

良遍の法相教学の特質をつかむには、「真心要決」前抄に書かれた五難と、「大乗法相伝通要録」に説かれた六難に対する解答(山崎慶輝氏「日本唯識の展開――貞慶より良遍へ――」参照、日本仏教学会年報三四号、昭和四四年)を見ればはっきりする。五十一~三歳にかけて書かれた「真心要決」では、伝統唯識から良遍の教学を見ると五つの難点、疑問があることが確認され、それに対する良遍の反論をのべたのに対し、五十三歳の著作「応理大乗伝通要録」では他宗から放たれた南都教学の非難に対する釈明を主眼としている。前者が自己点検であるのに対し、後者は他宗に対する対論であるともいえよう。

まず「真心要決」前抄において、法相教学の根本を三性門と三無性門の二門とし、三性門は唯識を、三無性門は空観をあらわすとし、この二つは何ら矛盾するものではないという。彼は法相宗と三論宗の融会《ゆうえ》を教学の根本におこうとする。かつて中国華厳宗の大成者法蔵(六四三―七一二)は、法相宗と三論宗とを統一止揚しようとして、三論宗を代表する清弁《しょうべん》と法相宗を代表する護法の学説は互いに矛盾するものではない、といったが(起信論義記・十二門論宗致義記)、良遍もまた護法・

清弁の相破相成説を「真心要決」後抄末に引用し、

> 護法・清弁の二宗を対望《たいもう》するに、その廃詮《はいせん》門には都て諍論なし。彼此一同にして、思議を絶するが故に。その勝義寄詮談門に至りては、両宗の勝義、すなはち乖角を致す。清弁の意は、一切空なるが故に不可思議なり。護法の意は、空有に非ざるが故に不可思議なり。勝義寄詮、かくの如く異なるが故に。（正蔵七一―一〇六ａ）

とのべて、廃詮門においては諍論なし、といっている。もちろん華厳宗の法蔵のねらいは、性相融会《しょうぞうゆうえ》をはかるためであったのに対して、良遍のねらいは、法相宗と三論宗が表裏の関係をなしていることをいわんがためであった。法蔵は当時隆盛であった法相宗と、吉蔵《きちぞう》の三論宗との融会をはかることによって、性相融会の哲学を樹立しようとしたのに対して、良遍は法相教学の新たな展開をはかるために法相宗と三論宗との不二論を唱えた。前者は法相教学をこえた華厳教学の形成のため、後者は法相教学の新しき展開のためであった。

ところで「真心要決」の五つの自己点検とは何か。(1)一心の体性についての疑、(2)一切無性についての疑、(3)速疾成仏《そくしつじょうぶつ》についての疑、(4)一切成仏についての疑、(5)止観名言についての疑、の五項目であり、この五項目が伝統唯識の学説に背く点であるとする。(1)一心の体性についての疑に対しては、不生不滅の心性・真如を一心とするのは、無性門に立脚するからであり、(2)一切無性についての疑に対しては、無性といってもそれは偏空や、妄見の空ではないとし、(3)速疾成仏に対しては、理から見れば速疾成仏もあり得るとし、(4)一切成仏に対しては、三性門では五姓各別であるが、三無性門では一切皆成仏となるといい、(5)止観の名言に対しては、無性門にたてば、能所不二となり、止と観とを分つ理由はなくなるという。これを要するに、三性門にたてば、伝統教学の主張となるが、三無性門にたてば、一乗仏教の教説と似ていても、決して法相教学に反するものではないことをいわんとしたのである。

つぎに「伝通要録」にのべられた他宗からの六難を見てみよう。その六難とは、法相教学は、(1)一向定別を主張し、(2)一向偏有を説き、(3)本来成仏を知らず、(4)速疾直路を知らず、(5)真如縁起を知らず、(6)一乗妙法を知らざるところの浅薄な教えであるという非難である。このなかでとくに他宗の人が攻撃するのは、五姓各別や、三祇百劫の成仏であるが、法相宗にとっては、これは不当の非難であるが、このような非難を受けても、これに答えることができないのが現状であり、一般の人々は、この不当な非難を信じて、法相宗に帰依せず、初学者たちも法相宗は程度の低い宗派だと誹謗するにいたる。この傾向は年々ひどくなるので、このままでは、わが法相宗が滅ぶので、この六難に対して、自分の考えをはっきりさせたのだ、という。伝統唯識から見れば、速疾成仏や、一切皆成仏を主張することは、教の分限を明らかに逸脱するものであるうのである。良遍が主張する法相教学は、諸宗の思想と和会《わえ》するものであり、決して矛盾するものではないということは明瞭であるが、あえて法相教学の教限をつき破り、新しい時代思潮に対応しつつ、新法相教学を樹立しようとしたところに良遍のねらいがあったといえよう。それはまた中国法相教学からの離脱であり、新しき日本唯識の創造にほかならない。

しからば良遍教学の特質は何か。先にのべた五難・六難のなかでもっとも重要と思われるのは、(1)五姓各別と一切皆成仏との融会、(2)三祇百劫成仏と速疾成仏との融会、(3)真心の問題の三点であろう。

第一の五姓各別と一切皆成仏との融会については、すでに貞慶が「法相宗初心略要」のなかで主張していた点であるが、五姓各別を主張する法相宗と、一切皆成仏を主張する天台宗との和会がそのねらいである。四十九歳の作といわれる「法相二巻抄」においても、「法花ト唯識トハ又是一体ナリ」(本巻一四八頁)とあり、「観心覚夢鈔」においても、性相別論、事理分別の立場では、両思想を融会することができないが、事理相即、性相融会の立場から見れば一つになるのであり、まったく相反する思想ではないとする。「覚夢鈔」では華厳の性相融会の考え方からこれを説いている。さらに「真心要決」では、貞慶の説明を継承し、三性門では五姓各別が成りたち、三無性門では一切皆成仏が成立すると説き、しかも三性門は即ち三無性門であるから、五姓各別と一切皆成仏とは、一つのものの表裏の関係となると説いたのである。伝統唯識の立場では、種姓を五種に区別して、おのおのは先天的に別な種姓であると説くのに対して、天台・華厳の影響を強く受けた良遍は、三無性門に立脚して一切皆成仏を主張するにいたった。だからといって全面的に天台思想をそのまま受け入れてはいない。たとえば天台思想において重要な草木成仏の思想は、わずかに「唯識観用意」のなかで、

夫れ非情、悪道に堕せず。非情、善趣に生ぜず。非情、仏道を修せず。非情、正覚を成ぜず。まさに知るべし。善悪迷悟皆自心の作《さ》に由るなり。他宗所談の草木成仏、これ別義なり。彼の義の如きは我が宗また爾《しか》なり。（日蔵、法相宗章疏下－一六八a）

とのべているが、非情成仏を認めず、善悪迷悟を自心の作となし、天台宗の草木成仏とは別のことであるといいながら、草木成仏の義も、法相宗でも説くことは説いているというように、すこぶる曖昧な表現を用いている。唯心の立場から、非情も心を離れざるものであるという理由から、非情成仏を説いたのは、中国三論宗の吉蔵であり、唯識の立場から草木成仏を説くことも可能ではあろうが、中国天台宗の荊渓湛然（七一一―七八二）に始まる依正不二の立場から説かれる非情成仏の系譜こそ、草木成仏の正系であり、おそらく良遍も、天台宗の草木成仏を受け入れることには躊躇したのであろう。そこに良遍教学の教限があると思われる。

第二に三劫成仏と速疾成仏の融会の問題であるが、「法相二巻抄」「覚夢鈔」においてもとりあげられ、「二巻抄」では一念則三祇、三祇則一念の立場から、「覚夢鈔」では摂在刹那の問題としてとらえたが、「真心要決」では、三無性門においては速疾成仏が可能であり、三性門にたてば三劫成仏となるという。良遍教学において、三劫成仏から一念成仏へ大転換をなしたことは、伝統唯識の大変化であった。一念成仏はさらに徹底化されて、本来成仏を説くにいたる。そもそも中国仏教において速疾成仏の思想を最初に説いたのは、偽作の経典である「無量義経」であり、その思想は北斉の曇鸞《どんらん》や、慧思《えし》にあらわれているといわれる。さらに一念成仏は華厳宗の第二祖智儼《ちごん》によって初めて説かれたもので、彼は華厳経の初発心功徳品に、「無量劫即ちこれ一念なりと知れり。一念即ちこれ無量劫なりと知れり」（正蔵九－四五一a）とあるにもとづき、一念成仏説を展開した（鎌田「中国華厳思想史の研究」九六～一〇四頁、昭和四〇年）。一念成仏説は法蔵に受けつがれ、一念即

得作仏について論ぜられ、ついで李通玄は「新華厳経論」巻二のなかで、「故に一念と相応すれば一念成仏なり。一日と相応すれば、一日成仏なり。何ぞ劫数の漸漸にして修するを須《もち》ゐんや」（正蔵三六－七三〇a）という。ちなみにこの李通玄の言葉は、証定の「禅宗綱目」のなかに引用されている（本巻一七二頁）。このように華厳宗のなかに成熟した一念成仏思想を強く受けた良遍なればこそ、三劫成仏と速疾成仏との和会を積極的に意図したのであろう。

第三の真心の問題については、「真心要決」でとりあげられ、真心を自性清浄心、不生不滅心とする。すなわち、

一切諸法、皆自性なし、無生無滅、本来寂静にして自性涅槃なり。その無生滅の一法とは、即ちこれ一心なり。万法、皆如にして、一心に摂在するが故に。その一心とは、即ち無分別にして文字を離れるの法なり。一切善悪、都て思量するなかれ。胸中、更に一物を置かず。若しこの心に住せば、三世諸仏、十方衆生、一体にして異なることなし、即ちこれ仏心なり。これを三無差別の妙理と名づく。また自性清浄心となす。（正蔵七一－八九c）

という。この一心こそ自性清浄心であり、中国禅宗の達磨所伝の一心にほかならぬ。宗密はこの一心について、

然るに達摩は西来して、唯心法のみを伝へたり。故に自ら云へり、我法は以心伝心、不立文字なりと。この心はこれ一切衆生の清浄の本覚なり。または仏性とも名づけ、或は霊覚ともいふ。（禅門師資承襲図）

というが、この一文は良遍の主張と異ならないではないか。良遍は、「この心は即ちこれ本来の所得にして、修し得るには非ず」（正蔵七一－九〇a）というが、本来性を強調する華厳や、禅とまったく同一といわねばならぬ。心を理心と事心との二つに分けるならば、事心に相当するのが八識・五十一心所、理心に相当するのが自性清浄心であり、三性門にたてば事心、三無性門にたてば理心となる。さらに三無性門を徹底させれば、遮詮門の立場となり、心も境も一切を空じ、さらに空をも空ずる絶対否定となることを説いているのである。

以上良遍教学の特質を三点から見たのであるが、このように伝統唯識からまったく異なった教説を説いた理由と、その背景について考えてみたい。もちろん貞慶の新しい唯識説の側面を継承した良遍自身の思想の深化と展開によるのであろ

うが、良遍の思想を変貌させていった大きな要因は、当時の新旧両仏教の影響であろう。旧仏教としては、天台・華厳・真言であり、新仏教では新興宗教の禅と念仏である。まず旧仏教の影響としては、天台教学については、先にのべた五姓各別と一切皆成の成仏論が重要であることは論をまたないが、たんにそれのみでなく、十界互具の思想の影響も見られる。「覚夢鈔」巻中(正蔵七一-八〇c)において、地獄界の理が即ち仏界の理であるかどうか、の問いを発し、その答えとして十界互具は天台宗の宗義である、とまずことわり、ついで法相宗の立場から見れば、二説ありとする。第一には地獄界即仏界は成立しないとする。何となれば地獄界の実性は安立真如にもとづき、仏界の実性は正行真如であり、この二つの真如は、まったく理性条然として雑乱することができないから、地獄界と仏界とは別であるという。第二に直ちに理体を談ずるならば、地獄界と仏界とは差別なく、異なるものではない。その理由は、理体から見れば、安立真如も正行真如も、同一真如法性の理にほかならないからである。第一の差別と見るのは、伝統唯識の立場、第二の平等無差別と見るのは、天台教学の十界互具説を受け入れた立場である。

つぎに華厳教学の影響について考えてみると、さきに一念成仏思想の摂取が、華厳教学の影響による点を明らかにしたが、事理無礙の思想の影響が、「覚夢鈔」巻中に見られる、伝統唯識では「真如凝然不作諸法」(この言葉は、法蔵の華厳五教章巻中、義理分斉の三性同異義の文より引用作文したものか)の立場をとるところに、その正当性があるのに反して、良遍は真如の随縁性を高調する。真如随縁の思想は、もともと「大乗起信論」にもとづくものであり、如来蔵縁起宗の立場であり、華厳五教判でいえば、終教の分斉である。真如随縁を認めることは、伝統思想を華厳思想の方向に変容させることにほかならない。「覚夢鈔」巻中(正蔵七一-八一a〜c)では、事と理の相即と相離の問題を論じたもので、事と理が離れていれば、真如は諸法の実性ではなくなるし、事と理が相即すれば、真如が随縁するため、真如は如常絶対なものではなくなる。良遍はあえて、真如随縁を肯定するため、事理の相即が可能であるとする。「応理大乗伝通要録」巻下で、「真如縁起とは、処処の中、真如より一切諸法を出世す」(日仏全八〇-四〇八a)と明言する如く、良遍は真如随縁を積極的に主張したのであった。

さらに事と理と相対させ、事を有相・生滅・衆多、理を無相・常住・平等としてとらえた場合、両者はまったく別ではないか、という問いに対して、事は虚仮であり、有相に似ているが、実の有相ではなく、生滅に似ているが、実の生滅ではなく、衆多に似ているが、実の衆多ではないので、相即が可能であるとし、この反対に理と事の特性をそのまま認めれば、不即門となるという。伝統唯識では、不即門にたつのが当然であるが、華厳教学の四種法界の事理無礙法界の思想を導入すれば、相即門が成りたつ。この説明のなかで良遍が、「偏へに他力をもつて成ずれば、自性あることなきが故に」と相即の理由を説いているのは、「華厳五教章」の因門六義の力・無力の関係から説く因縁法の説明によったのであろう。さらに「伝通要録」巻上の、内証離言中道の説明を見ると、

> 真の中道とは、いはゆる廃詮の自内証知にして、心言都《すべ》て絶す。この門中において、更に三性等の名義なし。何ぞ空、何ぞ有ならんや。何ぞ即、何ぞ離ならんや。五蘊四諦、三界六道、凡聖尊卑、草木山河、都て雑乱せず。これ宛然なりと雖も、しかも皆、一真法界、不可思議の自の一心中に入りて、失せず礙せず、澄湛寂然として、理智すでに冥し、心境玄会す。これを内証離言中道と名づく。これまた法身説法となす。（日仏全八〇—三九七b）

という。まさしく廃詮断旨の境界においては、華厳の一真法界と同一である。この引文と、凝然の「法界義鏡」の一真法界説とを比較してみよ。良遍教学におよぼした華厳の影響の一目瞭然たるを知るであろう。ただし良遍は「伝通要録」巻上に「事事相望、不即為ㇾ本」（日仏全八〇—三九五a）という如く、理事相即は説くけれども、決して華厳の究極の世界観を示す事事無礙法界は説かぬ。ここに良遍が華厳の影響を受けつつも、華厳を拒否する態度が見える。法相教学の範囲では、如何に真如随縁の立場を採用したからといっても、五教判の終教の分斉までしか変質できないのである。この外、真理一多の問題には真言教学の一法界・多法界の教説の影響があるといわれるが、ここでは省略しておきたい。

つぎにもっとも大きな影響を与えた禅宗についてのべよう。良遍は周知の如く東福寺の円爾《えんに》弁円《べんえん》（一二〇二—一二八〇）に参禅し、さらに円爾に「真心要決」を送っているほどであるから、禅についても深い知識をもっていたと思われる。「本朝高僧伝」

（日仏全一〇三―三〇一b～三〇三a）は良遍の伝を叙するなかに、聖一国師の答書を収録、良遍と禅宗との関係の密接不離なることを語っている。このなかで円爾は仏語と仏心の不即不離なることをいい、廃詮の絶対境においては、両者は同一であることを認めている。しかしながら良遍と同時代、正伝の仏法を宣揚した曹洞宗の道元の影響はほとんど認められないという（太田久紀氏「良遍の「真心要決」と禅」日本仏教二五号、昭和四一年）。良遍が禅宗と法相宗とをどのように対応させたかというと、「真心要決」前抄では、禅宗の「不レ説伝」を説明して、

不説にして伝ふとは、いはゆる直ちに衆生心を指すなり。直指とは、いはゆる直に人心中の所有の本来寂静にして明了なる無分別心を指すなり。（正蔵七一―九三a）

といい、さらに直指人心・見性成仏は禅宗の法門であるが、良遍の教学の無性門から見れば、禅宗と法相宗は相違しないと説く。良遍は、他宗は「従レ境澄レ心」を説くのに対して、禅宗は「従レ心澄レ境」を説くのであり、法相宗の無性門も絶対否定を説くから、同じであるという。さらに「真心要決」後抄本においても、禅宗と法相宗との同異が問題とされ、教によって悟りに入る教宗と、端的に頓入する禅宗とは異なるが、唯心・無分別智を修習する点では同じであると説いている。ところで「真心要決」後抄末にのべられている、良遍が伝え聞いたという禅宗に関する見解に検討を加えてみよう。その伝聞とは、

伝へ聞く、彼の第六祖師、法相宗を学び、もつて機関となす。また聞く、彼の五宗中の随一の宗、また法相を学す。また聞く、慈恩大師は禅宗人なり云云。皆これ禅侶の所説なり。もつて思ふに違はざるや。我が宗の中、三無性門、殊にこの門に順ずるや。（正蔵七一―一〇八b）

となっている。この伝聞は、(1)六祖慧能が法相宗を学んだ、(2)臨済宗でも法相を学んだ、(3)慈恩大師は禅宗人なり、の三点である。(1)六祖慧能が法相を学んだということは、現存する「六祖壇経」や「曹渓大師別伝」などを初めとし、「高僧伝」の慧能伝にもあらわれていないが、一体、慧能が法相を学んだという伝説そのものが、何時頃の成立であるのか、中国で

成立した伝説なのか、それとも良遍が禅と法相とを和会するための創作であるのかはっきりしない。ただ自ら「皆これ禅侶の所説なり」といっていることから、たんなる作り話ではなく、たしかな根拠があったと思われる。⑵五宗の随一の宗が、法相宗を学んだとは一体何か。五宗とはおそらくは中国禅宗の五家を指すと思われるが、随一の宗とは師である聖一国師の法系である臨済宗を指すのであろうか。臨済宗の宗祖は、臨済義玄(?—八六七)であるが、その語録「臨済録」のなかには、法相宗の教説がたしかに説かれているため、臨済が法相宗を学んだことは、真実である。⑶慈恩大師は禅宗人なり、というのは、あやまりである。慈恩大師(六三二—六八二)の時代に、活躍した禅者には、北宗の神秀(六〇六—七〇六)、牛頭宗の法融(五九四—六五七)、四祖道信(五八〇—六五一)、五祖弘忍(六〇一—六七四)などがあるが、これらの諸師について、慈恩大師が学んだという記録はない。ただ中国法相宗と北宗禅とは、思想史上、密接な関係があったと思われ、北宗関係の資料である敦煌本「観心論」や、恵光の「大乗開心顕性頓悟真宗論」のなかに、法相教学の用語である阿頼耶識などの語が見られることは、両者の関係を証するであろう。これらの関係から、慈恩大師は禅宗人なりという伝説が生れたのではなかろうか。良遍はこの三伝説をよりどころとして、禅宗と、法相宗の無性門の立場が、同一であることを主張したのであった。最後に当時の新興仏教である念仏との関係について一言すると、「厭欣抄」のなかでは、善導の釈意にしたがいながら、弥陀一仏の念仏を説いている。念仏三昧の境地も、唯識観行の実践を重視した良遍なればこそ、比較的スムーズに受け入れられたのであろう。

以上、良遍教学が伝統唯識の枠組を破って、きわめてユニークな特質をもつにいたった教理史的背景についてのべたのであるが、良遍は当時の時代教学に、たんに合わせるために、伝統唯識を変貌させたのではなく、中国法相学以来の分限をこえた、新たなる日本唯識の創造に全精力を傾倒したのである。良遍教学こそ唯識思想の日本的展開といい得るであろう。

4　唯識教学の平易化　——法相二巻抄の思想史的意義——

良遍の数多くの著書のなかで、唯識教学を説いた「覚夢鈔」「真心要決」「伝通要録」などは、すべて漢文で書かれ、一般の人々には到底近づくことができない難解なものであるのに対して、「法相二巻抄」は片仮名まじりの書き下し文であり、誰でも読むことが可能である。漢文で書かれた貞慶の「法相宗初心略要」に比較してみても、「二巻抄」の特質がよくわかると思う。老母に唯識の教えを平易に説いたといわれる二巻抄は、難解な唯識教学を僧院の専有物とはせずに、広く一般の人々に開放しようとする意図のため仮名書き下し文となったのであろう。鎌倉時代における和文体の述作には、高弁の「華厳唯心義」をはじめとし、道元の「正法眼蔵」、浄土宗の源空の「一枚起請文」、聖覚の「唯信鈔」、親鸞の「三帖和讃」など多くの書があるが、良遍の二巻抄も教学の平易化という時代思潮を受けて書かれたものである。

また教学面から見ても伝統唯識の注釈書はほとんどすべて中国法相宗の権威を示す「述記」「枢要」「了義燈」などを引用して書かれていたのに対し、この二巻抄には、経論からの引用はまったくない。二巻抄の末尾を見ると、「経論文、宗家ノ釈ナドヲバ略シテ候」といっているように、唯識学のよりどころとなる「解深密経」「瑜伽論」「成唯識論」などをはじめとして、慈恩の注釈書などを全部省略したといっている。良遍は経論・注釈書などの権威によることなく、ひたすら自己の理解し得た唯識教学を説いたのであった。しかもその説き方も伝統にしばられることなく、まことに自由奔放な説き方を示した。以下、二、三伝統教学の説き方と比較して、如何に平易であるかを示してみよう。

まず唯識教学のもっとも重要な概念の一つである心法について見てみよう。「二巻抄」では、心法の八種を説いて、

一ハ眼識、色ヲ見ル心。二ハ耳識《にしき》、声ヲ聞ク心ロ。三ハ鼻識《びしき》、香ヲカグ心。四ハ舌識、アヂハヒヲ知ル心。五ハ身識、身ニ触ル、事ヲ、燋《アツ》シ、寒シ、ヤハラカ也、アラシ、トモシル心。六ハ意識、ヨロヅノ見ル事聞事乃至ミモセズキ、モセヌ事ヲモ思ヒ案ジツヾクル無辺法界ノ心也。七ハ末那識《まなしき》、凡夫の心ノ底ニ常ニ濁《にごり》テ先ノ六ノ心ハイカニ清《キヨ》クヲコレル時モ、我ガ身我ガ物ト云フ差別ノ執ヲ失セズシテ心ノ奥ハイツトナクケガル、ガ如キナルハ、此末那識ノ有ルニ依テ也。八ハ阿頼耶識《あらやしき》、是レ一切諸法ノ根本也。諸法ノ種子ヲヲサメタモテル心也。此心ナクハ、諸法ノ種子ヲバ、

誰カ是ヲタモタン。タモチヲサムル所ナクハ、諸法ノ種子ナカルベシ。若シタネナクハ、何《イツク》ヨリカ生ゼン。先ノ七ツノ心ハ皆ナ種子ヲタモツコトアタハズ。（本巻一二八頁）

とのべているが、この八識の説明を「成唯識論」などの説明と比較してみる時、あまりに簡略化され、平易に説かれていることに驚嘆の外はない。さらに心所の説明にいたっては、良遍独特の説き方であって、それ以前の唯識関係の書に見出すことができない。善の心所を説明しているなかで、

無貪ノ心所ハ、万ヅノ事ヲムサボル事ノ無キ心ナリ。
軽安ノ心所ハ、身ニモ心ニモ安ク覚ヘテ、ウレシキ心ナリ。
不害ノ心所ハ、人ヲ哀ムル心也。（本巻一三〇〜三一頁）

などを見る時、何の説明もなくしてこれを理解することができる。またその説明はまことに適切で、善の心所を実感として把握している宗教者でなければ、このような味わいのある言葉で表現することができないと思う。そのほか「種子ト申ハ、色心ノ諸法ノ気分ナリ」という説明と、「成唯識論」の「謂く、本識中に親しく自果を生ずる功能差別なり」という定義とを比較してみよ。

以上のべたことによってわかるように、「法相二巻抄」こそ、唯識教学の平易化、ならびに中国唯識学から離脱して日本人の血肉となった唯識思想という意味で大きな思想史的役割を果したものであり、さればこそ、この二巻抄が「唯識大意」と名づけられ、唯識教学の入門書として現在にいたるまで、その生命を保ちつづけることができたのである。

三　華厳教学の確立　——日本華厳学の特質——

1　はじめに

中国の華厳宗は杜順（五五七—六四〇）を開祖とし、智儼（六〇二—六六八）が学問的基礎をすえたのにもとづき、第三祖法蔵（六四三—

七三）が大成した。その後一時衰微したが、中唐になって澄観（七三八―八三九）、宗密（七八〇―八四一）が輩出し、ふたたび教学を復興させた。宗密には後継者がなく、唐代の華厳宗は第五祖宗密で絶えたのであるが、宋代になると、子璿・浄源の二水と、道亭・観復・師会・希迪など、法蔵の「五教章」を注釈した四家がでて、宋代、華厳学は隆盛となった。凝然の教学には、宋代華厳の影響がいちじるしい。

一方、法蔵と同学の義湘や、元暁などによって、朝鮮に伝えられた華厳教学は、海東華厳として新羅仏教の中心となった。さらに新羅の審祥（？―七四二）によって日本に伝えられた華厳学の伝統は、東大寺を中心として一大学系をきずき、東大寺寿霊に発する華厳学研究は、普機・増春・尊玄・宗性を輩出させ、ついに鎌倉時代の大学匠凝然において、東大寺の華厳学が結実するにいたったのである。二国にわたる華厳宗の伝統については、「法界義鏡」の末尾にくわしい。東大寺が華厳学を中心とした総合学園として、その教学が充実し、もっとも輝かしい業績をあげたのは、実に鎌倉時代であり、とくに建長から文永ごろに活躍した宗性・円照を筆頭に、凝然によって指導された時期が、その高潮期であった（木代修一氏「鎌倉時代における東大寺の学園」日本文化の周辺 所収、昭和三六年）。凝然の学問は、華厳および律が本来の立場であるが、三論・法相・倶舎・成実など仏教各宗の教学に通じていた。八十二年の生涯で著わすところ一百二十五部一千二百余巻といわれる。そのなかで華厳学の注釈書としては、「五教章通路記」「探玄記洞幽鈔」など、中国華厳学の典籍に注釈を加えた大部の著作があるが、華厳学の概論書としては、七十五歳の作たる「華厳宗要義」と、五十六歳の作「法界義鏡」の二書がある。「華厳宗要義」は「法界義鏡」をやさしく簡単にして、在家の者にわかりやすく説いたものにすぎないから、凝然の華厳教学の真髄を知るには、「法界義鏡」を見なければならぬ。「法界義鏡」こそ高度なレベルで書かれた「華厳宗要」にほかならない。

この「法界義鏡」における凝然の教学を検討すれば、彼が中国華厳学を如何に受容し、それを理解し把握したか、という点が明らかになる。凝然の教学には、明恵に見られるような強い独創的性格はないのであるが、教学の組織化・体系化という意味において、大きな役割を果している。また従来の日本の華厳学が、それぞれ法蔵・元暁・慧苑・李通玄などの影響を個別的に受け入れ、雑然として整理されていなかったのに対して、法蔵―澄観路線を正系となし、その路線で華厳教学を統一した業績は高く評価されなければならない。凝然が法蔵と澄観に最高権威を認め、華厳の正統を確定した功績は大きく、奈良朝以来、不確定であった華厳学の綱格を定め、それ以後の華厳学組織論の基礎を確立したのである(島地大等氏「日本仏教教学史」四〇五頁以下参照。納富常天氏「鎌倉の教学――金沢文庫資料を中心とした華厳教学――」昭和三九年)。

日本文化や日本の思想が、中国文化・思想を受容することによって成立発展してきたのは事実であるが、両者の間にはかなり質的な相違が見られることは、多くの学問分野でいわれている点である。仏教思想においても、中国仏教と日本仏教とを比較すると、かなり大きな相違が見られる。凝然の「法界義鏡」に対して検討を加えるねらいは、華厳教学という一つの仏教教学をとりだし、それと中国華厳学との比較を通して、日本人凝然によって組織化された華厳教学の特質を把握するにある。

2 法界義鏡の内容

「法界義鏡」は十章に分けて説かれている。十章とは、(1)教興意致、(2)弁釈名字、(3)出其体性、(4)顕示行相、(5)観行状貌、(6)立教開宗、(7)本経説相、(8)修証次第、(9)所憑典籍、(10)宗緒相承である。第一章教興意致は、華厳学を最高とする仏教統一論であり、その内容は、一真法界の説明であるとともに、それを人格的に具現した毘盧遮那《びるしゃな》仏について説いている。第二章弁釈名字から第四章顕示行相にいたるまでは、この一真法界の理想を説くため、法界の語義解釈をおこない、さらに一真法界の体性を理と事とから説明し、ついで法界の行相を明らかにしている。つぎの第五章は観行の問題をとりあつかい、十種の観行、すなわち法界三重観・華厳三昧観・妄尽還源観・普賢観・十重唯識観・華蔵世界観・三聖円融観・華厳心要観・五蘊観・十二因縁観を説いている。第六章立教開宗では、五教十宗の教判論を、第七章は華厳経の分科論である五分の組織、五周の因果を示し、第八章は修証論を展開し、行布と円融とによる断惑の方法をのべている。第九章所憑の典籍では、華厳学の文献資料の集録、第十章宗緒相承は、凝然にいたるまでの華厳宗の歴史を明らかにしたものである。第九・第十の二章は文献学と歴史学とであり、この二つが凝然の公正にして正確無比な学問体系を基礎づける根拠となったことは重要である。以下各章の内容を簡単に説明してみよう。

第一章「教興の意致」においては、まず大華厳法とは何か、という設問を設け、その答えとして「法界の法門、これ華厳の法なり」とのべて、大華厳法は法界法門にほかならぬという。華厳教学を法界縁起としてとらえるのは、ごく普通のとらえ方であるのに対して、「法界法門」としてこれをとらえ、法界を顕示するものこそ華厳であるとした。ついで如来は何故にこの法を演説したのか、という問いを発し、この答えとして「大因縁あるが故に、仏これを説けり」とし、さらに一真法界を説明して、

一真法界は不可思議、寂寥虚曠にして、沖深包博なり。万有を惣該するは、即ち是れ一心なり。（本巻二二九頁）

とのべ、引きつづき一真法界の徳相をまことに美しい言葉で荘厳しているので、直接本文について読まれたい。この一真法界の境地は、事理交徹して、秦鏡の互に照すが如く、帝珠の重々、光を交えるが如きである。さらに仏と衆生との関係については、諸仏は心内の衆生であるから、新新に作仏し、衆生は心中の諸仏であるから、念念に真理を証することができる。この一真法界を人格的に具現したものが、毘盧遮那であり、文殊と普賢とにおいて理智冥合し、ここに遮那の一仏が成ずるという。この一真法界は一切衆生が具足しており、業用また無限である。しかるに衆生の無明が本来の性徳を覆いかくしているため、この法界がかくされているので、如来がそれを救わんとしてこの一真法界を示したのである。この法界に入ることができるならば、悟りの世界に入ることができるという。

つぎの第二章「名字を弁釈す」では、法界の名称を説明する。華厳法を法界と名づくる理由として、四種法界を説く。彼は四種法界を説明して、

事法界とは、界は即ち分の義なり。事法分隔して斉限あるが故に。

理法界とは、界は即ち性の義なり。理体融通して分限なきが故に。

事理無礙法界は、分と性と相対して、互に障礙あり。しかれども理を以て事事を融通す。

事事無礙は、分と分と相対して、互に障礙あり。しかれども理を以て事事を融通す。

理、融するを以ての故に、事事相融す。この故に、または分性相即と名づく。(本巻二三一～三二頁)

とのべている。法界の界を分の意味にとったのは興味深い。普通の仏教では、界は因の義、依の義とされるのであるが、ここでは分の義と解釈している。この界の解釈は、四種法界それぞれの立場によって解釈を異にする。事法界では、界は分の意味、理法界では、界は性の意味、事理無礙法界では、分と性とが相対して、当体融通する。事事無礙法界では、分と分と相対して、互いに障礙するが、しかも事事を融通するものとする。対立しながら融通する理由は何か、というならば、理の立場に還源すれば、理性が融ずるからであるという。法界とは、具体的には不思議解脱境界を指す。東晋の仏陀跋陀羅の訳した六十華厳経の最後の品名が「入法界品」であり、貞元所訳本は「不思議解脱境界」と呼んでいるため、不思議解脱境界と名づけたという。さらに法界と同義語には、真如・真諦・仏性・法性・中道・実相・般若・涅槃・唯識・唯心・一実・一諦・一乗・一道・円覚・無相・心地・仏蔵などがある。

つぎに第三章「その体性を出す」では、一真法界の体を論じる。分析的に法界の法を説けば、二種ありとし、事法と理法とについて説明している。

つぎの第四章「行相を顕示す」では、一乗法界の相貌について説く。第一事法界は色心と不相応行との二つよりなる。この色心と不相応行で、無為法をのぞいた有為法全体を指している。事法界を説明するのに、教義・理事・境智・行位・因果・依正・体用・人法・逆順・応感の十門に分けて説く。この十門は同列、同階級ではなくて、最初の教義が総門であり、他は次第・順序をあらわす。この教義等の十対の法は総相該収して十玄門となる。教義等の十門を用いて事法界を説明したのは、後にのべるように澄観教学の影響にほかならない。とくに境智と応感をとり入れたのは、智儼の「華厳一乗十玄門」などの十義には見られない点である。凝然が事法界の説明として十義を用いたことは、智儼や法蔵の教学におけるとりあつかい方とかなり相違する点である（島地大等氏、前掲書四二八頁）。つぎに第二理法界とは、体性空寂にして相状寥寞たるものであり、四句を遣《や》り、百非を絶するものである。真空絶相といい、四句百非を絶するという表現は、般若・空の立場をあらわしている。この理法界は二門に分れ、性浄門と離垢門となる。性浄門とは煩悩在纏にあっても染することなく、性、つねに清浄であり、一切に遍在している立場であり、離垢門とは対治道の立場からいわれるもので、障礙がなくなり、清浄があらわれることをいう。さらに修道の位の浅深にしたがって、十真如に分けている。この二門は本来的あり方から見れば同一であるが、修道の立場から見ると二門に分けて考えられる。この理法界はさらに、(1)会色帰空観、(2)明空即色観、(3)空色無礙観、(4)泯絶無寄観の四門に分けて説かれる。つぎの第三事理無礙法界とは、一切法は縁起によって成りたっているのであるから、縁性無性であり、理は事を礙げることなく、事は理を礙げず、すべて理と事とは無礙なる関係にあると説く。この理事無礙法界も、(1)理遍於事門、(2)事遍於理門、(3)依理成事門、(4)事能顕理門、(5)以理奪事門、(6)事能隠理門、(7)真理即事門、(8)事法即理門、(9)真理非事門、(10)事法非理門の十門に分けられる。最後に第四事事無礙法界とは「周遍含容観」であり、杜順の「法界観門」より採用したものである。この事事無礙法界も、「一乗十玄門」以来の伝統にならい、(1)同時具足相応門、(2)広狭自在無礙門、(3)一多相容不同門、(4)諸仏相即自在門、(5)秘密隠顕倶成門、(6)微細相容安立門、(7)因陀羅境界門、(8)託事顕法生解門、(9)十世隔法異成門、(10)主伴円明具徳門の十玄門に分けて説明している。以上のべた四種法界こそ華厳教学の中心を形成するものである。四種法界をもって華厳の教理の核心においたのは、凝然の功績であって、凝然以後、現在にいたるまでの伝統的な華厳教学においては、この凝然路線が引きつがれて生かされてきたのであるが、その当否は改めて検討されねばならぬ。

つぎに第五章「観行の状貌」においては、華厳観について詳述する。華厳宗別教一乗は定学をもってあらわし、観行の方法もまた華厳経に立脚しているという。それは華厳経で説かれた海印三昧による。華厳経の読誦も書写も、すべて心観に冥して、定からはなれたものではあり得ない。聖教たる華厳経は明鏡であり、自心を照すとともに、自心はまた智燈となって、経文のほんとうに深い玄旨を照すのである。経文と宗教的体験とは、相互媒介することによって、宗教的霊智は無限に輝きを増す。「是のごとく道を学すれば、念念に覚を成じ、是のごとく法を談ずれば、新新に物を利す」(本巻二四九頁)るのである。先にのべたように、ついで華厳観法の法界観以下の十種をあげている。これらの華厳観法のなかで、もっとも重要なものは何かというならば、三聖円融観と唯識観であるという。三聖円融観は境に托して自心をのべたものであり、唯識観は心に約して万境をつくすものであるから、二つは異なってはいるが、根本においてはまさしく一なるものという。凝然がこの二観の究明に全精力を傾注したことは、三聖円融観の注釈である「三聖円融観義顕」や、十重唯識に関する著作「華厳十重唯識瑺鑑記」「華厳十重唯識円鑑記」「華厳十重唯識瓊鑑章」の三本を著わしたことによっても知られるではないか。「三聖円融観義顕」の序文では、

清涼大師、銘するところの三聖円融観とは、これすなはち因果二分の体義、円経三尊の法門なり。心境一冥して、極位の精美を示し、理智両隻して、解行の嘉誉を彰はす。(日蔵、華厳宗章疏上-五四七a)

とのべ、三聖円融観をたたえた。また三聖円融観と並んでもっとも凝然が重視したのは唯識観である。凝然は、法蔵の「探玄記」巻一三で説かれた十重唯識を受けて、(1)相見倶存、(2)摂相帰見、(3)摂教帰王、(4)摂末帰本、(5)摂相帰性、(6)転真成事、(7)理事倶融、(8)融事相入、(9)全事相印、(10)帝網無礙の十唯識を説いた。

第六章「教を立て宗を開く」では、華厳の教判についてのべている。いわゆる五教十宗が説かれる。五教とは、(1)愚法小乗教、(2)大乗始教、(3)大乗終教、(4)大乗頓教、(5)一乗円教であり、十宗とは、(1)我法倶有宗、(2)法有我無宗、(3)法無去来宗、(4)現通仮実宗、(5)俗妄真実宗、(6)諸法但名宗、(7)一切皆空宗、(8)真徳不空宗、(9)相想倶絶宗、(10)円明具徳宗である。凝然は最後に結論して、

この故に五教は即ち十宗を成ず。如来所説の一代の教観、五教・十宗の浅深観《み》つべし。帝心尊者創めて五教を立て、

雲華尊者稟承鑽仰し、賢首菩薩開済窮究し、華厳菩薩簡択周尽し、定慧禅師開演弘通したまふ。大小を該羅し、空有を包貫し、漸頓を括嚢し、一三を摂納し、性相を判釈し、禅教を統収し、同別を陳述し、顕密を徹究するは、ただこの五教なり。頗る機に符ふ理のみ。(本巻二七五頁)

と。ここで「帝心尊者創めて五教を立て」というのは、杜順作とされる「五教止観」を指すのであろうが、五教止観は杜順の作ではなく、法蔵の著作であるから、杜順は五教判を立ててはいないことになる(→補注四五三頁「五教止観」)。

第七章「本経の説相」では、華厳経の構成について説く。凝然は八十華厳経に注釈した澄観の意を継承して、大華厳経に八十巻七処九会三十九品ありとする。この九会に、(1)所信因果、(2)差別因果、(3)平等因果、(4)成行因果、(5)証入因果の五周の因果があると説く。

第八章「修証の次第」では、修行法たる断惑証理が説かれる。まず種姓・発心・菩提について説き、さらに華厳の行位・断惑には、行布と円融の二門ありという。行布門は浅より深にいたる段階的・階梯的であるのに対して、円融門は諸行互いに融通するものであり、一行一切行となる。なお華厳の修行の階位として、十住・十行・十廻向・十地・等覚・仏果の四十二位説にもとづいて説明する。仏身観としては、(1)融三世間の十身と、(2)如来身上の十身との二種類の仏身を説く。

第九章「所憑の典籍」は、華厳学の文献資料を網羅したもので、凝然の学問的基礎は、このような文献資料の整理の上に樹立されたものであり、偉大な学問的成果といえる。しかしながら凝然の資料論は現代の学問から見てわずかながら訂正されなければならない点もある。たとえば霊弁の「華厳経論」一〇〇巻について、「現に在れども具せず。また未だ必しも人も講せず」といっているが、実は華厳経論の断簡は、朝鮮海印寺において発見されているのである。このように部分的には訂正すべきところがあるが、全体としてきわめて勝れた華厳教学典籍志であることにまちがいはない。彼が数多くの典籍を、華厳学の体系にもとづいて分類整理したのであるから、凝然の資料論の構成を理解することなしには、彼の学問そのものも十分に把握できないのである。このなかで、本経を華厳経、本論を十地経論とし、ついで諸家の華厳経の諸注釈をあげるのであるが、そのなかで法蔵の五教章をはじめ、直接的には華厳経の注釈ではない文献までも、華厳経の章疏としてとりあつかっている点、華厳経に対する深い信仰があらわれている。さらに華厳宗の多くの祖師たちが大乗起信論・梵網経・般若心経・円覚経などに注している面にも十分なる注意を払い、これらの文献に対して華厳学研究資料の位置を与えている。

最後の第十章「宗緒の相承」は華厳宗の伝統論であり、いわば華厳宗史とも称すべきもので、初祖杜順・智儼・法蔵・澄観・宗密の中国華厳宗の五祖と、審祥より始まる日本華厳宗の伝統をのべている。このなかで注目すべきは、宋の浄源の七祖説をあげていることである。凝然は「五教章通路記」巻一のなかでも華厳宗の祖燈説についてふれ、唐土の五祖説、宋代浄源の七祖説、凝然自身の十祖説をあげている。日本華厳の伝承について、「通路記」では始祖を良弁《ろうべん》、最初の講弘は審祥としているのに対して、「法界義鏡」では、章疏を伝えたのは道璿、開講は審祥、発願興宗を良弁としている。最後の明恵上人高弁に対する評価は高い。本寺派の凝然が、末寺派の高弁に対して、

時に北洛の高山寺に、弁大徳あり。宗を景雅に稟けて、これを彼の寺に弘む。即ち燃《ともしび》を横に世間を照す。乃ち是れ彼の寺に宗緒を秉護す。（本巻三〇〇頁）

とのべていることは、凝然の人となりがにじみでている文章といえる。なお「禅宗綱目」の著者証定の名も、「法界義鏡」に列せられていることは注目すべきである。

3　法界義鏡におよぼした澄観教学の影響

奈良時代以来の華厳教学の伝統を受けた凝然が、日本華厳学の性格をはっきりと確立するのに大きな影響を与えたのは澄観教学である。奈良時代以来、日本の華厳宗の祖師たちは、中国華厳宗の法蔵・慧苑・澄観などの教学の影響をそれぞれ受けながら、華厳教学の理解に努めてきたのであったが、凝然は華厳教学の正系を確定するために、法蔵―澄観路線を採用したのである。彼がどのようにして澄観教学を受容しながら、法蔵教学と融会させたかを考えるために、澄観教学の

影響を考えてみたい。法蔵と澄観の教学がかなり異なっていることは明らかで、法蔵が性相融会をはかったのに対して、澄観は性相決判を主張した。また法蔵には禅の影響はなかったが、澄観は五教判のなかの頓教を禅宗にあてはめているように、禅の影響が顕著である。そのため教学面においても、事事無礙よりも理事無礙を重視したことでわかるように実践的関心が強くでたのであった。

法界義鏡は、「演義鈔」をはじめとして、澄観の著作を多く引用している。演義鈔の引用は、第二弁釈名字、第五観行状貌、第七本経説相などに見られる。とくに観行状貌の章では、演義鈔巻二の顕示心観の文、演義鈔巻三の明示法相の最後の一文、演義鈔巻六五の十重唯識の条下の相見倶存唯識で説かれた四字を引用している。これらの詳細については、本文と頭注とを比較検討されたい。さらに観行状貌の結語には、澄観の「答順宗心要法門」を全文引用している。「心要」は澄観の禅思想がもっとも端的に示されているもので、この書は禅宗の灯史である「景徳伝燈録」巻三〇に収録されているほどである。凝然が観行をのべる最後に本書を引用して結語としたことは注目しなければならない。凝然はたんなる学者ではなく、その背後に実践的関心を秘めていたのではなかろうか。そのほか「華厳経疏」「三聖円融観」なども引用している。

つぎに法界義鏡の教学的核心となるべき第四顕示行相は、澄観の学説におうところ多大である。まず一真法界の相貌を論ずるにあたって、「窮理尽性、徹果該因」とあるのは、まさしく「華厳経疏」巻一の冒頭の語句から採用したものである。凝然が四法界のなかの事法界を説明するにさいして、教義・理事・境智などの十門を用いたのは、凝然の独創ではなく、実は澄観の「法界玄鏡」に依拠したものなのである。そもそも四法界説自体が、法蔵教学では、はっきりとした形をとっておらず、澄観にいたって成立したものであるから、四法界説を採用したことそれ自体が、澄観の影響にほかならない。

凝然が「法界義鏡」第一の教興意致の無障礙法界を説く段において、「寂寥虚曠、沖深包博、惣該万有、即是一心、体絶有無、相非生滅、莫尋其始、寧見中辺」(本巻四〇一頁)とある文は、実は澄観の「行願品疏」巻一の一文であること、頭注に示す如きであるが、行願品疏の事法界の説明と、法界義鏡の事法界の説明とを対比してみると、あまりに類似していることに驚かされる。

以上のべたように、凝然の法界義鏡には、澄観教学の影響がきわめて強い。日本の華厳宗の普機は、「華厳一乗開心論」のなかで、宗趣論を展開しているが、そこには四法界説は説かれておらず、(1)理事無礙宗と、(2)事事無礙宗との二宗が説かれているのみであり、いわば二法界説である。普機の教学は、澄観の影響を受けていなかったためであろう。これに対して凝然は法蔵—澄観路線をもって正系とし、華厳教学の体系化のために四法界説を採用したのである。

しからば、凝然は何故に法蔵—澄観路線をもって正系としたのか。澄観教学の影響をより多く受けた理由は何か、ということが究明されねばならぬ。東大寺系の教学のなかに、法蔵—澄観路線をもって正系とするような学問的伝統を、凝然が継承し祖述し、その伝統のなかで澄観教学を組織した、と考えるのがもっとも適切であるように考えられるが、現存の文献資料の範囲内で、この点を究明することは至難に近い。そこで本攷では、宋代の華厳学の影響という点から、この問題を考えてみたい。

宋代、華厳学者のなかでもっとも有名な一人、晋水浄源(一〇一一—一〇八八)は、華厳の祖統説を打ちたてた学者であるが、凝然が浄源の七祖説を採用している点から見て、彼は浄源の書に通じていたと思われる。凝然は「一真法界」をもって教学の根本としたが、この点は浄源の「妄尽還源観疏鈔補解」において、法蔵の「妄尽還源観」の根本をとらえ、「その大旨は、即ち華厳一真法界なり」(続蔵一−二−八−一−八二c)とのべている点と共通している。大日本続蔵経本の「還源観疏鈔補解」の奥書を見ると、元徳三年(一三三一)六月二十三日に、華厳末資大法師、寛杲が四十一歳の時、東大寺東室において書写したことが記されている。元徳三年は、凝然の没後十年にあたるが、おそらくは凝然も、本書を読んでいたのであろう。そのほか宋代の華厳学者のなかで、澄観・宗密の義を入れることによって、法蔵—澄観路線を正系となし、それにもとづいて華厳学を打ちたてたのは、道亭と観復であるが、道亭の「華厳一乗分斉章義苑疏」や、観復の「華厳演義鈔会解記」(金沢文庫蔵)

などが日本に伝えられたこと明らかであり、凝然またその影響を受けたと思われる。

鎌倉時代、日宋文化の交流が盛んとなり、多くの仏典が日本にもたらされたが、永仁年間（一二九三—一二九九）、泉州久米多寺で「大華厳経疏」を書写した宋人智恵（金沢文庫蔵、大華厳経疏奥書）なる者がいたことが伝えられている（森克己氏「日宋文化交流の諸問題」昭和二五年）。永仁年間は、凝然の五十歳代から六十歳にかけての充実期に相当する。明恵の弟子証定の「禅宗綱目」にも、澄観の「演義抄」や「大疏鈔」がしばしば引証されていることや、凝然が「通路記」のなかで、宋代華厳学者の著書「義苑」「会解記」をはじめとして、「集成記」「折薪」「復古記」などの五教章研究書を引用していることから見ても、凝然教学におよぼした宋代華厳学の影響は、きわめて大きいといわねばならない。

4　法界義鏡の特質

凝然の法界義鏡は精緻な体系であり、そこで確定された華厳学は、それ以後の華厳宗の正系として、後代に大きな影響を与えた。法蔵—澄観路線をもって正系とする考え方に対して、根本的に疑義を提出し、智儼—法蔵路線こそ華厳学の正しい把握の仕方であると主張したのは、江戸時代の勝れた華厳学者鳳潭であったが、それは異端として葬り去られ、現在にいたるまで、伝統的な華厳学は、その大綱において凝然の法界義鏡に依拠しているといってよい。湯次了栄氏のすぐれた華厳学概説書である「華厳大系」を見ても、その「一真法界論」を見てみると、当然の如く四種法界の形成を論じ、とくに事法界の説明には、澄観以後凝然において用いられた教義等の十義相対が用いられている。一真法界によって四法界が成立することを明確に主張したのは宋代の浄源であるが、この考え方が伝統的な華厳学を貫いている。凝然の法界義鏡が、凝然以前に雑乱していた華厳学を、法蔵—澄観路線を正系とすることによって華厳学における正統性と権威性を確立したことは、華厳教理史上、特筆されなければならぬ。しかしながらあまりに体系として整いすぎたところに、中国の華厳学と比較する時、整理のしすぎというか、矮小化がなされたように思われる。たとえば澄観の華厳を理解するためには、僧肇や道生との思想の関連性（鎌田「中国華厳思想史の研究」三二三～四二一頁）が問われなければならないのに、凝然の法界義鏡においては、これらがすべて欠落し、その痕跡すらものこしていない。あるのは華厳学の法相の羅列にすぎないのである。また華厳教学の中心概念である性起説の形成を考える時、曇遷の「亡是非論」(智儼「孔目章」所引)についての配慮を欠くならば、華厳思想と荘子の思想との関連性に対して目を閉ざすことになる。このように「法界義鏡」においては、老荘思想や、僧肇・道生などの思想に対する配慮や理解を欠落させているが、このことから考えると、法界義鏡を通して中国の華厳思想を理解することは、まさしく中国華厳を把握する道をとざすことを示している。

「法界義鏡」において整理された華厳教学は、すべての雑多を雑多のまゝ認め、雑多のままに存在するところに一つの大きな調和や秩序を見出す中国的な華厳の考え方とは、ややずれたものとなったのではないか。そこでは、広大性とかあくどさというような中国人の思考が捨て去られているように思われる。雑多をすべて積極的に肯定してゆく中国の華厳と、日本に移植され、日本人の手によって体系づけられた「法界義鏡」との間には、何か異なったものが感ぜられてならない。

四　宗密教学の受容

1　序

明恵上人高弁の弟子証定(一一九四—一二五五…)は、「禅宗綱目」を著わして、中国の圭峰宗密(七八〇—八四一)が、初めて唱えた教禅一致説を日本に受容したのであるが、鎌倉禅がねらったものは、道元の只管打坐にしろ、中国宋代の臨済禅の受容にしろ、純粋な禅風を挙揚することであった。しかるにこの「禅宗綱目」には、教禅一致の思想がのべられており、宗密の思想が日本に受け入れられたことを示す一つの金字塔を示す。宗密の教禅一致説は、中国においても継承者を得ること少なく、朝鮮仏教において、高麗版「禅源諸詮集都序」が多く開板されるにしたがって、宗密の思想が受け入れられ、十二世紀にいたって知訥《ちとつ》の教学が成立したのであった。従来、宗密の都序の思想は、禅宗からは教家の書として、華厳家からは禅門の書として見られたために、ほとんど研究されたことがなかったのである。さらに宗密が全精力を傾注して注した「円覚経大疏」「円覚経大疏鈔」「円覚経略疏」「円覚経略疏鈔」などから数多く引用して、宗密の思想を受容した書も、この禅宗綱目以外に見ることができない。禅宗綱目は日本に受容された宗密の思想を研究する唯一つの書であり、しかも日本禅宗関係の著述として初期の著作に属するものであり、十分に検討されるに価すると思う(大屋徳城氏「禅宗綱目の出現と其の思想上の背景」日本仏教史の研究三、四九六～五三六頁)。以下、禅宗綱目の内容をのべ、ついでその思想史的役割を考えてみたい。

2　禅宗綱目の内容

証定居士はかつて出家者であった時、明恵上人について華厳を学ぶとともに、禅門を尋ねたという。証定の友人が当時の禅門が是非多端であるから、指帰を示して、疑問を解決してほしいという求めに答えて、この「禅宗綱目」を書いたのである。この禅宗綱目は、(1)教禅の同異を弁じ、(2)教外別伝を明かし、(3)見性成仏を顕わし、(4)悟修漸頓を示し、(5)諸流の見解をのべる五節から成りたっている。

まず第一の教禅の同異の節では、華厳宗の頓教と、達磨の禅と、同か異かについて論じた。まず頓教と禅とを同じと見る見方については、華厳宗所立の五教判(小乗教・始教・終教・頓教・円教)の中の頓教を手がかりとする。頓教について、

頓教とは、別しては思益・浄名等に説くところの真性言絶の理なり。惣じては、諸経の中に、一切、真性を弁ふるところ、これを集めて一教とす。別しては、一類の離念の機のために、かの所詮の証道を指して、達磨所伝の禅門に同じと云ふなり。(本巻一六一頁)

と説く。頓教は法蔵の五教判の一つとして立てられたもので、法蔵の意味では、「維摩経」の維摩の一默など、言葉で表現できない絶対の境地を頓教としたのであるが、澄観にいたって、頓教を禅宗に配当したため、頓教すなわち禅となった。証定は澄観の「南北二宗の禅は、頓教を出でず」という言葉を根拠にして、教と禅との一致を主張したのであった。つぎに禅宗と頓教とは異なるという見方にたって、禅宗と頓教とを別々に立てている証拠として、澄観の「演義鈔」「華厳経疏」「行願品疏」「円覚経略疏」などを引用しながら禅宗と頓教とは別なものであると論じた。最後に、頓教の証道と禅宗

の証悟と全同か分同かという設問を設け、分同にして全同にあらずといい、結論として、

頓教の証道は、分に禅宗に同じく、禅宗の証悟は、頓に通じ円に通ずるなり。（本巻一六六頁）

という。彼は禅宗の証悟が、華厳の頓教にも円教にも通ずることを、かなり苦心をしながら論証したのである。たとえば「華厳経疏」のなかで、「情尽理ㇾ現、即名㆓作仏㆒」という一文を「演義鈔」が注釈して、これは禅宗の事理無礙門に順ずるとしている点をとらえ、作仏すなわち事理無礙門であり、事理無礙は、円教の立場をあらわす「法界観」の三門の中の第二門であるから、作仏は事理無礙門となり、さらに円頓教となるという、きわめて強引な解釈をなしている。

つぎに第二の教外別伝を弁ずる節は、禅が文字によらないで、以心伝心した意義を説きあかしたものである。初めに「達摩多羅禅経」の序文を引用、ついで教外別伝とは何かについて定義を下し、

達摩大師始めて漢地に来るに、「恵可禅師問ひて云く、此の法、何の文字・教典の習学すべきかある。大師答へて云く、わが法は以心伝心・不立文字にして、則ち仏仏この旨を手授し、祖祖この心を相伝す」と云云。これらの文によつて教外別伝と称す。（本巻一六六〜六七頁）

といい、「以心伝心、不立文字」の言葉をもって教外別伝としている。この言葉は、宗密の「禅源諸詮集都序」に用いられた言葉で、八世紀頃には熟語として使用されていたのであろう。つぎに「以心伝心、不立文字」ならば、達磨が楞伽経を伝えたり、洪州の馬祖がいうように、達磨が南天竺国よりきて、大乗一心の法を伝え、楞伽経をもって衆生の心要とした、ということ、慧能が金剛経の「応無所住而生其心」という経文を聞いて悟りを開いたことなどは、教外別伝とは矛盾していないかどうか、という質問を設けた。教外別伝というならば、経典を依用しては不可なのに、実は上記の祖師たちは、経典によって悟りを開いているではないかということである。それに対して、経典の文字をそのまま道とするのではなく、文字を超えた直接経験の境地を明らかにするために文字を用いているのであり、無言の言によって、直ちに言葉を超えた真実をあらわそうとしているのであるという。証定は「行願品疏」巻九の「言は証にあらずと雖も、是れ証の因な

り、言説を離れて解脱を求むるにはあらざるなり」を引証する。言葉や経文は証の因であることを強調することによって、経文によって悟りを開いたといっても、決して教外別伝と矛盾しないことを主張した。

つぎに第三の見性成仏については、まず「宗鏡録《すぎょうろく》」巻一四の文を引証しつつ、

「達磨初祖、直指人心見性成仏」と云云。直指人心とは、衆生の覚性にして無住、空寂の理なるが故なり。見性とは、能見は是れ無念の真知、所見は是れ無住の空理なり、しかも能く見す。知の外に所見の理なく、能所無二にして、ただ是れ体用の異名なり。（本巻一六九頁）

と、見性を説明するに、能見は無念の真知、所見は無住の空理とし、能所不二なるところを見性としている。ついで「行願品義記」や「演義鈔」の体用不二を引証、無念を説明するに同じく「演義鈔」を引証している。さらに凝然が華厳の観行を説くにあたって全文を引用した「答順宗心要法門」の「無住心体、霊知不昧」を引用した。証定の見性成仏というのは「能所倶に泯じて、本心頓に現ずる」（一七〇頁）ことを意味している。本心、頓に現ずる本心とは何か、というならば、それは照体独立せるものであり、不可知なものだという。彼がいう心体とは、無作の心体であり、無念の心体を意味する。彼は「円覚略抄」第二の、

修行の人、ただし心境の空寂を悟らば、自然に己情を喪亡し、情亡ぜば即ち仏心に等し。仏に等しきを真の修行とす。（本巻一七二頁）

の一文を引用し、「禅宗の尚ぶところ、正しくこの門に在り」と結ぶ。それでは最後に修行を如何にすべきかというならば、一念成仏を説いている。李通玄の「一念相応すれば一念の仏、一日相応すれば一日の仏なり」というような先徳の言葉を引証しながら、最後に荷沢の頓悟漸修を最高においている。荷沢の頓悟漸修を最高においたのは、もちろん澄観・宗密の見解にしたがったのであることはいうまでもない。

第四の悟修の漸頓を示す節では、悟りに、(1)所悟、(2)能悟、(3)悟相の三つがあり、(1)所悟には漸門と頓門　(2)能悟には

定門と慧門、(3)悟相には解悟と証悟があるとする。これを図示するとつぎの如くである。

一　所悟
　1漸門――心体離レ念、本性清浄、不生不滅
　2頓門――無住空寂、真如絶相、妄空真有、妄有真空、即心即仏、非心非仏、本具仏法
二　能悟
　1定門――(1)不起心為二修道一　(2)無念無修
　2慧門――(1)看心、観心、体心、覚心、求心、融心　(2)知心空寂、知見無念、朗徹照寂
三　悟相
　1解悟――明了二性相一
　2証悟――心造二玄極一

なお解悟と証悟に分けて頓悟漸修を見ると、頓悟漸修は解悟、漸修頓悟は証悟、漸修漸悟は証悟、頓悟頓修のうち、(1)先悟後修は解悟、(2)前修後悟は証悟、(3)修悟一時は解悟と証悟に通じるとした。しからば禅宗は何門に属するかといえば、解悟からいえば頓悟漸修が、証悟からいえば頓悟頓修のなかの(2)前修後悟が、それに相当するという。もし解悟と証悟とに通じていえば、頓悟頓修・無修無悟はすべて南宗の尚ぶところであるとする。その他の諸門、すなわち北宗は漸門であるから、教宗と共通するといっている。ここで証定が頓悟頓修・無修無悟は南宗の考えだとしているが、荷沢禅は頓悟漸修を説いたのであり、頓悟頓修というのは、牛頭禅を指すのであろうか。無修無悟というのは、明らかに馬祖系統の洪州禅を指すこと明らかである。宗密は「禅門師資承襲図」のなかで、洪州宗の教説について説いた終りに、

　故に修行するところの理、宜しくこれに順じて、乃ち心を起して悪を断ぜず、亦心を起して道をも修せざるべし。道は即ち是れ心なれば、心を将《も》つて還つて心を修すべからず。悪も亦是れ心なり、心を将つて還つて心を断ずべからず。

断ぜず造《な》さず、任運自在なるを、名づけて解脱人となす。（続蔵一-二-一五-五-四三六ａ）

というのにぴったりと符合するようである（一八四頁）。終りに、教宗にもまた頓悟漸修の諸門の修行があるが、禅宗と別かどうか、という質問をだし、これに対して、教宗の修行は、解悟は聞思の位に在って、修恵にはないので、証に即して解し、解《げ》に即して証することはできないとしながらも、宗密が北宗禅の漸教と、天台の頓悟漸修門があい似ているといっていることを引用し、最後にそのものずばりいうならば、二宗は共通しているという。

第五に諸流の見解をのべる節は、南北二宗の見解、洪州宗と荷沢宗との見解の相違点、および牛頭宗の教説を明らかにするのであるが、ほとんど宗密の「禅門師資承襲図」にもとづくこと、補注（四三八～三九頁）に記す如くである。南北二宗の相違点については、おそらく当時の日本の禅者も理解していたであろうが、洪州宗と荷沢宗との相違点については、ほとんど知らなかったであろう。洪州宗と荷沢宗との相違を説き、荷沢の優位性を主張したのは、「禅源諸詮集都序」ではなくて、「承襲図」であったが、証定は「承襲図」を見ていたこと確実である。この承襲図は、現在のところ中国・朝鮮においても発見することができずに、わずかに明治四十三年、日蓮宗の大本山妙顕寺で発見されたものを、大日本続蔵経に編入した資料があるのみであるが、おそらく高山寺に伝承されていたのではなかろうか。なお「禅宗綱目」のなかで「圭山答二裴休《はいきゅう》問一書」といわれて引用されている摩尼珠の喩が、「承襲図」と一致するので、「承襲図」という名称は、後代につけられたもので、昔は「圭山答裴休問書」といわれていたのかも知れない。

以上簡単に「禅宗綱目」の内容についてのべたのであるが、本書は禅の立場を明らかにするのではなくて、華厳の立場から禅を融会しようとしたものである。そのためのよりどころとなったものが、澄観・宗密の華厳学であり、とくに宗密の教禅一致説であった。禅宗綱目の引用書が、ほとんど澄観・宗密の書であることを考えると、同じ華厳教学の概論書を書いた凝然の「法界義鏡」とは、その性格を異にしていることがわかるであろう。

3　教禅一致説の受容　——朝鮮禅との関連より見て——

「禅宗綱目」は、宗密の教禅一致説と荷沢禅を受容したものと考えられるが、宗密の教禅一致説をそのまま受け入れてはいない。宗密の教禅一致説の最大のねらいは、教宗と禅宗との一致であり、禅の三宗の優劣の価値判断をする目的のために、禅の三宗と教の三教とを対配したのである。ただ漫然と当時の禅宗各派と教宗諸派を配当したのではない。教宗諸派の優劣を華厳教学の立場から設定し、それに対配される禅宗各派の優劣を明らかにしようとしたのである。それを図示するとつぎの如くである。

教

一、密意依性説相教	1人天因果教(人天教)	
	2説断惑滅苦教(小乗教)	
	3将識破境教(法相宗)	一、息妄修心宗(北宗)
二、密意破相顕性教(三論宗)		二、泯絶無寄宗(牛頭宗)
三、顕示真心即性教(華厳宗)		三、直顕心性宗(洪州宗・荷沢宗)

宗密のねらいは、法相・三論・華厳の三宗を教の三教に配当させ、それと対応する北宗・牛頭宗・洪州、荷沢宗の三宗をそれぞれ息妄修心宗・泯絶無寄宗・直顕心性宗としたのである。この三宗と三教との一致の真のねらいは、当時の禅宗各派の宗旨の優劣より見た位置づけであり、教相判釈に対して、禅相判釈ともいわれるべきものである。これこそ荷沢宗を正系とする宗密にとって、どうしてもやらねばならなかった課題にほかならない。

ところで証定の「禅宗綱目」においても、教禅一致はのべられているが、宗密が「都序」のなかで展開した、教の三教と禅の三宗との一致という、「都序」のもっとも大きなテーマを欠落させている。教禅一致を説くならば、当然、教の三宗と禅の三宗との対配をのべなければならなかったのにもかかわらず、これを落した理由は何か。第一には、証定が「都序」によること少なく、三宗・三教との対配を説かなかった「承襲図」に依拠したところ大きかったことは、その引用書によってわかる。第二には、先にのべたように、宗密の意図は禅相判釈にあったが、証定の時点では、その必要がほとんどなかったことであろう。中唐において禅宗諸派が互いに競い、他派の教説を誹謗していた状況で、荷沢禅の正系たることをいうためには、教禅対配の作業も必要であったが、証定の場合、栄西や道元が活躍していた時代ではあったが、宗派の対立抗争が烈しくなかったばかりでなく、唐代における禅の三宗はすでになく、臨済・曹洞の二宗のみであったために、三宗の優劣を考える必要がなかったのであろう。第三には、朝鮮の知訥《ちとつ》の教説の影響がありはしないかという点であり、この仮説についてつぎにのべてみたい。

朝鮮の九山禅門の教理をまとめて曹渓宗を確立した仏日智照国師知訥（一一五八―一二一〇）（忽滑谷快天氏「朝鮮禅教史」一八一～九四頁、昭和五年）は、証定より三十六年前に生れた人である。知訥は宗密の「禅源諸詮集都序」や、李通玄の「華厳経合論」を愛読し、禅の立場にたって、教禅調和、定慧双修論を唱えた。彼の教説でもっとも重要なのは頓悟漸修論であった。頓悟の頓とは、時間的急速の意味ではなく、価値的認識である。われわれの妄想そのものが霊知不昧の一心にほかならないことを悟ることが頓悟であり、それを実証し体得するために不断の修行を行うのが漸悟の意である。知訥の著書には、「法集別行録節要並入私記」「真心直説」「修心訣」など多くの書があるが、頓悟漸修論を主張したのは「修心訣」一巻である。「修心訣」においてまず、

夫れ入道は多門なり。要をもつてこれを言はば、頓悟漸修の両門を出でざるのみ。頓悟漸修と曰ふといへども、これ最上根機にして入るを得るなり。もし過去を推しはかれば、すでにこれ多く生ずるに悟に依りて修し、漸く熏じて来る。今生に至りて聞かば、即ち発悟一時に頓に畢んぬ。実をもつて論ぜば、これまた先悟後修の機なり。則ちこの頓漸の両門、これ千聖の軌轍なり。（続蔵一―二―一八―五―四八二a）

というのを見れば、知訥の根本宗旨がはっきりとわかる。ついで宗密の先悟後修の義を説いた一文を引証し、さらに頓悟について説明して、

凡夫迷ふ時、四大を身となし、妄想を心となす。自性これ真法身なるを知らず、自己の霊知、これ真仏なるを知らざるなり。……一念廻光して、自の本性を見る。しかしてこの性地、元と煩悩なく、無漏の智性、本と自ら具足す。即ち諸仏と分毫も殊ならず。故に頓悟といふ。（同四八二b）

となし、さらに漸修については、

頓悟の本性、仏と殊なることなきも、無始の習気、卒かに頓除し難し。故に悟に依りて修さば、漸く薫じて功成じ、聖胎を長養し、久久に聖を成ず。故に漸修と云ふなり。（同四八二c）

と定義している。まことに明確な定義といわねばならぬ。本来の面目を、荷沢禅の主張である空寂霊知の一心に求めていることは、宗密の正しい継承者であることを証する。しかしながら、知訥の「修心訣」にも、教の三教と禅の三宗との対配は示されていない。頓悟漸修、定慧不二は説くけれども、宗密の「都序」の影響は少ない。「禅源諸詮集都序」は、朝鮮において高麗版として数多く刊行されていた（黒田亮氏「朝鮮旧書考」一一七〜二七頁、昭和一五年）にもかかわらず、「都序」の影響は少なく、「承襲図」にもとづくこと多かったのではなかったかと思われる。というのは、知訥は「法集別行録節要並入私記」という書を著わし、「承襲図」に注釈しているほどであり、「承襲図」の理解が徹底していたからであろう。

つぎに知訥は当時、教者は禅者に対して誤解し、教と禅とが互いに反目していたのを慨き、禅が華厳の奥旨に契う所以を示すために「円頓成仏論」一巻を著わした。この書は大日本続蔵経などに収録されてはいないが、写本が駒沢大学図書館にあるため、見ることができる。わずか二十二紙の小冊子であるが、李通玄の華厳論にもとづいて、禅の立場にたった教禅一致説を唱えた。李通玄の「諸仏不動智」を根拠におきつつ、禅との一致がはかられた。そして「証道歌」や、英邵《えいしょう》武《ぶ》、大慧などの語が引証され、さらに、

かくの如き等は本心を開悟す。自心の鏡内の帝網重重無尽法界を見るを得るとは、禅門伝記の中に勝れて数ふべからず。（駒沢大学図書館蔵、万暦五年刊、高麗版「円頓成仏論」一一丁ウラ）

という。知訥が李通玄にもとづき、教禅一致をはかろうとしたことは、明恵や証定に共通するといえよう。「禅宗綱目」の著者証定は、おそらく知訥の「修心訣」や「円頓成仏論」などを見てはいなかったであろうが、知訥が頓悟漸修論を展開していた時代と、ほぼ同じ時期に同様な思想を唱えたばかりでなく、よりどころとなった書が、宗密の「都序」ではなく、むしろ「承襲図」であった、ということ、および教禅一致を説くために李通玄を根本にすえたことは、まことに興味深いものがある。証定の教説におよぼした朝鮮禅の影響は仮説の域をでない臆測でしかないが、同時代に同じ思想が主張されたことに大きな意義を見出すとともに、知訥の頓悟漸修、教禅一致が、教宗に対する禅の立場にたった教禅一致論であったのに対し、証定のそれは、華厳の立場にたち、禅との一致を主張するための教禅一致論であったことは、まさしくその立場の相反することを示すのである。しからば証定が何故、華厳の立場にたって禅との一致を説かねばならなかったか、という点を少しく考えてみたい。

4　明恵教学と証定

「禅宗綱目」の末尾を見ると、

今時の禅宗、或いは行いて宋朝に諮ひ、或いは来りてわが国に伝へ、師資の道合す、相承なきにあらず。汝教文を引くと雖も、義旨臆説に似たり。相承、誰人ぞや。（本巻一八七頁）

という問いに対して、先師上人、すなわち明恵より相承したことがのべられている。なお明恵の師承については、「仏光三昧観冥感伝」の言葉を引用し、弥勒菩薩の威神によって禅法を感得したことが明らかにされている。明恵は無師独悟したのであるが、証定は明恵より禅法を受けたのであった。「禅宗綱目」の教禅一致説や頓悟漸修論の背景となった思想が明恵その人の教学にあったと見なければならない。

明恵の教学は華厳中心であるといっても、興然阿闍梨より金胎両部の灌頂を受けているほどであるから、真言密教の影響がきわめて強いことは当然であるが、当時の新興仏教である禅や念仏の影響があったことも事実である。法然の念仏については、逆順ともにその影響を受けたことは確実であろう。ここで問題にするのは禅であるが、華厳の立場にたって禅を融会するためによりどころとされたものが、李通玄の「新華厳経論」「決疑論」「十明論」なのであった。明恵は「冥感伝」のなかで、「此の論未だ広く流布せず、慮らざる因縁に依つて大宋朝より之を得たり。予此の文を見るに深く愛楽を生ず」(日蔵、華厳宗章疏下―四三a)といっているように、大きな感激をもって李通玄に接したのである。明恵の著「華厳入解脱門義」「仏光三昧観秘宝蔵」「仏光三昧観冥感伝」「華厳信種義」などの観行の書は、李通玄の仏光三昧観の修法の結果として著わされたものにほかならない。「入解脱門義」下巻には李通玄の人格と信仰に敬服する理由をあげ、自分の教学が法蔵・澄観によらずして、李通玄による所以を説いていることは、凝然教学に比較して大きな特色といえよう。明恵は李通玄の仏光三昧観が、少壮時代に抜萃しておいた「禅経」の文と一致するのを見て、華厳と禅との接点を感得したようである。華厳唯心観から出発した明恵が、「円覚経」の観法に着眼し、さらに仏光三昧観にいたって観行の奥義を体得したものの如くである。証定は「禅宗綱目」のなかで、

彼、観行成就に約して頓に仏境と同ずといふは、正しく禅宗の見性成仏に当るなり。(本巻一八〇頁)

といっており、宗密の「円覚経略疏鈔」を引証しつつ、華厳の観行成就すなわち禅宗の見性成仏としているのは、華厳と禅との融会を示すものにほかならない。証定は師の明恵より仏光三昧観の修法を学んだことを継承しながら、さらに積極的に禅宗との一致を主張するために、「禅宗綱目」一巻を著わしたのであった。証定が引証した宗密の「円覚経略疏鈔」などの引文は、「円覚経略疏鈔」に通暁していることを示す。明恵は建保三年(一二一五)、四十三歳の時、「円覚経略疏」を自ら弟子衆のために講じたというが、おそらく証定は、「円覚経略疏鈔」「演義鈔」などの全文を明恵の講義によって、知悉していたにちがいない。現在においても、「演義鈔」や「大疏鈔」を理解することは容易なことではない。証定がそれらを縦横に駆使できる能力をつけ得たのは、明恵の講義によるところが大きかったといえよう。

証定は明恵から澄観・宗密・李通玄の教学を受けつつ、当時の入宋禅僧や、宋よりきた亡命禅僧などがもたらした新興

宗教、禅宗にふれ、華厳の立場にたちつつ、教禅一致を主唱しようとしたのであった。このような証定の学説を樹立させた背景には、当時教禅一致を説いた永明延寿の「宗鏡録」が円爾弁円などによって講ぜられていた事実がある。また宗密の「都序」については、凝然編するところの「円照上人行状」上を見ると、

宗密禅師、禅源諸詮都序二巻を作る、照公これを翫び、昼夜研覈《けんかく》す。(続々群書類従第三、史伝部、四八二頁b)

とある如く、東大寺円照は宗密の「都序」を研究しており、その割注に「自ら写してこれを持す」とあるように、写本として持っていたと思われる。このように宗密の「都序」や「承襲図」が、当時、日本に入ってきていた背景の上にたって、証定の教禅一致説は開花したのであろう。しかしながら鎌倉禅の勃興にともなって、教禅一致説はわが国にも定着することなく捨て去られ、純禅の全盛時代となったのである。

五　結　言

鎌倉旧仏教の教学、とくに良遍の「二巻抄」、凝然の「法界義鏡」、証定の「禅宗綱目」の三点に、問題をしぼり、論じたのであるが、これらの教学に共通していることは、時代思潮の影響を強く受けながら、伝統教学そのものを大きく変貌させ、新しい時代の趨勢に適応させたことである。教学を変貌させるために、伝統教学以外の教説をさまざまな形で摂取し融会させたのであるが、そのねらいは異質の教説のたんなる寄せ集めではなくて、一つの統一体をめざしたことである。中国仏教においても宋代以後になると、諸宗融合(併存)の傾向が生じ、教学においては、華厳・天台の融合、実践においては、禅と念仏とが融合し、いわゆる念仏禅が明代仏教の実践法の主流を形成するにいたったのである。このような中国仏教における融合主義と、鎌倉旧仏教に見られる融会主義とは、同じ性格のものなのか、あるいは異質なものなのか、ということは重要な問題である。結論的にいえば、中国の場合は、両者の共存・併存・混合が可能であるのに対し、日本仏教の場合では、一つの統一体をなすようである。華厳教学においても、中国華厳においては、あらゆる雑多の存在を認め

ながら、それを大きく包容してゆくような考え方があるのに対し、日本の華厳学では、完結した統一体、すっきりした教学組織をめざしたようである。念仏と坐禅を同時に実践できるような考え方は、日本の仏教者のとらざるところであり、実践面において、只管打坐や、念仏の一行に徹するという修行方法を生んだと同様に、教学面においても完結した統一体をめざしたようである。たとえば、凝然は一真法界論によって華厳教学を組織したし、明恵は李通玄の教学をよりどころとして、独創的な観行に重点をおく華厳学を樹立した如きである。

以上のべたことからわかるように、鎌倉旧仏教の教学は、たんなる南都仏教教学への復古をめざしたのではなく、中国仏教教学の影響を受けた南都教学の伝統を継承しつつも、新たな日本的展開を示したところにその思想史的意義があるのである。同時にそのことは中国仏教教学からの離脱を意味するのであり、その点に日本仏教教学の特質を見ることができると思う。

参考文献

本巻理解に必要な基本的研究書のみ掲げた。その他の研究書・論文などは「解説」中に記載した。

大屋徳城「日本仏教史の研究」三巻　東方文献刊行会　昭和三年
大屋徳城「寧楽仏教史論」東方文献刊行会　昭和一二年
島地大等「日本仏教教学史」明治書院　昭和八年
辻善之助「日本仏教史」中世篇之一　岩波書店　昭和二二年
平岡定海「東大寺宗性上人之研究並史料」三冊　日本学術振興会　昭和三三〜三五年

鎌倉時代仏教者年代一覧

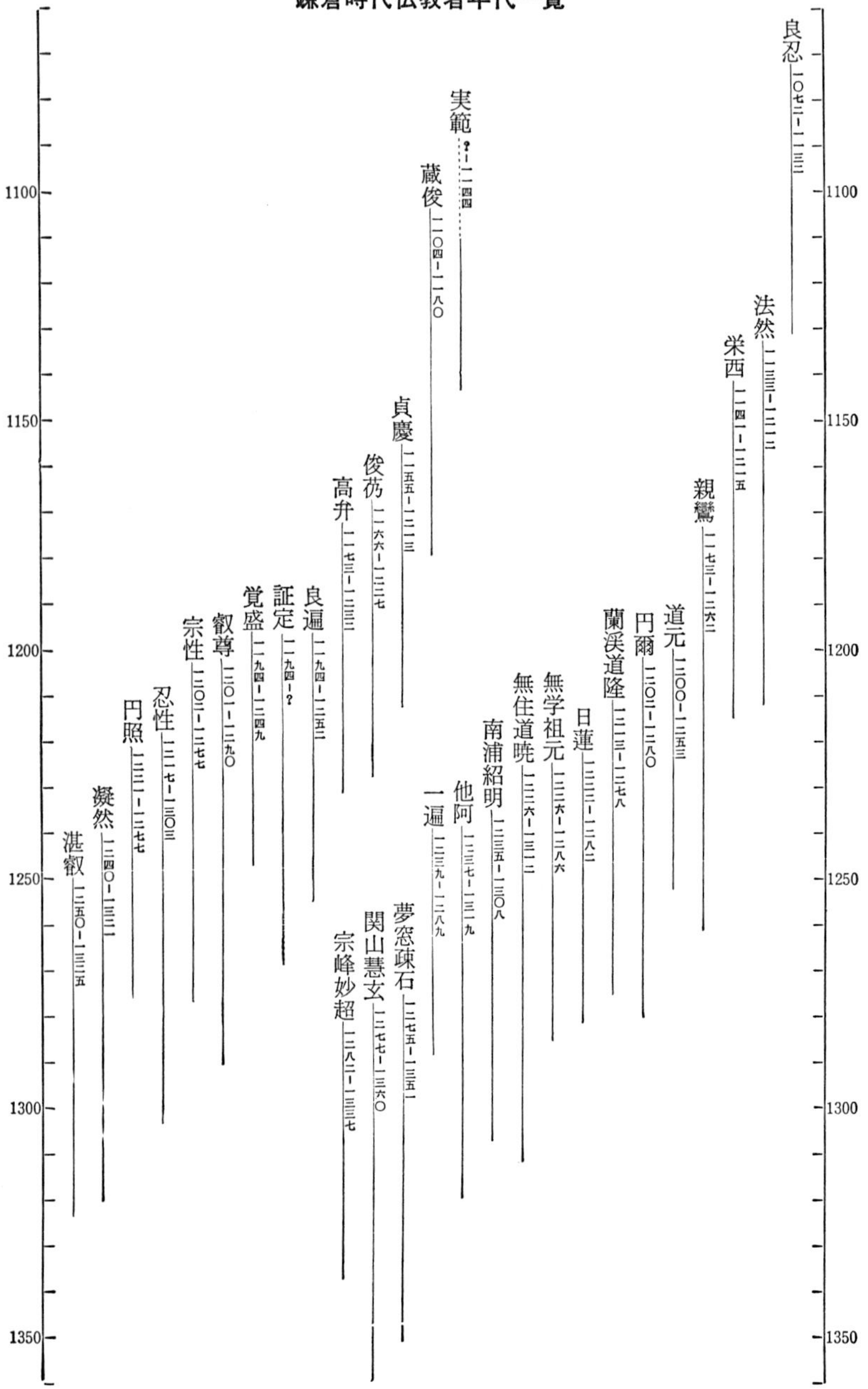

年表

（　）内の算用数字は月日を示す。例、（5・21）は五月二十一日

西暦	和暦	事蹟	参考事項
一一五五	久寿二 乙亥	貞慶生る（5・21）	
一一五六	保元元 丙子		保元の乱（7月）
一一五九	平治元 己卯		平治の乱（12月）
一一六二	応保二 壬午	貞慶、南都に下向	
一一六五	永万元 乙酉	貞慶、出家受戒	
一一六八	仁安三 戊子		栄西、入宋（4月）、帰国（秋）
一一七一	承安元 辛卯		覚阿、入宋
一一七三	三 癸巳	高弁生る（1・8）	親鸞生る
一一七五	安元元 乙未		法然、浄土宗を立つ（春） 覚阿、帰国
一一八〇	治承四 庚子		福原遷都（6月） 南都焼打（11・25）
一一八一	養和元 辛丑	高弁、神護寺に入る（8月ごろ）	東大寺・興福寺の荘園を没収（1月）
一一八二	寿永元 壬寅	貞慶、維摩会研学竪義をつとむ（5・27）	
一一八五	文治元 乙巳		平家滅亡（3月）
一一八六	二 丙午	貞慶、維摩会講師をつとむ（5・27）	
一一八七	三 丁未	貞慶、法勝寺八講の講師をつとむ（7・3）	栄西、入宋（3月）
一一八八	四 戊申	高弁、上覚について出家	
一一八九	五 己酉	貞慶、最勝講第九座講師をつとむ（5・21） 貞慶、法成寺八講竪義をつとむ（12・1）	大日能忍、弟子を宋に遣して印可を求む
一一九〇	建久元 庚戌	貞慶、最勝講第九座講師をつとむ	法然、東大寺に三部経を講ず（2・1）

一一九一	建久二 辛亥	貞慶、法成寺八講の講師をつとむ(2月)	栄西、帰国(秋)
一一九二	三 壬子	貞慶、笠置に籠居す	
一一九四	五 甲寅	良遍生る 証定生る	達磨宗停止宣旨(7・5)
一一九五	六 乙卯	高弁、神護寺を出で、紀伊白上峰に移る(秋) 貞慶、笠置般若台六角堂を供養(11・19)	東大寺供養、頼朝これに臨む(3月)
一一九六	七 丙辰	貞慶、「弥勒講式」を草す(2・10)	
一一九八	九 戊午	貞慶、笠置十三重塔を造立供養(11・7)	「選択本願念仏集」成る(3月) 「興禅護国論」成る
一一九九	正治元 己未		俊芿、入宋(4月)
一二〇一	建仁元 辛酉	叡尊生る(5月)	親鸞、法然のもとに至る(春)
一二〇三	三 癸亥	高弁、渡天の計画を春日明神の神託により止む(1・26) 高弁、笠置寺に貞慶を訪ぬ(2・27)	
一二〇四	元久元 甲子		法然、「七箇条起請文」を草す(11・7)
一二〇五	二 乙丑	貞慶、「興福寺奏状」を草す(10月) 良遍、受戒	
一二〇六	建永元 丙寅	高弁、栂尾(高山寺)の地を後鳥羽院より賜わる(11月)	
一二〇七	承元元 丁卯	高弁、東大寺尊勝院学頭として華厳宗を興隆すべき院宣を賜わる(秋)	専修念仏停止(2・18)
一二〇八	二 戊辰	貞慶、「法華開示鈔」を草す(3・16) 貞慶、海住山寺に入る	
一二一〇	四 庚午	貞慶により藤原長房出家(慈心房覚真)(9・22) 貞慶ら二一人海住山において菩薩戒加行(11・10～翌年1・15)	興福寺北円堂造立(12月)
一二一一	建暦元 辛未	貞慶、鑑真の影堂に梵網経古迹を講ず(9・13)	俊芿、帰国(3・3)
一二一二	二 壬申	貞慶、「真理鈔」を鈔す(2月晦) 貞慶、「因明明要抄」を鈔す(11・1) 高弁、「摧邪輪」を草す(11・23)	法然寂す(1・25)
一二一三	建保元 癸酉	貞慶寂す(2・3)	

一二一五	三 乙亥	高弁、「三時三宝礼釈」を著す(11・25)	栄西寂す(7・5)
一二一七	五 丁丑	叡尊、醍醐寺において円明房を師とし出家(12月)	
一二二〇	承久二 庚辰	良遍、「因明大疏私鈔」を草す(8月) 高弁、「入解脱門義」を著す(9・30)	
一二二一	三 辛巳	高弁、賀茂禅堂院において「華厳信種義」を著す(9・21)	承久の乱始まる(5・14)
一二二三	貞応二 癸未	高弁、賀茂より栂尾に帰る(秋) 証定、高弁より「秘宝蔵」を伝授せらる(10月下旬)	道元、入宋(3月)
一二二五	嘉禄元 乙酉	良遍、最勝講の聴衆をつとむ(5・20) 高弁、高山寺に説戒を始む(6・15)	慈円寂す(9・25)
一二二七	安貞元 丁亥	高弁、「光明真言加持土沙義」を著す(5・16)	俊芿寂す(閏3・8) 道元、帰国(夏) 専修念仏停止(7・5)
一二二八	二 戊子	良遍、最勝講聴衆をつとむ(10・22) 高弁、「光明真言土沙勧信記」を著す(11・9)	
一二三〇	寛喜二 庚寅	良遍、維摩会講師をつとむ(10・10)	
一二三一	三 辛卯		道元、「弁道話」を著す(中秋)
一二三二	貞永元 壬辰	高弁寂す(1・19) 良遍、最勝講の講師をつとむ(5・10)	「御成敗式目」制定(8月)
一二三四	文暦元 甲午	良遍、維摩会の聴衆をつとむ(10・10)	
一二三五	嘉禎元 乙未	叡尊、西大寺に移住(1・16) 良遍、維摩会聴衆をつとむ(10・15)	聖覚寂す(3・15) 念仏者停止(7・24) 円爾、入宋
一二三六	二 丙申	叡尊、東大寺羂索院において覚盛らと共に自誓受戒す(9・4) 叡尊、海竜王寺に移住(12月)	興福寺僧兵蜂起の鎮圧のため、大和に守護をおく(8月)
一二三七	三 丁酉	良遍、少僧都に任ぜらる(1・13)	
一二三八	暦仁元 戊戌	叡尊、西大寺に還住(8・5)	
一二四〇	仁治元 庚子	凝然生る(3・6)	
一二四一	二 辛丑	良遍、法印に叙せらる(1月)	円爾、帰国(9月)

一二四二	仁治三 壬寅	良遍、「法相二巻抄」を草す(3月) 良遍、生駒竹林寺に入る(6・20)	
一二四三	寛元元 癸卯		道元、越前にて示衆(秋)
一二四四	二 甲辰	良遍、「真心要決前抄」を草す(11月) 良遍、「観心覚夢鈔」を著す	
一二四六	四 丙午	良遍、「真心要決後抄」を草す(3・11) 良遍、「応理大乗伝通要録」を草す(12・21)	道隆(蘭渓)来る
一二四七	宝治元 丁未	良遍、普門寺における円爾の「宗鏡録」の講を聞く	幸西寂す(4・14) 証空寂す(11・26)
一二四八	二 戊申	良遍、「観心覚夢鈔補闕」を草す(5・22〜12・26)	
一二四九	建長元 己酉	良遍、西大寺四王堂の釈迦像供養の導師をつとむ(5・7)	思順(天祐)、無本覚心に偈をおくる(1・16) 覚盛寂す(5・19)
一二五〇	二 庚戌	良遍、「厭欣抄」を草す(2・9)	
一二五一	三 辛亥	良遍、「念仏往生決心記」を草す(3・24)	
一二五二	四 壬子	良遍寂す(8・28)	
一二五三	五 癸丑		日蓮、清澄寺に法門を唱う(4・28) 道元寂す(8・28) 建長寺供養(11・25)
一二五五	七 乙卯	凝然、山門菩薩戒を受く 証定、「禅宗綱目」を著す	東福寺開堂(6月)
一二五六	康元元 丙辰		蓮実(戒壇院中興)寂す(5・29)
一二五七	正嘉元 丁巳	凝然、南都の戒壇に登る	
一二五八	二 戊午		親鸞、「自然法爾事」を述ぶ(12・14)
一二五九	正元元 己未	凝然、通受戒を受く	
一二六〇	文応元 庚申		日蓮、「立正安国論」を撰す 普寧(兀庵)来る
一二六一	弘長元 辛酉	凝然、長西が善導の「観経疏」を講ずるを聞く	

一二六二	二壬戌	叡尊、関東に下向(2・4)、西大寺に帰る(8・15)	普寧、時頼に法語を与う(10・16) 親鸞寂す(11・28)
一二六六	文永三丙寅		長西寂す(1・6)
一二六七	四丁卯		忍性、極楽寺に住す(8月)
一二六八	五戊辰	凝然、「八宗綱要」を著す(1月) 叡尊、住吉社に異国の難のために祈禱(8・19)	
一二六九	六己巳	叡尊、般若寺の西南の野に非人のため無遮大会を行う(3月)	
一二七一	八辛未		日蓮、佐渡に流さる(10・28)
一二七三	一〇癸酉	叡尊、大神宮に参詣(2月)	
一二七四	一一甲戌		智真(一遍)、熊野参籠(夏) 日蓮、身延に入る(6・17) 文永の役(10月)
一二七六	建治二丙子	凝然、東大寺戒壇院において「梵網戒本疏日珠鈔」を著す(6月〜翌年4月)	
一二七七	三丁丑	凝然、東大寺戒壇院に住す	円照寂す(10・22)
一二七八	弘安元戊寅		宗性寂す(6・8) 道隆寂す(7・24)
一二七九	二己卯		祖元(無学)来る(6月)
一二八〇	三庚辰	凝然、「華厳二種生死義」を著す(10・3〜翌年4・15)	円爾寂す(10・17)
一二八一	四辛巳	叡尊、石清水において一切経を転読(閏7・1)	弘安の役(6月)
一二八二	五壬午		円覚寺落成(冬) 日蓮寂す(10・13)
一二八三	六癸未	凝然、「梵網戒本疏日珠鈔」を再修(5・26〜10・29)	道暁(無住)、「沙石集」を脱稿す(中秋)
一二八四	七甲申	叡尊、四天王寺別当に補せらる(9・27)	
一二八六	九丙戌	凝然、「梵網戒本疏日珠鈔」を再修(3・4〜7・28)	祖元寂す(9・3)
一二八七	一〇丁亥	凝然、般若寺の宇塡王ならびに善財童子像の開眼供養の導師をつとむ(4・23)	良忠寂す(7・6)
一二八九	正応二己丑		智真寂す(8・23)

一二九〇	正応三 庚寅	叡尊寂す(8・25)	
一二九五	永仁三 乙未	凝然、「華厳法界義鏡」を撰す(1・27)	覚如、「親鸞伝絵」を草す(10・12)
一二九九	正安元 己亥		一寧来る
			聖戒、「一遍聖絵」を撰す(8・23)
一三〇〇	二 庚子	凝然、「華厳五教章通路記」を撰す(9・5〜11・6)	
一三〇二	乾元元 壬寅	凝然、「円照上人行状」を撰す(3・6)	
一三〇三	嘉元元 癸卯		忍性寂す(7・12)
一三〇五	三 乙巳	凝然、「竹林寺縁起」を草す(閏12・24)	疎石(夢窓)、顕日より印可を受く(10月)
一三〇六	徳治元 丙午	凝然、「律宗瓊鑑草」を撰す(2・21)	
一三〇七	二 丁未	凝然、「華厳探玄記洞幽鈔(巻四六)」を撰す(12・29)	
一三〇九	延慶二 己酉	凝然、「華厳探玄記洞幽鈔」一一六巻を完成(12月晦)	
一三一〇	三 庚戌	凝然、「四分戒本疏賛宗記」を撰す(7・26〜9・19)	
一三一一	応長元 辛亥	凝然、「華厳五教章通路記」を続撰(1・26〜6・7)	
		凝然、「三国仏法伝通縁起」を撰す(閏6・26〜7・5)	
		凝然、「浄土法門源流章」を撰す(12・29)	
一三一二	正和元 壬子	凝然、「四分戒本疏賛宗記」を続撰す(1月晦〜翌年1・23)	道暁寂す(10・10)
一三一三	二 癸丑		疎石、美濃古谿庵を創む
一三一四	三 甲寅	凝然、「法華疏慧光記」六〇巻を完成(閏3・25)	
		凝然、「華厳宗要義」を撰す(10・28)	
一三一六	五 丙辰	凝然、戒壇院式を定む(9・27)	顕日(高峰)寂す(10・20)
一三一七	文保元 丁巳		一寧寂す(10・24)
一三一八	二 戊午	凝然、「梵網戒本疏日珠鈔」を再修(3・13〜6・9)	
一三二〇	元応二 庚申	凝然、「維摩経疏菴羅記」を撰す(1・29〜9・11)	
一三二一	元亨元 辛酉	凝然寂す(9・5)	師錬、「元亨釈書」を表奏(8・16)

日本思想大系 15
鎌倉旧仏教

1971 年 11 月 25 日　第 1 刷発行
1984 年 8 月 10 日　第 5-2 刷発行
1995 年 8 月 10 日　新装版第 1 刷発行
2017 年 10 月 11 日　オンデマンド版発行

校注者　鎌田茂雄《かまたしげお》　田中久夫《たなかひさお》

発行者　岡 本　厚

発行所　株式会社　岩波書店
〒 101-8002　東京都千代田区一ツ橋 2-5-5
電話案内　03-5210-4000
http://www.iwanami.co.jp/

印刷／製本・法令印刷

ISBN 978-4-00-730672-3　　Printed in Japan